上海证券交易所统计年鉴

2015 卷

STATISTICS ANNUAL
SHANGHAI STOCK EXCHANGE

名誉总编

桂敏杰

总　编

黄红元

副总编

潘学先　刘世安　谢　玮　徐　明

王文胜　阙　波　刘绍统　徐毅林

编　辑

陆　澍　薛　钧　刘　峻

数　据

张志明　周　舶　费永建

翁念龙　陈　祁

上海證券交易所 编　上海遠東出版社

1. 成交数量和成交金额两类指标均按交易的买方或卖方单向计算。

2. 交易数量和交易金额两类指标均按交易的买方和卖方双向计算。

3. 统计范围：在本所上市交易的各类证券的现货和回购，包括股票、优先股、基金、债券等。

4. 统计内容：包括本所上市的各类证券的交易状况和参与者的交易状况，上市公司的股本结构及财务状况，会员情况及其交易状况等。

5. 统计日期：2014 年 1 月 1 日至 2014 年 12 月 31 日。

6. 数据类型：证券数目及会员数目、股本、市值、市盈率、股价、指数等为月底或年底的时点数，不具有可加性；交易金额、交易数量等为全年或某月的时期数字，具有可加性，由相应时期内各交易日的实际数字累加而成。

7. 误差：本年鉴数字采用截尾方式计算，个别数字采用四舍五入方式计算。由于舍入误差，分类数字之和未必等于总额数字。

8. 席位数：包括本所会员申请的席位及其他非会员申请的特别席位，如国债专用席位、B 股境外券商特别席位。

9. 成交笔数：由交易系统完成配对交易的记录数。

10. 发行数量：指在交易所上市证券的已发行总量。

11. 市价总值：指在交易所上市的证券在某一时点按市价与发行数量计算的总金额：

$$\Sigma(\text{市价}\times\text{发行数量})$$

12. 流通数量：指在交易所上市证券的发行数量中可流通交易的数量。

13. 流通市值：指在交易所上市的证券在某一时点按市价与流通数量计算的总金额：

$$\Sigma(\text{市价}\times\text{流通数量})$$

14. 上年每股税后利润：指按上一年度年末股本计算，分配到每一股的净利润。

15. 到期年收益率：按人民银行发布的《银货政[2001]51 号》文件所提供的公式计算。

16. 市净率= $\dfrac{\text{每股价格}}{\text{每股净资产}}$

17. 市盈率= $\dfrac{\text{股票价格}}{\text{每股收益}}$

$$\text{平均市盈率}=\frac{\text{总市值}}{\text{总收益}}=\frac{\Sigma(\text{收盘价}\times\text{发行数量})}{\Sigma(\text{每股收益}\times\text{发行数量})}$$

18. 年换手率= Σ日换手率

19. 回购价格为该品种年收益率。

特别说明 1：股东情况统计是按投资者申请开设股票账户时填写的《上海证券中央登记结算公司记名证券名册登记表》上的身份证编号设置进行的。身份证号码是基本统计单位。目前的统计存在不可避免的误差，且以统计指标“其他”来表现的误差占据了相当的比例。主要原因：(1)因历史原因尚有部分股票账户缺乏身份证号码；(2)部分投资者未使用身份证而使用诸如军官证等特殊证件；(3)由于登记公司以前异地开户采用对异地登记会员先放空号由其代理开户再统一在一个时点汇总资料的方法，故每月统计时均有相当数量的空号出现。

特别说明 2：(1)股票除息时，上证指数不予修正，自然回落。(2)有些指标的绝对数是放大了计量单位的。(3)本年鉴中走势图均为日线图，其标明最高、最低与市场表现中最高最低不同，是因为其最高、最低为收盘价，而市场表现中最高最低为盘中价。(4)未注明成交数量、发行数量的，单位为亿。

特别说明 3：投资者包括：自然人投资者、一般法人及专业机构，其中专业机构包括券商自营、投资基金、社保基金、保险资金、资产管理及 QFII。数据说明：(1)投资者盈亏数据是根据对每个投资者账户每日的交易持股情况推算得出，不考虑过户费、佣金等交易费用的影响；(2)统计样本为沪市无限售条件 A 股，股份指无限售条件的股份，对于有限售条件的股份，按照解除限售条件后的交易持股情况进行推算；(3)考虑因素包括股票分红送配、增发、新股申购、股票非交易过户、限售股解禁、股权分置改革等。

特别说明 4：无备注单位的，一般均以人民币作为货币单位。

特别说明 5：会员及营业部成交合计不含权证。

特别说明 6：无备注单位的，股票以股作为数量单位，债券一般均以张作为数量单位，基金和权证以份作为数量单位。

目 录
Contents

一、 市场概况

二、 股价指数

三、 证券成交

四、 上市公司

五、会员公司

六、投资者

七、大事记

Market Overview

市场概况

全年概况
OverView

	2014 年	2013 年	2012 年
交易天数 No.of Trading Days	245	238	243
上市公司总数 No.of Listed Company	995	953	954
新上市公司数 No.of New Listed Company	43	1	26
上市证券总数 No.of Listed Security	3758	2786	2098
股票 Share	1039	997	998
A 股 A-Share	986	944	944
B 股 B-Share	53	53	54
债券 Bond	2646	1731	1059
政府债 G-Bond	267	218	191
公司债 C-Bond	2336	1468	830
债券回购 Repo	43	45	38
基金 Fund	68	58	41
封闭式 Close Fund	3	9	12
ETF	61	47	29
交易型货币基金	4	2	-
优先股 Preferred Share	5	-	-
发行数量(亿) Issued Vol(100 M)			
股票 Share	27085.17	25751.69	24617.62
优先股 Preferred Share	10.30	-	-
集资总额(亿) Capital Raised(100 M)			
股票 Share	3962.59	2515.72	2890.31
优先股 Preferred Share	1030.00	-	-
股票流通数量(亿股) Negotiable Share(100 M)	24914.59	23731.13	19521.33
股票市价总值(亿) Market Capitalization(100 M)	243974.02	151165.27	158698.44
股票流通市值(亿) Negotiable Capitalization (100 M)	220495.87	136526.38	134294.45
解禁的存量限售股份	11889.86	11735.91	8698.45
年度解禁限售股份	657.52	3616.35	1138.66
卖出的已解禁限售股份	491.58	544.82	277.55

全年概况
OverView

	2014 年	2013 年	2012 年
成交金额(亿)Trading Value(100 M)	1281497.98	865098.34	547535.22
股票 Share	377162.12	230266.03	164545.01
A 股 A-Share	375149.95	228918.82	164047.38
B 股 B-Share	484.45	689.94	413.48
股票回购	1527.72	657.27	84.14
债券 Bond	866848.59	625839.41	379818.85
政府债 G-Bond	1247.47	771.60	905.56
公司债 C-Bond	24198.95	14540.88	7537.43
债券回购 Repo	841402.16	610526.93	371375.86
基金 Fund	37479.25	8989.48	3171.36
封闭式 Close-end	193.00	231.86	144.53
ETF	10142.68	6706.52	3026.59
交易型货币基金	27141.81	2050.41	-
优先股 Preferred Share	4.27	-	-
沪股通交易金额（亿元人民币）	1675.12	-	-
港股通交易金额（亿元人民币）	205.63	-	-
平均市盈率 P/E Ratio	15.99	10.99	12.30
A 股	15.99	10.99	12.29
B 股	15.77	11.62	13.18
股价指数 Index			
上证综合指数 SSE Composite Index	3234.68	2115.98	2269.13
上证 50 指数 SSE 50 Index	2581.57	1574.78	1857.68
上证 180 指数 SSE 180 Index	8044.51	5040.27	5550.09
上证 380 指数 SSE 380 Index	4866.71	3352.49	2944.82
会员公司数 Member Company	113	111	112
营业部数 Department Number	7199	5785	5263
交易单元数 Seats Number	11252	9262	8311
投资者(万户) Investor(10000)	9737.52	9097.69	8996.40
A 股总户数(万户) Investor of A-Share	9580.73	8623.40	8841.56
B 股总户数(万户) Investor of B-Share	156.79	474.29	154.84
信用账户数(万户) Credit Investor(10000)	292.19	132.61	49.37
WFE 排名 WFE Rank			
总市值排名 Rank of Market Capitalization	4	6	7
总筹资额排名 Rank of Total Capital Raised	4	5	3
总成交金额排名 Rank of Total Trading Value	3	5	6

SSE Indices

股价指数

上证综合指数历年数据
Data of SSE Composite Index, 1992-2014

年份 Year	开盘 Open	最高 High	日期 Date	最低 Low	日期 Date	收盘 Close
1992	293.74	1429.01	05/26	292.76	01/02	780.39
1993	802.14	1558.95	02/16	750.46	12/20	833.80
1994	837.70	1052.94	09/13	325.89	07/29	647.87
1995	637.72	926.41	05/22	524.43	02/07	555.29
1996	550.26	1258.69	12/11	512.83	01/19	917.02
1997	914.06	1510.18	05/12	870.18	02/20	1194.10
1998	1200.95	1422.98	06/04	1043.02	08/18	1146.70
1999	1144.89	1756.18	06/30	1047.83	05/17	1366.58
2000	1368.69	2125.72	11/23	1361.21	01/04	2073.48
2001	2077.08	2245.44	06/14	1514.86	10/22	1645.97
2002	1643.49	1748.89	06/25	1339.20	01/29	1357.65
2003	1347.43	1649.60	04/16	1307.40	11/13	1497.04
2004	1492.72	1783.01	04/07	1259.43	09/13	1266.50
2005	1260.78	1328.53	02/25	998.23	06/06	1161.06
2006	1163.88	2698.90	12/29	1161.91	01/04	2675.47
2007	2728.19	6124.04	10/16	2541.53	02/06	5261.56
2008	5265.00	5522.78	01/14	1664.93	10/28	1820.81
2009	1849.02	3478.01	08/04	1844.09	01/05	3277.14
2010	3289.75	3306.75	01/11	2319.74	07/02	2808.08
2011	2825.33	3067.46	04/18	2134.02	12/28	2199.42
2012	2212.00	2478.38	02/27	1949.46	12/04	2269.13
2013	2289.51	2444.80	02/18	1849.65	06/25	2115.98
2014	2112.13	3239.36	12/31	1974.38	03/12	3234.68

分类指数数据及图表
Data and Chart of Sector Indices

上证综合指数 SSE Composite Index

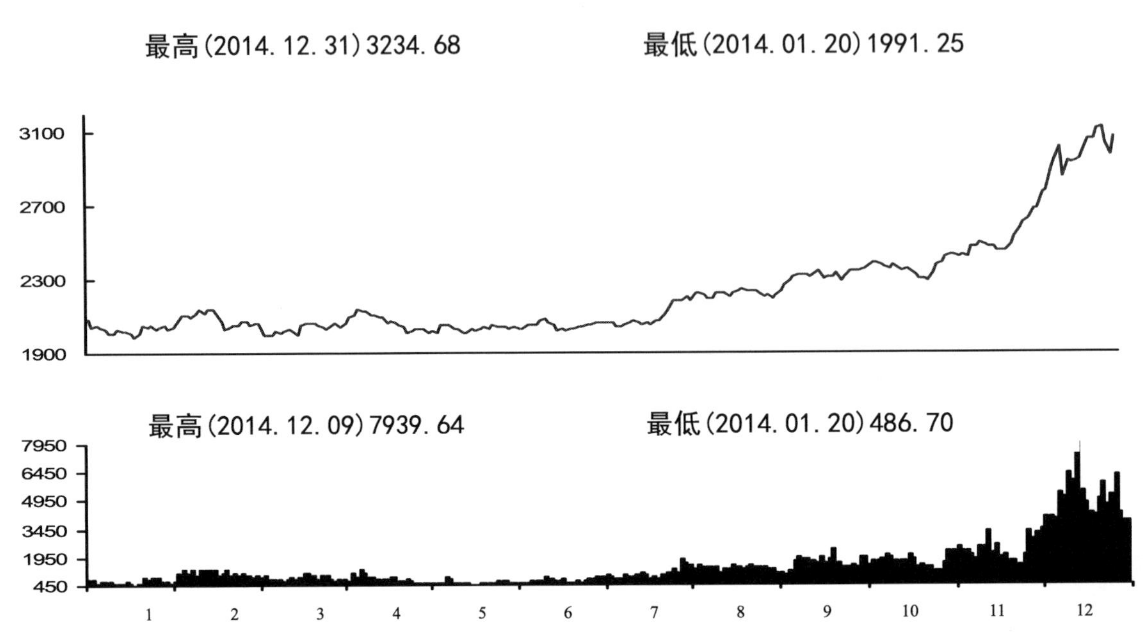

每日收盘指数 Daily Index

日期 Date	1月 Jan	2月 Feb	3月 Mar	4月 Apr	5月 May	6月 Jun	7月 Jul	8月 Aug	9月 Sep	10月 Oct	11月 Nov	12月 Dec
1	---	---	---	2047.46	---	---	2050.38	2185.30	2235.51	---	---	2680.16
2	2109.39	---	---	2058.99	---	---	2059.42	---	2266.05	---	---	2763.55
3	2083.14	---	2075.24	2043.70	---	2038.31	2063.23	---	2288.63	---	2430.03	2779.53
4	---	---	2071.47	2058.83	---	2024.83	2059.38	2223.33	2306.86	---	2430.68	2899.46
5	---	---	2053.08	---	2027.35	2040.88	---	2219.95	2326.43	---	2419.25	2937.65
6	2045.71	---	2059.58	---	2028.04	2029.96	---	2217.47	---	---	2425.86	---
7	2047.32	2044.50	2057.91	---	2010.08	---	2059.93	2187.67	---	---	2418.17	---
8	2044.34	---	---	2098.28	2015.27	---	2064.02	2194.43	---	2382.79	---	3020.26
9	2027.62	---	---	2105.24	2011.14	2030.50	2038.61	---	2326.53	2389.37	---	2856.27
10	2013.30	2086.07	1999.07	2134.30	---	2052.53	2038.34	---	2318.31	2374.54	2473.67	2940.01
11	---	2103.67	2001.16	2130.54	---	2054.95	2046.96	2224.65	2311.68	---	2469.67	2925.74
12	---	2109.96	1997.69	---	2052.87	2051.71	---	2221.60	2331.95	---	2494.48	2938.17
13	2009.56	2098.40	2019.11	---	2050.73	2070.72	---	2222.88	---	2366.01	2485.61	---
14	2026.84	2115.85	2004.34	2131.54	2047.91	---	2066.65	2206.47	---	2359.48	2478.82	---
15	2023.35	---	---	2101.60	2024.97	---	2070.36	2226.73	2339.14	2373.67	---	2953.42
16	2023.70	---	---	2105.12	2026.50	2085.98	2067.28	---	2296.56	2356.50	---	3021.52
17	2004.95	2135.42	2023.67	2098.89	---	2066.70	2055.59	---	2307.89	2341.18	2474.01	3061.02
18	---	2119.07	2025.20	2097.75	---	2055.52	2059.07	2239.47	2315.93	---	2456.37	3057.52
19	---	2142.55	2021.73	---	2005.18	2023.74	---	2245.33	2329.45	---	2450.99	3108.60
20	1991.25	2138.78	1993.48	---	2008.12	2026.67	---	2240.21	---	2356.73	2452.66	---
21	2008.31	2113.69	2047.62	2065.83	2024.95	---	2054.48	2230.46	---	2339.66	2486.79	---
22	2051.75	---	---	2072.83	2021.29	---	2075.48	2240.81	2289.87	2326.55	---	3127.45
23	2042.18	---	---	2067.38	2034.57	2024.37	2078.49	---	2309.72	2302.42	---	3032.61
24	2054.39	2076.69	2066.28	2057.03	---	2033.93	2105.06	---	2343.58	2302.28	2532.88	2972.53
25	---	2034.22	2067.31	2036.52	---	2025.50	2126.61	2229.27	2345.10	---	2567.60	3072.54
26	---	2041.25	2063.67	---	2041.48	2038.68	---	2207.11	2347.72	---	2604.35	3157.60
27	2033.30	2047.35	2046.59	---	2034.57	2036.51	---	2209.47	---	2290.44	2630.49	---
28	2038.51	2056.30	2041.71	2003.49	2050.23	---	2177.95	2195.82	---	2337.87	2682.84	---
29	2049.91	---	---	2020.34	2040.60	---	2183.19	2217.20	2357.71	2373.03	---	3168.02
30	2033.08	---	---	2026.36	2039.21	2048.33	2181.24	---	2363.87	2391.08	---	3165.82
31	---	---	2033.31	---	---	---	2201.56	---	---	2420.18	---	3234.68
盘中最高	2113.11	2177.98	2079.55	2146.67	2061.06	2087.32	2202.13	2248.94	2365.49	2423.60	2683.18	H3239.3
盘中最低	1984.82	2014.38	L1974.3	1997.64	1991.06	2010.53	2033.00	2180.60	2217.69	2279.84	2401.75	2665.69

分类指数数据及图表

Data and Chart of Sector Indices

上证 180 指数 SSE 180 Index

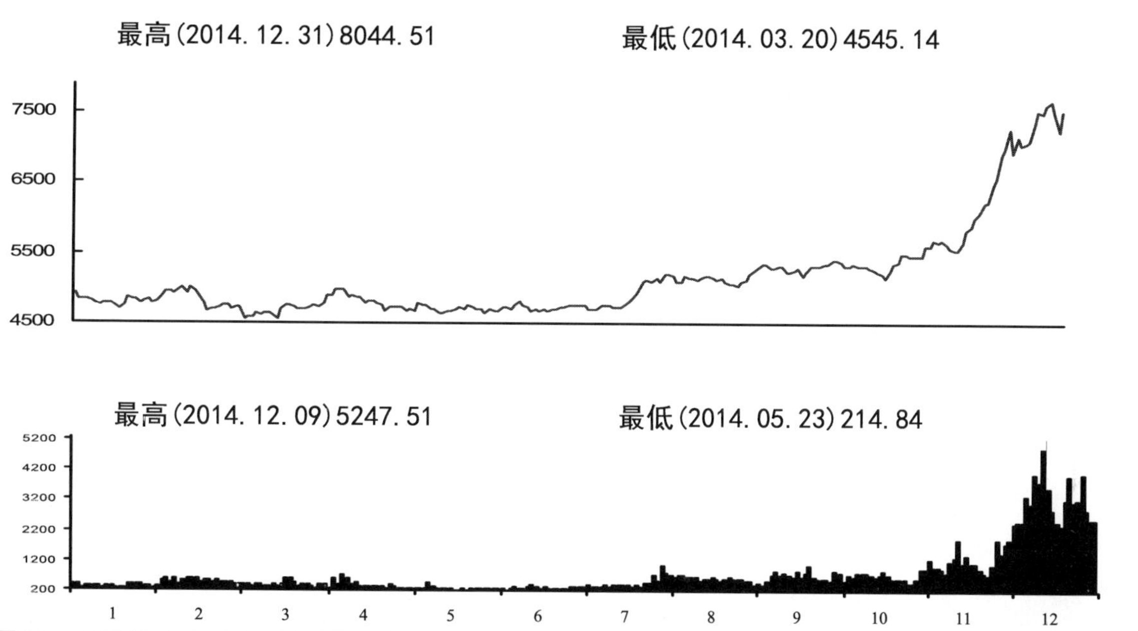

每日收盘指数 Daily Index

日期 Date	1月 Jan	2月 Feb	3月 Mar	4月 Apr	5月 May	6月 Jun	7月 Jul	8月 Aug	9月 Sep	10月 Oct	11月 Nov	12月 Dec
1	---	---	---	4723.72	---	---	4731.05	5107.09	5135.51	---	---	6230.72
2	5010.07	---	---	4768.84	---	---	4745.66	---	5206.84	---	---	6490.72
3	4935.22	---	4753.75	4728.30	---	4696.80	4763.48	---	5255.66	---	5477.76	6564.29
4	---	---	4750.24	4773.13	---	4654.67	4761.84	5216.06	5299.39	---	5473.48	6896.31
5	---	---	4702.55	---	4717.18	4706.41	---	5194.42	5353.27	---	5449.72	6980.45
6	4834.82	---	4723.00	---	4717.39	4671.01	---	5171.14	---	---	5452.10	---
7	4834.69	4797.89	4712.91	---	4676.70	---	4763.13	5091.35	---	---	5449.56	---
8	4847.13	---	---	4898.91	4685.36	---	4766.31	5101.20	---	5398.49	---	7278.94
9	4806.93	---	---	4897.36	4680.36	4674.97	4706.48	---	5338.03	5404.35	---	6937.48
10	4780.19	4908.93	4559.51	4994.68	---	4729.29	4692.31	---	5303.23	5366.10	5596.22	7176.31
11	---	4957.04	4575.77	4981.52	---	4723.69	4702.07	5175.25	5288.42	---	5611.79	7048.11
12	---	4959.89	4590.94	---	4778.40	4711.00	---	5157.39	5320.95	---	5691.00	7071.16
13	4763.28	4938.74	4646.63	---	4768.93	4760.76	---	5162.64	---	5335.38	5672.32	---
14	4795.30	4973.21	4610.24	4969.93	4761.15	---	4751.89	5116.75	---	5313.10	5675.97	---
15	4784.16	---	---	4880.20	4708.00	---	4758.73	5165.55	5317.61	5350.70	---	7120.35
16	4790.68	---	---	4889.38	4709.73	4800.66	4750.66	---	5227.73	5316.49	---	7361.52
17	4726.11	5001.16	4647.79	4868.58	---	4752.44	4718.45	---	5249.00	5314.73	5637.86	7534.98
18	---	4936.45	4640.99	4868.36	---	4732.18	4731.26	5188.67	5260.84	---	5571.04	7504.79
19	---	4998.37	4610.75	---	4634.08	4666.13	---	5185.71	5298.42	---	5557.20	7608.32
20	4694.38	4951.77	4545.14	---	4638.29	4687.50	---	5160.67	---	5335.16	5561.84	---
21	4744.95	4904.31	4708.87	4783.91	4682.51	---	4735.96	5130.68	---	5293.24	5674.55	---
22	4863.16	---	---	4812.05	4671.18	---	4789.67	5153.31	5191.65	5269.67	---	7663.88
23	4832.89	---	---	4798.98	4710.32	4673.80	4809.32	---	5236.04	5226.59	---	7495.15
24	4852.58	4795.72	4752.60	4792.67	---	4695.72	4905.37	---	5331.22	5218.18	5819.73	7250.03
25	---	4680.55	4747.15	4749.67	---	4667.50	4954.05	5103.12	5313.20	---	5891.79	7518.20
26	---	4690.61	4735.88	---	4721.80	4697.67	---	5072.27	5310.76	---	5998.58	7799.93
27	4790.25	4695.09	4711.74	---	4702.06	4695.38	---	5075.84	---	5162.32	6081.39	---
28	4804.55	4732.96	4711.14	4677.37	4743.02	---	5100.24	5046.55	---	5263.55	6222.95	---
29	4831.65	---	---	4723.90	4715.58	---	5115.48	5107.10	5336.15	5342.15	---	7834.37
30	4782.29	---	---	4726.88	4711.72	4729.21	5091.90	---	5341.61	5385.62	---	7871.02
31	---	---	4694.38	---	---	---	5155.06	---	---	5478.62	---	8044.51
盘中最高	5027.91	5057.49	4786.00	5037.80	4788.61	4810.35	5156.73	5224.31	5370.60	5489.72	6225.16	H8067.9
盘中最低	4677.17	4635.15	L4526.8	4665.64	4596.45	4632.10	4670.59	5044.49	5101.91	5147.40	5406.70	6197.75

分类指数数据及图表

Data and Chart of Sector Indices

上证 50 指数　SSE 50 Index

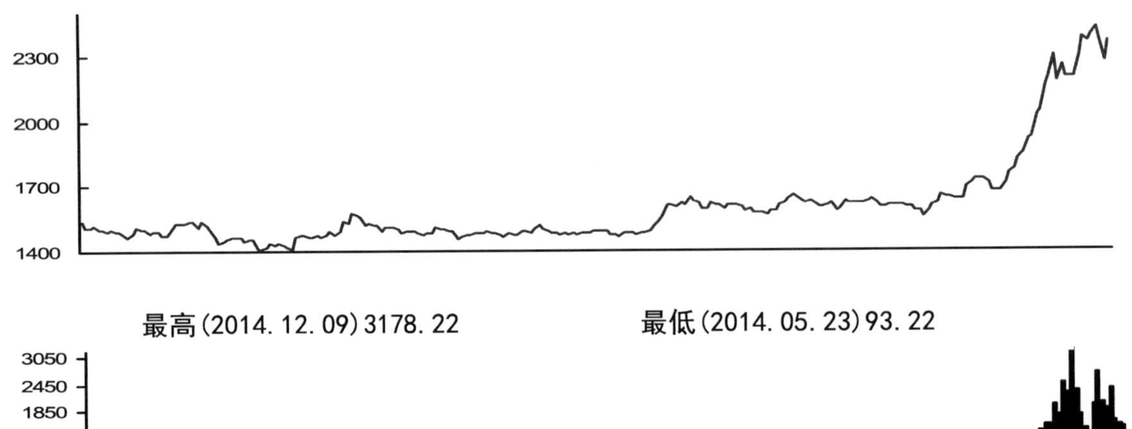

最高(2014. 12. 09) 3178. 22　　最低(2014. 05. 23) 93. 22

3050
2450
1850
1250
650
50

1 2 3 4 5 6 7 8 9 10 11 12

每日收盘指数 Daily Index

日期 Date	1月 Jan	2月 Feb	3月 Mar	4月 Apr	5月 May	6月 Jun	7月 Jul	8月 Aug	9月 Sep	10月 Oct	11月 Nov	12月 Dec
1	---	---	---	1473.14	---	---	1481.66	1607.97	1586.02	---	---	1920.38
2	1561.10	---	---	1491.30	---	---	1484.84	---	1607.50	---	---	2021.54
3	1536.07	---	1462.69	1477.49	---	1477.52	1489.55	---	1624.03	---	1651.05	2037.59
4	---	---	1464.28	1490.33	---	1466.39	1492.46	1644.63	1637.29	---	1645.62	2160.66
5	---	---	1448.33	---	1487.53	1484.24	---	1632.41	1656.24	---	1637.63	2200.25
6	1512.93	---	1459.51	---	1485.25	1472.27	---	1619.01	---	---	1635.96	---
7	1510.65	1475.34	1455.59	---	1476.18	---	1492.84	1593.42	---	---	1640.32	---
8	1515.33	---	---	1534.75	1478.72	---	1491.96	1595.66	---	1633.57	---	2298.85
9	1503.88	---	---	1530.88	1480.74	1475.35	1475.14	---	1645.11	1634.04	---	2182.69
10	1498.27	1505.83	1408.87	1570.40	---	1493.53	1471.17	---	1629.99	1621.71	1689.02	2254.82
11	---	1528.32	1412.73	1565.31	---	1488.76	1468.54	1619.25	1622.82	---	1710.88	2193.54
12	---	1527.00	1418.70	---	1508.39	1483.86	---	1607.91	1630.20	---	1731.02	2193.29
13	1494.61	1528.02	1437.39	---	1503.52	1502.96	---	1610.14	---	1605.99	1726.34	---
14	1499.29	1534.24	1426.40	1557.70	1500.83	---	1482.78	1596.84	---	1600.30	1728.81	---
15	1488.51	---	---	1523.22	1488.77	---	1484.66	1612.00	1624.07	1612.77	---	2201.54
16	1493.09	---	---	1527.05	1487.74	1518.71	1483.18	---	1600.92	1608.74	---	2299.28
17	1475.67	1538.11	1434.16	1520.56	---	1501.94	1473.67	---	1604.92	1608.52	1708.10	2383.95
18	---	1508.54	1427.63	1521.28	---	1495.43	1478.76	1613.13	1609.87	---	1679.42	2364.04
19	---	1533.40	1418.71	---	1459.21	1478.04	---	1609.09	1619.58	---	1671.65	2390.28
20	1464.84	1520.14	1406.92	---	1460.82	1484.48	---	1600.34	---	1612.40	1676.60	---
21	1478.88	1505.33	1464.08	1493.76	1474.14	---	1479.84	1587.03	---	1600.84	1714.71	---
22	1514.12	---	---	1509.55	1471.55	---	1495.93	1594.18	1583.89	1597.13	---	2426.68
23	1499.03	---	---	1507.04	1484.38	1475.76	1506.76	---	1595.64	1586.56	---	2374.95
24	1502.07	1468.06	1477.53	1510.29	---	1480.13	1541.90	---	1625.73	1583.42	1758.10	2270.88
25	---	1440.89	1470.12	1501.05	---	1469.95	1557.02	1577.43	1618.52	---	1777.67	2359.66
26	---	1444.20	1467.08	---	1486.05	1478.01	---	1573.39	1616.09	---	1820.49	2464.82
27	1478.87	1452.46	1464.53	---	1479.73	1473.76	---	1572.79	---	1559.91	1853.00	---
28	1487.80	1464.32	1472.05	1483.78	1491.76	---	1609.48	1563.89	---	1585.74	1914.44	---
29	1494.49	---	---	1496.01	1484.31	---	1611.85	1581.28	1621.82	1608.40	---	2481.66
30	1477.35	---	---	1494.81	1482.10	1482.41	1601.38	---	1619.70	1619.10	---	2523.63
31	---	---	1465.78	---	---	---	1621.85	---	---	1657.29	---	2581.57
盘中最高	1570.05	1556.42	1486.85	1587.62	1513.12	1521.96	1622.65	1646.32	1660.01	1665.47	1915.81	H2590.0
盘中最低	1459.45	1429.61	L1402.1	1461.18	1447.94	1459.53	1460.91	1563.40	1576.22	1556.55	1625.99	1909.37

分类指数数据及图表

Data and Chart of Sector Indices

上证红利指数 SSE Dividend Index

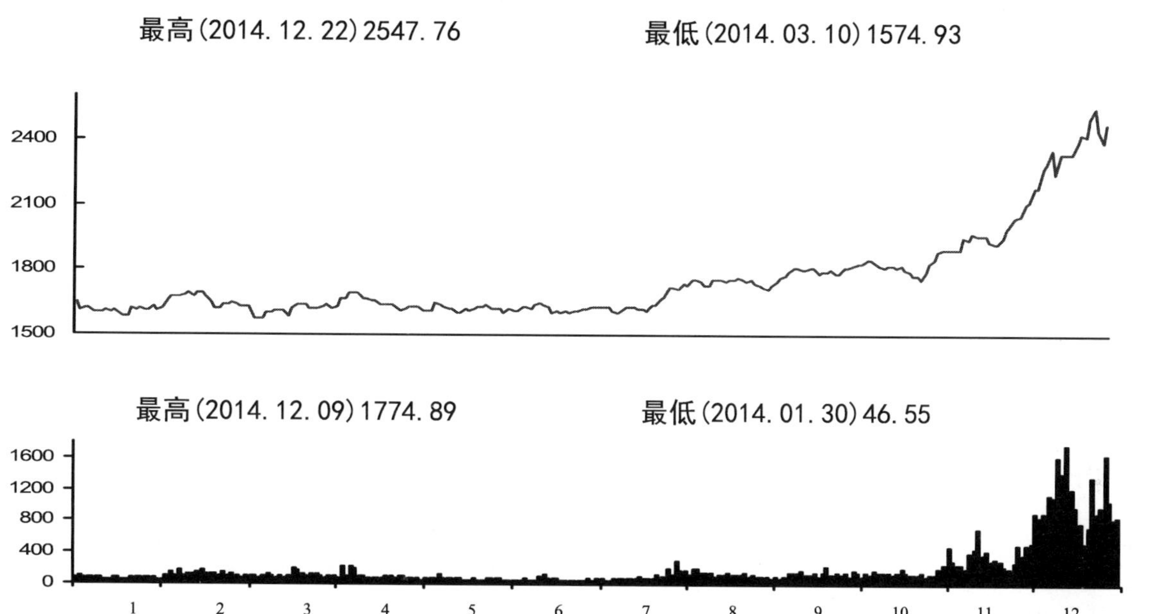

每日收盘指数 Daily Index

日期 Date	1月 Jan	2月 Feb	3月 Mar	4月 Apr	5月 May	6月 Jun	7月 Jul	8月 Aug	9月 Sep	10月 Oct	11月 Nov	12月 Dec
1	---	---	---	1627.02	---	---	1619.44	1725.09	1743.60	---	---	2110.16
2	1674.78	---	---	1638.80	---	---	1625.14	---	1764.27	---	---	2175.46
3	1649.51	---	1648.47	1620.30	---	1616.39	1626.99	---	1779.35	---	1897.33	2180.12
4	---	---	1639.80	1630.33	---	1603.71	1625.00	1754.77	1790.02	---	1894.57	2273.61
5	---	---	1625.78	---	1625.37	1617.24	---	1753.43	1812.60	---	1891.26	2287.04
6	1613.61	---	1629.35	---	1628.06	1607.04	---	1750.68	---	---	1896.69	---
7	1617.84	1619.00	1624.52	---	1613.82	---	1623.79	1726.16	---	---	1892.81	---
8	1615.36	---	---	1661.93	1613.30	---	1631.13	1729.04	---	1844.01	---	2352.07
9	1602.60	---	---	1668.43	1607.82	1607.67	1608.45	---	1811.09	1844.01	---	2245.05
10	1597.48	1655.45	1574.93	1691.91	---	1625.04	1603.04	---	1800.42	1829.95	1946.17	2336.82
11	---	1670.88	1576.07	1692.01	---	1626.75	1606.03	1760.67	1799.02	---	1942.75	2338.17
12	---	1676.30	1576.37	---	1642.81	1620.13	---	1757.80	1808.73	---	1969.26	2337.15
13	1597.86	1675.54	1601.14	---	1636.62	1635.15	---	1757.56	---	1818.85	1962.84	---
14	1609.42	1687.16	1596.36	1688.05	1632.87	---	1625.04	1743.92	---	1815.17	1956.93	---
15	1602.95	---	---	1660.56	1618.26	---	1627.94	1754.41	1813.96	1824.49	---	2334.11
16	1606.87	---	---	1663.27	1619.63	1649.33	1627.28	---	1785.32	1817.97	---	2386.40
17	1590.30	1693.60	1612.18	1659.27	---	1638.03	1616.42	---	1790.28	1811.61	1954.54	2424.64
18	---	1675.45	1613.49	1659.49	---	1627.35	1617.37	1761.07	1797.37	---	1934.85	2420.21
19	---	1695.48	1607.15	---	1603.60	1602.83	---	1764.97	1805.89	---	1924.62	2499.89
20	1579.27	1696.83	1580.54	---	1603.63	1610.62	---	1758.31	---	1822.03	1924.10	---
21	1586.56	1677.23	1623.52	1633.69	1620.09	---	1614.57	1745.31	---	1806.61	1953.14	---
22	1621.14	---	---	1641.55	1613.72	---	1633.96	1752.19	1779.60	1796.47	---	2547.76
23	1609.86	---	---	1639.48	1618.43	1605.29	1635.55	---	1788.73	1775.95	---	2440.65
24	1620.97	1651.00	1638.54	1637.21	---	1606.24	1662.70	---	1814.66	1775.26	1986.68	2385.40
25	---	1616.66	1636.88	1622.73	---	1602.47	1676.71	1739.30	1815.97	---	2024.66	2471.87
26	---	1620.32	1635.02	---	1626.54	1610.57	---	1726.73	1816.38	---	2043.11	2520.74
27	1609.71	1637.80	1623.39	---	1623.93	1607.46	---	1723.92	---	1760.92	2053.12	---
28	1613.50	1637.05	1620.39	1605.99	1634.43	---	1717.87	1713.43	---	1795.78	2105.83	---
29	1628.69	---	---	1620.61	1621.20	---	1722.13	1731.90	1827.30	1825.84	---	2515.34
30	1613.15	---	---	1625.12	1619.14	1620.50	1713.59	---	1832.83	1852.74	---	2493.09
31	---	---	1616.13	---	---	---	1735.13	---	---	1883.81	---	2547.69
盘中最高	1676.52	1723.53	1652.84	1702.35	1644.83	1650.53	1735.85	1767.28	1834.53	1889.07	2106.27	H2595.4
盘中最低	1574.30	1597.37	L1560.5	1599.91	1591.88	1594.16	1596.66	1710.72	1730.91	1757.28	1872.60	2096.61

分类指数数据及图表
Data and Chart of Sector Indices

上证A股指数 SSE A Share Index

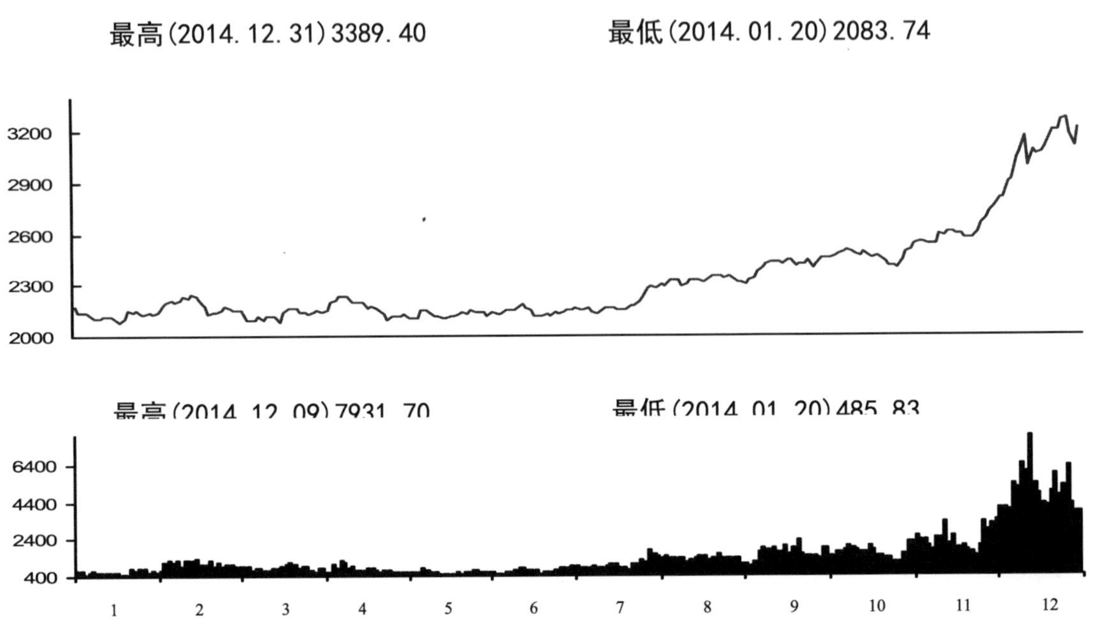

每日收盘指数 Daily Index

日期 Date	1月 Jan	2月 Feb	3月 Mar	4月 Apr	5月 May	6月 Jun	7月 Jul	8月 Aug	9月 Sep	10月 Oct	11月 Nov	12月 Dec
1	---	---	---	2143.58	---	---	2146.88	2288.12	2340.12	---	---	2806.94
2	2207.56	---	---	2155.70	---	---	2156.35	---	2372.20	---	---	2894.50
3	2180.10	---	2172.57	2139.69	---	2134.19	2160.32	---	2395.89	---	2544.32	2911.24
4	---	---	2168.58	2155.53	---	2120.04	2156.25	2328.02	2415.05	---	2545.04	3037.19
5	---	---	2149.18	---	2122.48	2136.81	---	2324.43	2435.57	---	2533.11	3077.51
6	2141.03	---	2156.02	---	2123.19	2125.33	---	2321.81	---	---	2540.09	---
7	2142.66	2139.60	2154.35	---	2104.39	---	2156.79	2290.50	---	---	2532.03	---
8	2139.51	---	---	2196.98	2109.82	---	2161.05	2297.62	---	2494.50	---	3164.31
9	2121.91	---	---	2204.21	2105.51	2125.91	2134.41	---	2435.66	2501.48	---	2992.12
10	2106.95	2183.23	2092.75	2234.69	---	2149.02	2134.06	---	2427.04	2485.99	2590.33	3079.85
11	---	2201.78	2094.91	2230.74	---	2151.56	2143.10	2329.30	2420.01	---	2586.22	3064.69
12	---	2208.39	2091.31	---	2149.25	2148.22	---	2326.00	2441.27	---	2612.18	3077.75
13	2103.07	2196.35	2113.71	---	2147.08	2168.18	---	2327.17	---	2477.08	2602.90	---
14	2121.13	2214.80	2098.23	2231.81	2144.09	---	2163.76	2309.89	---	2470.24	2595.80	---
15	2117.43	---	---	2200.36	2120.00	---	2167.68	2331.12	2448.77	2485.09	---	3093.68
16	2117.79	---	---	2204.09	2121.56	2184.24	2164.47	---	2404.18	2467.12	---	3165.27
17	2098.12	2235.39	2118.51	2197.50	---	2164.04	2152.20	---	2416.01	2451.04	2590.63	3206.90
18	---	2218.26	2120.07	2196.33	---	2152.32	2155.83	2344.41	2424.44	---	2572.09	3203.11
19	---	2242.94	2116.46	---	2099.24	2118.97	---	2350.57	2438.64	---	2566.40	3256.75
20	2083.74	2238.97	2086.92	---	2102.33	2122.01	---	2345.15	---	2467.35	2568.14	---
21	2101.61	2212.64	2143.94	2162.90	2119.97	---	2151.01	2334.99	---	2449.50	2603.94	---
22	2147.14	---	---	2170.21	2116.05	---	2173.03	2345.83	2397.16	2435.75	---	3276.89
23	2137.07	---	---	2164.51	2129.96	2119.62	2176.21	---	2417.99	2410.47	---	3177.37
24	2149.88	2173.93	2163.40	2153.63	---	2129.72	2204.09	---	2453.42	2410.31	2652.23	3114.07
25	---	2129.57	2164.42	2132.11	---	2120.91	2226.70	2333.80	2455.01	---	2688.44	3219.06
26	---	2137.00	2160.61	---	2137.21	2134.67	---	2310.58	2457.74	---	2727.08	3308.39
27	2127.76	2143.46	2142.68	---	2130.01	2132.35	---	2313.03	---	2397.92	2754.54	---
28	2133.34	2152.80	2137.55	2097.56	2146.50	---	2280.54	2298.62	---	2447.63	2809.63	---
29	2145.24	---	---	2115.18	2136.41	---	2285.96	2320.99	2468.17	2484.54	---	3319.48
30	2127.62	---	---	2121.41	2135.09	2144.75	2283.92	---	2474.59	2503.50	---	3317.14
31	---	---	2128.79	---	---	---	2305.21	---	---	2534.07	---	3389.40
盘中最高	2211.50	2280.18	2177.31	2247.69	2157.86	2185.65	2305.81	2354.34	2476.32	2537.68	2809.99	H3394.3
盘中最低	2076.99	2108.38	L2066.8	2091.36	2084.44	2105.07	2128.46	2283.06	2321.46	2386.78	2514.74	2791.77

分类指数数据及图表

Data and Chart of Sector Indices

上证B股指数 SSE B Share Index

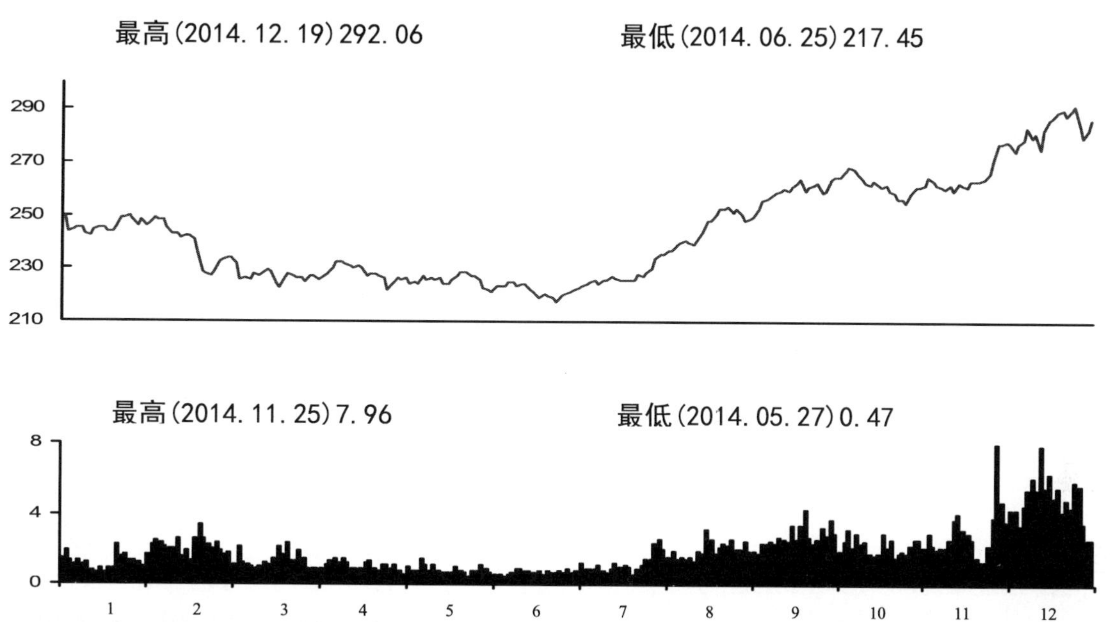

每日收盘指数 Daily Index

日期 Date	1月 Jan	2月 Feb	3月 Mar	4月 Apr	5月 May	6月 Jun	7月 Jul	8月 Aug	9月 Sep	10月 Oct	11月 Nov	12月 Dec
1	---	---	---	227.10	---	---	221.98	237.26	255.84	---	---	274.55
2	253.49	---	---	227.16	---	---	222.74	---	256.69	---	---	277.71
3	250.05	---	232.34	225.66	---	221.69	223.49	---	257.96	---	264.62	279.30
4	---	---	232.96	227.25	---	221.09	223.94	239.41	258.55	---	263.51	283.30
5	---	---	234.28	---	225.97	223.54	---	240.00	259.80	---	261.76	279.47
6	243.42	---	234.05	---	226.18	223.53	---	240.44	---	---	261.09	---
7	244.61	246.91	232.12	---	224.33	---	224.99	239.82	---	---	260.21	---
8	245.12	---	---	228.36	224.94	---	225.93	239.48	---	268.06	---	281.46
9	245.51	---	---	230.23	224.08	223.42	223.98	---	260.20	266.55	---	275.06
10	243.14	249.09	225.44	232.21	---	224.78	225.47	---	259.54	263.99	261.81	282.87
11	---	248.25	226.35	232.15	---	224.77	226.01	242.01	260.89	---	259.50	286.74
12	---	248.24	225.43	---	227.61	223.38	---	243.82	262.28	---	262.53	287.04
13	242.07	245.52	228.24	---	225.74	223.96	---	247.99	---	262.49	261.49	---
14	244.50	243.35	226.94	231.78	226.21	---	227.01	248.55	---	261.86	260.63	---
15	245.12	---	---	230.92	225.48	---	226.81	250.40	263.82	263.54	---	289.49
16	245.30	---	---	230.31	226.68	223.88	225.97	---	259.13	261.65	---	290.12
17	244.12	243.09	228.22	230.92	---	221.97	225.56	---	261.32	260.91	263.21	287.85
18	---	241.64	229.32	230.40	---	220.94	226.11	252.90	261.89	---	262.94	290.56
19	---	242.11	228.44	---	224.21	219.28	---	252.95	262.32	---	263.59	292.06
20	243.57	242.39	224.52	---	224.15	220.42	---	253.86	---	261.87	264.05	---
21	245.21	241.04	222.75	227.09	225.57	---	226.09	251.53	---	259.36	266.26	---
22	248.92	---	---	228.34	227.07	---	227.63	252.70	258.76	258.67	---	284.53
23	249.07	---	---	227.73	228.55	219.42	227.20	---	259.83	256.23	---	279.70
24	249.81	236.08	226.48	227.48	---	218.64	228.81	---	264.05	256.68	270.48	282.48
25	---	229.12	228.08	226.13	---	217.45	230.10	250.29	264.53	---	277.59	286.69
26	---	228.26	227.50	---	228.81	219.65	---	248.12	265.00	---	277.76	289.60
27	248.39	227.25	226.67	---	227.22	220.55	---	248.90	---	255.04	278.46	---
28	246.17	228.91	226.80	221.79	227.00	---	233.68	250.12	---	259.08	277.48	---
29	248.09	---	---	224.30	225.96	---	235.85	252.95	266.78	260.70	---	286.45
30	246.32	---	---	226.44	222.93	221.27	235.66	---	268.17	261.06	---	286.90
31	---	---	224.99	---	---	---	237.36	---	---	262.04	---	290.76
盘中最高	253.59	249.58	235.34	232.85	229.01	225.09	237.53	254.15	268.22	268.81	279.03	H292.64
盘中最低	241.72	223.88	221.46	221.64	221.67	L216.85	220.86	236.59	253.13	254.60	258.19	273.06

分类指数数据及图表

Data and Chart of Sector Indices

上证基金指数　SSE Fund Index

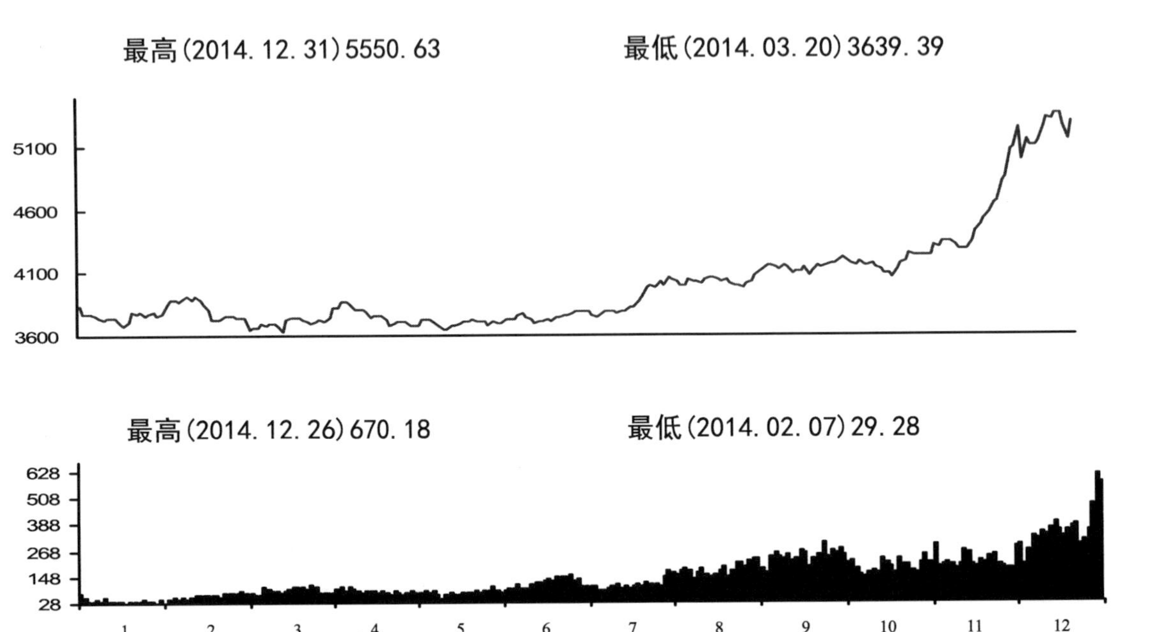

每日收盘指数 Daily Index

日期 Date	1月 Jan	2月 Feb	3月 Mar	4月 Apr	5月 May	6月 Jun	7月 Jul	8月 Aug	9月 Sep	10月 Oct	11月 Nov	12月 Dec
1	---	---	---	3713.11	---	---	3758.14	3995.78	4026.92	---	---	4664.39
2	3872.80	---	---	3734.37	---	---	3771.94	---	4073.37	---	---	4817.39
3	3838.00	---	3765.98	3716.31	---	3705.37	3787.36	---	4100.00	---	4240.37	4853.59
4	---	---	3763.98	3746.34	---	3683.26	3789.56	4053.69	4125.87	---	4235.60	5075.80
5	---	---	3740.26	---	3704.38	3713.85	---	4044.27	4156.67	---	4228.95	5081.79
6	3772.63	---	3750.27	---	3706.03	3696.26	---	4029.63	---	---	4230.38	---
7	3773.46	3775.34	3745.68	---	3686.19	---	3783.63	3992.50	---	---	4226.85	---
8	3779.98	---	---	3818.34	3686.39	---	3786.29	3998.79	---	4208.41	---	5245.01
9	3761.14	---	---	3819.69	3680.23	3695.72	3753.73	---	4146.91	4211.58	---	4994.31
10	3740.31	3854.11	3655.00	3874.32	---	3726.85	3748.42	---	4132.02	4191.31	4307.27	5152.73
11	---	3879.49	3657.59	3864.67	---	3725.58	3763.31	4038.73	4123.30	---	4300.02	5099.44
12	---	3884.62	3658.69	---	3732.30	3723.06	---	4027.66	4147.71	---	4344.31	5108.45
13	3721.53	3876.29	3695.42	---	3723.73	3753.59	---	4032.19	---	4172.17	4336.42	---
14	3741.60	3894.42	3674.46	3858.66	3723.20	---	3793.69	4005.25	---	4156.43	4336.58	---
15	3737.54	---	---	3806.26	3692.95	---	3795.06	4036.82	4143.82	4179.80	---	5138.17
16	3738.11	---	---	3805.79	3686.28	3772.89	3789.09	---	4087.06	4162.08	---	5253.46
17	3698.18	3920.51	3702.63	3799.49	---	3748.75	3776.11	---	4098.95	4148.80	4319.72	5325.74
18	---	3883.95	3699.76	3795.62	---	3733.28	3787.88	4055.40	4110.20	---	4283.00	5309.05
19	---	3918.32	3678.72	---	3653.55	3696.61	---	4053.20	4136.99	---	4277.96	5360.40
20	3683.19	3891.55	3639.39	---	3652.10	3708.75	---	4045.62	---	4164.91	4281.20	---
21	3707.44	3856.06	3729.08	3743.47	3676.19	---	3785.64	4027.32	---	4142.46	4347.15	---
22	3788.21	---	---	3758.16	3674.44	---	3819.02	4042.87	4073.92	4126.09	---	5360.71
23	3779.39	---	---	3755.60	3701.34	3709.12	3824.31	---	4101.33	4095.06	---	5264.06
24	3796.98	3800.24	3744.94	3755.00	---	3727.99	3874.33	---	4158.83	4091.44	4427.08	5151.97
25	---	3726.66	3737.48	3725.48	---	3718.44	3907.03	4018.52	4145.03	---	4466.61	5292.66
26	---	3729.52	3736.38	---	3711.08	3736.06	---	3996.40	4147.38	---	4520.27	5450.39
27	3764.07	3728.72	3719.32	---	3703.86	3737.58	---	3994.81	---	4064.62	4566.10	---
28	3771.22	3751.16	3710.63	3680.43	3728.43	---	3985.22	3981.14	---	4124.51	4649.14	---
29	3787.87	---	---	3701.86	3714.84	---	3996.31	4009.51	4166.20	4167.76	---	5438.80
30	3756.15	---	---	3705.19	3710.77	3757.49	3987.30	---	4175.70	4184.81	---	5447.70
31	---	---	3694.30	---	---	---	4026.92	---	---	4243.91	---	5550.63
盘中最高	3875.44	3949.53	3772.26	3895.55	3736.47	3778.54	4027.73	4061.80	4179.33	4246.92	4654.07	H5557.4
盘中最低	3671.77	3693.35	L3624.3	3677.06	3633.51	3672.11	3745.97	3978.17	4008.29	4055.74	4204.57	4650.13

分类指数数据及图表

Data and Chart of Sector Indices

上证国债指数 SSE T-Bond Index

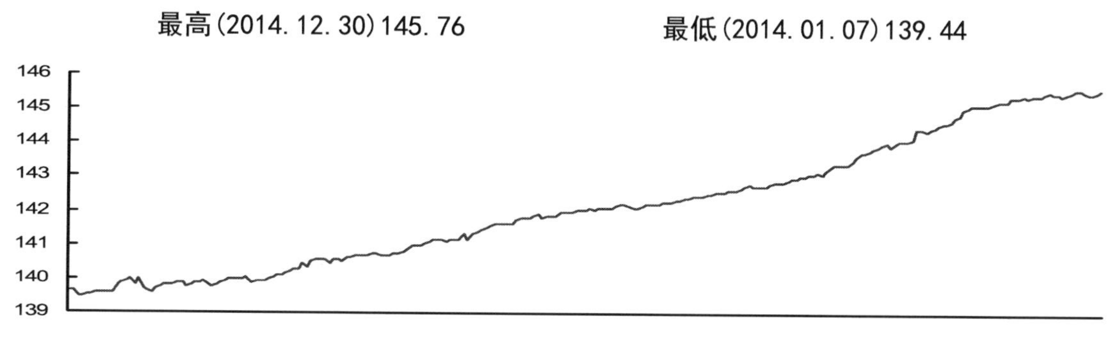

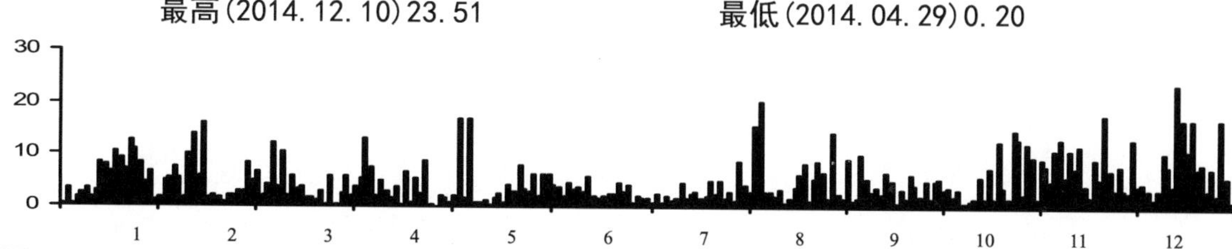

每日收盘指数 Daily Index

日期 Date	1月 Jan	2月 Feb	3月 Mar	4月 Apr	5月 May	6月 Jun	7月 Jul	8月 Aug	9月 Sep	10月 Oct	11月 Nov	12月 Dec
1	---	---	---	140.56	---	---	142.03	142.34	142.82	---	---	145.39
2	139.62	---	---	140.57	---	---	142.06	---	142.86	---	---	145.38
3	139.62	---	139.91	140.57	---	141.64	142.07	---	142.85	---	144.55	145.39
4	---	---	139.97	140.44	---	141.62	142.03	142.39	142.87	---	144.59	145.39
5	---	---	139.99	---	140.88	141.62	---	142.40	142.92	---	144.62	145.39
6	139.62	---	140.00	---	140.97	141.63	---	142.42	---	---	144.65	---
7	139.44	139.68	140.01	---	140.99	---	142.09	142.43	---	---	144.75	---
8	139.44	---	---	140.55	141.01	---	142.11	142.44	---	143.72	---	145.46
9	139.51	---	---	140.57	141.06	141.64	142.12	---	142.98	143.75	---	145.51
10	139.52	139.76	140.06	140.52	---	141.77	142.12	---	142.99	143.79	144.82	145.46
11	---	139.81	139.89	140.64	---	141.82	142.15	142.49	143.02	---	145.03	145.45
12	---	139.82	139.91	---	141.11	141.79	---	142.51	143.03	---	145.09	145.42
13	139.56	139.81	139.94	---	141.14	141.81	---	142.53	---	143.83	145.11	---
14	139.56	139.86	139.96	140.64	141.14	---	142.19	142.55	---	143.90	145.13	---
15	139.58	---	---	140.71	141.14	---	142.21	142.57	143.07	143.94	---	145.48
16	139.61	---	---	140.68	141.11	141.87	142.16	---	143.10	144.00	---	145.52
17	139.61	139.90	139.98	140.71	---	141.90	142.10	---	143.12	143.89	145.12	145.59
18	---	139.78	140.07	140.72	---	141.81	142.11	142.62	143.11	---	145.13	145.60
19	---	139.84	140.08	---	141.13	141.85	---	142.62	143.22	---	145.15	145.51
20	139.81	139.85	140.13	---	141.16	141.88	---	142.64	---	144.03	145.21	---
21	139.85	139.87	140.16	140.77	141.18	---	142.16	142.68	---	144.05	145.23	---
22	139.96	---	---	140.76	141.34	---	142.19	142.71	143.32	144.06	---	145.47
23	139.97	---	---	140.71	141.18	141.88	142.18	---	143.38	144.06	---	145.48
24	139.83	139.92	140.25	140.72	---	141.95	142.19	---	143.37	144.12	145.25	145.53
25	---	139.83	140.28	140.72	---	141.99	142.23	142.77	143.37	---	145.26	145.62
26	---	139.77	140.27	---	141.36	141.97	---	142.76	143.40	---	145.34	145.67
27	139.98	139.83	140.44	---	141.41	141.98	---	142.75	---	144.41	145.34	---
28	139.68	139.90	140.33	140.73	141.43	---	142.25	142.76	---	144.41	145.37	---
29	139.66	---	---	140.74	141.50	---	142.27	142.74	143.50	144.39	---	145.71
30	139.58	---	---	140.80	141.54	142.02	142.25	---	143.60	144.42	---	145.76
31	---	---	140.54	---	---	---	142.30	---	---	144.49	---	145.68
盘中最高	140.00	139.94	140.55	140.82	141.54	142.13	142.30	142.79	143.63	144.49	145.37	H145.78
盘中最低	L139.42	139.62	139.88	140.27	140.87	141.52	142.00	142.28	142.77	143.69	144.49	145.27

分类指数数据及图表
Data and Chart of Sector Indices

上证企业债指数 SSE C-Bond Index

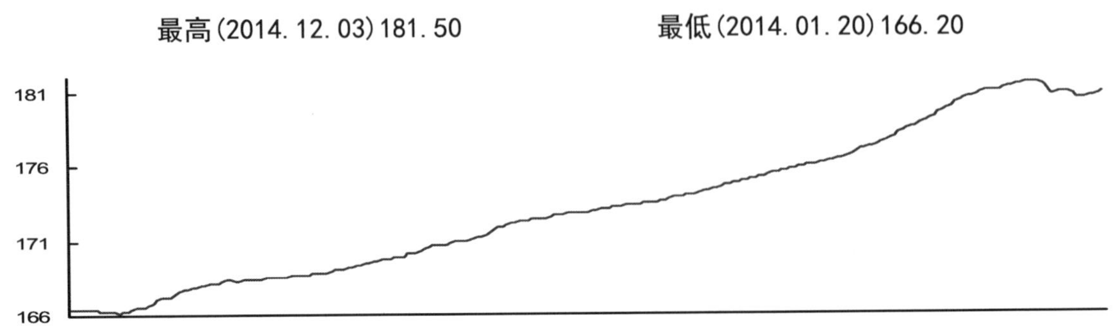

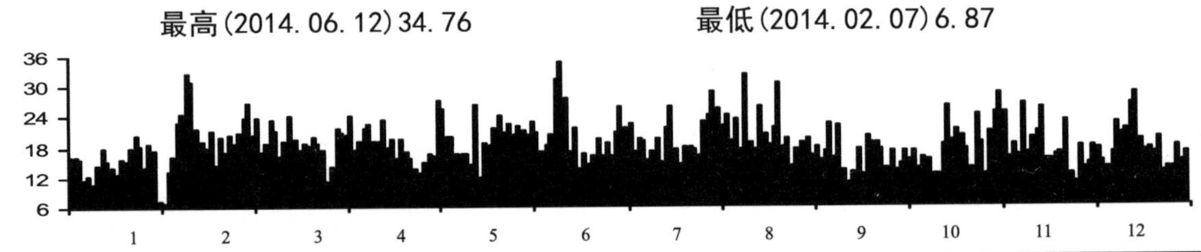

每日收盘指数 Daily Index

日期 Date	1月 Jan	2月 Feb	3月 Mar	4月 Apr	5月 May	6月 Jun	7月 Jul	8月 Aug	9月 Sep	10月 Oct	11月 Nov	12月 Dec
1	---	---	---	168.81	---	---	172.81	173.83	175.36	---	---	181.45
2	166.52	---	---	168.80	---	---	172.84	---	175.43	---	---	181.48
3	166.45	---	168.39	168.85	---	171.68	172.86	---	175.50	---	179.44	181.50
4	---	---	168.38	168.90	---	171.82	172.91	173.89	175.59	---	179.62	181.43
5	---	---	168.28	---	170.07	171.91	---	173.94	175.64	---	179.76	181.28
6	166.42	---	168.32	---	170.15	172.00	---	173.99	---	---	179.93	---
7	166.40	167.03	168.37	---	170.18	---	172.98	174.06	---	---	180.13	---
8	166.36	---	---	169.07	170.27	---	173.04	174.13	---	177.01	---	181.17
9	166.36	---	---	169.04	170.44	172.12	173.04	---	175.76	177.10	---	180.64
10	166.36	167.15	168.41	169.06	---	172.18	173.08	---	175.78	177.14	180.32	180.69
11	---	167.15	168.45	169.15	---	172.21	173.15	174.23	175.83	---	180.46	180.74
12	---	167.19	168.37	---	170.55	172.30	---	174.31	175.88	---	180.55	180.80
13	166.38	167.36	168.41	---	170.65	172.33	---	174.38	---	177.26	180.57	---
14	166.27	167.59	168.50	169.26	170.68	---	173.23	174.45	---	177.32	180.66	---
15	166.29	---	---	169.33	170.71	---	173.26	174.50	175.96	177.42	---	180.76
16	166.25	---	---	169.38	170.72	172.43	173.31	---	175.98	177.55	---	180.62
17	166.25	167.77	168.56	169.43	---	172.44	173.31	---	176.01	177.70	180.80	180.45
18	---	167.77	168.57	169.50	---	172.44	173.31	174.65	176.08	---	180.87	180.45
19	---	167.83	168.54	---	170.78	172.43	---	174.72	176.20	---	180.93	180.46
20	166.20	167.90	168.55	---	170.87	172.49	---	174.78	---	177.92	180.96	---
21	166.26	167.95	168.57	169.60	170.91	---	173.38	174.81	---	178.19	180.97	---
22	166.30	---	---	169.63	170.94	---	173.41	174.87	176.28	178.32	---	180.48
23	166.37	---	---	169.67	171.00	172.62	173.44	---	176.33	178.40	---	180.48
24	166.48	168.05	168.64	169.71	---	172.63	173.43	---	176.40	178.47	181.12	180.67
25	---	168.10	168.63	169.76	---	172.70	173.51	174.97	176.46	---	181.19	180.79
26	---	168.11	168.61	---	171.09	172.77	---	175.05	176.50	---	181.25	180.91
27	166.58	168.17	168.64	---	171.18	172.82	---	175.10	---	178.60	181.35	---
28	166.58	168.29	168.66	169.83	171.24	---	173.62	175.14	---	178.74	181.36	---
29	166.71	---	---	169.83	171.36	---	173.65	175.19	176.64	178.88	---	181.08
30	166.85	---	---	169.92	171.44	172.82	173.69	---	176.76	179.05	---	181.12
31	---	---	168.78	---	---	---	173.80	---	---	179.25	---	181.10
盘中最高	166.85	168.31	168.79	169.93	171.46	172.91	173.80	175.20	176.78	179.27	181.40	H181.54
盘中最低	L166.05	166.95	168.21	168.78	170.00	171.55	172.79	173.80	175.27	176.96	179.34	180.27

Securities

Trading

证券成交

股票市场概貌
Share Market Overview

股票
Share

股票市场交易 Stock Market Data	2014 年	2013 年	增减(%) Change (%)
交易天数 Trading Days	245	238	2.94
上市股票数 No. of Stocks	1039	997	4.21
A 股 A Share	986	944	4.45
B 股 B Share	53	53	0.00
新上市股票数 No. of Stocks New Listed	43	1	4200.00
股票市价总值(亿)Total Market Cap(100M)	243974.02	151165.27	61.40
A 股 A Share	243102.74	150406.94	61.63
B 股 B Share	871.28	758.33	14.89
股票非限售市值(亿) Negotiable Cap (100M)	220495.87	136526.38	61.50
A 股 A Share	219624.59	135768.04	61.76
B 股 B Share	871.28	758.33	14.89
总成交金额 (亿) Total Trading Val(100M)	377162.12	230266.03	63.79
A 股 A Share	375149.95	228918.82	63.88
B 股 B Share	484.45	689.94	-29.78
股票回购	1527.72	657.27	132.43
日均成交金额(亿)Average Trading Val(100M)	1539.44	967.50	59.12
A 股 A Share	1531.22	961.84	59.20
B 股 B Share	1.98	2.90	-31.72
股票回购	3.12	1.79	74.30
总成交量(亿) Total Trading Vol (100M)	42938.82	26718.85	60.71
A 股 A Share	42471.35	26432.16	60.68
B 股 B Share	96.01	131.57	-27.03
股票回购	371.45	155.13	139.44
日均成交量(亿) Average Trading Vol(100M)	175.26	112.26	56.12
A 股 A Share	173.35	111.06	56.09
B 股 B Share	0.39	0.55	-29.09
股票回购	0.76	0.42	80.95
总成笔数(百万)Total Number of Trades(M)	1590.88	1153.21	37.95
A 股 A Share	1586.07	1146.99	38.28
B 股 B Share	4.67	6.21	-24.80
股票回购	0.14	0.01	1300.00
大宗交易成交 Bulk Trading			
总成交金额(亿) Total Trading Val(100M)	1365.75	910.65	49.98
总成交量(亿) Total Trading Vol(100M)	180.54	104.40	72.93
总成交笔数(笔) Number of Trades	3187.00	2348.00	35.73
股票换手率 Turnover Rate	173.76	123.60	40.58
A 股 A Share	174.42	123.83	40.85
B 股 B Share	64.59	89.42	-27.77
股票平均价格 Average Price	8.78	8.62	1.86
A 股 A Share	8.83	8.66	1.96
B 股 B Share	5.05	5.24	-3.63
股票市盈率 P/E	15.99	10.99	45.50
A 股 A Share	15.99	10.99	45.50
B 股 B Share	15.77	11.62	35.71

A 股每日成交(亿元/亿股)
A Share Trading(100 M Yuan/100 M Shares)

股票 Share

日期 Date	1月 Jan		2月 Feb		3月 Mar		4月 Apr		5月 May		6月 Jun	
	金额 Value	数量 Vol	金额 Value	数量 Vol	金额 Value	数量 Vol	金额 Value	数量 Vol	金额 Value	数量 Vol	金额 Value	数量 Vol
1	---	---	---	---	---	---	646.10	83.32	---	---	---	---
2	622.74	68.86	---	---	---	---	786.46	102.91	---	---	---	---
3	727.86	84.82	---	---	1048.86	127.15	802.35	109.04	---	---	592.16	71.42
4	---	---	---	---	1015.88	116.13	664.91	83.22	---	---	574.31	72.32
5	---	---	---	---	915.48	107.52	---	---	600.68	79.81	564.55	68.07
6	730.33	89.52	---	---	926.22	109.45	---	---	579.39	75.04	551.82	66.14
7	545.60	63.20	678.75	73.64	893.05	103.53	---	---	577.82	74.45	---	---
8	629.95	71.74	---	---	---	---	1081.23	133.49	596.70	78.00	---	---
9	676.24	75.85	---	---	---	---	873.27	105.17	576.89	76.38	551.26	64.76
10	610.89	75.44	1130.09	124.43	949.08	115.51	1300.13	156.81	---	---	656.05	79.72
11	---	---	1252.50	141.96	770.82	92.71	1116.46	131.77	---	---	636.64	75.16
12	---	---	1108.01	126.11	791.87	101.14	---	---	880.39	115.61	704.37	83.02
13	567.28	67.42	1244.61	146.40	779.36	100.86	---	---	736.58	97.03	826.77	97.31
14	566.80	70.28	975.69	111.43	701.68	87.91	872.89	102.90	568.46	72.38	---	---
15	577.62	67.42	---	---	---	---	915.54	107.86	598.38	75.78	---	---
16	628.90	72.78	---	---	---	---	753.53	89.44	520.41	67.16	801.69	96.13
17	573.38	67.45	1263.06	140.16	721.75	86.34	745.29	90.10	---	---	712.65	88.30
18	---	---	1299.27	142.84	837.77	96.87	737.02	88.46	---	---	705.16	87.33
19	---	---	1282.17	151.60	802.19	95.51	---	---	529.30	65.23	748.82	93.34
20	485.83	56.51	1310.88	157.13	887.60	110.37	---	---	499.39	61.77	541.46	68.60
21	521.54	59.97	994.00	117.44	1094.09	144.21	821.66	96.71	487.03	62.24	---	---
22	841.98	98.76	---	---	---	---	830.50	99.36	594.23	74.56	---	---
23	761.20	84.10	---	---	---	---	674.38	78.80	515.66	63.58	578.65	70.74
24	824.42	92.92	1073.80	124.33	1106.96	148.29	643.68	78.06	---	---	621.07	71.90
25	---	---	1276.73	139.75	1008.78	132.28	758.67	94.56	---	---	563.34	68.20
26	---	---	959.15	109.66	807.97	102.79	---	---	603.57	70.65	667.68	81.39
27	824.08	89.19	1129.51	132.01	952.51	119.09	---	---	562.97	68.03	778.64	102.23
28	662.07	72.93	955.19	111.31	941.22	121.46	684.24	89.56	689.42	81.78	---	---
29	677.41	73.88	---	---	---	---	567.94	76.16	694.84	81.20	---	---
30	582.01	62.47	---	---	---	---	577.08	74.48	626.50	75.65	801.66	96.69
31	---	---	---	---	717.58	94.16	---	---	---	---	---	---
最高 high	841.98	98.76	1310.88	157.13	1106.96	148.29	1300.13	156.81	880.39	115.61	826.77	102.23
最低 low	L485.83	L56.51	678.75	73.64	701.68	86.34	567.94	74.48	487.03	61.77	541.46	64.76

A 股每日成交(亿元/亿股)
A Share Trading(100 M Yuan/100 M Shares)

股票
Share

日期 Date	7月 Jul		8月 Aug		9月 Sep		10月 Oct		11月 Nov		12月 Dec	
	金额 Value	数量 Vol	金额 Value	数量 Vol	金额 Value	数量 Vol	金额 Value	数量 Vol	金额 Value	数量 Vol	金额 Value	数量 Vol
1	838.72	98.88	1518.09	191.23	1176.07	129.02	---	---	---	---	4014.31	446.73
2	896.35	110.16	---	---	1708.00	191.76	---	---	---	---	3976.41	438.11
3	965.57	123.90	---	---	1876.00	212.19	---	---	2277.31	299.13	5298.13	561.63
4	836.64	105.10	1404.01	174.88	1793.71	199.20	---	---	2274.92	309.37	5091.00	532.12
5	---	---	1416.48	175.37	1860.94	213.32	---	---	2022.01	263.72	6392.08	639.89
6	---	---	1408.27	178.04	---	---	---	---	1799.95	222.32	---	---
7	814.62	97.16	1382.08	178.31	---	---	---	---	2448.14	292.15	---	---
8	817.90	95.67	1097.88	135.04	---	---	1812.39	208.98	---	---	5943.10	587.77
9	988.47	117.40	---	---	1729.26	196.68	2003.58	235.84	---	---	7931.70	772.27
10	857.91	99.31	---	---	1635.33	189.62	1922.94	224.62	2456.14	301.00	5356.80	512.92
11	864.21	105.25	1263.40	150.50	1973.23	221.95	---	---	3314.95	411.93	4820.53	483.41
12	---	---	1333.56	158.22	1628.19	193.59	---	---	2163.26	253.40	4217.91	410.89
13	---	---	1465.82	177.90	---	---	1762.10	201.75	2585.53	295.20	---	---
14	976.90	119.06	1418.62	170.46	---	---	1701.82	196.69	1948.25	224.07	---	---
15	1030.93	124.78	1297.66	150.40	1857.30	215.27	1725.12	203.99	---	---	4159.29	403.64
16	1022.03	137.34	---	---	2374.23	302.04	2046.95	249.56	---	---	4941.51	454.80
17	795.37	105.01	---	---	1593.38	210.83	1794.41	212.29	1994.65	215.89	5821.70	544.20
18	826.65	106.70	1416.20	163.86	1450.77	189.05	---	---	1750.27	201.41	4680.18	438.39
19	---	---	1553.74	177.50	1444.10	174.53	---	---	1673.68	186.49	5166.37	523.45
20	---	---	1400.04	167.51	---	---	1417.70	159.79	1523.87	167.22	---	---
21	756.69	93.76	1407.22	165.33	---	---	1465.68	168.42	1985.61	212.86	---	---
22	990.17	123.63	1403.70	159.91	1486.98	177.04	1388.19	153.32	---	---	6249.22	680.04
23	1066.33	137.00	---	---	1358.88	158.22	1409.11	162.91	---	---	4207.88	439.85
24	1288.67	166.04	---	---	1873.52	224.59	1142.28	131.87	3302.18	363.06	3796.44	377.89
25	1113.27	142.26	1343.07	161.79	1902.60	225.74	---	---	2819.88	313.77	3803.02	379.10
26	---	---	1342.00	163.33	1485.61	174.80	---	---	3169.87	337.15	4897.52	462.29
27	---	---	1041.87	120.97	---	---	1135.71	130.20	3391.99	363.90	---	---
28	1805.53	236.00	1095.55	124.35	---	---	1584.81	179.02	4031.78	466.51	---	---
29	1591.33	199.91	931.01	105.13	1716.89	200.57	2254.73	265.76	---	---	5570.67	511.65
30	1495.97	184.80	---	---	1668.76	193.54	2268.36	294.87	---	---	4383.12	398.56
31	1326.25	164.81	---	---	---	---	2500.33	325.76	---	---	4347.16	407.82
最高 high	1805.53	236.00	1553.74	191.23	2374.23	302.04	2500.33	325.76	4031.78	466.51	H7931.7(	H772.27
最低 low	756.69	93.76	931.01	105.13	1176.07	129.02	1135.71	130.20	1523.87	167.22	3796.44	377.89

A 股 A Share

股票 Share

股票代码 Code	名称 Name	发行股本 Issued Vol	流通股本 Negotiable Vol	上年收盘 Last Year Close	本年开盘 Open	本年最高 High	本年最低 Low	本年收盘 Close	涨跌(%) Change(%)
600000	浦发银行	18653.47	14922.78	9.43	9.44	15.88	8.39	15.69	73.38
600004	白云机场	1150.00	1150.00	6.95	6.93	13.34	6.45	10.93	62.59
600005	武钢股份	10093.78	10093.78	2.20	2.19	3.94	1.98	3.58	63.64
600006	东风汽车	2000.00	2000.00	2.91	2.91	6.83	2.68	5.95	104.73
600007	中国国贸	1007.28	1007.28	10.61	10.59	15.77	8.90	15.29	45.71
600008	首创股份	2200.00	2200.00	6.76	6.76	13.00	5.90	11.80	76.78
600009	上海机场	1926.96	1093.48	14.32	14.30	21.47	12.01	19.62	39.11
600010	包钢股份	16005.18	15742.02	4.31	4.74	5.85	2.52	4.08	89.85
600011	华能国际	10500.00	10500.00	5.06	5.03	9.30	4.56	8.83	82.02
600012	皖通高速	1165.60	1165.60	3.94	3.91	6.52	3.55	6.18	62.44
600015	华夏银行	8904.64	6487.69	8.57	8.51	13.60	7.62	13.46	62.14
600016	民生银行	27106.07	27106.07	7.72	7.67	11.54	5.91	10.88	70.41
600017	日照港	3075.65	2630.63	2.54	2.54	5.23	2.25	4.65	84.65
600018	上港集团	22755.18	22755.18	5.28	5.28	7.25	4.20	6.42	24.00
600019	宝钢股份	16471.03	16424.28	4.09	4.07	7.69	3.54	7.01	73.84
600020	中原高速	2247.37	2247.37	2.22	2.22	4.24	2.04	4.06	85.36
600021	上海电力	2139.74	2139.74	4.64	4.66	8.44	4.25	7.81	72.63
600022	山东钢铁	6436.30	5343.16	1.67	1.67	3.55	1.50	3.12	86.83
600023	浙能电力	11837.06	790.63	6.76	6.75	7.77	4.46	7.17	40.84
600026	中海发展	2108.56	2108.56	4.87	4.86	11.19	3.80	9.10	86.86
600027	华电国际	7090.06	5880.06	3.02	3.00	7.38	2.81	7.00	139.24
600028	中国石化	91282.16	91282.16	4.48	4.46	6.78	4.30	6.49	50.22
600029	南方航空	7022.65	7022.65	2.75	2.74	6.07	2.25	5.16	89.09
600030	中信证券	9838.58	9814.66	12.75	12.61	35.36	9.97	33.90	167.06
600031	三一重工	7616.50	7593.71	6.42	6.41	10.52	4.93	9.98	57.32
600033	福建高速	2744.40	2744.40	2.14	2.13	4.32	1.99	3.81	82.71
600035	楚天高速	1211.15	1211.15	3.04	3.03	4.84	2.21	4.51	95.82
600036	招商银行	20628.94	20628.94	10.89	10.84	16.62	9.41	16.59	58.03
600037	歌华有线	1063.79	1063.79	7.79	7.75	16.80	6.90	14.49	87.29
600038	哈飞股份	589.48	392.65	27.49	27.60	46.16	23.81	37.62	37.32
600039	四川路桥	3019.73	2021.13	6.04	6.01	9.37	4.41	5.46	81.62
600048	保利地产	10729.75	10729.75	8.25	8.19	10.82	4.83	10.82	100.29
600050	中国联通	21196.60	21196.60	3.21	3.21	5.19	2.96	4.95	55.87
600051	宁波联合	310.88	302.40	6.71	6.50	10.70	6.05	8.50	29.06
600052	浙江广厦	871.79	871.79	3.44	3.44	8.26	3.03	6.40	87.21
600053	中江地产	433.54	433.54	6.19	6.15	11.99	6.11	8.50	37.64
600054	黄山旅游	315.35	117.62	10.26	10.25	16.11	10.08	15.49	51.36
600055	华润万东	216.45	216.45	10.24	10.24	25.35	10.18	18.88	84.86
600056	中国医药	1012.51	884.46	21.81	21.78	24.67	9.73	16.41	51.80
600057	象屿股份	1036.25	429.84	6.81	7.02	12.80	5.59	10.20	49.78
600058	五矿发展	1071.91	1071.91	13.56	14.92	17.98	10.18	17.46	29.54
600059	古越龙山	808.52	808.52	9.49	9.50	9.93	7.30	8.94	3.29
600060	海信电器	1308.48	1308.48	11.54	11.51	12.93	9.41	11.43	2.21
600061	中纺投资	429.08	429.08	6.16	6.15	29.50	5.21	23.04	274.03
600062	华润双鹤	571.70	571.70	22.37	22.29	24.90	16.26	20.26	-7.90
600063	皖维高新	1497.85	1497.85	2.07	2.28	5.16	2.08	4.70	127.29
600064	南京高科	516.22	516.22	11.02	11.05	19.64	9.45	17.99	65.61
600066	宇通客车	1270.36	1244.86	17.56	17.56	23.03	14.60	22.33	30.01
600067	冠城大通	1193.34	1193.34	6.47	6.44	8.50	4.72	8.10	25.19
600068	葛洲坝	4604.78	3487.46	3.96	3.97	10.20	3.66	9.33	138.23

注：发行股本、流通股本、成交数量的单位是百万股，成交金额的单位为百万元。

A 股
A Share

股票
Share

涨跌值 Change	市盈率 P/E	市净率 P/B	换手率(%) Turnover Rate	成交数量 Trading Vol	成交金额 Trading Val
6.26	7.15	1.13	287.99	42975.76	474118.76
3.98	14.04	1.48	175.45	2017.72	18209.75
1.38	84.57	1.00	123.18	12433.93	34343.70
3.04	237.15	1.95	264.09	5281.82	24797.98
4.68	47.36	2.95	69.26	697.60	8501.50
5.04	43.18	4.16	241.73	5317.95	45898.43
5.30	20.19	2.05	274.10	2997.25	46291.80
-0.23	260.54	3.45	449.91	51281.67	198151.66
3.77	12.10	1.84	68.91	7235.09	47433.36
2.24	12.09	1.35	102.60	1195.91	5966.83
4.89	7.73	1.18	237.32	15396.71	152099.38
3.16	8.76	1.55	221.44	57799.87	467009.93
2.11	17.83	1.44	359.47	9456.39	35037.20
1.14	27.80	2.68	55.19	12309.64	67270.09
2.92	19.84	1.01	73.96	12153.75	61169.54
1.84	23.12	1.18	135.94	3055.15	9368.51
3.17	14.15	1.71	248.74	5322.29	30774.16
1.45	126.88	1.73	190.87	10198.69	24441.31
0.41	14.74	1.95	1097.85	7943.50	47886.50
4.23	0.00	1.45	169.68	3577.72	24266.47
3.98	14.90	1.95	188.48	11082.66	46986.96
2.01	11.28	1.29	35.67	32553.12	182197.59
2.41	26.73	1.43	210.42	14776.86	57192.17
21.15	71.22	3.77	501.29	49199.60	942084.69
3.56	26.18	3.20	185.07	14053.91	99419.64
1.67	19.23	1.35	274.19	6963.14	21396.16
1.47	21.39	1.47	207.08	2429.44	8194.55
5.70	8.09	1.33	129.51	26716.07	325288.73
6.70	40.91	2.45	473.78	5027.89	58583.69
10.13	89.70	3.59	397.98	1402.98	46511.22
-0.58	32.14	2.21	700.83	6689.98	38302.61
2.57	10.80	1.89	327.67	31835.65	217894.23
1.74	30.48	1.36	175.94	37294.13	140983.56
1.79	44.02	1.42	430.30	1301.23	11716.32
2.96	100.03	2.79	305.74	2665.43	15894.74
2.31	144.12	4.20	116.39	504.61	4408.07
5.23	50.77	3.29	559.47	658.04	8803.75
8.64	93.68	6.12	204.13	441.85	8386.16
-5.40	34.27	3.34	378.90	2897.42	43184.63
3.39	43.78	2.80	628.77	2702.70	23980.20
3.90	66.89	2.17	288.14	3088.58	41414.09
-0.55	50.22	1.95	389.81	2937.36	25504.98
-0.11	9.45	1.38	454.77	5950.52	66990.98
16.88	1555.71	15.96	428.88	1840.23	30280.29
-2.11	13.30	2.04	299.82	1714.03	34657.48
2.63	346.86	1.91	582.88	8730.61	30912.78
6.97	21.57	1.12	256.70	1325.16	18700.46
4.77	15.56	3.05	235.68	2910.51	53371.91
1.63	7.56	1.75	445.34	5302.83	34467.10
5.37	27.11	2.07	322.87	11259.82	68365.77

A 股
A Share

股票
Share

股票代码 Code	名称 Name	发行股本 Issued Vol	流通股本 Negotiable Vol	上年收盘 Last Year Close	本年开盘 Open	本年最高 High	本年最低 Low	本年收盘 Close	涨跌(%) Change(%)
600069	银鸽投资	825.37	825.37	4.09	4.08	5.97	3.33	4.72	15.40
600070	浙江富润	274.32	274.32	8.03	8.01	12.67	5.37	7.78	49.07
600071	凤凰光学	237.47	237.47	5.93	5.91	18.40	5.65	12.70	114.17
600072	*ST 钢构	478.43	478.43	12.23	12.25	14.63	5.93	11.08	-9.40
600073	上海梅林	937.73	822.74	8.78	8.78	10.00	7.01	9.38	7.52
600074	中达股份	895.98	895.98	4.14	3.37	6.99	3.37	5.83	90.81
600075	*ST 新业	438.59	438.59	6.42	6.42	7.39	4.74	6.51	1.40
600076	青鸟华光	365.54	365.54	4.64	4.53	8.30	4.13	5.27	13.58
600077	宋都股份	1340.12	1090.96	4.37	4.37	7.30	3.44	5.68	30.78
600078	澄星股份	662.57	662.57	5.81	5.80	9.70	5.15	6.83	17.81
600079	人福医药	528.78	505.92	28.35	28.00	31.49	22.89	25.65	-9.10
600080	金花股份	305.30	305.30	8.26	8.27	14.69	7.88	9.44	14.65
600081	东风科技	313.56	313.56	8.55	8.46	17.58	7.66	13.58	60.77
600082	海泰发展	646.12	629.99	4.87	4.88	8.87	4.13	6.87	41.07
600083	博信股份	230.00	226.92	7.02	7.03	12.66	6.25	10.61	51.14
600084	中葡股份	1123.73	809.92	3.94	3.94	6.44	3.48	5.93	50.51
600085	同仁堂	1311.14	1311.14	21.40	21.31	22.95	16.35	22.43	5.75
600086	东方金钰	352.28	352.28	17.40	17.40	27.02	16.11	25.59	47.07
600087	退市长油	3394.19	3394.19	0.80	1.47	0.80	0.80	0.80	- -.
600088	中视传媒	331.42	331.42	15.52	15.55	23.56	13.73	17.69	14.38
600089	特变电工	3240.13	3165.91	10.72	10.66	13.50	8.22	12.38	28.25
600090	啤酒花	367.92	367.92	6.93	6.90	8.26	6.14	8.13	17.32
600091	ST 明科	336.53	336.53	4.70	4.67	7.03	3.95	7.02	49.36
600093	禾嘉股份	322.45	322.45	5.89	5.83	13.56	5.50	8.69	47.54
600094	大名城	1812.84	1312.84	5.05	5.02	8.72	4.62	7.99	58.22
600095	哈高科	361.26	361.26	4.80	4.81	7.69	4.37	6.27	31.21
600096	云天化	1129.08	521.26	8.90	8.92	13.58	6.74	12.09	36.97
600097	开创国际	202.60	202.60	12.69	12.64	14.98	9.93	14.25	13.87
600098	广州发展	2726.20	2437.37	5.38	5.36	9.70	4.69	8.76	65.61
600099	林海股份	219.12	219.12	5.19	5.20	11.39	4.80	8.04	55.88
600100	同方股份	2197.88	2070.20	10.17	10.16	14.28	7.65	11.68	15.83
600101	明星电力	324.18	324.18	8.69	8.69	10.11	7.33	9.41	8.92
600103	青山纸业	1061.84	1061.84	2.31	2.32	3.76	2.14	3.66	58.44
600104	上汽集团	11025.57	11025.57	14.14	14.09	24.30	12.22	21.47	60.33
600105	永鼎股份	380.95	380.95	7.08	7.06	10.15	6.81	9.86	42.09
600106	重庆路桥	907.74	907.74	3.74	3.73	6.32	3.35	5.84	58.58
600107	美尔雅	360.00	360.00	6.36	6.32	9.51	5.29	8.32	30.82
600108	亚盛集团	1946.92	1946.92	8.03	8.00	11.32	5.32	9.34	16.56
600109	国金证券	2588.14	2588.14	16.97	16.83	28.01	11.32	19.79	133.71
600110	中科英华	1150.31	1150.31	6.09	6.05	7.75	4.64	6.31	3.61
600111	包钢稀土	2422.04	1479.47	22.27	22.17	27.50	18.63	25.88	17.11
600112	天成控股	509.20	509.20	12.82	12.90	16.98	10.75	11.22	-12.44
600113	浙江东日	318.60	318.60	8.83	8.86	16.23	7.62	12.84	45.64
600114	东睦股份	377.22	166.02	14.89	14.91	17.82	9.28	13.33	35.29
600115	东方航空	8481.08	7782.21	2.77	2.79	6.20	2.24	5.18	87.00
600116	三峡水利	267.53	267.53	10.32	10.16	15.55	9.05	14.46	41.28
600117	西宁特钢	741.22	741.22	3.65	3.65	6.28	2.97	5.09	39.45
600118	中国卫星	1182.49	1182.49	18.53	18.56	33.60	15.78	28.48	54.13
600119	长江投资	307.40	307.40	17.83	17.83	19.30	9.90	14.36	-19.07
600120	浙江东方	505.47	505.47	12.55	12.48	20.35	10.04	18.72	52.03

注：发行股本、流通股本、成交数量的单位是百万股，成交金额的单位为百万元。

A 股
A Share

股票
Share

涨跌值 Change	市盈率 P/E	市净率 P/B	换手率(%) Turnover Rate	成交数量 Trading Vol	成交金额 Trading Val
0.63	0.00	4.43	315.88	2607.18	11847.66
-0.25	17.43	2.20	573.98	1461.84	12752.58
6.77	0.00	6.13	637.08	1512.89	21426.94
-1.15	0.00	4.67	326.16	1560.45	15741.72
0.60	56.63	2.87	457.58	3572.39	30636.42
1.69	21.95	8.38	350.43	3139.75	18866.43
0.09	0.00	1.85	169.65	744.06	4605.64
0.63	36.98	15.17	471.21	1722.43	10425.10
1.31	20.67	0.73	446.60	2820.64	14556.90
1.02	191.58	2.55	415.22	2751.12	19125.48
-2.70	32.46	2.87	360.29	1742.49	47399.86
1.18	63.21	2.83	789.38	2409.93	26887.93
5.03	24.89	4.31	351.48	1102.11	14174.67
2.00	109.62	2.54	585.08	3685.96	21801.14
3.59	326.06	63.01	257.23	581.60	5367.10
1.99	423.57	2.74	281.49	2279.81	11500.50
1.03	44.83	5.33	162.93	2136.27	41052.41
8.19	57.36	9.09	236.12	831.80	16944.20
0.00	0.00	0.00	47.44	1610.10	1200.10
2.17	86.56	5.15	568.43	1883.89	34880.01
1.66	30.20	2.05	439.35	13783.92	139877.03
1.20	27.93	6.62	204.83	753.61	5301.03
2.32	0.00	8.23	103.40	347.96	1776.37
2.80	54.21	6.10	512.57	1652.77	15564.63
2.94	62.92	2.90	504.06	1267.33	8533.50
1.47	68.33	3.18	452.82	1635.87	9722.14
3.19	23.03	2.47	491.85	2318.54	21710.68
1.56	28.00	6.36	406.22	500.93	6278.47
3.38	23.23	1.72	116.08	2834.24	18153.42
2.85	4393.44	3.75	391.75	858.40	6527.43
1.51	37.92	2.22	505.00	10243.40	110663.45
0.72	18.52	1.67	492.32	1596.01	13704.83
1.35	225.37	3.13	224.25	2381.14	6653.78
7.33	9.54	1.50	72.96	6769.11	114629.67
2.78	20.94	2.21	419.32	1597.40	12870.62
2.10	19.31	1.80	530.07	4811.71	22090.41
1.96	256.63	5.72	573.97	2066.29	14756.90
1.31	47.80	3.86	825.70	16075.70	130857.41
2.82	161.62	5.69	886.56	15740.02	306255.83
0.22	1311.85	4.16	398.43	4583.19	28599.93
3.61	39.82	7.55	593.58	8781.81	197591.30
-1.60	785.16	4.51	325.37	1656.80	21871.82
4.01	201.00	6.97	300.40	957.06	9047.97
-1.56	68.48	3.64	632.86	905.61	12600.71
2.41	27.63	2.37	135.98	10582.24	45337.10
4.14	37.13	3.36	677.81	1813.37	20805.99
1.44	0.00	1.40	353.43	2619.69	11893.57
9.95	110.13	7.83	486.02	5747.08	126329.69
-3.47	122.33	5.68	1043.60	3208.04	47616.52
6.17	15.55	2.29	549.26	2776.35	41089.62

A 股
A Share

股票
Share

股票代码 Code	名称 Name	发行股本 Issued Vol	流通股本 Negotiable Vol	上年收盘 Last Year Close	本年开盘 Open	本年最高 High	本年最低 Low	本年收盘 Close	涨跌(%) Change(%)
600121	郑州煤电	1015.34	698.34	5.04	5.04	6.45	3.91	5.70	13.10
600122	宏图高科	1146.50	1140.27	4.02	4.03	7.86	3.58	7.17	79.10
600123	兰花科创	1142.40	1142.40	10.67	10.57	10.99	7.32	10.30	-1.00
600125	铁龙物流	1305.52	1305.52	5.69	5.70	9.98	4.70	8.86	55.71
600126	杭钢股份	838.94	838.94	3.88	3.88	6.40	3.13	6.11	57.73
600127	金健米业	641.78	544.46	4.67	4.64	6.67	4.20	5.98	28.05
600128	弘业股份	246.77	246.77	8.39	8.35	15.22	7.37	12.15	45.89
600129	太极集团	426.89	426.89	8.61	8.59	18.59	7.54	16.98	97.21
600130	波导股份	768.00	768.00	3.62	3.62	6.29	3.34	4.95	36.74
600131	岷江水电	504.13	397.37	4.07	4.05	7.30	3.55	6.62	62.65
600132	重庆啤酒	483.97	483.97	16.19	16.16	17.46	13.80	16.18	1.17
600133	东湖高新	634.26	537.95	5.64	5.65	10.88	4.53	8.35	48.05
600135	乐凯胶片	342.00	342.00	8.00	8.00	16.49	7.04	10.88	36.28
600136	道博股份	104.44	104.29	10.54	10.35	18.84	9.41	14.17	34.44
600137	浪莎股份	97.22	97.22	10.25	10.26	21.44	9.82	16.30	59.02
600138	中青旅	723.84	623.03	17.62	17.63	25.75	15.37	16.46	40.98
600139	西部资源	661.89	661.89	7.38	7.17	19.50	7.16	12.17	64.91
600141	兴发集团	530.73	406.88	12.48	13.28	15.67	9.20	15.24	22.92
600143	金发科技	2560.00	2560.00	5.56	5.55	7.21	4.27	6.89	25.72
600145	*ST 国创	377.69	377.69	3.84	3.85	5.98	2.99	4.58	19.27
600146	大元股份	200.00	200.00	9.45	10.23	18.96	7.05	16.52	74.81
600148	长春一东	141.52	141.52	9.45	9.45	29.69	7.90	18.96	101.30
600149	廊坊发展	380.16	380.16	5.61	5.62	17.35	4.55	14.82	164.17
600150	中国船舶	1378.12	1378.12	24.19	24.00	45.79	17.21	36.86	52.42
600151	航天机电	1250.18	1204.70	8.56	8.45	11.87	6.60	9.39	10.11
600152	维科精华	293.49	293.49	4.52	4.50	10.24	4.00	6.78	50.66
600153	建发股份	2835.20	2835.20	7.15	7.10	11.92	5.25	10.18	68.30
600155	宝硕股份	476.60	412.50	3.67	3.69	13.19	3.60	11.92	224.80
600156	华升股份	402.11	402.11	4.44	4.43	8.51	4.23	7.45	67.79
600157	永泰能源	3535.12	3013.00	5.39	5.36	5.84	2.25	4.36	63.64
600158	中体产业	843.74	657.50	7.65	7.55	21.31	6.43	17.71	132.14
600159	大龙地产	830.00	830.00	2.85	2.85	4.75	2.55	4.65	63.16
600160	巨化股份	1810.92	1810.92	5.37	5.36	7.45	4.55	6.52	25.14
600161	天坛生物	515.47	515.47	21.26	19.70	30.69	16.59	25.81	21.40
600162	香江控股	767.81	767.81	5.55	5.55	7.26	4.41	6.46	17.84
600163	福建南纸	721.42	721.42	3.66	3.67	6.74	3.13	5.21	42.35
600165	新日恒力	273.95	193.95	7.02	7.08	11.00	5.97	9.51	35.47
600166	福田汽车	2809.67	2538.10	5.10	5.09	6.78	4.78	6.26	24.67
600167	联美控股	211.00	211.00	10.17	10.12	15.25	9.93	13.11	30.88
600168	武汉控股	709.57	568.88	8.03	8.03	14.87	7.13	13.52	69.03
600169	太原重工	2423.96	2423.96	3.03	3.03	9.38	2.57	8.72	188.12
600170	上海建工	4571.70	1099.66	6.23	6.24	9.49	4.15	8.41	78.70
600171	上海贝岭	673.81	673.81	9.03	9.02	11.89	7.71	10.57	17.28
600172	黄河旋风	533.36	496.68	6.61	6.60	8.95	5.92	7.75	18.00
600173	卧龙地产	725.15	725.06	2.81	2.81	7.49	2.57	7.03	151.25
600175	美都能源	2457.18	1448.03	4.75	4.75	7.02	4.72	5.15	14.12
600176	中国玻纤	872.63	872.63	7.57	7.57	16.50	6.98	15.47	105.94
600177	雅戈尔	2226.61	2226.61	7.50	7.50	12.24	6.43	11.51	60.13
600178	*ST 东安	462.08	462.08	5.19	5.20	7.47	3.60	6.09	17.34
600179	黑化股份	390.00	390.00	5.16	5.15	8.86	4.41	8.40	62.79

注：发行股本、流通股本、成交数量的单位是百万股，成交金额的单位为百万元。

A 股
A Share

股票
Share

涨跌值 Change	市盈率 P/E	市净率 P/B	换手率(%) Turnover Rate	成交数量 Trading Vol	成交金额 Trading Val
0.66	133.74	1.37	327.21	2101.70	10846.98
3.15	29.65	1.03	464.95	5271.48	30364.24
-0.37	11.75	1.24	427.60	4884.88	43704.80
3.17	27.45	2.47	419.61	5478.06	36128.91
2.23	248.17	1.55	212.05	1778.98	7932.81
1.31	348.69	4.23	551.16	3000.87	16046.99
3.76	43.60	2.02	616.92	1522.35	17104.40
8.37	577.16	7.16	306.79	1309.66	15982.72
1.33	55.93	4.23	714.03	5483.72	28319.77
2.55	0.00	4.14	327.17	1300.08	7009.09
-0.01	49.33	6.13	197.22	954.48	15010.78
2.71	0.00	3.49	687.14	3158.72	23919.38
2.88	154.17	3.75	806.16	2757.07	32690.39
3.63	1253.98	10.98	396.15	413.16	6170.80
6.05	193.89	3.44	432.04	420.02	6299.20
-1.16	37.17	2.70	452.02	2242.10	42364.41
4.79	0.00	6.20	336.31	2120.13	28585.09
2.76	133.12	1.65	435.73	1772.88	22394.12
1.33	23.36	2.21	325.01	8329.79	46647.47
0.74	0.00	0.00	562.59	2124.82	9379.47
7.07	0.00	22.26	636.82	1273.64	15404.35
9.51	91.07	7.24	637.98	902.85	15298.18
9.21	0.00	20.65	2120.07	7159.60	81892.45
12.67	1284.77	2.92	363.31	5006.86	159105.71
0.83	81.38	3.13	528.35	6364.98	59344.75
2.26	69.30	3.42	843.81	2476.54	18613.38
3.03	10.72	1.69	339.32	9145.94	68625.87
8.25	8.19	44.34	1460.94	6026.37	49520.35
3.01	42.31	4.39	532.04	2139.41	12587.15
-1.03	32.35	1.55	924.68	26388.73	120123.40
10.06	109.62	9.90	2002.37	13165.53	160195.47
1.80	16.84	1.81	486.32	4036.48	14885.73
1.15	46.56	1.63	336.06	6051.33	36052.17
4.55	35.76	6.85	293.72	1514.02	34569.39
0.91	25.78	2.74	466.42	3581.22	21214.75
1.55	0.00	37.13	153.19	1105.14	4890.06
2.49	235.28	2.83	893.28	1732.55	13629.12
1.16	23.05	1.15	289.85	7356.59	42636.48
2.94	19.95	2.80	197.27	416.24	5113.05
5.49	35.30	2.32	396.13	1908.23	18967.07
5.69	828.90	3.91	624.86	15146.33	76695.34
2.18	23.76	2.14	630.01	6675.30	41190.87
1.54	176.31	4.38	448.82	3024.21	30760.97
1.14	19.73	1.72	455.44	2262.07	16516.40
4.22	77.95	3.17	379.21	2749.50	12446.06
0.40	88.43	2.82	364.07	5123.02	31425.71
7.90	42.30	3.36	344.06	2617.97	26505.25
4.01	18.85	1.55	244.87	5418.88	47865.16
0.90	0.00	1.63	184.72	853.56	4584.25
3.24	310.08	476.49	390.83	1524.23	9088.21

A 股
A Share

股票
Share

股票代码 Code	名称 Name	发行股本 Issued Vol	流通股本 Negotiable Vol	上年收盘 Last Year Close	本年开盘 Open	本年最高 High	本年最低 Low	本年收盘 Close	涨跌(%) Change(%)
600180	瑞茂通	878.26	258.27	9.55	9.51	15.38	9.44	12.32	30.79
600182	S 佳通	340.00	170.00	13.10	13.13	20.29	11.70	16.94	31.45
600183	生益科技	1423.02	1423.02	4.94	4.93	8.03	4.56	7.98	69.64
600184	光电股份	209.38	209.38	21.40	21.34	39.58	16.63	35.84	67.48
600185	格力地产	577.59	577.59	8.37	8.31	25.65	7.25	22.00	165.23
600186	莲花味精	1062.02	1062.02	2.58	2.58	4.84	2.20	4.39	70.16
600187	国中水务	1455.62	1455.62	4.94	4.93	8.08	4.28	7.67	55.26
600188	兖州煤业	2960.00	2960.00	8.88	8.85	14.00	5.91	13.18	48.65
600189	吉林森工	310.50	310.50	7.49	7.50	10.09	6.68	8.46	14.29
600190	锦州港	1779.48	1338.98	3.79	3.79	6.16	3.60	5.16	36.81
600191	华资实业	484.93	484.93	5.67	5.65	10.13	5.05	8.85	56.17
600192	长城电工	441.75	441.75	6.86	6.83	13.40	6.39	9.54	39.31
600193	创兴资源	425.37	425.37	6.60	6.52	9.22	4.93	6.70	1.52
600195	中牧股份	429.80	429.80	15.73	15.77	18.20	12.00	15.85	1.81
600196	复星医药	1908.33	1904.39	19.59	19.59	24.41	16.80	21.10	9.09
600197	伊力特	441.00	441.00	10.91	10.83	12.69	8.78	12.28	14.67
600198	大唐电信	882.11	464.39	13.28	13.06	21.37	12.67	16.37	23.27
600199	金种子酒	555.78	555.78	10.14	10.05	12.31	6.76	11.67	15.88
600200	江苏吴中	623.70	522.09	11.39	11.38	14.40	9.68	11.99	5.49
600201	金宇集团	285.85	280.81	25.77	25.80	38.58	24.68	35.08	37.21
600202	哈空调	383.34	383.34	5.16	5.15	8.17	4.44	7.65	48.26
600203	福日电子	283.78	240.54	8.14	8.09	11.30	7.69	9.21	13.15
600206	有研新材	838.78	435.00	19.35	19.20	24.85	10.00	11.48	18.66
600207	安彩高科	690.00	440.00	4.90	4.86	5.70	4.02	5.38	9.80
600208	新湖中宝	8032.82	6257.69	3.20	3.21	7.65	2.83	7.32	130.69
600209	罗顿发展	439.01	378.99	9.54	9.46	12.08	7.67	9.20	-3.56
600210	紫江企业	1436.74	1436.74	3.25	3.22	5.48	2.90	5.05	58.46
600211	西藏药业	145.59	114.11	17.74	17.70	45.50	17.12	37.46	111.50
600212	江泉实业	511.70	511.70	3.11	3.13	11.88	2.80	8.20	163.67
600213	亚星客车	220.00	220.00	5.88	5.81	15.20	5.49	15.03	155.61
600215	长春经开	465.03	465.03	4.01	4.06	6.54	3.65	5.59	39.53
600216	浙江医药	936.11	936.10	10.45	10.44	11.98	8.60	10.86	5.36
600217	秦岭水泥	660.80	660.80	4.84	5.32	9.98	4.21	8.74	80.58
600218	全柴动力	283.40	283.40	9.08	9.09	14.75	8.07	11.07	21.92
600219	南山铝业	1934.17	1934.17	5.21	5.21	9.68	4.60	8.87	73.13
600220	江苏阳光	1783.34	1783.34	2.42	2.42	4.44	2.29	3.90	61.16
600221	海南航空	11812.74	11812.06	2.00	1.99	3.83	1.62	3.42	71.00
600222	太龙药业	496.61	496.61	6.36	6.36	8.97	5.80	7.13	12.50
600223	鲁商置业	1000.97	1000.97	3.87	3.85	7.55	3.19	6.62	71.06
600225	天津松江	626.40	618.42	7.41	7.24	9.96	5.55	7.31	-1.35
600226	升华拜克	405.55	405.55	6.15	6.14	10.00	5.53	8.23	34.31
600227	赤天化	950.39	950.39	2.74	2.74	6.08	2.51	6.08	122.63
600228	*ST 昌九	241.32	241.32	11.60	11.46	14.50	7.54	10.75	-7.33
600229	青岛碱业	395.79	395.79	6.04	6.07	10.74	5.11	8.62	42.72
600230	沧州大化	294.19	294.19	11.53	11.53	13.05	9.64	11.34	-1.21
600231	凌钢股份	804.00	804.00	3.22	3.20	5.38	2.58	5.25	63.98
600232	金鹰股份	364.72	364.72	4.76	4.76	7.58	4.50	6.08	29.41
600233	大杨创世	165.00	165.00	9.36	9.32	14.54	8.13	11.20	21.26
600234	山水文化	202.45	202.45	5.77	5.48	19.19	5.21	13.57	135.18
600235	民丰特纸	351.30	351.30	6.12	6.06	8.12	4.68	6.69	9.31

注：发行股本、流通股本、成交数量的单位是百万股，成交金额的单位为百万元。

A 股
A Share

股票
Share

涨跌值 Change	市盈率 P/E	市净率 P/B	换手率(%) Turnover Rate	成交数量 Trading Vol	成交金额 Trading Val
2.77	22.96	5.01	750.32	1919.66	23557.40
3.84	20.38	5.11	492.44	837.15	13295.81
3.04	20.36	2.59	235.11	3330.97	21875.64
14.44	0.00	7.59	386.28	540.48	14781.14
13.63	36.02	3.87	351.33	2029.27	25107.19
1.81	0.00	7.77	358.97	3812.33	13127.90
2.73	78.20	4.19	771.26	10423.83	65420.71
4.30	50.99	1.65	115.17	3408.94	30493.37
0.97	63.83	2.00	561.60	1743.77	14523.30
1.37	66.79	1.78	160.66	2151.20	10621.66
3.18	624.56	2.24	269.10	1304.94	9608.40
2.68	59.27	2.27	605.13	2388.37	23379.55
0.10	34.18	8.49	619.83	2636.57	19077.84
0.12	28.90	2.39	274.31	1115.02	16844.08
1.51	24.06	2.93	317.45	6045.50	120720.57
1.37	19.86	3.30	365.38	1611.35	17054.40
3.09	92.80	3.58	568.00	2574.21	42819.28
1.53	48.60	2.93	658.40	3659.23	33676.65
0.60	147.97	7.55	572.87	2990.88	35417.97
9.31	39.97	6.14	182.29	511.88	16002.24
2.49	0.00	3.43	417.87	1601.86	10274.19
1.07	34.25	2.37	563.93	1356.49	13058.21
-7.87	4991.30	3.53	441.24	1628.83	23104.40
0.48	373.09	4.80	223.38	982.86	4824.79
4.12	59.81	3.06	124.96	7819.64	34962.79
-0.34	0.00	5.60	1060.92	3984.80	39856.96
1.80	31.83	1.98	339.98	4884.57	21633.30
19.72	200.85	13.49	239.06	272.79	8174.36
5.09	197.07	4.16	552.14	2825.30	22148.29
9.15	630.45	73.41	319.65	703.23	6131.49
1.58	319.79	1.08	303.88	1413.14	7124.22
0.41	22.49	1.56	347.06	3248.80	34059.66
3.90	0.00	0.00	441.22	2915.61	20128.35
1.99	90.80	2.83	675.31	1913.83	20134.73
3.66	21.62	0.96	315.37	6099.84	41141.88
1.48	65.05	4.12	459.76	8199.08	28997.33
1.42	19.79	1.45	343.91	40622.92	104200.45
0.77	98.20	3.33	303.87	1449.50	10935.19
2.75	25.10	3.27	314.91	3152.15	16112.56
-0.10	0.00	4.85	604.81	3622.34	26607.71
2.08	120.37	2.34	417.07	1691.42	12492.54
3.34	521.89	2.03	77.71	738.52	2533.25
-0.85	0.00	32.06	931.95	2248.98	25208.82
2.58	140.46	2.96	338.25	1338.74	8672.73
-0.19	27.18	1.93	374.64	1070.28	11845.19
2.03	55.25	1.37	212.59	1709.18	6077.91
1.32	192.28	1.89	385.07	1404.41	8128.18
1.84	34.12	1.78	393.26	648.88	7123.49
7.80	81.85	43.66	841.49	1703.57	22488.68
0.57	136.34	1.67	379.22	1278.69	8157.77

A 股
A Share

股票
Share

股票代码 Code	名称 Name	发行股本 Issued Vol	流通股本 Negotiable Vol	上年收盘 Last Year Close	本年开盘 Open	本年最高 High	本年最低 Low	本年收盘 Close	涨跌(%) Change(%)
600236	桂冠电力	2280.45	1128.53	3.13	3.13	4.85	2.69	4.70	51.76
600237	铜峰电子	564.37	564.37	5.20	5.20	8.07	5.10	6.37	22.69
600238	海南椰岛	448.20	444.73	7.30	7.30	11.58	5.84	11.19	54.66
600239	云南城投	823.43	823.43	5.37	5.37	7.08	4.16	6.85	29.80
600240	华业地产	1424.25	1424.25	4.06	4.14	7.93	3.49	7.19	77.09
600241	时代万恒	180.20	180.20	6.33	6.33	8.34	5.77	8.28	31.20
600242	中昌海运	273.34	266.96	5.58	5.51	9.66	5.02	7.18	28.67
600243	青海华鼎	236.85	236.85	6.52	6.20	10.28	5.60	7.58	16.26
600246	万通地产	1216.80	1216.80	2.92	2.92	5.05	2.60	4.84	68.15
600247	*ST 成城	336.44	336.44	4.13	4.05	8.50	3.52	5.57	34.87
600248	延长化建	473.69	419.69	7.87	7.90	9.90	7.00	8.78	13.09
600249	两面针	450.00	450.00	5.53	5.53	8.13	4.59	7.37	33.27
600250	南纺股份	258.69	258.69	5.54	5.54	11.22	5.03	10.32	86.28
600251	冠农股份	392.42	362.10	15.10	15.11	21.20	14.10	18.26	22.58
600252	中恒集团	1158.37	1091.75	13.64	13.61	17.68	11.02	16.36	21.41
600255	鑫科材料	1563.75	1563.75	7.10	7.03	15.59	4.67	4.92	73.24
600256	广汇能源	5221.42	3046.05	8.74	8.76	9.40	6.62	8.36	-4.35
600257	大湖股份	427.05	427.05	7.48	7.48	8.45	6.26	7.11	-4.95
600258	首旅酒店	231.40	231.40	14.42	14.58	18.44	13.00	16.45	15.81
600259	广晟有色	262.12	249.40	38.85	38.60	61.38	33.00	55.58	43.06
600260	凯乐科技	527.64	527.64	7.62	7.58	11.57	6.28	8.64	14.04
600261	阳光照明	968.07	968.07	13.89	13.90	19.85	8.42	8.48	-7.34
600262	北方股份	170.00	170.00	14.27	14.25	28.30	12.30	20.68	46.67
600265	ST 景谷	129.80	129.80	7.72	7.72	14.72	6.71	9.86	27.72
600266	北京城建	1567.04	1067.04	9.68	9.68	27.37	6.80	23.66	197.85
600267	海正药业	965.53	839.71	14.82	14.80	18.95	13.53	16.88	14.64
600268	国电南自	635.25	635.25	5.07	5.08	7.98	4.68	7.35	46.75
600269	赣粤高速	2335.41	2335.41	2.92	2.92	5.48	2.68	5.05	75.86
600270	外运发展	905.48	330.84	10.19	10.23	18.64	9.01	16.35	63.40
600271	航天信息	923.40	923.40	20.17	20.17	32.95	17.41	30.51	54.24
600272	开开实业	163.00	160.00	10.32	10.25	15.49	9.07	14.93	45.01
600273	嘉化能源	1306.29	315.00	6.84	7.00	11.01	6.06	8.94	30.70
600275	武昌鱼	508.84	508.84	5.17	4.65	6.24	3.62	5.69	10.06
600276	恒瑞医药	1503.99	1496.24	37.98	37.99	40.44	29.06	37.48	8.79
600277	亿利能源	2089.59	2089.59	7.56	7.55	10.12	6.27	8.92	18.39
600278	东方创业	522.24	522.24	11.29	11.29	14.19	8.59	13.32	18.69
600279	重庆港九	461.97	342.09	7.83	7.85	15.95	7.40	12.52	60.79
600280	中央商场	574.17	574.17	12.82	12.80	15.11	8.20	14.40	13.10
600281	太化股份	514.40	514.40	4.28	4.25	7.53	4.00	5.80	35.51
600282	*ST 南钢	3875.75	3875.75	1.93	1.94	3.17	1.46	3.17	64.25
600283	钱江水利	285.33	285.33	7.85	7.95	16.15	7.26	12.85	64.33
600284	浦东建设	693.04	661.04	10.57	10.47	12.45	9.12	11.62	11.96
600285	羚锐制药	535.56	459.69	9.62	9.56	13.94	7.20	8.36	31.91
600287	江苏舜天	436.80	436.80	6.68	6.68	13.84	5.70	12.22	84.13
600288	大恒科技	436.80	436.80	7.31	7.29	11.76	6.53	10.30	41.25
600289	亿阳信通	567.38	567.38	8.96	8.91	13.08	7.33	9.90	10.99
600290	华仪电气	526.88	526.88	7.73	7.73	12.18	7.12	10.05	30.35
600291	西水股份	384.00	384.00	8.60	8.62	21.55	7.90	19.77	129.88
600292	中电远达	600.63	511.87	25.89	25.83	26.30	16.65	22.28	-13.36
600293	三峡新材	344.50	344.50	5.53	5.50	8.08	4.92	6.35	14.83

注：发行股本、流通股本、成交数量的单位是百万股，成交金额的单位为百万元。

A 股
A Share

股票
Share

涨跌值 Change	市盈率 P/E	市净率 P/B	换手率(%) Turnover Rate	成交数量 Trading Vol	成交金额 Trading Val
1.57	47.57	2.74	195.86	2209.78	8382.45
1.17	282.61	2.54	898.09	4988.61	32816.27
3.89	37.03	5.66	377.28	1667.96	13003.80
1.48	17.63	1.40	457.77	3769.41	20814.78
3.13	20.46	2.66	342.88	4883.50	25253.87
1.95	107.84	4.22	233.52	420.81	2998.65
1.60	0.00	0.00	518.30	1383.55	9738.90
1.06	117.39	2.44	430.24	1019.01	7884.73
1.92	15.47	1.67	293.26	3568.37	13273.33
1.44	0.00	40.97	382.75	1287.74	7375.65
0.91	22.36	2.42	217.71	836.17	7029.19
1.84	328.14	1.53	316.85	1425.84	9140.58
4.78	22.50	7.05	263.23	680.95	4710.79
3.16	24.11	3.82	426.91	1545.83	26844.27
2.72	25.52	3.20	399.22	4358.49	60907.84
-2.18	0.00	3.84	738.48	7288.27	49357.86
-0.38	58.12	4.04	601.40	18318.80	145572.88
-0.37	19.69	4.01	634.26	2708.59	19884.16
2.03	32.27	3.32	140.74	325.68	4972.93
16.73	0.00	17.70	507.31	1265.23	56261.09
1.02	57.99	2.61	509.42	2687.91	23918.44
-5.41	35.42	3.05	401.25	3401.47	40142.03
6.41	29.71	2.94	723.14	1019.72	19866.10
2.14	90.07	124.92	163.58	212.32	2252.44
13.98	28.87	2.37	473.69	4921.83	65261.34
2.06	53.99	2.32	287.44	2413.65	38496.84
2.28	910.78	2.35	453.48	2880.69	18817.76
2.13	18.04	0.96	189.18	4418.23	17300.97
6.16	21.74	2.27	908.33	3005.14	40723.73
10.34	25.79	4.20	400.70	3700.07	86252.41
4.61	142.57	8.89	636.02	1017.62	12776.30
2.10	0.00	4.08	727.92	2292.96	20227.44
0.52	0.00	13.15	345.66	1758.86	8651.84
-0.50	45.53	7.11	98.48	1430.82	51283.07
1.36	73.88	2.06	263.50	5232.97	42777.51
2.03	56.49	2.35	303.97	1487.65	16246.18
4.69	74.21	1.76	674.62	2307.83	25784.58
1.58	14.50	4.93	226.50	1300.48	15339.33
1.52	0.00	4.29	218.54	1124.16	6434.58
1.24	0.00	1.44	34.60	1340.82	2826.38
5.00	194.82	3.77	539.19	1538.47	17771.46
1.05	16.32	1.70	512.83	3356.97	35619.26
-1.26	42.49	2.90	890.02	3656.84	31860.51
5.54	15.99	4.45	392.15	1712.91	14292.83
2.99	121.32	3.09	562.52	2457.09	22672.23
0.94	66.62	2.90	725.56	4116.68	41165.13
2.32	118.71	2.65	381.42	2007.75	20065.69
11.17	105.72	2.42	563.58	2164.16	29093.42
-3.61	64.30	2.81	419.41	1752.87	38402.08
0.82	70.48	2.94	503.13	1733.30	10907.59

A 股
A Share

股票
Share

股票代码 Code	名称 Name	发行股本 Issued Vol	流通股本 Negotiable Vol	上年收盘 Last Year Close	本年开盘 Open	本年最高 High	本年最低 Low	本年收盘 Close	涨跌(%) Change(%)
600295	鄂尔多斯	612.00	612.00	8.90	8.70	9.83	7.24	9.36	6.52
600297	美罗药业	350.00	350.00	5.82	5.81	15.88	5.48	10.51	81.36
600298	安琪酵母	329.63	319.88	17.27	17.22	20.83	13.97	18.46	7.76
600299	*ST 新材	522.71	522.71	4.73	4.72	10.67	3.70	9.02	90.70
600300	维维股份	1672.00	1672.00	4.78	4.76	6.20	3.90	5.10	7.74
600301	ST 南化	235.15	235.15	5.79	5.78	10.60	5.12	8.00	38.17
600302	标准股份	346.01	346.01	4.29	4.30	7.48	3.80	6.51	51.75
600303	曙光股份	620.32	574.51	4.25	4.25	6.55	3.45	5.95	40.00
600305	恒顺醋业	301.37	254.30	16.58	16.38	21.45	14.08	18.16	9.78
600306	*ST 商城	178.14	177.40	7.89	7.94	11.79	7.06	9.62	21.93
600307	酒钢宏兴	6263.36	6263.36	2.62	2.61	4.92	1.94	4.20	60.31
600308	华泰股份	1167.56	1167.56	2.83	2.83	5.08	2.57	4.59	63.07
600309	万华化学	2162.33	2162.33	20.70	20.65	23.68	14.20	21.78	8.60
600310	桂东电力	275.93	275.93	11.09	11.09	22.80	8.77	17.65	61.41
600311	荣华实业	665.60	665.60	5.09	5.12	6.65	4.49	6.33	24.36
600312	平高电气	1137.49	818.97	10.10	10.16	17.20	9.95	14.84	47.43
600313	农发种业	367.29	304.20	8.16	8.16	13.65	6.61	11.38	39.46
600315	上海家化	672.37	660.86	42.23	42.71	45.50	29.99	34.32	-17.52
600316	洪都航空	717.11	717.11	17.38	17.36	35.05	15.01	27.97	61.16
600317	营口港	6472.98	3292.71	3.51	3.53	8.44	2.17	4.75	321.05
600318	巢东股份	242.00	242.00	9.98	10.04	11.29	8.08	11.20	12.93
600319	亚星化学	315.59	315.59	3.73	3.84	7.20	3.50	5.58	49.60
600320	振华重工	2768.33	2768.33	3.54	3.55	7.94	3.04	7.33	107.06
600321	国栋建设	1180.88	1180.88	2.06	2.06	4.05	1.92	3.83	86.89
600322	天房发展	1105.70	1105.70	3.32	3.35	4.89	2.94	4.70	42.77
600323	瀚蓝环境	716.80	487.92	10.59	10.58	15.49	9.92	14.47	37.58
600325	华发股份	817.05	817.05	7.45	7.45	17.10	5.93	12.34	68.32
600326	西藏天路	547.20	547.20	6.19	6.14	9.79	5.58	8.94	44.43
600327	大东方	521.71	521.71	5.01	4.98	9.23	4.27	7.08	43.71
600328	兰太实业	359.12	359.12	7.03	7.00	11.35	6.52	8.95	27.74
600329	中新药业	539.31	533.43	12.62	12.63	16.32	11.50	15.26	21.32
600330	天通股份	648.82	588.82	8.69	8.64	13.20	8.40	9.28	6.79
600331	宏达股份	2032.00	1032.00	4.07	4.08	6.95	3.80	6.16	51.35
600332	白云山	1071.44	1036.60	27.66	27.66	30.05	22.23	27.11	-0.94
600333	长春燃气	529.62	496.02	8.04	8.04	8.85	6.65	7.69	-3.98
600335	国机汽车	627.15	560.00	12.99	12.90	23.10	11.21	17.93	39.41
600336	澳柯玛	682.07	680.07	5.17	5.16	6.66	4.52	5.52	6.77
600337	美克家居	646.81	638.33	6.00	6.01	11.19	5.32	9.54	61.50
600338	西藏珠峰	158.33	158.33	9.66	9.66	15.67	6.90	13.36	38.30
600339	天利高新	578.15	578.15	4.34	4.36	6.83	4.00	5.76	32.72
600340	华夏幸福	1322.88	1322.88	20.23	20.20	43.84	16.21	43.60	116.26
600343	航天动力	638.21	575.37	14.24	14.23	21.18	7.86	18.40	159.13
600345	长江通信	198.00	198.00	13.38	13.38	19.50	11.75	15.07	12.63
600346	大橡塑	290.34	241.00	6.74	6.84	10.20	6.30	7.61	12.91
600348	阳泉煤业	2405.00	2405.00	7.06	7.00	9.78	5.33	8.87	27.29
600350	山东高速	4811.17	4811.17	3.03	3.02	5.25	2.73	5.04	71.32
600351	亚宝药业	692.00	632.95	6.24	6.22	11.08	6.18	8.73	40.87
600352	浙江龙盛	1529.97	1529.97	13.22	13.16	20.89	11.30	19.68	50.91
600353	旭光股份	271.86	271.86	6.67	6.66	10.20	5.85	8.36	26.84
600354	敦煌种业	447.80	447.80	7.02	7.00	10.29	5.55	8.40	19.66

注：发行股本、流通股本、成交数量的单位是百万股，成交金额的单位为百万元。

A 股
A Share

股票
Share

涨跌值 Change	市盈率 P/E	市净率 P/B	换手率(%) Turnover Rate	成交数量 Trading Vol	成交金额 Trading Val
0.46	13.11	1.39	154.05	942.79	8104.98
4.69	69.75	3.82	357.68	1251.87	11576.93
1.19	41.55	2.16	341.05	1085.90	19111.41
4.29	0.00	4.74	120.20	628.31	4470.81
0.32	105.81	3.25	229.19	3831.99	18681.61
2.21	39.43	0.00	188.23	442.61	3458.31
2.22	199.45	2.03	269.52	932.56	5179.33
1.70	0.00	1.63	504.09	2896.01	14685.47
1.58	139.92	4.34	284.38	723.18	12345.87
1.73	0.00	14.32	217.11	384.69	3521.33
1.58	0.00	1.60	81.20	5032.49	14507.61
1.76	90.12	0.85	305.30	3564.55	13429.55
1.08	16.29	4.45	164.74	3562.21	64718.12
6.56	88.96	1.28	418.89	1155.83	16686.26
1.24	864.75	4.74	418.75	2787.21	15839.71
4.74	42.35	2.88	497.99	4078.40	56063.08
3.22	97.92	3.67	499.15	1518.40	14825.56
-7.91	28.84	6.07	313.45	2060.37	73246.07
10.59	220.64	4.08	695.42	4986.97	115184.37
1.24	60.16	3.23	754.04	21305.91	90609.57
1.22	25.32	2.50	282.24	683.03	6311.92
1.85	200.29	9.96	628.65	1983.98	11158.92
3.79	230.14	2.18	261.95	7251.64	39128.33
1.77	60.43	2.11	609.21	7194.01	21074.40
1.38	36.16	1.13	421.04	4655.46	17977.89
3.88	44.35	3.12	407.30	1987.32	25900.76
4.89	18.73	1.46	590.10	4821.41	45326.60
2.75	1004.49	4.35	501.58	2744.62	20516.33
2.07	19.77	2.54	616.86	3218.24	20883.46
1.92	91.70	2.56	468.93	1684.03	14822.95
2.64	32.07	4.08	255.08	1360.70	19206.83
0.59	495.99	4.06	739.84	4356.33	48056.41
2.09	473.12	2.95	383.96	3962.50	22588.16
-0.55	35.72	4.52	281.50	2918.03	77413.19
-0.35	106.63	2.14	387.83	1908.33	14702.14
4.94	16.51	2.21	508.16	1638.06	28410.21
0.35	24.75	3.80	539.43	3668.49	20550.28
3.54	35.87	2.17	263.52	1675.89	11976.25
3.70	101.29	56.02	600.80	951.27	10259.21
1.42	616.70	3.32	621.09	3590.88	20309.29
23.37	21.24	5.89	379.38	2461.42	67076.64
4.16	159.65	5.41	1189.57	6058.05	89163.72
1.69	0.00	2.52	346.20	685.48	10531.81
0.87	199.63	3.34	363.91	771.01	6537.82
1.81	22.81	1.65	291.99	7022.46	49401.67
2.01	10.44	1.15	54.41	2432.53	9335.39
2.49	51.11	3.33	436.49	2762.75	24470.16
6.46	22.32	2.69	550.13	8410.61	130402.92
1.69	26.21	2.32	588.58	1584.77	12788.37
1.38	216.94	5.58	800.70	3578.74	26100.65

A 股
A Share

股票
Share

股票代码 Code	名称 Name	发行股本 Issued Vol	流通股本 Negotiable Vol	上年收盘 Last Year Close	本年开盘 Open	本年最高 High	本年最低 Low	本年收盘 Close	涨跌(%) Change(%)
600355	精伦电子	246.04	246.04	5.33	5.37	9.84	4.74	6.72	26.08
600356	恒丰纸业	252.34	252.34	5.64	5.63	8.46	5.25	7.98	43.05
600358	国旅联合	432.00	432.00	4.13	4.10	9.53	3.98	7.25	75.54
600359	新农开发	381.51	321.00	7.75	7.70	13.20	6.80	10.74	38.58
600360	华微电子	738.08	738.08	3.98	3.97	5.96	3.80	5.00	26.13
600361	华联综超	665.81	665.81	4.34	4.33	7.10	3.79	6.40	48.85
600362	江西铜业	2075.25	2075.25	14.18	14.12	19.55	11.76	18.44	33.57
600363	联创光电	443.48	422.81	7.67	7.67	12.25	7.32	9.54	24.82
600365	通葡股份	200.00	140.00	8.26	8.26	11.40	7.44	11.38	37.77
600366	宁波韵升	514.50	514.50	13.76	13.69	19.35	12.58	16.15	18.46
600367	红星发展	291.20	291.20	8.45	8.45	12.20	7.62	11.08	31.24
600368	五洲交通	833.80	833.80	4.60	4.59	7.35	3.87	5.48	19.59
600369	西南证券	2822.55	2322.55	9.93	9.90	23.80	8.10	22.29	125.68
600370	三房巷	318.90	318.90	4.54	4.19	9.38	3.81	6.65	47.58
600371	万向德农	204.60	204.60	9.15	9.00	17.68	7.49	11.69	27.76
600372	中航电子	1759.16	1759.16	23.86	23.88	32.80	18.12	27.69	16.26
600373	中文传媒	1185.68	1185.68	17.88	17.97	26.42	11.88	13.32	35.21
600375	华菱星马	555.74	531.24	10.40	10.45	15.45	9.51	12.17	19.90
600376	首开股份	2242.01	2242.01	5.03	5.02	10.08	4.02	10.08	103.98
600377	宁沪高速	3815.75	3792.76	5.58	5.60	7.60	5.25	7.30	37.63
600378	天科股份	297.19	297.19	10.36	10.36	16.95	10.21	14.29	38.90
600379	宝光股份	235.86	235.86	7.78	7.75	12.66	7.15	12.66	63.03
600380	健康元	1545.84	1545.84	4.82	4.85	8.35	4.33	7.19	50.00
600381	*ST 贤成	198.93	187.12	2.08	17.59	28.65	17.59	21.80	948.08
600382	广东明珠	341.75	341.75	7.23	7.30	16.49	6.78	14.85	105.81
600383	金地集团	4491.46	4491.46	6.68	6.58	11.41	5.70	11.41	73.20
600385	ST 金泰	148.11	142.77	8.50	13.75	19.99	10.97	11.95	40.59
600386	北巴传媒	403.20	403.20	8.18	8.18	12.78	7.13	10.49	31.54
600387	海越股份	386.10	385.71	20.16	20.16	21.84	12.61	12.79	-36.26
600388	龙净环保	427.62	427.62	33.52	33.60	38.89	22.66	35.00	5.40
600389	江山股份	198.00	198.00	39.13	39.18	43.20	26.40	26.58	-30.87
600390	金瑞科技	390.66	381.95	8.19	8.20	18.04	7.52	11.64	42.12
600391	成发科技	330.13	330.13	12.07	12.05	36.11	11.05	28.61	137.28
600392	盛和资源	376.42	156.60	19.66	19.30	31.00	15.03	27.75	41.15
600393	东华实业	300.00	289.51	5.51	5.46	9.23	4.48	7.09	30.49
600395	盘江股份	1655.05	1655.05	7.26	7.20	13.30	4.96	11.92	68.32
600396	金山股份	868.66	681.20	7.34	7.33	11.54	4.31	6.71	84.88
600397	安源煤业	989.96	645.33	4.25	4.22	6.89	3.35	5.40	38.82
600398	海澜之家	4492.76	646.60	7.08	7.08	12.13	6.74	10.10	45.34
600399	抚顺特钢	520.00	451.85	5.83	5.80	29.30	5.05	28.38	387.14
600400	红豆股份	560.40	560.40	4.77	4.76	6.60	4.28	5.40	13.84
600401	海润光伏	1574.98	1082.48	7.84	7.75	10.50	6.69	6.91	2.24
600403	大有能源	2390.81	2390.81	7.12	7.04	7.55	5.12	6.03	-13.20
600405	动力源	423.89	423.89	9.45	9.30	16.32	8.43	9.78	55.77
600406	国电南瑞	2428.95	2205.75	14.87	14.87	19.68	12.62	14.55	-1.48
600408	安泰集团	1006.80	1006.80	2.70	2.69	4.02	2.40	3.71	37.41
600409	三友化工	1850.39	1669.72	4.65	4.64	7.31	4.17	6.17	34.41
600410	华胜天成	641.32	637.45	6.75	6.71	29.59	6.17	20.37	202.59
600415	小商品城	2721.61	2721.61	5.87	5.87	13.15	4.87	12.69	117.89
600416	湘电股份	608.48	608.48	6.87	6.83	13.44	5.95	12.04	75.69

注：发行股本、流通股本、成交数量的单位是百万股，成交金额的单位为百万元。

A 股
A Share

股票
Share

涨跌值 Change	市盈率 P/E	市净率 P/B	换手率(%) Turnover Rate	成交数量 Trading Vol	成交金额 Trading Val
1.39	0.00	3.95	710.73	1748.70	13593.49
2.34	27.32	1.27	264.08	666.35	4655.24
3.12	299.34	10.70	357.32	1543.64	10105.10
2.99	270.12	4.15	584.48	1876.17	18320.92
1.02	83.92	1.88	461.80	3339.46	16854.56
2.06	105.06	1.38	279.19	1763.22	9692.74
4.26	17.91	1.40	247.81	5142.72	76423.67
1.87	26.78	2.37	832.49	3519.81	34576.88
3.12	230.69	3.33	220.88	309.24	2762.85
2.39	23.73	2.69	541.13	2784.10	45595.35
2.63	988.40	2.64	460.07	1339.72	13461.26
0.88	23.82	1.55	476.07	3969.50	21905.75
12.36	99.81	3.76	201.14	4671.63	69824.56
2.11	85.35	1.79	293.01	934.39	6357.32
2.54	0.00	6.25	1144.32	2341.27	29281.63
3.83	77.64	9.44	236.92	3234.76	80899.10
-4.56	24.79	2.46	264.92	2781.27	43316.06
1.77	27.28	1.90	716.78	2859.03	34340.05
5.05	17.53	1.55	394.51	8844.93	51846.46
1.72	13.58	1.81	54.08	2051.27	12743.98
3.93	56.91	5.92	268.40	797.66	10428.86
4.88	159.59	7.34	110.48	260.58	2261.46
2.37	40.62	2.55	216.12	3340.90	21092.13
19.72	131.97	17.86	142.74	267.10	6163.89
7.62	25.20	2.03	835.90	2856.67	32717.18
4.73	14.20	1.63	199.21	8922.03	73606.67
3.45	65.97	33.13	163.66	233.66	3308.71
2.31	24.28	2.50	654.45	2638.74	26929.19
-7.37	78.47	4.15	407.73	1572.65	25554.79
1.48	32.77	4.76	679.80	2900.71	84934.48
-12.55	17.38	3.95	293.17	580.48	18918.32
3.45	460.99	5.10	1583.00	5769.91	79268.80
16.54	296.17	5.66	966.67	3191.25	67267.03
8.09	70.65	8.33	1025.13	1605.35	33673.69
1.58	84.00	2.15	381.32	1103.93	7306.88
4.66	41.12	3.26	339.98	5626.90	46303.98
-0.63	27.00	2.77	414.35	1951.45	14221.90
1.15	21.53	1.53	612.43	3952.20	19921.50
3.02	320.13	1.68	285.13	1843.66	17653.41
22.55	636.47	8.44	774.60	3500.02	46020.59
0.63	63.14	2.09	392.51	2199.61	11796.47
-0.93	0.00	2.25	687.19	2505.31	21278.45
-1.09	12.08	1.46	154.98	2021.01	12819.58
0.33	132.92	5.56	1435.56	4690.29	56189.42
-0.32	22.08	4.95	363.77	8023.92	124980.00
1.01	0.00	2.49	476.92	4801.60	15823.63
1.52	25.65	1.88	351.59	5870.58	33355.56
13.62	312.81	5.64	1124.14	7165.81	103961.80
6.82	48.82	3.92	194.49	5293.23	40663.70
5.17	152.37	3.44	383.23	2331.87	24655.33

A 股
A Share

股票
Share

股票代码 Code	名称 Name	发行股本 Issued Vol	流通股本 Negotiable Vol	上年收盘 Last Year Close	本年开盘 Open	本年最高 High	本年最低 Low	本年收盘 Close	涨跌(%) Change(%)
600418	江淮汽车	1284.91	1069.04	8.73	8.67	14.66	7.24	12.08	40.89
600419	天润乳业	86.39	80.21	16.99	17.76	24.93	16.18	20.70	21.84
600420	现代制药	287.73	287.73	16.29	16.20	27.24	14.55	20.91	28.36
600421	仰帆控股	195.60	195.60	6.43	6.43	8.46	6.10	6.96	8.24
600422	昆明制药	341.13	340.36	23.59	23.38	31.99	19.80	24.82	6.70
600423	柳化股份	399.35	399.35	4.14	4.14	6.25	3.65	5.95	43.72
600425	青松建化	1378.79	1378.79	3.84	3.86	7.20	3.39	6.89	80.73
600426	华鲁恒升	953.63	953.63	6.77	6.74	11.82	5.69	10.94	62.78
600428	中远航运	1690.45	1690.45	3.51	3.50	8.00	2.86	8.00	127.92
600429	三元股份	885.00	885.00	8.16	8.16	9.84	6.67	8.83	8.21
600432	吉恩镍业	1603.72	811.12	7.73	7.68	19.64	7.02	14.23	84.73
600433	冠豪高新	1190.28	1190.28	10.64	10.59	13.20	8.73	11.80	11.28
600435	北方导航	744.66	744.66	13.18	13.12	31.77	10.62	24.47	86.04
600436	片仔癀	160.88	160.88	94.31	94.11	100.87	73.60	87.68	-5.86
600438	通威股份	817.11	687.52	8.95	8.92	10.78	7.75	9.30	7.26
600439	瑞贝卡	943.32	943.32	5.02	5.02	5.38	3.75	4.78	-3.19
600444	国通管业	105.00	105.00	12.28	13.51	18.61	9.90	14.37	17.02
600446	金证股份	264.14	264.14	15.45	15.30	69.58	14.87	46.88	203.97
600448	华纺股份	422.36	319.80	4.10	4.08	7.18	3.95	6.72	63.90
600449	宁夏建材	478.18	478.18	7.79	7.80	12.98	6.90	12.42	61.87
600452	涪陵电力	160.00	160.00	7.94	7.93	17.80	7.61	15.95	100.88
600455	博通股份	62.46	49.72	14.23	14.23	25.33	12.51	19.10	34.22
600456	宝钛股份	430.27	430.27	12.65	12.62	20.96	11.17	17.18	36.21
600458	时代新材	661.42	661.42	9.99	9.93	13.20	8.25	12.18	22.52
600459	贵研铂业	260.98	260.98	20.17	20.14	20.95	14.72	18.22	18.03
600460	士兰微	1247.17	1247.17	6.00	6.06	8.68	5.20	5.71	23.72
600461	洪城水业	330.00	330.00	8.42	8.42	12.52	7.30	11.66	39.91
600462	石岘纸业	533.78	533.78	5.02	4.98	7.50	4.29	6.26	24.70
600463	空港股份	252.00	252.00	7.78	7.70	12.43	7.00	9.59	24.55
600466	迪康药业	439.01	439.01	4.69	4.69	8.41	4.37	8.38	78.68
600467	好当家	730.50	730.50	5.58	5.59	6.78	5.00	6.36	14.87
600468	百利电气	456.19	456.19	9.58	9.56	15.34	9.17	13.28	38.86
600469	风神股份	374.94	374.94	8.10	8.10	14.95	7.43	12.24	52.35
600470	六国化工	521.60	521.60	6.50	6.45	7.22	5.49	6.63	3.54
600475	华光股份	256.00	256.00	12.23	12.23	16.80	10.60	14.62	20.36
600476	湘邮科技	161.07	161.07	9.03	9.01	23.75	8.20	19.05	110.96
600477	杭萧钢构	553.46	463.46	3.69	3.70	6.95	3.48	6.01	63.69
600478	科力远	472.24	472.24	25.94	25.94	27.50	15.00	19.31	11.66
600479	千金药业	304.82	304.82	12.59	12.58	18.25	10.61	14.06	13.11
600480	凌云股份	361.71	361.71	7.00	7.00	18.09	6.10	13.03	87.86
600481	双良节能	810.10	810.10	11.41	11.45	12.80	9.16	10.09	-5.87
600482	风帆股份	536.50	524.34	10.24	10.35	16.33	8.87	12.71	24.77
600483	福能股份	1258.35	288.48	6.52	6.50	11.28	5.90	9.41	45.09
600485	信威集团	2923.74	138.59	20.51	21.50	52.23	14.86	43.35	111.36
600486	扬农化工	258.25	258.25	34.99	34.95	37.80	17.98	30.10	29.67
600487	亨通光电	413.76	310.62	21.13	21.10	22.96	13.29	18.95	35.33
600488	天药股份	960.85	892.28	4.22	4.21	6.66	3.82	5.90	40.24
600489	中金黄金	2943.23	2943.23	8.55	8.57	11.35	7.41	10.62	24.73
600490	鹏欣资源	1479.00	841.50	11.76	11.76	17.80	6.05	10.79	55.98
600491	龙元建设	947.60	947.60	3.54	3.53	7.27	3.17	6.69	91.10

注：发行股本、流通股本、成交数量的单位是百万股，成交金额的单位为百万元。

A 股
A Share

股票
Share

涨跌值 Change	市盈率 P/E	市净率 P/B	换手率(%) Turnover Rate	成交数量 Trading Vol	成交金额 Trading Val
3.35	16.92	2.22	649.78	6946.41	78239.54
3.71	51.32	6.71	318.11	255.03	5040.97
4.62	45.31	5.16	250.45	720.63	14358.91
0.53	98.67	249.48	236.06	461.74	3449.65
1.23	36.55	4.40	332.78	1132.88	28763.03
1.81	0.00	1.82	289.30	1155.31	5727.91
3.05	109.64	1.79	450.99	6218.28	34426.27
4.17	21.31	1.58	536.55	5116.69	42108.35
4.49	414.29	2.07	343.46	5806.07	26406.66
0.67	0.00	5.00	178.84	1582.76	13199.30
6.50	231.61	2.78	545.15	4421.80	62698.62
1.16	91.30	8.01	322.15	3593.66	40720.49
11.29	795.26	9.03	750.21	5586.53	117433.85
-6.63	32.82	4.85	254.09	408.79	35077.58
0.35	24.84	3.26	171.09	1176.28	11040.12
-0.24	26.13	1.99	405.16	3821.93	17212.63
2.09	324.53	0.00	355.75	373.53	5171.21
31.43	113.39	14.86	540.96	1424.72	45037.03
2.62	166.92	3.44	516.78	1652.66	8887.76
4.63	19.79	1.40	930.78	2414.63	22061.39
8.01	47.13	4.86	438.02	700.82	8280.07
4.87	113.21	9.10	617.38	306.95	5674.20
4.53	633.71	2.04	409.52	1762.01	28654.20
2.19	66.27	2.79	259.10	1713.71	17384.71
-1.95	59.53	2.72	592.43	1401.73	25832.79
-0.29	61.78	2.97	416.37	4414.42	28811.37
3.24	38.64	2.08	460.26	1518.86	14612.58
1.24	464.39	10.43	169.21	903.23	5318.27
1.81	32.06	3.03	453.91	1143.86	10485.76
3.69	163.29	6.15	554.75	2435.37	14752.67
0.78	40.42	1.60	453.79	3275.09	19040.41
3.70	179.31	9.49	237.62	1084.01	13150.13
4.14	14.66	1.64	329.23	1234.42	13424.53
0.13	243.75	1.72	590.18	3078.35	19650.55
2.39	49.47	2.74	383.63	982.08	13273.44
10.02	0.00	13.30	756.87	1219.09	17905.83
2.32	74.62	2.84	540.29	2504.02	13591.18
-6.63	894.40	10.39	281.07	1169.99	25421.86
1.47	34.63	3.82	321.16	978.95	13807.48
6.03	35.03	2.34	1118.11	4044.38	43681.17
-1.32	15.70	3.66	350.38	2838.48	30724.12
2.47	58.60	3.27	648.56	3091.06	39919.76
2.89	552.23	5.69	528.37	1524.26	12034.35
22.84	8567.19	9.17	785.73	1088.92	32409.57
-4.89	20.59	2.86	390.32	900.64	23620.71
-2.18	26.94	1.92	176.00	452.19	8265.69
1.68	109.18	2.39	291.61	2573.55	13785.19
2.07	72.51	3.15	270.13	7950.48	71760.04
-0.97	161.53	9.71	518.33	4087.64	49800.95
3.15	28.60	1.92	282.22	2674.35	11695.59

A 股
A Share

股票
Share

股票代码 Code	名称 Name	发行股本 Issued Vol	流通股本 Negotiable Vol	上年收盘 Last Year Close	本年开盘 Open	本年最高 High	本年最低 Low	本年收盘 Close	涨跌(%) Change(%)
600493	凤竹纺织	272.00	272.00	5.15	5.20	9.97	4.60	7.12	38.64
600495	晋西车轴	671.22	612.96	13.15	13.26	28.00	9.75	23.90	191.56
600496	精工钢构	686.57	586.57	7.00	7.00	10.27	6.30	9.49	36.29
600497	驰宏锌锗	1667.56	1667.56	9.37	9.21	13.10	8.20	11.61	25.51
600498	烽火通信	995.13	966.70	15.40	15.38	17.49	11.03	15.42	1.23
600499	科达洁能	697.23	655.34	20.09	20.18	25.75	16.02	18.46	-7.27
600500	中化国际	2083.01	1723.12	7.60	7.58	11.76	6.13	10.43	38.82
600501	航天晨光	389.28	389.28	9.37	9.32	17.13	8.61	14.05	50.27
600502	安徽水利	501.93	501.93	8.32	8.31	13.20	6.67	11.64	40.38
600503	华丽家族	1602.29	1099.48	4.17	4.16	7.20	3.48	5.68	36.38
600505	西昌电力	364.57	364.57	9.19	9.15	12.26	8.05	10.37	13.17
600506	香梨股份	147.71	147.71	9.45	9.32	14.72	8.15	11.31	19.68
600507	方大特钢	1326.09	1326.09	3.67	3.66	6.05	2.97	5.30	47.96
600508	上海能源	722.72	722.72	9.91	9.82	12.11	7.57	11.26	13.62
600509	天富能源	905.70	838.70	8.81	8.78	11.07	7.10	9.87	15.44
600510	黑牡丹	795.52	795.52	6.09	6.10	8.58	4.98	7.71	29.03
600511	国药股份	478.80	277.64	18.87	19.00	35.00	17.60	30.99	65.61
600512	腾达建设	736.94	736.94	3.05	3.07	4.70	2.68	4.21	40.33
600513	联环药业	156.70	152.10	10.72	10.72	21.20	9.90	15.17	42.21
600515	海岛建设	422.77	295.56	7.66	7.66	10.54	6.64	8.10	5.74
600516	方大炭素	1719.16	1719.16	7.61	7.60	11.99	6.39	9.77	29.04
600517	置信电气	1244.52	1113.67	14.80	14.81	20.98	9.83	10.64	30.42
600518	康美药业	2198.71	2198.71	18.00	18.02	19.71	13.80	15.72	-11.22
600519	贵州茅台	1142.00	1142.00	128.38	127.99	193.49	118.01	189.62	65.88
600520	中发科技	158.43	113.04	9.25	9.22	21.57	8.51	15.71	69.84
600521	华海药业	785.65	781.23	13.55	13.50	16.58	9.78	14.54	8.78
600522	中天科技	862.77	704.50	10.92	10.86	17.55	10.00	15.39	41.85
600523	贵航股份	288.79	288.60	12.11	12.13	20.44	10.57	15.72	31.02
600525	长园集团	863.51	863.51	8.85	8.85	14.40	7.58	11.49	31.07
600526	菲达环保	406.89	406.89	20.41	20.30	23.54	8.40	14.97	47.18
600527	江南高纤	802.09	802.09	6.98	6.95	6.95	4.33	4.62	-32.52
600528	中铁二局	1459.20	1459.20	5.12	5.10	16.83	4.35	15.05	195.90
600529	山东药玻	257.38	257.38	10.00	9.99	14.33	9.25	12.46	26.10
600530	交大昂立	312.00	312.00	7.89	7.86	14.20	7.38	11.98	53.74
600531	豫光金铅	295.25	295.25	9.28	9.17	16.52	8.01	13.41	44.50
600532	宏达矿业	396.23	165.10	7.55	7.57	11.46	6.70	9.25	23.44
600533	栖霞建设	1050.00	1050.00	3.35	3.33	5.13	2.90	5.00	52.24
600535	天士力	1032.84	1032.84	42.89	42.86	48.18	35.35	41.10	-3.36
600536	中国软件	494.56	484.71	37.67	37.67	44.60	15.00	32.90	74.89
600537	亿晶光电	485.87	485.87	10.88	10.92	19.00	9.71	13.71	26.47
600538	国发股份	464.40	279.22	4.85	4.86	10.11	4.63	7.04	45.15
600539	狮头股份	230.00	230.00	5.81	5.75	9.31	4.95	7.25	24.78
600540	新赛股份	362.25	302.71	5.93	5.95	9.54	5.20	8.04	35.58
600543	莫高股份	321.12	321.12	9.09	9.03	10.04	6.44	8.97	-1.32
600545	新疆城建	675.79	675.79	6.37	6.37	12.29	5.51	11.39	80.06
600546	山煤国际	1982.46	1982.46	4.95	4.91	6.28	3.34	5.67	15.56
600547	山东黄金	1423.07	1423.07	17.25	17.52	21.46	15.05	19.85	15.65
600548	深高速	1433.27	1433.27	3.37	3.36	9.05	3.20	8.29	150.74
600549	厦门钨业	831.98	681.98	24.04	24.03	35.65	19.79	32.98	38.23
600550	*ST 天威	1372.99	1372.99	5.20	5.22	8.05	3.83	6.69	28.65

注：发行股本、流通股本、成交数量的单位是百万股，成交金额的单位为百万元。

A 股
A Share

股票
Share

涨跌值 Change	市盈率 P/E	市净率 P/B	换手率(%) Turnover Rate	成交数量 Trading Vol	成交金额 Trading Val
1.97	138.28	3.06	524.87	1427.65	10481.97
10.75	140.25	5.26	935.31	4776.52	85017.01
2.49	27.48	1.93	239.22	1403.21	11244.43
2.24	32.85	2.69	218.79	3648.43	37888.85
0.02	29.56	2.48	255.79	2471.65	35429.04
-1.63	34.77	3.56	352.53	2294.23	45600.16
2.83	35.70	1.99	190.42	2942.74	25660.90
4.68	143.35	4.37	695.58	2707.76	34684.83
3.32	28.80	3.31	754.92	3789.19	34953.01
1.51	400.28	2.53	893.92	9828.49	48990.97
1.18	56.53	4.06	181.31	661.00	6552.25
1.86	348.64	6.15	768.77	1135.53	12470.18
1.63	12.49	2.36	302.45	4010.74	17301.91
1.35	53.31	1.02	174.23	1259.18	12161.01
1.06	32.96	2.03	443.47	3662.48	32952.65
1.62	15.63	1.32	150.88	1200.31	7810.55
12.12	36.06	5.98	273.68	759.85	18365.14
1.16	20.55	2.65	384.77	2835.57	10254.02
4.45	62.02	5.48	728.82	1108.53	15627.55
0.44	103.54	4.18	1278.46	3778.61	33033.05
2.16	71.15	2.92	578.51	9706.35	95325.00
-4.16	46.72	5.76	167.03	1415.95	20049.11
-2.28	18.39	2.07	316.97	6969.27	111375.68
61.24	14.31	4.05	85.70	941.23	149123.63
6.46	368.95	5.26	694.76	785.36	9953.66
0.99	31.81	3.55	245.99	1921.27	25287.90
4.47	25.22	1.69	752.94	5304.50	73591.11
3.61	34.58	2.46	598.07	1726.04	26626.51
2.64	32.65	3.57	306.09	2643.09	29641.53
-5.44	151.90	4.56	977.62	3572.27	48739.84
-2.36	15.51	2.11	537.56	4311.74	22825.51
9.93	52.09	3.61	541.56	7902.50	72323.44
2.46	26.22	1.52	322.67	830.49	9833.19
4.09	45.05	1.79	306.09	955.01	9463.68
4.13	0.00	2.91	498.64	1472.23	18273.73
1.70	22.39	3.04	572.02	944.43	8428.08
1.65	30.45	1.45	205.26	2155.25	8407.18
-1.79	38.58	8.77	158.48	1636.86	66843.47
-4.77	255.32	8.51	901.65	3708.90	95570.60
2.83	96.71	4.90	1056.78	2651.91	38632.22
2.19	305.82	4.82	553.10	1544.34	11202.81
1.44	0.00	3.57	564.80	1061.23	8065.54
2.11	0.00	2.43	434.09	1314.02	9339.48
-0.12	0.00	2.70	573.82	1842.65	14914.66
5.02	43.48	3.69	1145.72	7742.64	69848.81
0.72	46.07	1.82	517.79	10265.01	47745.99
2.60	25.06	3.07	178.75	2543.78	46093.28
4.92	25.12	1.53	111.61	1599.61	8976.61
8.94	59.71	3.69	347.84	2372.22	67777.58
1.49	0.00	11.22	175.13	2404.49	13513.82

A 股
A Share

股票
Share

股票代码 Code	名称 Name	发行股本 Issued Vol	流通股本 Negotiable Vol	上年收盘 Last Year Close	本年开盘 Open	本年最高 High	本年最低 Low	本年收盘 Close	涨跌(%) Change(%)
600551	时代出版	505.83	505.83	16.31	16.88	25.92	14.11	16.21	0.67
600552	方兴科技	358.99	342.24	18.84	18.95	23.83	11.38	19.01	51.70
600555	九龙山	973.50	973.50	2.97	2.96	7.05	2.76	6.85	130.64
600556	北生药业	394.79	394.79	3.58	3.57	15.33	3.20	14.00	291.06
600557	康缘药业	513.71	368.53	30.42	30.40	38.50	22.75	23.08	-8.56
600558	大西洋	398.94	269.44	7.03	7.03	17.06	7.00	14.36	166.40
600559	老白干酒	140.00	140.00	25.97	25.46	50.56	19.90	49.34	90.57
600560	金自天正	223.65	223.65	8.55	8.58	14.88	7.90	11.13	31.17
600561	江西长运	237.06	237.06	10.85	10.79	14.50	9.00	12.68	18.53
600562	国睿科技	257.06	132.30	45.09	45.01	59.00	23.88	49.86	121.82
600563	法拉电子	225.00	225.00	22.71	22.65	41.10	21.31	28.82	29.99
600565	迪马股份	2345.86	720.00	3.41	3.42	5.46	3.07	5.16	51.91
600566	洪城股份	781.45	138.20	19.94	19.58	27.88	18.38	19.70	-1.20
600567	山鹰纸业	3766.94	2176.22	2.11	2.10	3.07	1.91	2.89	37.91
600568	中珠控股	366.23	360.95	8.50	8.52	18.71	8.38	13.83	62.71
600569	安阳钢铁	2393.68	2393.68	1.73	1.73	4.08	1.57	3.33	92.49
600570	恒生电子	617.81	617.81	20.86	20.76	67.80	17.10	54.76	163.28
600571	信雅达	202.42	202.42	15.88	15.88	32.41	14.10	26.93	70.47
600572	康恩贝	809.60	700.96	13.51	14.86	18.85	12.72	15.09	12.88
600573	惠泉啤酒	250.00	250.00	5.93	5.90	10.55	5.51	9.10	53.88
600575	皖江物流	2884.01	1423.20	3.24	3.22	4.27	3.05	4.11	26.85
600576	万好万家	218.09	218.09	7.23	6.75	23.21	6.08	16.34	126.00
600577	精达股份	977.66	709.57	3.85	3.85	7.80	3.74	7.09	84.68
600578	京能电力	4617.32	2257.32	3.63	3.62	6.96	3.19	6.32	79.61
600579	天华院	392.07	255.60	6.41	6.40	13.80	5.60	11.89	85.49
600580	卧龙电气	1110.53	687.73	6.23	6.22	11.15	5.84	10.48	69.82
600581	八一钢铁	766.45	766.45	4.13	4.11	6.40	3.44	5.55	34.75
600582	天地科技	1213.92	1213.92	7.03	7.00	13.68	6.21	12.19	74.82
600583	海油工程	4421.35	4049.01	7.76	7.75	11.30	6.98	10.53	36.98
600584	长电科技	984.57	853.13	6.40	6.40	12.36	5.71	11.13	74.14
600585	海螺水泥	3999.70	3999.70	16.96	16.91	22.80	14.18	22.08	32.25
600586	金晶科技	1422.71	967.11	3.16	3.14	4.25	2.80	4.07	28.80
600587	新华医疗	403.14	358.90	69.91	69.06	94.28	28.70	31.33	-10.20
600588	用友软件	1164.66	1159.12	13.84	13.74	29.76	11.88	23.49	105.84
600589	广东榕泰	601.73	601.73	5.03	5.03	6.95	4.56	5.72	14.27
600590	泰豪科技	506.33	500.33	6.69	6.69	12.38	6.01	8.92	33.63
600592	龙溪股份	399.55	369.55	7.41	7.42	12.74	6.72	10.28	40.08
600593	大连圣亚	92.00	92.00	13.14	13.14	22.15	12.04	17.36	32.12
600594	益佰制药	395.96	358.27	32.62	32.32	44.40	30.99	33.37	2.67
600595	中孚实业	1741.54	1514.87	3.66	3.65	7.21	3.26	5.84	59.56
600596	新安股份	679.18	679.18	10.59	10.62	14.07	8.08	10.38	0.09
600597	光明乳业	1230.64	1224.30	22.20	22.04	23.03	14.25	17.46	-20.45
600598	*ST 大荒	1777.68	1777.68	11.31	11.13	11.89	6.49	9.91	-12.38
600599	熊猫烟花	166.00	126.00	9.76	10.74	33.45	10.10	23.03	135.96
600600	青岛啤酒	695.91	695.91	48.95	48.80	48.98	37.28	41.78	-13.73
600601	方正科技	2194.89	2194.89	2.78	2.78	5.68	2.52	4.68	68.71
600602	仪电电子	879.57	879.57	5.65	5.65	7.89	4.73	6.97	23.36
600603	大洲兴业	194.64	194.64	5.26	5.00	11.11	4.91	8.56	62.74
600604	市北高新	333.52	333.52	9.51	9.50	13.68	8.15	11.14	17.47
600605	汇通能源	147.34	147.34	8.47	8.43	18.47	7.16	12.15	43.62

注：发行股本、流通股本、成交数量的单位是百万股，成交金额的单位为百万元。

A 股
A Share

股票
Share

涨跌值 Change	市盈率 P/E	市净率 P/B	换手率(%) Turnover Rate	成交数量 Trading Vol	成交金额 Trading Val
-0.10	23.65	2.24	484.32	2449.82	44736.34
0.17	47.13	3.99	189.80	535.48	9119.27
3.88	327.75	5.31	515.83	5021.57	26557.46
10.42	169.31	2788.85	539.30	2100.65	20064.89
-7.34	39.92	4.74	348.43	1206.84	33985.55
7.33	143.64	3.21	471.04	1154.73	12659.91
23.37	105.36	10.35	304.26	425.96	12134.11
2.58	39.80	3.54	501.26	1121.04	12221.48
1.83	22.16	2.01	212.52	485.94	5927.15
4.77	135.57	14.52	596.42	686.00	27520.60
6.11	22.66	3.68	341.38	768.10	23176.60
1.75	356.11	2.05	371.78	2676.82	11426.10
-0.24	38.23	3.30	375.48	518.92	11709.05
0.78	52.37	1.19	564.89	10063.79	25446.90
5.33	81.13	2.95	664.13	2103.51	25191.70
1.60	153.17	1.10	100.61	2408.22	5734.47
33.90	104.64	17.66	382.64	2363.99	83675.66
11.05	59.23	7.85	302.34	606.47	12036.94
1.58	29.27	4.38	193.39	1355.59	21451.50
3.17	111.66	2.10	379.81	949.52	7482.57
0.87	44.68	3.47	237.16	3375.27	12683.25
9.11	427.75	7.32	382.97	835.24	12480.36
3.24	52.63	2.54	305.93	2170.76	12373.87
2.69	13.29	2.04	367.96	7877.55	34825.64
5.48	0.00	6.84	393.12	1004.80	9420.30
4.25	31.97	3.09	388.40	2671.16	22719.59
1.42	127.44	2.66	441.49	3383.82	15208.44
5.16	17.35	2.16	212.10	2574.75	26275.23
2.77	16.97	2.27	330.34	13139.54	112738.83
4.73	984.96	2.91	499.75	4263.51	39533.49
5.12	12.47	1.77	184.98	7398.55	130740.07
0.91	57.98	1.47	435.92	4215.84	15180.43
-38.58	54.52	4.33	279.75	823.81	34082.39
9.65	49.93	6.90	456.20	5069.86	93930.75
0.69	62.99	1.70	367.72	2212.66	12610.69
2.23	307.80	2.07	440.30	2202.92	19080.81
2.87	80.89	1.79	806.64	2934.44	28299.12
4.22	49.10	4.47	382.86	352.23	6166.60
0.75	30.79	3.85	193.31	692.14	25591.70
2.18	0.00	1.86	276.55	4189.34	21757.25
-0.21	16.20	1.64	646.40	4390.25	46606.77
-4.74	52.92	4.76	309.32	3783.32	63716.28
-1.40	0.00	3.10	260.29	4627.10	42196.85
13.27	302.07	5.50	1366.69	1722.03	31608.39
-7.17	28.60	3.67	112.02	779.56	31552.59
1.90	145.93	2.91	541.82	11892.30	52733.40
1.32	71.67	3.12	317.28	2790.72	18518.65
3.30	13.53	39.00	617.24	1201.41	9449.24
1.63	36.72	4.90	202.37	674.94	7581.42
3.68	268.86	3.69	336.58	495.93	6023.38

A 股
A Share

股票
Share

股票代码 Code	名称 Name	发行股本 Issued Vol	流通股本 Negotiable Vol	上年收盘 Last Year Close	本年开盘 Open	本年最高 High	本年最低 Low	本年收盘 Close	涨跌(%) Change(%)
600606	金丰投资	518.32	518.32	5.23	5.75	13.51	5.75	12.94	148.20
600608	上海科技	328.86	318.37	6.07	6.09	9.64	5.81	6.97	14.83
600609	金杯汽车	1092.67	1092.67	2.93	2.92	4.59	2.58	4.10	39.93
600610	*ST 中纺	710.91	108.11	24.77	24.99	27.78	7.61	7.92	-68.03
600611	大众交通	1042.21	1042.21	6.18	6.19	12.79	5.39	11.97	94.98
600612	老凤祥	317.11	317.11	23.32	23.34	35.60	21.11	32.33	42.32
600613	神奇制药	399.43	147.69	13.62	13.62	21.10	12.20	16.82	23.49
600614	鼎立股份	597.95	446.76	10.43	10.29	14.43	9.20	13.30	27.71
600615	丰华股份	188.02	187.62	9.80	9.78	15.78	8.50	11.75	19.90
600616	金枫酒业	514.62	438.67	8.61	8.55	9.95	7.52	9.38	10.10
600617	国新能源	528.48	102.64	20.98	21.15	33.10	17.00	24.95	18.92
600618	氯碱化工	749.84	749.84	6.69	6.63	10.83	5.80	9.95	48.80
600619	海立股份	383.57	318.57	7.08	7.00	9.44	6.09	9.24	31.92
600620	天宸股份	457.78	457.78	9.00	8.95	12.94	6.68	9.34	5.44
600621	华鑫股份	524.08	524.08	5.98	5.95	8.32	5.14	8.15	39.13
600622	嘉宝集团	514.30	514.30	6.17	6.15	8.80	5.45	8.28	37.44
600623	双钱股份	646.37	646.37	9.60	9.57	15.15	8.48	14.52	52.38
600624	复旦复华	405.16	345.16	9.28	9.19	17.98	8.27	12.79	38.29
600626	申达股份	710.24	710.24	8.95	8.75	12.35	7.34	7.97	-9.83
600628	新世界	531.80	531.80	8.47	8.40	11.35	7.33	10.46	25.27
600629	棱光实业	348.00	348.00	9.35	9.25	20.28	7.88	17.11	82.99
600630	龙头股份	424.86	424.86	9.38	9.25	13.50	8.06	10.72	14.29
600633	浙报传媒	1188.29	1134.07	30.37	30.44	46.35	11.79	18.19	20.94
600634	中技控股	575.73	278.96	10.73	10.85	18.08	8.11	12.01	67.89
600635	大众公用	1644.87	1644.87	5.48	5.48	9.08	4.51	8.53	56.93
600636	三爱富	381.95	381.95	11.38	11.30	16.78	9.87	13.56	19.68
600637	百视通	1113.74	1113.74	36.97	36.81	45.49	29.55	37.88	2.70
600638	新黄浦	561.16	561.16	12.24	12.22	18.03	9.85	16.27	34.79
600639	浦东金桥	656.65	656.65	11.76	10.58	25.01	9.70	23.79	103.49
600640	号百控股	535.36	206.41	17.85	17.72	26.50	14.96	15.44	-13.24
600641	万业企业	806.16	806.16	4.30	4.30	6.34	3.66	6.20	46.51
600642	申能股份	4552.04	4552.04	4.55	4.55	6.91	4.08	6.46	46.37
600643	爱建股份	1105.49	817.98	11.35	11.32	16.68	8.92	13.72	21.41
600644	乐山电力	538.40	326.48	8.07	8.06	11.73	6.87	9.44	16.98
600645	中源协和	352.54	324.86	23.96	23.96	49.20	22.00	40.51	69.07
600647	同达创业	139.14	139.14	10.05	10.13	20.33	8.81	14.75	47.49
600648	外高桥	934.79	810.22	32.23	32.17	37.79	25.38	32.37	0.90
600649	城投控股	2987.52	2987.52	8.33	8.29	8.47	6.05	7.23	-11.40
600650	锦江投资	390.56	390.56	10.04	9.93	18.88	8.47	16.25	64.44
600651	飞乐音响	739.07	739.07	5.71	5.73	10.20	5.24	8.18	43.68
600652	爱使股份	832.70	557.00	4.07	4.48	8.97	4.48	6.34	55.85
600653	申华控股	1746.38	1746.38	2.49	2.48	3.81	2.20	3.64	46.18
600654	飞乐股份	755.04	755.04	7.30	7.28	12.07	6.58	10.43	43.53
600655	豫园商城	1437.32	1437.32	7.76	7.77	12.95	6.75	11.82	55.03
600656	博元投资	190.34	190.33	5.94	5.94	12.16	5.23	7.52	26.60
600657	信达地产	1524.26	1524.26	3.23	3.23	8.31	2.94	8.16	155.11
600658	电子城	580.10	580.10	11.74	11.69	13.89	9.12	11.72	2.03
600660	福耀玻璃	2002.99	2002.99	8.29	8.29	13.55	7.26	12.14	52.47
600661	新南洋	259.08	173.68	12.04	11.98	32.19	11.68	20.85	73.17
600662	强生控股	1053.36	1053.36	4.55	4.52	10.78	3.99	8.46	88.13

注：发行股本、流通股本、成交数量的单位是百万股，成交金额的单位为百万元。

A 股
A Share

股票
Share

涨跌值 Change	市盈率 P/E	市净率 P/B	换手率(%) Turnover Rate	成交数量 Trading Vol	成交金额 Trading Val
7.71	96.32	3.60	627.09	3250.34	30091.66
0.90	0.00	0.00	455.19	1437.01	10699.08
1.17	253.56	18.05	356.94	3900.16	14168.94
-16.85	0.00	8.44	289.65	266.94	2632.59
5.79	46.22	2.98	572.20	5963.53	50567.13
9.01	19.01	4.29	115.73	366.98	9936.24
3.20	67.11	3.81	393.96	522.94	9052.37
2.87	291.22	3.84	457.69	2044.76	22754.59
1.95	133.57	4.49	398.41	745.79	9015.20
0.77	41.31	2.53	398.02	1745.98	15221.96
3.97	48.06	7.09	312.39	320.62	7058.90
3.26	691.93	5.32	240.72	1805.01	15070.62
2.16	59.25	2.58	285.10	908.26	7262.94
0.34	36.12	5.13	662.53	3032.97	28116.28
2.17	14.43	2.44	341.49	1789.66	12096.39
2.11	12.57	1.44	364.34	1873.82	13507.85
4.92	42.25	4.27	107.91	697.50	8421.37
3.51	153.71	5.05	1244.36	4294.99	58649.61
-0.98	29.41	2.51	631.30	4483.74	41591.09
1.99	22.87	2.17	538.88	2865.74	27279.10
7.76	428.93	7.63	140.86	490.19	6812.66
1.34	87.19	2.79	773.57	3286.59	34612.31
-12.18	52.51	5.67	1196.83	7442.57	138841.23
1.28	59.03	2.93	467.51	628.37	9311.88
3.05	50.29	3.18	410.10	6745.55	44712.42
2.18	73.50	3.18	780.34	2980.50	40831.41
0.91	62.28	9.44	197.85	1702.78	65344.72
4.03	39.99	2.63	236.63	1327.91	18695.81
12.03	51.71	3.80	403.65	2650.57	37065.81
-2.41	101.73	3.27	1048.53	2164.23	42556.53
1.90	22.05	1.38	224.85	1812.61	8886.21
1.91	12.01	1.27	150.06	6830.94	34621.75
2.37	31.91	2.94	853.37	6980.40	83372.88
1.37	0.00	5.68	432.53	1412.14	12939.23
16.55	1978.99	14.73	498.57	1619.67	51308.94
4.70	61.05	8.52	222.56	309.68	4341.14
0.14	67.49	4.14	269.90	2186.83	67090.31
-1.10	15.67	1.30	111.57	3333.11	23611.57
6.21	38.16	3.86	391.52	1529.12	19127.09
2.47	105.25	2.78	506.17	3740.96	29109.80
2.27	1180.63	2.66	638.02	3553.80	26195.36
1.15	36.79	3.39	246.49	4304.58	13920.19
3.13	65.97	4.56	301.47	2276.19	22143.95
4.06	17.32	2.26	173.99	2500.75	23941.67
1.58	118.07	0.00	803.93	1530.11	12856.09
4.93	17.67	1.60	240.59	3667.26	17156.03
-0.02	13.65	2.25	196.26	1138.51	13070.27
3.85	12.68	2.76	211.04	4227.07	42041.95
8.81	361.29	6.50	532.51	924.84	20997.03
3.91	52.40	2.87	750.88	5761.65	47338.13

A 股
A Share

股票
Share

股票代码 Code	名称 Name	发行股本 Issued Vol	流通股本 Negotiable Vol	上年收盘 Last Year Close	本年开盘 Open	本年最高 High	本年最低 Low	本年收盘 Close	涨跌(%) Change(%)
600663	陆家嘴	1358.08	1358.08	16.99	17.00	40.28	15.36	37.50	122.05
600664	哈药股份	1917.48	1053.39	6.13	6.10	9.10	5.57	8.68	42.68
600665	天地源	864.12	864.12	3.24	3.24	6.40	2.90	5.91	85.49
600666	西南药业	290.15	290.15	6.94	6.94	21.47	6.39	12.06	73.98
600667	太极实业	1191.27	1191.27	3.44	3.45	6.11	3.33	5.27	53.49
600668	尖峰集团	344.08	343.85	9.70	9.60	14.85	9.02	13.49	40.93
600671	天目药业	121.78	121.72	11.21	11.22	18.15	10.89	14.85	32.47
600673	东阳光科	949.57	822.61	9.54	9.57	19.70	9.11	14.84	56.08
600674	川投能源	2201.07	2201.07	11.16	11.15	21.92	10.00	20.73	86.38
600675	中华企业	1867.06	1867.06	6.91	6.89	7.69	4.65	6.86	20.58
600676	交运股份	862.37	782.14	6.24	6.15	9.38	5.18	8.29	34.62
600677	航天通信	416.43	398.38	11.55	11.58	20.00	9.86	18.02	56.45
600678	四川金顶	348.99	348.99	5.74	5.74	12.56	4.72	10.00	74.22
600679	金山开发	182.02	182.02	12.83	12.72	16.01	10.86	11.66	-9.12
600680	上海普天	257.43	257.43	9.19	9.11	21.37	8.35	14.64	59.30
600681	万鸿集团	251.48	246.55	4.28	4.27	8.23	3.73	7.05	64.72
600682	南京新百	358.32	357.96	11.36	11.47	17.56	10.45	15.80	39.96
600683	京投银泰	740.78	740.78	4.39	4.38	8.04	3.81	7.59	73.60
600684	珠江实业	711.22	711.22	7.22	7.22	8.09	4.40	7.30	52.49
600685	广船国际	438.46	438.46	16.91	16.81	39.40	15.37	35.62	110.70
600686	金龙汽车	442.60	442.60	8.73	9.60	14.05	7.77	11.92	38.83
600687	刚泰控股	490.25	246.25	11.36	11.38	23.36	10.11	19.77	126.95
600688	上海石化	7305.00	2385.00	3.05	3.06	4.69	2.81	4.33	43.61
600689	*ST 三毛	152.20	152.20	8.83	8.67	9.23	5.43	8.17	-7.47
600690	青岛海尔	3045.93	2736.84	19.50	19.40	22.77	13.63	18.56	-2.46
600691	阳煤化工	1467.86	902.61	6.20	6.15	6.38	4.09	5.46	-11.94
600692	亚通股份	351.76	255.01	8.31	8.27	12.72	7.07	10.34	24.43
600693	东百集团	343.22	342.17	6.53	6.50	9.34	5.77	8.96	37.21
600694	大商股份	293.72	293.72	28.88	28.80	49.80	25.02	47.93	70.19
600695	大江股份	366.47	329.57	5.80	5.73	8.45	5.08	7.25	25.00
600696	多伦股份	340.57	340.57	6.06	6.05	9.98	5.91	8.16	34.65
600697	欧亚集团	159.09	155.16	18.73	18.73	26.29	15.80	25.75	39.24
600698	湖南天雁	741.82	429.59	3.73	3.70	7.34	3.34	5.90	58.18
600699	均胜电子	636.14	242.82	15.41	15.30	30.46	15.15	19.51	26.61
600701	工大高新	498.78	498.78	4.35	4.31	6.51	3.94	6.07	39.71
600702	沱牌舍得	337.30	337.30	15.04	14.93	19.19	10.03	18.63	24.00
600703	三安光电	2393.08	2166.02	24.79	24.83	29.30	12.43	14.22	-13.15
600704	物产中大	996.00	790.52	11.35	11.32	13.45	7.24	10.38	-7.67
600705	中航资本	3732.70	1489.28	16.98	17.00	27.57	14.74	17.89	112.31
600706	曲江文旅	179.51	85.73	11.79	11.79	17.58	11.00	15.82	34.18
600707	彩虹股份	736.76	734.72	8.24	8.20	12.16	6.61	8.31	0.85
600708	海博股份	510.37	508.38	7.46	7.41	10.75	6.45	8.64	17.16
600710	常林股份	640.28	640.28	3.05	3.06	6.31	2.79	5.87	92.46
600711	盛屯矿业	1497.05	800.34	7.94	7.98	20.20	6.56	6.76	113.48
600712	南宁百货	544.66	537.73	3.97	3.97	5.95	3.46	5.33	34.51
600713	南京医药	897.43	693.58	5.28	5.28	8.68	4.91	7.19	36.17
600714	金瑞矿业	273.40	273.40	7.87	7.85	12.28	7.10	11.22	42.57
600715	松辽汽车	224.26	224.26	5.21	5.19	23.33	5.19	17.20	230.13
600716	凤凰股份	740.60	740.60	7.30	7.25	11.27	6.66	9.58	32.60
600717	天津港	1674.77	1674.77	8.55	8.48	22.40	7.24	17.13	102.60

注：发行股本、流通股本、成交数量的单位是百万股，成交金额的单位为百万元。

A 股
A Share

股票
Share

涨跌值 Change	市盈率 P/E	市净率 P/B	换手率(%) Turnover Rate	成交数量 Trading Vol	成交金额 Trading Val
20.51	49.82	6.08	187.73	2549.54	62836.69
2.55	98.68	2.02	407.94	4297.20	31819.71
2.67	19.17	1.98	250.99	2168.84	8941.73
5.12	106.86	8.81	690.16	2002.47	31151.62
1.83	503.82	4.01	593.55	7070.81	33736.24
3.79	23.03	2.25	717.40	2465.98	28948.75
3.64	857.89	22.15	334.31	406.92	6110.21
5.30	96.41	3.95	387.74	3189.56	44792.05
9.57	33.39	3.03	143.68	3058.45	45360.10
-0.05	31.89	2.52	380.74	6784.60	40442.48
2.05	23.80	2.06	337.54	2640.00	19017.22
6.47	233.57	4.88	1143.63	3789.22	56460.76
4.26	727.27	148.01	307.73	1073.94	8175.10
-1.17	470.73	6.20	541.04	984.80	13569.96
5.45	359.35	4.08	605.23	1558.03	26513.99
2.77	0.00	86.41	346.71	801.74	4682.30
4.44	41.86	3.20	182.93	654.58	9461.09
3.20	75.44	3.01	381.36	2825.00	15872.48
0.08	11.55	2.51	760.49	4906.68	32006.78
18.71	2698.48	6.52	193.57	848.71	22477.72
3.19	22.98	2.17	318.99	1411.84	15507.03
8.41	108.40	6.03	930.35	1658.41	25347.39
1.28	23.34	2.82	938.14	17995.88	66466.68
-0.66	0.00	4.04	395.30	601.66	4412.22
-0.94	13.56	2.59	189.02	5150.27	87865.62
-0.74	0.00	1.76	470.61	4247.76	22194.83
2.03	139.22	6.67	1104.13	2815.66	27879.80
2.43	54.70	2.54	250.11	835.84	6439.89
19.05	11.94	2.31	476.32	1399.05	43297.05
1.45	49.16	10.18	428.75	1413.03	9375.03
2.10	314.81	4.67	1086.85	3701.44	28447.32
7.02	16.70	2.58	264.85	410.93	7886.08
2.17	97.15	8.21	630.23	2702.67	14959.20
4.10	42.94	5.13	681.62	1496.60	35556.73
1.72	243.78	3.34	431.01	2149.79	10827.08
3.59	533.66	2.80	505.59	1705.34	23226.11
-10.57	32.85	3.01	316.73	5777.81	100128.06
-0.97	20.41	1.78	370.50	2928.83	27557.10
0.91	79.09	4.96	279.67	2392.00	40350.01
4.03	33.51	3.62	905.31	774.49	10584.91
0.07	81.86	4.34	407.50	2993.97	27916.50
1.18	27.33	2.77	507.25	2578.79	22248.92
2.82	0.00	2.22	422.89	2707.70	11803.09
-1.18	95.37	2.81	1386.05	6583.76	70294.94
1.36	171.11	2.68	344.71	1853.60	8704.97
1.91	166.82	3.01	504.31	3497.77	24122.51
3.35	135.21	6.55	354.53	969.29	9709.86
11.99	0.00	0.00	352.93	791.46	11645.44
2.28	31.17	3.35	282.91	2095.24	18559.95
8.58	26.88	2.11	428.65	7178.90	90906.08

A 股
A Share

股票
Share

股票代码 Code	名称 Name	发行股本 Issued Vol	流通股本 Negotiable Vol	上年收盘 Last Year Close	本年开盘 Open	本年最高 High	本年最低 Low	本年收盘 Close	涨跌(%) Change(%)
600718	东软集团	1227.59	1227.59	12.27	12.16	19.21	11.01	15.81	29.75
600719	大连热电	202.30	202.30	7.61	7.75	10.70	5.95	8.65	13.75
600720	祁连山	776.29	776.16	6.69	6.67	11.30	6.02	10.97	66.22
600721	百花村	268.85	119.96	7.58	7.50	11.39	6.47	8.67	14.38
600722	金牛化工	680.32	421.42	4.79	4.76	5.78	3.71	4.61	-3.76
600723	首商股份	658.41	657.22	6.52	6.52	8.43	5.73	8.02	25.46
600724	宁波富达	1445.24	1444.94	4.19	4.19	6.08	3.58	5.97	45.35
600725	云维股份	616.24	616.24	3.75	3.79	6.09	3.08	5.02	33.87
600726	华电能源	1534.68	720.58	2.45	2.44	5.18	2.30	4.53	84.90
600727	鲁北化工	350.99	350.93	4.64	5.10	6.95	4.19	5.67	22.20
600728	佳都科技	499.77	396.92	15.70	15.80	17.30	11.91	12.76	-18.73
600729	重庆百货	406.53	372.31	21.78	21.69	26.84	18.90	24.99	17.72
600730	中国高科	293.33	293.33	9.49	9.52	14.55	8.59	10.76	14.44
600731	湖南海利	327.31	255.58	7.34	7.34	9.74	6.73	8.43	14.85
600732	上海新梅	446.38	446.38	5.24	4.81	8.31	4.29	7.11	35.69
600733	S 前锋	197.59	75.60	19.69	19.65	47.00	17.30	41.18	109.14
600734	实达集团	351.56	351.11	4.87	5.18	6.28	3.70	5.05	3.70
600735	新华锦	250.70	209.00	7.52	7.47	19.65	6.55	15.80	110.11
600736	苏州高新	1057.88	1057.88	4.04	4.00	6.77	3.40	5.77	44.46
600737	中粮屯河	2051.88	1322.66	5.33	5.31	9.48	4.47	8.90	67.54
600738	兰州民百	368.87	262.11	6.04	6.01	7.46	5.33	7.10	19.21
600739	辽宁成大	1429.71	1364.71	17.54	17.55	24.85	13.68	21.49	22.52
600740	山西焦化	765.70	656.83	6.00	5.96	7.47	5.06	6.72	12.00
600741	华域汽车	2583.20	2583.20	10.14	10.12	16.75	8.33	15.48	57.30
600742	一汽富维	211.52	211.52	17.91	17.71	31.20	16.28	28.05	58.57
600743	华远地产	1817.66	1817.66	2.55	2.55	4.65	2.25	4.62	85.88
600744	华银电力	711.65	474.38	3.32	3.31	5.20	2.95	4.61	38.86
600745	中茵股份	483.32	327.37	16.24	16.30	16.30	10.03	13.57	-16.44
600746	江苏索普	306.42	304.66	6.00	5.92	9.88	5.70	7.33	22.63
600747	大连控股	1464.33	1064.33	3.79	3.77	7.78	3.64	6.59	73.88
600748	上实发展	1083.37	1083.37	7.55	7.55	12.79	6.43	12.71	69.01
600749	西藏旅游	189.14	189.14	7.72	7.72	12.70	7.30	12.18	57.77
600750	江中药业	300.00	300.00	15.86	15.86	22.98	15.27	20.25	29.57
600751	天津海运	566.50	343.51	6.20	6.16	15.89	5.00	11.92	92.26
600753	东方银星	128.00	128.00	10.77	10.69	18.69	9.36	13.32	23.68
600754	锦江股份	648.52	447.24	16.02	15.99	26.05	13.80	25.11	59.11
600755	厦门国贸	1664.47	1664.47	5.43	5.40	14.88	4.60	11.30	148.82
600756	浪潮软件	278.75	278.75	13.14	13.11	28.80	11.50	20.39	55.25
600757	长江传媒	1213.65	524.11	7.57	7.56	10.56	7.03	8.51	12.42
600758	红阳能源	207.68	115.05	6.74	6.75	10.70	6.33	8.32	23.89
600759	洲际油气	1741.16	1216.02	7.97	7.89	12.62	7.70	9.90	24.37
600760	中航黑豹	344.95	344.95	5.03	5.03	15.10	4.51	10.73	113.32
600761	安徽合力	616.82	616.82	12.09	12.03	15.65	9.62	15.65	57.82
600763	通策医疗	160.32	160.32	32.02	31.90	56.50	29.75	47.98	49.84
600764	中电广通	329.73	329.73	8.16	8.03	12.25	6.84	9.62	18.01
600765	中航重机	778.00	778.00	12.52	12.50	28.32	10.42	19.05	52.48
600766	园城黄金	224.23	223.93	9.74	9.75	12.73	8.77	11.55	18.58
600767	运盛实业	341.01	340.91	5.32	5.29	11.67	4.87	11.18	110.15
600768	宁波富邦	133.75	133.75	6.40	6.40	13.69	6.00	10.40	62.50
600769	祥龙电业	374.98	374.98	5.05	5.01	9.99	4.18	7.72	52.87

注：发行股本、流通股本、成交数量的单位是百万股，成交金额的单位为百万元。

A 股
A Share

股票
Share

涨跌值 Change	市盈率 P/E	市净率 P/B	换手率(%) Turnover Rate	成交数量 Trading Vol	成交金额 Trading Val
3.54	47.23	3.58	622.39	7640.39	112827.87
1.04	421.54	2.41	453.56	917.55	7140.61
4.28	18.33	1.78	627.76	4872.45	39052.99
1.09	778.98	3.15	524.91	629.68	5695.68
-0.18	0.00	5.14	461.56	1945.12	9391.64
1.50	16.04	1.73	269.30	1352.03	9287.65
1.78	21.22	2.29	112.83	1630.36	8106.51
1.27	80.22	9.67	279.74	1723.85	7831.17
2.08	624.83	2.85	444.64	3203.97	12265.99
1.03	140.45	1.93	384.94	1350.86	7477.24
-2.94	70.13	5.32	404.00	1469.07	21620.65
3.21	12.60	2.23	355.44	1225.06	27410.29
1.27	32.81	2.35	461.46	1353.60	16252.02
1.09	352.72	3.74	338.81	865.93	7122.69
1.87	0.00	6.70	533.15	2379.91	14838.95
21.49	209.34	26.37	407.35	307.95	8770.76
0.18	242.44	15.16	357.57	1237.76	6370.19
8.28	86.35	6.15	540.97	1130.61	11969.61
1.73	26.54	1.74	460.51	4871.63	23437.34
3.57	227.39	3.08	636.26	8204.99	55671.27
1.06	23.71	2.39	544.52	1427.22	9178.23
3.95	36.30	2.28	603.94	8242.00	148423.70
0.72	296.56	1.82	377.09	2224.66	14126.55
5.34	11.55	1.69	160.26	4139.91	48045.97
10.14	16.10	1.63	517.17	1093.94	25310.68
2.07	12.80	2.17	289.40	5260.39	18770.08
1.29	306.72	2.57	418.73	1986.39	8726.47
-2.67	121.82	2.52	187.23	612.96	7939.77
1.33	80.00	5.13	491.44	1497.23	11379.58
2.80	219.37	4.54	516.19	5493.99	32967.91
5.16	31.65	2.88	281.44	3049.03	27298.52
4.46	295.06	3.66	502.16	949.78	9509.40
4.39	35.27	2.92	350.25	1063.42	19503.54
5.72	0.00	2.91	2111.44	6168.11	53819.51
2.55	0.00	16.82	285.71	365.71	5216.45
9.09	53.52	2.32	108.57	485.58	8346.29
5.87	19.96	2.54	737.79	11825.51	100914.38
7.25	1352.12	6.73	1636.07	4560.49	100865.65
0.94	27.31	2.18	543.35	2429.58	22456.65
1.58	98.42	5.07	484.87	557.84	4913.79
1.93	379.17	3.21	326.04	3964.77	41971.94
5.70	209.33	6.10	1418.93	4894.54	44621.50
3.56	19.23	2.52	389.39	2265.48	27433.16
15.96	76.60	12.22	177.66	284.83	12326.66
1.46	681.30	5.22	208.27	686.73	6531.81
6.53	96.68	4.20	555.31	4320.33	78570.44
1.81	1254.07	74.28	419.54	938.09	10574.91
5.86	0.00	10.41	906.20	3089.31	27435.40
4.00	0.00	14.07	445.43	595.76	6096.39
2.67	5.61	79.95	329.77	1236.58	8448.48

A 股
A Share

股票
Share

股票代码 Code	名称 Name	发行股本 Issued Vol	流通股本 Negotiable Vol	上年收盘 Last Year Close	本年开盘 Open	本年最高 High	本年最低 Low	本年收盘 Close	涨跌(%) Change(%)
600770	综艺股份	1300.00	1104.60	8.41	8.47	13.50	8.15	8.66	2.97
600771	广誉远	243.81	189.76	25.85	25.50	27.93	18.03	23.49	-9.13
600773	西藏城投	729.21	539.64	9.54	9.54	14.70	8.27	12.11	27.15
600774	汉商集团	174.58	174.43	8.32	8.21	17.60	7.85	14.84	78.37
600775	南京熊猫	671.84	632.62	8.92	9.10	14.00	7.13	10.37	17.00
600776	东方通信	956.00	956.00	6.16	6.16	14.23	5.41	8.13	32.95
600777	新潮实业	625.42	625.42	6.60	6.57	13.35	6.40	11.92	80.61
600778	友好集团	311.49	310.31	9.27	9.24	9.77	7.35	9.14	1.62
600779	水井坊	488.55	295.32	10.19	10.05	10.87	6.44	9.77	-4.12
600780	通宝能源	1146.50	1146.50	5.12	5.08	7.75	4.12	6.74	33.79
600781	辅仁药业	177.59	177.59	14.80	14.70	22.07	12.70	17.33	17.09
600782	新钢股份	1393.45	1393.45	3.10	3.11	7.60	2.60	6.29	102.90
600783	鲁信创投	744.36	744.36	20.51	20.38	30.28	14.18	27.99	36.96
600784	鲁银投资	568.18	496.61	5.47	5.49	11.14	4.76	9.24	69.47
600785	新华百货	225.63	207.43	11.79	11.65	15.49	10.11	14.98	29.60
600787	中储股份	1859.83	1680.21	10.28	10.23	16.59	7.57	9.64	88.04
600789	鲁抗医药	581.58	581.58	4.89	4.90	11.17	4.40	7.92	61.96
600790	轻纺城	805.38	618.78	6.34	6.34	9.99	5.62	8.21	32.97
600791	京能置业	452.88	452.31	5.72	5.71	7.61	4.20	6.71	18.18
600792	云煤能源	989.92	952.03	8.73	8.70	13.77	6.08	7.90	80.99
600793	ST 宜纸	105.30	105.30	10.04	10.03	15.58	8.86	11.51	14.64
600794	保税科技	541.62	460.55	7.61	7.61	16.49	6.65	14.27	88.96
600795	国电电力	18815.12	16980.26	2.35	2.35	4.94	2.11	4.63	102.55
600796	钱江生化	301.40	301.40	5.55	5.52	8.45	4.90	7.24	30.99
600797	浙大网新	831.77	821.71	5.58	5.40	9.27	4.98	7.28	30.65
600798	宁波海运	871.17	871.17	3.52	3.50	6.38	3.26	5.18	47.44
600800	天津磁卡	611.27	610.31	5.47	5.39	8.10	4.80	6.19	13.16
600801	华新水泥	971.68	971.68	12.14	12.14	13.06	6.58	10.59	41.22
600802	福建水泥	381.87	381.87	5.81	5.79	9.50	5.20	9.09	56.73
600803	威远生化	985.79	352.82	12.41	12.41	14.95	10.20	12.19	-1.77
600804	鹏博士	1391.15	1342.89	14.06	14.08	19.99	13.02	17.98	28.59
600805	悦达投资	850.89	849.20	10.97	10.97	12.67	8.79	11.30	4.38
600806	昆明机床	390.19	390.19	4.51	4.51	8.66	4.00	7.32	62.31
600807	天业股份	542.07	307.89	6.82	6.80	11.80	6.26	8.89	30.65
600808	马钢股份	5967.75	5967.75	1.68	1.68	4.31	1.52	4.01	138.69
600809	山西汾酒	865.85	865.85	19.30	19.00	23.99	12.50	22.89	20.41
600810	神马股份	442.28	442.28	6.33	6.36	8.20	5.05	7.21	13.90
600811	东方集团	1666.81	1666.81	6.29	6.25	10.35	4.95	9.50	51.51
600812	华北制药	1630.80	1028.58	5.01	5.51	7.83	4.51	6.19	23.55
600814	杭州解百	715.03	310.38	7.06	7.05	9.35	6.33	8.85	26.35
600815	厦工股份	958.97	939.71	3.97	3.95	10.49	3.28	8.90	124.18
600816	安信信托	454.11	453.85	14.25	14.15	35.65	13.18	29.38	107.58
600817	ST 宏盛	160.91	147.91	7.40	7.40	15.99	7.22	10.87	46.89
600818	中路股份	237.96	237.96	12.54	12.45	30.05	11.91	23.73	89.55
600819	耀皮玻璃	747.42	543.75	6.21	6.23	11.12	5.50	8.67	40.26
600820	隧道股份	3144.10	2318.25	9.07	9.08	10.65	4.61	8.26	85.45
600821	津劝业	416.27	416.27	4.90	4.89	6.64	4.11	6.09	24.29
600822	上海物贸	396.15	396.15	9.30	9.27	12.96	7.56	8.08	-13.12
600823	世茂股份	1172.42	1172.42	8.98	9.05	14.71	7.93	14.71	65.48
600824	益民集团	878.36	878.36	5.55	5.60	7.14	4.83	6.82	23.96

注：发行股本、流通股本、成交数量的单位是百万股，成交金额的单位为百万元。

A 股
A Share

股票
Share

涨跌值 Change	市盈率 P/E	市净率 P/B	换手率(%) Turnover Rate	成交数量 Trading Vol	成交金额 Trading Val
0.25	0.00	3.29	498.02	5468.14	54932.14
-2.36	0.00	68.09	281.18	533.57	12822.82
2.57	123.24	3.63	393.98	2126.05	24864.08
6.52	155.10	4.63	192.51	333.71	3811.20
1.45	51.83	2.98	457.40	2736.12	28710.53
1.97	52.71	3.56	301.67	2883.98	29842.07
5.32	215.94	6.33	424.99	2657.96	24881.31
-0.13	9.86	1.66	484.58	1503.15	13037.22
-0.42	0.00	3.96	773.43	2284.14	19920.18
1.62	20.16	1.78	192.71	2100.08	11692.10
2.53	156.78	9.77	299.01	531.03	8954.41
3.19	79.97	1.09	131.39	1830.87	8029.84
7.48	95.17	6.36	290.39	2161.53	43071.28
3.77	54.98	3.74	610.39	3031.29	20693.07
3.19	16.79	1.97	468.21	971.22	12239.22
-0.64	53.38	2.95	604.02	7595.43	80621.97
3.03	424.21	3.27	1120.44	6516.22	49136.27
1.87	18.11	1.94	692.20	4283.17	34778.43
0.99	19.43	2.12	553.65	2504.23	15048.78
-0.83	145.17	2.29	667.06	1777.71	15864.19
1.47	167.10	29.43	158.90	167.32	1987.43
6.66	44.66	4.34	457.76	2106.74	23818.50
2.28	13.87	1.85	291.05	45013.06	149012.71
1.69	71.21	4.00	329.85	994.18	6554.44
1.70	167.28	3.87	1012.26	8317.85	60925.31
1.66	758.42	2.34	406.01	3537.06	15763.50
0.72	0.00	34.26	720.62	4392.93	28046.81
-1.55	13.42	1.62	369.24	3364.23	30098.42
3.28	182.27	2.56	1039.72	3970.41	29661.61
-0.22	17.34	2.67	450.78	1121.31	14183.65
3.92	62.06	5.10	635.78	8523.75	134405.96
0.33	7.44	1.53	624.51	5303.38	56080.49
2.81	522.48	3.58	501.62	1957.24	12044.26
2.07	246.47	8.20	307.44	946.57	8710.79
2.33	196.38	1.33	264.98	15813.10	45763.07
3.59	20.64	5.09	259.71	2248.68	39370.69
0.88	162.02	1.37	261.32	1155.76	7643.87
3.21	15.21	1.56	446.48	7441.92	54559.56
1.18	739.55	1.94	317.31	3263.77	18930.24
1.79	100.50	3.41	267.22	829.41	6378.45
4.93	0.00	2.10	370.55	3482.14	20680.44
15.13	47.72	7.39	693.19	3146.02	74440.68
3.47	706.30	16.17	367.32	494.40	5520.32
11.19	774.48	20.08	402.84	958.59	18756.82
2.46	68.03	2.55	151.74	825.11	7197.77
-0.81	20.14	1.66	613.09	10976.20	77238.51
1.19	175.55	4.24	446.32	1857.91	10106.14
-1.22	220.34	4.12	680.81	2697.03	29135.20
5.73	10.50	1.07	221.69	2595.16	27005.73
1.27	36.30	3.34	339.40	2981.18	18737.48

A 股
A Share

股票
Share

股票代码 Code	名称 Name	发行股本 Issued Vol	流通股本 Negotiable Vol	上年收盘 Last Year Close	本年开盘 Open	本年最高 High	本年最低 Low	本年收盘 Close	涨跌(%) Change(%)
600825	新华传媒	1044.89	1044.89	8.90	8.90	13.74	7.45	10.70	20.45
600826	兰生股份	420.64	420.64	15.36	15.16	22.78	12.95	19.59	27.86
600827	百联股份	1542.78	1542.78	9.87	9.86	18.83	8.11	17.89	83.59
600828	成商集团	570.44	569.82	5.31	5.31	7.66	4.41	6.95	32.58
600829	三精制药	579.89	579.89	6.63	6.63	11.85	6.20	11.82	80.29
600830	香溢融通	454.32	454.32	9.65	9.59	12.99	7.28	10.21	7.05
600831	广电网络	563.44	563.44	7.46	7.45	10.35	6.89	9.13	22.52
600832	东方明珠	3186.33	3186.33	9.77	9.75	16.51	8.68	13.84	42.32
600833	第一医药	223.09	223.09	8.53	8.45	15.96	7.42	12.89	51.70
600834	申通地铁	477.38	477.38	6.84	6.83	11.33	5.98	10.10	48.83
600835	上海机电	806.50	806.50	17.65	17.40	25.00	14.60	18.76	7.88
600836	界龙实业	313.56	313.56	8.60	8.56	18.48	8.02	16.07	87.09
600837	海通证券	8092.13	8092.13	11.32	11.28	24.99	8.77	24.06	113.60
600838	上海九百	400.88	400.88	7.66	7.51	10.48	6.42	8.83	15.74
600839	四川长虹	4616.24	4610.00	3.04	3.05	5.76	2.62	4.66	53.95
600841	上柴股份	521.89	492.17	11.33	11.34	12.57	9.15	10.98	-2.57
600843	上工申贝	304.65	204.94	10.24	10.11	14.56	8.24	13.30	29.88
600844	丹化科技	584.83	584.83	7.43	7.43	8.15	5.41	7.60	2.29
600845	宝信软件	249.73	226.52	25.00	25.12	41.43	24.52	33.50	34.96
600846	同济科技	624.76	624.76	5.69	5.67	11.10	5.28	8.65	53.43
600847	万里股份	157.48	133.16	16.04	16.02	18.98	13.72	14.29	-10.91
600848	自仪股份	292.14	292.14	6.97	6.88	13.60	5.97	11.12	59.54
600850	华东电脑	321.74	171.03	20.94	20.75	48.41	17.70	35.64	71.30
600851	海欣股份	738.21	738.21	7.04	7.00	9.80	5.91	8.69	23.44
600853	龙建股份	536.81	536.81	2.76	2.76	5.78	2.48	5.15	86.96
600854	春兰股份	519.46	519.46	4.24	4.23	6.40	3.95	5.59	32.26
600855	航天长峰	331.62	329.86	15.79	15.79	33.98	12.67	27.76	75.94
600856	长百集团	234.83	234.83	6.48	7.13	13.40	7.13	9.98	54.01
600857	工大首创	224.32	224.32	8.30	8.30	18.98	7.75	14.03	69.76
600858	银座股份	520.07	517.55	7.56	7.49	10.35	6.25	10.06	33.99
600859	王府井	462.77	462.77	18.16	18.07	22.73	15.00	22.18	24.89
600860	*ST 京城	322.00	322.00	8.21	8.22	8.53	5.13	6.95	-15.35
600861	北京城乡	316.80	316.80	7.91	7.90	10.88	7.20	9.90	27.05
600862	南通科技	637.93	637.93	3.16	3.15	12.86	2.94	9.28	193.67
600863	内蒙华电	5807.75	2639.10	3.41	3.40	4.85	2.46	4.56	109.38
600864	哈投股份	546.38	546.38	9.92	9.94	15.78	7.90	14.85	52.22
600865	百大集团	376.24	376.24	6.54	6.52	8.91	5.47	7.68	18.96
600866	星湖科技	645.39	550.39	4.49	4.50	8.36	4.03	6.89	53.45
600867	通化东宝	1030.10	1024.60	15.31	15.30	21.51	10.12	15.60	13.39
600868	梅雁吉祥	1898.15	1898.15	2.36	2.36	4.12	2.11	3.68	56.14
600869	智慧能源	990.04	990.04	7.15	7.15	11.66	5.98	8.82	24.76
600870	厦华电子	523.20	370.82	4.92	4.91	10.58	4.56	7.46	51.63
600871	*ST 仪化	3900.00	450.00	2.83	2.84	6.17	2.35	5.85	106.71
600872	中炬高新	796.64	796.64	11.37	11.31	12.82	9.12	10.38	-7.99
600873	梅花生物	3108.23	3108.23	6.24	6.24	7.37	4.65	7.16	16.35
600874	创业环保	1087.23	1087.23	8.17	8.17	11.70	7.06	11.05	36.23
600875	东方电气	1663.86	1663.86	12.57	12.49	21.10	10.87	20.64	65.63
600876	洛阳玻璃	250.02	250.02	4.78	4.76	8.18	4.45	7.24	51.46
600877	中国嘉陵	687.28	687.28	3.32	3.30	9.28	3.01	7.45	124.40
600879	航天电子	1039.54	1039.54	9.36	9.34	17.36	8.44	15.60	66.67

注：发行股本、流通股本、成交数量的单位是百万股，成交金额的单位为百万元。

A 股
A Share

股票
Share

涨跌值 Change	市盈率 P/E	市净率 P/B	换手率(%) Turnover Rate	成交数量 Trading Vol	成交金额 Trading Val
1.80	187.92	4.44	535.45	5594.87	60041.18
4.23	160.88	2.05	250.32	1052.95	18126.29
8.02	29.75	1.93	464.23	6316.52	81472.93
1.64	19.39	3.17	227.49	1295.93	7339.88
5.19	1061.04	3.28	141.05	817.92	7196.73
0.56	28.39	2.48	735.68	3342.37	32107.42
1.67	37.54	2.87	604.49	3405.94	30044.20
4.07	64.44	4.84	204.32	6510.35	82538.84
4.36	83.92	4.47	563.13	1256.28	13829.66
3.26	40.00	3.53	231.80	1106.54	9791.00
1.11	20.33	3.07	328.44	2648.85	48595.14
7.47	473.34	12.11	673.50	2111.86	28109.86
12.74	57.15	3.37	427.93	34628.71	511753.28
1.17	74.62	4.69	726.25	2911.41	24345.58
1.62	41.97	1.53	556.99	25677.45	100060.48
-0.35	46.34	2.78	131.67	648.06	7095.41
3.06	91.72	4.57	676.63	1386.70	15814.99
0.17	0.00	6.97	285.73	1671.00	11505.28
8.50	42.05	4.78	100.09	226.73	7148.88
2.96	33.65	3.20	1363.33	8517.54	72972.90
-1.75	0.00	3.16	223.70	251.64	4159.26
4.15	368.70	32.94	223.30	652.35	6134.39
14.70	47.84	8.15	282.31	482.84	15641.03
1.65	160.39	1.97	443.28	3272.32	25160.76
2.39	160.59	3.50	489.73	2628.92	10554.98
1.35	94.31	1.52	363.79	1889.76	10100.94
11.97	292.61	11.05	1409.35	3291.61	64629.37
3.50	135.01	17.90	319.24	749.68	7792.53
5.73	88.16	5.43	481.80	1080.78	15188.07
2.50	19.63	1.78	379.90	1966.17	15557.92
4.02	14.79	1.49	435.17	1873.48	34963.89
-1.26	0.00	3.19	154.80	498.47	3296.32
1.99	33.72	1.39	309.31	979.90	8969.63
6.12	2128.44	5.54	334.95	2136.74	23461.16
1.15	19.25	2.49	645.59	15416.57	53000.21
4.93	24.55	1.74	384.36	2100.05	21446.37
1.14	23.69	2.16	373.02	1403.46	9761.21
2.40	219.78	3.01	503.19	2760.76	17407.13
0.29	87.38	7.52	310.35	3108.96	46404.23
1.32	270.59	3.28	485.43	9214.15	28228.85
1.67	28.83	2.80	179.90	1781.08	17014.74
2.54	0.00	781.56	719.13	2666.68	20806.55
3.02	0.00	4.01	591.45	2661.53	9736.28
-0.99	38.85	3.51	344.92	2747.79	28992.48
0.92	55.13	2.71	120.35	3641.76	21890.65
2.88	55.95	3.78	325.88	3543.11	32603.77
8.07	17.60	2.12	297.06	4942.67	72778.63
2.46	0.00	73.28	156.25	390.66	2487.38
4.13	0.00	26.69	893.11	6138.19	36619.13
6.24	70.42	3.11	811.18	8432.50	112222.25

A 股
A Share

股票
Share

股票代码 Code	名称 Name	发行股本 Issued Vol	流通股本 Negotiable Vol	上年收盘 Last Year Close	本年开盘 Open	本年最高 High	本年最低 Low	本年收盘 Close	涨跌(%) Change(%)
600880	博瑞传播	1093.33	733.37	16.98	17.00	26.00	9.50	10.75	2.47
600881	亚泰集团	1894.73	1894.73	3.92	3.92	8.64	3.56	7.47	93.11
600882	华联矿业	399.24	282.10	8.24	8.20	9.50	6.90	7.94	2.73
600883	博闻科技	236.09	236.09	5.54	5.49	10.99	4.92	9.25	67.33
600884	杉杉股份	410.86	410.86	12.32	12.30	20.78	11.02	16.59	35.15
600885	宏发股份	531.97	237.41	18.56	18.50	26.35	16.44	18.68	0.65
600886	国投电力	6786.02	6786.02	3.93	3.91	11.50	3.73	11.44	194.81
600887	伊利股份	3064.37	3007.82	39.08	38.70	40.98	21.34	28.63	11.94
600888	新疆众和	641.23	641.23	5.92	5.85	8.60	5.00	7.98	35.64
600889	南京化纤	307.07	307.07	5.25	5.27	9.23	4.69	8.11	55.05
600890	中房股份	579.19	579.19	7.90	7.87	9.59	5.36	8.70	10.13
600891	秋林集团	325.53	323.90	6.09	6.09	8.38	5.41	6.81	12.40
600892	宝诚股份	63.13	62.82	13.50	13.56	25.86	12.38	24.30	80.00
600893	航空动力	1948.72	1086.22	19.13	19.13	35.25	17.20	28.96	51.82
600894	广日股份	859.95	776.93	12.02	12.11	16.36	10.05	12.85	6.91
600895	张江高科	1548.69	1548.69	7.51	7.50	14.06	6.21	13.32	78.43
600896	中海海盛	581.32	581.32	3.81	3.83	8.37	3.34	6.67	75.30
600897	厦门空港	297.81	297.81	14.93	14.85	30.30	13.56	23.99	63.70
600898	三联商社	252.52	252.52	5.00	5.00	11.27	4.40	8.05	61.00
600900	长江电力	16500.00	9745.94	6.32	6.30	11.26	5.54	10.67	73.27
600917	重庆燃气	1556.00	156.00	3.25	4.68	14.25	4.68	9.92	205.23
600960	渤海活塞	327.95	211.67	7.91	7.91	12.92	7.00	11.05	40.01
600961	株冶集团	527.46	527.46	5.56	5.57	11.48	5.01	9.59	72.48
600962	国投中鲁	262.21	254.02	6.17	6.17	17.98	5.44	13.32	115.88
600963	岳阳林纸	1043.16	843.16	3.23	3.23	5.74	2.80	5.27	63.34
600965	福成五丰	528.00	380.05	6.68	6.70	12.35	6.02	8.97	75.61
600966	博汇纸业	668.42	668.42	4.90	4.92	6.92	4.37	5.88	20.00
600967	北方创业	822.83	773.03	17.25	17.47	19.89	9.99	14.76	54.60
600969	郴电国际	264.32	210.27	12.25	12.24	17.72	10.95	17.13	41.31
600970	中材国际	1093.30	1093.30	8.30	8.27	14.88	6.59	13.41	61.87
600971	恒源煤电	1000.00	1000.00	7.13	7.06	9.11	5.03	8.73	23.84
600973	宝胜股份	411.39	411.39	7.38	7.40	12.94	7.10	10.76	46.88
600975	新五丰	234.36	234.36	6.10	6.08	12.00	5.60	11.78	93.11
600976	健民集团	153.40	153.30	23.94	23.76	33.58	18.58	27.37	15.91
600978	宜华木业	1482.87	1482.87	5.73	5.72	7.01	4.53	6.02	17.41
600979	广安爱众	717.89	717.89	4.93	4.92	7.49	4.30	6.29	28.60
600980	北矿磁材	130.00	130.00	11.26	11.19	20.50	9.96	14.60	29.66
600981	汇鸿股份	516.11	516.11	3.81	3.81	4.33	3.45	4.21	11.29
600982	宁波热电	746.93	420.00	11.40	11.40	16.60	4.83	7.55	66.67
600983	惠而浦	766.44	532.80	15.03	15.03	15.80	11.88	12.30	-17.63
600984	建设机械	241.56	141.56	5.52	5.50	8.64	5.09	7.96	44.20
600985	雷鸣科化	175.24	129.60	12.81	12.81	19.23	10.51	16.96	33.18
600986	科达股份	335.27	335.27	4.64	4.61	7.12	4.05	7.05	51.94
600987	航民股份	635.31	635.31	5.65	5.64	10.93	5.23	8.55	54.87
600988	赤峰黄金	566.60	281.01	12.62	12.62	15.10	7.38	9.62	52.46
600990	四创电子	136.70	136.70	28.22	28.22	69.69	22.19	57.98	105.60
600992	贵绳股份	245.09	245.09	6.80	6.81	12.10	6.32	10.41	53.53
600993	马应龙	331.58	330.88	17.32	17.28	23.94	15.00	20.28	18.07
600995	文山电力	478.53	478.53	5.08	5.08	8.08	4.52	7.69	53.05
600997	开滦股份	1234.64	1234.64	5.57	5.56	8.51	4.12	7.19	30.20

注：发行股本、流通股本、成交数量的单位是百万股，成交金额的单位为百万元。

A 股
A Share

股票
Share

涨跌值 Change	市盈率 P/E	市净率 P/B	换手率(%) Turnover Rate	成交数量 Trading Vol	成交金额 Trading Val
-6.23	34.77	3.24	1204.87	7270.11	98883.50
3.55	65.05	1.74	319.43	6052.34	34525.58
-0.30	14.36	2.33	496.03	1399.28	11770.42
3.71	330.00	3.53	307.14	725.12	5758.48
4.27	37.09	1.61	643.37	2643.32	45248.03
0.12	30.28	3.82	277.46	658.73	14166.83
7.51	23.49	3.36	180.28	12233.92	81312.00
-10.45	27.53	4.71	325.86	8408.23	236824.69
2.06	58.79	1.60	384.87	2452.08	15967.86
2.86	101.48	2.66	682.97	2097.18	14137.80
0.80	339.84	15.96	147.28	853.02	6163.76
0.72	60.91	2.62	353.87	1126.22	7757.36
10.80	543.02	206.09	278.06	174.69	3038.39
9.83	171.11	3.96	332.56	3612.34	94505.59
0.83	12.79	2.54	127.79	992.86	12986.91
5.81	55.38	2.90	289.81	4488.28	41285.19
2.86	196.47	1.89	531.86	3091.79	15845.46
9.06	16.24	2.56	277.88	827.57	16591.58
3.05	73.26	5.83	619.62	1564.69	12350.48
4.35	19.41	2.04	76.14	7420.15	59363.70
0.00	51.37	4.69	973.88	1519.26	16705.07
3.14	60.37	1.79	295.73	625.98	6332.70
4.03	217.95	6.81	305.34	1610.56	13162.19
7.15	0.00	4.45	296.51	753.20	9714.10
2.04	283.79	1.02	453.90	3827.13	16547.22
2.29	52.18	5.10	559.67	1831.27	17093.65
0.98	0.00	1.01	392.97	2367.41	14337.10
-2.49	46.98	5.20	546.16	3815.88	58196.75
4.88	35.77	1.81	255.53	537.29	7556.15
5.11	164.10	3.30	373.14	4079.50	40842.23
1.60	28.22	1.28	311.84	3118.41	21036.26
3.38	44.55	2.15	333.13	1365.64	13270.04
5.68	202.51	5.41	638.22	1495.74	12116.23
3.43	43.78	4.32	360.42	552.52	14055.57
0.29	21.74	1.40	337.63	4713.35	26961.06
1.36	56.93	3.24	248.53	1776.28	10336.33
3.34	137.23	8.43	714.87	929.33	14197.91
0.40	65.24	2.27	37.71	194.63	779.50
-3.85	39.47	2.42	860.38	3211.99	22951.62
-2.73	25.99	2.30	127.83	681.07	9342.42
2.44	0.00	3.26	326.21	461.77	3037.35
4.15	36.00	2.79	253.76	328.87	4642.97
2.41	60.33	3.10	218.19	731.52	3783.10
2.90	13.21	2.25	331.69	2107.25	16406.25
-3.00	23.90	6.62	779.33	1805.83	20850.88
29.76	154.83	8.65	448.44	595.25	22374.10
3.61	126.46	1.91	313.59	529.40	4753.92
2.96	36.09	4.28	396.82	1312.99	24474.84
2.61	28.41	2.64	443.91	2124.23	13382.82
1.62	35.26	1.27	225.29	2781.58	15933.71

A 股
A Share

股票
Share

股票代码 Code	名称 Name	发行股本 Issued Vol	流通股本 Negotiable Vol	上年收盘 Last Year Close	本年开盘 Open	本年最高 High	本年最低 Low	本年收盘 Close	涨跌(%) Change(%)
600998	九州通	1643.07	1420.52	14.99	14.80	21.35	12.12	18.07	21.21
600999	招商证券	5808.14	4661.10	12.68	12.55	32.98	9.71	28.27	124.16
601000	唐山港	2030.35	2030.35	3.06	3.06	11.01	2.67	9.21	202.61
601001	大同煤业	1673.70	1673.70	5.78	5.78	10.10	4.08	8.67	50.00
601002	晋亿实业	792.69	738.47	8.58	8.59	22.95	7.23	19.41	127.39
601003	柳钢股份	2562.79	2562.79	2.08	2.08	4.60	1.93	3.95	91.35
601005	重庆钢铁	3897.90	1901.71	2.48	2.47	4.16	2.17	3.33	34.27
601006	大秦铁路	14866.79	14866.79	7.39	7.38	11.95	6.24	10.66	50.07
601007	金陵饭店	300.00	300.00	8.44	8.33	12.95	7.31	10.50	25.36
601008	连云港	1015.22	811.64	3.78	3.78	9.60	3.15	7.59	102.12
601009	南京银行	2968.93	2968.93	8.09	8.05	15.50	7.30	14.65	86.77
601010	文峰股份	739.20	739.20	6.83	6.80	10.81	6.55	10.05	52.42
601011	宝泰隆	387.00	387.00	10.02	9.96	14.11	7.60	9.92	-1.00
601012	隆基股份	538.52	311.03	15.41	14.78	22.19	11.95	20.84	35.56
601015	陕西黑猫	620.00	120.00	6.15	7.38	24.19	7.38	14.26	131.87
601016	节能风电	1777.78	177.78	2.17	2.60	14.56	2.60	10.25	372.35
601018	宁波港	12800.00	12800.00	2.44	2.44	5.12	2.16	4.60	91.93
601028	玉龙股份	358.10	318.13	12.70	12.70	23.76	11.36	19.50	55.51
601038	一拖股份	593.91	150.00	9.40	9.40	14.90	7.07	13.02	39.15
601058	赛轮金宇	521.35	378.00	14.02	14.10	19.29	11.00	15.92	14.98
601088	中国神华	16491.04	16491.04	15.82	15.79	20.76	12.66	20.29	34.01
601098	中南传媒	1796.00	1796.00	10.99	10.96	19.29	10.51	16.60	52.87
601099	太平洋	3530.47	2480.47	5.95	5.92	15.33	5.55	14.22	258.74
601100	恒立油缸	630.00	630.00	12.09	12.10	14.30	8.73	13.34	11.41
601101	昊华能源	1200.00	1200.00	7.21	7.17	9.49	5.19	8.60	21.19
601106	中国一重	6538.00	6538.00	2.09	2.09	6.51	1.85	5.58	167.02
601107	四川成渝	2162.74	2162.74	2.86	2.88	5.87	2.64	5.42	92.31
601111	中国国航	8522.07	8329.27	3.95	3.94	8.51	3.21	7.84	99.63
601113	华鼎股份	640.00	640.00	4.09	4.10	6.95	3.75	5.86	44.50
601116	三江购物	410.76	410.76	8.60	8.58	9.88	7.03	8.68	3.26
601117	中国化学	4933.00	4933.00	8.00	8.00	10.95	5.09	9.45	19.38
601118	海南橡胶	3931.17	3931.17	7.43	7.35	10.50	5.49	8.72	17.63
601126	四方股份	406.59	406.59	19.25	19.18	21.58	13.41	17.30	-8.70
601137	博威合金	215.00	215.00	14.99	14.90	25.00	14.42	18.90	27.08
601139	深圳燃气	1980.46	1980.46	7.91	7.85	8.85	6.58	8.25	6.11
601158	重庆水务	4800.00	4800.00	5.89	5.88	9.87	4.85	8.90	55.69
601166	兴业银行	19052.34	16179.62	10.14	10.08	16.61	8.60	16.50	67.26
601168	西部矿业	2383.00	2383.00	5.39	5.39	9.99	4.95	9.24	72.36
601169	北京银行	10560.19	8967.69	7.51	7.46	11.10	6.66	10.93	77.04
601177	杭齿前进	400.06	400.06	6.82	6.78	9.89	6.31	9.44	38.68
601179	中国西电	5125.88	4357.00	3.27	3.27	8.91	3.15	7.77	140.06
601186	中国铁建	10261.25	10261.25	4.69	4.68	16.25	3.82	15.26	228.15
601188	龙江交通	1315.88	1213.20	2.34	2.34	4.99	2.17	4.49	94.23
601199	江南水务	233.80	233.80	14.36	14.33	21.94	13.34	19.14	34.61
601208	东材科技	615.76	615.76	6.95	7.00	10.56	6.50	8.55	24.46
601216	内蒙君正	2048.00	2048.00	11.66	11.59	16.34	6.34	10.44	43.77
601218	吉鑫科技	991.76	991.76	3.88	3.87	9.35	3.41	6.82	75.77
601222	林洋电子	355.17	352.31	20.77	20.68	28.96	16.68	22.64	9.97
601225	陕西煤业	10000.00	500.00	4.00	4.80	7.96	4.01	6.65	69.25
601226	华电重工	770.00	150.00	10.00	12.00	25.51	12.00	18.56	85.60

注：发行股本、流通股本、成交数量的单位是百万股，成交金额的单位为百万元。

A 股
A Share

股票
Share

涨跌值 Change	市盈率 P/E	市净率 P/B	换手率(%) Turnover Rate	成交数量 Trading Vol	成交金额 Trading Val
3.08	62.12	3.81	179.14	2544.65	41978.39
15.59	73.64	3.95	278.67	12989.28	221882.62
6.15	21.07	2.70	794.10	16122.93	91205.41
2.89	0.00	1.99	354.39	5931.49	41816.74
10.83	183.36	6.60	1010.34	7461.06	98563.11
1.87	46.71	1.78	100.41	2573.18	8081.84
0.85	0.00	1.48	280.78	3539.31	10571.05
3.27	12.49	1.89	85.27	12677.23	107618.88
2.06	43.63	2.31	373.91	1121.71	10994.43
3.81	48.16	2.41	857.99	6937.67	41029.61
6.56	9.67	1.34	313.78	9315.79	103117.15
3.22	19.31	1.88	389.42	1599.69	13136.64
-0.10	329.13	1.33	289.31	969.06	10815.14
5.43	158.21	3.55	574.86	1787.98	30551.12
0.00	50.54	3.13	701.89	842.27	16105.17
0.00	93.39	5.71	1068.95	1900.38	20494.78
2.16	20.73	1.91	153.46	19642.47	67937.68
6.80	46.95	2.72	1026.87	1278.73	20863.37
3.62	58.42	2.82	1871.66	2807.49	27825.13
1.90	33.90	1.96	274.02	788.10	11499.40
4.47	8.83	1.38	37.72	6220.45	100832.51
5.61	26.84	2.89	199.67	3586.07	51343.11
8.27	672.98	7.84	1040.93	21838.35	205086.66
1.25	37.96	2.44	334.43	714.76	7958.03
1.39	19.61	1.53	260.99	3131.91	21658.48
3.49	2121.67	2.18	352.11	23020.85	92394.75
2.56	16.41	1.41	124.65	2695.92	10428.76
3.89	30.91	1.89	119.76	9975.39	52659.51
1.77	47.15	2.27	307.00	1421.85	7295.53
0.08	23.76	2.23	316.70	951.60	7871.78
1.45	13.88	1.97	292.22	14415.13	101556.25
1.29	219.54	3.82	424.26	16354.51	131814.44
-1.95	18.98	2.05	236.78	960.98	16265.09
3.91	48.36	2.04	231.02	473.80	8626.85
0.34	23.11	3.01	102.80	1964.24	14785.83
3.01	22.76	3.23	80.02	3841.01	26003.41
6.36	7.63	1.22	231.30	37423.03	433098.63
3.85	62.94	1.94	355.45	8470.32	57911.14
3.42	8.58	1.20	158.83	13347.83	112489.19
2.62	158.28	2.18	209.78	839.23	6875.64
4.50	123.79	2.21	202.43	8819.66	45551.49
10.57	18.20	2.07	171.47	17570.25	143395.99
2.15	24.92	1.74	256.38	3110.40	10579.55
4.78	30.73	2.26	404.33	758.15	12560.80
1.60	77.93	2.38	482.08	2372.35	20159.28
-1.22	41.74	3.30	434.45	5037.89	51138.49
2.94	338.63	2.88	583.28	4058.54	27203.64
1.87	21.64	2.73	421.98	684.16	15452.67
0.00	19.08	1.93	2242.01	11210.05	57400.82
0.00	40.02	4.04	291.62	437.43	9321.48

A 股
A Share

股票
Share

股票代码 Code	名称 Name	发行股本 Issued Vol	流通股本 Negotiable Vol	上年收盘 Last Year Close	本年开盘 Open	本年最高 High	本年最低 Low	本年收盘 Close	涨跌(%) Change(%)
601231	环旭电子	1087.96	106.80	21.05	20.95	35.04	18.75	30.03	43.46
601233	桐昆股份	963.60	959.27	6.01	6.05	11.65	5.25	10.60	76.76
601238	广汽集团	4221.72	604.32	8.24	8.23	9.20	7.08	8.68	7.52
601258	庞大集团	3240.06	2621.50	5.01	5.02	6.94	4.27	5.95	18.76
601268	*ST 二重	2293.45	1690.00	2.54	2.54	2.63	2.14	2.35	.
601288	农业银行	294055.29	284163.53	2.48	2.48	3.77	2.27	3.71	56.73
601299	中国北车	10126.08	10126.08	4.92	4.91	7.10	4.17	7.10	48.37
601311	骆驼股份	851.71	844.62	10.90	10.86	15.79	9.58	13.08	21.70
601313	江南嘉捷	400.46	268.53	8.16	8.16	12.17	6.91	9.45	18.87
601318	中国平安	4786.48	4786.48	41.73	41.59	74.88	35.51	74.71	80.71
601328	交通银行	39250.86	32709.05	3.84	3.82	6.88	3.59	6.80	83.85
601333	广深铁路	5652.24	5652.24	2.79	2.79	5.14	2.41	4.52	64.87
601336	新华保险	2085.44	2085.44	22.88	22.72	51.55	19.21	49.56	117.26
601339	百隆东方	750.00	192.00	10.13	10.10	11.97	7.77	10.60	6.65
601369	陕鼓动力	1638.77	1638.77	6.65	6.66	9.65	5.43	8.70	36.09
601377	兴业证券	5200.00	5200.00	9.46	9.44	17.78	5.81	15.12	220.51
601388	怡球资源	533.00	222.54	9.19	9.16	11.87	7.74	9.30	32.26
601390	中国中铁	17092.51	17092.51	2.68	2.68	10.03	2.31	9.30	249.48
601398	工商银行	264717.78	264717.78	3.58	3.58	4.92	3.20	4.87	43.34
601515	东风股份	1112.00	169.30	25.81	25.50	30.38	9.38	11.18	-13.37
601518	吉林高速	1213.20	1213.20	2.23	2.23	4.10	2.08	3.73	70.13
601519	大智慧	1987.70	1987.70	6.68	6.46	9.09	5.60	5.98	-1.53
601555	东吴证券	2700.00	2000.00	8.60	8.51	24.98	6.89	22.42	161.40
601558	XR*ST 锐	4020.40	420.40	4.11	4.11	4.70	2.79	3.10	13.14
601566	九牧王	574.64	574.64	12.73	12.74	14.15	10.18	12.90	6.83
601567	三星电气	407.53	400.50	9.77	9.79	20.10	9.30	18.74	96.93
601579	会稽山	400.00	100.00	4.43	5.32	16.40	5.32	12.15	174.27
601588	北辰实业	2660.00	2660.00	2.69	2.69	4.79	2.39	4.79	80.30
601599	鹿港科技	377.43	318.00	6.82	6.81	11.83	6.03	9.33	37.54
601600	中国铝业	9580.52	9580.52	3.40	3.40	6.66	2.97	6.25	83.82
601601	中国太保	6286.70	6286.70	18.53	18.53	32.91	14.94	32.30	76.47
601607	上海医药	1923.02	1922.94	14.79	14.80	16.95	11.64	16.50	13.32
601608	中信重工	2740.00	752.68	3.37	3.36	8.39	3.00	7.03	110.33
601616	广电电气	932.58	932.58	3.94	3.94	5.98	3.42	5.15	31.98
601618	中国中冶	16239.00	16239.00	1.75	1.75	5.59	1.58	5.05	192.06
601628	中国人寿	20823.53	20823.53	15.13	15.08	34.51	13.00	34.15	127.69
601633	长城汽车	2009.24	2009.24	41.17	41.20	43.49	24.86	41.55	2.91
601636	旗滨集团	839.21	676.54	7.97	7.90	9.37	6.48	8.52	9.16
601666	平煤股份	2361.16	2361.16	5.26	5.24	6.40	3.73	6.03	16.25
601668	中国建筑	30000.00	29853.22	3.14	3.13	7.55	2.71	7.28	136.40
601669	中国电建	9600.00	3300.00	3.07	3.05	8.80	2.59	8.43	179.25
601677	明泰铝业	401.00	401.00	8.08	8.08	14.27	7.61	12.82	59.90
601678	滨化股份	660.00	660.00	7.73	7.73	11.00	6.70	10.39	36.35
601688	华泰证券	5600.00	5600.00	8.96	8.95	28.66	7.23	24.47	174.78
601699	潞安环能	2301.08	2301.08	10.67	10.56	12.88	7.22	11.54	8.15
601700	风范股份	453.35	444.86	12.93	12.90	19.30	11.25	13.70	8.43
601717	郑煤机	1377.89	1377.89	6.25	6.25	8.58	4.64	7.63	24.72
601718	际华集团	3857.00	3857.00	2.77	2.77	7.19	2.33	6.35	130.61
601727	上海电气	9850.71	9850.71	3.70	3.68	8.57	3.48	8.25	124.99
601766	中国南车	11779.00	10416.90	5.01	5.05	6.38	4.04	6.38	29.14

注：发行股本、流通股本、成交数量的单位是百万股，成交金额的单位为百万元。

A 股
A Share

股票
Share

涨跌值 Change	市盈率 P/E	市净率 P/B	换手率(%) Turnover Rate	成交数量 Trading Vol	成交金额 Trading Val
8.98	57.91	5.17	979.31	1045.90	28161.33
4.59	141.98	1.50	268.45	2312.35	17334.91
0.44	20.93	1.58	341.17	2061.73	16780.94
0.94	91.47	1.59	271.31	4765.55	26781.51
-0.19	0.00	0.00	40.22	679.75	1607.03
1.23	7.25	1.17	20.02	56900.09	162043.69
2.18	21.08	1.78	119.64	12201.61	60937.56
2.18	21.23	2.77	432.54	2308.75	29389.29
1.29	20.95	2.49	534.52	1436.81	12746.78
32.98	22.58	2.29	295.26	14132.42	704755.81
2.96	8.11	1.07	116.92	38243.94	189745.85
1.73	25.13	1.20	272.14	15381.76	51005.70
26.68	34.96	3.20	280.85	3401.78	111797.04
0.47	15.66	1.22	429.27	819.52	7886.22
2.05	15.57	2.33	167.72	2748.58	19413.60
5.66	116.84	5.36	667.47	27325.53	290059.58
0.11	55.10	2.26	947.67	1985.65	18905.75
6.62	21.13	2.01	198.79	33978.58	177536.91
1.29	6.52	1.13	12.81	33897.16	135687.35
-14.63	17.69	4.00	798.28	1211.89	15774.77
1.50	15.65	1.85	220.67	2677.12	8021.42
-0.70	1018.74	3.93	245.48	3798.12	27394.87
13.82	158.20	4.30	841.48	10994.85	145117.08
-1.01	0.00	2.13	349.11	1467.64	5475.77
0.17	13.80	1.67	265.63	786.84	9753.79
8.97	27.06	3.16	230.95	553.96	7285.23
0.00	39.18	3.39	939.10	939.10	12898.26
2.10	24.27	1.48	246.86	6566.40	23601.98
2.51	266.57	2.44	379.64	1016.74	9227.18
2.85	89.17	2.99	200.50	19209.22	80995.02
13.77	31.61	2.50	116.86	7334.87	160488.78
1.71	19.78	1.60	236.47	4547.22	64659.64
3.66	38.55	2.45	1063.03	8001.24	43124.54
1.21	87.99	1.90	295.03	2691.29	12637.23
3.30	32.38	2.04	193.90	31487.53	96975.78
19.02	38.98	3.40	31.91	6644.24	136912.83
0.38	15.37	3.78	399.16	1565.68	50835.60
0.55	18.47	1.79	389.74	1180.67	9288.99
0.77	21.35	1.24	232.25	5483.93	26918.41
4.14	10.71	1.57	205.70	61409.42	280116.20
5.36	17.76	2.02	731.92	23570.92	119418.13
4.74	86.50	1.94	1021.45	1499.37	17455.32
2.66	27.14	1.55	381.79	2519.84	21802.93
15.51	61.96	3.32	319.53	17892.34	283262.97
0.87	17.37	1.44	303.11	6974.81	65640.58
0.77	28.88	2.20	229.71	918.50	14024.87
1.38	14.27	1.31	327.85	4517.34	28360.71
3.58	25.84	2.05	306.39	11817.30	51921.76
4.55	42.96	3.09	79.71	7851.72	47351.66
1.37	21.27	2.17	109.32	11166.48	54526.23

A 股
A Share

股票
Share

股票代码 Code	名称 Name	发行股本 Issued Vol	流通股本 Negotiable Vol	上年收盘 Last Year Close	本年开盘 Open	本年最高 High	本年最低 Low	本年收盘 Close	涨跌(%) Change(%)
601777	力帆股份	1008.45	974.14	6.41	6.40	10.64	5.65	8.86	42.12
601788	光大证券	3418.00	3418.00	8.69	8.67	34.00	7.49	28.54	228.65
601789	宁波建工	488.04	438.08	8.29	8.28	10.98	7.10	9.29	13.87
601798	蓝科高新	354.53	354.53	12.32	12.30	14.99	10.68	12.17	5.12
601799	星宇股份	239.68	238.94	15.36	15.20	24.00	13.81	18.57	25.65
601800	中国交建	11747.24	1349.74	4.04	4.03	15.72	3.55	13.89	248.46
601801	皖新传媒	910.00	910.00	12.47	12.50	19.49	10.83	16.62	34.88
601808	中海油服	2960.47	2960.47	22.32	22.35	23.20	15.99	20.77	-5.02
601818	光大银行	39810.36	39810.36	2.66	2.65	4.96	2.33	4.88	89.92
601857	中国石油	161922.08	161922.08	7.71	7.71	10.99	7.45	10.81	44.42
601866	中海集运	7932.13	7932.13	2.47	2.46	5.71	2.07	4.94	100.00
601872	招商轮船	4720.92	3776.74	2.42	2.41	7.41	2.18	6.29	159.92
601877	正泰电器	1011.47	1011.47	24.88	24.80	34.90	19.73	30.35	26.41
601880	大连港	3363.40	3363.40	2.66	2.68	5.55	2.26	4.61	75.56
601886	江河创建	1154.05	1120.00	7.84	7.84	9.15	5.93	8.30	6.89
601888	中国国旅	976.24	976.24	34.90	34.75	46.78	30.11	44.40	28.37
601890	亚星锚链	468.00	468.00	6.77	6.78	12.19	6.22	10.04	48.30
601898	中煤能源	9152.00	9152.00	4.77	4.79	7.38	3.89	6.92	46.77
601899	紫金矿业	15803.80	15803.80	2.31	2.30	3.66	2.11	3.38	49.78
601901	方正证券	8232.10	6100.00	5.91	6.24	17.15	5.01	14.09	138.41
601908	京运通	859.77	285.76	8.20	8.26	13.99	6.68	11.25	37.44
601918	国投新集	2590.54	2590.54	3.98	3.96	6.16	2.67	5.72	43.84
601919	中国远洋	7635.67	7635.67	3.30	3.29	8.25	2.91	7.20	118.18
601928	凤凰传媒	2544.90	2544.90	9.56	9.56	12.91	8.01	10.76	14.64
601929	吉视传媒	1467.89	866.22	8.39	8.39	14.33	7.90	11.48	37.47
601933	永辉超市	3254.44	3071.60	13.29	13.35	15.38	5.79	8.71	32.58
601939	建设银行	9593.66	9593.66	4.14	4.12	6.86	3.75	6.73	69.81
601958	金钼股份	3226.60	3226.60	7.25	7.24	10.59	5.72	9.37	29.79
601965	中国汽研	640.79	192.00	13.40	13.37	17.68	10.85	12.24	-7.16
601969	海南矿业	1866.67	186.67	10.34	12.41	21.80	12.41	15.93	54.06
601988	中国银行	195912.96	195912.96	2.62	2.62	4.28	2.44	4.15	65.88
601989	中国重工	18361.67	16342.62	5.61	5.60	10.35	4.36	9.21	64.99
601991	大唐发电	9994.36	9994.36	4.24	4.22	7.30	3.49	6.88	65.09
601992	金隅股份	3615.26	3111.40	6.80	6.80	10.50	4.98	10.14	50.26
601996	丰林集团	468.91	468.91	7.25	7.19	9.86	6.34	8.06	12.00
601998	中信银行	31905.16	31905.16	3.87	3.85	8.19	3.57	8.14	116.85
601999	出版传媒	550.91	550.91	6.61	6.61	13.99	6.06	10.49	59.29
603000	人民网	552.85	223.05	77.97	78.05	96.50	30.81	41.94	8.22
603001	奥康国际	400.98	116.95	14.86	14.76	19.95	13.02	17.86	21.67
603002	宏昌电子	400.00	190.00	6.44	6.43	9.00	5.99	7.83	22.39
603003	龙宇燃油	202.00	64.11	10.15	10.15	22.35	8.89	21.76	114.38
603005	晶方科技	226.70	56.67	19.16	22.99	51.56	22.99	42.10	120.51
603006	联明股份	80.00	20.00	9.93	11.92	45.24	11.92	31.50	217.22
603008	喜临门	315.00	198.27	10.66	10.60	14.80	8.81	14.58	37.99
603009	北特科技	106.67	26.67	7.01	8.41	31.90	8.41	21.39	205.14
603010	万盛股份	100.00	25.00	11.70	14.04	36.29	14.04	24.25	107.27
603011	合锻股份	179.50	45.00	4.26	6.13	37.53	6.13	20.37	378.17
603017	N 园区	60.00	15.00	29.97	43.16	43.16	43.16	43.16	44.01
603018	设计股份	104.00	26.00	32.26	38.71	75.50	38.71	59.94	85.80
603019	中科曙光	300.00	75.00	5.29	7.62	62.99	7.62	42.53	703.97

注：发行股本、流通股本、成交数量的单位是百万股，成交金额的单位为百万元。

A 股
A Share

股票
Share

涨跌值 Change	市盈率 P/E	市净率 P/B	换手率(%) Turnover Rate	成交数量 Trading Vol	成交金额 Trading Val
2.45	21.06	1.66	261.91	2518.51	21799.12
19.85	474.09	3.78	324.48	11090.73	188667.00
1.00	20.00	2.08	1024.92	2231.41	19193.73
-0.15	51.79	2.23	785.96	1409.57	18087.02
3.21	20.43	2.24	287.71	542.77	10427.10
9.85	18.51	1.92	1133.25	15295.87	113613.36
4.15	24.97	2.94	177.50	1615.25	24361.81
-1.55	14.76	2.10	117.78	3474.96	65846.64
2.22	8.45	1.27	146.40	58283.36	200150.31
3.10	15.27	1.68	6.88	11143.42	97985.73
2.47	0.00	2.33	187.40	14864.65	50098.62
3.87	0.00	2.94	148.39	5604.13	23758.35
5.47	19.91	5.08	53.62	540.71	14027.31
1.95	29.89	1.49	376.87	12675.59	47824.92
0.46	32.94	1.83	351.25	2711.35	20311.89
9.50	33.48	4.29	110.52	1040.30	38641.81
3.27	0.00	1.69	338.32	1583.32	14636.39
2.15	25.66	1.06	76.55	7003.88	36713.11
1.07	34.42	0.26	207.53	32797.85	89582.29
8.18	104.91	3.82	644.17	31647.10	276208.04
3.05	169.97	2.57	746.18	1775.37	17144.13
1.74	993.06	2.21	381.33	9878.42	42573.06
3.90	312.36	3.02	118.51	9030.94	44725.76
1.20	29.13	2.72	701.57	5188.48	53611.31
3.09	41.91	3.34	383.37	3320.82	39663.78
-4.58	39.34	4.40	205.54	5632.01	47422.46
2.59	7.84	1.36	234.17	22465.75	115870.99
2.12	169.84	2.30	141.18	4555.21	36769.07
-1.16	18.58	2.22	671.46	1289.20	17275.33
0.00	29.62	6.47	247.33	461.70	8255.88
1.53	7.39	1.05	28.00	54849.49	186691.90
3.60	57.61	2.81	294.15	45911.08	307289.52
2.64	25.96	2.09	62.45	6233.43	31227.94
3.34	15.09	1.56	298.35	8318.65	58838.14
0.81	41.67	2.23	1050.83	2683.76	21772.80
4.27	9.72	1.47	73.70	23513.60	127637.95
3.88	82.52	3.20	490.82	2703.99	26999.96
-36.03	84.97	9.15	953.46	1786.20	90791.19
3.00	26.11	1.84	628.10	734.55	11484.44
1.39	46.53	3.35	1085.04	2061.58	15799.89
11.61	0.00	5.58	2332.00	1495.08	20519.16
0.00	62.08	6.07	1323.88	750.30	30428.37
0.00	41.79	4.42	1769.97	353.99	12215.40
3.92	38.20	4.00	516.91	1021.58	10996.11
0.00	55.81	5.14	1575.69	420.24	10817.77
0.00	41.22	4.74	984.31	246.08	7065.99
0.00	95.88	6.40	400.94	180.42	4974.88
0.00	30.44	3.19	0.21	0.03	1.37
0.00	41.60	3.85	623.52	162.12	10449.44
0.00	131.96	10.81	344.51	258.38	12878.82

A 股
A Share

股票
Share

股票代码 Code	名称 Name	发行股本 Issued Vol	流通股本 Negotiable Vol	上年收盘 Last Year Close	本年开盘 Open	本年最高 High	本年最低 Low	本年收盘 Close	涨跌(%) Change(%)
603077	和邦股份	1011.09	300.00	14.00	14.10	15.70	6.46	9.70	38.86
603088	宁波精达	80.00	20.00	8.57	10.28	56.72	10.28	30.81	259.51
603099	长白山	266.67	66.67	4.54	5.45	20.59	5.45	14.24	213.66
603100	川仪股份	395.00	100.00	6.72	8.06	19.81	8.06	15.29	127.53
603111	康尼机电	288.91	72.30	6.89	8.27	26.90	8.27	23.11	235.41
603123	翠微股份	524.14	112.46	8.87	8.80	12.34	7.88	10.76	23.34
603126	中材节能	407.00	80.00	3.46	4.15	18.69	4.15	14.43	317.05
603128	华贸物流	400.00	160.00	10.92	10.84	16.61	8.99	14.56	34.11
603166	福达股份	433.50	43.50	5.80	8.35	23.84	8.35	17.42	200.34
603167	渤海轮渡	481.40	304.52	8.35	8.35	15.02	7.26	11.12	34.97
603168	莎普爱思	65.35	16.34	21.85	26.22	107.00	26.22	80.97	270.57
603169	兰石重装	591.16	100.00	1.68	2.02	28.57	2.02	17.57	945.83
603188	亚邦股份	288.00	72.00	20.49	24.59	51.33	24.59	42.03	105.12
603288	海天味业	1503.58	149.70	51.25	61.50	77.80	31.70	39.95	56.88
603306	华懋科技	140.00	35.00	12.08	14.50	34.80	14.50	25.35	109.85
603308	应流股份	400.01	80.01	8.28	9.94	21.60	9.94	17.92	117.42
603328	依顿电子	489.00	90.00	15.31	18.37	33.00	18.37	23.29	52.51
603333	明星电缆	520.01	194.51	4.99	4.98	6.95	4.00	5.61	12.51
603366	日出东方	400.00	141.40	14.17	14.17	18.28	12.86	16.23	18.28
603368	柳州医药	112.50	22.50	26.22	31.46	60.82	31.46	51.40	96.03
603369	今世缘	501.80	51.80	16.93	20.32	32.45	20.32	27.87	64.62
603399	新华龙	354.70	125.26	11.26	11.27	12.30	7.97	10.70	33.33
603456	九洲药业	207.78	51.96	15.43	18.52	42.47	18.52	32.64	111.54
603518	维格娜丝	147.98	37.00	20.02	24.02	46.43	24.02	31.02	54.95
603555	贵人鸟	614.00	89.00	10.60	12.72	18.95	10.51	16.76	62.36
603588	高能环境	161.60	40.40	18.23	21.88	31.77	21.88	31.77	74.27
603606	东方电缆	141.35	31.35	8.20	9.84	34.43	9.84	22.02	168.54
603609	禾丰牧业	554.12	80.00	5.88	7.06	18.65	7.06	14.35	144.05
603636	南威软件	100.00	25.00	14.95	17.94	23.68	17.94	23.68	58.39
603688	石英股份	223.80	55.95	6.45	7.74	30.50	7.74	18.43	185.74
603699	纽威股份	750.00	82.50	17.66	21.19	25.42	17.14	19.44	12.06
603766	隆鑫通用	804.91	397.54	9.41	9.40	18.81	8.24	13.44	45.04
603806	福斯特	402.00	60.00	27.18	32.62	57.31	32.62	38.18	40.47
603889	N 新澳	106.68	26.68	17.95	21.54	25.85	21.54	25.85	44.01
603988	中电电机	80.00	20.00	14.88	21.43	53.98	21.43	37.32	150.81
603993	洛阳钼业	3765.01	1968.42	6.49	6.49	9.99	5.34	8.75	36.98
603998	方盛制药	109.02	27.26	14.85	17.82	41.67	17.82	35.26	137.44

注：发行股本、流通股本、成交数量的单位是百万股，成交金额的单位为百万元。

A 股
A Share

股票
Share

涨跌值 Change	市盈率 P/E	市净率 P/B	换手率(%) Turnover Rate	成交数量 Trading Vol	成交金额 Trading Val
-4.30	152.20	2.06	733.47	1867.22	19689.89
0.00	70.52	5.47	467.94	93.59	4053.08
0.00	61.00	4.83	1164.67	776.49	13117.89
0.00	42.71	3.54	1280.61	1280.61	20223.72
0.00	57.07	7.00	1278.58	924.42	19934.04
1.89	42.28	2.03	1015.41	1141.93	11465.03
0.00	64.56	4.52	1631.31	1305.05	19840.51
3.64	71.62	4.22	1328.22	2125.15	25678.66
0.00	55.62	7.39	458.33	199.38	3957.53
2.77	22.92	1.97	819.71	2496.15	27851.73
0.00	50.84	6.94	1291.58	210.99	17152.27
0.00	210.37	7.78	1268.24	1268.24	24732.69
0.00	46.66	4.46	758.08	545.82	24271.18
0.00	37.39	8.02	623.21	707.03	33872.78
0.00	39.88	3.85	733.26	256.64	7700.35
0.00	44.05	3.94	3066.31	2453.35	36697.78
0.00	35.41	2.87	1166.42	1049.78	28758.16
0.62	450.96	1.98	838.25	1630.44	8358.26
2.06	21.09	1.84	525.78	743.45	11391.51
0.00	38.70	5.00	279.46	62.88	3346.63
0.00	20.53	3.95	1102.60	571.15	15987.87
-0.56	69.19	3.42	1429.06	1714.78	18078.37
0.00	40.80	4.29	618.19	321.21	11581.38
0.00	33.86	3.57	264.04	97.68	3556.87
0.00	24.30	4.60	1966.77	1750.42	23712.32
0.00	36.76	2.98	0.44	0.18	5.09
0.00	49.75	4.04	990.41	310.49	8021.75
0.00	45.65	3.35	1415.09	1132.07	16942.14
0.00	29.79	2.95	0.22	0.06	1.22
0.00	52.72	3.51	647.45	362.25	9366.06
0.00	30.92	6.10	1618.08	1334.91	27760.35
4.03	19.59	2.64	543.34	2140.02	26750.32
0.00	25.77	4.04	559.22	335.53	15407.38
0.00	28.50	2.85	0.19	0.05	1.33
0.00	49.89	4.90	548.80	109.76	5040.60
2.26	37.83	0.61	160.78	3164.74	23487.87
0.00	52.35	4.76	293.84	80.10	2894.83

十大发行股本 A 股股票
Top 10 A Shares by Issued Vol

股票 Share

代码 Code	股票名称 Name	公司名称 Company Name	发行股数 Issued Vol	占比重 (%)
601288	农业银行	中国农业银行股份有限公司	294055.29	10.92
601398	工商银行	中国工商银行股份有限公司	264717.78	9.83
601988	中国银行	中国银行股份有限公司	195912.96	7.27
601857	中国石油	中国石油天然气股份有限公司	161922.08	6.01
600028	中国石化	中国石油化工股份有限公司	91282.16	3.39
601818	光大银行	中国光大银行股份有限公司	39810.36	1.48
601328	交通银行	交通银行股份有限公司	39250.86	1.46
601998	中信银行	中信银行股份有限公司	31905.16	1.19
601668	中国建筑	中国建筑股份有限公司	30000.00	1.11
600016	民生银行	中国民生银行股份有限公司	27106.07	1.01
	总计		1175962.74	43.66
	市场总计		2693413.76	100.00

十大流通股本 A 股股票
Top 10 A Shares by Negotiable Vol

代码 Code	股票名称 Name	公司名称 Company Name	流通股数 Negotiable Vol	占比重 (%)
601288	农业银行	中国农业银行股份有限公司	284163.53	11.48
601398	工商银行	中国工商银行股份有限公司	264717.78	10.69
601988	中国银行	中国银行股份有限公司	195912.96	7.91
601857	中国石油	中国石油天然气股份有限公司	161922.08	6.54
600028	中国石化	中国石油化工股份有限公司	91282.16	3.69
601818	光大银行	中国光大银行股份有限公司	39810.36	1.61
601328	交通银行	交通银行股份有限公司	32709.05	1.32
601998	中信银行	中信银行股份有限公司	31905.16	1.29
601668	中国建筑	中国建筑股份有限公司	29853.22	1.21
600016	民生银行	中国民生银行股份有限公司	27106.07	1.10
	总计		1159382.39	46.82
	市场总计		2476355.77	100.00

注：股票排名中，发行股数、流通股数、成交股数单位为百万股（1M），成交金额、市价总值、流通市值为百万元（1M Yuan），收盘价格单位为元（Yuan）。

十大市值A股股票
Top 10 A Shares by Market Capitalization

股票 Share

代码 Code	股票名称 Name	公司名称 Company Name	市价总值 Market Capitalization	占比重 (%)
601857	中国石油	中国石油天然气股份有限公司	1750377.66	7.20
601398	工商银行	中国工商银行股份有限公司	1289175.59	5.30
601288	农业银行	中国农业银行股份有限公司	1090945.14	4.49
601988	中国银行	中国银行股份有限公司	813038.80	3.34
601628	中国人寿	中国人寿保险股份有限公司	711123.55	2.93
600028	中国石化	中国石油化工股份有限公司	592421.24	2.44
601318	中国平安	中国平安保险（集团）股份有限公司	357598.21	1.47
600036	招商银行	招商银行股份有限公司	342234.19	1.41
601088	中国神华	中国神华能源股份有限公司	334603.16	1.38
600030	中信证券	中信证券股份有限公司	333527.89	1.37
	总计		7615045.43	31.32
	市场总计		24310274.18	100.00

十大流通市值A股股票
Top 10 A Shares by Negotiable Capitalization

代码 Code	股票名称 Name	公司名称 Company Name	流通市值 Negotiable Capitalization	占比重 (%)
601857	中国石油	中国石油天然气股份有限公司	1750377.66	7.97
601398	工商银行	中国工商银行股份有限公司	1289175.59	5.87
601288	农业银行	中国农业银行股份有限公司	1054246.69	4.80
601988	中国银行	中国银行股份有限公司	813038.80	3.70
601628	中国人寿	中国人寿保险股份有限公司	711123.55	3.24
600028	中国石化	中国石油化工股份有限公司	592421.24	2.70
601318	中国平安	中国平安保险（集团）股份有限公司	357598.21	1.63
600036	招商银行	招商银行股份有限公司	342234.19	1.56
601088	中国神华	中国神华能源股份有限公司	334603.16	1.52
600030	中信证券	中信证券股份有限公司	332717.03	1.52
	总计		7577536.13	34.50
	市场总计		21962459.23	100.00

注：股票排名中，发行股数、流通股数、成交股数单位为百万股（1M），成交金额、市价总值、流通市值为百万元（1M Yuan），收盘价格单位为元（Yuan）。

十大成交金额 A 股股票 Top 10 A Shares by Trading Value

股票 Share

代码 Code	股票名称 Name	公司名称 Company Name	成交金额 Trading Value	占比重 (%)
600030	中信证券	中信证券股份有限公司	942084.69	2.51
601318	中国平安	中国平安保险（集团）股份有限公司	704755.81	1.88
600837	海通证券	海通证券股份有限公司	511753.28	1.36
600000	浦发银行	上海浦东发展银行股份有限公司	474118.76	1.26
600016	民生银行	中国民生银行股份有限公司	467009.93	1.25
601166	兴业银行	兴业银行股份有限公司	433098.63	1.15
600036	招商银行	招商银行股份有限公司	325288.73	0.87
601989	中国重工	中国船舶重工股份有限公司	307289.52	0.82
600109	国金证券	国金证券股份有限公司	306255.83	0.82
601377	兴业证券	兴业证券股份有限公司	290059.58	0.77
	总计		4761714.76	12.69
	市场总计		37514995.26	100.00

十大成交股数 A 股股票 Top 10 A Shares by Trading Vol

代码 Code	股票名称 Name	公司名称 Company Name	成交股数 Trading Vol	占比重 (%)
601668	中国建筑	中国建筑股份有限公司	61409.42	1.45
601818	光大银行	中国光大银行股份有限公司	58283.36	1.37
600016	民生银行	中国民生银行股份有限公司	57799.87	1.36
601288	农业银行	中国农业银行股份有限公司	56900.09	1.34
601988	中国银行	中国银行股份有限公司	54849.49	1.29
600010	包钢股份	内蒙古包钢钢联股份有限公司	51281.67	1.21
600030	中信证券	中信证券股份有限公司	49199.60	1.16
601989	中国重工	中国船舶重工股份有限公司	45911.08	1.08
600795	国电电力	国电电力发展股份有限公司	45013.06	1.06
600000	浦发银行	上海浦东发展银行股份有限公司	42975.76	1.01
	总计		523623.40	12.33
	市场总计		4247134.92	100.00

注：股票排名中，发行股数、流通股数、成交股数单位为百万股（1M），成交金额、市价总值、流通市值为百万元（1M Yuan），收盘价格单位为元（Yuan）。

十大涨幅 A 股股票
Top 10 A Shares by Price Change Up

代码 Code	股票名称 Name	公司名称 Company Name	上年收盘 Last Year Close	本年收盘 Close	涨幅(%) Change(%)
600381	*ST 贤成	青海贤成矿业股份有限公司	2.08	21.80	948.08
600399	抚顺特钢	抚顺特殊钢股份有限公司	5.83	28.38	387.14
600317	营口港	营口港务股份有限公司	3.51	4.75	321.05
600556	北生药业	广西北生药业股份有限公司	3.58	14.00	291.06
600061	中纺投资	中纺投资发展股份有限公司	6.16	23.04	274.03
601099	太平洋	太平洋证券股份有限公司	5.95	14.22	258.74
601390	中国中铁	中国中铁股份有限公司	2.68	9.30	249.48
601800	中国交建	中国交通建设股份有限公司	4.04	13.89	248.46
600715	松辽汽车	松辽汽车股份有限公司	5.21	17.20	230.13
601788	光大证券	光大证券股份有限公司	8.69	28.54	228.65

十大跌幅 A 股股票
Top 10 A shares by Price Change Down

代码 Code	股票名称 Name	公司名称 Company Name	上年收盘 Last Year Close	本年收盘 Close	跌幅(%) Change(%)
600610	*ST 中纺	中国纺织机械股份有限公司	24.77	7.92	-68.03
600387	海越股份	浙江海越股份有限公司	20.16	12.79	-36.26
600527	江南高纤	江苏江南高纤股份有限公司	6.98	4.62	-32.52
600389	江山股份	南通江山农药化工股份有限公司	39.13	26.58	-30.87
600597	光明乳业	光明乳业股份有限公司	22.20	17.46	-20.45
600119	长江投资	长发集团长江投资实业股份有限公司	17.83	14.36	-19.07
600728	佳都科技	佳都新太科技股份有限公司	15.70	12.76	-18.73
600983	惠而浦	合肥荣事达三洋电器股份有限公司	15.03	12.30	-17.63
600315	上海家化	上海家化联合股份有限公司	42.23	34.32	-17.52
600745	中茵股份	中茵股份有限公司	16.24	13.57	-16.44

注：股票排名中，发行股数、流通股数、成交股数单位为百万股（1M），成交金额、市价总值、流通市值为百万元（1M Yuan），收盘价格单位为元（Yuan）。

B 股每日成交(亿元/亿股)
B Share Trading (100 M Yuan/100 M Shares)

股票
Share

日期 Date	1月 Jan		2月 Feb		3月 Mar		4月 Apr		5月 May		6月 Jun	
	金额 Value	数量 Vol	金额 Value	数量 Vol	金额 Value	数量 Vol	金额 Value	数量 Vol	金额 Value	数量 Vol	金额 Value	数量 Vol
1	---	---	---	---	---	---	0.86	0.15	---	---	---	---
2	0.84	0.17	---	---	---	---	0.93	0.20	---	---	---	---
3	1.45	0.30	---	---	2.33	0.49	0.92	0.19	---	---	0.95	0.19
4	---	---	---	---	1.92	0.38	0.87	0.20	---	---	0.65	0.15
5	---	---	---	---	1.74	0.33	---	---	0.76	0.17	0.59	0.11
6	1.88	0.38	---	---	1.82	0.43	---	---	0.59	0.14	0.53	0.11
7	1.35	0.27	1.64	0.31	1.08	0.25	---	---	0.98	0.23	---	---
8	1.09	0.21	---	---	---	---	1.08	0.22	0.84	0.17	---	---
9	1.32	0.23	---	---	---	---	1.40	0.28	0.75	0.15	0.49	0.10
10	1.18	0.23	2.24	0.48	2.12	0.45	1.45	0.30	---	---	0.59	0.11
11	---	---	2.45	0.46	1.22	0.26	1.28	0.27	---	---	0.66	0.12
12	---	---	2.32	0.42	1.16	0.24	---	---	1.44	0.31	0.85	0.17
13	1.20	0.24	2.13	0.40	0.96	0.19	---	---	1.10	0.21	0.89	0.17
14	0.82	0.16	1.98	0.38	0.89	0.17	1.44	0.30	0.78	0.13	---	---
15	0.73	0.13	---	---	---	---	1.23	0.25	1.11	0.22	---	---
16	0.86	0.18	---	---	---	---	0.89	0.19	0.81	0.15	0.77	0.13
17	0.70	0.14	2.06	0.41	0.98	0.19	0.88	0.18	---	---	0.77	0.16
18	---	---	2.60	0.53	1.27	0.27	0.89	0.18	---	---	0.69	0.17
19	---	---	1.63	0.32	1.08	0.23	---	---	0.69	0.12	0.80	0.17
20	0.87	0.17	1.97	0.34	1.52	0.32	---	---	0.68	0.13	0.58	0.13
21	0.87	0.18	1.37	0.25	2.11	0.42	1.26	0.23	0.65	0.12	---	---
22	2.20	0.41	---	---	---	---	1.37	0.25	0.98	0.18	---	---
23	1.60	0.28	---	---	---	---	0.86	0.16	0.74	0.14	0.76	0.15
24	1.68	0.32	2.57	0.49	1.65	0.38	0.81	0.16	---	---	0.71	0.14
25	---	---	3.35	0.66	2.35	0.45	1.09	0.21	---	---	0.68	0.15
26	---	---	2.57	0.51	1.30	0.25	---	---	0.64	0.12	0.78	0.16
27	1.32	0.23	2.21	0.43	1.30	0.26	---	---	0.47	0.09	0.69	0.16
28	1.36	0.22	2.01	0.40	1.87	0.40	1.18	0.23	0.79	0.15	---	---
29	1.25	0.21	---	---	---	---	0.90	0.18	0.82	0.17	---	---
30	1.07	0.24	---	---	---	---	1.18	0.22	1.15	0.21	0.88	0.20
31	---	---	---	---	1.46	0.28	---	---	---	---	---	---
最高 high	2.20	0.41	3.35	0.66	2.35	0.49	1.45	0.30	1.44	0.31	0.95	0.20
最低 low	0.70	0.13	1.37	0.25	0.89	0.17	0.81	0.15	L0.47	L0.09	0.49	0.10

B 股每日成交(亿元/亿股)
B Share Trading (100 M Yuan/100 M Shares)

股票
Share

日期 Date	7月 Jul		8月 Aug		9月 Sep		10月 Oct		11月 Nov		12月 Dec	
	金额 Value	数量 Vol	金额 Value	数量 Vol	金额 Value	数量 Vol	金额 Value	数量 Vol	金额 Value	数量 Vol	金额 Value	数量 Vol
1	0.72	0.16	1.94	0.38	2.32	0.48	---	---	---	---	4.25	0.73
2	0.83	0.17	---	---	2.34	0.46	---	---	---	---	3.42	0.63
3	1.21	0.27	---	---	2.44	0.57	---	---	2.98	0.66	4.54	0.92
4	0.94	0.19	1.46	0.31	2.31	0.54	---	---	2.29	0.51	5.40	1.10
5	---	---	1.53	0.34	2.73	0.62	---	---	2.00	0.47	6.12	1.21
6	---	---	1.50	0.32	---	---	---	---	2.09	0.41	---	---
7	0.90	0.19	1.61	0.35	---	---	---	---	2.18	0.40	---	---
8	0.93	0.21	1.33	0.28	---	---	2.17	0.45	---	---	5.40	1.12
9	1.10	0.24	---	---	2.61	0.56	2.91	0.61	---	---	7.94	1.60
10	0.84	0.19	---	---	2.46	0.54	2.41	0.47	2.56	0.46	5.54	1.03
11	0.72	0.15	1.90	0.43	3.40	0.76	---	---	3.67	0.73	6.33	1.11
12	---	---	1.82	0.37	2.57	0.56	---	---	4.11	0.65	4.94	0.90
13	---	---	3.19	0.61	---	---	2.49	0.47	3.11	0.53	---	---
14	0.95	0.21	2.61	0.48	---	---	1.82	0.35	2.94	0.48	---	---
15	1.19	0.25	1.78	0.33	3.35	0.69	1.74	0.35	---	---	5.51	1.04
16	1.06	0.22	---	---	4.24	0.85	1.82	0.40	---	---	4.12	0.74
17	1.12	0.24	---	---	2.67	0.53	2.96	0.63	2.58	0.43	4.85	0.91
18	0.98	0.20	2.18	0.47	2.41	0.49	---	---	1.54	0.29	4.35	0.84
19	---	---	2.37	0.46	2.64	0.53	---	---	1.40	0.26	5.84	1.04
20	---	---	2.21	0.49	---	---	2.12	0.49	1.33	0.26	---	---
21	0.59	0.12	2.54	0.54	---	---	2.61	0.54	2.25	0.46	---	---
22	0.92	0.20	2.06	0.42	3.30	0.70	1.58	0.34	---	---	5.63	1.10
23	1.15	0.32	---	---	2.78	0.58	1.76	0.34	---	---	3.45	0.64
24	1.48	0.37	---	---	3.77	0.75	1.93	0.49	3.82	0.70	2.56	0.51
25	1.51	0.37	2.08	0.40	2.91	0.65	---	---	7.96	1.34	2.62	0.52
26	---	---	2.43	0.52	1.95	0.38	---	---	4.78	0.87	4.45	0.73
27	---	---	1.92	0.38	---	---	1.76	0.39	3.66	0.66	---	---
28	2.31	0.53	1.91	0.38	---	---	2.24	0.49	4.23	0.76	---	---
29	2.61	0.53	1.81	0.34	2.46	0.50	2.64	0.55	---	---	5.22	0.84
30	1.98	0.42	---	---	3.14	0.65	2.61	0.51	---	---	2.55	0.45
31	1.62	0.33	---	---	---	---	2.19	0.42	---	---	2.84	0.46
最高 high	2.61	0.53	3.19	0.61	4.24	0.85	2.96	0.63	H7.96	1.34	7.94	H1.60
最低 low	0.59	0.12	1.33	0.28	1.95	0.38	1.58	0.34	1.33	0.26	2.55	0.45

B 股
B Share

股票
Share

股票代码 Code	名称 Name	发行股本 Issued Vol	流通股本 Negotiable Vol	上年收盘 Last Year Close	本年开盘 Open	本年最高 High	本年最低 Low	本年收盘 Close	涨跌(%) Change(%)
900901	仪电B股	293.37	293.37	0.475	0.478	0.570	0.445	0.553	16.42
900902	市北B股	232.93	232.93	0.639	0.638	0.724	0.555	0.650	2.51
900903	大众B股	533.87	533.87	0.664	0.664	0.927	0.597	0.894	36.60
900904	神奇B股	45.63	45.63	1.193	1.195	1.941	1.050	1.633	36.88
900905	老凤祥B	206.01	206.01	2.447	2.417	3.092	2.365	2.985	27.70
900906	*ST 中纺B	360.36	360.36	0.802	0.802	1.366	0.328	0.343	-57.23
900907	鼎立B股	120.64	120.64	0.637	0.633	0.707	0.580	0.686	8.20
900908	氯碱B股	406.56	406.56	0.477	0.476	0.563	0.430	0.545	14.43
900909	双钱B股	243.10	243.10	0.721	0.718	0.775	0.675	0.770	9.23
900910	海立B股	284.17	284.17	0.574	0.577	0.594	0.528	0.573	2.66
900911	金桥B股	272.18	272.18	1.065	0.990	1.788	0.925	1.759	67.30
900912	外高B股	200.56	200.56	2.153	2.158	2.340	1.430	2.117	-0.54
900913	国新B股	64.56	64.56	1.780	1.770	2.413	1.490	2.131	19.72
900914	锦投B股	161.05	161.05	0.906	0.904	1.309	0.864	1.244	41.96
900915	中路B股	83.49	83.49	0.818	0.820	1.765	0.756	1.736	113.02
900916	金山B股	171.60	171.60	0.619	0.620	0.744	0.558	0.653	5.49
900917	海欣B股	468.85	468.85	0.540	0.538	0.618	0.433	0.591	9.44
900918	耀皮B股	187.50	187.50	0.560	0.559	0.685	0.519	0.637	14.91
900919	大江B股	346.73	346.73	0.383	0.383	0.427	0.334	0.409	6.79
900920	上柴B股	344.80	344.80	0.788	0.787	0.793	0.648	0.749	-3.73
900921	丹科B股	193.79	193.79	0.594	0.592	0.600	0.380	0.530	-10.77
900922	*ST 三毛B	48.79	48.79	0.856	0.864	0.870	0.516	0.758	-11.45
900923	百联B股	179.72	179.72	1.401	1.395	1.789	1.105	1.723	25.65
900924	上工B股	243.94	243.94	0.575	0.571	0.700	0.525	0.678	17.91
900925	机电B股	216.24	216.24	1.724	1.710	2.232	1.582	2.120	25.61
900926	宝信B	114.40	114.40	1.906	1.900	2.620	1.686	2.510	33.74
900927	物贸B股	99.83	99.83	0.638	0.641	0.731	0.521	0.569	-10.82
900928	自仪B股	107.15	107.15	0.647	0.641	1.059	0.595	0.870	34.47
900929	锦旅B股	66.00	66.00	1.762	1.760	2.755	1.652	2.599	49.54
900930	沪普天B	124.80	124.80	0.639	0.640	0.930	0.618	0.786	23.00
900932	陆家B股	509.60	509.60	1.615	1.619	2.640	1.390	2.617	64.32
900933	华新B股	524.80	524.80	1.526	1.518	1.545	0.855	1.233	31.41
900934	锦江B股	156.00	156.00	1.588	1.588	1.993	1.321	1.924	25.04
900935	阳晨B股	105.60	105.60	1.107	1.101	1.210	1.003	1.152	4.65
900936	鄂资B股	420.00	420.00	0.968	0.975	0.982	0.766	0.885	-6.56
900937	华电B股	432.00	432.00	0.302	0.302	0.450	0.281	0.440	45.70
900938	天海B	326.15	326.15	0.341	0.339	0.596	0.262	0.509	49.27
900939	汇丽B	88.00	88.00	0.788	0.780	1.010	0.700	0.754	-4.31
900940	大名城B	198.72	198.72	0.410	0.410	0.580	0.316	0.531	29.51
900941	东信B股	300.00	300.00	0.480	0.482	0.628	0.464	0.577	22.23
900942	黄山B股	156.00	156.00	1.231	1.225	1.688	1.166	1.620	32.13
900943	开开B股	80.00	80.00	0.742	0.744	0.970	0.700	0.911	23.54
900945	海航B股	369.45	369.45	0.415	0.410	0.598	0.340	0.549	32.29
900946	天雁B股	230.00	230.00	0.309	0.310	0.498	0.296	0.424	37.22
900947	振华B股	1621.96	1621.96	0.432	0.431	0.589	0.368	0.559	29.40
900948	伊泰B股	1328.00	1328.00	1.769	1.757	1.768	1.103	1.432	-16.12
900950	新城B股	642.79	642.79	0.608	0.609	0.610	0.438	0.507	-13.86
900951	*ST 大化B	100.00	100.00	0.460	0.462	0.518	0.286	0.444	-3.48
900952	锦港B股	222.81	222.81	0.403	0.404	0.517	0.374	0.483	20.86
900953	凯马B	240.00	240.00	0.532	0.535	0.556	0.407	0.540	1.50

注：B 股价格单位为美元，发行股本、流通股本、成交数量单位为百万股，成交金额为百万元。

B 股
B Share

股票
Share

涨跌值 Change	市盈率 P/E	市净率 P/B	换手率(%) Turnover Rate	成交数量 Trading Vol	成交金额 Trading Val
0.078	34.71	0.00	77.50	227.35	709.79
0.011	13.08	0.00	79.99	186.31	737.25
0.230	21.08	0.00	54.12	288.91	1318.97
0.440	39.78	0.00	167.85	76.58	717.29
0.538	10.71	0.00	48.43	99.77	1654.57
-0.459	0.00	0.00	114.20	197.59	851.26
0.049	91.71	0.00	78.64	94.87	382.19
0.068	231.91	0.00	50.53	205.44	615.61
0.049	13.68	0.00	41.81	101.63	454.69
-0.001	22.44	0.00	36.19	102.83	357.36
0.694	23.34	0.00	70.54	192.00	1454.17
-0.036	26.95	0.00	106.15	212.90	2458.32
0.351	25.06	0.00	68.60	44.29	496.36
0.338	17.83	0.00	81.88	131.87	827.12
0.918	345.82	0.00	159.86	133.46	924.69
0.034	160.84	0.00	67.93	116.57	463.57
0.051	66.63	0.00	63.95	299.86	979.34
0.077	30.52	0.00	53.68	100.65	379.11
0.026	16.93	0.00	82.72	286.83	687.84
-0.039	19.30	0.00	48.17	166.10	742.85
-0.064	0.00	0.00	62.50	121.12	368.26
-0.098	0.00	0.00	96.09	46.88	194.76
0.322	17.49	0.00	116.21	208.85	1762.20
0.103	28.55	0.00	103.70	252.96	957.21
0.396	14.02	0.00	86.98	188.09	2257.71
0.604	19.23	0.00	78.01	89.24	1146.56
-0.069	94.68	0.00	128.01	127.78	512.47
0.223	176.11	0.00	64.51	69.12	327.47
0.837	36.01	1.77	78.81	52.02	628.90
0.147	117.84	0.00	165.12	206.08	992.67
1.002	21.22	0.00	44.71	227.83	2693.01
-0.293	9.54	0.00	28.29	127.91	930.37
0.336	25.04	0.00	39.47	61.57	619.98
0.045	46.12	2.84	50.34	53.16	367.24
-0.083	7.57	0.00	21.16	88.86	483.03
0.138	369.75	0.00	78.38	338.61	779.49
0.168	0.00	0.00	179.06	584.01	1448.15
-0.034	0.00	16.34	125.38	110.34	571.77
0.121	25.53	0.00	73.43	145.92	409.45
0.097	22.84	0.00	111.14	333.42	1157.53
0.389	32.41	0.00	68.79	107.31	899.81
0.169	53.12	0.00	106.74	85.39	435.18
0.134	19.40	0.00	50.27	185.71	539.55
0.115	42.61	0.00	96.62	222.22	545.56
0.127	107.09	0.00	38.49	624.37	1807.78
-0.337	8.26	1.24	39.49	524.48	4669.92
-0.101	3.06	0.64	43.61	280.32	881.99
-0.016	0.00	2.17	76.30	76.30	191.32
0.080	38.18	0.00	76.98	171.52	462.31
0.008	402.99	2.55	56.64	135.94	424.72

B 股
B Share

股票代码 Code	名称 Name	发行股本 Issued Vol	流通股本 Negotiable Vol	上年收盘 Last Year Close	本年开盘 Open	本年最高 High	本年最低 Low	本年收盘 Close	涨跌(%) Change(%)
900955	九龙山 B	330.00	330.00	0.295	0.293	0.498	0.266	0.470	59.32
900956	东贝B股	115.00	115.00	0.925	0.925	1.164	0.718	1.055	15.81
900957	凌云B股	184.00	184.00	0.605	0.598	0.678	0.445	0.615	1.65

注：B 股价格单位为美元，发行股本、流通股本、成交数量单位为百万股，成交金额为百万元。

B 股
B Share

股票
Share

涨跌值 Change	市盈率 P/E	市净率 P/B	换手率(%) Turnover Rate	成交数量 Trading Vol	成交金额 Trading Val
0.175	137.43	0.00	69.07	227.93	576.69
0.130	16.13	1.62	100.72	115.82	662.62
0.010	182.49	3.33	78.48	144.40	526.52

股票
Share

十大发行股本 B 股股票
Top 10 B Shares by Issued Vol

代码 Code	股票名称 Name	公司名称 Company Name	发行股数 Issued Vol	占比重 (%)
900947	振华B股	上海振华重工（集团）股份有限公司	1621.96	10.74
900948	伊泰B股	内蒙古伊泰煤炭股份有限公司	1328.00	8.79
900950	新城B股	江苏新城地产股份有限公司	642.79	4.26
900903	大众B股	大众交通（集团）股份有限公司	533.87	3.54
900933	华新B股	华新水泥股份有限公司	524.80	3.48
900932	陆家B股	上海陆家嘴金融贸易区开发股份有限公司	509.60	3.37
900917	海欣B股	上海海欣集团股份有限公司	468.85	3.10
900937	华电B股	华电能源股份有限公司	432.00	2.86
900936	鄂资B股	内蒙古鄂尔多斯资源股份有限公司	420.00	2.78
900908	氯碱B股	上海氯碱化工股份有限公司	406.56	2.69
	总计		6888.43	45.61
	市场总计		15103.47	100.00

十大市价总值 B 股股票
Top 10 B Shares by Market Capitalization

代码 Code	股票名称 Name	公司名称 Company Name	市价总值 Market Capitalization	占比重 (%)
900948	伊泰B股	内蒙古伊泰煤炭股份有限公司	11635.72	13.36
900932	陆家B股	上海陆家嘴金融贸易区开发股份有限公司	8159.91	9.37
900947	振华B股	上海振华重工（集团）股份有限公司	5547.60	6.37
900933	华新B股	华新水泥股份有限公司	3959.21	4.54
900905	老凤祥B	老凤祥股份有限公司	3762.54	4.32
900911	金桥B股	上海金桥出口加工区开发股份有限公司	2929.33	3.36
900903	大众B股	大众交通（集团）股份有限公司	2920.29	3.35
900925	机电B股	上海机电股份有限公司	2804.88	3.22
900912	外高B股	上海外高桥保税区开发股份有限公司	2597.84	2.98
900936	鄂资B股	内蒙古鄂尔多斯资源股份有限公司	2274.28	2.61
	总计		46591.59	53.48
	市场总计		87127.51	100.00

注：股票排名中，发行股数、流通股数、成交股数单位为百万股（1M），成交金额、市价总值、流通市值为百万元（1M Yuan），收盘价格为美元（Dollar）。

十大成交金额 B 股股票
Top 10 B Shares by Trading Value

股票
Share

代码 Code	股票名称 Name	公司名称 Company Name	成交金额 Trading Value	占比重 (%)
900948	伊泰B股	内蒙古伊泰煤炭股份有限公司	4669.92	9.64
900932	陆家B股	上海陆家嘴金融贸易区开发股份有限公司	2693.01	5.56
900912	外高B股	上海外高桥保税区开发股份有限公司	2458.32	5.07
900925	机电B股	上海机电股份有限公司	2257.71	4.66
900947	振华B股	上海振华重工（集团）股份有限公司	1807.78	3.73
900923	百联B股	上海友谊集团股份有限公司	1762.20	3.64
900905	老凤祥B	老凤祥股份有限公司	1654.57	3.42
900911	金桥B股	上海金桥出口加工区开发股份有限公司	1454.17	3.00
900938	天海B	天津市海运股份有限公司	1448.15	2.99
900903	大众B股	大众交通（集团）股份有限公司	1318.97	2.72
	总计		21524.80	44.43
	市场总计		48444.54	100.00

十大成交股数 B 股股票
Top 10 B Shares by Trading Vol

代码 Code	股票名称 Name	公司名称 Company Name	成交股数 Trading Vol	占比重 (%)
900947	振华B股	上海振华重工（集团）股份有限公司	624.37	6.50
900938	天海B	天津市海运股份有限公司	584.01	6.08
900948	伊泰B股	内蒙古伊泰煤炭股份有限公司	524.48	5.46
900937	华电B股	华电能源股份有限公司	338.61	3.53
900941	东信B股	东方通信股份有限公司	333.42	3.47
900917	海欣B股	上海海欣集团股份有限公司	299.86	3.12
900903	大众B股	大众交通（集团）股份有限公司	288.91	3.01
900919	大江B股	上海大江食品集团股份有限公司	286.83	2.99
900950	新城B股	江苏新城地产股份有限公司	280.32	2.92
900924	上工B股	上工申贝（集团）股份有限公司	252.96	2.64
	总计		3813.77	39.72
	市场总计		9601.29	100.00

注：股票排名中，发行股数、流通股数、成交股数单位为百万股（1M），成交金额、市价总值、流通市值为百万元（1M Yuan），收盘价格单位为元（Yuan）。

十大涨幅 B 股股票
Top 10 B Shares by Price Change Up

代码 Code	股票名称 Name	公司名称 Company Name	上年收盘 Last Year Close	本年收盘 Close	涨幅(%) Change(%)
900915	中路B股	中路股份有限公司	0.82	1.74	113.02
900911	金桥B股	上海金桥出口加工区开发股份有限公司	1.07	1.76	67.30
900932	陆家B股	上海陆家嘴金融贸易区开发股份有限公司	1.62	2.62	64.32
900955	九龙山B	上海九龙山旅游股份有限公司	0.30	0.47	59.32
900929	锦旅B股	上海锦江国际旅游股份有限公司	1.76	2.60	49.54
900938	天海B	天津市海运股份有限公司	0.34	0.51	49.27
900937	华电B股	华电能源股份有限公司	0.30	0.44	45.70
900914	锦投B股	上海锦江国际实业投资股份有限公司	0.91	1.24	41.96
900946	天雁B股	济南轻骑摩托车股份有限公司	0.31	0.42	37.22
900904	神奇B股	上海神奇制药投资管理股份有限公司	1.19	1.63	36.88

十大跌幅 B 股股票
Top 10 B Shares by Price Change Down

代码 Code	股票名称 Name	公司名称 Company Name	上年收盘 Last Year Close	本年收盘 Close	跌幅(%) Change(%)
900906	*ST 中纺B	中国纺织机械股份有限公司	0.80	0.34	-57.23
900948	伊泰B股	内蒙古伊泰煤炭股份有限公司	1.77	1.43	-16.12
900950	新城B股	江苏新城地产股份有限公司	0.61	0.51	-13.86
900922	*ST 三毛B	上海三毛企业（集团）股份有限公司	0.86	0.76	-11.45
900927	物贸B股	上海物资贸易股份有限公司	0.64	0.57	-10.82
900921	丹科B股	丹化化工科技股份有限公司	0.59	0.53	-10.77
900936	鄂资B股	内蒙古鄂尔多斯资源股份有限公司	0.97	0.89	-6.56
900939	汇丽B	上海汇丽建材股份有限公司	0.79	0.75	-4.31
900920	上柴B股	上海柴油机股份有限公司	0.79	0.75	-3.73
900951	*ST 大化B	大化集团大连化工股份有限公司	0.79	0.46	-3.48

注：股票排名中，发行股数、流通股数、成交股数单位为百万股（1M），成交金额、市价总值、流通市值为百万元（1M Yuan），收盘价格单位为元（Yuan）。

十大换手率 A 股股票 Top 10 A Shares by Turnover Rate

代码 Code	股票名称 Name	公司名称 Company Name	成交股数 Trading Vol	流通股数 Negotiable Vol	换手率(%) Turnover Rate(%)
603308	应流股份	安徽应流机电股份有限公司	2453.35	80.01	3066.31
603003	龙宇燃油	上海龙宇燃油股份有限公司	1495.08	64.11	2332.00
601225	陕西煤业	陕西煤业股份有限公司	11210.05	500.00	2242.01
600149	廊坊发展	廊坊发展股份有限公司	7159.60	380.16	2120.07
600751	天津海运	天津市海运股份有限公司	6168.11	343.51	2111.44
600158	中体产业	中体产业集团股份有限公司	13165.53	657.50	2002.38
603555	贵人鸟	贵人鸟股份有限公司	1750.42	89.00	1966.77
601038	一拖股份	第一拖拉机股份有限公司	2807.49	150.00	1871.66
603006	联明股份	上海联名机械股份有限公司	353.99	20.00	1769.97
600756	浪潮软件	山东浪潮齐鲁软件产业股份有限公司	4560.49	278.75	1636.07

十大换手率 B 股股票 Top 10 B Shares by Turnover Rate

代码 Code	股票名称 Name	公司名称 Company Name	成交股数 Trading Vol	流通股数 Negotiable Vol	换手率(%) Turnover Rate(%)
900938	天海 B	天津市海运股份有限公司	584.01	326.15	179.06
900904	神奇 B 股	上海神奇制药投资管理股份有限公司	76.58	45.63	167.85
900930	沪普天 B	上海普天邮通科技股份有限公司	206.08	124.80	165.12
900915	中路 B 股	中路股份有限公司	133.46	83.49	159.86
900927	物贸 B 股	上海物资贸易股份有限公司	127.78	99.83	128.01
900939	汇丽 B	上海汇丽建材股份有限公司	110.34	88.00	125.38
900923	百联 B 股	上海友谊集团股份有限公司	208.85	179.72	116.21
900906	*ST 中纺 B	中国纺织机械股份有限公司	197.59	360.36	114.20
900941	东信 B 股	东方通信股份有限公司	333.42	300.00	111.14
900943	开开 B 股	上海开开实业股份有限公司	85.39	80.00	106.74

注：股票排名中，发行股数、流通股数、成交股数单位为百万股（1M），成交金额、市价总值、流通市值为百万元（1M Yuan），收盘价格单位为元（Yuan）。

股票
Share

年末股价分布
Price Distribution by 2014

股票价格 (元)	0-10	10-20	20-30	30-50	50-100	≥100
股票数(个)	505	387	82	55	8	1
比例(%)	48.65	37.28	7.90	5.30	0.77	0.10

年末市价总值分布
Market Capitalization Distribution by 2014

市值 (亿元)	≤5	5-10	10-50	50-100	100-500	500-1000	≥1000
股票数(个)	6	21	367	273	292	41	38
比例(%)	0.58	2.02	35.36	26.30	28.13	3.95	3.66

年末市盈率分布
P/E Ratio Distribution by 2014

市盈率	0-10	10-30	30--50	50-100	≥100	其他
股票数(个)	92	26	296	185	183	256
比例(%)	8.86	2.50	28.52	17.82	17.63	24.66

年度换手率分布
Turnover Rate Distribution in 2014

单位：%	0-100	100-200	200-300	300-500	500-1000	≥1000
股票数(个)	72	129	173	340	260	64
比例(%)	6.94	12.43	16.67	32.76	25.05	6.17

注：各类分布含 A、B 股。

年末各行业市盈率
P/E of Industry

年末市盈率
P/E Ratio by 2014

行业代码 Code of Industry	行业名称 Name of Industry	2014 年	2013 年
A	农、林、牧、渔业	76.39	50.09
B	采矿业	14.76	10.55
C	制造业	30.56	22.17
D	电力、热力、燃气及水生产和供应	20.28	14.29
E	建筑业	17.72	8.06
F	批发和零售业	28.51	22.63
G	交通运输、仓储和邮政业	22.62	14.21
H	住宿和餐饮业	47.29	23.52
I	信息传输、软件和信息技术服务业	47.07	42.90
J	金融业	10.38	6.86
K	房地产业	21.81	13.50
L	租赁和商务服务业	38.90	31.53
M	科学研究和技术服务业	62.69	602.16
N	水利、环境和公共设施管理业	58.37	45.82
P	教育	361.29	0.00
Q	卫生和社会工作	76.60	56.39
R	文化、体育和娱乐业	32.79	31.21
S	综合	40.53	23.32

信用交易 Credit Trading

证券代码 Code	证券简称 Securities	融资买入 Margin Buy	卖券还款 Close Buy	融券卖出 Short Sell	买券还券 Close Sell	合计 Total
510010	治理 ETF	195.96	28.71	164.74	33.75	423.16
510020	超大 ETF	0.00	0.12	0.00	0.00	0.12
510030	价值 ETF	0.00	0.86	0.00	0.00	0.86
510050	50ETF	71661.28	15245.83	55950.09	10759.31	153616.51
510060	央企 ETF	0.00	2.00	0.00	0.00	2.00
510070	民企 ETF	0.00	0.05	0.00	0.00	0.05
510090	责任 ETF	0.00	0.02	0.00	0.00	0.02
510110	周期 ETF	0.00	0.02	0.00	0.00	0.02
510120	非周 ETF	0.00	0.05	0.00	0.00	0.05
510130	中盘 ETF	0.00	0.19	0.00	0.00	0.19
510150	消费 ETF	0.00	0.10	0.00	0.00	0.10
510160	小康 ETF	0.00	0.12	0.00	0.00	0.12
510170	商品 ETF	0.00	0.11	0.00	0.00	0.11
510180	180ETF	12249.91	877.60	12422.55	2216.10	27766.16
510190	龙头 ETF	0.00	0.06	0.00	0.00	0.06
510210	综指 ETF	0.00	0.03	0.00	0.00	0.03
510220	中小 ETF	0.00	0.19	0.00	0.00	0.19
510230	金融 ETF	0.00	12.68	0.00	0.00	12.68
510260	新兴 ETF	0.00	0.67	0.00	0.00	0.67
510270	国企 ETF	0.00	0.01	0.00	0.00	0.01
510280	成长 ETF	0.00	0.02	0.00	0.00	0.02
510290	380ETF	0.00	1.15	0.00	0.00	1.15
510300	300ETF	108042.82	7558.44	131387.80	39055.26	286044.32
510310	HS300ETF	221.59	29.95	0.87	0.59	253.00
510330	华夏 300	1404.57	163.13	330.29	156.31	2054.30
510410	资源 ETF	0.00	1.34	0.00	0.00	1.34
510420	180EWETF	0.00	1.10	0.00	0.00	1.10
510430	50 等权	0.00	0.06	0.00	0.00	0.06
510450	180 高 ETF	0.00	0.28	0.00	0.00	0.28
510500	500ETF	890.11	247.02	85.75	57.53	1280.41
510510	广发 500	255.57	43.47	155.11	48.18	502.33
510520	诺安 500	0.00	0.26	0.00	0.00	0.26
510610	能源行业	0.00	0.50	0.00	0.00	0.50
510620	材料行业	0.00	0.64	0.00	0.00	0.64
510630	消费行业	0.00	0.49	0.00	0.00	0.49
510650	金融行业	0.00	4.45	0.00	0.00	4.45
510660	医药行业	0.00	1.03	0.00	0.00	1.03
510680	万家 380	0.00	0.00	0.00	0.00	0.00
510700	百强 ETF	0.00	0.03	0.00	0.00	0.03
510880	红利 ETF	651.95	75.52	605.21	80.91	1413.59
510900	H 股 ETF	0.00	0.24	0.00	0.00	0.24
511010	国债 ETF	0.00	0.31	0.00	0.00	0.31
511210	企债 ETF	0.00	0.15	0.00	0.00	0.15
511860	博时货币	0.00	0.59	0.00	0.00	0.59
511880	XD 银华日	0.00	273.97	0.00	0.00	273.97
511990	华宝添益	0.00	902.53	0.00	0.00	902.53
512010	医药 ETF	0.00	3.55	0.00	0.00	3.55
512070	非银 ETF	0.00	13.96	0.00	0.00	13.96
512110	中证地产	0.00	0.16	0.00	0.00	0.16
512120	中证医药	0.00	0.03	0.00	0.00	0.03

单位：百万（M）

证券代码 Code	证券简称 Securities	融资买入 Margin Buy	卖券还款 Close Buy	融券卖出 Short Sell	买券还券 Close Sell	合计 Total
512210	景顺食品	0.00	0.02	0.00	0.00	0.02
512230	景顺医药	0.00	0.10	0.00	0.00	0.10
512600	主要消费	0.00	0.03	0.00	0.00	0.03
512610	医药卫生	0.00	0.06	0.00	0.00	0.06
512640	金融地产	0.00	0.93	0.00	0.00	0.93
513030	德国 30	0.00	0.07	0.00	0.00	0.07
513100	纳指 ETF	0.00	0.25	0.00	0.00	0.25
513500	标普 500	0.00	0.11	0.00	0.00	0.11
518800	国泰黄金	0.00	0.03	0.00	0.00	0.03
518880	黄金 ETF	0.00	2.01	0.00	0.00	2.01
600000	浦发银行	109606.44	57628.73	25601.62	2852.97	195689.76
600004	白云机场	0.00	167.37	0.00	0.00	167.37
600005	武钢股份	7417.26	3833.94	279.45	90.69	11621.34
600006	东风汽车	2402.47	956.29	0.18	0.12	3359.06
600007	中国国贸	1208.46	559.30	11.76	4.88	1784.40
600008	首创股份	8068.85	3570.19	496.54	126.43	12262.01
600009	上海机场	7786.29	4042.20	922.51	342.40	13093.40
600010	包钢股份	45109.07	19297.17	3876.65	421.89	68704.78
600011	华能国际	7520.02	3468.59	1255.87	451.00	12695.48
600012	皖通高速	0.00	36.46	0.00	0.00	36.46
600015	华夏银行	30537.43	15630.46	11679.74	1132.99	58980.62
600016	民生银行	73965.79	36129.68	24933.81	4040.66	139069.94
600017	日照港	4079.45	1924.57	18.58	0.56	6023.16
600018	上港集团	10809.36	5420.75	1888.37	74.03	18192.51
600019	宝钢股份	10299.97	5168.63	1571.57	483.15	17523.32
600020	中原高速	0.00	70.95	0.00	0.00	70.95
600021	上海电力	3442.86	1705.68	19.31	2.15	5170.00
600022	山东钢铁	4419.83	2371.79	64.49	28.46	6884.57
600023	浙能电力	4716.59	2167.13	123.54	10.75	7018.01
600026	中海发展	3210.78	1405.75	6.63	2.51	4625.67
600027	华电国际	9089.66	4485.11	651.48	154.77	14381.02
600028	中国石化	34991.54	15215.47	2221.90	640.95	53069.86
600029	南方航空	10426.45	5718.71	955.48	159.71	17260.35
600030	中信证券	220878.20	106682.74	35226.96	5434.96	368222.86
600031	三一重工	15300.22	7352.79	1951.62	336.94	24941.57
600033	福建高速	0.00	145.75	0.00	0.00	145.75
600035	楚天高速	0.00	75.10	0.00	0.00	75.10
600036	招商银行	55997.15	23181.15	23123.71	3155.36	105457.37
600037	歌华有线	12846.75	6404.60	289.92	26.35	19567.62
600038	哈飞股份	10829.34	5935.14	282.88	44.36	17091.72
600039	四川路桥	6990.46	3683.84	139.31	8.28	10821.89
600048	保利地产	36848.31	19631.68	5973.08	1415.49	63868.56
600050	中国联通	28302.73	15195.49	2286.18	461.91	46246.31
600051	宁波联合	0.00	51.84	0.00	0.00	51.84
600052	浙江广厦	0.00	72.29	0.00	0.00	72.29
600053	中江地产	0.00	42.26	0.00	0.00	42.26
600054	黄山旅游	0.00	36.05	0.00	0.00	36.05
600055	华润万东	0.00	40.42	0.00	0.00	40.42
600056	中国医药	8942.06	4593.12	115.41	8.91	13659.50
600057	象屿股份	0.00	147.12	0.00	0.00	147.12

单位：百万（M）

证券代码 Code	证券简称 Securities	融资买入 Margin Buy	卖券还款 Close Buy	融券卖出 Short Sell	买券还券 Close Sell	合计 Total
600058	五矿发展	8673.42	3887.51	734.76	104.36	13400.05
600059	古越龙山	6237.60	2816.61	63.16	30.81	9148.18
600060	海信电器	14984.47	7437.69	650.29	160.90	23233.35
600061	中纺投资	0.00	199.72	0.00	0.00	199.72
600062	华润双鹤	7396.83	3401.97	393.84	169.80	11362.44
600063	皖维高新	6517.25	3205.26	13.44	2.79	9738.74
600064	南京高科	0.00	171.81	0.00	0.00	171.81
600066	宇通客车	6475.74	3261.28	1989.75	668.03	12394.80
600067	冠城大通	6489.17	3685.75	229.36	37.04	10441.32
600068	葛洲坝	13245.44	6323.30	869.02	149.15	20586.91
600069	银鸽投资	0.00	42.02	0.00	0.00	42.02
600070	浙江富润	0.00	48.98	0.00	0.00	48.98
600071	凤凰光学	0.00	73.72	0.00	0.00	73.72
600072	*ST 钢构	306.45	169.88	0.81	0.90	478.04
600073	上海梅林	2967.40	1327.05	16.65	7.85	4318.95
600074	中达股份	0.00	103.95	0.00	0.00	103.95
600075	*ST 新业	0.00	5.97	0.00	0.00	5.97
600076	青鸟华光	0.00	53.51	0.00	0.00	53.51
600077	宋都股份	3023.73	1454.14	27.82	18.01	4523.70
600078	澄星股份	4087.11	2056.10	35.50	9.64	6188.35
600079	人福医药	6759.06	3307.62	475.35	154.40	10696.43
600080	金花股份	0.00	83.98	0.00	0.00	83.98
600081	东风科技	0.00	32.94	0.00	0.00	32.94
600082	海泰发展	0.00	113.70	0.00	0.00	113.70
600083	博信股份	0.00	37.99	0.00	0.00	37.99
600084	中葡股份	0.00	56.72	0.00	0.00	56.72
600085	同仁堂	6086.41	2770.82	1003.00	569.94	10430.17
600086	东方金钰	4420.90	2396.74	71.94	20.42	6910.00
600087	退市长油	0.00	0.05	0.00	0.00	0.05
600088	中视传媒	3196.02	1366.60	21.98	3.95	4588.55
600089	特变电工	26562.09	13322.06	3849.42	753.34	44486.91
600090	啤酒花	0.00	33.80	0.00	0.00	33.80
600091	ST 明科	0.00	0.27	0.00	0.00	0.27
600093	禾嘉股份	0.00	72.32	0.00	0.00	72.32
600094	大名城	1969.13	845.29	13.84	9.80	2838.06
600095	哈高科	0.00	45.25	0.00	0.00	45.25
600096	云天化	4274.13	2318.50	236.98	115.08	6944.69
600097	开创国际	0.00	46.12	0.00	0.00	46.12
600098	广州发展	2687.99	1021.52	19.68	5.43	3734.62
600099	林海股份	0.00	41.69	0.00	0.00	41.69
600100	同方股份	28539.87	14781.55	2118.99	524.79	45965.20
600101	明星电力	0.00	81.71	0.00	0.00	81.71
600103	青山纸业	0.00	30.66	0.00	0.00	30.66
600104	上汽集团	13399.12	7067.58	3539.47	1587.91	25594.08
600105	永鼎股份	0.00	36.27	0.00	0.00	36.27
600106	重庆路桥	0.00	107.35	0.00	0.00	107.35
600107	美尔雅	4346.63	2053.94	24.75	6.22	6431.54
600108	亚盛集团	26823.30	14271.60	2171.68	143.01	43409.59
600109	国金证券	62327.32	29927.94	11513.61	525.27	104294.14
600110	中科英华	6359.45	3068.37	5.94	4.19	9437.95

单位：百万（M）

信用交易
Credit Trading

证券代码 Code	证券简称 Securities	融资买入 Margin Buy	卖券还款 Close Buy	融券卖出 Short Sell	买券还券 Close Sell	合计 Total
600111	包钢稀土	38331.39	18800.41	7053.15	564.22	64749.17
600112	天成控股	822.99	381.75	0.00	0.00	1204.74
600113	浙江东日	1512.55	733.03	53.08	11.05	2309.71
600114	东睦股份	0.00	60.78	0.00	0.00	60.78
600115	东方航空	7034.60	3044.17	812.28	114.63	11005.68
600116	三峡水利	5297.56	2554.93	221.27	19.26	8093.02
600117	西宁特钢	0.00	51.98	0.00	0.00	51.98
600118	中国卫星	27486.85	13731.28	3297.21	270.09	44785.43
600119	长江投资	9569.71	4507.33	462.95	5.14	14545.13
600120	浙江东方	10596.83	5772.85	354.48	30.00	16754.16
600121	郑州煤电	0.00	47.52	0.00	0.00	47.52
600122	宏图高科	0.00	215.32	0.00	0.00	215.32
600123	兰花科创	9154.87	4127.31	1086.16	94.72	14463.06
600125	铁龙物流	7958.45	4002.39	373.70	110.55	12445.09
600126	杭钢股份	0.00	32.27	0.00	0.00	32.27
600127	金健米业	0.00	78.01	0.00	0.00	78.01
600128	弘业股份	0.00	88.45	0.00	0.00	88.45
600129	太极集团	0.00	142.91	0.00	0.00	142.91
600130	波导股份	0.00	92.12	0.00	0.00	92.12
600131	岷江水电	0.00	38.19	0.00	0.00	38.19
600132	重庆啤酒	3556.64	1748.18	127.54	77.13	5509.49
600133	东湖高新	0.00	84.95	0.00	0.00	84.95
600135	乐凯胶片	2180.20	966.74	3.43	1.72	3152.09
600136	道博股份	0.00	36.38	0.00	0.00	36.38
600137	浪莎股份	0.00	22.94	0.00	0.00	22.94
600138	中青旅	8968.96	3987.87	122.86	67.17	13146.86
600139	西部资源	5916.57	3037.55	53.57	16.49	9024.18
600141	兴发集团	5397.17	2879.50	23.79	15.81	8316.27
600143	金发科技	10376.83	5522.00	717.04	172.04	16787.91
600145	*ST 国创	446.87	281.06	18.92	13.36	760.21
600146	大元股份	3447.03	1305.58	21.75	10.39	4784.75
600148	长春一东	0.00	54.26	0.00	0.00	54.26
600149	廊坊发展	13543.11	7262.43	431.72	18.54	21255.80
600150	中国船舶	34107.92	15711.38	4593.06	561.75	54974.11
600151	航天机电	13548.19	6334.56	62.89	11.35	19956.99
600152	维科精华	0.00	69.40	0.00	0.00	69.40
600153	建发股份	14883.87	6996.27	977.20	162.28	23019.62
600155	宝硕股份	2323.31	1026.53	2.13	1.25	3353.22
600156	华升股份	0.00	53.80	0.00	0.00	53.80
600157	永泰能源	22801.80	10927.12	1320.97	63.96	35113.85
600158	中体产业	34976.48	16950.35	719.68	61.56	52708.07
600159	大龙地产	0.00	59.64	0.00	0.00	59.64
600160	巨化股份	7952.86	3634.00	327.19	75.31	11989.36
600161	天坛生物	8181.02	3769.15	189.00	12.56	12151.73
600162	香江控股	0.00	79.11	0.00	0.00	79.11
600163	福建南纸	916.40	408.20	7.31	5.43	1337.34
600165	新日恒力	0.00	44.83	0.00	0.00	44.83
600166	福田汽车	9528.35	4387.51	835.80	150.56	14902.22
600167	联美控股	0.00	30.75	0.00	0.00	30.75
600168	武汉控股	0.00	101.01	0.00	0.00	101.01

单位：百万（M）

证券代码 Code	证券简称 Securities	融资买入 Margin Buy	卖券还款 Close Buy	融券卖出 Short Sell	买券还券 Close Sell	合计 Total
600169	太原重工	16121.98	7997.63	532.24	38.23	24690.08
600170	上海建工	7772.89	4043.95	541.19	86.36	12444.39
600171	上海贝岭	2598.53	925.37	9.87	4.14	3537.91
600172	黄河旋风	0.00	69.68	0.00	0.00	69.68
600173	卧龙地产	0.00	76.10	0.00	0.00	76.10
600175	美都能源	6742.95	3603.75	7.75	4.65	10359.10
600176	中国玻纤	5641.80	2643.19	26.42	7.67	8319.08
600177	雅戈尔	12258.08	6154.20	658.07	262.87	19333.22
600178	*ST 东安	0.00	7.02	0.00	0.00	7.02
600179	黑化股份	2355.83	1067.98	16.04	12.21	3452.06
600180	瑞茂通	0.00	105.56	0.00	0.00	105.56
600182	S 佳通	0.00	37.86	0.00	0.00	37.86
600183	生益科技	1709.56	744.59	0.27	0.19	2454.61
600184	光电股份	0.00	82.52	0.00	0.00	82.52
600185	格力地产	4942.80	2506.18	198.63	33.69	7681.30
600186	莲花味精	2819.80	1462.53	6.66	3.91	4292.90
600187	国中水务	13492.70	6733.69	47.71	7.99	20282.09
600188	兖州煤业	4803.91	2219.97	988.36	99.39	8111.63
600189	吉林森工	0.00	53.56	0.00	0.00	53.56
600190	锦州港	0.00	50.33	0.00	0.00	50.33
600191	华资实业	0.00	77.02	0.00	0.00	77.02
600192	长城电工	0.00	92.00	0.00	0.00	92.00
600193	创兴资源	4605.60	2484.97	95.42	12.29	7198.28
600195	中牧股份	0.00	85.51	0.00	0.00	85.51
600196	复星医药	22799.48	10967.60	3510.90	539.63	37817.61
600197	伊力特	3119.89	1612.33	131.82	11.96	4876.00
600198	大唐电信	9619.70	4815.08	13.08	6.97	14454.83
600199	金种子酒	5938.06	2993.49	361.52	9.68	9302.75
600200	江苏吴中	7394.58	3515.38	24.12	11.19	10945.27
600201	金宇集团	1389.94	430.23	0.00	0.00	1820.17
600202	哈空调	0.00	44.38	0.00	0.00	44.38
600203	福日电子	0.00	59.01	0.00	0.00	59.01
600206	有研新材	5534.07	3129.76	18.36	12.04	8694.23
600207	安彩高科	0.00	12.92	0.00	0.00	12.92
600208	新湖中宝	7376.69	3139.02	760.80	204.04	11480.55
600209	罗顿发展	8040.44	4046.80	580.46	17.94	12685.64
600210	紫江企业	1918.95	819.36	0.00	0.00	2738.31
600211	西藏药业	0.00	71.47	0.00	0.00	71.47
600212	江泉实业	0.00	88.29	0.00	0.00	88.29
600213	亚星客车	0.00	7.33	0.00	0.00	7.33
600215	长春经开	0.00	48.57	0.00	0.00	48.57
600216	浙江医药	6736.75	3321.48	517.34	191.63	10767.20
600217	秦岭水泥	0.00	63.81	0.00	0.00	63.81
600218	全柴动力	5670.96	2246.33	38.58	12.45	7968.32
600219	南山铝业	9118.65	4863.07	818.02	117.41	14917.15
600220	江苏阳光	1868.79	745.14	6.53	3.38	2623.84
600221	海南航空	18559.19	9255.17	1565.35	95.63	29475.34
600222	太龙药业	1168.01	468.45	6.69	4.01	1647.16
600223	鲁商置业	3144.69	1366.84	22.66	11.11	4545.30
600225	天津松江	5646.08	2717.66	112.41	8.40	8484.55

单位：百万（M）

证券代码 Code	证券简称 Securities	融资买入 Margin Buy	卖券还款 Close Buy	融券卖出 Short Sell	买券还券 Close Sell	合计 Total
600226	升华拜克	0.00	70.41	0.00	0.00	70.41
600227	赤天化	0.00	9.60	0.00	0.00	9.60
600228	*ST 昌九	9.41	37.19	0.00	0.00	46.60
600229	青岛碱业	2171.27	1138.77	6.57	4.04	3320.65
600230	沧州大化	2974.69	1475.71	20.90	12.07	4483.37
600231	凌钢股份	0.00	25.59	0.00	0.00	25.59
600232	金鹰股份	0.00	31.25	0.00	0.00	31.25
600233	大杨创世	0.00	26.89	0.00	0.00	26.89
600234	山水文化	0.00	44.97	0.00	0.00	44.97
600235	民丰特纸	0.00	61.25	0.00	0.00	61.25
600236	桂冠电力	0.00	46.76	0.00	0.00	46.76
600237	铜峰电子	2342.47	1099.57	0.00	0.00	3442.04
600238	海南椰岛	0.00	60.61	0.00	0.00	60.61
600239	云南城投	5654.18	2609.14	98.47	27.27	8389.06
600240	华业地产	6025.36	2560.65	256.37	18.83	8861.21
600241	时代万恒	0.00	5.92	0.00	0.00	5.92
600242	中昌海运	0.00	32.37	0.00	0.00	32.37
600243	青海华鼎	0.00	43.38	0.00	0.00	43.38
600246	万通地产	0.00	71.68	0.00	0.00	71.68
600247	*ST 成城	0.00	4.82	0.00	0.00	4.82
600248	延长化建	0.00	28.73	0.00	0.00	28.73
600249	两面针	0.00	72.14	0.00	0.00	72.14
600250	南纺股份	0.00	10.29	0.00	0.00	10.29
600251	冠农股份	5983.50	2848.23	66.48	13.03	8911.24
600252	中恒集团	15476.52	6996.31	1001.14	492.18	23966.15
600255	鑫科材料	0.00	201.86	0.00	0.00	201.86
600256	广汇能源	33567.45	19707.11	4740.37	544.13	58559.06
600257	大湖股份	4870.35	2316.96	42.47	10.37	7240.15
600258	首旅酒店	0.00	61.15	0.00	0.00	61.15
600259	广晟有色	10265.39	5114.04	1131.24	91.17	16601.84
600260	凯乐科技	5325.14	2408.36	54.82	11.08	7799.40
600261	阳光照明	6486.27	2667.93	321.65	13.85	9489.70
600262	北方股份	0.00	64.87	0.00	0.00	64.87
600265	ST 景谷	0.00	0.46	0.00	0.00	0.46
600266	北京城建	17042.38	7655.82	259.90	108.28	25066.38
600267	海正药业	8754.02	3972.61	570.10	268.55	13565.28
600268	国电南自	0.00	126.16	0.00	0.00	126.16
600269	赣粤高速	0.00	112.91	0.00	0.00	112.91
600270	外运发展	3898.95	1692.38	8.70	4.99	5605.02
600271	航天信息	21492.55	11746.05	3135.86	412.65	36787.11
600272	开开实业	0.00	48.76	0.00	0.00	48.76
600273	嘉化能源	0.00	68.99	0.00	0.00	68.99
600275	武昌鱼	0.00	36.41	0.00	0.00	36.41
600276	恒瑞医药	4922.01	2378.26	1224.61	712.28	9237.16
600277	亿利能源	8750.25	3765.14	109.20	35.43	12660.02
600278	东方创业	0.00	91.16	0.00	0.00	91.16
600279	重庆港九	0.00	139.90	0.00	0.00	139.90
600280	中央商场	0.00	73.71	0.00	0.00	73.71
600281	太化股份	0.00	32.54	0.00	0.00	32.54
600282	*ST 南钢	0.00	2.21	0.00	0.00	2.21

单位：百万（M）

信用交易 Credit Trading

证券代码 Code	证券简称 Securities	融资买入 Margin Buy	卖券还款 Close Buy	融券卖出 Short Sell	买券还券 Close Sell	合计 Total
600283	钱江水利	0.00	69.50	0.00	0.00	69.50
600284	浦东建设	0.00	211.25	0.00	0.00	211.25
600285	羚锐制药	6095.12	2985.84	36.91	10.93	9128.80
600287	江苏舜天	0.00	64.92	0.00	0.00	64.92
600288	大恒科技	6217.09	2943.06	36.34	22.37	9218.86
600289	亿阳信通	10736.31	5530.63	30.08	7.97	16304.99
600290	华仪电气	0.00	152.67	0.00	0.00	152.67
600291	西水股份	0.00	186.92	0.00	0.00	186.92
600292	中电远达	7786.98	3567.00	43.88	13.73	11411.59
600293	三峡新材	3698.48	1802.50	5.81	3.74	5510.53
600295	鄂尔多斯	0.00	45.53	0.00	0.00	45.53
600297	美罗药业	0.00	72.34	0.00	0.00	72.34
600298	安琪酵母	4335.31	2228.41	32.87	18.94	6615.53
600299	*ST 新材	0.00	7.47	0.00	0.00	7.47
600300	维维股份	3951.78	1829.45	72.50	6.25	5859.98
600301	ST 南化	0.00	1.32	0.00	0.00	1.32
600302	标准股份	0.00	23.30	0.00	0.00	23.30
600303	曙光股份	0.00	85.41	0.00	0.00	85.41
600305	恒顺醋业	0.00	40.79	0.00	0.00	40.79
600306	*ST 商城	0.00	7.28	0.00	0.00	7.28
600307	酒钢宏兴	1348.96	496.55	15.27	2.16	1862.94
600308	华泰股份	0.00	90.79	0.00	0.00	90.79
600309	万华化学	10132.74	4994.64	1692.04	919.91	17739.33
600310	桂东电力	0.00	126.87	0.00	0.00	126.87
600311	荣华实业	3458.12	1633.39	43.17	9.10	5143.78
600312	平高电气	12110.55	5951.30	222.77	52.63	18337.25
600313	农发种业	0.00	79.23	0.00	0.00	79.23
600315	上海家化	12044.27	5794.06	1661.81	592.55	20092.69
600316	洪都航空	27389.45	13761.01	1591.26	178.03	42919.75
600317	营口港	0.00	240.61	0.00	0.00	240.61
600318	巢东股份	1430.43	645.46	7.81	3.90	2087.60
600319	亚星化学	0.00	25.67	0.00	0.00	25.67
600320	振华重工	5607.47	2432.00	1.57	1.21	8042.25
600321	国栋建设	5189.60	2562.91	6.82	3.99	7763.32
600322	天房发展	0.00	170.14	0.00	0.00	170.14
600323	瀚蓝环境	1965.55	785.51	15.27	4.19	2770.52
600325	华发股份	11119.61	5726.46	114.63	29.42	16990.12
600326	西藏天路	0.00	90.60	0.00	0.00	90.60
600327	大东方	0.00	114.83	0.00	0.00	114.83
600328	兰太实业	0.00	68.96	0.00	0.00	68.96
600329	中新药业	3691.07	1860.45	25.07	9.79	5586.38
600330	天通股份	1229.84	616.10	0.00	0.00	1845.94
600331	宏达股份	2033.54	881.88	0.07	0.06	2915.55
600332	白云山	17271.43	9031.49	2181.65	360.48	28845.05
600333	长春燃气	3046.24	1445.88	22.51	13.20	4527.83
600335	国机汽车	1549.06	800.01	14.10	9.88	2373.05
600336	澳柯玛	4502.96	2133.95	36.94	13.11	6686.96
600337	美克家居	0.00	87.20	0.00	0.00	87.20
600338	西藏珠峰	0.00	29.96	0.00	0.00	29.96
600339	天利高新	0.00	85.63	0.00	0.00	85.63

单位：百万（M）

证券代码 Code	证券简称 Securities	融资买入 Margin Buy	卖券还款 Close Buy	融券卖出 Short Sell	买券还券 Close Sell	合计 Total
600340	华夏幸福	10821.08	6437.40	3298.91	184.68	20742.07
600343	航天动力	12178.30	2845.84	13.79	1.12	15039.05
600345	长江通信	0.00	67.05	0.00	0.00	67.05
600346	大橡塑	0.00	15.17	0.00	0.00	15.17
600348	阳泉煤业	9295.83	4198.31	1559.89	156.29	15210.32
600350	山东高速	1341.74	622.35	8.64	1.04	1973.77
600351	亚宝药业	0.00	119.59	0.00	0.00	119.59
600352	浙江龙盛	31627.63	13424.72	1658.39	189.89	46900.63
600353	旭光股份	0.00	36.88	0.00	0.00	36.88
600354	敦煌种业	4801.78	2150.97	69.23	11.09	7033.07
600355	精伦电子	0.00	49.77	0.00	0.00	49.77
600356	恒丰纸业	0.00	13.84	0.00	0.00	13.84
600358	国旅联合	0.00	50.43	0.00	0.00	50.43
600359	新农开发	0.00	85.13	0.00	0.00	85.13
600360	华微电子	0.00	79.58	0.00	0.00	79.58
600361	华联综超	0.00	50.21	0.00	0.00	50.21
600362	江西铜业	14831.80	7223.20	4817.52	541.08	27413.60
600363	联创光电	3316.85	1477.16	0.19	0.03	4794.23
600365	通葡股份	0.00	7.92	0.00	0.00	7.92
600366	宁波韵升	8275.46	3555.01	676.54	39.53	12546.54
600367	红星发展	0.00	61.02	0.00	0.00	61.02
600368	五洲交通	0.00	99.97	0.00	0.00	99.97
600369	西南证券	14646.65	5913.71	1329.94	337.52	22227.82
600370	三房巷	0.00	26.40	0.00	0.00	26.40
600371	万向德农	0.00	126.18	0.00	0.00	126.18
600372	中航电子	21343.64	8554.07	1473.55	142.43	31513.69
600373	中文传媒	7859.21	3488.26	125.00	11.43	11483.90
600375	华菱星马	8567.55	3548.86	34.64	10.86	12161.91
600376	首开股份	11122.30	5846.25	812.13	228.33	18009.01
600377	宁沪高速	1112.39	553.29	8.63	3.49	1677.80
600378	天科股份	0.00	61.24	0.00	0.00	61.24
600379	宝光股份	0.00	5.36	0.00	0.00	5.36
600380	健康元	2139.87	855.10	5.23	3.32	3003.52
600381	*ST 贤成	0.00	0.03	0.00	0.00	0.03
600382	广东明珠	2888.48	1427.69	11.68	0.00	4327.85
600383	金地集团	10026.87	5062.73	3733.20	1058.63	19881.43
600385	ST 金泰	0.00	1.37	0.00	0.00	1.37
600386	北巴传媒	1855.32	892.15	26.36	2.39	2776.22
600387	海越股份	6093.20	3052.25	22.47	5.38	9173.30
600388	龙净环保	15084.32	7352.94	393.56	14.74	22845.56
600389	江山股份	3283.37	1474.47	24.64	7.00	4789.48
600390	金瑞科技	15306.48	6456.78	249.22	7.71	22020.19
600391	成发科技	7228.62	3266.25	23.94	0.00	10518.81
600392	盛和资源	7603.83	3584.38	296.57	27.49	11512.27
600393	东华实业	0.00	48.29	0.00	0.00	48.29
600395	盘江股份	8258.81	4039.85	1317.13	75.56	13691.35
600396	金山股份	0.00	46.67	0.00	0.00	46.67
600397	安源煤业	0.00	80.77	0.00	0.00	80.77
600398	海澜之家	0.00	162.71	0.00	0.00	162.71
600399	抚顺特钢	0.00	269.69	0.00	0.00	269.69

单位：百万（M）

信用交易
Credit Trading

证券代码 Code	证券简称 Securities	融资买入 Margin Buy	卖券还款 Close Buy	融券卖出 Short Sell	买券还券 Close Sell	合计 Total
600400	红豆股份	0.00	35.88	0.00	0.00	35.88
600401	海润光伏	0.00	120.67	0.00	0.00	120.67
600403	大有能源	0.00	86.51	0.00	0.00	86.51
600405	动力源	0.00	224.65	0.00	0.00	224.65
600406	国电南瑞	24752.98	11189.25	3420.21	597.12	39959.56
600408	安泰集团	3158.51	1376.16	11.58	7.65	4553.90
600409	三友化工	3920.68	1741.49	9.57	4.89	5676.63
600410	华胜天成	24290.74	11849.75	357.53	8.55	36506.57
600415	小商品城	7278.29	2932.86	625.77	168.64	11005.56
600416	湘电股份	2185.14	691.49	6.12	3.91	2886.66
600418	江淮汽车	14596.46	7308.90	755.29	84.55	22745.20
600419	天润乳业	0.00	16.59	0.00	0.00	16.59
600420	现代制药	0.00	83.22	0.00	0.00	83.22
600421	仰帆控股	0.00	10.73	0.00	0.00	10.73
600422	昆明制药	5620.06	1896.70	71.47	15.27	7603.50
600423	柳化股份	0.00	24.66	0.00	0.00	24.66
600425	青松建化	7305.84	3394.05	159.25	5.96	10865.10
600426	华鲁恒升	9795.59	5103.85	68.60	17.53	14985.57
600428	中远航运	0.00	147.79	0.00	0.00	147.79
600429	三元股份	0.00	81.53	0.00	0.00	81.53
600432	吉恩镍业	2457.46	1096.93	5.84	3.11	3563.34
600433	冠豪高新	9772.07	5100.37	27.22	1.46	14901.12
600435	北方导航	24116.19	12354.95	1099.46	102.45	37673.05
600436	片仔癀	6373.37	2881.57	363.03	109.29	9727.26
600438	通威股份	0.00	51.17	0.00	0.00	51.17
600439	瑞贝卡	0.00	84.00	0.00	0.00	84.00
600444	国通管业	0.00	12.84	0.00	0.00	12.84
600446	金证股份	8800.11	4067.27	271.37	2.36	13141.11
600448	华纺股份	0.00	44.33	0.00	0.00	44.33
600449	宁夏建材	5337.68	2727.18	31.66	7.11	8103.63
600452	涪陵电力	0.00	58.05	0.00	0.00	58.05
600455	博通股份	0.00	20.12	0.00	0.00	20.12
600456	宝钛股份	6722.85	3094.34	47.48	28.55	9893.22
600458	时代新材	3825.46	1936.57	27.26	12.67	5801.96
600459	贵研铂业	1696.50	838.00	3.48	1.77	2539.75
600460	士兰微	5945.70	2830.90	23.20	9.10	8808.90
600461	洪城水业	0.00	81.73	0.00	0.00	81.73
600462	石岘纸业	0.00	73.36	0.00	0.00	73.36
600463	空港股份	0.00	58.45	0.00	0.00	58.45
600466	迪康药业	0.00	58.41	0.00	0.00	58.41
600467	好当家	3937.63	1847.45	30.29	8.92	5824.29
600468	百利电气	0.00	67.62	0.00	0.00	67.62
600469	风神股份	0.00	93.64	0.00	0.00	93.64
600470	六国化工	4219.41	1876.34	49.75	9.57	6155.07
600475	华光股份	0.00	64.18	0.00	0.00	64.18
600476	湘邮科技	0.00	97.05	0.00	0.00	97.05
600477	杭萧钢构	0.00	50.58	0.00	0.00	50.58
600478	科力远	7679.50	3885.90	58.94	15.90	11640.24
600479	千金药业	0.00	58.24	0.00	0.00	58.24
600480	凌云股份	0.00	177.16	0.00	0.00	177.16

单位：百万（M）

信用交易 Credit Trading

证券代码 Code	证券简称 Securities	融资买入 Margin Buy	卖券还款 Close Buy	融券卖出 Short Sell	买券还券 Close Sell	合计 Total
600481	双良节能	6840.46	3456.80	50.64	10.80	10358.70
600482	风帆股份	3245.68	1367.16	13.26	7.70	4633.80
600483	福能股份	2949.85	1369.11	12.10	6.79	4337.85
600485	信威集团	0.00	245.47	0.00	0.00	245.47
600486	扬农化工	3958.84	2149.73	72.82	3.30	6184.69
600487	亨通光电	0.00	44.93	0.00	0.00	44.93
600488	天药股份	0.00	80.02	0.00	0.00	80.02
600489	中金黄金	12889.34	6496.91	1279.97	259.23	20925.45
600490	鹏欣资源	12202.57	5809.20	71.31	18.86	18101.94
600491	龙元建设	2636.81	1409.50	30.49	12.29	4089.09
600493	凤竹纺织	0.00	68.37	0.00	0.00	68.37
600495	晋西车轴	18622.24	8944.06	1035.20	25.66	28627.16
600496	精工钢构	0.00	108.06	0.00	0.00	108.06
600497	驰宏锌锗	6399.04	3042.64	829.77	92.81	10364.26
600498	烽火通信	6458.44	3427.73	861.93	181.52	10929.62
600499	科达洁能	11472.42	5321.75	68.13	15.15	16877.45
600500	中化国际	3558.16	1515.14	12.26	4.66	5090.22
600501	航天晨光	0.00	168.50	0.00	0.00	168.50
600502	安徽水利	7387.73	3731.43	178.85	15.35	11313.36
600503	华丽家族	12328.43	5952.56	412.61	12.45	18706.05
600505	西昌电力	0.00	65.79	0.00	0.00	65.79
600506	香梨股份	0.00	48.59	0.00	0.00	48.59
600507	方大特钢	0.00	93.70	0.00	0.00	93.70
600508	上海能源	0.00	73.78	0.00	0.03	73.81
600509	天富能源	3611.83	1609.56	15.77	8.46	5245.62
600510	黑牡丹	0.00	43.02	0.00	0.00	43.02
600511	国药股份	0.00	74.87	0.00	0.00	74.87
600512	腾达建设	0.00	33.70	0.00	0.00	33.70
600513	联环药业	0.00	50.81	0.00	0.00	50.81
600515	海岛建设	7780.55	3587.66	218.80	17.70	11604.71
600516	方大炭素	19243.25	9340.24	1486.28	170.76	30240.53
600517	置信电气	3554.18	1602.39	17.67	4.54	5178.78
600518	康美药业	24441.74	10117.17	2712.80	898.94	38170.65
600519	贵州茅台	21055.93	10352.02	6645.18	1862.95	39916.08
600520	中发科技	0.00	38.85	0.00	0.00	38.85
600521	华海药业	4193.65	2072.73	41.11	21.65	6329.14
600522	中天科技	20289.43	8668.98	249.53	13.00	29220.94
600523	贵航股份	1766.72	852.82	0.99	0.46	2620.99
600525	长园集团	881.80	283.53	3.36	1.33	1170.02
600526	菲达环保	4696.52	2094.18	24.26	9.66	6824.62
600527	江南高纤	0.00	137.12	0.00	0.00	137.12
600528	中铁二局	12998.04	6208.29	414.60	62.77	19683.70
600529	山东药玻	0.00	42.69	0.00	0.00	42.69
600530	交大昂立	0.00	54.93	0.00	0.00	54.93
600531	豫光金铅	0.00	73.31	0.00	0.00	73.31
600532	宏达矿业	0.00	39.00	0.00	0.00	39.00
600533	栖霞建设	0.00	67.37	0.00	0.00	67.37
600535	天士力	8366.43	3871.53	1721.61	753.63	14713.20
600536	中国软件	7014.46	2385.36	41.03	14.02	9454.87
600537	亿晶光电	8839.47	3949.87	151.41	13.72	12954.47

单位：百万（M）

信用交易
Credit Trading

证券代码 Code	证券简称 Securities	融资买入 Margin Buy	卖券还款 Close Buy	融券卖出 Short Sell	买券还券 Close Sell	合计 Total
600538	国发股份	0.00	101.00	0.00	0.00	101.00
600539	狮头股份	0.00	27.82	0.00	0.00	27.82
600540	新赛股份	0.00	42.36	0.00	0.00	42.36
600543	莫高股份	3600.63	1595.35	36.99	19.44	5252.41
600545	新疆城建	14505.24	7125.31	576.37	22.67	22229.59
600546	山煤国际	10182.92	5062.79	680.98	102.01	16028.70
600547	山东黄金	7623.89	3738.68	738.01	186.24	12286.82
600548	深高速	0.00	70.91	0.00	0.00	70.91
600549	厦门钨业	12321.94	5806.08	1822.01	266.18	20216.21
600550	*ST 天威	0.00	23.27	0.00	0.00	23.27
600551	时代出版	11185.50	5614.08	150.13	14.21	16963.92
600552	方兴科技	0.00	91.60	0.00	0.00	91.60
600555	九龙山	0.00	88.12	0.00	0.00	88.12
600556	北生药业	0.00	69.16	0.00	0.00	69.16
600557	康缘药业	4703.92	2119.69	35.69	22.98	6882.28
600558	大西洋	0.00	79.14	0.00	0.00	79.14
600559	老白干酒	1436.85	674.00	55.87	7.13	2173.85
600560	金自天正	0.00	47.02	0.00	0.00	47.02
600561	江西长运	0.00	22.92	0.00	0.00	22.92
600562	国睿科技	0.00	212.32	0.00	0.00	212.32
600563	法拉电子	1480.16	635.30	0.90	0.16	2116.52
600565	迪马股份	0.00	37.11	0.00	0.00	37.11
600566	洪城股份	1567.67	680.23	17.81	8.19	2273.90
600567	山鹰纸业	0.00	132.79	0.00	0.00	132.79
600568	中珠控股	6806.33	3334.04	78.73	21.34	10240.44
600569	安阳钢铁	0.00	37.59	0.00	0.00	37.59
600570	恒生电子	19915.41	9777.81	328.72	37.66	30059.60
600571	信雅达	0.00	43.76	0.00	0.00	43.76
600572	康恩贝	3623.03	1715.21	22.32	3.44	5364.00
600573	惠泉啤酒	0.00	22.59	0.00	0.00	22.59
600575	皖江物流	0.00	50.27	0.00	0.00	50.27
600576	万好万家	0.00	71.44	0.00	0.00	71.44
600577	精达股份	0.00	103.31	0.00	0.00	103.31
600578	京能电力	4725.55	2378.47	71.53	9.67	7185.22
600579	天华院	0.00	41.03	0.00	0.00	41.03
600580	卧龙电气	4005.67	1854.10	75.05	20.31	5955.13
600581	八一钢铁	0.00	59.51	0.00	0.00	59.51
600582	天地科技	6610.35	3173.75	166.22	43.69	9994.01
600583	海油工程	26155.84	12078.17	2688.47	377.93	41300.41
600584	长电科技	6227.42	3013.07	38.48	16.18	9295.15
600585	海螺水泥	23089.44	10733.97	3367.99	1345.47	38536.87
600586	金晶科技	0.00	68.72	0.00	0.00	68.72
600587	新华医疗	2172.73	800.15	7.66	5.06	2985.60
600588	用友软件	18401.99	8068.57	1985.73	225.66	28681.95
600589	广东榕泰	0.00	73.55	0.00	0.00	73.55
600590	泰豪科技	0.00	109.12	0.00	0.00	109.12
600592	龙溪股份	2757.98	1210.41	9.71	5.67	3983.77
600593	大连圣亚	0.00	19.43	0.00	0.00	19.43
600594	益佰制药	3548.66	1497.05	42.23	25.26	5113.20
600595	中孚实业	1616.74	725.31	4.09	2.01	2348.15

单位：百万（M）

信用交易 Credit Trading

证券代码 Code	证券简称 Securities	融资买入 Margin Buy	卖券还款 Close Buy	融券卖出 Short Sell	买券还券 Close Sell	合计 Total
600596	新安股份	9203.80	4565.41	65.70	10.96	13845.87
600597	光明乳业	9197.69	3982.47	834.56	151.19	14165.91
600598	*ST 大荒	1982.14	1533.62	310.93	43.19	3869.88
600599	熊猫烟花	0.00	112.31	0.00	0.00	112.31
600600	青岛啤酒	3833.66	2010.11	814.47	444.67	7102.91
600601	方正科技	11019.89	5761.81	43.57	6.56	16831.83
600602	仪电电子	0.00	109.92	0.00	0.00	109.92
600603	大洲兴业	0.00	19.36	0.00	0.00	19.36
600604	市北高新	566.83	236.51	4.67	3.39	811.40
600605	汇通能源	0.00	19.79	0.00	0.00	19.79
600606	金丰投资	6122.90	2938.87	40.33	11.70	9113.80
600608	上海科技	0.00	35.06	0.00	0.00	35.06
600609	金杯汽车	3426.95	1705.90	60.61	5.64	5199.10
600610	*ST 中纺	0.00	23.51	0.00	0.00	23.51
600611	大众交通	13495.12	6444.69	249.08	10.13	20199.02
600612	老凤祥	0.00	32.07	0.00	0.00	32.07
600613	神奇制药	0.00	32.00	0.00	0.00	32.00
600614	鼎立股份	4573.11	2122.92	29.86	11.99	6737.88
600615	丰华股份	0.00	55.05	0.00	0.00	55.05
600616	金枫酒业	3403.51	1796.40	53.26	26.22	5279.39
600617	国新能源	0.00	23.81	0.00	0.00	23.81
600618	氯碱化工	0.00	54.26	0.00	0.00	54.26
600619	海立股份	0.00	24.87	0.00	0.00	24.87
600620	天宸股份	6075.74	2849.13	41.47	4.77	8971.11
600621	华鑫股份	0.00	58.93	0.00	0.00	58.93
600622	嘉宝集团	0.00	108.32	0.00	0.00	108.32
600623	双钱股份	0.00	23.19	0.00	0.00	23.19
600624	复旦复华	10575.12	5035.65	121.08	6.44	15738.29
600626	申达股份	2196.93	957.59	0.00	0.00	3154.52
600628	新世界	0.00	178.61	0.00	0.00	178.61
600629	棱光实业	0.00	34.86	0.00	0.00	34.86
600630	龙头股份	0.00	104.41	0.00	0.00	104.41
600633	浙报传媒	28008.64	11685.06	2809.94	53.23	42556.87
600634	中技控股	0.00	46.61	0.00	0.00	46.61
600635	大众公用	7729.17	3509.66	67.74	2.55	11309.12
600636	三爱富	9462.99	4636.91	133.05	25.11	14258.06
600637	百视通	14232.93	5673.02	3362.52	189.28	23457.75
600638	新黄浦	0.00	120.72	0.00	0.00	120.72
600639	浦东金桥	4549.68	1962.67	35.11	0.79	6548.25
600640	号百控股	9661.66	4632.48	77.01	10.18	14381.33
600641	万业企业	0.00	52.05	0.00	0.00	52.05
600642	申能股份	7838.86	4464.14	640.61	158.99	13102.60
600643	爱建股份	19618.63	9535.79	630.40	46.44	29831.26
600644	乐山电力	2895.57	1566.60	16.23	8.52	4486.92
600645	中源协和	12962.30	6546.49	134.25	10.99	19654.03
600647	同达创业	0.00	22.77	0.00	0.00	22.77
600648	外高桥	14540.52	6589.99	870.22	46.41	22047.14
600649	城投控股	4490.49	2326.93	818.61	238.97	7875.00
600650	锦江投资	0.00	92.06	0.00	0.00	92.06
600651	飞乐音响	2247.75	1020.23	9.61	4.86	3282.45

单位：百万（M）

信用交易
Credit Trading

证券代码 Code	证券简称 Securities	融资买入 Margin Buy	卖券还款 Close Buy	融券卖出 Short Sell	买券还券 Close Sell	合计 Total
600652	爱使股份	1740.55	779.64	6.91	3.57	2530.67
600653	申华控股	1753.84	877.91	20.01	6.92	2658.68
600654	飞乐股份	5394.82	2554.95	35.82	4.32	7989.91
600655	豫园商城	4317.33	2068.62	576.58	170.36	7132.89
600656	博元投资	0.00	56.12	0.00	0.00	56.12
600657	信达地产	0.00	156.60	0.00	0.00	156.60
600658	电子城	0.00	109.31	0.00	0.00	109.31
600660	福耀玻璃	5832.05	3017.04	675.80	321.64	9846.53
600661	新南洋	712.19	306.18	0.00	0.00	1018.37
600662	强生控股	3391.58	1583.11	8.84	2.21	4985.74
600663	陆家嘴	12969.29	5589.94	993.99	67.40	19620.62
600664	哈药股份	7665.25	3109.29	443.89	135.22	11353.65
600665	天地源	0.00	46.13	0.00	0.00	46.13
600666	西南药业	0.00	102.45	0.00	0.00	102.45
600667	太极实业	8046.39	3508.77	17.44	9.44	11582.04
600668	尖峰集团	7571.08	3658.65	105.01	16.63	11351.37
600671	天目药业	0.00	23.37	0.00	0.00	23.37
600673	东阳光科	5068.94	1839.14	1.68	1.29	6911.05
600674	川投能源	13814.37	6859.09	1427.99	495.73	22597.18
600675	中华企业	9349.95	4692.24	136.49	42.37	14221.05
600676	交运股份	0.00	88.52	0.00	0.00	88.52
600677	航天通信	3447.22	1595.09	10.88	1.67	5054.86
600678	四川金顶	0.00	69.97	0.00	0.00	69.97
600679	金山开发	0.00	32.21	0.00	0.00	32.21
600680	上海普天	631.39	298.20	1.16	0.00	930.75
600681	万鸿集团	0.00	22.92	0.00	0.00	22.92
600682	南京新百	0.00	45.99	0.00	0.00	45.99
600683	京投银泰	0.00	79.89	0.00	0.00	79.89
600684	珠江实业	7102.66	3600.23	117.85	8.30	10829.04
600685	广船国际	0.00	134.27	0.00	0.00	134.27
600686	金龙汽车	0.00	64.86	0.00	0.00	64.86
600687	刚泰控股	0.00	123.13	0.00	0.00	123.13
600688	上海石化	14284.03	6746.13	1271.29	32.41	22333.86
600689	*ST 三毛	0.00	11.54	0.00	0.00	11.54
600690	青岛海尔	12540.94	8093.76	2544.55	991.83	24171.08
600691	阳煤化工	0.00	143.42	0.00	0.00	143.42
600692	亚通股份	6829.95	3455.09	111.31	43.95	10440.30
600693	东百集团	0.00	19.06	0.00	0.00	19.06
600694	大商股份	10831.32	5177.17	359.28	139.19	16506.96
600695	大江股份	0.00	35.48	0.00	0.00	35.48
600696	多伦股份	6599.69	2937.70	38.57	8.68	9584.64
600697	欧亚集团	0.00	29.57	0.00	0.00	29.57
600698	湖南天雁	0.00	50.89	0.00	0.00	50.89
600699	均胜电子	6179.68	2701.66	139.68	13.77	9034.79
600701	工大高新	0.00	58.86	0.00	0.00	58.86
600702	沱牌舍得	4455.61	2221.25	185.84	9.60	6872.30
600703	三安光电	16960.03	7918.97	3009.34	488.45	28376.79
600704	物产中大	443.70	202.85	0.31	0.00	646.86
600705	中航资本	9540.37	4241.05	705.15	113.15	14599.72
600706	曲江文旅	0.00	43.77	0.00	0.00	43.77

单位：百万（M）

信用交易
Credit Trading

证券代码 Code	证券简称 Securities	融资买入 Margin Buy	卖券还款 Close Buy	融券卖出 Short Sell	买券还券 Close Sell	合计 Total
600707	彩虹股份	3287.49	1524.31	6.90	3.55	4822.25
600708	海博股份	0.00	96.91	0.00	0.00	96.91
600710	常林股份	0.00	49.71	0.00	0.00	49.71
600711	盛屯矿业	13625.58	6460.35	56.28	10.16	20152.37
600712	南宁百货	0.00	56.29	0.00	0.00	56.29
600713	南京医药	0.00	148.27	0.00	0.00	148.27
600714	金瑞矿业	0.00	39.30	0.00	0.00	39.30
600715	松辽汽车	0.00	66.93	0.00	0.00	66.93
600716	凤凰股份	1498.59	513.87	2.85	2.06	2017.37
600717	天津港	12925.38	6032.68	74.06	2.57	19034.69
600718	东软集团	24900.37	11467.36	1769.43	128.55	38265.71
600719	大连热电	0.00	27.90	0.00	0.00	27.90
600720	祁连山	8516.52	3966.22	97.37	13.46	12593.57
600721	百花村	0.00	19.94	0.00	0.00	19.94
600722	金牛化工	0.00	31.30	0.00	0.00	31.30
600723	首商股份	0.00	36.06	0.00	0.00	36.06
600724	宁波富达	0.00	48.77	0.00	0.00	48.77
600725	云维股份	0.00	86.18	0.00	0.00	86.18
600726	华电能源	0.00	47.19	0.00	0.00	47.19
600727	鲁北化工	0.00	18.90	0.00	0.00	18.90
600728	佳都科技	4952.52	2307.05	43.01	4.72	7307.30
600729	重庆百货	3163.70	1491.80	15.11	6.49	4677.10
600730	中国高科	2457.68	1125.73	0.89	0.00	3584.30
600731	湖南海利	0.00	41.19	0.00	0.00	41.19
600732	上海新梅	0.00	102.56	0.00	0.00	102.56
600733	S 前锋	0.00	29.72	0.00	0.00	29.72
600734	实达集团	0.00	15.69	0.00	0.00	15.69
600735	新华锦	0.00	44.27	0.00	0.00	44.27
600736	苏州高新	0.00	117.45	0.00	0.00	117.45
600737	中粮屯河	7552.91	3123.15	48.67	0.03	10724.76
600738	兰州民百	0.00	38.47	0.00	0.00	38.47
600739	辽宁成大	40977.02	21404.99	3595.29	926.49	66903.79
600740	山西焦化	2460.63	1139.47	115.76	18.39	3734.25
600741	华域汽车	7623.39	3927.25	1279.97	618.39	13449.00
600742	一汽富维	5824.04	2953.97	120.46	14.88	8913.35
600743	华远地产	4260.37	1857.70	64.61	12.35	6195.03
600744	华银电力	1918.32	820.98	8.36	4.06	2751.72
600745	中茵股份	0.00	65.75	0.00	0.00	65.75
600746	江苏索普	0.00	30.01	0.00	0.00	30.01
600747	大连控股	6663.31	3346.31	183.29	28.12	10221.03
600748	上实发展	6588.74	3402.71	196.45	38.73	10226.63
600749	西藏旅游	0.00	26.33	0.00	0.00	26.33
600750	江中药业	3900.23	1880.02	27.27	18.83	5826.35
600751	天津海运	9233.91	4593.36	547.27	22.51	14397.05
600753	东方银星	0.00	53.94	0.00	0.00	53.94
600754	锦江股份	0.00	16.15	0.00	0.00	16.15
600755	厦门国贸	17608.50	8277.02	129.14	1.32	26015.98
600756	浪潮软件	20728.02	9434.44	422.60	6.29	30591.35
600757	长江传媒	4629.94	2151.53	45.77	1.61	6828.85
600758	红阳能源	0.00	29.99	0.00	0.00	29.99

单位：百万（M）

证券代码 Code	证券简称 Securities	融资买入 Margin Buy	卖券还款 Close Buy	融券卖出 Short Sell	买券还券 Close Sell	合计 Total
600759	洲际油气	10172.91	4657.12	60.14	31.26	14921.43
600760	中航黑豹	0.00	158.74	0.00	0.00	158.74
600761	安徽合力	2133.29	1080.66	10.21	4.15	3228.31
600763	通策医疗	0.00	42.63	0.00	0.00	42.63
600764	中电广通	0.00	39.49	0.00	0.00	39.49
600765	中航重机	16909.23	7866.87	525.06	9.64	25310.80
600766	园城黄金	0.00	52.70	0.00	0.00	52.70
600767	运盛实业	0.00	70.95	0.00	0.00	70.95
600768	宁波富邦	0.00	15.39	0.00	0.00	15.39
600769	祥龙电业	0.00	24.16	0.00	0.00	24.16
600770	综艺股份	15757.39	7963.49	292.20	84.82	24097.90
600771	广誉远	3009.10	1613.82	6.74	3.07	4632.73
600773	西藏城投	5796.66	2745.52	101.57	18.26	8662.01
600774	汉商集团	0.00	10.48	0.00	0.00	10.48
600775	南京熊猫	3424.96	1391.79	2.55	1.52	4820.82
600776	东方通信	1914.25	737.51	4.87	3.01	2659.64
600777	新潮实业	2030.07	782.09	0.00	0.00	2812.16
600778	友好集团	0.00	49.95	0.00	0.00	49.95
600779	水井坊	3792.98	1946.18	114.66	15.86	5869.68
600780	通宝能源	0.00	65.56	0.00	0.00	65.56
600781	辅仁药业	0.00	55.06	0.00	0.00	55.06
600782	新钢股份	0.00	47.30	0.00	0.00	47.30
600783	鲁信创投	10853.93	4873.25	330.19	43.91	16101.28
600784	鲁银投资	0.00	160.57	0.00	0.00	160.57
600785	新华百货	0.00	79.65	0.00	0.00	79.65
600787	中储股份	18008.93	9299.65	818.73	53.05	28180.36
600789	鲁抗医药	5223.02	2391.60	68.42	2.91	7685.95
600790	轻纺城	2552.92	1130.97	4.25	2.54	3690.68
600791	京能置业	0.00	77.99	0.00	0.00	77.99
600792	云煤能源	0.00	35.82	0.00	0.00	35.82
600793	ST 宜纸	0.00	0.06	0.00	0.00	0.06
600794	保税科技	0.00	98.96	0.00	0.00	98.96
600795	国电电力	28241.97	12407.21	6820.84	306.85	47776.87
600796	钱江生化	0.00	17.53	0.00	0.00	17.53
600797	浙大网新	13970.49	6989.33	6.34	3.69	20969.85
600798	宁波海运	0.00	75.59	0.00	0.00	75.59
600800	天津磁卡	5876.36	2971.43	71.81	7.44	8927.04
600801	华新水泥	5584.66	2796.54	106.22	15.87	8503.29
600802	福建水泥	6264.51	2221.43	15.61	2.92	8504.47
600803	威远生化	0.00	65.22	0.00	0.00	65.22
600804	鹏博士	32844.62	16826.69	3099.60	491.75	53262.66
600805	悦达投资	14805.41	7263.22	306.81	28.66	22404.10
600806	昆明机床	0.00	39.71	0.00	0.00	39.71
600807	天业股份	1869.76	961.73	1.62	1.23	2834.34
600808	马钢股份	7042.28	3105.02	4.82	2.55	10154.67
600809	山西汾酒	6648.47	3174.85	1178.68	90.44	11092.44
600810	神马股份	0.00	32.35	0.00	0.00	32.35
600811	东方集团	13958.88	6980.47	263.71	60.72	21263.78
600812	华北制药	0.00	205.44	0.00	0.00	205.44
600814	杭州解百	0.00	36.05	0.00	0.00	36.05

单位：百万（M）

证券代码 Code	证券简称 Securities	融资买入 Margin Buy	卖券还款 Close Buy	融券卖出 Short Sell	买券还券 Close Sell	合计 Total
600815	厦工股份	4555.44	2198.55	38.68	15.56	6808.23
600816	安信信托	19514.16	9453.54	1116.26	51.90	30135.86
600817	ST 宏盛	0.00	0.51	0.00	0.00	0.51
600818	中路股份	0.00	94.58	0.00	0.00	94.58
600819	耀皮玻璃	0.00	29.61	0.00	0.00	29.61
600820	隧道股份	16173.15	8228.96	290.49	24.09	24716.69
600821	津劝业	0.00	42.66	0.00	0.00	42.66
600822	上海物贸	0.00	87.93	0.00	0.00	87.93
600823	世茂股份	7286.58	3643.21	252.17	80.43	11262.39
600824	益民集团	0.00	78.36	0.00	0.00	78.36
600825	新华传媒	13151.09	6551.71	670.34	22.67	20395.81
600826	兰生股份	2060.05	848.70	0.36	0.00	2909.11
600827	百联股份	18858.95	8854.37	1425.12	148.20	29286.64
600828	成商集团	0.00	40.75	0.00	0.00	40.75
600829	三精制药	0.00	42.39	0.00	0.00	42.39
600830	香溢融通	7437.72	3503.88	136.04	6.10	11083.74
600831	广电网络	7108.97	3511.19	48.17	5.73	10674.06
600832	东方明珠	16135.02	7073.74	1984.01	199.01	25391.78
600833	第一医药	0.00	89.30	0.00	0.00	89.30
600834	申通地铁	0.00	51.61	0.00	0.00	51.61
600835	上海机电	9746.73	4350.52	98.75	16.24	14212.24
600836	界龙实业	0.00	88.62	0.00	0.00	88.62
600837	海通证券	107368.39	51630.93	51847.04	3789.83	214636.19
600838	上海九百	5764.57	2476.34	109.35	5.82	8356.08
600839	四川长虹	26147.97	11794.21	1417.16	138.17	39497.51
600841	上柴股份	0.00	32.35	0.00	0.00	32.35
600843	上工申贝	0.00	46.21	0.00	0.00	46.21
600844	丹化科技	2575.84	1216.81	10.71	6.31	3809.67
600845	宝信软件	0.00	75.72	0.00	0.00	75.72
600846	同济科技	16651.07	7908.85	139.44	14.99	24714.35
600847	万里股份	0.00	48.45	0.00	0.00	48.45
600848	自仪股份	0.00	19.41	0.00	0.00	19.41
600850	华东电脑	0.00	84.88	0.00	0.00	84.88
600851	海欣股份	5889.26	2735.02	19.92	11.44	8655.64
600853	龙建股份	0.00	42.67	0.00	0.00	42.67
600854	春兰股份	0.00	60.51	0.00	0.00	60.51
600855	航天长峰	4870.02	1875.94	3.86	2.19	6752.01
600856	长百集团	0.00	39.15	0.00	0.00	39.15
600857	工大首创	0.00	70.28	0.00	0.00	70.28
600858	银座股份	0.00	68.80	0.00	0.00	68.80
600859	王府井	3355.16	1596.92	13.08	7.08	4972.24
600860	*ST 京城	0.00	7.31	0.00	0.00	7.31
600861	北京城乡	0.00	63.26	0.00	0.00	63.26
600862	南通科技	0.00	145.68	0.00	0.00	145.68
600863	内蒙华电	9393.00	5222.58	590.86	71.63	15278.07
600864	哈投股份	0.00	142.98	0.00	0.00	142.98
600865	百大集团	0.00	47.26	0.00	0.00	47.26
600866	星湖科技	0.00	82.36	0.00	0.00	82.36
600867	通化东宝	9357.14	4400.94	195.26	75.01	14028.35
600868	梅雁吉祥	6607.45	3129.89	21.09	8.57	9767.00

单位：百万（M）

信用交易
Credit Trading

证券代码 Code	证券简称 Securities	融资买入 Margin Buy	卖券还款 Close Buy	融券卖出 Short Sell	买券还券 Close Sell	合计 Total
600869	智慧能源	0.00	90.04	0.00	0.00	90.04
600870	厦华电子	0.00	56.84	0.00	0.00	56.84
600871	*ST 仪化	0.00	15.25	0.00	0.00	15.25
600872	中炬高新	3754.29	1711.87	74.62	41.46	5582.24
600873	梅花生物	2142.29	824.01	30.75	4.43	3001.48
600874	创业环保	5737.67	2775.50	87.90	5.94	8607.01
600875	东方电气	16582.43	8924.33	1269.82	234.07	27010.65
600876	洛阳玻璃	0.00	5.89	0.00	0.00	5.89
600877	中国嘉陵	1932.82	833.90	0.61	0.30	2767.63
600879	航天电子	25970.16	13063.18	752.59	37.09	39823.02
600880	博瑞传播	24646.16	11297.66	873.02	57.32	36874.16
600881	亚泰集团	7911.85	3833.35	99.34	35.63	11880.17
600882	华联矿业	0.00	44.71	0.00	0.00	44.71
600883	博闻科技	0.00	27.10	0.00	0.00	27.10
600884	杉杉股份	9128.22	3992.80	225.21	44.24	13390.47
600885	宏发股份	0.00	63.32	0.00	0.00	63.32
600886	国投电力	17545.97	8407.08	1846.51	653.97	28453.53
600887	伊利股份	35673.98	16338.02	7652.60	1875.49	61540.09
600888	新疆众和	0.00	83.47	0.00	0.00	83.47
600889	南京化纤	0.00	38.30	0.00	0.00	38.30
600890	中房股份	0.00	47.64	0.00	0.00	47.64
600891	秋林集团	0.00	27.58	0.00	0.00	27.58
600892	宝诚股份	0.00	15.10	0.00	0.00	15.10
600893	航空动力	21297.95	10931.66	2590.40	235.27	35055.28
600894	广日股份	1004.68	358.06	7.04	4.94	1374.72
600895	张江高科	8323.88	4169.75	468.12	42.31	13004.06
600896	中海海盛	0.00	122.72	0.00	0.00	122.72
600897	厦门空港	0.00	91.64	0.00	0.00	91.64
600898	三联商社	0.00	43.87	0.00	0.00	43.87
600900	长江电力	12579.48	5446.68	1741.82	632.89	20400.87
600917	重庆燃气	0.00	35.86	0.00	0.00	35.86
600960	渤海活塞	0.00	24.91	0.00	0.00	24.91
600961	株冶集团	0.00	52.97	0.00	0.00	52.97
600962	国投中鲁	0.00	83.39	0.00	0.00	83.39
600963	岳阳林纸	0.00	96.54	0.00	0.00	96.54
600965	福成五丰	0.00	70.40	0.00	0.00	70.40
600966	博汇纸业	0.00	48.25	0.00	0.00	48.25
600967	北方创业	12431.20	6026.88	93.61	14.73	18566.42
600969	郴电国际	0.00	42.10	0.00	0.00	42.10
600970	中材国际	8479.67	4069.56	174.83	78.62	12802.68
600971	恒源煤电	4232.40	1935.59	1049.90	52.87	7270.76
600973	宝胜股份	0.00	60.39	0.00	0.00	60.39
600975	新五丰	0.00	42.42	0.00	0.00	42.42
600976	健民集团	2596.69	1376.88	60.39	11.06	4045.02
600978	宜华木业	3069.48	1200.04	0.00	0.00	4269.52
600979	广安爱众	0.00	52.20	0.00	0.00	52.20
600980	北矿磁材	0.00	41.78	0.00	0.00	41.78
600981	汇鸿股份	0.00	4.90	0.00	0.00	4.90
600982	宁波热电	0.00	54.60	0.00	0.00	54.60
600983	惠而浦	0.00	32.81	0.00	0.00	32.81

单位：百万（M）

信用交易 Credit Trading

证券代码 Code	证券简称 Securities	融资买入 Margin Buy	卖券还款 Close Buy	融券卖出 Short Sell	买券还券 Close Sell	合计 Total
600984	建设机械	0.00	5.64	0.00	0.00	5.64
600985	雷鸣科化	0.00	21.88	0.00	0.00	21.88
600986	科达股份	0.00	12.80	0.00	0.00	12.80
600987	航民股份	3900.61	1581.80	50.49	13.50	5546.40
600988	赤峰黄金	0.00	79.18	0.00	0.00	79.18
600990	四创电子	0.00	86.15	0.00	0.00	86.15
600992	贵绳股份	0.00	29.29	0.00	0.00	29.29
600993	马应龙	5636.24	2535.99	30.58	10.27	8213.08
600995	文山电力	0.00	65.01	0.00	0.00	65.01
600997	开滦股份	0.00	96.16	0.00	0.00	96.16
600998	九州通	3694.91	1482.53	105.80	48.08	5331.32
600999	招商证券	46451.86	22619.17	13868.03	1019.95	83959.01
601000	唐山港	7005.23	3495.20	78.02	0.00	10578.45
601001	大同煤业	7463.48	3589.16	465.57	66.51	11584.72
601002	晋亿实业	20123.85	9478.61	916.95	23.72	30543.13
601003	柳钢股份	0.00	30.92	0.00	0.00	30.92
601005	重庆钢铁	2025.16	1019.70	33.80	5.85	3084.51
601006	大秦铁路	15749.00	7751.59	3351.62	842.16	27694.37
601007	金陵饭店	0.00	56.06	0.00	0.00	56.06
601008	连云港	0.00	179.89	0.00	0.00	179.89
601009	南京银行	21267.63	10975.05	1818.06	374.30	34435.04
601010	文峰股份	0.00	44.47	0.00	0.00	44.47
601011	宝泰隆	0.00	42.07	0.00	0.00	42.07
601012	隆基股份	5763.73	2735.22	52.71	10.66	8562.32
601015	陕西黑猫	0.00	27.30	0.00	0.00	27.30
601016	节能风电	0.00	35.55	0.00	0.00	35.55
601018	宁波港	7090.54	2992.67	291.91	27.47	10402.59
601028	玉龙股份	0.00	67.70	0.00	0.00	67.70
601038	一拖股份	5999.38	3055.68	217.04	12.26	9284.36
601058	赛轮金宇	0.00	42.41	0.00	0.00	42.41
601088	中国神华	17996.32	8344.03	3183.01	1395.49	30918.85
601098	中南传媒	10510.80	4431.06	858.94	93.62	15894.42
601099	太平洋	44636.68	23394.32	1177.83	192.72	69401.55
601100	恒立油缸	0.00	40.40	0.00	0.00	40.40
601101	昊华能源	4529.40	2127.50	339.80	71.47	7068.17
601106	中国一重	12078.93	5622.49	23.72	1.08	17726.22
601107	四川成渝	0.00	58.74	0.00	0.00	58.74
601111	中国国航	10016.37	4836.57	584.17	128.64	15565.75
601113	华鼎股份	0.00	33.15	0.00	0.00	33.15
601116	三江购物	0.00	28.36	0.00	0.00	28.36
601117	中国化学	22802.38	11386.58	1740.28	461.40	36390.64
601118	海南橡胶	27377.08	12856.15	1971.40	93.96	42298.59
601126	四方股份	0.00	99.17	0.00	0.00	99.17
601137	博威合金	0.00	17.92	0.00	0.00	17.92
601139	深圳燃气	3082.49	1405.62	70.46	25.63	4584.20
601158	重庆水务	4776.40	2284.84	297.78	50.90	7409.92
601166	兴业银行	98886.14	51010.63	18522.67	3156.46	171575.90
601168	西部矿业	12253.90	6254.66	1167.92	312.47	19988.95
601169	北京银行	19004.68	10503.88	3855.56	831.59	34195.71
601177	杭齿前进	0.00	31.69	0.00	0.00	31.69

单位：百万（M）

信用交易 Credit Trading

证券代码 Code	证券简称 Securities	融资买入 Margin Buy	卖券还款 Close Buy	融券卖出 Short Sell	买券还券 Close Sell	合计 Total
601179	中国西电	5833.44	3006.07	261.11	27.35	9127.97
601186	中国铁建	30833.59	14625.34	1633.78	261.44	47354.15
601188	龙江交通	0.00	77.12	0.00	0.00	77.12
601199	江南水务	0.00	42.48	0.00	0.00	42.48
601208	东材科技	0.00	69.65	0.00	0.00	69.65
601216	内蒙君正	9634.96	4514.75	346.27	38.31	14534.29
601218	吉鑫科技	2238.56	781.28	0.00	0.00	3019.84
601222	林洋电子	0.00	43.98	0.00	0.00	43.98
601225	陕西煤业	5206.85	2642.92	100.10	2.42	7952.29
601226	华电重工	0.00	54.53	0.00	0.00	54.53
601231	环旭电子	4609.03	1930.46	264.92	78.57	6882.98
601233	桐昆股份	0.00	99.04	0.00	0.00	99.04
601238	广汽集团	3488.95	1618.98	148.86	49.39	5306.18
601258	庞大集团	2945.96	1120.27	40.07	16.30	4122.60
601268	*ST 二重	0.00	0.13	0.00	0.00	0.13
601288	农业银行	31878.48	15156.74	5965.64	1253.29	54254.15
601299	中国北车	12251.99	6753.65	1601.01	246.27	20852.92
601311	骆驼股份	6303.72	3145.13	81.68	31.06	9561.59
601313	江南嘉捷	0.00	31.00	0.00	0.00	31.00
601318	中国平安	147397.63	69615.19	19880.25	4899.96	241793.03
601328	交通银行	33510.74	16261.48	6131.27	947.71	56851.20
601333	广深铁路	10587.47	5260.83	750.56	146.53	16745.39
601336	新华保险	21385.64	9428.62	2854.04	749.20	34417.50
601339	百隆东方	0.00	44.20	0.00	0.00	44.20
601369	陕鼓动力	2450.79	1150.47	14.24	5.35	3620.85
601377	兴业证券	54650.76	26542.23	27048.71	1053.97	109295.67
601388	怡球资源	5085.22	2431.34	54.51	22.32	7593.39
601390	中国中铁	32530.04	16556.21	2510.15	332.57	51928.97
601398	工商银行	20017.16	8517.80	3962.93	1199.34	33697.23
601515	东风股份	0.00	79.57	0.00	0.00	79.57
601518	吉林高速	0.00	44.80	0.00	0.00	44.80
601519	大智慧	4329.71	1997.43	9.62	2.84	6339.60
601555	东吴证券	31091.25	16102.67	2099.18	236.64	49529.74
601558	XR*ST 锐	0.00	5.55	0.00	0.00	5.55
601566	九牧王	0.00	66.81	0.00	0.00	66.81
601567	三星电气	0.00	25.65	0.00	0.00	25.65
601579	会稽山	0.00	22.95	0.00	0.00	22.95
601588	北辰实业	0.00	199.68	0.00	0.00	199.68
601599	鹿港科技	0.00	52.99	0.00	0.00	52.99
601600	中国铝业	16502.32	7356.87	1150.37	130.72	25140.28
601601	中国太保	22778.64	10722.00	5976.15	2182.93	41659.72
601607	上海医药	13806.94	6707.66	1490.82	481.40	22486.82
601608	中信重工	9217.57	4455.89	82.71	12.26	13768.43
601616	广电电气	0.00	75.42	0.00	0.00	75.42
601618	中国中冶	16414.02	7878.08	1054.70	198.15	25544.95
601628	中国人寿	23361.21	11187.80	3068.40	1057.83	38675.24
601633	长城汽车	6270.34	2962.12	1663.87	406.03	11302.36
601636	旗滨集团	0.00	39.46	0.00	0.00	39.46
601666	平煤股份	6224.76	3150.12	509.86	100.19	9984.93
601668	中国建筑	62501.99	29751.23	5120.99	769.22	98143.43

单位：百万（M）

信用交易
Credit Trading

证券代码 Code	证券简称 Securities	融资买入 Margin Buy	卖券还款 Close Buy	融券卖出 Short Sell	买券还券 Close Sell	合计 Total
601669	中国电建	24204.93	12673.60	1165.40	143.43	38187.36
601677	明泰铝业	0.00	62.49	0.00	0.00	62.49
601678	滨化股份	2640.96	1055.03	19.92	13.69	3729.60
601688	华泰证券	52800.48	24656.44	34946.36	1632.25	114035.53
601699	潞安环能	12953.09	6020.38	2252.59	274.76	21500.82
601700	风范股份	0.00	141.48	0.00	0.00	141.48
601717	郑煤机	6796.38	3348.83	277.57	156.24	10579.02
601718	际华集团	8178.23	3865.32	5.64	2.12	12051.31
601727	上海电气	7029.94	2977.37	476.22	5.25	10488.78
601766	中国南车	8409.37	4068.08	1707.18	337.74	14522.37
601777	力帆股份	2501.26	1068.92	15.33	7.54	3593.05
601788	光大证券	41742.65	21562.11	1557.54	274.90	65137.20
601789	宁波建工	5088.86	2712.04	42.34	11.84	7855.08
601798	蓝科高新	0.00	65.53	0.00	0.00	65.53
601799	星宇股份	0.00	30.17	0.00	0.00	30.17
601800	中国交建	22896.03	10590.04	1051.76	114.87	34652.70
601801	皖新传媒	5667.48	2833.56	212.97	24.53	8738.54
601808	中海油服	12971.09	6395.45	1299.47	264.31	20930.32
601818	光大银行	38931.20	19423.89	10908.06	1069.84	70332.99
601857	中国石油	18454.02	8272.22	1927.97	429.90	29084.11
601866	中海集运	9458.54	4468.14	885.31	65.85	14877.84
601872	招商轮船	3385.99	1365.94	6.31	1.29	4759.53
601877	正泰电器	852.81	239.35	25.65	16.39	1134.20
601880	大连港	4815.81	2371.25	19.83	0.83	7207.72
601886	江河创建	4617.63	2225.74	21.63	12.79	6877.79
601888	中国国旅	5447.50	2675.08	724.72	418.90	9266.20
601890	亚星锚链	0.00	70.09	0.00	0.00	70.09
601898	中煤能源	7556.42	3844.27	592.72	166.41	12159.82
601899	紫金矿业	14654.63	7260.84	1869.26	243.49	24028.22
601901	方正证券	56831.97	29735.41	6194.12	445.75	93207.25
601908	京运通	0.00	70.54	0.00	0.00	70.54
601918	国投新集	8583.88	4082.37	517.92	37.39	13221.56
601919	中国远洋	6534.30	3038.33	23.59	2.17	9598.39
601928	凤凰传媒	11829.81	5681.39	1288.30	155.73	18955.23
601929	吉视传媒	9623.10	4779.31	618.20	87.33	15107.94
601933	永辉超市	7697.48	3390.34	391.63	153.46	11632.91
601939	建设银行	20462.75	9082.43	3270.04	671.45	33486.67
601958	金钼股份	7781.61	4046.77	818.02	156.27	12802.67
601965	中国汽研	0.00	84.69	0.00	0.00	84.69
601969	海南矿业	0.00	15.68	0.00	0.00	15.68
601988	中国银行	35091.11	14816.96	2379.84	732.26	53020.17
601989	中国重工	65868.77	32553.72	19686.49	1335.44	119444.42
601991	大唐发电	5602.63	2740.30	1110.86	108.58	9562.37
601992	金隅股份	11408.26	5521.41	787.86	139.88	17857.41
601996	丰林集团	6348.18	2980.90	50.58	8.90	9388.56
601998	中信银行	22037.35	10396.97	4699.27	310.41	37444.00
601999	出版传媒	2965.36	1304.48	27.42	2.65	4299.91
603000	人民网	19896.97	9262.18	1320.11	121.39	30600.65
603001	奥康国际	0.00	71.80	0.00	0.00	71.80
603002	宏昌电子	0.00	56.19	0.00	0.00	56.19

单位：百万（M）

信用交易
Credit Trading

证券代码 Code	证券简称 Securities	融资买入 Margin Buy	卖券还款 Close Buy	融券卖出 Short Sell	买券还券 Close Sell	合计 Total
603003	龙宇燃油	0.00	61.01	0.00	0.00	61.01
603005	晶方科技	0.00	102.73	0.00	0.00	102.73
603006	联明股份	0.00	25.95	0.00	0.00	25.95
603008	喜临门	0.00	25.82	0.00	0.00	25.82
603009	北特科技	0.00	18.50	0.00	0.00	18.50
603010	万盛股份	0.00	16.43	0.00	0.00	16.43
603011	合锻股份	0.00	4.67	0.00	0.00	4.67
603018	设计股份	0.00	26.99	0.00	0.00	26.99
603019	中科曙光	0.00	24.05	0.00	0.00	24.05
603077	和邦股份	0.00	100.62	0.00	0.00	100.62
603088	宁波精达	0.00	7.63	0.00	0.00	7.63
603099	长白山	0.00	18.28	0.00	0.00	18.28
603100	川仪股份	0.00	55.73	0.00	0.00	55.73
603111	康尼机电	0.00	57.13	0.00	0.00	57.13
603123	翠微股份	0.00	44.29	0.00	0.00	44.29
603126	中材节能	0.00	34.59	0.00	0.00	34.59
603128	华贸物流	0.00	129.55	0.00	0.00	129.55
603166	福达股份	0.00	5.39	0.00	0.00	5.39
603167	渤海轮渡	0.00	210.27	0.00	0.00	210.27
603168	莎普爱思	0.00	53.09	0.00	0.00	53.09
603169	兰石重装	0.00	60.11	0.00	0.00	60.11
603188	亚邦股份	0.00	101.12	0.00	0.00	101.12
603288	海天味业	0.00	137.61	0.00	0.00	137.61
603306	华懋科技	0.00	14.54	0.00	0.00	14.54
603308	应流股份	0.00	114.12	0.00	0.00	114.12
603328	依顿电子	0.00	99.09	0.00	0.00	99.09
603333	明星电缆	0.00	27.49	0.00	0.00	27.49
603366	日出东方	0.00	50.99	0.00	0.00	50.99
603368	柳州医药	0.00	9.20	0.00	0.00	9.20
603369	今世缘	0.00	56.77	0.00	0.00	56.77
603399	新华龙	0.00	72.75	0.00	0.00	72.75
603456	九洲药业	0.00	42.05	0.00	0.00	42.05
603518	维格娜丝	0.00	6.19	0.00	0.00	6.19
603555	贵人鸟	0.00	65.12	0.00	0.00	65.12
603606	东方电缆	0.00	10.86	0.00	0.00	10.86
603609	禾丰牧业	0.00	49.75	0.00	0.00	49.75
603688	石英股份	0.00	15.02	0.00	0.00	15.02
603699	纽威股份	0.00	111.70	0.00	0.00	111.70
603766	隆鑫通用	0.00	121.94	0.00	0.00	121.94
603806	福斯特	0.00	65.33	0.00	0.00	65.33
603988	中电电机	0.00	10.06	0.00	0.00	10.06
603993	洛阳钼业	1907.52	906.79	42.40	7.83	2864.54
603998	方盛制药	0.00	3.81	0.00	0.00	3.81

单位：百万（M）

基金市场概貌 Fund Market Overview

基金 Fund

基金市场交易 Fund Market Data	2014 年	2013 年	增减(%) Change (%)
交易天数 Trading Days	245	238	2.94
上市基金数 No. of Funds	68	58	17.24
封闭式基金 Close Fund	3	9	-66.67
ETFs	61	47	29.79
交易型货币基金	4	2	100.00
新上市基金数 No. of New Funds	16	20	-20.00
发行额(亿)Total Market Capitalization(100 M)	1029.53	929.12	10.81
封闭式基金 Close Fund	404.00	363.60	11.11
ETFs	625.53	565.52	10.61
交易型货币基金	229.29	23.18	889.13
总成交金额 (亿) Total Trading Value(100 M)	37479.25	8989.48	316.92
封闭式基金 Close Fund	193.00	231.86	-16.76
ETFs	10142.68	6706.52	51.24
交易型货币基金	27141.81	2050.41	1223.73
日均成交金额(亿)Average Trading Value(100 M)	152.98	37.77	305.03
封闭式基金 Close Fund	0.79	0.97	-18.56
ETFs	41.40	28.18	46.91
交易型货币基金	110.78	9.24	1098.92
总成交量(亿) Total Trading Vol(100 M)	4549.64	3744.80	21.49
封闭式基金 Close Fund	190.61	242.73	-21.47
ETFs	4086.99	3480.64	17.42
交易型货币基金	269.81	20.48	1217.43
日均成交量(百万份) Average Trading Vol (1 M)	1856.99	1573.45	18.02
封闭式基金 Close Fund	77.80	101.99	-23.72
ETFs	1668.16	1462.45	14.07
交易型货币基金	110.13	9.22	1094.47
总成笔数(万)Number of Trades(10000)	2873.91	1109.18	159.10
封闭式基金 Close Fund	102.62	173.06	-40.70
ETFs	1054.63	844.53	24.88
交易型货币基金	1716.60	91.57	1774.63
日均成交笔数(万)Average Transactions(10000)	11.73	4.66	151.72
封闭式基金 Close Fund	0.42	0.73	-42.47
ETFs	4.30	3.55	21.13
交易型货币基金	7.01	0.41	1609.76
大宗交易成交 Bulk Trading			
总成交金额(亿) Total Trading Value(100 M)	71.82	42.50	68.99
总成交量(亿份) Total Trading Vol (100 M)	24.92	19.56	27.40
总成交笔数(笔)Number of Trades	71.00	87.00	-18.39

基金基本信息 List of Funds

基金 Fund

基金代码 Code	基金简称 Name	发行时间 Issue Date	上市日 Listing Date	发行方式 Issue Meth	发行价格 Issue Price	基金管理人 Management Company	托管人 Trustee	总份额(亿份) Total	流通量(亿份) Negoti-able
500002	基金泰和	1999.04.02	1999.04.20	上网发行	1.010	嘉实基金管理有限公司	中国建设银行	20.00	19.70
500005	基金汉盛	1999.04.30	1999.05.18	上网发行	1.010	富国基金管理有限公司	中国农业银行	20.00	19.70
500009	基金安顺	1999.06.09	1999.06.22	上网发行	1.010	华安基金管理有限公司	交通银行	30.00	29.85
500011	基金金鑫	1999.10.15	1999.11.26	上网发行	1.010	国泰基金管理有限公司	中国建设银行	30.00	29.85
500015	基金汉兴	1999.12.24	2000.01.10	上网发行	1.010	富国基金管理有限公司	交通银行	30.00	29.85
500018	基金兴和	1999.07.08	1999.07.30	上网发行	1.010	华夏基金管理有限公司	中国建设银行	30.00	29.85
500038	基金通乾	2001.08.23	2001.09.21	上网发行	1.010	融通基金管理有限公司	中国建设银行	20.00	19.90
500056	基金科瑞	2002.02.28	2002.03.20	上网发行	1.010	易方达基金管理有限公司	交通银行	30.00	29.85
500058	基金银丰	2002.08.08	2002.09.10	上网发行	1.010	银河基金管理有限公司	中国建设银行	30.00	29.85
510010	治理 ETF	2009.09.18	2009.12.15	上网发行	1.000	交银施罗德基金管理有限公司	中国农业银行	18.96	18.96
510020	超大 ETF	2009.12.23	2010.03.19	上网发行	1.000	博时基金管理有限公司	中国建设银行	3.37	3.37
510030	价值 ETF	2010.04.14	2010.05.28	上网发行	1.000	华宝兴业基金管理有限公司	中国工商银行	3.43	3.43
510050	50ETF	2004.12.24	2005.02.23	上网发行	1.000	华夏基金管理有限公司	中国工商银行	101.56	101.56
510060	央企 ETF	2009.08.20	2009.10.27	上网发行	1.655	工银瑞信基金管理有限公司	招商银行	4.37	4.37
510070	民企 ETF	2010.07.27	2010.10.29	上网发行	1.000	鹏华基金管理有限公司	中国工商银行	1.23	1.23
510090	责任 ETF	2010.05.19	2010.08.09	上网发行	1.000	建信基金管理有限公司	中国工商银行	2.12	2.12
510110	周期 ETF	2010.09.08	2010.11.15	上网发行	1.000	海富通基金管理有限公司	中国工商银行	0.76	0.76
510120	非周 ETF	2011.04.13	2011.06.08	上网发行	1.000	海富通基金管理有限公司	中国工商银行	0.43	0.43
510130	中盘 ETF	2010.03.17	2010.06.23	上网发行	1.000	易方达基金管理有限公司	中国工商银行	2.06	2.06
510150	消费 ETF	2010.11.30	2011.02.25	上网发行	1.000	招商基金管理有限公司	中国工商银行	1.78	1.78
510160	小康 ETF	2010.08.18	2010.11.01	上网发行	1.000	南方基金管理有限公司	中国工商银行	9.60	9.60
510170	商品 ETF	2010.11.17	2011.01.25	上网发行	1.000	国联安基金管理有限公司	中国银行	1.50	1.50
510180	180ETF	2006.03.09	2006.05.18	上网发行	1.000	华安基金管理有限公司	中国建设银行	46.09	46.09
510190	龙头 ETF	2010.11.10	2011.01.10	上网发行	1.000	华安基金管理有限公司	中国工商银行	1.18	1.18
510210	综指 ETF	2011.01.20	2011.03.25	上网发行	1.000	富国基金管理有限公司	中国工商银行	0.70	0.70
510220	中小 ETF	2011.01.14	2011.03.28	上网发行	1.000	华泰柏瑞基金管理有限公司	中国银行	0.16	0.16
510230	金融 ETF	2011.03.23	2011.05.23	上网发行	1.000	国泰基金管理有限公司	中国银行	4.32	4.32
510260	新兴 ETF	2011.03.28	2011.06.08	上网发行	1.000	诺安基金管理有限公司	中国工商银行	2.89	2.89
510270	国企 ETF	2011.06.08	2011.08.18	上网发行	1.000	中银基金管理有限公司	招商银行	0.60	0.60
510280	成长 ETF	2011.07.27	2011.10.18	上网发行	1.000	华宝兴业基金管理有限公司	中国银行	2.67	2.67
510290	380ETF	2011.09.07	2011.11.08	上网发行	1.000	南方基金管理有限公司	中国建设银行	2.20	2.20
510300	300ETF	2012.04.24	2012.05.28	上网发行	1.000	华泰柏瑞基金管理有限公司	中国工商银行	94.81	94.81
510310	HS300ETF	2013.02.26	2013.03.25	上网发行	1.000	易方达基金管理有限公司	中国建设银行	49.74	49.74
510330	华夏 300	2012.12.17	2013.01.16	上网发行	1.000	华夏基金管理有限公司	中国工商银行	80.55	80.55
510410	资源 ETF	2012.03.28	2012.05.11	上网发行	1.000	博时基金管理有限公司	中国建设银行	2.52	2.52
510420	180EWETF	2012.06.04	2012.07.09	上网发行	1.000	景顺长城基金管理有限公司	中国银行	3.12	3.12
510430	50 等权	2012.08.15	2012.09.24	上网发行	1.000	银华基金管理有限公司	中国建设银行	0.75	0.75
510440	500 沪市	2012.08.15	2012.10.08	上网发行	1.000	大成基金管理有限公司	中国银行	0.06	0.06
510450	180 高 ETF	2013.06.26	2013.08.01	上网发行	1.000	上投摩根基金管理有限公司	中国银行	0.28	0.28
510500	500ETF	2013.01.29	2013.03.15	上网发行	1.000	南方基金管理有限公司	中国农业银行	31.66	31.66
510510	广发 500	2013.03.27	2013.05.24	上网发行	1.000	广发基金管理有限公司	中国工商银行	15.23	15.23
510520	诺安 500	2014.01.22	2014.03.10	上网发行	1.000	诺安基金管理有限公司	中国银行	0.51	0.51
510610	能源行业	2013.03.20	2013.05.08	上网发行	1.000	华夏基金管理有限公司	中国建设银行	1.10	1.10
510620	材料行业	2013.03.20	2013.05.08	上网发行	1.000	华夏基金管理有限公司	中国建设银行	0.72	0.72
510630	消费行业	2013.03.20	2013.05.08	上网发行	1.000	华夏基金管理有限公司	中国建设银行	2.86	2.86
510650	金融行业	2013.03.20	2013.05.08	上网发行	1.000	华夏基金管理有限公司	中国建设银行	3.13	3.13
510660	医药行业	2013.03.20	2013.05.08	上网发行	1.000	华夏基金管理有限公司	中国建设银行	3.80	3.80
510680	万家 380	2013.10.23	2013.12.02	上网发行	1.000	万家基金管理有限公司	华夏银行	0.07	0.07
510700	百强 ETF	2013.04.15	2013.05.31	上网发行	1.000	长盛基金管理有限公司	中国银行	0.09	0.09
510880	红利 ETF	2006.11.08	2007.01.18	上网发行	1.000	华泰柏瑞基金管理有限公司	招商银行	4.89	4.89

基金基本信息
List of Funds

基金
Fund

基金代码 Code	基金简称 Name	发行时间 Issue Date	上市日 Listing Date	发行方式 Issue Meth	发行价格 Issue Price	基金管理人 Management Company	托管人 Trustee	总份额(亿份) Total	流通量(亿份) Negoti-able
510900	H 股 ETF	2012.08.01	2012.10.22	上网发行	1.000	易方达基金管理有限公司	交通银行	1.01	1.01
511010	国债 ETF	2013.02.25	2013.03.25	上网发行	100.000	国泰基金管理有限公司	中国建设银行	0.04	0.04
511210	企债 ETF	2013.07.03	2013.08.16	上网发行	100.000	博时基金管理有限公司	中国工商银行	0.02	0.02
511220	城投 ETF	2014.11.05	2014.12.16	上网发行	100.000	海富通基金管理有限公司	中国银行	0.67	0.67
512010	医药 ETF	2013.09.11	2013.10.28	上网发行	1.000	易方达基金管理有限公司	中国建设银行	0.93	0.93
512070	非银 ETF	2014.06.18	2014.07.18	上网发行	1.000	易方达基金管理有限公司	中国建设银行	2.38	2.38
512110	中证地产	2013.11.26	2014.01.06	上网发行	1.000	华安基金管理有限公司	中国建设银行	0.03	0.03
512120	中证医药	2013.11.26	2014.01.06	上网发行	1.000	华安基金管理有限公司	中国建设银行	0.29	0.29
512210	景顺食品	2014.07.09	2014.08.19	上网发行	1.000	景顺长城基金管理有限公司	中国银行	1.45	1.45
512220	景顺 TMT	2014.07.09	2014.08.19	上网发行	1.000	景顺长城基金管理有限公司	中国银行	0.46	0.46
512230	景顺医药	2014.07.09	2014.08.19	上网发行	1.000	景顺长城基金管理有限公司	中国银行	1.37	1.37
512300	500 医药	2014.10.22	2014.12.18	上网发行	1.000	南方基金管理有限公司	中国农业银行	7.29	7.29
512600	主要消费	2014.06.04	2014.07.25	上网发行	1.000	嘉实基金管理有限公司	中国银行	0.45	0.45
512610	医药卫生	2014.06.04	2014.07.25	上网发行	1.000	嘉实基金管理有限公司	中国银行	3.04	3.04
512640	金融地产	2014.06.11	2014.07.25	上网发行	1.000	嘉实基金管理有限公司	中国银行	0.47	0.47
513030	德国 30	2014.07.14	2014.09.05	上网发行	1.000	华安基金管理有限公司	招商银行	8.91	8.91
513100	纳指 ETF	2013.04.17	2013.05.15	上网发行	1.000	国泰基金管理有限公司	中国建设银行	0.5	0.5
513500	标普 500	2013.11.27	2014.01.15	上网发行	1.000	博时基金管理有限公司	中国工商银行	2.95	2.95
518800	国泰黄金	2013.07.10	2013.07.29	上网发行	1.000	国泰基金管理有限公司	中国工商银行	0.21	0.21
518880	黄金 ETF	2013.07.10	2013.07.29	上网发行	1.000	华安基金管理有限公司	中国建设银行	0.67	0.67

封闭式基金每日成交(亿元/亿份)
Fund Trading(100 M Yuan/100 M Units)

基金
Fund

日期 Date	1月 Jan 金额 Value	1月 Jan 数量 Vol	2月 Feb 金额 Value	2月 Feb 数量 Vol	3月 Mar 金额 Value	3月 Mar 数量 Vol	4月 Apr 金额 Value	4月 Apr 数量 Vol	5月 May 金额 Value	5月 May 数量 Vol	6月 Jun 金额 Value	6月 Jun 数量 Vol
1	---	---	---	---	---	---	0.61	0.62	---	---	---	---
2	0.72	0.68	---	---	---	---	0.55	0.57	---	---	---	---
3	0.81	0.77	---	---	1.22	1.12	0.54	0.55	---	---	0.25	0.27
4	---	---	---	---	1.54	1.42	0.39	0.42	---	---	0.18	0.20
5	---	---	---	---	1.50	1.35	---	---	0.38	0.39	0.19	0.21
6	0.85	0.82	---	---	0.77	0.71	---	---	0.53	0.54	0.14	0.15
7	0.58	0.56	0.59	0.58	1.14	1.03	---	---	0.72	0.71	---	---
8	0.69	0.67	---	---	---	---	0.65	0.70	0.71	0.71	---	---
9	0.76	0.74	---	---	---	---	0.28	0.29	0.95	0.95	0.19	0.20
10	1.04	1.03	1.32	1.26	1.13	1.06	0.29	0.31	---	---	0.23	0.26
11	---	---	1.35	1.28	0.56	0.55	0.36	0.37	---	---	0.24	0.25
12	---	---	1.09	1.03	0.32	0.33	---	---	0.31	0.34	0.30	0.32
13	0.80	0.77	0.82	0.77	0.34	0.35	---	---	0.16	0.18	0.27	0.29
14	0.88	0.85	0.74	0.72	0.22	0.23	0.33	0.34	0.15	0.17	---	---
15	0.77	0.76	---	---	---	---	0.33	0.35	0.25	0.27	---	---
16	0.76	0.75	---	---	---	---	0.22	0.23	0.32	0.35	0.54	0.56
17	0.62	0.59	1.06	1.03	0.46	0.45	0.23	0.24	---	---	0.46	0.48
18	---	---	1.18	1.13	0.32	0.32	0.22	0.24	---	---	0.23	0.25
19	---	---	0.69	0.66	1.14	1.06	---	---	0.27	0.30	0.38	0.41
20	0.91	0.87	0.91	0.87	1.07	1.04	---	---	0.37	0.42	0.11	0.12
21	0.66	0.65	0.87	0.84	0.80	0.76	0.35	0.37	0.26	0.30	---	---
22	1.08	1.00	---	---	---	---	0.34	0.36	0.36	0.40	---	---
23	1.09	1.03	---	---	---	---	0.23	0.24	0.44	0.49	0.25	0.27
24	1.33	1.23	1.26	1.18	1.70	1.67	0.22	0.24	---	---	0.15	0.16
25	---	---	1.28	1.25	0.90	0.93	0.57	0.59	---	---	0.15	0.16
26	---	---	0.93	0.91	0.59	0.59	---	---	0.36	0.40	0.19	0.20
27	0.90	0.85	1.50	1.45	0.85	0.89	---	---	0.60	0.66	0.20	0.21
28	0.68	0.67	1.15	1.11	0.96	0.97	0.88	0.91	0.67	0.75	---	---
29	0.76	0.78	---	---	---	---	0.46	0.47	0.43	0.47	---	---
30	0.51	0.50	---	---	---	---	0.37	0.38	0.20	0.22	0.32	0.34
31	---	---	---	---	0.44	0.45	---	---	---	---	---	---
最高 high	1.33	1.23	1.50	1.45	1.70	1.67	0.88	0.91	0.95	0.95	0.54	0.56
最低 low	0.51	0.50	0.59	0.58	0.22	0.23	0.22	0.23	0.15	0.17	L0.11	L0.12

封闭式基金每日成交(亿元/亿份)
Fund Trading(100 M Yuan/100 M Units)

基金 Fund

日期 Date	7月 Jul		8月 Aug		9月 Sep		10月 Oct		11月 Nov		12月 Dec	
	金额 Value	数量 Vol	金额 Value	数量 Vol	金额 Value	数量 Vol	金额 Value	数量 Vol	金额 Value	数量 Vol	金额 Value	数量 Vol
1	0.44	0.46	0.57	0.64	0.96	1.00	---	---	---	---	3.06	2.83
2	0.40	0.43	---	---	1.29	1.33	---	---	---	---	2.55	2.34
3	0.32	0.34	---	---	1.50	1.53	---	---	0.83	0.87	2.95	2.65
4	0.35	0.36	0.58	0.66	1.06	1.08	---	---	0.71	0.74	2.59	2.30
5	---	---	0.40	0.44	1.31	1.32	---	---	0.38	0.40	3.88	3.37
6	---	---	0.38	0.43	---	---	---	---	0.38	0.40	---	---
7	0.48	0.51	0.31	0.34	---	---	---	---	0.61	0.65	---	---
8	0.27	0.29	0.25	0.28	---	---	0.95	0.96	---	---	3.65	3.23
9	0.32	0.34	---	---	1.58	1.57	1.34	1.33	---	---	3.44	3.09
10	0.38	0.40	---	---	1.35	1.33	0.92	0.92	0.74	0.77	2.72	2.52
11	0.18	0.19	0.50	0.55	1.45	1.45	---	---	0.86	0.90	2.50	2.26
12	---	---	0.49	0.53	1.40	1.38	---	---	0.35	0.37	1.10	0.96
13	---	---	0.43	0.48	---	---	1.48	1.51	0.60	0.63	---	---
14	0.21	0.23	0.23	0.26	---	---	1.42	1.45	1.58	1.53	---	---
15	0.21	0.23	0.27	0.29	1.01	1.06	1.43	1.47	---	---	0.85	0.75
16	0.18	0.20	---	---	1.27	1.34	0.89	0.94	---	---	1.06	0.94
17	0.16	0.18	---	---	0.63	0.67	0.69	0.73	1.41	1.42	1.02	0.88
18	0.14	0.16	2.29	2.25	0.60	0.63	---	---	0.74	0.76	0.57	0.48
19	---	---	1.08	1.08	0.90	0.94	---	---	0.84	0.86	0.87	0.75
20	---	---	0.66	0.67	---	---	1.05	1.12	0.73	0.75	---	---
21	0.19	0.22	0.95	0.98	---	---	0.94	1.00	0.79	0.81	---	---
22	0.22	0.24	0.78	0.80	0.59	0.62	0.91	0.98	---	---	1.50	1.31
23	0.20	0.23	---	---	0.58	0.61	0.50	0.54	---	---	0.75	0.66
24	0.37	0.42	---	---	0.80	0.83	0.85	0.93	1.72	1.73	1.03	0.90
25	0.29	0.33	0.85	0.87	0.85	0.89	---	---	0.85	0.85	0.71	0.61
26	---	---	0.75	0.76	0.40	0.42	---	---	1.03	1.02	1.01	0.87
27	---	---	0.75	0.77	---	---	0.73	0.80	1.20	1.17	---	---
28	0.48	0.55	0.84	0.87	---	---	0.79	0.85	1.23	1.20	---	---
29	0.59	0.65	0.80	0.81	0.75	0.78	1.41	1.51	---	---	1.39	1.19
30	0.56	0.62	---	---	0.80	0.83	0.86	0.94	---	---	0.74	0.62
31	0.29	0.33	---	---	---	---	1.08	1.15	---	---	0.95	0.81
最高 high	0.59	0.65	2.29	2.25	1.58	1.57	1.48	1.51	1.72	1.73	H3.88	H3.37
最低 low	0.14	0.16	0.23	0.26	0.40	0.42	0.50	0.54	0.35	0.37	0.57	0.48

ETF 每日成交(亿元/亿份)
ETF Trading(100 M Yuan/100 M Units)

基金
Fund

日期 Date	1月 Jan		2月 Feb		3月 Mar		4月 Apr		5月 May		6月 Jun	
	金额 Value	数量 Vol	金额 Value	数量 Vol	金额 Value	数量 Vol	金额 Value	数量 Vol	金额 Value	数量 Vol	金额 Value	数量 Vol
1	---	---	---	---	---	---	16.90	9.18	---	---	---	---
2	13.87	7.88	---	---	---	---	17.63	10.44	---	---	---	---
3	32.30	15.60	---	---	15.60	7.90	20.33	11.32	---	---	21.09	8.07
4	---	---	---	---	13.77	7.95	16.97	9.55	---	---	19.08	7.94
5	---	---	---	---	17.51	9.07	---	---	19.83	9.96	17.70	9.03
6	37.84	20.78	---	---	20.54	11.17	---	---	18.88	9.25	23.64	9.30
7	12.55	7.88	14.29	7.48	14.03	7.99	---	---	15.54	7.24	---	---
8	14.95	8.85	---	---	---	---	28.67	16.41	20.13	10.30	---	---
9	22.84	12.46	---	---	---	---	17.82	9.24	18.92	9.10	24.13	10.89
10	21.74	11.78	27.38	14.29	18.68	11.16	33.84	18.52	---	---	30.83	13.25
11	---	---	24.17	14.31	17.24	10.27	22.74	12.68	---	---	23.09	9.30
12	---	---	18.04	10.02	18.31	9.64	---	---	26.69	13.59	18.25	6.45
13	32.52	17.53	21.86	11.63	16.55	9.89	---	---	17.45	6.88	32.79	13.71
14	16.56	9.23	13.28	6.74	8.49	4.96	18.53	9.92	15.20	7.15	---	---
15	16.64	9.59	---	---	---	---	17.62	9.39	18.43	7.94	---	---
16	14.76	8.25	---	---	---	---	18.88	9.65	21.16	9.43	35.09	15.70
17	16.04	8.61	17.53	8.93	10.52	5.74	13.54	7.07	---	---	35.24	16.43
18	---	---	23.31	12.31	9.65	5.27	20.37	10.57	---	---	32.06	13.42
19	---	---	28.11	16.00	12.52	6.99	---	---	26.13	11.01	36.36	14.41
20	13.98	7.41	20.99	11.79	16.20	8.51	---	---	18.53	7.68	34.96	13.75
21	15.94	8.50	16.79	9.03	27.91	16.30	21.41	11.41	26.54	11.75	---	---
22	21.91	11.83	---	---	---	---	23.18	12.18	24.90	11.25	---	---
23	16.85	8.77	---	---	---	---	19.06	9.48	21.75	9.17	35.31	11.40
24	19.56	12.02	19.30	10.24	23.38	13.10	16.45	8.43	---	---	29.24	9.16
25	---	---	22.89	11.72	17.55	9.29	21.42	10.70	---	---	22.80	7.41
26	---	---	23.05	11.89	15.12	7.87	---	---	24.11	10.09	25.23	9.22
27	16.27	8.80	21.38	11.24	23.41	12.42	---	---	19.59	8.07	25.50	9.26
28	14.09	7.44	20.33	10.83	19.22	10.85	21.11	11.02	27.77	9.90	---	---
29	9.51	5.16	---	---	---	---	22.42	12.09	21.18	9.21	---	---
30	13.47	7.16	---	---	---	---	14.56	7.35	23.79	9.56	24.70	11.67
31	---	---	---	---	15.31	7.76	---	---	---	---	---	---
最高 high	37.84	20.78	28.11	16.00	27.91	16.30	33.84	18.52	27.77	13.59	36.36	16.43
最低 low	9.51	5.16	13.28	6.74	L8.49	L4.96	13.54	7.07	15.20	6.88	17.70	6.45

ETF 每日成交(亿元/亿份)
ETF Trading(100 M Yuan/100 M Units)

基金
Fund

日期 Date	7月 Jul		8月 Aug		9月 Sep		10月 Oct		11月 Nov		12月 Dec	
	金额 Value	数量 Vol	金额 Value	数量 Vol	金额 Value	数量 Vol	金额 Value	数量 Vol	金额 Value	数量 Vol	金额 Value	数量 Vol
1	15.23	7.33	43.73	22.05	38.05	14.71	---	---	---	---	81.29	31.98
2	18.54	9.17	---	---	43.22	18.55	---	---	---	---	125.21	45.93
3	19.87	9.82	---	---	40.36	16.83	---	---	37.94	16.05	141.41	52.46
4	18.45	8.70	38.06	20.51	36.36	13.71	---	---	37.07	15.63	144.78	51.80
5	---	---	35.27	16.75	44.09	18.56	---	---	36.16	14.41	162.95	60.29
6	---	---	35.50	16.03	---	---	---	---	40.45	17.88	---	---
7	14.93	7.06	32.88	15.03	---	---	---	---	49.90	21.38	---	---
8	15.26	7.38	28.06	12.44	---	---	37.09	16.74	---	---	146.86	53.07
9	18.05	9.44	---	---	31.27	12.36	35.17	14.03	---	---	151.69	54.00
10	16.69	8.06	---	---	33.88	13.34	36.36	13.54	45.41	18.09	190.49	66.49
11	15.88	7.94	30.69	13.37	45.26	18.39	---	---	60.94	28.15	159.67	51.39
12	---	---	27.47	11.46	39.60	13.85	---	---	43.39	18.78	131.32	38.89
13	---	---	30.25	12.89	---	---	34.93	14.86	62.72	26.95	---	---
14	20.73	10.23	26.61	11.92	---	---	31.61	14.73	52.22	19.45	---	---
15	19.03	9.31	35.62	15.48	38.62	14.56	27.88	13.50	---	---	116.30	32.79
16	20.30	9.91	---	---	41.88	17.24	36.92	16.19	---	---	162.52	51.52
17	18.83	8.83	---	---	42.03	17.52	37.73	17.33	50.29	17.46	188.91	63.51
18	21.80	13.21	36.34	14.99	42.63	18.72	---	---	47.24	16.00	177.60	55.42
19	---	---	43.81	20.85	35.40	14.79	---	---	53.90	17.40	185.09	55.89
20	---	---	32.78	12.21	---	---	31.49	13.65	53.47	15.98	---	---
21	14.21	6.74	34.41	13.41	---	---	27.39	12.52	62.07	24.74	---	---
22	30.07	14.67	34.40	11.79	34.88	14.62	30.25	14.22	---	---	184.36	58.33
23	25.83	13.09	---	---	38.38	16.86	41.50	15.35	---	---	185.20	53.11
24	35.74	17.82	---	---	52.63	24.38	28.73	12.06	92.06	36.09	161.27	55.18
25	32.07	18.38	35.74	11.42	49.92	22.07	---	---	78.84	32.94	168.72	48.94
26	---	---	30.18	12.24	32.00	14.11	---	---	82.66	30.85	195.73	57.37
27	---	---	29.64	10.94	---	---	42.62	15.27	85.68	31.48	---	---
28	51.14	25.83	32.19	12.47	---	---	37.24	15.95	98.27	37.89	---	---
29	30.40	14.58	29.55	11.68	42.24	18.50	50.35	19.60	---	---	227.70	63.59
30	37.04	17.73	---	---	29.38	12.31	42.79	17.62	---	---	209.77	60.72
31	27.75	13.65	---	---	---	---	49.30	21.48	---	---	165.29	50.28
最高 high	51.14	25.83	43.81	22.05	52.63	24.38	50.35	21.48	98.27	37.89	H227.70	H66.49
最低 low	14.21	6.74	26.61	10.94	29.38	12.31	27.39	12.06	36.16	14.41	81.29	31.98

货币型基金每日成交(亿元/亿份)
Trading(100 M Yuan/100 M Units)

基金
Fund

日期 Date	1月 Jan		2月 Feb		3月 Mar		4月 Apr		5月 May		6月 Jun	
	金额 Value	数量 Vol	金额 Value	数量 Vol	金额 Value	数量 Vol	金额 Value	数量 Vol	金额 Value	数量 Vol	金额 Value	数量 Vol
1	---	---	---	---	---	---	57.82	0.58	---	---	---	---
2	24.73	0.25	---	---	---	---	54.19	0.54	---	---	---	---
3	41.08	0.41	---	---	52.66	0.53	50.23	0.50	---	---	64.83	0.64
4	---	---	---	---	55.59	0.56	74.48	0.74	---	---	55.31	0.55
5	---	---	---	---	61.51	0.61	---	---	58.98	0.59	61.77	0.61
6	19.77	0.20	---	---	47.62	0.48	---	---	55.80	0.56	67.57	0.67
7	21.69	0.22	14.39	0.14	54.04	0.54	---	---	54.24	0.54	---	---
8	20.46	0.20	---	---	---	---	67.94	0.68	63.97	0.64	---	---
9	18.89	0.19	---	---	---	---	60.83	0.61	57.55	0.57	64.74	0.64
10	17.09	0.17	18.20	0.18	46.95	0.47	63.81	0.64	---	---	78.12	0.78
11	---	---	26.39	0.26	46.57	0.46	70.62	0.70	---	---	64.50	0.64
12	---	---	26.99	0.27	84.20	0.84	---	---	52.06	0.52	71.26	0.71
13	20.55	0.21	32.53	0.33	76.10	0.76	---	---	46.67	0.47	76.32	0.76
14	19.05	0.19	33.93	0.34	73.58	0.73	63.90	0.64	32.99	0.33	---	---
15	23.09	0.23	---	---	---	---	59.40	0.59	48.42	0.48	---	---
16	18.26	0.18	---	---	---	---	59.62	0.59	47.86	0.48	85.20	0.85
17	19.11	0.19	37.46	0.37	68.29	0.68	68.37	0.68	---	---	84.27	0.84
18	---	---	41.14	0.41	62.55	0.62	57.91	0.58	---	---	95.60	0.95
19	---	---	38.17	0.38	66.97	0.67	---	---	35.40	0.35	95.69	0.95
20	16.09	0.16	38.21	0.38	70.02	0.70	---	---	45.73	0.45	93.75	0.93
21	16.15	0.16	46.24	0.46	74.08	0.74	49.11	0.49	45.73	0.45	---	---
22	14.34	0.14	---	---	---	---	57.39	0.57	50.89	0.51	---	---
23	21.31	0.21	---	---	---	---	53.78	0.54	54.57	0.54	112.24	1.12
24	25.64	0.26	46.26	0.46	74.51	0.74	50.58	0.50	---	---	115.52	1.15
25	---	---	43.23	0.43	81.60	0.81	60.39	0.60	---	---	125.07	1.25
26	---	---	33.08	0.33	79.13	0.79	---	---	53.83	0.53	133.27	1.32
27	18.79	0.19	49.53	0.49	85.13	0.85	---	---	55.43	0.55	105.41	1.05
28	20.21	0.20	51.35	0.51	83.79	0.84	55.52	0.55	53.55	0.53	---	---
29	20.17	0.20	---	---	---	---	44.05	0.44	62.12	0.62	---	---
30	27.92	0.28	---	---	---	---	61.31	0.61	74.82	0.74	107.34	1.07
31	---	---	---	---	62.04	0.62	---	---	---	---	---	---
最高 high	41.08	0.41	51.35	0.51	85.13	0.85	74.48	0.74	74.82	0.74	133.27	1.32
最低 low	L14.34	0.14	14.39	L0.14	46.57	0.46	44.05	0.44	32.99	0.33	55.31	0.55

货币型基金每日成交(亿元/亿份)
Trading(100 M Yuan/100 Units)

基金
Fund

日期 Date	7月 Jul		8月 Aug		9月 Sep		10月 Oct		11月 Nov		12月 Dec	
	金额 Value	数量 Vol	金额 Value	数量 Vol	金额 Value	数量 Vol	金额 Value	数量 Vol	金额 Value	数量 Vol	金额 Value	数量 Vol
1	84.08	0.83	129.61	1.29	193.31	1.93	---	---	---	---	117.13	1.16
2	79.40	0.79	---	---	211.23	2.10	---	---	---	---	133.69	1.33
3	83.87	0.83	---	---	192.71	1.91	---	---	149.15	1.48	178.80	1.77
4	85.15	0.84	147.18	1.46	191.94	1.91	---	---	166.53	1.65	166.69	1.65
5	---	---	134.37	1.34	199.59	1.99	---	---	175.25	1.74	181.79	1.80
6	---	---	98.94	0.98	---	---	---	---	161.90	1.61	---	---
7	68.85	0.68	130.37	1.29	---	---	---	---	134.91	1.34	---	---
8	69.42	0.69	150.52	1.50	---	---	119.23	1.19	---	---	183.77	1.82
9	73.92	0.73	---	---	184.97	1.84	113.29	1.13	---	---	208.57	2.06
10	79.51	0.79	---	---	191.46	1.90	123.39	1.22	158.36	1.57	193.78	1.92
11	92.42	0.92	122.02	1.21	214.22	2.13	---	---	202.54	2.01	193.67	1.92
12	---	---	114.96	1.14	215.99	2.14	---	---	214.87	2.13	198.01	1.95
13	---	---	126.29	1.25	---	---	140.44	1.40	141.22	1.40	---	---
14	67.71	0.67	149.73	1.49	---	---	133.91	1.33	140.28	1.39	---	---
15	85.11	0.84	156.10	1.55	151.55	1.50	194.04	1.93	---	---	233.84	2.32
16	70.37	0.70	---	---	184.30	1.83	170.41	1.70	---	---	208.45	2.07
17	84.43	0.84	---	---	204.06	2.02	150.09	1.49	166.32	1.65	188.36	1.87
18	88.32	0.88	108.19	1.07	255.04	2.53	---	---	157.14	1.56	111.75	1.11
19	---	---	138.77	1.37	196.45	1.95	---	---	181.51	1.80	122.97	1.22
20	---	---	180.47	1.79	---	---	129.55	1.29	195.14	1.93	---	---
21	84.98	0.84	169.78	1.68	---	---	195.16	1.94	135.23	1.34	---	---
22	89.84	0.89	154.72	1.53	229.17	2.28	169.59	1.69	---	---	170.81	1.69
23	80.40	0.80	---	---	215.10	2.14	159.03	1.58	---	---	284.22	2.83
24	73.68	0.73	---	---	221.33	2.20	146.45	1.46	94.56	0.94	445.98	4.45
25	71.89	0.72	182.46	1.81	191.04	1.90	---	---	98.42	0.98	401.44	4.01
26	---	---	194.92	1.93	175.46	1.74	---	---	95.61	0.95	473.44	4.72
27	---	---	198.95	1.98	---	---	120.71	1.20	198.16	1.97	---	---
28	98.49	0.98	149.17	1.48	---	---	172.85	1.72	191.13	1.90	---	---
29	145.77	1.45	135.15	1.34	177.57	1.77	196.98	1.96	---	---	413.52	4.10
30	126.11	1.25	---	---	148.93	1.48	168.12	1.67	---	---	362.77	3.61
31	126.04	1.25	---	---	---	---	236.71	2.34	---	---	264.29	2.64
最高 high	145.77	1.45	198.95	1.98	255.04	2.53	236.71	2.34	214.87	2.13	H473.44	H4.72
最低 low	67.71	0.67	98.94	0.98	148.93	1.48	113.29	1.13	94.56	0.94	111.75	1.11

基金 Fund

基金代码 Code	基金简称 Name	发行数量(百万份) Issued Vol (1M)	市价总值(百万) Market Capitalization (1M)	上年收盘 Last Year Close	本年开盘 Open	本年最高 High
500002	基金泰和	2000.00	2000.00	1.275	1.269	1.301
500005	基金汉盛	2000.00	1946.00	1.181	1.173	1.255
500009	基金安顺	3000.00	3120.00	1.097	1.097	1.203
500011	基金金鑫	3000.00	3288.00	1.266	1.268	1.374
500015	基金汉兴	3000.00	3183.00	0.922	0.918	1.137
500018	基金兴和	3000.00	2694.00	0.904	0.900	0.941
500038	基金通乾	2000.00	2996.00	0.938	0.938	1.499
500056	基金科瑞	3000.00	3240.00	0.906	0.907	1.179
500058	基金银丰	3000.00	3012.00	0.743	0.740	1.052
510010	治理 ETF	1895.52	2033.90	0.630	0.625	1.076
510020	超大 ETF	337.35	782.65	1.529	1.533	2.518
510030	价值 ETF	342.53	1360.18	2.290	2.276	3.980
510050	50ETF	10155.57	25917.01	1.571	1.566	2.562
510060	央企 ETF	436.96	797.01	1.010	1.002	1.829
510070	民企 ETF	123.12	181.12	1.124	1.120	1.500
510090	责任 ETF	212.08	280.80	0.791	0.791	1.326
510110	周期 ETF	75.62	268.44	2.010	1.978	3.663
510120	非周 ETF	43.49	104.64	1.816	1.807	2.625
510130	中盘 ETF	206.29	743.66	2.335	2.329	3.630
510150	消费 ETF	178.33	571.20	2.688	2.686	3.500
510160	小康 ETF	960.06	500.19	0.309	0.309	0.527
510170	商品 ETF	149.73	275.65	1.445	1.425	1.950
510180	180ETF	4608.56	14807.30	2.019	2.018	3.217
510190	龙头 ETF	118.15	349.84	2.035	2.002	2.986
510210	综指 ETF	70.14	246.54	2.225	2.220	3.602
510220	中小 ETF	16.23	60.94	2.670	2.600	4.060
510230	金融 ETF	431.76	2588.84	3.180	3.140	6.008
510260	新兴 ETF	288.98	297.94	0.772	0.779	1.088
510270	国企 ETF	59.83	66.65	0.648	0.649	1.130
510280	成长 ETF	266.75	375.86	0.911	0.903	1.423
510290	380ETF	220.45	293.20	0.916	0.915	1.390
510300	300ETF	9481.47	33886.77	2.376	2.369	3.595
510310	HS300ETF	4974.31	7153.05	0.925	0.924	1.540
510330	华夏 300	8055.25	28547.81	2.363	2.363	3.553
510410	资源 ETF	252.26	195.25	0.588	0.588	0.812
510420	180EWETF	312.46	455.87	0.970	0.965	1.470
510430	50 等权	74.92	108.64	0.942	0.929	1.485
510440	500 沪市	6.06	10.17	1.171	1.176	1.851
510450	180 高 ETF	27.92	47.55	1.045	1.040	2.600
510500	500ETF	3166.09	4714.31	1.071	1.067	1.572
510510	广发 500	1523.04	2270.85	1.075	1.075	1.629
510520	诺安 500	51.09	67.18	1.002	0.980	1.410
510610	能源行业	110.09	108.11	0.783	0.781	1.030
510620	材料行业	71.97	83.34	0.842	0.841	1.208
510630	消费行业	286.09	355.04	1.076	1.075	1.279
510650	金融行业	313.45	526.91	0.916	0.916	1.682
510660	医药行业	380.38	436.68	1.070	1.074	1.225
510680	万家 380	6.72	9.14	0.959	0.945	1.500
510700	百强 ETF	9.21	24.23	1.686	1.671	2.631
510880	红利 ETF	489.18	1284.09	1.741	1.738	2.684

基金
Fund

基金
Fund

本年最低 Low	本年收盘 Close	涨跌(%) Change(%)	成交数量(百万份) Trading Vol (1 M)	成交金额(百万) Trading Value (1 M)	年初净值 Open Value	年末净值 Close Value
0.999	1.000	-21.57	526.80	622.06	1.34	1.04
0.965	0.973	-17.61	429.79	506.92	1.25	1.01
1.020	1.040	-5.20	847.78	945.05	1.18	1.06
0.951	1.096	-13.43	2634.22	2924.26	1.38	1.13
0.865	1.061	15.08	3082.17	3078.24	1.02	1.06
0.860	0.898	-0.66	647.93	582.13	0.97	0.92
0.866	1.498	59.70	2794.36	3051.76	1.13	1.63
0.837	1.080	19.21	4570.59	4547.23	1.10	1.21
0.710	1.004	35.13	3527.33	3042.00	0.91	1.13
0.558	1.073	70.32	3228.86	3046.20	0.63	1.07
1.394	2.320	51.73	121.28	220.05	1.52	2.32
2.043	3.971	73.41	2842.26	9407.63	2.27	3.97
1.402	2.552	62.44	126631.00	220246.70	1.56	2.55
0.892	1.824	80.59	4199.28	6530.85	1.00	1.82
1.020	1.471	30.87	291.73	356.05	1.14	1.47
0.718	1.324	67.38	18.31	16.68	0.81	1.34
1.755	3.550	76.62	831.31	2617.94	2.00	3.60
1.560	2.406	32.49	82.55	177.64	1.82	2.56
2.102	3.605	54.39	174.00	481.37	2.34	3.61
2.433	3.203	19.16	52.53	152.61	2.71	3.25
0.275	0.521	68.61	2249.54	771.26	0.31	0.52
1.210	1.841	27.41	1712.51	2747.98	1.44	1.85
1.811	3.213	59.14	31152.26	72971.88	2.01	3.20
1.802	2.961	45.50	87.06	217.23	2.07	2.98
2.091	3.515	57.98	46.49	144.46	2.26	3.55
2.350	3.755	40.64	37.19	108.84	2.60	3.86
2.793	5.996	88.55	8436.14	40185.97	3.14	6.00
0.712	1.031	33.55	1600.26	1466.72	0.79	1.03
0.573	1.114	71.91	174.66	152.37	0.66	1.11
0.784	1.409	54.67	535.90	639.04	0.91	1.43
0.820	1.330	45.20	770.76	826.38	0.92	1.33
2.073	3.574	50.42	149005.74	389604.33	2.37	3.57
0.825	1.438	55.46	3994.66	4009.46	0.92	1.43
2.092	3.544	49.98	12440.25	32346.49	2.36	3.54
0.516	0.774	31.63	554.18	358.55	0.59	0.77
0.877	1.459	50.41	627.59	770.56	0.97	1.46
0.814	1.450	53.93	101.16	105.63	0.94	1.44
1.091	1.679	43.38	141.22	186.06	1.19	1.66
0.926	1.703	62.97	479.58	559.56	1.04	1.72
1.004	1.489	39.03	8180.15	10548.40	1.08	1.49
1.007	1.491	38.70	3982.78	4980.46	1.08	1.49
0.900	1.315	31.24	965.36	973.20	0.96	1.34
0.669	0.982	25.42	2836.57	2260.06	0.77	0.98
0.761	1.158	37.53	1371.38	1284.45	0.84	1.16
0.927	1.241	15.34	2311.96	2419.37	1.06	1.24
0.807	1.681	83.52	14229.28	17651.81	0.91	1.68
0.948	1.148	7.29	4922.52	5342.54	1.09	1.15
0.849	1.359	41.71	218.39	229.57	0.96	1.37
1.411	2.630	55.99	90.06	174.28	1.68	2.70
1.560	2.625	50.78	1166.79	2261.74	1.73	2.63

基金 Fund

基金
Fund

基金代码 Code	基金简称 Name	发行数量 (百万份) Issued Vol (1M)	市价总值(百万) Market Capitalization (1M)	上年收盘 Last Year Close	本年开盘 Open	本年最高 High
510900	H 股 ETF	101.02	119.10	0.987	0.992	1.228
511010	国债 ETF	3.63	374.95	96.278	96.213	104.837
511210	企债 ETF	1.76	187.33	98.244	98.244	116.001
511220	城投 ETF	66.79	6277.55	97.137	96.000	96.000
511800	易货币	1.39	139.20	100.000	99.985	100.040
511860	博时货币	3.34	333.71	100.000	99.980	100.010
511880	XD 银华日	133.31	13370.41	103.173	103.181	104.900
511990	华宝添益	205.77	20586.41	100.046	100.000	100.390
512010	医药 ETF	93.17	92.15	0.956	0.958	1.052
512070	非银 ETF	238.16	567.30	1.006	0.995	2.430
512110	中证地产	2.64	4.35	1.005	0.980	1.771
512120	中证医药	29.25	30.97	1.013	0.950	1.212
512210	景顺食品	144.81	159.58	1.005	1.000	1.115
512220	景顺 TMT	45.97	50.70	1.006	1.006	1.199
512230	景顺医药	136.87	147.68	1.005	1.000	1.152
512300	500 医药	729.12	674.43	1.011	1.000	1.005
512600	主要消费	45.45	54.54	1.022	1.020	1.225
512610	医药卫生	304.14	347.63	0.999	0.996	1.235
512640	金融地产	47.23	87.86	1.016	1.035	1.920
513030	德国 30	890.78	846.24	0.997	0.990	1.009
513100	纳指 ETF	49.62	69.07	1.163	1.167	1.408
513500	标普 500	294.82	338.45	1.004	0.994	1.186
518800	国泰黄金	21.42	50.77	2.378	2.370	2.716
518880	黄金 ETF	66.94	161.46	2.376	2.389	2.722

基金
Fund

基金
Fund

本年最低 Low	本年收盘 Close	涨跌(%) Change(%)	成交数量(百万份) Trading Vol (1 M)	成交金额(百万) Trading Value (1 M)	年初净值 Open Value	年末净值 Close Value
0.847	1.179	19.45	256.61	258.56	0.98	1.13
87.777	103.398	7.40	1488.40	150897.70	96.33	104.42
92.021	106.499	8.40	18.16	1856.78	98.59	106.37
85.911	93.992	-3.24	5.98	571.13	96.977	97.55
99.000	100.040	0.04	1.20	119.73	100.00	100.00
92.000	100.006	0.01	6.32	630.96	100.00	100.00
96.000	100.295	-2.79	5381.23	554294.84	100.00	100.00
99.000	100.045	-0.00	21592.05	2159135.21	100.00	100.00
0.804	0.989	3.45	397.21	367.48	0.98	1.00
0.995	2.382	136.78	3649.55	6121.77	1.01	2.37
0.859	1.645	63.68	323.98	325.85	0.95	1.66
0.851	1.059	4.54	274.19	273.88	0.99	1.06
0.941	1.102	9.65	437.99	443.64	1.01	1.11
0.985	1.103	9.64	769.86	793.33	1.01	1.10
0.970	1.079	7.36	817.63	839.00	1.00	1.08
0.900	0.925	-8.51	493.75	484.73	1.00	0.93
1.010	1.200	17.42	489.17	522.72	1.03	1.20
0.995	1.143	14.41	1311.81	1430.16	1.01	1.15
1.031	1.860	83.07	784.98	1000.36	1.05	1.84
0.851	0.950	-4.71	302.29	291.49	1.03	0.96
1.122	1.392	19.69	366.78	461.55	1.18	1.40
0.959	1.148	14.34	721.47	736.41	1.01	1.15
2.221	2.370	-0.34	126.37	318.19	2.40	2.38
2.240	2.412	1.52	2767.18	6721.04	2.41	2.41

债券市场概貌
Bond Market Overview

债券市场交易 Bond Market Data	2014 年	2013 年	增减(%) Change (%)
交易天数 Trading Days	245	238	2.94
上市债券数 No. of Bonds	2646	1731	52.86
政府债 G-Bonds	267	218	22.48
公司债 C-Bonds	2336	1468	59.13
债券回购 Repo	43	45	-4.44
新上市债券数 No. of New Bonds	1080	763	41.55
总成交金额 (亿) Total Trading Val(100M)	866848.59	625839.41	38.51
政府债 G-Bonds	1247.47	771.60	61.67
公司债 C-Bonds	24198.95	14540.88	66.42
债券回购 Repo	841402.16	610526.93	37.82
日均成交金额(百万)Average Turnover In Val(M)	353815.75	262957.74	34.55
政府债 G-Bonds	509.17	324.20	57.05
公司债 C-Bonds	9877.12	6109.61	61.67
债券回购 Repo	343429.45	256523.92	33.88
总成交量(百万) Total Vol In Val(M)	865647.14	625409.31	38.41
政府债 G-Bonds	1250.92	770.29	62.40
公司债 C-Bonds	22991.16	14087.22	63.21
债券回购 Repo	841405.05	610551.80	37.81
日均成交量(百万) Average Vol In Val(M)	3533.25	2627.77	34.46
政府债 G-Bonds	5.11	3.24	57.72
公司债 C-Bonds	93.84	59.19	58.54
债券回购 Repo	3434.31	2565.34	33.87
总成笔数(百万)Total Transactions(M)	12312.43	8974.30	37.20
政府债 G-Bonds	15.17	13.74	10.41
公司债 C-Bonds	724.13	533.29	35.79
债券回购 Repo	11573.13	8427.27	37.33
日均成交笔数(万)Average Transactions(10000)	50.25	37.71	33.25
政府债 G-Bonds	0.06	0.06	0.00
公司债 C-Bonds	2.96	2.24	32.14
债券回购 Repo	47.24	35.41	33.41
债券发行(亿)Bond issued(100M)	107584.04	88620.02	21.40
政府债 G-Bonds	76484.50	65827.90	16.19
公司债 C-Bonds	31099.54	22792.12	36.45
大宗交易成交 Bulk Trading			
总成交金额(亿) Total Trading Val(100M)	1505.32	1116.05	34.88
总成交量(百万) Total Trading Vol (M)	1500.89	1109.77	35.24
总成交笔数(笔) Total Transactions	5584.00	4202.00	32.89

政府债现货每日成交(百万元/万张)
G-Bond Spot Trading(1M Yuan /10000)

债券
Bond

日期 Date	1月 Jan		2月 Feb		3月 Mar		4月 Apr		5月 May		6月 Jun	
	金额 Val	数量 Vol	金额 Val	数量 Vol	金额 Val	数量 Vol	金额 Val	数量 Vol	金额 Val	数量 Vol	金额 Val	数量 Vol
1	---	---	---	---	---	---	254.26	255.08	---	---	---	---
2	92.87	96.88	---	---	---	---	596.34	600.08	---	---	---	---
3	49.43	50.25	---	---	299.65	306.16	220.26	222.28	---	---	614.10	617.32
4	---	---	---	---	299.57	299.50	364.03	374.20	---	---	634.32	633.98
5	---	---	---	---	867.29	872.78	---	---	151.41	154.96	408.44	413.82
6	335.37	345.93	---	---	505.25	511.26	---	---	104.80	106.23	383.95	385.89
7	110.87	113.73	159.54	160.56	662.50	674.22	---	---	225.54	227.51	---	---
8	172.06	174.88	---	---	---	---	569.13	579.28	1703.10	1711.16	---	---
9	290.91	299.98	---	---	---	---	1295.60	1302.88	163.37	166.21	225.57	227.11
10	353.76	360.21	507.71	508.59	200.05	208.15	754.36	761.10	---	---	473.00	473.57
11	---	---	566.35	572.43	411.01	411.56	220.14	225.60	---	---	322.00	323.91
12	---	---	752.79	758.71	1239.63	1238.82	---	---	1688.37	1702.92	364.91	365.75
13	171.48	176.69	538.58	552.28	383.73	384.24	---	---	77.73	80.05	304.45	303.69
14	338.38	342.67	165.48	169.55	1056.61	1056.06	517.61	518.53	85.47	87.05	---	---
15	860.15	872.34	---	---	---	---	313.39	315.50	106.52	107.56	---	---
16	808.10	820.70	---	---	---	---	165.99	170.79	50.01	51.14	612.46	612.10
17	670.54	683.45	1012.90	1025.89	193.08	194.97	371.78	375.44	---	---	200.54	199.95
18	---	---	1409.92	1420.79	601.82	609.92	286.41	288.66	---	---	595.70	596.08
19	---	---	592.36	599.25	322.95	326.18	---	---	165.92	166.96	202.37	203.72
20	1072.43	1076.17	1615.05	1621.66	382.60	383.84	---	---	235.03	238.18	256.35	255.85
21	934.20	945.35	180.32	180.44	171.21	170.89	686.37	691.90	105.31	106.17	---	---
22	713.32	725.49	---	---	---	---	65.99	66.49	429.62	430.08	---	---
23	1281.71	1294.49	---	---	---	---	529.08	531.88	310.27	309.92	262.29	264.24
24	1101.38	1111.42	192.17	194.44	165.03	165.31	247.03	254.51	---	---	460.70	462.70
25	---	---	163.07	171.86	135.45	137.44	869.09	874.17	---	---	276.90	278.71
26	---	---	78.57	82.20	289.75	296.68	---	---	784.55	787.44	427.72	427.72
27	842.28	849.20	209.15	215.03	35.55	36.41	---	---	331.34	332.45	97.91	97.80
28	444.13	447.90	213.43	213.40	602.10	603.98	60.15	60.58	289.65	291.40	---	---
29	695.40	697.84	---	---	---	---	19.73	20.96	615.08	616.34	---	---
30	143.83	144.61	---	---	---	---	195.97	198.41	229.27	229.25	199.65	199.80
31	---	---	---	---	40.83	41.38	---	---	---	---	---	---
最高 high	1281.71	1294.49	1615.05	1621.66	1239.63	1238.82	1295.60	1302.88	1703.10	1711.16	634.32	633.98
最低 low	49.43	50.25	78.57	82.20	35.55	36.41	L19.73	L20.96	50.01	51.14	97.91	97.80

政府债现货每日成交(百万元/万张)
G-Bond Spot Trading(1M Yuan /10000)

债券 Bond

日期 Date	7月 Jul		8月 Aug		9月 Sep		10月 Oct		11月 Nov		12月 Dec	
	金额 Val	数量 Vol	金额 Val	数量 Vol	金额 Val	数量 Vol	金额 Val	数量 Vol	金额 Val	数量 Vol	金额 Val	数量 Vol
1	157.47	157.01	1553.88	1557.48	173.49	174.14	---	---	---	---	469.28	464.57
2	169.61	169.40	---	---	1033.08	1048.65	---	---	---	---	351.83	350.55
3	103.82	104.25	---	---	560.63	571.35	---	---	799.09	792.31	174.20	172.38
4	237.53	238.73	2028.93	2052.73	312.95	314.94	---	---	528.18	527.39	340.80	339.49
5	---	---	276.79	277.93	366.81	368.88	---	---	1117.24	1115.44	1070.38	1062.46
6	---	---	287.75	289.92	---	---	---	---	1325.02	1319.13	---	---
7	76.78	76.88	217.70	220.42	---	---	---	---	610.25	597.00	---	---
8	197.70	203.51	326.98	327.91	---	---	331.97	331.18	---	---	816.84	813.53
9	123.27	123.27	---	---	248.31	249.53	86.06	85.06	---	---	427.90	424.46
10	150.84	151.87	---	---	697.10	705.71	141.76	141.55	1079.46	1062.60	2350.85	2338.49
11	451.96	453.69	70.60	72.10	522.08	531.21	---	---	770.73	762.15	1702.70	1699.22
12	---	---	150.99	151.05	78.32	78.63	---	---	1182.37	1168.37	1110.90	1067.88
13	---	---	382.38	383.21	---	---	177.54	176.92	416.43	409.91	---	---
14	176.53	177.21	617.34	618.43	---	---	570.76	572.47	206.42	202.17	---	---
15	235.90	236.85	856.17	859.94	331.58	333.66	155.48	155.09	---	---	1695.76	1689.22
16	684.97	688.61	---	---	165.13	168.32	751.64	756.78	---	---	775.18	771.78
17	165.02	165.76	---	---	642.49	645.02	174.80	174.51	939.33	932.91	831.33	825.89
18	220.69	221.77	130.38	130.98	427.04	426.71	---	---	531.53	525.49	328.10	328.63
19	---	---	566.45	572.16	201.74	202.54	---	---	1786.18	1771.26	772.01	770.97
20	---	---	878.24	882.67	---	---	1278.62	1277.83	702.67	695.35	---	---
21	494.15	496.18	677.87	681.25	---	---	393.98	391.45	338.05	330.84	---	---
22	243.00	243.99	420.18	422.97	495.10	494.00	186.92	184.66	---	---	236.62	236.79
23	496.03	501.09	---	---	186.54	188.93	1472.87	1470.08	---	---	1709.14	1709.81
24	172.38	175.34	---	---	487.50	487.37	1392.38	1388.29	795.21	785.28	1776.46	1769.28
25	282.91	285.05	1429.82	1439.03	536.65	542.26	---	---	331.38	323.74	136.01	134.37
26	---	---	237.18	238.04	335.18	334.87	---	---	309.20	305.25	152.16	150.16
27	---	---	159.09	159.80	---	---	267.43	263.57	1305.69	1304.03	---	---
28	107.52	108.42	943.77	947.58	---	---	1208.76	1211.53	434.78	424.32	---	---
29	871.56	877.12	143.12	145.36	396.69	398.88	985.71	978.86	---	---	808.43	806.03
30	517.62	519.22	---	---	223.94	223.28	156.96	155.70	---	---	361.04	360.45
31	302.91	305.47	---	---	---	---	945.41	939.39	---	---	258.93	253.72
最高 high	871.56	877.12	2028.93	2052.73	1033.08	1048.65	1472.87	1470.08	1786.18	1771.26	H2350.85	H2338.49
最低 low	76.78	76.88	70.60	72.10	78.32	78.63	86.06	85.06	206.42	202.17	136.01	134.37

公司债每日成交(百万元/万张)
C-Bond Trading(1M Yuan /10000)

债券
Bond

日期 Date	1月 Jan		2月 Feb		3月 Mar		4月 Apr		5月 May		6月 Jun	
	金额 Val	数量 Vol	金额 Val	数量 Vol	金额 Val	数量 Vol	金额 Val	数量 Vol	金额 Val	数量 Vol	金额 Val	数量 Vol
1	---	---	---	---	---	---	6488.28	6541.18	---	---	---	---
2	4797.19	4839.35	---	---	---	---	8357.00	8403.46	---	---	---	---
3	7898.91	7930.40	---	---	8269.27	8344.70	8283.30	8355.40	---	---	9220.27	9229.53
4	---	---	---	---	9493.45	9640.43	8919.64	9057.37	---	---	6848.33	6870.41
5	---	---	---	---	8013.17	8293.21	---	---	5757.09	5815.42	6974.30	6990.29
6	6302.45	6367.20	---	---	7313.51	7485.44	---	---	7630.61	7688.03	7806.93	7817.62
7	7746.10	7836.41	3176.46	3261.47	7629.22	7733.59	---	---	6335.77	6366.69	---	---
8	7153.46	7301.63	---	---	---	---	9966.52	10022.93	5939.27	5991.56	---	---
9	8858.67	8942.54	---	---	---	---	10310.13	10408.75	5051.44	5077.45	6919.77	6916.28
10	5838.79	5966.33	6248.12	6288.61	7525.88	7685.35	9914.36	9891.97	---	---	10683.02	10643.04
11	---	---	6301.04	6385.15	8400.15	8538.99	9471.64	9519.93	---	---	11097.65	11096.56
12	---	---	8178.42	8321.20	7574.81	7781.14	---	---	5600.46	5596.23	8927.00	8933.68
13	6385.85	6547.24	10505.44	10671.79	7514.47	7673.73	---	---	6568.87	6605.56	9956.60	9879.83
14	5486.90	5583.33	7007.34	7134.75	5524.66	5653.50	8579.06	8661.97	5632.76	5685.13	---	---
15	6375.62	6505.51	---	---	---	---	8838.58	8880.55	7232.52	7260.90	---	---
16	8921.98	9140.60	---	---	---	---	6194.27	6276.04	8762.56	8826.15	8512.95	8450.56
17	5445.51	5603.57	8752.73	8812.14	7473.07	7508.67	7395.79	7479.68	---	---	9027.23	8998.78
18	---	---	6467.73	6496.01	6448.74	6525.03	7212.67	7271.59	---	---	8659.79	8621.63
19	---	---	6414.91	6475.07	6382.47	6535.08	---	---	6436.02	6476.91	11809.68	11805.58
20	6135.89	6285.49	9846.67	9743.31	8878.71	8938.84	---	---	7450.09	7454.00	9340.38	9252.32
21	7041.07	7221.87	8045.62	8069.32	7480.31	7605.92	5514.48	5573.58	6497.45	6506.71	---	---
22	9673.59	9896.61	---	---	---	---	7134.63	7215.72	8453.32	8462.35	---	---
23	7421.28	7670.29	---	---	---	---	8471.65	8551.34	7713.11	7724.93	9869.03	9786.60
24	8430.59	8649.41	6934.83	7019.73	8589.45	8634.18	6496.47	6520.50	---	---	9798.62	9754.97
25	---	---	8556.68	8681.04	11532.96	11563.00	5217.34	5254.87	---	---	10125.79	10083.54
26	---	---	9044.64	9160.97	8340.08	8391.71	---	---	6935.72	6993.19	8306.11	8284.71
27	7790.72	7980.13	11627.41	11596.18	9414.48	9418.43	---	---	6984.62	7000.59	5597.53	5514.28
28	5421.45	5545.44	8544.80	8899.29	8467.75	8543.20	6704.24	6751.35	7408.06	7434.23	---	---
29	4172.99	4265.08	---	---	---	---	5272.38	5338.97	7352.96	7359.23	---	---
30	1279.43	1321.70	---	---	---	---	3511.39	3570.94	5331.39	5425.88	5688.95	5659.28
31	---	---	---	---	4923.18	4973.09	---	---	---	---	---	---
最高 high	9673.59	9896.61	11627.41	11596.18	11532.96	11563.00	10310.13	10408.75	8762.56	8826.15	11809.68	11805.58
最低 low	L1278.16	L1320.46	3166.06	3251.17	4891.98	4942.34	3405.59	3467.22	4895.63	4925.35	5551.13	5470.67

公司债每日成交(百万元/万张)
C-Bond Trading(1M Yuan /10000)

债券
Bond

日期 Date	7月 Jul		8月 Aug		9月 Sep		10月 Oct		11月 Nov		12月 Dec	
	金额 Val	数量 Vol	金额 Val	数量 Vol	金额 Val	数量 Vol	金额 Val	数量 Vol	金额 Val	数量 Vol	金额 Val	数量 Vol
1	9481.40	9430.67	9915.30	9585.32	6101.32	5892.23	---	---	---	---	17463.16	15279.52
2	8429.47	8375.23	---	---	9256.31	8909.36	---	---	---	---	18353.15	16110.53
3	12408.69	12287.96	---	---	10848.16	10513.76	---	---	10695.21	9964.06	20120.00	17330.63
4	9612.47	9511.38	10906.33	10549.43	7061.02	6804.10	---	---	10903.62	10201.93	21676.30	18477.71
5	---	---	8518.66	8277.53	7822.39	7498.35	---	---	12234.93	11462.34	27888.38	22938.72
6	---	---	9609.41	9435.18	---	---	---	---	10721.00	10003.46	---	---
7	8968.00	8892.27	12523.31	12355.41	---	---	---	---	11371.88	10630.22	---	---
8	7367.46	7288.91	9574.85	9487.78	---	---	5300.06	5076.34	---	---	26921.44	21896.21
9	8588.97	8534.53	---	---	8250.36	8031.24	6644.72	6350.10	---	---	27563.49	22068.21
10	8749.30	8728.82	---	---	8258.09	8032.28	7052.45	6823.71	15195.73	13967.03	21453.32	18320.63
11	8626.02	8565.53	8624.44	8458.82	10132.84	9822.62	---	---	22415.76	20210.17	20326.08	17959.40
12	---	---	9213.04	9096.09	9240.86	8972.04	---	---	14813.06	13696.84	15856.65	13738.43
13	---	---	9612.82	9407.33	---	---	7871.65	7481.14	15744.01	14391.21	---	---
14	7818.37	7752.34	8306.58	8155.90	---	---	9558.03	9132.35	12532.69	11466.73	---	---
15	9167.43	9119.47	8501.54	8368.23	9346.17	8949.44	10648.07	10232.26	---	---	13157.42	11317.04
16	9703.88	9678.44	---	---	10800.88	10449.21	10409.89	10060.00	---	---	17922.72	14975.58
17	10261.29	10150.12	---	---	12558.50	12180.35	9588.84	9279.34	12873.50	11848.36	21366.68	17520.31
18	10377.44	10319.18	8951.29	8808.76	9796.42	9558.73	---	---	14527.33	13440.31	17168.59	13929.83
19	---	---	7076.84	6963.22	11358.25	11028.68	---	---	11734.88	11067.26	16797.15	13481.42
20	---	---	7093.99	6950.85	---	---	9251.08	8934.00	14456.03	13580.63	---	---
21	8548.67	8543.90	7277.31	7164.35	---	---	10788.87	10427.50	13262.24	12297.43	---	---
22	9771.37	9683.36	5997.56	5968.80	11218.93	10936.59	11315.08	10961.80	---	---	22211.90	16860.05
23	8634.98	8602.94	---	---	9677.63	9418.27	10727.83	10321.55	---	---	20023.90	15755.60
24	9576.70	9505.33	---	---	8466.83	8089.40	10671.74	10232.74	14147.58	12659.32	22890.97	17946.90
25	10758.72	10533.68	8717.98	8638.05	12687.75	12070.84	---	---	10665.26	9759.79	20325.71	16005.63
26	---	---	8293.12	8126.28	12178.48	11799.81	---	---	12004.89	10841.39	19403.88	14989.06
27	---	---	7389.63	7301.59	---	---	11376.99	11020.84	14526.00	13087.44	---	---
28	11142.58	10944.31	9379.06	9285.21	---	---	12872.79	12190.11	14343.88	12694.07	---	---
29	10980.21	10835.35	5525.90	5471.00	8869.31	8466.06	14554.04	13722.42	---	---	22900.54	17950.74
30	11099.03	10880.28	---	---	4807.85	4535.35	15009.56	14156.14	---	---	18233.94	13518.58
31	8586.45	8475.64	---	---	---	---	13741.81	12855.88	---	---	16991.67	11991.55
最高 high	12408.69	12287.96	12523.31	12355.41	12687.75	12180.35	15009.56	14156.14	22415.76	20210.17	H27888.38	H22938.72
最低 low	7154.38	7080.81	5476.55	5422.71	4749.63	4478.61	5284.60	5061.38	10591.80	9689.28	13101.42	11262.18

债券回购每日成交(亿元/百万张)
Bond Repo Trading(100M Yuan/1M)

债券 Bond

日期 Date	1月 Jan		2月 Feb		3月 Mar		4月 Apr		5月 May		6月 Jun	
	金额 Val	数量 Vol	金额 Val	数量 Vol	金额 Val	数量 Vol	金额 Val	数量 Vol	金额 Val	数量 Vol	金额 Val	数量 Vol
1	---	---	---	---	---	---	3055.14	3055.14	---	---	---	---
2	3232.64	3232.64	---	---	---	---	2690.27	2690.27	---	---	---	---
3	3572.13	3572.13	---	---	3373.32	3373.48	2604.62	2604.62	---	---	3976.10	3976.10
4	---	---	---	---	2803.88	2803.88	3149.43	3149.43	---	---	3192.65	3192.65
5	---	---	---	---	2525.78	2525.85	---	---	4156.41	4156.44	2851.36	2851.36
6	3543.25	3543.25	---	---	2525.69	2525.69	---	---	3387.91	3387.91	3215.99	3215.99
7	3193.81	3193.81	4207.92	4207.92	3106.63	3106.79	---	---	3066.46	3066.46	---	---
8	2791.94	2791.94	---	---	---	---	3683.53	3683.53	2737.61	2737.61	---	---
9	2986.02	2986.02	---	---	---	---	2876.22	2876.22	3128.53	3128.53	3271.21	3271.21
10	3305.46	3305.46	3713.33	3713.33	3229.43	3229.43	2779.45	2779.45	---	---	3112.83	3112.83
11	---	---	3131.30	3131.30	2752.49	2752.49	3149.68	3149.68	---	---	2901.96	2901.96
12	---	---	2804.74	2804.74	2536.55	2536.55	---	---	3643.52	3643.60	2845.53	2845.53
13	3417.45	3417.45	2677.35	2677.35	2504.61	2504.61	---	---	3204.95	3204.95	3227.93	3227.93
14	2907.01	2907.01	3684.28	3684.28	3060.90	3060.90	3208.25	3208.25	2985.15	2985.17	---	---
15	2598.92	2598.92	---	---	---	---	3167.26	3167.26	2871.52	2871.52	---	---
16	2807.11	2807.11	---	---	---	---	2886.80	2886.81	3187.38	3187.38	3372.26	3372.26
17	3472.47	3472.47	3612.61	3612.61	3136.42	3136.42	2929.06	2929.06	---	---	3360.36	3360.36
18	---	---	3004.54	3004.54	2709.80	2709.80	3269.22	3269.22	---	---	3071.97	3071.97
19	---	---	2675.53	2675.53	2634.39	2634.39	---	---	3631.55	3631.55	2921.89	2921.89
20	3536.56	3536.56	2621.95	2621.95	2600.97	2600.97	---	---	3203.48	3203.81	3255.79	3255.79
21	3055.99	3056.00	3301.77	3301.77	3116.89	3116.89	3289.54	3289.62	2892.70	2892.70	---	---
22	2959.63	2959.64	---	---	---	---	3218.18	3218.20	2787.29	2787.37	---	---
23	2831.29	2831.29	---	---	---	---	2948.00	2948.10	3201.75	3201.75	3375.32	3375.32
24	3477.97	3477.97	3393.28	3393.28	3394.62	3394.62	2961.57	2961.57	---	---	3228.44	3228.44
25	---	---	2966.87	2966.87	2983.31	2983.31	3307.85	3307.85	---	---	3176.15	3176.15
26	---	---	2739.80	2739.80	2875.25	2875.25	---	---	3546.12	3546.12	3446.56	3446.56
27	3369.02	3369.04	2726.96	2726.96	2988.20	2988.20	---	---	3182.29	3182.29	3860.75	3860.75
28	2634.15	2634.15	3339.57	3339.57	3565.47	3565.47	3549.78	3549.78	2995.07	2995.07	---	---
29	2088.90	2088.90	---	---	---	---	2920.80	2920.80	2863.94	2863.94	---	---
30	2097.62	2097.62	---	---	---	---	2933.49	2933.49	3151.64	3151.64	3800.85	3800.85
31	---	---	---	---	3543.80	3543.80	---	---	---	---	---	---
最高 high	3572.13	3572.13	4207.92	4207.92	3565.47	3565.47	3683.53	3683.53	4156.41	4156.44	3976.10	3976.10
最低 low	L2088.90	L2088.90	2621.95	2621.95	2504.61	2504.61	2604.62	2604.62	2737.61	2737.61	2845.53	2845.53

债券回购每日成交(亿元/百万张) Bond Repo Trading(100M Yuan/1M)

债券 Bond

日期 Date	7月 Jul		8月 Aug		9月 Sep		10月 Oct		11月 Nov		12月 Dec	
	金额 Val	数量 Vol	金额 Val	数量 Vol	金额 Val	数量 Vol	金额 Val	数量 Vol	金额 Val	数量 Vol	金额 Val	数量 Vol
1	3445.43	3445.43	3515.07	3515.07	3419.81	3419.81	---	---	---	---	4983.96	4984.01
2	2967.02	2967.02	---	---	3211.18	3211.18	---	---	---	---	4227.64	4227.64
3	2771.93	2771.95	---	---	2947.63	2947.63	---	---	4102.32	4102.32	3991.42	3991.42
4	3264.78	3264.78	3739.51	3739.51	3351.46	3351.46	---	---	3782.70	3782.70	3906.23	3906.30
5	---	---	3325.95	3325.96	3685.95	3685.95	---	---	3747.85	3747.85	4396.10	4396.18
6	---	---	3217.29	3217.29	---	---	---	---	3635.96	3635.96	---	---
7	3497.36	3497.36	3112.76	3112.76	---	---	---	---	4036.97	4036.97	---	---
8	3186.44	3186.44	3522.55	3522.55	---	---	5164.83	5164.83	---	---	4749.78	4749.79
9	3321.43	3321.43	---	---	4403.57	4403.58	3643.35	3643.35	---	---	4225.56	4225.59
10	3114.88	3114.88	---	---	3529.01	3529.01	4263.94	4263.94	4195.01	4195.06	4003.15	4003.37
11	3458.68	3458.68	3701.84	3701.84	3218.79	3218.79	---	---	3799.36	3799.42	4062.07	4062.11
12	---	---	3301.42	3301.42	3686.41	3686.41	---	---	3802.43	3802.54	4400.13	4400.34
13	---	---	3333.16	3333.16	---	---	4267.05	4267.05	3686.48	3686.48	---	---
14	3789.75	3789.75	3182.03	3182.03	---	---	3508.57	3508.57	4197.47	4197.47	---	---
15	3340.36	3340.36	3652.20	3652.20	3685.61	3685.61	3909.75	3909.75	---	---	4571.39	4571.40
16	3002.96	3002.96	---	---	3644.01	3644.01	3239.95	3239.95	---	---	3997.37	3997.38
17	3162.20	3162.20	---	---	3448.60	3448.62	3767.59	3767.59	4425.53	4425.53	3853.88	3853.89
18	3470.27	3470.29	3784.07	3784.09	3321.12	3321.12	---	---	3925.21	3925.21	3950.00	3950.02
19	---	---	3338.06	3338.06	3614.65	3614.65	---	---	3908.68	3908.68	4110.65	4110.65
20	---	---	3165.62	3165.62	---	---	3898.58	3898.58	3857.10	3857.10	---	---
21	3790.08	3790.08	2971.12	2971.12	---	---	3341.47	3341.47	4549.24	4549.28	---	---
22	3604.23	3604.24	3649.68	3649.68	3743.55	3743.55	3644.39	3644.43	---	---	4400.77	4400.77
23	3422.89	3422.89	---	---	3840.06	3840.14	3568.48	3568.59	---	---	4180.61	4180.61
24	2998.76	2998.76	---	---	3503.62	3503.62	3833.26	3833.28	4610.56	4610.60	4542.81	4542.81
25	3281.77	3281.77	3867.47	3867.47	3297.21	3297.21	---	---	3874.11	3874.11	4417.09	4417.19
26	---	---	3466.89	3466.90	3472.93	3472.93	---	---	3774.88	3774.88	4650.04	4650.09
27	---	---	3722.13	3722.15	---	---	3885.44	3885.44	4015.09	4015.14	---	---
28	3547.69	3547.69	3497.61	3497.64	---	---	3583.66	3583.66	4460.41	4460.41	---	---
29	3454.68	3454.68	3458.44	3458.44	3580.20	3580.20	3597.35	3597.35	---	---	4964.97	4964.97
30	3379.86	3379.86	---	---	3515.55	3515.55	3495.40	3495.40	---	---	4406.98	4406.98
31	3128.41	3128.41	---	---	---	---	3875.84	3875.84	---	---	4166.85	4166.85
最高 high	3790.08	3790.08	3867.47	3867.47	4403.57	4403.58	H5164.83	H5164.83	4610.56	4610.60	4983.96	4984.01
最低 low	2771.93	2771.95	2971.12	2971.12	2947.63	2947.63	3239.95	3239.95	3635.96	3635.96	3853.88	3853.89

可转债基本信息
Convertible Bond

转债名称 Name	转股起始日 Start Date	转股终止日 End Date	转股价 Convert Price	累计转股数量(万股) Total Convert Vol (10000)	累计转股比例(%) Total Convert Ratio(%)
厦工转债	2010.03.01	2014.08.28	7.45	8043.61	99.88
西洋转债	2010.03.09	2014.09.03	14.55	1817.19	99.77
龙盛转债	2010.03.14	2014.09.14	8.90	14011.59	99.76
博汇转债	2010.03.23	2014.09.23	5.74	16384.61	98.51
王府转债	2010.04.26	2015.10.19	33.26	2466.89	99.94
双良转债	2010.11.04	2015.05.04	12.58	2.15	0.05
歌华转债	2011.05.26	2016.11.25	14.69	343.26	3.15
海运转债	2011.07.08	2016.01.07	4.50	129.44	0.81
国投转债	2011.07.26	2017.01.25	2.91	102027.09	99.66
石化转债	2011.08.24	2017.02.23	4.89	183295.50	40.44
川投转债	2011.09.22	2017.03.21	9.02	22840.96	98.42
中海转债	2012.02.02	2017.08.01	6.24	7685.30	12.14
国电转债	2012.02.20	2017.08.19	2.27	159344.30	65.77
恒丰转债	2012.09.24	2017.03.22	6.67	2105.53	31.62
南山转债	2013.04.17	2018.10.16	6.65	3053.30	3.38
同仁转债	2013.06.05	2017.12.04	17.27	916.51	13.30
民生转债	2013.09.16	2019.03.15	8.18	11424.74	4.68
隧道转债	2014.03.14	2019.09.13	4.71	48281.84	99.76
国金转债	2014.11.21	2020.05.13	9.99	24871.59	99.39
东方转债	2015.01.12	2020.07.10	12.00	0.00	0.00
冠城转债	2015.01.19	2020.07.18	6.20	0.00	0.00
浙能转债	2015.04.13	2020.10.12	5.66	0.00	0.00
中行转债	2010.12.02	2016.06.02	2.62	958398.53	62.88
工行转债	2011.03.01	2016.08.31	3.27	447566.80	61.85
重工转债	2012.12.05	2018.06.04	4.74	167491.10	99.94
平安转债	2014.05.23	2019.11.22	41.22	38197.18	60.56
深燃转债	2014.06.16	2019.12.13	8.32	14.78	0.08
吉视转债	2015.03.06	2020.09.05	12.08	0.00	0.00
洛钼转债	2015.06.02	2020.12.01	0.00	0.00	0.00

债券信息 List of Bonds

债券代码 Code	债券简称 Securities	发行数量(百万) Issued Val(M)	年限 Terms	到期日 Expiration Date	票面利率(%) Coupon Rate(%)	付息方式 Way of Interest
010107	21 国债(7)	23960.00	20.00	2021.07.31	4.2600	按半年付息
010213	02 国债(13)	24000.00	15.00	2017.09.20	2.6000	按半年付息
010303	03 国债(3)	26000.00	20.00	2023.04.17	3.4000	按半年付息
010501	05 国债(1)	30000.00	10.00	2015.02.28	4.4400	按半年付息
010504	05 国债(4)	33920.00	20.00	2025.05.15	4.1100	按半年付息
010512	05 国债(12)	34410.00	15.00	2020.11.15	3.6500	按半年付息
010603	06 国债(3)	34000.00	10.00	2016.03.27	2.8000	按半年付息
010609	06 国债(9)	31090.00	20.00	2026.06.26	3.7000	按半年付息
010616	06 国债(16)	30000.00	10.00	2016.09.26	2.9200	按半年付息
010619	06 国债(19)	30000.00	15.00	2021.11.15	3.2700	按半年付息
010701	07 国债 01	30000.00	7.00	2014.02.06	2.9300	按年付息
010703	07 国债 03	30000.00	10.00	2017.03.22	3.4000	按半年付息
010706	07 国债 06	30000.00	30.00	2037.05.17	4.2700	按半年付息
010707	07 国债 07	33780.00	7.00	2014.05.24	3.7400	按年付息
010710	07 国债 10	35070.00	10.00	2017.06.25	4.4000	按半年付息
010713	07 国债 13	28000.00	20.00	2027.08.16	4.5200	按半年付息
018001	国开 1301	8000.00	2.00	2016.01.03	5.8000	按年付息
018002	国开 1302	4000.00	5.00	2019.01.03	5.8400	按年付息
018003	国开 1401	2500.00	15.00	2029.04.15	5.8500	按年付息
019002	10 国债 02	26000.00	10.00	2020.02.04	3.4300	按半年付息
019003	10 国债 03	24000.00	30.00	2040.03.01	4.0800	按半年付息
019005	10 国债 05	26000.00	7.00	2017.03.11	2.9200	按年付息
019007	10 国债 07	26000.00	10.00	2020.03.25	3.3600	按半年付息
019008	10 国债 08	28040.00	5.00	2015.04.08	2.7000	按年付息
019009	10 国债 09	28000.00	20.00	2030.04.15	3.9600	按半年付息
019010	10 国债 10	28000.00	7.00	2017.04.22	3.0100	按年付息
019012	10 国债 12	28000.00	10.00	2020.05.13	3.2500	按半年付息
019013	10 国债 13	28000.00	5.00	2015.05.20	2.3800	按年付息
019014	10 国债 14	28000.00	50.00	2060.05.24	4.0300	按半年付息
019015	10 国债 15	28310.00	7.00	2017.05.27	2.8300	按年付息
019017	10 国债 17	28000.00	5.00	2015.06.10	2.5300	按年付息
019018	10 国债 18	28000.00	30.00	2040.06.21	4.0300	按半年付息
019019	10 国债 19	28010.00	10.00	2020.06.24	3.4100	按半年付息
019020	10 国债 20	29970.00	5.00	2015.07.08	2.5200	按年付息
019022	10 国债 22	28190.00	7.00	2017.07.22	2.7600	按年付息
019023	10 国债 23	28000.00	30.00	2040.07.29	3.9600	按半年付息
019024	10 国债 24	30440.00	10.00	2020.08.05	3.2800	按半年付息
019026	10 国债 26	28000.00	30.00	2040.08.16	3.9600	按半年付息
019027	10 国债 27	28000.00	7.00	2017.08.19	2.8100	按年付息
019028	10 国债 28	28220.00	5.00	2015.08.26	2.5800	按年付息
019029	10 国债 29	28000.00	20.00	2030.09.02	3.8200	按半年付息
019031	10 国债 31	28260.00	10.00	2020.09.16	3.2900	按半年付息
019032	10 国债 32	28710.00	7.00	2017.10.14	3.1000	按年付息
019033	10 国债 33	28000.00	5.00	2015.10.21	2.9100	按年付息
019034	10 国债 34	28000.00	10.00	2020.10.28	3.6700	按半年付息
019037	10 国债 37	28000.00	50.00	2060.11.18	4.4000	按半年付息
019038	10 国债 38	30640.00	7.00	2017.11.25	3.8300	按年付息
019039	10 国债 39	32140.00	5.00	2015.12.02	3.6400	按年付息
019040	10 国债 40	28000.00	30.00	2040.12.09	4.2300	按半年付息
019041	10 国债 41	30780.00	10.00	2020.12.16	3.7700	按半年付息

债券信息
List of Bonds

债券
Bond

上年收盘(面值 100 元) Last Year close	本年开盘 Open	本年最高 High	本年最低 Low	本年收盘 Close	涨跌(%) Change(%)	成交数量(万) Trading Vol(10000)	成交金额(百万) Trading Val (M)
97.35	97.39	105.30	96.70	103.55	6.37	16912.89	17118.80
93.12	93.20	98.20	92.60	97.39	4.59	1007.81	966.44
89.88	90.00	99.18	89.00	97.88	8.90	3863.76	3634.44
100.33	100.23	105.00	99.42	100.47	0.14	39.71	40.11
97.09	97.26	103.78	95.30	103.01	6.10	90.01	90.71
93.27	93.50	100.27	92.00	99.51	6.69	35.45	34.47
95.40	95.70	99.99	90.00	99.25	4.04	105.02	103.82
100.00	0.00	0.00	0.00	100.00	0.00	0.00	0.00
100.00	0.00	0.00	0.00	100.00	0.00	40.00	39.26
98.00	0.00	99.99	88.88	99.99	2.03	0.38	0.36
100.01	0.00	0.00	0.00	100.01	0.00	0.00	0.00
100.00	0.00	100.00	100.00	100.00	0.00	127.00	125.92
100.00	0.00	0.00	0.00	100.00	0.00	0.00	0.00
110.00	0.00	0.00	0.00	110.00	0.00	0.00	0.00
114.10	0.00	0.00	0.00	114.10	0.00	70.00	71.21
100.00	0.00	0.00	0.00	100.00	0.00	0.00	0.00
100.00	99.80	102.86	99.80	102.73	2.73	19172.69	19547.85
100.00	100.00	108.50	99.80	107.30	7.30	4267.38	4470.93
100.00	101.00	119.00	101.00	115.63	15.63	341.90	369.09
102.24	0.00	0.00	0.00	102.24	0.00	0.00	0.00
100.00	0.00	0.00	0.00	100.00	0.00	0.00	0.00
100.00	0.00	0.00	0.00	100.00	0.00	0.00	0.00
101.59	0.00	0.00	0.00	101.59	0.00	0.00	0.00
100.00	0.00	99.96	99.31	99.95	-0.05	822.65	814.56
98.80	0.00	0.00	0.00	98.80	0.00	0.00	0.00
100.00	0.00	0.00	0.00	100.00	0.00	0.00	0.00
92.33	92.98	106.40	88.10	97.00	5.06	4.90	4.52
97.62	0.00	98.92	98.92	98.92	1.33	650.00	642.73
100.00	0.00	0.00	0.00	100.00	0.00	0.00	0.00
100.00	0.00	0.00	0.00	100.00	0.00	0.00	0.00
100.00	0.00	0.00	0.00	100.00	0.00	0.00	0.00
100.00	0.00	0.00	0.00	100.00	0.00	0.00	0.00
100.00	0.00	0.00	0.00	100.00	0.00	14.00	13.55
99.54	0.00	0.00	0.00	99.54	0.00	0.00	0.00
100.00	0.00	0.00	0.00	100.00	0.00	100.00	97.50
99.55	0.00	0.00	0.00	99.55	0.00	0.00	0.00
100.00	0.00	0.00	0.00	100.00	0.00	0.00	0.00
100.00	0.00	0.00	0.00	100.00	0.00	0.00	0.00
100.00	0.00	98.80	98.80	98.80	-1.20	1190.00	1165.41
97.90	0.00	100.15	98.86	99.70	1.84	531.59	522.31
99.61	0.00	0.00	0.00	99.61	0.00	0.00	0.00
97.99	0.00	98.88	93.03	93.03	-5.06	0.04	0.04
100.00	0.00	0.00	0.00	100.00	0.00	80.00	79.21
100.00	0.00	0.00	0.00	100.00	0.00	330.00	328.00
100.00	0.00	0.00	0.00	100.00	0.00	0.00	0.00
100.00	0.00	0.00	0.00	100.00	0.00	0.00	0.00
100.00	0.00	0.00	0.00	100.00	0.00	0.00	0.00
100.00	0.00	100.63	99.65	100.40	0.40	5680.00	5682.82
100.00	0.00	0.00	0.00	100.00	0.00	0.00	0.00
100.00	0.00	0.00	0.00	100.00	0.00	0.00	0.00

债券信息
List of Bonds

债券
Bond

债券代码 Code	债券简称 Securities	发行数量 (百万) Issued Val(M)	年限 Terms	到期日 Expiration Date	票面利率(%) Coupon Rate(%)	付息方式 Way of Interest
019102	11 国债 02	62060.00	10.00	2021.01.20	3.9400	按半年付息
019103	11 国债 03	62520.00	7.00	2018.01.27	3.8300	按年付息
019104	11 国债 04	63970.00	5.00	2016.02.17	3.6000	按年付息
019105	11 国债 05	28000.00	30.00	2041.02.24	4.3100	按半年付息
019106	11 国债 06	30000.00	7.00	2018.03.03	3.7500	按年付息
019107	11 国债 07	58000.00	3.00	2014.03.10	3.2200	按年付息
019108	11 国债 08	30000.00	10.00	2021.03.17	3.8300	按半年付息
019110	11 国债 10	58000.00	20.00	2031.04.28	4.1500	按半年付息
019112	11 国债 12	30000.00	50.00	2061.05.26	4.4800	按半年付息
019113	11 国债 13	60000.00	3.00	2014.06.02	3.2600	按年付息
019114	11 国债 14	60000.00	5.00	2016.06.09	3.4400	按年付息
019115	11 国债 15	61930.00	10.00	2021.06.16	3.9900	按半年付息
019116	11 国债 16	58000.00	30.00	2041.06.23	4.5000	按半年付息
019117	11 国债 17	60000.00	7.00	2018.07.07	3.7000	按年付息
019119	11 国债 19	63050.00	10.00	2021.08.18	3.9300	按半年付息
019121	11 国债 21	58630.00	7.00	2018.10.13	3.6500	按年付息
019122	11 国债 22	29300.00	5.00	2016.10.20	3.5500	按年付息
019123	11 国债 23	28000.00	50.00	2061.11.10	4.3300	按半年付息
019124	11 国债 24	56050.00	10.00	2021.11.17	3.5700	按半年付息
019125	11 国债 25	28000.00	3.00	2014.12.08	2.8200	按年付息
019203	12 国债 03	58000.00	5.00	2017.02.16	3.1400	按年付息
019204	12 国债 04	86000.00	10.00	2022.02.23	3.5100	按半年付息
019205	12 国债 05	94670.00	7.00	2019.03.08	3.4100	按年付息
019206	12 国债 06	28000.00	20.00	2032.04.23	4.0300	按半年付息
019207	12 国债 07	64940.00	3.00	2015.04.26	2.9100	按年付息
019208	12 国债 08	28000.00	50.00	2062.05.17	4.2500	按半年付息
019209	12 国债 09	100220.00	10.00	2022.05.24	3.3600	按半年付息
019210	12 国债 10	94350.00	7.00	2019.06.07	3.1400	按年付息
019212	12 国债 12	28000.00	30.00	2042.06.28	4.0700	按半年付息
019213	12 国债 13	28000.00	30.00	2042.08.02	4.1200	按半年付息
019214	12 国债 14	56060.00	5.00	2017.08.16	2.9500	按年付息
019215	12 国债 15	86140.00	10.00	2022.08.23	3.3900	按半年付息
019216	12 国债 16	82820.00	7.00	2019.09.06	3.2500	按年付息
019217	12 国债 17	58000.00	3.00	2015.09.13	3.1000	按年付息
019218	12 国债 18	28000.00	20.00	2032.09.27	4.1000	按半年付息
019220	12 国债 20	26000.00	50.00	2062.11.15	4.3500	按半年付息
019221	12 国债 21	29010.00	10.00	2022.12.13	3.5500	按半年付息
019301	13 国债 01	48000.00	5.00	2018.01.10	3.1500	按年付息
019302	13 国债 02	30000.00	1.00	2014.01.17	2.8100	到期一次付息
019303	13 国债 03	82000.00	7.00	2020.01.24	3.4200	按年付息
019304	13 国债 04	56000.00	3.00	2016.01.31	3.1000	按年付息
019305	13 国债 05	78790.00	10.00	2023.02.21	3.5200	按半年付息
019306	13 国债 06	26000.00	2.00	2015.04.07	2.9200	按年付息
019307	13 国债 07	30000.00	1.00	2014.04.11	2.6200	到期一次付息
019308	13 国债 08	91720.00	7.00	2020.04.18	3.2900	按年付息
019309	13 国债 09	26000.00	20.00	2033.04.22	3.9900	按半年付息
019310	13 国债 10	20000.00	50.00	2063.05.20	4.2400	按半年付息
019311	13 国债 11	90000.00	10.00	2023.05.23	3.3800	按半年付息
019312	13 国债 12	26000.00	2.00	2015.05.27	2.9800	按年付息
019313	13 国债 13	60000.00	5.00	2018.05.30	3.0900	按年付息

债券信息
List of Bonds

债券
Bond

上年收盘 (面值 100 元) Last Year close	本年开盘 Open	本年最高 High	本年最低 Low	本年收盘 Close	涨跌(%) Change(%)	成交数量(万) Trading Vol(10000)	成交金额(百万) Trading Val (M)
100.00	0.00	0.00	0.00	100.00	0.00	0.00	0.00
100.00	0.00	0.00	0.00	100.00	0.00	0.00	0.00
100.00	0.00	0.00	0.00	100.00	0.00	20.00	20.05
100.00	0.00	0.00	0.00	100.00	0.00	140.00	140.00
100.00	0.00	0.00	0.00	100.00	0.00	0.00	0.00
99.70	0.00	100.88	99.99	100.00	0.30	24.43	24.44
102.00	0.00	102.00	91.00	101.20	-0.78	182.02	178.53
100.00	0.00	0.00	0.00	100.00	0.00	0.00	0.00
100.00	0.00	0.00	0.00	100.00	0.00	0.00	0.00
99.90	0.00	100.99	98.59	99.98	0.08	2157.11	2154.26
101.40	0.00	0.00	0.00	101.40	0.00	40.00	40.02
100.00	0.00	0.00	0.00	100.00	0.00	0.00	0.00
106.80	0.00	105.27	105.27	105.27	-1.43	20.00	21.05
98.00	0.00	99.50	98.20	99.50	1.53	870.03	868.20
97.52	0.00	102.00	90.00	102.00	4.59	236.01	237.35
98.00	0.00	98.88	98.28	98.88	0.90	0.02	0.02
101.83	0.00	0.00	0.00	101.83	0.00	200.00	198.75
100.00	0.00	0.00	0.00	100.00	0.00	0.00	0.00
100.00	0.00	0.00	0.00	100.00	0.00	0.00	0.00
100.20	0.00	0.00	0.00	100.20	0.00	380.00	378.17
99.40	0.00	100.00	92.05	98.20	-1.21	438.04	431.53
100.00	0.00	100.00	100.00	100.00	0.00	51.00	48.91
97.00	0.00	98.00	91.50	98.00	1.03	0.01	0.01
100.00	0.00	0.00	0.00	100.00	0.00	0.00	0.00
100.00	0.00	100.70	99.59	100.05	0.05	5083.29	5058.43
100.00	0.00	0.00	0.00	100.00	0.00	0.00	0.00
103.00	0.00	106.00	100.00	103.00	0.00	360.00	343.24
105.00	0.00	100.00	100.00	100.00	-4.76	240.00	230.20
88.99	0.00	0.00	0.00	88.99	0.00	0.00	0.00
100.00	0.00	0.00	0.00	100.00	0.00	0.00	0.00
99.99	0.00	98.00	90.00	97.82	-2.17	555.05	544.41
100.00	103.00	103.00	103.00	103.00	3.00	150.00	138.58
94.35	0.00	100.00	84.92	97.01	2.82	209.36	202.58
100.21	0.00	99.98	98.20	99.74	-0.47	10170.25	10112.97
94.26	0.00	103.50	87.75	103.00	9.27	103.60	97.39
100.00	0.00	0.00	0.00	100.00	0.00	0.00	0.00
100.00	0.00	0.00	0.00	100.00	0.00	20.00	18.50
94.00	0.00	106.00	86.82	97.00	3.19	203.62	201.62
100.03	99.94	100.08	99.85	99.97	-0.06	235.84	235.69
94.98	0.00	99.83	90.48	98.60	3.81	100.53	96.57
99.46	0.00	100.03	100.03	100.03	0.57	1150.00	1143.29
100.00	0.00	0.00	0.00	100.00	0.00	230.00	216.53
100.00	0.00	0.00	0.00	100.00	0.00	440.00	436.96
99.51	99.53	100.15	98.99	99.98	0.47	3136.10	3132.51
100.00	0.00	101.98	90.86	97.75	-2.25	450.88	428.77
100.00	0.00	0.00	0.00	100.00	0.00	0.00	0.00
100.00	0.00	0.00	0.00	100.00	0.00	0.00	0.00
100.00	0.00	100.00	82.09	97.50	-2.50	1410.18	1366.42
100.00	0.00	100.53	91.00	100.53	0.53	802.27	800.16
93.80	0.00	96.96	92.77	96.96	3.37	2393.06	2319.59

债券信息 List of Bonds

债券 Bond

债券代码 Code	债券简称 Securities	发行数量 (百万) Issued Val(M)	年限 Terms	到期日 Expiration Date	票面利率(%) Coupon Rate(%)	付息方式 Way of Interest
019314	13 国债 14	26000.00	1.00	2014.07.04	3.4800	到期一次付息
019315	13 国债 15	90150.00	7.00	2020.07.11	3.4600	按年付息
019316	13 国债 16	26000.00	20.00	2033.08.12	4.3200	按半年付息
019317	13 国债 17	60020.00	3.00	2016.08.15	3.7700	按年付息
019318	13 国债 18	111880.00	10.00	2023.08.22	4.0800	按半年付息
019319	13 国债 19	26000.00	30.00	2043.09.16	4.7600	按半年付息
019320	13 国债 20	88890.00	7.00	2020.10.17	4.0700	按年付息
019321	13 国债 21	24000.00	2.00	2015.10.21	3.7700	按年付息
019322	13 国债 22	28250.00	1.00	2014.10.31	4.0100	到期一次付息
019323	13 国债 23	57210.00	5.00	2018.11.07	4.1300	按年付息
019324	13 国债 24	20000.00	50.00	2063.11.18	5.3100	按半年付息
019325	13 国债 25	24000.00	30.00	2043.12.09	5.0500	按半年付息
019401	14 国债 01	38000.00	5.00	2019.01.07	4.4700	按年付息
019402	14 国债 02	10000.00	1.00	2015.01.09	4.0400	到期一次付息
019403	14 国债 03	66000.00	7.00	2021.01.16	4.4400	按年付息
019404	14 国债 04	84590.00	3.00	2017.03.13	3.6600	按年付息
019405	14 国债 05	84970.00	10.00	2024.03.20	4.4200	按半年付息
019406	14 国债 06	84080.00	7.00	2021.04.03	4.3300	按年付息
019407	14 国债 07	20700.00	1.00	2015.04.14	3.6300	到期一次付息
019408	14 国债 08	57000.00	5.00	2019.04.24	4.0400	按年付息
019409	14 国债 09	26000.00	20.00	2034.04.28	4.7700	按半年付息
019410	14 国债 10	26000.00	50.00	2064.05.26	4.6700	按半年付息
019411	14 国债 11	25850.00	1.00	2015.06.12	3.3200	到期一次付息
019412	14 国债 12	84010.00	10.00	2024.06.19	4.0000	按半年付息
019413	14 国债 13	84030.00	7.00	2021.07.03	4.0200	按年付息
019414	14 国债 14	22200.00	1.00	2015.07.10	3.5400	到期一次付息
019415	14 国债 15	23390.00	2.00	2016.07.21	3.9900	按年付息
019416	14 国债 16	26000.00	30.00	2044.07.24	4.7600	按半年付息
019417	14 国债 17	26000.00	20.00	2034.08.11	4.6300	按半年付息
019418	14 国债 18	22000.00	1.00	2015.08.14	3.8200	到期一次付息
019419	14 国债 19	26000.00	2.00	2016.08.18	3.8900	按年付息
019420	14 国债 20	56100.00	3.00	2017.09.11	4.0000	按年付息
019421	14 国债 21	85790.00	10.00	2024.09.18	4.1300	按半年付息
019422	14 国债 22	22450.00	1.00	2015.09.22	3.7100	到期一次付息
019423	14 国债 23	23530.00	1.00	2015.10.20	3.5000	到期一次付息
019424	14 国债 24	84180.00	7.00	2021.10.23	3.7000	按年付息
019425	14 国债 25	26000.00	30.00	2044.10.27	4.3000	按半年付息
019426	14 国债 26	56040.00	5.00	2019.10.30	3.5300	按年付息
019427	14 国债 27	26000.00	50.00	2064.11.24	4.2400	按半年付息
019428	14 国债 28	22180.00	1.00	2015.12.11	3.4200	到期一次付息
019429	14 国债 29	68240.00	10.00	2024.12.18	3.7700	按半年付息
019430	14 国债 30	25000.00	2.00	2016.12.25	3.3900	按年付息
019714	07 国债 14	32690.00	7.00	2014.08.23	3.9000	按年付息
019718	07 国债 18	32470.00	7.00	2014.11.26	4.3500	按年付息
019801	08 国债 01	28970.00	7.00	2015.02.13	3.9500	按年付息
019802	08 国债 02	28000.00	15.00	2023.02.28	4.1600	按半年付息
019803	08 国债 03	27940.00	10.00	2018.03.20	4.0700	按半年付息
019806	08 国债 06	28000.00	30.00	2038.05.08	4.5000	按半年付息
019807	08 国债 07	27150.00	7.00	2015.05.19	4.0100	按年付息
019810	08 国债 10	26650.00	10.00	2018.06.23	4.4100	按半年付息

债券信息　　债券
List of Bonds　　Bond

上年收盘 (面值 100 元) Last Year close	本年开盘 Open	本年最高 High	本年最低 Low	本年收盘 Close	涨跌(%) Change(%)	成交数量(万) Trading Vol(10000)	成交金额(百万) Trading Val (M)
99.58	0.00	100.69	97.58	100.03	0.45	1860.77	1861.97
93.30	0.00	101.79	92.00	100.00	7.18	1846.46	1811.26
100.00	0.00	0.00	0.00	100.00	0.00	0.00	0.00
98.55	0.00	99.85	98.20	99.85	1.32	4852.77	4848.09
103.00	0.00	103.00	90.10	100.30	-2.62	728.77	720.77
100.98	0.00	112.00	99.60	110.00	8.93	251.47	252.82
97.75	0.00	101.02	97.91	100.00	2.30	256.88	255.33
100.00	0.00	100.66	96.37	99.64	-0.36	2613.88	2619.26
99.99	99.99	101.44	98.01	99.97	-0.02	4118.63	4132.31
99.50	0.00	103.50	90.99	101.10	1.61	1271.30	1278.21
100.00	0.00	0.00	0.00	100.00	0.00	0.00	0.00
100.00	0.00	102.00	101.00	102.00	2.00	0.01	0.01
--	0.00	104.00	101.00	103.00	0.00	411.34	417.07
--	0.00	100.65	99.50	100.07	0.00	865.96	865.59
--	0.00	102.30	100.00	100.00	0.00	148.51	149.31
--	0.00	100.90	99.36	100.35	0.00	9971.00	9984.11
--	0.00	105.00	100.00	103.00	0.00	253.05	268.76
--	0.00	103.50	99.66	100.30	0.00	326.03	332.17
--	0.00	102.98	89.00	100.70	0.00	2161.50	2164.66
--	0.00	100.82	100.36	100.56	0.00	530.00	532.34
--	0.00	0.00	0.00	100.00	0.00	0.00	0.00
--	0.00	0.00	0.00	100.00	0.00	0.00	0.00
--	0.00	100.10	91.00	99.97	0.00	1080.09	1079.09
--	0.00	101.81	98.01	101.81	0.00	710.00	709.11
--	0.00	103.20	98.92	102.60	0.00	3050.01	3074.62
--	0.00	101.10	99.78	100.59	0.00	2906.73	2908.16
--	0.00	100.92	100.00	100.00	0.00	2880.00	2897.78
--	0.00	0.00	0.00	100.00	0.00	110.00	110.71
--	0.00	0.00	0.00	100.00	0.00	0.00	0.00
--	0.00	100.43	99.99	100.40	0.00	1474.61	1476.61
--	0.00	100.94	100.94	100.94	0.00	1304.00	1310.66
--	0.00	101.28	101.28	101.28	0.00	270.00	272.83
--	0.00	103.75	96.00	102.00	0.00	1430.01	1481.61
--	0.00	100.55	99.00	100.20	0.00	1206.50	1210.33
--	0.00	100.43	100.04	100.20	0.00	1115.00	1117.63
--	0.00	101.30	99.70	100.80	0.00	3940.03	3956.69
--	0.00	0.00	0.00	100.00	0.00	10.00	9.99
--	0.00	99.20	95.00	96.01	0.00	130.43	130.17
--	0.00	100.41	100.41	100.41	0.00	20.00	20.08
--	0.00	100.00	100.00	100.00	0.00	340.00	340.64
--	0.00	0.00	0.00	100.00	0.00	1540.00	1539.36
--	0.00	0.00	0.00	100.00	0.00	90.00	89.99
104.21	0.00	0.00	0.00	104.21	0.00	65.00	65.07
119.56	0.00	0.00	0.00	119.56	0.00	240.00	241.23
100.44	0.00	0.00	0.00	100.44	0.00	120.00	119.91
100.00	0.00	0.00	0.00	100.00	0.00	0.00	0.00
100.00	0.00	0.00	0.00	100.00	0.00	0.00	0.00
100.00	0.00	0.00	0.00	100.00	0.00	0.00	0.00
105.07	0.00	0.00	0.00	105.07	0.00	400.00	399.68
100.00	0.00	0.00	0.00	100.00	0.00	0.00	0.00

债券信息 List of Bonds

债券 Bond

债券代码 Code	债券简称 Securities	发行数量 (百万) Issued Val(M)	年限 Terms	到期日 Expiration Date	票面利率(%) Coupon Rate(%)	付息方式 Way of Interest
019813	08 国债 13	24000.00	20.00	2028.08.11	4.9400	按半年付息
019814	08 国债 14	26600.00	7.00	2015.08.18	4.2300	按年付息
019818	08 国债 18	24360.00	10.00	2018.09.22	3.6800	按半年付息
019820	08 国债 20	24000.00	30.00	2038.10.23	3.9100	按半年付息
019822	08 国债 22	22500.00	7.00	2015.11.24	2.7100	按年付息
019823	08 国债 23	24000.00	15.00	2023.11.27	3.6200	按半年付息
019825	08 国债 25	25370.00	10.00	2018.12.15	2.9000	按半年付息
019901	09 国债 01	26930.00	7.00	2016.02.12	2.7600	按年付息
019902	09 国债 02	22000.00	20.00	2029.02.19	3.8600	按半年付息
019903	09 国债 03	26000.00	10.00	2019.03.12	3.0500	按半年付息
019904	09 国债 04	56430.00	5.00	2014.04.02	2.2900	按年付息
019905	09 国债 05	22000.00	30.00	2039.04.09	4.0200	按半年付息
019906	09 国债 06	25210.00	7.00	2016.04.16	2.8200	按年付息
019907	09 国债 07	27760.00	10.00	2019.05.07	3.0200	按半年付息
019910	09 国债 10	29500.00	5.00	2014.06.04	2.2600	按年付息
019911	09 国债 11	28000.00	15.00	2024.06.11	3.6900	按半年付息
019912	09 国债 12	28270.00	10.00	2019.06.18	3.0900	按半年付息
019913	09 国债 13	28000.00	7.00	2016.06.25	2.8200	按年付息
019916	09 国债 16	28300.00	10.00	2019.07.23	3.4800	按半年付息
019917	09 国债 17	26000.00	7.00	2016.07.30	3.1500	按年付息
019918	09 国债 18	27580.00	5.00	2014.08.06	2.9700	按年付息
019919	09 国债 19	26730.00	7.00	2016.08.20	3.1700	按年付息
019920	09 国债 20	26000.00	20.00	2029.08.27	4.0000	按半年付息
019923	09 国债 23	26640.00	10.00	2019.09.17	3.4400	按半年付息
019924	09 国债 24	26800.00	5.00	2014.09.24	2.9000	按年付息
019925	09 国债 25	24000.00	30.00	2039.10.15	4.1800	按半年付息
019926	09 国债 26	27490.00	7.00	2016.10.22	3.4000	按年付息
019927	09 国债 27	27240.00	10.00	2019.11.05	3.6800	按半年付息
019930	09 国债 30	20000.00	50.00	2059.11.30	4.3000	按半年付息
019931	09 国债 31	27390.00	5.00	2014.12.03	2.9000	按年付息
019932	09 国债 32	27120.00	7.00	2016.12.17	3.2200	按年付息
020059	13 贴债 01	15000.00	0.75	2014.01.13	0.0000	其它
020060	13 贴债 02	15000.00	0.75	2014.01.20	0.0000	其它
020061	13 贴债 03	15000.00	0.75	2014.02.10	0.0000	其它
020062	13 贴债 04	9530.00	0.75	2014.03.17	0.0000	其它
020063	13 贴债 05	15000.00	0.50	2014.02.17	0.0000	其它
020064	13 贴债 06	15000.00	0.50	2014.03.10	0.0000	其它
020065	13 贴债 07	15000.00	0.25	2014.01.13	0.0000	其它
020066	13 贴债 08	15000.00	0.25	2014.03.17	0.0000	其它
020067	14 贴债 01	15000.00	0.75	2015.01.19	0.0000	其它
020068	14 贴债 02	15000.00	0.75	2015.02.09	0.0000	其它
020069	14 贴债 03	15000.00	0.50	2015.01.26	0.0000	其它
020070	14 贴债 04	15000.00	0.50	2015.02.23	0.0000	其它
020071	14 贴债 05	15000.00	0.50	2015.03.16	0.0000	其它
020072	14 贴债 06	15000.00	0.25	2015.01.10	0.0000	其它
020073	14 贴债 07	15000.00	0.25	2015.01.27	0.0000	其它
020074	14 贴债 08	15000.00	0.25	2015.03.16	0.0000	其它
120102	01 三峡债	3000.00	15.00	2016.11.08	5.2100	按年付息
120201	02 三峡债	5000.00	20.00	2022.09.20	4.7600	按年付息
120203	02 中移(15)	5000.00	15.00	2017.10.27	4.5000	按年付息

债券信息
List of Bonds

债券
Bond

上年收盘 (面值 100 元) Last Year close	本年开盘 Open	本年最高 High	本年最低 Low	本年收盘 Close	涨跌(%) Change(%)	成交数量(万) Trading Vol(10000)	成交金额(百万) Trading Val (M)
100.00	0.00	0.00	0.00	100.00	0.00	0.00	0.00
104.88	0.00	0.00	0.00	104.88	0.00	100.00	100.93
104.61	0.00	0.00	0.00	104.61	0.00	0.00	0.00
100.00	0.00	0.00	0.00	100.00	0.00	0.00	0.00
98.81	0.00	99.46	99.46	99.46	0.66	30.00	29.84
100.00	0.00	0.00	0.00	100.00	0.00	0.00	0.00
97.11	0.00	0.00	0.00	97.11	0.00	0.00	0.00
100.00	0.00	0.00	0.00	100.00	0.00	270.00	266.56
100.00	0.00	0.00	0.00	100.00	0.00	0.00	0.00
100.00	0.00	0.00	0.00	100.00	0.00	0.00	0.00
99.39	0.00	0.00	0.00	99.39	0.00	90.00	89.65
100.00	0.00	0.00	0.00	100.00	0.00	0.00	0.00
100.00	0.00	0.00	0.00	100.00	0.00	50.00	49.62
100.00	0.00	0.00	0.00	100.00	0.00	0.00	0.00
100.00	0.00	0.00	0.00	100.00	0.00	0.00	0.00
100.00	0.00	0.00	0.00	100.00	0.00	0.00	0.00
100.00	0.00	0.00	0.00	100.00	0.00	0.00	0.00
100.00	0.00	0.00	0.00	100.00	0.00	0.00	0.00
100.00	0.00	0.00	0.00	100.00	0.00	0.00	0.00
102.35	0.00	0.00	0.00	102.35	0.00	0.00	0.00
100.00	0.00	0.00	0.00	100.00	0.00	0.00	0.00
100.00	0.00	0.00	0.00	100.00	0.00	0.00	0.00
100.00	0.00	0.00	0.00	100.00	0.00	0.00	0.00
100.00	0.00	0.00	0.00	100.00	0.00	0.00	0.00
100.00	0.00	100.15	99.89	100.00	0.00	704.53	702.80
95.01	0.00	0.00	0.00	95.01	0.00	0.00	0.00
100.00	0.00	0.00	0.00	100.00	0.00	0.00	0.00
100.00	0.00	0.00	0.00	100.00	0.00	0.00	0.00
100.00	0.00	0.00	0.00	100.00	0.00	0.00	0.00
100.00	0.00	0.00	0.00	100.00	0.00	0.00	0.00
100.00	0.00	0.00	0.00	100.00	0.00	0.00	0.00
97.89	0.00	0.00	0.00	97.89	0.00	0.00	0.00
97.91	0.00	0.00	0.00	97.91	0.00	0.00	0.00
97.65	0.00	0.00	0.00	97.65	0.00	0.00	0.00
97.28	0.00	0.00	0.00	97.28	0.00	0.00	0.00
98.11	0.00	0.00	0.00	98.11	0.00	0.00	0.00
98.13	0.00	98.20	98.13	98.20	0.07	160.00	157.03
99.30	99.30	99.30	99.06	99.30	0.00	0.52	0.51
98.83	0.00	0.00	0.00	98.83	0.00	0.00	0.00
--	0.00	97.99	96.98	97.70	0.00	185.10	180.60
--	0.00	0.00	0.00	97.47	0.00	110.00	107.58
--	0.00	0.00	0.00	98.12	0.00	250.00	245.32
--	0.00	0.00	0.00	98.09	0.00	300.00	294.59
--	0.00	98.50	98.00	98.50	0.00	252.67	248.29
--	0.00	99.12	99.12	99.12	0.00	350.00	346.77
--	0.00	99.20	99.15	99.17	0.00	1241.00	1230.96
--	0.00	0.00	0.00	99.18	0.00	200.00	198.31
97.90	97.50	102.44	96.01	100.80	2.96	75.32	75.26
92.99	92.99	102.00	84.89	102.00	9.69	32.30	31.50
93.50	91.01	101.00	90.47	99.01	5.89	40.85	40.05

债券信息 List of Bonds

债券 Bond

债券代码 Code	债券简称 Securities	发行数量 (百万) Issued Val(M)	年限 Terms	到期日 Expiration Date	票面利率(%) Coupon Rate(%)	付息方式 Way of Interest
120204	02 苏交通	1500.00	15.00	2017.12.11	4.5100	按年付息
120301	03 沪轨道	4000.00	15.00	2018.02.19	4.5100	按年付息
120303	03 三峡债	3000.00	30.00	2033.07.31	4.8600	按年付息
120306	03 中电投	3000.00	15.00	2018.12.07	5.0200	按年付息
120482	04 通用债	1000.00	10.00	2014.03.31	4.7500	按年付息
120483	04 中石化	3500.00	10.00	2014.02.24	4.6100	按年付息
120485	04 国电(1)	2444.00	10.00	2014.09.22	5.3000	按年付息
120486	04 国电(2)	1556.00	15.00	2019.09.21	5.6000	按年付息
120488	04 京地铁	2000.00	10.00	2014.12.14	5.7200	按年付息
120489	04 南网(1)	1000.00	10.00	2014.09.17	5.3000	按年付息
120490	04 南网(2)	2000.00	15.00	2019.09.16	5.6000	按年付息
120501	05 申能债	1000.00	10.00	2015.02.02	5.7000	按年付息
120502	05 苏园建	1200.00	10.00	2015.05.19	5.0500	按年付息
120503	05 渝水务	1700.00	10.00	2015.04.26	5.0500	按年付息
120505	05 华电债	2000.00	10.00	2015.06.30	4.9800	按年付息
120506	05 大唐债	3000.00	15.00	2020.04.28	5.2800	按年付息
120508	05 铁道债	5000.00	15.00	2020.07.28	4.8500	按年付息
120509	05 国网(1)	3000.00	10.00	2015.07.07	4.9800	按年付息
120510	05 国网(2)	1000.00	10.00	2015.07.07	5.2500	按年付息
120511	05 沪建(1)	2000.00	10.00	2015.07.26	4.9800	按年付息
120512	05 沪建(2)	1000.00	15.00	2020.07.26	5.1800	按年付息
120516	05 中电投	2000.00	10.00	2015.07.11	4.9800	按年付息
120519	05 华能债	2000.00	10.00	2015.07.04	5.0200	按年付息
120520	05 杭城建	1000.00	10.00	2015.06.20	5.0200	按年付息
120521	05 国航债	3000.00	10.00	2015.09.06	4.5000	按年付息
120522	05 铁通债	1000.00	10.00	2015.08.17	4.6000	按年付息
120523	05 闽高速	2000.00	10.00	2015.06.10	5.0500	按年付息
120525	05 中核(1)	1000.00	10.00	2015.07.21	4.9800	按年付息
120527	05 武城投	1000.00	15.00	2020.12.25	4.7000	按年付息
120529	05 宁煤债	1000.00	15.00	2020.09.15	4.9000	按年付息
120601	06 大唐债	2000.00	20.00	2026.02.15	4.2000	按年付息
120602	06 冀建投	1000.00	20.00	2026.03.27	4.1800	按年付息
120603	06 航天债	2000.00	15.00	2021.04.17	4.0000	按年付息
120604	06 国网(1)	1000.00	10.00	2016.05.28	4.0500	按年付息
120605	06 三峡债	3000.00	20.00	2026.05.10	4.1500	按年付息
120607	06 沪水务	1500.00	15.00	2021.06.28	4.2500	按年付息
120608	06 鲁高速	1000.00	20.00	2026.04.06	4.1000	按年付息
120609	06 赣投债	800.00	15.00	2021.09.10	4.3800	按年付息
120610	06 合城投	1000.00	10.00	2016.09.19	4.3200	按年付息
120701	07 世博(1)	2000.00	10.00	2017.02.14	4.0500	按年付息
120702	07 世博(2)	2000.00	15.00	2022.02.14	4.1500	按年付息
122000	07 长电债	4000.00	10.00	2017.09.24	5.3500	按年付息
122001	07 海工债	1200.00	10.00	2017.11.09	5.7700	按年付息
122003	07 华能 G2	1700.00	7.00	2014.12.25	5.7500	按年付息
122004	07 华能 G3	3300.00	10.00	2017.12.25	5.9000	按年付息
122006	08 金地债	1200.00	8.00	2016.03.10	5.5000	按年付息
122007	08 莱钢债	2000.00	10.00	2018.03.25	6.5500	按年付息
122008	08 华能 G1	4000.00	10.00	2018.05.08	5.2000	按年付息
122009	08 新湖债	1400.00	8.00	2016.07.02	9.0000	按年付息
122014	09 豫园债	500.00	5.00	2014.07.17	5.9000	按年付息

债券信息
List of Bonds

债券
Bond

上年收盘 (面值 100 元) Last Year close	本年开盘 Open	本年最高 High	本年最低 Low	本年收盘 Close	涨跌(%) Change(%)	成交数量(万) Trading Vol(10000)	成交金额(百万) Trading Val (M)
92.50	93.51	103.80	88.29	99.13	7.17	15.57	15.14
95.23	91.51	100.20	90.50	98.05	2.96	17.75	17.23
93.49	93.00	104.90	78.07	101.50	8.57	12.66	12.13
96.10	89.07	101.99	89.07	99.60	3.64	37.25	36.43
99.69	99.21	101.02	90.99	100.10	0.41	4.44	4.44
99.78	99.78	101.18	91.95	100.00	0.22	4.96	4.95
100.20	100.30	100.50	90.11	100.02	-0.18	0.79	0.78
100.88	100.88	112.00	96.30	101.30	0.42	1.01	1.04
99.11	99.49	100.46	98.11	99.99	0.89	129.95	130.12
99.10	99.90	101.00	99.05	100.01	0.92	15.60	15.61
102.00	100.00	112.00	94.01	101.61	-0.38	1678.66	1706.28
100.50	99.70	107.99	95.01	100.15	-0.35	61.81	61.91
99.36	97.62	102.00	97.62	100.08	0.73	88.86	88.75
99.99	98.47	103.00	98.47	100.30	0.31	9.92	9.94
98.00	99.00	100.30	98.50	100.00	2.04	11.55	11.58
108.00	98.70	100.00	86.59	100.00	-7.41	2.77	2.73
92.00	93.00	100.18	86.20	100.18	8.89	59.96	60.86
99.50	98.50	100.50	98.50	99.85	0.35	576.99	577.22
98.50	98.50	110.00	98.50	100.01	1.53	434.87	436.12
101.00	100.00	101.50	93.00	100.05	-0.94	11.34	11.34
99.00	90.42	106.70	81.61	100.50	1.52	0.07	0.07
95.48	98.00	106.50	96.10	99.00	3.69	382.22	379.86
104.00	105.00	105.00	94.71	100.40	-3.46	64.75	64.88
98.00	98.00	100.43	90.00	99.30	1.33	9.46	9.46
97.24	87.71	101.20	87.71	99.30	2.12	43.19	43.18
100.00	0.00	0.00	0.00	0.00	0.00	0.00	0.00
100.00	99.90	100.70	96.91	100.11	0.11	8.50	8.49
101.00	100.20	100.50	100.07	100.50	-0.50	1.64	1.65
95.88	91.00	105.50	82.12	99.80	4.09	0.35	0.33
98.00	100.00	100.00	100.00	100.00	2.04	0.00	0.00
96.49	93.00	95.98	80.00	92.80	-3.82	11.40	10.19
84.51	84.00	104.99	75.00	92.60	9.57	3.14	2.77
90.13	97.74	99.00	83.98	93.99	4.28	1.34	1.25
95.00	95.00	99.28	86.00	98.25	3.42	9.87	9.69
86.17	85.41	94.50	82.95	93.37	8.36	185.50	161.63
98.70	0.00	0.00	0.00	0.00	0.00	0.00	0.00
85.01	80.01	95.00	80.01	92.50	8.81	0.20	0.18
91.99	91.00	108.00	85.01	97.50	5.99	0.12	0.12
137.11	137.11	137.11	137.11	137.11	0.00	227.00	223.05
94.39	92.00	105.52	90.06	97.00	2.77	24.59	24.28
94.95	93.86	98.53	84.90	94.00	-1.00	2.21	2.04
99.49	99.49	104.48	99.01	100.57	1.09	2754.64	2768.58
98.99	94.99	106.00	94.99	103.00	4.05	66.30	68.91
99.80	99.79	110.36	98.74	100.02	0.22	655.02	657.25
97.32	97.32	106.00	88.29	106.00	8.92	43.08	44.54
98.40	98.20	103.41	97.02	100.80	2.44	777.60	778.61
96.80	96.18	104.00	95.00	98.00	1.24	931.89	917.96
97.09	96.00	103.00	95.90	101.00	4.03	317.82	320.68
101.69	101.62	104.44	99.30	101.98	0.29	2805.64	2846.96
99.09	99.50	104.95	98.81	100.00	0.92	332.37	332.68

债券信息
List of Bonds

债券代码 Code	债券简称 Securities	发行数量(百万) Issued Val(M)	年限 Terms	到期日 Expiration Date	票面利率(%) Coupon Rate(%)	付息方式 Way of Interest
122015	09 长电债	3500.00	10.00	2019.07.30	4.7800	按年付息
122016	09 中材债	2500.00	7.00	2016.07.29	5.4000	按年付息
122017	09 大唐债	3000.00	10.00	2019.08.17	5.0000	按年付息
122018	09 中交 G1	2100.00	5.00	2014.08.21	4.7000	按年付息
122019	09 中交 G2	7900.00	10.00	2019.08.21	5.2000	按年付息
122020	09 复地债	1900.00	5.00	2014.09.22	7.3000	按年付息
122021	09 广汇债	1000.00	7.00	2016.08.26	6.9500	按年付息
122022	09 城控债	2000.00	5.00	2014.09.11	5.0000	按年付息
122023	09 万业债	1000.00	5.00	2014.09.17	7.3000	按年付息
122024	09 国阳债	1400.00	5.00	2014.09.15	5.3800	按年付息
122025	09 首置债	1000.00	5.00	2014.09.24	6.5000	按年付息
122026	09 福田债	1000.00	5.00	2014.09.23	5.6800	按年付息
122027	09 京城建	900.00	7.00	2016.09.28	6.8000	按年付息
122028	09 华发债	1800.00	8.00	2017.10.16	7.6000	按年付息
122029	09 万通债	1000.00	5.00	2014.10.14	7.2000	按年付息
122030	09 京综超	700.00	6.00	2015.11.02	6.3000	按年付息
122032	09 隧道债	1400.00	7.00	2016.10.21	5.5500	按年付息
122033	09 富力债	5500.00	5.00	2014.10.23	7.1500	按年付息
122034	09 中企债	1200.00	5.00	2014.10.26	7.1000	按年付息
122035	09 苏高新	1000.00	5.00	2014.11.09	6.3000	按年付息
122036	09 沪张江	2000.00	5.00	2014.12.09	5.9000	按年付息
122037	09 三友债	960.00	8.00	2017.11.26	6.3200	按年付息
122038	09 宁高科	1000.00	5.00	2014.12.08	5.3600	按年付息
122039	09 皖通债	2000.00	5.00	2014.12.17	5.0000	按年付息
122040	09 新黄浦	1000.00	5.00	2014.12.16	5.9000	按年付息
122041	09 招金债	1500.00	7.00	2016.12.23	5.0000	按年付息
122043	09 紫江债	1000.00	8.00	2017.12.28	6.1000	按年付息
122044	10 连云债	650.00	5.00	2015.01.26	6.0000	按年付息
122045	10 中铁 G1	1000.00	5.00	2015.01.27	4.4800	按年付息
122046	10 中铁 G2	5000.00	10.00	2020.01.27	4.8800	按年付息
122047	10 首机 01	1900.00	5.00	2015.02.03	4.4500	按年付息
122048	10 首机 02	3000.00	7.00	2017.02.03	4.6500	按年付息
122049	10 营口港	1200.00	8.00	2018.03.02	5.9000	按年付息
122050	10 杉杉债	600.00	7.00	2017.03.26	5.9600	按年付息
122051	10 石化 01	11000.00	5.00	2015.05.21	3.7500	按年付息
122052	10 石化 02	9000.00	10.00	2020.05.21	4.0500	按年付息
122053	10 泰豪债	500.00	5.00	2015.09.27	5.3000	按年付息
122054	10 中铁 G3	2500.00	10.00	2020.10.19	4.3400	按年付息
122055	10 中铁 G4	3500.00	15.00	2025.10.19	4.5000	按年付息
122056	10 龙源 01	2000.00	5.00	2015.12.10	4.8900	按年付息
122057	10 龙源 02	2000.00	10.00	2020.12.10	5.0500	按年付息
122058	10 豫园债	500.00	5.00	2015.12.22	5.9000	按年付息
122059	10 重钢债	2000.00	7.00	2017.12.09	6.2000	按年付息
122060	ST 银鸽债	750.00	7.00	2017.12.22	7.0900	按年付息
122061	11 西矿 01	2000.00	5.00	2016.01.17	5.0000	按年付息
122062	11 西矿 02	2000.00	10.00	2021.01.17	5.3000	按年付息
122063	11 龙源 01	1500.00	5.00	2016.01.21	4.8900	按年付息
122064	11 龙源 02	1500.00	10.00	2021.01.21	5.0400	按年付息
122065	11 上港 01	5000.00	5.00	2016.03.30	4.6900	按年付息
122066	11 大唐 01	3000.00	10.00	2021.04.20	5.2500	按年付息

债券信息
List of Bonds

债券
Bond

上年收盘 (面值 100 元) Last Year close	本年开盘 Open	本年最高 High	本年最低 Low	本年收盘 Close	涨跌(%) Change(%)	成交数量(万) Trading Vol(10000)	成交金额(百万) Trading Val (M)
94.40	94.39	101.00	85.39	101.00	6.99	6.81	6.61
99.99	96.00	101.70	96.00	100.90	0.91	885.68	894.43
96.90	96.50	101.00	93.58	100.00	3.20	1.23	1.20
99.00	99.00	100.30	98.30	99.99	1.00	427.92	427.50
99.00	89.30	100.00	87.49	98.50	-0.51	0.01	0.01
100.20	100.05	109.78	99.67	100.02	-0.18	2239.31	2249.19
98.38	98.37	110.00	89.99	102.39	4.08	1886.68	1896.02
99.90	99.00	100.10	99.00	100.03	0.13	161.11	160.76
99.99	99.98	100.50	98.22	99.99	0.00	926.70	927.54
100.20	98.60	100.30	98.60	99.98	-0.22	194.88	194.85
99.60	99.60	100.55	99.03	100.01	0.41	744.36	746.16
100.30	98.00	100.35	98.00	100.00	-0.30	215.91	216.02
99.50	99.50	102.90	99.50	101.00	1.51	434.25	437.60
100.00	99.80	106.00	99.40	103.07	3.07	1698.72	1736.98
100.28	99.80	101.60	99.40	100.00	-0.28	935.95	939.90
98.50	98.00	101.76	98.00	100.20	1.73	804.32	807.97
99.29	99.30	102.00	98.80	100.99	1.71	1128.06	1131.16
101.14	100.01	101.00	99.95	100.00	-1.13	8479.81	8517.78
100.40	100.40	106.96	100.00	100.02	-0.38	603.94	606.66
100.50	99.50	101.00	99.50	99.95	-0.55	746.44	747.80
99.50	99.00	101.00	99.00	100.00	0.50	2444.70	2448.91
99.40	99.40	103.71	93.68	101.51	2.12	539.25	544.87
99.10	99.10	101.00	98.20	100.01	0.92	617.98	617.77
104.55	100.00	100.00	99.80	99.88	-4.47	80.23	80.23
99.37	99.30	100.45	96.50	100.02	0.65	831.59	832.21
100.00	101.00	102.50	94.72	100.01	0.01	665.07	662.44
99.20	99.00	103.00	95.52	100.01	0.82	1273.63	1276.20
99.30	98.70	100.69	97.70	100.05	0.76	820.34	821.05
99.00	98.00	100.15	97.94	99.75	0.76	381.92	380.13
93.99	89.22	98.30	88.33	98.00	4.27	0.09	0.08
98.00	98.25	100.10	98.25	100.07	2.11	701.40	697.57
100.00	0.00	0.00	0.00	100.00	0.00	54.00	53.64
99.10	98.00	103.90	98.00	102.80	3.73	1128.55	1139.56
99.00	99.50	110.00	97.58	100.99	2.01	524.05	520.84
96.60	97.14	102.10	96.00	99.95	3.47	7997.48	7906.41
91.79	92.01	100.98	87.90	97.00	5.68	604.12	580.87
98.30	96.30	100.50	96.00	99.49	1.21	350.67	347.94
91.00	86.11	103.79	86.00	95.50	4.95	0.54	0.50
91.60	85.03	99.00	85.00	93.80	2.40	0.99	0.92
101.23	100.08	102.35	95.15	100.00	-1.22	548.11	549.30
100.00	0.00	0.00	0.00	100.00	0.00	0.00	0.00
98.30	98.20	102.99	98.05	101.20	2.95	558.55	562.78
92.80	92.70	101.15	86.00	99.00	6.68	2062.80	1991.94
93.32	93.30	98.80	88.11	97.45	4.43	1963.54	1731.40
100.05	99.00	99.50	99.00	99.50	-0.55	20.55	20.45
100.00	0.00	0.00	0.00	100.00	0.00	0.00	0.00
100.00	100.20	100.20	100.20	100.20	0.20	300.00	300.60
100.00	0.00	0.00	0.00	100.00	0.00	0.00	0.00
99.43	99.43	105.00	97.01	100.20	0.77	6040.94	5997.65
100.96	97.99	100.98	92.03	98.00	-2.93	0.62	0.62

债券信息 List of Bonds

债券 Bond

债券代码 Code	债券简称 Securities	发行数量 (百万) Issued Val(M)	年限 Terms	到期日 Expiration Date	票面利率(%) Coupon Rate(%)	付息方式 Way of Interest
122067	11 南钢债	4000.00	7.00	2018.05.06	5.8000	按年付息
122068	11 海螺 01	7000.00	5.00	2016.05.23	5.0800	按年付息
122069	11 海螺 02	2500.00	7.00	2018.05.23	5.2000	按年付息
122070	11 海航 01	3560.00	5.00	2016.05.24	5.6000	按年付息
122071	11 海航 02	1440.00	10.00	2021.05.24	6.2000	按年付息
122072	11 大连港	2350.00	10.00	2021.05.23	5.3000	按年付息
122073	11 云维债	1000.00	7.00	2018.06.01	5.6500	按年付息
122074	11 士兰微	600.00	5.00	2016.06.09	5.3500	按年付息
122075	11 柳钢债	2000.00	8.00	2019.06.01	5.7000	按年付息
122076	11 康恩贝	600.00	5.00	2016.06.08	6.3000	按年付息
122077	11 西钢债	1000.00	8.00	2019.06.15	5.7500	按年付息
122078	11 东阳光	900.00	5.00	2016.06.15	7.5000	按年付息
122079	11 上港 02	3000.00	5.00	2016.07.06	5.0500	按年付息
122080	11 康美债	2500.00	7.00	2018.06.21	6.0000	按年付息
122081	11 星湖债	640.00	6.00	2017.07.07	7.5000	按年付息
122082	11 发展债	650.00	5.00	2016.07.07	6.4000	按年付息
122083	ST 天威债	1600.00	7.00	2018.07.11	5.7500	按年付息
122084	11 湘电债	950.00	5.00	2016.07.15	6.1800	按年付息
122085	11 深高速	1500.00	5.00	2016.07.27	6.0000	按年付息
122086	11 正泰债	1500.00	5.00	2016.07.20	6.0500	按年付息
122087	11 凌钢债	1480.00	8.00	2019.08.01	6.5800	按年付息
122088	11 综艺债	700.00	5.00	2016.08.31	7.5000	按年付息
122089	11 马钢 01	3160.00	3.00	2014.08.25	5.6300	按年付息
122090	11 马钢 02	2340.00	5.00	2016.08.25	5.7400	按年付息
122091	11 重机债	1000.00	5.00	2016.08.17	6.5900	按年付息
122093	11 中孚债	1500.00	8.00	2019.08.29	7.3000	按年付息
122094	11 海正债	800.00	5.00	2016.08.25	6.5000	按年付息
122095	11 杭钢债	1400.00	3.00	2014.08.25	6.3500	按年付息
122096	11 健康元	1000.00	7.00	2018.10.28	7.1000	按年付息
122097	11 浦路桥	700.00	5.00	2016.10.24	6.9000	按年付息
122098	11 八钢债	1200.00	3.00	2014.09.16	6.7800	按年付息
122099	11 连港 02	2650.00	7.00	2018.09.26	6.0500	按年付息
122100	11 华仪债	700.00	5.00	2016.11.09	8.0000	按年付息
122102	11 广汇 01	2000.00	6.00	2017.11.03	7.7000	按年付息
122103	11 航机 01	996.76	5.00	2017.02.08	6.0000	按年付息
122105	ST 安钢 02	800.00	7.00	2019.02.14	6.9000	按年付息
122106	11 唐新 01	4200.00	5.00	2016.11.08	5.4000	按年付息
122107	ST 安钢 01	1000.00	7.00	2018.11.11	6.8700	按年付息
122108	11 新天 01	1000.00	6.00	2017.11.18	5.3000	按年付息
122109	11 新天 02	1000.00	7.00	2018.11.18	5.4000	按年付息
122110	11 众和债	1370.00	7.00	2018.11.17	6.8500	按年付息
122111	11 永泰债	500.00	5.00	2016.12.14	7.1000	按年付息
122112	11 沪大众	1600.00	6.00	2018.01.06	6.4400	按半年付息
122113	11 新钢债	900.00	5.00	2016.12.21	6.6500	按年付息
122114	11 一重债	2500.00	5.00	2016.12.20	5.1400	按年付息
122115	11 华锐 01	2600.00	5.00	2016.12.27	7.0000	按年付息
122116	11 华锐 02	200.00	5.00	2016.12.27	6.2000	按年付息
122117	11 闽高速	1500.00	5.00	2017.03.08	5.8000	按年付息
122118	12 兴发 01	300.00	6.00	2018.02.14	6.3000	按年付息
122119	12 兴发 02	500.00	5.00	2017.02.14	7.3000	按年付息

债券信息
List of Bonds

债券
Bond

上年收盘(面值 100 元) Last Year close	本年开盘 Open	本年最高 High	本年最低 Low	本年收盘 Close	涨跌(%) Change(%)	成交数量(万) Trading Vol(10000)	成交金额(百万) Trading Val (M)
90.00	90.00	90.35	77.48	90.08	0.09	4025.38	3455.06
97.93	97.31	101.55	90.00	100.42	2.54	4928.30	4899.71
100.28	93.32	107.00	93.32	100.00	-0.28	261.17	257.06
96.00	96.00	102.00	94.01	100.10	4.27	2556.27	2523.98
92.84	91.51	100.05	71.90	98.19	5.76	561.86	530.97
98.03	93.10	111.00	89.40	102.80	4.87	6.33	6.27
83.50	83.50	99.45	76.17	95.34	14.18	4002.18	3525.99
98.89	98.89	101.00	95.59	99.90	1.02	622.18	619.09
98.00	95.00	101.50	94.89	99.99	2.03	709.62	683.24
99.47	99.10	102.50	98.76	101.30	1.84	705.86	709.32
99.00	95.00	98.55	80.04	95.04	-4.00	1485.03	1334.57
98.99	99.23	104.20	98.78	102.90	3.95	1456.37	1467.07
99.10	99.10	102.99	98.34	100.30	1.21	1781.73	1781.04
97.98	101.98	104.30	95.11	102.50	4.61	2176.42	2191.65
100.15	99.00	108.00	86.50	100.20	0.05	806.25	803.54
100.50	99.00	101.60	99.00	101.50	1.00	227.15	228.30
82.78	82.90	82.98	75.00	82.19	-0.71	674.80	551.85
96.00	96.00	100.00	93.05	100.00	4.17	123.55	118.86
99.88	99.50	102.80	99.50	100.60	0.72	915.42	923.37
99.50	99.50	105.40	98.47	101.10	1.61	1788.71	1795.49
94.90	93.09	98.40	84.77	96.45	1.63	1496.42	1403.52
92.34	92.49	100.80	89.56	99.08	7.30	1807.49	1716.57
99.19	99.26	101.00	97.25	100.00	0.82	7715.38	7710.12
102.80	98.00	102.50	98.00	101.59	-1.18	20399.92	20242.87
103.49	96.84	104.50	96.48	101.60	-1.83	312.89	316.75
89.00	89.00	98.35	73.21	96.87	8.84	13433.42	11275.16
103.00	97.50	105.50	97.50	100.50	-2.43	378.31	381.58
99.59	99.10	100.29	91.39	99.99	0.40	1351.51	1349.91
100.50	100.50	106.00	95.01	103.21	2.70	733.56	753.91
100.79	100.00	103.70	96.00	102.00	1.20	615.39	628.42
101.00	100.40	100.55	100.00	100.00	-0.99	209.15	209.56
100.00	100.00	100.00	100.00	100.00	0.00	490.00	490.55
99.00	98.98	102.57	90.00	100.47	1.49	1543.27	1541.61
100.00	99.68	105.10	90.30	104.10	4.10	3789.00	3832.18
98.50	98.50	101.50	98.50	101.00	2.54	1034.69	1034.54
82.06	82.85	98.80	73.18	95.90	16.87	1835.78	1562.07
98.13	97.50	111.20	96.03	100.86	2.78	3670.23	3670.53
83.30	83.31	99.93	74.82	97.69	17.28	1628.55	1423.56
99.20	99.00	102.00	98.62	101.60	2.42	874.59	877.43
100.00	100.00	101.10	95.26	100.50	0.50	97.01	97.09
98.00	97.00	101.20	85.88	99.49	1.52	1333.55	1253.77
100.50	102.00	110.00	98.05	103.20	2.69	1821.71	1825.62
102.90	102.88	104.60	98.00	104.48	1.54	1144.21	1172.16
90.00	89.88	101.50	86.40	100.60	11.78	1768.22	1712.06
97.99	94.01	101.20	90.67	99.98	2.03	1147.00	1128.77
90.72	90.74	90.75	82.88	87.80	-3.22	2466.25	2187.86
86.73	86.69	86.87	72.38	74.66	-13.92	138.63	110.47
99.49	98.50	103.00	98.50	101.50	2.02	1937.63	1942.53
103.00	98.00	101.40	93.00	101.40	-1.55	302.44	303.04
100.29	97.00	107.20	94.05	103.50	3.20	655.99	660.16

债券信息
List of Bonds

债券代码 Code	债券简称 Securities	发行数量 (百万) Issued Val(M)	年限 Terms	到期日 Expiration Date	票面利率(%) Coupon Rate(%)	付息方式 Way of Interest
122121	11 日照港	500.00	5.00	2017.02.17	5.6000	按年付息
122122	11 精工债	700.00	3.00	2015.03.22	6.3000	按年付息
122123	11 中化 01	700.00	4.00	2016.03.05	4.8500	按年付息
122124	11 中化 02	1200.00	7.00	2019.03.05	4.9900	按年付息
122125	11 美兰债	800.00	7.00	2019.03.15	7.8000	按年付息
122126	11 庞大 02	2200.00	5.00	2017.03.01	8.5000	按年付息
122127	11 欧亚债	470.00	7.00	2019.03.21	7.0000	按年付息
122128	11 武钢债	7200.00	3.00	2015.03.01	4.7500	按年付息
122129	12 酒钢债	3000.00	3.00	2015.03.19	5.4000	按年付息
122130	11 航民 01	300.00	3.00	2015.03.22	6.8000	按年付息
122131	11 片仔癀	300.00	5.00	2017.03.15	5.7000	按年付息
122132	12 鹏博债	1400.00	5.00	2017.03.12	7.5000	按年付息
122133	11 柳化债	510.00	7.00	2019.03.27	7.0000	按年付息
122134	11 华微债	320.00	7.00	2019.04.10	8.0000	按年付息
122135	12 宝泰隆	1000.00	5.00	2017.04.11	7.3000	按年付息
122136	11 复星债	1500.00	5.00	2017.04.25	5.5300	按年付息
122138	11 桂东 01	600.00	7.00	2019.04.16	6.3000	按年付息
122139	11 洪水业	500.00	5.00	2017.05.02	5.8800	按年付息
122140	12 宁港 01	1000.00	3.00	2015.04.16	4.6900	按年付息
122141	12 天士 01	400.00	5.00	2017.04.24	6.0000	按年付息
122142	11 鹿港债	400.00	5.00	2017.04.23	7.7500	按年付息
122143	12 亿利 01	800.00	8.00	2020.04.23	7.3000	按年付息
122144	12 鲁信债	400.00	5.00	2017.04.25	6.5000	按年付息
122145	11 桂东 02	400.00	7.00	2019.06.20	5.3000	按年付息
122146	12 华新 01	1000.00	5.00	2017.05.17	5.3500	按年付息
122147	12 华新 02	1000.00	7.00	2019.05.17	5.6500	按年付息
122148	11 吉高速	800.00	7.00	2019.06.21	5.5000	按年付息
122149	12 石化 01	13000.00	5.00	2017.06.01	4.2600	按年付息
122150	12 石化 02	7000.00	10.00	2022.06.01	4.9000	按年付息
122151	12 国电 01	3000.00	5.00	2017.06.15	4.3500	按年付息
122152	12 国电 02	1000.00	7.00	2019.06.15	4.7500	按年付息
122153	12 京能 01	2400.00	3.00	2015.07.03	4.3500	按年付息
122154	12 京能 02	1200.00	5.00	2017.07.03	4.6000	按年付息
122155	12 天富债	500.00	5.00	2017.06.06	5.5000	按年付息
122156	12 厦工债	1500.00	5.00	2017.06.18	4.5500	按年付息
122157	12 广控 01	2350.00	7.00	2019.06.25	4.7400	按年付息
122158	12 西钢债	430.00	8.00	2020.07.16	5.5000	按年付息
122159	12 亿利 02	800.00	8.00	2020.07.19	6.4200	按年付息
122161	12 申通 02	400.00	3.00	2015.07.20	4.6000	按年付息
122162	12 中孚债	1000.00	5.00	2017.08.28	7.5000	按年付息
122163	12 鄂资债	4000.00	5.00	2017.08.30	6.2000	按年付息
122164	12 通威发	500.00	5.00	2017.10.24	5.9800	按年付息
122165	12 国电 03	3300.00	3.00	2015.07.23	4.2200	按年付息
122166	12 国电 04	700.00	5.00	2017.07.23	4.3500	按年付息
122167	12 兖煤 01	1000.00	5.00	2017.07.23	4.2000	按年付息
122168	12 兖煤 02	4000.00	10.00	2022.07.23	4.9500	按年付息
122169	12 金瑞债	150.00	5.00	2017.08.29	7.9000	按年付息
122170	12 江药债	500.00	3.00	2015.12.07	5.3900	按年付息
122171	12 中海 01	1000.00	3.00	2015.08.03	4.2000	按年付息
122172	12 中海 02	1500.00	10.00	2022.08.03	5.0000	按年付息

债券信息
List of Bonds

债券
Bond

上年收盘 (面值 100 元) Last Year close	本年开盘 Open	本年最高 High	本年最低 Low	本年收盘 Close	涨跌(%) Change(%)	成交数量(万) Trading Vol(10000)	成交金额(百万) Trading Val (M)
99.00	99.50	102.00	94.10	100.50	1.52	73.54	74.13
98.00	98.00	100.60	97.99	99.98	2.02	477.25	475.46
97.00	97.08	101.50	96.01	100.55	3.66	330.79	328.61
96.00	96.16	102.50	95.00	100.18	4.35	3362.07	3319.01
98.80	96.00	110.50	96.00	105.99	7.28	564.77	578.30
100.86	100.70	104.79	90.05	104.00	3.11	2119.49	2154.92
100.58	98.50	108.00	98.50	101.90	1.31	638.53	648.80
98.16	98.00	103.59	91.07	100.08	1.96	539.98	538.35
98.40	98.00	100.42	98.00	100.00	1.63	1363.81	1359.09
100.00	99.00	101.00	98.19	99.90	-0.10	149.88	150.34
100.30	99.50	102.00	90.88	101.00	0.70	286.16	286.66
100.02	100.00	105.20	99.00	103.77	3.75	1641.56	1667.33
88.20	88.12	98.00	79.81	96.00	8.84	1399.92	1235.18
94.10	94.00	102.36	87.50	99.26	5.48	1155.87	1106.82
93.98	93.97	101.02	87.55	99.85	6.25	3654.46	3556.62
96.00	96.10	102.30	91.09	99.89	4.05	1384.25	1358.66
96.50	93.00	103.10	93.00	100.00	3.63	573.12	568.03
96.00	95.00	100.90	95.00	100.00	4.17	356.66	352.27
98.20	98.20	103.88	95.00	99.90	1.73	250.96	250.58
99.30	99.00	110.30	99.00	101.20	1.91	508.87	512.57
96.30	96.19	101.00	90.41	100.02	3.86	866.00	855.70
98.59	93.59	108.95	86.54	102.27	3.73	1991.57	1897.15
101.40	95.40	102.50	93.00	102.05	0.64	276.69	277.41
100.00	96.00	100.10	90.00	99.50	-0.50	235.95	229.53
99.75	98.00	100.35	96.50	100.00	0.25	1371.10	1369.58
96.98	94.65	101.00	90.10	100.50	3.63	646.47	636.26
97.38	95.99	101.00	92.88	100.00	2.69	443.94	435.38
95.10	95.00	100.60	90.26	99.44	4.56	3134.03	3055.69
93.88	92.10	102.70	90.00	101.99	8.64	604.50	580.48
95.10	94.75	100.30	93.88	99.20	4.31	935.12	904.65
99.00	93.16	105.00	91.14	99.90	0.91	1033.77	989.58
96.96	97.30	101.20	97.00	99.95	3.08	2874.93	2848.99
96.50	95.40	98.61	95.20	98.61	2.19	818.77	804.26
98.98	95.00	101.58	93.00	100.00	1.03	176.94	175.61
96.50	96.00	99.80	96.00	99.80	3.42	445.83	437.19
94.48	92.50	102.00	92.50	100.00	5.84	3350.73	3246.54
92.40	91.80	94.50	79.00	92.50	0.11	833.21	706.83
91.92	91.79	101.80	82.00	99.89	8.67	2314.48	2120.15
98.50	92.37	100.30	92.37	99.50	1.02	229.14	227.57
96.58	94.00	100.30	87.21	99.75	3.28	4071.56	3888.77
97.49	92.00	100.30	91.85	100.00	2.58	162.13	158.32
96.81	96.00	100.90	95.35	100.40	3.71	434.44	429.82
97.00	97.00	100.20	96.75	99.70	2.78	3930.35	3892.81
94.30	93.90	100.00	93.90	100.00	6.05	106.48	102.75
100.00	95.00	98.00	93.00	98.00	-2.00	0.01	0.01
97.00	0.00	0.00	0.00	97.00	0.00	0.00	0.00
99.05	98.50	104.00	91.83	102.70	3.69	248.32	246.64
98.50	98.50	107.00	94.10	99.80	1.32	601.87	600.33
99.00	96.80	100.40	95.39	99.60	0.61	427.19	421.44
99.23	0.00	0.00	0.00	99.23	0.00	0.00	0.00

债券信息
List of Bonds

债券
Bond

债券代码 Code	债券简称 Securities	发行数量(百万) Issued Val(M)	年限 Terms	到期日 Expiration Date	票面利率(%) Coupon Rate(%)	付息方式 Way of Interest
122173	12 中交 01	6000.00	5.00	2017.08.09	4.4000	按年付息
122174	12 中交 02	2000.00	10.00	2022.08.09	5.0000	按年付息
122175	12 中交 03	4000.00	15.00	2027.08.09	5.1500	按年付息
122176	12 中储债	1600.00	7.00	2019.08.13	5.0000	按年付息
122177	12 科环 01	1200.00	3.00	2015.08.20	4.3000	按年付息
122178	12 科环 02	800.00	5.00	2017.08.20	4.6500	按年付息
122179	12 科环 03	2000.00	10.00	2022.08.20	5.1500	按年付息
122180	12 旋风债	700.00	5.00	2017.08.23	6.2800	按年付息
122181	12 山鹰债	800.00	7.00	2019.08.22	7.5000	按年付息
122182	12 九州通	1600.00	5.00	2017.10.22	5.7000	按年付息
122183	12 集优 01	500.00	5.00	2017.08.31	5.0800	按年付息
122184	12 一重 01	2500.00	5.00	2017.09.03	5.1000	按年付息
122185	12 力帆 01	1200.00	3.00	2015.09.19	6.8000	按年付息
122186	12 力帆 02	700.00	5.00	2017.09.19	7.5000	按年付息
122187	12 玻纤债	1200.00	7.00	2019.10.17	5.5600	按年付息
122188	12 华新 03	1100.00	7.00	2019.11.09	5.9000	按年付息
122189	12 王府 01	1100.00	5.00	2017.10.24	4.9400	按年付息
122190	12 王府 02	1100.00	7.00	2019.10.24	5.2000	按年付息
122191	12 桂冠 01	800.00	5.00	2017.10.24	4.8000	按年付息
122192	12 桂冠 02	930.00	10.00	2022.10.24	5.1000	按年付息
122193	12 中水 01	2000.00	7.00	2019.10.29	5.0300	按年付息
122194	12 中水 02	3000.00	10.00	2022.10.29	5.2000	按年付息
122195	12 中海 03	1500.00	7.00	2019.10.29	5.0500	按年付息
122196	12 中海 04	1000.00	10.00	2022.10.29	5.1800	按年付息
122197	12 华天成	900.00	5.00	2018.03.13	5.8000	按年付息
122198	12 能新 01	1140.00	3.00	2015.10.29	4.8000	按年付息
122199	12 能新 02	860.00	5.00	2017.10.29	5.0900	按年付息
122200	12 晋兰花	3000.00	5.00	2017.11.07	5.0900	按年付息
122201	12 开滦 01	1500.00	7.00	2019.10.30	5.4000	按年付息
122202	12 海螺 01	2500.00	5.00	2017.11.07	4.8900	按年付息
122203	12 海螺 02	3500.00	10.00	2022.11.07	5.1000	按年付息
122204	12 双良节	800.00	5.00	2017.11.12	5.8800	按年付息
122205	12 沪交运	800.00	5.00	2017.11.16	5.0500	按年付息
122206	12 赛轮债	720.00	3.00	2015.11.15	5.8500	按年付息
122207	12 骆驼集	800.00	5.00	2017.12.05	5.9800	按年付息
122208	12 招金券	1200.00	5.00	2017.11.16	4.9900	按年付息
122209	12 中油 01	16000.00	5.00	2017.11.22	4.5500	按年付息
122210	12 中油 02	2000.00	10.00	2022.11.22	4.9000	按年付息
122211	12 中油 03	2000.00	15.00	2027.11.22	5.0400	按年付息
122212	12 京江河	900.00	5.00	2017.12.07	5.4000	按年付息
122213	12 松建化	2200.00	7.00	2019.12.05	6.2000	按年付息
122214	12 大秦债	5000.00	3.00	2015.12.10	4.8800	按年付息
122215	12 永泰 01	1600.00	5.00	2017.12.20	5.6800	按年付息
122216	12 桐昆债	1300.00	5.00	2018.01.21	5.8500	按年付息
122217	12 渝水务	1500.00	5.00	2018.01.29	5.1200	按年付息
122218	12 国航 01	5000.00	10.00	2023.01.18	5.1000	按年付息
122219	12 榕泰债	750.00	5.00	2018.01.24	5.9000	按年付息
122220	12 重工 01	1200.00	5.00	2018.01.25	4.8500	按年付息
122221	12 重工 02	600.00	7.00	2020.01.25	5.2000	按年付息
122222	12 永泰 02	900.00	5.00	2018.01.31	5.4500	按年付息

债券信息
List of Bonds

债券
Bond

上年收盘 (面值 100 元) Last Year close	本年开盘 Open	本年最高 High	本年最低 Low	本年收盘 Close	涨跌(%) Change(%)	成交数量(万) Trading Vol(10000)	成交金额(百万) Trading Val (M)
96.01	93.02	102.00	90.05	99.90	4.05	17.69	17.14
99.76	0.00	0.00	0.00	99.76	0.00	0.00	0.00
100.00	0.00	0.00	0.00	100.00	0.00	0.00	0.00
99.00	93.50	99.99	93.50	99.10	0.10	34.36	33.45
99.98	98.20	108.00	98.20	99.10	-0.88	333.62	331.75
95.22	96.00	101.00	95.00	99.00	3.97	0.37	0.36
100.00	0.00	0.00	0.00	100.00	0.00	0.00	0.00
98.50	98.48	100.45	98.00	99.80	1.32	718.44	714.76
91.77	91.51	102.74	87.39	101.75	10.88	2817.53	2642.14
97.40	97.20	101.65	96.30	101.00	3.70	1353.40	1351.72
101.20	100.00	100.05	97.00	100.05	-1.14	165.10	164.69
96.00	92.02	108.00	88.67	95.10	-0.94	236.70	226.08
99.30	99.80	105.00	98.99	100.16	0.87	934.64	946.19
97.25	99.97	106.20	91.21	102.00	4.88	552.04	544.31
96.29	97.00	100.25	95.72	100.25	4.11	885.57	882.51
96.00	93.00	101.88	93.00	100.00	4.17	586.56	575.19
98.20	98.20	101.50	98.20	100.00	1.83	849.22	849.43
95.70	99.90	99.90	95.35	99.20	3.66	244.99	239.35
98.20	98.20	99.50	96.60	99.50	1.32	191.60	189.73
100.00	0.00	0.00	0.00	100.00	0.00	125.00	125.06
94.14	93.38	101.00	93.38	98.00	4.10	6.21	6.05
99.50	99.50	109.00	91.52	99.00	-0.50	221.42	208.78
95.10	94.20	98.50	94.20	98.50	3.58	15.85	14.94
100.00	0.00	0.00	0.00	100.00	0.00	0.00	0.00
97.76	95.57	101.00	90.10	100.00	2.29	982.03	959.69
97.50	97.50	100.71	97.50	100.60	3.18	420.53	416.50
105.00	97.25	104.00	93.05	99.00	-5.71	168.09	165.39
96.80	96.75	100.78	96.75	100.40	3.72	1224.60	1211.71
96.99	96.39	101.30	93.00	100.50	3.62	680.10	662.78
100.00	95.00	111.48	94.99	100.49	0.49	3.85	3.80
100.00	0.00	0.00	0.00	100.00	0.00	0.00	0.00
97.00	96.30	101.30	96.30	99.80	2.89	447.72	446.82
98.99	97.50	101.60	97.50	100.70	1.73	696.55	693.71
97.50	97.00	100.80	96.00	99.59	2.14	538.76	532.33
99.45	99.40	102.50	95.52	100.03	0.58	658.53	660.44
99.80	98.80	102.00	97.20	97.51	-2.30	3.05	3.01
96.80	96.10	100.67	95.00	96.65	-0.16	2230.15	2192.26
99.80	91.00	91.00	91.00	91.00	-8.82	55.00	52.41
100.00	0.00	0.00	0.00	100.00	0.00	0.00	0.00
98.00	95.39	102.50	93.00	99.70	1.74	934.32	915.83
96.10	95.00	100.51	90.10	100.00	4.06	1899.41	1832.56
97.78	97.75	103.88	97.03	100.38	2.66	5818.82	5802.67
96.44	96.42	102.50	92.55	100.00	3.69	1633.97	1591.59
95.00	95.00	99.60	84.56	98.00	3.16	819.76	781.12
100.00	101.00	101.30	88.39	100.83	0.83	105.54	104.21
97.00	87.49	105.00	87.49	104.87	8.11	5.91	5.82
91.99	91.50	101.98	88.00	100.00	8.71	450.83	426.28
100.00	96.20	109.02	93.01	99.80	-0.20	893.21	887.17
100.10	95.77	100.10	95.30	100.10	0.00	828.89	806.52
97.25	93.00	100.99	92.36	99.86	2.68	1245.32	1203.17

债券信息 List of Bonds

债券代码 Code	债券简称 Securities	发行数量 (百万) Issued Val(M)	年限 Terms	到期日 Expiration Date	票面利率(%) Coupon Rate(%)	付息方式 Way of Interest
122223	12 电气 01	400.00	3.00	2016.02.27	4.5000	按年付息
122224	12 电气 02	1600.00	5.00	2018.02.27	4.9000	按年付息
122225	12 一拖 01	800.00	5.00	2018.03.04	4.8000	按年付息
122226	12 宝科创	600.00	5.00	2018.03.06	5.4800	按年付息
122227	13 尖峰 01	300.00	5.00	2018.06.05	4.9000	按年付息
122228	13 天士 01	400.00	5.00	2018.03.29	4.9800	按年付息
122229	12 国控 01	4000.00	5.00	2018.03.13	4.5400	按年付息
122230	12 沪海立	1000.00	5.00	2018.02.28	4.8500	按年付息
122231	12 上电债	1500.00	5.00	2018.03.04	4.5500	按年付息
122232	12 招商 01	3000.00	5.00	2018.03.05	4.4500	按年付息
122233	12 招商 02	1500.00	5.00	2018.03.05	4.8000	按年付息
122234	12 招商 03	5500.00	10.00	2023.03.05	5.1500	按年付息
122235	12 芜湖港	1500.00	5.00	2018.03.20	4.9900	按年付息
122236	12 哈电 01	3000.00	5.00	2018.03.11	4.9000	按年付息
122237	12 西资源	600.00	5.00	2018.03.08	5.6800	按年付息
122238	13 宁港 01	1000.00	3.00	2016.03.13	4.6000	按年付息
122239	13 中油 01	16000.00	5.00	2018.03.15	4.4700	按年付息
122240	13 中油 02	4000.00	10.00	2023.03.15	4.8800	按年付息
122241	12 东航 01	4800.00	10.00	2023.03.18	5.0500	按年付息
122242	12 广汽 01	1000.00	5.00	2018.03.20	4.8900	按年付息
122243	12 广汽 02	3000.00	10.00	2023.03.20	5.0900	按年付息
122244	12 大唐 01	3000.00	10.00	2023.03.27	5.1000	按年付息
122245	13 甬热电	300.00	7.00	2020.04.15	5.1000	按年付息
122247	13 福新 01	1000.00	5.00	2018.03.25	5.0000	按年付息
122248	13 福新 02	1000.00	10.00	2023.03.25	5.3000	按年付息
122249	13 平煤债	4500.00	10.00	2023.04.17	5.0700	按年付息
122250	13 和邦 01	400.00	7.00	2020.04.22	5.8000	按年付息
122251	13 南车 01	1500.00	5.00	2018.04.22	4.7000	按年付息
122252	13 南车 02	1500.00	10.00	2023.04.22	5.0000	按年付息
122253	12 一拖 02	700.00	5.00	2018.05.30	4.5000	按年付息
122254	12 拜克 01	300.00	5.00	2018.05.22	5.3000	按年付息
122255	13 赣粤 01	1800.00	10.00	2023.04.19	5.1500	按年付息
122256	13 保税债	350.00	5.00	2018.05.23	5.5000	按年付息
122257	12 岳纸 01	850.00	5.00	2018.05.29	5.0400	按年付息
122258	13 云煤业	250.00	7.00	2020.12.03	7.8000	按年付息
122259	13 中信 01	3000.00	5.00	2018.06.07	4.6500	按年付息
122260	13 中信 02	12000.00	10.00	2023.06.07	5.0500	按年付息
122261	13 华泰 01	4000.00	5.00	2018.06.05	4.6800	按年付息
122262	13 华泰 02	6000.00	10.00	2023.06.05	5.1000	按年付息
122263	12 豫园 01	500.00	5.00	2018.06.17	5.2000	按年付息
122264	13 京客隆	750.00	5.00	2018.08.13	5.4800	按年付息
122265	13 川路桥	1500.00	5.00	2018.07.26	5.6500	按年付息
122266	13 中信 03	5000.00	3.00	2016.08.05	5.0000	按年付息
122267	13 永泰债	3800.00	5.00	2018.08.06	6.8000	按年付息
122268	12 国航 02	3500.00	5.00	2018.08.16	5.1500	按年付息
122269	12 国航 03	1500.00	10.00	2023.08.16	5.3000	按年付息
122270	13 安信债	3600.00	5.00	2018.08.19	5.1500	按年付息
122271	12 兖煤 03	1950.00	5.00	2019.03.03	5.9200	按年付息
122272	12 兖煤 04	3050.00	10.00	2024.03.03	6.1500	按年付息
122273	13 鲁金 01	2000.00	5.00	2018.09.03	5.1600	按年付息

债券信息
List of Bonds

上年收盘 (面值 100 元) Last Year close	本年开盘 Open	本年最高 High	本年最低 Low	本年收盘 Close	涨跌(%) Change(%)	成交数量(万) Trading Vol(10000)	成交金额(百万) Trading Val (M)
100.00	100.00	100.51	90.00	99.40	-0.60	236.91	233.92
100.00	97.00	100.35	92.22	100.35	0.35	364.51	357.79
96.00	96.36	100.20	96.36	100.20	4.38	547.57	534.37
96.90	91.06	99.80	91.06	98.90	2.06	1213.02	1194.62
96.50	95.00	100.30	93.00	100.10	3.73	424.13	414.03
96.00	95.90	100.30	95.00	100.30	4.48	307.73	300.87
97.00	95.00	105.00	95.00	99.00	2.06	3554.67	3507.59
96.00	95.80	100.70	95.70	100.50	4.69	1182.61	1159.32
99.98	99.59	100.81	92.61	99.80	-0.18	1017.17	1007.50
100.00	99.00	112.20	89.30	99.91	-0.09	193.52	190.97
100.00	0.00	0.00	0.00	100.00	0.00	0.00	0.00
100.00	0.00	0.00	0.00	100.00	0.00	0.00	0.00
97.00	96.34	100.00	96.00	99.50	2.58	3217.85	3174.53
100.48	97.00	98.00	92.60	97.50	-2.97	24.35	22.93
92.00	89.03	97.76	81.06	95.15	3.42	1347.12	1235.59
96.30	96.50	100.00	93.51	100.00	3.84	474.15	468.70
95.98	94.88	100.00	85.20	96.80	0.85	814.79	784.92
93.27	88.05	91.69	88.05	91.69	-1.69	0.02	0.02
101.00	94.00	98.00	88.02	98.00	-2.97	100.38	100.36
100.29	90.46	100.00	90.46	99.60	-0.69	52.13	50.85
100.00	0.00	0.00	0.00	100.00	0.00	0.00	0.00
97.00	91.00	98.99	88.64	98.79	1.85	0.71	0.68
100.00	94.00	100.00	94.00	97.30	-2.70	335.04	328.38
101.00	96.36	101.85	95.50	100.00	-0.99	462.93	456.66
101.00	96.60	96.60	91.00	91.00	-9.90	357.00	349.60
100.00	92.00	93.20	83.89	91.50	-8.50	696.08	633.63
94.98	93.50	99.49	84.20	96.90	2.02	865.52	805.14
100.00	91.55	102.00	91.55	99.96	-0.04	131.01	127.69
100.00	0.00	0.00	0.00	100.00	0.00	60.00	59.42
96.80	96.60	99.36	87.13	98.40	1.65	374.15	365.76
99.50	95.00	99.98	87.00	97.50	-2.01	810.62	765.17
100.00	95.00	100.00	83.19	98.00	-2.00	378.89	352.32
95.00	91.00	98.50	86.99	98.00	3.16	325.92	314.47
93.40	91.00	100.00	86.50	99.00	6.00	1118.96	1063.19
90.83	99.89	104.99	92.49	103.50	13.95	46.27	47.47
93.39	94.99	100.20	91.07	100.20	7.29	366.99	356.02
100.00	0.00	0.00	0.00	100.00	0.00	25.00	25.07
100.00	100.00	110.00	96.00	96.10	-3.90	120.22	118.04
100.00	0.00	0.00	0.00	100.00	0.00	0.00	0.00
94.98	94.99	102.99	91.50	100.75	6.08	351.35	343.47
100.00	97.00	102.50	97.00	101.00	1.00	889.82	887.72
100.00	93.00	99.57	88.80	99.57	-0.43	869.34	839.00
97.00	96.80	101.99	87.20	100.38	3.49	2118.18	2110.77
97.15	97.15	103.60	85.14	101.68	4.66	5035.03	4804.02
103.99	93.90	100.00	91.39	96.01	-7.67	7.95	7.75
100.00	0.00	0.00	0.00	100.00	0.00	0.00	0.00
100.00	99.70	102.00	99.00	101.80	1.80	127.78	128.31
100.00	100.00	101.00	99.95	101.00	1.00	0.07	0.07
100.00	0.00	0.00	0.00	100.00	0.00	0.00	0.00
98.50	97.50	102.00	97.50	101.99	3.54	391.59	388.90

债券信息 List of Bonds

债券 Bond

债券代码 Code	债券简称 Securities	发行数量(百万) Issued Val(M)	年限 Terms	到期日 Expiration Date	票面利率(%) Coupon Rate(%)	付息方式 Way of Interest
122274	11 航民 02	250.00	3.00	2016.09.16	6.6000	按年付息
122275	13 京能 01	1500.00	1.50	2015.07.16	6.2400	按半年付息
122276	13 魏桥 01	3000.00	5.00	2018.10.23	7.0000	按年付息
122277	13 华域 01	1200.00	2.00	2015.11.18	5.6000	按年付息
122278	13 华域 02	2800.00	5.00	2018.11.18	5.7200	按年付息
122279	13 外运债	2000.00	3.00	2016.11.08	5.7000	按年付息
122280	13 海通 01	7260.00	3.00	2016.11.25	6.0500	按年付息
122281	13 海通 02	2350.00	5.00	2018.11.25	6.1500	按年付息
122282	13 海通 03	2390.00	10.00	2023.11.25	6.1800	按年付息
122283	13 盛屯债	200.00	5.00	2018.12.12	8.0000	按年付息
122285	13 杉杉债	750.00	5.00	2019.03.07	7.5000	按年付息
122286	13 中信建	4700.00	3.00	2016.11.22	6.1500	按年付息
122287	13 国投 01	1800.00	5.00	2019.03.21	5.8900	按年付息
122288	13 东吴债	3000.00	5.00	2018.11.18	6.1800	按年付息
122289	13 日照港	1000.00	3.00	2017.03.03	6.1500	按年付息
122290	13 包钢 01	3000.00	2.00	2016.03.06	6.4500	按年付息
122292	13 兴业 01	1500.00	5.00	2019.03.13	6.0000	按年付息
122293	13 兴业 02	1000.00	7.00	2021.03.13	6.3500	按年付息
122294	12 鲁创投	400.00	5.00	2019.03.25	7.3500	按年付息
122295	13 川投 01	1700.00	5.00	2019.04.17	6.1200	按年付息
122297	13 山煤 01	1500.00	2.00	2016.04.24	6.3500	按年付息
122298	13 亚盛债	1200.00	5.00	2019.06.19	6.3500	按年付息
122299	13 中原债	1500.00	5.00	2019.04.23	6.2000	按年付息
122300	13 铁龙 01	750.00	2.00	2016.05.09	5.8000	按年付息
122301	13 楚天 01	600.00	5.00	2019.05.26	5.8800	按年付息
122302	13 天房债	1200.00	7.00	2021.04.25	8.9000	按年付息
122304	13 兴业 03	2500.00	3.00	2017.06.23	5.5000	按年付息
122305	14 鲁高速	2000.00	5.00	2019.07.11	5.8400	按年付息
122306	13 太极 01	250.00	5.00	2019.06.09	6.2500	按年付息
122308	13 杭齿债	400.00	5.00	2019.07.11	6.3000	按年付息
122310	13 苏新城	2000.00	5.00	2019.07.23	8.9000	按年付息
122311	13 海通 04	5650.00	3.00	2017.07.14	5.2500	按年付息
122312	13 海通 05	4550.00	5.00	2019.07.14	5.4500	按年付息
122313	13 海通 06	800.00	10.00	2024.07.14	5.8500	按年付息
122315	14 东海债	1000.00	5.00	2019.07.31	5.5500	按年付息
122316	14 赣粤 01	500.00	7.00	2021.08.11	5.7400	按年付息
122317	14 赣粤 02	2300.00	10.00	2024.08.11	6.0900	按年付息
122318	14 中炬 01	500.00	5.00	2019.09.23	6.2000	按年付息
122319	13 京能 02	1500.00	3.00	2017.08.22	5.1400	按年付息
122320	14 国贸 01	500.00	5.00	2019.08.20	5.5000	按年付息
122323	14 凤凰债	750.00	5.00	2019.09.12	5.6500	按年付息
122324	14 国电 01	1500.00	3.00	2017.09.15	5.1000	按年付息
122326	14 广晟债	290.00	3.00	2017.09.25	6.5000	按年付息
122327	13 卧龙债	600.00	5.00	2019.09.23	9.0700	按年付息
122328	12 开滦 02	1500.00	6.00	2020.09.26	6.3000	按年付息
122329	14 伊泰 01	4500.00	5.00	2019.10.09	6.9900	按年付息
122330	13 中企债	1550.00	5.00	2019.10.14	5.4700	按年付息
122331	14 营口港	1000.00	7.00	2021.10.20	5.6000	按年付息
122333	14 嘉宝债	960.00	5.00	2019.10.23	5.5000	按年付息
122334	12 大唐 02	3000.00	10.00	2024.11.03	5.0000	按年付息

债券信息
List of Bonds

债券
Bond

上年收盘 (面值 100 元) Last Year close	本年开盘 Open	本年最高 High	本年最低 Low	本年收盘 Close	涨跌(%) Change(%)	成交数量(万) Trading Vol(10000)	成交金额(百万) Trading Val (M)
96.50	93.50	101.00	93.50	100.00	3.63	1202.50	1211.21
100.00	100.01	102.00	100.01	100.80	0.80	1590.07	1607.46
99.63	98.70	104.40	93.05	103.33	3.71	12138.99	12084.01
98.50	99.30	109.00	89.75	100.53	2.06	143.34	143.90
105.50	104.90	104.90	101.00	101.00	-4.27	100.01	101.34
100.00	100.00	103.00	99.01	101.40	1.40	188.24	189.44
98.50	98.51	103.10	95.60	100.33	1.86	875.59	890.66
100.00	0.00	0.00	0.00	100.00	0.00	0.00	0.00
100.00	104.04	104.04	104.04	104.04	4.04	50.00	52.02
99.89	99.80	103.00	92.00	98.00	-1.89	142.94	144.55
100.00	100.00	103.00	98.00	102.71	2.71	154.64	156.35
100.00	100.40	104.30	96.00	100.40	0.40	105.06	105.62
100.00	102.00	103.80	100.00	103.30	3.30	472.70	487.93
100.00	99.60	104.00	96.00	103.00	3.00	1442.52	1464.03
100.00	100.10	104.00	100.00	101.00	1.00	816.17	827.37
100.00	100.00	102.50	99.50	101.20	1.20	1253.03	1259.48
100.00	100.00	104.20	100.00	104.20	4.20	167.27	170.95
100.00	100.01	108.30	100.00	108.30	8.30	387.20	404.25
100.00	101.50	107.00	101.50	103.87	3.87	217.92	225.06
100.00	101.00	105.00	101.00	102.77	2.77	480.64	487.54
100.00	99.00	102.50	99.00	101.00	1.00	240.36	243.57
100.00	100.10	101.10	100.10	101.10	1.10	821.51	823.23
100.00	100.00	102.99	90.99	102.99	2.99	449.16	453.11
100.00	100.50	101.50	100.00	100.00	0.00	669.69	674.13
100.00	100.02	102.00	100.02	102.00	2.00	115.07	117.80
100.00	101.00	110.00	101.00	106.25	6.25	1096.90	1114.49
100.00	100.10	102.50	99.71	102.00	2.00	1394.17	1407.00
100.00	101.48	110.00	98.28	103.14	3.14	838.64	849.64
100.00	100.65	101.00	95.01	99.00	-1.00	122.70	125.21
100.00	100.10	100.90	100.10	100.90	0.90	80.10	80.10
100.00	101.28	109.36	99.92	106.00	6.00	1862.10	1918.06
100.00	99.60	102.60	90.77	101.00	1.00	890.43	899.49
100.00	101.80	103.70	100.78	100.78	0.78	1600.00	1643.18
100.00	100.00	100.00	100.00	100.00	0.00	40.00	40.00
100.00	100.50	100.50	100.50	100.50	0.50	10.00	10.05
100.00	101.02	101.22	101.02	101.22	1.22	490.00	494.29
100.00	100.30	106.80	96.78	100.00	0.00	1.14	1.15
100.00	100.05	103.00	95.00	103.00	3.00	111.41	113.62
100.00	100.66	102.18	96.00	99.90	-0.10	564.44	568.96
100.00	100.10	100.50	100.10	100.50	0.50	80.05	80.95
100.00	0.00	0.00	0.00	100.00	0.00	30.00	30.15
100.00	100.39	101.10	100.10	100.20	0.20	300.44	305.23
100.00	99.00	100.00	98.00	100.00	0.00	21.56	21.55
100.00	106.60	107.00	99.02	101.79	1.79	50.68	52.08
100.00	102.50	106.00	99.01	101.99	1.99	244.77	248.47
100.00	101.55	106.30	100.80	101.99	1.99	383.40	398.67
100.00	102.00	102.00	100.00	101.00	1.00	355.06	356.68
100.00	100.80	101.70	95.00	100.98	0.98	353.94	355.37
100.00	101.50	101.50	99.50	100.00	0.00	142.10	142.23
100.00	100.00	100.00	100.00	100.00	0.00	40.01	39.60

债券信息
List of Bonds

债券
Bond

债券代码 Code	债券简称 Securities	发行数量 (百万) Issued Val(M)	年限 Terms	到期日 Expiration Date	票面利率(%) Coupon Rate(%)	付息方式 Way of Interest
122335	14 爱众 01	300.00	7.00	2021.10.28	6.0000	按年付息
122336	13 牡丹 01	850.00	5.00	2019.10.29	5.4000	按年付息
122337	13 魏桥 02	3000.00	5.00	2019.11.07	5.5000	按年付息
122338	13 金桥债	1200.00	8.00	2022.11.17	5.0000	按年付息
122339	13 香江债	700.00	5.00	2019.12.10	8.4800	按年付息
122340	14 武控 01	650.00	5.00	2019.11.05	4.7000	按年付息
122344	13 尖峰 02	300.00	5.00	2019.11.20	5.0900	按年付息
122346	14 贵人鸟	800.00	5.00	2019.12.03	6.8000	按年付息
122347	13 太极 02	250.00	5.00	2019.12.03	5.2500	按年付息
122500	12 郴城投	1600.00	7.00	2019.09.13	7.3400	按年付息
122501	12 寿财资	1200.00	7.00	2019.10.23	6.7000	按年付息
122502	12 哈合力	1200.00	6.00	2018.09.26	7.4800	按年付息
122503	12 并龙城	2000.00	7.00	2019.09.25	6.5000	按年付息
122504	12 通天诚	1000.00	7.00	2019.09.24	7.7500	按年付息
122505	12 绍袍江	1000.00	7.00	2019.10.31	6.9000	按年付息
122506	12 吴交投	1200.00	8.00	2020.10.31	6.8000	按年付息
122507	12 玉交投	1000.00	7.00	2019.10.12	7.1500	按年付息
122508	12 兴林业	1300.00	7.00	2019.10.23	7.0800	按年付息
122509	12 白中兴	1000.00	7.00	2019.12.18	7.0000	按年付息
122510	12 靖新城	800.00	6.00	2018.10.23	6.8000	按年付息
122513	12 伟星集	500.00	7.00	2019.10.23	6.3000	按年付息
122514	12 金融街	1900.00	7.00	2019.10.22	5.1800	按年付息
122515	12 庆城投	2200.00	7.00	2019.10.23	6.5500	按年付息
122516	12 青州 01	800.00	7.00	2019.10.19	7.3500	按年付息
122517	12 青州 02	400.00	6.00	2018.10.19	7.2500	按年付息
122518	12 保利集	1500.00	7.00	2019.10.25	5.0300	按年付息
122519	12 锡经开	700.00	7.00	2019.11.01	6.9900	按年付息
122520	12 唐城投	1000.00	7.00	2019.10.16	7.0800	按年付息
122521	12 筑金阳	1200.00	6.00	2018.10.24	6.7000	按年付息
122522	12 兴城建	1200.00	6.00	2018.10.23	7.2500	按年付息
122523	12 海亮 01	600.00	6.00	2018.10.19	6.5000	按年付息
122524	12 海亮 02	400.00	7.00	2019.10.19	6.7500	按年付息
122525	12 沪嘉开	800.00	6.00	2018.10.10	6.7100	按年付息
122526	12 永川惠	1200.00	7.00	2019.10.16	7.3300	按年付息
122527	12 温国投	1400.00	7.00	2019.09.18	7.1800	按年付息
122528	12 琼港航	850.00	7.00	2019.10.18	6.8000	按年付息
122530	12 七城投	1000.00	7.00	2019.10.18	7.3000	按年付息
122531	12 太科园	1000.00	7.00	2019.09.17	7.6000	按年付息
122532	12 宜财投	1500.00	7.00	2019.10.16	7.1200	按年付息
122533	12 平城投	900.00	7.00	2019.09.18	7.2000	按年付息
122534	12 秦开发	1400.00	7.00	2019.10.17	7.4600	按年付息
122535	12 苏飞达	800.00	6.00	2018.08.30	7.6000	按年付息
122536	12 慈国控	800.00	7.00	2019.09.20	6.6000	按年付息
122537	12 克城投	2000.00	7.00	2019.09.04	7.1500	按年付息
122538	12 榕城乡	1000.00	6.00	2018.09.25	6.3500	按年付息
122539	12 阜城投	1200.00	7.00	2019.10.10	7.5500	按年付息
122540	12 宁浦口	1200.00	7.00	2019.10.08	7.1000	按年付息
122541	12 宁上陵	500.00	6.00	2018.10.16	7.4000	按年付息
122542	12 阿信诚	1000.00	6.00	2018.10.10	7.5000	按年付息
122543	12 钦开投	900.00	7.00	2019.10.16	7.1000	按年付息

债券信息
List of Bonds

债券
Bond

上年收盘 (面值 100 元) Last Year close	本年开盘 Open	本年最高 High	本年最低 Low	本年收盘 Close	涨跌(%) Change(%)	成交数量(万) Trading Vol(10000)	成交金额(百万) Trading Val (M)
100.00	100.00	100.00	100.00	100.00	0.00	26.40	26.40
100.00	99.99	100.00	95.00	97.85	-2.15	162.40	162.28
100.00	90.99	100.00	90.99	97.10	-2.90	1076.94	1060.55
100.00	99.50	99.88	98.90	99.88	-0.12	0.45	0.44
100.00	101.90	101.99	100.21	101.76	1.76	1.74	1.77
100.00	97.50	99.00	95.30	99.00	-1.00	129.01	125.52
100.00	98.00	100.00	95.00	100.00	0.00	30.25	30.24
100.00	98.93	100.20	98.10	100.20	0.20	406.13	404.98
100.00	91.00	97.50	91.00	97.00	-3.00	21.61	21.56
105.73	104.70	105.50	99.64	105.50	-0.22	1450.42	1488.92
97.20	97.00	104.66	94.00	102.00	4.94	903.23	911.61
99.49	101.47	103.90	101.47	102.50	3.03	3806.00	3889.58
99.50	93.10	102.70	93.10	102.68	3.20	2427.77	2453.58
97.24	96.71	106.17	94.52	102.80	5.72	1392.50	1382.87
98.50	99.89	106.00	95.06	100.00	1.52	820.06	824.28
99.50	97.00	104.85	93.60	104.00	4.52	809.12	818.65
96.05	95.97	105.00	93.70	102.50	6.72	1102.09	1110.80
101.01	105.00	107.52	96.37	101.57	0.55	1099.39	1095.68
99.90	97.58	102.40	94.00	99.50	-0.40	1122.65	1108.76
100.00	100.91	104.14	95.01	104.14	4.14	2042.98	2060.75
98.00	98.00	101.00	98.00	100.00	2.04	160.02	159.36
99.00	99.00	102.93	97.00	101.38	2.40	2036.64	2047.98
98.00	99.00	105.00	96.46	101.20	3.27	1759.25	1783.70
101.29	100.00	100.00	100.00	100.00	-1.27	710.00	730.77
102.50	102.51	104.10	99.00	104.10	1.56	40.00	41.65
100.05	97.00	101.00	97.00	101.00	0.95	1288.16	1290.06
102.62	102.15	105.14	101.56	101.56	-1.03	680.23	683.64
105.00	100.20	103.68	100.00	102.50	-2.38	684.45	701.14
98.78	98.00	102.00	98.00	102.00	3.26	839.32	844.44
99.89	96.53	103.80	93.50	101.00	1.11	1581.63	1586.95
96.80	96.80	101.88	92.24	101.50	4.86	497.92	493.45
102.00	100.00	102.00	96.50	101.00	-0.98	188.64	185.88
102.20	97.50	103.30	97.00	103.30	1.08	233.76	235.80
103.50	95.01	104.50	95.00	100.19	-3.20	855.36	871.20
102.05	102.05	106.78	98.00	104.82	2.71	1412.05	1450.92
100.00	98.79	100.70	98.79	99.50	-0.50	104.02	101.81
98.79	99.50	105.00	95.30	101.50	2.74	1333.51	1341.41
100.98	93.50	106.80	93.50	104.00	2.99	1346.60	1382.92
98.60	105.00	105.00	94.80	100.00	1.42	5606.31	5681.40
101.30	93.00	99.95	93.00	99.95	-1.33	223.00	218.14
104.88	103.00	103.00	98.16	102.00	-2.75	441.42	444.17
100.00	100.00	102.00	90.09	99.20	-0.80	1771.10	1726.48
103.35	98.15	102.56	98.00	101.08	-2.20	670.36	675.13
102.40	102.40	103.43	102.40	103.43	1.01	937.90	964.72
101.02	99.00	101.90	99.00	101.90	0.87	731.00	736.19
96.67	96.80	104.00	94.52	101.70	5.20	3008.40	3005.95
104.00	99.88	105.60	97.56	104.10	0.10	2056.52	2064.74
97.91	97.99	100.38	93.00	99.21	1.33	2197.15	2137.35
97.00	96.99	104.12	94.10	99.20	2.27	1747.38	1740.06
102.28	104.00	106.75	98.50	105.50	3.15	1028.21	1054.07

债券信息 List of Bonds

债券代码 Code	债券简称 Securities	发行数量 (百万) Issued Val(M)	年限 Terms	到期日 Expiration Date	票面利率(%) Coupon Rate(%)	付息方式 Way of Interest
122544	12 渝长开	800.00	7.00	2019.09.25	7.4500	按年付息
122545	12 蒙高新	1000.00	7.00	2019.09.25	7.2000	按年付息
122546	12 宁高新	900.00	7.00	2019.09.07	6.9400	按年付息
122547	12 曲靖投	650.00	7.00	2019.09.06	7.2500	按年付息
122549	12 邳润城	1000.00	7.00	2019.09.25	7.5500	按年付息
122550	12 苏国信	2000.00	5.00	2017.06.08	4.6000	按年付息
122551	12 如东投	800.00	7.00	2019.09.24	7.4500	按年付息
122552	12 新新业	660.00	7.00	2019.08.15	6.2000	按年付息
122553	12 虞交通	1000.00	7.00	2019.09.11	6.7000	按年付息
122554	12 定海债	1000.00	8.00	2020.08.31	7.2500	按年付息
122555	12 常经投	1200.00	7.00	2019.09.12	7.1900	按年付息
122556	12 咸宁投	600.00	6.00	2018.08.31	7.5000	按年付息
122557	12 株高科	1000.00	7.00	2019.09.10	7.5000	按年付息
122558	12 昆交 01	1400.00	5.00	2017.08.17	6.6000	按年付息
122559	12 昆交 02	1300.00	7.00	2019.08.17	6.9500	按年付息
122560	12 淄城运	1500.00	7.00	2019.08.22	6.8300	按年付息
122561	12 饶城投	1300.00	7.00	2019.09.10	7.3000	按年付息
122562	12 伊春债	800.00	7.00	2019.07.24	7.3500	按年付息
122563	12 亳州债	1500.00	7.00	2019.09.04	7.6800	按年付息
122564	12 椒江债	1000.00	8.00	2020.09.13	7.4600	按年付息
122565	12 邵城投	1200.00	6.00	2018.09.11	7.4000	按年付息
122566	12 库城建	1200.00	6.00	2018.09.10	7.4800	按年付息
122567	12 小清河	1800.00	7.00	2019.09.05	7.1500	按年付息
122568	12 随州债	700.00	7.00	2019.08.22	7.5000	按年付息
122569	12 津生态	1200.00	7.00	2019.08.14	6.7600	按年付息
122570	12 滇水投	1000.00	7.00	2019.08.27	6.8000	按年付息
122571	12 兴国资	1400.00	7.00	2019.08.31	6.4800	按年付息
122572	12 蓉投控	1600.00	7.00	2019.09.04	6.3000	按年付息
122573	12 牡国投	1200.00	7.00	2019.08.30	7.0800	按年付息
122574	12 淮开控	1200.00	7.00	2019.09.06	7.2000	按年付息
122575	12 肥城债	900.00	6.00	2018.08.14	7.1000	按年付息
122576	12 内江债	700.00	6.00	2018.07.19	7.0000	按年付息
122577	12 苏相城	1800.00	7.00	2019.09.03	6.9500	按年付息
122578	12 长宁债	700.00	7.00	2019.08.16	6.0800	按年付息
122579	09 远洋债	2600.00	6.00	2015.06.23	5.4000	按年付息
122580	PR 临安债	700.00	6.00	2018.03.09	8.1500	按年付息
122581	12 津南城	1500.00	7.00	2019.06.18	6.9500	按年付息
122582	12 湘九华	900.00	7.00	2019.08.29	7.4300	按年付息
122583	PR 遵投债	1000.00	7.00	2019.03.13	8.5300	按年付息
122584	12 松城开	1300.00	7.00	2019.08.29	7.3000	按年付息
122585	12 新海连	1300.00	8.00	2020.08.27	7.0000	按年付息
122586	12 中交通	600.00	6.00	2018.08.28	6.6500	按年付息
122587	12 遵桥债	1800.00	8.00	2020.08.17	7.1500	按年付息
122588	12 益城投	1600.00	7.00	2019.08.24	7.3600	按年付息
122589	12 毕信泰	1600.00	7.00	2019.08.20	7.1500	按年付息
122590	12 鹤城投	1500.00	10.00	2022.06.21	7.0500	按年付息
122591	12 常交债	1500.00	7.00	2019.08.21	6.8000	按年付息
122592	PR 乌国资	1400.00	6.00	2018.04.28	6.4800	按年付息
122593	12 衡城投	1800.00	7.00	2019.08.13	7.0600	按年付息
122594	12 泉州 01	800.00	6.00	2018.08.07	7.0000	按年付息

债券信息
List of Bonds

债券
Bond

上年收盘(面值 100 元) Last Year close	本年开盘 Open	本年最高 High	本年最低 Low	本年收盘 Close	涨跌(%) Change(%)	成交数量(万) Trading Vol(10000)	成交金额(百万) Trading Val (M)
103.10	0.00	0.00	0.00	103.10	0.00	50.00	52.26
98.20	100.00	106.00	92.02	101.40	3.26	1031.71	1058.72
101.82	102.52	102.52	102.52	102.52	0.69	1050.00	1084.35
103.29	100.50	102.00	100.50	102.00	-1.25	0.20	0.20
100.90	94.12	106.80	94.12	106.69	5.74	1334.84	1383.31
94.89	94.60	100.60	94.39	98.70	4.02	1040.69	1017.63
105.00	105.00	108.90	95.50	105.84	0.80	931.37	945.90
100.02	101.80	101.80	101.80	101.80	1.78	172.40	171.29
97.00	97.00	103.50	94.06	103.50	6.70	392.92	398.05
103.00	100.30	100.30	95.45	99.00	-3.88	789.83	796.26
104.00	99.00	103.54	99.00	103.20	-0.77	1474.59	1507.73
99.00	99.00	110.61	94.50	104.18	5.23	645.83	642.30
105.99	105.98	106.50	94.00	106.50	0.48	1073.34	1107.46
95.00	94.00	103.80	93.80	103.80	9.26	1090.24	1096.15
105.00	101.60	108.00	101.60	108.00	2.86	53.07	54.60
101.00	101.00	105.00	90.00	103.90	2.87	817.96	828.56
99.00	98.20	105.65	97.10	105.65	6.72	753.89	763.14
95.88	95.57	102.30	93.84	100.12	4.42	2598.73	2565.57
101.00	99.88	107.00	97.95	104.99	3.95	1198.06	1243.76
104.00	98.01	109.50	90.12	106.90	2.79	797.12	839.25
100.00	100.00	105.40	90.00	100.21	0.21	2884.37	2941.46
99.99	97.00	110.00	90.52	103.94	3.95	775.48	801.46
99.70	98.20	105.00	98.19	104.70	5.02	2708.19	2758.06
97.03	96.95	104.00	93.69	100.80	3.89	1379.25	1380.46
101.30	107.00	107.00	98.00	102.50	1.19	1164.04	1166.98
100.00	98.70	103.50	85.00	103.50	3.50	172.15	171.51
102.60	98.00	104.85	98.00	104.85	2.19	948.49	956.45
98.00	98.00	103.00	98.00	102.22	4.31	341.00	344.56
100.00	99.51	99.51	99.51	99.51	-0.49	1150.00	1151.40
101.30	97.80	105.00	97.80	105.00	3.65	1945.02	1972.21
98.49	97.00	104.00	93.00	101.50	3.06	1386.36	1408.40
102.85	93.00	102.98	93.00	102.49	-0.35	826.28	830.22
100.00	101.86	104.50	101.86	104.50	4.50	465.10	473.10
100.00	0.00	0.00	0.00	100.00	0.00	990.00	994.99
99.50	98.00	101.05	97.80	100.20	0.70	3747.82	3737.55
100.00	0.00	0.00	0.00	100.00	0.00	0.00	0.00
97.49	92.26	104.60	92.03	101.00	3.60	1002.38	1015.71
96.92	96.93	104.29	90.53	102.30	5.55	1516.10	1515.73
101.83	102.00	106.50	96.86	104.00	2.13	828.96	863.16
96.19	95.75	105.70	95.75	100.00	3.96	4053.62	4079.38
100.00	96.44	103.50	96.44	103.50	3.50	1907.03	1919.87
102.00	98.00	101.50	98.00	101.50	-0.49	149.60	149.15
100.00	94.00	110.00	93.58	102.50	2.50	2759.26	2773.40
98.80	103.00	108.50	94.01	105.50	6.78	551.80	559.41
97.65	97.99	106.00	94.92	101.72	4.17	1181.74	1199.33
95.30	94.01	104.10	89.15	99.00	3.88	533.71	523.18
102.20	99.15	107.90	93.00	103.60	1.37	2231.48	2268.26
97.60	97.56	102.75	97.56	101.00	3.48	932.40	935.36
97.95	98.49	104.80	97.00	102.60	4.75	818.67	831.24
102.39	100.00	106.45	93.00	106.45	3.97	523.77	536.92

债券信息 List of Bonds

债券代码 Code	债券简称 Securities	发行数量(百万) Issued Val(M)	年限 Terms	到期日 Expiration Date	票面利率(%) Coupon Rate(%)	付息方式 Way of Interest
122595	12 泉州 02	800.00	7.00	2019.08.07	7.0300	按年付息
122596	12 沪城开	1500.00	6.00	2018.08.21	6.5000	按年付息
122597	12 宝钛债	700.00	6.00	2018.08.21	5.4000	按年付息
122598	12 荆门债	800.00	10.00	2022.07.09	6.8500	按年付息
122599	12 梵投债	1200.00	7.00	2019.08.02	6.8900	按年付息
122600	12 鑫泰债	1000.00	6.00	2018.08.14	6.8500	按年付息
122601	12 白山债	1000.00	7.00	2019.07.31	7.0000	按年付息
122602	12 松城投	1200.00	6.00	2018.08.15	6.2800	按年付息
122603	12 穗经开	2500.00	10.00	2022.08.14	6.7000	按年付息
122604	12 吉铁投	800.00	7.00	2019.06.26	6.6300	按年付息
122605	11 宁海债	1200.00	6.00	2017.12.31	8.6000	按年付息
122606	12 顺鑫债	800.00	5.00	2017.07.03	5.1900	按年付息
122607	PR 渝地产	5000.00	7.00	2019.04.25	7.3500	按年付息
122608	12 西永债	1600.00	7.00	2019.07.25	6.7600	按年付息
122609	12 扬城控	1200.00	7.00	2019.07.26	6.3000	按年付息
122610	12 乐清债	1500.00	7.00	2019.06.29	6.5000	按年付息
122611	12 蓉经 01	1000.00	6.00	2018.07.17	6.5000	按年付息
122612	12 蓉经 02	1000.00	7.00	2019.07.17	6.5500	按年付息
122613	PR 乌海债	1600.00	7.00	2019.03.31	8.2000	按年付息
122614	12 渝缙债	1000.00	7.00	2019.06.18	6.7500	按年付息
122615	12 百色债	800.00	7.00	2019.07.04	6.5000	按年付息
122616	12 黔铁债	2000.00	10.00	2022.03.27	7.2000	按年付息
122617	PR 襄投债	1500.00	7.00	2019.01.12	8.1200	按年付息
122618	12 统众债	1500.00	10.00	2022.04.11	6.9500	按年付息
122619	12 迁安债	1600.00	6.00	2018.07.11	6.4500	按年付息
122620	12 乌城投	900.00	7.00	2019.07.09	6.3500	按年付息
122621	12 赣城债	2000.00	6.00	2018.07.10	6.4000	按年付息
122622	12 锦城债	1300.00	7.00	2019.06.13	7.0800	按年付息
122623	12 旅建债	1200.00	7.00	2019.07.02	6.7800	按年付息
122624	12 滨开债	800.00	7.00	2019.07.05	6.5000	按年付息
122625	12 升华债	500.00	7.00	2019.07.02	6.2000	按年付息
122626	12 海恒债	1200.00	7.00	2019.06.12	7.3000	按年付息
122627	12 京建工	800.00	7.00	2019.07.05	5.9500	按年付息
122628	12 东投债	1000.00	6.00	2018.07.05	7.3900	按年付息
122629	PR 平发债	1500.00	7.00	2019.05.08	7.8600	按年付息
122630	12 惠投债	1800.00	7.00	2019.05.28	6.8000	按年付息
122631	12 晋国电	2000.00	10.00	2022.05.24	5.3800	按年付息
122632	12 江阴债	900.00	7.00	2019.06.11	7.2000	按年付息
122633	12 嘉经债	900.00	7.00	2019.06.14	6.7800	按年付息
122634	12 芜开 01	700.00	6.00	2018.06.08	6.7000	按年付息
122635	12 芜开 02	1000.00	10.00	2022.06.08	6.9000	按年付息
122636	12 连发债	900.00	7.00	2019.06.19	6.1000	按年付息
122637	PR 鑫城债	1200.00	7.00	2019.04.23	7.8800	按年付息
122638	12 申华信	1000.00	7.00	2019.06.14	6.9500	按年付息
122639	12 绍新城	1000.00	6.00	2018.06.11	6.2100	按年付息
122640	12 仪征债	800.00	7.00	2019.06.14	7.7800	按年付息
122641	12 武进债	1400.00	6.00	2018.06.08	6.2200	按年付息
122642	PR 朝阳债	1600.00	7.00	2019.05.25	7.3000	按年付息
122643	12 海资债	1500.00	7.00	2019.05.22	8.5100	按年付息
122644	12 铁岭债	1200.00	6.00	2018.05.29	7.3400	按年付息

债券信息
List of Bonds

上年收盘(面值 100 元) Last Year close	本年开盘 Open	本年最高 High	本年最低 Low	本年收盘 Close	涨跌(%) Change(%)	成交数量(万) Trading Vol(10000)	成交金额(百万) Trading Val (M)
102.00	101.50	104.98	101.50	104.98	2.92	673.00	698.07
106.00	100.21	106.00	99.90	103.00	-2.83	1177.85	1191.45
101.45	99.20	99.30	99.20	99.30	-2.12	1003.00	991.78
97.62	95.20	105.58	92.44	101.60	4.08	755.37	753.95
99.33	100.99	105.30	94.25	105.30	6.01	745.44	758.99
101.49	100.00	100.00	100.00	100.00	-1.47	360.01	359.42
97.39	95.50	102.40	92.00	98.15	0.78	2319.02	2281.00
101.62	100.00	102.07	96.00	101.00	-0.61	1142.11	1162.15
101.00	103.00	103.50	95.33	101.40	0.40	2237.77	2236.74
98.01	90.01	104.64	90.01	104.64	6.77	211.38	208.88
103.88	101.03	106.07	99.20	102.84	-1.00	824.34	863.61
98.80	97.30	100.01	97.30	99.94	1.15	740.02	740.62
100.00	100.00	109.95	98.00	104.98	4.98	10935.99	11348.49
99.50	99.60	104.50	95.00	101.80	2.31	1023.25	1033.51
101.50	99.50	102.87	95.00	100.93	-0.56	1029.89	1033.45
102.27	92.25	103.20	92.25	100.00	-2.22	1227.38	1241.39
101.30	97.00	102.40	97.00	102.40	1.09	576.02	576.88
99.98	93.67	101.10	92.05	100.00	0.02	1033.20	1038.84
101.30	98.00	105.50	95.65	104.00	2.67	2230.25	2266.32
106.00	101.00	104.00	101.00	103.37	-2.48	990.54	1008.34
100.00	0.00	0.00	0.00	100.00	0.00	677.07	680.56
99.50	99.00	107.50	97.49	103.50	4.02	1405.88	1481.00
100.00	104.40	105.01	104.40	105.01	5.01	190.00	198.85
98.99	101.40	109.00	98.02	103.18	4.23	1290.53	1337.17
97.14	93.00	105.00	90.06	101.49	4.48	1848.68	1825.65
97.00	97.00	101.66	97.00	101.66	4.80	942.37	935.33
98.50	96.00	103.19	95.99	103.00	4.57	1022.16	1023.24
100.00	105.00	105.00	105.00	105.00	5.00	100.00	104.42
102.00	98.00	104.38	98.00	104.35	2.30	1404.70	1410.68
106.00	98.30	98.56	88.59	98.00	-7.55	387.04	395.89
99.00	99.80	102.55	90.41	100.00	1.01	457.20	452.96
102.50	102.50	105.80	96.70	102.92	0.41	1318.22	1352.25
100.00	99.90	100.31	95.00	99.99	-0.01	328.14	322.43
100.00	95.55	111.00	88.00	100.80	0.80	2249.59	2260.97
103.97	101.00	106.80	92.28	103.59	-0.37	744.68	759.07
96.21	99.00	104.00	92.50	101.60	5.60	1055.34	1046.75
97.00	97.00	101.00	95.00	99.50	2.58	283.08	280.04
98.00	98.00	103.40	93.53	103.00	5.10	570.98	574.02
100.90	98.50	104.00	98.50	104.00	3.07	305.29	301.83
103.10	100.00	103.30	95.00	102.00	-1.07	391.52	393.13
100.86	107.90	107.90	99.99	106.39	5.48	391.33	397.31
101.50	98.50	102.00	89.45	102.00	0.49	210.55	207.22
101.95	103.00	111.00	94.00	104.00	2.01	668.94	688.92
102.00	102.00	104.68	95.00	101.00	-0.98	290.02	287.86
98.36	95.50	102.70	95.50	101.00	2.68	876.44	876.07
98.39	98.34	102.00	97.50	102.00	3.67	54.79	55.01
98.10	97.14	103.03	97.14	101.65	3.62	836.08	835.96
100.00	103.00	105.00	96.69	102.30	2.30	2788.09	2829.73
97.52	97.58	107.11	94.29	103.20	5.82	1487.21	1508.37
99.50	99.50	103.45	99.50	102.47	2.99	1667.31	1699.21

债券信息 List of Bonds

债券 Bond

债券代码 Code	债券简称 Securities	发行数量(百万) Issued Val(M)	年限 Terms	到期日 Expiration Date	票面利率(%) Coupon Rate(%)	付息方式 Way of Interest
122645	12 苏园建	2000.00	7.00	2019.05.30	5.7900	按年付息
122648	12 宣国投	1000.00	7.00	2019.03.20	7.9900	按年付息
122649	PR 长建投	1500.00	7.00	2019.04.06	8.3500	按年付息
122650	12 泰能债	500.00	6.00	2018.04.25	6.5000	按年付息
122651	PR 广安投	800.00	7.00	2019.04.25	8.1800	按年付息
122652	12 杨农债	1500.00	7.00	2019.05.23	7.6000	按年付息
122654	12 昆钢控	2000.00	8.00	2020.04.26	5.7800	按年付息
122655	PR 铜建投	1500.00	10.00	2022.04.28	8.2000	按年付息
122658	PR 盘锦债	1500.00	7.00	2019.05.17	7.5000	按年付息
122659	12 石油 06	10000.00	10.00	2022.04.12	4.5000	按年付息
122660	12 石油 07	10000.00	10.00	2022.04.12	4.7300	按年付息
122661	PR 怀化债	1000.00	6.00	2018.03.22	8.0000	按年付息
122662	PR 合桃花	800.00	7.00	2019.03.27	8.7900	按年付息
122663	PR 科发债	1500.00	7.00	2019.05.15	7.1600	按年付息
122664	12 葫芦岛	2000.00	7.00	2019.03.01	8.4700	按年付息
122665	PR 镇交投	1800.00	7.00	2019.05.08	7.2900	按年付息
122666	12 国网 01	5000.00	10.00	2022.04.17	4.9900	按年付息
122667	12 国网 02	10000.00	15.00	2027.04.17	5.2600	按年付息
122668	12 凉国投	500.00	7.00	2019.04.23	7.5800	按年付息
122669	PR 桂林债	1000.00	6.00	2018.05.09	6.9000	按年付息
122670	PR 新盛债	1500.00	6.00	2018.05.08	7.4800	按年付息
122671	12 扬子江	500.00	7.00	2019.05.21	7.6500	按年付息
122672	PR 西城投	1300.00	7.00	2019.04.27	7.7000	按年付息
122673	12 渝李渡	800.00	7.00	2019.03.23	8.4000	按年付息
122674	12 渝黔江	900.00	7.00	2019.03.23	8.4000	按年付息
122675	PR 杭城投	1600.00	6.00	2018.04.25	5.9000	按年付息
122676	PR 滨江债	1200.00	7.00	2019.04.27	6.8500	按年付息
122677	PR 江宁债	1200.00	7.00	2019.04.28	7.2900	按年付息
122678	12 扬化工	1000.00	7.00	2019.04.25	7.7500	按年付息
122679	PR 河套债	1000.00	10.00	2022.03.31	8.5400	按年付息
122680	PR 昆建债	2200.00	6.00	2018.04.13	7.6000	按年付息
122681	PR 合农投	1500.00	6.00	2018.04.10	8.2800	按年付息
122682	PR 营口债	2000.00	8.00	2020.04.18	7.9800	按年付息
122683	12 春和债	540.00	6.00	2018.04.24	7.7800	按年付息
122684	12 合高新	1200.00	7.00	2019.03.22	7.9800	按年付息
122685	PR 吉城投	1600.00	7.00	2019.04.20	7.8000	按年付息
122686	12 白药债	1100.00	7.00	2019.03.30	5.6000	按年付息
122687	PR 金坛债	1000.00	7.00	2019.03.14	8.3000	按年付息
122688	PR 华通债	1000.00	7.00	2019.04.18	7.3000	按年付息
122689	PR 宿开发	900.00	7.00	2019.03.26	7.5000	按年付息
122690	12 三胞债	800.00	7.00	2019.03.19	8.0800	按年付息
122691	PR 武清债	800.00	7.00	2019.03.27	7.8000	按年付息
122692	12 漳路桥	1100.00	7.00	2019.03.01	8.2000	按年付息
122693	PR 佳城投	1000.00	7.00	2019.03.22	8.2500	按年付息
122694	PR 兴荣债	800.00	7.00	2019.04.19	8.3500	按年付息
122695	PR 五国投	1000.00	6.00	2018.03.15	8.6000	按年付息
122696	PR 丹投债	1500.00	7.00	2019.03.06	8.1000	按年付息
122697	11 太资债	900.00	7.00	2018.12.31	8.2500	按年付息
122698	12 双流 01	700.00	7.00	2019.03.16	8.4000	按年付息
122699	12 双流 02	300.00	7.00	2019.03.16	8.4800	按年付息

债券信息
List of Bonds

债券
Bond

上年收盘 (面值 100 元) Last Year close	本年开盘 Open	本年最高 High	本年最低 Low	本年收盘 Close	涨跌(%) Change(%)	成交数量(万) Trading Vol(10000)	成交金额(百万) Trading Val (M)
102.50	99.34	101.30	99.30	101.25	-1.22	2166.95	2167.80
100.39	99.10	114.95	92.00	106.28	5.87	638.53	665.65
101.98	102.97	108.00	98.10	105.93	3.87	2463.66	2547.96
103.00	103.00	103.00	103.00	103.00	0.00	130.00	131.15
100.93	100.93	105.70	99.11	102.39	1.45	745.47	767.51
100.00	99.00	108.00	95.24	107.49	7.49	1102.59	1130.55
100.90	97.50	98.80	96.80	98.80	-2.08	684.80	677.52
108.80	103.30	110.00	100.00	106.99	-1.66	1657.86	1753.71
100.00	91.38	105.78	91.38	105.62	5.62	1175.59	1199.20
95.60	96.55	105.11	96.55	98.70	3.24	807.90	796.95
94.13	94.10	100.47	84.88	100.47	6.74	769.90	760.48
99.85	99.75	108.99	96.05	103.44	3.60	274.05	283.36
100.72	100.88	106.50	98.50	103.30	2.56	1437.60	1482.70
98.50	98.00	104.75	95.00	100.05	1.57	1174.29	1177.99
107.77	103.10	108.33	102.50	108.00	0.21	1938.61	2066.02
102.54	98.55	105.31	98.55	102.40	-0.14	1355.20	1383.71
100.00	0.00	0.00	0.00	100.00	0.00	4.00	3.83
100.80	100.00	100.00	100.00	100.00	-0.79	1030.00	1045.57
107.00	104.00	107.97	95.00	102.72	-4.00	340.12	353.76
98.00	97.60	104.00	97.60	103.41	5.52	753.92	760.05
100.50	102.50	105.40	101.75	105.00	4.48	2068.05	2133.73
104.00	107.00	107.00	107.00	107.00	2.89	100.00	102.50
99.70	99.69	106.00	99.69	104.00	4.31	1086.32	1120.37
100.00	0.00	0.00	0.00	100.00	0.00	0.00	0.00
100.00	0.00	0.00	0.00	100.00	0.00	0.00	0.00
97.70	97.60	103.10	96.80	101.50	3.89	1254.77	1253.66
102.10	99.50	104.00	99.50	104.00	1.86	270.01	271.54
99.50	99.49	105.04	95.00	102.70	3.22	1205.06	1227.36
100.98	98.41	107.00	92.90	105.00	3.98	1041.80	1052.15
100.52	99.61	111.85	94.29	105.69	5.14	1230.36	1282.33
100.50	100.30	105.88	96.52	103.60	3.09	1643.21	1677.50
102.90	98.50	106.00	97.01	104.50	1.56	1706.03	1757.62
99.43	90.00	108.50	90.00	105.80	6.41	2996.69	3114.60
94.67	94.14	100.42	88.51	99.99	5.62	1025.36	999.21
99.06	103.00	108.72	98.31	108.71	9.74	347.34	371.40
100.00	99.99	106.50	97.01	104.00	4.00	2011.46	2062.54
97.00	99.70	102.00	96.50	99.85	2.94	450.01	447.22
103.00	100.50	108.85	93.98	102.88	-0.12	556.45	559.71
100.00	93.00	103.15	93.00	102.70	2.70	401.82	409.61
99.00	99.00	105.93	99.00	102.00	3.03	704.62	711.56
103.50	107.00	107.00	97.51	100.15	-3.24	823.62	851.69
100.00	103.00	105.60	103.00	105.60	5.60	40.00	40.40
106.00	103.00	108.00	103.00	108.00	1.89	160.68	169.25
102.99	100.30	105.50	96.07	103.09	0.10	162.62	169.56
99.33	99.20	104.51	96.20	101.98	2.67	1935.16	1963.85
100.17	100.60	106.85	96.92	104.46	4.28	2394.26	2477.14
107.57	103.06	103.60	103.06	103.50	-3.78	430.08	440.66
100.00	102.00	105.70	97.00	104.70	4.70	155.19	160.08
110.30	101.00	111.00	101.00	105.60	-4.26	378.82	399.46
99.00	99.90	108.00	98.00	107.50	8.59	88.22	89.93

债券信息
List of Bonds

债券
Bond

债券代码 Code	债券简称 Securities	发行数量(百万) Issued Val(M)	年限 Terms	到期日 Expiration Date	票面利率(%) Coupon Rate(%)	付息方式 Way of Interest
122700	12 来宾债	900.00	7.00	2019.03.14	8.3600	按年付息
122701	PR 余城建	1200.00	7.00	2019.03.29	7.5500	按年付息
122702	PR 海安债	1500.00	6.00	2018.03.28	8.3500	按年付息
122703	PR 鞍城投	2000.00	7.00	2019.03.05	8.2500	按年付息
122704	PR 江都债	800.00	7.00	2019.03.23	8.1000	按年付息
122705	12 苏交通	2500.00	5.00	2017.03.20	4.9000	按年付息
122706	PR 海门债	1200.00	7.00	2019.03.20	8.3500	按年付息
122707	PR 泰兴债	1200.00	6.00	2018.03.27	8.2900	按年付息
122708	PR 伊旗债	1600.00	7.00	2019.03.19	8.3500	按年付息
122709	12 绵阳债	1200.00	7.00	2019.03.26	7.7000	按年付息
122710	PR 济城建	1800.00	6.00	2018.03.26	6.9800	按年付息
122711	12 郑新债	2000.00	7.00	2019.03.14	8.1000	按年付息
122712	12 中航债	1800.00	7.00	2019.03.12	5.4000	按年付息
122713	12 冀交通	1400.00	10.00	2022.03.27	6.0000	按年付息
122714	PR 海陵债	800.00	7.00	2019.03.21	8.5200	按年付息
122715	PR 蓉新城	1000.00	7.00	2019.03.19	8.3500	按年付息
122716	PR 莆田债	1100.00	7.00	2019.03.21	8.1000	按年付息
122717	12 泉矿债	1500.00	7.00	2019.03.21	6.7000	按年付息
122718	12 渝南债	800.00	7.00	2019.03.23	8.4000	按年付息
122719	12 龙交投	1000.00	10.00	2022.03.19	8.1500	按年付息
122720	PR 甬城投	1000.00	6.00	2018.03.01	7.3900	按年付息
122721	PR 辽国资	1000.00	7.00	2019.03.13	8.1700	按年付息
122722	PR 淮水利	1600.00	7.00	2019.03.08	8.2500	按年付息
122723	12 石油 05	20000.00	10.00	2022.03.15	4.8000	按年付息
122724	12 攀国投	1000.00	10.00	2022.03.13	8.1800	按年付息
122725	12 宿产发	800.00	6.00	2018.03.08	6.9800	按年付息
122726	PR 柳东债	1000.00	7.00	2019.02.15	8.3000	按年付息
122727	PRST 东胜	2000.00	6.00	2018.02.28	8.4000	按年付息
122728	PR 徐经开	1800.00	7.00	2019.03.07	8.2000	按年付息
122729	12 江泉债	800.00	7.00	2019.03.12	8.4000	按年付息
122730	12 晋江债	650.00	6.00	2018.02.23	7.8800	按年付息
122731	PR 镇经开	1600.00	7.00	2019.03.01	8.1600	按年付息
122732	PR 九江债	2000.00	7.00	2019.02.23	8.4900	按年付息
122733	11 京资 01	4000.00	5.00	2016.12.26	5.0000	按年付息
122734	11 京资 02	6000.00	10.00	2021.12.26	5.4000	按年付息
122735	11 六安债	1500.00	7.00	2018.12.28	8.2000	按年付息
122736	12 石油 03	10000.00	7.00	2019.02.22	4.5000	按年付息
122737	12 石油 04	10000.00	15.00	2027.02.22	5.0000	按年付息
122740	12 延城投	1500.00	5.00	2017.02.08	7.0500	按年付息
122741	11 双鸭山	1000.00	7.00	2018.12.20	8.3600	按年付息
122742	12 鲁高速	2000.00	10.00	2022.02.09	5.7200	按年付息
122743	PR 华发集	2500.00	6.00	2018.02.16	8.4300	按年付息
122744	11 本溪债	2000.00	10.00	2021.12.22	8.3800	按年付息
122745	12 方大 01	500.00	6.00	2018.02.22	8.0900	按年付息
122746	12 方大 02	500.00	7.00	2019.02.22	8.2900	按年付息
122747	12 晋煤运	2500.00	10.00	2022.01.18	5.9400	按年付息
122748	12 石油 01	10000.00	7.00	2019.01.11	4.5400	按年付息
122749	12 石油 02	10000.00	10.00	2022.01.11	4.6900	按年付息
122750	PR 常经营	1200.00	7.00	2019.01.16	8.0000	按年付息
122751	11 冀新债	500.00	7.00	2018.12.30	7.6000	按年付息

债券信息
List of Bonds

债券
Bond

上年收盘 (面值 100 元) Last Year close	本年开盘 Open	本年最高 High	本年最低 Low	本年收盘 Close	涨跌(%) Change(%)	成交数量(万) Trading Vol(10000)	成交金额(百万) Trading Val (M)
108.25	100.00	108.20	96.13	107.49	-0.70	595.41	616.42
99.50	98.50	107.88	97.50	103.50	4.02	693.49	713.80
103.50	101.00	106.10	98.00	105.80	2.22	2982.66	3073.41
103.50	98.00	107.77	98.00	106.90	3.29	906.98	949.75
97.76	98.00	106.00	97.00	103.30	5.67	1087.88	1108.81
101.72	96.70	101.98	96.70	100.30	-1.40	1996.68	2002.70
102.00	100.20	110.00	100.01	103.01	0.99	2930.55	2998.76
101.48	101.40	108.00	97.80	103.90	2.39	1225.64	1267.15
98.28	97.57	105.98	95.45	102.80	4.60	925.57	937.50
99.50	100.00	108.60	100.00	108.55	9.10	1036.80	1053.47
100.65	97.01	112.00	95.32	102.97	2.31	1313.82	1343.28
100.50	100.50	111.80	92.74	108.00	7.46	1751.53	1850.78
95.00	94.00	101.00	92.01	101.00	6.32	181.72	181.22
100.00	0.00	0.00	0.00	100.00	0.00	10.00	9.91
99.55	99.51	106.38	96.80	104.35	4.82	359.31	373.16
98.51	98.00	107.07	94.50	104.40	5.98	911.88	927.86
100.25	95.00	106.99	95.00	106.00	5.74	700.24	713.72
100.00	96.00	104.00	93.00	97.50	-2.50	330.02	330.79
101.50	101.03	115.21	99.00	105.60	4.04	962.01	1020.40
103.00	101.99	113.70	98.25	102.00	-0.97	2394.98	2539.40
100.00	102.75	103.55	102.75	103.55	3.55	650.00	663.10
100.67	100.57	104.30	91.44	103.00	2.31	1696.16	1718.68
104.50	102.50	107.18	99.51	104.00	-0.48	950.00	986.07
99.90	96.00	100.00	92.05	100.00	0.10	300.01	290.12
109.50	100.00	112.30	99.31	107.90	-1.46	1010.19	1063.08
100.50	99.30	106.10	99.30	103.00	2.49	670.91	688.42
101.98	101.30	107.48	97.00	105.68	3.63	455.38	468.20
99.76	100.26	109.09	95.05	102.42	2.67	958.92	990.11
106.00	100.99	104.30	100.00	104.05	-1.84	975.14	1021.91
98.27	96.30	105.50	92.00	101.80	3.59	417.59	416.54
101.50	101.50	108.00	101.50	108.00	6.40	445.08	468.14
102.90	103.00	106.00	100.00	106.00	3.01	210.26	217.42
102.00	95.00	104.50	95.00	103.00	0.98	176.14	180.35
101.99	101.99	101.99	95.94	101.00	-0.97	435.01	437.25
100.42	0.00	0.00	0.00	100.42	0.00	290.00	287.22
105.00	105.00	115.00	102.50	115.00	9.52	880.61	941.68
100.00	0.00	0.00	0.00	100.00	0.00	0.00	0.00
99.99	88.00	99.60	85.24	97.00	-2.99	452.16	438.82
102.70	99.65	102.60	96.01	102.50	-0.20	177.35	179.43
99.99	100.00	106.00	97.00	102.80	2.81	883.33	895.46
100.00	101.00	102.40	95.00	102.40	2.40	750.11	758.38
102.64	102.00	108.50	100.10	105.00	2.30	1707.76	1781.59
102.90	102.00	111.00	99.51	105.50	2.53	1226.42	1311.03
101.00	100.00	105.46	95.76	100.93	-0.07	888.45	890.75
96.50	96.65	107.99	93.97	100.89	4.55	535.66	533.35
97.50	94.92	105.00	91.16	97.80	0.31	687.01	672.42
99.99	99.99	99.99	99.99	99.99	0.00	787.99	774.62
102.50	100.82	100.82	100.82	100.82	-1.64	540.00	513.15
102.50	95.00	109.30	95.00	104.84	2.28	267.50	274.93
100.49	95.00	106.00	95.00	102.34	1.84	344.66	352.53

债券信息
List of Bonds

债券代码 Code	债券简称 Securities	发行数量 (百万) Issued Val(M)	年限 Terms	到期日 Expiration Date	票面利率(%) Coupon Rate(%)	付息方式 Way of Interest
122752	11 大丰港	600.00	6.00	2017.11.15	7.9800	按年付息
122753	12 姜国资	700.00	7.00	2019.12.03	6.8500	按年付息
122754	11 通化债	1000.00	10.00	2021.12.13	8.3600	按年付息
122755	PR 潭城建	1200.00	7.00	2019.03.16	8.0000	按年付息
122756	12 甘农垦	800.00	7.00	2019.01.06	6.5000	按年付息
122757	11 丹东债	1600.00	7.00	2018.12.21	7.9700	按年付息
122758	11 张保债	900.00	7.00	2018.12.15	7.8000	按年付息
122759	11 泰豪债	400.00	7.00	2018.12.27	7.5000	按年付息
122760	12 渝富债	2000.00	7.00	2019.09.04	6.5000	按年付息
122761	PR 萧国资	2000.00	5.00	2016.11.22	6.9000	按年付息
122762	11 吴江债	1300.00	7.00	2018.12.05	8.0500	按年付息
122763	11 淮产投	900.00	6.00	2017.12.30	8.4900	按年付息
122764	11 泛海 01	1800.00	6.00	2017.12.13	8.8000	按年付息
122765	11 泛海 02	1000.00	10.00	2021.12.13	8.9000	按年付息
122766	11 宜建投	1000.00	8.00	2019.11.17	8.1300	按年付息
122767	11 盐城南	1500.00	7.00	2018.12.16	8.1900	按年付息
122768	11 兰城投	1500.00	7.00	2018.12.15	8.2000	按年付息
122769	11 龙海债	800.00	6.00	2017.12.02	8.2500	按年付息
122770	11 国网 01	10000.00	10.00	2021.12.08	5.1400	按年付息
122771	11 国网 02	5000.00	15.00	2026.12.08	5.2400	按年付息
122772	11 山煤债	1000.00	7.00	2018.12.06	6.8500	按年付息
122773	11 滨海 01	2500.00	5.00	2016.11.23	5.6000	按年付息
122774	11 滨海 02	2500.00	10.00	2021.11.23	6.1000	按年付息
122775	11 咸城投	1100.00	6.00	2017.12.09	7.9000	按年付息
122776	11 新光债	1600.00	7.00	2018.11.23	8.1000	按年付息
122777	11 吴中债	1500.00	7.00	2018.12.16	8.0500	按年付息
122778	11 建发债	1600.00	8.00	2019.10.28	7.3000	按年付息
122779	11 株城发	1500.00	10.00	2021.11.10	8.3600	按年付息
122780	11 长高新	2500.00	6.00	2017.11.22	7.3000	按年付息
122781	11 永州债	1000.00	10.00	2021.12.05	8.4000	按年付息
122782	11 宁农债	1800.00	7.00	2018.11.16	7.1000	按年付息
122783	11 苏中能	1500.00	7.00	2018.11.15	7.0500	按年付息
122784	11 中兴新	1000.00	8.00	2019.10.28	6.5000	按年付息
122786	11 联想债	2900.00	7.00	2018.10.31	5.8000	按年付息
122787	11 赣铁债	1000.00	7.00	2018.09.30	7.2000	按年付息
122788	11 三明债	1000.00	7.00	2018.06.14	6.9900	按年付息
122789	11 象屿债	900.00	7.00	2018.07.08	6.6800	按年付息
122790	11 诸暨债	1500.00	7.00	2018.07.05	6.9200	按年付息
122792	11 邯郸债	1000.00	7.00	2018.07.01	6.7800	按年付息
122793	PR 扬开债	1000.00	5.00	2016.07.07	6.1000	按年付息
122794	11 海城债	800.00	7.00	2018.11.07	8.3900	按年付息
122795	PR 诸城债	1000.00	7.00	2018.04.26	6.4000	按年付息
122796	11 冀投 01	1000.00	10.00	2021.06.27	5.7500	按年付息
122797	11 冀投 02	1000.00	13.00	2024.06.27	5.8500	按年付息
122798	11 泰矿债	1000.00	7.00	2018.06.22	6.7500	按年付息
122799	11 武国资	300.00	7.00	2018.06.17	5.9000	按年付息
122800	11 龙煤电	1000.00	7.00	2018.06.17	6.2000	按年付息
122801	11 焦作债	2200.00	7.00	2018.06.08	6.2000	按年付息
122802	11 辽阳债	2000.00	7.00	2018.06.13	6.8800	按年付息
122803	11 滁州债	1000.00	10.00	2021.11.30	7.8500	按年付息

债券信息
List of Bonds

债券
Bond

上年收盘 (面值 100 元) Last Year close	本年开盘 Open	本年最高 High	本年最低 Low	本年收盘 Close	涨跌(%) Change(%)	成交数量(万) Trading Vol(10000)	成交金额(百万) Trading Val (M)
102.00	103.00	108.00	99.12	103.00	0.98	461.88	482.78
98.00	98.30	102.89	89.90	101.35	3.42	1100.09	1079.73
101.35	101.10	108.99	98.91	104.50	3.11	1884.26	1949.01
102.50	98.00	104.00	98.00	102.70	0.20	785.45	810.33
100.00	100.00	102.20	100.00	102.20	2.20	430.80	437.29
97.77	97.90	108.12	96.70	104.50	6.88	2159.06	2192.37
100.00	99.00	107.56	99.00	104.24	4.24	5.52	5.78
107.10	101.60	101.60	101.60	101.60	-5.14	70.00	70.02
98.10	97.79	105.00	97.00	103.20	5.20	2365.43	2382.77
104.61	101.00	101.98	67.30	72.09	-31.09	808.36	815.17
100.00	104.58	107.00	104.58	107.00	7.00	580.00	604.84
102.85	102.19	110.20	100.52	105.97	3.03	2566.97	2739.69
101.47	100.80	109.99	99.30	105.49	3.96	520.37	533.23
103.08	103.50	113.99	99.60	106.78	3.59	99.90	106.31
108.20	106.50	107.48	98.02	107.38	-0.76	153.87	163.19
101.58	98.00	110.00	90.20	106.60	4.94	1085.14	1126.30
103.60	101.88	109.99	101.88	102.91	-0.67	887.48	936.41
101.05	100.14	106.47	96.80	103.00	1.93	1837.20	1898.97
98.50	92.60	103.36	92.60	99.00	0.51	373.02	369.75
98.80	100.88	100.88	100.88	100.88	2.11	309.00	314.91
106.00	0.00	0.00	0.00	106.00	0.00	128.00	127.36
100.00	0.00	0.00	0.00	100.00	0.00	0.00	0.00
100.00	0.00	0.00	0.00	100.00	0.00	970.00	974.74
100.80	102.50	106.85	100.13	104.00	3.18	389.51	406.56
99.80	98.50	104.80	93.79	100.69	0.89	2686.74	2709.59
105.80	0.00	0.00	0.00	105.80	0.00	219.88	224.55
101.50	101.50	111.48	98.00	108.96	7.35	1131.86	1175.05
102.00	102.00	112.40	100.00	108.85	6.72	923.30	988.24
100.25	100.00	106.00	100.00	103.20	2.94	2531.61	2576.73
102.92	103.18	112.90	100.20	107.42	4.37	1501.50	1607.92
99.50	104.00	106.22	98.00	100.80	1.31	340.34	349.23
84.45	84.45	87.24	78.80	86.53	2.46	222.37	184.92
103.50	103.50	106.00	95.00	106.00	2.42	251.36	251.20
102.56	100.60	104.99	99.50	102.90	0.33	2283.46	2337.14
104.00	103.50	103.50	95.53	101.50	-2.40	40.06	41.42
102.00	99.00	105.00	95.03	101.87	-0.13	676.94	685.32
105.00	99.00	104.19	89.21	102.00	-2.86	1287.59	1310.22
97.49	96.00	104.75	95.52	104.70	7.40	1362.10	1371.88
99.30	98.80	106.20	97.90	102.40	3.12	418.49	430.05
99.00	99.05	100.30	78.80	80.90	-18.28	150.53	149.10
102.28	92.27	108.00	90.51	105.00	2.66	60.38	63.10
100.00	80.78	80.78	80.78	80.78	-19.22	70.00	56.59
100.00	102.00	102.00	102.00	102.00	2.00	200.00	204.00
100.00	0.00	0.00	0.00	100.00	0.00	0.00	0.00
101.00	96.70	108.38	91.00	99.45	-1.54	1411.48	1436.04
100.50	93.50	103.60	93.50	100.00	-0.50	438.02	439.71
103.00	0.00	0.00	0.00	103.00	0.00	0.00	0.00
103.90	99.20	104.50	94.77	103.00	-0.87	3312.97	3323.47
97.90	97.85	104.80	95.00	102.89	5.10	4093.75	4171.15
98.94	99.00	108.10	97.00	105.19	6.32	844.66	857.14

债券信息 List of Bonds

债券 Bond

债券代码 Code	债券简称 Securities	发行数量(百万) Issued Val(M)	年限 Terms	到期日 Expiration Date	票面利率(%) Coupon Rate(%)	付息方式 Way of Interest
122804	11 渭南 01	600.00	6.00	2017.06.08	7.0000	按年付息
122805	11 大同债	2500.00	6.00	2017.06.01	6.5000	按年付息
122806	11 渭南 02	1200.00	7.00	2018.06.08	6.5000	按年付息
122807	11 东岭债	400.00	6.00	2017.06.14	6.9800	按年付息
122808	PR 滕州债	1000.00	7.00	2018.05.24	6.4500	按年付息
122809	11 准国资	2000.00	7.00	2018.05.10	6.9400	按年付息
122810	11 邹平债	500.00	7.00	2018.04.27	6.9800	按年付息
122811	ST 蒙奈伦	800.00	7.00	2018.05.05	7.4800	按年付息
122812	11 淮北债	1200.00	7.00	2018.03.14	7.1000	按年付息
122813	11 宁交通	1500.00	10.00	2021.04.27	6.1000	按年付息
122814	11 东营债	1200.00	7.00	2018.04.20	6.7500	按年付息
122815	11 广汇债	1600.00	6.00	2017.04.19	6.8300	按年付息
122816	11 高密债	1000.00	7.00	2018.04.08	6.9800	按年付息
122817	11 三门峡	1500.00	7.00	2018.04.25	6.9000	按年付息
122818	11 牟平债	600.00	8.00	2019.03.04	8.0500	按年付息
122819	11 常城建	2500.00	7.00	2018.04.25	6.1700	按年付息
122820	11 潍东方	500.00	7.00	2018.04.12	6.9700	按年付息
122821	11 吉城建	2000.00	7.00	2018.03.03	7.1000	按年付息
122822	11 汉中债	800.00	7.00	2018.03.14	7.4800	按年付息
122823	11 舟山债	1500.00	7.00	2018.04.20	6.2000	按年付息
122824	11 中煤建	600.00	7.00	2018.03.15	6.2500	按年付息
122825	11 景德镇	800.00	7.00	2018.03.23	7.4800	按年付息
122826	11 北港债	1500.00	6.00	2017.03.30	6.0100	按年付息
122827	11 新奥债	500.00	7.00	2018.02.16	6.4500	按年付息
122828	11 抚州债	800.00	7.00	2018.02.28	7.7500	按年付息
122829	11 万基债	800.00	7.00	2018.08.24	7.5500	按年付息
122830	11 沈国资	1500.00	8.00	2019.03.16	7.1800	按年付息
122831	11 惠通债	1000.00	7.00	2018.03.14	7.4900	按年付息
122832	11 泰山债	1000.00	7.00	2018.03.02	7.3900	按年付息
122833	11 赣城债	2000.00	7.00	2018.04.22	6.2600	按年付息
122834	11 牡国投	1500.00	7.00	2018.02.15	7.1500	按年付息
122835	11 兴泸债	1000.00	10.00	2021.03.01	6.3900	按年付息
122836	11 盘锦债	1500.00	7.00	2018.03.01	7.4200	按年付息
122837	11 武经发	2500.00	7.00	2018.02.24	6.5500	按年付息
122838	11 吉利债	1000.00	7.00	2018.06.21	6.4000	按年付息
122839	11 鑫泰债	1200.00	7.00	2018.02.23	6.7800	按年付息
122840	11 临汾债	2000.00	8.00	2019.02.22	7.2300	按年付息
122841	11 渝津债	600.00	7.00	2018.01.06	6.9500	按年付息
122842	11 合城债	600.00	7.00	2018.01.06	6.9500	按年付息
122843	11 绥化债	800.00	7.00	2018.02.28	7.3500	按年付息
122844	11 筑城投	2000.00	7.00	2018.01.12	6.4000	按年付息
122845	11 横店债	1200.00	10.00	2021.01.27	6.3000	按年付息
122846	11 渝富债	2000.00	7.00	2018.02.22	6.3300	按年付息
122847	11 甬交投	1000.00	10.00	2021.02.10	6.3000	按年付息
122848	10 桂林债	1000.00	7.00	2017.12.28	6.7800	按年付息
122849	11 新余债	1400.00	7.00	2018.01.11	6.5000	按年付息
122850	11 华泰债	880.00	7.00	2018.03.02	6.3800	按年付息
122851	10 玉溪 01	800.00	6.00	2016.12.28	6.8000	按年付息
122852	10 玉溪 02	700.00	7.00	2017.12.28	6.7800	按年付息
122853	10 太重债	840.00	10.00	2020.12.31	5.2900	按年付息

债券信息
List of Bonds

债券
Bond

上年收盘 (面值 100 元) Last Year close	本年开盘 Open	本年最高 High	本年最低 Low	本年收盘 Close	涨跌(%) Change(%)	成交数量(万) Trading Vol(10000)	成交金额(百万) Trading Val (M)
100.35	99.94	103.75	97.31	102.00	1.64	766.32	780.58
97.98	99.99	102.60	98.20	100.99	3.07	3138.53	3159.85
98.50	98.50	105.45	94.60	101.50	3.05	677.47	678.75
99.04	99.08	100.02	88.74	98.60	-0.44	564.61	563.09
103.42	100.54	103.99	100.00	101.44	-1.92	1524.21	1543.44
97.78	93.10	105.00	89.70	101.00	3.29	1964.44	1976.09
93.00	93.50	103.20	90.00	100.90	8.50	417.21	412.98
93.99	94.01	101.66	88.94	97.40	3.63	2276.76	2186.05
98.36	97.01	103.50	95.00	100.50	2.18	1305.46	1317.31
98.50	98.50	103.50	92.03	101.50	3.05	1466.13	1487.87
102.50	99.00	104.40	95.05	104.20	1.66	523.33	535.69
99.63	99.96	103.50	93.38	99.97	0.34	2307.00	2313.19
100.00	101.38	101.38	101.38	101.38	1.38	878.00	901.87
99.89	97.02	105.75	97.01	103.36	3.47	2306.58	2329.86
101.05	99.51	117.50	94.80	105.59	4.49	1031.02	1075.04
98.20	98.20	105.14	92.41	100.60	2.44	2764.76	2789.58
103.50	97.70	110.00	97.60	104.00	0.48	351.91	363.80
100.50	99.00	107.25	99.00	103.30	2.79	769.50	774.62
96.48	96.52	104.80	93.00	104.80	8.62	1098.89	1102.03
102.00	100.00	104.15	95.01	101.50	-0.49	1426.39	1450.80
102.04	100.00	101.50	100.00	101.50	-0.53	147.00	147.39
100.99	99.00	106.35	90.02	103.50	2.49	1004.09	1031.50
100.00	99.60	103.20	99.60	101.43	1.43	3076.61	3083.82
103.05	101.17	101.35	100.93	100.93	-2.06	114.50	115.52
101.50	101.48	116.80	100.00	103.32	1.79	941.04	975.29
84.93	84.93	97.88	77.81	96.48	13.60	1271.23	1140.52
99.70	102.00	106.70	96.82	102.63	2.94	439.84	450.73
99.40	96.51	109.00	96.00	103.60	4.23	1082.47	1110.69
103.01	99.00	106.50	97.50	103.00	-0.01	781.85	808.76
97.90	93.78	104.65	90.98	100.21	2.36	1692.85	1704.97
100.24	99.10	106.60	96.89	103.39	3.14	2221.61	2283.93
98.78	98.78	106.61	96.88	102.45	3.72	503.04	510.04
97.99	97.00	106.00	95.51	104.00	6.13	1211.48	1238.67
98.99	99.00	104.90	98.50	100.50	1.53	475.06	479.56
104.50	97.30	104.48	97.30	102.50	-1.91	524.67	524.01
104.00	100.00	106.10	96.03	102.00	-1.92	440.64	449.07
103.00	100.49	112.61	96.65	105.00	1.94	2352.78	2415.56
96.29	96.20	102.50	93.01	100.98	4.87	926.09	918.62
96.40	96.40	104.19	87.18	101.40	5.19	1307.86	1313.01
100.45	101.43	104.20	98.10	101.10	0.65	2338.05	2361.38
99.00	98.00	104.50	91.02	101.10	2.12	786.13	798.44
98.80	97.00	104.70	97.00	103.50	4.76	977.09	975.11
98.80	99.00	104.50	96.00	103.99	5.25	845.45	853.70
100.00	98.20	107.10	97.99	101.06	1.06	846.86	864.99
100.00	99.00	105.70	99.00	105.60	5.60	356.08	366.76
94.40	95.00	104.20	93.20	100.00	5.93	2024.31	2042.22
95.99	95.00	105.00	86.85	101.00	5.22	387.16	378.74
98.00	96.50	103.70	96.50	100.00	2.04	778.42	781.34
99.70	98.60	104.95	98.60	102.00	2.31	515.39	524.56
101.00	0.00	0.00	0.00	101.00	0.00	169.00	169.84

债券信息 List of Bonds

债券 Bond

债券代码 Code	债券简称 Securities	发行数量(百万) Issued Val(M)	年限 Terms	到期日 Expiration Date	票面利率(%) Coupon Rate(%)	付息方式 Way of Interest
122854	11 中汇债	1000.00	7.00	2018.03.23	6.1800	按年付息
122855	11 渝轻纺	700.00	7.00	2018.01.12	6.4800	按年付息
122856	11 株高科	1000.00	7.00	2018.08.18	7.8200	按年付息
122857	PR 九华债	1000.00	6.00	2016.12.16	6.9300	按年付息
122858	10 盐城 01	500.00	6.00	2016.12.16	6.8000	按年付息
122859	10 盐城 02	1000.00	7.00	2017.12.16	6.6000	按年付息
122860	10 龙源债	1600.00	7.00	2017.02.09	4.8000	按年付息
122861	09 陕煤化	1500.00	8.00	2017.12.17	5.4500	按年付息
122862	10 闽能源	800.00	7.00	2017.12.02	5.1000	按年付息
122863	10 榆城投	1400.00	7.00	2017.12.28	7.2000	按年付息
122864	11 外滩债	900.00	7.00	2018.03.11	6.2000	按年付息
122865	10 苏海发	1000.00	7.00	2017.09.28	5.5500	按年付息
122866	10 杭交投	1200.00	10.00	2020.10.19	5.1200	按年付息
122867	11 石城投	1000.00	10.00	2021.03.09	6.5500	按年付息
122868	ST 沈煤债	1500.00	7.00	2017.12.21	5.7500	按年付息
122869	10 沪化工	1000.00	7.00	2017.10.22	5.3000	按年付息
122870	10 渝大晟	800.00	7.00	2017.06.02	6.7800	按年付息
122871	10 镇交投	1000.00	7.00	2017.10.18	5.5800	按年付息
122872	10 复星债	1100.00	7.00	2017.12.24	6.0000	按年付息
122873	10 通经开	1000.00	7.00	2017.12.08	6.2600	按年付息
122874	10 红投 01	1000.00	6.00	2016.12.09	6.6500	按年付息
122875	10 红投 02	1000.00	7.00	2017.12.09	6.9500	按年付息
122876	11 海控债	1500.00	7.00	2018.01.20	5.8000	按年付息
122877	PR 渝南岸	1000.00	7.00	2017.12.24	6.2900	按年付息
122879	10 天脊债	1000.00	7.00	2017.11.25	6.2000	按年付息
122880	10 天业债	1200.00	6.00	2016.10.25	5.9700	按年付息
122881	10 吴江债	1500.00	8.00	2018.12.23	6.4000	按年付息
122882	10 宁高新	1200.00	7.00	2017.12.24	6.4000	按年付息
122883	10 楚雄债	1500.00	7.00	2017.10.18	6.0800	按年付息
122884	10 西子债	450.00	7.00	2017.10.11	5.6300	按年付息
122885	10 冀交通	2000.00	15.00	2025.09.28	4.9500	按年付息
122886	10 云投债	2000.00	7.00	2017.08.24	5.2500	按年付息
122887	10 渝交通	1000.00	7.00	2017.08.04	5.1800	按年付息
122888	PR 华靖债	1500.00	7.00	2017.09.28	5.6800	按年付息
122889	10 冶色债	700.00	8.00	2018.10.15	4.9800	按年付息
122890	10 凯迪债	1000.00	10.00	2020.08.23	6.1200	按年付息
122891	10 通辽债	1000.00	7.00	2017.09.01	5.9800	按年付息
122892	10 寿光债	1000.00	10.00	2020.09.01	6.1800	按年付息
122893	10 丹东债	1500.00	7.00	2017.09.06	7.8100	按年付息
122894	10 洪市政	700.00	7.00	2017.08.03	5.0000	按年付息
122895	10 德州债	700.00	7.00	2017.08.09	5.7100	按年付息
122896	10 芜开债	1000.00	7.00	2017.08.25	4.9500	按年付息
122897	10 襄投债	1000.00	8.00	2018.05.19	5.7000	按年付息
122898	10 攀国投	600.00	10.00	2020.07.29	5.4100	按年付息
122899	10 杨浦 01	1200.00	7.00	2017.07.28	4.9500	按年付息
122900	10 杨浦 02	300.00	7.00	2017.07.28	6.2300	按季度付息
122901	10 营口债	2000.00	10.00	2020.06.09	8.2400	按年付息
122902	PR 赤峰债	1200.00	7.00	2017.05.18	6.1800	按年付息
122903	10 盐东方	1000.00	7.00	2017.06.08	5.7500	按年付息
122904	10 长城投	2000.00	10.00	2020.05.24	5.5000	按年付息

债券信息 债券
List of Bonds Bond

上年收盘 (面值 100 元) Last Year close	本年开盘 Open	本年最高 High	本年最低 Low	本年收盘 Close	涨跌(%) Change(%)	成交数量(万) Trading Vol(10000)	成交金额(百万) Trading Val (M)
98.30	98.30	101.29	98.30	101.20	2.95	557.53	556.75
99.50	98.50	102.30	96.30	101.43	1.94	370.84	372.57
101.60	99.30	107.18	93.48	106.99	5.31	977.06	1007.56
98.10	98.38	102.13	68.79	70.00	-28.64	1929.01	1893.07
100.00	100.00	104.49	99.10	102.50	2.50	1293.24	1307.49
100.00	99.50	104.45	97.76	102.00	2.00	318.45	322.31
97.50	98.20	101.55	98.20	99.70	2.26	322.88	323.25
101.50	0.00	0.00	0.00	101.50	0.00	0.00	0.00
100.00	101.80	101.80	101.80	101.80	1.80	160.00	159.83
105.00	100.90	106.44	98.01	103.30	-1.62	785.53	803.38
102.00	99.80	104.45	97.36	104.00	1.96	405.04	409.44
100.00	100.00	100.35	99.00	100.35	0.35	385.14	384.23
97.30	98.60	101.50	98.60	99.90	2.67	354.51	351.65
99.00	100.20	105.70	97.25	103.00	4.04	904.54	918.12
97.30	93.01	101.98	88.15	100.00	2.78	813.29	809.26
100.40	98.80	101.24	98.50	101.24	0.84	532.50	532.35
100.00	100.92	100.92	100.92	100.92	0.92	860.00	858.90
96.88	96.00	101.88	96.00	98.50	1.67	673.51	670.74
101.50	96.50	103.00	96.50	101.70	0.20	524.30	523.77
100.06	99.50	104.00	98.30	98.59	-1.47	782.36	793.15
99.50	99.40	110.20	97.51	100.43	0.94	1094.72	1111.36
99.80	97.02	106.88	97.01	103.89	4.10	789.28	800.53
100.20	99.00	103.40	99.00	101.50	1.30	345.60	346.58
101.65	97.00	102.00	80.00	85.00	-16.38	194.43	193.86
100.00	95.00	95.05	91.79	93.00	-7.00	0.32	0.29
98.00	97.20	101.90	92.92	101.80	3.88	871.32	867.67
100.99	103.99	103.99	97.00	101.80	0.80	1284.19	1296.35
100.00	99.00	104.10	97.57	103.05	3.05	835.34	845.73
94.64	94.59	102.65	86.87	100.30	5.98	3321.57	3245.24
98.99	99.99	103.85	98.30	99.60	0.62	484.68	485.02
100.00	0.00	0.00	0.00	100.00	0.00	0.00	0.00
96.04	94.27	102.00	94.00	101.00	5.17	2670.66	2628.51
89.50	90.80	99.25	84.00	96.10	7.37	639.62	603.01
96.28	96.00	101.08	72.53	74.00	-23.14	1349.29	1276.89
99.00	91.01	99.80	91.00	99.80	0.81	245.71	243.23
89.27	89.27	100.39	85.60	96.10	7.65	3268.06	3084.71
95.20	95.80	101.00	92.70	100.50	5.57	2123.94	2128.99
95.88	95.86	110.59	92.00	100.97	5.31	713.60	711.19
100.86	97.05	105.97	96.19	101.49	0.63	821.69	836.82
100.50	100.40	100.40	100.40	100.40	-0.10	1198.07	1199.50
99.00	93.15	102.60	93.15	101.00	2.02	701.44	704.14
101.00	95.90	99.90	95.90	99.70	-1.29	594.60	589.47
100.48	97.60	102.44	97.60	102.00	1.51	847.65	852.03
100.40	99.00	101.00	94.80	100.20	-0.20	1468.90	1479.77
97.20	97.45	100.00	97.10	97.98	0.80	286.31	284.36
105.50	99.00	105.50	96.12	103.80	-1.61	227.88	232.81
98.00	97.50	107.80	95.52	106.98	9.16	1009.63	1040.97
99.49	101.00	103.10	95.99	101.60	2.12	744.50	744.14
95.50	95.30	101.86	90.09	100.60	5.34	175.88	174.35
98.00	99.50	102.78	98.50	99.50	1.53	812.13	812.92

债券信息
List of Bonds

债券
Bond

债券代码 Code	债券简称 Securities	发行数量(百万) Issued Val(M)	年限 Terms	到期日 Expiration Date	票面利率(%) Coupon Rate(%)	付息方式 Way of Interest
122905	10 南昌债	1200.00	7.00	2017.04.30	6.1300	按年付息
122906	10 芜投 01	1400.00	7.00	2017.07.22	4.9500	按年付息
122907	10 芜投 02	600.00	7.00	2017.07.22	6.5500	按季度付息
122908	10 苏交通	2500.00	6.00	2016.06.01	3.4000	按年付息
122909	10 宜兴债	1500.00	6.00	2016.05.20	5.0800	按年付息
122910	PR 漯河债	1000.00	7.00	2017.03.30	6.8100	按年付息
122911	10 鞍城投	2000.00	10.00	2020.05.06	5.6600	按年付息
122912	10 鄂国资	2800.00	10.00	2020.05.11	6.8800	按年付息
122913	10 通产控	800.00	6.00	2016.05.18	6.0000	按年付息
122914	09 榕建债	1000.00	7.00	2016.12.16	6.4800	按年付息
122915	PR 镇水投	2000.00	7.00	2017.05.06	5.8600	按年付息
122916	10 红谷滩	800.00	7.00	2017.03.09	6.9000	按年付息
122917	10 太仓港	600.00	10.00	2020.01.21	7.1000	按年付息
122918	10 阜阳债	1000.00	6.00	2016.03.09	6.1800	按年付息
122919	10 鲁商债	700.00	7.00	2017.03.11	5.8800	按年付息
122920	10 黄山债	600.00	7.00	2017.02.09	7.0800	按年付息
122921	10 郴州债	2000.00	7.00	2017.01.21	7.1000	按年付息
122922	10 长高新	2000.00	7.00	2017.01.25	6.3800	按年付息
122923	10 北汽投	1500.00	7.00	2017.01.29	5.1800	按年付息
122924	10 巢湖债	1200.00	7.00	2017.01.28	7.0000	按年付息
122925	09 沈国资	1200.00	7.00	2016.11.27	7.3000	按年付息
122926	09 青国投	800.00	6.00	2015.12.29	5.4000	按年付息
122927	09 海航债	1300.00	10.00	2019.12.24	7.6000	按年付息
122928	09 铁岭债	1500.00	10.00	2019.12.22	7.1500	按年付息
122929	09 九江债	1200.00	7.00	2016.12.18	7.1000	按年付息
122930	PR 盘锦债	1000.00	7.00	2016.12.16	7.7000	按年付息
122931	PR 临海债	1000.00	7.00	2016.11.06	7.9800	按年付息
122932	09 宜城债	1200.00	7.00	2016.11.25	7.0000	按年付息
122933	09 南山 1	1000.00	6.00	2015.10.20	6.5000	按年付息
122934	09 南山 2	1000.00	10.00	2019.10.20	7.5000	按年付息
122935	PR 南通债	2300.00	7.00	2016.11.13	6.7200	按年付息
122936	PR 鹤城投	1200.00	7.00	2016.11.17	7.7800	按年付息
122937	PR 辽源债	1000.00	7.00	2017.01.26	7.8000	按年付息
122938	09 汾湖债	1000.00	8.00	2017.10.22	7.0000	按年付息
122939	09 吉安债	1500.00	7.00	2016.10.28	7.9500	按年付息
122940	09 咸城投	1750.00	10.00	2019.09.30	7.6000	按年付息
122941	10 镇城投	2000.00	10.00	2020.12.17	6.7600	按年付息
122942	09 江阴债	2500.00	7.00	2016.09.15	6.9000	按年付息
122943	09 外高桥	850.00	5.00	2014.09.04	5.0000	按年付息
122944	09 株城投	1500.00	7.00	2016.08.28	7.0000	按年付息
122945	09 虞水债	800.00	7.00	2016.07.31	6.8000	按年付息
122946	PR 扬城建	2000.00	7.00	2016.07.23	5.9400	按年付息
122947	09 合建投	2000.00	5.00	2014.07.08	5.0400	按年付息
122948	PR 锡交债	2000.00	7.00	2016.07.08	5.5800	按年付息
122949	PR 常投债	2000.00	7.00	2016.07.01	5.8000	按年付息
122950	09 渝能源	1500.00	7.00	2016.07.01	5.4500	按年付息
122951	09 淮城投	1500.00	7.00	2016.06.26	5.8800	按年付息
122952	09 赣州债	1500.00	7.00	2016.06.16	5.5800	按年付息
122953	09 岳城建	1000.00	6.00	2015.04.30	5.8800	按年付息
122954	PR 武进债	2200.00	7.00	2016.06.09	5.4200	按年付息

上年收盘 (面值 100 元) Last Year close	本年开盘 Open	本年最高 High	本年最低 Low	本年收盘 Close	涨跌(%) Change(%)	成交数量(万) Trading Vol(10000)	成交金额(百万) Trading Val (M)
102.50	99.00	104.00	99.00	101.30	-1.17	1074.53	1094.75
99.25	99.25	99.90	93.50	99.00	-0.25	952.08	935.50
100.50	100.50	103.23	100.00	102.20	1.69	750.80	745.90
95.10	95.10	97.20	92.20	97.20	2.21	1.15	1.09
96.30	97.50	102.90	94.61	99.89	3.73	2482.70	2460.59
100.00	80.10	80.10	80.10	80.10	-19.90	300.00	240.24
98.20	98.10	102.50	98.00	100.70	2.55	1332.95	1335.00
98.00	98.00	105.30	96.00	99.74	1.78	1482.55	1476.82
98.00	98.00	101.60	97.59	100.10	2.14	670.53	671.66
102.00	100.50	106.00	93.00	101.90	-0.10	385.28	391.02
98.20	97.80	102.30	95.24	99.98	1.81	898.34	895.07
100.25	100.23	104.80	98.01	103.22	2.96	1026.65	1054.83
99.54	92.91	104.50	92.91	102.50	2.97	286.83	290.83
97.00	96.02	101.50	94.98	100.10	3.20	1668.79	1668.64
99.60	0.00	0.00	0.00	99.60	0.00	10.00	9.90
99.20	97.20	105.01	97.20	102.16	2.98	1105.36	1127.14
101.16	99.99	107.76	93.45	103.00	1.82	3743.70	3843.77
99.50	98.80	104.10	97.24	101.20	1.71	1546.98	1567.86
98.75	98.40	102.50	98.36	101.49	2.78	2026.70	2025.01
102.09	104.00	106.50	98.01	101.00	-1.07	441.00	450.34
101.30	99.61	105.24	99.01	105.00	3.65	1123.83	1155.24
97.92	97.50	110.00	97.00	102.00	4.17	702.83	703.17
99.16	99.05	105.90	97.02	102.40	3.27	781.53	789.06
99.70	99.80	108.68	99.00	101.85	2.16	1093.73	1112.98
104.60	94.35	105.00	94.35	102.00	-2.49	237.23	240.51
102.00	100.70	103.65	70.00	71.98	-29.43	768.65	751.00
100.98	100.06	103.47	80.00	81.70	-19.09	848.90	821.38
102.38	101.00	105.45	100.00	103.85	1.44	1782.79	1834.48
103.80	98.73	101.72	98.73	101.66	-2.06	548.95	552.37
103.99	105.50	116.00	100.10	106.50	2.41	799.93	828.61
100.00	100.50	102.20	71.80	72.45	-27.55	413.19	414.09
99.29	98.90	102.80	69.50	71.30	-28.19	1665.80	1611.88
99.22	99.70	102.80	94.50	101.40	2.20	1780.87	1794.28
99.60	99.00	104.00	99.00	104.00	4.42	71.62	71.78
101.59	101.30	106.80	100.24	103.99	2.36	547.13	567.92
101.11	101.01	118.01	100.00	107.00	5.83	1004.87	1061.89
97.59	97.95	107.00	95.00	102.50	5.03	362.83	368.92
99.70	99.50	104.48	96.00	102.90	3.21	1255.83	1279.25
99.99	99.04	100.50	99.03	100.00	0.01	163.55	163.00
99.82	99.74	112.16	94.30	101.30	1.48	309.64	315.18
99.80	98.11	102.00	88.50	98.70	-1.10	458.67	459.28
99.80	101.10	101.99	69.81	71.00	-28.86	597.33	497.67
99.25	99.20	101.00	98.20	100.00	0.76	2072.35	2061.73
98.00	92.76	100.00	48.19	50.19	-48.79	460.57	342.17
98.30	95.80	100.60	68.26	70.35	-28.43	909.61	804.15
100.30	90.47	101.00	90.47	98.10	-2.19	2553.57	2548.14
99.99	99.79	103.30	97.00	101.00	1.01	2888.24	2911.15
99.40	99.30	100.32	99.15	99.90	0.50	731.46	731.14
100.39	99.00	101.00	97.96	100.20	-0.19	87.39	86.77
96.89	97.99	100.10	79.51	80.43	-16.99	945.16	880.75

债券信息 List of Bonds

债券 Bond

债券代码 Code	债券简称 Securities	发行数量 (百万) Issued Val(M)	年限 Terms	到期日 Expiration Date	票面利率(%) Coupon Rate(%)	付息方式 Way of Interest
122955	09 潭城建	900.00	6.00	2015.06.01	5.8900	按年付息
122956	09 常高新	1500.00	10.00	2019.06.04	6.2000	按年付息
122957	09 蓉工投	1500.00	7.00	2016.06.04	6.0800	按年付息
122958	09 长经开	580.00	6.00	2015.05.22	6.6000	按年付息
122959	09 清控债	1000.00	7.00	2016.05.19	4.7800	按年付息
122960	09 保利集	1300.00	5.00	2014.05.07	4.7200	按年付息
122961	09 武城投	1500.00	10.00	2019.05.25	5.7200	按年付息
122962	09 宁交通	1000.00	7.00	2016.05.07	6.1000	按年付息
122964	09 龙湖债	1400.00	7.00	2016.05.05	6.7000	按半年付息
122965	09 潍投债	700.00	10.00	2019.04.15	6.8800	按年付息
122966	09 滇投债	800.00	6.00	2015.04.27	6.2000	按年付息
122967	09 闽漳龙	1000.00	6.00	2015.04.24	5.8800	按年付息
122968	09 杭城投	2200.00	6.00	2015.04.14	5.3500	按年付息
122969	09 豫投债	1500.00	10.00	2019.04.15	5.8500	按年付息
122970	09 三峡 01	7000.00	5.00	2014.04.08	3.4500	按年付息
122971	09 三峡 02	3000.00	7.00	2016.04.08	4.0500	按年付息
122972	09 绵投控	1500.00	7.00	2016.04.08	6.8000	按年付息
122973	PR 昆创控	2000.00	7.00	2016.03.30	4.7000	按年付息
122974	PR 镇城投	1000.00	6.00	2015.03.30	5.8500	按年付息
122975	09 济城建	1500.00	10.00	2019.03.26	4.7800	按年付息
122976	09 永煤债	1300.00	6.00	2015.03.30	5.2800	按年付息
122979	09 津投 2	2000.00	5.00	2014.03.25	3.7500	按年付息
122980	09 津投 3	2500.00	7.00	2016.03.25	4.7800	按年付息
122981	09 铜城投	500.00	6.00	2015.03.10	7.4500	按年付息
122982	PR 长城开	1200.00	7.00	2016.03.09	6.0800	按年付息
122983	PR 南钢联	2500.00	7.00	2016.02.27	6.1300	按年付息
122984	09 六城投	1500.00	7.00	2016.03.02	7.6000	按年付息
122985	09 浙能债	4700.00	5.00	2014.02.23	3.9800	按年付息
122986	09 春华债	1000.00	7.00	2016.02.11	7.0800	按年付息
122988	09 渝隆债	1000.00	7.00	2016.01.15	8.0800	按年付息
122989	08 渝交通	1500.00	7.00	2015.12.10	6.3000	按年付息
122991	08 海航债	1500.00	6.00	2014.12.25	7.2800	按年付息
122995	08 合建投	1700.00	10.00	2018.08.28	7.2000	按年付息
122996	08 常城建	2500.00	7.00	2015.09.24	6.3000	按年付息
122998	04 长航债	1000.00	10.00	2014.05.25	5.0000	按年付息
122999	08 广纸债	390.00	10.00	2018.03.13	6.4500	按年付息
123000	09 宜华债	1000.00	5.00	2014.10.26	7.9500	按年付息
123001	09 爱使债	250.00	5.00	2014.11.17	7.6000	按年付息
123002	09 东华债	300.00	6.00	2015.12.28	9.5000	按年付息
123003	09 瑞贝卡	300.00	6.00	2015.12.28	7.2000	按年付息
123004	10 中科债	280.00	7.00	2017.02.02	8.5000	按年付息
123005	09 新海连	1500.00	7.00	2016.11.11	7.2000	按年付息
123006	10 武高债	500.00	10.00	2020.05.24	6.2000	按年付息
123007	11 微矿债	700.00	10.00	2021.01.07	7.9900	按年付息
123008	11 长征债	400.00	3.00	2014.11.17	9.0000	按年付息
123009	12 扬集债	218.00	6.00	2018.08.02	7.1500	按年付息
123010	12 湘临港	1000.00	6.00	2018.10.15	7.7000	按年付息
123011	13 梅州债	1000.00	7.00	2020.09.10	6.9500	按年付息
123012	13 哈高新	2500.00	7.00	2020.09.16	7.0000	按年付息
123013	12 赣和济	1000.00	7.00	2019.09.04	8.0000	按年付息

债券信息
List of Bonds

债券
Bond

上年收盘 (面值 100 元) Last Year close	本年开盘 Open	本年最高 High	本年最低 Low	本年收盘 Close	涨跌(%) Change(%)	成交数量(万) Trading Vol(10000)	成交金额(百万) Trading Val (M)
99.08	98.00	100.60	95.69	99.79	0.72	241.55	241.60
99.29	99.01	104.48	97.00	101.00	1.72	1235.28	1227.56
99.00	99.00	101.80	98.90	100.60	1.62	1722.94	1723.63
99.75	100.98	104.80	99.50	100.60	0.85	1211.18	1223.85
99.29	99.10	100.00	99.10	100.00	0.72	289.03	288.55
99.36	99.20	100.05	99.20	100.00	0.64	203.15	202.95
99.20	99.21	109.80	96.30	102.50	3.33	1947.90	1927.97
99.30	99.40	102.70	98.28	101.40	2.12	1459.28	1476.44
100.45	100.05	107.50	99.09	102.25	1.79	1980.84	2012.72
99.70	99.70	107.17	92.40	106.00	6.32	2342.61	2340.32
100.10	99.50	102.00	98.01	100.76	0.66	1463.94	1469.33
99.30	99.00	100.80	98.70	100.08	0.79	181.93	182.25
100.26	98.15	105.45	98.14	100.25	-0.01	5046.44	5062.03
99.81	99.00	101.00	93.00	100.00	0.19	171.01	166.42
99.95	99.90	100.19	99.90	99.96	0.01	68.35	68.32
96.20	96.20	100.00	95.20	100.00	3.95	273.49	269.56
99.80	100.80	103.20	99.60	100.60	0.80	2360.11	2390.79
97.50	97.50	108.00	67.02	69.80	-28.41	527.24	392.74
100.00	99.50	100.99	65.00	70.10	-29.90	1012.06	755.44
96.00	95.60	101.00	92.01	99.50	3.65	638.28	630.03
98.90	98.90	99.30	95.00	99.10	0.20	975.28	963.28
99.46	99.25	100.10	99.25	99.99	0.53	18.04	18.02
98.00	96.41	101.00	87.97	99.88	1.92	1004.00	988.62
100.77	99.78	101.95	98.80	99.46	-1.30	291.16	292.61
99.00	98.00	99.80	67.51	70.65	-28.64	533.62	386.95
97.83	95.90	100.20	94.00	99.80	2.01	889.42	881.16
101.00	99.70	105.00	99.60	103.41	2.39	962.21	986.69
99.59	99.60	100.05	99.59	99.97	0.38	77.73	77.62
99.80	99.75	102.44	98.00	102.44	2.65	43.49	43.82
100.00	100.00	104.50	100.00	101.50	1.50	948.46	973.47
98.30	98.30	101.10	94.23	99.75	1.48	1800.64	1789.38
100.63	101.50	101.50	98.00	99.97	-0.66	457.78	459.64
101.00	98.00	106.60	96.00	105.30	4.26	955.20	974.70
99.20	99.10	102.00	98.01	100.56	1.37	1588.72	1597.42
99.00	0.00	0.00	0.00	0.00	0.00	0.00	0.00
102.50	99.99	104.60	90.21	104.60	2.05	94.16	95.56
99.97	0.00	100.14	99.98	0.00	0.00	882.00	882.02
100.00	0.00	0.00	0.00	0.00	0.00	0.00	0.00
100.00	0.00	100.45	96.35	0.00	0.00	683.00	674.84
98.97	0.00	102.01	99.11	0.00	0.00	352.00	356.55
100.00	0.00	97.66	97.04	0.00	0.00	86.00	83.65
101.14	0.00	102.79	102.15	0.00	0.00	430.00	439.62
100.00	0.00	0.00	0.00	0.00	0.00	0.00	0.00
102.27	0.00	100.02	99.96	0.00	0.00	450.00	449.96
99.93	0.00	0.00	0.00	0.00	0.00	0.00	0.00
99.13	0.00	100.33	100.00	0.00	0.00	86.00	86.02
98.81	0.00	100.02	99.98	0.00	0.00	365.50	365.49
100.01	0.00	101.66	99.20	0.00	0.00	510.00	510.99
100.00	0.00	105.33	95.04	0.00	0.00	980.00	984.41
100.00	0.00	103.49	95.97	0.00	0.00	650.00	658.16

债券信息 List of Bonds

债券 Bond

债券代码 Code	债券简称 Securities	发行数量 (百万) Issued Val(M)	年限 Terms	到期日 Expiration Date	票面利率(%) Coupon Rate(%)	付息方式 Way of Interest
123015	09 滁交基	500.00	7.00	2016.04.07	7.9000	按年付息
123016	10 锡城投	1200.00	6.00	2016.10.15	5.3000	按年付息
123018	13 海岛债	300.00	5.00	2019.05.21	8.5000	按年付息
123019	14 阳纸业	500.00	7.00	2021.07.21	8.1900	按年付息
123020	14 江沿江	700.00	6.00	2020.07.29	7.4800	按年付息
123021	14 东证债	6000.00	5.00	2019.08.26	6.0000	按年付息
123022	14 首创 01	2000.00	3.00	2017.11.03	5.9900	按年付息
123024	14 穗热电	800.00	10.00	2024.11.18	6.3800	按年付息
123303	14 华泰 05	4000.00	1.00	2015.11.21	5.1000	到期一次付息
123305	14 浙商 02	500.00	3.00	2017.11.20	5.9000	按年付息
123306	14 财通 02	1000.00	5.00	2019.11.17	5.9000	按年付息
123309	14 民族 02	1500.00	1.00	2015.11.19	5.6000	按半年付息
123310	14 东方债	1400.00	4.00	2018.11.17	5.5000	按年付息
123311	14 国联债	1500.00	3.00	2017.10.31	6.2000	按年付息
123312	14 渤海 02	500.00	5.00	2019.11.04	6.0000	按年付息
123313	14 银河 06	4000.00	3.00	2017.10.30	5.3000	按年付息
123321	14 恒泰债	1000.00	5.00	2019.11.11	6.9000	按年付息
123322	14 财通 01	1000.00	5.00	2019.10.28	6.2000	按年付息
123324	14 民族 01	1500.00	1.00	2015.10.30	6.1600	按半年付息
123325	14 中信 C2	7000.00	5.00	2019.10.24	5.6500	按年付息
123326	14 信建投	1000.00	3.00	2017.10.28	5.5000	按年付息
123327	14 证金 34	2500.00	0.50	2015.04.23	5.2000	到期一次付息
123329	14 证金 31	1000.00	0.25	2015.01.21	5.2000	到期一次付息
123332	14 证金 33	3000.00	0.50	2015.04.21	5.2000	到期一次付息
123335	14 证金 26	999.90	0.25	2015.01.13	5.2000	到期一次付息
123337	14 证金 28	3000.00	0.50	2015.04.16	5.2000	到期一次付息
123338	14 中建投	2000.00	3.00	2017.10.22	5.5000	按年付息
123340	14 证金 29	1500.00	0.50	2015.04.17	5.2000	到期一次付息
123341	14 民生 02	420.00	2.00	2016.10.17	7.0000	按年付息
123342	14 西南债	3000.00	5.00	2019.10.15	5.8800	按年付息
123343	14 华泰 03	2000.00	3.00	2017.09.29	5.7000	按年付息
123344	14 华泰 04	4000.00	4.00	2018.09.29	5.9000	按年付息
123347	14 证金 22	1500.00	0.25	2014.12.25	5.2000	到期一次付息
123348	14 沪券 01	450.00	3.00	2017.09.24	5.8000	按年付息
123349	14 沪券 02	1050.00	3.00	2017.09.24	6.3000	按年付息
123350	14 国君 05	3000.00	3.00	2017.09.29	6.1000	按年付息
123353	14 证金 19	2000.00	0.25	2014.12.19	5.2000	到期一次付息
123354	14 申万债	10000.00	4.00	2018.10.13	5.5000	按年付息
123355	14 浙商债	1000.00	4.00	2018.09.22	6.3000	按年付息
123356	14 银河 05	1700.00	1.00	2015.09.23	5.8000	到期一次付息
123357	14 银河 04	1000.00	0.75	2015.06.19	5.5500	到期一次付息
123358	14 齐鲁 02	700.00	4.00	2018.09.26	6.8000	按年付息
123359	14 兴业 02	2500.00	4.00	2018.09.18	5.9000	按年付息
123360	14 证金 14	170.00	1.00	2015.05.29	6.2000	到期一次付息
123361	14 证金 15	40.00	0.50	2014.12.23	6.2000	到期一次付息
123362	14 证金 16	500.00	0.30	2015.01.06	5.2000	到期一次付息
123363	14 银河 03	1300.00	0.50	2015.03.04	5.4500	到期一次付息
123364	14 银河 02	1100.00	1.00	2015.09.02	5.6000	到期一次付息
123365	14 天风债	600.00	3.00	2017.09.02	6.8200	按年付息
123366	14 华融债	600.00	3.00	2017.08.26	6.8000	按年付息

债券信息
List of Bonds

债券
Bond

上年收盘 (面值 100 元) Last Year close	本年开盘 Open	本年最高 High	本年最低 Low	本年收盘 Close	涨跌(%) Change(%)	成交数量(万) Trading Vol(10000)	成交金额(百万) Trading Val (M)
100.00	0.00	98.39	98.37	0.00	0.00	200.00	196.76
100.00	0.00	0.00	0.00	0.00	0.00	0.00	0.00
100.00	0.00	100.11	100.11	0.00	0.00	114.57	114.70
100.00	0.00	104.58	99.84	0.00	0.00	260.00	263.80
100.00	0.00	0.00	0.00	0.00	0.00	0.00	0.00
100.00	0.00	0.00	0.00	0.00	0.00	0.00	0.00
100.00	0.00	100.06	100.00	0.00	0.00	430.00	430.14
100.00	0.00	0.00	0.00	0.00	0.00	0.00	0.00
100.00	0.00	0.00	0.00	0.00	0.00	0.00	0.00
100.00	0.00	100.00	99.99	0.00	0.00	150.00	149.99
100.00	0.00	100.02	98.80	0.00	0.00	190.00	188.80
100.00	0.00	100.00	99.58	0.00	0.00	438.00	437.16
100.00	0.00	0.00	0.00	0.00	0.00	0.00	0.00
100.00	0.00	99.72	99.72	0.00	0.00	80.00	79.77
100.00	0.00	100.00	100.00	0.00	0.00	160.00	160.00
100.00	0.00	0.00	0.00	0.00	0.00	0.00	0.00
100.00	0.00	100.00	100.00	0.00	0.00	80.00	80.00
100.00	0.00	99.96	99.96	0.00	0.00	50.00	49.98
100.00	0.00	100.00	99.00	0.00	0.00	410.00	408.78
100.00	0.00	0.00	0.00	0.00	0.00	0.00	0.00
100.00	0.00	0.00	0.00	0.00	0.00	0.00	0.00
100.00	0.00	0.00	0.00	0.00	0.00	0.00	0.00
100.00	0.00	0.00	0.00	0.00	0.00	0.00	0.00
100.00	0.00	0.00	0.00	0.00	0.00	0.00	0.00
100.00	0.00	0.00	0.00	0.00	0.00	0.00	0.00
100.00	0.00	0.00	0.00	0.00	0.00	0.00	0.00
100.00	0.00	0.00	0.00	0.00	0.00	0.00	0.00
100.00	0.00	0.00	0.00	0.00	0.00	0.00	0.00
100.00	0.00	101.00	99.98	0.00	0.00	250.00	250.39
100.00	0.00	0.00	0.00	0.00	0.00	0.00	0.00
100.00	0.00	0.00	0.00	0.00	0.00	0.00	0.00
100.00	0.00	0.00	0.00	0.00	0.00	0.00	0.00
100.00	0.00	0.00	0.00	0.00	0.00	0.00	0.00
100.00	0.00	0.00	0.00	0.00	0.00	0.00	0.00
100.00	0.00	0.00	0.00	0.00	0.00	0.00	0.00
100.00	0.00	0.00	0.00	0.00	0.00	0.00	0.00
100.00	0.00	0.00	0.00	0.00	0.00	0.00	0.00
100.00	0.00	0.00	0.00	0.00	0.00	0.00	0.00
100.00	0.00	0.00	0.00	0.00	0.00	0.00	0.00
100.00	0.00	0.00	0.00	0.00	0.00	0.00	0.00
100.00	0.00	0.00	0.00	0.00	0.00	0.00	0.00
100.00	0.00	0.00	0.00	0.00	0.00	0.00	0.00
100.00	0.00	100.00	100.00	0.00	0.00	50.00	50.00
100.00	0.00	0.00	0.00	0.00	0.00	0.00	0.00
100.00	0.00	0.00	0.00	0.00	0.00	0.00	0.00
100.00	0.00	0.00	0.00	0.00	0.00	0.00	0.00
100.00	0.00	0.00	0.00	0.00	0.00	0.00	0.00
100.00	0.00	0.00	0.00	0.00	0.00	0.00	0.00
100.00	0.00	101.00	99.73	0.00	0.00	520.00	520.48
100.00	0.00	101.40	101.40	0.00	0.00	30.00	30.42

债券信息
List of Bonds

债券代码 Code	债券简称 Securities	发行数量(百万) Issued Val(M)	年限 Terms	到期日 Expiration Date	票面利率(%) Coupon Rate(%)	付息方式 Way of Interest
123367	14 渤海 01	500.00	5.00	2019.08.28	6.3000	按年付息
123368	14 中信投	2000.00	3.00	2017.08.25	5.5500	按年付息
123369	14 兴业 01	2500.00	4.00	2018.08.26	5.8900	按年付息
123370	14 国君 04	3000.00	2.00	2016.08.14	5.8000	按年付息
123371	14 民生 01	405.00	1.00	2015.08.14	6.5000	到期一次付息
123372	14 泰康债	3000.00	10.00	2024.06.27	5.9000	按年付息
123373	14 齐鲁 01	800.00	4.00	2018.07.08	6.9000	按年付息
123374	13 新时代	650.00	3.00	2017.06.20	7.3000	按年付息
123375	14 光大 01	7000.00	2.00	2016.06.11	5.9900	按年付息
123376	14 国君 03	2000.00	4.00	2018.05.29	6.1000	按年付息
123377	14 太保债	4000.00	10.00	2024.03.07	5.9000	按年付息
123378	13 大都会	800.00	10.00	2024.05.08	8.0000	按年付息
123379	14 国君 02	1500.00	4.00	2018.05.16	6.1500	按年付息
123380	14 华泰 01	3000.00	1.00	2015.04.21	5.9500	到期一次付息
123381	14 华泰 02	3000.00	2.00	2016.04.21	6.1500	按年付息
123382	14 中信 01	6000.00	4.00	2018.04.28	5.9000	按年付息
123383	14 平证次	3000.00	3.00	2017.03.26	6.5000	按年付息
123384	14 证金 13	350.00	1.00	2015.03.07	5.9500	到期一次付息
123385	14 平安寿	8000.00	10.00	2024.03.05	5.9000	按年付息
123386	13 天风债	500.00	3.00	2017.03.26	7.6500	按年付息
123387	13 东兴 03	390.00	3.00	2017.03.24	7.3000	按年付息
123388	14 中信建	3000.00	1.50	2015.09.12	5.9800	按年付息
123389	14 安信债	4000.00	2.00	2016.03.20	6.2000	按年付息
123390	13 东兴 02	450.00	3.00	2017.03.10	7.3000	按年付息
123391	14 证金 12	530.00	0.25	2014.06.05	5.6000	到期一次付息
123392	14 证金 11	1000.00	0.25	2014.05.27	5.7000	到期一次付息
123393	14 证金 10	600.00	1.00	2015.02.26	6.0000	到期一次付息
123394	14 证金 09	1000.00	0.50	2014.08.24	6.0000	到期一次付息
123395	14 证金 08	500.00	0.50	2014.08.19	6.0000	到期一次付息
123396	14 证金 07	1000.00	0.25	2014.05.14	6.0000	到期一次付息
123397	14 证金 06	1000.00	1.00	2015.02.11	6.0000	到期一次付息
123398	14 证金 05	2550.00	0.25	2014.04.28	6.0000	到期一次付息
123399	14 证金 04	560.00	0.50	2014.07.16	6.0000	到期一次付息
123400	14 国君 01	1500.00	2.00	2016.02.12	6.3000	按季度付息
123401	14 方正债	3000.00	5.00	2019.04.28	7.0000	按年付息
123402	14 证金 03	500.00	0.50	2014.07.14	6.0000	到期一次付息
123403	14 银河 01	510.00	0.50	2014.07.14	6.8500	到期一次付息
123404	13 证金 58	700.00	1.00	2014.12.16	6.0000	到期一次付息
123405	14 证金 02	700.00	0.50	2014.07.09	6.0000	到期一次付息
123406	14 证金 01	300.00	0.50	2014.07.07	6.0000	到期一次付息
123410	13 证金 54	1000.00	0.50	2014.06.03	6.2000	到期一次付息
123411	13 证金 53	500.00	1.00	2014.11.29	5.8500	到期一次付息
123412	13 证金 52	620.00	0.50	2014.05.26	5.7000	到期一次付息
123413	13 东兴 01	660.00	3.00	2016.11.27	6.5000	按年付息
123414	13 证金 51	500.00	1.00	2014.11.22	5.8500	到期一次付息
123415	13 证金 50	387.00	0.50	2014.05.21	5.7000	到期一次付息
123416	13 证金 49	800.00	0.25	2014.02.12	5.3000	到期一次付息
123417	13 东方债	3600.00	4.00	2017.11.15	6.7000	按年付息
123418	13 证金 48	500.00	1.00	2014.11.08	5.7000	到期一次付息
123419	13 证金 47	700.00	0.50	2014.05.06	5.5000	到期一次付息

债券信息
List of Bonds

债券
Bond

上年收盘 (面值 100 元) Last Year close	本年开盘 Open	本年最高 High	本年最低 Low	本年收盘 Close	涨跌(%) Change(%)	成交数量(万) Trading Vol(10000)	成交金额(百万) Trading Val (M)
100.00	0.00	100.00	100.00	0.00	0.00	100.00	100.00
100.00	0.00	0.00	0.00	0.00	0.00	0.00	0.00
100.00	0.00	100.15	100.00	0.00	0.00	140.00	140.08
100.00	0.00	100.00	99.47	0.00	0.00	400.00	398.94
100.00	0.00	100.00	100.00	0.00	0.00	50.00	50.00
100.00	0.00	0.00	0.00	0.00	0.00	0.00	0.00
100.00	0.00	0.00	0.00	0.00	0.00	0.00	0.00
100.00	0.00	100.00	99.95	0.00	0.00	280.00	279.96
100.00	0.00	0.00	0.00	0.00	0.00	0.00	0.00
100.00	0.00	101.96	101.96	0.00	0.00	15.00	15.29
100.00	0.00	0.00	0.00	0.00	0.00	0.00	0.00
100.00	0.00	0.00	0.00	0.00	0.00	0.00	0.00
100.00	0.00	0.00	0.00	0.00	0.00	0.00	0.00
100.00	0.00	0.00	0.00	0.00	0.00	0.00	0.00
100.00	0.00	0.00	0.00	0.00	0.00	0.00	0.00
100.00	0.00	0.00	0.00	0.00	0.00	0.00	0.00
100.00	0.00	104.00	100.00	0.00	0.00	1300.00	1315.54
100.00	0.00	0.00	0.00	0.00	0.00	0.00	0.00
100.00	0.00	0.00	0.00	0.00	0.00	0.00	0.00
100.00	0.00	0.00	0.00	0.00	0.00	0.00	0.00
100.00	0.00	0.00	0.00	0.00	0.00	0.00	0.00
100.00	0.00	0.00	0.00	0.00	0.00	0.00	0.00
100.00	0.00	0.00	0.00	0.00	0.00	0.00	0.00
100.00	0.00	0.00	0.00	0.00	0.00	0.00	0.00
100.00	0.00	0.00	0.00	0.00	0.00	0.00	0.00
100.00	0.00	0.00	0.00	0.00	0.00	0.00	0.00
100.00	0.00	0.00	0.00	0.00	0.00	0.00	0.00
100.00	0.00	0.00	0.00	0.00	0.00	0.00	0.00
100.00	0.00	0.00	0.00	0.00	0.00	0.00	0.00
100.00	0.00	0.00	0.00	0.00	0.00	0.00	0.00
100.00	0.00	0.00	0.00	0.00	0.00	0.00	0.00
100.00	0.00	0.00	0.00	0.00	0.00	0.00	0.00
100.00	0.00	0.00	0.00	0.00	0.00	0.00	0.00
100.00	0.00	0.00	0.00	0.00	0.00	0.00	0.00
100.00	0.00	0.00	0.00	0.00	0.00	0.00	0.00
100.00	0.00	0.00	0.00	0.00	0.00	0.00	0.00
100.00	0.00	100.18	100.17	0.00	0.00	60.00	60.10
100.00	0.00	0.00	0.00	0.00	0.00	0.00	0.00
100.00	0.00	0.00	0.00	0.00	0.00	0.00	0.00
100.00	0.00	0.00	0.00	0.00	0.00	0.00	0.00
100.00	0.00	0.00	0.00	0.00	0.00	0.00	0.00
100.00	0.00	0.00	0.00	0.00	0.00	0.00	0.00
100.00	0.00	0.00	0.00	0.00	0.00	0.00	0.00
100.00	0.00	0.00	0.00	0.00	0.00	0.00	0.00
100.00	0.00	0.00	0.00	0.00	0.00	0.00	0.00
100.00	0.00	0.00	0.00	0.00	0.00	0.00	0.00
100.00	0.00	0.00	0.00	0.00	0.00	0.00	0.00
100.00	0.00	0.00	0.00	0.00	0.00	0.00	0.00
100.00	0.00	0.00	0.00	0.00	0.00	0.00	0.00
100.00	0.00	0.00	0.00	0.00	0.00	0.00	0.00

债券信息 List of Bonds

债券代码 Code	债券简称 Securities	发行数量(百万) Issued Val(M)	年限 Terms	到期日 Expiration Date	票面利率(%) Coupon Rate(%)	付息方式 Way of Interest
123420	13 银河 05	500.00	1.00	2014.10.31	6.3000	到期一次付息
123421	13 国君 02	3000.00	1.00	2014.11.07	5.9500	到期一次付息
123422	13 证金 46	1400.00	1.00	2014.10.23	5.6000	到期一次付息
123423	13 证金 45	600.00	0.50	2014.04.23	5.5000	到期一次付息
123424	13 证金 44	200.00	0.75	2014.07.22	5.5500	到期一次付息
123425	13 证金 43	400.00	0.80	2014.08.17	5.5700	到期一次付息
123426	13 证金 42	200.00	0.75	2014.07.17	5.5500	到期一次付息
123427	13 证金 41	600.00	1.00	2014.10.15	5.6000	到期一次付息
123428	13 证金 40	600.00	0.50	2014.04.16	5.5000	到期一次付息
123429	13 证金 39	2030.00	0.25	2014.01.16	5.3000	到期一次付息
123430	13 证金 38	150.00	0.75	2014.06.30	5.6000	到期一次付息
123431	13 证金 37	590.00	0.50	2014.03.25	5.5000	到期一次付息
123432	13 证金 36	600.00	0.50	2014.03.23	5.5000	到期一次付息
123434	13 证金 34	1500.00	0.50	2014.03.17	5.7000	到期一次付息
123435	13 证金 32	1300.00	0.50	2014.03.13	5.7000	到期一次付息
123436	13 证金 33	2400.00	0.50	2014.03.17	5.5000	到期一次付息
123437	13 证金 31	600.00	0.50	2014.03.12	5.5000	到期一次付息
123440	13 证金 30	1500.00	1.00	2014.09.10	5.8500	到期一次付息
123442	13 银河 02	1000.00	1.00	2014.09.10	5.8500	到期一次付息
123443	13 银河 03	2500.00	1.00	2014.09.11	5.8500	到期一次付息
123445	13 证金 27	1000.00	0.50	2014.03.06	5.5000	到期一次付息
123451	13 证金 23	1300.00	0.50	2014.02.27	5.5000	到期一次付息
123459	12 申万债	6000.00	6.00	2019.07.29	5.2000	按年付息
123460	13 中金债	3000.00	6.00	2019.07.25	6.0000	按年付息
123463	13 国君 01	5000.00	2.00	2015.07.29	5.1000	按年付息
123464	13 国君债	3000.00	4.00	2017.07.09	6.0000	按年付息
123466	13 华融债	1500.00	4.00	2017.07.10	6.2500	按年付息
123470	13 民族债	500.00	1.00	2014.06.07	6.5000	按半年付息
123481	12 国寿财	2000.00	10.00	2022.09.25	4.6300	按年付息
123482	12 平安财	3000.00	10.00	2022.12.28	4.6500	按年付息
123485	12 人寿 02	10000.00	10.00	2022.11.05	4.5800	按年付息
123486	12 新华债	10000.00	10.00	2022.07.18	4.6000	按年付息
123488	12 平安债	9000.00	10.00	2022.05.30	5.0000	按年付息
123489	11 新华债	5000.00	10.00	2021.09.29	5.7000	按年付息
123490	11 中银债	1400.00	10.00	2021.10.28	6.5000	按年付息
123491	11 平安债	4000.00	10.00	2021.09.29	5.7000	按年付息
123492	11 人寿债	30000.00	10.00	2021.10.26	5.5000	按年付息
123493	11 泰康 01	1000.00	10.00	2021.05.27	5.3900	按年付息
123494	11 泰康 02	1000.00	10.00	2021.06.01	5.3900	按年付息
123495	11 国君债	3000.00	6.00	2017.01.28	5.5000	按年付息
123496	10 泰康 1	1000.00	10.00	2020.09.16	4.5500	按年付息
123497	10 泰康 2	1000.00	10.00	2020.09.16	4.5500	按年付息
123498	10 泰康 3	1000.00	10.00	2020.09.16	4.5500	按年付息
123499	10 泰康 4	1000.00	10.00	2020.09.16	4.5500	按年付息
124000	12 奉投资	1000.00	7.00	2019.09.24	7.4500	按年付息
124001	12 漯城投	1200.00	7.00	2019.10.30	6.9900	按年付息
124002	12 蒙高路	1500.00	7.00	2019.11.12	5.9000	按年付息
124003	12 珠水务	500.00	6.00	2018.08.27	5.3000	按年付息
124004	12 盐城南	1500.00	7.00	2019.10.26	6.9300	按年付息
124005	12 昆创控	1800.00	7.00	2019.11.07	6.2800	按年付息

债券信息
List of Bonds

债券
Bond

上年收盘 (面值 100 元) Last Year close	本年开盘 Open	本年最高 High	本年最低 Low	本年收盘 Close	涨跌(%) Change(%)	成交数量(万) Trading Vol(10000)	成交金额(百万) Trading Val (M)
100.00	0.00	0.00	0.00	0.00	0.00	0.00	0.00
100.00	0.00	100.00	100.00	0.00	0.00	10.00	10.00
100.00	0.00	0.00	0.00	0.00	0.00	0.00	0.00
100.00	0.00	0.00	0.00	0.00	0.00	0.00	0.00
100.00	0.00	0.00	0.00	0.00	0.00	0.00	0.00
100.00	0.00	0.00	0.00	0.00	0.00	0.00	0.00
100.00	0.00	0.00	0.00	0.00	0.00	0.00	0.00
100.00	0.00	0.00	0.00	0.00	0.00	0.00	0.00
100.00	0.00	0.00	0.00	0.00	0.00	0.00	0.00
100.00	0.00	0.00	0.00	0.00	0.00	0.00	0.00
100.00	0.00	0.00	0.00	0.00	0.00	0.00	0.00
100.00	0.00	0.00	0.00	0.00	0.00	0.00	0.00
100.00	0.00	0.00	0.00	0.00	0.00	0.00	0.00
100.00	0.00	0.00	0.00	0.00	0.00	0.00	0.00
99.65	0.00	0.00	0.00	0.00	0.00	0.00	0.00
100.00	0.00	0.00	0.00	0.00	0.00	0.00	0.00
100.00	0.00	0.00	0.00	0.00	0.00	0.00	0.00
100.00	0.00	0.00	0.00	0.00	0.00	0.00	0.00
100.00	0.00	0.00	0.00	0.00	0.00	0.00	0.00
100.00	0.00	0.00	0.00	0.00	0.00	0.00	0.00
100.00	0.00	0.00	0.00	0.00	0.00	0.00	0.00
100.00	0.00	0.00	0.00	0.00	0.00	0.00	0.00
100.00	0.00	0.00	0.00	0.00	0.00	0.00	0.00
100.00	0.00	0.00	0.00	0.00	0.00	0.00	0.00
100.00	0.00	0.00	0.00	0.00	0.00	0.00	0.00
100.00	0.00	100.00	100.00	0.00	0.00	200.00	200.00
100.00	0.00	100.04	100.00	0.00	0.00	70.00	70.01
100.01	0.00	0.00	0.00	0.00	0.00	0.00	0.00
100.00	0.00	0.00	0.00	0.00	0.00	0.00	0.00
100.00	0.00	0.00	0.00	0.00	0.00	0.00	0.00
100.00	0.00	0.00	0.00	0.00	0.00	0.00	0.00
100.00	0.00	0.00	0.00	0.00	0.00	0.00	0.00
100.00	0.00	0.00	0.00	0.00	0.00	0.00	0.00
100.00	0.00	0.00	0.00	0.00	0.00	0.00	0.00
100.00	0.00	0.00	0.00	0.00	0.00	0.00	0.00
100.00	0.00	0.00	0.00	0.00	0.00	0.00	0.00
100.00	0.00	0.00	0.00	0.00	0.00	0.00	0.00
100.00	0.00	0.00	0.00	0.00	0.00	0.00	0.00
100.00	0.00	0.00	0.00	0.00	0.00	0.00	0.00
100.00	0.00	100.00	100.00	0.00	0.00	90.00	90.00
98.15	0.00	0.00	0.00	0.00	0.00	0.00	0.00
100.00	0.00	0.00	0.00	0.00	0.00	0.00	0.00
100.00	0.00	0.00	0.00	0.00	0.00	0.00	0.00
100.00	0.00	0.00	0.00	0.00	0.00	0.00	0.00
98.96	99.50	105.10	96.11	105.00	6.10	1543.66	1572.03
99.90	99.88	104.00	88.56	101.50	1.60	466.33	462.54
109.00	98.15	102.60	94.49	100.70	-7.62	823.17	827.95
100.00	0.00	0.00	0.00	100.00	0.00	300.00	302.35
96.83	95.40	102.80	95.40	101.00	4.31	1097.72	1115.78
100.00	97.51	102.00	97.51	102.00	2.00	660.00	653.21

债券信息
List of Bonds

债券代码 Code	债券简称 Securities	发行数量(百万) Issued Val(M)	年限 Terms	到期日 Expiration Date	票面利率(%) Coupon Rate(%)	付息方式 Way of Interest
124006	12 绍城投	1300.00	7.00	2019.11.09	6.4000	按年付息
124007	12 西电梯	500.00	6.00	2018.11.09	5.7500	按年付息
124008	12 国奥投	400.00	6.00	2018.10.29	6.8900	按年付息
124009	12 渝惠农	1000.00	7.00	2019.09.06	7.3500	按年付息
124010	12 鸡国资	1200.00	7.00	2019.11.08	7.1800	按年付息
124011	12 锡科技	1800.00	6.00	2018.10.26	5.9800	按年付息
124012	12 高密 01	800.00	7.00	2019.11.15	6.7000	按年付息
124013	12 高密 02	400.00	6.00	2018.11.15	6.7500	按年付息
124014	12 筑住投	1600.00	7.00	2019.11.06	6.7000	按年付息
124015	12 筑工投	1700.00	7.00	2019.11.19	6.5000	按年付息
124016	12 常德源	700.00	6.00	2018.10.18	7.1800	按年付息
124017	12 伊国资	1200.00	6.00	2018.11.19	6.7000	按年付息
124018	12 昌经投	500.00	8.00	2020.10.30	7.3500	按年付息
124019	12 湘昭投	800.00	6.00	2018.12.12	7.0000	按年付息
124020	12 辽城经	1500.00	7.00	2019.11.13	7.1000	按年付息
124021	12 潍东兴	1300.00	7.00	2019.11.20	6.8800	按年付息
124022	12 韶金叶	1400.00	7.00	2019.10.18	7.3000	按年付息
124023	12 滁城投	1500.00	7.00	2019.11.23	6.8100	按年付息
124024	12 青投资	600.00	10.00	2022.10.08	7.0800	按年付息
124025	12 池城投	900.00	7.00	2019.10.17	7.1700	按年付息
124026	12 川广元	800.00	7.00	2019.11.26	7.2500	按年付息
124027	12 瑞国投	700.00	7.00	2019.11.26	6.9300	按年付息
124028	12 诸城投	1300.00	7.00	2019.11.29	6.8000	按年付息
124029	12 玉城投	800.00	7.00	2019.11.26	6.8800	按年付息
124030	12 宁城投	2300.00	6.00	2018.11.26	5.6800	按年付息
124031	12 豫铁投	2800.00	10.00	2022.11.19	6.3800	按年付息
124032	12 宜建投	1000.00	7.00	2019.11.08	6.8500	按年付息
124033	12 苏城投	2000.00	7.00	2019.10.25	5.7900	按年付息
124034	12 郑城投	1600.00	7.00	2019.12.03	6.3700	按年付息
124035	12 沭金源	1000.00	7.00	2019.12.03	6.5000	按年付息
124036	12 张经开	1000.00	7.00	2019.11.16	6.9800	按年付息
124037	12 渝江北	1800.00	7.00	2019.10.16	7.2000	按年付息
124038	12 远洲控	500.00	7.00	2019.12.04	6.9000	按年付息
124039	12 渝江津	1300.00	7.00	2019.09.21	7.4600	按年付息
124040	12 绍迪荡	1000.00	6.00	2018.12.05	6.7500	按年付息
124041	12 宿水务	800.00	7.00	2019.12.04	6.5500	按年付息
124042	12 鄂旅投	800.00	7.00	2019.10.29	6.8800	按年付息
124043	12 深立业	1000.00	6.00	2018.12.03	6.3000	按年付息
124044	12 联想债	2300.00	10.00	2022.11.30	5.7000	按年付息
124045	12 嘉经开	800.00	7.00	2019.12.03	7.0500	按年付息
124046	12 濮建投	500.00	7.00	2019.10.29	6.9800	按年付息
124047	12 黔宏升	1400.00	7.00	2019.11.22	6.9900	按年付息
124048	12 平国资	1200.00	7.00	2019.11.13	6.8500	按年付息
124049	12 营沿海	1600.00	7.00	2019.11.16	7.0800	按年付息
124050	12 榆城投	1500.00	6.00	2018.12.04	6.8100	按年付息
124051	12 庆高新	1200.00	7.00	2019.12.05	6.8800	按年付息
124052	12 昆产投	2000.00	7.00	2019.10.23	6.4600	按年付息
124053	12 营口港	2200.00	8.00	2020.11.13	5.6000	按年付息
124054	12 株云龙	1000.00	7.00	2019.11.19	6.7800	按年付息
124055	12 蓉高投	700.00	7.00	2019.11.20	6.2800	按年付息

债券信息 List of Bonds

债券 Bond

上年收盘(面值 100 元) Last Year close	本年开盘 Open	本年最高 High	本年最低 Low	本年收盘 Close	涨跌(%) Change(%)	成交数量(万) Trading Vol(10000)	成交金额(百万) Trading Val (M)
100.15	98.00	101.00	95.00	100.57	0.42	574.43	578.83
99.40	97.00	106.85	97.00	102.96	3.58	1397.30	1405.61
101.10	102.08	102.08	100.28	100.93	-0.17	378.99	383.61
100.00	0.00	0.00	0.00	100.00	0.00	20.00	20.17
97.92	97.98	103.31	92.30	100.30	2.43	2769.36	2771.01
102.00	100.20	100.20	100.20	100.20	-1.77	45.00	44.98
100.00	0.00	0.00	0.00	100.00	0.00	755.00	767.76
100.00	101.21	101.21	101.21	101.21	1.21	344.00	350.81
103.50	99.50	100.44	99.50	100.07	-3.31	2875.10	2925.71
101.00	97.00	103.40	97.00	101.05	0.05	1637.10	1632.45
98.00	102.36	104.00	97.32	100.00	2.04	748.84	758.94
96.50	96.29	102.50	95.00	102.50	6.22	233.17	235.02
96.60	96.58	103.00	89.00	100.00	3.52	873.20	867.01
95.99	94.50	101.80	90.00	99.00	3.14	2162.42	2134.36
100.50	100.00	105.50	92.50	104.20	3.68	2321.47	2365.09
102.50	100.50	100.55	100.50	100.55	-1.90	880.00	888.46
104.30	105.90	106.30	100.00	106.30	1.92	1737.68	1783.06
101.00	102.50	102.50	96.20	100.70	-0.30	791.01	797.72
103.00	100.00	105.00	100.00	105.00	1.94	575.79	585.03
97.88	97.00	103.00	94.59	99.00	1.14	1048.74	1040.95
95.28	95.14	105.00	90.50	100.74	5.73	1538.49	1530.74
98.50	95.91	104.20	92.10	100.59	2.12	203.04	203.32
99.75	99.99	103.40	88.20	103.40	3.66	578.60	575.34
98.00	100.00	103.01	95.00	100.00	2.04	603.71	609.07
100.00	100.16	100.16	100.16	100.16	0.16	110.00	109.84
107.00	97.00	106.00	93.00	100.00	-6.54	4601.10	4629.32
102.79	99.75	99.75	99.75	99.75	-2.96	767.50	769.58
96.50	95.81	103.30	95.50	101.20	4.87	1706.20	1707.73
102.25	100.38	104.78	100.38	102.00	-0.24	569.27	577.83
103.50	103.49	103.49	101.50	102.20	-1.26	2180.00	2173.22
102.00	101.50	103.00	95.00	101.50	-0.49	864.50	874.47
102.50	99.60	104.10	99.60	104.10	1.56	736.01	761.00
92.20	91.25	97.44	81.40	95.40	3.47	886.51	829.59
100.00	0.00	0.00	0.00	100.00	0.00	250.00	248.36
98.00	99.50	104.05	97.34	101.00	3.06	903.36	912.64
101.50	99.15	103.20	96.00	101.50	0.00	635.11	644.30
99.50	91.00	105.47	91.00	103.23	3.75	645.72	656.65
96.50	93.14	102.19	90.13	99.05	2.64	1530.27	1507.51
98.68	98.68	102.00	98.68	102.00	3.36	95.41	95.39
108.00	98.00	103.00	98.00	103.00	-4.63	1207.99	1234.22
100.00	99.99	106.00	91.00	101.70	1.70	1189.35	1192.53
98.22	99.17	112.89	95.50	101.29	3.13	1251.42	1253.81
98.81	96.35	105.30	96.35	102.20	3.43	1467.31	1475.56
103.50	106.90	108.00	101.00	102.00	-1.45	5134.99	5205.20
98.46	101.00	104.76	95.30	103.88	5.51	1096.68	1118.13
103.83	109.00	109.00	96.50	101.50	-2.24	3168.91	3208.07
102.00	106.00	109.90	99.99	99.99	-1.97	2140.10	2171.08
100.00	0.00	0.00	0.00	100.00	0.00	200.00	200.21
98.88	99.88	103.50	98.00	101.57	2.72	985.16	1001.96
100.78	99.00	100.72	95.02	100.71	-0.07	320.77	319.79

债券信息
List of Bonds

债券
Bond

债券代码 Code	债券简称 Securities	发行数量 (百万) Issued Val(M)	年限 Terms	到期日 Expiration Date	票面利率(%) Coupon Rate(%)	付息方式 Way of Interest
124056	12 启国投	1500.00	10.00	2022.11.20	7.3000	按年付息
124057	PR 汕城开	1300.00	10.00	2022.03.23	8.5700	按年付息
124058	12 萍乡债	1200.00	7.00	2019.12.10	6.8900	按年付息
124059	12 临城发	1500.00	7.00	2019.12.12	6.6800	按年付息
124060	12 驻投资	1300.00	7.00	2019.11.26	6.9500	按年付息
124061	12 沛国资	1000.00	7.00	2019.12.06	7.2000	按年付息
124062	12 冀顺德	1000.00	7.00	2019.12.05	6.9800	按年付息
124063	12 国网 03	5000.00	7.00	2019.11.20	4.8000	按年付息
124064	12 国网 04	5000.00	10.00	2022.11.20	5.0000	按年付息
124065	12 津开 01	1850.00	7.00	2019.12.03	6.2000	按年付息
124066	12 津开 02	450.00	10.00	2022.12.03	6.5000	按年付息
124070	12 新城投	1500.00	7.00	2019.12.13	7.0800	按年付息
124071	12 鹰投融	1400.00	10.00	2022.12.12	7.5000	按年付息
124072	12 曲公路	1400.00	7.00	2019.10.26	7.2300	按年付息
124073	12 吉华债	1000.00	7.00	2019.12.12	7.3700	按年付息
124074	12 张公经	1200.00	7.00	2019.11.27	6.4300	按年付息
124075	12 淮建投	1800.00	6.00	2018.12.17	6.6800	按年付息
124076	12 金湖债	800.00	6.00	2018.12.07	7.7600	按年付息
124077	12 榕建工	500.00	7.00	2019.12.10	6.8000	按年付息
124078	12 云城建	500.00	6.00	2018.10.24	7.1500	按年付息
124079	12 保国资	800.00	7.00	2019.12.10	7.3000	按年付息
124080	12 苏海投	1000.00	7.00	2019.11.07	7.2000	按年付息
124081	12 长先导	1800.00	7.00	2019.12.10	6.7000	按年付息
124082	12 青国信	2000.00	10.00	2022.12.12	6.4000	按年付息
124083	12 黄城投	1000.00	7.00	2019.10.19	7.1000	按年付息
124084	12 沪临港	700.00	7.00	2019.12.10	6.0900	按年付息
124085	12 沪金投	900.00	7.00	2019.12.21	6.6000	按年付息
124086	12 诸建投	1600.00	7.00	2019.12.19	6.9200	按年付息
124087	12 芜新马	800.00	7.00	2019.11.14	7.1800	按年付息
124088	12 东台债	1500.00	7.00	2019.12.26	7.1000	按年付息
124089	12 赣开债	1800.00	6.00	2018.12.26	6.7000	按年付息
124090	12 遵国投	2000.00	7.00	2019.12.26	6.9800	按年付息
124091	12 渝兴债	1200.00	7.00	2019.12.10	7.3000	按年付息
124092	12 鄂华研	1200.00	6.00	2018.12.17	7.8800	按年付息
124093	12 喀城投	800.00	7.00	2019.11.27	7.1800	按年付息
124094	12 甬交投	800.00	10.00	2022.12.21	6.4000	按年付息
124095	12 六开投	1600.00	7.00	2019.12.03	6.9700	按年付息
124096	12 淮城资	1500.00	7.00	2019.12.26	6.8700	按年付息
124097	12 宝投资	1000.00	6.00	2018.12.26	7.1400	按年付息
124098	12 达投资	1000.00	7.00	2019.12.25	6.9900	按年付息
124099	12 德建投	1000.00	7.00	2019.12.26	6.9900	按年付息
124100	12 石国投	800.00	7.00	2019.09.13	7.4000	按年付息
124101	12 赣高速	1200.00	5.00	2017.12.03	5.5000	按年付息
124102	12 滇祥航	700.00	7.00	2019.12.14	7.2900	按年付息
124103	13 同创债	800.00	7.00	2020.01.09	7.0500	按年付息
124104	12 巢城投	1200.00	7.00	2019.12.24	7.0000	按年付息
124105	12 愉悦债	300.00	6.00	2018.12.20	7.1500	按年付息
124106	12 邯郸债	2000.00	7.00	2019.12.24	7.0500	按年付息
124107	12 洛城投	1200.00	7.00	2019.12.31	6.8900	按年付息
124108	12 吴经开	1500.00	7.00	2019.12.27	6.8800	按年付息

债券信息
List of Bonds

债券
Bond

上年收盘(面值 100 元) Last Year close	本年开盘 Open	本年最高 High	本年最低 Low	本年收盘 Close	涨跌(%) Change(%)	成交数量(万) Trading Vol(10000)	成交金额(百万) Trading Val (M)
97.99	97.02	109.20	91.40	101.83	3.92	1734.79	1766.07
106.90	109.20	109.20	109.20	109.20	2.15	1170.00	1233.91
100.00	101.50	101.50	101.50	101.50	1.50	2.00	2.03
102.87	97.30	103.60	96.00	103.00	0.13	619.00	622.69
100.95	103.00	106.00	91.00	101.80	0.84	2262.79	2292.78
100.00	99.50	104.00	97.11	101.00	1.00	1291.14	1301.73
105.00	100.30	105.49	100.30	105.49	0.47	1317.01	1343.72
100.00	0.00	0.00	0.00	100.00	0.00	260.00	258.97
97.00	0.00	0.00	0.00	97.00	0.00	200.00	192.99
100.00	0.00	0.00	0.00	100.00	0.00	100.00	100.56
100.00	0.00	0.00	0.00	100.00	0.00	90.00	90.10
97.40	98.98	105.59	93.99	100.48	3.16	2779.17	2800.39
97.15	97.09	108.15	95.80	103.65	6.69	3171.37	3280.84
101.00	104.00	107.00	97.50	107.00	5.94	1941.94	2000.44
93.25	93.27	102.60	90.28	100.50	7.78	1107.64	1077.11
99.00	96.50	102.00	96.50	102.00	3.03	564.00	556.67
96.47	96.20	105.80	92.50	101.88	5.61	2582.48	2594.39
99.10	99.30	105.50	95.37	100.50	1.41	1050.57	1063.17
100.00	101.66	101.66	97.00	98.00	-2.00	660.01	668.34
105.01	108.00	108.00	97.20	106.99	1.89	584.01	597.22
97.68	94.11	102.80	87.80	99.10	1.45	1376.32	1384.07
99.49	99.47	107.00	94.53	104.89	5.43	1669.20	1694.27
97.89	91.62	105.30	91.62	104.10	6.34	2815.75	2839.98
100.00	0.00	0.00	0.00	100.00	0.00	160.00	156.60
102.00	98.87	102.43	98.87	102.43	0.42	427.00	429.42
100.00	0.00	0.00	0.00	100.00	0.00	260.00	255.20
101.60	100.00	102.80	100.00	102.80	1.18	663.20	665.09
100.00	95.20	104.60	95.20	101.50	1.50	2255.52	2274.83
100.00	106.00	108.00	100.00	100.00	0.00	170.01	167.72
97.50	103.00	110.00	93.50	102.80	5.44	2466.06	2486.65
97.50	100.50	114.01	90.00	100.99	3.58	1593.67	1605.94
99.00	98.62	102.90	95.00	102.00	3.03	1129.26	1128.56
104.00	102.56	105.18	96.00	105.18	1.14	1129.12	1152.24
97.76	97.76	102.00	91.10	99.10	1.37	2646.02	2581.54
96.45	96.00	106.00	94.11	101.11	4.83	1055.70	1078.48
100.00	99.95	99.95	99.90	99.90	-0.10	170.00	169.33
94.97	91.00	104.00	91.00	101.30	6.67	755.94	761.50
101.00	100.00	107.20	97.40	102.00	0.99	1348.57	1351.86
98.89	96.00	104.80	94.00	102.65	3.80	417.10	420.17
100.00	95.97	108.81	95.36	101.28	1.28	449.68	455.60
98.50	96.60	104.75	96.60	101.00	2.54	793.90	804.76
98.44	96.61	105.00	92.19	102.00	3.62	514.48	519.50
100.00	0.00	0.00	0.00	100.00	0.00	0.00	0.00
105.00	104.84	104.84	104.84	104.84	-0.15	232.00	221.83
98.00	101.00	108.50	93.05	102.20	4.29	1232.05	1269.53
96.65	96.49	102.30	92.46	102.20	5.74	1934.80	1932.38
92.83	92.50	98.49	90.00	97.30	4.82	752.74	714.07
99.61	97.53	103.60	97.53	102.80	3.20	1753.72	1763.57
98.20	97.10	104.20	96.07	102.50	4.38	1122.85	1116.39
104.21	101.09	103.34	94.10	102.00	-2.12	1315.18	1331.25

债券信息
List of Bonds

债券代码 Code	债券简称 Securities	发行数量（百万）Issued Val(M)	年限 Terms	到期日 Expiration Date	票面利率(%) Coupon Rate(%)	付息方式 Way of Interest
124110	13 宁新开	700.00	7.00	2020.01.08	6.8000	按年付息
124111	12 长城建	1000.00	7.00	2019.11.30	6.8000	按年付息
124112	13 豫盛润	1100.00	6.00	2019.01.10	7.3900	按年付息
124113	12 渝出版	400.00	7.00	2019.11.23	6.1800	按年付息
124114	12 大丰债	1000.00	7.00	2019.12.13	7.0800	按年付息
124116	12 渝北飞	1000.00	7.00	2019.12.25	7.1300	按年付息
124117	12 宜城投	1800.00	7.00	2019.12.31	6.7600	按年付息
124118	12 香兴中	700.00	7.00	2019.12.31	5.9500	按年付息
124119	12 环太湖	1200.00	7.00	2019.11.28	6.7000	按年付息
124120	12 泉台商	1000.00	7.00	2019.12.10	7.0800	按年付息
124121	12 盘江债	800.00	7.00	2019.12.28	5.6300	按年付息
124122	13 抚城投	1200.00	7.00	2020.01.16	6.7800	按年付息
124123	13 南城投	1300.00	7.00	2020.02.20	6.1900	按年付息
124124	12 双鸭山	1000.00	7.00	2019.12.25	6.5500	按年付息
124125	13 温经开	1000.00	7.00	2020.01.15	6.4900	按年付息
124126	12 柳城投	1500.00	10.00	2022.12.31	7.1800	按年付息
124127	12 黄国资	1000.00	6.00	2018.12.17	6.8500	按年付息
124128	12 萧经开	1400.00	6.00	2018.12.26	6.7000	按年付息
124129	PR 泉石建	1000.00	7.00	2019.04.16	8.4000	按年付息
124130	13 陕东岭	700.00	10.00	2023.01.15	6.9800	按年付息
124131	13 安国资	800.00	7.00	2020.01.10	6.9800	按年付息
124132	13 巩义债	1000.00	7.00	2020.01.18	6.7000	按年付息
124133	12 宁宝源	400.00	7.00	2019.11.19	7.2000	按年付息
124134	13 泉城投	1700.00	7.00	2020.01.11	6.4800	按年付息
124135	13 滇公投	2000.00	6.00	2019.01.11	6.0500	按年付息
124136	13 太城投	1600.00	7.00	2020.01.11	6.7500	按年付息
124137	13 赣发投	1500.00	7.00	2020.01.18	6.6000	按年付息
124138	PR 长城投	1800.00	7.00	2019.04.24	6.9500	按年付息
124139	13 通港闸	1200.00	7.00	2020.01.09	7.1500	按年付息
124140	13 沧建投	1200.00	7.00	2020.01.23	6.7200	按年付息
124141	13 浙吉利	1200.00	7.00	2020.01.24	5.9000	按年付息
124142	13 渝三峡	1000.00	6.00	2019.01.23	6.4000	按年付息
124143	13 泰投资	1800.00	7.00	2020.01.25	6.7600	按年付息
124144	13 蓉城投	2000.00	7.00	2020.01.14	6.1800	按年付息
124145	13 蓉兴城	2000.00	7.00	2020.01.28	6.1700	按年付息
124146	13 海发控	2500.00	7.00	2020.01.24	5.5000	按年付息
124147	13 甬东投	1500.00	7.00	2020.01.21	6.4500	按年付息
124148	13 金灌债	1000.00	6.00	2019.01.28	6.4000	按年付息
124149	13 镇水投	1400.00	7.00	2020.01.30	6.6000	按年付息
124150	13 南发展	2000.00	7.00	2020.01.28	6.6900	按年付息
124151	13 长兴岛	1800.00	7.00	2020.01.25	6.6000	按年付息
124152	13 宁禄口	1600.00	10.00	2023.01.29	5.1500	按年付息
124153	13 国网 01	10000.00	7.00	2020.01.23	4.7500	按年付息
124154	13 国网 02	10000.00	15.00	2028.01.23	5.1000	按年付息
124155	13 渭城投	1200.00	7.00	2020.01.15	6.6900	按年付息
124156	13 涪国资	1700.00	7.00	2020.01.21	6.3900	按年付息
124158	13 锡东城	1500.00	7.00	2020.01.28	6.6500	按年付息
124159	13 绍城改	1200.00	7.00	2020.01.24	6.5000	按年付息
124160	13 蓬莱阁	800.00	8.00	2021.01.30	6.8000	按年付息
124161	13 瑞水泥	2000.00	8.00	2021.02.04	7.1000	按年付息

债券信息　　债券
List of Bonds　　Bond

上年收盘 (面值 100 元) Last Year close	本年开盘 Open	本年最高 High	本年最低 Low	本年收盘 Close	涨跌(%) Change(%)	成交数量(万) Trading Vol(10000)	成交金额(百万) Trading Val (M)
102.50	96.50	105.00	91.00	102.70	0.20	532.94	539.72
97.00	97.20	97.20	97.20	97.20	0.21	280.00	283.59
96.85	96.88	103.10	90.00	99.49	2.73	1391.62	1389.71
100.00	99.00	99.00	99.00	99.00	-1.00	170.00	169.57
99.50	102.20	104.50	98.06	103.10	3.62	1455.12	1466.84
98.50	98.50	105.45	89.36	100.80	2.34	1324.67	1327.95
101.00	101.10	107.00	94.48	100.86	-0.14	3334.23	3303.61
100.00	104.00	104.00	104.00	104.00	4.00	5.00	5.20
101.86	95.84	103.50	95.84	103.50	1.61	1271.17	1277.21
100.00	102.30	102.30	94.72	101.80	1.80	430.01	437.78
100.00	0.00	0.00	0.00	100.00	0.00	990.00	980.03
99.00	95.60	105.40	95.00	100.99	2.01	1173.39	1175.16
99.00	95.00	102.20	93.00	102.20	3.23	1224.84	1213.76
102.00	100.50	100.50	100.49	100.50	-1.47	45.22	45.41
107.00	96.38	104.40	92.00	104.25	-2.57	1840.20	1852.41
103.99	104.50	104.50	92.37	101.00	-2.88	1846.00	1890.63
103.50	100.50	103.50	96.00	103.50	0.00	918.54	932.28
99.00	99.30	103.90	99.30	103.90	4.95	759.51	766.10
100.00	0.00	0.00	0.00	100.00	0.00	40.00	41.58
91.45	90.92	98.40	86.81	94.10	2.90	1323.71	1219.56
103.00	106.88	106.88	103.00	103.01	0.01	991.01	1029.43
101.88	101.90	101.98	90.58	97.65	-4.15	997.35	987.33
93.00	92.98	103.00	84.21	97.85	5.22	351.90	328.87
100.00	100.50	104.00	99.00	101.90	1.90	1788.98	1777.75
98.00	105.00	108.00	97.36	101.10	3.16	2114.02	2141.11
97.99	91.27	100.00	91.27	98.50	0.52	965.59	960.14
98.00	95.80	105.00	95.80	105.00	7.14	577.16	578.35
98.50	98.40	106.00	95.26	102.00	3.55	717.31	725.49
100.00	95.00	95.00	95.00	95.00	-5.00	80.00	80.26
106.00	106.00	106.00	104.00	104.00	-1.89	600.20	602.06
100.00	97.00	102.60	97.00	102.60	2.60	1283.50	1258.31
99.50	100.90	100.90	100.00	100.00	0.50	150.03	150.44
102.00	97.50	105.00	97.39	102.10	0.10	1680.00	1686.04
100.00	0.00	0.00	0.00	100.00	0.00	960.00	983.22
101.38	0.00	0.00	0.00	101.38	0.00	960.00	968.34
95.00	97.86	102.54	90.00	100.00	5.26	169.11	167.22
98.00	96.00	104.06	89.00	104.06	6.18	1505.70	1501.49
99.90	99.90	106.00	95.31	103.48	3.58	1624.59	1610.17
100.03	96.92	108.40	91.00	98.01	-2.02	740.09	754.47
100.00	99.00	104.20	99.00	101.40	1.40	690.00	703.37
100.30	107.00	107.00	107.00	107.00	6.68	471.00	475.98
100.00	0.00	0.00	0.00	100.00	0.00	195.00	197.00
100.00	0.00	0.00	0.00	100.00	0.00	0.00	0.00
100.00	0.00	0.00	0.00	100.00	0.00	0.00	0.00
99.00	103.00	107.50	93.06	102.00	3.03	1445.17	1477.96
95.94	90.00	99.50	90.00	99.50	3.71	2046.02	2040.93
95.50	95.50	100.25	92.00	100.20	4.92	1185.76	1171.58
95.60	95.80	106.00	93.00	103.00	7.74	1368.29	1375.40
100.88	104.88	104.88	100.10	104.88	3.97	450.01	454.72
95.85	95.84	109.00	94.01	100.50	4.85	1991.65	1958.03

债券信息 List of Bonds

债券 Bond

债券代码 Code	债券简称 Securities	发行数量 (百万) Issued Val(M)	年限 Terms	到期日 Expiration Date	票面利率(%) Coupon Rate(%)	付息方式 Way of Interest
124162	13 济高新	1200.00	7.00	2020.01.28	6.6000	按年付息
124163	13 蓉文旅	500.00	7.00	2020.02.19	6.5000	按年付息
124164	13 建城投	1000.00	7.00	2020.02.22	6.5000	按年付息
124165	13 洪市政	1200.00	7.00	2020.02.25	5.8800	按年付息
124166	13 江滨投	1200.00	7.00	2020.02.28	6.6000	按年付息
124167	13 滇投债	1200.00	7.00	2020.02.01	6.5000	按年付息
124168	13 绍中城	1500.00	6.00	2019.02.26	6.3000	按年付息
124169	13 华峰债	800.00	7.00	2020.02.26	6.8500	按年付息
124170	13 厦杏林	500.00	7.00	2020.02.22	6.6000	按年付息
124171	13 长投建	1300.00	7.00	2020.02.26	6.4600	按年付息
124172	13 常城投	1500.00	7.00	2020.02.25	6.5000	按年付息
124173	13 陕有色	1500.00	6.00	2019.02.26	4.8800	按年付息
124174	13 吉城债	1800.00	7.00	2020.02.26	6.3400	按年付息
124175	13 湘高新	800.00	7.00	2020.01.15	6.9000	按年付息
124176	13 武地铁	2000.00	7.00	2020.02.04	5.7000	按年付息
124177	13 乌高新	1000.00	7.00	2020.03.05	6.1800	按年付息
124178	13 集城投	800.00	7.00	2020.03.19	6.8800	按年付息
124179	13 广越秀	2800.00	7.00	2020.02.28	5.2000	按年付息
124180	13 綦东开	1200.00	7.00	2020.01.29	6.7500	按年付息
124181	13 余开投	1000.00	7.00	2020.03.04	6.7500	按年付息
124182	13 精控债	450.00	5.00	2018.03.05	6.5000	按年付息
124183	13 津广成	1500.00	10.00	2023.02.22	6.9700	按年付息
124184	13 京投债	2800.00	10.00	2023.03.11	5.0400	按年付息
124185	13 海宁债	1500.00	7.00	2020.03.06	6.0800	按年付息
124187	13 泰矿债	900.00	7.00	2020.03.12	5.8000	按年付息
124188	13 邹城资	1200.00	6.00	2019.03.12	6.1800	按年付息
124189	13 大旅游	800.00	7.00	2020.03.07	6.5000	按年付息
124190	13 奉南城	650.00	7.00	2020.03.05	6.2500	按年付息
124191	13 杭高新	500.00	7.00	2020.01.28	6.4500	按年付息
124192	13 邗城建	1300.00	7.00	2020.03.12	6.2000	按年付息
124193	13 文城资	700.00	7.00	2020.03.06	6.3800	按年付息
124194	13 滨海 01	2000.00	5.00	2018.03.13	5.0000	按年付息
124195	13 滨海 02	3000.00	7.00	2020.03.13	5.1900	按年付息
124196	13 烟城建	2000.00	7.00	2020.03.14	5.9900	按年付息
124197	10 朝资 01	1000.00	6.00	2016.02.01	4.9100	按年付息
124198	10 朝资 02	1500.00	7.00	2017.02.01	4.5300	按年付息
124199	13 泰交债	800.00	7.00	2020.03.11	6.1500	按年付息
124200	13 自高新	1000.00	7.00	2020.03.13	6.3000	按年付息
124201	13 南高速	1500.00	7.00	2020.01.28	6.6900	按年付息
124202	13 平潭债	1200.00	7.00	2020.03.15	6.5800	按年付息
124203	13 浔富和	900.00	6.00	2019.03.19	6.1000	按年付息
124204	13 津城投	8000.00	10.00	2023.02.26	5.7000	按年付息
124205	13 余创债	1200.00	7.00	2020.03.18	6.5000	按年付息
124206	13 祥源债	600.00	7.00	2020.02.26	6.8500	按年付息
124207	13 巴城投	1800.00	7.00	2020.03.15	6.4000	按年付息
124208	13 西投债	700.00	10.00	2023.03.19	6.1800	按年付息
124209	13 三门峡	1300.00	7.00	2020.01.29	6.6800	按年付息
124210	13 皋投债	1200.00	7.00	2020.02.01	6.7000	按年付息
124211	13 甘投债	800.00	7.00	2020.03.06	5.4000	按年付息
124212	13 益高新	1500.00	7.00	2020.03.13	6.7000	按年付息

债券信息
List of Bonds

债券
Bond

上年收盘（面值 100 元） Last Year close	本年开盘 Open	本年最高 High	本年最低 Low	本年收盘 Close	涨跌(%) Change(%)	成交数量(万) Trading Vol(10000)	成交金额(百万) Trading Val (M)
100.13	0.00	0.00	0.00	100.13	0.00	1620.00	1633.21
97.60	89.00	105.00	89.00	105.00	7.58	1139.12	1144.13
97.35	90.71	103.88	90.71	100.26	2.99	979.38	991.59
100.25	97.50	103.00	97.50	103.00	2.74	555.50	549.65
107.00	106.20	106.20	98.76	104.40	-2.43	600.03	609.50
95.30	98.14	108.60	88.27	102.50	7.56	320.36	324.78
100.00	95.85	102.35	95.85	102.00	2.00	2188.01	2181.44
98.01	95.00	101.50	86.21	98.80	0.81	2745.37	2667.22
100.00	102.60	102.60	102.60	102.60	2.60	92.00	91.39
97.00	97.00	101.60	97.00	101.60	4.74	1884.69	1844.10
99.99	100.12	103.73	91.00	103.73	3.74	1225.19	1232.47
98.00	91.00	105.00	91.00	99.00	1.02	1949.00	1938.70
103.20	108.00	108.00	98.01	100.94	-2.19	950.01	935.28
101.19	98.99	102.61	93.56	100.90	-0.29	710.93	707.74
100.00	0.00	0.00	0.00	100.00	0.00	100.00	100.80
100.00	95.00	100.74	95.00	100.74	0.74	1013.01	1018.69
93.60	93.49	103.50	84.00	98.35	5.08	1208.36	1175.46
100.00	103.00	103.50	93.60	100.00	0.00	820.00	834.02
103.00	108.00	108.00	96.60	104.05	1.02	750.04	754.42
98.50	100.87	104.00	91.50	100.00	1.52	734.93	715.51
99.98	92.06	97.99	82.49	94.50	-5.48	1007.49	954.88
94.75	94.89	104.00	90.01	100.55	6.12	1994.97	1945.48
100.00	0.00	0.00	0.00	100.00	0.00	0.00	0.00
101.00	101.00	101.00	101.00	101.00	0.00	172.00	168.98
100.00	0.00	0.00	0.00	100.00	0.00	960.00	946.91
100.00	98.00	102.80	98.00	102.80	2.80	1655.00	1650.10
99.34	99.00	101.10	99.00	101.10	1.77	797.83	793.92
100.00	99.00	104.01	99.00	100.70	0.70	770.00	767.56
100.00	101.62	101.62	100.90	100.90	0.90	164.00	164.80
100.00	99.00	99.80	99.00	99.80	-0.20	1234.00	1229.22
103.00	104.00	105.00	92.04	100.15	-2.77	750.01	755.92
101.50	0.00	0.00	0.00	101.50	0.00	0.00	0.00
100.00	0.00	0.00	0.00	100.00	0.00	350.00	349.94
96.50	97.99	103.00	95.40	101.30	4.97	1446.32	1444.77
100.22	0.00	0.00	0.00	100.22	0.00	710.00	707.76
100.00	99.79	99.79	99.79	99.79	-0.21	590.00	588.04
100.33	0.00	0.00	0.00	100.33	0.00	240.00	235.23
102.20	101.40	101.80	100.00	101.50	-0.69	1511.01	1515.49
104.00	107.80	107.80	101.50	103.00	-0.96	688.01	694.07
96.67	97.00	103.00	92.00	102.00	5.51	1007.70	990.00
106.00	106.00	106.00	93.00	99.50	-6.13	1330.00	1341.93
100.00	100.00	105.00	89.40	101.10	1.10	389.28	375.49
101.50	98.46	110.00	88.12	101.00	-0.49	1428.98	1411.10
92.96	92.72	101.79	86.59	99.98	7.55	1709.54	1662.47
92.60	92.44	101.50	83.82	101.50	9.61	1378.45	1341.47
106.00	106.00	106.00	96.00	98.00	-7.55	474.00	479.44
100.00	99.55	104.10	99.55	101.00	1.00	996.22	1004.52
104.00	107.50	107.50	99.50	104.80	0.77	1094.00	1113.75
100.00	102.00	102.00	98.00	98.00	-2.00	270.00	266.38
104.00	106.00	106.00	92.45	104.00	0.00	2485.61	2481.91

债券信息 List of Bonds

债券 Bond

债券代码 Code	债券简称 Securities	发行数量(百万) Issued Val(M)	年限 Terms	到期日 Expiration Date	票面利率(%) Coupon Rate(%)	付息方式 Way of Interest
124213	13 德清债	1000.00	7.00	2020.02.22	6.4000	按年付息
124214	13 河城投	1000.00	7.00	2020.03.19	6.5500	按年付息
124215	13 九国资	900.00	7.00	2020.03.07	6.6800	按年付息
124216	12 新查矿	600.00	7.00	2019.12.13	7.2000	按年付息
124217	13 西高新	1500.00	6.00	2019.02.26	5.7000	按年付息
124218	13 三福船	700.00	6.00	2019.03.27	6.9000	按年付息
124219	13 荣经开	1000.00	7.00	2020.03.18	6.4500	按年付息
124220	13 晋能交	1000.00	7.00	2020.03.08	5.2900	按年付息
124221	13 武地产	1600.00	6.00	2019.03.22	5.9000	按年付息
124222	13 京粮食	700.00	6.00	2019.03.20	5.0500	按年付息
124223	13 微山矿	850.00	7.00	2020.03.13	6.1500	按年付息
124224	13 朝国资	1600.00	7.00	2020.03.27	5.2500	按年付息
124225	13 阿城投	1000.00	7.00	2020.03.14	6.4000	按年付息
124226	13 闽兴杭	1200.00	6.00	2019.03.26	6.2000	按年付息
124227	13 宁国 01	3500.00	7.00	2020.03.06	5.4000	按年付息
124228	13 宁国 02	3000.00	10.00	2023.03.06	5.6000	按年付息
124229	13 晋公投	800.00	7.00	2020.03.18	6.5000	按年付息
124230	12 蓉兴锦	800.00	7.00	2019.11.27	7.3000	按年付息
124231	13 临海投	1200.00	7.00	2020.03.21	6.3000	按年付息
124232	13 苏海发	1000.00	10.00	2023.03.29	7.0700	按年付息
124234	13 鹏铁 01	5000.00	10.00	2023.03.25	5.4000	按年付息
124235	13 清河投	700.00	7.00	2020.01.24	6.6800	按年付息
124236	12 马经开	800.00	7.00	2019.12.20	7.1000	按年付息
124238	13 通辽投	1600.00	7.00	2020.04.09	6.6400	按年付息
124239	13 鄞城投	600.00	7.00	2020.03.18	6.5000	按年付息
124240	13 合工投	1000.00	7.00	2020.03.20	6.3000	按年付息
124241	13 烟开发	800.00	7.00	2020.04.10	5.7000	按年付息
124242	13 营经开	900.00	7.00	2020.04.08	6.1700	按年付息
124243	13 常高新	1600.00	7.00	2020.03.21	6.1800	按年付息
124244	13 番交投	1100.00	6.00	2019.04.12	6.3000	按年付息
124245	13 杭运河	1000.00	7.00	2020.04.02	6.0000	按年付息
124246	13 溧城发	1200.00	7.00	2020.03.08	6.2000	按年付息
124247	13 绍交投	1500.00	7.00	2020.03.04	6.0000	按年付息
124248	13 京歌华	600.00	7.00	2020.03.21	5.9800	按年付息
124249	13 大城投	1500.00	7.00	2020.02.21	6.5800	按年付息
124250	13 宿建投	1500.00	7.00	2020.04.17	6.4000	按年付息
124251	13 鲁信投	1000.00	7.00	2020.04.17	5.0000	按年付息
124252	13 邯交通	1000.00	8.00	2021.04.18	5.7000	按年付息
124253	13 新乡投	900.00	7.00	2020.04.15	5.8500	按年付息
124254	13 常熟发	1000.00	7.00	2020.04.19	5.8000	按年付息
124255	13 浙新昌	1200.00	7.00	2020.04.24	6.6000	按年付息
124256	13 苏泊尔	300.00	7.00	2020.04.11	6.5000	按年付息
124257	13 海浆纸	1200.00	7.00	2020.04.15	6.1000	按年付息
124258	ST 潞矿 01	3000.00	10.00	2023.04.25	5.1500	按年付息
124259	ST 潞矿 02	1000.00	10.00	2023.04.25	5.1000	按年付息
124260	13 遂发展	600.00	7.00	2020.04.25	6.6200	按年付息
124261	13 鞍城投	2000.00	7.00	2020.04.25	6.3900	按年付息
124262	13 楚雄投	2000.00	7.00	2020.03.29	6.6000	按年付息
124263	13 临国资	500.00	7.00	2020.04.11	6.5800	按年付息
124264	13 晋城投	1600.00	7.00	2020.04.26	6.3500	按年付息

债券信息
List of Bonds

债券
Bond

上年收盘 (面值 100 元) Last Year close	本年开盘 Open	本年最高 High	本年最低 Low	本年收盘 Close	涨跌(%) Change(%)	成交数量(万) Trading Vol(10000)	成交金额(百万) Trading Val (M)
95.14	95.20	104.00	93.13	102.50	7.74	1310.60	1314.74
100.00	98.50	98.50	98.50	98.50	-1.50	994.00	975.51
108.00	108.00	108.00	100.00	100.00	-7.41	619.70	618.92
99.90	95.00	107.00	89.03	97.85	-2.05	727.58	726.35
100.00	97.00	97.30	97.00	97.30	-2.70	220.00	214.59
96.49	96.68	99.80	87.89	98.00	1.57	1041.59	996.46
104.00	108.00	108.00	99.08	99.08	-4.73	142.00	142.36
100.00	95.70	97.00	95.70	97.00	-3.00	189.90	185.84
95.00	91.22	100.65	91.22	100.65	5.95	489.89	488.87
100.00	100.26	100.26	100.26	100.26	0.26	106.00	103.92
100.00	92.50	94.30	90.00	92.71	-7.29	783.54	745.18
100.00	0.00	0.00	0.00	100.00	0.00	50.00	51.12
93.95	94.88	100.42	91.25	100.42	6.89	508.11	494.85
101.00	96.50	103.10	96.50	103.10	2.08	624.12	609.80
99.00	95.00	95.00	95.00	95.00	-4.04	1060.00	1058.86
100.00	0.00	0.00	0.00	100.00	0.00	50.00	49.48
97.10	97.10	104.00	92.83	101.00	4.02	509.87	515.74
104.00	102.14	106.20	102.14	103.00	-0.96	530.10	545.56
100.00	100.00	102.47	100.00	102.30	2.30	250.00	248.41
108.00	109.80	109.80	90.21	103.00	-4.63	1781.11	1822.70
100.00	100.00	100.00	100.00	100.00	0.00	390.07	398.15
105.00	105.00	105.00	95.06	99.70	-5.05	1079.99	1072.07
100.64	96.16	99.35	96.16	99.35	-1.28	1460.00	1454.12
101.70	104.00	104.00	100.75	100.76	-0.92	1640.70	1632.10
100.00	94.10	100.20	94.10	100.20	0.20	250.50	248.39
100.00	104.50	112.00	93.89	101.99	1.99	1312.00	1300.94
95.00	97.00	102.80	96.00	99.30	4.53	427.75	415.81
91.92	91.34	103.71	90.00	100.50	9.33	1393.08	1380.26
100.00	0.00	0.00	0.00	100.00	0.00	650.00	645.63
101.73	100.01	100.01	98.00	98.00	-3.67	270.00	267.48
100.00	96.54	100.70	96.20	100.70	0.70	311.50	309.30
99.99	98.50	103.20	98.50	103.00	3.01	959.40	965.32
100.00	0.00	0.00	0.00	100.00	0.00	440.00	447.72
104.00	103.00	103.01	103.00	103.01	-0.95	300.00	308.83
102.98	101.84	103.53	95.00	103.53	0.53	1550.02	1585.33
100.71	96.00	102.73	96.00	102.73	2.01	2175.00	2144.31
95.20	93.80	98.20	93.43	98.20	3.15	1006.15	964.90
100.00	91.00	102.00	91.00	102.00	2.00	213.81	209.94
98.20	95.60	100.50	92.83	98.99	0.80	242.15	237.16
94.08	94.08	102.45	87.07	97.00	3.10	293.18	288.56
100.00	102.90	102.90	102.90	102.90	2.90	242.50	245.23
96.97	92.60	97.97	84.09	95.40	-1.62	492.49	465.23
93.28	98.00	98.00	52.50	97.50	4.52	290.01	280.09
103.00	0.00	0.00	0.00	103.00	0.00	300.00	267.35
103.00	97.00	97.02	93.00	93.00	-9.71	320.85	324.21
94.56	94.36	103.00	84.45	103.00	8.93	1085.30	1064.03
96.10	94.00	103.50	89.00	101.60	5.72	2615.52	2603.81
99.26	98.00	104.00	90.00	101.51	2.27	2453.60	2452.87
102.54	99.87	104.00	86.60	101.00	-1.50	1112.83	1103.25
100.00	96.50	100.70	96.50	100.70	0.70	1327.58	1310.13

债券信息 List of Bonds

债券代码 Code	债券简称 Securities	发行数量(百万) Issued Val(M)	年限 Terms	到期日 Expiration Date	票面利率(%) Coupon Rate(%)	付息方式 Way of Interest
124265	13 红河路	500.00	7.00	2020.05.06	6.2700	按年付息
124266	13 哈水投	1500.00	7.00	2020.05.06	5.7000	按年付息
124267	13 金坛投	1000.00	7.00	2020.04.26	6.3800	按年付息
124268	13 渝南发	1800.00	7.00	2020.04.27	6.4300	按年付息
124269	13 渝大足	1200.00	7.00	2020.04.26	6.7500	按年付息
124270	13 渝万盛	1300.00	7.00	2020.04.17	6.3900	按年付息
124271	13 金外滩	500.00	7.00	2020.04.24	6.3500	按年付息
124272	13 绥芬河	1000.00	7.00	2020.04.28	6.6000	按年付息
124273	13 翔宇债	500.00	7.00	2020.02.27	7.3000	按年付息
124274	13 徽南翔	300.00	6.00	2019.04.11	6.9500	按年付息
124275	13 龙岗投	1000.00	6.00	2019.03.27	6.1800	按年付息
124276	13 津滨投	550.00	7.00	2020.04.26	6.7900	按年付息
124277	13 大丰港	800.00	7.00	2020.05.08	6.1800	按年付息
124278	13 渝双桥	1000.00	7.00	2020.04.26	6.7500	按年付息
124279	13 海拉尔	800.00	7.00	2020.05.14	6.2000	按年付息
124280	13 通经开	800.00	7.00	2020.05.17	5.8000	按年付息
124281	13 石地产	2200.00	7.00	2020.05.15	5.6500	按年付息
124283	13 武新港	800.00	7.00	2020.04.18	5.8900	按年付息
124284	13 琼洋浦	800.00	7.00	2020.03.11	6.4000	按年付息
124285	ST 同煤集	5400.00	15.00	2028.04.24	5.2000	按年付息
124286	13 海航债	1150.00	7.00	2020.04.15	6.6000	按年付息
124287	ST 金特债	550.00	7.00	2020.05.23	6.1000	按年付息
124288	13 光谷联	600.00	6.00	2019.10.23	7.3500	按年付息
124289	13 丽城投	1000.00	7.00	2020.05.23	6.0000	按年付息
124290	13 长轨交	2500.00	10.00	2023.04.23	6.2000	按年付息
124291	13 兖城投	1000.00	8.00	2021.05.28	5.9000	按年付息
124292	13 溧城建	1000.00	7.00	2020.05.29	5.8000	按年付息
124293	13 农六师	500.00	7.00	2020.05.23	6.1000	按年付息
124294	13 苏华靖	1200.00	7.00	2020.05.16	6.0000	按年付息
124295	13 宁铁路	1300.00	7.00	2020.06.04	5.3000	按年付息
124296	13 盛江泉	600.00	7.00	2020.05.31	6.7000	按年付息
124297	13 桐乡投	1300.00	7.00	2020.05.16	6.1000	按年付息
124298	13 临汾投	1500.00	7.00	2020.05.23	6.2000	按年付息
124299	13 西经开	600.00	7.00	2020.06.04	5.9000	按年付息
124300	13 云投控	700.00	5.00	2018.05.24	5.3700	按年付息
124301	13 日照债	800.00	7.00	2020.06.06	5.8000	按年付息
124302	12 桂交投	2000.00	10.00	2022.12.11	6.2000	按年付息
124303	13 咸荣盛	1500.00	7.00	2020.06.05	5.8000	按年付息
124304	13 合川投	1000.00	7.00	2020.06.17	6.1900	按年付息
124305	13 瓦国资	1500.00	7.00	2020.06.20	6.2000	按年付息
124306	13 鄂三宁	500.00	6.00	2019.06.18	5.3400	按年付息
124307	13 安经开	600.00	7.00	2020.06.18	6.0000	按年付息
124308	13 眉宏大	1600.00	7.00	2020.06.19	6.5600	按年付息
124309	13 弘燃气	700.00	7.00	2020.06.20	6.4900	按年付息
124310	13 洪水利	1500.00	7.00	2020.06.21	6.2800	按年付息
124311	13 弘湘资	1600.00	7.00	2020.06.19	6.2000	按年付息
124312	13 景德镇	1200.00	7.00	2020.06.25	6.5900	按年付息
124313	13 苏家屯	1300.00	7.00	2020.06.20	6.4000	按年付息
124314	13 筑铁路	1000.00	7.00	2020.06.18	6.2000	按年付息
124315	13 瓯交投	1000.00	7.00	2020.04.22	6.0500	按年付息

债券信息　债券
List of Bonds　Bond

上年收盘 (面值 100 元) Last Year close	本年开盘 Open	本年最高 High	本年最低 Low	本年收盘 Close	涨跌(%) Change(%)	成交数量(万) Trading Vol(10000)	成交金额(百万) Trading Val (M)
98.34	92.17	102.60	85.36	96.00	-2.38	697.40	684.95
96.65	96.48	99.80	88.00	99.73	3.19	448.57	441.26
100.00	102.50	102.50	98.00	98.60	-1.40	710.50	709.86
100.00	102.90	103.79	100.00	100.00	0.00	192.90	190.77
98.20	97.50	101.70	92.00	101.70	3.56	885.67	867.01
100.00	97.00	100.80	97.00	100.80	0.80	1127.66	1106.39
98.50	0.00	0.00	0.00	98.50	0.00	295.00	293.37
98.85	96.80	101.00	91.00	96.60	-2.28	1737.13	1672.88
99.90	97.00	99.18	93.00	97.99	-1.91	282.93	275.39
97.19	95.20	100.40	92.00	97.30	0.11	1089.77	1069.76
96.50	97.50	102.42	96.80	102.42	6.14	1433.76	1409.29
95.28	95.48	103.00	91.00	100.00	4.95	217.07	213.41
96.00	91.53	103.90	91.53	94.00	-2.08	706.17	704.45
101.54	99.80	104.00	92.59	100.50	-1.02	2036.26	2015.21
93.00	83.89	99.50	83.89	99.50	6.99	755.44	744.66
100.00	98.00	98.80	98.00	98.80	-1.20	363.00	356.83
99.98	94.63	106.00	90.00	102.00	2.02	2492.50	2441.45
104.00	0.00	0.00	0.00	104.00	0.00	453.96	447.96
100.00	0.00	0.00	0.00	100.00	0.00	630.00	638.90
103.00	100.00	100.00	86.00	86.00	-16.51	2000.21	1852.15
109.00	108.50	108.50	96.10	100.00	-8.26	1648.24	1724.42
100.37	95.29	99.99	91.00	95.13	-5.22	598.06	584.51
100.00	102.00	102.00	100.00	100.20	0.20	346.25	348.08
94.01	98.00	101.20	83.20	101.20	7.65	1063.18	1032.85
100.00	0.00	0.00	0.00	100.00	0.00	60.00	60.60
92.80	93.80	100.15	92.00	98.20	5.82	596.46	583.59
93.00	92.90	101.20	90.26	100.00	7.53	460.72	456.59
100.00	97.88	97.88	97.88	97.88	-2.12	290.00	282.41
100.00	95.00	99.55	94.80	99.55	-0.45	1159.51	1139.33
97.37	100.44	100.44	100.44	100.44	3.15	750.00	739.74
95.42	90.11	107.98	81.10	96.50	1.13	52.41	46.71
96.93	95.00	101.60	90.00	101.60	4.82	782.05	776.00
100.00	90.50	103.71	90.50	103.71	3.71	1758.01	1742.15
101.50	94.49	101.96	91.09	99.20	-2.27	612.11	595.97
100.00	97.05	102.00	94.14	102.00	2.00	309.22	302.69
92.82	92.91	99.90	92.91	99.80	7.52	463.13	443.13
100.00	100.38	100.38	100.38	100.38	0.38	40.00	40.51
100.00	98.00	101.80	93.34	98.32	-1.68	2677.58	2606.96
102.48	91.49	102.63	90.09	99.50	-2.91	2146.53	2125.81
93.00	83.89	103.40	83.89	103.40	11.18	1528.64	1472.13
100.00	100.11	101.00	95.00	98.15	-1.85	187.53	185.81
99.91	102.80	102.80	87.49	98.30	-1.61	878.82	868.27
99.00	90.42	104.18	86.75	99.99	1.00	2490.82	2437.42
92.44	92.20	98.41	88.97	94.59	2.33	2173.36	2068.92
96.45	91.00	103.00	91.00	102.00	5.75	874.62	858.59
94.43	94.00	103.60	89.09	103.60	9.71	1449.14	1421.17
101.86	101.84	105.00	93.96	103.68	1.79	1209.18	1218.82
94.00	93.80	105.50	90.96	102.00	8.51	1936.21	1887.36
97.10	98.50	104.03	98.50	99.76	2.74	1060.21	1034.29
94.00	98.00	99.50	98.00	99.50	5.85	39.80	37.41

债券信息 List of Bonds

债券 Bond

债券代码 Code	债券简称 Securities	发行数量 (百万) Issued Val(M)	年限 Terms	到期日 Expiration Date	票面利率(%) Coupon Rate(%)	付息方式 Way of Interest
124316	13 新郑投	1500.00	6.00	2019.06.28	6.5200	按年付息
124317	13 华发集	800.00	6.00	2019.06.05	5.5000	按年付息
124318	13 滨城投	1100.00	7.00	2020.07.12	6.1500	按年付息
124319	13 昌国资	1500.00	6.00	2019.06.03	6.0000	按年付息
124321	13 岳城投	1800.00	7.00	2020.07.12	6.0500	按年付息
124322	13 南城发	1200.00	6.00	2019.07.17	6.5000	按年付息
124323	13 新天治	1500.00	7.00	2020.07.17	6.3000	按年付息
124324	13 白银城	1300.00	7.00	2020.07.19	6.7800	按年付息
124325	13 京生物	600.00	7.00	2020.07.23	6.3500	按年付息
124326	13 郑建投	700.00	7.00	2020.07.17	5.9800	按年付息
124327	13 中电投	2000.00	10.00	2023.07.22	5.2000	按年付息
124328	13 渝鸿业	800.00	7.00	2020.06.03	6.3000	按年付息
124329	12 惠国投	800.00	7.00	2019.10.15	7.5000	按年付息
124330	13 龙工贸	800.00	8.00	2021.03.11	6.0800	按年付息
124332	13 湘振湘	1800.00	7.00	2020.08.07	6.6000	按年付息
124333	13 铜城建	1600.00	7.00	2020.08.08	6.6000	按年付息
124334	13 博国资	900.00	7.00	2020.08.09	7.1800	按年付息
124335	13 海国资	1600.00	7.00	2020.08.07	5.5000	按年付息
124336	13 渝地产	1800.00	7.00	2020.08.22	6.3000	按年付息
124337	13 铜建投	1500.00	7.00	2020.08.26	6.9800	按年付息
124338	13 闽经开	1800.00	7.00	2020.08.06	6.7000	按年付息
124339	13 渝城投	2200.00	7.00	2020.05.21	5.1200	按年付息
124340	13 张保债	1100.00	7.00	2020.08.23	7.1000	按年付息
124341	13 吐番资	800.00	6.00	2019.08.09	7.2000	按年付息
124342	13 黔南资	1500.00	7.00	2020.09.04	6.9000	按年付息
124343	13 阳江债	1000.00	7.00	2020.09.09	6.8500	按年付息
124344	13 沪南房	400.00	6.00	2019.09.09	6.7000	按年付息
124345	13 京煤债	1400.00	7.00	2020.09.09	6.1400	按年付息
124346	13 乳国资	1300.00	7.00	2020.09.11	6.9000	按年付息
124347	13 石建投	500.00	7.00	2020.09.09	6.7000	按年付息
124348	13 京谷财	600.00	7.00	2020.09.06	6.6000	按年付息
124349	13 福东海	1000.00	7.00	2020.09.13	7.0900	按年付息
124350	ST 晋煤运	2500.00	10.00	2023.01.28	5.2500	按年付息
124351	13 克州债	900.00	7.00	2020.09.16	7.1500	按年付息
124352	13 平凉债	1000.00	7.00	2020.09.17	7.1000	按年付息
124353	13 商洛 01	1000.00	7.00	2020.09.09	7.0500	按年付息
124354	13 商洛 02	500.00	6.00	2019.09.09	6.7500	按年付息
124355	13 洼城投	1300.00	7.00	2020.09.17	7.2500	按年付息
124356	13 珠汇华	1500.00	7.00	2020.09.17	7.1500	按年付息
124357	13 津房开	700.00	7.00	2020.08.06	5.8800	按年付息
124358	13 蚌城投	1600.00	7.00	2020.09.11	6.3000	按年付息
124359	13 三明投	1800.00	7.00	2020.03.05	6.4000	按年付息
124360	13 成阿债	800.00	7.00	2020.09.12	7.1800	按年付息
124361	13 京科城	1100.00	6.00	2019.09.22	6.2800	按年付息
124362	13 钦滨海	900.00	7.00	2020.08.27	7.0000	按年付息
124363	13 郑投资	1800.00	7.00	2020.09.24	6.4500	按年付息
124364	13 临尧都	1500.00	7.00	2020.09.27	6.9900	按年付息
124365	13 昌润债	600.00	7.00	2020.09.16	6.8800	按年付息
124366	13 汇丰投	1000.00	7.00	2020.10.11	7.0600	按年付息
124367	13 锡城发	1500.00	7.00	2020.10.11	6.1000	按年付息

债券信息
List of Bonds

上年收盘 (面值 100 元) Last Year close	本年开盘 Open	本年最高 High	本年最低 Low	本年收盘 Close	涨跌(%) Change(%)	成交数量(万) Trading Vol(10000)	成交金额(百万) Trading Val (M)
97.43	95.50	101.50	92.10	99.80	2.43	1403.34	1378.66
94.31	97.00	100.60	94.00	100.60	6.67	317.01	309.82
100.00	94.17	103.00	94.17	103.00	3.00	494.70	491.14
95.00	89.74	102.90	89.74	102.50	7.90	2076.89	2042.69
100.00	96.10	100.50	96.10	99.00	-1.00	910.12	915.71
94.60	90.00	103.00	89.10	103.00	8.88	1474.11	1451.35
96.99	98.00	103.00	92.16	101.50	4.65	2011.24	2018.05
94.88	93.20	101.99	86.59	100.00	5.40	3936.76	3796.02
100.00	0.00	0.00	0.00	100.00	0.00	350.00	352.29
100.00	0.00	0.00	0.00	100.00	0.00	655.00	643.61
103.00	0.00	0.00	0.00	103.00	0.00	330.00	334.68
100.00	0.00	0.00	0.00	100.00	0.00	400.00	401.80
106.45	106.45	106.45	94.82	101.89	-4.28	712.50	727.45
100.00	94.03	100.12	94.03	100.12	0.12	220.00	218.50
97.00	94.00	105.46	93.50	100.00	3.09	1350.27	1335.12
100.00	97.50	104.73	97.50	101.00	1.00	2166.37	2174.67
93.88	93.13	101.98	91.41	100.00	6.52	2510.62	2494.67
100.00	93.13	103.00	93.13	101.65	1.65	444.94	443.86
103.00	103.00	104.99	95.53	103.00	0.00	1972.52	2007.14
100.00	100.00	104.22	100.00	104.22	4.22	988.00	1005.98
98.94	98.00	105.00	92.00	102.17	3.27	2475.42	2495.79
100.00	0.00	0.00	0.00	100.00	0.00	770.00	744.28
100.00	104.24	104.24	104.24	104.24	4.24	180.00	181.10
100.00	100.00	105.00	100.00	102.50	2.50	1300.00	1303.80
97.90	96.30	105.00	91.69	102.00	4.19	2146.32	2195.20
95.55	95.00	104.50	95.00	104.50	9.37	861.06	856.79
104.00	100.50	100.50	100.50	100.50	-3.37	140.00	140.39
100.00	100.00	103.50	99.00	101.80	1.80	4296.51	4274.95
100.49	96.00	102.00	94.00	102.00	1.50	1323.66	1306.00
100.00	98.27	99.94	98.27	99.94	-0.06	239.00	233.12
100.00	100.00	103.10	100.00	103.10	3.10	674.00	673.79
100.00	106.20	106.20	106.20	106.20	6.20	3310.00	3339.61
103.00	101.00	101.00	85.00	91.99	-10.69	2307.77	2256.59
94.99	94.00	101.98	89.99	95.00	0.01	1840.16	1804.00
105.00	96.50	105.00	91.16	102.50	-2.38	1352.31	1363.57
100.00	0.00	0.00	0.00	100.00	0.00	390.00	384.98
100.00	0.00	0.00	0.00	100.00	0.00	380.00	385.90
100.30	94.03	104.50	90.00	98.01	-2.28	1744.38	1755.00
96.60	96.58	102.00	95.00	102.00	5.59	596.48	595.99
97.00	97.00	104.75	94.23	104.00	7.22	339.13	337.37
100.00	97.50	104.03	95.50	100.00	0.00	1188.62	1196.40
100.00	97.00	103.77	97.00	103.77	3.77	905.50	918.53
99.88	95.46	101.00	90.20	97.50	-2.38	733.93	717.63
100.00	95.05	101.80	95.05	100.53	0.53	307.88	307.86
100.00	97.54	103.20	92.10	98.80	-1.20	1248.41	1242.94
104.00	100.00	107.50	97.50	105.00	0.96	2293.22	2294.37
99.50	99.00	102.70	92.71	102.00	2.51	1821.67	1806.90
100.00	96.57	100.90	96.57	100.70	0.70	821.00	824.92
99.00	95.50	105.65	92.50	100.82	1.84	1365.92	1370.65
100.00	101.50	105.00	95.01	104.99	4.99	1839.13	1857.95

债券信息 List of Bonds

债券 Bond

债券代码 Code	债券简称 Securities	发行数量(百万) Issued Val(M)	年限 Terms	到期日 Expiration Date	票面利率(%) Coupon Rate(%)	付息方式 Way of Interest
124368	13 郑交投	1800.00	7.00	2020.10.14	6.3000	按年付息
124369	13 吴城投	1000.00	7.00	2020.10.12	7.1800	按年付息
124370	13 虞新区	1800.00	7.00	2020.10.11	6.9500	按年付息
124371	14 北辰发	1300.00	7.00	2021.04.21	7.0000	按年付息
124372	09 海投债	600.00	7.00	2016.04.30	5.8800	按年付息
124373	13 平天湖	1000.00	7.00	2020.10.23	7.4000	按年付息
124374	13 塔国资	1500.00	6.00	2019.10.16	7.4900	按年付息
124375	13 鄂供销	600.00	6.00	2019.10.10	6.1800	按年付息
124376	13 渝物流	1500.00	7.00	2020.10.18	7.0800	按年付息
124377	13 渝碚城	900.00	7.00	2020.10.16	7.3000	按年付息
124378	13 湘九华	1800.00	7.00	2020.10.15	7.1500	按年付息
124379	13 许投资	1200.00	7.00	2020.10.16	6.9500	按年付息
124380	13 曹妃甸	2000.00	7.00	2020.10.15	7.5000	按年付息
124381	09 衡城投	1500.00	7.00	2016.11.16	7.0600	按年付息
124382	10 云建工	800.00	6.00	2016.11.19	6.8000	按年付息
124383	10 开元旅	500.00	6.00	2016.11.18	6.6000	按年付息
124384	13 雅发投	1500.00	7.00	2020.09.13	7.0000	按年付息
124385	13 龙岩汇	1100.00	7.00	2020.10.18	7.1000	按年付息
124386	13 新沂债	1500.00	7.00	2020.10.15	7.3900	按年付息
124387	13 湛基投	1200.00	7.00	2020.10.21	6.9300	按年付息
124388	13 任城债	600.00	7.00	2020.10.18	7.3000	按年付息
124389	13 资水务	1800.00	7.00	2020.10.21	7.4000	按年付息
124390	13 葫岛 01	1400.00	7.00	2020.10.18	7.0500	按年付息
124391	13 葫岛 02	400.00	10.00	2023.10.18	7.5000	按年付息
124392	13 荆门投	1600.00	7.00	2020.10.17	7.0000	按年付息
124393	13 连顺兴	1200.00	7.00	2020.10.18	6.9700	按年付息
124394	13 永城投	1000.00	7.00	2020.10.23	7.3000	按年付息
124395	13 堰城投	1600.00	7.00	2020.10.11	6.8800	按年付息
124396	13 姜发展	800.00	7.00	2020.09.03	7.1000	按年付息
124397	13 郫国投	1000.00	7.00	2020.10.15	7.2500	按年付息
124398	13 株城发	2000.00	7.00	2020.10.16	6.9500	按年付息
124399	13 郴高科	1800.00	7.00	2020.10.21	7.2500	按年付息
124400	13 渝双福	1200.00	7.00	2020.10.23	7.4900	按年付息
124401	13 冀广网	300.00	8.00	2021.10.23	6.4500	按年付息
124402	13 丹投 01	800.00	7.00	2020.10.23	6.9000	按年付息
124403	13 丹投 02	800.00	6.00	2019.10.23	6.8100	按年付息
124404	13 怀化工	1200.00	7.00	2020.10.29	7.7000	按年付息
124405	13 宝工债	1000.00	7.00	2020.10.17	7.1000	按年付息
124406	13 荆经开	400.00	7.00	2020.12.09	8.2000	按年付息
124407	13 泰州债	1800.00	10.00	2023.10.16	6.9200	按年付息
124408	13 宛城投	1800.00	7.00	2020.10.24	7.0500	按年付息
124409	13 宿城投	1000.00	7.00	2020.10.29	6.8800	按年付息
124410	13 国网 03	5000.00	7.00	2020.10.23	5.5000	按年付息
124411	13 国网 04	5000.00	15.00	2028.10.23	5.7300	按年付息
124412	13 金利源	1000.00	7.00	2020.10.28	7.0000	按年付息
124413	13 寿城投	480.00	7.00	2020.10.18	7.1000	按年付息
124415	13 鄂投 01	500.00	10.00	2023.10.28	5.9800	按年付息
124416	13 鄂投 02	2500.00	15.00	2028.10.28	6.1800	按年付息
124417	13 江高新	950.00	7.00	2020.11.04	7.3900	按年付息
124418	13 永利债	500.00	6.00	2019.10.29	7.5000	按年付息

债券信息
List of Bonds

债券
Bond

上年收盘 (面值 100 元) Last Year close	本年开盘 Open	本年最高 High	本年最低 Low	本年收盘 Close	涨跌(%) Change(%)	成交数量(万) Trading Vol(10000)	成交金额(百万) Trading Val (M)
100.00	97.20	105.00	97.00	102.00	2.00	2079.01	2080.84
105.23	105.23	105.23	97.15	102.50	-2.59	808.56	822.37
98.00	89.00	106.00	89.00	104.00	6.12	2008.84	2017.34
100.00	101.76	104.70	101.76	104.70	4.70	609.00	627.06
100.20	0.00	0.00	0.00	100.20	0.00	50.00	49.98
95.98	93.93	104.00	92.00	101.03	5.26	2030.65	1960.76
100.00	92.00	107.99	92.00	102.50	2.50	2728.78	2769.40
100.00	99.65	101.20	99.65	101.20	1.20	211.30	211.37
97.00	100.12	107.19	97.15	107.19	10.51	588.00	587.02
98.67	98.50	104.20	88.11	102.90	4.29	1610.37	1611.07
99.50	96.70	104.22	95.64	103.50	4.02	2718.30	2729.07
100.20	97.80	104.98	95.47	104.40	4.19	790.02	796.11
97.56	92.60	105.00	88.20	100.60	3.12	1379.67	1386.03
101.00	99.50	117.00	96.33	101.90	0.89	1591.66	1626.70
100.00	0.00	0.00	0.00	100.00	0.00	60.00	60.36
100.00	0.00	0.00	0.00	100.00	0.00	0.00	0.00
100.00	97.33	105.00	97.33	105.00	5.00	1060.20	1078.15
100.00	99.36	106.80	99.36	100.00	0.00	1545.20	1562.59
97.23	96.99	108.50	91.00	102.00	4.91	2031.59	2044.20
100.00	94.10	105.50	93.00	105.50	5.50	633.01	633.05
100.00	105.20	106.45	91.00	102.80	2.80	733.46	750.17
99.00	94.20	107.50	94.16	103.60	4.65	1290.35	1310.97
104.16	104.16	104.16	96.63	101.80	-2.27	1400.00	1395.56
99.73	96.49	109.00	94.13	100.00	0.27	305.10	310.13
99.50	99.49	106.56	98.00	106.56	7.10	1933.01	1955.23
96.52	100.30	106.20	96.00	106.00	9.82	2370.52	2411.78
102.00	102.00	107.00	94.00	100.00	-1.96	1035.69	1044.57
104.00	95.39	104.00	95.39	99.00	-4.81	1280.02	1284.92
93.79	94.30	103.50	89.01	98.00	4.49	799.09	788.10
107.99	99.00	108.00	99.00	101.15	-6.33	989.67	1005.90
96.45	98.99	103.93	97.20	102.70	6.48	1749.75	1751.03
99.50	100.60	107.00	100.00	101.94	2.45	1352.89	1370.99
99.00	95.00	104.50	90.00	103.50	4.55	3400.57	3403.42
100.00	99.70	105.37	99.70	105.37	5.37	240.90	242.35
98.10	99.50	104.00	94.30	104.00	6.01	368.26	374.93
100.00	100.50	105.42	100.50	105.42	5.42	586.11	594.34
100.00	95.25	107.71	95.25	102.98	2.98	1981.20	2012.06
104.00	100.00	104.80	100.00	100.00	-3.85	742.23	770.66
100.00	0.00	0.00	0.00	100.00	0.00	0.00	0.00
100.20	100.00	105.00	99.99	103.50	3.29	1769.45	1776.96
99.50	98.20	105.00	94.51	105.00	5.53	1194.13	1211.18
100.00	100.33	106.00	100.33	106.00	6.00	545.71	551.94
100.00	101.76	101.76	101.76	101.76	1.76	120.00	121.54
100.00	0.00	0.00	0.00	100.00	0.00	0.00	0.00
99.00	108.00	108.00	99.00	105.50	6.57	884.16	902.09
100.00	97.65	102.87	97.65	102.87	2.87	150.00	150.05
100.00	101.33	101.33	101.33	101.33	1.33	100.00	101.33
100.00	103.99	104.34	103.99	104.34	4.34	1000.00	1042.02
100.00	95.75	107.00	91.00	101.50	1.50	398.87	404.66
100.00	96.93	104.10	96.88	102.85	2.85	930.98	939.95

债券信息
List of Bonds

债券代码 Code	债券简称 Securities	发行数量 (百万) Issued Val(M)	年限 Terms	到期日 Expiration Date	票面利率(%) Coupon Rate(%)	付息方式 Way of Interest
124419	13 乌兰察	2000.00	7.00	2020.10.31	7.7000	按年付息
124420	13 盐国资	1200.00	7.00	2020.09.04	7.0000	按年付息
124421	13 海新区	1300.00	7.00	2020.11.04	6.9000	按年付息
124422	13 崇明债	800.00	6.00	2019.11.06	7.1800	按年付息
124423	13 宜环科	1000.00	7.00	2020.10.18	7.1000	按年付息
124424	13 柳东城	1000.00	7.00	2020.10.29	7.4000	按年付息
124425	13 平国资	1300.00	7.00	2020.11.05	7.2500	按年付息
124426	13 澄港城	650.00	7.00	2020.11.07	7.1000	按年付息
124427	13 临河债	1000.00	7.00	2020.11.13	7.9000	按年付息
124428	13 粤垦债	1300.00	6.00	2019.11.15	7.0000	按年付息
124429	13 亭公投	1000.00	7.00	2020.11.15	7.9500	按年付息
124430	14 城阳债	1400.00	7.00	2021.03.10	7.0900	按年付息
124431	13 普兰 01	800.00	7.00	2020.11.19	7.6000	按年付息
124432	13 襄建投	1500.00	7.00	2020.11.11	7.3000	按年付息
124433	12 沪闵行	1600.00	7.00	2019.10.23	6.4800	按年付息
124434	13 渝豪江	700.00	7.00	2020.11.22	7.9900	按年付息
124435	13 邯城投	1800.00	7.00	2020.11.25	7.6000	按年付息
124436	13 海旅业	1000.00	5.00	2018.12.04	7.3100	按年付息
124437	13 津静海	1200.00	7.00	2020.11.26	7.9000	按年付息
124438	13 冶城投	1000.00	7.00	2020.11.27	7.9500	按年付息
124439	13 六安 01	600.00	7.00	2020.12.02	8.0000	按年付息
124440	13 宁德投	800.00	7.00	2020.12.05	7.9900	按年付息
124441	13 库车 01	500.00	7.00	2020.12.09	7.9500	按年付息
124442	13 武威 01	500.00	7.00	2020.12.09	8.2000	按年付息
124443	13 黔投 01	500.00	7.00	2020.12.12	8.3000	按年付息
124444	13 六安 02	1000.00	7.00	2021.04.17	7.5000	按年付息
124445	13 泰成兴	800.00	7.00	2020.12.12	8.3000	按年付息
124446	13 即墨债	800.00	6.00	2019.12.17	8.1000	按年付息
124448	13 大理 01	400.00	7.00	2020.12.11	8.3000	按年付息
124449	13 常滨湖	1500.00	7.00	2020.12.12	8.0400	按年付息
124450	13 周口 01	500.00	7.00	2020.11.18	7.5000	按年付息
124451	13 濮建投	500.00	7.00	2020.12.11	8.0000	按年付息
124452	13 府谷债	1200.00	7.00	2020.12.16	8.6900	按年付息
124453	13 秦开 01	700.00	7.00	2020.12.17	8.0000	按年付息
124454	13 武清 01	600.00	7.00	2020.12.17	8.0000	按年付息
124455	13 越都债	1200.00	7.00	2020.12.12	8.2000	按年付息
124456	13 闽投债	1500.00	8.00	2021.04.09	5.3000	按年付息
124457	13 河池投	1100.00	7.00	2020.12.18	8.5000	按年付息
124458	13 镇投 01	1200.00	7.00	2020.12.18	7.9000	按年付息
124459	13 随州 01	300.00	7.00	2020.12.20	8.5000	按年付息
124460	13 忻州 01	600.00	7.00	2020.12.18	8.5000	按年付息
124461	13 清远债	1000.00	7.00	2020.12.19	8.2000	按年付息
124462	13 海财 01	300.00	7.00	2020.12.19	8.5600	按年付息
124463	13 津住宅	700.00	7.00	2020.12.19	8.0000	按年付息
124464	13 天易 01	500.00	7.00	2020.12.23	8.0000	按年付息
124465	13 黄冈 01	1600.00	7.00	2020.12.25	8.6000	按年付息
124466	13 邕城投	900.00	7.00	2020.12.26	8.2000	按年付息
124467	13 锦州 01	1000.00	7.00	2020.12.27	8.5000	按年付息
124468	13 丰城 01	500.00	7.00	2020.12.30	8.5000	按年付息
124469	13 格尔木	1400.00	7.00	2020.12.30	8.7000	按年付息

债券信息
List of Bonds

上年收盘(面值 100 元) Last Year close	本年开盘 Open	本年最高 High	本年最低 Low	本年收盘 Close	涨跌(%) Change(%)	成交数量(万) Trading Vol(10000)	成交金额(百万) Trading Val (M)
100.00	104.30	104.30	103.98	104.30	4.30	205.00	212.62
100.00	0.00	0.00	0.00	100.00	0.00	940.00	930.99
100.00	0.00	0.00	0.00	100.00	0.00	340.00	348.40
99.99	100.50	107.00	90.00	106.50	6.51	931.15	947.55
100.00	99.00	102.52	99.00	102.30	2.30	825.00	840.33
100.00	96.92	101.00	89.95	101.00	1.00	830.01	834.36
97.50	97.50	107.10	97.50	103.00	5.64	2951.70	2971.32
100.00	97.50	107.18	91.50	106.00	6.00	153.64	160.04
100.00	102.00	115.00	99.04	105.50	5.50	822.03	842.50
100.00	100.55	108.00	100.45	104.50	4.50	860.98	880.76
100.00	100.80	111.00	92.00	108.56	8.56	890.31	920.18
100.00	103.40	107.32	103.30	103.88	3.88	376.15	391.14
105.00	101.00	106.98	101.00	106.88	1.79	1881.34	1954.20
100.00	104.00	106.00	101.00	106.00	6.00	1022.62	1051.22
100.00	0.00	0.00	0.00	100.00	0.00	790.00	809.03
100.00	103.00	103.00	100.00	100.00	0.00	188.50	192.18
100.00	105.00	110.00	100.00	107.50	7.50	1714.80	1805.84
100.00	0.00	0.00	0.00	100.00	0.00	0.00	0.00
105.00	105.00	106.20	99.20	106.20	1.14	386.41	396.76
100.00	103.38	109.98	101.06	109.98	9.98	436.98	445.16
100.00	106.00	120.00	101.00	103.22	3.22	482.00	499.52
100.00	102.00	107.00	101.00	101.00	1.00	115.28	119.95
102.50	102.39	107.90	99.40	104.00	1.46	1107.27	1136.18
100.00	103.00	106.00	103.00	106.00	6.00	880.00	912.55
100.00	101.20	108.01	98.00	106.95	6.95	240.01	260.72
100.00	0.00	0.00	0.00	100.00	0.00	300.00	320.46
100.00	103.00	105.60	97.55	105.00	5.00	186.99	190.84
100.00	102.80	107.00	102.80	107.00	7.00	354.22	377.02
100.00	105.00	108.10	100.00	108.00	8.00	138.05	146.90
100.00	0.00	0.00	0.00	100.00	0.00	250.00	260.16
100.00	0.00	0.00	0.00	100.00	0.00	100.00	105.31
100.00	0.00	0.00	0.00	100.00	0.00	0.00	0.00
100.00	103.00	118.00	101.90	118.00	18.00	485.02	504.86
100.00	0.00	0.00	0.00	100.00	0.00	0.00	0.00
100.00	103.58	103.80	103.58	103.80	3.80	360.00	384.08
100.00	101.50	104.50	101.50	104.50	4.50	90.00	93.64
100.00	0.00	0.00	0.00	100.00	0.00	350.00	347.71
100.00	100.00	107.50	92.26	103.00	3.00	1117.85	1143.53
100.00	106.20	109.50	106.20	109.50	9.50	194.00	194.89
100.00	101.00	103.20	100.00	100.00	0.00	229.40	232.47
100.00	0.00	0.00	0.00	100.00	0.00	110.00	112.86
100.00	100.50	109.00	90.65	109.00	9.00	816.41	857.10
100.00	106.00	106.00	101.90	101.90	1.90	240.00	242.81
100.00	104.00	105.70	101.00	101.00	1.00	274.01	281.81
100.00	107.00	107.00	107.00	107.00	7.00	361.00	374.06
100.00	100.50	118.85	100.00	110.00	10.00	693.89	747.49
100.00	100.60	107.80	100.60	105.17	5.17	459.54	486.15
100.00	105.57	110.00	98.21	107.72	7.72	158.50	171.56
100.00	101.86	108.80	101.55	107.00	7.00	68.90	71.31
100.00	104.50	107.51	100.40	105.00	5.00	875.11	904.93

债券信息 List of Bonds

债券代码 Code	债券简称 Securities	发行数量(百万) Issued Val(M)	年限 Terms	到期日 Expiration Date	票面利率(%) Coupon Rate(%)	付息方式 Way of Interest
124470	13 赣开 01	500.00	6.00	2019.12.31	8.1500	按年付息
124471	13 宁海 01	400.00	7.00	2021.01.02	8.0000	按年付息
124472	13 海西州	1000.00	7.00	2021.01.02	8.6000	按年付息
124473	11 桐庐投	600.00	5.00	2016.01.31	7.3700	按年付息
124474	14 怀化 01	300.00	10.00	2024.01.03	8.9900	按年付息
124475	13 沈湖 01	800.00	7.00	2020.12.25	8.3700	按年付息
124477	14 滨高新	500.00	7.00	2021.01.10	8.6000	按年付息
124478	14 仪征债	1000.00	7.00	2021.01.09	8.6000	按年付息
124479	14 丰城 01	800.00	7.00	2021.01.14	8.6500	按年付息
124480	14 东台 01	600.00	7.00	2021.01.13	8.6500	按年付息
124481	13 镇投 02	1000.00	7.00	2021.01.13	8.2000	按年付息
124482	14 京华远	1200.00	5.00	2019.01.16	8.5000	按年付息
124483	09 渝地产	2300.00	10.00	2019.03.03	6.4600	按年付息
124485	14 苏沿海	700.00	7.00	2021.01.15	7.0000	按年付息
124486	14 锦州 01	200.00	7.00	2021.01.21	9.1000	按年付息
124487	14 邵城投	1800.00	7.00	2021.01.17	8.5800	按年付息
124488	14 吴兴南	1200.00	7.00	2021.01.16	8.7900	按年付息
124489	14 融强 01	500.00	7.00	2021.01.20	8.6000	按年付息
124490	14 首开 01	650.00	7.00	2021.01.15	7.1900	按年付息
124491	14 皋开债	1000.00	7.00	2021.01.22	8.3000	按年付息
124492	14 江夏投	800.00	7.00	2021.01.20	8.9900	按年付息
124493	14 伊宁债	1500.00	7.00	2021.01.23	8.9000	按年付息
124494	14 迁安 01	500.00	7.00	2021.01.23	8.8800	按年付息
124495	14 晟晏债	640.00	7.00	2021.01.21	8.9900	按年付息
124496	13 丰城 02	800.00	7.00	2021.01.24	8.7000	按年付息
124497	14 扬化工	800.00	7.00	2021.01.24	8.5800	按年付息
124498	14 金资 01	1000.00	7.00	2021.01.24	6.6600	按年付息
124499	13 沈湖 02	800.00	7.00	2021.01.22	8.6600	按年付息
124500	13 鹏铁 02	3000.00	10.00	2024.01.24	6.7500	按年付息
124501	14 皋沿江	1300.00	7.00	2021.01.24	8.6000	按年付息
124502	14 宏财 01	1000.00	7.00	2021.01.24	8.9000	按年付息
124504	11 鹰投债	1200.00	6.00	2017.02.23	8.1500	按年付息
124505	14 嘉市镇	900.00	7.00	2021.02.26	7.4500	按年付息
124507	14 潍滨城	800.00	7.00	2021.02.14	8.5900	按年付息
124508	14 滕州 02	800.00	7.00	2021.05.08	7.4000	按年付息
124509	14 湘潭新	1200.00	7.00	2021.02.25	8.1600	按年付息
124510	13 赣开 02	500.00	6.00	2020.02.19	7.4000	按年付息
124511	14 赣开投	1000.00	7.00	2021.02.19	7.4300	按年付息
124512	11 三门投	800.00	6.00	2017.03.08	8.2800	按年付息
124513	14 铜旅游	1500.00	7.00	2021.02.20	8.0000	按年付息
124514	14 六开投	1600.00	7.00	2021.02.19	7.5000	按年付息
124515	14 云路桥	350.00	6.00	2020.02.21	7.5800	按年付息
124516	14 泉高新	1000.00	7.00	2021.02.20	7.4000	按年付息
124517	14 怀化 02	700.00	10.00	2024.02.21	8.1400	按年付息
124518	13 忻州 02	1000.00	7.00	2021.02.21	7.9000	按年付息
124519	14 淮新 01	1000.00	7.00	2021.03.04	7.4500	按年付息
124520	14 太资债	1200.00	7.00	2021.02.27	7.0000	按年付息
124521	14 泉港债	900.00	7.00	2021.02.25	7.7900	按年付息
124522	14 连普湾	2500.00	7.00	2021.02.20	7.0900	按年付息
124523	14 开城投	800.00	7.00	2021.02.24	7.8800	按年付息

债券信息　债券
List of Bonds　Bond

上年收盘(面值 100 元) Last Year close	本年开盘 Open	本年最高 High	本年最低 Low	本年收盘 Close	涨跌(%) Change(%)	成交数量(万) Trading Vol(10000)	成交金额(百万) Trading Val (M)
100.00	0.00	0.00	0.00	100.00	0.00	70.00	71.44
100.00	0.00	0.00	0.00	100.00	0.00	40.00	39.52
100.00	102.90	102.90	98.10	98.10	-1.90	255.02	257.06
100.00	101.05	101.05	101.05	101.05	1.05	640.00	645.21
100.00	0.00	0.00	0.00	100.00	0.00	60.00	63.60
100.00	106.80	106.80	106.80	106.80	6.80	370.00	389.17
100.00	103.00	105.00	103.00	105.00	5.00	70.00	73.78
100.00	105.27	110.25	103.96	109.04	9.04	291.29	311.74
100.00	101.05	118.00	101.01	105.40	5.40	936.21	979.99
100.00	108.80	115.03	108.80	110.88	10.88	80.00	87.37
100.00	0.00	0.00	0.00	100.00	0.00	0.00	0.00
100.00	102.94	103.10	102.94	103.10	3.10	60.00	62.54
100.00	97.00	105.70	97.00	105.70	5.70	3422.02	3433.50
100.00	0.00	0.00	0.00	100.00	0.00	0.00	0.00
100.00	104.00	113.00	99.31	113.00	13.00	27.21	28.85
100.00	102.00	115.32	100.13	108.00	8.00	926.84	1003.47
100.00	105.97	105.97	97.34	102.00	2.00	260.12	278.34
100.00	0.00	0.00	0.00	100.00	0.00	0.00	0.00
100.00	0.00	0.00	0.00	100.00	0.00	0.00	0.00
100.00	106.62	109.90	106.62	109.90	9.90	330.00	356.97
100.00	109.30	119.85	101.00	119.85	19.85	200.54	218.23
100.00	102.85	108.02	102.85	107.96	7.96	271.23	288.86
100.00	0.00	0.00	0.00	100.00	0.00	0.00	0.00
100.00	102.85	105.99	95.88	103.58	3.58	1566.99	1603.05
100.00	102.80	108.00	102.80	106.50	6.50	100.01	104.87
100.00	0.00	0.00	0.00	100.00	0.00	30.00	32.84
100.00	105.90	105.90	105.90	105.90	5.90	0.00	0.00
100.00	102.50	103.70	102.50	103.70	3.70	30.00	30.00
100.00	0.00	0.00	0.00	100.00	0.00	0.00	0.00
100.00	0.00	0.00	0.00	100.00	0.00	174.00	190.72
100.00	102.75	107.50	102.75	107.50	7.50	2542.06	2642.69
100.00	101.34	105.88	100.00	104.50	4.50	2597.39	2688.57
100.00	100.00	108.30	100.00	106.00	6.00	383.31	397.68
100.00	0.00	0.00	0.00	100.00	0.00	0.00	0.00
100.00	103.50	108.20	102.00	102.00	2.00	280.13	287.72
100.00	103.80	103.80	103.80	103.80	3.80	240.00	246.25
100.00	104.84	105.29	104.84	105.29	5.29	650.00	666.23
100.00	107.18	107.18	104.94	105.39	5.39	710.00	733.84
100.00	101.00	104.90	101.00	102.00	2.00	347.57	358.51
100.00	104.23	104.23	104.23	104.23	4.23	700.00	715.57
100.00	101.53	105.20	101.53	105.20	5.20	2080.10	2164.96
100.00	100.12	104.00	100.12	104.00	4.00	111.00	112.73
100.00	100.00	100.00	100.00	100.00	0.00	830.00	849.90
100.00	100.00	111.50	97.60	104.99	4.99	175.53	182.74
100.00	100.00	109.00	95.00	108.79	8.79	403.00	418.25
100.00	0.00	0.00	0.00	100.00	0.00	200.00	208.63
100.00	97.00	104.90	97.00	104.90	4.90	901.00	906.11
100.00	100.60	107.54	88.20	97.00	-3.00	470.94	475.18
100.00	104.00	104.00	104.00	104.00	4.00	1352.00	1392.85
100.00	102.90	107.94	102.90	107.94	7.94	2020.52	2073.53

债券信息
List of Bonds

债券
Bond

债券代码 Code	债券简称 Securities	发行数量 (百万) Issued Val(M)	年限 Terms	到期日 Expiration Date	票面利率(%) Coupon Rate(%)	付息方式 Way of Interest
124524	13 黔投 02	1000.00	7.00	2021.02.21	7.8000	按年付息
124525	14 毕开源	1300.00	7.00	2021.02.25	7.7800	按年付息
124526	14 邹平债	800.00	7.00	2021.02.24	7.3000	按年付息
124527	14 榆神债	2300.00	7.00	2021.02.21	8.5000	按年付息
124528	14 粤云浮	1000.00	7.00	2021.01.15	8.6000	按年付息
124529	14 泉台商	1000.00	7.00	2021.02.25	7.2200	按年付息
124530	14 海开 01	700.00	7.00	2021.02.21	7.4900	按年付息
124531	14 海开 02	500.00	6.00	2020.02.21	7.4000	按年付息
124532	14 甘公 01	2500.00	6.00	2020.02.27	7.0000	按年付息
124533	14 酒经投	1600.00	7.00	2021.02.26	7.4000	按年付息
124534	14 渝中债	800.00	7.00	2021.02.26	7.2500	按年付息
124535	14 眉山资	1400.00	7.00	2021.02.26	7.8400	按年付息
124536	14 莱开投	1300.00	7.00	2021.02.28	7.0800	按年付息
124537	14 伊财通	1600.00	7.00	2021.02.28	7.6800	按年付息
124538	14 麓城投	600.00	7.00	2021.02.27	7.7000	按年付息
124539	14 富阳 01	500.00	7.00	2021.02.26	7.1000	按年付息
124540	14 汉车都	2000.00	7.00	2021.02.27	7.1800	按年付息
124541	14 文城投	1000.00	7.00	2021.02.27	8.1000	按年付息
124542	14 陆嘴 01	1600.00	5.00	2019.02.25	5.7900	按年付息
124543	14 临港控	1200.00	7.00	2021.02.26	7.7500	按年付息
124544	14 锦州 02	800.00	7.00	2021.02.25	8.3800	按年付息
124545	14 双水 01	800.00	6.00	2020.02.26	7.4000	按年付息
124546	14 丰城 02	800.00	7.00	2021.02.28	7.5000	按年付息
124547	14 海安债	1000.00	7.00	2021.03.04	7.4500	按年付息
124548	14 裕峰债	900.00	7.00	2021.02.28	7.0800	按年付息
124549	14 新滨江	1000.00	7.00	2021.03.05	7.6000	按年付息
124550	14 桃城投	1000.00	7.00	2021.02.24	8.1500	按年付息
124551	14 长兴经	1300.00	7.00	2021.03.03	7.9900	按年付息
124552	14 如金鑫	900.00	7.00	2021.03.03	8.0800	按年付息
124553	14 佳城投	1300.00	7.00	2021.02.26	7.9000	按年付息
124554	14 威楠科	600.00	7.00	2021.02.28	8.2800	按年付息
124555	14 余城建	1300.00	7.00	2021.03.03	7.0000	按年付息
124556	14 余经开	1200.00	7.00	2021.03.03	7.4500	按年付息
124557	13 天易 02	700.00	7.00	2021.03.03	7.1000	按年付息
124558	14 宏桥 01	1200.00	7.00	2021.03.03	8.6900	按年付息
124559	14 冶城投	600.00	7.00	2021.03.03	7.3000	按年付息
124560	13 大理 02	400.00	7.00	2021.03.04	7.9000	按年付息
124561	14 汾湖债	1200.00	7.00	2021.02.28	7.4900	按年付息
124562	14 富蕴资	800.00	6.00	2020.03.05	8.6700	按年付息
124563	14 吉铁投	1000.00	7.00	2021.03.04	7.1800	按年付息
124564	14 兴安盟	1300.00	7.00	2021.03.06	8.2000	按年付息
124565	14 庆城投	2300.00	7.00	2021.03.05	7.1000	按年付息
124566	14 潭两型	1200.00	7.00	2021.04.23	7.8900	按年付息
124567	14 扬开发	1000.00	7.00	2021.03.05	7.4000	按年付息
124568	14 株国投	800.00	7.00	2021.02.19	7.3900	按年付息
124569	14 嘉经投	900.00	7.00	2021.03.05	7.8900	按年付息
124570	14 首开 02	1000.00	7.00	2021.02.27	6.5000	按年付息
124571	14 高新投	410.00	7.00	2021.03.12	8.5000	按年付息
124572	14 遂川中	1000.00	7.00	2021.04.21	8.6900	按年付息
124573	14 龙岩城	800.00	7.00	2021.03.04	7.4500	按年付息

债券信息 List of Bonds

债券 Bond

上年收盘 (面值 100 元) Last Year close	本年开盘 Open	本年最高 High	本年最低 Low	本年收盘 Close	涨跌(%) Change(%)	成交数量(万) Trading Vol(10000)	成交金额(百万) Trading Val (M)
100.00	100.51	118.10	98.02	104.00	4.00	1423.47	1471.46
100.00	101.80	104.34	101.80	104.10	4.10	660.00	697.69
100.00	99.38	105.30	99.38	102.00	2.00	270.00	276.81
100.00	106.00	106.00	100.51	106.00	6.00	160.00	165.72
100.00	0.00	0.00	0.00	100.00	0.00	0.00	0.00
100.00	104.50	108.00	104.50	108.00	8.00	661.05	694.65
100.00	0.00	0.00	0.00	100.00	0.00	2690.00	2713.17
100.00	100.00	107.00	98.11	101.97	1.97	335.44	344.46
100.00	99.91	106.00	98.50	98.50	-1.50	1597.01	1636.51
100.00	106.00	106.90	106.00	106.90	6.90	580.66	594.60
100.00	106.50	106.50	106.50	106.50	6.50	310.00	315.18
100.00	100.00	108.00	100.00	106.80	6.80	852.25	898.54
100.00	102.00	104.82	102.00	104.82	4.82	401.00	412.10
100.00	102.00	102.00	97.20	97.20	-2.80	1003.01	1016.74
100.00	0.00	0.00	0.00	100.00	0.00	180.00	182.85
100.00	0.00	0.00	0.00	100.00	0.00	30.00	30.56
100.00	104.36	104.36	104.36	104.36	4.36	679.00	695.11
100.00	98.00	105.50	96.00	102.00	2.00	906.51	904.12
100.00	100.85	112.00	100.85	103.00	3.00	307.00	307.66
100.00	100.01	108.90	100.00	108.90	8.90	781.23	807.44
100.00	100.50	105.60	98.00	102.93	2.93	220.62	224.56
100.00	102.13	107.00	102.13	107.00	7.00	251.50	257.28
100.00	100.00	100.00	100.00	100.00	0.00	460.00	461.57
100.00	99.93	99.93	99.93	99.93	-0.07	260.00	260.15
100.00	103.88	103.90	103.88	103.90	3.90	284.00	291.56
100.00	99.92	105.00	99.92	105.00	5.00	1180.02	1197.69
100.00	102.00	102.65	102.00	102.65	2.65	86.00	87.50
100.00	102.50	107.45	102.50	107.45	7.45	2850.53	2909.25
100.00	100.90	106.50	100.50	106.50	6.50	1040.04	1064.40
100.00	0.00	0.00	0.00	100.00	0.00	370.00	380.44
100.00	102.90	105.81	102.00	102.00	2.00	213.53	217.83
100.00	102.80	104.10	102.80	104.10	4.10	506.00	519.48
100.00	103.20	107.11	102.00	103.20	3.20	2540.01	2621.05
100.00	101.12	106.99	101.12	104.99	4.99	405.80	411.98
100.00	102.50	109.00	100.08	109.00	9.00	71.21	74.07
100.00	103.53	103.53	103.53	103.53	3.53	140.00	140.21
100.00	103.20	103.50	103.20	103.50	3.50	101.04	109.34
100.00	97.00	105.00	97.00	105.00	5.00	1950.02	2013.60
100.00	106.00	109.50	98.50	103.98	3.98	315.64	321.52
100.00	101.44	104.10	97.18	104.00	4.00	633.57	647.26
100.00	0.00	0.00	0.00	100.00	0.00	310.00	312.62
100.00	103.00	107.28	100.00	107.28	7.28	749.53	781.16
100.00	0.00	0.00	0.00	100.00	0.00	1070.00	1106.47
100.00	0.00	0.00	0.00	100.00	0.00	480.00	502.49
100.00	102.50	108.90	102.50	108.90	8.90	932.02	959.67
100.00	105.11	105.11	105.11	105.11	5.11	1736.00	1779.02
100.00	103.00	104.00	92.88	104.00	4.00	87.00	88.82
100.00	110.00	112.00	110.00	112.00	12.00	201.00	201.69
100.00	101.07	108.60	99.00	103.50	3.50	2022.94	2057.80
100.00	101.15	106.40	101.15	103.60	3.60	420.00	430.42

债券信息 List of Bonds

债券代码 Code	债券简称 Securities	发行数量(百万) Issued Val(M)	年限 Terms	到期日 Expiration Date	票面利率(%) Coupon Rate(%)	付息方式 Way of Interest
124574	14 攀国投	600.00	7.00	2021.03.05	7.6000	按年付息
124575	14 汕投资	1800.00	10.00	2024.03.04	7.9900	按年付息
124576	11 滇铁投	1000.00	7.00	2018.01.27	5.9800	按年付息
124577	14 甬广聚	1200.00	7.00	2021.03.06	7.7500	按年付息
124578	14 青莱西	1000.00	7.00	2021.03.06	7.5000	按年付息
124579	09 建发债	630.00	7.00	2016.03.23	6.9000	按年付息
124580	14 淮开控	1300.00	7.00	2021.03.10	7.3000	按年付息
124581	13 黄冈 02	400.00	7.00	2021.03.04	7.4500	按年付息
124582	14 廊经开	1000.00	7.00	2021.03.10	7.9500	按年付息
124583	14 津房信	1000.00	7.00	2021.03.13	8.5900	按年付息
124584	14 天能 01	400.00	5.00	2019.03.11	7.3100	按年付息
124585	14 南网债	5000.00	10.00	2024.03.19	5.9000	按年付息
124586	14 陆嘴 02	1000.00	5.00	2019.03.11	5.9800	按年付息
124587	14 阜阳 01	800.00	7.00	2021.03.13	7.6000	按年付息
124588	14 济宁债	1800.00	7.00	2021.03.17	7.0500	按年付息
124589	14 海晋交	900.00	7.00	2021.03.18	8.0000	按年付息
124590	13 武清 02	2000.00	7.00	2021.03.19	7.1800	按年付息
124591	14 长土开	1800.00	7.00	2021.03.17	7.3600	按年付息
124592	14 并国投	2000.00	7.00	2021.03.19	7.2000	按年付息
124593	14 相城投	1500.00	7.00	2021.03.19	6.9500	按年付息
124594	14 潍东方	1000.00	7.00	2021.03.24	7.7800	按年付息
124595	14 涪陵债	1200.00	7.00	2021.03.20	7.8900	按年付息
124596	14 长影债	600.00	7.00	2021.03.03	7.2000	按年付息
124597	14 海资 01	800.00	7.00	2021.04.29	8.0000	按年付息
124598	14 济城投	1600.00	7.00	2021.03.20	6.8000	按年付息
124600	14 贵水 01	1000.00	10.00	2024.03.19	8.1000	按年付息
124601	14 唐城债	1800.00	7.00	2021.02.26	7.1000	按年付息
124602	14 国网 01	5000.00	5.00	2019.03.13	5.6900	按年付息
124603	14 国网 02	5000.00	15.00	2029.03.13	6.0000	按年付息
124604	14 富阳 02	800.00	7.00	2021.03.19	7.2000	按年付息
124605	14 温高 01	600.00	7.00	2021.03.21	7.9500	按年付息
124606	14 菏泽债	700.00	7.00	2021.03.24	7.1400	按年付息
124607	14 津环城	1800.00	7.00	2021.03.21	7.2000	按年付息
124608	14 句容福	1200.00	7.00	2021.03.21	7.7000	按年付息
124609	14 常德投	1700.00	7.00	2021.03.24	7.0000	按年付息
124610	14 云铁投	1400.00	5.00	2019.03.06	7.3000	按年付息
124611	14 阜阳 02	800.00	7.00	2021.03.21	7.6500	按年付息
124612	14 永城建	1800.00	7.00	2021.04.02	7.8000	按年付息
124613	14 长建投	1200.00	8.00	2022.03.25	7.9000	按年付息
124614	14 桂农垦	700.00	7.00	2021.03.18	7.5000	按年付息
124615	14 昆高新	1500.00	7.00	2021.03.26	7.1000	按年付息
124616	14 鄂交 01	2480.00	10.00	2024.03.27	6.6800	按年付息
124617	14 鄂交 02	3020.00	10.00	2024.03.27	6.8000	按年付息
124618	14 粤科债	1000.00	10.00	2024.03.25	7.3000	按年付息
124619	14 中卫建	700.00	7.00	2021.03.26	8.2000	按年付息
124620	14 渝黔江	1000.00	7.00	2021.03.21	8.0000	按年付息
124621	14 宣国资	1500.00	7.00	2021.03.27	7.9500	按年付息
124622	14 钦临海	900.00	7.00	2021.02.20	7.6800	按年付息
124623	14 穗铁 01	2000.00	10.00	2024.04.02	6.4500	按年付息
124624	14 盛经 01	800.00	7.00	2021.04.08	8.1900	按年付息

债券信息 债券
List of Bonds Bond

上年收盘 (面值 100 元) Last Year close	本年开盘 Open	本年最高 High	本年最低 Low	本年收盘 Close	涨跌(%) Change(%)	成交数量(万) Trading Vol(10000)	成交金额(百万) Trading Val (M)
100.00	100.26	100.32	100.26	100.32	0.32	280.00	282.05
100.00	101.40	105.98	101.40	105.98	5.98	1940.00	2046.56
100.00	0.00	0.00	0.00	100.00	0.00	60.00	61.99
100.00	102.50	102.50	102.50	102.50	2.50	330.00	337.22
100.00	100.50	108.79	100.50	108.79	8.79	740.00	766.04
100.00	0.00	0.00	0.00	100.00	0.00	40.00	40.86
100.00	102.80	105.20	102.70	105.20	5.20	190.00	199.68
100.00	0.00	0.00	0.00	100.00	0.00	40.00	42.33
100.00	100.80	102.80	100.80	102.80	2.80	1582.00	1623.17
100.00	0.00	0.00	0.00	100.00	0.00	110.00	112.07
100.00	99.51	100.50	99.51	100.50	0.50	410.00	411.74
100.00	0.00	0.00	0.00	100.00	0.00	220.00	228.23
100.00	103.20	104.00	103.20	104.00	4.00	824.00	850.04
100.00	101.00	101.67	101.00	101.67	1.67	310.00	319.79
100.00	102.70	102.70	102.70	102.70	2.70	573.00	586.14
100.00	109.89	109.89	109.89	109.89	9.89	1540.00	1615.28
100.00	100.00	105.50	94.00	103.80	3.80	2191.13	2247.30
100.00	0.00	0.00	0.00	100.00	0.00	1490.00	1545.50
100.00	0.00	0.00	0.00	100.00	0.00	670.00	685.35
100.00	100.73	107.50	100.73	107.50	7.50	1441.00	1483.55
100.00	102.50	104.50	100.50	104.50	4.50	460.18	479.52
100.00	0.00	0.00	0.00	100.00	0.00	410.00	414.40
100.00	107.64	107.64	107.64	107.64	7.64	260.00	269.26
100.00	0.00	0.00	0.00	100.00	0.00	0.00	0.00
100.00	0.00	0.00	0.00	100.00	0.00	180.00	185.25
100.00	103.68	110.15	100.80	104.11	4.11	830.18	879.14
100.00	104.00	107.80	104.00	107.80	7.80	541.00	565.50
100.00	0.00	0.00	0.00	100.00	0.00	680.00	682.76
100.00	0.00	0.00	0.00	100.00	0.00	70.00	72.07
100.00	0.00	0.00	0.00	100.00	0.00	60.00	62.92
100.00	101.40	110.70	101.40	110.70	10.70	271.02	284.84
100.00	101.29	106.70	101.29	106.70	6.70	677.10	695.07
100.00	103.75	109.00	103.75	103.95	3.95	1391.00	1429.41
100.00	101.58	113.60	97.00	101.26	1.26	489.69	504.77
100.00	101.12	106.00	101.12	106.00	6.00	640.10	649.02
100.00	103.43	105.00	103.00	103.50	3.50	576.93	583.19
100.00	100.76	108.13	100.76	104.89	4.89	861.21	891.30
100.00	100.00	108.80	100.00	108.46	8.46	3028.84	3166.85
100.00	101.00	106.82	101.00	106.79	6.79	516.50	539.47
100.00	104.33	108.67	104.33	108.67	8.67	535.00	562.67
100.00	0.00	0.00	0.00	100.00	0.00	120.00	124.95
100.00	103.50	107.50	103.50	107.50	7.50	100.52	106.38
100.00	0.00	0.00	0.00	100.00	0.00	500.00	517.60
100.00	101.90	101.90	101.90	101.90	1.90	280.00	291.87
100.00	101.20	105.50	101.00	105.50	5.50	20.34	20.70
100.00	100.00	103.00	100.00	103.00	3.00	283.00	282.70
100.00	100.50	112.00	95.80	112.00	12.00	1760.21	1846.57
100.00	0.00	0.00	0.00	100.00	0.00	0.00	0.00
100.00	0.00	0.00	0.00	100.00	0.00	142.00	145.26
100.00	0.00	0.00	0.00	100.00	0.00	130.00	132.06

债券信息
List of Bonds

债券
Bond

债券代码 Code	债券简称 Securities	发行数量(百万) Issued Val(M)	年限 Terms	到期日 Expiration Date	票面利率(%) Coupon Rate(%)	付息方式 Way of Interest
124625	11 宁宝源	400.00	6.00	2017.04.18	7.5500	按年付息
124626	13 渝豪 02	300.00	7.00	2021.03.06	8.0500	按年付息
124627	PR 青州债	600.00	10.00	2019.05.22	6.5000	按年付息
124628	14 启东 01	1000.00	7.00	2021.04.04	8.2000	按年付息
124629	14 苏金灌	1000.00	7.00	2021.04.08	7.9000	按年付息
124630	14 库城建	1200.00	6.00	2020.05.20	6.9900	按年付息
124631	14 漕开发	790.00	7.00	2021.04.09	7.2400	按年付息
124632	14 合桃花	800.00	7.00	2021.04.09	7.8000	按年付息
124633	14 淄高新	1000.00	7.00	2021.04.11	7.5800	按年付息
124634	14 牡国投	1800.00	7.00	2021.04.14	7.7000	按年付息
124635	14 滕州 01	800.00	7.00	2021.04.14	7.6800	按年付息
124636	14 防城港	1600.00	7.00	2021.04.16	8.0900	按年付息
124637	14 融强 02	1300.00	7.00	2021.04.14	7.9200	按年付息
124638	14 信阳债	1200.00	7.00	2021.04.15	7.5500	按年付息
124639	14 沭金源	1300.00	7.00	2021.04.14	7.3900	按年付息
124640	09 吴国资	800.00	7.00	2016.04.10	6.1800	按年付息
124641	14 江宁开	1000.00	10.00	2024.04.14	7.9400	按年付息
124642	14 鸠建投	1300.00	7.00	2021.04.14	8.4900	按年付息
124643	14 冀高开	2000.00	7.00	2021.04.15	7.2200	按年付息
124644	14 沈国资	1000.00	7.00	2021.04.14	7.5500	按年付息
124645	14 临经开	1200.00	7.00	2021.04.16	7.7000	按年付息
124646	14 宁经开	1200.00	7.00	2021.04.16	8.2000	按年付息
124647	14 娄底债	1800.00	7.00	2021.04.15	7.9500	按年付息
124648	14 郴州债	1700.00	7.00	2021.04.16	7.2900	按年付息
124649	14 邳润城	1300.00	7.00	2021.04.16	7.8800	按年付息
124650	13 海财 02	700.00	7.00	2021.04.16	8.1700	按年付息
124651	14 杨农发	1100.00	7.00	2021.04.17	7.2000	按年付息
124652	14 益交投	1400.00	7.00	2021.04.21	7.7700	按年付息
124653	14 遂河投	1200.00	7.00	2021.04.17	8.3600	按年付息
124654	14 庆经投	800.00	7.00	2021.04.16	7.9800	按年付息
124655	13 宁海 02	1000.00	7.00	2021.04.16	7.9900	按年付息
124656	14 永国投	1000.00	6.00	2020.04.17	8.7800	按年付息
124657	14 张经投	1000.00	7.00	2021.04.17	7.8000	按年付息
124658	14 桂城建	900.00	7.00	2021.04.14	7.5900	按年付息
124659	14 平经开	700.00	7.00	2021.04.17	7.9900	按年付息
124660	14 桐庐投	700.00	7.00	2021.04.18	8.0900	按年付息
124661	14 赣四通	1200.00	7.00	2021.04.18	8.2000	按年付息
124662	14 京投债	5000.00	15.00	2029.04.16	6.2500	按年付息
124663	14 威经开	1000.00	7.00	2021.04.16	7.4500	按年付息
124664	13 秦开 02	700.00	7.00	2021.04.18	8.4500	按年付息
124665	14 余交通	1500.00	7.00	2021.04.18	7.1900	按年付息
124666	14 莱山债	600.00	7.00	2021.04.21	7.4500	按年付息
124667	14 苏元禾	1000.00	7.00	2021.04.21	6.8500	按年付息
124668	14 滇公路	2500.00	6.00	2020.04.24	7.0000	按年付息
124670	14 蚌高新	600.00	7.00	2021.04.17	8.7000	按年付息
124671	14 湛新域	800.00	7.00	2021.04.21	8.0000	按年付息
124672	14 徐开发	1600.00	7.00	2021.04.21	7.3500	按年付息
124673	14 火炬债	700.00	7.00	2021.04.21	7.4900	按年付息
124674	14 泰中兴	1500.00	7.00	2021.05.16	7.6000	按年付息
124675	14 崇川债	1100.00	7.00	2021.04.18	7.1500	按年付息

债券信息 债券
List of Bonds Bond

上年收盘 (面值 100 元) Last Year close	本年开盘 Open	本年最高 High	本年最低 Low	本年收盘 Close	涨跌(%) Change(%)	成交数量(万) Trading Vol(10000)	成交金额(百万) Trading Val (M)
100.00	103.80	105.00	95.06	99.50	-0.50	131.25	135.36
100.00	0.00	0.00	0.00	100.00	0.00	0.00	0.00
60.00	60.00	65.00	44.93	54.75	-8.75	28.10	14.32
100.00	0.00	0.00	0.00	100.00	0.00	265.00	285.26
100.00	103.50	109.88	100.00	103.90	3.90	729.85	767.13
100.00	101.75	104.22	101.75	104.22	4.22	921.05	946.70
100.00	101.50	102.50	101.50	102.50	2.50	105.60	110.21
100.00	104.00	108.00	102.00	102.50	2.50	801.82	820.32
100.00	100.00	100.01	100.00	100.01	0.01	701.00	718.86
100.00	108.50	108.50	108.50	108.50	8.50	860.00	925.01
100.00	104.50	104.50	100.00	100.00	0.00	190.01	195.05
100.00	98.00	109.80	98.00	107.00	7.00	5103.02	5196.11
100.00	103.50	103.50	103.50	103.50	3.50	453.00	459.53
100.00	100.50	106.30	100.50	106.30	6.30	500.00	509.21
100.00	100.51	108.68	100.51	108.68	8.68	1550.02	1613.34
100.00	100.55	103.80	100.50	101.75	1.75	976.47	975.80
100.00	100.00	106.12	100.00	106.12	6.12	520.08	549.12
100.00	0.00	0.00	0.00	100.00	0.00	120.00	120.00
100.00	105.30	109.21	95.84	104.10	4.10	381.90	407.75
100.00	103.00	108.50	103.00	105.00	5.00	893.00	942.31
100.00	0.00	0.00	0.00	100.00	0.00	600.00	613.95
100.00	104.00	104.00	104.00	104.00	4.00	1802.00	1847.19
100.00	104.90	104.90	101.00	101.50	1.50	725.00	756.03
100.00	103.52	103.52	103.52	103.52	3.52	970.00	1001.93
100.00	102.55	108.50	102.00	108.50	8.50	350.02	366.62
100.00	103.50	108.50	102.40	106.99	6.99	545.11	571.64
100.00	102.50	102.50	102.50	102.50	2.50	310.00	325.67
100.00	100.85	110.74	100.85	103.50	3.50	2176.84	2245.27
100.00	102.95	104.72	101.90	104.40	4.40	2200.10	2269.97
100.00	101.60	104.50	95.05	104.50	4.50	179.09	188.66
100.00	101.80	107.00	95.03	107.00	7.00	429.96	450.15
100.00	101.87	108.90	100.02	103.90	3.90	990.28	1026.05
100.00	101.91	107.60	101.91	103.40	3.40	994.51	1030.68
100.00	103.80	103.80	103.80	103.80	3.80	380.00	396.86
100.00	101.60	102.00	101.60	102.00	2.00	20.01	20.36
100.00	108.57	108.57	108.57	108.57	8.57	560.00	596.28
100.00	104.00	108.00	104.00	108.00	8.00	790.00	807.58
100.00	100.80	100.80	100.80	100.80	0.80	574.00	586.05
100.00	102.00	107.50	102.00	107.50	7.50	1314.00	1351.21
100.00	0.00	0.00	0.00	100.00	0.00	220.00	226.99
100.00	102.00	107.20	102.00	107.20	7.20	142.00	148.02
100.00	101.23	101.26	101.23	101.26	1.26	620.00	654.26
100.00	102.26	102.78	102.26	102.78	2.78	585.00	599.82
100.00	103.00	107.43	96.54	101.90	1.90	1915.15	1975.64
100.00	0.00	0.00	0.00	100.00	0.00	40.00	41.25
100.00	0.00	0.00	0.00	100.00	0.00	100.00	100.37
100.00	99.62	108.60	99.62	104.00	4.00	1121.00	1176.11
100.00	103.00	108.38	103.00	108.38	8.38	658.95	689.35
100.00	101.60	103.95	101.60	103.95	3.95	310.07	318.38
100.00	0.00	0.00	0.00	100.00	0.00	350.00	355.42

债券信息 List of Bonds

债券 Bond

债券代码 Code	债券简称 Securities	发行数量(百万) Issued Val(M)	年限 Terms	到期日 Expiration Date	票面利率(%) Coupon Rate(%)	付息方式 Way of Interest
124676	14 衢国资	1500.00	7.00	2021.04.21	7.2000	按年付息
124677	14 乌城投	1000.00	7.00	2021.04.21	8.1900	按年付息
124678	14 宁开控	500.00	7.00	2021.04.21	7.0900	按年付息
124679	14 宜经开	1600.00	7.00	2021.04.18	7.6900	按年付息
124680	13 普兰 02	700.00	7.00	2021.04.21	7.7400	按年付息
124681	14 徐高新	1300.00	7.00	2021.04.22	7.8600	按年付息
124682	14 宝高新	400.00	7.00	2021.04.21	8.2500	按年付息
124683	13 周口 02	1000.00	7.00	2021.04.21	7.4900	按年付息
124684	14 新城基	1800.00	7.00	2021.04.21	7.5000	按年付息
124685	14 临淄债	1000.00	7.00	2021.04.22	7.5500	按年付息
124686	14 昌平债	2000.00	7.00	2021.04.22	6.7400	按年付息
124687	14 南化债	1100.00	7.00	2021.04.21	8.2800	按年付息
124688	14 潜城投	1500.00	7.00	2021.04.22	8.3800	按年付息
124689	14 雨城投	1800.00	7.00	2021.04.18	7.1700	按年付息
124690	14 中电建	2000.00	5.00	2019.04.23	5.7000	按年付息
124691	14 宏财 02	500.00	7.00	2021.04.18	8.4900	按年付息
124692	14 嘉公路	800.00	7.00	2021.04.23	6.8000	按年付息
124693	14 新凯迪	900.00	7.00	2021.04.22	7.8000	按年付息
124694	14 克投债	1400.00	7.00	2021.04.22	7.1500	按年付息
124695	14 广元控	1000.00	7.00	2021.04.22	7.3000	按年付息
124696	14 东台 02	1200.00	7.00	2021.04.23	7.5800	按年付息
124697	14 马城投	1500.00	7.00	2021.04.24	7.1400	按年付息
124698	14 奉化债	1000.00	7.00	2021.04.24	7.8000	按年付息
124699	14 汇通债	800.00	6.00	2020.04.25	8.3000	按年付息
124700	14 内江投	1800.00	7.00	2021.04.24	7.9900	按年付息
124701	14 临开债	1000.00	7.00	2021.04.23	7.9000	按年付息
124702	14 衡水投	1300.00	7.00	2021.04.23	7.4000	按年付息
124703	14 蓉隆博	700.00	7.00	2021.04.24	8.1000	按年付息
124704	13 武威 02	800.00	7.00	2021.04.24	8.2000	按年付息
124705	13 库车 02	700.00	7.00	2021.04.25	7.4500	按年付息
124706	14 巴国资	500.00	7.00	2021.04.25	8.5000	按年付息
124707	14 渝江 01	2000.00	7.00	2021.04.25	6.7000	按年付息
124708	14 兖微 01	500.00	6.00	2020.04.28	8.0000	按年付息
124709	14 安吉债	1400.00	7.00	2021.04.24	8.3000	按年付息
124710	14 兴国资	2600.00	7.00	2021.04.24	6.6600	按年付息
124711	14 象山债	1800.00	7.00	2021.04.25	7.9500	按年付息
124712	14 并经开	700.00	7.00	2021.04.24	7.4300	按年付息
124713	14 黔铁投	1700.00	10.00	2024.04.23	7.5000	按年付息
124714	14 鲁国集	600.00	6.00	2020.04.25	7.5000	按年付息
124715	14 四平债	1300.00	7.00	2021.04.25	8.1000	按年付息
124716	14 宁国债	1300.00	7.00	2021.04.28	8.7000	按年付息
124717	14 姜鑫源	1000.00	6.00	2020.04.23	8.5000	按年付息
124718	14 乌房债	700.00	7.00	2021.04.25	7.2700	按年付息
124719	13 鞍新 02	450.00	7.00	2021.04.25	8.3900	按年付息
124720	14 电投 01	2000.00	15.00	2029.04.24	6.1000	按年付息
124721	14 青海创	1000.00	7.00	2021.04.25	6.8800	按年付息
124722	14 包滨河	800.00	7.00	2021.04.23	7.7000	按年付息
124723	14 启东 02	800.00	7.00	2021.04.28	7.9000	按年付息
124724	14 富山居	1500.00	7.00	2021.04.28	7.7000	按年付息
124725	14 曲靖投	1500.00	7.00	2021.04.28	7.4800	按年付息

债券信息
List of Bonds

债券
Bond

上年收盘 (面值 100 元) Last Year close	本年开盘 Open	本年最高 High	本年最低 Low	本年收盘 Close	涨跌(%) Change(%)	成交数量(万) Trading Vol(10000)	成交金额(百万) Trading Val (M)
100.00	103.00	108.28	103.00	106.78	6.78	1362.09	1432.36
100.00	101.98	101.98	99.00	99.01	-0.99	540.08	556.41
100.00	100.33	103.00	100.33	103.00	3.00	100.02	100.35
100.00	0.00	0.00	0.00	100.00	0.00	530.00	551.82
100.00	103.29	103.29	103.29	103.29	3.29	925.00	973.94
100.00	103.04	109.27	101.99	103.50	3.50	1025.22	1091.32
100.00	0.00	0.00	0.00	100.00	0.00	80.00	80.75
100.00	102.98	102.98	102.98	102.98	2.98	360.00	370.95
100.00	0.00	0.00	0.00	100.00	0.00	782.00	823.45
100.00	100.00	108.62	100.00	108.62	8.62	270.00	284.27
100.00	102.00	105.36	102.00	105.36	5.36	190.30	200.53
100.00	97.00	97.00	95.00	95.00	-5.00	1022.00	1014.57
100.00	103.10	107.00	99.85	102.30	2.30	922.19	936.55
100.00	100.81	104.00	100.81	104.00	4.00	461.00	473.84
100.00	101.90	104.30	101.00	104.00	4.00	91.63	93.62
100.00	102.00	108.15	102.00	108.15	8.15	483.97	500.37
100.00	105.80	106.10	105.80	106.10	6.10	97.50	101.47
100.00	102.80	102.80	102.80	102.80	2.80	70.00	72.24
100.00	100.63	100.63	100.63	100.63	0.63	540.00	553.44
100.00	100.00	108.19	100.00	102.50	2.50	1479.39	1523.11
100.00	99.88	107.13	99.88	103.18	3.18	884.00	906.32
100.00	103.20	105.50	103.20	105.50	5.50	270.00	276.40
100.00	102.40	102.60	102.40	102.50	2.50	1050.60	1073.90
100.00	0.00	0.00	0.00	100.00	0.00	0.00	0.00
100.00	103.52	105.39	103.52	105.39	5.39	1170.00	1215.22
100.00	104.00	104.00	104.00	104.00	4.00	450.00	461.31
100.00	0.00	0.00	0.00	100.00	0.00	900.00	917.15
100.00	103.00	106.00	99.00	103.00	3.00	80.08	85.32
100.00	102.00	102.00	102.00	102.00	2.00	240.00	251.95
100.00	100.03	106.00	100.03	102.25	2.25	933.80	947.90
100.00	100.28	107.40	98.40	102.60	2.60	1407.61	1424.16
100.00	101.40	106.00	101.00	103.00	3.00	165.87	171.84
100.00	0.00	0.00	0.00	100.00	0.00	310.00	315.52
100.00	105.15	108.00	105.15	108.00	8.00	568.04	591.25
100.00	101.05	105.58	101.05	105.58	5.58	465.08	474.14
100.00	103.71	107.48	103.71	105.70	5.70	1930.00	2006.31
100.00	0.00	0.00	0.00	100.00	0.00	20.00	19.95
100.00	102.50	110.30	95.14	106.00	6.00	487.96	528.54
100.00	101.63	101.63	101.63	101.63	1.63	50.00	50.82
100.00	103.75	106.04	98.00	102.30	2.30	509.59	529.51
100.00	104.01	108.20	98.50	103.30	3.30	1735.28	1777.11
100.00	90.96	106.50	90.96	103.39	3.39	649.43	660.15
100.00	105.20	107.80	105.20	107.80	7.80	790.00	824.71
100.00	0.00	0.00	0.00	100.00	0.00	20.00	20.00
100.00	0.00	0.00	0.00	100.00	0.00	110.00	118.37
100.00	102.11	107.22	102.11	107.22	7.22	402.00	412.95
100.00	103.00	108.00	97.96	106.50	6.50	533.61	543.81
100.00	103.19	107.37	103.19	103.67	3.67	1179.00	1218.33
100.00	102.50	108.88	102.50	108.88	8.88	831.00	875.51
100.00	102.76	108.90	101.85	108.90	8.90	391.09	409.20

债券信息 List of Bonds

债券 Bond

债券代码 Code	债券简称 Securities	发行数量(百万) Issued Val(M)	年限 Terms	到期日 Expiration Date	票面利率(%) Coupon Rate(%)	付息方式 Way of Interest
124726	14 德高新	1200.00	7.00	2021.04.28	7.9000	按年付息
124727	14 渝保税	1500.00	7.00	2021.04.24	7.5000	按年付息
124728	14 左旗债	800.00	7.00	2021.04.28	8.6000	按年付息
124729	14 兰新控	600.00	7.00	2021.04.29	8.3000	按年付息
124730	14 长交 01	600.00	7.00	2021.04.30	7.8800	按年付息
124731	14 朝建投	1000.00	7.00	2021.04.28	7.5800	按年付息
124732	14 渝高开	2300.00	7.00	2021.04.25	7.8000	按年付息
124733	14 开发投	1800.00	7.00	2021.04.25	7.2400	按年付息
124734	13 随州 02	1200.00	7.00	2021.04.30	8.4000	按年付息
124735	14 合建投	4500.00	10.00	2024.04.29	7.2000	按年付息
124736	14 柳龙投	1800.00	10.00	2024.04.30	8.2800	按年付息
124737	14 虞交通	2300.00	7.00	2021.04.29	7.0000	按年付息
124738	14 安发投	1200.00	7.00	2021.05.12	7.4300	按年付息
124739	14 西塞山	1000.00	7.00	2021.04.29	7.8000	按年付息
124740	14 青经开	500.00	7.00	2021.04.30	6.8700	按年付息
124741	14 辽鑫诚	1300.00	7.00	2021.05.21	8.1000	按年付息
124742	14 贵水 02	1400.00	10.00	2024.05.08	8.0500	按年付息
124743	14 银城投	1800.00	7.00	2021.05.12	6.8800	按年付息
124744	14 萧经开	1300.00	7.00	2021.05.13	6.9000	按年付息
124745	14 武安债	1100.00	7.00	2021.05.14	7.9900	按年付息
124746	14 贺城投	1000.00	7.00	2021.05.16	8.1600	按年付息
124747	14 太仓港	1200.00	7.00	2021.04.28	7.4000	按年付息
124748	14 铜示范	700.00	7.00	2021.05.13	7.3000	按年付息
124749	14 仁城投	1400.00	7.00	2021.05.16	8.0900	按年付息
124750	14 宜春投	1600.00	7.00	2021.05.15	7.0900	按年付息
124751	14 徐高铁	2400.00	7.00	2021.05.15	7.0900	按年付息
124752	14 文金滩	1000.00	7.00	2021.05.15	6.9900	按年付息
124753	14 海控 01	1200.00	7.00	2021.05.16	6.4800	按年付息
124754	14 荥城投	800.00	7.00	2021.05.15	8.1000	按年付息
124755	14 合工微	500.00	4.00	2018.04.30	7.3000	按年付息
124756	14 紫微 01	600.00	3.00	2017.05.15	6.0000	按年付息
124757	14 鄂城 01	800.00	7.00	2021.05.15	7.7600	按年付息
124758	14 吉安债	1200.00	7.00	2021.05.15	6.9600	按年付息
124759	14 威新区	800.00	7.00	2021.05.19	6.8700	按年付息
124760	14 余城投	1500.00	7.00	2021.05.19	7.0900	按年付息
124761	14 深业团	2400.00	7.00	2021.05.21	6.2000	按年付息
124762	14 萍昌盛	500.00	7.00	2021.05.22	8.1800	按年付息
124763	14 昆交发	1800.00	7.00	2021.05.22	6.9500	按年付息
124764	14 蔡家湖	1200.00	7.00	2021.05.21	7.5000	按年付息
124765	14 醴陵 01	700.00	7.00	2021.05.22	8.1000	按年付息
124766	14 景洪投	1000.00	7.00	2021.05.23	8.0800	按年付息
124767	14 郑二七	900.00	7.00	2021.05.23	7.1000	按年付息
124768	14 云城投	700.00	7.00	2021.05.23	6.7700	按年付息
124769	14 合力 01	1000.00	7.00	2021.05.27	6.8700	按年付息
124770	14 合力 02	800.00	7.00	2021.05.27	7.1000	按年付息
124771	14 亳建投	1800.00	7.00	2021.05.23	6.8500	按年付息
124772	14 当阳债	1200.00	7.00	2021.05.23	7.9900	按年付息
124773	14 温高 02	1200.00	7.00	2021.05.30	7.3000	按年付息
124774	14 通辽债	1700.00	7.00	2021.05.26	7.2900	按年付息
124775	14 新余东	1200.00	7.00	2021.05.27	8.4800	按年付息

债券信息
List of Bonds

债券
Bond

上年收盘 (面值 100 元) Last Year close	本年开盘 Open	本年最高 High	本年最低 Low	本年收盘 Close	涨跌(%) Change(%)	成交数量(万) Trading Vol(10000)	成交金额(百万) Trading Val (M)
100.00	107.10	108.26	107.10	108.26	8.26	730.00	765.23
100.00	103.40	108.50	97.22	108.50	8.50	458.99	475.84
100.00	0.00	0.00	0.00	100.00	0.00	0.00	0.00
100.00	101.10	109.50	100.00	104.00	4.00	193.67	207.08
100.00	0.00	0.00	0.00	100.00	0.00	260.00	266.66
100.00	102.00	108.00	102.00	108.00	8.00	1132.00	1171.15
100.00	103.86	109.03	103.86	109.03	9.03	430.00	457.72
100.00	0.00	0.00	0.00	100.00	0.00	360.00	366.36
100.00	103.00	111.00	99.99	103.00	3.00	741.76	749.36
100.00	105.00	110.93	103.40	108.00	8.00	707.30	726.97
100.00	103.89	115.00	101.01	115.00	15.00	1295.63	1399.18
100.00	0.00	0.00	0.00	100.00	0.00	760.00	779.69
100.00	103.00	105.00	98.34	103.55	3.55	630.52	648.28
100.00	0.00	0.00	0.00	100.00	0.00	230.00	233.79
100.00	0.00	0.00	0.00	100.00	0.00	120.00	124.19
100.00	100.00	108.30	97.52	101.00	1.00	830.53	874.12
100.00	102.50	108.00	102.50	108.00	8.00	270.03	277.60
100.00	100.50	102.67	100.50	102.30	2.30	729.62	746.05
100.00	99.91	109.00	99.91	109.00	9.00	314.91	318.22
100.00	102.00	107.10	101.87	107.10	7.10	530.00	549.62
100.00	104.00	104.90	101.00	101.80	1.80	471.03	486.48
100.00	0.00	0.00	0.00	100.00	0.00	20.00	20.52
100.00	101.80	103.30	101.80	103.30	3.30	190.00	190.60
100.00	101.20	106.93	99.00	101.00	1.00	368.90	380.17
100.00	100.00	100.00	100.00	100.00	0.00	640.00	655.50
100.00	102.20	107.40	94.59	103.50	3.50	981.74	1000.97
100.00	103.41	103.41	103.41	103.41	3.41	90.00	92.05
100.00	101.00	106.00	101.00	106.00	6.00	101.00	102.57
100.00	107.08	107.08	101.00	101.00	1.00	895.00	906.53
100.00	0.00	0.00	0.00	100.00	0.00	510.00	520.04
100.00	0.00	0.00	0.00	100.00	0.00	380.00	386.27
100.00	101.00	104.90	100.20	104.90	4.90	333.90	344.53
100.00	102.20	104.00	100.00	104.00	4.00	1161.15	1183.39
100.00	0.00	0.00	0.00	100.00	0.00	50.00	53.22
100.00	105.11	106.57	98.00	102.49	2.49	520.00	547.24
100.00	100.97	106.30	100.00	105.50	5.50	547.15	554.82
100.00	98.00	98.00	98.00	98.00	-2.00	60.40	59.77
100.00	104.40	104.40	104.40	104.40	4.40	455.00	462.37
100.00	104.00	107.50	104.00	107.50	7.50	469.96	491.23
100.00	101.00	108.30	101.00	108.30	8.30	316.54	331.71
100.00	101.75	106.48	97.00	101.50	1.50	1243.49	1262.57
100.00	101.87	101.89	101.87	101.89	1.89	80.00	81.45
100.00	100.00	100.00	100.00	100.00	0.00	650.00	657.24
100.00	0.00	0.00	0.00	100.00	0.00	100.00	102.09
100.00	107.52	107.52	107.52	107.52	7.52	260.00	277.61
100.00	0.00	0.00	0.00	100.00	0.00	550.00	560.11
100.00	99.90	107.75	99.90	107.75	7.75	631.05	638.22
100.00	101.50	104.00	101.50	104.00	4.00	161.02	165.59
100.00	101.30	105.00	101.30	105.00	5.00	880.03	897.47
100.00	105.50	109.50	101.50	104.97	4.97	761.94	775.01

债券信息
List of Bonds

债券代码 Code	债券简称 Securities	发行数量(百万) Issued Val(M)	年限 Terms	到期日 Expiration Date	票面利率(%) Coupon Rate(%)	付息方式 Way of Interest
124776	14 绿地债	2000.00	6.00	2020.05.23	6.2400	按年付息
124777	14 茂交投	1000.00	7.00	2021.05.28	6.9000	按年付息
124778	14 蔡甸投	800.00	7.00	2021.05.28	7.2400	按年付息
124779	14 银开发	800.00	8.00	2022.05.28	8.1500	按年付息
124781	14 渝江 02	2000.00	7.00	2021.09.16	5.8800	按年付息
124782	14 遵国投	2000.00	7.00	2021.05.28	6.9500	按年付息
124783	14 绍袍江	1000.00	7.00	2021.05.29	6.9800	按年付息
124784	PR 池城投	500.00	7.00	2016.04.20	7.5800	按年付息
124785	14 青州债	1000.00	7.00	2021.05.29	7.5900	按年付息
124786	14 苏海投	1300.00	7.00	2021.05.29	7.2800	按年付息
124787	14 荣经开	1200.00	7.00	2021.05.29	6.7500	按年付息
124788	14 宣北山	600.00	7.00	2021.06.17	8.6000	按年付息
124789	14 海东投	1200.00	7.00	2021.05.30	7.7500	按年付息
124790	14 陶都债	1200.00	7.00	2021.05.28	7.6000	按年付息
124791	14 孝城投	1600.00	7.00	2021.05.29	6.8900	按年付息
124792	14 桓台债	1000.00	7.00	2021.05.28	7.7900	按年付息
124793	14 合新 01	1000.00	7.00	2021.05.21	7.1600	按年付息
124794	14 合新 02	500.00	10.00	2024.05.21	7.9000	按年付息
124795	14 渝惠通	1800.00	7.00	2021.05.30	7.2800	按年付息
124796	14 襄高投	600.00	7.00	2021.05.29	7.0000	按年付息
124797	14 十二师	800.00	7.00	2021.06.03	6.6800	按年付息
124799	14 京鑫融	1000.00	7.00	2021.05.30	6.6000	按年付息
124800	14 金城债	1200.00	7.00	2021.04.28	6.8800	按年付息
124801	14 恩城投	1100.00	7.00	2021.06.03	7.5000	按年付息
124802	14 保山债	1800.00	7.00	2021.05.28	7.7900	按年付息
124803	14 津宁投	1500.00	7.00	2021.05.30	7.0000	按年付息
124804	14 津南债	1800.00	7.00	2021.06.03	6.5000	按年付息
124805	14 穗铁 02	3000.00	10.00	2024.06.03	6.0500	按年付息
124806	14 渝园业	800.00	7.00	2021.06.03	8.4500	按年付息
124807	14 金国发	600.00	7.00	2021.05.30	6.8500	按年付息
124808	14 唐丰南	2000.00	7.00	2021.05.30	7.2300	按年付息
124809	14 龙国投	2000.00	7.00	2021.05.30	6.9000	按年付息
124810	14 一师鑫	1000.00	8.00	2022.06.16	6.8000	按年付息
124811	14 滇投债	1800.00	7.00	2021.06.17	6.6500	按年付息
124812	14 长交 02	600.00	7.00	2021.06.16	6.7500	按年付息
124813	14 井开债	800.00	7.00	2021.06.03	7.9900	按年付息
124814	14 郑投控	720.00	7.00	2021.07.18	6.8000	按年付息
124815	14 天瑞 02	1000.00	10.00	2024.06.25	8.5000	按年付息
124816	14 顺德投	1800.00	7.00	2021.06.18	6.8000	按年付息
124817	14 北国资	1600.00	10.00	2024.06.25	5.9000	按年付息
124818	14 常德源	1000.00	7.00	2021.06.16	6.5000	按年付息
124819	14 渝旅开	700.00	7.00	2021.06.19	7.1000	按年付息
124820	14 济高债	800.00	7.00	2021.06.19	6.3800	按年付息
124821	14 百色投	700.00	7.00	2021.06.20	7.2700	按年付息
124822	14 合滨投	2000.00	5.00	2019.06.13	6.3500	按年付息
124823	14 池金桥	950.00	7.00	2021.06.16	7.7000	按年付息
124824	14 金桥棚	700.00	7.00	2021.06.19	6.8800	按年付息
124827	14 普国资	1700.00	8.00	2022.06.20	7.1800	按年付息
124828	14 日经开	900.00	7.00	2021.06.17	6.5300	按年付息
124829	14 孝高 01	800.00	7.00	2021.06.23	7.4300	按年付息

债券信息
List of Bonds

上年收盘 (面值 100 元) Last Year close	本年开盘 Open	本年最高 High	本年最低 Low	本年收盘 Close	涨跌(%) Change(%)	成交数量(万) Trading Vol(10000)	成交金额(百万) Trading Val (M)
100.00	101.00	112.25	95.05	103.00	3.00	1598.65	1633.74
100.00	0.00	0.00	0.00	100.00	0.00	750.00	770.86
100.00	102.00	102.00	102.00	102.00	2.00	80.01	82.17
100.00	100.00	108.88	100.00	108.80	8.80	788.55	809.61
100.00	99.00	100.00	98.00	100.00	0.00	100.05	103.77
100.00	100.00	102.30	100.00	100.00	0.00	860.01	884.49
100.00	102.00	105.60	100.00	102.00	2.00	515.41	530.44
80.00	0.00	0.00	0.00	80.00	0.00	0.00	0.00
100.00	102.60	108.50	102.60	108.50	8.50	994.50	1021.90
100.00	101.00	105.00	101.00	105.00	5.00	1180.50	1205.88
100.00	100.00	105.90	100.00	102.05	2.05	730.00	743.37
100.00	0.00	0.00	0.00	100.00	0.00	210.00	211.52
100.00	103.50	105.00	103.50	105.00	5.00	210.00	210.45
100.00	0.00	0.00	0.00	100.00	0.00	858.00	865.67
100.00	0.00	0.00	0.00	100.00	0.00	970.00	989.46
100.00	101.40	102.20	100.00	102.20	2.20	455.00	457.33
100.00	0.00	0.00	0.00	100.00	0.00	230.00	241.74
100.00	0.00	0.00	0.00	100.00	0.00	30.00	29.89
100.00	102.48	106.00	102.48	106.00	6.00	420.50	435.63
100.00	99.60	103.38	99.60	103.38	3.38	460.00	482.11
100.00	101.96	105.00	101.96	105.00	5.00	490.00	504.47
100.00	100.00	101.00	100.00	101.00	1.00	90.00	90.33
100.00	101.20	105.60	101.20	105.60	5.60	415.30	425.76
100.00	107.80	107.80	104.90	104.90	4.90	360.10	373.93
100.00	102.22	109.18	93.50	103.00	3.00	714.54	742.90
100.00	100.00	100.00	100.00	100.00	0.00	680.00	703.74
100.00	100.00	104.90	100.00	103.37	3.37	2146.11	2160.98
100.00	103.12	103.12	103.12	103.12	3.12	280.00	283.00
100.00	0.00	0.00	0.00	100.00	0.00	158.00	157.96
100.00	0.00	0.00	0.00	100.00	0.00	0.00	0.00
100.00	106.00	106.30	106.00	106.30	6.30	1424.00	1445.90
100.00	106.00	106.00	106.00	106.00	6.00	551.00	567.16
100.00	103.50	106.70	103.50	106.70	6.70	481.40	505.63
100.00	100.50	108.80	99.50	102.45	2.45	426.49	434.93
100.00	99.99	104.50	99.99	102.00	2.00	187.00	187.01
100.00	0.00	0.00	0.00	100.00	0.00	60.00	59.21
100.00	0.00	0.00	0.00	100.00	0.00	200.00	203.51
100.00	106.19	106.19	103.50	103.50	3.50	880.00	894.45
100.00	0.00	0.00	0.00	100.00	0.00	620.00	634.89
100.00	0.00	0.00	0.00	100.00	0.00	0.00	0.00
100.00	104.29	104.29	100.00	100.00	0.00	440.00	450.70
100.00	0.00	0.00	0.00	100.00	0.00	0.00	0.00
100.00	101.48	105.60	101.00	105.60	5.60	240.01	248.77
100.00	0.00	0.00	0.00	100.00	0.00	40.00	42.83
100.00	101.12	104.50	99.00	104.04	4.04	901.23	922.37
100.00	99.00	110.00	88.38	101.99	1.99	427.89	430.23
100.00	0.00	0.00	0.00	100.00	0.00	330.00	335.71
100.00	106.80	106.80	106.80	106.80	6.80	481.00	491.96
100.00	101.00	101.02	100.00	100.00	0.00	382.00	386.65
100.00	0.00	0.00	0.00	100.00	0.00	250.00	258.02

债券信息 List of Bonds

债券 Bond

债券代码 Code	债券简称 Securities	发行数量(百万) Issued Val(M)	年限 Terms	到期日 Expiration Date	票面利率(%) Coupon Rate(%)	付息方式 Way of Interest
124830	14 桂铁投	1000.00	10.00	2024.06.18	6.8900	按年付息
124831	14 崇建设	1000.00	6.00	2020.06.13	6.4000	按年付息
124832	14 睢宁润	1200.00	7.00	2021.06.25	7.1000	按年付息
124833	14 如东泰	1100.00	7.00	2021.06.20	6.9900	按年付息
124834	14 德城投	1800.00	7.00	2021.06.26	6.4800	按年付息
124835	14 渝南债	1500.00	7.00	2021.06.17	7.0500	按年付息
124836	14 大石桥	1000.00	7.00	2021.06.23	7.4000	按年付息
124837	14 赤城投	800.00	7.00	2021.06.19	7.0700	按年付息
124839	14 滨新塘	1300.00	7.00	2021.06.30	6.7400	按年付息
124840	14 漳九龙	700.00	7.00	2021.06.20	6.4800	按年付息
124841	14 清微 01	500.00	4.00	2018.06.19	7.1900	按年付息
124842	14 神木债	1500.00	7.00	2021.06.23	7.2800	按年付息
124843	14 宏河债	360.00	7.00	2021.06.23	8.5000	按年付息
124844	14 遵汇投	1000.00	7.00	2021.06.25	7.8500	按年付息
124845	14 晋开发	800.00	7.00	2021.06.27	7.0800	按年付息
124846	14 瘦西湖	1000.00	7.00	2021.06.25	6.8000	按年付息
124847	14 济源建	1000.00	7.00	2021.06.25	7.4500	按年付息
124848	14 元国资	1000.00	7.00	2021.08.15	7.2200	按年付息
124849	14 辽沿海	2200.00	7.00	2021.04.01	8.9000	按年付息
124850	14 合川投	1600.00	7.00	2021.07.07	7.3000	按年付息
124851	14 梧东泰	1000.00	7.00	2021.03.25	8.1400	按年付息
124852	14 冀渤海	1000.00	6.00	2020.06.30	6.9000	按年付息
124853	14 淄城运	2300.00	7.00	2021.07.09	6.4500	按年付息
124854	14 喀什深	1000.00	6.00	2020.07.07	7.0800	按年付息
124855	14 淮城投	1800.00	7.00	2021.07.09	6.7900	按年付息
124856	14 常房债	1100.00	7.00	2021.07.02	6.6400	按年付息
124857	14 临桂新	1000.00	7.00	2021.06.13	6.9000	按年付息
124858	14 黄海港	1200.00	7.00	2021.07.07	7.1700	按年付息
124859	14 柳产投	900.00	7.00	2021.07.03	6.9500	按年付息
124860	14 汤建投	800.00	7.00	2021.06.30	6.8000	按年付息
124861	11 冀渤海	1000.00	6.00	2017.05.23	7.8500	按年付息
124862	14 台基投	1800.00	7.00	2021.07.11	6.5300	按年付息
124863	14 沂科技	1500.00	7.00	2021.07.14	7.4900	按年付息
124864	14 兴城建	1200.00	6.00	2020.07.15	7.3600	按年付息
124865	14 奎屯润	800.00	6.00	2020.07.10	7.1500	按年付息
124866	14 南二建	750.00	7.00	2021.07.10	8.1000	按年付息
124867	09 绍交投	2000.00	7.00	2016.10.27	6.6000	按年付息
124868	14 冀融投	1500.00	7.00	2021.07.08	6.7600	按年付息
124869	14 渝长寿	700.00	7.00	2021.07.15	7.2000	按年付息
124870	14 嵊投控	1000.00	7.00	2021.07.17	7.6000	按年付息
124871	14 绿国资	600.00	7.00	2021.07.16	6.7000	按年付息
124872	14 杭拱墅	600.00	7.00	2021.07.21	6.9000	按年付息
124873	14 盛经 02	700.00	7.00	2021.08.25	6.9500	按年付息
124874	14 哈密 01	1000.00	7.00	2021.07.14	6.6300	按年付息
124875	14 哈密 02	500.00	7.00	2021.07.14	6.8700	按年付息
124876	14 郑高新	1400.00	7.00	2021.07.15	7.0000	按年付息
124877	14 莱国资	1300.00	7.00	2021.07.23	7.0000	按年付息
124878	14 苏高新	1000.00	7.00	2021.07.22	6.2000	按年付息
124879	14 淮新 02	600.00	7.00	2021.07.28	6.9500	按年付息
124880	14 曲经开	1700.00	7.00	2021.07.21	7.4800	按年付息

债券信息　　债券
List of Bonds　　Bond

上年收盘(面值 100 元) Last Year close	本年开盘 Open	本年最高 High	本年最低 Low	本年收盘 Close	涨跌(%) Change(%)	成交数量(万) Trading Vol(10000)	成交金额(百万) Trading Val (M)
100.00	101.98	106.70	100.00	100.00	0.00	131.06	139.03
100.00	101.10	103.88	91.19	103.88	3.88	421.01	428.52
100.00	101.00	105.88	98.74	102.90	2.90	667.81	685.16
100.00	102.40	102.40	102.40	102.40	2.40	180.00	182.69
100.00	102.00	105.80	102.00	105.80	5.80	850.01	871.19
100.00	101.10	106.50	100.00	105.90	5.90	98.51	101.65
100.00	106.00	106.00	106.00	106.00	6.00	421.00	439.55
100.00	101.05	101.05	101.05	101.05	1.05	250.00	254.75
100.00	100.00	106.00	100.00	106.00	6.00	280.01	282.07
100.00	104.00	104.00	99.00	100.04	0.04	379.27	382.99
100.00	0.00	0.00	0.00	100.00	0.00	180.00	182.68
100.00	101.50	108.00	99.01	108.00	8.00	565.76	580.79
100.00	101.09	104.00	101.09	104.00	4.00	110.11	115.39
100.00	99.98	106.54	96.50	102.00	2.00	353.59	352.69
100.00	101.85	106.50	101.85	106.50	6.50	220.00	228.84
100.00	0.00	0.00	0.00	100.00	0.00	20.00	20.55
100.00	0.00	0.00	0.00	100.00	0.00	400.00	406.17
100.00	99.01	106.37	99.01	102.00	2.00	321.63	335.41
100.00	0.00	0.00	0.00	100.00	0.00	230.00	229.68
100.00	0.00	0.00	0.00	100.00	0.00	830.00	854.71
100.00	100.00	103.00	100.00	103.00	3.00	541.07	550.97
100.00	101.00	103.85	101.00	103.66	3.66	462.70	480.12
100.00	102.50	106.40	97.00	97.00	-3.00	123.01	128.19
100.00	100.00	105.70	100.00	105.70	5.70	217.02	217.72
100.00	100.00	100.00	100.00	100.00	0.00	51.40	51.56
100.00	0.00	0.00	0.00	100.00	0.00	50.00	52.72
100.00	0.00	0.00	0.00	100.00	0.00	140.00	142.70
100.00	0.00	0.00	0.00	100.00	0.00	1530.00	1590.53
100.00	101.10	105.90	100.60	103.14	3.14	90.25	92.01
100.00	105.30	105.30	100.50	101.80	1.80	271.00	281.39
100.00	0.00	0.00	0.00	100.00	0.00	100.00	105.70
100.00	102.10	102.10	102.10	102.10	2.10	439.90	457.34
100.00	102.00	106.60	102.00	106.60	6.60	2441.48	2499.07
100.00	0.00	0.00	0.00	100.00	0.00	400.00	408.58
100.00	0.00	0.00	0.00	100.00	0.00	60.00	60.09
100.00	102.00	107.96	99.34	107.96	7.96	328.70	337.28
100.00	102.98	102.98	102.98	102.98	2.98	55.00	56.64
100.00	103.00	103.00	102.22	102.22	2.22	890.00	904.83
100.00	0.00	0.00	0.00	100.00	0.00	140.00	142.38
100.00	100.83	101.30	100.83	101.30	1.30	295.00	295.49
100.00	101.20	106.49	101.20	106.48	6.48	60.10	63.59
100.00	102.00	103.50	102.00	103.50	3.50	20.02	20.38
100.00	0.00	0.00	0.00	100.00	0.00	140.00	140.86
100.00	101.50	106.50	101.50	104.00	4.00	154.02	158.00
100.00	0.00	0.00	0.00	100.00	0.00	80.00	82.86
100.00	101.50	103.90	101.50	103.90	3.90	1364.50	1405.71
100.00	103.40	107.00	103.40	107.00	7.00	930.00	964.88
100.00	0.00	0.00	0.00	100.00	0.00	40.00	41.08
100.00	0.00	0.00	0.00	100.00	0.00	200.00	204.09
100.00	104.01	117.10	104.00	107.00	7.00	714.20	741.29

债券信息 List of Bonds

债券 Bond

债券代码 Code	债券简称 Securities	发行数量(百万) Issued Val(M)	年限 Terms	到期日 Expiration Date	票面利率(%) Coupon Rate(%)	付息方式 Way of Interest
124881	14 安经开	1000.00	7.00	2021.08.15	8.3500	按年付息
124882	14 江北嘴	1000.00	7.00	2021.07.21	6.5000	按年付息
124883	14 西永债	1500.00	7.00	2021.07.25	6.5800	按年付息
124884	14 双水 02	1000.00	6.00	2020.07.30	6.9200	按年付息
124885	14 临城建	1000.00	7.00	2021.08.01	6.9400	按年付息
124886	14 长农建	1100.00	7.00	2021.07.25	7.0000	按年付息
124887	14 盐城南	1600.00	7.00	2021.07.30	6.7000	按年付息
124888	14 邹城债	1400.00	7.00	2021.08.01	6.9900	按年付息
124889	14 定国资	1200.00	7.00	2021.08.04	7.1300	按年付息
124890	14 甘电投	1000.00	10.00	2024.08.05	6.4000	按年付息
124891	14 株高 01	1000.00	7.00	2021.08.11	6.9500	按年付息
124893	14 文登债	1200.00	7.00	2021.07.28	6.9900	按年付息
124894	14 海资 02	1000.00	7.00	2021.08.08	8.0000	按年付息
124895	14 筑经开	900.00	7.00	2021.09.26	6.4700	按年付息
124896	14 北港债	900.00	7.00	2021.07.30	6.2900	按年付息
124897	14 津广成	1500.00	7.00	2021.07.24	7.4500	按年付息
124898	14 津水务	1000.00	7.00	2021.07.28	6.6000	按年付息
124899	14 穗铁 03	3000.00	10.00	2024.08.11	6.0000	按年付息
124900	14 滨开债	1000.00	7.00	2021.07.29	6.7400	按年付息
124901	14 虞城建	1800.00	7.00	2021.08.07	6.8000	按年付息
124903	14 鹤投资	900.00	7.00	2021.08.01	7.8800	按年付息
124904	14 连旅泰	1200.00	7.00	2021.08.08	7.0000	按年付息
124905	14 登封债	600.00	6.00	2020.08.04	7.7900	按年付息
124906	14 迁安 02	500.00	7.00	2021.08.11	7.1900	按年付息
124907	14 芜宜居	2300.00	7.00	2021.08.11	6.4500	按年付息
124908	14 靖江港	800.00	7.00	2021.08.05	7.3000	按年付息
124909	14 超威债	600.00	6.00	2020.08.14	7.9800	按年付息
124910	14 石景山	1000.00	7.00	2021.08.18	6.0800	按年付息
124911	14 北辰债	1500.00	7.00	2021.08.20	6.8700	按年付息
124912	13 锦州 02	1000.00	7.00	2021.08.18	6.4400	按年付息
124913	14 绍交投	1500.00	7.00	2021.08.20	6.4000	按年付息
124914	14 慈建投	1200.00	7.00	2021.08.18	6.1800	按年付息
124915	14 宏桥 02	1100.00	7.00	2021.08.21	7.4500	按年付息
124916	14 新开元	1200.00	7.00	2021.08.12	7.4300	按年付息
124917	14 沣西债	1200.00	7.00	2021.08.15	6.8500	按年付息
124918	14 沪南汇	1500.00	7.00	2021.08.20	6.0400	按年付息
124919	14 安城投	1000.00	6.00	2020.08.22	7.3500	按年付息
124920	14 龙海债	800.00	7.00	2021.08.15	6.5800	按年付息
124921	14 浏阳债	1500.00	7.00	2021.08.22	6.9800	按年付息
124924	14 白沙投	1200.00	7.00	2021.08.22	6.8700	按年付息
124925	14 金湖资	700.00	7.00	2021.08.25	7.7500	按年付息
124926	14 阜宁债	1200.00	7.00	2021.08.15	7.1900	按年付息
124927	14 玉溪投	1900.00	7.00	2021.08.26	6.5800	按年付息
124928	14 九龙债	900.00	7.00	2021.08.19	6.6000	按年付息
124929	14 巴南 01	500.00	7.00	2021.08.20	7.0000	按年付息
124930	14 堰城投	1500.00	7.00	2021.08.20	6.5800	按年付息
124931	09 晋交投	2000.00	10.00	2019.08.05	5.8000	按年付息
124932	14 阿克苏	1700.00	7.00	2021.08.25	6.7400	按年付息
124933	14 揭城投	1600.00	7.00	2021.08.27	6.5500	按年付息
124934	14 渝港投	1300.00	7.00	2021.08.21	6.8400	按年付息

债券信息 债券
List of Bonds Bond

上年收盘(面值 100 元) Last Year close	本年开盘 Open	本年最高 High	本年最低 Low	本年收盘 Close	涨跌(%) Change(%)	成交数量(万) Trading Vol(10000)	成交金额(百万) Trading Val (M)
100.00	105.00	105.00	105.00	105.00	5.00	250.00	260.29
100.00	101.11	105.00	101.11	105.00	5.00	310.00	321.58
100.00	100.90	107.00	100.90	107.00	7.00	251.00	256.78
100.00	101.59	105.14	101.59	105.14	5.14	300.00	308.31
100.00	0.00	0.00	0.00	100.00	0.00	0.00	0.00
100.00	103.00	106.78	103.00	106.78	6.78	150.01	158.47
100.00	103.00	103.00	103.00	103.00	3.00	20.00	20.45
100.00	0.00	0.00	0.00	100.00	0.00	300.00	316.45
100.00	101.50	102.00	101.50	102.00	2.00	443.22	456.94
100.00	0.00	0.00	0.00	100.00	0.00	0.00	0.00
100.00	101.19	101.19	101.19	101.19	1.19	250.00	252.49
100.00	0.00	0.00	0.00	100.00	0.00	285.00	296.54
100.00	101.09	120.01	98.20	101.98	1.98	370.10	375.24
100.00	102.55	102.55	102.55	102.55	2.55	273.00	279.57
100.00	102.80	105.52	102.80	105.52	5.52	32.00	33.45
100.00	103.54	103.54	103.54	103.54	3.54	50.00	51.26
100.00	100.34	101.80	100.34	101.80	1.80	100.02	100.37
100.00	101.50	103.21	101.50	103.21	3.21	94.50	96.38
100.00	0.00	0.00	0.00	100.00	0.00	50.00	51.02
100.00	100.70	104.00	99.90	100.10	0.10	100.02	101.23
100.00	103.26	103.26	103.26	103.26	3.26	590.00	595.23
100.00	0.00	0.00	0.00	100.00	0.00	300.00	313.96
100.00	0.00	0.00	0.00	100.00	0.00	140.00	140.56
100.00	0.00	0.00	0.00	100.00	0.00	70.00	71.20
100.00	101.00	105.50	101.00	105.50	5.50	212.00	219.69
100.00	108.68	108.68	108.68	108.68	8.68	350.00	373.77
100.00	101.00	112.42	100.00	101.00	1.00	20.15	20.99
100.00	0.00	0.00	0.00	100.00	0.00	170.00	173.97
100.00	105.20	105.20	100.01	100.01	0.01	370.00	387.26
100.00	100.95	104.91	100.95	104.91	4.91	190.02	194.92
100.00	0.00	0.00	0.00	100.00	0.00	100.00	104.08
100.00	0.00	0.00	0.00	100.00	0.00	230.00	232.35
100.00	101.10	105.99	100.98	105.00	5.00	401.04	410.44
100.00	105.58	105.80	100.00	102.00	2.00	510.01	539.37
100.00	102.50	102.50	102.50	102.50	2.50	259.96	264.35
100.00	100.34	100.34	100.34	100.34	0.34	220.00	221.06
100.00	0.00	0.00	0.00	100.00	0.00	50.00	51.24
100.00	100.62	100.62	100.62	100.62	0.62	150.00	150.94
100.00	106.50	107.00	102.20	107.00	7.00	590.01	615.72
100.00	0.00	0.00	0.00	100.00	0.00	40.00	41.91
100.00	0.00	0.00	0.00	100.00	0.00	0.00	0.00
100.00	101.10	108.00	95.50	101.61	1.61	230.44	232.95
100.00	0.00	0.00	0.00	100.00	0.00	560.00	566.82
100.00	0.00	0.00	0.00	100.00	0.00	270.00	279.06
100.00	103.96	106.50	103.96	105.00	5.00	145.00	147.26
100.00	0.00	0.00	0.00	100.00	0.00	370.00	377.57
100.00	103.00	103.00	97.50	97.50	-2.50	610.00	614.69
100.00	104.92	104.92	93.00	101.30	1.30	819.10	838.21
100.00	0.00	0.00	0.00	100.00	0.00	440.00	454.66
100.00	103.32	104.95	100.62	100.62	0.62	424.00	439.93

债券信息
List of Bonds

债券代码 Code	债券简称 Securities	发行数量(百万) Issued Val(M)	年限 Terms	到期日 Expiration Date	票面利率(%) Coupon Rate(%)	付息方式 Way of Interest
124935	14 冀建投	2000.00	11.00	2025.09.01	5.6900	按年付息
124936	14 天门债	1000.00	7.00	2021.08.28	8.2000	按年付息
124937	14 湖中兴	1100.00	7.00	2021.08.28	6.4800	按年付息
124938	14 郴百福	1800.00	7.00	2021.08.28	6.5400	按年付息
124939	14 蒙盛祥	700.00	7.00	2021.08.21	8.1800	按年付息
124940	14 滁城投	1400.00	7.00	2021.08.22	6.4000	按年付息
124941	14 钦滨海	1000.00	7.00	2021.07.07	6.9900	按年付息
124942	14 南绿港	500.00	7.00	2021.06.27	7.3000	按年付息
124943	14 兰国投	700.00	7.00	2021.09.10	6.3200	按年付息
124944	14 广建设	800.00	7.00	2021.08.26	8.3500	按年付息
124945	14 石国投	1500.00	7.00	2021.08.27	6.9000	按年付息
124946	14 保利集	2800.00	5.00	2019.09.04	5.5000	按年付息
124948	14 金资 02	1500.00	7.00	2021.09.05	5.5500	按年付息
124949	14 随建投	1000.00	7.00	2021.09.02	7.1800	按年付息
124951	14 威中城	1200.00	7.00	2021.09.09	6.5500	按年付息
124952	14 马高新	1200.00	7.00	2021.09.09	6.8500	按年付息
124953	09 宁城建	2600.00	10.00	2019.08.25	5.8500	按年付息
124956	14 锑都债	1200.00	7.00	2021.08.27	7.1800	按年付息
124957	14 滨投债	800.00	7.00	2021.09.11	6.3900	按年付息
124958	14 浔富和	1200.00	6.00	2020.09.01	7.0400	按年付息
124959	14 仁寿债	1200.00	7.00	2021.09.05	8.6600	按年付息
124960	14 胶发展	1150.00	7.00	2021.09.18	6.3300	按年付息
124961	14 苏望涛	1000.00	6.00	2020.09.15	6.8200	按年付息
124962	14 武经开	800.00	7.00	2021.09.12	6.6500	按年付息
124963	14 广安经	1000.00	7.00	2021.09.22	7.1000	按年付息
124964	14 自高投	1000.00	7.00	2021.10.23	5.7300	按年付息
124965	14 济西投	2000.00	7.00	2021.09.15	6.0000	按年付息
124966	14 京国资	4500.00	15.00	2029.09.16	5.2800	按年付息
124967	14 昌经投	1000.00	7.00	2021.09.09	7.5800	按年付息
124968	14 盐东方	1200.00	7.00	2021.09.15	6.4800	按年付息
124969	14 醴陵 02	300.00	7.00	2021.09.05	7.1800	按年付息
124970	14 杭地铁	5000.00	10.00	2024.09.17	5.9700	按年付息
124972	14 安高债	900.00	7.00	2021.09.17	8.7800	按年付息
124973	14 宣建债	900.00	7.00	2021.09.22	7.9500	按年付息
124974	14 泸纳债	800.00	7.00	2021.09.11	7.1700	按年付息
124975	14 溧经开	1200.00	7.00	2021.09.22	6.2700	按年付息
124976	14 张掖债	1100.00	7.00	2021.09.22	6.9200	按年付息
124977	14 天瑞 03	1500.00	7.00	2021.10.16	7.1300	按年付息
124978	14 新密债	1000.00	7.00	2021.09.12	7.2800	按年付息
124979	14 陂城投	1200.00	7.00	2021.09.17	6.4300	按年付息
124980	14 抚微 01	600.00	4.00	2018.09.17	6.3000	按年付息
124982	14 高安 01	700.00	7.00	2021.09.16	8.3500	按年付息
124983	14 孝高 02	800.00	7.00	2021.09.22	6.8700	按年付息
124984	14 鄂城 02	700.00	7.00	2021.09.19	6.6800	按年付息
124985	14 兖微 02	300.00	6.00	2020.09.28	6.3800	按年付息
124986	14 建开债	1300.00	7.00	2021.09.25	7.2900	按年付息
124987	14 昆经开	1200.00	7.00	2021.09.25	6.4700	按年付息
124988	14 闽投债	1500.00	7.00	2021.10.16	5.1000	按年付息
124989	14 三星 01	300.00	7.00	2021.09.22	9.0000	按年付息
124999	13 武续债	2300.00	5.00	2018.10.29	8.5000	按年付息

债券信息
List of Bonds

债券
Bond

上年收盘 (面值 100 元) Last Year close	本年开盘 Open	本年最高 High	本年最低 Low	本年收盘 Close	涨跌(%) Change(%)	成交数量(万) Trading Vol(10000)	成交金额(百万) Trading Val (M)
100.00	101.70	101.70	101.70	101.70	1.70	15.00	15.73
100.00	107.73	107.73	106.10	106.10	6.10	467.00	483.74
100.00	0.00	0.00	0.00	100.00	0.00	5.00	5.24
100.00	99.00	105.00	99.00	100.48	0.48	1744.50	1767.17
100.00	99.02	105.60	99.01	103.26	3.26	277.07	282.52
100.00	0.00	0.00	0.00	100.00	0.00	0.00	0.00
100.00	0.00	0.00	0.00	100.00	0.00	0.00	0.00
100.00	0.00	0.00	0.00	100.00	0.00	100.00	101.49
100.00	104.00	104.00	104.00	104.00	4.00	110.10	113.69
100.00	0.00	0.00	0.00	100.00	0.00	70.00	71.61
100.00	104.36	104.36	102.66	102.66	2.66	130.00	135.75
100.00	103.50	103.50	95.28	101.00	1.00	910.75	915.82
100.00	103.28	103.28	103.28	103.28	3.28	200.00	204.56
100.00	106.00	108.00	106.00	108.00	8.00	475.00	494.47
100.00	105.10	105.10	105.10	105.10	5.10	515.01	531.73
100.00	0.00	0.00	0.00	100.00	0.00	150.00	153.91
100.00	96.00	96.00	96.00	96.00	-4.00	670.00	681.97
100.00	100.00	104.44	100.00	100.40	0.40	895.24	930.65
100.00	0.00	0.00	0.00	100.00	0.00	0.00	0.00
100.00	104.00	112.00	104.00	112.00	12.00	250.00	253.03
100.00	106.00	109.00	101.01	105.99	5.99	226.79	236.17
100.00	104.37	104.37	104.37	104.37	4.37	280.00	291.00
100.00	0.00	0.00	0.00	100.00	0.00	105.00	105.18
100.00	103.00	103.00	103.00	103.00	3.00	180.00	183.87
100.00	0.00	0.00	0.00	100.00	0.00	520.00	531.08
100.00	99.99	99.99	99.99	99.99	-0.01	300.00	301.07
100.00	103.00	105.00	103.00	105.00	5.00	180.00	183.99
100.00	100.92	101.50	100.92	101.50	1.50	340.80	346.21
100.00	104.80	104.80	104.80	104.80	4.80	0.00	0.00
100.00	0.00	0.00	0.00	100.00	0.00	540.00	543.05
100.00	0.00	0.00	0.00	100.00	0.00	60.00	61.95
100.00	103.00	105.00	102.60	103.00	3.00	305.58	321.65
100.00	107.06	107.06	107.06	107.06	7.06	165.00	172.92
100.00	0.00	0.00	0.00	100.00	0.00	188.00	188.95
100.00	104.50	106.80	104.50	106.00	6.00	80.60	83.84
100.00	104.12	104.12	98.00	98.00	-2.00	520.00	532.06
100.00	0.00	0.00	0.00	100.00	0.00	60.00	61.80
100.00	105.88	105.88	98.99	100.00	0.00	284.45	284.36
100.00	0.00	0.00	0.00	100.00	0.00	670.00	689.06
100.00	103.94	107.50	103.94	103.98	3.98	717.00	733.40
100.00	0.00	0.00	0.00	100.00	0.00	0.00	0.00
100.00	0.00	0.00	0.00	100.00	0.00	30.00	31.24
100.00	0.00	0.00	0.00	100.00	0.00	150.00	156.40
100.00	0.00	0.00	0.00	100.00	0.00	310.00	315.19
100.00	0.00	0.00	0.00	100.00	0.00	60.00	59.96
100.00	105.00	113.00	105.00	113.00	13.00	190.00	196.67
100.00	102.15	102.15	99.00	101.80	1.80	374.01	380.30
100.00	0.00	0.00	0.00	100.00	0.00	110.00	110.40
100.00	0.00	0.00	0.00	100.00	0.00	210.00	211.00
100.00	99.80	119.35	99.80	111.50	11.50	6600.27	6890.77

债券信息 List of Bonds

债券 Bond

债券代码 Code	债券简称 Securities	发行数量 (百万) Issued Val(M)	年限 Terms	到期日 Expiration Date	票面利率(%) Coupon Rate(%)	付息方式 Way of Interest
125000	12 苏镀膜	50.00	2.00	2014.06.08	9.5000	按年付息
125002	12 宁水务	200.00	2.00	2014.06.11	9.4000	按年付息
125003	12 钱四桥	100.00	2.00	2014.06.11	9.3500	按年付息
125004	12 新宁债	100.00	2.00	2014.06.12	7.5000	按年付息
125005	12 同捷 01	100.00	3.00	2015.06.12	8.1500	按年付息
125006	12 凡登债	100.00	3.00	2015.06.12	10.5000	按年付息
125007	12 天科债	100.00	3.00	2015.06.12	7.3000	按年付息
125008	12 新丽债	100.00	2.00	2014.06.18	7.0000	按半年付息
125009	12 太子龙	100.00	3.00	2015.06.19	9.9900	按年付息
125011	12 优必胜	25.00	2.00	2014.06.29	9.7000	按年付息
125012	12 金泰 01	15.00	3.00	2015.07.10	9.0000	按年付息
125013	12 金泰 02	15.00	3.00	2015.07.10	11.0000	按年付息
125014	12 孚信债	100.00	2.00	2014.07.13	7.0000	按年付息
125015	12 天外债	200.00	3.00	2015.07.18	10.5000	按年付息
125016	12 江南债	50.00	2.00	2014.07.20	9.7000	按年付息
125017	12 中锐债	50.00	2.00	2014.08.01	8.6500	按年付息
125018	13 渝宏债	200.00	3.00	2016.03.18	12.0000	按年付息
125019	12 甬绿能	200.00	2.00	2014.08.10	7.2800	按年付息
125020	PR 武广债	200.00	3.00	2015.08.15	8.2000	按半年付息
125021	12 同里债	100.00	2.00	2014.08.06	8.6000	按年付息
125022	12 五洲债	80.00	3.00	2015.08.02	8.6800	按年付息
125023	12 雅润债	30.00	2.00	2014.08.28	8.5000	按年付息
125024	12 星美债	200.00	3.00	2015.08.28	9.5000	按年付息
125025	12 漕湖债	150.00	2.00	2014.08.29	9.5000	按年付息
125026	12 金豪债	20.00	2.00	2014.09.14	7.9000	按年付息
125027	PR 淹城债	200.00	3.00	2015.09.21	8.0000	按半年付息
125028	12 天楹 01	140.00	3.00	2015.09.27	9.0000	按年付息
125029	12 如顾庄	100.00	3.00	2015.10.10	9.8000	按年付息
125030	12 西游发	100.00	3.00	2015.10.10	8.5000	按年付息
125031	12 漕湖 02	50.00	2.00	2014.10.10	9.5000	按年付息
125032	12 杭益汽	200.00	2.00	2014.10.15	11.2000	按年付息
125033	12 金建设	200.00	3.00	2015.10.16	8.0000	按年付息
125034	PR 东钢构	200.00	2.00	2014.10.22	9.3000	按年付息
125035	12 湖上跃	70.00	3.00	2015.10.18	9.7000	按年付息
125036	12 苏东升	60.00	2.00	2014.11.06	7.9800	按半年付息
125037	12 华安达	20.00	2.00	2014.11.09	10.0000	按年付息
125038	12 京精英	100.00	3.00	2015.10.31	9.0000	按年付息
125039	12 沪奔腾	150.00	3.00	2015.10.19	11.0000	按年付息
125041	12 天捷 02	50.00	2.00	2014.11.05	9.0000	按半年付息
125042	12 孝昌杰	50.00	2.00	2014.09.24	9.5000	按年付息
125043	12 新达通	23.00	1.50	2014.05.14	10.0000	按年付息
125044	12 天楹 02	140.00	3.00	2015.11.15	9.0000	按年付息
125045	12 鄂华食	50.00	3.00	2015.11.14	10.9800	按年付息
125046	12 虞尚湖	200.00	3.00	2015.11.26	9.0000	按年付息
125047	12 德鑫泉	25.00	2.00	2014.11.16	8.2000	按年付息
125048	12 苏飞钻	100.00	2.00	2014.11.26	8.5000	按年付息
125049	12 沙旅游	50.00	2.00	2014.11.29	8.8000	按年付息
125050	12 黄山头	190.00	3.00	2015.10.22	9.5000	按年付息
125051	12 津凯泰	250.00	3.00	2015.12.10	7.8000	按年付息
125053	12 香榭丽	50.00	3.00	2015.12.10	8.0000	按年付息

债券信息
List of Bonds

债券
Bond

上年收盘 (面值 100 元) Last Year close	本年开盘 Open	本年最高 High	本年最低 Low	本年收盘 Close	涨跌(%) Change(%)	成交数量(万) Trading Vol(10000)	成交金额(百万) Trading Val (M)
100.01	0.00	104.01	100.00	100.00	-0.01	101.00	101.24
100.00	0.00	100.00	99.16	100.00	0.00	588.00	587.12
100.00	0.00	100.00	100.00	100.00	0.00	360.00	360.00
100.00	0.00	100.00	100.00	100.00	0.00	23.00	23.00
96.47	0.00	100.03	69.00	100.02	3.68	50.00	40.08
100.00	0.00	100.00	100.00	100.00	0.00	100.00	100.00
100.00	0.00	100.11	100.00	100.00	0.00	160.00	160.06
100.00	0.00	0.00	0.00	100.00	0.00	0.00	0.00
100.00	0.00	100.00	100.00	100.00	0.00	100.00	100.00
100.00	0.00	0.00	0.00	100.00	0.00	0.00	0.00
97.04	0.00	0.00	0.00	97.04	0.00	0.00	0.00
100.00	0.00	0.00	0.00	100.00	0.00	0.00	0.00
100.00	0.00	0.00	0.00	100.00	0.00	0.00	0.00
100.00	0.00	101.00	99.80	100.00	0.00	534.00	534.40
100.00	0.00	0.00	0.00	100.00	0.00	0.00	0.00
100.00	0.00	0.00	0.00	100.00	0.00	0.00	0.00
100.00	0.00	103.00	97.00	100.00	0.00	416.00	414.76
99.64	0.00	100.10	99.40	100.10	0.46	184.72	184.69
98.45	0.00	100.15	97.29	79.57	-19.17	372.00	366.64
101.00	0.00	99.69	98.85	99.24	-1.75	160.40	159.15
100.00	0.00	100.00	98.83	100.00	0.00	200.30	200.28
100.00	0.00	0.00	0.00	100.00	0.00	0.00	0.00
100.00	0.00	100.00	100.00	100.00	0.00	230.00	230.00
100.02	0.00	102.00	99.61	100.00	-0.02	275.00	275.20
101.00	0.00	102.00	100.00	102.00	0.99	30.00	30.12
98.50	0.00	100.02	80.00	80.03	-18.75	496.00	483.33
100.00	0.00	100.01	100.00	100.00	0.00	276.00	276.00
100.03	0.00	106.00	99.50	99.50	-0.53	296.00	297.03
100.02	0.00	103.00	97.00	100.00	-0.02	235.00	234.10
99.88	0.00	100.00	99.61	100.00	0.12	25.00	24.96
100.00	0.00	100.01	99.70	99.97	-0.03	338.00	337.87
102.00	0.00	102.02	99.62	99.98	-1.98	665.00	665.66
90.00	0.00	90.80	68.98	68.98	-23.36	320.00	266.44
100.00	0.00	100.04	99.92	99.92	-0.08	111.60	111.55
100.00	0.00	0.00	0.00	100.00	0.00	0.00	0.00
100.00	0.00	0.00	0.00	100.00	0.00	0.00	0.00
100.00	0.00	100.70	99.60	100.00	0.00	246.00	246.10
100.00	0.00	100.00	98.50	100.00	0.00	84.00	83.80
99.54	0.00	100.02	99.99	100.00	0.46	137.40	137.40
100.00	0.00	0.00	0.00	100.00	0.00	0.00	0.00
99.28	0.00	0.00	0.00	99.28	0.00	0.00	0.00
100.00	0.00	100.00	99.98	100.00	0.00	290.00	290.00
100.00	0.00	100.04	100.00	100.00	0.00	95.00	95.00
100.00	0.00	100.02	99.98	100.00	0.00	180.00	179.98
100.00	0.00	101.00	100.00	100.00	0.00	37.50	37.54
100.00	0.00	100.00	100.00	100.00	0.00	64.00	64.00
100.02	0.00	100.02	98.00	100.00	-0.02	305.00	304.60
100.00	0.00	100.00	99.98	100.00	0.00	271.50	271.50
100.00	0.00	100.40	98.07	99.98	-0.02	578.50	578.08
100.03	0.00	100.00	100.00	100.00	-0.03	40.00	40.00

债券信息
List of Bonds

债券
Bond

债券代码 Code	债券简称 Securities	发行数量(百万) Issued Val(M)	年限 Terms	到期日 Expiration Date	票面利率(%) Coupon Rate(%)	付息方式 Way of Interest
125054	12 琳桥债	200.00	3.00	2015.12.24	9.3000	按年付息
125057	12 中电投	140.00	3.00	2015.12.28	11.8000	按半年付息
125058	12 浙丰土	100.00	2.00	2014.12.27	8.4000	按年付息
125059	13 中河债	30.00	2.00	2015.01.17	9.8000	按年付息
125060	12 中昌债	150.00	3.00	2016.01.22	8.1000	按年付息
125061	12 金田 01	50.00	3.00	2016.01.18	9.0000	按年付息
125062	13 宁物流	200.00	3.00	2016.01.23	9.5500	按半年付息
125063	12 仪水务	200.00	3.00	2016.01.17	9.5000	按年付息
125064	12 沪三航	100.00	3.00	2016.01.28	11.0000	按年付息
125065	12 津天联	50.00	2.00	2015.01.29	9.0000	按半年付息
125066	12 华特斯	60.00	2.00	2015.01.23	11.0000	按半年付息
125067	13 威亨债	150.00	2.00	2015.01.21	8.5000	按年付息
125068	13 博润 01	350.00	3.00	2016.01.29	9.3000	按年付息
125069	13 瑞水 01	150.00	3.00	2016.01.28	8.1000	按年付息
125070	12 丰港债	200.00	2.00	2015.01.22	11.0000	按年付息
125071	13 鲁博特	30.00	3.00	2016.01.31	9.5000	按年付息
125072	12 南华 01	50.00	3.00	2015.12.10	9.5000	按年付息
125073	12 枣林湾	200.00	3.00	2016.02.06	9.5000	按年付息
125074	12 骆减震	50.00	2.00	2015.02.04	8.5000	按年付息
125075	13 泰医药	300.00	3.00	2016.02.01	9.5000	按年付息
125076	12 湖珍绒	200.00	3.00	2016.01.31	9.6000	按年付息
125077	13 粤广电	100.00	2.00	2015.02.27	6.0000	按半年付息
125078	12 大港 01	200.00	3.00	2016.02.26	9.5000	按年付息
125079	13 中海阳	100.00	2.00	2015.02.27	8.5000	按年付息
125080	13 苏元 01	50.00	2.00	2015.02.05	10.0000	按年付息
125081	12 九泰债	200.00	2.00	2015.02.27	9.2000	按年付息
125082	13 津海 01	15.00	2.00	2015.01.09	9.0000	按年付息
125083	12 浙浦百	80.00	3.00	2016.02.26	14.0000	按年付息
125084	12 安吉修	250.00	3.00	2016.03.07	9.5000	按年付息
125085	13 宏伟债	20.00	1.00	2014.03.01	10.0000	到期一次付息
125086	13 山河债	8.00	1.00	2014.03.01	10.0000	到期一次付息
125087	13 桃盛债	13.00	1.00	2014.03.01	10.0000	到期一次付息
125088	13 鲁中文	200.00	3.00	2016.03.12	10.0000	按半年付息
125089	12 中成债	60.00	3.00	2016.03.22	10.0000	按半年付息
125090	12 港区债	180.00	3.00	2016.03.25	8.8000	按年付息
125091	13 博瑞债	60.00	3.00	2016.03.21	8.5000	按年付息
125092	13 东通债	200.00	3.00	2016.03.26	9.5000	按年付息
125093	13 南泰禾	62.90	3.00	2016.03.25	9.7000	按年付息
125094	13 天政债	200.00	3.00	2016.03.21	8.5000	按年付息
125095	12 金田 02	50.00	3.00	2016.03.12	9.0000	按年付息
125096	12 清研债	200.00	3.00	2016.04.22	8.0000	按年付息
125097	13 金农债	200.00	3.00	2016.04.22	8.0000	按年付息
125098	12 宜机场	100.00	3.00	2015.12.20	9.5000	按年付息
125099	13 中森债	180.00	3.00	2016.03.28	11.0000	按年付息
125100	13 泰生源	30.00	2.00	2015.03.28	9.5000	按年付息
125101	13 虞振能	126.00	2.00	2015.04.03	9.7900	按季度付息
125102	13 浦科创	120.00	3.00	2016.03.29	9.0000	按年付息
125103	13 沪派控	15.00	3.00	2016.03.29	9.0000	按年付息
125104	13 苏元 02	50.00	2.00	2015.03.22	10.0000	按年付息
125105	13 沪复展	15.00	3.00	2016.03.29	9.0000	按年付息

债券信息　　债券
List of Bonds　　Bond

上年收盘 (面值 100 元) Last Year close	本年开盘 Open	本年最高 High	本年最低 Low	本年收盘 Close	涨跌(%) Change(%)	成交数量(万) Trading Vol(10000)	成交金额(百万) Trading Val (M)
100.00	0.00	100.00	99.20	99.98	-0.03	196.00	195.90
98.64	0.00	100.00	96.64	100.00	1.38	92.00	91.66
100.00	0.00	100.00	100.00	100.00	0.00	225.00	225.00
100.00	0.00	100.00	99.50	100.00	0.00	54.00	53.97
95.58	0.00	0.00	0.00	95.58	0.00	0.00	0.00
100.50	0.00	100.00	100.00	100.00	-0.50	50.00	50.00
100.01	0.00	106.00	98.00	100.00	-0.01	236.00	237.60
102.00	0.00	104.08	99.97	100.00	-1.96	344.00	345.09
100.00	0.00	100.00	100.00	100.00	0.00	60.00	60.00
100.00	0.00	0.00	0.00	100.00	0.00	0.00	0.00
99.86	0.00	100.00	100.00	100.00	0.14	6.00	6.00
100.00	0.00	106.01	98.00	100.00	0.00	281.00	281.53
100.03	0.00	102.00	90.86	99.98	-0.06	853.50	853.37
102.00	0.00	100.00	98.50	98.50	-3.43	130.00	128.63
100.00	0.00	100.00	100.00	100.00	0.00	100.00	100.00
100.00	0.00	100.00	100.00	100.00	0.00	90.00	90.00
100.00	0.00	100.02	100.00	100.01	0.01	40.00	40.00
100.00	0.00	101.00	99.97	100.00	0.00	474.00	474.19
100.00	0.00	0.00	0.00	100.00	0.00	0.00	0.00
100.03	0.00	102.00	100.00	100.00	-0.03	342.00	342.78
100.00	0.00	106.01	98.00	100.00	0.00	408.30	409.95
100.00	0.00	0.00	0.00	100.00	0.00	0.00	0.00
100.00	0.00	106.00	97.00	99.88	-0.12	373.00	375.39
100.00	0.00	100.00	99.14	100.00	0.00	110.00	109.75
99.79	0.00	100.00	100.00	100.00	0.21	30.00	30.00
100.24	0.00	100.91	99.92	100.00	-0.24	418.00	418.39
100.00	0.00	100.00	100.00	100.00	0.00	15.00	15.00
100.00	0.00	0.00	0.00	100.00	0.00	0.00	0.00
96.00	0.00	102.00	97.95	100.00	4.17	450.00	449.85
100.00	0.00	0.00	0.00	100.00	0.00	0.00	0.00
100.00	0.00	0.00	0.00	100.00	0.00	0.00	0.00
100.00	0.00	0.00	0.00	100.00	0.00	0.00	0.00
100.03	0.00	100.00	99.33	99.33	-0.70	40.00	39.87
100.00	0.00	100.02	99.99	100.02	0.02	120.00	120.00
100.00	0.00	100.00	99.89	100.00	0.00	184.00	183.91
100.00	0.00	0.00	0.00	100.00	0.00	0.00	0.00
100.00	0.00	100.02	100.00	100.02	0.02	20.00	20.00
100.00	0.00	100.00	100.00	100.00	0.00	24.70	24.70
100.10	0.00	100.01	99.50	100.00	-0.10	173.00	172.60
100.00	0.00	100.00	97.08	100.00	0.00	97.80	97.52
100.00	0.00	0.00	0.00	100.00	0.00	0.00	0.00
100.00	0.00	0.00	0.00	100.00	0.00	0.00	0.00
100.00	0.00	100.04	100.00	100.00	0.00	148.90	148.90
99.43	0.00	100.01	100.00	100.01	0.58	60.00	60.00
100.00	0.00	100.02	100.00	100.02	0.02	30.00	30.00
100.00	0.00	0.00	0.00	100.00	0.00	0.00	0.00
99.83	0.00	99.76	99.17	99.38	-0.45	185.00	183.82
100.00	0.00	100.00	100.00	100.00	0.00	30.00	30.00
100.00	0.00	0.00	0.00	100.00	0.00	0.00	0.00
100.00	0.00	100.00	100.00	100.00	0.00	30.00	30.00

债券信息
List of Bonds

债券代码 Code	债券简称 Securities	发行数量(百万) Issued Val(M)	年限 Terms	到期日 Expiration Date	票面利率(%) Coupon Rate(%)	付息方式 Way of Interest
125106	13 博润 02	150.00	3.00	2016.04.17	9.3000	按年付息
125107	13 大宏债	300.00	3.00	2016.04.19	10.0000	按年付息
125108	13 松鹤楼	100.00	2.00	2015.04.10	8.9000	按年付息
125109	13 苏宇迪	30.00	2.00	2015.04.02	8.5000	按年付息
125110	13 鲁润峰	150.00	3.00	2016.04.24	10.5000	按年付息
125111	13 威蓝星	120.00	2.00	2015.05.08	9.5000	按半年付息
125112	13 鲁天宝	100.00	3.00	2016.05.09	8.0000	按年付息
125113	13 博瑞格	80.00	3.00	2016.04.17	12.0000	按年付息
125114	12 蒙恒达	200.00	3.00	2016.04.18	10.2000	按年付息
125115	13 钟宏达	100.00	2.00	2015.05.15	10.0000	按半年付息
125116	13 如交服	250.00	3.00	2016.04.24	9.0000	按年付息
125117	13 展望债	100.00	3.00	2016.05.23	9.5000	按年付息
125118	13 朝科贸	200.00	2.00	2015.05.23	10.0000	按年付息
125119	13 镇旅游	500.00	2.00	2015.05.23	8.8000	按年付息
125120	13 北港 01	150.00	3.00	2016.05.23	11.0000	按年付息
125121	13 淮物流	300.00	3.00	2016.05.28	8.6000	按年付息
125122	13 天子湖	250.00	3.00	2016.05.28	9.3000	按半年付息
125123	13 瑞水 02	50.00	3.00	2016.05.27	8.1000	按年付息
125124	13 泰禾 02	37.10	3.00	2016.06.03	9.7000	按年付息
125125	13 淮化工	80.00	3.00	2016.05.30	9.0000	按年付息
125126	13 临医药	200.00	3.00	2016.05.27	9.5000	按年付息
125127	13 凯工债	300.00	3.00	2016.06.27	8.7000	按年付息
125128	13 天龙水	80.00	2.00	2015.06.19	9.5000	按年付息
125129	12 沪机电	160.00	2.00	2015.06.18	9.5000	按年付息
125130	13 京蓝天	20.00	3.00	2016.06.19	8.5000	按年付息
125131	12 大港 02	200.00	3.00	2016.06.06	9.0000	按年付息
125133	13 画都 01	50.00	3.00	2016.06.28	7.5000	按季度付息
125134	13 新三印	10.00	3.00	2016.06.28	10.0000	按年付息
125135	13 镇索普	50.00	2.00	2015.07.10	10.0000	按年付息
125136	13 临药 02	100.00	3.00	2016.07.17	9.7000	按半年付息
125137	13 寿农 01	140.00	3.00	2016.08.01	9.8000	按年付息
125138	13 宁化工	200.00	2.00	2015.07.19	8.8000	按半年付息
125139	13 惠农发	250.00	3.00	2016.08.12	9.0000	按年付息
125140	13 黄山头	250.00	3.00	2016.08.28	9.5000	按年付息
125141	13 东霖债	50.00	3.00	2016.08.28	11.0000	按年付息
125142	13 渝公 01	175.00	3.00	2016.08.29	10.0000	按年付息
125143	13 森园债	100.00	2.00	2015.08.23	10.0000	按季度付息
125144	13 北鼎 01	50.00	3.00	2016.09.04	10.5000	按年付息
125145	13 中电强	40.00	3.00	2016.09.05	9.0000	按年付息
125146	13 浙永利	300.00	3.00	2016.09.04	8.5000	按年付息
125147	13 北皓天	94.00	3.00	2016.09.11	11.0000	按年付息
125148	13 尧塘 01	50.00	3.00	2016.09.17	9.5000	按年付息
125149	13 北鼎 02	150.00	3.00	2016.10.08	10.5000	按年付息
125150	13 深汽集	350.00	2.00	2015.09.26	9.3000	按年付息
125151	13 隆鑫债	500.00	3.00	2016.09.10	8.0000	按季度付息
125152	13 通晨曦	100.00	3.00	2016.09.24	8.0000	按年付息
125153	13 志诚债	35.00	3.00	2016.10.31	9.8000	按半年付息
125154	13 淮水 01	110.00	3.00	2016.10.15	8.5000	按年付息
125155	13 容丰 01	100.00	3.00	2016.10.10	9.0000	按年付息
125156	13 图灵债	5.00	1.00	2014.10.15	6.5000	到期一次付息

债券信息
List of Bonds

债券
Bond

上年收盘 (面值 100 元) Last Year close	本年开盘 Open	本年最高 High	本年最低 Low	本年收盘 Close	涨跌(%) Change(%)	成交数量(万) Trading Vol(10000)	成交金额(百万) Trading Val (M)
100.00	0.00	100.00	98.00	100.00	0.00	271.20	269.17
100.00	0.00	100.10	95.43	99.56	-0.44	1721.00	1715.22
100.02	0.00	0.00	0.00	100.02	0.00	0.00	0.00
100.86	0.00	0.00	0.00	100.86	0.00	0.00	0.00
96.00	0.00	102.00	95.00	100.00	4.17	162.85	160.74
100.00	0.00	104.75	100.00	104.75	4.75	176.00	181.70
100.00	0.00	0.00	0.00	100.00	0.00	0.00	0.00
100.00	0.00	0.00	0.00	100.00	0.00	0.00	0.00
102.00	0.00	105.00	97.86	97.86	-4.06	380.50	381.31
101.09	0.00	100.01	100.00	100.00	-1.08	119.00	119.00
100.00	0.00	100.07	99.21	100.07	0.07	150.00	149.85
100.00	0.00	100.01	100.00	100.00	0.00	112.00	112.00
100.00	0.00	101.79	98.10	100.00	0.00	307.60	308.70
100.00	0.00	102.00	99.20	100.00	0.00	1021.50	1020.55
100.00	0.00	0.00	0.00	100.00	0.00	0.00	0.00
100.03	0.00	106.01	97.61	98.00	-2.03	543.50	541.39
104.50	0.00	103.01	97.90	100.00	-4.31	567.00	566.59
104.00	0.00	106.01	100.00	100.00	-3.85	90.00	90.80
100.00	0.00	100.00	100.00	100.00	0.00	19.40	19.40
100.00	0.00	106.00	99.99	100.00	0.00	155.00	156.12
100.00	0.00	100.00	100.00	100.00	0.00	343.50	343.50
100.00	0.00	0.00	0.00	100.00	0.00	0.00	0.00
100.10	0.00	100.01	99.98	100.00	-0.10	113.00	113.00
100.00	0.00	0.00	0.00	100.00	0.00	0.00	0.00
100.00	0.00	0.00	0.00	100.00	0.00	0.00	0.00
100.00	0.00	106.00	96.40	99.45	-0.55	388.70	390.03
100.00	0.00	0.00	0.00	100.00	0.00	0.00	0.00
100.00	0.00	0.00	0.00	100.00	0.00	0.00	0.00
103.00	0.00	103.01	98.00	98.00	-4.85	55.00	55.40
100.00	0.00	0.00	0.00	100.00	0.00	0.00	0.00
100.00	0.00	100.01	99.98	100.00	0.00	94.00	94.00
100.00	0.00	0.00	0.00	100.00	0.00	0.00	0.00
100.02	0.00	106.01	98.00	100.03	0.02	736.30	736.93
100.01	0.00	100.00	100.00	100.00	-0.01	125.00	125.00
100.00	0.00	0.00	0.00	100.00	0.00	0.00	0.00
100.00	0.00	106.01	96.46	98.00	-2.00	179.00	175.62
100.00	0.00	0.00	0.00	100.00	0.00	0.00	0.00
100.00	0.00	0.00	0.00	100.00	0.00	0.00	0.00
100.00	0.00	0.00	0.00	100.00	0.00	0.00	0.00
100.00	0.00	0.00	0.00	100.00	0.00	0.00	0.00
100.00	0.00	100.00	100.00	100.00	0.00	60.00	60.00
100.00	0.00	100.02	99.98	100.00	0.00	162.00	162.00
100.00	0.00	0.00	0.00	100.00	0.00	0.00	0.00
100.00	0.00	100.01	100.00	100.00	0.00	80.00	80.00
100.00	0.00	0.00	0.00	100.00	0.00	0.00	0.00
100.00	0.00	0.00	0.00	100.00	0.00	0.00	0.00
100.00	0.00	0.00	0.00	100.00	0.00	0.00	0.00
100.00	0.00	0.00	0.00	100.00	0.00	0.00	0.00
104.00	0.00	103.00	96.00	98.02	-5.75	550.00	546.08
100.00	0.00	0.00	0.00	100.00	0.00	0.00	0.00

债券信息 List of Bonds

债券代码 Code	债券简称 Securities	发行数量 (百万) Issued Val(M)	年限 Terms	到期日 Expiration Date	票面利率(%) Coupon Rate(%)	付息方式 Way of Interest
125158	13 安德固	30.00	3.00	2016.10.15	8.5000	按年付息
125159	13 画都 02	50.00	3.00	2016.10.18	7.5000	按季度付息
125160	13 镇旅 02	500.00	3.00	2016.10.22	8.8000	按年付息
125161	13 渝升厦	300.00	3.00	2016.10.23	11.0000	按年付息
125162	13 容丰 02	80.00	3.00	2016.10.24	9.8000	按年付息
125163	13 阳澄债	300.00	3.00	2016.05.29	9.0000	按年付息
125164	13 泰丰债	250.00	3.00	2016.10.16	9.3000	按年付息
125165	13 福地 01	125.00	3.00	2016.10.24	9.0000	按半年付息
125166	13 海广电	100.00	2.00	2015.10.30	8.5000	按季度付息
125167	13 中路建	64.00	2.00	2015.10.29	9.3000	按年付息
125168	13 营物流	300.00	3.00	2016.11.18	9.1000	按年付息
125169	13 淮软 01	115.00	3.00	2016.11.28	10.0000	按半年付息
125170	13 津六政	200.00	3.00	2016.11.15	7.9000	按年付息
125171	13 高鑫债	200.00	3.00	2016.11.14	8.8000	按年付息
125172	13 莒鸿润	100.00	2.00	2015.11.06	9.5000	按年付息
125173	13 鲁木 01	30.00	2.00	2015.11.27	9.5000	按年付息
125174	13 鼎兴 01	250.00	3.00	2016.11.25	9.5000	按年付息
125175	13 苏恒瑞	150.00	3.00	2016.11.28	10.0000	按年付息
125176	13 闽三纺	100.00	3.00	2016.12.05	9.3000	按年付息
125177	13 大纵 01	100.00	3.00	2016.12.06	9.0000	按年付息
125178	13 徐水务	200.00	3.00	2016.12.09	9.5000	按年付息
125179	13 涪宏伟	300.00	3.00	2016.12.11	8.5000	按年付息
125180	13 渝新禹	370.00	3.00	2016.11.08	8.5000	按年付息
125181	13 朗科技	200.00	2.00	2015.12.20	8.5000	按季度付息
125182	13 凯工 02	300.00	3.00	2016.12.09	8.7000	按年付息
125183	13 百电力	200.00	3.00	2016.12.27	9.5000	按年付息
125184	13 瑞洁 01	80.00	3.00	2016.12.19	10.0000	按年付息
125185	14 黔贵园	200.00	2.00	2016.01.09	7.5000	按季度付息
125186	13 如交 02	290.00	3.00	2016.12.19	8.7000	按年付息
125187	13 淮水 02	90.00	3.00	2017.01.02	8.5000	按年付息
125188	13 恒基债	200.00	2.00	2016.01.06	8.5000	按季度付息
125189	13 京桀亚	20.00	3.00	2016.12.31	8.5000	按半年付息
125190	13 为民 01	40.00	2.00	2015.12.24	8.5000	按半年付息
125191	13 中科 01	20.00	3.00	2016.12.25	8.2000	按年付息
125192	13 德感 01	150.00	3.00	2016.12.25	8.5000	按年付息
125193	13 浦水务	300.00	2.00	2015.12.27	9.5000	按年付息
125194	13 大丰 01	60.00	2.00	2015.12.25	9.2000	按年付息
125195	13 大丰 02	32.00	2.00	2016.01.08	9.2000	按年付息
125196	13 渝大足	300.00	3.00	2017.01.24	10.5000	按年付息
125197	13 古水 01	50.00	2.00	2016.01.10	9.2000	按年付息
125199	13 运河 01	200.00	3.00	2017.01.15	8.8000	按年付息
125200	13 龙腾 01	30.00	3.00	2017.01.22	11.0000	按年付息
125201	13 振富 01	30.00	3.00	2017.03.03	11.5000	按年付息
125202	13 为民 02	10.00	2.00	2016.01.13	8.5000	按半年付息
125203	13 滇路建	30.00	2.00	2016.01.13	10.0000	按半年付息
125204	13 江商贸	300.00	3.00	2016.12.30	7.1500	按年付息
125205	13 锦汇 01	100.00	3.00	2017.01.15	8.5000	按年付息
125206	14 富建 01	150.00	3.00	2017.01.17	10.0000	按季度付息
125207	14 丰田 01	60.00	2.00	2016.01.22	3.6800	按年付息
125208	13 东太债	30.00	3.00	2017.01.22	11.0000	按年付息

债券信息
List of Bonds

债券
Bond

上年收盘 (面值 100 元) Last Year close	本年开盘 Open	本年最高 High	本年最低 Low	本年收盘 Close	涨跌(%) Change(%)	成交数量(万) Trading Vol(10000)	成交金额(百万) Trading Val (M)
100.00	0.00	0.00	0.00	100.00	0.00	0.00	0.00
100.00	0.00	0.00	0.00	100.00	0.00	0.00	0.00
98.77	0.00	103.50	98.40	100.00	1.25	270.00	269.29
100.00	0.00	100.02	98.00	100.00	0.00	829.50	828.70
100.00	0.00	100.00	100.00	100.00	0.00	134.00	134.00
100.00	0.00	100.01	98.00	100.00	0.00	400.00	399.55
100.00	0.00	100.00	100.00	100.00	0.00	433.70	433.70
105.00	0.00	100.00	97.00	100.00	-4.76	320.00	318.80
100.00	0.00	0.00	0.00	100.00	0.00	0.00	0.00
100.00	0.00	0.00	0.00	100.00	0.00	0.00	0.00
100.00	0.00	103.00	97.00	103.00	3.00	551.00	550.10
104.50	0.00	102.00	97.00	100.00	-4.31	327.00	326.42
100.00	0.00	0.00	0.00	100.00	0.00	0.00	0.00
100.00	0.00	100.00	100.00	100.00	0.00	260.00	260.00
100.00	0.00	100.00	100.00	100.00	0.00	100.00	100.00
100.00	0.00	0.00	0.00	100.00	0.00	0.00	0.00
100.00	0.00	103.50	99.13	100.00	0.00	265.00	265.01
100.00	0.00	103.50	99.72	99.89	-0.11	495.00	496.45
100.00	0.00	0.00	0.00	100.00	0.00	0.00	0.00
100.00	0.00	100.00	100.00	100.00	0.00	100.00	100.00
100.00	0.00	103.00	97.00	101.54	1.54	318.00	317.81
100.00	0.00	0.00	0.00	100.00	0.00	0.00	0.00
100.00	0.00	100.02	100.00	100.02	0.02	280.00	280.03
100.00	0.00	0.00	0.00	100.00	0.00	0.00	0.00
100.00	0.00	0.00	0.00	100.00	0.00	0.00	0.00
100.00	0.00	100.00	100.00	100.00	0.00	240.00	240.00
100.00	0.00	100.33	100.00	100.00	0.00	317.00	317.06
100.00	0.00	0.00	0.00	100.00	0.00	0.00	0.00
100.00	0.00	0.00	0.00	100.00	0.00	0.00	0.00
100.00	0.00	0.00	0.00	100.00	0.00	0.00	0.00
100.00	0.00	0.00	0.00	100.00	0.00	0.00	0.00
100.00	0.00	0.00	0.00	100.00	0.00	0.00	0.00
100.00	0.00	0.00	0.00	100.00	0.00	0.00	0.00
100.00	0.00	0.00	0.00	100.00	0.00	0.00	0.00
100.00	0.00	0.00	0.00	100.00	0.00	0.00	0.00
100.00	0.00	0.00	0.00	100.00	0.00	0.00	0.00
100.00	0.00	0.00	0.00	100.00	0.00	0.00	0.00
100.00	0.00	0.00	0.00	100.00	0.00	0.00	0.00
100.00	0.00	0.00	0.00	100.00	0.00	0.00	0.00
100.00	0.00	0.00	0.00	100.00	0.00	0.00	0.00
100.00	0.00	0.00	0.00	100.00	0.00	0.00	0.00
100.00	0.00	100.00	100.00	100.00	0.00	60.00	60.00
100.00	0.00	100.00	100.00	100.00	0.00	30.00	30.00
100.00	0.00	0.00	0.00	100.00	0.00	0.00	0.00
100.00	0.00	100.00	100.00	100.00	0.00	3.00	3.00
100.00	0.00	0.00	0.00	100.00	0.00	0.00	0.00
100.00	0.00	0.00	0.00	100.00	0.00	0.00	0.00
100.00	0.00	100.00	100.00	100.00	0.00	300.00	300.00
100.00	0.00	0.00	0.00	100.00	0.00	0.00	0.00
100.00	0.00	0.00	0.00	100.00	0.00	0.00	0.00

债券信息 List of Bonds

债券 Bond

债券代码 Code	债券简称 Securities	发行数量 (百万) Issued Val(M)	年限 Terms	到期日 Expiration Date	票面利率(%) Coupon Rate(%)	付息方式 Way of Interest
125209	13 德感 02	150.00	3.00	2017.01.08	8.5000	按年付息
125210	13 运河 02	250.00	3.00	2017.01.22	8.8000	按年付息
125211	13 渝公 02	125.00	3.00	2017.01.22	10.0000	按年付息
125213	13 天御 01	38.00	2.00	2016.01.22	15.0000	按半年付息
125214	13 太湖 01	200.00	3.00	2017.01.22	9.3000	按半年付息
125215	13 洪泽 01	150.00	3.00	2017.01.22	9.5000	按年付息
125216	13 淮软 02	90.00	3.00	2017.01.23	10.0000	按半年付息
125217	13 贾汪 01	144.00	3.00	2017.01.24	11.0000	按年付息
125218	13 恩龙债	50.00	3.00	2017.01.23	8.0000	按季度付息
125219	13 易特 01	300.00	3.00	2017.01.28	10.0000	按季度付息
125220	13 渝三友	275.00	2.00	2016.01.27	9.5000	按季度付息
125221	13 津胜利	120.00	2.00	2016.05.23	11.0000	按年付息
125222	13 湖新 01	175.00	1.00	2015.01.24	11.0000	按半年付息
125223	14 帝达 01	50.00	3.00	2017.01.29	8.4300	按年付息
125224	13 滨旅债	300.00	2.00	2016.01.17	8.8000	按年付息
125225	13 马克债	100.00	1.50	2015.07.29	7.9950	按季度付息
125226	14 新昌印	100.00	3.00	2017.03.25	8.2000	按年付息
125227	14 渝南水	200.00	3.00	2017.02.26	9.5000	按年付息
125228	13 新沂 01	110.00	3.00	2017.02.27	10.3000	按半年付息
125229	14 帝达 02	50.00	3.00	2017.02.21	8.3500	按年付息
125230	14 浏水投	300.00	3.00	2017.02.27	9.3500	按年付息
125231	14 同利 01	150.00	3.00	2017.03.03	11.0000	按年付息
125232	13 新宇 01	50.00	3.00	2017.03.17	9.5000	按年付息
125233	13 中亚债	350.00	2.00	2016.03.05	9.5000	按年付息
125234	13 百灵 01	200.00	1.75	2015.11.20	7.9950	按季度付息
125235	13 易特 02	200.00	3.00	2017.02.26	10.0000	按季度付息
125236	14 涟水 01	220.00	3.00	2017.02.13	10.0000	按半年付息
125237	13 金凤 01	300.00	3.00	2017.03.03	10.5000	按年付息
125238	14 涟水 02	80.00	3.00	2017.02.27	10.0000	按半年付息
125240	13 庆顺嘉	100.00	1.50	2015.08.24	7.9950	按季度付息
125241	13 庆科技	100.00	2.00	2016.02.27	7.9950	按季度付息
125242	14 柳物流	200.00	3.00	2017.02.17	11.8000	按年付息
125243	14 赣路桥	70.00	2.00	2016.08.29	9.4000	按季度付息
125244	13 蒙百灵	100.00	2.00	2016.03.06	7.9950	按季度付息
125245	14 鲁众冠	50.00	3.00	2017.03.07	8.2000	按年付息
125246	13 浐灞债	200.00	3.00	2017.02.27	9.0000	按年付息
125247	13 太湖 02	300.00	3.00	2017.03.07	11.0000	按半年付息
125248	13 巴建 01	101.00	2.00	2016.03.19	9.0000	按年付息
125249	13 鲁木 02	120.00	2.00	2016.03.13	10.5000	按年付息
125250	13 天御 02	262.00	2.00	2016.03.17	12.0000	按半年付息
125251	13 神润 01	30.00	3.00	2017.03.21	9.0000	按半年付息
125252	14 京神雾	200.00	3.00	2017.03.17	7.5000	按年付息
125253	14 天源 01	200.00	3.00	2017.03.21	11.0000	按年付息
125254	13 中科 02	24.00	3.00	2017.03.10	10.7000	按年付息
125255	13 盐交 01	240.00	3.00	2017.03.25	10.0000	按年付息
125256	13 启临海	150.00	3.00	2017.03.28	10.5000	按年付息
125257	PR 济碳 01	300.00	3.00	2017.03.21	6.6500	按季度付息
125258	13 西路桥	100.00	3.00	2017.03.25	8.7000	按年付息
125259	13 嘉澳科	80.00	3.00	2017.03.31	8.1500	按季度付息
125261	13 金凤 02	200.00	3.00	2017.04.09	10.5000	按年付息

债券信息
List of Bonds

债券
Bond

上年收盘 (面值 100 元) Last Year close	本年开盘 Open	本年最高 High	本年最低 Low	本年收盘 Close	涨跌(%) Change(%)	成交数量(万) Trading Vol(10000)	成交金额(百万) Trading Val (M)
100.00	0.00	0.00	0.00	100.00	0.00	0.00	0.00
100.00	0.00	0.00	0.00	100.00	0.00	0.00	0.00
100.00	0.00	0.00	0.00	100.00	0.00	0.00	0.00
100.00	0.00	0.00	0.00	100.00	0.00	0.00	0.00
100.00	0.00	100.00	100.00	100.00	0.00	50.00	50.00
100.00	0.00	102.00	100.00	100.00	0.00	65.00	65.60
100.00	0.00	100.76	100.00	100.67	0.67	317.00	317.25
100.00	0.00	102.00	97.00	100.00	0.00	408.00	405.20
100.00	0.00	0.00	0.00	100.00	0.00	0.00	0.00
100.00	0.00	0.00	0.00	100.00	0.00	0.00	0.00
100.00	0.00	0.00	0.00	100.00	0.00	0.00	0.00
100.00	0.00	0.00	0.00	100.00	0.00	0.00	0.00
100.00	0.00	102.00	99.62	100.00	0.00	264.80	265.28
100.00	0.00	0.00	0.00	100.00	0.00	0.00	0.00
100.00	0.00	0.00	0.00	100.00	0.00	0.00	0.00
100.00	0.00	0.00	0.00	100.00	0.00	0.00	0.00
100.00	0.00	0.00	0.00	100.00	0.00	0.00	0.00
100.00	0.00	0.00	0.00	100.00	0.00	0.00	0.00
100.00	0.00	103.00	100.00	103.00	3.00	285.00	286.87
100.00	0.00	0.00	0.00	100.00	0.00	0.00	0.00
100.00	0.00	0.00	0.00	100.00	0.00	0.00	0.00
100.00	0.00	100.00	95.00	100.00	0.00	236.50	231.70
100.00	0.00	0.00	0.00	100.00	0.00	0.00	0.00
100.00	0.00	100.01	99.89	100.00	0.00	138.50	138.47
100.00	0.00	0.00	0.00	100.00	0.00	0.00	0.00
100.00	0.00	0.00	0.00	100.00	0.00	0.00	0.00
100.00	0.00	0.00	0.00	100.00	0.00	0.00	0.00
100.00	0.00	0.00	0.00	100.00	0.00	0.00	0.00
100.00	0.00	0.00	0.00	100.00	0.00	0.00	0.00
100.00	0.00	0.00	0.00	100.00	0.00	0.00	0.00
100.00	0.00	0.00	0.00	100.00	0.00	0.00	0.00
100.00	0.00	100.01	97.00	100.00	0.00	466.00	461.52
100.00	0.00	0.00	0.00	100.00	0.00	0.00	0.00
100.00	0.00	0.00	0.00	100.00	0.00	0.00	0.00
100.00	0.00	0.00	0.00	100.00	0.00	0.00	0.00
100.00	0.00	0.00	0.00	100.00	0.00	0.00	0.00
100.00	0.00	100.01	98.00	100.00	0.00	303.00	299.20
100.00	0.00	0.00	0.00	100.00	0.00	0.00	0.00
100.00	0.00	99.51	98.00	98.00	-2.00	262.00	260.41
100.00	0.00	100.50	99.74	99.74	-0.26	279.00	278.46
100.00	0.00	0.00	0.00	100.00	0.00	0.00	0.00
100.00	0.00	0.00	0.00	100.00	0.00	0.00	0.00
100.00	0.00	103.01	97.00	100.00	0.00	517.00	517.80
100.00	0.00	0.00	0.00	100.00	0.00	0.00	0.00
100.00	0.00	100.00	98.00	98.00	-2.00	140.00	139.20
100.00	0.00	0.00	0.00	100.00	0.00	0.00	0.00
100.00	0.00	0.00	0.00	100.00	0.00	0.00	0.00
100.00	0.00	0.00	0.00	100.00	0.00	0.00	0.00
100.00	0.00	0.00	0.00	100.00	0.00	0.00	0.00
100.00	0.00	0.00	0.00	100.00	0.00	0.00	0.00

债券信息 List of Bonds

债券代码 Code	债券简称 Securities	发行数量 (百万) Issued Val(M)	年限 Terms	到期日 Expiration Date	票面利率(%) Coupon Rate(%)	付息方式 Way of Interest
125262	14 南菱 01	40.00	2.00	2016.04.10	9.0000	按年付息
125263	14 南菱 02	20.00	1.00	2015.04.10	9.0000	到期一次付息
125264	14 句农 01	150.00	2.00	2016.04.11	9.5000	按年付息
125265	13 惠泽债	200.00	3.00	2017.04.21	10.5000	按年付息
125266	14 天源 02	100.00	3.00	2017.04.18	11.0000	按年付息
125267	13 临海建	133.00	3.00	2017.04.15	10.5000	按年付息
125268	13 神润 02	70.00	3.00	2017.04.18	10.5000	按年付息
125269	14 鲁焦化	140.00	3.00	2017.05.20	8.5000	按季度付息
125270	13 华鑫 01	100.00	3.00	2017.04.28	10.0000	按年付息
125271	14 金港债	130.00	2.00	2016.04.29	8.9000	按季度付息
125272	13 洪泽 02	150.00	3.00	2017.04.30	10.0000	按年付息
125273	13 鼎兴 02	150.00	3.00	2017.04.21	10.0000	按年付息
125274	14 港印 01	57.00	3.00	2017.05.07	10.1000	按年付息
125275	14 锦宝地	200.00	1.00	2015.06.18	14.6000	按季度付息
125276	13 新沂 02	80.00	3.00	2017.05.06	10.5000	按半年付息
125277	14 昱达 01	200.00	2.00	2016.04.30	9.5000	按季度付息
125278	14 淮机债	300.00	3.00	2017.05.07	10.5000	按年付息
125279	13 连岛债	120.00	2.00	2016.05.07	10.5000	按年付息
125280	PR 济碳 02	200.00	3.00	2017.04.21	6.6500	按季度付息
125281	13 贾汪 02	150.00	3.00	2017.05.09	10.5000	按年付息
125282	13 恒瑞 02	150.00	3.00	2017.04.29	9.5000	按年付息
125283	14 西草堂	300.00	3.00	2017.05.15	8.9900	按年付息
125284	14 泰凤城	300.00	3.00	2017.05.13	9.5000	按年付息
125285	14 瑞水泥	250.00	3.00	2017.04.25	9.0000	按年付息
125286	14 通世锦	400.00	3.00	2017.05.15	8.5000	按半年付息
125287	13 盐交 02	60.00	3.00	2017.05.15	10.5000	按年付息
125288	13 振富 02	100.00	3.00	2017.05.16	11.5000	按年付息
125289	14 六建债	200.00	2.00	2016.05.16	10.0000	按年付息
125290	13 邳交 01	150.00	2.00	2016.05.16	10.0000	按半年付息
125291	14 丰田 02	60.00	2.00	2016.05.22	3.6800	按年付息
125292	14 中恒 01	50.00	2.00	2016.05.29	10.5000	按半年付息
125293	14 郎溪 01	135.00	3.00	2017.05.16	9.2000	按年付息
125294	13 龙物流	240.00	3.00	2017.05.23	8.5000	按半年付息
125295	14 扬水债	300.00	3.00	2017.05.23	11.0000	按年付息
125296	14 苏壹药	120.00	2.00	2016.05.23	8.5000	按季度付息
125297	13 寿金海	500.00	3.00	2017.05.26	8.9000	按年付息
125298	14 路鹏 01	100.00	3.00	2017.05.29	9.5000	按年付息
125299	14 钱四桥	200.00	1.50	2015.11.14	7.6000	按年付息
125300	14 沙旅游	200.00	2.00	2016.05.30	8.2000	按年付息
125301	14 豫中孚	447.50	3.00	2017.05.20	9.0000	按年付息
125302	14 西华新	250.00	3.00	2017.05.20	9.0000	按年付息
125303	14 浩湖渔	200.00	3.00	2017.05.22	10.5000	按年付息
125304	13 天润工	100.00	2.00	2016.06.18	9.4000	按年付息
125305	13 华鑫 02	100.00	3.00	2017.06.11	10.6000	按年付息
125306	14 凯里电	100.00	3.00	2017.06.11	10.5000	按年付息
125307	14 台供热	300.00	3.00	2017.06.11	10.5000	按年付息
125308	14 沿供热	300.00	3.00	2017.06.09	10.5000	按年付息
125309	14 恒远债	250.00	3.00	2017.06.04	9.0000	按年付息
125310	14 长湖 01	400.00	3.00	2017.06.11	9.8500	按年付息
125311	14 西彭 01	130.00	3.00	2017.06.04	10.5000	按年付息

债券信息 债券
List of Bonds Bond

上年收盘 (面值 100 元) Last Year close	本年开盘 Open	本年最高 High	本年最低 Low	本年收盘 Close	涨跌(%) Change(%)	成交数量(万) Trading Vol(10000)	成交金额(百万) Trading Val (M)
100.00	0.00	0.00	0.00	100.00	0.00	0.00	0.00
100.00	0.00	0.00	0.00	100.00	0.00	0.00	0.00
100.00	0.00	0.00	0.00	100.00	0.00	0.00	0.00
100.00	0.00	100.00	99.87	100.00	0.00	440.70	440.58
100.00	0.00	101.46	98.00	100.00	0.00	125.00	124.67
100.00	0.00	98.00	98.00	98.00	-2.00	20.00	19.60
100.00	0.00	0.00	0.00	100.00	0.00	0.00	0.00
100.00	0.00	0.00	0.00	100.00	0.00	0.00	0.00
100.00	0.00	100.00	97.00	97.00	-3.00	122.00	121.14
100.00	0.00	0.00	0.00	100.00	0.00	0.00	0.00
100.00	0.00	100.00	100.00	100.00	0.00	80.00	80.00
100.00	0.00	100.00	98.29	100.00	0.00	172.00	171.06
100.00	0.00	97.00	97.00	97.00	-3.00	53.00	51.42
100.00	0.00	0.00	0.00	100.00	0.00	0.00	0.00
100.00	0.00	103.01	98.00	103.01	3.01	180.00	179.20
100.00	0.00	0.00	0.00	100.00	0.00	0.00	0.00
100.00	0.00	100.70	98.00	100.00	0.00	145.00	143.85
100.00	0.00	100.25	100.00	100.00	0.00	133.00	133.02
100.00	0.00	0.00	0.00	100.00	0.00	0.00	0.00
100.00	0.00	0.00	0.00	100.00	0.00	0.00	0.00
100.00	0.00	0.00	0.00	100.00	0.00	0.00	0.00
100.00	0.00	100.00	100.00	100.00	0.00	210.00	210.00
100.00	0.00	100.10	97.00	97.00	-3.00	130.00	129.73
100.00	0.00	0.00	0.00	100.00	0.00	0.00	0.00
100.00	0.00	0.00	0.00	100.00	0.00	0.00	0.00
100.00	0.00	100.00	100.00	100.00	0.00	108.00	108.00
100.00	0.00	100.00	100.00	100.00	0.00	130.00	130.00
100.00	0.00	100.00	100.00	100.00	0.00	40.00	40.00
100.00	0.00	0.00	0.00	100.00	0.00	0.00	0.00
100.00	0.00	0.00	0.00	100.00	0.00	0.00	0.00
100.00	0.00	0.00	0.00	100.00	0.00	0.00	0.00
100.00	0.00	100.00	100.00	100.00	0.00	254.80	254.80
100.00	0.00	0.00	0.00	100.00	0.00	0.00	0.00
100.00	0.00	101.36	98.00	100.00	0.00	189.00	187.87
100.00	0.00	0.00	0.00	100.00	0.00	0.00	0.00
100.00	0.00	100.00	100.00	100.00	0.00	400.00	400.00
100.00	0.00	100.00	100.00	100.00	0.00	10.00	10.00
100.00	0.00	0.00	0.00	100.00	0.00	0.00	0.00
100.00	0.00	0.00	0.00	100.00	0.00	0.00	0.00
100.00	0.00	0.00	0.00	100.00	0.00	0.00	0.00
100.00	0.00	0.00	0.00	100.00	0.00	0.00	0.00
100.00	0.00	0.00	0.00	100.00	0.00	0.00	0.00
100.00	0.00	0.00	0.00	100.00	0.00	0.00	0.00
100.00	0.00	100.70	97.00	100.00	0.00	153.00	152.61
100.00	0.00	100.00	100.00	100.00	0.00	141.00	141.00
100.00	0.00	100.02	98.00	98.00	-2.00	190.00	188.80
100.00	0.00	103.00	98.00	103.00	3.00	349.00	348.40
100.00	0.00	100.00	99.21	99.22	-0.78	150.00	149.61
100.00	0.00	100.02	100.00	100.00	0.00	50.00	50.00
100.00	0.00	0.00	0.00	100.00	0.00	0.00	0.00

债券信息 List of Bonds

债券 Bond

债券代码 Code	债券简称 Securities	发行数量(百万) Issued Val(M)	年限 Terms	到期日 Expiration Date	票面利率(%) Coupon Rate(%)	付息方式 Way of Interest
125312	14 西彭 02	130.00	3.00	2017.06.12	10.5000	按年付息
125313	14 江建债	250.00	3.00	2017.06.19	9.6000	按年付息
125314	14 坛国发	500.00	3.00	2017.06.19	9.9000	按年付息
125315	13 宁新城	250.00	3.00	2017.06.26	8.0000	按季度付息
125316	13 九热力	200.00	2.00	2016.06.24	8.5500	按年付息
125317	14 郎溪 02	15.00	3.00	2017.06.13	9.2000	按年付息
125318	14 常环保	300.00	3.00	2017.06.24	8.3000	按年付息
125319	13 天政 02	200.00	3.00	2017.06.30	8.0000	按年付息
125320	14 阳澄湖	200.00	2.00	2016.06.26	8.2000	按年付息
125321	13 巴建 02	49.00	2.00	2016.06.16	10.5000	按年付息
125322	13 盛旅 01	300.00	3.00	2017.06.20	9.9000	按年付息
125323	13 盛旅 02	100.00	3.00	2017.06.24	9.9000	按年付息
125324	13 路桥 02	200.00	3.00	2017.06.20	10.0000	按季度付息
125325	13 宝同利	250.00	3.00	2017.07.04	11.0000	按年付息
125326	13 都堰 01	77.64	3.00	2017.06.30	12.0000	按年付息
125327	13 都堰 02	172.36	3.00	2017.07.01	12.0000	按年付息
125328	14 凯重工	200.00	3.00	2017.07.04	9.4000	按年付息
125330	14 南洋债	200.00	2.00	2016.06.30	9.7000	按季度付息
125331	14 高科债	120.00	3.00	2017.07.07	10.0000	按年付息
125332	14 畅路桥	200.00	3.00	2017.06.24	11.0000	按年付息
125333	14 云港 01	130.00	3.00	2017.07.02	10.0000	按年付息
125334	13 鲁金矿	200.00	2.00	2016.06.20	8.4000	按半年付息
125335	14 金河债	40.00	3.00	2017.07.23	9.0000	按年付息
125336	14 泰凤 02	500.00	3.00	2017.07.18	9.4000	按年付息
125337	14 古堰 01	150.00	3.00	2017.07.18	10.1000	按年付息
125338	14 中恒 02	50.00	2.00	2016.07.23	9.5000	按半年付息
125339	14 朝晖 01	45.00	3.00	2017.07.16	7.6600	按季度付息
125340	14 恒基债	250.00	2.00	2016.07.25	8.3000	按年付息
125341	14 武丹枫	200.00	2.00	2016.07.24	10.0000	按年付息
125342	14 铜枣 01	205.00	3.00	2017.07.23	10.5000	按年付息
125343	14 南花卉	400.00	3.00	2017.08.04	9.5000	按年付息
125344	14 汉湖 01	150.00	3.00	2017.07.15	10.5000	按年付息
125345	14 汉湖 02	150.00	3.00	2017.07.24	10.5000	按年付息
125346	14 海水务	300.00	3.00	2017.08.12	9.5000	按年付息
125347	14 古堰 02	150.00	3.00	2017.08.08	10.1000	按年付息
125348	14 南建 01	150.00	3.00	2017.08.13	8.6000	按半年付息
125349	14 武交通	200.00	3.00	2017.08.13	10.6400	按半年付息
125352	14 三特 01	65.00	3.00	2017.08.05	9.6000	按年付息
125353	14 三特 02	65.00	3.00	2017.08.13	9.6000	按年付息
125354	14 宿农 01	155.00	3.00	2017.08.06	9.5000	按年付息
125355	14 长荡湖	300.00	3.00	2017.08.15	9.0000	按年付息
125356	14 德绿化	200.00	3.00	2017.08.08	10.5000	按年付息
125357	13 科创债	200.00	3.00	2017.08.15	9.5000	按年付息
125358	14 鼎盛债	80.00	3.00	2017.08.21	9.3500	按年付息
125359	14 吉粮债	300.00	3.00	2017.07.31	10.5000	按年付息
125360	14 朝晖 02	30.00	3.00	2017.08.13	7.6600	按季度付息
125362	14 槐海 01	100.00	3.00	2017.08.28	10.5000	按年付息
125363	14 老边 01	290.00	2.00	2016.08.29	10.0000	按年付息
125364	14 老边 02	210.00	2.00	2016.10.24	10.0000	按年付息
125365	14 吴博园	500.00	3.00	2017.09.04	6.0000	按半年付息

债券信息
List of Bonds

债券
Bond

上年收盘 (面值 100 元) Last Year close	本年开盘 Open	本年最高 High	本年最低 Low	本年收盘 Close	涨跌(%) Change(%)	成交数量(万) Trading Vol(10000)	成交金额(百万) Trading Val (M)
100.00	0.00	0.00	0.00	100.00	0.00	0.00	0.00
100.00	0.00	0.00	0.00	100.00	0.00	0.00	0.00
100.00	0.00	100.00	97.00	100.00	0.00	289.00	286.00
100.00	0.00	0.00	0.00	100.00	0.00	0.00	0.00
100.00	0.00	0.00	0.00	100.00	0.00	0.00	0.00
100.00	0.00	0.00	0.00	100.00	0.00	0.00	0.00
100.00	0.00	0.00	0.00	100.00	0.00	0.00	0.00
100.00	0.00	0.00	0.00	100.00	0.00	0.00	0.00
100.00	0.00	0.00	0.00	100.00	0.00	0.00	0.00
100.00	0.00	0.00	0.00	100.00	0.00	0.00	0.00
100.00	0.00	0.00	0.00	100.00	0.00	0.00	0.00
100.00	0.00	0.00	0.00	100.00	0.00	0.00	0.00
100.00	0.00	0.00	0.00	100.00	0.00	0.00	0.00
100.00	0.00	0.00	0.00	100.00	0.00	0.00	0.00
100.00	0.00	0.00	0.00	100.00	0.00	0.00	0.00
100.00	0.00	100.00	99.80	100.00	0.00	132.36	132.24
100.00	0.00	100.00	100.00	100.00	0.00	20.00	20.00
100.00	0.00	0.00	0.00	100.00	0.00	0.00	0.00
100.00	0.00	0.00	0.00	100.00	0.00	0.00	0.00
100.00	0.00	0.00	0.00	100.00	0.00	0.00	0.00
100.00	0.00	100.00	99.57	99.57	-0.43	14.00	13.96
100.00	0.00	0.00	0.00	100.00	0.00	0.00	0.00
100.00	0.00	100.00	100.00	100.00	0.00	10.00	10.00
100.00	0.00	100.00	99.97	100.00	0.00	97.60	97.60
100.00	0.00	100.00	100.00	100.00	0.00	80.00	80.00
100.00	0.00	0.00	0.00	100.00	0.00	0.00	0.00
100.00	0.00	0.00	0.00	100.00	0.00	0.00	0.00
100.00	0.00	0.00	0.00	100.00	0.00	0.00	0.00
100.00	0.00	0.00	0.00	100.00	0.00	0.00	0.00
100.00	0.00	100.00	100.00	100.00	0.00	40.00	40.00
100.00	0.00	100.00	100.00	100.00	0.00	81.50	81.50
100.00	0.00	0.00	0.00	100.00	0.00	0.00	0.00
100.00	0.00	0.00	0.00	100.00	0.00	0.00	0.00
100.00	0.00	100.02	99.93	100.02	0.02	220.00	219.91
100.00	0.00	100.00	97.00	100.00	0.00	170.00	169.03
100.00	0.00	0.00	0.00	100.00	0.00	0.00	0.00
100.00	0.00	0.00	0.00	100.00	0.00	0.00	0.00
100.00	0.00	0.00	0.00	100.00	0.00	0.00	0.00
100.00	0.00	0.00	0.00	100.00	0.00	0.00	0.00
100.00	0.00	0.00	0.00	100.00	0.00	0.00	0.00
100.00	0.00	100.00	100.00	100.00	0.00	78.00	78.00
100.00	0.00	103.05	97.00	103.05	3.05	304.00	301.78
100.00	0.00	0.00	0.00	100.00	0.00	0.00	0.00
100.00	0.00	0.00	0.00	100.00	0.00	0.00	0.00
100.00	0.00	100.00	95.97	95.97	-4.03	190.00	188.79
100.00	0.00	0.00	0.00	100.00	0.00	0.00	0.00
100.00	0.00	97.00	97.00	97.00	-3.00	40.00	38.80
100.00	0.00	100.00	100.00	100.00	0.00	214.00	214.00
100.00	0.00	100.00	100.00	100.00	0.00	20.00	20.00
100.00	0.00	0.00	0.00	100.00	0.00	0.00	0.00

债券信息 List of Bonds

债券 Bond

债券代码 Code	债券简称 Securities	发行数量(百万) Issued Val(M)	年限 Terms	到期日 Expiration Date	票面利率(%) Coupon Rate(%)	付息方式 Way of Interest
125366	14 金凤凰	150.00	3.00	2017.08.28	10.0000	按季度付息
125367	14 美兰 01	250.00	3.00	2017.09.05	9.7000	按年付息
125368	14 绿投 01	300.00	2.00	2016.08.22	9.0000	按季度付息
125369	14 下渚湖	300.00	3.00	2017.09.11	10.0000	按年付息
125370	14 淮农债	250.00	3.00	2017.09.16	9.8000	按年付息
125371	14 奥盛债	100.00	2.00	2016.09.03	10.7500	按年付息
125372	14 孝供水	300.00	3.00	2017.08.28	9.0000	按年付息
125373	14 桂阳债	500.00	3.00	2017.08.15	9.5000	按季度付息
125374	14 临热供	345.00	3.00	2017.09.09	9.2000	按半年付息
125375	14 海普 01	31.50	3.00	2017.08.25	8.1000	按季度付息
125376	14 宁吉元	200.00	3.00	2017.08.30	9.8400	按季度付息
125377	14 天泰债	160.00	3.00	2017.09.10	9.3500	按年付息
125378	14 厉华债	260.00	3.00	2017.08.19	9.3500	按年付息
125379	14 美兰 02	250.00	3.00	2017.09.23	9.7000	按年付息
125380	14 紫竹债	280.00	3.00	2017.09.02	7.2300	按季度付息
125382	14 航空城	200.00	3.00	2017.09.25	10.1000	按季度付息
125383	14 雨经发	350.00	3.00	2017.09.23	8.8000	按年付息
125384	14 阳澄 01	330.00	3.00	2017.11.20	8.5000	按半年付息
125385	--	--	--	--	--	--
125387	14 湖滨 01	100.00	2.00	2016.09.19	10.0000	按年付息
125388	14 康嘉债	200.00	3.00	2017.09.26	9.7000	按年付息
125389	14 绿投 02	250.00	2.00	2016.09.26	8.5000	按季度付息
125390	14 汉丰 01	130.00	3.00	2017.09.26	10.0000	按年付息
125391	14 普定 01	120.00	3.00	2017.09.22	10.0000	按年付息
125392	14 镇远债	150.00	3.00	2017.09.22	10.0000	按年付息
125393	14 润扬债	100.00	2.00	2016.09.29	10.0000	按季度付息
125394	14 高思 01	60.00	3.00	2017.09.26	10.5000	按年付息
125396	14 重机债	35.00	2.00	2016.10.30	8.5000	按年付息
125397	14 江宁 01	250.00	2.00	2016.09.30	8.5000	按年付息
125398	14 句赤湖	250.00	3.00	2017.10.24	9.0000	按季度付息
125399	14 惠海债	240.00	3.00	2017.09.30	9.0000	按年付息
125400	14 铜水务	300.00	3.00	2017.11.14	9.5000	按半年付息
125401	14 句容债	300.00	3.00	2017.11.04	9.3000	按年付息
125402	14 宿农 02	95.00	3.00	2017.10.28	9.5000	按年付息
125403	14 淮物流	250.00	3.00	2017.11.12	10.1000	按年付息
125404	14 槐海 02	200.00	3.00	2017.11.13	10.5000	按年付息
125407	14 维多债	110.00	3.00	2017.11.14	11.0000	按年付息
125411	14 北塘投	200.00	2.00	2016.11.21	8.8000	按年付息
125413	--	--	--	--	--	--
125415	--	--	--	--	--	--
125416	14 邵建债	150.00	3.00	2017.12.03	9.5000	按季度付息
125417	14 苏园 01	100.00	3.00	2017.11.28	9.0000	按年付息
125419	14 建成 01	65.00	3.00	2017.11.28	11.0000	按年付息
125420	14 艾尼 01	25.00	3.00	2017.11.28	11.0000	按年付息
125424	14 惠通债	200.00	3.00	2017.11.28	9.0000	按年付息
126009	08 赣粤债	1200.00	6.00	2014.01.28	0.8000	按年付息
126010	08 中远债	1050.00	6.00	2014.01.28	0.8000	按年付息
126011	08 石化债	30000.00	6.00	2014.02.20	0.8000	按年付息
126013	08 青啤债	1500.00	6.00	2014.04.02	0.8000	按年付息
126014	08 国电债	3995.00	6.00	2014.05.07	1.0000	按年付息

债券信息
List of Bonds

债券
Bond

上年收盘 (面值 100 元) Last Year close	本年开盘 Open	本年最高 High	本年最低 Low	本年收盘 Close	涨跌(%) Change(%)	成交数量(万) Trading Vol(10000)	成交金额(百万) Trading Val (M)
100.00	0.00	0.00	0.00	100.00	0.00	0.00	0.00
100.00	0.00	100.00	99.93	100.00	0.00	100.00	99.97
100.00	0.00	0.00	0.00	100.00	0.00	0.00	0.00
100.00	0.00	0.00	0.00	100.00	0.00	0.00	0.00
100.00	0.00	100.00	100.00	100.00	0.00	15.00	15.00
100.00	0.00	0.00	0.00	100.00	0.00	0.00	0.00
100.00	0.00	100.00	100.00	100.00	0.00	70.80	70.80
100.00	0.00	0.00	0.00	100.00	0.00	0.00	0.00
100.00	0.00	103.00	97.00	100.00	0.00	421.10	417.50
100.00	0.00	0.00	0.00	100.00	0.00	0.00	0.00
100.00	0.00	0.00	0.00	100.00	0.00	0.00	0.00
100.00	0.00	0.00	0.00	100.00	0.00	0.00	0.00
100.00	0.00	0.00	0.00	100.00	0.00	0.00	0.00
100.00	0.00	99.94	99.94	99.94	-0.06	50.00	49.97
100.00	0.00	0.00	0.00	100.00	0.00	0.00	0.00
100.00	0.00	0.00	0.00	100.00	0.00	0.00	0.00
100.00	0.00	0.00	0.00	100.00	0.00	0.00	0.00
100.00	0.00	0.00	0.00	100.00	0.00	0.00	0.00
100.00	0.00	0.00	0.00	100.00	0.00	0.00	0.00
100.00	0.00	0.00	0.00	100.00	0.00	0.00	0.00
100.00	0.00	0.00	0.00	100.00	0.00	0.00	0.00
100.00	0.00	0.00	0.00	100.00	0.00	0.00	0.00
100.00	0.00	100.00	100.00	100.00	0.00	25.00	25.00
100.00	0.00	0.00	0.00	100.00	0.00	0.00	0.00
100.00	0.00	0.00	0.00	100.00	0.00	0.00	0.00
100.00	0.00	0.00	0.00	100.00	0.00	0.00	0.00
100.00	0.00	0.00	0.00	100.00	0.00	0.00	0.00
100.00	0.00	0.00	0.00	100.00	0.00	0.00	0.00
100.00	0.00	0.00	0.00	100.00	0.00	0.00	0.00
100.00	0.00	100.00	99.86	100.00	0.00	300.00	299.89
100.00	0.00	0.00	0.00	100.00	0.00	0.00	0.00
100.00	0.00	100.00	100.00	100.00	0.00	20.00	20.00
100.00	0.00	0.00	0.00	100.00	0.00	0.00	0.00
100.00	0.00	100.00	100.00	100.00	0.00	86.00	86.00
100.00	0.00	100.00	99.90	99.90	-0.11	80.00	79.93
100.00	0.00	99.89	99.89	99.89	-0.11	12.00	11.99
100.00	0.00	0.00	0.00	100.00	0.00	0.00	0.00
100.00	0.00	0.00	0.00	100.00	0.00	0.00	0.00
100.00	0.00	0.00	0.00	100.00	0.00	0.00	0.00
100.00	0.00	0.00	0.00	100.00	0.00	0.00	0.00
100.00	0.00	0.00	0.00	100.00	0.00	0.00	0.00
100.00	0.00	0.00	0.00	100.00	0.00	0.00	0.00
100.00	0.00	0.00	0.00	100.00	0.00	0.00	0.00
100.00	0.00	0.00	0.00	100.00	0.00	0.00	0.00
100.00	0.00	0.00	0.00	100.00	0.00	0.00	0.00
99.59	99.21	99.92	99.21	99.92	0.33	100.09	99.86
99.56	99.55	99.93	99.21	99.93	0.37	144.59	144.26
99.41	99.22	99.98	98.56	99.96	0.55	6263.55	6243.15
98.68	98.52	99.95	96.96	99.92	1.26	1012.36	1007.12
98.20	98.11	100.61	97.91	99.97	1.80	404.99	402.66

债券信息 List of Bonds

债券代码 Code	债券简称 Securities	发行数量(百万) Issued Val(M)	年限 Terms	到期日 Expiration Date	票面利率(%) Coupon Rate(%)	付息方式 Way of Interest
126015	08 康美债	900.00	6.00	2014.05.08	0.8000	按年付息
126016	08 宝钢债	10000.00	6.00	2014.06.20	0.8000	按年付息
126017	08 葛洲债	1390.00	6.00	2014.06.26	0.6000	按年付息
126018	08 江铜债	6800.00	8.00	2016.09.22	1.0000	按年付息
126019	09 长虹债	3000.00	6.00	2015.07.30	0.8000	按年付息
127000	14 繁昌投	1000.00	7.00	2021.10.17	6.8000	按年付息
127001	14 电投 02	3000.00	15.00	2029.09.17	5.7400	按年付息
127002	14 天能 02	400.00	6.00	2020.09.29	8.0000	按年付息
127003	14 德兴债	800.00	7.00	2021.10.17	7.1700	按年付息
127004	14 溧昆仑	1100.00	7.00	2021.10.24	5.9000	按年付息
127005	14 乐清债	1000.00	7.00	2021.10.20	5.9900	按年付息
127006	14 蓬莱债	1000.00	8.00	2022.10.22	6.9800	按年付息
127008	14 龙岩 01	500.00	7.00	2021.07.30	8.3500	按年付息
127009	14 龙岩 02	500.00	7.00	2021.10.13	7.7000	按年付息
127010	14 海城投	1300.00	7.00	2021.10.22	5.5800	按年付息
127011	14 鹰投债	1500.00	7.00	2021.10.17	6.2000	按年付息
127012	14 柳微债	1000.00	3.00	2017.10.16	5.9500	按年付息
127013	14 乐山债	1200.00	7.00	2021.10.22	5.6800	按年付息
127014	14 三门 01	400.00	7.00	2021.10.29	6.8500	按年付息
127015	14 世园债	1200.00	7.00	2021.10.21	6.2000	按年付息
127016	14 忠旺债	1100.00	6.00	2020.10.22	5.4800	按年付息
127017	14 粤高债	2000.00	15.00	2029.10.29	5.4000	按年付息
127018	14 新昌 01	600.00	7.00	2021.10.30	5.8800	按年付息
127019	14 丹徒投	1500.00	7.00	2021.11.03	5.8900	按年付息
127020	14 玉交 01	500.00	7.00	2021.11.03	5.6500	按年付息
127021	14 京天恒	1500.00	6.00	2020.10.24	5.4000	按年付息
127022	10 句容福	1000.00	7.00	2017.10.27	6.2000	按年付息
127023	14 集城投	1200.00	7.00	2021.11.04	6.6900	按年付息
127024	14 攀小微	600.00	5.00	2019.10.30	5.4800	按年付息
127026	14 沪建债	2000.00	10.00	2024.11.05	4.8000	按年付息
127027	14 晋城债	1400.00	7.00	2021.11.11	4.9900	按年付息
127028	14 新供销	800.00	7.00	2021.11.07	5.0700	按年付息
127029	14 岳阳债	1300.00	7.00	2021.11.03	5.5000	按年付息
127030	14 鹿城债	1200.00	7.00	2021.11.03	5.5800	按年付息
127032	14 连交通	900.00	7.00	2021.11.17	5.4700	按年付息
127033	14 即旅投	1000.00	7.00	2021.11.17	5.4700	按年付息
127034	14 永嘉债	800.00	7.00	2021.11.12	6.5000	按年付息
127035	14 春辉 01	100.00	6.00	2020.11.13	7.8500	按年付息
127038	14 吴中债	2000.00	7.00	2021.11.19	5.4900	按年付息
127039	14 西电债	500.00	5.00	2019.11.26	5.9600	按年付息
127040	14 春辉 02	400.00	6.00	2020.11.18	8.5000	按年付息
127043	14 黑重建	700.00	6.00	2020.11.20	7.0600	按年付息
127044	14 河润业	900.00	7.00	2021.12.03	6.2000	按年付息
127048	14 浏经开	1300.00	7.00	2021.11.27	5.7000	按年付息
127052	14 甘公 02	2500.00	7.00	2021.12.01	5.8500	按年付息
128001	14 平安 01	1210.00	0.92	2015.05.26	5.3000	按月付息一次
128002	14 平安 02	1341.00	2.42	2016.11.26	5.6000	按月付息一次
128003	14 平安 03	80.00	3.01	2017.06.26	0.0000	到期一次付息
130051	10 地债 02	15200.00	5.00	2015.06.21	2.9000	按年付息
130054	10 地债 05	18600.00	5.00	2015.08.10	2.6700	按年付息

债券信息
List of Bonds

债券
Bond

上年收盘(面值 100 元) Last Year close	本年开盘 Open	本年最高 High	本年最低 Low	本年收盘 Close	涨跌(%) Change(%)	成交数量(万) Trading Vol(10000)	成交金额(百万) Trading Val (M)
97.94	97.86	99.97	97.83	99.97	2.07	750.18	744.53
97.43	97.43	99.95	97.43	99.95	2.59	5383.71	5329.78
97.27	97.20	99.95	97.03	99.95	2.76	1052.79	1043.40
87.15	87.20	94.97	86.70	94.28	8.18	6357.19	5817.86
90.94	91.11	99.68	90.80	97.79	7.53	6043.17	5755.68
100.00	0.00	0.00	0.00	100.00	0.00	20.00	20.42
100.00	0.00	0.00	0.00	100.00	0.00	0.00	0.00
100.00	110.00	110.00	97.68	99.99	-0.01	37.48	37.51
100.00	0.00	0.00	0.00	100.00	0.00	0.00	0.00
100.00	0.00	0.00	0.00	100.00	0.00	150.00	151.75
100.00	103.50	103.50	103.50	103.50	3.50	124.00	125.65
100.00	0.00	0.00	0.00	100.00	0.00	0.00	0.00
100.00	0.00	0.00	0.00	100.00	0.00	50.00	52.87
100.00	0.00	0.00	0.00	100.00	0.00	0.00	0.00
100.00	0.00	0.00	0.00	100.00	0.00	0.00	0.00
100.00	98.37	100.00	98.37	100.00	0.00	180.50	180.29
100.00	0.00	0.00	0.00	100.00	0.00	30.00	29.84
100.00	0.00	0.00	0.00	100.00	0.00	100.00	96.00
100.00	0.00	0.00	0.00	100.00	0.00	40.00	39.98
100.00	0.00	0.00	0.00	100.00	0.00	0.00	0.00
100.00	100.00	100.00	100.00	100.00	0.00	787.00	786.21
100.00	98.50	100.00	98.50	100.00	0.00	40.01	39.41
100.00	0.00	0.00	0.00	100.00	0.00	50.00	49.96
100.00	0.00	0.00	0.00	100.00	0.00	0.00	0.00
100.00	0.00	0.00	0.00	100.00	0.00	60.00	59.99
100.00	0.00	0.00	0.00	100.00	0.00	140.00	139.06
100.00	0.00	0.00	0.00	100.00	0.00	1000.00	1008.53
100.00	0.00	0.00	0.00	100.00	0.00	50.00	49.93
100.00	0.00	0.00	0.00	100.00	0.00	0.00	0.00
100.00	0.00	0.00	0.00	100.00	0.00	1050.00	1043.25
100.00	0.00	0.00	0.00	100.00	0.00	200.00	188.89
100.00	0.00	0.00	0.00	100.00	0.00	130.00	130.03
100.00	100.30	100.30	91.65	99.90	-0.10	481.13	480.19
100.00	0.00	0.00	0.00	100.00	0.00	700.00	679.73
100.00	0.00	0.00	0.00	100.00	0.00	0.00	0.00
100.00	0.00	0.00	0.00	100.00	0.00	0.00	0.00
100.00	0.00	0.00	0.00	100.00	0.00	40.00	40.00
100.00	0.00	0.00	0.00	100.00	0.00	30.00	29.39
100.00	0.00	0.00	0.00	100.00	0.00	0.00	0.00
100.00	0.00	0.00	0.00	100.00	0.00	0.00	0.00
100.00	99.00	101.66	99.00	100.00	0.00	25.92	25.01
100.00	0.00	0.00	0.00	100.00	0.00	0.00	0.00
100.00	0.00	0.00	0.00	100.00	0.00	0.00	0.00
100.00	100.50	100.50	100.50	100.50	0.50	0.08	0.08
100.00	0.00	0.00	0.00	100.00	0.00	0.00	0.00
100.00	100.02	100.03	100.02	0.00	0.00	19.00	19.00
--	0.00	0.00	0.00	0.00	0.00	0.00	0.00
--	0.00	0.00	0.00	0.00	0.00	0.00	0.00
100.00	0.00	0.00	0.00	100.00	0.00	0.00	0.00
100.00	0.00	0.00	0.00	100.00	0.00	0.00	0.00

债券信息 List of Bonds

债券 **Bond**

债券代码 Code	债券简称 Securities	发行数量 (百万) Issued Val(M)	年限 Terms	到期日 Expiration Date	票面利率(%) Coupon Rate(%)	付息方式 Way of Interest
130057	10 地债 08	15200.00	5.00	2015.09.07	2.6700	按年付息
130059	10 地债 10	12600.00	5.00	2015.11.15	3.7000	按年付息
130060	11 地债 01	25400.00	5.00	2016.07.12	3.8400	按年付息
130061	11 地债 02	23940.00	3.00	2014.07.12	3.9300	按年付息
130062	11 地债 03	22660.00	3.00	2014.08.02	4.0700	按年付息
130063	11 地债 04	22000.00	5.00	2016.08.09	4.1200	按年付息
130064	11 地债 05	23600.00	3.00	2014.08.23	4.0100	按年付息
130065	11 地债 06	24000.00	5.00	2016.08.30	4.3000	按年付息
130066	11 地债 07	17600.00	3.00	2014.10.18	3.6700	按年付息
130067	11 地债 08	17900.00	5.00	2016.10.25	3.7000	按年付息
130068	11 上海 01	3600.00	3.00	2014.11.16	3.1000	按年付息
130069	11 上海 02	3500.00	5.00	2016.11.16	3.3000	按年付息
130070	11 广东 01	3450.00	3.00	2014.11.21	3.0800	按年付息
130071	11 广东 02	3450.00	5.00	2016.11.21	3.2900	按年付息
130072	11 浙江 01	3300.00	3.00	2014.11.22	3.0100	按年付息
130073	11 浙江 02	3400.00	5.00	2016.11.22	3.2400	按年付息
130074	11 深圳 01	1100.00	3.00	2014.11.28	3.0300	按年付息
130075	11 深圳 02	1100.00	5.00	2016.11.28	3.2500	按年付息
130076	12 地债 01	20600.00	3.00	2015.06.18	2.7600	按年付息
130077	12 地债 02	21000.00	5.00	2017.07.02	3.0700	按年付息
130078	12 地债 03	23900.00	3.00	2015.07.10	2.7500	按年付息
130079	12 地债 04	23900.00	5.00	2017.07.17	3.0200	按年付息
130080	12 地债 05	23100.00	3.00	2015.07.24	2.7400	按年付息
130081	12 地债 06	23300.00	5.00	2017.07.31	3.1300	按年付息
130082	12 地债 07	21600.00	3.00	2015.08.13	2.9800	按年付息
130083	12 地债 08	22100.00	5.00	2017.08.20	3.3800	按年付息
130084	12 上海 01	4450.00	5.00	2017.08.24	3.2500	按年付息
130085	12 上海 02	4450.00	7.00	2019.08.24	3.3900	按年付息
130086	12 广东 01	4300.00	5.00	2017.09.07	3.2100	按年付息
130087	12 广东 02	4300.00	7.00	2019.09.07	3.4000	按年付息
130088	12 地债 09	20600.00	3.00	2015.09.17	3.4700	按年付息
130089	12 地债 10	21000.00	5.00	2017.09.17	3.5800	按年付息
130090	12 浙江 01	4350.00	5.00	2017.09.24	3.3000	按年付息
130091	12 浙江 02	4350.00	7.00	2019.09.24	3.4700	按年付息
130092	12 深圳 01	1350.00	5.00	2017.10.15	3.2200	按年付息
130093	12 深圳 02	1350.00	7.00	2019.10.15	3.4300	按年付息
130094	13 地债 01	21000.00	3.00	2016.06.17	3.5300	按年付息
130095	13 地债 02	21200.00	5.00	2018.06.17	3.6600	按年付息
130096	13 地债 03	24200.00	3.00	2016.07.01	3.7900	按年付息
130097	13 地债 04	24300.00	5.00	2018.07.15	3.8200	按年付息
130098	13 地债 05	23600.00	3.00	2016.07.29	3.9200	按年付息
130099	13 地债 06	23800.00	5.00	2018.08.05	3.8700	按年付息
130100	13 地债 07	25300.00	3.00	2016.08.20	4.2900	按年付息
130101	13 地债 08	25500.00	5.00	2018.08.20	4.4300	按年付息
130102	13 山东 01	5600.00	5.00	2018.08.26	3.9400	按年付息
130103	13 山东 02	5600.00	7.00	2020.08.26	4.0000	按年付息
130104	13 地债 09	26000.00	3.00	2016.09.03	4.3400	按年付息
130105	13 上海 01	5600.00	5.00	2018.09.09	3.9400	按年付息
130106	13 上海 02	5600.00	7.00	2020.09.09	4.0100	按年付息
130107	13 地债 10	26200.00	5.00	2018.09.10	4.4500	按年付息

债券信息 债券
List of Bonds Bond

上年收盘 (面值 100 元) Last Year close	本年开盘 Open	本年最高 High	本年最低 Low	本年收盘 Close	涨跌(%) Change(%)	成交数量(万) Trading Vol(10000)	成交金额(百万) Trading Val (M)
100.00	0.00	0.00	0.00	100.00	0.00	0.00	0.00
100.00	0.00	0.00	0.00	100.00	0.00	0.00	0.00
100.00	0.00	0.00	0.00	100.00	0.00	0.00	0.00
100.00	0.00	0.00	0.00	100.00	0.00	0.00	0.00
100.00	0.00	0.00	0.00	100.00	0.00	0.00	0.00
100.00	0.00	0.00	0.00	100.00	0.00	0.00	0.00
100.00	0.00	0.00	0.00	100.00	0.00	0.00	0.00
100.00	0.00	0.00	0.00	100.00	0.00	0.00	0.00
100.00	0.00	0.00	0.00	100.00	0.00	0.00	0.00
100.00	0.00	0.00	0.00	100.00	0.00	0.00	0.00
100.00	0.00	0.00	0.00	100.00	0.00	0.00	0.00
100.00	0.00	0.00	0.00	100.00	0.00	0.00	0.00
100.00	0.00	0.00	0.00	100.00	0.00	0.00	0.00
100.00	0.00	0.00	0.00	100.00	0.00	0.00	0.00
100.00	0.00	0.00	0.00	100.00	0.00	0.00	0.00
100.00	0.00	0.00	0.00	100.00	0.00	0.00	0.00
100.00	0.00	0.00	0.00	100.00	0.00	0.00	0.00
100.00	0.00	0.00	0.00	100.00	0.00	0.00	0.00
100.00	0.00	0.00	0.00	100.00	0.00	0.00	0.00
100.00	0.00	0.00	0.00	100.00	0.00	0.00	0.00
100.00	0.00	0.00	0.00	100.00	0.00	0.00	0.00
100.00	0.00	0.00	0.00	100.00	0.00	0.00	0.00
100.00	0.00	0.00	0.00	100.00	0.00	0.00	0.00
100.00	0.00	0.00	0.00	100.00	0.00	0.00	0.00
100.00	0.00	0.00	0.00	100.00	0.00	0.00	0.00
100.00	0.00	0.00	0.00	100.00	0.00	0.00	0.00
100.00	0.00	0.00	0.00	100.00	0.00	0.00	0.00
100.00	0.00	0.00	0.00	100.00	0.00	0.00	0.00
100.00	0.00	0.00	0.00	100.00	0.00	0.00	0.00
100.00	0.00	0.00	0.00	100.00	0.00	0.00	0.00
100.00	0.00	0.00	0.00	100.00	0.00	0.00	0.00
100.00	0.00	0.00	0.00	100.00	0.00	0.00	0.00
100.00	0.00	0.00	0.00	100.00	0.00	0.00	0.00
100.00	0.00	0.00	0.00	100.00	0.00	0.00	0.00
100.00	0.00	0.00	0.00	100.00	0.00	0.00	0.00
100.00	0.00	0.00	0.00	100.00	0.00	0.00	0.00
100.00	0.00	0.00	0.00	100.00	0.00	0.00	0.00
100.00	0.00	0.00	0.00	100.00	0.00	0.00	0.00
100.00	0.00	0.00	0.00	100.00	0.00	0.00	0.00
100.00	0.00	0.00	0.00	100.00	0.00	0.00	0.00
100.00	0.00	0.00	0.00	100.00	0.00	0.00	0.00
100.00	0.00	0.00	0.00	100.00	0.00	0.00	0.00
100.00	0.00	0.00	0.00	100.00	0.00	0.00	0.00
100.00	0.00	0.00	0.00	100.00	0.00	0.00	0.00
100.00	0.00	0.00	0.00	100.00	0.00	0.00	0.00
100.00	0.00	0.00	0.00	100.00	0.00	0.00	0.00
100.00	0.00	0.00	0.00	100.00	0.00	0.00	0.00
100.00	0.00	0.00	0.00	100.00	0.00	0.00	0.00
100.00	0.00	0.00	0.00	100.00	0.00	0.00	0.00
100.00	0.00	0.00	0.00	100.00	0.00	0.00	0.00

债券信息
List of Bonds

债券
Bond

债券代码 Code	债券简称 Securities	发行数量(百万) Issued Val(M)	年限 Terms	到期日 Expiration Date	票面利率(%) Coupon Rate(%)	付息方式 Way of Interest
130108	13 广东 01	6050.00	5.00	2018.09.17	4.0000	按年付息
130109	13 广东 02	6050.00	7.00	2020.09.17	4.1000	按年付息
130110	13 江苏 01	7650.00	5.00	2018.10.11	3.8800	按年付息
130111	13 江苏 02	7650.00	7.00	2020.10.11	4.0000	按年付息
130112	13 地债 11	21600.00	3.00	2016.10.15	4.2500	按年付息
130113	13 地债 12	22100.00	5.00	2018.10.22	4.3300	按年付息
130114	13 浙江 01	5900.00	5.00	2018.10.28	3.9600	按年付息
130115	13 浙江 02	5900.00	7.00	2020.10.28	4.1700	按年付息
130116	13 深圳 01	1800.00	5.00	2018.11.11	4.1100	按年付息
130117	13 深圳 02	1800.00	7.00	2020.11.11	4.1800	按年付息
130118	14 地债 01	25800.00	3.00	2017.06.16	4.0000	按年付息
130119	14 地债 02	25800.00	5.00	2019.06.16	3.9900	按年付息
130120	14 广东 01	5920.00	5.00	2019.06.24	3.8400	按年付息
130121	14 广东 02	4440.00	7.00	2021.06.24	3.9700	按年付息
130122	14 广东 03	4440.00	10.00	2024.06.24	4.0500	按半年付息
130123	14 地债 03	18300.00	7.00	2021.06.23	4.1000	按年付息
130124	14 地债 04	26000.00	3.00	2017.06.30	4.0100	按年付息
130125	14 地债 05	26100.00	5.00	2019.06.30	4.1200	按年付息
130126	14 山东 01	5480.00	5.00	2019.07.14	3.7500	按年付息
130127	14 山东 02	4110.00	7.00	2021.07.14	3.8800	按年付息
130128	14 山东 03	4110.00	10.00	2024.07.14	3.9300	按半年付息
130129	14 地债 06	23400.00	3.00	2017.07.15	4.1500	按年付息
130130	14 地债 07	23400.00	5.00	2019.07.15	4.2800	按年付息
130131	14 地债 08	19800.00	7.00	2021.07.21	4.5000	按年付息
130132	14 江苏 01	6960.00	5.00	2019.07.25	4.0600	按年付息
130133	14 江苏 02	5220.00	7.00	2021.07.25	4.2100	按年付息
130134	14 江苏 03	5220.00	10.00	2024.07.25	4.2900	按半年付息
130135	14 江西 01	5720.00	5.00	2019.08.06	4.0100	按年付息
130136	14 江西 02	4290.00	7.00	2021.08.06	4.1800	按年付息
130137	14 江西 03	4290.00	10.00	2024.08.06	4.2700	按半年付息
130138	14 宁夏 01	2200.00	5.00	2019.08.12	3.9800	按年付息
130139	14 宁夏 02	1650.00	7.00	2021.08.12	4.1700	按年付息
130140	14 宁夏 03	1650.00	10.00	2024.08.12	4.2600	按半年付息
130141	14 地债 09	24200.00	3.00	2017.08.18	4.1000	按年付息
130142	14 地债 10	24700.00	5.00	2019.08.18	4.1600	按年付息
130143	14 青岛 01	1000.00	5.00	2019.08.19	3.9600	按年付息
130144	14 青岛 02	750.00	7.00	2021.08.19	4.1800	按年付息
130145	14 青岛 03	750.00	10.00	2024.08.19	4.2500	按半年付息
130146	14 浙江 01	5480.00	5.00	2019.08.20	3.9600	按年付息
130147	14 浙江 02	4110.00	7.00	2021.08.20	4.1700	按年付息
130148	14 浙江 03	4110.00	10.00	2024.08.20	4.2300	按半年付息
130149	14 北京 01	4200.00	5.00	2019.08.22	4.0000	按年付息
130150	14 北京 02	3150.00	7.00	2021.08.22	4.1800	按年付息
130151	14 北京 03	3150.00	10.00	2024.08.22	4.2400	按半年付息
130152	14 上海 01	5040.00	5.00	2019.09.12	4.0100	按年付息
130153	14 上海 02	3780.00	7.00	2021.09.12	4.2200	按年付息
130154	14 上海 03	3780.00	10.00	2024.09.12	4.3300	按年付息
130155	14 地债 11	16300.00	3.00	2017.09.16	4.1400	按年付息
130156	14 地债 12	16300.00	5.00	2019.09.16	4.1500	按年付息
130157	14 地债 13	20700.00	7.00	2021.09.25	4.1200	按年付息

债券信息
List of Bonds

债券
Bond

上年收盘 (面值 100 元) Last Year close	本年开盘 Open	本年最高 High	本年最低 Low	本年收盘 Close	涨跌(%) Change(%)	成交数量(万) Trading Vol(10000)	成交金额(百万) Trading Val (M)
100.00	0.00	0.00	0.00	100.00	0.00	0.00	0.00
100.00	0.00	0.00	0.00	100.00	0.00	0.00	0.00
100.00	0.00	0.00	0.00	100.00	0.00	0.00	0.00
100.00	0.00	0.00	0.00	100.00	0.00	0.00	0.00
100.00	0.00	0.00	0.00	100.00	0.00	0.00	0.00
100.00	0.00	0.00	0.00	100.00	0.00	0.00	0.00
100.00	0.00	0.00	0.00	100.00	0.00	0.00	0.00
100.00	0.00	0.00	0.00	100.00	0.00	0.00	0.00
100.00	0.00	0.00	0.00	100.00	0.00	0.00	0.00
100.00	0.00	0.00	0.00	100.00	0.00	0.00	0.00
--	0.00	0.00	0.00	100.00	0.00	0.00	0.00
--	0.00	0.00	0.00	100.00	0.00	0.00	0.00
--	0.00	0.00	0.00	100.00	0.00	0.00	0.00
--	0.00	0.00	0.00	100.00	0.00	0.00	0.00
--	0.00	0.00	0.00	100.00	0.00	0.00	0.00
--	0.00	0.00	0.00	100.00	0.00	0.00	0.00
--	0.00	0.00	0.00	100.00	0.00	0.00	0.00
--	0.00	0.00	0.00	100.00	0.00	0.00	0.00
--	0.00	0.00	0.00	100.00	0.00	0.00	0.00
--	0.00	0.00	0.00	100.00	0.00	0.00	0.00
--	0.00	0.00	0.00	100.00	0.00	0.00	0.00
--	0.00	0.00	0.00	100.00	0.00	0.00	0.00
--	0.00	0.00	0.00	100.00	0.00	0.00	0.00
--	0.00	0.00	0.00	100.00	0.00	0.00	0.00
--	0.00	0.00	0.00	100.00	0.00	0.00	0.00
--	0.00	0.00	0.00	100.00	0.00	0.00	0.00
--	0.00	0.00	0.00	100.00	0.00	0.00	0.00
--	0.00	0.00	0.00	100.00	0.00	0.00	0.00
--	0.00	0.00	0.00	100.00	0.00	0.00	0.00
--	0.00	0.00	0.00	100.00	0.00	0.00	0.00
--	0.00	0.00	0.00	100.00	0.00	0.00	0.00
--	0.00	0.00	0.00	100.00	0.00	0.00	0.00
--	0.00	0.00	0.00	100.00	0.00	0.00	0.00
--	0.00	0.00	0.00	100.00	0.00	0.00	0.00
--	0.00	0.00	0.00	100.00	0.00	0.00	0.00
--	0.00	0.00	0.00	100.00	0.00	0.00	0.00
--	0.00	0.00	0.00	100.00	0.00	0.00	0.00
--	0.00	0.00	0.00	100.00	0.00	0.00	0.00
--	0.00	0.00	0.00	100.00	0.00	0.00	0.00
--	0.00	0.00	0.00	100.00	0.00	0.00	0.00
--	0.00	0.00	0.00	100.00	0.00	0.00	0.00
--	0.00	0.00	0.00	100.00	0.00	0.00	0.00
--	0.00	0.00	0.00	100.00	0.00	0.00	0.00
--	0.00	0.00	0.00	100.00	0.00	0.00	0.00
--	0.00	0.00	0.00	100.00	0.00	0.00	0.00
--	0.00	0.00	0.00	100.00	0.00	0.00	0.00
--	0.00	0.00	0.00	100.00	0.00	0.00	0.00
--	0.00	0.00	0.00	100.00	0.00	0.00	0.00
--	0.00	0.00	0.00	100.00	0.00	0.00	0.00
--	0.00	0.00	0.00	100.00	0.00	0.00	0.00

债券信息
List of Bonds

债券代码 Code	债券简称 Securities	发行数量 (百万) Issued Val(M)	年限 Terms	到期日 Expiration Date	票面利率(%) Coupon Rate(%)	付息方式 Way of Interest
130158	14 深圳 01	1680.00	5.00	2019.10.24	3.6300	按年付息
130159	14 深圳 02	1260.00	7.00	2021.10.24	3.7900	按年付息
130160	14 深圳 03	1260.00	10.00	2024.10.24	3.8100	按半年付息
132001	14 宝钢 EB	4000.00	3.00	2017.12.10	1.5000	按年付息
135001	14 国君 D1	1000.00	0.50	2015.04.30	4.4000	到期一次付息
135002	14 海通 D1	5000.00	1.00	2015.12.03	4.6500	到期一次付息
135003	14 西部 D1	1000.00	0.50	2015.06.04	5.2000	到期一次付息
135005	--	--	--	--	--	--
201000	--	--	--	--	--	--
201001	--	--	--	--	--	--
201002	--	--	--	--	--	--
201003	--	--	--	--	--	--
201004	--	--	--	--	--	--
201005	--	--	--	--	--	--
201008	--	--	--	--	--	--
201009	--	--	--	--	--	--
201010	--	--	--	--	--	--
202001	--	--	--	--	--	--
202003	--	--	--	--	--	--
202007	--	--	--	--	--	--
203007	--	--	--	--	--	--
203008	--	--	--	--	--	--
203009	--	--	--	--	--	--
203016	--	--	--	--	--	--
203017	--	--	--	--	--	--
203018	--	--	--	--	--	--
203040	--	--	--	--	--	--
203041	--	--	--	--	--	--
203042	--	--	--	--	--	--
203052	--	--	--	--	--	--
203053	--	--	--	--	--	--
203054	--	--	--	--	--	--
204001	--	--	--	--	--	--
204002	--	--	--	--	--	--
204003	--	--	--	--	--	--
204004	--	--	--	--	--	--
204007	--	--	--	--	--	--
204014	--	--	--	--	--	--
204028	--	--	--	--	--	--
204091	--	--	--	--	--	--
204182	--	--	--	--	--	--
205001	--	--	--	--	--	--
205003	--	--	--	--	--	--
205007	--	--	--	--	--	--
205008	--	--	--	--	--	--
205010	--	--	--	--	--	--
205030	--	--	--	--	--	--
205042	--	--	--	--	--	--
205063	--	--	--	--	--	--
205119	--	--	--	--	--	--

债券信息
List of Bonds

债券
Bond

上年收盘 (面值 100 元) Last Year close	本年开盘 Open	本年最高 High	本年最低 Low	本年收盘 Close	涨跌(%) Change(%)	成交数量(万) Trading Vol(10000)	成交金额(百万) Trading Val (M)
--	0.00	0.00	0.00	100.00	0.00	0.00	0.00
--	0.00	0.00	0.00	100.00	0.00	0.00	0.00
--	0.00	0.00	0.00	100.00	0.00	0.00	0.00
100.00	117.00	139.50	116.00	133.38	33.38	1809.76	2277.70
100.00	0.00	0.00	0.00	0.00	0.00	0.00	0.00
100.00	0.00	0.00	0.00	0.00	0.00	0.00	0.00
100.00	0.00	0.00	0.00	0.00	0.00	0.00	0.00
100.00	0.00	0.00	0.00	0.00	0.00	0.00	0.00
2.00	0.00	0.00	0.00	2.00	0.00	0.00	0.00
2.48	0.00	0.00	0.00	2.48	0.00	0.00	0.00
3.00	0.00	0.00	0.00	3.00	0.00	0.00	0.00
2.30	0.00	0.00	0.00	2.30	0.00	0.00	0.00
4.45	0.00	0.00	0.00	4.45	0.00	0.00	0.00
3.80	0.00	0.00	0.00	3.80	0.00	0.00	0.00
1.26	0.00	0.00	0.00	1.26	0.00	0.00	0.00
1.68	0.00	0.00	0.00	1.68	0.00	0.00	0.00
4.18	0.00	0.00	0.00	4.18	0.00	0.00	0.00
1.98	0.00	0.00	0.00	1.98	0.00	0.00	0.00
1.80	0.00	0.00	0.00	1.80	0.00	0.00	0.00
2.20	0.00	0.00	0.00	2.20	0.00	0.00	0.00
101.99	0.00	0.00	0.00	101.99	0.00	0.00	0.00
101.99	0.00	0.00	0.00	101.99	0.00	0.00	0.00
101.99	0.00	0.00	0.00	101.99	0.00	0.00	0.00
100.00	0.00	0.00	0.00	100.00	0.00	0.00	0.00
100.00	0.00	0.00	0.00	100.00	0.00	0.00	0.00
100.00	0.00	0.00	0.00	100.00	0.00	0.00	0.00
100.00	0.00	0.00	0.00	100.00	0.00	0.00	0.00
100.00	0.00	0.00	0.00	100.00	0.00	0.00	0.00
100.00	0.00	0.00	0.00	100.00	0.00	0.00	0.00
100.00	0.00	0.00	0.00	100.00	0.00	0.00	0.00
100.00	0.00	0.00	0.00	100.00	0.00	0.00	0.00
100.00	0.00	0.00	0.00	100.00	0.00	0.00	0.00
1.38	7.71	50.50	0.01	1.29	-6.55	66690561.80	66690561.80
0.44	6.50	97.00	0.01	0.80	83.91	1626442.40	1626442.40
1.46	2.80	25.90	0.01	0.60	-58.90	1462274.00	1462274.00
3.30	3.30	24.95	0.01	0.50	-84.85	2110634.20	2110634.20
3.31	4.60	15.10	0.01	0.75	-77.49	7982583.00	7982583.00
4.55	4.70	13.61	1.11	2.80	-38.39	1104914.40	1104914.40
5.10	5.15	7.30	2.00	3.61	-29.15	294782.50	294782.50
5.31	5.10	5.95	2.02	3.90	-26.55	18382.10	18382.10
5.20	5.20	105.00	2.24	4.10	-21.15	3562.20	3562.20
0.00	0.00	10.00	0.30	0.00	0.00	2376511.65	2376511.65
0.00	0.00	8.80	1.50	0.00	0.00	100360.85	100360.85
0.00	0.00	10.00	0.40	0.00	0.00	252875.99	252875.99
0.00	0.00	7.00	1.50	0.00	0.00	62481.54	62481.54
0.00	0.00	6.20	2.50	0.00	0.00	28276.20	28276.20
0.00	0.00	6.50	3.00	0.00	0.00	8099.44	8099.44
0.00	0.00	5.85	3.00	0.00	0.00	5673.45	5673.45
0.00	0.00	6.00	3.10	0.00	0.00	3369.46	3369.46
0.00	0.00	5.38	3.30	0.00	0.00	1474.38	1474.38

债券信息
List of Bonds

债券代码 Code	债券简称 Securities	发行数量 (百万) Issued Val(M)	年限 Terms	到期日 Expiration Date	票面利率(%) Coupon Rate(%)	付息方式 Way of Interest
205154	--	--	--	--	--	--
205182	--	--	--	--	--	--
205273	--	--	--	--	--	--
205357	--	--	--	--	--	--

债券信息
List of Bonds

债券
Bond

上年收盘 (面值 100 元) Last Year close	本年开盘 Open	本年最高 High	本年最低 Low	本年收盘 Close	涨跌(%) Change(%)	成交数量(万) Trading Vol(10000)	成交金额(百万) Trading Val (M)
0.00	0.00	5.50	3.30	0.00	0.00	1306.70	1306.70
0.00	0.00	6.20	3.40	0.00	0.00	2393.82	2393.82
0.00	0.00	6.10	3.50	0.00	0.00	1429.71	1429.71
0.00	0.00	6.40	5.15	0.00	0.00	1483.26	1483.26

大宗交易平台 Bulk Trading

大宗交易平台 Bulk Trading	2014 年	2013 年	增减(%) Change (%)
交易天数 Trading Days	245	238	2.94
交易证券数 No. of Securities	1389	1024	35.64
股票 Shares	405	345	17.39
债券 Bonds	977	671	45.60
基金 Funds	7	8	-12.50
总成交金额 (亿) Total Trading Val(100M)	2942.90	2064.35	42.56
股票 Shares	1365.75	908.64	50.31
债券 Bonds	1505.32	1113.20	35.22
基金 Funds	71.82	42.50	68.99
日均成交金额(百万)Average Turnover In Val(M)	1201.18	867.37	38.49
股票 Shares	559.74	383.39	46.00
债券 Bonds	616.93	469.70	31.35
基金 Funds	119.71	72.04	66.17
总成交量(亿) Total Vol In Val(100M)	220.47	134.78	63.58
股票 Shares	180.54	104.15	73.35
债券 Bonds	15.01	11.07	35.59
基金 Funds	24.92	19.56	27.40
日均成交量(百万) Average Vol In Val(M)	89.99	56.63	58.91
股票 Shares	73.99	43.95	68.35
债券 Bonds	6.15	4.67	31.69
基金 Funds	41.54	33.15	25.31
总成笔数 Total Transactions	8842	6614	33.69
股票 Shares	3187	2339	36.25
债券 Bonds	5584	4188	33.33
基金 Funds	71	87	-18.39
日均成交笔数 Average Transactions	36	27	33.33
股票 Shares	13	9	44.44
债券 Bonds	22	17	29.41
基金 Funds	1	1	0.00

注：债券成交量均以张为单位。

固定收益平台
Fixed-Incoming Trading System

固定收益平台交易 Trading of Fixed-Incoming Trading System	2014 年	2013 年	增减(%) Change (%)
交易天数 Trading Days	245	238	2.94
上市债券数 No. of Bonds	1979	1195	65.61
政府债 G-Bonds	81	57	42.11
公司债 C-Bonds	87	45	93.33
新上市债券数 No. of New Bonds	1892	1150	64.52
总成交金额 (百万) Total Trading Val(M)	11562.80	5396.07	114.28
政府债 G-Bonds	334.96	176.13	90.18
公司债 C-Bonds	11227.84	5219.94	115.10
日均成交金额(万)Average Turnover In Val(10 Thousand)	4719.51	2267.26	108.16
政府债 G-Bonds	136.72	74.00	84.75
公司债 C-Bonds	4582.79	2193.25	108.95
总成交量(百万张) Total Vol In Val(M))	11466.84	5333.00	115.02
政府债 G-Bonds	335.60	177.72	88.83
公司债 C-Bonds	11131.25	5155.28	115.92
日均成交量(百万张) Average Vol In Val(M))	4680.34	2240.76	108.87
政府债 G-Bonds	136.98	74.67	83.44
公司债 C-Bonds	4543.37	2166.08	109.75
总成笔数 Total Transactions	40947	24712	65.70
政府债 G-Bonds	531	834	-36.33
公司债 C-Bonds	40416	23878	69.26
日均成交笔数(笔)Average Transactions	167	103	62.14
政府债 G-Bonds	2	3	-33.33
公司债 C-Bonds	164	100	64.00
交易商年末持有量(亿)	37.28	23.75	56.97
政府债 G-Bonds	3.42	3.86	-11.40
公司债 C-Bonds	33.87	19.89	70.29

固定收益平台券商持有
Hold of Brokers

固定收益平台
Fixed-Incoming Trading System

交易商名称 Investor Name	交易证券数 Number	交易量(万) Trading Vol(10000)	年末持有量(万) Hold Vol(10000)
长江证券	62	2836	3472
光大证券	315	9985	5790
广发证券	1433	133807	34021
国寿资产	213	955	118213
国泰君安	1129	144099	52534
国信证券	355	12112	10314
华泰证券	811	12189	21043
南京证券	436	27501	350
平安证券	114	5478	10776
人保财险	242	0	34673
申银万国	93	7143	4171
兴业证券	322	9782	8435
银河证券	104	1910	2113
招商证券	490	34616	14838
中金公司	180	9325	3080
中信建投	645	52763	10195
中信证券	1176	245813	7184
中银证券	77	1770	658
中原证券	106	5167	1279

沪港通概况
Shang-Hong Kong Stock Connect

成交情况
Trading in 2014

板块	家数	持有市值(亿元)	成交金额(亿元)
沪股通	569	865.14	1675.12
港股通	273	103.34	205.63

额度情况
Limit in 2014

板块	当年使用额度(亿元)	当年额度使用率%	年末剩余额度(亿元)
沪股通	746.32	24.88	2253.68
港股通	104.42	4.18	2395.58

基金通申赎
Fund Expert Trading

证券简称 code	证券代码 Name	申购总量(万) Buy Vol(10000)	赎回总量(万) Sell Vol(10000)
519001	银华优选	479.70	1019.22
519002	安信消费	490.26	18214.98
519003	海富收益	101.66	217.45
519005	海富股票	24.04	192.56
519007	海富回报	7.89	310.24
519008	添富优势	232.71	277.79
519011	海富精选	37.02	298.69
519013	海富优势	6.23	146.01
519015	海富贰号	1.38	9.83
519017	大成成长	19.92	1546.96
519018	添富均衡	127.80	914.92
519019	大成景阳	85.77	3814.76
519020	国泰金泰	67.88	11131.23
519021	金鼎价值	18.05	716.31
519023	海富债券	11.65	11.65
519025	海富领先	0.00	0.90
519026	海富小盘	16.93	69.15
519027	海富周期	125.64	58.74
519028	华夏稳增	0.00	328.38
519029	华夏稳增	75.51	375.36
519030	海富稳固	0.16	89.41
519032	海富非周	2.12	4.21
519033	海富国策	89.51	80.52
519034	海富低碳	2.81	23.02
519035	富国天博	93.04	1526.13
519039	长盛同德	82.59	5735.90
519050	海富养老	0.62	22.10
519056	海富内需	164.19	1132.72
519060	海富纯 C	164.56	25552.26
519061	海富纯 A	118.09	85.03
519066	添富蓝筹	27.53	13.12
519068	添富焦点	43.30	122.93
519069	添富价值	136.63	145.58
519078	添富增收	31.78	35.75
519087	新华分红	192.97	98.04
519089	新华成长	147.91	613.02
519093	新华钻石	59.07	55.47
519095	新华行业	13.94	19.66
519097	新华市值	0.17	1.64
519099	新华主题	16.96	13.80
519100	长盛 100	120.37	1559.57
519110	浦银价值	2311.00	1657.11
519111	浦银收益	36.95	70.48
519112	收益债 C	195.30	180.67
519113	浦银生活	5.82	6.39
519115	浦银红利	200.26	142.47
519116	浦银 300	20.23	2.08
519117	浦银 400	0.81	8.43

基金通申赎
Fund Expert Trading

证券简称 code	证券代码 Name	申购总量(万) Buy Vol(10000)	赎回总量(万) Sell Vol(10000)
519118	幸福债 A	0.10	0.00
519120	新兴产业	77.35	108.99
519123	浦银添 A	0.00	9.84
519124	浦银添 C	0.00	0.00
519125	浦银消费	1951.36	3448.46
519126	新经济	1.28	0.00
519127	盛世精选	20.08	1029.25
519150	新华消费	356.11	396.36
519152	新华纯 A	1893.50	1831.87
519153	新华纯 C	2253.80	2099.10
519156	新华配置	1.08	2.17
519158	新华趋势	151.18	5689.17
519160	新华惠 A	98.94	4.75
519161	新华惠 C	69.18	13.22
519162	新华增 A	154.99	154.49
519163	新华增 C	379.22	2333.68
519167	新华鑫安	133.18	294.44
519180	万家 180	357.95	254.39
519181	万家和谐	26.65	352.37
519183	万家引擎	2.84	2.59
519185	万家精选	21.86	27.94
519186	万家稳增	79.18	82.97
519188	万家恒 A	0.64	0.64
519189	万家恒 C	89.24	89.23
519190	万家岁得	5.26	14883.89
519191	万家城建	14.79	14.79
519300	大成 300A	232.34	484.41
519505	海富货 A	8102.20	10514.15
519506	海富货 B	3782.63	3006.66
519507	万家货 B	0.00	14286.23
519508	万家货 A	49335.31	44773.15
519509	浦银货 A	5923.42	6983.72
519510	浦银货 B	500.00	1023.91
519511	万家薪 A	118.50	84.37
519512	万家薪 B	0.06	0.06
519513	万家单三	2.00	8.74
519518	添富货币	14760.74	14374.37
519519	友邦增利	9.46	11.87
519521	万家双一	0.01	0.01
519522	万家双二	0.00	0.00
519523	万家双三	3.02	203.36
519528	海富金 A	6380.16	6391.26
519529	海富金 B	3.50	0.00
519566	日日盈 A	17199.58	5270.30
519567	日日盈 B	5370.23	17472.71
519598	利息 B	10895.12	10885.43
519599	利息 A	372.33	508.23
519606	国泰金鑫	279.47	79007.36

基金通申赎
Fund Expert Trading

证券简称 code	证券代码 Name	申购总量(万) Buy Vol(10000)	赎回总量(万) Sell Vol(10000)
519656	银河灵 A	2404.57	2616.12
519657	银河灵 C	413.85	4535.31
519660	银河增 A	3.30	215.95
519661	银河增 C	57.95	313.40
519662	银河回 A	0.00	20.89
519663	银河回 C	2.69	22.69
519664	美丽 A	38.04	2678.79
519665	美丽 C	32.84	5714.42
519666	银河银信	109.73	583.06
519668	银河成长	177.03	154.94
519669	银河领先	3.69	0.00
519670	银河行业	1487.57	1177.54
519671	300 价值	131.58	2574.10
519672	银河蓝筹	84.17	347.03
519674	银河创新	9.34	1109.53
519675	银河润利	0.00	966.11
519676	银河保本	11.34	1276.96
519677	定投宝	1915.63	1396.85
519678	银河消费	74.38	251.24
519679	银河主题	3159.77	3178.36
519680	交银增利	34.97	35.26
519683	交银双利	0.00	1.90
519688	交银精选	88.40	594.56
519690	交银稳健	24.34	335.96
519692	交银成长	19.04	160.42
519698	交银先锋	6.34	19.89
519700	交银主题	246.50	78.51
519702	交银趋势	1.12	1.12
519704	交银制造	25.00	24.86
519706	交银价值	11.26	11.26
519712	交银核心	58.29	0.95
519714	交银等权	3.40	0.00
519718	交银纯债	5.62	1.02
519723	交银双轮	0.28	0.00
519727	交银 30	17.76	26.22
519908	兴华基金	1905.14	24374.18
519909	安顺配置	5265.43	82946.05
519915	富国消费	0.00	0.00
519918	基金兴和	401.91	37221.92
519971	长信 GGHL	0.00	656.25
519973	CX 纯债 A	8.51	0.00
519976	CX 转债 C	40.97	35.69
519977	CX 转债 A	372.64	201.64
519979	长信内需	4217.35	4181.73
519983	长信量化	759.77	323.84
519985	长信 CZYH	143.85	143.95
519987	长信恒利	10.16	31.05
519989	长信利丰	144.90	145.37

基金通申赎
Fund Expert Trading

证券简称 code	证券代码 Name	申购总量(万) Buy Vol(10000)	赎回总量(万) Sell Vol(10000)
519991	长信双利	155.17	111.70
519993	长信增利	8.25	97.54
519995	长信金利	248.94	357.72
519997	长信银利	20.51	51.98

历年上海市场股票市值占 GDP 比
Stock Market Capital and GDP

年份 Year	国内生产总值(亿) GDP (100M)	总市值(亿) Market Capital (100M)	占比(%) Rate(%)	流通市值(亿) Negotiable Capital (100M)	占比(%) Rate(%)
1990	18774	12.34	0.07	--	--
1991	21896	29.43	0.13	--	--
1992	27068	558.40	2.06	--	--
1993	35524	2206.20	6.21	423.94	1.57
1994	48460	2600.13	5.37	586.96	1.65
1995	61130	2525.66	4.13	587.00	1.21
1996	71572	5477.81	7.65	1408.75	2.30
1997	79430	9218.06	11.61	2513.47	3.51
1998	84884	10625.91	12.52	2947.44	3.71
1999	90188	14580.47	16.17	4249.69	5.01
2000	99776	26930.86	26.99	8481.33	9.40
2001	110270	27590.56	25.02	8382.11	8.40
2002	121002	25363.72	20.96	7467.30	6.77
2003	136565	29804.92	21.82	8201.14	6.78
2004	160714	26014.34	16.19	7350.88	5.38
2005	185896	23096.13	12.42	6754.61	4.20
2006	217657	71612.38	32.90	16428.33	8.84
2007	268019	269838.87	100.68	64532.17	29.65
2008	316752	97251.91	30.70	32305.91	12.05
2009	345629	184655.23	53.43	114805.00	36.24
2010	408903	179007.24	43.78	142337.45	41.18
2011	484124	148376.22	30.65	122851.36	30.04
2012	534123	158698.44	29.71	134294.45	27.74
2013	588019	151165.27	25.71	136526.38	25.56
2014	636463	243974.02	38.33	220495.87	34.64

注：GDP 数据来源于国家统计局。

历年股票印花税占财政收入比
Stamp-duty and State Revenue

证券市场与国民经济
Stock Market and National Economy

年份 Year	股票印花税(亿) Stamp duty(100M)	财政收入(亿) State Revenue(100M)	占比(%) Rate(%)
1998	111.48	9876	1.13
1999	135.51	11444	1.18
2000	250.30	13395	1.87
2001	167.55	16386	1.02
2002	67.59	18904	0.36
2003	82.85	21715	0.38
2004	105.69	26396	0.40
2005	39.90	31649	0.13
2006	115.63	38760	0.30
2007	1347.72	51322	2.63
2008	524.24	61330	0.85
2009	346.51	68518	0.51
2010	304.32	83102	0.37
2011	237.56	103874	0.23
2012	164.05	117254	0.14
2013	229.61	129210	0.18
2014	375.15	140350	0.27

注：财政收入数据来源于国家统计局。

Listed Companies

上市公司

上市公司地区、行业分布
Area and Industrys Distributions

地区 Area	仅发 A 股 A Share	A、H 股 A&H Share	A、B 股 A&B Share	仅发 B 股 B Share	合计 Total	工业类 Industrial	商业类 Commercial	地产类 Real Estate	公用事业类 Utilities	综合 Conglomerates	合计 Total
上海	100	10	35	5	150	74	15	11	14	36	150
北京	74	26			100	48	9	4	10	29	100
江苏	84	3		1	88	66	7	2	3	10	88
浙江	85		1		86	61	7	1	6	11	86
山东	45	3	1		49	32	3		4	10	49
广东	36	9			45	24		6	7	8	45
湖北	35		1	1	37	27	1		3	6	37
四川	34	2			36	26	2		5	3	36
福建	32	1			33	23	1		2	7	33
安徽	27	3	1		31	25			2	4	31
辽宁	26	1	1	1	29	14	2		8	5	29
河南	21	4			25	22			1	2	25
黑龙江	22		1		23	13	1		3	6	23
湖南	21				21	14			2	5	21
新疆	21				21	14	1		1	5	21
天津	16	4	1		21	11	2	1	2	5	21
陕西	20				20	15				5	20
重庆	19	1			20	11	1		8		20
吉林	19				19	10	3		2	4	19
河北	17	1			18	15				3	18
山西	17				17	15			1	1	17
江西	15	1			16	13			3		16
内蒙	14	1	1		16	14			2		16
广西	14				14	9	2		3		14
甘肃	12				12	10	1			1	12
云南	11	1			12	9			1	2	12
贵州	10				10	10					10
海南	8		1		9	4	1		2	2	9
青海	7				7	7					7
西藏	6				6	2	1		1	2	6
宁夏	4				4	3	1				4
合计	872	70	45	8	995	641	61	25	96	172	995

2014 年市场筹融资
Capital Raised in 2014

证券类型 Type of Securities	筹资方式 Way of Capital Raising	筹资额 Capital Raised Val	
		2014 年	2013 年
股票	首次发行	311.77	0.00
	再次发行	3650.82	2515.72
股票筹资合计		3962.59	2515.72
优先股	首次发行	1030.00	0.00
	再次发行	0.00	0.00
优先股筹资合计		1030.00	0.00
债券	公司债	2995.20	3144.12

注：再次发行包括：增发（向公众增发、定向增发）、配股、权证行权、可转债转股。公司债包括：可转债、可分离债、证监会审批发行的公司纯债、私募债。

股票历年筹资
Capital Raised 1990-2014

年份 Year	A 股(亿) A-Shares(100M)		B 股(亿美元) B-Shares(100M)		总计 Total
	首发(IPO)	再发(SPO)	首发(IPO)	再发(SPO)	
1990	10.11	0.00	0.00	0.00	10.11
1991	0.00	0.24	0.00	0.00	0.24
1992	10.85	2.53	37.66	0.00	51.05
1993	57.52	27.40	22.83	0.50	107.06
1994	98.98	31.29	34.43	2.26	166.95
1995	24.29	27.76	6.13	0.00	58.16
1996	130.46	44.95	15.85	9.64	205.14
1997	278.57	131.00	47.02	18.28	474.87
1998	230.69	139.24	9.84	0.19	379.91
1999	291.96	190.86	1.89	0.33	486.37
2000	591.18	325.13	0.44	0.00	919.95
2001	534.29	423.20	0.00	0.00	957.49
2002	516.96	97.55	0.00	0.00	614.51
2003	453.51	103.90	0.00	0.43	560.96
2004	237.24	219.66	0.00	0.00	456.90
2005	28.55	271.22	0.00	0.00	299.77
2006	1180.23	534.18	0.00	0.00	1714.41
2007	4379.92	2425.89	0.00	0.00	6805.81
2008	733.54	1504.62	0.00	0.00	2238.16
2009	1251.25	2091.91	0.00	0.00	3343.15
2010	1891.51	3640.62	0.00	0.00	5532.14
2011	1014.01	2185.68	0.00	0.00	3199.69
2012	333.57	2556.74	0.00	0.00	2890.31
2013	0.00	2515.72	0.00	0.00	2515.72
2014	311.77	3650.82	0.00	0.00	3962.59

股票年度首次发行 IPO in 2014

证券发行 Security Issue

证券代码 Code	证券简称 Name	招股说明书刊登日 Prospectus Announced Date	所属行业 Industry	注册地 Area	发行数量(百万股) Issue Vol(M)	发行方式 Issue Method
600917	重庆燃气	2014.09.18	电力、热力、燃气及水	重庆	156.000	按市值资金申购
601015	陕西黑猫	2014.10.22	制造业	陕西	120.000	按市值资金申购
601016	节能风电	2014.09.16	电力、热力、燃气及水	北京	177.780	按市值资金申购
601225	陕西煤业	2014.01.15	采矿业	陕西	1000.000	按市值资金申购
601226	华电重工	2014.11.25	科学研究和技术服务业	北京	150.000	按市值资金申购
601579	会稽山	2014.08.12	制造业	浙江	100.000	按市值资金申购
601969	海南矿业	2014.11.21	采矿业	海南	186.670	按市值资金申购
603005	晶方科技	2014.01.14	制造业	江苏	56.674	按市值资金申购
603006	联明股份	2014.06.16	制造业	上海	20.000	按市值资金申购
603009	北特科技	2014.07.08	制造业	上海	26.670	按市值资金申购
603010	万盛股份	2014.09.22	制造业	浙江	25.000	按市值资金申购
603011	合锻股份	2014.10.23	制造业	安徽	45.000	按市值资金申购
603017	园区设计	2014.12.18	科学研究和技术服务业	江苏	15.000	按市值资金申购
603018	设计股份	2014.09.22	科学研究和技术服务业	江苏	26.000	按市值资金申购
603019	中科曙光	2014.10.22	制造业	天津	75.000	按市值资金申购
603088	宁波精达	2014.10.23	制造业	浙江	20.000	按市值资金申购
603099	长白山	2014.08.11	水利、环境和公共设施	吉林	66.670	按市值资金申购
603100	川仪股份	2014.07.21	制造业	重庆	100.000	按市值资金申购
603111	康尼机电	2014.07.21	制造业	江苏	72.300	按市值资金申购
603126	中材节能	2014.07.21	科学研究和技术服务业	天津	80.000	按市值资金申购
603166	福达股份	2014.11.13	制造业	广西	43.500	按市值资金申购
603168	莎普爱思	2014.06.18	制造业	浙江	16.350	按市值资金申购
603169	兰石重装	2014.09.22	制造业	甘肃	100.000	按市值资金申购
603188	亚邦股份	2014.08.26	制造业	江苏	72.000	按市值资金申购
603288	海天味业	2014.01.22	制造业	广东	74.850	按市值资金申购
603306	华懋科技	2014.09.16	制造业	福建	35.000	按市值资金申购
603308	应流股份	2014.01.09	制造业	安徽	80.010	按市值资金申购
603328	依顿电子	2014.06.17	制造业	广东	90.000	按市值资金申购
603368	柳州医药	2014.11.20	批发和零售业	广西	28.125	按市值资金申购
603369	今世缘	2014.06.19	制造业	江苏	51.800	按市值资金申购
603456	九洲药业	2014.09.22	制造业	浙江	51.960	按市值资金申购
603518	维格娜丝	2014.11.20	制造业	江苏	36.995	按市值资金申购
603555	贵人鸟	2014.01.13	制造业	福建	89.000	按市值资金申购
603588	高能环境	2014.12.17	水利、环境和公共设施	北京	40.400	按市值资金申购
603606	东方电缆	2014.09.23	制造业	浙江	35.350	按市值资金申购
603609	禾丰牧业	2014.07.28	制造业	辽宁	80.000	按市值资金申购
603636	南威软件	2014.12.18	信息传输、软件和信息	福建	25.000	按市值资金申购
603688	石英股份	2014.10.22	制造业	江苏	55.950	按市值资金申购
603699	纽威股份	2014.01.07	制造业	江苏	82.500	按市值资金申购
603806	福斯特	2014.08.26	制造业	浙江	60.000	按市值资金申购
603889	新澳股份	2014.12.19	制造业	浙江	26.680	按市值资金申购
603988	中电电机	2014.10.22	制造业	江苏	20.000	按市值资金申购
603998	方盛制药	2014.11.21	制造业	湖南	27.260	按市值资金申购

注:发行数量指同一股票不同发行方式的发行总量。

股票年度首次发行
IPO in 2014

证券发行
Security Issue

发行价 Issue Price	发行日期 Issue Date	中签率 Lot Rate%	筹资金额(百万) Capital Raised(M)	发行市盈率 Issue P/E	主承销商 Lead Underwriter
3.250	2014.09.22	0.8767	507.000	19.12	申银万国证券股份有限公司
6.150	2014.10.24	1.2774	738.000	22.69	华西证券股份有限公司
2.170	2014.09.18	0.7042	385.783	22.06	中德证券有限责任公司
4.000	2014.01.17	4.8702	4000.000	6.23	中国国际金融有限公司
10.000	2014.11.27	0.6765	1500.000	22.22	招商证券股份有限公司
4.430	2014.08.14	0.4914	443.000	14.42	中国国际金融有限公司
10.340	2014.11.25	1.7970	1930.168	19.88	国泰君安证券股份有限公司
19.160	2014.01.23	1.3187	712.694	33.76	国信证券股份有限公司
9.930	2014.06.18	0.4365	198.600	13.43	中信建投证券股份有限公司
7.010	2014.07.10	0.2809	186.957	19.47	海通证券股份有限公司
11.700	2014.09.24	0.4921	292.500	22.76	广发证券股份有限公司
4.260	2014.10.27	0.5472	191.700	22.42	国元证券股份有限公司
29.970	2014.12.22	0.5467	449.550	22.88	东吴证券股份有限公司
32.260	2014.09.24	0.7530	838.760	22.88	广发证券股份有限公司
5.290	2014.10.24	0.5242	396.750	22.98	中信建投证券股份有限公司
8.570	2014.10.27	0.4480	171.400	22.91	海通证券股份有限公司
4.540	2014.08.13	0.3683	302.682	20.25	安信证券股份有限公司
6.720	2014.07.23	0.8948	672.000	21.00	广发证券股份有限公司
6.890	2014.07.23	0.6514	498.147	18.62	国泰君安证券股份有限公司
3.460	2014.07.23	0.8500	276.800	21.63	光大证券股份有限公司
5.800	2014.11.17	0.2985	252.300	20.00	中国银河证券股份有限公司
21.850	2014.06.20	0.7623	357.248	14.05	华龙证券有限责任公司
1.680	2014.09.24	0.6140	168.000	21.73	华龙证券有限责任公司
20.490	2014.08.28	1.2142	1475.280	22.75	华泰联合证券有限责任公司
51.250	2014.01.24	2.7662	1921.875	31.90	中信证券股份有限公司
12.080	2014.09.18	0.2977	422.800	19.24	国金证券股份有限公司
8.280	2014.01.13	1.7907	662.483	19.60	国元证券股份有限公司
15.310	2014.06.19	1.7008	1377.900	23.20	招商证券股份有限公司
26.220	2014.11.24	0.4009	589.950	19.71	国都证券有限责任公司
16.930	2014.06.23	1.0594	876.974	12.54	国泰君安证券股份有限公司
15.430	2014.09.24	0.7484	801.743	22.36	招商证券股份有限公司
20.020	2014.11.24	0.6401	740.640	22.30	中信建投证券股份有限公司
10.600	2014.01.15	2.2870	943.400	12.89	瑞银证券有限责任公司
18.230	2014.12.19	0.4085	736.492	22.79	华林证券有限责任公司
8.200	2014.09.25	0.4901	257.070	20.41	西部证券股份有限公司
5.880	2014.07.30	0.5112	470.400	21.78	广发证券股份有限公司
14.950	2014.12.22	0.3960	373.750	22.96	太平洋证券股份有限公司
6.450	2014.10.24	0.6864	360.878	19.61	中信证券股份有限公司
17.660	2014.01.09	1.7739	883.000	46.47	中信建投证券股份有限公司
27.180	2014.08.28	1.5161	1630.800	22.28	广发证券股份有限公司
17.950	2014.12.23	0.4283	478.906	21.63	国信证券股份有限公司
14.880	2014.10.24	0.4876	297.600	21.97	齐鲁证券有限公司
14.850	2014.11.25	0.5128	404.811	22.85	广发证券股份有限公司

股票年度再次发行 Reissuance of Share in 2014

证券代码 Code	证券简称 Name	所属行业 Industry	注册地 Area	发行数量(百万) Issue Vol (M)	发行方式 Issue Method	发行价 Issue Price	发行日期 Issue Date	筹资金额(百万) Capital Raised (M)
600027	华电国际	电力、热力、燃气及水	山东	1150.000	定向募集	2.895	2014.07.18	3329.250
600048	保利地产	房地产业	广东	19.633	定向募集	5.070	2014.09.16	99.541
600048	保利地产	房地产业	广东	3.120	定向募集	5.070	2014.11.27	15.819
600051	宁波联合	批发和零售业	浙江	8.480	定向募集	3.020	2014.05.29	25.610
600056	中国医药	制造业	北京	48.872	定向募集	20.290	2014.03.14	991.622
600057	象屿股份	租赁和商务服务业	福建	176.410	定向募集	9.750	2014.11.10	1720.000
600059	古越龙山	工业	浙江	173.668	配股	6.400	2014.06.23	1111.474
600067	冠城大通	房地产业	福建	2.784	定向募集	6.200	2014.12.12	17.261
600068	葛洲坝	建筑业	湖北	1117.318	定向募集	3.580	2014.03.25	4000.000
600073	上海梅林	制造业	上海	114.994	定向募集	8.820	2014.12.17	1014.250
600077	宋都股份	房地产业	辽宁	249.158	定向募集	4.750	2014.12.26	1183.500
600084	中葡股份	制造业	新疆	313.808	定向募集	4.780	2014.12.18	1500.000
600089	特变电工	工业	新疆	530.353	配股	6.900	2014.02.12	3659.437
600089	特变电工	制造业	新疆	74.221	定向募集	5.650	2014.08.21	419.347
600094	大名城	房地产业	上海	500.000	定向募集	6.000	2014.09.26	3000.000
600114	东睦股份	制造业	浙江	45.977	定向募集	13.050	2014.03.13	600.000
600122	宏图高科	批发和零售业	江苏	5.459	定向募集	4.150	2014.12.04	22.654
600138	中青旅	租赁和商务服务业	北京	67.210	定向募集	18.300	2014.05.09	1229.943
600141	兴发集团	制造业	湖北	95.344	定向募集	12.710	2014.07.14	1211.826
600153	建发股份	综合	福建	597.450	配股	5.130	2014.05.12	3064.917
600155	宝硕股份	制造业	河北	64.103	定向募集	3.120	2014.12.22	200.000
600170	上海建工	建筑业	上海	963.855	定向募集	4.150	2014.11.07	4000.000
600175	美都控股	批发和零售业	浙江	1003.004	定向募集	2.330	2014.08.21	2337.000
600180	瑞茂通	批发和零售业	山东	6.040	定向募集	7.830	2014.05.21	47.293
600196	复星医药	制造业	上海	3.935	定向募集	6.080	2014.01.20	23.925
600198	大唐电信	制造业	北京	102.581	定向募集	10.650	2014.05.12	1092.484
600198	大唐电信	制造业	北京	37.821	定向募集	11.110	2014.06.06	420.186
600201	金宇集团	制造业	内蒙	5.040	定向募集	12.780	2014.04.14	64.411
600203	福日电子	批发和零售业	福建	43.235	定向募集	6.430	2014.04.03	278.000
600206	有研硅股	制造业	北京	110.548	定向募集	11.260	2014.01.13	1244.767
600206	有研硅股	制造业	北京	30.992	定向募集	11.610	2014.01.27	359.818
600208	新湖中宝	房地产业	浙江	1773.958	定向募集	3.100	2014.12.03	5499.270
600230	沧州大化	制造业	河北	34.857	网下询价、网上定价	10.460	2014.05.06	364.600
600248	延长化建	建筑业	陕西	47.700	定向募集	6.900	2014.04.18	329.130
600251	冠农股份	制造业	新疆	30.321	定向募集	14.330	2014.06.24	434.500
600252	中恒集团	制造业	广西	66.622	定向募集	14.260	2014.11.19	950.023
600259	广晟有色	采矿业	海南	12.723	定向募集	39.300	2014.10.14	500.000
600266	北京城建	房地产业	北京	500.000	定向募集	7.800	2014.08.20	3900.000
600267	海正药业	制造业	浙江	125.823	定向募集	15.800	2014.09.25	1988.000
600273	华芳纺织	制造业	江苏	932.465	定向募集	5.320	2014.09.26	4960.715
600273	华芳纺织	制造业	江苏	58.820	定向募集	8.500	2014.12.16	499.970
600276	恒瑞医药	制造业	江苏	7.750	定向募集	15.510	2014.07.16	120.195
600279	重庆港九	交通运输、仓储和邮政	重庆	119.880	定向募集	10.010	2014.11.21	1200.000
600292	中电远达	水利、环境和公共设施	重庆	88.756	定向募集	18.280	2014.08.22	1622.455
600303	曙光股份	制造业	辽宁	45.818	定向募集	4.400	2014.03.26	201.601
600305	恒顺醋业	制造业	江苏	47.069	定向募集	14.350	2014.05.07	675.440
600312	平高电气	制造业	河南	318.519	定向募集	7.260	2014.03.27	2312.451
600323	瀚蓝环境	电力、热力、燃气及水	广东	137.554	定向募集	8.240	2014.12.25	1133.445
600330	天通股份	制造业	浙江	60.000	定向募集	5.150	2014.03.05	309.000

股票年度再次发行 Reissuance of Share in 2014

证券发行 Security Issue

证券代码 Code	证券简称 Name	所属行业 Industry	注册地 Area	发行数量(百万) Issue Vol (M)	发行方式 Issue Method	发行价 Issue Price	发行日期 Issue Date	筹资金额(百万) Capital Raised (M)
600331	宏达股份	制造业	四川	1000.000	定向募集	3.860	2014.08.27	3860.000
600335	国机汽车	批发和零售业	天津	52.386	定向募集	13.520	2014.07.21	708.255
600335	国机汽车	批发和零售业	天津	14.755	定向募集	16.000	2014.08.27	236.085
600346	大橡塑	制造业	辽宁	49.342	定向募集	6.080	2014.02.12	300.000
600352	浙江龙盛	制造业	浙江	12.000	定向募集	7.870	2014.01.21	94.440
600352	浙江龙盛	制造业	浙江	2.100	定向募集	7.600	2014.07.18	15.960
600359	新农开发	农、林、牧、渔业	新疆	60.513	定向募集	9.750	2014.12.25	590.000
600369	西南证券	金融业	重庆	500.000	定向募集	8.620	2014.02.24	4310.000
600383	金地集团	房地产业	广东	19.955	定向募集	7.420	2014.09.09	148.065
600396	金山股份	电力、热力、燃气及水	辽宁	93.732	定向募集	6.260	2014.01.08	586.764
600398	凯诺科技	制造业	江苏	3846.154	定向募集	3.380	2014.03.13	13000.000
600401	海润光伏	制造业	江苏	492.500	定向募集	7.720	2014.09.12	3802.100
600406	国电南瑞	信息传输、软件和信息	江苏	223.200	定向募集	11.590	2013.12.30	2586.885
600432	吉恩镍业	制造业	吉林	792.602	定向募集	7.570	2014.09.22	6000.000
600446	金证股份	信息传输、软件和信息	广东	1.539	定向募集	7.350	2014.05.19	11.312
600448	华纺股份	制造业	山东	102.564	定向募集	3.900	2014.03.21	400.000
600477	杭萧钢构	建筑业	浙江	90.000	定向募集	3.830	2014.04.01	344.700
600482	风帆股份	制造业	河北	5.120	定向募集	4.940	2014.09.24	25.293
600483	福建南纺	电力、热力、燃气及水	福建	969.864	定向募集	4.790	2014.07.23	4645.647
600485	中创信测	制造业	北京	2614.803	定向募集	8.600	2014.09.10	22487.304
600485	中创信测	制造业	北京	170.354	定向募集	19.100	2014.09.10	3253.761
600487	亨通光电	制造业	江苏	68.755	定向募集	16.600	2014.03.05	1141.334
600496	精工钢构	建筑业	安徽	100.000	定向募集	8.450	2014.10.28	845.000
600498	烽火通信	制造业	湖北	0.985	定向募集	8.190	2014.06.23	8.067
600498	烽火通信	制造业	湖北	28.425	定向募集	7.150	2014.12.22	203.239
600499	科达机电	制造业	广东	16.995	定向募集	13.000	2014.02.26	220.941
600499	科达机电	制造业	广东	5.238	定向募集	21.000	2014.02.26	109.998
600499	科达洁能	制造业	广东	8.745	定向募集	9.630	2014.05.15	84.214
600503	华丽家族	房地产业	上海	463.214	定向募集	3.670	2014.09.04	1699.995
600507	方大特钢	制造业	江西	15.372	定向募集	3.210	2013.12.27	49.343
600520	中发科技	制造业	安徽	45.390	定向募集	7.930	2014.04.17	359.943
600521	华海药业	制造业	浙江	0.351	定向募集	5.450	2014.09.05	1.913
600522	中天科技	制造业	江苏	158.263	定向募集	14.280	2014.09.24	2260.000
600538	北海国发	制造业	广西	185.185	定向募集	3.780	2014.05.30	700.000
600540	新赛股份	农、林、牧、渔业	新疆	59.540	定向募集	8.700	2014.12.18	518.000
600549	厦门钨业	制造业	福建	150.000	定向募集	19.980	2014.12.11	2997.000
600557	康缘药业	制造业	江苏	14.932	定向募集	24.110	2014.12.22	360.000
600558	大西洋	制造业	四川	99.616	定向募集	6.620	2014.03.11	659.455
600565	迪马股份	房地产业	重庆	1186.440	定向募集	3.500	2014.05.12	4152.539
600565	迪马股份	房地产业	重庆	439.422	定向募集	3.150	2014.09.09	1384.180
600566	洪城股份	制造业	湖北	610.824	定向募集	8.180	2013.12.26	4996.543
600566	洪城股份	制造业	湖北	32.430	定向募集	20.100	2014.02.11	651.843
600575	芜湖港	交通运输、仓储和邮政	安徽	448.718	定向募集	3.120	2014.07.29	1400.000
600577	精达股份	制造业	安徽	268.097	定向募集	3.710	2014.08.12	994.638
600584	长电科技	制造业	江苏	131.436	定向募集	9.510	2014.09.26	1249.960
600587	新华医疗	制造业	山东	5.594	定向募集	39.660	2014.11.21	221.850
600588	用友软件	信息传输、软件和信息	北京	11.928	定向募集	6.760	2014.03.11	80.636
600590	泰豪科技	制造业	江西	6.000	定向募集	4.200	2014.12.23	25.200
600594	益佰制药	制造业	贵州	35.375	定向募集	31.350	2014.01.17	1108.997

股票年度再次发行 Reissuance of Share in 2014

证券代码 Code	证券简称 Name	所属行业 Industry	注册地 Area	发行数量(百万) Issue Vol (M)	发行方式 Issue Method	发行价 Issue Price	发行日期 Issue Date	筹资金额(百万) Capital Raised (M)
600597	光明乳业	制造业	上海	6.168	定向募集	10.500	2014.12.24	64.760
600614	鼎立股份	制造业	上海	151.186	定向募集	10.120	2014.10.20	1530.000
600616	金枫酒业	制造业	上海	75.948	定向募集	7.650	2014.03.07	581.000
600617	*ST 联华	电力、热力、燃气及水	上海	30.000	定向募集	16.000	2014.01.23	480.000
600624	复旦复华	综合	上海	60.000	定向募集	7.120	2014.07.17	427.200
600634	ST 澄海	制造业	上海	79.343	定向募集	7.310	2014.01.10	580.000
600644	乐山电力	电力、热力、燃气及水	四川	211.921	定向募集	7.550	2014.10.09	1600.000
600645	中源协和	科学研究和技术服务业	天津	3.250	定向募集	13.600	2014.09.12	44.200
600648	外高桥	批发和零售业	上海	124.568	定向募集	22.000	2014.04.23	2740.500
600652	爱使股份	采矿业	上海	275.701	定向募集	4.280	2014.11.04	1180.000
600661	新南洋	教育	上海	77.676	定向募集	7.490	2014.08.21	581.796
600661	新南洋	教育	上海	7.723	定向募集	25.110	2014.12.02	193.932
600673	东阳光铝	制造业	广东	122.100	定向募集	8.190	2014.03.31	1000.000
600690	青岛海尔	制造业	山东	6.101	定向募集	7.730	2014.07.07	47.161
600690	青岛海尔	制造业	山东	302.993	定向募集	10.830	2014.07.17	3281.414
600690	青岛海尔	制造业	山东	4.779	定向募集	10.110	2014.11.14	48.318
600690	青岛海尔	制造业	山东	11.226	定向募集	10.360	2014.11.14	116.301
600703	三安光电	制造业	湖北	151.376	定向募集	21.800	2014.01.28	3300.000
600704	物产中大	批发和零售业	浙江	205.479	定向募集	7.300	2014.08.06	1500.000
600705	中航投资	金融业	黑龙江	343.879	定向募集	14.540	2014.03.18	5000.000
600711	盛屯矿业	采矿业	福建	145.322	定向募集	7.140	2014.06.16	1037.599
600713	南京医药	批发和零售业	江苏	203.845	定向募集	5.200	2014.12.03	1059.994
600739	辽宁成大	批发和零售业	辽宁	65.000	定向募集	13.260	2014.07.07	861.900
600745	中茵股份	房地产业	湖北	155.945	定向募集	11.000	2014.09.17	1715.400
600747	大连控股	房地产业	辽宁	400.000	定向募集	3.440	2014.06.11	1376.000
600754	锦江股份	住宿和餐饮业	上海	201.277	定向募集	15.080	2014.12.03	3035.257
600755	厦门国贸	综合	福建	333.634	配股	4.190	2014.07.16	1397.927
600759	洲际油气	批发和零售业	海南	521.042	定向募集	5.988	2014.12.19	3120.000
600770	综艺股份	信息传输、软件和信息	江苏	195.400	定向募集	6.170	2014.05.15	1205.618
600773	西藏城投	房地产业	西藏	153.509	定向募集	9.740	2014.11.17	1495.174
600784	鲁银投资	综合	山东	71.564	定向募集	5.650	2014.02.20	404.337
600785	新华百货	批发和零售业	宁夏	18.200	定向募集	12.900	2014.02.24	234.780
600794	保税科技	交通运输、仓储和邮政	江苏	67.273	定向募集	11.000	2014.09.25	740.000
600803	威远生化	制造业	河北	63.752	定向募集	10.980	2013.12.31	700.000
600804	鹏博士	信息传输、软件和信息	四川	5.000	定向募集	7.990	2014.05.14	39.950
600804	鹏博士	信息传输、软件和信息	四川	4.380	定向募集	6.490	2014.07.16	28.428
600807	天业股份	房地产业	山东	162.210	定向募集	6.840	2014.06.20	1109.513
600807	天业股份	房地产业	山东	58.704	定向募集	6.300	2014.07.31	369.838
600812	华北制药	制造业	河北	252.227	定向募集	4.490	2014.04.09	1132.500
600814	杭州解百	批发和零售业	浙江	404.644	定向募集	5.720	2014.09.26	2314.562
600819	耀皮玻璃	制造业	上海	203.666	定向募集	4.910	2014.01.03	1000.000
600823	世茂股份	房地产业	上海	1.820	定向募集	9.600	2014.12.09	17.472
600843	上工申贝	制造业	上海	99.703	定向募集	6.730	2014.03.28	671.000
600845	宝信软件	信息传输、软件和信息	上海	23.214	定向募集	28.000	2014.03.07	650.000
600847	万里股份	制造业	重庆	5.245	定向募集	8.880	2014.08.29	46.576
600866	星湖科技	制造业	广东	95.000	定向募集	3.850	2014.12.18	365.750
600867	通化东宝	制造业	吉林	5.500	定向募集	7.500	2014.08.08	41.250
600885	宏发股份	制造业	湖北	55.333	定向募集	15.000	2014.01.03	830.000
600893	航空动力	制造业	陕西	171.681	定向募集	18.580	2014.06.30	3189.835

股票年度再次发行
Reissuance of Share in 2014

证券代码 Code	证券简称 Name	所属行业 Industry	注册地 Area	发行数量(百万) Issue Vol (M)	发行方式 Issue Method	发行价 Issue Price	发行日期 Issue Date	筹资金额(百万) Capital Raised (M)
600893	航空动力	制造业	陕西	687.464	定向募集	13.920	2014.06.30	9569.505
600894	广日股份	制造业	广东	71.429	定向募集	9.800	2014.05.27	700.000
600960	渤海活塞	制造业	山东	116.279	定向募集	8.600	2014.04.24	1000.000
600969	郴电国际	电力、热力、燃气及水	湖南	54.054	定向募集	14.800	2014.10.14	800.000
600978	宜华木业	工业	广东	330.207	配股	4.030	2014.03.05	1330.735
600982	宁波热电	电力、热力、燃气及水	浙江	326.930	定向募集	3.670	2014.07.01	1199.833
600983	合肥三洋	制造业	安徽	233.639	定向募集	8.420	2014.10.23	1967.240
600998	九州通	批发和零售业	湖北	189.101	定向募集	11.010	2014.03.14	2082.000
600998	九州通	批发和零售业	湖北	33.458	定向募集	8.150	2014.08.01	272.684
600999	招商证券	金融业	广东	1147.036	定向募集	9.720	2014.05.27	11149.187
601008	连云港	交通运输、仓储和邮政	江苏	203.580	定向募集	3.120	2014.01.03	635.170
601028	玉龙股份	制造业	江苏	0.300	定向募集	6.300	2014.08.20	1.890
601028	玉龙股份	制造业	江苏	37.796	定向募集	14.060	2014.11.20	531.409
601058	赛轮股份	制造业	山东	67.400	定向募集	10.800	2014.01.10	727.920
601058	赛轮股份	制造业	山东	75.949	定向募集	15.800	2014.11.26	1200.000
601099	太平洋	金融业	云南	700.000	定向募集	5.370	2014.04.21	3759.000
601231	环旭电子	制造业	上海	76.238	定向募集	27.060	2014.11.18	2063.000
601233	桐昆股份	制造业	浙江	4.329	定向募集	6.400	2014.02.18	27.707
601258	庞大集团	批发和零售业	河北	618.557	定向募集	4.850	2014.11.17	3000.000
601313	江南嘉捷	制造业	江苏	1.440	定向募集	4.150	2014.02.14	5.976
601555	东吴证券	金融业	江苏	700.000	定向募集	7.330	2014.08.05	5131.000
601567	三星电气	制造业	浙江	7.030	定向募集	4.440	2014.09.24	31.213
601599	鹿港科技	制造业	江苏	42.907	定向募集	7.120	2014.11.06	305.500
601599	鹿港科技	制造业	江苏	16.520	定向募集	9.080	2014.11.21	150.000
601636	旗滨集团	制造业	湖南	145.450	定向募集	5.500	2014.04.24	799.975
601798	蓝科高新	工业	甘肃	12.088	配股	5.680	2014.02.07	196.120
601877	正泰电器	制造业	浙江	0.238	定向募集	19.440	2014.05.29	4.621
601877	正泰电器	制造业	浙江	3.211	定向募集	18.940	2014.12.08	60.812
601886	江河创建	建筑业	北京	34.050	定向募集	13.920	2014.01.10	473.976
601901	方正证券	金融业	湖南	2132.101	定向募集	6.090	2014.08.08	12984.497
601989	中国重工	制造业	北京	2019.048	定向募集	4.200	2014.01.23	8480.000
601992	金隅股份	制造业	北京	500.903	定向募集	5.580	2014.03.26	2795.040
603077	和邦股份	制造业	四川	55.547	定向募集	14.660	2014.04.17	814.325
603123	翠微股份	批发和零售业	北京	155.749	定向募集	13.500	2014.11.04	2102.616
603123	翠微股份	批发和零售业	北京	60.395	定向募集	8.610	2014.12.02	520.000
603288	海天味业	制造业	广东	6.580	定向募集	17.610	2014.12.25	115.874
603766	隆鑫通用	制造业	重庆	4.191	定向募集	9.797	2014.09.23	41.063
603766	隆鑫通用	制造业	重庆	0.722	定向募集	9.797	2014.11.27	7.074

年度上市公司债发行 Issuance of C-Bond in 2014

证券代码 Code	证券简称 Name	证券类型 Type	发行数量(百万) Issue Val(M)	面值 Denomination	发行日期 Issue Date	年限 Term	票面利率(%) Interest Rate(%)
110023	民生转债	可转债	20000	100.00	2013.03.15	6	0.600
110024	隧道转债	可转债	2600	100.00	2013.09.13	6	0.600
113005	平安转债	可转债	26000	100.00	2013.11.22	6	0.800
113006	深燃转债	可转债	1600	100.00	2013.12.13	6	0.600
122197	12 华天成	公司债	900	100.00	2013.03.13	5	5.800
122215	12 永泰 01	公司债	1600	100.00	2012.12.20	5	5.680
122216	12 桐昆债	公司债	1300	100.00	2013.01.21	5	5.850
122217	12 渝水务	公司债	1500	100.00	2013.01.29	5	5.120
122218	12 国航 01	公司债	5000	100.00	2013.01.18	10	5.100
122219	12 榕泰债	公司债	750	100.00	2013.01.24	5	5.900
122220	12 重工 01	公司债	1200	100.00	2013.01.25	5	4.850
122221	12 重工 02	公司债	600	100.00	2013.01.25	7	5.200
122222	12 永泰 02	公司债	900	100.00	2013.01.31	5	5.450
122223	12 电气 01	公司债	400	100.00	2013.02.27	3	4.500
122224	12 电气 02	公司债	1600	100.00	2013.02.27	5	4.900
122225	12 一拖 01	公司债	800	100.00	2013.03.04	5	4.800
122226	12 宝科创	公司债	600	100.00	2013.03.06	5	5.480
122227	13 尖峰 01	公司债	300	100.00	2013.06.05	5	4.900
122228	13 天士 01	公司债	400	100.00	2013.03.29	5	4.980
122230	12 沪海立	公司债	1000	100.00	2013.02.28	5	4.850
122231	12 上电债	公司债	1500	100.00	2013.03.04	5	4.550
122232	12 招商 01	公司债	3000	100.00	2013.03.05	5	4.450
122233	12 招商 02	公司债	1500	100.00	2013.03.05	5	4.800
122234	12 招商 03	公司债	5500	100.00	2013.03.05	10	5.150
122235	12 芜湖港	公司债	1500	100.00	2013.03.20	5	4.990
122237	12 西资源	公司债	600	100.00	2013.03.08	5	5.680
122238	13 宁港 01	公司债	1000	100.00	2013.03.13	3	4.600
122239	13 中油 01	公司债	16000	100.00	2013.03.15	5	4.470
122240	13 中油 02	公司债	4000	100.00	2013.03.15	10	4.880
122241	12 东航 01	公司债	4800	100.00	2013.03.18	10	5.050
122242	12 广汽 01	公司债	1000	100.00	2013.03.20	5	4.890
122243	12 广汽 02	公司债	3000	100.00	2013.03.20	10	5.090
122244	12 大唐 01	公司债	3000	100.00	2013.03.27	10	5.100
122245	13 甬热电	公司债	300	100.00	2013.04.15	7	5.100
122249	13 平煤债	公司债	4500	100.00	2013.04.17	10	5.070
122250	13 和邦 01	公司债	400	100.00	2013.04.22	7	5.800
122251	13 南车 01	公司债	1500	100.00	2013.04.22	5	4.700
122252	13 南车 02	公司债	1500	100.00	2013.04.22	10	5.000
122253	12 一拖 02	公司债	700	100.00	2013.05.30	5	4.500
122254	12 拜克 01	公司债	300	100.00	2013.05.22	5	5.300
122255	13 赣粤 01	公司债	1800	100.00	2013.04.19	10	5.150
122256	13 保税债	公司债	350	100.00	2013.05.23	5	5.500
122257	12 岳纸 01	公司债	850	100.00	2013.05.29	5	5.040
122258	13 云煤业	公司债	250	100.00	2013.12.03	7	7.800
122259	13 中信 01	公司债	3000	100.00	2013.06.07	5	4.650
122260	13 中信 02	公司债	12000	100.00	2013.06.07	10	5.050
122261	13 华泰 01	公司债	4000	100.00	2013.06.05	5	4.680
122262	13 华泰 02	公司债	6000	100.00	2013.06.05	10	5.100
122263	12 豫园 01	公司债	500	100.00	2013.06.17	5	5.200
122265	13 川路桥	公司债	1500	100.00	2013.07.26	5	5.650

年度上市公司债发行
Issuance of C-Bond in 2014

证券发行
Security Issue

证券代码 Code	证券简称 Name	证券类型 Type	发行数量(百万) Issue Val(M)	面值 Denomination	发行日期 Issue Date	年限 Term	票面利率(%) Interest Rate(%)
110025	国金转债	可转债	2500	100.00	2014.05.14	6	0.500
110027	东方转债	可转债	4000	100.00	2014.07.10	6	0.500
110028	冠城转债	可转债	1800	100.00	2014.07.18	6	1.200
110029	浙能转债	可转债	10000	100.00	2014.10.13	6	0.500
113007	吉视转债	可转债	1700	100.00	2014.09.05	6	0.500
113501	洛钼转债	可转债	4900	100.00	2014.12.02	6	0.500
122271	12 兖煤 03	公司债	1950	100.00	2014.03.03	5	5.920
122272	12 兖煤 04	公司债	3050	100.00	2014.03.03	10	6.150
122275	13 京能 01	公司债	1500	100.00	2014.01.16	2	6.240
122285	13 杉杉债	公司债	750	100.00	2014.03.07	5	7.500
122287	13 国投 01	公司债	1800	100.00	2014.03.21	5	5.890
122289	13 日照港	公司债	1000	100.00	2014.03.03	3	6.150
122290	13 包钢 01	公司债	3000	100.00	2014.03.06	2	6.450
122292	13 兴业 01	公司债	1500	100.00	2014.03.13	5	6.000
122293	13 兴业 02	公司债	1000	100.00	2014.03.13	7	6.350
122294	12 鲁创投	公司债	400	100.00	2014.03.25	5	7.350
122295	13 川投 01	公司债	1700	100.00	2014.04.17	5	6.120
122297	13 山煤 01	公司债	1500	100.00	2014.04.24	2	6.350
122298	13 亚盛债	公司债	1200	100.00	2014.06.19	5	6.350
122300	13 铁龙 01	公司债	750	100.00	2014.05.09	2	5.800
122301	13 楚天 01	公司债	600	100.00	2014.05.26	5	5.880
122302	13 天房债	公司债	1200	100.00	2014.04.25	7	8.900
122304	13 兴业 03	公司债	2500	100.00	2014.06.23	3	5.500
122305	14 鲁高速	公司债	2000	100.00	2014.07.11	5	5.840
122306	13 太极 01	公司债	250	100.00	2014.06.09	5	6.250
122308	13 杭齿债	公司债	400	100.00	2014.07.11	5	6.300
122310	13 苏新城	公司债	2000	100.00	2014.07.23	5	8.900
122311	13 海通 04	公司债	5650	100.00	2014.07.14	3	5.250
122312	13 海通 05	公司债	4550	100.00	2014.07.14	5	5.450
122313	13 海通 06	公司债	800	100.00	2014.07.14	10	5.850
122316	14 赣粤 01	公司债	500	100.00	2014.08.11	7	5.740
122317	14 赣粤 02	公司债	2300	100.00	2014.08.11	10	6.090
122318	14 中炬 01	公司债	500	100.00	2014.09.23	5	6.200
122319	13 京能 02	公司债	1500	100.00	2014.08.22	3	5.140
122320	14 国贸 01	公司债	500	100.00	2014.08.20	5	5.500
122324	14 国电 01	公司债	1500	100.00	2014.09.15	3	5.100
122326	14 广晟债	公司债	290	100.00	2014.09.25	3	6.500
122327	13 卧龙债	公司债	600	100.00	2014.09.23	5	9.070
122328	12 开滦 02	公司债	1500	100.00	2014.09.26	6	6.300
122329	14 伊泰 01	公司债	4500	100.00	2014.10.09	5	6.990
122330	13 中企债	公司债	1550	100.00	2014.10.14	5	5.470
122331	14 营口港	公司债	1000	100.00	2014.10.20	7	5.600
122333	14 嘉宝债	公司债	960	100.00	2014.10.23	5	5.500
122334	12 大唐 02	公司债	3000	100.00	2014.11.03	10	5.000
122335	14 爱众 01	公司债	300	100.00	2014.10.28	7	6.000
122336	13 牡丹 01	公司债	850	100.00	2014.10.29	5	5.400
122338	13 金桥债	公司债	1200	100.00	2014.11.17	8	5.000
122339	13 香江债	公司债	700	100.00	2014.12.10	5	8.480
122340	14 武控 01	公司债	650	100.00	2014.11.05	5	4.700
122344	13 尖峰 02	公司债	300	100.00	2014.11.20	5	5.090

年度上市公司债发行
Issuance of C-Bond in 2014

证券代码 Code	证券简称 Name	证券类型 Type	发行数量(百万) Issue Val(M)	面值 Denomination	发行日期 Issue Date	年限 Term	票面利率(%) Interest Rate(%)
122346	14 贵人鸟	公司债	800	100.00	2014.12.03	5	6.800
122347	13 太极 02	公司债	250	100.00	2014.12.03	5	5.250
123018	13 海岛债	公司债	300	100.00	2014.05.21	5	8.500
123303	14 华泰 05	公司债	4000	100.00	2014.11.21	1	5.100
123325	14 中信 C2	公司债	7000	100.00	2014.10.24	5	5.650
123342	14 西南债	公司债	3000	100.00	2014.10.15	5	5.880
123343	14 华泰 03	公司债	2000	100.00	2014.09.29	3	5.700
123344	14 华泰 04	公司债	4000	100.00	2014.09.29	4	5.900
123359	14 兴业 02	公司债	2500	100.00	2014.09.18	4	5.900
123382	14 中信 C1	公司债	6000	100.00	2014.04.28	4	5.900
132001	14 宝钢 EB	可交换债	4000	100.00	2014.12.10	3	1.500
135002	14 海通 D1	私募债	5000	100.00	2014.12.03	1	4.650

优先股年度首次发行
Reissuance of Pref in 2014

代码 Code	简称 Name	公司代码 Company Code	发行标志 Issue Flag	发行股息率 dividend	发行日期 Issue Date	发行价 Issue Price	筹资金额(百万) Capital Raised (M)
360001	农行优 1	601288	首次非公开发行	6.00	2014-10-31	100.00	40000.00
360002	中行优 1	601988	首次非公开发行	6.00	2014-11-21	100.00	32000.00
360003	浦发优 1	600000	首次非公开发行	6.00	2014-12-09	100.00	15000.00
360005	兴业优 1	601166	首次非公开发行	6.00	2014-12-09	100.00	13000.00
360006	康美优 1	600518	首次非公开发行	7.50	2014-12-11	100.00	3000.00

上市公司基本信息
Listed Companies in 2014

公司代码 Code	证券名称 Name	总市值 Market Capital	流通市值 Negotiable Capital	总股本 Total Vol	A股流通股 A-Share Negotiable	B股 B-Share	H股 H-Share	限售股 Limited Share
600000	浦发银行	292673.0	234138.4	18653.5	14922.8	0.0	0.0	3730.7
600004	白云机场	12569.5	12569.5	1150.0	1150.0	0.0	0.0	0.0
600005	武钢股份	36135.7	36135.7	10093.8	10093.8	0.0	0.0	0.0
600006	东风汽车	11900.0	11900.0	2000.0	2000.0	0.0	0.0	0.0
600007	中国国贸	15401.3	15401.3	1007.3	1007.3	0.0	0.0	0.0
600008	首创股份	25960.0	25960.0	2200.0	2200.0	0.0	0.0	0.0
600009	上海机场	37806.9	21454.0	1927.0	1093.5	0.0	0.0	833.5
600010	包钢股份	65301.1	64227.5	16005.2	15742.0	0.0	0.0	263.2
600011	华能国际	92715.0	92715.0	14420.4	10500.0	0.0	3920.4	0.0
600012	皖通高速	7203.4	7203.4	1658.6	1165.6	0.0	493.0	0.0
600015	华夏银行	119856.5	87324.3	8904.6	6487.7	0.0	0.0	2417.0
600016	民生银行	294914.1	294914.1	34039.7	27106.1	0.0	6933.6	0.0
600017	日照港	14301.8	12232.4	3075.7	2630.6	0.0	0.0	445.0
600018	上港集团	146088.3	146088.3	22755.2	22755.2	0.0	0.0	0.0
600019	宝钢股份	115461.9	115134.2	16471.0	16424.3	0.0	0.0	46.7
600020	中原高速	9124.3	9124.3	2247.4	2247.4	0.0	0.0	0.0
600021	上海电力	16711.4	16711.4	2139.7	2139.7	0.0	0.0	0.0
600022	山东钢铁	20081.2	16670.7	6436.3	5343.2	0.0	0.0	1093.1
600023	浙能电力	84871.7	5668.8	11837.1	790.6	0.0	0.0	11046.4
600026	中海发展	19187.9	19187.9	3404.6	2108.6	0.0	1296.0	0.0
600027	华电国际	49630.4	41160.4	8807.3	5880.1	0.0	1717.2	1210.0
600028	中国石化	592421.2	592421.2	116795.6	91282.2	0.0	25513.4	0.0
600029	南方航空	36236.9	36236.9	9817.6	7022.7	0.0	2794.9	0.0
600030	中信证券	333527.9	332717.0	11016.9	9814.7	0.0	1178.3	23.9
600031	三一重工	76012.7	75785.2	7616.5	7593.7	0.0	0.0	22.8
600033	福建高速	10456.2	10456.2	2744.4	2744.4	0.0	0.0	0.0
600035	楚天高速	5462.3	5462.3	1211.1	1211.1	0.0	0.0	0.0
600036	招商银行	342234.2	342234.2	25219.8	20628.9	0.0	4590.9	0.0
600037	歌华有线	15414.3	15414.3	1063.8	1063.8	0.0	0.0	0.0
600038	哈飞股份	22176.1	14771.5	589.5	392.7	0.0	0.0	196.8
600039	四川路桥	16487.7	11035.4	3019.7	2021.1	0.0	0.0	998.6
600048	保利地产	116095.8	116095.8	10729.7	10729.7	0.0	0.0	0.0
600050	中国联通	104923.2	104923.2	21196.6	21196.6	0.0	0.0	0.0
600051	宁波联合	2642.5	2570.4	310.9	302.4	0.0	0.0	8.5
600052	浙江广厦	5579.5	5579.5	871.8	871.8	0.0	0.0	0.0
600053	中江地产	3685.1	3685.1	433.5	433.5	0.0	0.0	0.0
600054	黄山旅游	6431.1	3368.2	471.4	117.6	156.0	0.0	197.7
600055	华润万东	4086.6	4086.6	216.5	216.5	0.0	0.0	0.0
600056	中国医药	16615.3	14514.0	1012.5	884.5	0.0	0.0	128.1
600057	象屿股份	10569.8	4384.4	1036.3	429.8	0.0	0.0	606.4
600058	五矿发展	18715.6	18715.6	1071.9	1071.9	0.0	0.0	0.0
600059	古越龙山	7228.2	7228.2	808.5	808.5	0.0	0.0	0.0
600060	海信电器	14955.9	14955.9	1308.5	1308.5	0.0	0.0	0.0
600061	中纺投资	9886.1	9886.1	429.1	429.1	0.0	0.0	0.0
600062	华润双鹤	11582.6	11582.6	571.7	571.7	0.0	0.0	0.0
600063	皖维高新	7039.9	7039.9	1497.9	1497.9	0.0	0.0	0.0
600064	南京高科	9286.8	9286.8	516.2	516.2	0.0	0.0	0.0
600066	宇通客车	28367.2	27797.8	1270.4	1244.9	0.0	0.0	25.5
600067	冠城大通	9666.1	9666.1	1193.3	1193.3	0.0	0.0	0.0
600068	葛洲坝	42962.6	32538.0	4604.8	3487.5	0.0	0.0	1117.3

注：股本的单位为百万股，市值、营业收入、净利润的单位为百万元。

上市公司基本信息
Listed Companies in 2014

优先股 Pref Share	所属行业 Industry	所属地区 Area	营业收入 Revenue	净利润 Net Profit	每股收益(元) EPS	每股净资产(元) NAVPS
150.0	金融业	上海	123181.0	47026.0	2.52	13.95
0.0	交通运输、仓储和邮政业	广东	5527.7	1087.6	0.95	7.38
0.0	制造业	湖北	99373.1	1257.4	0.13	3.59
0.0	制造业	湖北	17471.3	140.6	0.07	3.05
0.0	房地产业	北京	2234.3	536.5	0.53	5.19
0.0	电力、热力、燃气及水生产和供应业	北京	5589.4	610.2	0.28	2.84
0.0	交通运输、仓储和邮政业	上海	5750.9	2095.5	1.09	9.58
0.0	制造业	内蒙	29791.9	200.3	0.01	1.18
0.0	电力、热力、燃气及水生产和供应业	北京	125406.9	10545.8	0.73	4.80
0.0	交通运输、仓储和邮政业	安徽	2339.6	860.9	0.52	4.58
0.0	金融业	北京	54885.0	17981.0	2.02	11.39
0.0	金融业	北京	135469.0	44546.0	1.30	7.03
0.0	交通运输、仓储和邮政业	山东	5083.6	572.5	0.19	3.23
0.0	交通运输、仓储和邮政业	上海	28778.7	6766.5	0.30	2.40
0.0	制造业	上海	187413.6	5792.3	0.35	6.94
0.0	交通运输、仓储和邮政业	河南	3885.2	890.3	0.40	3.44
0.0	电力、热力、燃气及水生产和供应业	上海	16102.0	1325.6	0.62	4.56
0.0	制造业	山东	51865.2	-1398.4	-0.22	1.80
0.0	电力、热力、燃气及水生产和供应业	浙江	44179.0	5964.4	0.50	3.67
0.0	交通运输、仓储和邮政业	上海	12333.8	311.0	0.09	6.27
0.0	电力、热力、燃气及水生产和供应业	山东	68397.7	5901.8	0.67	3.59
0.0	采矿业	北京	2825914.0	47430.0	0.40	5.03
0.0	交通运输、仓储和邮政业	广东	108313.0	1773.0	0.18	3.62
0.0	金融业	广东	29197.5	11337.2	1.03	9.00
0.0	制造业	湖南	30364.7	709.2	0.09	3.12
0.0	交通运输、仓储和邮政业	福建	2636.0	600.8	0.22	2.83
0.0	交通运输、仓储和邮政业	湖北	1130.2	283.9	0.23	3.07
0.0	金融业	广东	165863.0	55911.0	2.22	12.47
0.0	信息传输、软件和信息技术服务业	北京	2466.0	568.7	0.54	5.91
0.0	制造业	黑龙江	12455.4	331.8	0.56	10.47
0.0	建筑业	四川	26972.7	893.3	0.30	2.47
0.0	房地产业	广东	109056.5	12200.3	1.14	5.72
0.0	信息传输、软件和信息技术服务业	上海	288570.9	3981.7	0.19	3.65
0.0	批发和零售业	浙江	4442.6	114.3	0.37	5.98
0.0	房地产业	浙江	1759.2	212.0	0.24	2.30
0.0	房地产业	江西	803.2	75.5	0.17	2.02
0.0	水利、环境和公共设施管理业	安徽	1489.9	209.2	0.44	4.71
0.0	制造业	北京	739.9	25.7	0.12	3.09
0.0	制造业	北京	17857.4	550.2	0.54	4.91
0.0	租赁和商务服务业	福建	48384.0	283.5	0.27	3.64
0.0	批发和零售业	北京	134559.4	210.0	0.20	8.06
0.0	制造业	浙江	1337.9	184.8	0.23	4.58
0.0	制造业	山东	29007.1	1400.0	1.07	8.27
0.0	制造业	上海	4716.8	6.2	0.01	1.44
0.0	制造业	北京	4281.0	541.9	0.95	9.93
0.0	制造业	安徽	4126.1	179.8	0.12	2.46
0.0	房地产业	江苏	3242.1	609.8	1.18	16.00
0.0	制造业	河南	25728.3	2612.6	1.77	7.31
0.0	房地产业	福建	7564.2	751.1	0.63	4.63
0.0	建筑业	湖北	71605.4	2287.0	0.50	4.50

上市公司基本信息
Listed Companies in 2014

公司代码 Code	证券名称 Name	总市值 Market Capital	流通市值 Negotiable Capital	总股本 Total Vol	A 股流通股 A-Share Negotiable	B 股 B-Share	H 股 H-Share	限售股 Limited Share
600069	银鸽投资	3895.8	3895.8	825.4	825.4	0.0	0.0	0.0
600070	浙江富润	2134.2	2134.2	274.3	274.3	0.0	0.0	0.0
600071	凤凰光学	3015.9	3015.9	237.5	237.5	0.0	0.0	0.0
600072	*ST 钢构	5301.0	5301.0	478.4	478.4	0.0	0.0	0.0
600073	上海梅林	8795.9	7717.3	937.7	822.7	0.0	0.0	115.0
600074	中达股份	5223.6	5223.6	896.0	896.0	0.0	0.0	0.0
600075	*ST 新业	2855.2	2855.2	438.6	438.6	0.0	0.0	0.0
600076	青鸟华光	1926.4	1926.4	365.5	365.5	0.0	0.0	0.0
600077	宋都股份	7611.9	6196.7	1340.1	1091.0	0.0	0.0	249.2
600078	澄星股份	4525.4	4525.4	662.6	662.6	0.0	0.0	0.0
600079	人福医药	13563.1	12976.9	528.8	505.9	0.0	0.0	22.9
600080	金花股份	2882.0	2882.0	305.3	305.3	0.0	0.0	0.0
600081	东风科技	4258.1	4258.1	313.6	313.6	0.0	0.0	0.0
600082	海泰发展	4438.8	4328.0	646.1	630.0	0.0	0.0	16.1
600083	博信股份	2440.3	2407.7	230.0	226.9	0.0	0.0	3.1
600084	中葡股份	6663.7	4802.8	1123.7	809.9	0.0	0.0	313.8
600085	同仁堂	29408.9	29408.9	1311.1	1311.1	0.0	0.0	0.0
600086	东方金钰	9014.9	9014.9	352.3	352.3	0.0	0.0	0.0
600087	退市长油	2715.4	2715.4	3394.2	3394.2	0.0	0.0	0.0
600088	中视传媒	5862.9	5862.9	331.4	331.4	0.0	0.0	0.0
600089	特变电工	40112.9	39194.0	3240.1	3165.9	0.0	0.0	74.2
600090	啤酒花	2991.2	2991.2	367.9	367.9	0.0	0.0	0.0
600091	ST 明科	2362.4	2362.4	336.5	336.5	0.0	0.0	0.0
600093	禾嘉股份	2802.1	2802.1	322.4	322.4	0.0	0.0	0.0
600094	大名城	15130.2	11135.2	2011.6	1312.8	198.7	0.0	500.0
600095	哈高科	2265.1	2265.1	361.3	361.3	0.0	0.0	0.0
600096	云天化	13650.6	6302.1	1129.1	521.3	0.0	0.0	607.8
600097	开创国际	2887.0	2887.0	202.6	202.6	0.0	0.0	0.0
600098	广州发展	23881.5	21351.4	2726.2	2437.4	0.0	0.0	288.8
600099	林海股份	1761.7	1761.7	219.1	219.1	0.0	0.0	0.0
600100	同方股份	25671.3	24180.0	2197.9	2070.2	0.0	0.0	127.7
600101	明星电力	3050.5	3050.5	324.2	324.2	0.0	0.0	0.0
600103	青山纸业	3886.3	3886.3	1061.8	1061.8	0.0	0.0	0.0
600104	上汽集团	236718.9	236718.9	11025.6	11025.6	0.0	0.0	0.0
600105	永鼎股份	3756.2	3756.2	381.0	381.0	0.0	0.0	0.0
600106	重庆路桥	5301.2	5301.2	907.7	907.7	0.0	0.0	0.0
600107	美尔雅	2995.2	2995.2	360.0	360.0	0.0	0.0	0.0
600108	亚盛集团	18184.2	18184.2	1946.9	1946.9	0.0	0.0	0.0
600109	国金证券	51219.4	51219.4	2588.1	2588.1	0.0	0.0	0.0
600110	中科英华	7258.5	7258.5	1150.3	1150.3	0.0	0.0	0.0
600111	包钢稀土	62682.5	38288.7	2422.0	1479.5	0.0	0.0	942.6
600112	天成控股	5713.3	5713.3	509.2	509.2	0.0	0.0	0.0
600113	浙江东日	4090.8	4090.8	318.6	318.6	0.0	0.0	0.0
600114	东睦股份	5028.3	2213.0	377.2	166.0	0.0	0.0	211.2
600115	东方航空	43932.0	40311.9	12674.3	7782.2	0.0	4193.2	698.9
600116	三峡水利	3868.5	3868.5	267.5	267.5	0.0	0.0	0.0
600117	西宁特钢	3772.8	3772.8	741.2	741.2	0.0	0.0	0.0
600118	中国卫星	33677.3	33677.3	1182.5	1182.5	0.0	0.0	0.0
600119	长江投资	4414.3	4414.3	307.4	307.4	0.0	0.0	0.0
600120	浙江东方	9462.5	9462.5	505.5	505.5	0.0	0.0	0.0

注：股本的单位为百万股，市值、营业收入、净利润的单位为百万元。

上市公司基本信息
Listed Companies in 2014

优先股 Pref Share	所属行业 Industry	所属地区 Area	营业收入 Revenue	净利润 Net Profit	每股收益(元) EPS	每股净资产(元) NAVPS
0.0	制造业	河南	3005.2	-696.5	-0.84	1.07
0.0	制造业	浙江	963.9	-65.6	-0.24	3.54
0.0	制造业	江西	891.0	-100.8	-0.43	2.07
0.0	制造业	上海	979.7	10.3	0.02	2.37
0.0	制造业	上海	10590.8	132.7	0.14	3.27
0.0	制造业	江苏	739.6	26.4	0.03	0.70
0.0	制造业	新疆	4270.0	39.0	0.09	3.52
0.0	制造业	山东	17.3	-11.1	-0.03	0.35
0.0	房地产业	辽宁	23[illegible]3.0	37.1	0.08	7.78
0.0	制造业	江苏	2595.6	22.2	0.03	2.68
0.0	制造业	湖北	7051.6	451.8	0.85	8.93
0.0	制造业	陕西	712.8	31.0	0.10	3.34
0.0	制造业	上海	4901.6	202.9	0.65	3.15
0.0	综合	天津	921.4	40.8	0.06	2.70
0.0	制造业	广东	90.6	5.8	0.03	0.17
0.0	制造业	新疆	523.5	10.5	0.01	2.17
0.0	制造业	北京	9685.9	763.7	0.58	4.21
0.0	制造业	湖北	4542.6	98.7	0.28	2.81
0.0	交通运输、仓储和邮政业	江苏	- -	0.0	- -	- -
0.0	文化、体育和娱乐业	上海	756.0	52.7	0.16	3.44
0.0	制造业	新疆	36074.8	1648.6	0.51	6.03
0.0	制造业	新疆	1132.2	37.8	0.10	1.23
0.0	制造业	内蒙	21.3	-161.5	-0.48	0.85
0.0	制造业	四川	405.0	35.4	0.11	1.42
0.0	房地产业	上海	5379.9	345.4	0.17	2.76
0.0	制造业	黑龙江	440.2	11.6	0.03	1.97
0.0	制造业	云南	54492.3	-2583.5	-2.29	4.90
0.0	农、林、牧、渔业	上海	831.0	106.2	0.26	2.24
0.0	电力、热力、燃气及水生产和供应业	广东	19445.8	1224.1	0.45	5.10
0.0	制造业	江苏	357.8	2.9	0.01	2.14
0.0	制造业	北京	25993.7	755.6	0.34	5.25
0.0	电力、热力、燃气及水生产和供应业	四川	1244.9	97.5	0.30	5.62
0.0	制造业	福建	1895.5	27.3	0.03	1.17
0.0	制造业	上海	626712.4	27973.4	2.54	14.30
0.0	制造业	江苏	1928.9	143.4	0.38	4.45
0.0	交通运输、仓储和邮政业	重庆	339.6	246.9	0.27	3.24
0.0	制造业	湖北	460.4	-7.5	-0.02	1.46
0.0	农、林、牧、渔业	甘肃	2244.8	206.1	0.11	2.42
0.0	金融业	四川	2721.7	836.5	0.30	3.48
0.0	制造业	吉林	1892.4	-262.1	-0.23	1.52
0.0	制造业	内蒙	5837.8	643.0	0.27	3.43
0.0	制造业	贵州	489.2	15.9	0.03	2.49
0.0	批发和零售业	浙江	444.1	16.8	0.05	1.84
0.0	制造业	浙江	1230.7	123.4	0.33	3.66
0.0	交通运输、仓储和邮政业	上海	89746.0	3417.0	0.27	2.19
0.0	电力、热力、燃气及水生产和供应业	重庆	1297.8	142.0	0.53	4.31
0.0	制造业	青海	7314.4	41.6	0.06	3.64
0.0	制造业	北京	4664.1	356.4	0.30	3.64
0.0	交通运输、仓储和邮政业	上海	1527.1	40.8	0.13	2.53
0.0	批发和零售业	浙江	10522.4	616.7	1.22	8.19

上市公司基本信息
Listed Companies in 2014

公司代码 Code	证券名称 Name	总市值 Market Capital	流通市值 Negotiable Capital	总股本 Total Vol	A股流通股 A-Share Negotiable	B股 B-Share	H股 H-Share	限售股 Limited Share
600121	郑州煤电	5787.5	3980.6	1015.3	698.3	0.0	0.0	317.0
600122	宏图高科	8220.4	8175.8	1146.5	1140.3	0.0	0.0	6.2
600123	兰花科创	11766.7	11766.7	1142.4	1142.4	0.0	0.0	0.0
600125	铁龙物流	11566.9	11566.9	1305.5	1305.5	0.0	0.0	0.0
600126	杭钢股份	5125.9	5125.9	838.9	838.9	0.0	0.0	0.0
600127	金健米业	3837.9	3255.9	641.8	544.5	0.0	0.0	97.3
600128	弘业股份	2998.2	2998.2	246.8	246.8	0.0	0.0	0.0
600129	太极集团	7248.7	7248.7	426.9	426.9	0.0	0.0	0.0
600130	波导股份	3801.6	3801.6	768.0	768.0	0.0	0.0	0.0
600131	岷江水电	3337.3	2630.6	504.1	397.4	0.0	0.0	106.8
600132	重庆啤酒	7830.7	7830.7	484.0	484.0	0.0	0.0	0.0
600133	东湖高新	5296.1	4491.9	634.3	537.9	0.0	0.0	96.3
600135	乐凯胶片	3721.0	3721.0	342.0	342.0	0.0	0.0	0.0
600136	道博股份	1480.0	1477.8	104.4	104.3	0.0	0.0	0.2
600137	浪莎股份	1584.6	1584.6	97.2	97.2	0.0	0.0	0.0
600138	中青旅	11914.4	10255.0	723.8	623.0	0.0	0.0	100.8
600139	西部资源	8055.2	8055.2	661.9	661.9	0.0	0.0	0.0
600141	兴发集团	8088.4	6200.8	530.7	406.9	0.0	0.0	123.9
600143	金发科技	17638.4	17638.4	2560.0	2560.0	0.0	0.0	0.0
600145	*ST 国创	1729.8	1729.8	377.7	377.7	0.0	0.0	0.0
600146	大元股份	3304.0	3304.0	200.0	200.0	0.0	0.0	0.0
600148	长春一东	2683.2	2683.2	141.5	141.5	0.0	0.0	0.0
600149	廊坊发展	5634.0	5634.0	380.2	380.2	0.0	0.0	0.0
600150	中国船舶	50797.4	50797.4	1378.1	1378.1	0.0	0.0	0.0
600151	航天机电	11739.2	11312.1	1250.2	1204.7	0.0	0.0	45.5
600152	维科精华	1989.9	1989.9	293.5	293.5	0.0	0.0	0.0
600153	建发股份	28862.3	28862.3	2835.2	2835.2	0.0	0.0	0.0
600155	宝硕股份	5681.1	4917.0	476.6	412.5	0.0	0.0	64.1
600156	华升股份	2995.7	2995.7	402.1	402.1	0.0	0.0	0.0
600157	永泰能源	15413.1	13136.7	3535.1	3013.0	0.0	0.0	522.1
600158	中体产业	14942.6	11644.2	843.7	657.5	0.0	0.0	186.2
600159	大龙地产	3859.5	3859.5	830.0	830.0	0.0	0.0	0.0
600160	巨化股份	11807.2	11807.2	1810.9	1810.9	0.0	0.0	0.0
600161	天坛生物	13304.2	13304.2	515.5	515.5	0.0	0.0	0.0
600162	香江控股	4960.1	4960.1	767.8	767.8	0.0	0.0	0.0
600163	福建南纸	3758.6	3758.6	721.4	721.4	0.0	0.0	0.0
600165	新日恒力	2605.3	1844.5	274.0	194.0	0.0	0.0	80.0
600166	福田汽车	17588.5	15888.5	2809.7	2538.1	0.0	0.0	271.6
600167	联美控股	2766.2	2766.2	211.0	211.0	0.0	0.0	0.0
600168	武汉控股	9593.4	7691.3	709.6	568.9	0.0	0.0	140.7
600169	太原重工	21136.9	21136.9	2424.0	2424.0	0.0	0.0	0.0
600170	上海建工	38448.0	9248.2	4571.7	1099.7	0.0	0.0	3472.0
600171	上海贝岭	7122.1	7122.1	673.8	673.8	0.0	0.0	0.0
600172	黄河旋风	4133.6	3849.3	533.4	496.7	0.0	0.0	36.7
600173	卧龙地产	5097.8	5097.2	725.1	725.1	0.0	0.0	0.1
600175	美都能源	12654.5	7457.4	2457.2	1448.0	0.0	0.0	1009.1
600176	中国玻纤	13499.6	13499.6	872.6	872.6	0.0	0.0	0.0
600177	雅戈尔	25628.3	25628.3	2226.6	2226.6	0.0	0.0	0.0
600178	*ST 东安	2814.1	2814.1	462.1	462.1	0.0	0.0	0.0
600179	黑化股份	3276.0	3276.0	390.0	390.0	0.0	0.0	0.0

注：股本的单位为百万股，市值、营业收入、净利润的单位为百万元。

上市公司基本信息
Listed Companies in 2014

优先股 Pref Share	所属行业 Industry	所属地区 Area	营业收入 Revenue	净利润 Net Profit	每股收益(元) EPS	每股净资产(元) NAVPS
0.0	采矿业	河南	19494.6	62.3	0.06	4.15
0.0	批发和零售业	江苏	17472.1	366.8	0.32	6.96
0.0	采矿业	山西	5215.9	66.8	0.06	8.33
0.0	交通运输、仓储和邮政业	辽宁	5905.7	341.6	0.26	3.59
0.0	制造业	浙江	14449.1	10.7	0.01	3.94
0.0	制造业	湖南	1680.9	12.3	0.02	1.41
0.0	批发和零售业	江苏	4002.1	70.6	0.29	6.01
0.0	制造业	重庆	6958.1	-276.6	-0.65	2.37
0.0	制造业	浙江	1602.8	74.4	0.10	1.17
0.0	电力、热力、燃气及水生产和供应业	四川	829.8	156.1	0.31	1.60
0.0	制造业	重庆	3168.6	73.4	0.15	2.64
0.0	建筑业	湖北	7451.2	295.6	0.47	2.39
0.0	制造业	河北	946.2	27.6	0.08	2.90
0.0	批发和零售业	湖北	71.0	1.0	0.01	1.29
0.0	制造业	四川	330.7	2.0	0.02	4.74
0.0	租赁和商务服务业	北京	10607.2	363.7	0.50	6.10
0.0	采矿业	四川	462.5	16.0	0.02	1.96
0.0	制造业	湖北	11392.0	494.3	0.93	9.24
0.0	制造业	广东	16093.6	498.4	0.20	3.12
0.0	制造业	贵州	42.3	-1537.4	-4.07	-3.79
0.0	制造业	宁夏	21.6	13.2	0.07	0.74
0.0	制造业	吉林	668.7	38.5	0.27	2.62
0.0	综合	河北	39.7	6.1	0.02	0.72
0.0	制造业	上海	28323.7	44.2	0.03	12.63
0.0	制造业	上海	3786.8	22.4	0.02	3.00
0.0	制造业	浙江	1253.7	-220.8	-0.75	1.98
0.0	批发和零售业	福建	120924.8	2507.2	0.88	6.02
0.0	制造业	河北	409.5	-147.3	-0.31	0.27
0.0	制造业	湖南	907.1	-31.7	-0.08	1.70
0.0	采矿业	山东	7912.1	405.2	0.12	2.82
0.0	房地产业	天津	1151.6	103.1	0.12	1.79
0.0	房地产业	北京	1217.4	131.2	0.16	2.57
0.0	制造业	浙江	9763.5	162.5	0.09	4.01
0.0	制造业	北京	1826.6	128.4	0.25	3.77
0.0	房地产业	广东	4407.4	256.2	0.33	2.36
0.0	制造业	福建	1070.4	-561.1	-0.78	0.14
0.0	制造业	宁夏	1343.2	-108.0	-0.39	3.36
0.0	制造业	北京	33691.3	477.1	0.17	5.44
0.0	电力、热力、燃气及水生产和供应业	辽宁	661.5	162.8	0.77	4.69
0.0	电力、热力、燃气及水生产和供应业	湖北	1178.2	324.9	0.46	5.83
0.0	制造业	山西	9023.3	32.1	0.01	2.23
0.0	建筑业	上海	113661.7	1771.8	0.39	3.93
0.0	制造业	上海	467.9	38.7	0.06	2.42
0.0	制造业	河南	1662.1	223.6	0.42	4.52
0.0	房地产业	浙江	1943.5	260.0	0.36	2.22
0.0	批发和零售业	浙江	4211.4	189.1	0.08	1.83
0.0	制造业	北京	6268.2	474.5	0.54	4.61
0.0	制造业	浙江	15903.2	3162.4	1.42	7.42
0.0	制造业	黑龙江	743.2	32.4	0.07	3.73
0.0	制造业	黑龙江	1080.2	-305.8	-0.78	0.02

上市公司基本信息
Listed Companies in 2014

公司代码 Code	证券名称 Name	总市值 Market Capital	流通市值 Negotiable Capital	总股本 Total Vol	A 股流通股 A-Share Negotiable	B 股 B-Share	H 股 H-Share	限售股 Limited Share
600180	瑞茂通	10820.2	3181.9	878.3	258.3	0.0	0.0	620.0
600182	S 佳通	5759.6	2879.8	340.0	170.0	0.0	0.0	170.0
600183	生益科技	11355.7	11355.7	1423.0	1423.0	0.0	0.0	0.0
600184	光电股份	7504.2	7504.2	209.4	209.4	0.0	0.0	0.0
600185	格力地产	12707.1	12707.1	577.6	577.6	0.0	0.0	0.0
600186	莲花味精	4662.3	4662.3	1062.0	1062.0	0.0	0.0	0.0
600187	国中水务	11164.6	11164.6	1455.6	1455.6	0.0	0.0	0.0
600188	兖州煤业	39012.8	39012.8	4918.4	2960.0	0.0	1958.4	0.0
600189	吉林森工	2626.8	2626.8	310.5	310.5	0.0	0.0	0.0
600190	锦州港	9840.6	7567.6	2002.3	1339.0	222.8	0.0	440.5
600191	华资实业	4291.6	4291.6	484.9	484.9	0.0	0.0	0.0
600192	长城电工	4214.3	4214.3	441.7	441.7	0.0	0.0	0.0
600193	创兴资源	2850.0	2850.0	425.4	425.4	0.0	0.0	0.0
600195	中牧股份	6812.3	6812.3	429.8	429.8	0.0	0.0	0.0
600196	复星医药	40265.7	40182.7	2311.6	1904.4	0.0	403.3	3.9
600197	伊力特	5415.5	5415.5	441.0	441.0	0.0	0.0	0.0
600198	大唐电信	14440.1	7602.1	882.1	464.4	0.0	0.0	417.7
600199	金种子酒	6485.9	6485.9	555.8	555.8	0.0	0.0	0.0
600200	江苏吴中	7478.2	6259.8	623.7	522.1	0.0	0.0	101.6
600201	金宇集团	10027.8	9851.0	285.9	280.8	0.0	0.0	5.0
600202	哈空调	2932.6	2932.6	383.3	383.3	0.0	0.0	0.0
600203	福日电子	2613.6	2215.4	283.8	240.5	0.0	0.0	43.2
600206	有研新材	9629.2	4993.8	838.8	435.0	0.0	0.0	403.8
600207	安彩高科	3712.2	2367.2	690.0	440.0	0.0	0.0	250.0
600208	新湖中宝	58800.2	45806.3	8032.8	6257.7	0.0	0.0	1775.1
600209	罗顿发展	4038.9	3486.7	439.0	379.0	0.0	0.0	60.0
600210	紫江企业	7255.5	7255.5	1436.7	1436.7	0.0	0.0	0.0
600211	西藏药业	5453.8	4274.5	145.6	114.1	0.0	0.0	31.5
600212	江泉实业	4195.9	4195.9	511.7	511.7	0.0	0.0	0.0
600213	亚星客车	3306.6	3306.6	220.0	220.0	0.0	0.0	0.0
600215	长春经开	2599.5	2599.5	465.0	465.0	0.0	0.0	0.0
600216	浙江医药	10166.1	10166.1	936.1	936.1	0.0	0.0	0.0
600217	秦岭水泥	5775.4	5775.4	660.8	660.8	0.0	0.0	0.0
600218	全柴动力	3137.2	3137.2	283.4	283.4	0.0	0.0	0.0
600219	南山铝业	17156.1	17156.1	1934.2	1934.2	0.0	0.0	0.0
600220	江苏阳光	6955.0	6955.0	1783.3	1783.3	0.0	0.0	0.0
600221	海南航空	41640.6	41638.3	12182.2	11812.1	369.4	0.0	0.7
600222	太龙药业	3540.8	3540.8	496.6	496.6	0.0	0.0	0.0
600223	鲁商置业	6626.4	6626.4	1001.0	1001.0	0.0	0.0	0.0
600225	天津松江	4579.0	4520.7	626.4	618.4	0.0	0.0	8.0
600226	升华拜克	3337.7	3337.7	405.5	405.5	0.0	0.0	0.0
600227	赤天化	5778.4	5778.4	950.4	950.4	0.0	0.0	0.0
600228	*ST 昌九	2594.2	2594.2	241.3	241.3	0.0	0.0	0.0
600229	青岛碱业	3411.7	3411.7	395.8	395.8	0.0	0.0	0.0
600230	沧州大化	3336.1	3336.1	294.2	294.2	0.0	0.0	0.0
600231	凌钢股份	4221.0	4221.0	804.0	804.0	0.0	0.0	0.0
600232	金鹰股份	2217.5	2217.5	364.7	364.7	0.0	0.0	0.0
600233	大杨创世	1848.0	1848.0	165.0	165.0	0.0	0.0	0.0
600234	山水文化	2747.2	2747.2	202.4	202.4	0.0	0.0	0.0
600235	民丰特纸	2350.2	2350.2	351.3	351.3	0.0	0.0	0.0

注：股本的单位为百万股，市值、营业收入、净利润的单位为百万元。

上市公司基本信息
Listed Companies in 2014

优先股 Pref Share	所属行业 Industry	所属地区 Area	营业收入 Revenue	净利润 Net Profit	每股收益(元) EPS	每股净资产(元) NAVPS
0.0	批发和零售业	山东	8339.5	502.6	0.57	2.46
0.0	制造业	黑龙江	3988.1	209.1	0.62	3.32
0.0	制造业	广东	7418.1	515.4	0.36	3.08
0.0	制造业	湖北	1836.0	61.8	0.30	4.72
0.0	房地产业	陕西	1466.3	313.2	0.54	5.69
0.0	制造业	河南	2004.9	23.9	0.02	0.57
0.0	电力、热力、燃气及水生产和供应业	黑龙江	719.9	150.2	0.10	1.83
0.0	采矿业	山东	63922.7	2284.2	0.46	7.97
0.0	制造业	吉林	1417.5	10.6	0.03	4.23
0.0	交通运输、仓储和邮政业	辽宁	2127.0	220.8	0.11	2.90
0.0	制造业	内蒙	277.0	12.9	0.03	3.95
0.0	制造业	甘肃	2058.0	77.7	0.18	4.20
0.0	采矿业	上海	51.2	-398.2	-0.94	0.79
0.0	制造业	北京	4035.4	290.4	0.68	6.63
0.0	制造业	上海	12025.5	2112.9	0.91	7.21
0.0	制造业	新疆	1628.3	268.1	0.61	3.72
0.0	制造业	北京	7984.0	217.0	0.25	4.57
0.0	制造业	安徽	2075.0	88.6	0.16	3.99
0.0	综合	江苏	3066.5	40.8	0.07	1.59
0.0	制造业	内蒙	1062.9	404.3	1.41	5.71
0.0	制造业	黑龙江	1059.0	22.6	0.06	2.23
0.0	批发和零售业	福建	3511.3	78.6	0.21	3.89
0.0	制造业	北京	2422.9	60.2	0.07	3.26
0.0	电力、热力、燃气及水生产和供应业	河南	1912.7	-270.0	-0.39	1.12
0.0	房地产业	浙江	11038.3	1081.9	0.14	2.39
0.0	建筑业	海南	202.1	9.3	0.02	1.64
0.0	制造业	上海	8501.4	161.9	0.11	2.55
0.0	批发和零售业	西藏	1668.0	21.0	0.14	2.78
0.0	综合	山东	666.5	-16.9	-0.03	1.97
0.0	制造业	江苏	1473.1	-144.9	-0.66	0.21
0.0	房地产业	吉林	991.2	9.2	0.02	5.20
0.0	制造业	浙江	4832.3	169.7	0.18	6.99
0.0	制造业	陕西	674.2	-250.3	-0.38	-0.32
0.0	制造业	安徽	2712.9	35.7	0.13	3.91
0.0	制造业	山东	14056.0	913.0	0.47	9.23
0.0	制造业	江苏	2265.2	78.9	0.04	0.95
0.0	交通运输、仓储和邮政业	海南	36043.8	2591.2	0.21	2.35
0.0	制造业	河南	1254.2	32.0	0.07	2.14
0.0	房地产业	山东	5681.9	206.4	0.21	2.02
0.0	房地产业	天津	2547.7	13.3	0.02	1.51
0.0	制造业	浙江	1343.9	82.9	0.20	3.52
0.0	制造业	贵州	3286.7	-574.7	-0.61	3.00
0.0	制造业	江西	725.8	35.0	0.15	0.34
0.0	制造业	山东	1833.4	76.8	0.19	2.91
0.0	制造业	河北	3116.0	-192.4	-0.65	5.87
0.0	制造业	辽宁	14373.0	-712.6	-0.89	3.84
0.0	制造业	浙江	1176.0	25.7	0.07	3.22
0.0	制造业	辽宁	918.6	48.2	0.29	6.31
0.0	制造业	山西	10.6	-10.9	-0.05	0.31
0.0	制造业	浙江	1373.1	4.3	0.01	4.01

上市公司基本信息
Listed Companies in 2014

公司代码 Code	证券名称 Name	总市值 Market Capital	流通市值 Negotiable Capital	总股本 Total Vol	A 股流通股 A-Share Negotiable	B 股 B-Share	H 股 H-Share	限售股 Limited Share
600236	桂冠电力	10718.1	5304.1	2280.4	1128.5	0.0	0.0	1151.9
600237	铜峰电子	3595.0	3595.0	564.4	564.4	0.0	0.0	0.0
600238	海南椰岛	5015.4	4976.5	448.2	444.7	0.0	0.0	3.5
600239	云南城投	5640.5	5640.5	823.4	823.4	0.0	0.0	0.0
600240	华业地产	10240.4	10240.4	1424.3	1424.3	0.0	0.0	0.0
600241	时代万恒	1492.1	1492.1	180.2	180.2	0.0	0.0	0.0
600242	中昌海运	1962.5	1916.8	273.3	267.0	0.0	0.0	6.4
600243	青海华鼎	1795.3	1795.3	236.9	236.9	0.0	0.0	0.0
600246	万通地产	5889.3	5889.3	1216.8	1216.8	0.0	0.0	0.0
600247	*ST 成城	1874.0	1874.0	336.4	336.4	0.0	0.0	0.0
600248	延长化建	4159.0	3684.9	473.7	419.7	0.0	0.0	54.0
600249	两面针	3316.5	3316.5	450.0	450.0	0.0	0.0	0.0
600250	南纺股份	2669.7	2669.7	258.7	258.7	0.0	0.0	0.0
600251	冠农股份	7165.6	6611.9	392.4	362.1	0.0	0.0	30.3
600252	中恒集团	18950.9	17861.0	1158.4	1091.7	0.0	0.0	66.6
600255	鑫科材料	7693.7	7693.7	1563.8	1563.8	0.0	0.0	0.0
600256	广汇能源	43651.1	25465.0	5221.4	3046.1	0.0	0.0	2175.4
600257	大湖股份	3036.3	3036.3	427.1	427.1	0.0	0.0	0.0
600258	首旅酒店	3806.5	3806.5	231.4	231.4	0.0	0.0	0.0
600259	广晟有色	14568.8	13861.7	262.1	249.4	0.0	0.0	12.7
600260	凯乐科技	4558.8	4558.8	527.6	527.6	0.0	0.0	0.0
600261	阳光照明	8209.2	8209.2	968.1	968.1	0.0	0.0	0.0
600262	北方股份	3515.6	3515.6	170.0	170.0	0.0	0.0	0.0
600265	ST 景谷	1279.8	1279.8	129.8	129.8	0.0	0.0	0.0
600266	北京城建	37076.2	25246.2	1567.0	1067.0	0.0	0.0	500.0
600267	海正药业	16298.2	14174.3	965.5	839.7	0.0	0.0	125.8
600268	国电南自	4669.1	4669.1	635.2	635.2	0.0	0.0	0.0
600269	赣粤高速	11793.8	11793.8	2335.4	2335.4	0.0	0.0	0.0
600270	外运发展	14804.6	5409.3	905.5	330.8	0.0	0.0	574.6
600271	航天信息	28172.9	28172.9	923.4	923.4	0.0	0.0	0.0
600272	开开实业	2879.5	2834.7	243.0	160.0	80.0	0.0	3.0
600273	嘉化能源	11678.2	2816.1	1306.3	315.0	0.0	0.0	991.3
600275	武昌鱼	2895.3	2895.3	508.8	508.8	0.0	0.0	0.0
600276	恒瑞医药	56369.7	56079.2	1504.0	1496.2	0.0	0.0	7.7
600277	亿利能源	18639.1	18639.1	2089.6	2089.6	0.0	0.0	0.0
600278	东方创业	6956.3	6956.3	522.2	522.2	0.0	0.0	0.0
600279	重庆港九	5783.9	4283.0	462.0	342.1	0.0	0.0	119.9
600280	中央商场	8268.0	8268.0	574.2	574.2	0.0	0.0	0.0
600281	太化股份	2983.5	2983.5	514.4	514.4	0.0	0.0	0.0
600282	*ST 南钢	12286.1	12286.1	3875.8	3875.8	0.0	0.0	0.0
600283	钱江水利	3666.5	3666.5	285.3	285.3	0.0	0.0	0.0
600284	浦东建设	8053.1	7681.3	693.0	661.0	0.0	0.0	32.0
600285	羚锐制药	4477.3	3843.0	535.6	459.7	0.0	0.0	75.9
600287	江苏舜天	5337.6	5337.6	436.8	436.8	0.0	0.0	0.0
600288	大恒科技	4499.0	4499.0	436.8	436.8	0.0	0.0	0.0
600289	亿阳信通	5617.0	5617.0	567.4	567.4	0.0	0.0	0.0
600290	华仪电气	5295.2	5295.2	526.9	526.9	0.0	0.0	0.0
600291	西水股份	7591.7	7591.7	384.0	384.0	0.0	0.0	0.0
600292	中电远达	13382.0	11404.5	600.6	511.9	0.0	0.0	88.8
600293	三峡新材	2187.6	2187.6	344.5	344.5	0.0	0.0	0.0

注：股本的单位为百万股，市值、营业收入、净利润的单位为百万元。

上市公司基本信息
Listed Companies in 2014

优先股 Pref Share	所属行业 Industry	所属地区 Area	营业收入 Revenue	净利润 Net Profit	每股收益(元) EPS	每股净资产(元) NAVPS
0.0	电力、热力、燃气及水生产和供应业	广西	5703.4	592.8	0.26	1.72
0.0	制造业	安徽	672.5	-83.4	-0.15	2.51
0.0	房地产业	海南	491.6	41.9	0.09	1.98
0.0	房地产业	云南	3947.5	440.7	0.54	4.90
0.0	房地产业	北京	2751.0	414.6	0.29	2.70
0.0	批发和零售业	辽宁	1343.9	-87.2	-0.48	1.96
0.0	交通运输、仓储和邮政业	广东	257.8	-330.3	-1.21	-0.23
0.0	制造业	青海	1125.8	-5.4	-0.02	3.11
0.0	房地产业	北京	1911.6	45.1	0.04	2.90
0.0	批发和零售业	吉林	22.7	-346.4	-1.03	0.14
0.0	建筑业	陕西	5195.0	198.0	0.42	3.63
0.0	制造业	广西	1187.0	21.9	0.05	4.81
0.0	批发和零售业	江苏	2791.7	15.9	0.06	1.46
0.0	制造业	新疆	1153.6	161.8	0.41	4.78
0.0	制造业	广西	3214.4	1594.5	1.38	5.11
0.0	制造业	安徽	5891.9	26.1	0.02	1.28
0.0	采矿业	新疆	6717.3	1638.0	0.31	2.07
0.0	农、林、牧、渔业	湖南	676.5	1.6	- -	1.77
0.0	租赁和商务服务业	北京	2790.6	112.5	0.49	4.95
0.0	采矿业	海南	2621.1	18.7	0.07	3.14
0.0	综合	湖北	1743.1	47.5	0.09	3.31
0.0	制造业	浙江	3251.2	288.1	0.30	2.78
0.0	制造业	内蒙	1479.7	124.7	0.73	7.03
0.0	农、林、牧、渔业	云南	95.9	-45.7	-0.35	0.08
0.0	房地产业	北京	10011.0	1372.8	0.88	10.00
0.0	制造业	浙江	10096.7	307.9	0.32	7.28
0.0	制造业	江苏	4860.6	-341.0	-0.54	3.13
0.0	交通运输、仓储和邮政业	江西	4080.5	695.5	0.30	5.29
0.0	交通运输、仓储和邮政业	北京	4171.1	617.4	0.68	7.21
0.0	制造业	北京	19959.2	1147.6	1.24	7.27
0.0	批发和零售业	上海	882.8	36.3	0.15	1.68
0.0	制造业	江苏	3385.4	579.1	0.44	2.19
0.0	房地产业	湖北	11.9	5.8	0.01	0.43
0.0	制造业	江苏	7452.3	1515.6	1.01	5.27
0.0	制造业	内蒙	12010.0	257.8	0.12	4.32
0.0	批发和零售业	上海	14548.7	135.0	0.26	5.68
0.0	交通运输、仓储和邮政业	重庆	1895.3	95.6	0.21	7.10
0.0	批发和零售业	江苏	6871.3	407.6	0.71	2.92
0.0	制造业	山西	3370.1	19.1	0.04	1.35
0.0	制造业	江苏	27885.5	291.9	0.08	2.21
0.0	电力、热力、燃气及水生产和供应业	浙江	803.0	17.7	0.06	3.41
0.0	建筑业	上海	3765.3	352.7	0.51	6.85
0.0	制造业	河南	826.3	76.2	0.14	2.88
0.0	批发和零售业	江苏	5777.6	52.3	0.12	2.74
0.0	制造业	北京	3349.5	26.5	0.06	3.34
0.0	信息传输、软件和信息技术服务业	黑龙江	1172.0	97.9	0.17	3.42
0.0	制造业	浙江	1749.0	90.7	0.17	3.79
0.0	制造业	内蒙	50.4	85.2	0.22	8.17
0.0	水利、环境和公共设施管理业	重庆	3484.3	232.4	0.39	7.94
0.0	制造业	湖北	1302.8	11.4	0.03	2.16

上市公司基本信息
Listed Companies in 2014

公司代码 Code	证券名称 Name	总市值 Market Capital	流通市值 Negotiable Capital	总股本 Total Vol	A 股流通股 A-Share Negotiable	B 股 B-Share	H 股 H-Share	限售股 Limited Share
600295	鄂尔多斯	8002.6	8002.6	1032.0	612.0	420.0	0.0	0.0
600297	美罗药业	3678.5	3678.5	350.0	350.0	0.0	0.0	0.0
600298	安琪酵母	6085.0	5905.1	329.6	319.9	0.0	0.0	9.7
600299	*ST 新材	4714.8	4714.8	522.7	522.7	0.0	0.0	0.0
600300	维维股份	8527.2	8527.2	1672.0	1672.0	0.0	0.0	0.0
600301	ST 南化	1881.2	1881.2	235.1	235.1	0.0	0.0	0.0
600302	标准股份	2252.5	2252.5	346.0	346.0	0.0	0.0	0.0
600303	曙光股份	3690.9	3418.3	620.3	574.5	0.0	0.0	45.8
600305	恒顺醋业	5472.9	4618.1	301.4	254.3	0.0	0.0	47.1
600306	*ST 商城	1713.7	1706.6	178.1	177.4	0.0	0.0	0.7
600307	酒钢宏兴	26306.1	26306.1	6263.4	6263.4	0.0	0.0	0.0
600308	华泰股份	5359.1	5359.1	1167.6	1167.6	0.0	0.0	0.0
600309	万华化学	47095.7	47095.7	2162.3	2162.3	0.0	0.0	0.0
600310	桂东电力	4870.1	4870.1	275.9	275.9	0.0	0.0	0.0
600311	荣华实业	4213.2	4213.2	665.6	665.6	0.0	0.0	0.0
600312	平高电气	16880.3	12153.5	1137.5	819.0	0.0	0.0	318.5
600313	农发种业	4179.7	3461.8	367.3	304.2	0.0	0.0	63.1
600315	上海家化	23075.6	22680.9	672.4	660.9	0.0	0.0	11.5
600316	洪都航空	20057.7	20057.7	717.1	717.1	0.0	0.0	0.0
600317	营口港	30746.7	15640.4	6473.0	3292.7	0.0	0.0	3180.3
600318	巢东股份	2710.4	2710.4	242.0	242.0	0.0	0.0	0.0
600319	亚星化学	1761.0	1761.0	315.6	315.6	0.0	0.0	0.0
600320	振华重工	25839.5	25839.5	4390.3	2768.3	1622.0	0.0	0.0
600321	国栋建设	4522.8	4522.8	1180.9	1180.9	0.0	0.0	0.0
600322	天房发展	5196.8	5196.8	1105.7	1105.7	0.0	0.0	0.0
600323	瀚蓝环境	10372.1	7060.2	716.8	487.9	0.0	0.0	228.9
600325	华发股份	10082.3	10082.3	817.0	817.0	0.0	0.0	0.0
600326	西藏天路	4892.0	4892.0	547.2	547.2	0.0	0.0	0.0
600327	大东方	3693.7	3693.7	521.7	521.7	0.0	0.0	0.0
600328	兰太实业	3214.1	3214.1	359.1	359.1	0.0	0.0	0.0
600329	中新药业	8229.9	8140.2	739.3	533.4	0.0	200.0	5.9
600330	天通股份	6021.0	5464.2	648.8	588.8	0.0	0.0	60.0
600331	宏达股份	12517.1	6357.1	2032.0	1032.0	0.0	0.0	1000.0
600332	白云山	29046.8	28102.3	1291.3	1036.6	0.0	219.9	34.8
600333	长春燃气	4072.8	3814.4	529.6	496.0	0.0	0.0	33.6
600335	国机汽车	11244.7	10040.9	627.1	560.0	0.0	0.0	67.1
600336	澳柯玛	3765.0	3754.0	682.1	680.1	0.0	0.0	2.0
600337	美克家居	6170.6	6089.7	646.8	638.3	0.0	0.0	8.5
600338	西藏珠峰	2115.3	2115.3	158.3	158.3	0.0	0.0	0.0
600339	天利高新	3330.2	3330.2	578.2	578.2	0.0	0.0	0.0
600340	华夏幸福	57677.6	57677.6	1322.9	1322.9	0.0	0.0	0.0
600343	航天动力	11743.0	10586.7	638.2	575.4	0.0	0.0	62.8
600345	长江通信	2983.9	2983.9	198.0	198.0	0.0	0.0	0.0
600346	大橡塑	2209.5	1834.0	290.3	241.0	0.0	0.0	49.3
600348	阳泉煤业	21332.4	21332.4	2405.0	2405.0	0.0	0.0	0.0
600350	山东高速	24248.3	24248.3	4811.2	4811.2	0.0	0.0	0.0
600351	亚宝药业	6041.2	5525.7	692.0	633.0	0.0	0.0	59.0
600352	浙江龙盛	30109.7	30109.7	1530.0	1530.0	0.0	0.0	0.0
600353	旭光股份	2272.7	2272.7	271.9	271.9	0.0	0.0	0.0
600354	敦煌种业	3761.5	3761.5	447.8	447.8	0.0	0.0	0.0

注：股本的单位为百万股，市值、营业收入、净利润的单位为百万元。

上市公司基本信息
Listed Companies in 2014

优先股 Pref Share	所属行业 Industry	所属地区 Area	营业收入 Revenue	净利润 Net Profit	每股收益(元) EPS	每股净资产(元) NAVPS
0.0	制造业	内蒙	15568.4	421.5	0.41	6.73
0.0	制造业	辽宁	371.5	33.8	0.10	2.75
0.0	制造业	湖北	3654.1	147.2	0.45	8.56
0.0	制造业	北京	9544.4	243.5	0.47	1.90
0.0	制造业	江苏	4462.4	200.6	0.12	1.57
0.0	制造业	广西	642.9	-241.8	-1.03	-0.88
0.0	制造业	陕西	798.3	-97.8	-0.28	3.21
0.0	制造业	辽宁	4056.5	10.2	0.02	3.65
0.0	制造业	江苏	1207.6	74.8	0.25	4.19
0.0	批发和零售业	辽宁	1493.7	32.3	0.18	0.67
0.0	制造业	甘肃	95753.2	39.1	0.01	2.62
0.0	制造业	山东	9261.8	60.1	0.05	5.39
0.0	制造业	山东	22088.4	2419.4	1.12	4.90
0.0	电力、热力、燃气及水生产和供应业	广西	2114.5	38.3	0.14	13.84
0.0	采矿业	甘肃	215.3	-25.1	-0.04	1.34
0.0	制造业	河南	4605.8	693.2	0.61	5.16
0.0	批发和零售业	北京	3050.4	110.5	0.30	3.10
0.0	制造业	上海	5334.7	897.9	1.34	5.66
0.0	制造业	江西	3450.7	98.7	0.14	6.86
0.0	交通运输、仓储和邮政业	辽宁	3910.5	539.7	0.08	1.47
0.0	制造业	安徽	1222.3	105.3	0.44	4.48
0.0	制造业	山东	1489.0	-179.2	-0.57	0.56
0.0	制造业	上海	25069.4	199.4	0.05	3.37
0.0	制造业	四川	773.0	6.0	0.01	1.82
0.0	房地产业	天津	3181.0	168.4	0.15	4.15
0.0	电力、热力、燃气及水生产和供应业	广东	2435.3	308.7	0.43	4.64
0.0	房地产业	广东	7104.3	646.7	0.79	8.46
0.0	建筑业	西藏	1415.8	63.7	0.12	2.06
0.0	批发和零售业	江苏	8553.7	147.1	0.28	2.78
0.0	制造业	内蒙	2716.9	14.5	0.04	3.50
0.0	制造业	天津	7086.9	357.8	0.48	3.74
0.0	制造业	浙江	1168.2	13.6	0.02	2.29
0.0	制造业	四川	3759.1	-338.1	-0.17	2.09
0.0	制造业	广东	18799.9	1192.5	0.92	5.99
0.0	制造业	吉林	1641.9	24.3	0.05	3.59
0.0	批发和零售业	天津	90343.5	855.1	1.36	8.11
0.0	制造业	山东	4121.1	71.5	0.11	1.45
0.0	制造业	新疆	2713.8	233.6	0.36	4.41
0.0	制造业	西藏	1541.6	8.5	0.05	0.24
0.0	制造业	新疆	2626.4	-169.3	-0.29	1.74
0.0	房地产业	浙江	26885.5	3537.5	2.67	7.40
0.0	制造业	陕西	1310.6	61.2	0.10	3.40
0.0	制造业	湖北	865.9	44.1	0.22	5.99
0.0	制造业	辽宁	876.1	-191.2	-0.66	2.28
0.0	采矿业	山西	20722.7	791.7	0.33	5.37
0.0	交通运输、仓储和邮政业	山东	6354.7	2574.2	0.54	4.40
0.0	制造业	山西	1889.7	170.1	0.25	2.62
0.0	制造业	浙江	15150.0	2533.3	1.66	7.31
0.0	制造业	四川	545.4	63.2	0.23	3.61
0.0	农、林、牧、渔业	甘肃	1255.9	-324.1	-0.72	1.51

上市公司基本信息
Listed Companies in 2014

公司代码 Code	证券名称 Name	总市值 Market Capital	流通市值 Negotiable Capital	总股本 Total Vol	A 股流通股 A-Share Negotiable	B 股 B-Share	H 股 H-Share	限售股 Limited Share
600355	精伦电子	1653.4	1653.4	246.0	246.0	0.0	0.0	0.0
600356	恒丰纸业	2013.7	2013.7	252.3	252.3	0.0	0.0	0.0
600358	国旅联合	3132.0	3132.0	432.0	432.0	0.0	0.0	0.0
600359	新农开发	4097.4	3447.5	381.5	321.0	0.0	0.0	60.5
600360	华微电子	3690.4	3690.4	738.1	738.1	0.0	0.0	0.0
600361	华联综超	4261.2	4261.2	665.8	665.8	0.0	0.0	0.0
600362	江西铜业	38267.6	38267.6	3462.7	2075.2	0.0	1387.5	0.0
600363	联创光电	4230.8	4033.6	443.5	422.8	0.0	0.0	20.7
600365	通葡股份	2276.0	1593.2	200.0	140.0	0.0	0.0	60.0
600366	宁波韵升	8309.1	8309.1	514.5	514.5	0.0	0.0	0.0
600367	红星发展	3226.5	3226.5	291.2	291.2	0.0	0.0	0.0
600368	五洲交通	4569.2	4569.2	833.8	833.8	0.0	0.0	0.0
600369	西南证券	62914.7	51769.7	2822.6	2322.6	0.0	0.0	500.0
600370	三房巷	2120.7	2120.7	318.9	318.9	0.0	0.0	0.0
600371	万向德农	2391.8	2391.8	204.6	204.6	0.0	0.0	0.0
600372	中航电子	48711.2	48711.2	1759.2	1759.2	0.0	0.0	0.0
600373	中文传媒	15793.3	15793.3	1185.7	1185.7	0.0	0.0	0.0
600375	华菱星马	6763.4	6465.2	555.7	531.2	0.0	0.0	24.5
600376	首开股份	22599.5	22599.5	2242.0	2242.0	0.0	0.0	0.0
600377	宁沪高速	27855.0	27687.1	5037.7	3792.8	0.0	1222.0	23.0
600378	天科股份	4246.9	4246.9	297.2	297.2	0.0	0.0	0.0
600379	宝光股份	2986.0	2986.0	235.9	235.9	0.0	0.0	0.0
600380	健康元	11114.6	11114.6	1545.8	1545.8	0.0	0.0	0.0
600381	*ST 贤成	4336.6	4079.1	198.9	187.1	0.0	0.0	11.8
600382	广东明珠	5074.9	5074.9	341.7	341.7	0.0	0.0	0.0
600383	金地集团	51247.6	51247.6	4491.5	4491.5	0.0	0.0	0.0
600385	ST 金泰	1769.9	1706.1	148.1	142.8	0.0	0.0	5.3
600386	北巴传媒	4229.6	4229.6	403.2	403.2	0.0	0.0	0.0
600387	海越股份	4938.2	4933.2	386.1	385.7	0.0	0.0	0.4
600388	龙净环保	14966.7	14966.7	427.6	427.6	0.0	0.0	0.0
600389	江山股份	5262.8	5262.8	198.0	198.0	0.0	0.0	0.0
600390	金瑞科技	4547.3	4445.9	390.7	381.9	0.0	0.0	8.7
600391	成发科技	9445.0	9445.0	330.1	330.1	0.0	0.0	0.0
600392	盛和资源	10445.5	4345.7	376.4	156.6	0.0	0.0	219.8
600393	东华实业	2127.0	2052.6	300.0	289.5	0.0	0.0	10.5
600395	盘江股份	19728.2	19728.2	1655.1	1655.1	0.0	0.0	0.0
600396	金山股份	5828.7	4570.9	868.7	681.2	0.0	0.0	187.5
600397	安源煤业	5345.8	3484.8	990.0	645.3	0.0	0.0	344.6
600398	海澜之家	45376.9	6530.7	4492.8	646.6	0.0	0.0	3846.2
600399	抚顺特钢	14757.6	12823.5	520.0	451.8	0.0	0.0	68.2
600400	红豆股份	3026.2	3026.2	560.4	560.4	0.0	0.0	0.0
600401	海润光伏	10883.1	7479.9	1575.0	1082.5	0.0	0.0	492.5
600403	大有能源	14416.6	14416.6	2390.8	2390.8	0.0	0.0	0.0
600405	动力源	4145.7	4145.7	423.9	423.9	0.0	0.0	0.0
600406	国电南瑞	35341.3	32093.7	2429.0	2205.8	0.0	0.0	223.2
600408	安泰集团	3735.2	3735.2	1006.8	1006.8	0.0	0.0	0.0
600409	三友化工	11416.9	10302.2	1850.4	1669.7	0.0	0.0	180.7
600410	华胜天成	13063.8	12984.8	641.3	637.4	0.0	0.0	3.9
600415	小商品城	34537.2	34537.2	2721.6	2721.6	0.0	0.0	0.0
600416	湘电股份	7326.2	7326.2	608.5	608.5	0.0	0.0	0.0

注：股本的单位为百万股，市值、营业收入、净利润的单位为百万元。

上市公司基本信息 Listed Companies in 2014

优先股 Pref Share	所属行业 Industry	所属地区 Area	营业收入 Revenue	净利润 Net Profit	每股收益(元) EPS	每股净资产(元) NAVPS
0.0	制造业	湖北	383.3	6.1	0.03	1.70
0.0	制造业	黑龙江	1497.3	79.6	0.32	6.30
0.0	租赁和商务服务业	江苏	88.6	-165.9	-0.38	0.68
0.0	农、林、牧、渔业	新疆	667.7	20.3	0.05	2.59
0.0	制造业	吉林	1235.8	35.7	0.05	2.66
0.0	批发和零售业	北京	13331.7	102.5	0.15	4.64
0.0	制造业	江西	198833.5	2850.6	0.82	13.21
0.0	制造业	江西	1957.0	133.3	0.30	4.02
0.0	制造业	吉林	109.8	2.2	0.01	3.42
0.0	制造业	浙江	1435.4	198.0	0.39	6.01
0.0	制造业	贵州	1092.8	25.2	0.09	4.20
0.0	交通运输、仓储和邮政业	广西	3289.8	73.4	0.09	3.55
0.0	金融业	重庆	3674.8	1339.0	0.47	5.94
0.0	制造业	江苏	1113.7	15.1	0.05	3.73
0.0	农、林、牧、渔业	黑龙江	438.2	4.4	0.02	1.87
0.0	制造业	江西	6606.7	600.6	0.34	2.93
0.0	文化、体育和娱乐业	江西	10503.1	809.2	0.68	5.41
0.0	制造业	安徽	4997.4	-376.4	-0.68	6.42
0.0	房地产业	北京	20850.5	1647.8	0.74	6.50
0.0	交通运输、仓储和邮政业	江苏	7879.1	2574.8	0.51	4.04
0.0	制造业	四川	607.7	76.6	0.26	2.41
0.0	制造业	陕西	592.1	20.3	0.09	1.73
0.0	制造业	广东	7417.9	354.2	0.23	2.82
0.0	制造业	青海	29.9	79.4	0.40	1.22
0.0	批发和零售业	广东	135.3	843.9	2.47	7.30
0.0	房地产业	广东	45636.4	3997.5	0.89	7.01
0.0	制造业	山东	2028.6	36.3	0.25	0.36
0.0	批发和零售业	北京	3000.4	188.6	0.47	4.20
0.0	批发和零售业	浙江	3040.4	111.2	0.29	3.08
0.0	制造业	福建	6026.7	463.4	1.08	7.36
0.0	制造业	江苏	2975.9	201.8	1.02	6.73
0.0	制造业	湖南	1303.9	-28.0	-0.07	2.28
0.0	制造业	四川	1963.1	29.6	0.09	5.06
0.0	制造业	山西	1514.5	192.3	0.51	3.33
0.0	房地产业	广东	891.3	61.5	0.21	3.30
0.0	采矿业	贵州	5174.8	307.2	0.19	3.66
0.0	电力、热力、燃气及水生产和供应业	辽宁	4612.3	277.0	0.32	2.43
0.0	采矿业	江西	10651.6	95.4	0.10	3.53
0.0	制造业	江苏	12338.4	2374.8	2.03	6.03
0.0	制造业	辽宁	5452.6	47.0	0.09	3.36
0.0	制造业	江苏	2842.3	65.5	0.12	2.58
0.0	制造业	江苏	4958.4	-947.6	-0.60	3.08
0.0	采矿业	河南	7480.8	110.6	0.05	4.12
0.0	制造业	北京	939.3	45.7	0.11	1.76
0.0	信息传输、软件和信息技术服务业	江苏	8907.0	1283.1	0.53	2.94
0.0	制造业	山西	3357.2	-680.3	-0.68	1.49
0.0	制造业	河北	12695.4	477.2	0.26	3.29
0.0	信息传输、软件和信息技术服务业	北京	4278.5	95.1	0.15	3.61
0.0	租赁和商务服务业	浙江	3843.3	409.0	0.15	3.24
0.0	制造业	湖南	7749.4	54.4	0.09	3.50

上市公司基本信息
Listed Companies in 2014

公司代码 Code	证券名称 Name	总市值 Market Capital	流通市值 Negotiable Capital	总股本 Total Vol	A 股流通股 A-Share Negotiable	B 股 B-Share	H 股 H-Share	限售股 Limited Share
600418	江淮汽车	15521.7	12914.0	1284.9	1069.0	0.0	0.0	215.9
600419	天润乳业	1788.3	1660.4	86.4	80.2	0.0	0.0	6.2
600420	现代制药	6016.5	6016.5	287.7	287.7	0.0	0.0	0.0
600421	仰帆控股	1361.4	1361.4	195.6	195.6	0.0	0.0	0.0
600422	昆明制药	8466.9	8447.6	341.1	340.4	0.0	0.0	0.8
600423	柳化股份	2376.1	2376.1	399.3	399.3	0.0	0.0	0.0
600425	青松建化	9499.9	9499.9	1378.8	1378.8	0.0	0.0	0.0
600426	华鲁恒升	10432.7	10432.7	953.6	953.6	0.0	0.0	0.0
600428	中远航运	13523.6	13523.6	1690.4	1690.4	0.0	0.0	0.0
600429	三元股份	7814.6	7814.6	885.0	885.0	0.0	0.0	0.0
600432	吉恩镍业	22821.0	11542.3	1603.7	811.1	0.0	0.0	792.6
600433	冠豪高新	14045.3	14045.3	1190.3	1190.3	0.0	0.0	0.0
600435	北方导航	18221.8	18221.8	744.7	744.7	0.0	0.0	0.0
600436	片仔癀	14106.4	14106.4	160.9	160.9	0.0	0.0	0.0
600438	通威股份	7599.1	6393.9	817.1	687.5	0.0	0.0	129.6
600439	瑞贝卡	4509.1	4509.1	943.3	943.3	0.0	0.0	0.0
600444	国通管业	1508.9	1508.9	105.0	105.0	0.0	0.0	0.0
600446	金证股份	12383.1	12383.1	264.1	264.1	0.0	0.0	0.0
600448	华纺股份	2838.3	2149.1	422.4	319.8	0.0	0.0	102.6
600449	宁夏建材	5939.0	5939.0	478.2	478.2	0.0	0.0	0.0
600452	涪陵电力	2552.0	2552.0	160.0	160.0	0.0	0.0	0.0
600455	博通股份	1192.9	949.6	62.5	49.7	0.0	0.0	12.7
600456	宝钛股份	7392.0	7392.0	430.3	430.3	0.0	0.0	0.0
600458	时代新材	8056.1	8056.1	661.4	661.4	0.0	0.0	0.0
600459	贵研铂业	4755.0	4755.0	261.0	261.0	0.0	0.0	0.0
600460	士兰微	7121.3	7121.3	1247.2	1247.2	0.0	0.0	0.0
600461	洪城水业	3847.8	3847.8	330.0	330.0	0.0	0.0	0.0
600462	石岘纸业	3341.5	3341.5	533.8	533.8	0.0	0.0	0.0
600463	空港股份	2416.7	2416.7	252.0	252.0	0.0	0.0	0.0
600466	迪康药业	3678.9	3678.9	439.0	439.0	0.0	0.0	0.0
600467	好当家	4646.0	4646.0	730.5	730.5	0.0	0.0	0.0
600468	百利电气	6058.2	6058.2	456.2	456.2	0.0	0.0	0.0
600469	风神股份	4589.3	4589.3	374.9	374.9	0.0	0.0	0.0
600470	六国化工	3458.2	3458.2	521.6	521.6	0.0	0.0	0.0
600475	华光股份	3742.7	3742.7	256.0	256.0	0.0	0.0	0.0
600476	湘邮科技	3068.4	3068.4	161.1	161.1	0.0	0.0	0.0
600477	杭萧钢构	3326.3	2785.4	553.5	463.5	0.0	0.0	90.0
600478	科力远	9118.9	9118.9	472.2	472.2	0.0	0.0	0.0
600479	千金药业	4285.8	4285.8	304.8	304.8	0.0	0.0	0.0
600480	凌云股份	4713.1	4713.1	361.7	361.7	0.0	0.0	0.0
600481	双良节能	8174.0	8174.0	810.1	810.1	0.0	0.0	0.0
600482	风帆股份	6818.9	6664.4	536.5	524.3	0.0	0.0	12.2
600483	福能股份	11841.0	2714.6	1258.3	288.5	0.0	0.0	969.9
600485	信威集团	126744.2	6007.7	2923.7	138.6	0.0	0.0	2785.2
600486	扬农化工	7773.3	7773.3	258.2	258.2	0.0	0.0	0.0
600487	亨通光电	7840.7	5886.3	413.8	310.6	0.0	0.0	103.1
600488	天药股份	5669.0	5264.5	960.9	892.3	0.0	0.0	68.6
600489	中金黄金	31257.1	31257.1	2943.2	2943.2	0.0	0.0	0.0
600490	鹏欣资源	15958.4	9079.8	1479.0	841.5	0.0	0.0	637.5
600491	龙元建设	6339.4	6339.4	947.6	947.6	0.0	0.0	0.0

注：股本的单位为百万股，市值、营业收入、净利润的单位为百万元。

上市公司基本信息
Listed Companies in 2014

优先股 Pref Share	所属行业 Industry	所属地区 Area	营业收入 Revenue	净利润 Net Profit	每股收益 (元) EPS	每股净资产(元) NAVPS
0.0	制造业	安徽	34169.4	528.7	0.41	5.45
0.0	制造业	新疆	326.5	12.6	0.15	3.08
0.0	制造业	上海	2748.8	190.0	0.66	4.06
0.0	制造业	湖北	44.1	2.2	0.01	0.03
0.0	制造业	云南	4120.5	292.2	0.86	5.64
0.0	制造业	广西	3100.1	8.8	0.02	3.26
0.0	制造业	新疆	2731.4	6.4	0.01	3.85
0.0	制造业	山东	9710.1	804.4	0.84	6.93
0.0	交通运输、仓储和邮政业	广东	7663.3	197.8	0.12	3.86
0.0	制造业	北京	4502.5	53.3	0.06	1.77
0.0	制造业	吉林	3537.3	-538.4	-0.34	5.11
0.0	制造业	广东	962.6	125.9	0.11	1.47
0.0	制造业	北京	1606.3	32.5	0.04	2.71
0.0	制造业	福建	1453.9	438.8	2.73	18.08
0.0	制造业	四川	15408.9	329.3	0.40	2.85
0.0	制造业	河南	1932.3	156.3	0.17	2.40
0.0	制造业	安徽	377.4	-28.6	-0.27	-0.23
0.0	信息传输、软件和信息技术服务业	广东	2368.0	153.4	0.58	3.16
0.0	制造业	山东	2250.3	24.3	0.06	1.96
0.0	制造业	宁夏	3892.6	271.5	0.57	8.86
0.0	电力、热力、燃气及水生产和供应业	重庆	1268.6	72.0	0.45	3.28
0.0	综合	陕西	207.8	6.0	0.10	2.10
0.0	制造业	陕西	2481.2	11.9	0.03	8.41
0.0	制造业	湖南	6007.8	45.3	0.07	4.37
0.0	制造业	云南	6880.7	85.4	0.33	6.69
0.0	制造业	浙江	1870.0	164.3	0.13	1.92
0.0	电力、热力、燃气及水生产和供应业	江西	1448.5	148.3	0.45	5.62
0.0	制造业	吉林	289.3	2.2	- -	0.60
0.0	建筑业	北京	758.1	42.5	0.17	3.17
0.0	制造业	四川	399.1	12.6	0.03	1.36
0.0	农、林、牧、渔业	山东	881.3	20.6	0.03	3.97
0.0	制造业	天津	910.5	48.6	0.11	1.40
0.0	制造业	河南	8166.8	331.8	0.89	7.46
0.0	制造业	安徽	5271.7	-206.4	-0.40	3.85
0.0	制造业	江苏	3144.3	83.2	0.33	5.34
0.0	信息传输、软件和信息技术服务业	湖南	161.4	7.2	0.05	1.43
0.0	建筑业	浙江	3932.9	59.3	0.11	2.12
0.0	制造业	湖南	854.7	-45.9	-0.10	1.86
0.0	制造业	湖南	2194.2	105.1	0.35	3.68
0.0	制造业	河北	6553.6	137.1	0.38	5.58
0.0	制造业	江苏	6807.7	292.7	0.36	2.76
0.0	制造业	河北	5748.0	144.4	0.27	3.89
0.0	电力、热力、燃气及水生产和供应业	福建	5809.3	795.4	0.23	1.66
0.0	制造业	北京	3156.8	1812.4	0.83	4.73
0.0	制造业	江苏	2820.5	454.7	1.76	10.52
0.0	制造业	江苏	10419.5	344.2	0.83	9.90
0.0	制造业	天津	1388.9	86.6	0.09	2.47
0.0	采矿业	北京	33551.2	84.3	0.03	3.37
0.0	制造业	上海	2184.4	75.3	0.05	1.11
0.0	建筑业	浙江	16230.3	241.8	0.26	3.49

上市公司基本信息
Listed Companies in 2014

公司代码 Code	证券名称 Name	总市值 Market Capital	流通市值 Negotiable Capital	总股本 Total Vol	A 股流通股 A-Share Negotiable	B 股 B-Share	H 股 H-Share	限售股 Limited Share
600493	凤竹纺织	1936.6	1936.6	272.0	272.0	0.0	0.0	0.0
600495	晋西车轴	16042.1	14649.7	671.2	613.0	0.0	0.0	58.3
600496	精工钢构	6515.5	5566.5	686.6	586.6	0.0	0.0	100.0
600497	驰宏锌锗	19360.4	19360.4	1667.6	1667.6	0.0	0.0	0.0
600498	烽火通信	15344.9	14906.6	995.1	966.7	0.0	0.0	28.4
600499	科达洁能	12870.8	12097.6	697.2	655.3	0.0	0.0	41.9
600500	中化国际	21725.8	17972.2	2083.0	1723.1	0.0	0.0	359.9
600501	航天晨光	5469.4	5469.4	389.3	389.3	0.0	0.0	0.0
600502	安徽水利	5842.5	5842.5	501.9	501.9	0.0	0.0	0.0
600503	华丽家族	9101.0	6245.0	1602.3	1099.5	0.0	0.0	502.8
600505	西昌电力	3780.6	3780.6	364.6	364.6	0.0	0.0	0.0
600506	香梨股份	1670.6	1670.6	147.7	147.7	0.0	0.0	0.0
600507	方大特钢	7028.3	7028.3	1326.1	1326.1	0.0	0.0	0.0
600508	上海能源	8137.8	8137.8	722.7	722.7	0.0	0.0	0.0
600509	天富能源	8939.2	8277.9	905.7	838.7	0.0	0.0	67.0
600510	黑牡丹	6133.5	6133.5	795.5	795.5	0.0	0.0	0.0
600511	国药股份	14838.0	8604.2	478.8	277.6	0.0	0.0	201.2
600512	腾达建设	3102.5	3102.5	736.9	736.9	0.0	0.0	0.0
600513	联环药业	2377.1	2307.4	156.7	152.1	0.0	0.0	4.6
600515	海岛建设	3424.5	2394.0	422.8	295.6	0.0	0.0	127.2
600516	方大炭素	16796.2	16796.2	1719.2	1719.2	0.0	0.0	0.0
600517	置信电气	13241.7	11849.4	1244.5	1113.7	0.0	0.0	130.9
600518	康美药业	34563.8	34563.8	2198.7	2198.7	0.0	0.0	0.0
600519	贵州茅台	216545.7	216545.7	1142.0	1142.0	0.0	0.0	0.0
600520	中发科技	2488.9	1775.9	158.4	113.0	0.0	0.0	45.4
600521	华海药业	11423.4	11359.1	785.7	781.2	0.0	0.0	4.4
600522	中天科技	13278.0	10842.3	862.8	704.5	0.0	0.0	158.3
600523	贵航股份	4539.8	4536.8	288.8	288.6	0.0	0.0	0.2
600525	长园集团	9921.7	9921.7	863.5	863.5	0.0	0.0	0.0
600526	菲达环保	6091.1	6091.1	406.9	406.9	0.0	0.0	0.0
600527	江南高纤	3705.7	3705.7	802.1	802.1	0.0	0.0	0.0
600528	中铁二局	21961.0	21961.0	1459.2	1459.2	0.0	0.0	0.0
600529	山东药玻	3207.0	3207.0	257.4	257.4	0.0	0.0	0.0
600530	交大昂立	3737.8	3737.8	312.0	312.0	0.0	0.0	0.0
600531	豫光金铅	3959.3	3959.3	295.3	295.3	0.0	0.0	0.0
600532	宏达矿业	3665.2	1527.2	396.2	165.1	0.0	0.0	231.1
600533	栖霞建设	5250.0	5250.0	1050.0	1050.0	0.0	0.0	0.0
600535	天士力	42449.8	42449.8	1032.8	1032.8	0.0	0.0	0.0
600536	中国软件	16271.1	15947.0	494.6	484.7	0.0	0.0	9.9
600537	亿晶光电	6661.3	6661.3	485.9	485.9	0.0	0.0	0.0
600538	国发股份	3269.4	1965.7	464.4	279.2	0.0	0.0	185.2
600539	狮头股份	1667.5	1667.5	230.0	230.0	0.0	0.0	0.0
600540	新赛股份	2912.5	2433.8	362.2	302.7	0.0	0.0	59.5
600543	莫高股份	2880.4	2880.4	321.1	321.1	0.0	0.0	0.0
600545	新疆城建	7697.2	7697.2	675.8	675.8	0.0	0.0	0.0
600546	山煤国际	11240.5	11240.5	1982.5	1982.5	0.0	0.0	0.0
600547	山东黄金	28248.0	28248.0	1423.1	1423.1	0.0	0.0	0.0
600548	深高速	11881.8	11881.8	2180.8	1433.3	0.0	747.5	0.0
600549	厦门钨业	27438.7	22491.7	832.0	682.0	0.0	0.0	150.0
600550	*ST 天威	9185.3	9185.3	1373.0	1373.0	0.0	0.0	0.0

注：股本的单位为百万股，市值、营业收入、净利润的单位为百万元。

上市公司基本信息
Listed Companies in 2014

优先股 Pref Share	所属行业 Industry	所属地区 Area	营业收入 Revenue	净利润 Net Profit	每股收益(元) EPS	每股净资产(元) NAVPS
0.0	制造业	福建	776.8	10.0	0.04	2.33
0.0	制造业	山西	2502.6	140.4	0.21	4.54
0.0	建筑业	安徽	6885.8	266.5	0.39	4.91
0.0	采矿业	云南	18897.6	161.2	0.10	4.31
0.0	制造业	湖北	10721.3	540.2	0.54	6.23
0.0	制造业	广东	4465.9	446.1	0.64	5.19
0.0	制造业	上海	38605.2	846.3	0.41	5.23
0.0	制造业	江苏	3625.3	85.3	0.22	3.22
0.0	建筑业	安徽	8409.4	230.6	0.46	3.51
0.0	房地产业	上海	412.0	19.8	0.01	2.24
0.0	电力、热力、燃气及水生产和供应业	四川	763.1	61.8	0.17	2.55
0.0	农、林、牧、渔业	新疆	111.8	-15.1	-0.10	1.84
0.0	制造业	江西	11509.3	569.3	0.43	2.25
0.0	采矿业	上海	6351.6	48.4	0.07	11.03
0.0	电力、热力、燃气及水生产和供应业	新疆	3559.0	347.2	0.38	4.86
0.0	房地产业	江苏	5274.7	240.7	0.30	5.85
0.0	批发和零售业	北京	11538.3	482.7	1.01	5.18
0.0	建筑业	浙江	2913.5	24.0	0.03	1.59
0.0	制造业	江苏	668.7	44.0	0.28	2.77
0.0	批发和零售业	海南	1115.6	37.4	0.09	1.94
0.0	制造业	甘肃	3449.0	279.2	0.16	3.34
0.0	制造业	上海	4201.4	285.6	0.23	1.85
30.0	制造业	广东	15949.2	2285.9	1.04	7.60
0.0	制造业	贵州	31573.9	15349.8	13.44	46.79
0.0	制造业	安徽	301.2	-66.7	-0.42	2.99
0.0	制造业	浙江	2585.0	265.5	0.34	4.10
0.0	制造业	江苏	8641.3	565.5	0.66	9.11
0.0	制造业	贵州	3067.5	133.2	0.46	6.40
0.0	制造业	广东	3348.6	365.8	0.42	3.22
0.0	制造业	浙江	2783.4	55.8	0.14	3.28
0.0	制造业	江苏	1643.8	30.2	0.04	2.19
0.0	建筑业	四川	71512.6	282.9	0.19	4.17
0.0	制造业	山东	1691.1	124.7	0.49	8.22
0.0	制造业	上海	337.6	84.9	0.27	6.68
0.0	制造业	河南	8879.2	23.4	0.08	4.60
0.0	采矿业	山东	692.7	176.0	0.44	3.04
0.0	房地产业	江苏	2841.2	12.9	0.01	3.44
0.0	制造业	天津	12566.9	1368.3	1.33	4.68
0.0	信息传输、软件和信息技术服务业	北京	3232.5	33.5	0.07	3.87
0.0	制造业	浙江	3249.3	119.9	0.25	2.80
0.0	制造业	广西	415.4	-49.2	-0.11	1.46
0.0	制造业	山西	20.7	-41.6	-0.18	2.03
0.0	农、林、牧、渔业	新疆	1103.3	14.4	0.04	3.31
0.0	制造业	甘肃	325.2	17.1	0.05	3.32
0.0	建筑业	新疆	5665.0	96.6	0.14	3.09
0.0	批发和零售业	山西	63237.7	-1724.3	-0.87	3.12
0.0	采矿业	山东	45794.3	831.8	0.59	6.47
0.0	交通运输、仓储和邮政业	广东	3620.4	2186.9	1.00	5.41
0.0	制造业	福建	10142.7	441.1	0.53	8.94
0.0	制造业	河北	3895.0	67.7	0.04	0.60

上市公司基本信息
Listed Companies in 2014

公司代码 Code	证券名称 Name	总市值 Market Capital	流通市值 Negotiable Capital	总股本 Total Vol	A 股流通股 A-Share Negotiable	B 股 B-Share	H 股 H-Share	限售股 Limited Share
600551	时代出版	8199.4	8199.4	505.8	505.8	0.0	0.0	0.0
600552	方兴科技	6824.5	6506.0	359.0	342.2	0.0	0.0	16.8
600555	九龙山	7617.5	7617.5	1303.5	973.5	330.0	0.0	0.0
600556	北生药业	5527.1	5527.1	394.8	394.8	0.0	0.0	0.0
600557	康缘药业	11856.4	8505.6	513.7	368.5	0.0	0.0	145.2
600558	大西洋	5728.7	3869.1	398.9	269.4	0.0	0.0	129.5
600559	老白干酒	6907.6	6907.6	140.0	140.0	0.0	0.0	0.0
600560	金自天正	2489.2	2489.2	223.6	223.6	0.0	0.0	0.0
600561	江西长运	3006.0	3006.0	237.1	237.1	0.0	0.0	0.0
600562	国睿科技	12817.1	6596.5	257.1	132.3	0.0	0.0	124.8
600563	法拉电子	6484.5	6484.5	225.0	225.0	0.0	0.0	0.0
600565	迪马股份	12104.6	3715.2	2345.9	720.0	0.0	0.0	1625.9
600566	洪城股份	15394.7	2722.5	781.5	138.2	0.0	0.0	643.3
600567	山鹰纸业	10886.5	6289.3	3766.9	2176.2	0.0	0.0	1590.7
600568	中珠控股	5064.9	4991.9	366.2	360.9	0.0	0.0	5.3
600569	安阳钢铁	7971.0	7971.0	2393.7	2393.7	0.0	0.0	0.0
600570	恒生电子	33831.0	33831.0	617.8	617.8	0.0	0.0	0.0
600571	信雅达	5451.2	5451.2	202.4	202.4	0.0	0.0	0.0
600572	康恩贝	12216.9	10577.4	809.6	701.0	0.0	0.0	108.6
600573	惠泉啤酒	2275.0	2275.0	250.0	250.0	0.0	0.0	0.0
600575	皖江物流	11853.3	5849.4	2884.0	1423.2	0.0	0.0	1460.8
600576	万好万家	3563.6	3563.6	218.1	218.1	0.0	0.0	0.0
600577	精达股份	6931.6	5030.8	977.7	709.6	0.0	0.0	268.1
600578	京能电力	29181.5	14266.2	4617.3	2257.3	0.0	0.0	2360.0
600579	天华院	4661.7	3039.1	392.1	255.6	0.0	0.0	136.5
600580	卧龙电气	11638.3	7207.4	1110.5	687.7	0.0	0.0	422.8
600581	八一钢铁	4253.8	4253.8	766.4	766.4	0.0	0.0	0.0
600582	天地科技	14797.7	14797.7	1213.9	1213.9	0.0	0.0	0.0
600583	海油工程	46556.9	42636.1	4421.4	4049.0	0.0	0.0	372.3
600584	长电科技	10958.3	9495.4	984.6	853.1	0.0	0.0	131.4
600585	海螺水泥	88313.4	88313.4	5299.3	3999.7	0.0	1299.6	0.0
600586	金晶科技	5790.4	3936.1	1422.7	967.1	0.0	0.0	455.6
600587	新华医疗	12630.4	11244.4	403.1	358.9	0.0	0.0	44.2
600588	用友软件	27357.8	27227.8	1164.7	1159.1	0.0	0.0	5.5
600589	广东榕泰	3441.9	3441.9	601.7	601.7	0.0	0.0	0.0
600590	泰豪科技	4516.4	4462.9	506.3	500.3	0.0	0.0	6.0
600592	龙溪股份	4107.4	3799.0	399.6	369.6	0.0	0.0	30.0
600593	大连圣亚	1597.1	1597.1	92.0	92.0	0.0	0.0	0.0
600594	益佰制药	13213.3	11955.4	396.0	358.3	0.0	0.0	37.7
600595	中孚实业	10170.6	8846.9	1741.5	1514.9	0.0	0.0	226.7
600596	新安股份	7049.9	7049.9	679.2	679.2	0.0	0.0	0.0
600597	光明乳业	21486.9	21376.3	1230.6	1224.3	0.0	0.0	6.3
600598	*ST 大荒	17616.8	17616.8	1777.7	1777.7	0.0	0.0	0.0
600599	熊猫烟花	3823.0	2901.8	166.0	126.0	0.0	0.0	40.0
600600	青岛啤酒	29075.3	29075.3	1351.0	695.9	0.0	655.1	0.0
600601	方正科技	10272.1	10272.1	2194.9	2194.9	0.0	0.0	0.0
600602	仪电电子	7123.3	7123.3	1172.9	879.6	293.4	0.0	0.0
600603	大洲兴业	1666.1	1666.1	194.6	194.6	0.0	0.0	0.0
600604	市北高新	4641.8	4641.8	566.4	333.5	232.9	0.0	0.0
600605	汇通能源	1790.2	1790.2	147.3	147.3	0.0	0.0	0.0

注：股本的单位为百万股，市值、营业收入、净利润的单位为百万元。

上市公司基本信息
Listed Companies in 2014

优先股 Pref Share	所属行业 Industry	所属地区 Area	营业收入 Revenue	净利润 Net Profit	每股收益(元) EPS	每股净资产(元) NAVPS
0.0	文化、体育和娱乐业	安徽	5363.7	389.9	0.77	7.25
0.0	制造业	安徽	942.2	109.6	0.31	4.76
0.0	房地产业	上海	30.9	44.3	0.03	1.29
0.0	制造业	广西	47.4	0.6	- -	0.01
0.0	制造业	江苏	2562.9	319.6	0.62	4.87
0.0	制造业	四川	2178.5	59.3	0.15	4.47
0.0	制造业	河北	2109.2	59.1	0.42	4.77
0.0	制造业	北京	572.0	17.6	0.08	3.14
0.0	交通运输、仓储和邮政业	江西	2568.5	148.8	0.63	6.31
0.0	制造业	江苏	962.0	145.9	0.57	3.43
0.0	制造业	福建	1416.2	306.2	1.36	7.84
0.0	房地产业	重庆	7350.2	615.4	0.26	2.51
0.0	制造业	湖北	2986.4	519.4	1.35	5.98
0.0	制造业	安徽	7735.4	109.9	0.05	2.42
0.0	制造业	湖北	1070.0	32.4	0.06	4.69
0.0	制造业	河南	26851.8	28.5	0.01	3.02
0.0	信息传输、软件和信息技术服务业	浙江	1421.8	360.5	0.58	3.10
0.0	信息传输、软件和信息技术服务业	浙江	1100.8	110.9	0.55	3.43
0.0	制造业	浙江	3581.6	552.3	0.68	3.45
0.0	制造业	福建	829.0	32.5	0.13	4.34
0.0	交通运输、仓储和邮政业	安徽	21540.8	-2738.4	-0.95	1.18
0.0	批发和零售业	浙江	11.9	-14.2	-0.07	2.23
0.0	制造业	安徽	9268.1	134.9	0.14	2.80
0.0	电力、热力、燃气及水生产和供应业	北京	12963.9	2550.9	0.55	3.10
0.0	制造业	山东	823.9	63.0	0.16	1.74
0.0	制造业	浙江	6892.6	445.8	0.40	3.40
0.0	制造业	新疆	20636.3	-2034.7	-2.66	2.09
0.0	制造业	北京	16578.6	1601.1	0.84	5.64
0.0	采矿业	天津	22031.4	4266.9	0.97	4.65
0.0	制造业	江苏	6428.3	156.7	0.16	3.82
0.0	制造业	安徽	60758.5	10993.0	2.07	12.50
0.0	制造业	山东	3581.1	-200.0	-0.14	2.76
0.0	制造业	山东	6283.5	326.4	0.81	7.23
0.0	信息传输、软件和信息技术服务业	北京	4374.2	550.3	0.47	3.40
0.0	制造业	广东	1189.8	30.9	0.05	3.37
0.0	制造业	江西	2920.7	58.6	0.12	4.32
0.0	制造业	福建	730.5	48.6	0.12	5.74
0.0	水利、环境和公共设施管理业	辽宁	290.1	38.5	0.42	3.88
0.0	制造业	贵州	3157.1	478.4	1.21	8.66
0.0	制造业	河南	9672.8	42.7	0.02	3.15
0.0	制造业	浙江	7715.8	49.7	0.07	6.33
0.0	制造业	上海	20385.1	567.9	0.46	3.67
0.0	农、林、牧、渔业	黑龙江	5109.1	799.8	0.45	3.19
0.0	制造业	湖南	186.6	12.5	0.08	4.19
0.0	制造业	山东	29049.3	1990.1	1.47	11.39
0.0	制造业	上海	6862.5	261.7	0.12	1.61
0.0	制造业	上海	1256.3	108.8	0.09	2.23
0.0	综合	上海	48.8	-23.6	-0.12	0.22
0.0	房地产业	上海	123.2	14.7	0.03	2.27
0.0	批发和零售业	上海	2123.1	8.0	0.05	3.29

上市公司基本信息
Listed Companies in 2014

公司代码 Code	证券名称 Name	总市值 Market Capital	流通市值 Negotiable Capital	总股本 Total Vol	A 股流通股 A-Share Negotiable	B 股 B-Share	H 股 H-Share	限售股 Limited Share
600606	金丰投资	6707.1	6707.1	518.3	518.3	0.0	0.0	0.0
600608	上海科技	2292.2	2219.0	328.9	318.4	0.0	0.0	10.5
600609	金杯汽车	4479.9	4479.9	1092.7	1092.7	0.0	0.0	0.0
600610	S*ST 中纺	6386.7	1612.5	1071.3	108.1	360.4	0.0	602.8
600611	大众交通	15395.6	15395.6	1576.1	1042.2	533.9	0.0	0.0
600612	老凤祥	14014.7	14014.7	523.1	317.1	206.0	0.0	0.0
600613	神奇制药	7174.4	2940.1	445.1	147.7	45.6	0.0	251.7
600614	鼎立股份	8459.1	6448.3	718.6	446.8	120.6	0.0	151.2
600615	丰华股份	2209.2	2204.6	188.0	187.6	0.0	0.0	0.4
600616	金枫酒业	4827.1	4114.7	514.6	438.7	0.0	0.0	75.9
600617	国新能源	14027.3	3402.5	593.0	102.6	64.6	0.0	425.8
600618	氯碱化工	8816.6	8816.6	1156.4	749.8	406.6	0.0	0.0
600619	海立股份	4540.5	3939.9	667.7	318.6	284.2	0.0	65.0
600620	天宸股份	4275.7	4275.7	457.8	457.8	0.0	0.0	0.0
600621	华鑫股份	4271.3	4271.3	524.1	524.1	0.0	0.0	0.0
600622	嘉宝集团	4258.4	4258.4	514.3	514.3	0.0	0.0	0.0
600623	双钱股份	10530.6	10530.6	889.5	646.4	243.1	0.0	0.0
600624	复旦复华	5181.9	4414.5	405.2	345.2	0.0	0.0	60.0
600626	申达股份	5660.6	5660.6	710.2	710.2	0.0	0.0	0.0
600628	新世界	5562.6	5562.6	531.8	531.8	0.0	0.0	0.0
600629	棱光实业	5954.3	5954.3	348.0	348.0	0.0	0.0	0.0
600630	龙头股份	4554.5	4554.5	424.9	424.9	0.0	0.0	0.0
600633	浙报传媒	21615.0	20628.8	1188.3	1134.1	0.0	0.0	54.2
600634	中技控股	6914.5	3350.4	575.7	279.0	0.0	0.0	296.8
600635	大众公用	14030.7	14030.7	1644.9	1644.9	0.0	0.0	0.0
600636	三爱富	5179.2	5179.2	382.0	382.0	0.0	0.0	0.0
600637	百视通	42188.3	42188.3	1113.7	1113.7	0.0	0.0	0.0
600638	新黄浦	9130.1	9130.1	561.2	561.2	0.0	0.0	0.0
600639	浦东金桥	18551.0	18551.0	928.8	656.6	272.2	0.0	0.0
600640	号百控股	8266.0	3186.9	535.4	206.4	0.0	0.0	329.0
600641	万业企业	4998.2	4998.2	806.2	806.2	0.0	0.0	0.0
600642	申能股份	29406.2	29406.2	4552.0	4552.0	0.0	0.0	0.0
600643	爱建股份	15167.4	11222.7	1105.5	818.0	0.0	0.0	287.5
600644	乐山电力	5082.5	3082.0	538.4	326.5	0.0	0.0	211.9
600645	中源协和	14281.4	13160.2	352.5	324.9	0.0	0.0	27.7
600647	同达创业	2052.4	2052.4	139.1	139.1	0.0	0.0	0.0
600648	外高桥	32857.0	28824.8	1135.3	810.2	200.6	0.0	124.6
600649	城投控股	21599.8	21599.8	2987.5	2987.5	0.0	0.0	0.0
600650	锦江投资	7572.4	7572.4	551.6	390.6	161.1	0.0	0.0
600651	飞乐音响	6045.6	6045.6	739.1	739.1	0.0	0.0	0.0
600652	爱使股份	5279.3	3531.4	832.7	557.0	0.0	0.0	275.7
600653	申华控股	6356.8	6356.8	1746.4	1746.4	0.0	0.0	0.0
600654	飞乐股份	7875.1	7875.1	755.0	755.0	0.0	0.0	0.0
600655	豫园商城	16989.1	16989.1	1437.3	1437.3	0.0	0.0	0.0
600656	博元投资	1431.4	1431.3	190.3	190.3	0.0	0.0	0.0
600657	信达地产	12438.0	12438.0	1524.3	1524.3	0.0	0.0	0.0
600658	电子城	6798.7	6798.7	580.1	580.1	0.0	0.0	0.0
600660	福耀玻璃	24316.3	24316.3	2003.0	2003.0	0.0	0.0	0.0
600661	新南洋	5401.7	3621.2	259.1	173.7	0.0	0.0	85.4
600662	强生控股	8911.4	8911.4	1053.4	1053.4	0.0	0.0	0.0

注：股本的单位为百万股，市值、营业收入、净利润的单位为百万元。

上市公司基本信息
Listed Companies in 2014

优先股 Pref Share	所属行业 Industry	所属地区 Area	营业收入 Revenue	净利润 Net Profit	每股收益(元) EPS	每股净资产(元) NAVPS
0.0	房地产业	上海	110.3	-364.6	-0.70	3.60
0.0	制造业	上海	597.0	-12.6	-0.04	-0.07
0.0	制造业	辽宁	5146.5	-143.0	-0.13	0.23
0.0	制造业	上海	69.7	100.0	0.09	0.94
0.0	交通运输、仓储和邮政业	上海	2719.0	423.3	0.27	4.02
0.0	制造业	上海	32835.0	939.9	1.80	7.54
0.0	制造业	上海	1293.7	180.2	0.41	4.42
0.0	制造业	上海	1270.0	76.9	0.11	3.46
0.0	制造业	上海	70.5	13.2	0.07	2.62
0.0	制造业	上海	941.5	71.4	0.14	3.70
0.0	电力、热力、燃气及水生产和供应业	上海	5502.9	435.1	0.73	3.52
0.0	制造业	上海	7015.4	-592.5	-0.51	1.87
0.0	制造业	上海	6808.4	93.5	0.14	3.59
0.0	综合	上海	36.8	80.2	0.18	1.82
0.0	房地产业	上海	597.4	154.7	0.30	3.35
0.0	房地产业	上海	1637.4	358.6	0.70	5.76
0.0	制造业	上海	14730.6	342.3	0.39	3.40
0.0	综合	上海	1007.9	40.5	0.10	2.53
0.0	批发和零售业	上海	7018.1	147.6	0.21	3.17
0.0	批发和零售业	上海	3332.6	239.7	0.45	4.82
0.0	制造业	上海	485.0	4.4	0.01	2.24
0.0	制造业	上海	4127.3	63.5	0.15	3.84
0.0	文化、体育和娱乐业	浙江	3065.9	517.3	0.44	3.21
0.0	制造业	上海	2823.3	134.8	0.23	4.10
0.0	电力、热力、燃气及水生产和供应业	上海	4131.0	340.5	0.21	2.68
0.0	制造业	上海	3939.9	6.5	0.02	4.26
0.0	信息传输、软件和信息技术服务业	上海	2977.8	785.5	0.71	4.01
0.0	房地产业	上海	1011.8	169.7	0.30	6.18
0.0	房地产业	上海	1914.3	429.7	0.46	6.26
0.0	租赁和商务服务业	上海	2381.3	87.7	0.16	4.72
0.0	房地产业	上海	1825.9	400.5	0.50	4.49
0.0	电力、热力、燃气及水生产和供应业	上海	25407.4	2061.4	0.45	5.10
0.0	金融业	上海	351.9	512.5	0.46	4.66
0.0	电力、热力、燃气及水生产和供应业	四川	1539.8	-1139.3	-2.12	1.66
0.0	科学研究和技术服务业	天津	476.9	35.5	0.09	2.75
0.0	房地产业	上海	128.2	-3.4	-0.02	1.73
0.0	批发和零售业	上海	7761.1	698.0	0.62	7.83
0.0	房地产业	上海	4930.7	1968.4	0.66	5.58
0.0	交通运输、仓储和邮政业	上海	2182.2	214.2	0.39	4.22
0.0	制造业	上海	2134.1	64.6	0.07	2.94
0.0	采矿业	上海	1675.2	-137.3	-0.17	2.39
0.0	批发和零售业	上海	6299.6	-198.9	-0.11	1.07
0.0	制造业	上海	1155.6	191.0	0.17	2.29
0.0	批发和零售业	上海	19152.9	1003.0	0.70	5.22
0.0	批发和零售业	广东	48.7	-98.9	-0.52	-2.01
0.0	房地产业	北京	4850.5	767.7	0.50	5.11
0.0	房地产业	北京	1381.6	496.9	0.86	5.20
0.0	制造业	福建	12928.2	2219.7	1.11	4.39
0.0	教育	上海	1165.6	63.1	0.24	3.21
0.0	交通运输、仓储和邮政业	上海	4555.7	187.1	0.18	2.95

上市公司基本信息
Listed Companies in 2014

公司代码 Code	证券名称 Name	总市值 Market Capital	流通市值 Negotiable Capital	总股本 Total Vol	A 股流通股 A-Share Negotiable	B 股 B-Share	H 股 H-Share	限售股 Limited Share
600663	陆家嘴	59088.1	59088.1	1867.7	1358.1	509.6	0.0	0.0
600664	哈药股份	16643.8	9143.4	1917.5	1053.4	0.0	0.0	864.1
600665	天地源	5107.0	5107.0	864.1	864.1	0.0	0.0	0.0
600666	西南药业	3499.2	3499.2	290.1	290.1	0.0	0.0	0.0
600667	太极实业	6278.0	6278.0	1191.3	1191.3	0.0	0.0	0.0
600668	尖峰集团	4641.7	4638.6	344.1	343.9	0.0	0.0	0.2
600671	天目药业	1808.4	1807.5	121.8	121.7	0.0	0.0	0.1
600673	东阳光科	14091.6	12207.6	949.6	822.6	0.0	0.0	127.0
600674	川投能源	45628.2	45628.2	2201.1	2201.1	0.0	0.0	0.0
600675	中华企业	12808.0	12808.0	1867.1	1867.1	0.0	0.0	0.0
600676	交运股份	7149.1	6483.9	862.4	782.1	0.0	0.0	80.2
600677	航天通信	7504.0	7178.8	416.4	398.4	0.0	0.0	18.1
600678	四川金顶	3489.9	3489.9	349.0	349.0	0.0	0.0	0.0
600679	金山开发	2808.0	2808.0	353.6	182.0	171.6	0.0	0.0
600680	上海普天	4368.9	4368.9	382.2	257.4	124.8	0.0	0.0
600681	万鸿集团	1772.9	1738.2	251.5	246.6	0.0	0.0	4.9
600682	南京新百	5661.5	5655.8	358.3	358.0	0.0	0.0	0.4
600683	京投银泰	5622.5	5622.5	740.8	740.8	0.0	0.0	0.0
600684	珠江实业	5191.9	5191.9	711.2	711.2	0.0	0.0	0.0
600685	广船国际	15618.1	15618.1	1030.5	438.5	0.0	592.1	0.0
600686	金龙汽车	5275.8	5275.8	442.6	442.6	0.0	0.0	0.0
600687	刚泰控股	9692.1	4868.4	490.2	246.3	0.0	0.0	244.0
600688	上海石化	31630.7	10327.1	10800.0	2385.0	0.0	3495.0	4920.0
600689	*ST 三毛	1469.8	1469.8	201.0	152.2	48.8	0.0	0.0
600690	青岛海尔	56532.5	50795.8	3045.9	2736.8	0.0	0.0	309.1
600691	阳煤化工	8014.5	4928.2	1467.9	902.6	0.0	0.0	565.2
600692	亚通股份	3637.2	2636.8	351.8	255.0	0.0	0.0	96.8
600693	东百集团	3075.3	3065.8	343.2	342.2	0.0	0.0	1.1
600694	大商股份	14077.9	14077.9	293.7	293.7	0.0	0.0	0.0
600695	大江股份	3524.6	3257.1	713.2	329.6	346.7	0.0	36.9
600696	多伦股份	2779.0	2779.0	340.6	340.6	0.0	0.0	0.0
600697	欧亚集团	4096.5	3995.3	159.1	155.2	0.0	0.0	3.9
600698	湖南天雁	4973.4	3131.3	971.8	429.6	230.0	0.0	312.2
600699	均胜电子	12411.2	4737.4	636.1	242.8	0.0	0.0	393.3
600701	工大高新	3027.6	3027.6	498.8	498.8	0.0	0.0	0.0
600702	沱牌舍得	6283.9	6283.9	337.3	337.3	0.0	0.0	0.0
600703	三安光电	34029.7	30800.8	2393.1	2166.0	0.0	0.0	227.1
600704	物产中大	10338.4	8205.6	996.0	790.5	0.0	0.0	205.5
600705	中航资本	66778.0	26643.3	3732.7	1489.3	0.0	0.0	2243.4
600706	曲江文旅	2839.8	1356.3	179.5	85.7	0.0	0.0	93.8
600707	彩虹股份	6122.5	6105.5	736.8	734.7	0.0	0.0	2.0
600708	海博股份	4409.6	4392.4	510.4	508.4	0.0	0.0	2.0
600710	常林股份	3758.5	3758.5	640.3	640.3	0.0	0.0	0.0
600711	盛屯矿业	10120.1	5410.3	1497.1	800.3	0.0	0.0	696.7
600712	南宁百货	2903.0	2866.1	544.7	537.7	0.0	0.0	6.9
600713	南京医药	6452.5	4986.8	897.4	693.6	0.0	0.0	203.8
600714	金瑞矿业	3067.6	3067.6	273.4	273.4	0.0	0.0	0.0
600715	松辽汽车	3857.2	3857.2	224.3	224.3	0.0	0.0	0.0
600716	凤凰股份	7095.0	7095.0	740.6	740.6	0.0	0.0	0.0
600717	天津港	28688.8	28688.8	1674.8	1674.8	0.0	0.0	0.0

注：股本的单位为百万股，市值、营业收入、净利润的单位为百万元。

上市公司基本信息
Listed Companies in 2014

优先股 Pref Share	所属行业 Industry	所属地区 Area	营业收入 Revenue	净利润 Net Profit	每股收益(元) EPS	每股净资产(元) NAVPS
0.0	房地产业	上海	5116.9	1601.5	0.86	6.17
0.0	制造业	黑龙江	16508.9	247.1	0.13	4.30
0.0	房地产业	上海	3217.5	294.7	0.34	2.99
0.0	制造业	重庆	1401.7	28.9	0.10	1.37
0.0	制造业	江苏	4202.9	14.2	0.01	1.32
0.0	制造业	浙江	2257.0	283.0	0.82	5.99
0.0	制造业	浙江	148.7	2.7	0.02	0.67
0.0	制造业	广东	5112.4	156.3	0.17	3.76
0.0	电力、热力、燃气及水生产和供应业	四川	1102.8	3477.0	1.58	6.83
0.0	房地产业	上海	4415.2	-488.6	-0.26	2.72
0.0	交通运输、仓储和邮政业	上海	8935.5	320.7	0.37	4.03
0.0	批发和零售业	浙江	7048.6	-246.6	-0.59	3.69
0.0	制造业	四川	54.2	-37.0	-0.11	0.07
0.0	制造业	上海	609.4	38.6	0.11	1.88
0.0	制造业	上海	1786.9	9.1	0.02	3.59
0.0	建筑业	湖北	59.9	2.1	0.01	0.08
0.0	批发和零售业	江苏	7825.2	400.4	1.12	4.93
0.0	房地产业	浙江	3486.2	25.1	0.03	2.52
0.0	房地产业	广东	2130.4	269.2	0.38	2.91
0.0	制造业	广东	9530.7	151.5	0.15	5.46
0.0	制造业	福建	21431.0	248.5	0.56	5.50
0.0	制造业	浙江	4741.8	251.2	0.51	3.28
0.0	制造业	上海	102182.9	-716.4	-0.07	1.53
0.0	制造业	上海	1284.9	60.0	0.30	2.02
0.0	制造业	山东	88775.4	4991.6	1.64	7.17
0.0	制造业	四川	19929.1	-30.4	-0.02	3.10
0.0	交通运输、仓储和邮政业	上海	473.0	38.3	0.11	1.55
0.0	批发和零售业	福建	1746.3	146.2	0.43	3.53
0.0	批发和零售业	辽宁	32205.9	1227.8	4.18	20.76
0.0	制造业	上海	270.6	-49.6	-0.07	0.71
0.0	房地产业	上海	10.0	71.1	0.21	1.75
0.0	批发和零售业	吉林	11542.1	298.8	1.88	10.00
0.0	制造业	山东	578.0	14.4	0.02	0.72
0.0	制造业	吉林	7077.1	346.9	0.55	3.81
0.0	综合	黑龙江	797.8	-14.7	-0.03	1.82
0.0	制造业	四川	1445.0	13.4	0.04	6.66
0.0	制造业	湖北	4579.7	1462.3	0.61	4.73
0.0	批发和零售业	浙江	37926.7	359.5	0.36	5.83
0.0	金融业	黑龙江	2831.9	1810.4	0.49	3.60
0.0	水利、环境和公共设施管理业	陕西	1082.2	29.1	0.16	4.37
0.0	制造业	陕西	159.6	-1024.3	-1.39	1.92
0.0	交通运输、仓储和邮政业	上海	4526.4	164.4	0.32	3.12
0.0	制造业	江苏	1164.9	-180.2	-0.28	2.64
0.0	采矿业	福建	3348.0	150.2	0.10	2.41
0.0	批发和零售业	广西	2497.5	16.3	0.03	1.99
0.0	批发和零售业	江苏	22075.8	128.9	0.14	2.39
0.0	采矿业	青海	427.0	9.0	0.03	1.71
0.0	制造业	辽宁	10.6	-47.8	-0.21	-0.17
0.0	房地产业	河北	1829.4	151.4	0.20	2.86
0.0	交通运输、仓储和邮政业	天津	25528.3	1151.9	0.69	8.12

上市公司基本信息
Listed Companies in 2014

公司代码 Code	证券名称 Name	总市值 Market Capital	流通市值 Negotiable Capital	总股本 Total Vol	A 股流通股 A-Share Negotiable	B 股 B-Share	H 股 H-Share	限售股 Limited Share
600718	东软集团	19408.3	19408.3	1227.6	1227.6	0.0	0.0	0.0
600719	大连热电	1749.9	1749.9	202.3	202.3	0.0	0.0	0.0
600720	祁连山	8515.9	8514.5	776.3	776.2	0.0	0.0	0.1
600721	百花村	2330.9	1040.0	268.9	120.0	0.0	0.0	148.9
600722	金牛化工	3136.3	1942.7	680.3	421.4	0.0	0.0	258.9
600723	首商股份	5280.4	5270.9	658.4	657.2	0.0	0.0	1.2
600724	宁波富达	8628.1	8626.3	1445.2	1444.9	0.0	0.0	0.3
600725	云维股份	3093.5	3093.5	616.2	616.2	0.0	0.0	0.0
600726	华电能源	8115.1	4427.3	1966.7	720.6	432.0	0.0	814.1
600727	鲁北化工	1990.1	1989.8	351.0	350.9	0.0	0.0	0.1
600728	佳都科技	6377.0	5064.7	499.8	396.9	0.0	0.0	102.9
600729	重庆百货	10159.1	9304.1	406.5	372.3	0.0	0.0	34.2
600730	中国高科	3156.2	3156.2	293.3	293.3	0.0	0.0	0.0
600731	湖南海利	2759.3	2154.5	327.3	255.6	0.0	0.0	71.7
600732	上海新梅	3173.8	3173.8	446.4	446.4	0.0	0.0	0.0
600733	S 前锋	8136.6	3113.2	197.6	75.6	0.0	0.0	122.0
600734	实达集团	1775.4	1773.1	351.6	351.1	0.0	0.0	0.5
600735	新华锦	3961.1	3302.2	250.7	209.0	0.0	0.0	41.7
600736	苏州高新	6104.0	6104.0	1057.9	1057.9	0.0	0.0	0.0
600737	中粮屯河	18261.7	11771.7	2051.9	1322.7	0.0	0.0	729.2
600738	兰州民百	2619.0	1861.0	368.9	262.1	0.0	0.0	106.8
600739	辽宁成大	30724.5	29327.6	1429.7	1364.7	0.0	0.0	65.0
600740	山西焦化	5145.5	4413.9	765.7	656.8	0.0	0.0	108.9
600741	华域汽车	39987.9	39987.9	2583.2	2583.2	0.0	0.0	0.0
600742	一汽富维	5933.2	5933.2	211.5	211.5	0.0	0.0	0.0
600743	华远地产	8397.6	8397.6	1817.7	1817.7	0.0	0.0	0.0
600744	华银电力	3280.7	2186.9	711.6	474.4	0.0	0.0	237.3
600745	中茵股份	6558.7	4442.5	483.3	327.4	0.0	0.0	155.9
600746	江苏索普	2246.1	2233.2	306.4	304.7	0.0	0.0	1.8
600747	大连控股	9649.9	7013.9	1464.3	1064.3	0.0	0.0	400.0
600748	上实发展	13769.6	13769.6	1083.4	1083.4	0.0	0.0	0.0
600749	西藏旅游	2303.7	2303.7	189.1	189.1	0.0	0.0	0.0
600750	江中药业	6075.0	6075.0	300.0	300.0	0.0	0.0	0.0
600751	天津海运	7768.4	5110.4	892.6	343.5	326.1	0.0	223.0
600753	东方银星	1705.0	1705.0	128.0	128.0	0.0	0.0	0.0
600754	锦江股份	18120.7	13066.7	804.5	447.2	156.0	0.0	201.3
600755	厦门国贸	18808.5	18808.5	1664.5	1664.5	0.0	0.0	0.0
600756	浪潮软件	5683.7	5683.7	278.7	278.7	0.0	0.0	0.0
600757	长江传媒	10328.2	4460.1	1213.7	524.1	0.0	0.0	689.5
600758	红阳能源	1727.9	957.2	207.7	115.1	0.0	0.0	92.6
600759	洲际油气	17237.5	12038.6	1741.2	1216.0	0.0	0.0	525.1
600760	中航黑豹	3701.3	3701.3	344.9	344.9	0.0	0.0	0.0
600761	安徽合力	9653.2	9653.2	616.8	616.8	0.0	0.0	0.0
600763	通策医疗	7692.2	7692.2	160.3	160.3	0.0	0.0	0.0
600764	中电广通	3172.0	3172.0	329.7	329.7	0.0	0.0	0.0
600765	中航重机	14821.0	14821.0	778.0	778.0	0.0	0.0	0.0
600766	园城黄金	2589.8	2586.4	224.2	223.9	0.0	0.0	0.3
600767	运盛实业	3812.5	3811.4	341.0	340.9	0.0	0.0	0.1
600768	宁波富邦	1391.0	1391.0	133.7	133.7	0.0	0.0	0.0
600769	祥龙电业	2894.8	2894.8	375.0	375.0	0.0	0.0	0.0

注：股本的单位为百万股，市值、营业收入、净利润的单位为百万元。

上市公司基本信息
Listed Companies in 2014

优先股 Pref Share	所属行业 Industry	所属地区 Area	营业收入 Revenue	净利润 Net Profit	每股收益(元) EPS	每股净资产(元) NAVPS
0.0	信息传输、软件和信息技术服务业	辽宁	7796.3	255.7	0.21	4.41
0.0	电力、热力、燃气及水生产和供应业	辽宁	694.4	9.7	0.05	3.59
0.0	制造业	甘肃	6147.0	561.9	0.72	6.17
0.0	制造业	新疆	1108.9	-233.6	-0.87	2.75
0.0	制造业	河北	1407.8	-312.0	-0.46	0.90
0.0	批发和零售业	北京	11814.7	334.8	0.51	4.63
0.0	房地产业	浙江	5286.9	111.8	0.08	2.60
0.0	制造业	云南	6623.5	-1047.8	-1.70	0.52
0.0	电力、热力、燃气及水生产和供应业	黑龙江	9829.4	147.1	0.08	1.59
0.0	制造业	山东	529.1	7.6	0.02	2.94
0.0	信息传输、软件和信息技术服务业	广东	2264.8	114.8	0.23	2.40
0.0	批发和零售业	重庆	30140.1	491.7	1.21	11.22
0.0	房地产业	上海	1108.0	155.8	0.53	4.58
0.0	制造业	湖南	1136.4	11.2	0.03	2.25
0.0	房地产业	上海	163.5	-34.5	-0.08	1.06
0.0	房地产业	四川	29.8	13.0	0.07	1.56
0.0	批发和零售业	福建	195.0	-39.6	-0.11	0.33
0.0	制造业	山东	1342.4	57.7	0.23	2.57
0.0	房地产业	江苏	3574.6	169.9	0.16	3.31
0.0	制造业	新疆	8939.4	32.4	0.02	2.89
0.0	批发和零售业	甘肃	1214.9	103.9	0.28	2.97
0.0	批发和零售业	辽宁	9238.6	813.0	0.57	9.41
0.0	制造业	山西	4965.2	19.8	0.03	3.69
0.0	制造业	上海	73972.6	4455.7	1.73	9.14
0.0	制造业	吉林	11273.4	552.7	2.61	17.18
0.0	房地产业	湖北	6759.8	661.6	0.36	2.13
0.0	电力、热力、燃气及水生产和供应业	湖南	6210.4	-174.7	-0.25	1.79
0.0	房地产业	湖北	1623.1	16.9	0.04	5.39
0.0	制造业	江苏	656.1	10.5	0.03	1.43
0.0	房地产业	辽宁	460.3	13.8	0.01	1.45
0.0	房地产业	上海	3803.1	885.3	0.82	4.42
0.0	水利、环境和公共设施管理业	西藏	160.0	-33.5	-0.18	3.33
0.0	制造业	江西	2834.1	264.8	0.88	6.92
0.0	交通运输、仓储和邮政业	天津	423.6	78.9	0.03	4.10
0.0	批发和零售业	河南	12.1	0.4	--	0.79
0.0	住宿和餐饮业	上海	2913.1	487.2	0.61	10.81
0.0	批发和零售业	福建	55287.9	849.0	0.51	4.45
0.0	信息传输、软件和信息技术服务业	山东	1085.4	78.3	0.28	3.03
0.0	文化、体育和娱乐业	湖北	4686.8	211.0	0.17	3.91
0.0	电力、热力、燃气及水生产和供应业	辽宁	260.8	12.9	0.06	1.64
0.0	批发和零售业	海南	1387.2	84.9	0.05	3.09
0.0	制造业	山东	2523.3	-141.8	-0.41	1.76
0.0	制造业	安徽	6701.0	569.0	0.92	6.21
0.0	卫生和社会工作	浙江	583.8	110.1	0.69	3.93
0.0	信息传输、软件和信息技术服务业	北京	719.0	5.2	0.02	1.84
0.0	制造业	贵州	5822.6	156.5	0.20	4.54
0.0	采矿业	山东	47.0	13.9	0.06	0.16
0.0	房地产业	上海	183.4	26.0	0.08	1.07
0.0	制造业	浙江	842.5	2.6	0.02	0.74
0.0	制造业	湖北	19.8	1.3	--	0.10

上市公司基本信息
Listed Companies in 2014

公司代码 Code	证券名称 Name	总市值 Market Capital	流通市值 Negotiable Capital	总股本 Total Vol	A 股流通股 A-Share Negotiable	B 股 B-Share	H 股 H-Share	限售股 Limited Share
600770	综艺股份	11258.0	9565.8	1300.0	1104.6	0.0	0.0	195.4
600771	广誉远	5727.1	4457.5	243.8	189.8	0.0	0.0	54.0
600773	西藏城投	8830.8	6535.0	729.2	539.6	0.0	0.0	189.6
600774	汉商集团	2590.7	2588.5	174.6	174.4	0.0	0.0	0.1
600775	南京熊猫	6967.0	6560.3	913.8	632.6	0.0	242.0	39.2
600776	东方通信	8831.4	8831.4	1256.0	956.0	300.0	0.0	0.0
600777	新潮实业	7455.0	7455.0	625.4	625.4	0.0	0.0	0.0
600778	友好集团	2847.0	2836.3	311.5	310.3	0.0	0.0	1.2
600779	水井坊	4773.1	2885.3	488.5	295.3	0.0	0.0	193.2
600780	通宝能源	7727.4	7727.4	1146.5	1146.5	0.0	0.0	0.0
600781	辅仁药业	3077.7	3077.7	177.6	177.6	0.0	0.0	0.0
600782	新钢股份	8764.8	8764.8	1393.4	1393.4	0.0	0.0	0.0
600783	鲁信创投	20834.6	20834.6	744.4	744.4	0.0	0.0	0.0
600784	鲁银投资	5250.0	4588.7	568.2	496.6	0.0	0.0	71.6
600785	新华百货	3380.0	3107.3	225.6	207.4	0.0	0.0	18.2
600787	中储股份	17928.7	16197.2	1859.8	1680.2	0.0	0.0	179.6
600789	鲁抗医药	4606.1	4606.1	581.6	581.6	0.0	0.0	0.0
600790	轻纺城	6612.2	5080.2	805.4	618.8	0.0	0.0	186.6
600791	京能置业	3038.8	3035.0	452.9	452.3	0.0	0.0	0.6
600792	云煤能源	7820.4	7521.0	989.9	952.0	0.0	0.0	37.9
600793	ST 宜纸	1212.0	1212.0	105.3	105.3	0.0	0.0	0.0
600794	保税科技	7729.0	6572.1	541.6	460.6	0.0	0.0	81.1
600795	国电电力	87114.0	78618.6	18815.1	16980.3	0.0	0.0	1834.9
600796	钱江生化	2182.2	2182.2	301.4	301.4	0.0	0.0	0.0
600797	浙大网新	6055.3	5982.1	831.8	821.7	0.0	0.0	10.1
600798	宁波海运	4512.7	4512.7	871.2	871.2	0.0	0.0	0.0
600800	天津磁卡	3783.8	3777.8	611.3	610.3	0.0	0.0	1.0
600801	华新水泥	14249.3	14249.3	1496.5	971.7	524.8	0.0	0.0
600802	福建水泥	3471.2	3471.2	381.9	381.9	0.0	0.0	0.0
600803	威远生化	12016.7	4300.9	985.8	352.8	0.0	0.0	633.0
600804	鹏博士	25012.9	24145.2	1391.2	1342.9	0.0	0.0	48.3
600805	悦达投资	9615.1	9596.0	850.9	849.2	0.0	0.0	1.7
600806	昆明机床	2856.2	2856.2	531.1	390.2	0.0	140.9	0.0
600807	天业股份	4819.0	2737.1	542.1	307.9	0.0	0.0	234.2
600808	马钢股份	23930.7	23930.7	7700.7	5967.8	0.0	1732.9	0.0
600809	山西汾酒	19819.3	19819.3	865.8	865.8	0.0	0.0	0.0
600810	神马股份	3188.8	3188.8	442.3	442.3	0.0	0.0	0.0
600811	东方集团	15834.7	15834.7	1666.8	1666.8	0.0	0.0	0.0
600812	华北制药	10094.7	6366.9	1630.8	1028.6	0.0	0.0	602.2
600814	杭州解百	6328.0	2746.9	715.0	310.4	0.0	0.0	404.6
600815	厦工股份	8534.8	8363.4	959.0	939.7	0.0	0.0	19.3
600816	安信信托	13341.7	13334.1	454.1	453.8	0.0	0.0	0.3
600817	ST 宏盛	1749.1	1607.8	160.9	147.9	0.0	0.0	13.0
600818	中路股份	6533.6	6533.6	321.4	238.0	83.5	0.0	0.0
600819	耀皮玻璃	7210.9	5445.1	934.9	543.8	187.5	0.0	203.7
600820	隧道股份	25970.2	19148.7	3144.1	2318.3	0.0	0.0	825.8
600821	津劝业	2535.1	2535.1	416.3	416.3	0.0	0.0	0.0
600822	上海物贸	3548.4	3548.4	496.0	396.1	99.8	0.0	0.0
600823	世茂股份	17246.2	17246.2	1172.4	1172.4	0.0	0.0	0.0
600824	益民集团	5990.4	5990.4	878.4	878.4	0.0	0.0	0.0

注：股本的单位为百万股，市值、营业收入、净利润的单位为百万元。

上市公司基本信息
Listed Companies in 2014

优先股 Pref Share	所属行业 Industry	所属地区 Area	营业收入 Revenue	净利润 Net Profit	每股收益(元) EPS	每股净资产(元) NAVPS
0.0	信息传输、软件和信息技术服务业	江苏	714.6	41.5	0.03	2.64
0.0	制造业	青海	354.2	36.6	0.15	0.35
0.0	房地产业	西藏	1049.2	77.0	0.11	3.34
0.0	批发和零售业	湖北	941.3	19.6	0.11	3.20
0.0	制造业	江苏	3487.6	153.2	0.17	3.48
0.0	制造业	浙江	3711.6	179.4	0.14	2.28
0.0	综合	山东	936.1	-38.6	-0.06	1.88
0.0	批发和零售业	新疆	8276.5	91.9	0.30	5.52
0.0	制造业	四川	364.9	-418.5	-0.86	2.47
0.0	电力、热力、燃气及水生产和供应业	山西	6402.9	564.8	0.49	3.79
0.0	制造业	上海	434.8	12.1	0.07	1.77
0.0	制造业	江西	32370.3	406.4	0.29	5.77
0.0	综合	山东	234.8	301.6	0.41	4.40
0.0	综合	山东	3437.0	36.0	0.06	2.47
0.0	批发和零售业	宁夏	6817.5	193.9	0.86	7.62
0.0	交通运输、仓储和邮政业	天津	21454.8	546.4	0.29	3.27
0.0	制造业	山东	2312.1	-125.2	-0.22	2.42
0.0	租赁和商务服务业	浙江	809.8	329.9	0.41	4.22
0.0	房地产业	北京	1892.3	79.7	0.18	3.17
0.0	制造业	云南	4886.1	37.9	0.04	3.46
0.0	制造业	四川	10.6	8.3	0.08	0.39
0.0	交通运输、仓储和邮政业	江苏	758.3	120.0	0.22	3.29
0.0	电力、热力、燃气及水生产和供应业	辽宁	61474.8	6074.5	0.32	2.51
0.0	制造业	浙江	398.1	22.4	0.07	1.81
0.0	信息传输、软件和信息技术服务业	浙江	4704.5	-157.0	-0.19	1.88
0.0	交通运输、仓储和邮政业	浙江	1089.6	7.4	0.01	2.22
0.0	制造业	天津	153.1	22.2	0.04	0.18
0.0	制造业	湖北	15996.1	1221.6	0.82	6.54
0.0	制造业	福建	2061.8	49.6	0.13	3.55
0.0	制造业	河北	4868.7	809.4	0.82	4.56
0.0	信息传输、软件和信息技术服务业	四川	6962.7	534.2	0.38	3.53
0.0	综合	江苏	2282.8	1065.5	1.25	7.41
0.0	制造业	云南	867.9	-204.1	-0.38	2.04
0.0	房地产业	山东	846.4	71.5	0.13	1.08
0.0	制造业	安徽	59820.9	220.6	0.03	3.03
0.0	制造业	山西	3916.1	355.8	0.41	4.50
0.0	制造业	河南	14886.1	60.5	0.14	5.25
0.0	批发和零售业	黑龙江	5755.6	1042.1	0.63	6.09
0.0	制造业	河北	9401.0	41.6	0.03	3.19
0.0	批发和零售业	浙江	6054.7	240.5	0.34	2.59
0.0	制造业	福建	4559.5	10.3	0.01	4.25
0.0	金融业	上海	1809.4	1023.5	2.25	3.97
0.0	综合	上海	31.0	-16.4	-0.10	0.67
0.0	制造业	上海	662.7	14.2	0.04	1.18
0.0	制造业	上海	2864.9	53.4	0.06	3.40
0.0	建筑业	上海	25421.8	1393.7	0.44	4.97
0.0	批发和零售业	天津	611.8	10.6	0.03	1.44
0.0	批发和零售业	上海	69626.0	14.3	0.03	1.96
0.0	房地产业	上海	12701.0	1892.1	1.61	13.71
0.0	批发和零售业	上海	3084.2	181.6	0.21	2.04

上市公司基本信息
Listed Companies in 2014

公司代码 Code	证券名称 Name	总市值 Market Capital	流通市值 Negotiable Capital	总股本 Total Vol	A 股流通股 A-Share Negotiable	B 股 B-Share	H 股 H-Share	限售股 Limited Share
600825	新华传媒	11180.3	11180.3	1044.9	1044.9	0.0	0.0	0.0
600826	兰生股份	8240.4	8240.4	420.6	420.6	0.0	0.0	0.0
600827	百联股份	29494.9	29494.9	1722.5	1542.8	179.7	0.0	0.0
600828	成商集团	3964.6	3960.2	570.4	569.8	0.0	0.0	0.6
600829	三精制药	6854.3	6854.3	579.9	579.9	0.0	0.0	0.0
600830	香溢融通	4638.6	4638.6	454.3	454.3	0.0	0.0	0.0
600831	广电网络	5144.2	5144.2	563.4	563.4	0.0	0.0	0.0
600832	东方明珠	44098.9	44098.9	3186.3	3186.3	0.0	0.0	0.0
600833	第一医药	2875.6	2875.6	223.1	223.1	0.0	0.0	0.0
600834	申通地铁	4821.6	4821.6	477.4	477.4	0.0	0.0	0.0
600835	上海机电	17934.9	17934.9	1022.7	806.5	216.2	0.0	0.0
600836	界龙实业	5039.0	5039.0	313.6	313.6	0.0	0.0	0.0
600837	海通证券	194696.7	194696.7	9584.7	8092.1	0.0	1492.6	0.0
600838	上海九百	3539.8	3539.8	400.9	400.9	0.0	0.0	0.0
600839	四川长虹	21511.7	21482.6	4616.2	4610.0	0.0	0.0	6.2
600841	上柴股份	7310.5	6984.2	866.7	492.2	344.8	0.0	29.7
600843	上工申贝	5063.8	3737.7	548.6	204.9	243.9	0.0	99.7
600844	丹化科技	5073.1	5073.1	778.6	584.8	193.8	0.0	0.0
600845	宝信软件	10122.9	9345.2	364.1	226.5	114.4	0.0	23.2
600846	同济科技	5404.2	5404.2	624.8	624.8	0.0	0.0	0.0
600847	万里股份	2250.4	1902.9	157.5	133.2	0.0	0.0	24.3
600848	自仪股份	3819.0	3819.0	399.3	292.1	107.1	0.0	0.0
600850	华东电脑	11467.0	6095.6	321.7	171.0	0.0	0.0	150.7
600851	海欣股份	8110.4	8110.4	1207.1	738.2	468.9	0.0	0.0
600853	龙建股份	2764.6	2764.6	536.8	536.8	0.0	0.0	0.0
600854	春兰股份	2903.8	2903.8	519.5	519.5	0.0	0.0	0.0
600855	航天长峰	9205.7	9157.0	331.6	329.9	0.0	0.0	1.8
600856	长百集团	2343.6	2343.6	234.8	234.8	0.0	0.0	0.0
600857	工大首创	3147.2	3147.2	224.3	224.3	0.0	0.0	0.0
600858	银座股份	5231.9	5206.5	520.1	517.5	0.0	0.0	2.5
600859	王府井	10264.2	10264.2	462.8	462.8	0.0	0.0	0.0
600860	*ST 京城	2237.9	2237.9	422.0	322.0	0.0	100.0	0.0
600861	北京城乡	3136.4	3136.4	316.8	316.8	0.0	0.0	0.0
600862	南通科技	5920.0	5920.0	637.9	637.9	0.0	0.0	0.0
600863	内蒙华电	26483.3	12034.3	5807.7	2639.1	0.0	0.0	3168.6
600864	哈投股份	8113.7	8113.7	546.4	546.4	0.0	0.0	0.0
600865	百大集团	2889.5	2889.5	376.2	376.2	0.0	0.0	0.0
600866	星湖科技	4446.8	3792.2	645.4	550.4	0.0	0.0	95.0
600867	通化东宝	16069.6	15983.8	1030.1	1024.6	0.0	0.0	5.5
600868	梅雁吉祥	6985.2	6985.2	1898.1	1898.1	0.0	0.0	0.0
600869	智慧能源	8732.2	8732.2	990.0	990.0	0.0	0.0	0.0
600870	厦华电子	3903.1	2766.3	523.2	370.8	0.0	0.0	152.4
600871	*ST 仪化	22815.0	2632.5	6000.0	450.0	0.0	2100.0	3450.0
600872	中炬高新	8269.1	8269.1	796.6	796.6	0.0	0.0	0.0
600873	梅花生物	22254.9	22254.9	3108.2	3108.2	0.0	0.0	0.0
600874	创业环保	12013.9	12013.9	1427.2	1087.2	0.0	340.0	0.0
600875	东方电气	34342.1	34342.1	2003.9	1663.9	0.0	340.0	0.0
600876	洛阳玻璃	1810.1	1810.1	500.0	250.0	0.0	250.0	0.0
600877	中国嘉陵	5120.3	5120.3	687.3	687.3	0.0	0.0	0.0
600879	航天电子	16216.8	16216.8	1039.5	1039.5	0.0	0.0	0.0

注：股本的单位为百万股，市值、营业收入、净利润的单位为百万元。

上市公司基本信息
Listed Companies in 2014

优先股 Pref Share	所属行业 Industry	所属地区 Area	营业收入 Revenue	净利润 Net Profit	每股收益(元) EPS	每股净资产(元) NAVPS
0.0	文化、体育和娱乐业	上海	1789.0	50.4	0.05	2.41
0.0	批发和零售业	上海	1386.8	527.9	1.26	9.57
0.0	批发和零售业	上海	51164.2	1046.4	0.61	9.27
0.0	批发和零售业	四川	2066.7	194.2	0.34	2.19
0.0	制造业	黑龙江	1738.8	39.9	0.07	3.61
0.0	批发和零售业	浙江	1091.3	99.9	0.22	4.12
0.0	信息传输、软件和信息技术服务业	陕西	2298.1	116.9	0.21	3.18
0.0	水利、环境和公共设施管理业	上海	4595.9	1177.2	0.37	2.86
0.0	批发和零售业	上海	1414.7	37.0	0.17	2.89
0.0	交通运输、仓储和邮政业	上海	744.6	105.2	0.22	2.86
0.0	制造业	上海	20778.9	857.9	0.84	6.12
0.0	制造业	上海	1984.7	14.7	0.05	1.33
0.0	金融业	上海	17978.5	7710.6	0.80	7.13
0.0	批发和零售业	上海	109.8	44.0	0.11	1.88
0.0	制造业	四川	59503.9	58.9	0.01	3.04
0.0	制造业	上海	2776.9	150.2	0.17	3.95
0.0	制造业	上海	1971.2	197.6	0.36	2.91
0.0	制造业	上海	1027.0	17.4	0.02	1.09
0.0	信息传输、软件和信息技术服务业	上海	4071.9	321.7	0.88	7.00
0.0	建筑业	上海	4122.9	182.1	0.29	2.71
0.0	制造业	重庆	236.0	2.2	0.01	4.52
0.0	制造业	上海	1034.3	-59.9	-0.15	0.34
0.0	信息传输、软件和信息技术服务业	上海	5750.5	249.7	0.78	4.37
0.0	制造业	上海	1110.2	290.9	0.24	4.41
0.0	建筑业	黑龙江	5569.6	18.0	0.03	1.47
0.0	制造业	江苏	474.6	11.1	0.02	3.68
0.0	制造业	北京	688.5	23.1	0.07	2.51
0.0	批发和零售业	吉林	368.5	0.3	--	0.56
0.0	批发和零售业	浙江	1180.3	41.4	0.18	2.58
0.0	批发和零售业	山东	13818.0	180.7	0.35	5.66
0.0	批发和零售业	北京	18277.1	636.1	1.38	14.88
0.0	制造业	北京	1806.3	21.4	0.05	2.18
0.0	批发和零售业	北京	2219.2	102.2	0.32	7.13
0.0	房地产业	江苏	1526.0	-203.5	-0.32	1.68
0.0	电力、热力、燃气及水生产和供应业	内蒙	13633.9	1362.5	0.24	1.83
0.0	电力、热力、燃气及水生产和供应业	黑龙江	1191.3	291.4	0.53	8.53
0.0	批发和零售业	浙江	1051.8	155.6	0.41	3.56
0.0	制造业	广东	871.5	-360.8	-0.56	2.29
0.0	制造业	吉林	1451.3	279.8	0.27	2.08
0.0	电力、热力、燃气及水生产和供应业	广东	400.2	-54.5	-0.03	1.12
0.0	制造业	青海	11351.8	182.7	0.19	3.15
0.0	制造业	福建	224.2	-230.7	-0.44	0.01
0.0	制造业	江苏	94481.0	1229.8	0.10	1.46
0.0	制造业	广东	2641.9	286.8	0.36	2.96
0.0	制造业	西藏	9865.0	500.3	0.16	2.64
0.0	电力、热力、燃气及水生产和供应业	天津	1828.1	308.2	0.22	2.92
0.0	制造业	四川	39036.2	1278.3	0.64	9.75
0.0	制造业	河南	612.5	16.0	0.03	0.10
0.0	制造业	重庆	1359.6	11.5	0.02	0.28
0.0	制造业	湖北	4901.8	246.4	0.24	5.02

上市公司基本信息
Listed Companies in 2014

公司代码 Code	证券名称 Name	总市值 Market Capital	流通市值 Negotiable Capital	总股本 Total Vol	A 股流通股 A-Share Negotiable	B 股 B-Share	H 股 H-Share	限售股 Limited Share
600880	博瑞传播	11753.3	7883.7	1093.3	733.4	0.0	0.0	360.0
600881	亚泰集团	14153.6	14153.6	1894.7	1894.7	0.0	0.0	0.0
600882	华联矿业	3170.0	2239.9	399.2	282.1	0.0	0.0	117.1
600883	博闻科技	2183.8	2183.8	236.1	236.1	0.0	0.0	0.0
600884	杉杉股份	6816.1	6816.1	410.9	410.9	0.0	0.0	0.0
600885	宏发股份	9937.2	4434.9	532.0	237.4	0.0	0.0	294.6
600886	国投电力	77632.1	77632.1	6786.0	6786.0	0.0	0.0	0.0
600887	伊利股份	87732.9	86114.0	3064.4	3007.8	0.0	0.0	56.5
600888	新疆众和	5117.0	5117.0	641.2	641.2	0.0	0.0	0.0
600889	南京化纤	2490.3	2490.3	307.1	307.1	0.0	0.0	0.0
600890	中房股份	5039.0	5039.0	579.2	579.2	0.0	0.0	0.0
600891	秋林集团	2216.9	2205.7	325.5	323.9	0.0	0.0	1.6
600892	宝诚股份	1533.9	1526.6	63.1	62.8	0.0	0.0	0.3
600893	航空动力	56434.9	31457.0	1948.7	1086.2	0.0	0.0	862.5
600894	广日股份	11050.3	9983.6	859.9	776.9	0.0	0.0	83.0
600895	张江高科	20628.5	20628.5	1548.7	1548.7	0.0	0.0	0.0
600896	中海海盛	3877.4	3877.4	581.3	581.3	0.0	0.0	0.0
600897	厦门空港	7144.5	7144.5	297.8	297.8	0.0	0.0	0.0
600898	三联商社	2032.8	2032.8	252.5	252.5	0.0	0.0	0.0
600900	长江电力	176055.0	103989.2	16500.0	9745.9	0.0	0.0	6754.1
600917	重庆燃气	15435.5	1547.5	1556.0	156.0	0.0	0.0	1400.0
600960	渤海活塞	3623.8	2339.0	327.9	211.7	0.0	0.0	116.3
600961	株冶集团	5058.3	5058.3	527.5	527.5	0.0	0.0	0.0
600962	国投中鲁	3492.6	3383.5	262.2	254.0	0.0	0.0	8.2
600963	岳阳林纸	5497.4	4443.4	1043.2	843.2	0.0	0.0	200.0
600965	福成五丰	4736.2	3409.1	528.0	380.1	0.0	0.0	147.9
600966	博汇纸业	3930.3	3930.3	668.4	668.4	0.0	0.0	0.0
600967	北方创业	12144.9	11409.9	822.8	773.0	0.0	0.0	49.8
600969	郴电国际	4527.8	3601.9	264.3	210.3	0.0	0.0	54.1
600970	中材国际	14661.1	14661.1	1093.3	1093.3	0.0	0.0	0.0
600971	恒源煤电	8730.0	8730.0	1000.0	1000.0	0.0	0.0	0.0
600973	宝胜股份	4426.5	4426.5	411.4	411.4	0.0	0.0	0.0
600975	新五丰	2760.8	2760.8	234.4	234.4	0.0	0.0	0.0
600976	健民集团	4198.5	4195.8	153.4	153.3	0.0	0.0	0.1
600978	宜华木业	8926.9	8926.9	1482.9	1482.9	0.0	0.0	0.0
600979	广安爱众	4515.5	4515.5	717.9	717.9	0.0	0.0	0.0
600980	北矿磁材	1898.0	1898.0	130.0	130.0	0.0	0.0	0.0
600981	汇鸿股份	2172.8	2172.8	516.1	516.1	0.0	0.0	0.0
600982	宁波热电	5639.3	3171.0	746.9	420.0	0.0	0.0	326.9
600983	惠而浦	9427.2	6553.4	766.4	532.8	0.0	0.0	233.6
600984	建设机械	1922.8	1126.8	241.6	141.6	0.0	0.0	100.0
600985	雷鸣科化	2972.0	2198.0	175.2	129.6	0.0	0.0	45.6
600986	科达股份	2363.7	2363.7	335.3	335.3	0.0	0.0	0.0
600987	航民股份	5431.9	5431.9	635.3	635.3	0.0	0.0	0.0
600988	赤峰黄金	5450.7	2703.3	566.6	281.0	0.0	0.0	285.6
600990	四创电子	7926.0	7926.0	136.7	136.7	0.0	0.0	0.0
600992	贵绳股份	2551.4	2551.4	245.1	245.1	0.0	0.0	0.0
600993	马应龙	6724.4	6710.2	331.6	330.9	0.0	0.0	0.7
600995	文山电力	3679.9	3679.9	478.5	478.5	0.0	0.0	0.0
600997	开滦股份	8877.1	8877.1	1234.6	1234.6	0.0	0.0	0.0

注：股本的单位为百万股，市值、营业收入、净利润的单位为百万元。

上市公司基本信息
Listed Companies in 2014

优先股 Pref Share	所属行业 Industry	所属地区 Area	营业收入 Revenue	净利润 Net Profit	每股收益(元) EPS	每股净资产(元) NAVPS
0.0	文化、体育和娱乐业	四川	1624.1	280.9	0.26	3.32
0.0	制造业	吉林	14455.4	183.6	0.10	4.31
0.0	采矿业	山东	811.3	113.8	0.29	3.41
0.0	制造业	云南	14.8	-47.8	-0.20	2.62
0.0	制造业	浙江	3659.0	348.4	0.85	10.33
0.0	制造业	湖北	4062.8	429.9	0.81	4.89
0.0	电力、热力、燃气及水生产和供应业	甘肃	32957.2	5596.6	0.83	3.41
0.0	制造业	内蒙	53959.3	4144.3	1.35	6.08
0.0	制造业	新疆	5328.8	-530.9	-0.83	4.98
0.0	制造业	江苏	1771.8	5.5	0.02	3.04
0.0	房地产业	北京	15.4	-13.4	-0.02	0.55
0.0	批发和零售业	黑龙江	379.2	45.2	0.14	2.60
0.0	批发和零售业	北京	74.0	1.2	0.02	0.12
0.0	制造业	陕西	26764.4	936.5	0.48	7.31
0.0	制造业	广东	4541.7	674.7	0.79	5.06
0.0	综合	上海	3002.2	436.0	0.28	4.60
0.0	交通运输、仓储和邮政业	海南	1044.0	-194.1	-0.33	3.52
0.0	交通运输、仓储和邮政业	福建	1352.5	458.2	1.54	9.36
0.0	批发和零售业	山东	824.6	31.9	0.13	1.38
0.0	电力、热力、燃气及水生产和供应业	北京	26897.8	11830.0	0.72	5.22
0.0	电力、热力、燃气及水生产和供应业	重庆	5722.6	359.6	0.23	2.12
0.0	制造业	山东	1178.8	97.5	0.30	6.17
0.0	制造业	湖南	15102.2	39.8	0.08	1.41
0.0	制造业	北京	877.6	-111.1	-0.42	2.99
0.0	制造业	湖南	6582.5	13.3	0.01	5.16
0.0	农、林、牧、渔业	河北	1100.2	71.4	0.14	1.76
0.0	制造业	山东	6981.2	44.9	0.07	5.81
0.0	制造业	内蒙	2983.6	201.2	0.24	2.84
0.0	电力、热力、燃气及水生产和供应业	湖南	2269.8	171.1	0.65	9.49
0.0	制造业	江苏	22864.8	148.3	0.14	4.06
0.0	采矿业	安徽	6444.7	15.6	0.02	6.81
0.0	制造业	江苏	12162.4	128.7	0.31	5.01
0.0	农、林、牧、渔业	湖南	1302.5	-49.0	-0.21	2.18
0.0	批发和零售业	湖北	1753.5	116.0	0.76	6.34
0.0	制造业	广东	4426.6	529.8	0.36	4.30
0.0	电力、热力、燃气及水生产和供应业	四川	1513.2	-121.6	-0.17	1.94
0.0	制造业	北京	228.1	-28.3	-0.22	1.73
0.0	批发和零售业	江苏	9232.0	17.1	0.03	1.85
0.0	电力、热力、燃气及水生产和供应业	浙江	1101.2	152.5	0.20	3.12
0.0	制造业	安徽	5504.8	293.6	0.38	5.35
0.0	制造业	陕西	283.2	-127.8	-0.53	2.44
0.0	制造业	安徽	987.8	98.0	0.56	6.07
0.0	建筑业	山东	1115.4	53.5	0.16	2.28
0.0	制造业	浙江	3184.2	444.9	0.70	3.79
0.0	采矿业	内蒙	851.6	228.9	0.40	1.45
0.0	制造业	安徽	1684.5	80.2	0.59	6.70
0.0	制造业	贵州	1848.2	20.3	0.08	5.45
0.0	批发和零售业	湖北	1620.8	201.5	0.61	4.74
0.0	电力、热力、燃气及水生产和供应业	云南	2016.0	103.8	0.22	2.92
0.0	制造业	河北	14296.2	98.9	0.08	5.68

上市公司基本信息
Listed Companies in 2014

公司代码 Code	证券名称 Name	总市值 Market Capital	流通市值 Negotiable Capital	总股本 Total Vol	A股流通股 A-Share Negotiable	B股 B-Share	H股 H-Share	限售股 Limited Share
600998	九州通	29690.4	25668.7	1643.1	1420.5	0.0	0.0	222.6
600999	招商证券	164196.0	131769.3	5808.1	4661.1	0.0	0.0	1147.0
601000	唐山港	18699.5	18699.5	2030.4	2030.4	0.0	0.0	0.0
601001	大同煤业	14511.0	14511.0	1673.7	1673.7	0.0	0.0	0.0
601002	晋亿实业	15386.1	14333.7	792.7	738.5	0.0	0.0	54.2
601003	柳钢股份	10123.0	10123.0	2562.8	2562.8	0.0	0.0	0.0
601005	重庆钢铁	12980.0	6332.7	4436.0	1901.7	0.0	538.1	1996.2
601006	大秦铁路	158480.0	158480.0	14866.8	14866.8	0.0	0.0	0.0
601007	金陵饭店	3150.0	3150.0	300.0	300.0	0.0	0.0	0.0
601008	连云港	7705.5	6160.3	1015.2	811.6	0.0	0.0	203.6
601009	南京银行	43494.9	43494.9	2968.9	2968.9	0.0	0.0	0.0
601010	文峰股份	7429.0	7429.0	739.2	739.2	0.0	0.0	0.0
601011	宝泰隆	3839.0	3839.0	387.0	387.0	0.0	0.0	0.0
601012	隆基股份	11222.8	6481.8	538.5	311.0	0.0	0.0	227.5
601015	陕西黑猫	8841.2	1711.2	620.0	120.0	0.0	0.0	500.0
601016	节能风电	18222.2	1822.2	1777.8	177.8	0.0	0.0	1600.0
601018	宁波港	58880.0	58880.0	12800.0	12800.0	0.0	0.0	0.0
601028	玉龙股份	6982.9	6203.4	358.1	318.1	0.0	0.0	40.0
601038	一拖股份	7732.7	1953.0	995.9	150.0	0.0	402.0	443.9
601058	赛轮金宇	8299.9	6017.8	521.3	378.0	0.0	0.0	143.3
601088	中国神华	334603.2	334603.2	19889.6	16491.0	0.0	3398.6	0.0
601098	中南传媒	29813.6	29813.6	1796.0	1796.0	0.0	0.0	0.0
601099	太平洋	50203.2	35272.2	3530.5	2480.5	0.0	0.0	1050.0
601100	恒立油缸	8404.2	8404.2	630.0	630.0	0.0	0.0	0.0
601101	昊华能源	10320.0	10320.0	1200.0	1200.0	0.0	0.0	0.0
601106	中国一重	36482.0	36482.0	6538.0	6538.0	0.0	0.0	0.0
601107	四川成渝	11722.1	11722.1	3058.1	2162.7	0.0	895.3	0.0
601111	中国国航	66813.0	65301.5	13084.8	8329.3	0.0	4562.7	192.8
601113	华鼎股份	3750.4	3750.4	640.0	640.0	0.0	0.0	0.0
601116	三江购物	3565.4	3565.4	410.8	410.8	0.0	0.0	0.0
601117	中国化学	46616.9	46616.9	4933.0	4933.0	0.0	0.0	0.0
601118	海南橡胶	34279.8	34279.8	3931.2	3931.2	0.0	0.0	0.0
601126	四方股份	7033.9	7033.9	406.6	406.6	0.0	0.0	0.0
601137	博威合金	4063.5	4063.5	215.0	215.0	0.0	0.0	0.0
601139	深圳燃气	16338.8	16338.8	1980.5	1980.5	0.0	0.0	0.0
601158	重庆水务	42720.0	42720.0	4800.0	4800.0	0.0	0.0	0.0
601166	兴业银行	314363.6	266963.7	19052.3	16179.6	0.0	0.0	2872.7
601168	西部矿业	22018.9	22018.9	2383.0	2383.0	0.0	0.0	0.0
601169	北京银行	115422.9	98016.8	10560.2	8967.7	0.0	0.0	1592.5
601177	杭齿前进	3776.6	3776.6	400.1	400.1	0.0	0.0	0.0
601179	中国西电	39828.1	33853.9	5125.9	4357.0	0.0	0.0	768.9
601186	中国铁建	156586.6	156586.6	12337.5	10261.2	0.0	2076.3	0.0
601188	龙江交通	5908.3	5447.3	1315.9	1213.2	0.0	0.0	102.7
601199	江南水务	4474.9	4474.9	233.8	233.8	0.0	0.0	0.0
601208	东材科技	5264.7	5264.7	615.8	615.8	0.0	0.0	0.0
601216	内蒙君正	21381.1	21381.1	2048.0	2048.0	0.0	0.0	0.0
601218	吉鑫科技	6763.8	6763.8	991.8	991.8	0.0	0.0	0.0
601222	林洋电子	8041.1	7976.2	355.2	352.3	0.0	0.0	2.9
601225	陕西煤业	66500.0	3325.0	10000.0	500.0	0.0	0.0	9500.0
601226	华电重工	14291.2	2784.0	770.0	150.0	0.0	0.0	620.0

注：股本的单位为百万股，市值、营业收入、净利润的单位为百万元。

上市公司基本信息
Listed Companies in 2014

优先股 Pref Share	所属行业 Industry	所属地区 Area	营业收入 Revenue	净利润 Net Profit	每股收益(元) EPS	每股净资产(元) NAVPS
0.0	批发和零售业	湖北	41068.4	560.7	0.34	4.75
0.0	金融业	广东	11002.5	3850.7	0.66	7.15
0.0	交通运输、仓储和邮政业	河北	5126.6	1089.0	0.54	3.42
0.0	采矿业	山西	8676.3	149.0	0.09	4.35
0.0	制造业	浙江	3008.1	137.2	0.17	2.94
0.0	制造业	广西	35618.6	168.7	0.07	2.22
0.0	制造业	重庆	12245.1	51.4	0.01	2.25
0.0	交通运输、仓储和邮政业	山西	53970.7	14184.7	0.95	5.64
0.0	住宿和餐饮业	江苏	612.7	39.9	0.13	4.54
0.0	交通运输、仓储和邮政业	江苏	1529.4	103.7	0.10	3.15
0.0	金融业	江苏	15991.5	5608.6	1.89	10.93
0.0	批发和零售业	江苏	7795.2	443.7	0.60	5.34
0.0	制造业	黑龙江	1898.1	70.4	0.18	7.48
0.0	制造业	陕西	3680.2	293.6	0.54	5.88
0.0	制造业	陕西	6778.4	191.3	0.31	4.56
0.0	电力、热力、燃气及水生产和供应业	北京	1183.3	182.0	0.10	1.80
0.0	交通运输、仓储和邮政业	浙江	13415.2	2818.6	0.22	2.40
0.0	制造业	江苏	2589.7	116.3	0.33	7.18
0.0	制造业	河南	8929.3	167.7	0.17	4.61
0.0	制造业	山东	11128.2	333.3	0.64	8.11
0.0	采矿业	北京	248360.0	36807.0	1.85	14.67
0.0	文化、体育和娱乐业	湖南	9038.8	1468.8	0.82	5.75
0.0	金融业	云南	1359.2	543.3	0.15	1.81
0.0	制造业	江苏	1093.3	91.9	0.15	5.47
0.0	采矿业	北京	6859.8	182.8	0.15	5.64
0.0	制造业	黑龙江	7328.0	25.7	- -	2.56
0.0	交通运输、仓储和邮政业	四川	8300.4	969.2	0.32	3.85
0.0	交通运输、仓储和邮政业	北京	104825.7	3782.4	0.29	4.15
0.0	制造业	浙江	1702.4	-74.0	-0.12	2.59
0.0	批发和零售业	浙江	4444.2	109.8	0.27	3.89
0.0	建筑业	北京	69255.7	3166.0	0.64	4.79
0.0	农、林、牧、渔业	海南	11198.7	22.4	0.01	2.29
0.0	制造业	北京	3264.1	340.8	0.84	8.46
0.0	制造业	浙江	2853.5	69.3	0.32	9.27
0.0	电力、热力、燃气及水生产和供应业	广东	9530.9	721.1	0.36	2.74
0.0	电力、热力、燃气及水生产和供应业	重庆	4136.6	1450.0	0.30	2.76
130.0	金融业	福建	124898.0	47138.0	2.47	13.54
0.0	采矿业	青海	24247.1	290.1	0.12	4.77
0.0	金融业	北京	36878.0	15623.0	1.48	9.08
0.0	制造业	浙江	1765.6	20.3	0.05	4.34
0.0	制造业	陕西	13869.7	684.1	0.13	3.52
0.0	建筑业	北京	591968.5	11343.3	0.92	7.37
0.0	交通运输、仓储和邮政业	黑龙江	493.2	302.5	0.23	2.58
0.0	电力、热力、燃气及水生产和供应业	江苏	749.4	177.3	0.76	8.46
0.0	制造业	四川	1437.0	165.5	0.27	3.59
0.0	制造业	内蒙	4783.8	765.0	0.37	3.17
0.0	制造业	江苏	1640.0	92.9	0.09	2.36
0.0	制造业	江苏	2206.4	409.9	1.15	8.30
0.0	采矿业	陕西	41150.2	951.5	0.10	3.45
0.0	科学研究和技术服务业	北京	6216.2	363.6	0.47	4.60

上市公司基本信息
Listed Companies in 2014

公司代码 Code	证券名称 Name	总市值 Market Capital	流通市值 Negotiable Capital	总股本 Total Vol	A 股流通股 A-Share Negotiable	B 股 B-Share	H 股 H-Share	限售股 Limited Share
601231	环旭电子	32671.5	3207.2	1088.0	106.8	0.0	0.0	981.2
601233	桐昆股份	10214.2	10168.3	963.6	959.3	0.0	0.0	4.3
601238	广汽集团	36644.5	5245.5	6435.0	604.3	0.0	2213.3	3617.4
601258	庞大集团	19278.3	15597.9	3240.1	2621.5	0.0	0.0	618.6
601268	*ST 二重	0.0	0.0	2293.4	1690.0	0.0	0.0	603.4
601288	农业银行	1090945.1	1054246.7	324794.1	284163.5	0.0	30738.8	9891.8
601299	中国北车	71895.2	71895.2	12259.8	10126.1	0.0	2133.7	0.0
601311	骆驼股份	11140.4	11047.6	851.7	844.6	0.0	0.0	7.1
601313	江南嘉捷	3784.3	2537.6	400.5	268.5	0.0	0.0	131.9
601318	中国平安	357598.2	357598.2	8510.3	4786.5	0.0	3723.8	0.0
601328	交通银行	266905.9	222421.6	74262.7	32709.1	0.0	35011.9	6541.8
601333	广深铁路	25548.1	25548.1	7083.5	5652.2	0.0	1431.3	0.0
601336	新华保险	103354.4	103354.4	3119.5	2085.4	0.0	1034.1	0.0
601339	百隆东方	7950.0	2035.2	750.0	192.0	0.0	0.0	558.0
601369	陕鼓动力	14257.3	14257.3	1638.8	1638.8	0.0	0.0	0.0
601377	兴业证券	78624.0	78624.0	5200.0	5200.0	0.0	0.0	0.0
601388	怡球资源	4956.9	2069.6	533.0	222.5	0.0	0.0	310.5
601390	中国中铁	158960.3	158960.3	21299.9	17092.5	0.0	4207.4	0.0
601398	工商银行	1289175.6	1289175.6	351511.8	264717.8	0.0	86794.0	0.0
601515	东风股份	12432.2	1892.8	1112.0	169.3	0.0	0.0	942.7
601518	吉林高速	4525.2	4525.2	1213.2	1213.2	0.0	0.0	0.0
601519	大智慧	11886.4	11886.4	1987.7	1987.7	0.0	0.0	0.0
601555	东吴证券	60534.0	44840.0	2700.0	2000.0	0.0	0.0	700.0
601558	*ST 锐电	12463.2	1303.2	4020.4	420.4	0.0	0.0	3600.0
601566	九牧王	7412.8	7412.8	574.6	574.6	0.0	0.0	0.0
601567	三星电气	7637.1	7505.4	407.5	400.5	0.0	0.0	7.0
601579	会稽山	4860.0	1215.0	400.0	100.0	0.0	0.0	300.0
601588	北辰实业	12741.4	12741.4	3367.0	2660.0	0.0	707.0	0.0
601599	鹿港科技	3521.4	2966.9	377.4	318.0	0.0	0.0	59.4
601600	中国铝业	59878.3	59878.3	13524.5	9580.5	0.0	3944.0	0.0
601601	中国太保	203060.4	203060.4	9062.0	6286.7	0.0	2775.3	0.0
601607	上海医药	31729.8	31728.4	2688.9	1922.9	0.0	765.9	0.1
601608	中信重工	19262.2	5291.4	2740.0	752.7	0.0	0.0	1987.3
601616	广电电气	4802.8	4802.8	932.6	932.6	0.0	0.0	0.0
601618	中国中冶	82007.0	82007.0	19110.0	16239.0	0.0	2871.0	0.0
601628	中国人寿	711123.5	711123.5	28264.7	20823.5	0.0	7441.2	0.0
601633	长城汽车	83484.0	83484.0	3042.4	2009.2	0.0	1033.2	0.0
601636	旗滨集团	7150.1	5764.1	839.2	676.5	0.0	0.0	162.7
601666	平煤股份	14237.8	14237.8	2361.2	2361.2	0.0	0.0	0.0
601668	中国建筑	218400.0	217331.4	30000.0	29853.2	0.0	0.0	146.8
601669	中国电建	80928.0	27819.0	9600.0	3300.0	0.0	0.0	6300.0
601677	明泰铝业	5140.8	5140.8	401.0	401.0	0.0	0.0	0.0
601678	滨化股份	6857.4	6857.4	660.0	660.0	0.0	0.0	0.0
601688	华泰证券	137032.0	137032.0	5600.0	5600.0	0.0	0.0	0.0
601699	潞安环能	26554.5	26554.5	2301.1	2301.1	0.0	0.0	0.0
601700	风范股份	6210.8	6094.6	453.3	444.9	0.0	0.0	8.5
601717	郑煤机	10513.3	10513.3	1621.1	1377.9	0.0	243.2	0.0
601718	际华集团	24492.0	24492.0	3857.0	3857.0	0.0	0.0	0.0
601727	上海电气	81268.4	81268.4	12823.6	9850.7	0.0	2972.9	0.0
601766	中国南车	75150.0	66459.8	13803.0	10416.9	0.0	2024.0	1362.1

注：股本的单位为百万股，市值、营业收入、净利润的单位为百万元。

上市公司基本信息
Listed Companies in 2014

优先股 Pref Share	所属行业 Industry	所属地区 Area	营业收入 Revenue	净利润 Net Profit	每股收益(元) EPS	每股净资产(元) NAVPS
0.0	制造业	上海	15873.0	701.4	0.65	5.82
0.0	制造业	浙江	25094.9	111.8	0.12	7.09
0.0	制造业	广东	22375.9	3185.9	0.50	5.49
0.0	批发和零售业	河北	60314.5	141.5	0.04	3.74
0.0	制造业	四川	3906.9	-7897.5	-3.44	-2.65
400.0	金融业	北京	520858.0	179461.0	0.55	3.18
0.0	制造业	北京	104290.5	5492.4	0.45	3.98
0.0	制造业	湖北	5167.2	671.2	0.79	4.72
0.0	制造业	江苏	2733.9	233.6	0.58	3.79
0.0	金融业	广东	462882.0	39279.0	4.42	32.57
0.0	金融业	上海	177401.0	65850.0	0.89	6.34
0.0	交通运输、仓储和邮政业	广东	14800.8	662.0	0.09	3.78
0.0	金融业	北京	143187.0	6406.0	2.05	15.50
0.0	制造业	浙江	4620.6	473.5	0.63	8.72
0.0	制造业	陕西	4860.8	523.7	0.32	3.73
0.0	金融业	福建	5609.1	1781.6	0.34	2.82
0.0	制造业	江苏	4314.0	30.1	0.06	4.12
0.0	建筑业	北京	610328.1	10360.0	0.49	4.64
0.0	金融业	北京	658892.0	275811.0	0.78	4.33
0.0	制造业	广东	2002.0	736.7	0.66	2.80
0.0	交通运输、仓储和邮政业	吉林	604.2	254.5	0.21	2.01
0.0	信息传输、软件和信息技术服务业	上海	820.5	106.9	0.05	1.52
0.0	金融业	江苏	3241.0	1115.5	0.41	5.21
0.0	制造业	北京	3619.9	80.7	0.01	1.46
0.0	制造业	福建	2067.8	350.5	0.61	7.72
0.0	制造业	浙江	2873.8	372.4	0.91	5.93
0.0	制造业	浙江	859.1	109.9	0.28	3.59
0.0	房地产业	北京	6233.6	530.8	0.16	3.24
0.0	制造业	江苏	2233.1	59.4	0.16	3.82
0.0	制造业	北京	141772.3	-16216.9	-1.20	2.09
0.0	金融业	上海	219778.0	11049.0	1.22	12.93
0.0	批发和零售业	上海	92398.9	2591.1	0.96	10.35
0.0	制造业	河南	5286.3	407.5	0.15	2.87
0.0	制造业	上海	892.2	38.8	0.04	2.71
0.0	建筑业	北京	215785.8	3964.9	0.21	2.48
0.0	金融业	北京	445773.0	32211.0	1.14	10.05
0.0	制造业	河北	62590.8	8041.5	2.64	11.00
0.0	制造业	湖南	3716.6	221.1	0.26	4.77
0.0	采矿业	河南	16119.4	198.6	0.08	4.87
0.0	建筑业	北京	800028.8	22570.0	0.75	4.63
0.0	建筑业	北京	167091.2	4786.3	0.50	4.18
0.0	制造业	河南	6492.2	177.5	0.43	6.63
0.0	制造业	山东	4888.8	361.7	0.55	6.70
0.0	金融业	江苏	12062.3	4486.3	0.80	7.38
0.0	采矿业	山西	16030.3	982.0	0.43	8.02
0.0	制造业	江苏	2353.5	197.7	0.44	6.22
0.0	制造业	河南	6124.5	205.2	0.13	5.82
0.0	制造业	北京	22241.2	1173.2	0.30	3.09
0.0	制造业	上海	76784.5	2554.5	0.20	2.67
0.0	制造业	北京	119724.3	5315.0	0.39	2.94

上市公司基本信息
Listed Companies in 2014

公司代码 Code	证券名称 Name	总市值 Market Capital	流通市值 Negotiable Capital	总股本 Total Vol	A股流通股 A-Share Negotiable	B股 B-Share	H股 H-Share	限售股 Limited Share
601777	力帆股份	8934.8	8630.9	1008.4	974.1	0.0	0.0	34.3
601788	光大证券	97549.7	97549.7	3418.0	3418.0	0.0	0.0	0.0
601789	宁波建工	4533.9	4069.8	488.0	438.1	0.0	0.0	50.0
601798	蓝科高新	4314.6	4314.6	354.5	354.5	0.0	0.0	0.0
601799	星宇股份	4450.8	4437.1	239.7	238.9	0.0	0.0	0.7
601800	中国交建	163169.1	18747.8	16174.7	1349.7	0.0	4427.5	10397.5
601801	皖新传媒	15124.2	15124.2	910.0	910.0	0.0	0.0	0.0
601808	中海油服	61488.9	61488.9	4771.6	2960.5	0.0	1811.1	0.0
601818	光大银行	194274.6	194274.6	46236.6	39810.4	0.0	6426.2	0.0
601857	中国石油	1750377.7	1750377.7	183021.0	161922.1	0.0	21098.9	0.0
601866	中海集运	39184.7	39184.7	11683.1	7932.1	0.0	3751.0	0.0
601872	招商轮船	29694.6	23755.7	4720.9	3776.7	0.0	0.0	944.2
601877	正泰电器	30698.0	30698.0	1011.5	1011.5	0.0	0.0	0.0
601880	大连港	15505.3	15505.3	4426.0	3363.4	0.0	1062.6	0.0
601886	江河创建	9578.6	9296.0	1154.1	1120.0	0.0	0.0	34.1
601888	中国国旅	43345.0	43345.0	976.2	976.2	0.0	0.0	0.0
601890	亚星锚链	4698.7	4698.7	468.0	468.0	0.0	0.0	0.0
601898	中煤能源	63331.8	63331.8	13258.7	9152.0	0.0	4106.7	0.0
601899	紫金矿业	53416.9	53416.9	21645.9	15803.8	0.0	5842.1	0.0
601901	方正证券	115990.3	85949.0	8232.1	6100.0	0.0	0.0	2132.1
601908	京运通	9672.4	3214.8	859.8	285.8	0.0	0.0	574.0
601918	国投新集	14817.9	14817.9	2590.5	2590.5	0.0	0.0	0.0
601919	中国远洋	54976.9	54976.9	10216.3	7635.7	0.0	2580.6	0.0
601928	凤凰传媒	27383.1	27383.1	2544.9	2544.9	0.0	0.0	0.0
601929	吉视传媒	16851.4	9944.2	1467.9	866.2	0.0	0.0	601.7
601933	永辉超市	28346.1	26753.6	3254.4	3071.6	0.0	0.0	182.8
601939	建设银行	64565.3	64565.3	250011.0	9593.7	0.0	240417.3	0.0
601958	金钼股份	30233.3	30233.3	3226.6	3226.6	0.0	0.0	0.0
601965	中国汽研	7843.2	2350.1	640.8	192.0	0.0	0.0	448.8
601969	海南矿业	29736.1	2973.7	1866.7	186.7	0.0	0.0	1680.0
601988	中国银行	813038.8	813038.8	279535.2	195913.0	0.0	83622.3	0.0
601989	中国重工	169110.9	150515.5	18361.7	16342.6	0.0	0.0	2019.0
601991	大唐发电	68761.2	68761.2	13310.0	9994.4	0.0	3315.7	0.0
601992	金隅股份	36658.7	31549.6	4784.6	3111.4	0.0	1169.4	503.9
601996	丰林集团	3779.4	3779.4	468.9	468.9	0.0	0.0	0.0
601998	中信银行	259708.0	259708.0	46787.3	31905.2	0.0	14882.2	0.0
601999	出版传媒	5779.1	5779.1	550.9	550.9	0.0	0.0	0.0
603000	人民网	23186.3	9354.5	552.8	223.0	0.0	0.0	329.8
603001	奥康国际	7161.5	2088.7	401.0	116.9	0.0	0.0	284.0
603002	宏昌电子	3132.0	1487.7	400.0	190.0	0.0	0.0	210.0
603003	龙宇燃油	4395.5	1395.1	202.0	64.1	0.0	0.0	137.9
603005	晶方科技	9543.9	2386.0	226.7	56.7	0.0	0.0	170.0
603006	联明股份	2520.0	630.0	80.0	20.0	0.0	0.0	60.0
603008	喜临门	4592.7	2890.8	315.0	198.3	0.0	0.0	116.7
603009	北特科技	2281.7	570.5	106.7	26.7	0.0	0.0	80.0
603010	万盛股份	2425.0	606.3	100.0	25.0	0.0	0.0	75.0
603011	合锻股份	3656.4	916.7	179.5	45.0	0.0	0.0	134.5
603017	园区设计	2589.6	647.4	60.0	15.0	0.0	0.0	45.0
603018	设计股份	6233.8	1558.4	104.0	26.0	0.0	0.0	78.0
603019	中科曙光	12759.0	3189.8	300.0	75.0	0.0	0.0	225.0

注：股本的单位为百万股，市值、营业收入、净利润的单位为百万元。

上市公司基本信息
Listed Companies in 2014

优先股 Pref Share	所属行业 Industry	所属地区 Area	营业收入 Revenue	净利润 Net Profit	每股收益(元) EPS	每股净资产(元) NAVPS
0.0	制造业	重庆	11416.7	386.1	0.38	5.33
0.0	金融业	上海	6601.4	2068.3	0.61	7.55
0.0	建筑业	浙江	13644.4	183.9	0.38	4.46
0.0	制造业	甘肃	864.7	55.4	0.16	5.46
0.0	制造业	江苏	2016.0	272.7	1.14	8.29
0.0	建筑业	北京	366673.2	13887.5	0.86	7.24
0.0	文化、体育和娱乐业	安徽	5744.7	694.2	0.76	5.66
0.0	采矿业	天津	33720.2	7492.1	1.57	9.91
0.0	金融业	北京	78531.0	28883.0	0.62	3.83
0.0	采矿业	北京	2282962.0	107173.0	0.59	6.43
0.0	交通运输、仓储和邮政业	上海	36233.5	1061.3	0.09	2.12
0.0	交通运输、仓储和邮政业	上海	2602.2	200.3	0.04	2.14
0.0	制造业	浙江	12767.2	1832.8	1.81	5.97
0.0	交通运输、仓储和邮政业	辽宁	7942.5	520.7	0.12	3.10
0.0	建筑业	北京	15904.3	276.9	0.24	4.54
0.0	租赁和商务服务业	北京	19935.9	1470.3	1.51	10.34
0.0	制造业	江苏	1528.0	29.9	0.06	5.95
0.0	采矿业	北京	70663.8	766.7	0.06	6.54
0.0	采矿业	福建	58760.5	2345.1	1.09	13.01
0.0	金融业	湖南	4899.7	1796.1	0.22	3.69
0.0	制造业	北京	694.8	115.0	0.13	4.38
0.0	采矿业	安徽	6562.5	-1969.3	-0.76	2.59
0.0	交通运输、仓储和邮政业	天津	64374.5	362.5	0.04	2.39
0.0	文化、体育和娱乐业	江苏	9618.2	1205.4	0.47	3.95
0.0	信息传输、软件和信息技术服务业	吉林	2049.8	409.8	0.28	3.44
0.0	批发和零售业	福建	36726.8	851.6	0.26	1.98
0.0	金融业	北京	570470.0	227830.0	0.91	4.97
0.0	采矿业	陕西	8526.4	192.2	0.06	4.08
0.0	制造业	重庆	1568.9	413.4	0.65	5.51
0.0	采矿业	海南	1768.0	424.1	0.23	2.46
320.0	金融业	北京	456331.0	169595.0	0.59	3.95
0.0	制造业	北京	60972.0	2276.2	0.12	3.28
0.0	电力、热力、燃气及水生产和供应业	北京	70194.3	1798.4	0.14	3.29
0.0	制造业	北京	41241.5	2422.7	0.51	6.50
0.0	制造业	广西	1199.5	83.4	0.18	3.61
0.0	金融业	北京	124716.0	40692.0	0.87	5.55
0.0	文化、体育和娱乐业	辽宁	1496.3	75.0	0.14	3.28
0.0	信息传输、软件和信息技术服务业	北京	1584.1	330.2	0.60	4.59
0.0	制造业	浙江	2965.3	258.3	0.64	9.70
0.0	制造业	广东	1216.3	62.7	0.16	2.34
0.0	批发和零售业	上海	5278.8	7.4	0.04	3.90
0.0	制造业	江苏	615.8	196.3	0.87	6.94
0.0	制造业	上海	527.8	66.3	0.83	7.12
0.0	制造业	浙江	1290.6	93.9	0.30	3.65
0.0	制造业	上海	634.4	44.1	0.41	4.16
0.0	制造业	浙江	746.9	42.1	0.42	5.12
0.0	制造业	安徽	449.8	28.6	0.16	3.18
0.0	科学研究和技术服务业	江苏	539.7	91.4	1.52	13.53
0.0	科学研究和技术服务业	江苏	1260.9	165.9	1.60	15.58
0.0	制造业	天津	2796.8	115.8	0.39	3.94

上市公司基本信息
Listed Companies in 2014

公司代码 Code	证券名称 Name	总市值 Market Capital	流通市值 Negotiable Capital	总股本 Total Vol	A 股流通股 A-Share Negotiable	B 股 B-Share	H 股 H-Share	限售股 Limited Share
603077	和邦股份	9807.6	2910.0	1011.1	300.0	0.0	0.0	711.1
603088	宁波精达	2464.8	616.2	80.0	20.0	0.0	0.0	60.0
603099	长白山	3797.4	949.4	266.7	66.7	0.0	0.0	200.0
603100	川仪股份	6039.6	1529.0	395.0	100.0	0.0	0.0	295.0
603111	康尼机电	6676.8	1670.9	288.9	72.3	0.0	0.0	216.6
603123	翠微股份	5639.8	1210.1	524.1	112.5	0.0	0.0	411.7
603126	中材节能	5873.0	1154.4	407.0	80.0	0.0	0.0	327.0
603128	华贸物流	5824.0	2329.6	400.0	160.0	0.0	0.0	240.0
603166	福达股份	7551.6	757.8	433.5	43.5	0.0	0.0	390.0
603167	渤海轮渡	5353.2	3386.2	481.4	304.5	0.0	0.0	176.9
603168	莎普爱思	5291.4	1322.7	65.4	16.3	0.0	0.0	49.0
603169	兰石重装	10386.6	1757.0	591.2	100.0	0.0	0.0	491.2
603188	亚邦股份	12104.6	3026.2	288.0	72.0	0.0	0.0	216.0
603288	海天味业	60068.0	5980.5	1503.6	149.7	0.0	0.0	1353.9
603306	华懋科技	3549.0	887.3	140.0	35.0	0.0	0.0	105.0
603308	应流股份	7168.2	1433.8	400.0	80.0	0.0	0.0	320.0
603328	依顿电子	11388.8	2096.1	489.0	90.0	0.0	0.0	399.0
603333	明星电缆	2917.2	1091.2	520.0	194.5	0.0	0.0	325.5
603366	日出东方	6492.0	2294.9	400.0	141.4	0.0	0.0	258.6
603368	柳州医药	5782.5	1156.5	112.5	22.5	0.0	0.0	90.0
603369	今世缘	13985.2	1443.7	501.8	51.8	0.0	0.0	450.0
603399	新华龙	3795.3	1340.3	354.7	125.3	0.0	0.0	229.4
603456	九洲药业	6781.9	1696.0	207.8	52.0	0.0	0.0	155.8
603518	维格娜丝	4590.3	1147.6	148.0	37.0	0.0	0.0	111.0
603555	贵人鸟	10290.6	1491.6	614.0	89.0	0.0	0.0	525.0
603588	高能环境	5134.0	1283.5	161.6	40.4	0.0	0.0	121.2
603606	东方电缆	3112.5	690.3	141.4	31.3	0.0	0.0	110.0
603609	禾丰牧业	7951.6	1148.0	554.1	80.0	0.0	0.0	474.1
603636	南威软件	2368.0	592.0	100.0	25.0	0.0	0.0	75.0
603688	石英股份	4124.6	1031.2	223.8	56.0	0.0	0.0	167.9
603699	纽威股份	14580.0	1603.8	750.0	82.5	0.0	0.0	667.5
603766	隆鑫通用	10818.0	5342.9	804.9	397.5	0.0	0.0	407.4
603806	福斯特	15348.4	2290.8	402.0	60.0	0.0	0.0	342.0
603889	新澳股份	2757.7	689.7	106.7	26.7	0.0	0.0	80.0
603988	中电电机	2985.6	746.4	80.0	20.0	0.0	0.0	60.0
603993	洛阳钼业	32943.9	17223.7	5076.2	1968.4	0.0	1311.2	1796.6
603998	方盛制药	3844.2	961.2	109.0	27.3	0.0	0.0	81.8
900929	锦旅 B 股	1049.5	1049.5	132.6	0.0	66.0	0.0	66.6
900935	阳晨 B 股	744.3	744.3	244.6	0.0	105.6	0.0	139.0
900939	汇丽 B	406.0	406.0	181.5	0.0	88.0	0.0	93.5
900948	伊泰 B 股	11635.7	11635.7	3254.0	0.0	1328.0	326.0	1600.0
900950	新城 B 股	1994.0	1994.0	1593.2	0.0	642.8	0.0	950.4
900951	*ST 大化 B	271.7	271.7	275.0	0.0	100.0	0.0	175.0
900953	凯马 B	793.0	793.0	640.0	0.0	240.0	0.0	400.0
900956	东贝 B 股	742.3	742.3	235.0	0.0	115.0	0.0	120.0
900957	凌云 B 股	692.4	692.4	349.0	0.0	184.0	0.0	165.0

注：股本的单位为百万股，市值、营业收入、净利润的单位为百万元。

上市公司基本信息
Listed Companies in 2014

优先股 Pref Share	所属行业 Industry	所属地区 Area	营业收入 Revenue	净利润 Net Profit	每股收益(元) EPS	每股净资产(元) NAVPS
0.0	制造业	四川	2185.7	671.8	0.66	4.70
0.0	制造业	浙江	231.9	37.4	0.47	5.64
0.0	水利、环境和公共设施管理业	吉林	292.9	79.7	0.30	2.95
0.0	制造业	重庆	3346.3	159.4	0.40	4.32
0.0	制造业	江苏	1308.9	141.0	0.49	3.30
0.0	批发和零售业	北京	6141.5	166.1	0.32	5.31
0.0	科学研究和技术服务业	天津	1521.5	106.4	0.26	3.19
0.0	交通运输、仓储和邮政业	上海	7966.9	116.0	0.29	3.45
0.0	制造业	广西	1201.6	109.3	0.25	2.36
0.0	交通运输、仓储和邮政业	山东	1117.4	199.0	0.41	5.64
0.0	制造业	浙江	765.6	131.3	2.01	11.67
0.0	制造业	甘肃	1447.4	432.8	0.73	2.26
0.0	制造业	江苏	2313.6	626.5	2.18	9.42
0.0	制造业	广东	9817.2	2090.3	1.39	4.98
0.0	制造业	福建	531.1	118.5	0.85	6.59
0.0	制造业	安徽	1376.4	106.3	0.27	4.55
0.0	制造业	广东	2628.3	361.0	0.74	8.12
0.0	制造业	四川	606.9	-69.2	-0.13	2.84
0.0	制造业	江苏	3050.3	214.6	0.54	8.81
0.0	批发和零售业	广西	5655.3	169.8	1.51	10.27
0.0	制造业	江苏	2399.7	645.6	1.29	7.06
0.0	制造业	辽宁	2284.2	55.4	0.16	3.13
0.0	制造业	浙江	1286.2	133.3	0.64	7.61
0.0	制造业	江苏	847.2	138.3	0.93	8.69
0.0	制造业	福建	1919.7	312.2	0.51	3.64
0.0	水利、环境和公共设施管理业	北京	776.5	115.6	0.72	10.68
0.0	制造业	浙江	1593.3	65.0	0.46	5.46
0.0	制造业	辽宁	9139.5	248.7	0.45	4.28
0.0	信息传输、软件和信息技术服务业	福建	323.3	86.9	0.87	8.04
0.0	制造业	江苏	355.7	64.7	0.29	5.26
0.0	制造业	江苏	2734.3	564.0	0.75	3.19
0.0	制造业	重庆	6643.8	610.4	0.76	5.09
0.0	制造业	浙江	2385.9	432.1	1.08	9.46
0.0	制造业	浙江	1532.4	113.6	1.07	9.07
0.0	制造业	江苏	330.5	54.3	0.68	7.61
0.0	采矿业	河南	6662.4	1824.3	1.80	14.41
0.0	制造业	湖南	415.6	81.0	0.74	7.41
0.0	租赁和商务服务业	上海	2164.2	58.6	0.44	8.98
0.0	电力、热力、燃气及水生产和供应业	上海	464.1	50.7	0.21	2.48
0.0	建筑业	上海	11.1	1.0	0.01	0.28
0.0	采矿业	内蒙	25393.6	2252.6	0.69	7.05
0.0	房地产业	江苏	17100.2	1166.7	0.73	4.85
0.0	制造业	辽宁	901.3	9.3	0.03	1.25
0.0	制造业	上海	4585.4	-152.5	-0.24	1.30
0.0	制造业	湖北	3559.0	59.5	0.25	3.97
0.0	房地产业	上海	18.3	6.3	0.02	1.13

上市公司股份变动
Change of Equity in 2014

股票代码 Code	股票简称 Name	变动后总股本 (百万股) Total Share	流通股份增加 Share Add A 股 (百万股) A Share	流通股份增加 Share Add B 股 (百万股) B share	变动原因 Change Reason	变动日期 Change Date
600010	包钢股份	8002.59	1447.37	0.00	有限售条件流通股上市	2014.01.30
600010	包钢股份	16005.18	7871.01	0.00	送股	2014.09.30
600011	华能国际	14420.38	0.00	0.00	其他股本变动	2014.11.17
600016	民生银行	34039.62	0.00	0.00	债转股	2014.07.03
600016	民生银行	34039.62	4517.67	0.00	送股	2014.06.26
600016	民生银行	28366.28	0.09	0.00	债转股	2014.04.04
600016	民生银行	28366.19	0.02	0.00	债转股	2014.01.06
600016	民生银行	34039.65	0.03	0.00	债转股	2014.10.10
600018	上港集团	22755.18	1764.38	0.00	有限售条件流通股上市	2014.04.08
600019	宝钢股份	16471.72	-47.45	0.00	其他股本变动	2014.06.20
600019	宝钢股份	16471.03	0.00	0.00	股份注销	2014.12.17
600023	浙能电力	11837.06	182.45	0.00	送股	2014.06.20
600026	中海发展	3404.56	0.00	0.00	债转股	2014.01.06
600026	中海发展	3404.56	0.00	0.00	债转股	2014.07.04
600026	中海发展	3404.56	0.00	0.00	债转股	2014.10.13
600027	华电国际	8521.08	0.00	0.00	A 股增发上市	2014.07.23
600027	华电国际	8807.29	0.00	0.00	其他股本变动	2014.08.01
600028	中国石化	116565.31	0.03	0.00	债转股	2014.01.06
600028	中国石化	116795.46	230.15	0.00	债转股	2014.04.03
600028	中国石化	116795.54	0.08	0.00	债转股	2014.07.04
600028	中国石化	116795.60	0.06	0.00	债转股	2014.10.13
600033	福建高速	2744.40	1404.65	0.00	股权分置股份限售期满	2014.06.09
600035	楚天高速	1211.15	279.50	0.00	送股	2014.05.15
600037	歌华有线	1060.38	0.01	0.00	债转股	2014.07.03
600037	歌华有线	1063.79	3.40	0.00	债转股	2014.10.10
600038	哈飞股份	589.48	55.30	0.00	有限售条件流通股上市	2014.11.13
600039	四川路桥	3019.73	547.20	0.00	送股	2014.10.10
600039	四川路桥	3019.73	926.73	0.00	有限售条件流通股上市	2014.12.17
600048	保利地产	10706.99	3569.00	0.00	送股	2014.05.23
600048	保利地产	10726.62	19.63	0.00	A 股增发上市	2014.09.22
600048	保利地产	10729.75	3.12	0.00	A 股增发上市	2014.12.03
600051	宁波联合	310.88	0.00	0.00	A 股增发上市	2014.06.04
600056	中国医药	506.26	0.00	0.00	A 股增发上市	2014.03.19
600056	中国医药	1012.51	442.23	0.00	送股	2014.06.20
600057	象屿股份	1036.25	0.00	0.00	A 股增发上市	2014.11.13
600059	古越龙山	808.52	173.67	0.00	配股上市	2014.06.23
600066	宇通客车	1270.36	0.00	0.00	股份注销	2014.07.23
600066	宇通客车	1270.36	22.21	0.00	股权激励股份限售期满	2014.08.04
600067	冠城大通	1193.34	2.78	0.00	A 股增发上市	2014.12.18
600068	葛洲坝	4604.78	0.00	0.00	A 股增发上市	2014.03.28
600070	浙江富润	274.32	91.44	0.00	送股	2014.05.23
600073	上海梅林	822.74	46.94	0.00	有限售条件流通股上市	2014.12.15
600073	上海梅林	937.73	0.00	0.00	A 股增发上市	2014.12.23
600074	中达股份	895.98	234.74	0.00	送股	2014.01.07
600077	宋都股份	1090.96	604.33	0.00	有限售条件流通股上市	2014.10.22
600077	宋都股份	1340.12	0.00	0.00	A 股增发上市	2014.12.31
600079	人福医药	528.78	6.56	0.00	股权激励股份限售期满	2014.05.13
600079	人福医药	528.78	9.58	0.00	股权分置股份限售期满	2014.08.19
600079	人福医药	528.78	28.44	0.00	有限售条件流通股上市	2014.09.05
600083	博信股份	230.00	0.94	0.00	股权分置股份限售期满	2014.12.11

上市公司股份变动
Change of Equity in 2014

股票代码 Code	股票简称 Name	变动后总股本 (百万股) Total Share	流通股份增加 Share Add A 股 (百万股) A Share	流通股份增加 Share Add B 股 (百万股) B share	变动原因 Change Reason	变动日期 Change Date
600084	中葡股份	1123.73	0.00	0.00	A 股增发上市	2014.12.23
600085	同仁堂	1311.10	0.33	0.00	债转股	2014.01.07
600085	同仁堂	1311.13	0.04	0.00	债转股	2014.04.04
600085	同仁堂	1311.14	0.00	0.00	债转股	2014.07.04
600085	同仁堂	1311.14	0.01	0.00	债转股	2014.10.13
600087	退市长油	3394.19	405.00	0.00	有限售条件流通股上市	2014.03.20
600089	特变电工	3165.91	530.35	0.00	配股上市	2014.02.12
600089	特变电工	3240.13	0.00	0.00	A 股增发上市	2014.08.26
600094	大名城	2011.56	0.00	0.00	A 股增发上市	2014.10.08
600094	大名城	2011.56	1113.46	0.00	股权分置股份限售期满	2014.10.15
600096	云天化	1129.08	157.08	0.00	有限售条件流通股上市	2014.05.19
600097	开创国际	202.60	87.15	0.00	有限售条件流通股上市	2014.11.26
600098	广州发展	2726.20	-16.03	0.00	股份注销	2014.08.19
600100	同方股份	2197.88	52.46	0.00	有限售条件流通股上市	2014.09.05
600100	同方股份	2197.88	30.04	0.00	有限售条件流通股上市	2014.08.15
600104	上汽集团	11025.57	1783.14	0.00	有限售条件流通股上市	2014.12.29
600109	国金证券	2588.14	1294.07	0.00	送股	2014.10.27
600114	东睦股份	251.48	0.00	0.00	A 股增发上市	2014.03.18
600114	东睦股份	251.48	3.00	0.00	股权激励股份限售期满	2014.03.27
600114	东睦股份	377.22	55.34	0.00	送股	2014.05.05
600121	郑州煤电	1015.34	69.20	0.00	有限售条件流通股上市	2014.12.01
600122	宏图高科	1141.04	2.03	0.00	股权激励股份限售期满	2014.11.17
600122	宏图高科	1141.04	0.00	0.00	股份注销	2014.10.16
600122	宏图高科	1146.50	5.46	0.00	A 股增发上市	2014.12.11
600133	东湖高新	634.26	41.88	0.00	有限售条件流通股上市	2014.10.16
600133	东湖高新	634.26	69.45	0.00	其他股本变动	2014.12.01
600138	中青旅	482.56	0.00	0.00	A 股增发上市	2014.05.14
600138	中青旅	723.84	207.68	0.00	送股	2014.09.30
600139	西部资源	661.89	32.18	0.00	有限售条件流通股上市	2014.12.29
600141	兴发集团	435.39	41.40	0.00	有限售条件流通股上市	2014.01.03
600141	兴发集团	530.73	0.00	0.00	A 股增发上市	2014.07.18
600143	金发科技	2560.00	-74.40	0.00	股份注销	2014.01.29
600149	廊坊发展	380.16	50.05	0.00	股权分置股份限售期满	2014.10.30
600153	建发股份	2835.20	597.45	0.00	配股上市	2014.05.12
600155	宝硕股份	476.60	0.00	0.00	A 股增发上市	2014.12.25
600157	永泰能源	1767.56	72.55	0.00	有限售条件流通股上市	2014.03.25
600157	永泰能源	3535.12	1506.50	0.00	送股	2014.05.23
600160	巨化股份	1810.92	19.45	0.00	有限售条件流通股上市	2014.09.23
600168	武汉控股	709.57	127.73	0.00	有限售条件流通股上市	2014.10.31
600170	上海建工	3607.85	253.77	0.00	送股	2014.06.18
600170	上海建工	4571.70	0.00	0.00	A 股增发上市	2014.11.12
600175	美都能源	1384.93	0.00	0.00	股份注销	2014.02.12
600175	美都能源	2457.18	8.19	0.00	股权激励股份限售期满	2014.12.10
600175	美都能源	1454.18	68.56	0.00	送股	2014.06.17
600175	美都能源	2457.18	0.00	0.00	A 股增发上市	2014.08.26
600176	中国玻纤	872.63	231.54	0.00	有限售条件流通股上市	2014.08.04
600177	雅戈尔	2226.61	83.01	0.00	股权分置股份限售期满	2014.05.16
600180	瑞茂通	872.22	1.24	0.00	股权激励股份限售期满	2014.01.20
600180	瑞茂通	878.26	6.04	0.00	A 股增发上市	2014.05.28
600183	生益科技	1423.02	22.51	0.00	有限售条件流通股上市	2014.05.14

上市公司股份变动
Change of Equity in 2014

股票代码 Code	股票简称 Name	变动后总股本（百万股）Total Share	流通股份增加 Share Add		变动原因 Change Reason	变动日期 Change Date
			A 股（百万股）A Share	B 股（百万股）B share		
600184	光电股份	209.38	91.73	0.00	股权分置股份限售期满	2014.09.29
600187	国中水务	1455.62	387.56	0.00	有限售条件流通股上市	2014.06.23
600192	长城电工	441.75	100.00	0.00	有限售条件流通股上市	2014.07.24
600195	中牧股份	429.80	39.80	0.00	有限售条件流通股上市	2014.10.16
600196	复星医药	2244.40	0.00	0.00	A 股增发上市	2014.01.23
600196	复星医药	2311.61	0.00	0.00	其他股本变动	2014.04.08
600198	大唐电信	844.29	0.00	0.00	A 股增发上市	2014.05.16
600198	大唐电信	882.11	0.00	0.00	A 股增发上市	2014.06.11
600198	大唐电信	882.11	13.53	0.00	有限售条件流通股上市	2014.11.03
600201	金宇集团	285.85	0.00	0.00	A 股增发上市	2014.04.17
600203	福日电子	283.78	0.00	0.00	A 股增发上市	2014.04.10
600206	有研新材	388.40	0.00	0.00	A 股增发上市	2014.01.15
600206	有研新材	419.39	0.00	0.00	A 股增发上市	2014.01.30
600206	有研新材	838.78	217.50	0.00	送股	2014.05.13
600208	新湖中宝	6258.86	0.43	0.00	股权分置股份限售期满	2014.05.19
600208	新湖中宝	8032.82	0.00	0.00	A 股增发上市	2014.12.08
600209	罗顿发展	439.01	3.69	0.00	股权分置股份限售期满	2014.12.05
600219	南山铝业	1934.17	0.00	0.00	债转股	2014.01.08
600219	南山铝业	1934.17	0.00	0.00	债转股	2014.07.04
600219	南山铝业	1934.17	0.00	0.00	债转股	2014.10.10
600222	太龙药业	496.61	84.21	0.00	有限售条件流通股上市	2014.07.22
600225	天津松江	626.40	51.12	0.00	股权分置股份限售期满	2014.04.01
600225	天津松江	626.40	0.28	0.00	股权分置股份限售期满	2014.12.18
600230	沧州大化	294.19	34.86	0.00	A 股增发上市	2014.05.21
600235	民丰特纸	351.30	87.90	0.00	有限售条件流通股上市	2014.04.03
600236	桂冠电力	2280.45	0.30	0.00	股权分置股份限售期满	2014.12.10
600237	铜峰电子	564.37	164.37	0.00	有限售条件流通股上市	2014.02.07
600238	海南椰岛	448.20	2.70	0.00	股权分置股份限售期满	2014.11.26
600242	中昌海运	273.34	0.12	0.00	股权分置股份限售期满	2014.03.20
600248	延长化建	473.69	0.00	0.00	A 股增发上市	2014.04.24
600248	延长化建	473.69	128.42	0.00	有限售条件流通股上市	2014.06.17
600251	冠农股份	392.42	0.00	0.00	A 股增发上市	2014.06.27
600252	中恒集团	1158.37	0.00	0.00	A 股增发上市	2014.11.24
600255	鑫科材料	625.50	176.00	0.00	有限售条件流通股上市	2014.09.22
600255	鑫科材料	1563.75	938.25	0.00	送股	2014.10.13
600259	广晟有色	262.12	0.00	0.00	A 股增发上市	2014.10.20
600261	阳光照明	968.07	322.69	0.00	送股	2014.06.23
600262	北方股份	170.00	104.00	0.00	股权分置股份限售期满	2014.07.01
600266	北京城建	1067.04	177.84	0.00	送股	2014.04.17
600266	北京城建	1567.04	0.00	0.00	A 股增发上市	2014.08.25
600267	海正药业	965.53	0.00	0.00	A 股增发上市	2014.09.30
600273	嘉化能源	1247.47	0.00	0.00	A 股增发上市	2014.10.08
600273	嘉化能源	1306.29	0.00	0.00	A 股增发上市	2014.12.19
600276	恒瑞医药	1496.24	136.02	0.00	送股	2014.05.16
600276	恒瑞医药	1503.99	0.00	0.00	A 股增发上市	2014.07.21
600277	亿利能源	2089.59	556.30	0.00	有限售条件流通股上市	2014.08.26
600278	东方创业	522.24	106.24	0.00	有限售条件流通股上市	2014.04.29
600279	重庆港九	461.97	0.00	0.00	A 股增发上市	2014.11.26
600284	浦东建设	693.04	162.80	0.00	有限售条件流通股上市	2014.02.07
600285	羚锐制药	535.90	150.54	0.00	送股	2014.07.03

上市公司股份变动
Change of Equity in 2014

股票代码 Code	股票简称 Name	变动后总股本 (百万股) Total Share	流通股份增加 Share Add A 股 (百万股) A Share	流通股份增加 Share Add B 股 (百万股) B share	变动原因 Change Reason	变动日期 Change Date
600285	羚锐制药	535.56	0.00	0.00	股份注销	2014.07.07
600285	羚锐制药	535.56	8.07	0.00	股权激励股份限售期满	2014.07.10
600289	亿阳信通	567.38	0.00	0.00	股份注销	2014.07.25
600290	华仪电气	526.88	11.70	0.00	有限售条件流通股上市	2014.01.27
600292	中电远达	511.87	177.37	0.00	有限售条件流通股上市	2014.07.25
600292	中电远达	600.63	0.00	0.00	A 股增发上市	2014.08.27
600298	安琪酵母	329.63	4.44	0.00	有限售条件流通股上市	2014.05.27
600303	曙光股份	620.32	0.00	0.00	A 股增发上市	2014.03.31
600305	恒顺醋业	301.37	0.00	0.00	A 股增发上市	2014.05.13
600306	*ST 商城	178.14	4.16	0.00	股权分置股份限售期满	2014.01.13
600306	*ST 商城	178.14	0.12	0.00	股权分置股份限售期满	2014.12.22
600307	酒钢宏兴	6263.36	2172.00	0.00	有限售条件流通股上市	2014.01.27
600312	平高电气	1137.49	0.00	0.00	A 股增发上市	2014.04.02
600315	上海家化	672.44	11.19	0.00	股权激励股份限售期满	2014.06.09
600315	上海家化	672.37	0.00	0.00	股份注销	2014.09.04
600317	营口港	6472.98	2195.14	0.00	送股	2014.06.17
600323	瀚蓝环境	716.80	0.00	0.00	A 股增发上市	2014.12.31
600330	天通股份	648.82	0.00	0.00	A 股增发上市	2014.03.10
600331	宏达股份	2032.00	0.00	0.00	A 股增发上市	2014.09.01
600333	长春燃气	529.62	34.50	0.00	有限售条件流通股上市	2014.03.18
600335	国机汽车	612.39	0.00	0.00	A 股增发上市	2014.07.23
600335	国机汽车	627.15	0.00	0.00	A 股增发上市	2014.09.01
600335	国机汽车	627.15	284.05	0.00	有限售条件流通股上市	2014.09.26
600337	美克家居	646.81	0.00	0.00	股份注销	2014.03.28
600337	美克家居	646.81	5.65	0.00	股权激励股份限售期满	2014.05.26
600340	华夏幸福	1322.88	799.71	0.00	有限售条件流通股上市	2014.09.15
600343	航天动力	319.10	48.00	0.00	有限售条件流通股上市	2014.03.27
600343	航天动力	638.21	287.68	0.00	送股	2014.04.24
600346	大橡塑	290.34	0.00	0.00	A 股增发上市	2014.02.18
600346	大橡塑	290.34	31.00	0.00	有限售条件流通股上市	2014.12.08
600350	山东高速	4811.17	1447.37	0.00	有限售条件流通股上市	2014.07.10
600352	浙江龙盛	1527.87	12.00	0.00	A 股增发上市	2014.01.27
600352	浙江龙盛	1529.97	2.10	0.00	A 股增发上市	2014.07.25
600353	旭光股份	271.86	13.61	0.00	有限售条件流通股上市	2014.04.01
600354	敦煌种业	447.80	11.00	0.00	有限售条件流通股上市	2014.02.11
600356	恒丰纸业	252.33	0.00	0.00	债转股	2014.04.04
600356	恒丰纸业	252.33	0.00	0.00	债转股	2014.07.04
600356	恒丰纸业	252.34	0.01	0.00	债转股	2014.10.13
600359	新农开发	381.51	0.00	0.00	A 股增发上市	2014.12.30
600360	华微电子	738.08	60.00	0.00	有限售条件流通股上市	2014.04.08
600361	华联综超	665.81	181.00	0.00	有限售条件流通股上市	2014.04.11
600369	西南证券	2822.55	0.00	0.00	A 股增发上市	2014.02.27
600372	中航电子	1759.16	856.33	0.00	有限售条件流通股上市	2014.06.05
600373	中文传媒	658.71	91.47	0.00	有限售条件流通股上市	2014.03.18
600373	中文传媒	1185.68	526.97	0.00	送股	2014.06.24
600375	华菱星马	555.74	150.00	0.00	有限售条件流通股上市	2014.07.04
600375	华菱星马	555.74	193.76	0.00	有限售条件流通股上市	2014.07.14
600381	*ST 贤成	198.93	-996.87	0.00	其他股本变动	2014.06.27
600383	金地集团	4491.46	19.95	0.00	A 股增发上市	2014.09.16
600388	龙净环保	427.62	3.55	0.00	股权激励股份限售期满	2014.04.30

上市公司股份变动
Change of Equity in 2014

股票代码 Code	股票简称 Name	变动后总股本 (百万股) Total Share	流通股份增加 Share Add		变动原因 Change Reason	变动日期 Change Date
			A 股 (百万股) A Share	B 股 (百万股) B share		
600390	金瑞科技	390.66	61.85	0.00	有限售条件流通股上市	2014.04.02
600396	金山股份	434.33	0.00	0.00	A 股增发上市	2014.01.14
600396	金山股份	868.66	340.60	0.00	送股	2014.05.19
600398	海澜之家	4492.76	0.00	0.00	A 股增发上市	2014.03.18
600401	海润光伏	1082.48	46.06	0.00	送股	2014.06.13
600401	海润光伏	1574.98	727.69	0.00	有限售条件流通股上市	2014.12.22
600401	海润光伏	1574.98	0.00	0.00	A 股增发上市	2014.09.17
600403	大有能源	2390.81	1412.37	0.00	有限售条件流通股上市	2014.09.29
600405	动力源	423.89	127.11	0.00	送股	2014.07.18
600405	动力源	423.89	42.58	0.00	有限售条件流通股上市	2014.10.13
600406	国电南瑞	2428.95	0.00	0.00	A 股增发上市	2014.01.06
600410	华胜天成	641.42	0.00	0.00	股份注销	2014.09.03
600410	华胜天成	641.32	0.00	0.00	股份注销	2014.12.03
600410	华胜天成	642.90	0.00	0.00	股份注销	2014.06.26
600419	天润乳业	86.39	0.05	0.00	有限售条件流通股上市	2014.11.24
600422	昆明制药	341.13	0.15	0.00	股权激励股份限售期满	2014.05.26
600422	昆明制药	341.13	0.25	0.00	股权激励股份限售期满	2014.07.23
600422	昆明制药	341.13	-0.61	0.00	其他股本变动	2014.06.06
600432	吉恩镍业	1603.72	0.00	0.00	A 股增发上市	2014.09.25
600433	冠豪高新	1190.28	84.00	0.00	有限售条件流通股上市	2014.11.24
600446	金证股份	264.14	1.54	0.00	A 股增发上市	2014.05.30
600448	华纺股份	422.36	0.00	0.00	A 股增发上市	2014.03.26
600449	宁夏建材	478.18	0.00	0.00	股份注销	2014.08.26
600449	宁夏建材	478.18	227.41	0.00	有限售条件流通股上市	2014.12.22
600459	贵研铂业	260.98	58.66	0.00	送股	2014.06.20
600459	贵研铂业	260.98	6.78	0.00	有限售条件流通股上市	2014.08.08
600460	士兰微	1247.17	260.45	0.00	送股	2014.05.22
600460	士兰微	1247.17	118.56	0.00	有限售条件流通股上市	2014.09.03
600467	好当家	730.50	10.48	0.00	有限售条件流通股上市	2014.11.28
600477	杭萧钢构	553.46	0.00	0.00	A 股增发上市	2014.04.04
600478	科力远	472.24	157.41	0.00	送股	2014.07.09
600481	双良节能	810.10	0.00	0.00	债转股	2014.07.04
600481	双良节能	810.10	0.00	0.00	债转股	2014.10.10
600482	风帆股份	536.50	0.00	0.00	A 股增发上市	2014.09.29
600482	风帆股份	536.50	63.34	0.00	有限售条件流通股上市	2014.10.16
600483	福能股份	1258.35	0.00	0.00	A 股增发上市	2014.07.28
600485	信威集团	2923.74	0.00	0.00	A 股增发上市	2014.09.16
600485	信威集团	2923.74	0.00	0.00	A 股增发上市	2014.09.16
600486	扬农化工	258.25	86.08	0.00	送股	2014.04.25
600487	亨通光电	275.84	0.00	0.00	A 股增发上市	2014.03.10
600487	亨通光电	413.76	103.54	0.00	送股	2014.05.27
600487	亨通光电	207.08	40.96	0.00	有限售条件流通股上市	2014.01.20
600488	天药股份	960.85	77.95	0.00	有限售条件流通股上市	2014.04.23
600490	鹏欣资源	1479.00	346.50	0.00	送股	2014.06.10
600495	晋西车轴	671.22	181.34	0.00	送股	2014.08.05
600495	晋西车轴	671.22	129.38	0.00	有限售条件流通股上市	2014.08.12
600496	精工钢构	686.57	0.00	0.00	A 股增发上市	2014.10.31
600498	烽火通信	966.70	0.98	0.00	A 股增发上市	2014.06.30
600498	烽火通信	995.13	0.00	0.00	A 股增发上市	2014.12.25
600499	科达洁能	697.23	5.66	0.00	有限售条件流通股上市	2014.05.23

上市公司股份变动
Change of Equity in 2014

股票代码 Code	股票简称 Name	变动后总股本 (百万股) Total Share	流通股份增加 Share Add A 股 (百万股) A Share	流通股份增加 Share Add B 股 (百万股) B share	变动原因 Change Reason	变动日期 Change Date
600499	科达洁能	697.23	8.75	0.00	A 股增发上市	2014.05.22
600499	科达洁能	688.48	0.00	0.00	A 股增发上市	2014.03.03
600499	科达洁能	688.48	0.00	0.00	A 股增发上市	2014.03.03
600500	中化国际	2083.01	285.54	0.00	有限售条件流通股上市	2014.12.01
600503	华丽家族	1602.29	0.00	0.00	A 股增发上市	2014.09.10
600507	方大特钢	1326.09	15.37	0.00	A 股增发上市	2014.01.02
600509	天富能源	905.70	183.00	0.00	有限售条件流通股上市	2014.03.19
600516	方大炭素	1719.16	184.27	0.00	有限售条件流通股上市	2014.06.25
600517	置信电气	1244.52	494.96	0.00	送股	2014.06.27
600519	贵州茅台	1142.00	103.82	0.00	送股	2014.06.26
600520	中发科技	158.43	0.00	0.00	A 股增发上市	2014.04.23
600521	华海药业	785.65	0.35	0.00	A 股增发上市	2014.09.15
600522	中天科技	862.77	0.00	0.00	A 股增发上市	2014.09.29
600526	菲达环保	203.44	63.44	0.00	有限售条件流通股上市	2014.03.24
600526	菲达环保	406.89	203.44	0.00	送股	2014.05.28
600536	中国软件	494.56	225.69	0.00	送股	2014.05.22
600536	中国软件	494.56	33.32	0.00	有限售条件流通股上市	2014.12.24
600537	亿晶光电	485.87	255.84	0.00	有限售条件流通股上市	2014.11.24
600538	国发股份	464.40	0.00	0.00	A 股增发上市	2014.06.05
600539	狮头股份	230.00	69.56	0.00	股权分置股份限售期满	2014.09.18
600540	新赛股份	362.25	0.00	0.00	A 股增发上市	2014.12.23
600549	厦门钨业	831.98	0.00	0.00	A 股增发上市	2014.12.16
600552	方兴科技	239.33	52.66	0.00	有限售条件流通股上市	2014.04.02
600552	方兴科技	358.99	114.08	0.00	送股	2014.04.29
600556	北生药业	394.79	135.36	0.00	股权分置股份限售期满	2014.02.10
600557	康缘药业	498.78	61.42	0.00	送股	2014.06.30
600557	康缘药业	513.71	0.00	0.00	A 股增发上市	2014.12.25
600558	大西洋	306.87	0.00	0.00	A 股增发上市	2014.03.17
600558	大西洋	398.94	61.87	0.00	送股	2014.08.01
600558	大西洋	398.94	1.33	0.00	股权分置股份限售期满	2014.09.03
600561	江西长运	237.06	51.34	0.00	有限售条件流通股上市	2014.04.16
600562	国睿科技	257.06	66.15	0.00	送股	2014.07.17
600565	迪马股份	1906.44	0.00	0.00	A 股增发上市	2014.05.15
600565	迪马股份	2345.86	0.00	0.00	A 股增发上市	2014.09.12
600566	洪城股份	749.02	0.00	0.00	A 股增发上市	2014.01.02
600566	洪城股份	781.45	0.00	0.00	A 股增发上市	2014.02.14
600567	山鹰纸业	3766.94	87.50	0.00	有限售条件流通股上市	2014.04.23
600567	山鹰纸业	3766.94	590.21	0.00	有限售条件流通股上市	2014.11.27
600568	中珠控股	366.23	82.72	0.00	股权分置股份限售期满	2014.04.16
600568	中珠控股	366.23	90.20	0.00	有限售条件流通股上市	2014.06.26
600571	信雅达	202.63	0.00	0.00	股份注销	2014.01.29
600571	信雅达	202.42	0.00	0.00	股份注销	2014.12.04
600571	信雅达	202.42	2.26	0.00	股权激励股份限售期满	2014.12.08
600575	皖江物流	2884.01	0.00	0.00	A 股增发上市	2014.08.04
600577	精达股份	977.66	0.00	0.00	A 股增发上市	2014.08.15
600578	京能电力	4617.32	722.54	0.00	有限售条件流通股上市	2014.03.31
600579	天华院	392.07	0.00	0.00	股份注销	2014.08.07
600583	海油工程	4421.35	159.57	0.00	有限售条件流通股上市	2014.10.10
600584	长电科技	984.57	0.00	0.00	A 股增发上市	2014.10.08
600587	新华医疗	397.55	174.05	0.00	送股	2014.07.22

上市公司股份变动
Change of Equity in 2014

股票代码 Code	股票简称 Name	变动后总股本 (百万股) Total Share	流通股份增加 Share Add A股 (百万股) A Share	流通股份增加 Share Add B股 (百万股) B share	变动原因 Change Reason	变动日期 Change Date
600587	新华医疗	403.14	4.40	0.00	有限售条件流通股上市	2014.12.25
600587	新华医疗	403.14	6.40	0.00	有限售条件流通股上市	2014.12.10
600587	新华医疗	403.14	0.00	0.00	A股增发上市	2014.11.27
600588	用友软件	971.17	0.00	0.00	A股增发上市	2014.03.14
600588	用友软件	1165.41	191.85	0.00	送股	2014.04.24
600588	用友软件	1165.41	8.03	0.00	股权激励股份限售期满	2014.11.12
600588	用友软件	1164.66	0.00	0.00	股份注销	2014.11.27
600590	泰豪科技	506.33	0.00	0.00	A股增发上市	2014.12.29
600592	龙溪股份	399.55	69.55	0.00	有限售条件流通股上市	2014.04.23
600594	益佰制药	396.00	0.00	0.00	A股增发上市	2014.01.22
600594	益佰制药	396.00	2.36	0.00	股权激励股份限售期满	2014.02.21
600594	益佰制药	395.96	0.00	0.00	股份注销	2014.10.14
600597	光明乳业	1224.47	0.00	0.00	股份注销	2014.11.20
600597	光明乳业	1224.50	1.92	0.00	股权激励股份限售期满	2014.10.10
600597	光明乳业	1230.64	0.00	0.00	A股增发上市	2014.12.26
600608	上海科技	328.86	8.83	0.00	股权分置股份限售期满	2014.05.16
600610	S*ST 中纺	831.04	51.48	0.00	股权分置	2014.11.18
600610	S*ST 中纺	1071.27	30.89	0.00	股权分置	2014.11.25
600613	神奇制药	445.06	45.41	0.00	有限售条件流通股上市	2014.07.08
600614	鼎立股份	718.59	0.00	0.00	A股增发上市	2014.10.24
600615	丰华股份	188.02	0.81	0.00	股权分置股份限售期满	2014.09.29
600616	金枫酒业	514.62	0.00	0.00	A股增发上市	2014.03.12
600617	国新能源	593.04	0.00	0.00	A股增发上市	2014.01.28
600624	复旦复华	405.16	0.00	0.00	A股增发上市	2014.07.29
600633	浙报传媒	1188.29	289.35	0.00	送股	2014.05.21
600633	浙报传媒	594.14	137.30	0.00	有限售条件流通股上市	2014.04.22
600633	浙报传媒	1188.29	555.37	0.00	有限售条件流通股上市	2014.09.04
600634	中技控股	383.82	0.00	0.00	A股增发上市	2014.01.14
600634	中技控股	575.73	43.60	0.00	送股	2014.05.20
600634	中技控股	575.73	148.15	0.00	有限售条件流通股上市	2014.12.24
600637	百视通	1113.74	278.22	0.00	有限售条件流通股上市	2014.12.15
600643	爱建股份	1105.49	0.05	0.00	股权分置股份限售期满	2014.01.29
600643	爱建股份	1105.49	0.01	0.00	股权分置股份限售期满	2014.07.30
600644	乐山电力	538.40	0.00	0.00	A股增发上市	2014.10.14
600645	中源协和	349.29	0.05	0.00	股权分置股份限售期满	2014.01.10
600645	中源协和	352.54	0.00	0.00	A股增发上市	2014.09.17
600648	外高桥	1135.35	0.00	0.00	A股增发上市	2014.04.28
600652	爱使股份	832.70	0.00	0.00	A股增发上市	2014.11.07
600661	新南洋	251.35	0.00	0.00	A股增发上市	2014.08.26
600661	新南洋	259.08	0.00	0.00	A股增发上市	2014.12.09
600662	强生控股	1053.36	504.32	0.00	股权分置股份限售期满	2014.05.26
600668	尖峰集团	344.08	0.13	0.00	股权分置股份限售期满	2014.12.03
600673	东阳光科	949.57	0.00	0.00	A股增发上市	2014.04.03
600674	川投能源	2201.07	134.81	0.00	债转股	2014.09.05
600674	川投能源	2066.06	5.78	0.00	债转股	2014.06.20
600674	川投能源	2060.28	0.40	0.00	债转股	2014.04.04
600674	川投能源	2059.88	78.01	0.00	债转股	2014.01.08
600674	川投能源	2066.26	0.20	0.00	债转股	2014.07.03
600675	中华企业	1867.06	311.18	0.00	送股	2014.06.18
600677	航天通信	416.43	72.20	0.00	有限售条件流通股上市	2014.12.03

上市公司股份变动
Change of Equity in 2014

股票代码 Code	股票简称 Name	变动后总股本 (百万股) Total Share	流通股份增加 Share Add A 股 (百万股) A Share	B 股 (百万股) B share	变动原因 Change Reason	变动日期 Change Date
600681	万鸿集团	251.48	0.19	0.00	股权分置股份限售期满	2014.03.18
600681	万鸿集团	251.48	25.13	0.00	股权分置股份限售期满	2014.09.10
600682	南京新百	358.32	0.44	0.00	股权分置股份限售期满	2014.03.03
600682	南京新百	358.32	0.14	0.00	股权分置股份限售期满	2014.11.12
600684	珠江实业	711.22	237.07	0.00	送股	2014.07.07
600685	广船国际	1030.53	0.00	0.00	其他股本变动	2014.02.17
600687	刚泰控股	490.25	38.07	0.00	送股	2014.06.27
600687	刚泰控股	490.25	81.30	0.00	有限售条件流通股上市	2014.11.06
600688	上海石化	10800.00	765.00	0.00	股权分置股份限售期满	2014.08.20
600690	青岛海尔	2726.94	0.00	0.00	A 股增发上市	2014.07.09
600690	青岛海尔	3045.93	11.23	0.00	A 股增发上市	2014.12.02
600690	青岛海尔	3045.93	4.78	0.00	A 股增发上市	2014.12.02
600690	青岛海尔	3029.93	0.00	0.00	A 股增发上市	2014.07.23
600693	东百集团	343.22	43.15	0.00	股权分置股份限售期满	2014.05.14
600698	湖南天雁	971.82	0.85	0.00	股权分置股份限售期满	2014.12.03
600699	均胜电子	636.14	57.10	0.00	有限售条件流通股上市	2014.04.14
600703	三安光电	2393.08	674.75	0.00	送股	2014.07.07
600703	三安光电	2393.08	141.76	0.00	股权分置股份限售期满	2014.08.22
600703	三安光电	1595.39	0.00	0.00	A 股增发上市	2014.02.07
600704	物产中大	996.00	0.00	0.00	A 股增发上市	2014.08.11
600705	中航资本	1866.35	0.00	0.00	A 股增发上市	2014.03.21
600705	中航资本	3732.70	744.64	0.00	送股	2014.12.29
600706	曲江文旅	179.51	0.72	0.00	股权分置股份限售期满	2014.05.15
600711	盛屯矿业	1497.05	480.21	0.00	送股	2014.09.29
600711	盛屯矿业	453.50	117.12	0.00	有限售条件流通股上市	2014.01.02
600711	盛屯矿业	453.50	26.35	0.00	有限售条件流通股上市	2014.01.10
600711	盛屯矿业	598.82	0.00	0.00	A 股增发上市	2014.06.19
600713	南京医药	897.43	0.00	0.00	A 股增发上市	2014.12.08
600723	首商股份	658.41	339.35	0.00	股权分置股份限售期满	2014.06.16
600728	佳都科技	499.77	34.12	0.00	有限售条件流通股上市	2014.12.26
600729	重庆百货	406.53	169.09	0.00	有限售条件流通股上市	2014.02.24
600729	重庆百货	406.53	0.17	0.00	股权分置股份限售期满	2014.07.08
600734	实达集团	351.56	52.21	0.00	股权分置股份限售期满	2014.04.02
600737	中粮屯河	2051.88	517.06	0.00	有限售条件流通股上市	2014.05.09
600739	辽宁成大	1429.71	0.00	0.00	A 股增发上市	2014.07.10
600740	山西焦化	765.70	200.00	0.00	有限售条件流通股上市	2014.02.25
600745	中茵股份	483.32	0.00	0.00	A 股增发上市	2014.09.22
600747	大连控股	1464.33	0.00	0.00	A 股增发上市	2014.06.17
600750	江中药业	300.00	-11.15	0.00	股份注销	2014.05.28
600751	天津海运	892.65	60.71	0.00	股权分置股份限售期满	2014.06.04
600751	天津海运	892.65	0.55	0.00	股权分置股份限售期满	2014.11.05
600751	天津海运	892.65	44.63	0.00	股权分置股份限售期满	2014.11.28
600754	锦江股份	804.52	0.00	0.00	A 股增发上市	2014.12.09
600755	厦门国贸	1664.47	333.63	0.00	配股上市	2014.07.16
600757	长江传媒	1213.65	173.97	0.00	有限售条件流通股上市	2014.09.09
600759	洲际油气	1741.16	0.00	0.00	A 股增发上市	2014.12.24
600761	安徽合力	616.82	102.80	0.00	送股	2014.06.25
600766	园城黄金	224.23	0.33	0.00	股权分置股份限售期满	2014.09.26
600770	综艺股份	1104.60	22.50	0.00	有限售条件流通股上市	2014.04.14
600770	综艺股份	1300.00	0.00	0.00	A 股增发上市	2014.05.20

上市公司股份变动
Change of Equity in 2014

股票代码 Code	股票简称 Name	变动后总股本 (百万股) Total Share	流通股份增加 Share Add A 股 (百万股) A Share	流通股份增加 Share Add B 股 (百万股) B share	变动原因 Change Reason	变动日期 Change Date
600773	西藏城投	729.21	0.00	0.00	A 股增发上市	2014.11.19
600774	汉商集团	174.58	1.54	0.00	股权分置股份限售期满	2014.11.05
600775	南京熊猫	913.84	219.61	0.00	有限售条件流通股上市	2014.06.30
600778	友好集团	311.49	0.92	0.00	股权分置股份限售期满	2014.04.04
600780	通宝能源	1146.50	273.56	0.00	有限售条件流通股上市	2014.06.23
600784	鲁银投资	568.18	0.00	0.00	A 股增发上市	2014.02.27
600785	新华百货	225.63	0.00	0.00	A 股增发上市	2014.03.03
600787	中储股份	1859.83	840.10	0.00	送股	2014.08.22
600792	云煤能源	494.96	274.00	0.00	有限售条件流通股上市	2014.09.16
600792	云煤能源	989.92	400.23	0.00	送股	2014.10.30
600792	云煤能源	989.92	151.58	0.00	有限售条件流通股上市	2014.11.17
600794	保税科技	541.62	0.00	0.00	A 股增发上市	2014.09.30
600794	保税科技	474.35	32.72	0.00	有限售条件流通股上市	2014.01.10
600795	国电电力	17229.92	0.02	0.00	债转股	2014.01.07
600795	国电电力	17229.92	0.00	0.00	债转股	2014.04.04
600795	国电电力	17229.97	0.06	0.00	债转股	2014.07.07
600795	国电电力	17230.01	0.04	0.00	债转股	2014.10.13
600795	国电电力	18815.12	1585.11	0.00	债转股	2014.12.30
600797	浙大网新	831.77	0.00	0.00	股份注销	2014.07.10
600800	天津磁卡	611.27	2.64	0.00	股权分置股份限售期满	2014.04.21
600801	华新水泥	1299.68	333.73	0.00	送股	2014.06.18
600801	华新水泥	2079.49	533.96	196.80	送股	2014.06.23
600801	华新水泥	1496.48	81.74	0.00	有限售条件流通股上市	2014.11.10
600803	威远生化	985.79	0.00	0.00	A 股增发上市	2014.01.07
600803	威远生化	985.79	163.93	0.00	有限售条件流通股上市	2014.07.04
600804	鹏博士	1387.13	0.00	0.00	A 股增发上市	2014.05.20
600804	鹏博士	1391.51	4.38	0.00	A 股增发上市	2014.07.23
600804	鹏博士	1391.15	0.00	0.00	股份注销	2014.10.29
600807	天业股份	483.36	0.00	0.00	A 股增发上市	2014.06.27
600807	天业股份	542.07	0.00	0.00	A 股增发上市	2014.08.06
600812	华北制药	1630.80	0.00	0.00	A 股增发上市	2014.04.14
600814	杭州解百	715.03	0.00	0.00	A 股增发上市	2014.10.09
600817	ST 宏盛	160.91	33.59	0.00	股权分置股份限售期满	2014.05.26
600819	耀皮玻璃	934.92	0.00	0.00	A 股增发上市	2014.01.13
600820	隧道股份	2725.24	835.87	0.00	送股	2014.06.17
600820	隧道股份	1305.70	7.04	0.00	债转股	2014.04.03
600820	隧道股份	2725.49	0.25	0.00	债转股	2014.07.03
600820	隧道股份	3144.10	295.59	0.00	债转股	2014.12.16
600820	隧道股份	2848.50	42.54	0.00	债转股	2014.10.13
600820	隧道股份	2805.96	80.47	0.00	债转股	2014.08.13
600823	世茂股份	1172.42	1.82	0.00	A 股增发上市	2014.12.31
600827	百联股份	1722.50	302.39	0.00	吸收合并	2014.09.05
600828	成商集团	570.44	0.83	0.00	股权分置股份限售期满	2014.04.24
600843	上工申贝	548.59	0.00	0.00	A 股增发上市	2014.04.04
600845	宝信软件	364.13	0.00	0.00	A 股增发上市	2014.03.12
600847	万里股份	157.48	0.00	0.00	A 股增发上市	2014.09.03
600847	万里股份	157.48	44.50	0.00	有限售条件流通股上市	2014.10.10
600855	航天长峰	331.62	96.41	0.00	股权分置股份限售期满	2014.12.31
600855	航天长峰	331.62	0.25	0.00	股权分置股份限售期满	2014.12.10
600859	王府井	462.77	45.13	0.00	有限售条件流通股上市	2014.10.27

上市公司股份变动
Change of Equity in 2014

股票代码 Code	股票简称 Name	变动后总股本 (百万股) Total Share	流通股份增加 Share Add A 股 (百万股) A Share	B 股 (百万股) B share	变动原因 Change Reason	变动日期 Change Date
600863	内蒙华电	5807.75	879.70	0.00	送股	2014.07.28
600866	星湖科技	550.39	5.86	0.00	有限售条件流通股上市	2014.04.22
600866	星湖科技	645.39	0.00	0.00	A 股增发上市	2014.12.24
600867	通化东宝	1024.60	93.15	0.00	送股	2014.04.23
600867	通化东宝	1030.10	0.00	0.00	A 股增发上市	2014.08.18
600873	梅花生物	3108.23	1100.69	0.00	有限售条件流通股上市	2014.01.02
600873	梅花生物	3108.23	399.99	0.00	有限售条件流通股上市	2014.03.31
600880	博瑞传播	1093.33	70.85	0.00	有限售条件流通股上市	2014.10.29
600880	博瑞传播	1093.33	248.44	0.00	送股	2014.04.01
600885	宏发股份	531.97	0.00	0.00	A 股增发上市	2014.01.08
600887	伊利股份	3064.37	1002.61	0.00	送股	2014.07.17
600887	伊利股份	2042.91	172.06	0.00	股权激励股份限售期满	2014.07.04
600887	伊利股份	2042.91	244.99	0.00	有限售条件流通股上市	2014.01.10
600888	新疆众和	641.23	13.80	0.00	有限售条件流通股上市	2014.07.01
600891	秋林集团	325.53	56.98	0.00	股权分置股份限售期满	2014.03.03
600891	秋林集团	325.53	0.73	0.00	股权分置股份限售期满	2014.08.12
600893	航空动力	1948.72	0.00	0.00	A 股增发上市	2014.07.03
600893	航空动力	1948.72	0.00	0.00	A 股增发上市	2014.07.03
600894	广日股份	859.95	0.00	0.00	A 股增发上市	2014.05.30
600917	重庆燃气	1556.00	156.00	0.00	A 股新上市	2014.09.30
600960	渤海活塞	327.95	0.00	0.00	A 股增发上市	2014.04.29
600965	福成五丰	528.00	83.82	0.00	送股	2014.07.14
600965	福成五丰	528.00	16.83	0.00	有限售条件流通股上市	2014.12.12
600966	博汇纸业	556.73	4.51	0.00	债转股	2014.08.11
600966	博汇纸业	668.42	116.20	0.00	债转股	2014.09.25
600966	博汇纸业	552.22	47.60	0.00	债转股	2014.07.04
600967	北方创业	822.83	343.57	0.00	送股	2014.05.21
600969	郴电国际	264.32	0.00	0.00	A 股增发上市	2014.10.17
600973	宝胜股份	411.39	4.78	0.00	有限售条件流通股上市	2014.03.10
600978	宜华木业	1482.87	330.21	0.00	配股上市	2014.03.05
600978	宜华木业	1482.87	7.83	0.00	股权激励股份限售期满	2014.04.28
600979	广安爱众	717.89	125.00	0.00	有限售条件流通股上市	2014.01.27
600982	宁波热电	420.00	252.00	0.00	送股	2014.05.20
600982	宁波热电	746.93	0.00	0.00	A 股增发上市	2014.07.04
600983	惠而浦	766.44	0.00	0.00	A 股增发上市	2014.10.28
600988	赤峰黄金	566.60	140.50	0.00	送股	2014.06.26
600990	四创电子	136.70	19.10	0.00	有限售条件流通股上市	2014.05.19
600992	贵绳股份	245.09	80.72	0.00	有限售条件流通股上市	2014.12.16
600998	九州通	1609.62	0.00	0.00	A 股增发上市	2014.03.19
600998	九州通	1643.07	0.00	0.00	A 股增发上市	2014.08.06
600999	招商证券	5808.14	0.00	0.00	A 股增发上市	2014.05.30
601005	重庆钢铁	4436.02	706.71	0.00	有限售条件流通股上市	2014.12.22
601008	连云港	1015.22	55.04	0.00	有限售条件流通股上市	2014.03.24
601008	连云港	1015.22	0.00	0.00	A 股增发上市	2014.01.08
601010	文峰股份	739.20	555.00	0.00	有限售条件流通股上市	2014.06.03
601011	宝泰隆	387.00	262.39	0.00	有限售条件流通股上市	2014.03.10
601015	陕西黑猫	620.00	120.00	0.00	A 股新上市	2014.11.05
601016	节能风电	1777.78	177.78	0.00	A 股新上市	2014.09.29
601028	玉龙股份	320.30	220.90	0.00	有限售条件流通股上市	2014.11.07
601028	玉龙股份	320.30	0.63	0.00	股权激励股份限售期满	2014.09.09

上市公司股份变动
Change of Equity in 2014

股票代码 Code	股票简称 Name	变动后总股本 (百万股) Total Share	流通股份增加 Share Add A 股 (百万股) A Share	流通股份增加 Share Add B 股 (百万股) B share	变动原因 Change Reason	变动日期 Change Date
601028	玉龙股份	320.30	0.00	0.00	A 股增发上市	2014.08.25
601028	玉龙股份	320.00	0.00	0.00	股份注销	2014.07.30
601028	玉龙股份	358.10	0.00	0.00	A 股增发上市	2014.11.25
601058	赛轮金宇	445.40	0.00	0.00	A 股增发上市	2014.01.15
601058	赛轮金宇	445.40	182.38	0.00	有限售条件流通股上市	2014.06.30
601058	赛轮金宇	521.35	0.00	0.00	A 股增发上市	2014.12.01
601099	太平洋	2353.64	0.00	0.00	A 股增发上市	2014.04.24
601099	太平洋	3530.47	826.82	0.00	送股	2014.10.10
601100	恒立油缸	630.00	472.50	0.00	有限售条件流通股上市	2014.10.29
601113	华鼎股份	640.00	336.00	0.00	有限售条件流通股上市	2014.05.09
601116	三江购物	410.76	350.76	0.00	有限售条件流通股上市	2014.03.03
601118	海南橡胶	3931.17	2946.17	0.00	有限售条件流通股上市	2014.01.07
601126	四方股份	406.59	0.00	0.00	股份注销	2014.07.16
601126	四方股份	406.59	1.74	0.00	股权激励股份限售期满	2014.07.21
601137	博威合金	215.00	120.00	0.00	有限售条件流通股上市	2014.01.27
601139	深圳燃气	1980.46	0.00	0.00	债转股	2014.10.10
601139	深圳燃气	1980.46	75.87	0.00	有限售条件流通股上市	2014.12.12
601139	深圳燃气	1980.46	0.01	0.00	债转股	2014.07.03
601169	北京银行	10560.19	1494.61	0.00	送股	2014.07.18
601186	中国铁建	12337.54	245.00	0.00	有限售条件流通股上市	2014.03.10
601199	江南水务	233.80	153.36	0.00	有限售条件流通股上市	2014.03.17
601208	东材科技	615.76	298.69	0.00	有限售条件流通股上市	2014.05.21
601216	内蒙君正	1280.00	781.64	0.00	有限售条件流通股上市	2014.02.24
601216	内蒙君正	2048.00	768.00	0.00	送股	2014.07.08
601218	吉鑫科技	991.76	684.57	0.00	有限售条件流通股上市	2014.05.06
601222	林洋电子	355.17	0.00	0.00	股份注销	2014.08.01
601222	林洋电子	355.17	2.15	0.00	股权激励股份限售期满	2014.08.15
601222	林洋电子	355.17	230.40	0.00	有限售条件流通股上市	2014.08.08
601225	陕西煤业	10000.00	500.00	0.00	A 股新上市	2014.01.28
601226	华电重工	770.00	150.00	0.00	A 股新上市	2014.12.11
601231	环旭电子	1087.96	0.00	0.00	A 股增发上市	2014.11.24
601233	桐昆股份	963.60	0.00	0.00	A 股增发上市	2014.02.28
601233	桐昆股份	963.60	-4.33	0.00	股份回购	2014.02.28
601233	桐昆股份	963.60	437.84	0.00	有限售条件流通股上市	2014.05.21
601258	庞大集团	2621.50	1908.06	0.00	有限售条件流通股上市	2014.04.28
601258	庞大集团	3240.06	0.00	0.00	A 股增发上市	2014.11.20
601299	中国北车	10137.94	-182.12	0.00	股份注销	2014.05.22
601299	中国北车	12141.26	0.00	0.00	其他股本变动	2014.05.26
601299	中国北车	12129.40	-11.85	0.00	股份注销	2014.06.18
601299	中国北车	12259.78	0.00	0.00	行使超额配售选择权	2014.06.20
601311	骆驼股份	851.83	538.94	0.00	有限售条件流通股上市	2014.06.03
601311	骆驼股份	851.71	0.00	0.00	股份注销	2014.07.15
601311	骆驼股份	851.71	3.82	0.00	股权激励股份限售期满	2014.07.18
601313	江南嘉捷	399.02	-17.32	0.00	股份注销	2014.02.11
601313	江南嘉捷	400.46	0.00	0.00	A 股增发上市	2014.02.20
601313	江南嘉捷	400.46	3.94	0.00	股权激励股份限售期满	2014.03.20
601318	中国平安	7916.15	0.01	0.00	债转股	2014.07.03
601318	中国平安	7916.21	0.06	0.00	债转股	2014.10.10
601318	中国平安	8510.27	0.00	0.00	其他股本变动	2014.12.10
601336	新华保险	3119.55	984.86	0.00	有限售条件流通股上市	2014.12.16

上市公司股份变动
Change of Equity in 2014

股票代码 Code	股票简称 Name	变动后总股本 (百万股) Total Share	流通股份增加 Share Add A 股 (百万股) A Share	流通股份增加 Share Add B 股 (百万股) B share	变动原因 Change Reason	变动日期 Change Date
601339	百隆东方	750.00	5.00	0.00	有限售条件流通股上市	2014.03.27
601377	兴业证券	2600.00	400.00	0.00	有限售条件流通股上市	2014.05.12
601377	兴业证券	5200.00	2479.36	0.00	送股	2014.09.22
601377	兴业证券	5200.00	241.28	0.00	有限售条件流通股上市	2014.12.15
601388	怡球资源	533.00	51.36	0.00	送股	2014.07.04
601398	工商银行	351388.67	817.48	0.00	债转股	2014.01.07
601398	工商银行	351389.71	1.03	0.00	债转股	2014.04.04
601398	工商银行	351404.92	15.22	0.00	债转股	2014.07.04
601398	工商银行	351511.83	106.90	0.00	债转股	2014.10.10
601515	东风股份	1112.00	84.65	0.00	送股	2014.06.24
601519	大智慧	1807.00	1155.51	0.00	有限售条件流通股上市	2014.01.28
601519	大智慧	1987.70	180.70	0.00	送股	2014.05.05
601555	东吴证券	2700.00	0.00	0.00	A 股增发上市	2014.08.08
601555	东吴证券	2700.00	778.62	0.00	有限售条件流通股上市	2014.12.12
601566	九牧王	578.46	450.00	0.00	有限售条件流通股上市	2014.05.30
601566	九牧王	574.64	0.00	0.00	股份注销	2014.07.16
601567	三星电气	400.50	266.22	0.00	有限售条件流通股上市	2014.06.16
601567	三星电气	407.53	0.00	0.00	A 股增发上市	2014.09.29
601579	会稽山	400.00	100.00	0.00	A 股新上市	2014.08.25
601599	鹿港科技	318.00	153.09	0.00	有限售条件流通股上市	2014.05.28
601599	鹿港科技	360.91	0.00	0.00	A 股增发上市	2014.11.10
601599	鹿港科技	377.43	0.00	0.00	A 股增发上市	2014.11.26
601601	中国太保	9062.00	78.41	0.00	有限售条件流通股上市	2014.03.24
601616	广电电气	932.58	379.23	0.00	有限售条件流通股上市	2014.02.07
601633	长城汽车	3042.42	1705.00	0.00	有限售条件流通股上市	2014.09.29
601636	旗滨集团	839.34	0.00	0.00	A 股增发上市	2014.04.29
601636	旗滨集团	693.89	0.00	0.00	股份注销	2014.02.26
601636	旗滨集团	839.34	8.54	0.00	股权激励股份限售期满	2014.05.05
601636	旗滨集团	839.21	497.50	0.00	有限售条件流通股上市	2014.08.12
601636	旗滨集团	839.21	0.00	0.00	股份注销	2014.06.19
601636	旗滨集团	839.34	0.00	0.00	股份注销	2014.06.18
601669	中国电建	9600.00	297.00	0.00	有限售条件流通股上市	2014.10.20
601677	明泰铝业	401.00	292.75	0.00	有限售条件流通股上市	2014.09.19
601688	华泰证券	5600.00	2.33	0.00	有限售条件流通股上市	2014.07.30
601700	风范股份	453.36	275.40	0.00	有限售条件流通股上市	2014.01.20
601700	风范股份	453.35	0.00	0.00	股份注销	2014.12.01
601700	风范股份	453.35	5.66	0.00	股权激励股份限售期满	2014.12.12
601766	中国南车	13803.00	300.00	0.00	有限售条件流通股上市	2014.08.18
601777	力帆股份	1008.45	0.00	0.00	股份注销	2014.10.09
601777	力帆股份	1008.45	22.70	0.00	股权激励股份限售期满	2014.10.16
601789	宁波建工	488.04	25.44	0.00	有限售条件流通股上市	2014.06.03
601789	宁波建工	488.04	300.66	0.00	有限售条件流通股上市	2014.08.18
601798	蓝科高新	354.53	205.17	0.00	有限售条件流通股上市	2014.08.11
601798	蓝科高新	354.53	12.09	0.00	配股上市	2014.02.07
601798	蓝科高新	354.53	21.27	0.00	有限售条件流通股上市	2014.06.24
601799	星宇股份	239.68	0.00	0.00	股份注销	2014.01.22
601799	星宇股份	239.68	167.90	0.00	有限售条件流通股上市	2014.02.07
601799	星宇股份	239.68	0.06	0.00	股权激励股份限售期满	2014.12.19
601799	星宇股份	239.68	0.68	0.00	股权激励股份限售期满	2014.12.22
601808	中海油服	4771.59	0.00	0.00	其他股本变动	2014.01.20

上市公司股份变动
Change of Equity in 2014

股票代码 Code	股票简称 Name	变动后总股本 (百万股) Total Share	流通股份增加 Share Add A 股 (百万股) A Share	流通股份增加 Share Add B 股 (百万股) B share	变动原因 Change Reason	变动日期 Change Date
601808	中海油服	4771.59	50.00	0.00	有限售条件流通股上市	2014.04.14
601818	光大银行	46236.56	-40.23	0.00	股份注销	2014.01.15
601877	正泰电器	1008.26	0.24	0.00	A 股增发上市	2014.06.06
601877	正泰电器	1011.47	3.21	0.00	A 股增发上市	2014.12.15
601886	江河创建	1154.05	0.00	0.00	A 股增发上市	2014.01.17
601886	江河创建	1154.05	599.33	0.00	有限售条件流通股上市	2014.08.18
601888	中国国旅	976.24	96.24	0.00	有限售条件流通股上市	2014.07.15
601898	中煤能源	13258.66	145.02	0.00	有限售条件流通股上市	2014.02.07
601899	紫金矿业	21645.86	0.00	0.00	股份回购	2014.07.17
601901	方正证券	6100.00	2603.23	0.00	有限售条件流通股上市	2014.08.11
601901	方正证券	8232.10	0.00	0.00	A 股增发上市	2014.08.13
601908	京运通	859.77	78.24	0.00	有限售条件流通股上市	2014.09.09
601919	中国远洋	10216.27	159.72	0.00	有限售条件流通股上市	2014.05.23
601928	凤凰传媒	2544.90	1885.90	0.00	有限售条件流通股上市	2014.12.11
601933	永辉超市	3254.44	1535.80	0.00	送股	2014.04.15
601969	海南矿业	1866.67	186.67	0.00	A 股新上市	2014.12.09
601988	中国银行	279364.55	216.07	0.00	债转股	2014.01.07
601988	中国银行	279364.55	0.00	0.00	债转股	2014.04.04
601988	中国银行	279364.61	0.05	0.00	债转股	2014.07.04
601988	中国银行	279535.24	170.63	0.00	债转股	2014.10.10
601989	中国重工	17488.89	0.00	0.00	A 股增发上市	2014.01.28
601989	中国重工	15464.57	291.05	0.00	债转股	2014.01.13
601989	中国重工	17488.90	3359.76	0.00	有限售条件流通股上市	2014.02.18
601989	中国重工	18361.67	204.52	0.00	债转股	2014.12.03
601989	中国重工	18157.15	525.51	0.00	债转股	2014.11.19
601989	中国重工	17631.64	100.45	0.00	债转股	2014.10.13
601989	中国重工	17531.18	42.29	0.00	债转股	2014.04.09
601989	中国重工	17531.19	0.01	0.00	债转股	2014.07.07
601991	大唐发电	13310.04	100.00	0.00	有限售条件流通股上市	2014.05.30
601992	金隅股份	4784.64	0.00	0.00	A 股增发上市	2014.03.31
601992	金隅股份	4283.74	1844.85	0.00	有限售条件流通股上市	2014.03.03
601996	丰林集团	468.91	272.72	0.00	有限售条件流通股上市	2014.09.29
603000	人民网	552.85	111.52	0.00	送股	2014.06.30
603005	晶方科技	226.70	56.67	0.00	A 股新上市	2014.02.10
603006	联明股份	80.00	20.00	0.00	A 股新上市	2014.06.30
603008	喜临门	315.00	11.25	0.00	有限售条件流通股上市	2014.01.17
603009	北特科技	106.67	26.67	0.00	A 股新上市	2014.07.18
603010	万盛股份	100.00	25.00	0.00	A 股新上市	2014.10.10
603011	合锻股份	179.50	45.00	0.00	A 股新上市	2014.11.07
603017	园区设计	60.00	15.00	0.00	A 股新上市	2014.12.31
603018	设计股份	104.00	26.00	0.00	A 股新上市	2014.10.13
603019	中科曙光	300.00	75.00	0.00	A 股新上市	2014.11.06
603077	和邦股份	505.55	0.00	0.00	A 股增发上市	2014.04.23
603077	和邦股份	1011.09	150.00	0.00	送股	2014.07.14
603088	宁波精达	80.00	20.00	0.00	A 股新上市	2014.11.11
603099	长白山	266.67	66.67	0.00	A 股新上市	2014.08.22
603100	川仪股份	395.00	100.00	0.00	A 股新上市	2014.08.05
603111	康尼机电	288.91	72.30	0.00	A 股新上市	2014.08.01
603123	翠微股份	463.75	0.00	0.00	A 股增发上市	2014.11.07
603123	翠微股份	524.14	0.00	0.00	A 股增发上市	2014.12.05

上市公司股份变动
Change of Equity in 2014

股票代码 Code	股票简称 Name	变动后总股本 (百万股) Total Share	流通股份增加 Share Add A 股 (百万股) A Share	B 股 (百万股) B share	变动原因 Change Reason	变动日期 Change Date
603126	中材节能	407.00	80.00	0.00	A 股新上市	2014.07.31
603166	福达股份	433.50	43.50	0.00	A 股新上市	2014.11.27
603168	莎普爱思	65.35	16.34	0.00	A 股新上市	2014.07.02
603169	兰石重装	591.16	100.00	0.00	A 股新上市	2014.10.09
603188	亚邦股份	288.00	72.00	0.00	A 股新上市	2014.09.09
603288	海天味业	748.50	74.85	0.00	A 股新上市	2014.02.11
603288	海天味业	1497.00	74.85	0.00	送股	2014.05.20
603288	海天味业	1503.58	0.00	0.00	A 股增发上市	2014.12.30
603306	华懋科技	140.00	35.00	0.00	A 股新上市	2014.09.26
603308	应流股份	400.01	80.01	0.00	A 股新上市	2014.01.22
603328	依顿电子	489.00	90.00	0.00	A 股新上市	2014.07.01
603368	柳州医药	112.50	22.50	0.00	A 股新上市	2014.12.04
603369	今世缘	501.80	51.80	0.00	A 股新上市	2014.07.03
603399	新华龙	354.70	35.79	0.00	送股	2014.05.28
603456	九洲药业	207.78	51.96	0.00	A 股新上市	2014.10.10
603518	维格娜丝	147.98	37.00	0.00	A 股新上市	2014.12.03
603555	贵人鸟	614.00	89.00	0.00	A 股新上市	2014.01.24
603588	高能环境	161.60	40.40	0.00	A 股新上市	2014.12.29
603606	东方电缆	141.35	31.35	0.00	A 股新上市	2014.10.15
603609	禾丰牧业	554.12	80.00	0.00	A 股新上市	2014.08.08
603636	南威软件	100.00	25.00	0.00	A 股新上市	2014.12.30
603688	石英股份	223.80	55.95	0.00	A 股新上市	2014.10.31
603699	纽威股份	750.00	82.50	0.00	A 股新上市	2014.01.17
603766	隆鑫通用	804.19	4.19	0.00	A 股增发上市	2014.09.30
603766	隆鑫通用	804.91	0.72	0.00	A 股增发上市	2014.12.03
603806	福斯特	402.00	60.00	0.00	A 股新上市	2014.09.05
603889	新澳股份	106.68	26.68	0.00	A 股新上市	2014.12.31
603988	中电电机	80.00	20.00	0.00	A 股新上市	2014.11.04
603998	方盛制药	109.02	27.26	0.00	A 股新上市	2014.12.05
900906	*ST 中纺 B	1071.28	0.00	240.24	股权分置	2014.11.21

上市公司派发现金红利
Dividends in 2014

红利代码 Code	红利简称 Name	发放日期 Date	每股红利(含税) Dividend (Pre-Tax)	每股红利(除税) Dividend (After-Tax)	代发总股本(百万) Equity (M)	代发红利总额 (百万) Cash(M)
600000	浦发银行	2014.06.24	0.660	0.627	18653.47	11695.73
600004	白云机场	2014.08.08	0.370	0.352	1150.00	404.23
600005	武钢股份	2014.06.27	0.020	0.019	10093.78	191.78
600006	东风汽车	2014.06.20	0.008	0.007	2000.00	14.44
600007	中国国贸	2014.06.26	0.170	0.162	1007.28	162.68
600008	首创股份	2014.05.21	0.150	0.143	2200.00	313.50
600009	上海机场	2014.08.15	0.300	0.285	1926.96	549.18
600010	包钢股份	2014.05.16	0.010	0.010	8002.59	76.02
600010	包钢股份	2014.09.29	0.013	0.009	8002.59	75.06
600011	华能国际	2014.07.18	0.380	0.361	10500.00	3790.50
600012	皖通高速	2014.07.11	0.220	0.209	1165.60	243.61
600015	华夏银行	2014.07.10	0.435	0.413	8904.64	3679.84
600016	民生银行	2014.06.25	0.100	0.085	22588.37	1920.01
600017	日照港	2014.05.19	0.040	0.038	3075.65	116.87
600018	上港集团	2014.07.29	0.127	0.121	22755.18	2745.41
600019	宝钢股份	2014.06.30	0.100	0.095	16471.72	1564.81
600020	中原高速	2014.07.10	0.055	0.052	2247.37	117.43
600021	上海电力	2014.07.30	0.200	0.190	2139.74	406.55
600023	浙能电力	2014.06.19	0.200	0.190	9105.43	1730.03
600027	华电国际	2014.06.17	0.225	0.214	5940.06	1269.69
600028	中国石化	2014.06.03	0.150	0.143	91282.02	13007.69
600028	中国石化	2014.09.24	0.090	0.086	91282.10	7804.62
600029	南方航空	2014.07.31	0.040	0.038	7022.65	266.86
600030	中信证券	2014.08.15	0.150	0.143	9838.58	1402.00
600031	三一重工	2014.08.08	0.120	0.114	7616.50	868.28
600033	福建高速	2014.06.20	0.100	0.095	2744.40	260.72
600035	楚天高速	2014.05.14	0.090	0.086	931.65	79.66
600036	招商银行	2014.07.11	0.620	0.589	20628.94	12150.45
600037	歌华有线	2014.07.28	0.100	0.095	1060.38	100.74
600038	哈飞股份	2014.08.15	0.130	0.124	589.48	72.80
600039	四川路桥	2014.05.26	0.050	0.048	1509.87	71.72
600048	保利地产	2014.05.22	0.294	0.279	7137.99	1993.64
600050	中国联通	2014.05.27	0.053	0.051	21196.60	1075.30
600051	宁波联合	2014.05.13	0.160	0.152	302.40	45.96
600052	浙江广厦	2014.05.26	0.040	0.038	871.79	33.13
600053	中江地产	2014.07.09	0.020	0.019	433.54	8.24
600054	黄山旅游	2014.05.19	0.040	0.038	315.35	11.98
600055	华润万东	2014.07.31	0.050	0.048	216.45	10.28
600056	中国医药	2014.06.19	0.287	0.223	506.26	112.86
600058	五矿发展	2014.06.20	0.105	0.100	1071.91	106.92
600059	古越龙山	2014.05.13	0.100	0.095	634.86	60.31
600060	海信电器	2014.06.13	0.365	0.347	1308.48	453.72
600062	华润双鹤	2014.07.10	0.342	0.325	571.70	185.74
600063	皖维高新	2014.06.17	0.005	0.005	1497.85	7.11
600064	南京高科	2014.07.11	0.260	0.247	516.22	127.51
600066	宇通客车	2014.05.26	0.500	0.475	1273.71	605.01
600068	葛洲坝	2014.06.27	0.104	0.099	4604.78	454.95
600070	浙江富润	2014.05.22	0.300	0.285	182.88	52.12
600073	上海梅林	2014.04.23	0.060	0.057	822.74	46.90
600077	宋都股份	2014.06.24	0.035	0.033	1090.96	36.27

上市公司派发现金红利
Dividends in 2014

红利代码 Code	红利简称 Name	发放日期 Date	每股红利(含税) Dividend (Pre-Tax)	每股红利(除税) Dividend (After-Tax)	代发总股本(百万) Equity (M)	代发红利总额(百万) Cash(M)
600078	澄星股份	2014.05.09	0.015	0.014	662.57	9.44
600079	人福医药	2014.07.07	0.120	0.114	528.78	60.28
600080	金花股份	2014.07.30	0.030	0.029	305.30	8.70
600081	东风科技	2014.07.24	0.166	0.158	313.56	49.45
600085	同仁堂	2014.08.13	0.200	0.190	1311.14	249.12
600088	中视传媒	2014.06.23	0.062	0.059	331.42	19.52
600089	特变电工	2014.06.16	0.133	0.126	3165.91	400.01
600095	哈高科	2014.05.13	0.028	0.027	361.26	9.61
600096	云天化	2014.08.22	0.100	0.095	1129.08	107.26
600097	开创国际	2014.07.23	0.200	0.190	202.60	38.49
600098	广州发展	2014.06.27	0.150	0.143	2742.22	390.77
600099	林海股份	2014.08.07	0.050	0.048	219.12	10.41
600100	同方股份	2014.07.04	0.100	0.095	2197.88	208.80
600101	明星电力	2014.07.10	0.055	0.052	324.18	16.94
600104	上汽集团	2014.07.30	1.200	1.140	11025.57	12569.15
600105	永鼎股份	2014.05.26	0.200	0.190	380.95	72.38
600106	重庆路桥	2014.06.18	0.091	0.086	907.74	78.47
600108	亚盛集团	2014.06.16	0.020	0.019	1946.92	36.99
600109	国金证券	2014.04.28	0.080	0.076	1294.07	98.35
600111	包钢稀土	2014.05.19	0.200	0.190	2422.04	460.19
600112	天成控股	2014.07.17	0.005	0.005	509.20	2.42
600113	浙江东日	2014.07.11	0.020	0.019	318.60	6.05
600114	东睦股份	2014.04.30	0.150	0.143	251.48	35.84
600116	三峡水利	2014.07.04	0.120	0.114	267.53	30.50
600118	中国卫星	2014.06.20	0.080	0.076	1182.49	89.87
600119	长江投资	2014.06.16	0.070	0.067	307.40	20.44
600120	浙江东方	2014.06.18	0.360	0.342	505.47	172.87
600122	宏图高科	2014.05.08	0.030	0.029	1141.59	32.54
600123	兰花科创	2014.07.25	0.263	0.250	1142.40	285.43
600126	杭钢股份	2014.06.20	0.010	0.010	838.94	7.97
600128	弘业股份	2014.08.01	0.090	0.086	246.77	21.10
600132	重庆啤酒	2014.06.20	0.200	0.190	483.97	91.95
600135	乐凯胶片	2014.06.13	0.022	0.021	342.00	7.15
600138	中青旅	2014.09.29	0.150	0.143	482.56	68.76
600141	兴发集团	2014.06.16	0.100	0.095	435.39	41.36
600143	金发科技	2014.06.20	0.100	0.095	2560.00	243.20
600148	长春一东	2014.06.24	0.063	0.059	141.52	8.40
600150	中国船舶	2014.08.13	0.010	0.010	1378.12	13.09
600151	航天机电	2014.07.04	0.035	0.033	1250.18	41.57
600152	维科精华	2014.07.09	0.030	0.029	293.49	8.36
600153	建发股份	2014.02.12	0.200	0.190	2237.75	425.17
600153	建发股份	2014.12.15	0.200	0.190	2835.20	538.69
600157	永泰能源	2014.05.22	0.100	0.095	1767.56	167.92
600158	中体产业	2014.06.19	0.049	0.047	843.74	39.28
600160	巨化股份	2014.06.18	0.200	0.190	1810.92	344.07
600162	香江控股	2014.07.11	0.080	0.076	767.81	58.35
600166	福田汽车	2014.07.17	0.098	0.093	2809.67	261.58
600167	联美控股	2014.07.11	0.200	0.190	211.00	40.09
600168	武汉控股	2014.04.14	0.053	0.050	709.57	35.73
600169	太原重工	2014.07.31	0.010	0.010	2423.96	23.03

上市公司派发现金红利
Dividends in 2014

红利代码 Code	红利简称 Name	发放日期 Date	每股红利(含税) Dividend (Pre-Tax)	每股红利(除税) Dividend (After-Tax)	代发总股本(百万) Equity (M)	代发红利总额(百万) Cash(M)
600170	上海建工	2014.06.17	0.200	0.190	2775.27	527.30
600171	上海贝岭	2014.06.19	0.020	0.019	673.81	12.80
600172	黄河旋风	2014.06.16	0.050	0.048	533.36	25.33
600173	卧龙地产	2014.06.24	0.030	0.029	725.15	20.67
600175	美都控股	2014.06.16	0.013	0.010	1384.93	13.64
600176	中国玻纤	2014.05.22	0.120	0.114	872.63	99.48
600177	雅戈尔	2014.05.23	0.500	0.475	2226.61	1057.64
600180	瑞茂通	2014.10.30	0.170	0.162	878.26	141.84
600182	S 佳通	2014.06.26	0.280	0.266	340.00	90.44
600183	生益科技	2014.05.19	0.400	0.380	1423.02	540.75
600185	格力地产	2014.08.28	0.200	0.190	577.59	109.74
600188	兖州煤业	2014.06.19	0.020	0.019	2960.00	56.24
600189	吉林森工	2014.07.03	0.100	0.095	310.50	29.50
600190	锦州港	2014.05.16	0.025	0.024	1779.48	42.26
600191	华资实业	2014.07.03	0.005	0.005	484.93	2.30
600192	长城电工	2014.05.23	0.017	0.016	441.75	7.13
600195	中牧股份	2014.05.23	0.165	0.157	429.80	67.37
600196	复星医药	2014.08.19	0.270	0.257	1908.33	489.49
600197	伊力特	2014.08.29	0.230	0.219	441.00	96.36
600199	金种子酒	2014.05.07	0.080	0.076	555.78	42.24
600200	江苏吴中	2014.07.08	0.025	0.024	623.70	14.81
600201	金宇集团	2014.06.26	0.280	0.266	285.85	76.04
600208	新湖中宝	2014.07.17	0.062	0.059	6258.86	368.65
600210	紫江企业	2014.08.21	0.100	0.095	1436.74	136.49
600211	西藏药业	2014.06.27	0.060	0.057	145.59	8.30
600215	长春经开	2014.07.07	0.005	0.005	465.03	2.32
600216	浙江医药	2014.05.26	0.150	0.143	936.11	133.40
600219	南山铝业	2014.05.08	0.150	0.143	1934.17	275.62
600222	太龙药业	2014.06.13	0.025	0.024	496.61	11.79
600226	升华拜克	2014.05.08	0.030	0.029	405.55	11.56
600227	赤天化	2014.05.06	0.020	0.019	950.39	18.06
600230	沧州大化	2014.03.28	0.050	0.048	259.33	12.32
600231	凌钢股份	2014.07.10	0.030	0.029	804.00	22.91
600232	金鹰股份	2014.06.25	0.080	0.076	364.72	27.72
600233	大杨创世	2014.06.26	0.150	0.143	165.00	23.51
600236	桂冠电力	2014.06.23	0.050	0.048	2280.45	108.32
600237	铜峰电子	2014.06.27	0.010	0.010	564.37	5.36
600238	海南椰岛	2014.05.19	0.100	0.095	448.20	42.58
600239	云南城投	2014.07.10	0.120	0.114	823.43	93.87
600241	时代万恒	2014.05.22	0.025	0.024	180.20	4.28
600246	万通地产	2014.04.23	0.070	0.067	1216.80	80.92
600248	延长化建	2014.09.29	0.120	0.114	473.69	54.00
600251	冠农股份	2014.05.16	0.250	0.238	362.10	86.00
600252	中恒集团	2014.07.04	0.200	0.190	1091.75	207.43
600258	首旅酒店	2014.06.27	0.250	0.238	231.40	54.96
600260	凯乐科技	2014.08.13	0.050	0.048	527.64	25.06
600261	阳光照明	2014.06.20	0.150	0.143	645.38	91.97
600262	北方股份	2014.06.16	0.250	0.238	170.00	40.38
600266	北京城建	2014.04.16	0.440	0.418	889.20	371.69
600267	海正药业	2014.06.25	0.110	0.105	839.71	87.75

上市公司派发现金红利
Dividends in 2014

红利代码 Code	红利简称 Name	发放日期 Date	每股红利(含税) Dividend (Pre-Tax)	每股红利(除税) Dividend (After-Tax)	代发总股本(百万) Equity (M)	代发红利总额 (百万) Cash(M)
600268	国电南自	2014.07.03	0.090	0.086	635.25	54.31
600269	赣粤高速	2014.07.11	0.085	0.081	2335.41	188.58
600270	外运发展	2014.07.09	0.300	0.285	905.48	258.06
600271	航天信息	2014.05.08	0.600	0.570	923.40	526.34
600272	开开实业	2014.07.03	0.035	0.033	163.00	5.42
600276	恒瑞医药	2014.05.15	0.090	0.081	1360.22	109.50
600277	亿利能源	2014.08.25	0.030	0.029	2089.59	59.55
600278	东方创业	2014.07.18	0.080	0.076	522.24	39.69
600279	重庆港九	2014.05.23	0.070	0.067	342.09	22.75
600280	中央商场	2014.06.16	0.100	0.095	574.17	54.55
600283	钱江水利	2014.05.26	0.050	0.048	285.33	13.55
600284	浦东建设	2014.05.20	0.214	0.203	693.04	140.90
600285	羚锐制药	2014.07.02	0.150	0.143	357.27	50.91
600287	江苏舜天	2014.05.08	0.080	0.076	436.80	33.20
600288	大恒科技	2014.08.08	0.025	0.024	436.80	10.57
600289	亿阳信通	2014.07.16	0.045	0.043	571.54	24.43
600290	华仪电气	2014.07.09	0.026	0.025	526.88	13.01
600292	中电远达	2014.05.16	0.150	0.143	511.87	72.94
600295	鄂尔多斯	2014.05.13	0.120	0.114	612.00	69.77
600297	美罗药业	2014.07.08	0.045	0.043	350.00	15.03
600298	安琪酵母	2014.05.19	0.150	0.143	329.63	46.97
600300	维维股份	2014.06.18	0.050	0.048	1672.00	79.42
600305	恒顺醋业	2014.04.15	0.041	0.039	254.30	9.90
600308	华泰股份	2014.07.14	0.025	0.024	1167.56	27.73
600309	万华化学	2014.06.16	0.700	0.665	2162.33	1437.95
600310	桂东电力	2014.05.12	0.250	0.238	275.93	65.53
600312	平高电气	2014.07.16	0.050	0.048	1137.49	54.03
600315	上海家化	2014.04.24	0.510	0.485	672.44	325.80
600316	洪都航空	2014.07.11	0.040	0.038	717.11	27.25
600317	营口港	2014.06.16	0.529	0.503	2157.66	1084.33
600318	巢东股份	2014.08.01	0.070	0.067	242.00	16.09
600321	国栋建设	2014.06.16	0.020	0.019	1180.88	22.44
600322	天房发展	2014.07.11	0.040	0.038	1105.70	42.02
600323	瀚蓝环境	2014.05.26	0.100	0.095	579.24	55.03
600325	华发股份	2014.06.30	0.200	0.190	817.05	155.24
600327	大东方	2014.07.02	0.120	0.114	521.71	59.48
600328	兰太实业	2014.07.01	0.030	0.029	359.12	10.23
600329	中新药业	2014.07.15	0.050	0.048	539.31	25.62
600332	白云山	2014.01.23	0.060	0.057	1071.44	61.07
600332	白云山	2014.07.30	0.230	0.219	1071.44	234.11
600333	长春燃气	2014.08.19	0.030	0.029	529.62	15.09
600335	国机汽车	2014.05.23	0.180	0.171	560.00	95.76
600337	美克股份	2014.05.21	0.150	0.143	646.81	92.17
600340	华夏幸福	2014.05.21	0.150	0.143	1322.88	188.51
600343	航天动力	2014.04.23	0.100	0.095	319.10	30.31
600348	阳泉煤业	2014.07.09	0.117	0.111	2405.00	267.32
600350	山东高速	2014.07.04	0.151	0.143	4811.17	690.16
600351	亚宝药业	2014.07.14	0.060	0.057	692.00	39.44
600352	浙江龙盛	2014.06.18	0.270	0.257	1527.87	391.90
600353	旭光股份	2014.07.25	0.100	0.095	271.86	25.83

上市公司派发现金红利
Dividends in 2014

红利代码 Code	红利简称 Name	发放日期 Date	每股红利(含税) Dividend (Pre-Tax)	每股红利(除税) Dividend (After-Tax)	代发总股本(百万) Equity (M)	代发红利总额 (百万) Cash(M)
600356	恒丰纸业	2014.07.18	0.088	0.084	252.33	21.09
600360	华微电子	2014.05.13	0.020	0.019	738.08	14.02
600361	华联综超	2014.07.10	0.060	0.057	665.81	37.95
600362	江西铜业	2014.07.31	0.500	0.475	2075.25	985.74
600363	联创光电	2014.08.22	0.034	0.032	443.48	14.32
600366	宁波韵升	2014.06.17	0.150	0.143	514.50	73.32
600367	红星发展	2014.05.21	0.010	0.010	291.20	2.77
600368	五洲交通	2014.07.07	0.021	0.020	833.80	16.63
600369	西南证券	2014.05.22	0.120	0.114	2822.55	321.77
600370	三房巷	2014.04.16	0.050	0.048	318.90	15.15
600372	中航电子	2014.07.30	0.050	0.048	1759.16	83.56
600373	中文传媒	2014.06.23	0.200	0.190	658.71	125.16
600375	华菱星马	2014.05.05	0.300	0.285	555.74	158.39
600376	首开股份	2014.05.06	0.180	0.171	2242.01	383.38
600377	宁沪高速	2014.06.27	0.380	0.361	3815.75	1377.48
600378	天科股份	2014.05.06	0.100	0.095	297.19	28.23
600379	宝光股份	2014.05.19	0.024	0.023	235.86	5.38
600380	健康元	2014.07.10	0.040	0.038	1545.84	58.74
600382	广东明珠	2014.04.24	0.030	0.029	341.75	9.74
600383	金地集团	2014.07.02	0.160	0.152	4471.51	679.67
600386	北巴传媒	2014.07.18	0.270	0.257	403.20	103.42
600387	海越股份	2014.07.11	0.060	0.057	386.10	22.01
600388	龙净环保	2014.07.29	0.330	0.314	427.62	134.06
600389	江山股份	2014.06.19	0.470	0.447	198.00	88.41
600391	成发科技	2014.06.23	0.030	0.029	330.13	9.41
600393	东华实业	2014.06.13	0.100	0.095	300.00	28.50
600395	盘江股份	2014.07.24	0.300	0.285	1655.05	471.69
600396	金山股份	2014.05.16	0.150	0.118	434.33	51.03
600397	安源煤业	2014.06.24	0.500	0.475	989.96	470.23
600398	海澜之家	2014.05.21	0.190	0.181	4492.76	810.94
600399	抚顺特钢	2014.07.17	0.020	0.019	520.00	9.88
600400	红豆股份	2014.05.15	0.030	0.029	560.40	15.97
600403	大有能源	2014.07.04	0.150	0.143	2390.81	340.69
600405	动力源	2014.07.17	0.050	0.048	282.60	13.42
600406	国电南瑞	2014.06.19	0.100	0.095	2428.95	230.75
600409	三友化工	2014.06.18	0.080	0.076	1850.39	140.63
600410	华胜天成	2014.07.04	0.055	0.052	642.90	33.59
600415	小商品城	2014.07.11	0.100	0.095	2721.61	258.55
600416	湘电股份	2014.07.09	0.030	0.029	608.48	17.34
600418	江淮汽车	2014.05.21	0.220	0.209	1284.91	268.55
600422	昆明制药	2014.06.20	0.350	0.333	341.13	113.43
600425	青松建化	2014.06.19	0.050	0.048	1378.79	65.49
600426	华鲁恒升	2014.05.26	0.080	0.076	953.63	72.48
600432	吉恩镍业	2014.05.21	0.050	0.048	811.12	38.53
600433	冠豪高新	2014.08.11	0.040	0.038	1190.28	45.23
600435	北方导航	2014.06.27	0.050	0.048	744.66	35.37
600436	片仔癀	2014.06.26	1.100	1.045	160.88	168.12
600438	通威股份	2014.06.17	0.300	0.285	817.11	232.88
600439	瑞贝卡	2014.05.16	0.080	0.076	943.32	71.69
600446	金证股份	2014.05.05	0.084	0.080	262.61	20.96

上市公司派发现金红利
Dividends in 2014

红利代码 Code	红利简称 Name	发放日期 Date	每股红利(含税) Dividend (Pre-Tax)	每股红利(除税) Dividend (After-Tax)	代发总股本(百万) Equity (M)	代发红利总额 (百万) Cash(M)
600449	宁夏建材	2014.05.22	0.190	0.181	478.32	86.34
600456	宝钛股份	2014.06.18	0.050	0.048	430.27	20.44
600458	时代新材	2014.06.16	0.060	0.057	661.42	37.70
600459	贵研铂业	2014.06.19	0.120	0.114	200.75	22.89
600461	洪城水业	2014.06.19	0.120	0.114	330.00	37.62
600463	空港股份	2014.05.26	0.100	0.095	252.00	23.94
600467	好当家	2014.06.17	0.050	0.048	730.50	34.70
600468	百利电气	2014.07.24	0.023	0.022	456.19	9.97
600469	风神股份	2014.07.25	0.100	0.095	374.94	35.62
600470	六国化工	2014.06.20	0.100	0.095	521.60	49.55
600475	华光股份	2014.06.19	0.100	0.095	256.00	24.32
600477	杭萧钢构	2014.06.17	0.030	0.029	553.46	15.77
600479	千金药业	2014.07.16	0.180	0.171	304.82	52.12
600480	凌云股份	2014.07.04	0.120	0.114	361.71	41.24
600481	双良节能	2014.05.22	0.650	0.618	810.10	500.24
600482	风帆股份	2014.05.19	0.066	0.063	531.38	33.32
600483	福建南纺	2014.05.19	0.050	0.048	288.48	13.70
600486	扬农化工	2014.04.24	0.220	0.194	172.17	33.40
600487	亨通光电	2014.05.26	0.170	0.162	275.84	44.55
600488	天药股份	2014.05.21	0.018	0.017	960.85	16.43
600489	中金黄金	2014.07.09	0.044	0.042	2943.23	123.03
600491	龙元建设	2014.07.01	0.075	0.071	947.60	67.52
600493	凤竹纺织	2014.07.15	0.020	0.019	272.00	5.17
600495	晋西车轴	2014.08.04	0.100	0.095	419.51	39.85
600496	精工钢构	2014.07.04	0.050	0.048	586.57	27.86
600497	驰宏锌锗	2014.07.04	0.150	0.143	1667.56	237.63
600498	烽火通信	2014.05.22	0.170	0.162	965.72	155.96
600499	科达洁能	2014.05.06	0.170	0.162	688.48	111.19
600500	中化国际	2014.06.16	0.120	0.114	2083.01	237.46
600501	航天晨光	2014.06.19	0.030	0.029	389.28	11.09
600502	安徽水利	2014.06.17	0.040	0.038	501.93	19.07
600503	华丽家族	2014.05.05	0.007	0.007	1139.08	7.57
600505	西昌电力	2014.06.20	0.030	0.029	364.57	10.39
600507	方大特钢	2014.05.19	0.130	0.124	1326.09	163.77
600509	天富能源	2014.07.02	0.300	0.285	905.70	258.12
600510	黑牡丹	2014.07.04	0.148	0.141	795.52	111.85
600511	国药股份	2014.06.19	0.260	0.247	478.80	118.26
600512	腾达建设	2014.06.26	0.070	0.067	736.94	49.01
600513	联环药业	2014.06.19	0.075	0.071	156.70	11.16
600516	方大炭素	2014.05.19	0.050	0.048	1719.16	81.66
600517	置信电气	2014.06.26	0.150	0.143	691.40	98.52
600518	康美药业	2014.07.22	0.260	0.247	2198.71	543.08
600519	贵州茅台	2014.06.25	4.374	4.150	1038.18	4308.76
600521	华海药业	2014.05.13	0.200	0.190	785.30	149.21
600522	中天科技	2014.05.21	0.100	0.095	704.50	66.93
600523	贵航股份	2014.07.10	0.147	0.140	288.79	40.33
600525	长园集团	2014.05.05	0.110	0.105	863.51	90.24
600526	菲达环保	2014.05.27	0.100	0.095	203.44	19.33
600527	江南高纤	2014.06.20	0.090	0.086	802.09	68.58
600528	中铁二局	2014.06.20	0.100	0.095	1459.20	138.62

上市公司派发现金红利
Dividends in 2014

红利代码 Code	红利简称 Name	发放日期 Date	每股红利(含税) Dividend (Pre-Tax)	每股红利(除税) Dividend (After-Tax)	代发总股本(百万) Equity (M)	代发红利总额(百万) Cash(M)
600529	山东药玻	2014.07.11	0.150	0.143	257.38	36.68
600530	交大昂立	2014.06.23	0.150	0.143	312.00	44.46
600532	宏达矿业	2014.04.23	0.070	0.067	396.23	26.35
600533	栖霞建设	2014.06.23	0.100	0.095	1050.00	99.75
600535	天士力	2014.06.19	0.350	0.333	1032.84	343.42
600536	中国软件	2014.05.21	0.080	0.076	247.28	18.79
600537	亿晶光电	2014.04.24	0.050	0.048	485.87	23.08
600545	新疆城建	2014.07.08	0.080	0.076	675.79	51.36
600546	山煤国际	2014.06.18	0.050	0.048	1982.46	94.17
600547	山东黄金	2014.07.16	0.100	0.095	1423.07	135.19
600548	深高速	2014.05.27	0.160	0.152	1433.27	217.86
600549	厦门钨业	2014.06.24	0.250	0.238	681.98	161.97
600551	时代出版	2014.07.22	0.210	0.200	505.83	100.91
600552	方兴科技	2014.04.28	0.065	0.062	239.33	14.78
600557	康缘药业	2014.06.27	0.120	0.114	415.65	47.38
600558	大西洋	2014.07.31	0.060	0.057	306.87	17.49
600559	老白干酒	2014.07.22	0.150	0.143	140.00	19.95
600560	金自天正	2014.05.15	0.085	0.081	223.65	18.06
600561	江西长运	2014.06.27	0.180	0.171	237.06	40.54
600562	国睿科技	2014.07.16	0.300	0.270	128.53	34.70
600563	法拉电子	2014.05.08	0.700	0.665	225.00	149.63
600565	迪马股份	2014.04.15	0.020	0.019	720.00	13.68
600567	山鹰纸业	2014.07.03	0.020	0.019	3766.94	71.57
600570	恒生电子	2014.05.23	0.160	0.152	617.81	93.91
600571	信雅达	2014.06.18	0.140	0.133	202.63	26.95
600572	康恩贝	2014.06.25	0.160	0.152	809.60	123.06
600573	惠泉啤酒	2014.05.12	0.025	0.024	250.00	5.94
600577	精达股份	2014.04.18	0.020	0.019	709.57	13.48
600578	京能电力	2014.08.19	0.200	0.190	4617.32	877.29
600580	卧龙电气	2014.06.20	0.100	0.095	1110.53	105.50
600581	八一钢铁	2014.05.22	0.015	0.014	766.45	10.92
600582	天地科技	2014.08.18	0.100	0.095	1213.92	115.32
600583	海油工程	2014.06.17	0.100	0.095	4421.35	420.03
600584	长电科技	2014.06.27	0.015	0.014	853.13	12.16
600585	海螺水泥	2014.06.18	0.350	0.333	3999.70	1329.90
600587	新华医疗	2014.07.21	0.120	0.114	198.77	22.66
600588	用友软件	2014.04.23	0.300	0.285	971.17	276.78
600589	广东榕泰	2014.07.16	0.028	0.027	601.73	16.01
600590	泰豪科技	2014.07.24	0.020	0.019	500.33	9.51
600592	龙溪股份	2014.08.05	0.100	0.095	399.55	37.96
600594	益佰制药	2014.07.14	0.120	0.114	396.00	45.14
600596	新安股份	2014.06.18	0.220	0.209	679.18	141.95
600597	光明乳业	2014.05.19	0.200	0.190	1224.50	232.65
600600	青岛啤酒	2014.08.01	0.450	0.428	695.91	297.50
600601	方正科技	2014.08.21	0.010	0.010	2194.89	20.85
600604	市北高新	2014.07.29	0.031	0.029	333.52	9.82
600605	汇通能源	2014.07.15	0.015	0.014	147.34	2.10
600606	金丰投资	2014.07.14	0.041	0.039	518.32	20.19
600611	大众交通	2014.06.26	0.080	0.076	1042.21	79.21
600612	老凤祥	2014.07.18	0.860	0.817	317.11	259.08

上市公司派发现金红利
Dividends in 2014

红利代码 Code	红利简称 Name	发放日期 Date	每股红利(含税) Dividend (Pre-Tax)	每股红利(除税) Dividend (After-Tax)	代发总股本(百万) Equity (M)	代发红利总额(百万) Cash(M)
600614	鼎立股份	2014.07.09	0.020	0.019	446.76	8.49
600616	金枫酒业	2014.07.09	0.100	0.095	514.62	48.89
600618	氯碱化工	2014.06.19	0.005	0.005	749.84	3.56
600619	海立股份	2014.08.01	0.100	0.095	383.57	36.44
600620	天宸股份	2014.06.26	0.150	0.143	457.78	65.23
600621	华鑫股份	2014.06.25	0.170	0.162	524.08	84.64
600622	嘉宝集团	2014.08.18	0.200	0.190	514.30	97.72
600623	双钱股份	2014.06.19	0.108	0.103	646.37	66.32
600624	复旦复华	2014.06.19	0.043	0.041	345.16	14.10
600626	申达股份	2014.06.19	0.100	0.095	710.24	67.47
600628	新世界	2014.08.26	0.150	0.143	531.80	75.78
600633	浙报传媒	2014.05.20	0.350	0.333	594.14	197.55
600635	大众公用	2014.06.17	0.070	0.067	1644.87	109.38
600636	三爱富	2014.06.16	0.060	0.057	381.95	21.77
600637	百视通	2014.01.16	0.050	0.048	1113.74	52.90
600637	百视通	2014.07.24	0.040	0.038	1113.74	42.32
600638	新黄浦	2014.07.24	0.228	0.217	561.16	121.55
600639	浦东金桥	2014.08.06	0.140	0.133	656.65	87.33
600640	号百控股	2014.07.17	0.046	0.044	535.36	23.40
600641	万业企业	2014.07.10	0.100	0.095	806.16	76.59
600642	申能股份	2014.07.09	0.200	0.190	4552.04	864.89
600643	爱建股份	2014.07.29	0.060	0.057	1105.49	63.01
600647	同达创业	2014.08.13	0.073	0.069	139.14	9.65
600648	外高桥	2014.07.16	0.150	0.143	934.79	133.21
600649	城投控股	2014.07.24	0.150	0.143	2987.52	425.72
600650	锦江投资	2014.07.18	0.260	0.247	390.56	96.47
600651	飞乐音响	2014.07.09	0.024	0.023	739.07	16.85
600652	爱使股份	2014.05.19	0.003	0.003	557.00	1.59
600654	飞乐股份	2014.07.01	0.048	0.046	755.04	34.43
600655	豫园商城	2014.06.13	0.210	0.200	1437.32	286.75
600657	信达地产	2014.04.29	0.080	0.076	1524.26	115.84
600658	电子城	2014.05.07	0.258	0.245	580.10	142.18
600660	福耀玻璃	2014.05.14	0.500	0.475	2002.99	951.42
600662	强生控股	2014.08.13	0.100	0.095	1053.36	100.07
600663	陆家嘴	2014.06.12	0.226	0.215	1358.08	291.58
600664	哈药股份	2014.08.26	0.066	0.063	1917.48	120.23
600665	天地源	2014.06.18	0.100	0.095	864.12	82.09
600666	西南药业	2014.06.13	0.014	0.013	290.15	3.86
600667	太极实业	2014.05.27	0.010	0.010	1191.27	11.32
600668	尖峰集团	2014.07.25	0.180	0.171	344.08	58.84
600673	东阳光科	2014.07.09	0.050	0.048	949.57	45.10
600674	川投能源	2014.07.10	0.070	0.067	2066.26	137.41
600675	中华企业	2014.06.17	0.100	0.085	1555.88	132.25
600676	交运股份	2014.06.17	0.110	0.105	862.37	90.12
600677	航天通信	2014.07.15	0.050	0.048	416.43	19.78
600682	南京新百	2014.07.04	0.100	0.095	358.32	34.04
600683	京投银泰	2014.07.08	0.031	0.029	740.78	21.82
600684	珠江实业	2014.07.04	0.060	0.047	474.14	22.28
600685	广船国际	2014.06.27	0.010	0.010	438.46	4.17
600686	金龙汽车	2014.06.27	0.200	0.190	442.60	84.09

上市公司派发现金红利
Dividends in 2014

红利代码 Code	红利简称 Name	发放日期 Date	每股红利(含税) Dividend (Pre-Tax)	每股红利(除税) Dividend (After-Tax)	代发总股本(百万) Equity (M)	代发红利总额 (百万) Cash(M)
600687	刚泰控股	2014.06.26	0.080	0.076	377.11	28.66
600688	上海石化	2014.07.18	0.050	0.048	7305.00	346.99
600690	青岛海尔	2014.06.18	0.460	0.437	2720.84	1189.01
600694	大商股份	2014.06.17	1.220	1.159	293.72	340.42
600697	欧亚集团	2014.07.04	0.330	0.314	159.09	49.87
600701	工大高新	2014.08.27	0.008	0.007	498.78	3.56
600702	沱牌舍得	2014.07.18	0.020	0.019	337.30	6.41
600703	三安光电	2014.07.04	0.200	0.190	1595.39	303.12
600704	物产中大	2014.06.20	0.100	0.095	790.52	75.10
600705	中航投资	2014.07.23	0.070	0.067	1866.35	124.11
600705	中航资本	2014.12.26	0.200	0.190	1866.35	354.61
600708	海博股份	2014.06.18	0.100	0.095	510.37	48.49
600711	盛屯矿业	2014.09.26	0.050	0.048	598.82	28.44
600712	南宁百货	2014.06.27	0.010	0.010	544.66	5.17
600716	凤凰股份	2014.07.31	0.100	0.095	740.60	70.36
600717	天津港	2014.05.21	0.192	0.182	1674.77	305.48
600718	东软集团	2014.06.19	0.110	0.105	1227.59	128.28
600719	大连热电	2014.07.04	0.006	0.006	202.30	1.19
600720	祁连山	2014.08.19	0.150	0.143	776.29	110.62
600723	首商股份	2014.07.11	0.160	0.152	658.41	100.08
600724	宁波富达	2014.06.19	0.120	0.114	1445.24	164.76
600729	重庆百货	2014.06.17	0.650	0.618	406.53	251.03
600730	中国高科	2014.07.04	0.100	0.095	293.33	27.87
600736	苏州高新	2014.06.17	0.066	0.063	1057.88	66.33
600737	中粮屯河	2014.06.30	0.030	0.029	2051.88	58.48
600738	兰州民百	2014.05.22	0.100	0.095	368.87	35.04
600741	华域汽车	2014.08.08	0.470	0.447	2583.20	1153.40
600742	一汽富维	2014.06.17	0.350	0.333	211.52	70.33
600743	华远地产	2014.05.16	0.120	0.114	1817.66	207.21
600746	江苏索普	2014.07.04	0.028	0.027	306.42	8.15
600748	上实发展	2014.08.06	0.050	0.048	1083.37	51.46
600750	江中药业	2014.06.23	0.300	0.285	300.00	85.50
600754	锦江股份	2014.06.24	0.380	0.361	447.24	161.45
600755	厦门国贸	2014.05.23	0.220	0.209	1330.84	278.14
600756	浪潮软件	2014.05.26	0.010	0.010	278.75	2.65
600758	红阳能源	2014.06.17	0.030	0.029	207.68	5.92
600759	正和股份	2014.05.15	0.012	0.011	1220.12	13.91
600761	安徽合力	2014.06.24	0.300	0.275	514.01	141.35
600764	中电广通	2014.06.18	0.010	0.010	329.73	3.13
600765	中航重机	2014.06.25	0.040	0.038	778.00	29.56
600773	西藏城投	2014.04.30	0.020	0.019	575.70	10.94
600775	南京熊猫	2014.06.19	0.066	0.063	671.84	42.12
600776	东方通信	2014.07.09	0.060	0.057	956.00	54.49
600778	友好集团	2014.07.04	0.280	0.266	311.49	82.86
600780	通宝能源	2014.07.16	0.110	0.105	1146.50	119.81
600783	鲁信创投	2014.07.18	0.100	0.095	744.36	70.71
600784	鲁银投资	2014.05.19	0.030	0.029	568.18	16.19
600785	新华百货	2014.05.27	0.300	0.285	225.63	64.30
600787	中储股份	2014.08.21	0.050	0.038	929.91	34.87
600790	轻纺城	2014.06.16	0.220	0.209	805.38	168.32

上市公司派发现金红利
Dividends in 2014

红利代码 Code	红利简称 Name	发放日期 Date	每股红利(含税) Dividend (Pre-Tax)	每股红利(除税) Dividend (After-Tax)	代发总股本(百万) Equity (M)	代发红利总额 (百万) Cash(M)
600791	京能置业	2014.05.27	0.050	0.048	452.88	21.51
600794	保税科技	2014.03.19	0.110	0.105	474.35	49.57
600795	国电电力	2014.06.13	0.130	0.124	17229.92	2127.89
600796	钱江生化	2014.06.26	0.030	0.029	301.40	8.59
600797	浙大网新	2014.08.01	0.010	0.010	831.77	7.90
600798	宁波海运	2014.05.27	0.010	0.010	871.17	8.28
600801	华新水泥	2014.06.17	0.200	0.190	607.30	115.39
600802	福建水泥	2014.08.08	0.016	0.015	381.87	5.80
600804	鹏博士	2014.06.24	0.100	0.095	1387.13	131.78
600805	悦达投资	2014.06.30	0.150	0.143	850.89	121.25
600807	天业股份	2014.06.16	0.020	0.019	321.15	6.10
600809	山西汾酒	2014.06.16	0.350	0.333	865.85	287.89
600811	东方集团	2014.06.19	0.030	0.029	1666.81	47.50
600814	杭州解百	2014.06.30	0.070	0.067	310.38	20.64
600816	安信信托	2014.07.21	0.200	0.190	454.11	86.28
600818	中路股份	2014.06.27	0.040	0.038	237.96	9.04
600819	耀皮玻璃	2014.06.23	0.040	0.038	747.42	28.40
600820	隧道股份	2014.06.16	0.300	0.260	1362.62	354.28
600823	世茂股份	2014.05.22	0.150	0.143	1170.60	166.81
600824	益民集团	2014.05.21	0.060	0.057	878.36	50.07
600825	新华传媒	2014.08.27	0.020	0.019	1044.89	19.85
600826	兰生股份	2014.07.21	0.050	0.048	420.64	19.98
600827	友谊股份	2014.07.23	0.230	0.219	1542.78	337.10
600828	成商集团	2014.05.13	0.090	0.086	570.44	48.77
600829	三精制药	2014.07.11	0.133	0.126	579.89	73.27
600830	香溢融通	2014.06.19	0.120	0.114	454.32	51.79
600831	广电网络	2014.04.24	0.010	0.010	563.44	5.35
600832	东方明珠	2014.08.21	0.065	0.062	3186.33	196.76
600833	第一医药	2014.07.18	0.050	0.048	223.09	10.60
600834	申通地铁	2014.06.24	0.080	0.076	477.38	36.28
600835	上海机电	2014.07.24	0.280	0.266	806.50	214.53
600836	界龙实业	2014.06.20	0.020	0.019	313.56	5.96
600837	海通证券	2014.06.17	0.120	0.114	8092.13	922.50
600838	上海九百	2014.08.21	0.036	0.034	400.88	13.71
600839	四川长虹	2014.07.22	0.020	0.019	4616.24	87.71
600841	上柴股份	2014.08.11	0.059	0.056	521.89	29.25
600845	宝信软件	2014.04.28	0.240	0.228	249.73	56.94
600846	同济科技	2014.07.10	0.080	0.076	624.76	47.48
600850	华东电脑	2014.05.26	0.230	0.219	321.74	70.30
600853	龙建股份	2014.08.25	0.010	0.010	536.81	5.10
600854	春兰股份	2014.07.30	0.018	0.017	519.46	8.88
600855	航天长峰	2014.05.23	0.021	0.020	331.62	6.62
600857	工大首创	2014.05.21	0.060	0.057	224.32	12.79
600858	银座股份	2014.08.20	0.070	0.067	520.07	34.58
600859	王府井	2014.07.11	0.500	0.475	462.77	219.81
600861	北京城乡	2014.05.07	0.150	0.143	316.80	45.14
600863	内蒙华电	2014.07.25	0.300	0.285	3871.83	1103.47
600864	哈投股份	2014.08.18	0.250	0.238	546.38	129.76
600865	百大集团	2014.07.15	0.100	0.095	376.24	35.74
600867	通化东宝	2014.04.22	0.200	0.185	931.46	172.32

上市公司派发现金红利
Dividends in 2014

红利代码 Code	红利简称 Name	发放日期 Date	每股红利(含税) Dividend (Pre-Tax)	每股红利(除税) Dividend (After-Tax)	代发总股本(百万) Equity (M)	代发红利总额 (百万) Cash(M)
600868	梅雁吉祥	2014.04.22	0.005	0.005	1898.15	9.02
600869	远东电缆	2014.06.17	0.100	0.095	990.04	94.05
600872	中炬高新	2014.06.18	0.081	0.077	796.64	61.30
600873	梅花生物	2014.06.20	0.100	0.095	3108.23	295.28
600874	创业环保	2014.07.31	0.080	0.076	1087.23	82.63
600875	东方电气	2014.05.14	0.180	0.171	1663.86	284.52
600880	博瑞传播	2014.03.31	0.200	0.190	683.33	129.83
600881	亚泰集团	2014.07.30	0.100	0.095	1894.73	180.00
600882	华联矿业	2014.07.08	0.025	0.024	399.24	9.48
600882	华联矿业	2014.09.03	0.500	0.475	399.24	189.64
600883	博闻科技	2014.06.26	0.020	0.019	236.09	4.49
600884	杉杉股份	2014.07.10	0.060	0.057	410.86	23.42
600886	国投电力	2014.06.26	0.146	0.139	6786.02	942.04
600887	伊利股份	2014.07.16	0.800	0.760	2042.91	1552.61
600888	新疆众和	2014.06.16	0.050	0.048	641.23	30.46
600889	南京化纤	2014.06.16	0.030	0.029	307.07	8.75
600891	秋林集团	2014.07.14	0.035	0.033	325.53	10.82
600893	航空动力	2014.05.26	0.083	0.079	1089.57	85.91
600895	张江高科	2014.08.08	0.080	0.076	1548.69	117.70
600896	中海海盛	2014.05.21	0.009	0.009	581.32	4.97
600897	厦门空港	2014.06.19	0.450	0.428	297.81	127.31
600900	长江电力	2014.07.11	0.280	0.266	16500.00	4395.60
600960	渤海活塞	2014.07.01	0.025	0.024	327.95	7.79
600963	岳阳林纸	2014.06.13	0.006	0.006	1043.16	5.95
600965	福成五丰	2014.07.11	0.070	0.067	406.16	27.01
600967	北方创业	2014.05.20	0.100	0.095	457.13	43.43
600969	郴电国际	2014.05.16	0.181	0.172	210.27	36.10
600970	中材国际	2014.05.26	0.025	0.024	1093.30	25.97
600971	恒源煤电	2014.07.04	0.100	0.095	1000.00	95.00
600973	宝胜股份	2014.07.15	0.080	0.076	411.39	31.27
600976	武汉健民	2014.05.26	0.380	0.361	153.40	55.38
600978	宜华木业	2014.06.20	0.085	0.081	1482.87	119.74
600979	广安爱众	2014.06.18	0.050	0.048	717.89	34.10
600981	汇鸿股份	2014.07.17	0.030	0.029	516.11	14.71
600982	宁波热电	2014.05.19	0.125	0.086	168.00	14.44
600983	合肥三洋	2014.06.19	0.080	0.076	532.80	40.49
600985	雷鸣科化	2014.08.22	0.100	0.095	175.24	16.65
600987	航民股份	2014.05.09	0.200	0.190	635.31	120.71
600990	四创电子	2014.06.26	0.040	0.038	136.70	5.19
600992	贵绳股份	2014.06.18	0.030	0.029	245.09	6.99
600993	马应龙	2014.07.21	0.170	0.162	331.58	53.55
600995	文山电力	2014.06.16	0.085	0.081	478.53	38.64
600997	开滦股份	2014.06.20	0.062	0.059	1234.64	72.72
600998	九州通	2014.06.19	0.100	0.095	1609.62	152.91
600999	招商证券	2014.11.05	0.153	0.145	5808.14	844.21
601000	唐山港	2014.05.15	0.050	0.048	2030.35	96.44
601002	晋亿实业	2014.06.27	0.100	0.095	792.69	75.31
601003	柳钢股份	2014.07.15	0.030	0.029	2562.79	73.04
601006	大秦铁路	2014.06.23	0.430	0.409	14866.79	6073.08
601007	金陵饭店	2014.07.17	0.080	0.076	300.00	22.80

上市公司派发现金红利
Dividends in 2014

红利代码 Code	红利简称 Name	发放日期 Date	每股红利(含税) Dividend (Pre-Tax)	每股红利(除税) Dividend (After-Tax)	代发总股本(百万) Equity (M)	代发红利总额 (百万) Cash(M)
601008	连云港	2014.06.23	0.050	0.048	1015.22	48.22
601009	南京银行	2014.07.25	0.460	0.437	2968.93	1297.42
601010	文峰股份	2014.05.19	0.360	0.342	739.20	252.81
601012	隆基股份	2014.07.10	0.050	0.048	538.52	25.58
601018	宁波港	2014.06.26	0.083	0.079	12800.00	1009.28
601028	玉龙股份	2014.05.22	0.250	0.238	320.12	76.03
601038	一拖股份	2014.07.11	0.060	0.057	593.91	33.85
601058	赛轮股份	2014.05.20	0.200	0.190	445.40	84.63
601088	中国神华	2014.07.14	0.910	0.865	16491.04	14256.50
601098	中南传媒	2014.06.26	0.200	0.190	1796.00	341.24
601099	太平洋	2014.06.26	0.015	0.014	2353.64	33.54
601100	恒立油缸	2014.05.22	0.130	0.124	630.00	77.81
601101	昊华能源	2014.07.04	0.138	0.131	1200.00	157.32
601106	中国一重	2014.07.08	0.001	0.001	6538.00	4.97
601107	四川成渝	2014.06.24	0.080	0.076	2162.74	164.37
601111	中国国航	2014.07.15	0.045	0.043	8522.07	366.79
601113	华鼎股份	2014.06.18	0.050	0.048	640.00	30.40
601116	三江购物	2014.05.21	0.200	0.190	410.76	78.04
601117	中国化学	2014.07.17	0.100	0.095	4933.00	468.64
601118	海南橡胶	2014.07.17	0.020	0.019	3931.17	74.69
601126	四方股份	2014.06.30	0.275	0.261	406.60	106.22
601137	博威合金	2014.06.17	0.150	0.143	215.00	30.64
601139	深圳燃气	2014.06.25	0.143	0.136	1980.45	269.04
601158	重庆水务	2014.05.23	0.270	0.257	4800.00	1231.20
601166	兴业银行	2014.07.18	0.460	0.437	19052.34	8325.87
601168	西部矿业	2014.05.12	0.050	0.048	2383.00	113.19
601169	北京银行	2014.07.17	0.180	0.161	8800.16	1416.83
601177	杭齿前进	2014.06.25	0.018	0.017	400.06	6.84
601179	中国西电	2014.06.20	0.080	0.076	5125.88	389.57
601186	中国铁建	2014.07.28	0.130	0.124	10261.25	1267.26
601188	龙江交通	2014.07.22	0.055	0.052	1315.88	68.75
601199	江南水务	2014.06.17	0.190	0.181	233.80	42.20
601208	东材科技	2014.06.19	0.100	0.095	615.76	58.50
601216	内蒙君正	2014.07.07	0.060	0.057	1280.00	72.96
601222	林洋电子	2014.06.16	0.200	0.190	355.18	67.48
601225	陕西煤业	2014.07.11	0.120	0.114	10000.00	1140.00
601231	环旭电子	2014.06.20	0.168	0.160	1011.72	161.47
601233	桐昆股份	2014.07.03	0.023	0.022	963.60	21.05
601238	广汽集团	2014.07.24	0.100	0.095	4221.72	401.06
601238	广汽集团	2014.10.10	0.080	0.076	4221.72	320.85
601288	农业银行	2014.07.03	0.177	0.168	294055.29	49445.40
601299	中国北车	2014.07.10	0.200	0.190	10126.08	1923.96
601311	骆驼股份	2014.07.08	0.185	0.176	851.83	149.71
601313	江南嘉捷	2014.04.09	0.250	0.238	400.46	95.11
601318	中国平安	2014.06.27	0.450	0.428	4786.41	2046.19
601318	中国平安	2014.09.12	0.250	0.238	4786.42	1136.77
601328	交通银行	2014.07.11	0.260	0.247	39250.86	9694.96
601333	广深铁路	2014.07.28	0.080	0.076	5652.24	429.57
601336	新华保险	2014.07.15	0.150	0.143	2085.44	297.18
601339	百隆东方	2014.05.22	0.204	0.194	750.00	145.35

上市公司派发现金红利
Dividends in 2014

红利代码 Code	红利简称 Name	发放日期 Date	每股红利(含税) Dividend (Pre-Tax)	每股红利(除税) Dividend (After-Tax)	代发总股本(百万) Equity (M)	代发红利总额(百万) Cash(M)
601369	陕鼓动力	2014.04.25	0.350	0.333	1638.77	544.89
601377	兴业证券	2014.06.17	0.080	0.076	2600.00	197.60
601388	怡球资源	2014.07.03	0.065	0.062	410.00	25.32
601390	中国中铁	2014.08.06	0.066	0.063	17092.51	1071.70
601398	工商银行	2014.06.20	0.262	0.249	264595.66	65783.77
601518	吉林高速	2014.06.26	0.064	0.061	1213.20	73.76
601555	东吴证券	2014.04.30	0.060	0.057	2000.00	114.00
601566	九牧王	2014.05.23	0.700	0.665	578.46	384.68
601567	三星电气	2014.07.09	0.500	0.475	400.50	190.24
601588	北辰实业	2014.06.17	0.060	0.057	2660.00	151.62
601599	鹿港科技	2014.05.21	0.050	0.048	318.00	15.11
601601	中国太保	2014.07.18	0.400	0.380	6286.70	2388.95
601607	上海医药	2014.05.26	0.260	0.247	1923.02	474.99
601608	中信重工	2014.07.02	0.058	0.055	2740.00	150.97
601616	广电电气	2014.05.15	0.050	0.048	932.58	44.30
601618	中国中冶	2014.07.15	0.061	0.058	16239.00	941.05
601628	中国人寿	2014.06.25	0.300	0.285	20823.53	5934.71
601633	长城汽车	2014.05.23	0.820	0.779	2009.24	1565.20
601636	旗滨集团	2014.04.04	0.180	0.171	693.89	118.65
601666	平煤股份	2014.07.11	0.085	0.081	2361.16	190.66
601668	中国建筑	2014.06.17	0.143	0.136	30000.00	4075.50
601669	中国电建	2014.07.04	0.143	0.136	9600.00	1304.16
601677	明泰铝业	2014.07.02	0.100	0.095	401.00	38.10
601678	滨化股份	2014.04.16	0.150	0.143	660.00	94.05
601688	华泰证券	2014.06.25	0.150	0.143	5600.00	798.00
601700	风范股份	2014.05.05	0.320	0.304	453.36	137.82
601717	郑煤机	2014.07.04	0.165	0.157	1377.89	215.98
601718	际华集团	2014.07.11	0.038	0.036	3857.00	139.24
601727	上海电气	2014.08.22	0.075	0.071	9850.71	698.61
601766	中国南车	2014.07.29	0.090	0.086	11779.00	1007.10
601777	力帆股份	2014.06.27	0.250	0.238	1010.39	239.97
601788	光大证券	2014.06.17	0.020	0.019	3418.00	64.94
601789	宁波建工	2014.05.26	0.150	0.143	488.04	69.55
601798	蓝科高新	2014.07.16	0.060	0.057	354.53	20.21
601799	星宇股份	2014.06.18	0.730	0.694	239.68	166.22
601800	中国交建	2014.07.02	0.188	0.178	11747.24	2093.83
601801	皖新传媒	2014.07.04	0.200	0.190	910.00	172.90
601808	中海油服	2014.06.16	0.430	0.409	2960.47	1209.35
601818	光大银行	2014.07.17	0.172	0.163	39810.36	6505.01
601857	中国石油	2014.06.05	0.158	0.150	161922.08	24234.88
601857	中国石油	2014.09.19	0.168	0.159	161922.08	25766.66
601877	正泰电器	2014.04.29	0.600	0.570	1008.02	574.57
601877	正泰电器	2014.09.30	0.500	0.475	1008.26	478.92
601880	大连港	2014.08.22	0.060	0.057	3363.40	191.71
601886	江河创建	2014.06.12	0.080	0.076	1154.05	87.71
601888	中国国旅	2014.06.24	0.400	0.380	976.24	370.97
601898	中煤能源	2014.05.23	0.081	0.077	9152.00	704.25
601899	紫金矿业	2014.07.07	0.080	0.076	15803.80	1201.09
601908	京运通	2014.06.26	0.020	0.019	859.77	16.34
601918	国投新集	2014.08.26	0.005	0.005	2590.54	12.31

上市公司派发现金红利
Dividends in 2014

红利代码 Code	红利简称 Name	发放日期 Date	每股红利(含税) Dividend (Pre-Tax)	每股红利(除税) Dividend (After-Tax)	代发总股本(百万) Equity (M)	代发红利总额 (百万) Cash(M)
601928	凤凰传媒	2014.07.16	0.100	0.095	2544.90	241.77
601928	凤凰传媒	2014.11.13	0.100	0.095	2544.90	241.77
601929	吉视传媒	2014.05.12	0.054	0.051	1467.89	75.30
601933	永辉超市	2014.04.14	0.200	0.190	1627.22	309.17
601939	建设银行	2014.07.10	0.300	0.285	9593.66	2734.19
601958	金钼股份	2014.05.19	0.040	0.038	3226.60	122.61
601965	中国汽研	2014.05.23	0.200	0.190	640.79	121.75
601988	中国银行	2014.06.27	0.196	0.186	195742.28	36447.21
601989	中国重工	2014.06.30	0.046	0.044	17531.18	766.11
601991	大唐发电	2014.08.08	0.120	0.114	9994.36	1139.36
601992	金隅股份	2014.07.18	0.078	0.074	3615.26	267.89
601996	丰林集团	2014.05.07	0.060	0.057	468.91	26.73
601998	中信银行	2014.07.17	0.252	0.239	31905.16	7638.10
601999	出版传媒	2014.08.15	0.039	0.037	550.91	20.41
603000	人民网	2014.06.27	0.500	0.475	276.42	131.30
603001	奥康国际	2014.06.25	0.220	0.209	400.98	83.80
603002	宏昌电子	2014.07.04	0.052	0.049	400.00	19.76
603005	晶方科技	2014.05.15	0.150	0.143	226.70	32.30
603008	喜临门	2014.07.08	0.130	0.124	315.00	38.90
603077	和邦股份	2014.07.11	0.040	0.038	505.55	19.21
603123	翠微股份	2014.06.20	0.180	0.171	308.00	52.67
603128	华贸物流	2014.08.08	0.085	0.081	400.00	32.30
603167	渤海轮渡	2014.05.15	0.150	0.143	481.40	68.60
603288	海天味业	2014.05.19	0.500	0.475	748.50	355.54
603308	应流股份	2014.07.04	0.082	0.078	400.01	31.16
603328	依顿电子	2014.09.22	0.060	0.057	489.00	27.87
603333	明星电缆	2014.07.18	0.004	0.004	520.01	1.98
603366	日出东方	2014.04.30	0.530	0.504	400.00	201.40
603399	新华龙	2014.05.27	0.033	0.031	253.36	7.94
603555	贵人鸟	2014.06.23	0.450	0.428	614.00	262.49
603699	纽威股份	2014.06.27	0.350	0.333	750.00	249.38
603766	隆鑫通用	2014.04.28	0.208	0.198	800.00	158.08
603993	洛阳钼业	2014.05.22	0.140	0.133	3765.01	500.75
900902	市北 B 股	2014.07.29	0.031	0.029	232.93	6.86
900903	大众 B 股	2014.06.26	0.080	0.076	533.87	40.57
900905	老凤祥 B	2014.07.18	0.860	0.817	206.01	168.31
900907	鼎立 B 股	2014.07.09	0.020	0.019	120.64	2.29
900908	氯碱 B 股	2014.06.19	0.005	0.005	406.56	1.93
900909	双钱 B 股	2014.06.19	0.108	0.103	243.10	24.94
900910	海立 B 股	2014.08.01	0.100	0.095	284.17	27.00
900911	金桥 B 股	2014.08.06	0.140	0.133	272.18	36.20
900912	外高 B 股	2014.07.16	0.150	0.143	200.56	28.58
900914	锦投 B 股	2014.07.18	0.260	0.247	161.05	39.78
900915	中路 B 股	2014.06.27	0.040	0.038	83.49	3.17
900918	耀皮 B 股	2014.06.23	0.040	0.038	187.50	7.13
900920	上柴 B 股	2014.08.11	0.059	0.056	344.80	19.33
900923	友谊 B 股	2014.07.23	0.230	0.219	179.72	39.27
900925	机电 B 股	2014.07.24	0.280	0.266	216.24	57.52
900926	宝信 B 股	2014.04.28	0.240	0.228	114.40	26.08
900929	锦旅 B 股	2014.07.09	0.221	0.210	132.56	27.83

上市公司派发现金红利
Dividends in 2014

红利代码 Code	红利简称 Name	发放日期 Date	每股红利(含税) Dividend (Pre-Tax)	每股红利(除税) Dividend (After-Tax)	代发总股本(百万) Equity (M)	代发红利总额 (百万) Cash(M)
900932	陆家B股	2014.06.12	0.226	0.215	509.60	109.41
900933	华新B股	2014.06.17	0.200	0.190	328.00	62.32
900934	锦江B股	2014.06.24	0.380	0.361	156.00	56.32
900935	阳晨B股	2014.06.27	0.040	0.038	244.60	9.29
900936	鄂资B股	2014.05.13	0.120	0.114	420.00	47.88
900941	东信B股	2014.07.09	0.060	0.057	300.00	17.10
900942	黄山B股	2014.05.19	0.040	0.038	156.00	5.93
900943	开开B股	2014.07.03	0.035	0.033	80.00	2.66
900948	伊泰B股	2014.06.12	0.320	0.304	2928.00	890.12
900950	新城B股	2014.05.21	0.103	0.098	1593.19	155.89
900952	锦港B股	2014.05.16	0.025	0.024	222.81	5.29
900956	东贝B股	2014.07.08	0.100	0.095	235.00	22.33

上市公司送股
Bonus Shares in 2014

股票代码 Code	股票简称 Name	股权登记日 Registration Date	除净日 Ex-Date	送股上市 Bonus Share Listing	收盘价 Close Price	除净价 Ex-Price	送股比例 Bonus Share Ratio
600010	包钢股份	2014.09.26	2014.09.29	2014.09.30	5.69	1.42	1.00
600016	民生银行	2014.06.24	2014.06.25	2014.06.26	7.60	5.21	0.20
600023	浙能电力	2014.06.18	2014.06.19	2014.06.20	6.28	3.60	0.30
600035	楚天高速	2014.05.13	2014.05.14	2014.05.15	3.26	1.88	0.30
600039	四川路桥	2014.10.08	2014.10.09	2014.10.10	9.23	2.31	1.00
600048	保利地产	2014.05.21	2014.05.22	2014.05.23	7.54	3.22	0.50
600056	中国医药	2014.06.18	2014.06.19	2014.06.20	20.89	5.15	1.00
600070	浙江富润	2014.05.21	2014.05.22	2014.05.23	8.40	3.60	0.50
600074	中达股份	2013.12.27	2014.01.06	2014.01.07	4.14	2.26	0.36
600109	国金证券	2014.10.23	2014.10.24	2014.10.27	24.01	6.01	1.00
600114	东睦股份	2014.04.29	2014.04.30	2014.05.05	14.59	6.42	0.50
600138	中青旅	2014.09.26	2014.09.29	2014.09.30	24.81	10.96	0.50
600157	永泰能源	2014.05.21	2014.05.22	2014.05.23	4.75	1.17	1.00
600170	上海建工	2014.06.16	2014.06.17	2014.06.18	5.97	3.42	0.30
600175	美都能源	2014.06.13	2014.06.16	2014.06.17	6.03	5.46	0.05
600206	有研新材	2014.05.09	2014.05.12	2014.05.13	20.98	5.25	1.00
600255	鑫科材料	2014.10.09	2014.10.10	2014.10.13	15.37	2.46	1.50
600261	阳光照明	2014.06.19	2014.06.20	2014.06.23	16.22	7.14	0.50
600266	北京城建	2014.04.15	2014.04.16	2014.04.17	10.08	6.69	0.20
600276	恒瑞医药	2014.05.14	2014.05.15	2014.05.16	34.32	28.29	0.10
600285	羚锐制药	2014.07.01	2014.07.02	2014.07.03	13.48	5.93	0.50
600317	营口港	2014.06.13	2014.06.16	2014.06.17	7.94	0.82	2.00
600343	航天动力	2014.04.22	2014.04.23	2014.04.24	18.12	4.51	1.00
600373	中文传媒	2014.06.20	2014.06.23	2014.06.24	21.19	6.48	0.80
600396	金山股份	2014.05.15	2014.05.16	2014.05.19	10.67	2.63	1.00
600401	海润光伏	2014.06.11	2014.06.12	2014.06.13	8.30	6.17	0.16
600405	动力源	2014.07.16	2014.07.17	2014.07.18	14.63	6.48	0.50
600459	贵研铂业	2014.06.18	2014.06.19	2014.06.20	20.18	11.87	0.30
600460	士兰微	2014.05.20	2014.05.21	2014.05.22	6.99	4.14	0.30
600478	科力远	2014.07.07	2014.07.08	2014.07.09	23.13	10.28	0.50
600486	扬农化工	2014.04.23	2014.04.24	2014.04.25	33.71	14.89	0.50
600487	亨通光电	2014.05.23	2014.05.26	2014.05.27	20.65	9.10	0.50
600490	鹏欣资源	2014.06.06	2014.06.09	2014.06.10	10.38	3.59	0.70
600495	晋西车轴	2014.08.01	2014.08.04	2014.08.05	15.52	6.03	0.60
600517	置信电气	2014.06.25	2014.06.26	2014.06.27	18.19	5.57	0.80
600519	贵州茅台	2014.06.24	2014.06.25	2014.06.26	163.57	131.56	0.10
600526	菲达环保	2014.05.26	2014.05.27	2014.05.28	18.25	4.54	1.00
600536	中国软件	2014.05.20	2014.05.21	2014.05.22	28.63	7.14	1.00
600552	方兴科技	2014.04.25	2014.04.28	2014.04.29	19.87	8.80	0.50
600557	康缘药业	2014.06.26	2014.06.27	2014.06.30	33.84	23.42	0.20
600558	大西洋	2014.07.30	2014.07.31	2014.08.01	9.16	5.39	0.30
600562	国睿科技	2014.07.15	2014.07.16	2014.07.17	54.82	13.63	1.00
600587	新华医疗	2014.07.18	2014.07.21	2014.07.22	64.95	16.21	1.00
600588	用友软件	2014.04.22	2014.04.23	2014.04.24	18.68	12.77	0.20
600633	浙报传媒	2014.05.19	2014.05.20	2014.05.21	25.83	6.37	1.00
600634	中技控股	2014.05.16	2014.05.19	2014.05.20	11.06	4.91	0.50
600675	中华企业	2014.06.16	2014.06.17	2014.06.18	5.68	3.88	0.20
600684	珠江实业	2014.07.03	2014.07.04	2014.07.07	6.86	3.02	0.50
600687	刚泰控股	2014.06.25	2014.06.26	2014.06.27	13.53	7.96	0.30
600703	三安光电	2014.07.03	2014.07.04	2014.07.07	23.03	10.15	0.50

上市公司送股
Bonus Shares in 2014

股票代码 Code	股票简称 Name	股权登记日 Registration Date	除净日 Ex-Date	送股上市 Bonus Share Listing	收盘价 Close Price	除净价 Ex-Price	送股比例 Bonus Share Ratio
600705	中航资本	2014.12.25	2014.12.26	2014.12.29	27.57	6.85	1.00
600711	盛屯矿业	2014.09.25	2014.09.26	2014.09.29	18.44	2.94	1.50
600761	安徽合力	2014.06.23	2014.06.24	2014.06.25	12.14	8.23	0.20
600787	中储股份	2014.08.20	2014.08.21	2014.08.22	16.20	4.04	1.00
600792	云煤能源	2014.10.28	2014.10.29	2014.10.30	12.58	3.15	1.00
600801	华新水泥	2014.06.16	2014.06.17	2014.06.18	11.63	4.46	0.60
600820	隧道股份	2014.06.13	2014.06.16	2014.06.17	10.33	2.51	1.00
600863	内蒙华电	2014.07.24	2014.07.25	2014.07.28	4.07	1.67	0.50
600867	通化东宝	2014.04.21	2014.04.22	2014.04.23	12.93	10.52	0.10
600880	博瑞传播	2014.03.28	2014.03.31	2014.04.01	17.41	6.73	0.60
600887	伊利股份	2014.07.15	2014.07.16	2014.07.17	33.91	14.71	0.50
600965	福成五丰	2014.07.10	2014.07.11	2014.07.14	7.18	4.21	0.30
600967	北方创业	2014.05.19	2014.05.20	2014.05.21	18.71	5.74	0.80
600982	宁波热电	2014.05.16	2014.05.19	2014.05.20	14.50	2.30	1.50
600988	赤峰黄金	2014.06.24	2014.06.25	2014.06.26	13.42	3.36	1.00
601099	太平洋	2014.10.08	2014.10.09	2014.10.10	9.88	4.39	0.50
601169	北京银行	2014.07.16	2014.07.17	2014.07.18	8.21	5.58	0.20
601216	内蒙君正	2014.07.04	2014.07.07	2014.07.08	10.81	4.20	0.60
601377	兴业证券	2014.09.18	2014.09.19	2014.09.22	11.82	2.96	1.00
601388	怡球资源	2014.07.02	2014.07.03	2014.07.04	10.68	6.29	0.30
601515	东风股份	2014.06.20	2014.06.23	2014.06.24	24.48	6.12	1.00
601519	大智慧	2014.04.29	2014.04.30	2014.05.05	7.32	6.05	0.10
601558	*ST 锐电	2014.12.30	2014.12.31	2015.01.05	4.43	1.97	0.50
601933	永辉超市	2014.04.11	2014.04.14	2014.04.15	12.87	3.17	1.00
603000	人民网	2014.06.26	2014.06.27	2014.06.30	76.53	19.01	1.00
603077	和邦股份	2014.07.10	2014.07.11	2014.07.14	13.54	3.38	1.00
603288	海天味业	2014.05.16	2014.05.19	2014.05.20	72.16	17.92	1.00
603399	新华龙	2014.05.26	2014.05.27	2014.05.28	11.89	6.05	0.40
900933	华新 B 股	2014.06.19	2014.06.17	2014.06.23	0.91	0.93	0.60

上市公司配股
Allotment in 2014

股票代码 Code	股票简称 Name	股权登记日 Registration Date	除净日 Ex-Date	配股上市 Right Issue Listing	收盘价 Close Price	配股价 Right Issue Price	除净价 Ex-Price	配股比例 Right Issue Ratio
600059	古越龙山	2014.06.03	2014.06.12	2014.06.23	7.860	6.400	7.520	0.3000
600089	特变电工	2014.01.16	2014.01.27	2014.02.12	10.240	6.900	9.640	0.2200
600153	建发股份	2014.04.18	2014.04.29	2014.05.12	6.420	5.130	6.140	0.2768
600755	厦门国贸	2014.06.26	2014.07.07	2014.07.16	4.850	4.190	4.710	0.2800
600978	宜华木业	2014.02.17	2014.02.26	2014.03.05	6.550	4.030	5.970	0.3000
601798	蓝科高新	2014.01.13	2014.01.22	2014.02.07	11.220	5.680	10.670	0.1100

上市公司通讯录
Contact Information of Listed Companies

A 股代码 A Code	A 股简称 A Name	B 股代码 B Code	B 股简称 B Name	电话 Telephone	通讯地址及邮编 Addre&Zip
600000	浦发银行			61618731	上海市中山东一路 12 号,邮编:200002
600004	白云机场			020-36063593	广州白云国际机场南工作区机场股份公司机关办公楼,邮编:510470
600005	武钢股份			027-86802031	武汉市青山区沿港路 3 号,邮编:430080
600006	东风汽车			027-84287977	湖北省武汉经济技术开发区创业路 58 号,邮编:430056
600007	中国国贸			010-65052288	北京市建国门外大街 1 号国贸大厦 29 层,邮编:100004
600008	首创股份			010-64689035	北京市朝阳区北三环东路 8 号静安中心三层,邮编:100028
600009	上海机场			021-68341609	上海市浦东新区启航路 900 号,邮编:201207
600010	包钢股份			0472-2189515	内蒙古包头市昆区包钢信息大楼东副楼,邮编:014010
600011	华能国际			010-63226997	北京市西城区复兴门内大街 6 号华能大厦,邮编:100031
600012	皖通高速			0551-65338681	安徽省合肥市望江西路 520 号,邮编:230088
600015	华夏银行			01085238888	北京市东城区建国门内大街 22 号华夏银行大厦,邮编:100005
600016	民生银行			010－68467286	北京市海淀区中关村南大街 1 号友谊宾馆嘉宾楼 87707,邮编:100873
600017	日照港			0633-8387350	山东省日照市海滨二路 81 号,邮编:276826
600018	上港集团			021-55333388-28066	上海市虹口区东大名路 358 号国际港务大厦,邮编:200080
600019	宝钢股份			26647000	上海市宝山区富锦路 885 号宝钢指挥中心,邮编:201900
600020	中原高速			0371-87166818	郑州市郑东新区农业东路 100 号中原高速,邮编:450016
600021	上海电力			021-23108810	上海市中山南路 268 号 1 号楼 36 层,邮编:200010
600022	山东钢铁			0531-67606886	济南市舜华路 2000 号，舜泰广场 4 号楼,邮编:250101
600023	浙能电力			0571-8721 0223	杭州市天目山路 152 号浙能大楼 2 楼,邮编:310007
600026	中海发展			65967160	东大名路 670 号 7 楼,邮编:200080
600027	华电国际			8610-8356 7779	北京市西城区宣武门内大街 2 号 B 座 12 至 16 层,邮编:100031
600028	中国石化			010-59962210	中国北京市朝阳区朝阳门北大街 22 号,邮编:100728
600029	南方航空			020-86124738;020-861	广东省广州市机场路 278 号,邮编:510405
600030	中信证券			010-84588581	北京市朝阳区亮马桥路 48 号中信证券大厦；深圳市福田区中心三路 8 号中信证券大厦,邮编:100026
600031	三一重工			0731-84031640/838	湖南省长沙经济技术开发区,邮编:410100
600033	福建高速			0591-87077366	福州市东水路 18 号福建交通综合大楼 26 层,邮编:350001
600035	楚天高速			02784863942	武汉市汉阳区龙阳大道 9 号,邮编:430051
600036	招商银行			0755-83195105	深圳市福田区深南大道 7088 号招商银行大厦,邮编:518040
600037	歌华有线			010-62035573	北京市东城区青龙胡同 1 号歌华大厦七层,邮编:100007
600038	哈飞股份			0451-86528350	哈尔滨市平房区友协大街 15 号,邮编:150066
600039	四川路桥			028-85126085	成都市高新区九兴大道 12 号,邮编:610041
600048	保利地产			020-89898001	广州市海珠区阅江中路 688 号保利国际广场北塔 29-33 层,邮编:510308
600050	中国联通			010－52733331	上海市长宁区长宁路 1033 号联通大厦 29 楼,邮编:200050
600051	宁波联合			0574-86222002	宁波开发区东海路 1 号联合大厦,邮编:315803
600052	浙江广厦			0571-87974176	浙江省杭州市玉古路 166 号,邮编:310013
600053	中江地产			13803545388	江西省南昌市东湖区沿江北大道 1379 号紫金城 A 栋写字楼,邮编:330096
600054	黄山旅游	900942	黄山 B 股	0559-5580567	安徽黄山市黄山风景区汤泉,邮编:245800
600055	华润万东			010-84569688	北京市朝阳区酒仙桥东路 9 号院 3 号楼,邮编:100015
600056	中国医药			010-67107667	北京市东城区光明中街 18 号美康大厦,邮编:100061
600057	象屿股份			0592-2613677	厦门现代物流园区象兴四路 21 号银盛大厦 9 楼,邮编:361022
600058	五矿发展			010-68494205	北京市海淀区三里河路 5 号 B 座,邮编:100044
600059	古越龙山			0575-85158435	浙江省绍兴市北海桥,邮编:312000
600060	海信电器			0532-83889556	青岛市市南区东海西路 17 号海信大厦 15 层 1511 室,邮编:266071
600061	中纺投资			021-62838888	上海市长宁区延安西路 1228 号嘉利大厦 33 层,邮编:200052
600062	华润双鹤			010-64742227*380	北京市朝阳区望京利泽东二路 1 号,邮编:100102
600063	皖维高新			0551-82189280	安徽省合肥市巢湖市皖维路 56 号,邮编:238002
600064	南京高科			025-85800721	南京经济技术开发区新港大道 129 号,邮编:210038
600066	宇通客车			0371-66733790	郑州市管城回族区宇通路宇通工业园,邮编:450016
600067	冠城大通			0591-83350026	福建省福州市鼓楼区五一中路 32 号元洪大厦 26 层,邮编:350005
600068	葛洲坝			027-83790801	湖北省武汉市解放大道 558 号葛洲坝大酒店 B 座 7 层,邮编:430033

上市公司通讯录
Contact Information of Listed Companies

A 股代码 A Code	A 股简称 A Name	B 股代码 B Code	B 股简称 B Name	电话 Telephone	通讯地址及邮编 Addre&Zip
600069	银鸽投资			0395-5615559	河南省漯河市人民东路与东环路交叉口银鸽投资研发大厦 603 室,邮编:462000
600070	浙江富润			0575-87015763	浙江省诸暨市陶朱南路 12 号,邮编:311800
600071	凤凰光学			0793-8259523	江西省上饶市光学路 1 号,邮编:334000
600072	*ST 钢构			021-53023456*672	上海市鲁班路 600 号江南造船大厦 11-13 楼,邮编:200023
600073	上海梅林			021-53891298	上海市新闸路 1418 号,邮编:200040
600074	中达股份			0510-86686352	江苏省江阴市滨江西路 589 号亚包公司二楼 212 室,邮编:214443
600075	*ST 新业			0993-2623118	新疆石河子市经济技术开发区北三东路 36 号,邮编:832000
600076	青鸟华光			0536-2991601	山东省潍坊市高新技术产业开发区北宫东街 6 号,邮编:261061
600077	宋都股份			0571-86759619	杭州市富春路 789 号 5 楼,邮编:110168
600078	澄星股份			0510-80622329	江苏省江阴市梅园大街 618 号,邮编:214432
600079	人福医药			027-87597232	武汉市东湖高新区高新大道 666 号人福医药大厦 713 室,邮编:430075
600080	金花股份			029-81778688	西安高新技术产业开发区科技四路 202(710065),邮编:710065
600081	东风科技			021-62033003*52	上海市中山北路 2000 号 22 楼,邮编:200063
600082	海泰发展			022-85689891	天津新技术产业园区华苑产业区海泰西路 18 号软件与服务外包产业基地中北楼五层,邮编:300384
600083	博信股份			0755-86278086	广东省清远市新城方正二街 1 号自来水大厦,邮编:511518
600084	中葡股份			0991-8868389	新疆乌鲁木齐市红山路 39 号,邮编:830002
600085	同仁堂			010-67020018	北京市东城区崇外大街 42 号, 北京市东城区东兴隆街 52 号,邮编:100062
600086	东方金钰			0755-25266298	深圳市罗湖区贝丽北路水贝工业园2栋东方金钰大厦3楼,邮编:518020
600088	中视传媒			010-65999008	上海浦东新区福山路 450 号新天国际大厦 17 层 A 座,邮编:200122
600089	特变电工			0994-2724766	新疆昌吉市延安南路 52 号,邮编:831100
600090	啤酒花			0991-3687305	新疆乌鲁木齐经济技术开发区上海路 130 号,邮编:830026
600091	ST 明科			0472-2207068	包头稀土高新技术产业开发区曙光路 22 号,邮编:014030
600093	禾嘉股份			028-85155498	四川省成都市高新技术开发区九兴大道 3 号,邮编:610041
600094	大名城	900940	大名城 B	021-62479058	上海市闵行区红松东路 1116 号 1 幢 5 楼 A 区,邮编:201103
600095	哈高科			0451-84348141	哈尔滨开发区迎宾路集中区天平路 2 号,邮编:150078
600096	云天化			0871-66242239	云南省昆明市滇池路 1417 号,邮编:650000
600097	开创国际			021-65686875	上海市杨浦区共青路 448 号,邮编:200090
600098	广州发展			020-37850228	广州市珠江新城临江大道 3 号发展中心 31-33 楼,邮编:510623
600099	林海股份			0523-86992165	江苏省泰州市迎春西路 199 号,邮编:225300
600100	同方股份			010－82399888	北京市海淀区五道口清华同方科技广场,邮编:100084
600101	明星电力			0825-2210829	四川省遂宁市开发区明月路 88 号,邮编:629000
600103	青山纸业			0591-83367773	福建省福州市鼓楼区五一北路 171 号新都会花园广场 16 层,邮编:350005
600104	上汽集团			(021)22011290	上海市静安区威海路 489 号上海汽车大厦,邮编:200041
600105	永鼎股份			0512-63271201	江苏省吴江市芦墟镇汾湖经济技术开发区,邮编:215211
600106	重庆路桥			023-62803729	重庆南坪经济技术开发区丹龙路 11 号,邮编:400060
600107	美尔雅			0714－6360299	湖北省黄石市团城山开发区 8 号小区美尔雅工业园,邮编:435003
600108	亚盛集团			0931-8857178	甘肃省兰州市城关区雁兴路 21 号 10－15 楼,邮编:730010
600109	国金证券			021-61357527	成都市青羊区东城根上街 95 号 16 楼,邮编:610015
600110	中科英华			0431-85161088	吉林省长春市高新技术开发区火炬路 286 号,邮编:130022
600111	包钢稀土			0472-2207525	内蒙古包头市稀土高新技术产业开发区黄河路 83 号,邮编:014030
600112	天成控股			0852－8634986	贵州省遵义市武汉路长征电气工业园,邮编:563002
600113	浙江东日			0577-88852188	浙江省温州市矮凳桥 92 号,邮编:325003
600114	东睦股份			0574-87840906	宁波市鄞州工业园区（姜山）景江路 8 号,邮编:315191
600115	东方航空			22330928	上海市长宁区空港三路 92 号 1 号楼 3 楼,邮编:200335
600116	三峡水利			023-63801161	重庆市渝中区邹容路 68 号大都会商厦 3611 室,邮编:400010
600117	西宁特钢			0971-5299186	青海省西宁市柴达木西路 52 号,邮编:810005
600118	中国卫星			010-68197793	北京市海淀区中关村南大街 31 号神舟科技大厦 12 层,邮编:100081
600119	长江投资			68407009	上海闵行区光华路 888 号,邮编:201108
600120	浙江东方			0571-87600320	杭州西湖大道 1 2 号 新东方大厦 A 座,邮编:310009
600121	郑州煤电			0371-87785116	郑州市中原区中原西路 188 号,邮编:450007

上市公司通讯录
Contact Information of Listed Companies

A 股代码 A Code	A 股简称 A Name	B 股代码 B Code	B 股简称 B Name	电话 Telephone	通讯地址及邮编 Addre&Zip
600122	宏图高科			025-83274691	江苏省南京市雨花台区软件大道 60 号 4 楼,邮编:210012
600123	兰花科创			0356-2189698	山西省晋城市凤台东街 2288 号兰花科技大厦,邮编:048000
600125	铁龙物流			0411-82590881	辽宁省大连市中山区新安街 1 号,邮编:116001
600126	杭钢股份			0571-88132917	浙江省杭州市半山路 178 号,邮编:310022
600127	金健米业			0736-2588288	湖南省常德市德山经济开发区金健米业总部办公大楼,邮编:415001
600128	弘业股份			025-52308738	江苏省南京市中华路 50 号弘业大厦,邮编:210001
600129	太极集团			023-89886719	重庆市渝北区龙塔街道黄龙路 38 号,邮编:401147
600130	波导股份			0574-88918939	浙江省奉化市大成东路 999 号,邮编:315500
600131	岷江水电			028-80808555	四川省都江堰市奎光路 301 号,邮编:611830
600132	重庆啤酒			023-89139399	重庆市九龙坡区马王乡龙泉村 1 号,邮编:401123
600133	东湖高新			027-87172021	武汉市东湖开发区佳园路 1 号东湖高新大楼,邮编:430074
600135	乐凯胶片			0312-3302372	河北省保定市乐凯南大街 6 号,邮编:071054
600136	道博股份			027-81732221	武汉东湖新技术开发区光谷大道 112 号当代国际花园三栋 C 座二楼,邮编:430205
600137	浪莎股份			0831-8216216	四川省宜宾市外南街 63 号进出口大厦 8 楼,邮编:644000
600138	中青旅			010-58158717	北京市东城区东直门南大街 5 号中青旅大厦,邮编:100007
600139	西部资源			028-85915709	四川省成都市锦江区锦江工业开发区毕升路 168 号,邮编:610063
600141	兴发集团			0717-6760939	湖北省宜昌市发展大道 97 号宜昌三峡企业总部基地 D7 号楼二层（通讯地址）,邮编:443000
600143	金发科技			020-66818881	广州市高新技术产业开发区科丰路 33 号,邮编:510663
600145	*ST 国创			0851-5833622	贵州省贵阳市正新街 9 号富水花园 D 座 30-3 号,邮编:550003
600146	大元股份			010-84987171	北京市朝阳区北辰东路 8 号北辰时代大厦 1406 室,邮编:100101
600148	长春一东			0431-85158520	吉林省长春市高新技术产业开发区超然街 2555 号,邮编:130103
600149	廊坊发展			021-53960935	廊坊市开发区科技谷园区青果路 99 号,邮编:065000
600150	中国船舶			021-68860618	上海市浦东大道 1 号,邮编:200120
600151	航天机电			64827176	上海市漕溪路 222 号航天大厦南楼八楼,邮编:200235
600152	维科精华			0574-87341480	宁波市和义路 99 号维科大厦 10 楼,邮编:315016
600153	建发股份			0592-2263616	厦门市鹭江道 52 号海滨大厦七楼,邮编:361001
600155	宝硕股份			0312-3109607	河北省保定市国家高新技术产业开发区朝阳北大街 1098 号,邮编:071051
600156	华升股份			0731-85237877	湖南省长沙市芙蓉中路三段 420 号,邮编:410015
600157	永泰能源			0351－8366508	山西省太原市小店区亲贤北街 9 号双喜广场 26－27F,邮编:030006
600158	中体产业			010-65524133	北京市朝阳区朝外大街 225 号,邮编:100020
600159	大龙地产			010-69445636	北京市顺义区府前东街甲 2 号,邮编:101300
600160	巨化股份			0570-3091758	浙江省衢州市柯城区,邮编:324004
600161	天坛生物			010-65724045	北京市朝阳区三间房南里四号天坛生物综合楼 403 室　董事会办公室,邮编:100024
600162	香江控股			020-34821006	广东省广州市番禺区番禺大道锦绣香江花园香江控股办公楼,邮编:511442
600163	福建南纸			0599-8808806	福建省南平市滨江北路 177 号,邮编:353000
600165	新日恒力			0952-3671222	宁夏银川市解放西街 33 号建发现代城金座 10 楼,邮编:750001
600166	福田汽车			010-80716459	北京市昌平区沙河镇沙阳路,邮编:102206
600167	联美控股			024-23811545	沈阳市浑南新区远航中路 1 号,邮编:110168
600168	武汉控股			027-85790699	武汉市武昌区友谊大道特 8 号长江隧道公司管理大楼,邮编:430062
600169	太原重工			0351-6361155	太原市万柏林区玉河街 53 号,邮编:030024
600170	上海建工			021-35312079	上海市虹口区东大名路 666 号上海建工大厦,邮编:200080
600171	上海贝岭			021-24261341	上海市漕河泾开发区宜山路 810 号,邮编:200233
600172	黄河旋风			0374-6108899	河南省长葛市人民路 200 号,邮编:461500
600173	卧龙地产			0575-82177017	浙江省上虞市经济开发区人民西路 1801 号,邮编:312300
600175	美都能源			0571-88301613	杭州市拱墅区密渡桥路 70 号美都恒升名楼 4F,邮编:310005
600176	中国玻纤			010-68139199	北京市海淀区复兴路 17 号国海广场 2 号楼 10 层,邮编:100036
600177	雅戈尔			0574-87425136	浙江宁波鄞县大道西段２号,邮编:315153
600178	*ST 东安			0451-86528173	哈尔滨市平房区保国街 51 号,邮编:150066
600179	黑化股份			0452-8927129	黑龙江省齐齐哈尔市富拉基尔区向阳大街 2 号,邮编:161041
600180	瑞茂通			0371-89988090	河南省郑州市郑东新区商务外环路 20 号海联大厦 20 楼,邮编:450000

上市公司通讯录
Contact Information of Listed Companies

A股代码 A Code	A股简称 A Name	B股代码 B Code	B股简称 B Name	电话 Telephone	通讯地址及邮编 Addre&Zip
600182	S 佳通			021-22073138	上海市长宁区临虹路 280－2 号,邮编:200335
600183	生益科技			0769-22271828*8183	广东省东莞市万江区莞穗大道４１１号,邮编:523039
600184	光电股份			0710-3349838	陕西省西安市长乐中路 35 号,邮编:710043
600185	格力地产			0756-8860606	珠海市石花西路 213 号,邮编:519020
600186	莲花味精			0394-4298889	河南省项城市莲花大道 18 号,邮编:466200
600187	国中水务			010-51695610	北京市东城区灯市口大街 33 号国中商业大厦 10 层,邮编:100006
600188	兖州煤业			0537-5384031	山东省邹城市凫山南路 298 号,邮编:273500
600189	吉林森工			0431-88480580	吉林省长春市朝阳区延安大街 1399 号,邮编:130012
600190	锦州港	900952	锦港Ｂ股	0416-3586462	锦州经济技术开发区锦港大街一段 1 号,邮编:121007
600191	华资实业			0472-6957558	包头市东河区,邮编:014045
600192	长城电工			0931-8415501	兰州市城关区农民巷 215 号,邮编:730000
600193	创兴资源			021-58125999-8037	上海市浦东新区康桥路 1388 号 2 楼,邮编:201315
600195	中牧股份			010-63701951	北京市丰台区南四环西路 188 号总部基地八区 16 号楼,邮编:100070
600196	复星医药			021-63321165	上海市复兴东路 2 号 911 室,邮编:200010
600197	伊力特			0991-3667490	新疆乌鲁木齐市昆明路 148 号新捷小区 1 号楼 2 单元 102 室,邮编:830011
600198	大唐电信			010-62303607	北京市海淀区永嘉北路 6 号,邮编:100094
600199	金种子酒			0558-2210568	安徽省阜阳市莲花路 259 号,邮编:236023
600200	江苏吴中			0512-65272131	江苏省苏州市吴中区宝带东路 388 号,邮编:215128
600201	金宇集团			0471-3315176	内蒙古呼和浩特市鄂尔多斯大街 26 号,邮编:010020
600202	哈空调			0451-84612279	哈尔滨高新技术开发区迎宾路集中区滇池街 7 号,邮编:150078
600203	福日电子			13615031212,0591-833	福建省福州市六一中路 106 号榕航花园 1 号楼 3 层,邮编:350005
600206	有研新材			010-82240626	北京市新街口外大街２号,邮编:100088
600207	安彩高科			0372-3733820	河南省安阳市中州路南段,邮编:455000
600208	新湖中宝			0571-87395003	浙江省杭州市西溪路 128 号新湖商务大厦 11 层,邮编:310007
600209	罗顿发展			0898-66266364	海南省海口市人民大道 68 号北 12 楼,邮编:570208
600210	紫江企业			62377118-858	上海市虹桥路 2272 号上海虹桥商务大厦 7 楼 C 座,邮编:200336
600211	西藏药业			028-86653915	四川省成都市中新街 49 号锦贸大厦 18 楼,邮编:610016
600212	江泉实业			0539-7100388	山东省临沂市罗庄区江泉工业园三江路 6 号,邮编:276017
600213	亚星客车			0514-82989880	江苏省扬州市渡江南路 41 号,邮编:225001
600215	长春经开			0431-84644225	吉林省长春市自由大路 5188 号,邮编:130031
600216	浙江医药			0571-87213883	浙江省杭州市拱墅区登云路 268 号,邮编:310011
600217	秦岭水泥			0919-6233649	陕西省铜川市耀州区东郊,邮编:727100
600218	全柴动力			0550-5038369	安徽省全椒县襄河镇吴敬梓路 788 号,邮编:239500
600219	南山铝业			0535-8616188	山东省龙口市东江镇南山村,邮编:265706
600220	江苏阳光			0510-86121688	江苏省江阴市新桥镇马嘶桥,邮编:214426
600221	海南航空	900945	海航Ｂ股	0898-66739659	海南省海口市国兴大道 7 号海航大厦,邮编:570203
600222	太龙药业			0371-67986158	郑州市高新技术产业开发区金梭路 8 号,邮编:450001
600223	鲁商置业			0531-66697002	山东省济南市历下区经十路 9777 号 2 号楼 21 层,邮编:250014
600225	天津松江			022-58915818	天津市西青区友谊南路与外环线交口东北侧环岛西路天湾园公建 1 号楼,邮编:300221
600226	升华拜克			0572-8402738	浙江省德清县武康镇长虹中街 333 号（德清县科技创业园内）,邮编:313200
600227	赤天化			0852-2878788	贵州省赤水市化工路,邮编:564707
600228	*ST 昌九			0791-88504560	江西省南昌市青山湖区尤氨路,邮编:330012
600229	青岛碱业			0532-88082817	青岛市四流北路 78 号,邮编:266043
600230	沧州大化			0317-3556143	河北省沧州市永济东路 20 号沧州大化办公楼,邮编:061000
600231	凌钢股份			0421-6838192	辽宁省凌源市钢铁路３号,邮编:122500
600232	金鹰股份			0580-8021228	浙江省舟山市定海区小沙镇,邮编:316051
600233	大杨创世			0411-87555199	大连经济技术开发区哈尔滨路２３号,邮编:116600
600234	山水文化			0351-4040922	太原市迎泽大街 289 号,邮编:030001
600235	民丰特纸			0573-82839666	浙江省嘉兴市用里街 70 号,邮编:314000
600236	桂冠电力			0771-6118608	中国广西南宁市民族大道 126 号,邮编:530029

上市公司通讯录
Contact Information of Listed Companies

A 股代码 A Code	A 股简称 A Name	B 股代码 B Code	B 股简称 B Name	电话 Telephone	通讯地址及邮编 Addre&Zip
600237	铜峰电子			0562-5883188	安徽省铜陵市经济技术开发区铜峰工业园,邮编:244000
600238	海南椰岛			0898-66522612	海南省海口市龙昆北路 13-1 号,邮编:570105
600239	云南城投			0871-67199767	云南省昆明市民航路 400 号云南城投大厦三楼,邮编:650200
600240	华业地产			010－85710732	北京市朝阳区东四环中路 39 号华业国际中心 A 座 16 层,邮编:100025
600241	时代万恒			0411-82357777-699	大连市中山区港湾街 7 号时代大厦,邮编:116001
600242	中昌海运			0662-2881777	广东省阳江市江城区安宁路 A7 号金达商贸大厦 7-8 楼,邮编:529500
600243	青海华鼎			0971-7111668	青海省西宁市七一路 318 号,邮编:810000
600246	万通地产			010-59070788	北京市朝阳区朝外大街甲 6 号万通中心写字楼 D 座 4 层,邮编:100020
600247	*ST 成城			010-63220272	北京市朝阳区朝阳公园路 19 号佳隆国际大厦 A 座 1204 室,邮编:100026
600248	延长化建			029-87016796	杨凌农业高新技术产业示范区新桥北路 2 号,邮编:712100
600249	两面针			0772-2506159	广西柳州市东环路 282 号,邮编:545006
600250	南纺股份			025-83331716	南京市鼓楼区云南北路 77 号,邮编:210009
600251	冠农股份			0996-2113386	新疆库尔勒市团结南路 48 号小区,邮编:841000
600252	中恒集团			0774-3939138	广西梧州工业园区工业大道 1 号第 1 幢,邮编:543000
600255	鑫科材料			0553-5840468	安徽省芜湖市经济技术开发区珠江路 23 号,邮编:241009
600256	广汇能源			0991-2365211	乌鲁木齐市新华北路 165 号中天广场 27 层,邮编:830002
600257	大湖股份			0736-7252796	湖南省常德市洞庭大道西段 388 号,邮编:415000
600258	首旅酒店			010-66014466*446	北京市西城区复兴门内大街 51 号（民族饭店四层）,邮编:100031
600259	广晟有色			0898-68669470	广州市广州大道北 613 号振兴商业大厦四楼,邮编:510501
600260	凯乐科技			027-87312527	湖北省武汉市武昌区武珞路五巷 46 号凯乐花园 7 号楼 1 单元 2004 室,邮编:430070
600261	阳光照明			0575-2027721	浙江省上虞市凤山路 485 号阳光大厦,邮编:312300
600262	北方股份			0472-2642210	内蒙古包头稀土高新技术产业开发区北方股份大厦,邮编:014030
600265	ST 景谷			0879-5226502	云南省景谷傣族彝族自治县林纸路 201 号,邮编:666400
600266	北京城建			010-82275538	北京市朝阳区北土城西路 11 号城建开发大厦,邮编:100029
600267	海正药业			057185278141\0576888	浙江省台州市椒江区外沙路 46 号,邮编:318000
600268	国电南自			025-83410173	江苏省南京市浦口高新技术开发区星火路 8 号,邮编:210032
600269	赣粤高速			0791-6539322	南昌市西湖区朝阳洲中路 367 号赣粤大厦,邮编:330025
600270	外运发展			010-80418268	北京市顺义区北京天竺空港工业区 A 区天柱路 20 号,邮编:101312
600271	航天信息			010-88439766	北京市海淀区杏石口路甲 18 号,邮编:100195
600272	开开实业	900943	开开 B 股	86-21-62712135	上海市静安区新闸路 921 号(国际丽都)二楼,邮编:200041
600273	嘉化能源			0512-58438222	张家港市城北路 178 号华芳国际大厦 17 层,邮编:215600
600275	武昌鱼			010-84094197	北京市东城区东直门南大街 9 号华普花园 D 座 2503,邮编:10000
600276	恒瑞医药			0518-85469805	江苏连云港经济技术开发区昆仑山路 7 号,邮编:222047
600277	亿利能源			010-56632432	北京市西城区宣武门西大街甲 129 号金隅大厦 F15A,邮编:100031
600278	东方创业			021-62785489	上海市娄山关路 85 号 A 座 2003 室,邮编:200336
600279	重庆港九			023-63100993	重庆市江北区海尔路 318 号保税港大楼 10 楼,邮编:400025
600280	中央商场			025-66008061	江苏省南京市建邺区雨润路 10 号,邮编:210041
600281	太化股份			0351-5638016	山西省太原市晋源区义井街 20 号主楼五层,邮编:030021
600282	*ST 南钢			025-57072069,025-570	江苏省南京市六合区卸甲甸南钢集团新大楼,邮编:210035
600283	钱江水利			0571-87974378	浙江省杭州市三台山路 3 号,邮编:310013
600284	浦东建设			021-68765762	上海市浦东新区银城中路 8 号中融碧玉蓝天大厦 14 楼,邮编:200122
600285	羚锐制药			0376-2973569	河南省新县解放路 59 号,邮编:465550
600287	江苏舜天			025-52875624	南京市宁南大道 21 号 B 座,邮编:210012
600288	大恒科技			010-82827855	北京市海淀区苏州街 3 号大恒科技大厦十五层,邮编:100080
600289	亿阳信通			010-88158699	北京市海淀区杏石口路 99 号 B 座,邮编:100093
600290	华仪电气			0577-62661122	浙江省乐清市经济开发区（盐盆新区）纬九路华仪工业园,邮编:325600
600291	西水股份			0473-4663855	内蒙古乌海市海南区西卓子山街,邮编:016032
600292	中电远达			023-65933055	重庆市北部新区黄环北路 10 号 1 栋,邮编:401122
600293	三峡新材			0717-3280108	湖北省当阳市经济技术开发区,邮编:444105
600295	鄂尔多斯	900936	鄂资 B 股	0477-8543509	内蒙古鄂尔多斯市东胜区达拉特南路 102 号,邮编:017000

上市公司通讯录
Contact Information of Listed Companies

A股代码 A Code	A股简称 A Name	B股代码 B Code	B股简称 B Name	电话 Telephone	通讯地址及邮编 Addre&Zip
600297	美罗药业			0411-84820297	大连市甘井子区营升路 9 号,邮编:116036
600298	安琪酵母			0717-6369865	湖北省宜昌市城东大道 168 号,邮编:443003
600299	*ST 新材			010-61958805	北京市朝阳区北土城西路 9 号蓝星大厦 6 层,邮编:100029
600300	维维股份			0516-83398030	江苏省徐州市维维大道 300 号,邮编:221111
600301	ST 南化			0771-4835135	广西南宁市南建路 26 号,邮编:530031
600302	标准股份			029-88279352	西安市太白南路 335 号,邮编:710068
600303	曙光股份			0415-4139071	丹东市振安区曙光路 50 号,邮编:118001
600305	恒顺醋业			0511-85226003	镇江市丹徒新城广园路 66 号,邮编:212028
600306	*ST 商城			024-24861933	沈阳市沈河区中街路 212 号,邮编:110011
600307	酒钢宏兴			0937-6715370	甘肃省嘉峪关市雄关东路 10 号 诚信广场 5007 房间,邮编:735100
600308	华泰股份			0546-7798848	山东省东营市广饶县大王镇,邮编:257335
600309	万华化学			0535-3388898	烟台市幸福南路 7 号,邮编:264013
600310	桂东电力			0774-5297796	广西贺州市平安西路 12 号,邮编:542899
600311	荣华实业			0935-6151222	甘肃省武威市东关街荣华路 1 号,邮编:733000
600312	平高电气			0375-3804018	河南省平顶山市南环东路 22 号,邮编:467001
600313	农发种业			010-83607416-817	北京市西城区阜外大街甲 28 号京润大厦 12 层（西楼）,邮编:100037
600315	上海家化			65123206	上海市保定路 527 号,邮编:200082
600316	洪都航空			0791-87668162	南昌市新溪桥,邮编:330024
600317	营口港			0417-6268506	辽宁省营口市鲅鱼圈区营港路一号,邮编:115007
600318	巢东股份			0551-88610368	巢湖市长江西路 269 号,邮编:238001
600319	亚星化学			0536-8591007	山东省潍坊市奎文区北宫东街 321 号,邮编:261031
600320	振华重工	900947	振华 B 股	58395000	上海市浦东南路 3470 号,邮编:200125
600321	国栋建设			028-86119148	四川省成都市金盾路 52 号国栋中央商务大厦 28 楼,邮编:610041
600322	天房发展			022-23314949	天津市和平区常德道 80 号,邮编:300050
600323	瀚蓝环境			0757-86282425	广东省佛山市南海区桂城南海大道建行大厦,邮编:528200
600325	华发股份			0756-8282111	广东省珠海市昌盛路 155 号,邮编:519030
600326	西藏天路			0891-6902702	西藏拉萨市夺底路 14 号,邮编:850000
600327	大东方			0510-82702093	江苏省无锡市中山路 343 号(东方广场 8F 董秘办),邮编:214001
600328	兰太实业			0483-8182718	内蒙古阿拉善经济开发区,邮编:750336
600329	中新药业			022-27020892	天津市南开区白堤路 17 号,邮编:300193
600330	天通股份			0573-80701333	浙江省海宁经济开发区双联路 129 号,邮编:314400
600331	宏达股份			028-86141081	成都市锦里东路 2 号宏达国际广场 28 楼,邮编:610041
600332	白云山			020-81218084	中国广东省广州市沙面北街 45 号,邮编:510130
600333	长春燃气			0431-85954615	长春市朝阳区延安大街 421 号,邮编:130021
600335	国机汽车			010-82169006	北京市海淀区中关村南三街 6 号,邮编:100190
600336	澳柯玛			0532-86765168	青岛市经济技术开发区前湾港路 315 号,邮编:266510
600337	美克家居			0991-3836028	新疆乌鲁木齐市北京南路 506 号美克大厦,邮编:830011
600338	西藏珠峰			021-66284960	上海市闸北区柳营路 305 号 7 楼,邮编:200072
600339	天利高新			0992-3658662	新疆独山子区大庆东路 2 号,邮编:833600
600340	华夏幸福			010-56982706	北京市朝阳区东三环北路霞光里 18 号佳程广场 A 座 23 层,邮编:100027
600343	航天动力			029-81881823	西安高新区锦业路 78 号,邮编:710077
600345	长江通信			027-67840308	武汉市东湖开发区关东工业园文华路 2 号,邮编:430074
600346	大橡塑			0411-86641378	辽宁省大连市甘井子区营辉路 18 号,邮编:116033
600348	阳泉煤业			0353-7071015	山西省阳泉市北大街 5 号,邮编:045000
600350	山东高速			0531－89260008	济南市文化东路 29 号,邮编:250014
600351	亚宝药业			0359-3388078	山西省风陵渡经济开发区工业大道 1 号,邮编:044602
600352	浙江龙盛			0575-82518561	浙江省上虞市道墟镇龙盛大道 1 号,邮编:312368
600353	旭光股份			028-83967599	成都市新都区新都镇新工大道 318 号,邮编:610500
600354	敦煌种业			0937-2669328	甘肃省酒泉市肃州区肃州路 28 号,邮编:735000
600355	精伦电子			027-87921111-3231	湖北省武汉市东湖开发区光谷大道 70 号,邮编:430223

上市公司通讯录
Contact Information of Listed Companies

A 股代码 A Code	A 股简称 A Name	B 股代码 B Code	B 股简称 B Name	电话 Telephone	通讯地址及邮编 Addre&Zip
600356	恒丰纸业			0453-6886668	黑龙江省牡丹江市阳明区恒丰路 11 号,邮编:157013
600358	国旅联合			010-64336289	南京汉中路８９号金鹰国际商城１８层Ａ座,邮编:210029
600359	新农开发			0997-2134018	新疆阿克苏市南大街 2 号新农大厦 19 楼,邮编:843000
600360	华微电子			0432-64678411	吉林省吉林市高新区深圳街 99 号,邮编:132013
600361	华联综超			010-57391823	北京市大兴区青云店镇祥云路北四条 208 号,邮编:102605
600362	江西铜业			0701-3777002	江西省贵溪市冶金大道 15 号,邮编:335424
600363	联创光电			0791-88169279	南昌国家高新产业开发区京东大道 168 号科技大楼 9 楼,邮编:330096
600365	通葡股份			0435-3530506	通化市前兴路 28 号,邮编:134002
600366	宁波韵升			0574-87776804	浙江省宁波国家高新区扬帆路 1 号,邮编:315040
600367	红星发展			0853-6780388	贵州省安顺市镇宁县丁旗镇,邮编:561206
600368	五洲交通			0771-5568918	广西南宁市民族大道 115-1 号现代国际大厦 27 楼,邮编:530028
600369	西南证券			010-88091989	重庆市江北区桥北苑 8 号西南证券大厦,邮编:400023
600370	三房巷			0510-86229867	江苏江阴周庄镇三房巷,邮编:214423
600371	万向德农			0451-82368408 转 8807	黑龙江省哈尔滨市南岗区玉山路 18 号,邮编:150090
600372	中航电子			010-84409808	北京市朝阳区曙光西里甲 5 号院凤凰置地广场 F 座第九层 901 单元,邮编:100028
600373	中文传媒			13803511216	中文传媒大厦（江西省南昌市红谷滩新区学府大道 299 号）,邮编:330038
600375	华菱星马			0555-8323012	安徽省马鞍山市经济技术开发区,邮编:243061
600376	首开股份			010-66428156	北京市西城区复兴门内大街 156 号 D 座,邮编:100031
600377	宁沪高速			8625-84469332	中华人民共和国江苏省南京市仙林大道 6 号,邮编:210049
600378	天科股份			028-85963417	四川省成都市外南机场路常乐 2 段 12 号,邮编:610225
600379	宝光股份			0917-3561879	陕西省宝鸡市宝光路 53 号,邮编:721006
600380	健康元			0755-86252388	深圳市南山区科技园北区朗山路 17 号健康元药业集团股份有限公司大厦,邮编:518057
600381	*ST 贤成			0971-6363155	青海省西宁市城西区冷湖路 27 号宁景苑商务中心 16 楼,邮编:510623
600382	广东明珠			0753-3337228	广东省兴宁市官汕路 99 号,邮编:514500
600383	金地集团			0755-82039866	深圳市福田区福强路金地商业大楼 5-6 楼,邮编:518048
600385	ST 金泰			0531-88902341	山东省济南市洪楼西路 29 号,邮编:250100
600386	北巴传媒			010-68477383	北京市海淀区紫竹院路 32 号,邮编:100048
600387	海越股份			057587016161	浙江省诸暨市西施大街 59 号,邮编:311800
600388	龙净环保			0597-2210288	福建省龙岩市新罗区陵园路 81 号,邮编:364000
600389	江山股份			0513-83558270	江苏省南通市经济技术开发区江山路 998 号,邮编:226006
600390	金瑞科技			0731-88657400	湖南省长沙市岳麓区麓山南路 966 号,邮编:410012
600391	成发科技			028-89358616	成都市新都区三河场蜀龙大道成发工业园,邮编:610503
600392	盛和资源			028-85425108	成都市高新区锦城大道 539 号盈创动力大厦 B1 座 16 楼,邮编:610041
600393	东华实业			020-87397172	广州市越秀区寺右新马路 170 号第四层,邮编:510600
600395	盘江股份			0858-3703046;0858-37	贵州省六盘水市盘县红果经济开发区干沟桥,邮编:553536
600396	金山股份			024-83996005	沈阳市和平区南五马路 183 号泰宸商务大厦 B 座 2207,邮编:110006
600397	安源煤业			0791-87151832	南昌市西湖区丁公路 117 号,邮编:330002
600398	海澜之家			0510-86121071	江苏省江阴市新桥镇,邮编:214426
600399	抚顺特钢			024-56676495	辽宁省抚顺市望花区鞍山路东段 8 号,邮编:113001
600400	红豆股份			0510-66868422	江苏省无锡市锡山区港下镇,邮编:214199
600401	海润光伏			0510-86530938	江苏省江阴市徐霞客镇璜塘工业园区,邮编:214407
600403	大有能源			0398-5886075	河南省义马市千秋路 6 号,邮编:472300
600405	动力源			010-83681321	北京丰台区科技园区星火路 8 号,邮编:100070
600406	国电南瑞			025-81087495	南京市江宁区诚信大道 19 号,邮编:211106
600408	安泰集团			0354-7531070,7531034	山西省介休市安泰工业区安泰集团,邮编:032002
600409	三友化工			0315-8517527	河北省唐山市南堡开发区三友化工办公大楼七层证券部,邮编:063305
600410	华胜天成			010-82733135	北京市海淀区学清路 8 号科技财富中心 A 座 10-11 层,邮编:100192
600415	小商品城			0579－85182700	浙江省义乌市福田路 105 号海洋商务写字楼,邮编:322000
600416	湘电股份			0731-58596818	湖南省湘潭市下摄司街 302 号,邮编:411101
600418	江淮汽车			0551-62296837	安徽合肥市东流路 176 号,邮编:230022

上市公司通讯录
Contact Information of Listed Companies

A 股代码 A Code	A 股简称 A Name	B 股代码 B Code	B 股简称 B Name	电话 Telephone	通讯地址及邮编 Addre&Zip
600419	天润乳业			0993-7526008	新疆石河子市西三路 17 号,邮编:832009
600420	现代制药			62510786	上海市静安区北京西路 1320 号,邮编:200040
600421	仰帆控股			027-87654767	武汉市武昌武珞路６２８号亚洲贸易广场Ｂ座,邮编:430070
600422	昆明制药			0871-68324311	云南省昆明市国家高新技术开发区科医路 166 号,邮编:650106
600423	柳化股份			0772-2516580	广西壮族自治区柳州市北雀路 67 号,邮编:545002
600425	青松建化			0997-2811282	新疆维吾尔自治区阿克苏市林园,邮编:843005
600426	华鲁恒升			0534-2465426	山东德州市德城区天衢西路 24 号,邮编:253024
600428	中远航运			020-38161816	广东省广州市天河区珠江新城花城大道 20 号广州远洋大厦 15-26 楼,邮编:510623
600429	三元股份			56306009	北京市大兴区瀛海瀛昌街 8 号,邮编:100076
600432	吉恩镍业			0432-65610887	吉林省磐石市红旗岭镇红旗大街 54 号,邮编:132311
600433	冠豪高新			0759-2820985	广东省湛江经济技术开发区乐怡路 6 号,邮编:524022
600435	北方导航			010-58089788	北京亦庄经济技术开发区科创十五街 2 号,邮编:100176
600436	片仔癀			0596-2302666	福建省漳州市芗城区上街 1 号,邮编:363000
600438	通威股份			028-86168571	四川省成都市高新区二环路南四段 11 号,邮编:610041
600439	瑞贝卡			0374-5136699	河南省许昌市瑞贝卡大道 666 号,邮编:461100
600444	国通管业			0551-63817860	安徽省合肥市经济技术开发区繁华大道国通工业园,邮编:230601
600446	金证股份			0755-86393989	深圳市南山区高新南五道金证科技大楼（8－9 层）,邮编:518057
600448	华纺股份			0543-3288507	山东省滨州市黄河二路 819 号,邮编:256617
600449	宁夏建材			0951-2085256	宁夏银川市西夏区新小线二公里处,邮编:750021
600452	涪陵电力			023-72286777	重庆市涪陵区望州路 20 号,邮编:408000
600455	博通股份			029-82693206	西安市高新技术开发区东区火炬路 3 号楼 10 层 C 座,邮编:710043
600456	宝钛股份			0917-3382636	陕西省宝鸡市钛城路 1 号宝钛股份董事办,邮编:721000
600458	时代新材			0731-22837718	株洲市天元区海天路 18 号,邮编:412007
600459	贵研铂业			0871-68329909	云南省昆明市高新技术开发区科技路 988 号,邮编:650106
600460	士兰微			0571-88210155	浙江省杭州市黄姑山路 4 号,邮编:310012
600461	洪城水业			0791-85210336	江西省南昌市灌婴路 99 号,邮编:330025
600462	石岘纸业			04333810015	吉林省图们市石岘镇,邮编:133101
600463	空港股份			010-80489306	北京天竺空港工业区 B 区裕民大街甲 6 号 4 层 405,邮编:101318
600466	迪康药业			028-87838282	成都市高新区西部园区迪康大道 1 号,邮编:611731
600467	好当家			0631-7438073	荣成市虎山镇沙咀子,邮编:264305
600468	百利电气			022-23979181	天津市西青经济开发区民和道 12 号,邮编:300385
600469	风神股份			0391-3999006	河南省焦作市焦东南路 48 号,邮编:454003
600470	六国化工			0562-3801675	安徽省铜陵市铜港路,邮编:244023
600475	华光股份			0510-85225852	无锡市城南路 3 号,邮编:214028
600476	湘邮科技			0731-8899 8688	长沙市高新技术产业开发区麓谷基地玉兰路 2 号,邮编:410205
600477	杭萧钢构			0571-87246788-8216	杭州市中河中路 258 号瑞丰国际商务大厦五楼董事会办公室,邮编:310003
600478	科力远			0731-88980623	长沙市岳麓区长沙国家高新技术产业开发区桐梓坡西路 348 号,邮编:410205
600479	千金药业			0731-22492987	株洲市天元区株洲大道 801 号,邮编:412007
600480	凌云股份			0312-3951002	河北省涿州市松林店镇,邮编:072761
600481	双良节能			0510-86632358	江苏江阴利港西利路 88 号,邮编:214444
600482	风帆股份			0312-3208588	河北省保定市富昌路 8 号,邮编:071057
600483	福能股份			0599-8813009	福建省南平市安丰路 63 号,邮编:353000
600485	信威集团			010-62100109	北京市海淀区中关村南大街甲 18 号北京国际 C 座 12-14 层,邮编:100081
600486	扬农化工			0514-85888888-7486	江苏省扬州市文峰路 39 号,邮编:225009
600487	亨通光电			0512-63196773	江苏省吴江市经济开发区亨通路 100 号,邮编:215200
600488	天药股份			022-24160910	天津市河东区八纬路 109 号金耀大厦 1001 室,邮编:300171
600489	中金黄金			010-56353902	北京市东城区安定门外大街 9 号 中国黄金集团,邮编:100010
600490	鹏欣资源			021-61677397	上海市虹桥路 2188 弄 41、47 号楼,邮编:200336
600491	龙元建设			021-65615689	上海市逸仙路 768 号,邮编:200434
600493	凤竹纺织			0595-85656506	福建省晋江市青阳凤竹工业区,邮编:362200

上市公司通讯录
Contact Information of Listed Companies

A 股代码 A Code	A 股简称 A Name	B 股代码 B Code	B 股简称 B Name	电话 Telephone	通讯地址及邮编 Addre&Zip
600495	晋西车轴			0351-6629027	山西省太原市和平北路北巷 5 号,邮编:030027
600496	精工钢构			021-54453188	安徽省六安市经济技术开发区长江精工工业园,邮编:237161
600497	驰宏锌锗			0874-8966816	云南省曲靖市经济技术开发区翠峰路延长线,邮编:655000
600498	烽火通信			027-87694185	武汉市洪山区光谷创业街 42 号烽火通信董事会秘书处,邮编:430074
600499	科达洁能			0757-23833869	广东省佛山市顺德区陈村镇广隆工业园环镇西路 1 号,邮编:528313
600500	中化国际			021-50475048	上海市浦东新区世纪大道 88 号金茂大厦三区 18 层,邮编:200121
600501	航天晨光			025-52826007	南京市江宁经济技术开发区天元中路 188 号,邮编:211100
600502	安徽水利			0552-3950506	安徽省蚌埠市东海大道张公山南侧,邮编:233010
600503	华丽家族			021-62376199	上海市虹桥路 2272 号虹桥商务中心 3 楼 L 座,邮编:200336
600505	西昌电力			0834-3830006	四川省西昌市胜利路 66 号,邮编:615000
600506	香梨股份			0996-2115936	新疆库尔勒市圣果路圣果名苑,邮编:841000
600507	方大特钢			0791-88394025	南昌市青山湖区冶金大道 475 号,邮编:330012
600508	上海能源			021-68865597	上海市浦东新区浦东南路 256 华夏银行大厦 12 层,邮编:200120
600509	天富能源			0993-2902860	新疆石河子市红星路 54 号,邮编:83200
600510	黑牡丹			0519-68866958	江苏省常州市青洋北路 47 号,邮编:213017
600511	国药股份			010-67262920	北京市东城区永外三元西巷甲 12 号,邮编:100077
600512	腾达建设			021-68406906	上海市浦东新区向城路 58 号 11 楼东方国际科技大厦,邮编:200122
600513	联环药业			0514-87813082	江苏省扬州市文峰路 21 号,邮编:225009
600515	海岛建设			0898—68876405	海南省海口市国兴大道 7 号海航大厦 4 层,邮编:570203
600516	方大炭素			0931-6239320	甘肃省兰州市红古区海石湾镇 2 号街坊 354 号,邮编:730084
600517	置信电气			021-62386082	上海市天山西路 1028 号,邮编:200335
600518	康美药业			0755-33187777-8009	深圳市福田区下梅林泰科路 3 号,邮编:518000
600519	贵州茅台			0852-2386002	贵州省仁怀市茅台镇 （邮件收件人：陈艳红）,邮编:564501
600520	中发科技			0562-2627503	安徽省铜陵市石城路电子工业园,邮编:244000
600521	华海药业			0576-85016009	浙江省临海市汛桥镇利庄浙江华海药业股份有限公司证券办,邮编:317024
600522	中天科技			0513-83599505	江苏省南通经济技术开发区中天 6 号,邮编:226009
600523	贵航股份			0851-3802670	贵州省贵阳市小河区珠江路 166 号,邮编:550009
600525	长园集团			0755-26739872	深圳市南山区高新区科苑中路长园新材料港 F 栋 5 楼,邮编:518057
600526	菲达环保			0575-7385602	浙江诸暨市,邮编:311800
600527	江南高纤			0512-65481181	江苏省苏州市相城区黄埭镇,邮编:21514
600528	中铁二局			028-66752811	成都市马家花园 10 号中铁二局大厦,邮编:610031
600529	山东药玻			0533-3259028	山东省淄博市沂源县城药玻路,邮编:256100
600530	交大昂立			54271688－108	上海市宜山路 700 号,邮编:200233
600531	豫光金铅			0391-6665835	河南省济源市荆梁南街 1 号,邮编:454650
600532	宏达矿业			0533-7608266	山东省淄博市临淄区凤凰镇南金村宏达矿业办公楼,邮编:255419
600533	栖霞建设			025-85633668-2120	南京市龙蟠路 9 号兴隆大厦,邮编:210037
600535	天士力			022-26736699	天津市北辰科技园区天士力现代中药城,邮编:300402
600536	中国软件			010-51508699	北京市昌平区昌盛路 18 号,邮编:102200
600537	亿晶光电			0519-82588818	江苏省金坛市金武路 18 号,邮编:213213
600538	国发股份			0779-3200619	广西壮族自治区北海市北京路西侧 9 号,邮编:536000
600539	狮头股份			0351-2857002	山西省太原市万柏林区开城街一号,邮编:030056
600540	新赛股份			0909-2268166	新疆博乐市红星路 158 号,邮编:833400
600543	莫高股份			（0931）8776219	甘肃省兰州市城关区东岗西路 638 号兰州财富中心 23 层,邮编:730000
600545	新疆城建			0991-4889803	新疆维吾尔自治区乌鲁木齐市南湖路 133 号号城建大厦,邮编:830063
600546	山煤国际			0351-4645788	山西省太原市长风街 115 号世纪广场 B 座,邮编:030006
600547	山东黄金			0531-67710379	济南市舜华路 2000 号舜泰广场 3 号楼,邮编:250100
600548	深高速			0755-82853319	深圳市福田区益田路江苏大厦裙楼 2-4 层,邮编:518026
600549	厦门钨业			0592-5363891	厦门市湖滨南路 619 号 16 层,邮编:361004
600550	*ST 天威			0312-3308501	河北省保定市天威西路 2222 号,邮编:071056
600551	时代出版			0551-63533027	安徽省合肥市蜀山区圣泉路 1118 号 时代出版传媒股份有限公司,邮编:230071

上市公司通讯录
Contact Information of Listed Companies

A 股代码 A Code	A 股简称 A Name	B 股代码 B Code	B 股简称 B Name	电话 Telephone	通讯地址及邮编 Addre&Zip
600552	方兴科技			0552-4077780	安徽省蚌埠市涂山路 767 号,邮编:233054
600555	九龙山	900955	九龙山 B	010-60195377	上海市浦东新区世纪大道 1500 号东方大厦 4 楼,邮编:200122
600556	北生药业			0779-2228937	广西北海市北海大道西 16 号海富大厦 17 层 D 座,邮编:536000
600557	康缘药业			0518-85521993	连云港经济技术开发区江宁工业城,邮编:222047
600558	大西洋			0813-5103847	四川省自贡市大安区马冲口街２号,邮编:643010
600559	老白干酒			0318-2122755	河北省衡水市人民东路 809 号衡水老白干酒董秘办,邮编:053000
600560	金自天正			010-56982602	北京市丰台区科学城富丰路 6 号,邮编:100070
600561	江西长运			0791-88283072	江西省南昌市八一大道 199 号,邮编:330003
600562	国睿科技			025-57889698	江苏省南京市江宁开发区将军大道 39 号,邮编:211106
600563	法拉电子			0592-6208590	福建省厦门市新园路 99 号,邮编:361022
600565	迪马股份			023-89021877,8902187	重庆市南岸区南城大道 199 号正联大厦 21 楼,邮编:400060
600566	洪城股份			0716-8221198	湖北省荆州市红门路 3 号,邮编:434000
600567	山鹰纸业			0555-2826275	安徽省马鞍山市勤俭路 3 号,邮编:243021
600568	中珠控股			0756-8131018	湖北省潜江市章华南路特 1 号,邮编:433133
600569	安阳钢铁			0372-3120175	河南省安阳市殷都区梅元庄,邮编:455004
600570	恒生电子			0571-28829702	杭州市滨江区江南大道 3588 号恒生大厦,邮编:310053
600571	信雅达			0571-56686627	杭州市滨江区江南大道 3888 号,邮编:310053
600572	康恩贝			0571-87774711	浙江省杭州市高新技术开发区滨江科技经济园滨康路 568 号,邮编:310052
600573	惠泉啤酒			0595-87371186	福建省惠安县城北工业区,邮编:362100
600575	皖江物流			0553-5840528	安徽省芜湖市长江中路港一路 16 号,邮编:241006
600576	万好万家			0571-85866518	浙江省杭州市密渡桥路 1 号白马大厦 12 楼,邮编:310005
600577	精达股份			0562-2809086	安徽铜陵经济技术开发区,邮编:244000
600578	京能电力			010-65666995	北京市朝阳区永安东里 16 号 CBD 国际大厦 A 区 22 层,邮编:100022
600579	天华院			0532－68016139	山东省青岛市沧安路 1 号,邮编:266041
600580	卧龙电气			0575-82176628	浙江上虞人民西路 1801 号,邮编:312300
600581	八一钢铁			0991-3890166	新疆乌鲁木齐市头屯河区新钢路,邮编:830022
600582	天地科技			010-84262803	北京朝阳区和平里青年沟东路 5 号天地大厦 6 层,邮编:100013
600583	海油工程			022-59898035	天津港保税区海滨十五路 199 号,邮编:300461
600584	长电科技			0510-86851811	江苏省江阴市滨江中路 275 号,邮编:214431
600585	海螺水泥			0553-8398927	安徽省芜湖市九华南路 1011 号海螺国际会议中心,邮编:241070
600586	金晶科技			0533－3586666	淄博市高新技术开发区宝石镇王庄,邮编:255086
600587	新华医疗			0533-3587766	山东省淄博高新技术产业开发区新华医疗科技园,邮编:255086
600588	用友软件			010-62436838	北京市海淀区北清路 68 号,邮编:100094
600589	广东榕泰			0663-8675710	广东省揭阳市榕城区新兴东二路 1 号,邮编:522000
600590	泰豪科技			0791-88102171	江西省南昌高新开发区泰豪大厦 B 座 5 楼,邮编:330096
600592	龙溪股份			0596-2072155	福建省漳州市延安北路,邮编:363000
600593	大连圣亚			0411-84581771	大连市沙河区中山路 608—6-8 号,邮编:116023
600594	益佰制药			0851-4705177	贵州省贵阳市白云大道 220-1 号,邮编:550008
600595	中孚实业			0371-64569088	河南省巩义市新华路 31 号,邮编:451200
600596	新安股份			0571-64715693	浙江省建德市新安江镇新安东路 555 号,邮编:311600
600597	光明乳业			64658100	上海市吴中路 578 号,邮编:201103
600598	*ST 大荒			0451-55196916	黑龙江省哈尔滨市南岗区汉水路 263 号,邮编:150090
600599	熊猫烟花			0731-83620963	湖南省浏阳市浏阳大道 271 号,邮编:410300
600600	青岛啤酒			0532-85713831	青岛市香港中路五四广场青啤大厦,邮编:266071
600601	方正科技			021-58407668*650	上海市浦东南路 360 号新上海国际大厦 36 楼,邮编:200120
600602	仪电电子	900901	仪电 B 股	021-34695878	上海市田林路 168 号 4-5 楼,邮编:200233
600603	大洲兴业			0592-2033603	厦门市思明区鹭江道 2 号厦门第一广场 1701 室,邮编:361001
600604	市北高新	900902	市北 B 股	021-66528130	上海市江场三路 262 号 1 楼,邮编:200436
600605	汇通能源			62560000-108,6215335	上海南京西路 1576 号 4 楼,邮编:200040
600606	金丰投资			021-20771258	上海市浦东新区雪野路 928 号 11 楼,邮编:200125

上市公司通讯录
Contact Information of Listed Companies

A 股代码 A Code	A 股简称 A Name	B 股代码 B Code	B 股简称 B Name	电话 Telephone	通讯地址及邮编 Addre&Zip
600608	上海科技			021-62319566	上海市万航渡路 889 号悦达广场 29 楼,邮编:200042
600609	金杯汽车			024-24815610	沈阳市沈河区万柳塘路 38 号,邮编:110015
600610	S*ST 中纺	900906	*ST 中纺 B	021-65701961	上海市长阳路 1687 号,邮编:200090
600611	大众交通	900903	大众 B 股	021-64285708	上海市中山西路 1515 号大众大厦 22 楼,邮编:200235
600612	老凤祥	900905	老凤祥 B	54480605	上海市漕溪路 270 号六楼,邮编:200235
600613	神奇制药	900904	神奇 B 股	021-53750009	上海市威海路 128 号长发大厦 613 室,邮编:200003
600614	鼎立股份	900907	鼎立 B 股	021-35071889	上海杨浦区国权路 39 号财富广场（金座）18 楼,邮编:200433
600615	丰华股份			50903399	上海浦东新区浦建路 76 号 901 室,邮编:200127
600616	金枫酒业			58352625	上海市普陀区宁夏路 777 号（海棠大厦内）,邮编:200063
600617	国新能源	900913	国新 B 股	021-61639718	上海市浦东新区长柳路 58 号证大立方大厦 1103 室,邮编:200135
600618	氯碱化工	900908	氯碱 B 股	021-64340601	上海市龙吴路 4747 号,邮编:200241
600619	海立股份	900910	海立 B 股	021－50326956	上海市浦东新区金桥出口加工区宁桥路 888 号,邮编:201206
600620	天宸股份			62788696	上海市长宁区仙霞路 8 号 29 楼,邮编:200336
600621	华鑫股份			021-63610217	上海福州路 666 号 26 楼,邮编:200001
600622	嘉宝集团			021-59529711	上海市嘉定区清河路 55 号嘉宝商厦 6-7F,邮编:201800
600623	双钱股份	900909	双钱 B 股	021-63390372	上海市四川中路 63 号,邮编:200002
600624	复旦复华			021-63872288	上海国权路 525 号,邮编:200433
600626	申达股份			021-62310242	上海市江宁路 1500 号申达国际大厦,邮编:200060
600628	新世界			021-63587734	上海市南京西路 2 号-88 号,邮编:200003
600629	棱光实业			6219283	上海市延安西路 2558 号 2 号楼,邮编:200336
600630	龙头股份			021-34061116	上海市制造局路 584 号 A 座 4 楼,邮编:200023
600633	浙报传媒			0571-85310949	浙江省杭州市体育场路 178 号浙报产业大厦,邮编:310039
600634	中技控股			021-55137796	上海市国权路 39 号财富国际广场金座 21 楼,邮编:200433
600635	大众公用			64280683	上海中山西路 1515 号大众大厦 8 楼,邮编:200235
600636	三爱富			643474638	上海市漕溪路 250 号银海大楼 A805 室,邮编:200235
600637	百视通			021-33396736	上海市宜山路 757 号,邮编:200233
600638	新黄浦			53086681	上海北京东路 668 号东楼 32、33 层,邮编:200001
600639	浦东金桥	900911	金桥 B 股	021-50307702	上海浦东新金桥路 27 号 1 号楼,邮编:201206
600640	号百控股			62762171	上海市江宁路 1207 号国脉大厦,邮编:200060
600641	万业企业			50366699	上海市浦东大道 720 号 9 层,邮编:200120
600642	申能股份			021-33570870	上海市虹井路 159 号 5 楼,邮编:201103
600643	爱建股份			021-64396600	上海市零陵路 599 号（爱建城内）,邮编:200030
600644	乐山电力			0833-2408836	四川省乐山市市中区嘉定北路 46 号,邮编:614000
600645	中源协和			022-23318350 转 8007	天津市和平区大理道 106 号,邮编:300050
600647	同达创业			021-68871928	上海浦东商城路 660 号乐凯大厦 21 楼,邮编:201206
600648	外高桥	900912	外高 B 股	58668890	上海外高桥保税区杨高北路 2001 号,邮编:200131
600649	城投控股			021-58772103	上海市浦东南路 500 号国家开发银行大厦 39 楼,邮编:200120
600650	锦江投资	900914	锦投 B 股	021-63218800*405	上海市延安东路 100 号 28 楼,邮编:20002
600651	飞乐音响			021-59978606	上海市嘉定区嘉新公路 1001 号,邮编:201801
600652	爱使股份			021-64710022*8811	上海市肇嘉浜路 666 号,邮编:200031
600653	申华控股			021-63372360	上海市宁波路 1 号申华金融大厦上海申华控股股份有限公司 证券法律部,邮编:200002
600654	飞乐股份			36358600	上海市永和路 398 号,邮编:200072
600655	豫园商城			23028508	中国上海市方浜中路 269 号,邮编:200010
600656	博元投资			0756-2660313-817	广东省珠海市香洲区人民西路 291 号日荣大厦 8 楼 806 室,邮编:519070
600657	信达地产			010-82190959	北京市海淀区中关村南大街甲 18 号北京国际大厦 C 座 16 层,邮编:100081
600658	电子城			010-58833506	北京市朝阳区酒仙桥路北路 10 号院 205 楼 6 层（610）,邮编:100015
600660	福耀玻璃			0591-85363328	福建省福清市福耀工业村,邮编:350301
600661	新南洋			62826347	上海番禺路 667 号六楼,邮编:200030
600662	强生控股			021-62582098	上海南京西路 920 号 18 楼,邮编:200041
600663	陆家嘴	900932	陆家 B 股	021-33848807	上海峨山路 101 号 1 号楼,邮编:200127

上市公司通讯录
Contact Information of Listed Companies

A 股代码 A Code	A 股简称 A Name	B 股代码 B Code	B 股简称 B Name	电话 Telephone	通讯地址及邮编 Addre&Zip
600664	哈药股份			0451-51870077	哈尔滨市群力新区群力大道 1 号,邮编:150070
600665	天地源			029-88337300	西安高新技术产业开发区科技路 33 号国际商务中心数码大厦 27 层,邮编:710075
600666	西南药业			023-89855628	重庆市沙坪坝区天星桥 21 号,邮编:400038
600667	太极实业			0510-85419120	无锡市华清大桥南堍,邮编:214024
600668	尖峰集团			0579-82320582	浙江金华市婺江东路 88 号,邮编:321000
600671	天目药业			0571-63722229	浙江省临安市苕溪南路 78 号,邮编:311300
600673	东阳光科			0751-5282740	广东东莞市长安镇上沙村第五工业区,邮编:523871
600674	川投能源			028-86098646	四川省成都市小南街 23 号,邮编:610015
600675	中华企业			(021)20772222	上海市浦东新区雪野路 928 号 6 楼,邮编:200125
600676	交运股份			021-63178257	上海市恒丰路 288 号,邮编:200070
600677	航天通信			0571-87916327	浙江省杭州市解放路 138 号,邮编:310009
600678	四川金顶			0833-2218123	四川省峨眉山市乐都镇,邮编:614224
600679	金山开发	900916	金山 B 股	021-31351508	上海市吴中路 369 号 15 楼,邮编:201103
600680	上海普天	900930	沪普天 B	021-64834310	上海市宜山路 700 号,邮编:200233
600681	万鸿集团			027-88066666	武汉市汉阳区阳新路特一号,邮编:430000
600682	南京新百			025-84761613	南京市中山南路 1 号,邮编:210005
600683	京投银泰			010-65636685	北京市朝阳区建国门外大街 2 号银泰中心 C 座 17 层,邮编:100022
600684	珠江实业			020-83752355	广州市环市东路 362-366 号好世界广场 30 楼,邮编:510060
600685	广船国际			020-81581732	广州市荔湾区芳村大道南 40 号,邮编:510382
600686	金龙汽车			0592-2969855	厦门市厦禾路 668 号 22-23 层,邮编:361004
600687	刚泰控股			021-68866507	上海陆家嘴环路 958 号华能联合大厦 18 楼,邮编:200120
600688	上海石化			8621-57943143	上海市金山区金一路 48 号,邮编:200540
600689	*ST 三毛	900922	*ST 三毛 B	021－63059496	上海市斜土路 791 号 C 幢 7 楼,邮编:200023
600690	青岛海尔			0532-88931696	青岛市崂山区海尔信息产业园董事局大楼 513B,邮编:266101
600691	阳煤化工			0351-7255821	山西省太原市高新区科技街阳煤大厦,邮编:030006
600692	亚通股份			021-69695918	上海市崇明县寒山寺路 297 号,邮编:202150
600693	东百集团			0591-87531724	福建省福州市八一七北路 84 号东百大厦 18 层,邮编:350001
600694	大商股份			0411-83880962	辽宁省大连市中山区青三街 1 号,邮编:116001
600695	大江股份	900919	大江 B 股	021-34225027	上海市徐汇区宜山路 810 号 20 号楼 10 楼,邮编:200233
600696	多伦股份			021－56715833	上海市浦东新区世纪大道 88 号 3804B,邮编:200081
600697	欧亚集团			0431-87666905	长春市飞跃路 2686 号,邮编:130012
600698	湖南天雁	900946	天雁 B 股	0734-8532558	湖南省衡阳市石鼓区合江套路 195 号,邮编:421005
600699	均胜电子			0437-3512077	浙江省宁波市国家高新区聚贤路 1266 号,邮编:315000
600701	工大高新			0451-86269018	哈尔滨市南岗区西大直街 118 号,邮编:150001
600702	沱牌舍得			0825-6618268	四川省射洪县沱牌镇沱牌大道 999 号,邮编:629209
600703	三安光电			0592-5903387	厦门市思明区吕岭路 1721-1725 号,邮编:361009
600704	物产中大			0571-85777007	杭州市中大广场 A 座 29 楼,邮编:310003
600705	中航资本			010-65675113	北京市朝阳区东三环中路乙 10 号艾维克大厦 20 层,邮编:100022
600706	曲江文旅			029-89129355	陕西省西安市雁塔南路 292 号曲江文化大厦 6-7 层,邮编:710061
600707	彩虹股份			029-33332866	陕西省咸阳市彩虹路一号,邮编:712021
600708	海博股份			61132700	上海市徐汇区宜山路 829 号海博大楼,邮编:200233
600710	常林股份			0519-86781168	江苏省常州市新北区黄河西路 898 号,邮编:213136
600711	盛屯矿业			0592-5891697	厦门市湖滨北路 72 号中闽大厦 9 楼 2 单元,邮编:361012
600712	南宁百货			0771-2610906,2098826	广西南宁市朝阳路 39-41，45 号,邮编:530012
600713	南京医药			025-84552680	江苏省南京市中山东路 486 号南京医药大厦,邮编:210002
600714	金瑞矿业			0971-6321867	青海省西宁市新宁路 36 号青海投资大厦 4 楼,邮编:810008
600715	松辽汽车			024-31387077	辽宁省沈阳市苏家屯区白松路 22 号（110101）,邮编:110101
600716	凤凰股份			025-83566267	南京市中央路 389 号凤凰国际大厦六楼,邮编:210037
600717	天津港			022-25702708	天津市塘沽区津港路 99 号,邮编:300461
600718	东软集团			024-83661070	沈阳市浑南新区新秀街 2 号 东软软件园,邮编:110179

上市公司通讯录
Contact Information of Listed Companies

A股代码 A Code	A股简称 A Name	B股代码 B Code	B股简称 B Name	电话 Telephone	通讯地址及邮编 Addre&Zip
600719	大连热电			0411-84498988	大连市西岗区沿海街 90 号,邮编:116021
600720	祁连山			0931-4900606	兰州市城关区酒泉路力行新村 3 号祁连山大厦,邮编:730030
600721	百花村			0991-2356619	乌鲁木齐市中山路 141 号,邮编:830002
600722	金牛化工			0317-8885004	沧州临港化工园区化工大道,邮编:061108
600723	首商股份			010-82270256	北京市西城区北三环中路 23 号燕莎盛世大厦二层,邮编:100029
600724	宁波富达			0574-87647859	宁波市江东区和济街 68 号城投大厦 26 楼,邮编:315040
600725	云维股份			0874-3068588	云南省曲靖市沾益县盘江镇花山工业区,邮编:655338
600726	华电能源	900937	华电 B 股	0451-82525998	哈尔滨市南岗区大成街 209 号,邮编:150001
600727	鲁北化工			0543-6451265	山东省无棣县埕口镇,邮编:251909
600728	佳都科技			020-85520635	广州市天河区天河软件园建工路 4 号佳都新太,邮编:510665
600729	重庆百货			023-63822594	重庆市渝中区民权路 28 号英利大厦,邮编:40001
600730	中国高科			010-82524756	北京市海淀区成府路 298 号中关村方正大厦 8 层,邮编:100871
600731	湖南海利			0731-85357829	湖南长沙市芙蓉中路二段 251 号,邮编:410007
600732	上海新梅			021-51005380	上海天目中路 585 号 20 楼,邮编:200070
600733	S 前锋			028-86316723	四川省成都市人民南路四段 1 号,邮编:610041
600734	实达集团			0591-83725878	福州市洪山园路 68 号招标大厦 A 座 6 楼,邮编:350002
600735	新华锦			0532-85967156	青岛市崂山区松岭路 127 号,邮编:266101
600736	苏州高新			0512-68096283	苏州市高新区狮山路 35 号金河国际大厦 25 层,邮编:215011
600737	中粮屯河			0991-5571601	新疆乌市黄河路 2 号招商银行大厦 20 楼,邮编:830000
600738	兰州民百			0931-8473891	兰州市中山路 120 号亚欧商厦 9-10 层,邮编:730030
600739	辽宁成大			0411-82512731	辽宁省大连市中山区人民路 71 号,邮编:116001
600740	山西焦化			0357-6626012	山西省洪洞县广胜寺镇,邮编:041606
600741	华域汽车			021-22016905	上海市威海路 489 号综合楼一楼,邮编:200041
600742	一汽富维			0431-85765798	吉林省长春市东风南街 1399 号,邮编:130011
600743	华远地产			010-68036966	北京市西城区北展北街 11 号华远・企业中心 11 号楼,邮编:100044
600744	华银电力			0731-85388003	湖南省长沙市芙蓉中路 3 段 255 号五华酒店 915 房,邮编:410007
600745	中茵股份			0714-6358389	湖北省黄石市团城山开发区杭州西路 91 号金山大楼三楼,邮编:435003
600746	江苏索普			0511-83366244	江苏省镇江市谏壁越河街 50 号,邮编:212006
600747	大连控股			0411-88853122	大连市沙河口区会展路 129 号期货大厦 A 座 36 楼,邮编:116023
600748	上实发展			53859026	淮海中路 98 号 20 楼,邮编:200021
600749	西藏旅游			0891-6339150	拉萨市经济技术开发区格桑路5号总部经济基地大楼8层,邮编:850000
600750	江中药业			0791-88164079	江西省南昌市火炬大道 788 号,邮编:330096
600751	天津海运	900938	天海 B	022-58679088	天津空港经济区中心大道华盈大厦八层,邮编:300380
600753	东方银星			023-67990677	河南省商丘市神火大道 99 号悦华大酒店 25 层,邮编:476000
600754	锦江股份	900934	锦江 B 股	63217132	上海市延安东路 100 号 25 楼,邮编:200002
600755	厦门国贸			0592-5898578	中国福建省厦门市湖滨南路国贸大厦 12 层证券事务部,邮编:361004
600756	浪潮软件			0531-85105606	山东省济南市高新区浪潮路 1036 号 S06 号楼南楼三层,邮编:250013
600757	长江传媒			027-87679807	湖北省武汉市武昌雄楚大街 268 号出版城 B 座 12 楼,邮编:430070
600758	红阳能源			024-86131806	沈阳市皇姑区黄河南大街 96－6 号启运大厦,邮编:110031
600759	洲际油气			0898-66787367	海南省海口市国贸大道 2 号海南时代广场 17 层,邮编:570125
600760	中航黑豹			025-51815019	山东省文登市龙山路 107 号,邮编:264400
600761	安徽合力			15255166611	合肥市方兴大道 668 号,邮编:230022
600763	通策医疗			0571-88868808	浙江省杭州市天目山路 327 号“合生国贸中心”5 号楼 10 楼;,邮编:310019
600764	中电广通			010-88578820	北京市海淀区中关村南大街 17 号韦伯时代中心 C 座 21 层,邮编:100081
600765	中航重机			010-57827163	北京市朝阳区安定门外小关东里 14 号中航工业大厦 A 座 8 层,邮编:100029
600766	园城黄金			0535-6636299	山东省烟台市南大街 261 号,邮编:264001
600767	运盛实业			50720222	上海市浦东新区仁庆路 509 号 12 号楼,邮编:200135
600768	宁波富邦			0574-87410500	宁波市鄞州区天童北路 702 号工业城办公大楼三楼,邮编:315010
600769	祥龙电业			027-87602482	武汉市洪山区葛化街化工路 31 号,邮编:430078
600770	综艺股份			0513-86639987	江苏省南通市通州区兴东镇综艺数码城,邮编:226376

上市公司通讯录
Contact Information of Listed Companies

A股代码 A Code	A股简称 A Name	B股代码 B Code	B股简称 B Name	电话 Telephone	通讯地址及邮编 Addre&Zip
600771	广誉远			029-88330835	陕西省西安市高新六路52号立人科技园A座六层,邮编:710065
600773	西藏城投			021-63536929	上海市闸北区天目中路380号北方大厦23楼,邮编:200070
600774	汉商集团			027-68849119	湖北省武汉市汉阳大道134号,邮编:430050
600775	南京熊猫			8625-84801442	中国南京市中山东路301号,邮编:210002
600776	东方通信	900941	东信B股	0571-86676199	中国浙江省杭州市滨江高新技术开发区东信大道66号研发楼B413室,邮编:310053
600777	新潮实业			0535-2109779	山东省烟台市莱山区港城东大街301号南山世纪大厦B座14楼,邮编:264003
600778	友好集团			0991-4541008	乌鲁木齐市友好南路668号,邮编:830000
600779	水井坊			028-86252847	四川省成都市金牛区全兴路9号,邮编:610036
600780	通宝能源			0351-7021857	太原市长治路272号,邮编:030006
600781	辅仁药业			021-51573890	上海市建国西路285号（科投大厦）13楼,邮编:200031
600782	新钢股份			0790-6292577	江西省新余市冶金路,邮编:338001
600783	鲁信创投			0531-86566781	山东省济南市解放路166号鲁信大厦,邮编:250013
600784	鲁银投资			0531-82024116	山东省济南市经十路10777号,邮编:250014
600785	新华百货			0951-6071161	宁夏银川市解放西街2号（老大楼写字楼7楼）,邮编:750001
600787	中储股份			010-83673209	北京市丰台区南四环西路188号6区18号楼,邮编:100070
600789	鲁抗医药			0537-2983174	山东省济宁市太白楼西路152号,邮编:272021
600790	轻纺城			0575-84116158	浙江省绍兴县柯桥街道鉴湖路1号中轻大厦,邮编:312030
600791	京能置业			010-62698639	北京市海淀区彩和坊路8号天创科技大厦12层西侧,邮编:100080
600792	云煤能源			0871-63170700	昆明市拓东路75号集成广场5楼,邮编:650021
600793	ST宜纸			0831-3560668	四川省宜宾市岷江西路５４号,邮编:644007
600794	保税科技			0512-58320358	江苏省张家港保税区北京路保税科技大厦六楼,邮编:215634
600795	国电电力			010-58682200	北京市朝阳区安慧北里安园19号楼,邮编:100101
600796	钱江生化			0573-87038237	浙江省海宁市西山路598号7楼,邮编:314400
600797	浙大网新			0571-87950500	浙江省杭州市西湖区西园一路18号浙大网新软件园A楼15层,邮编:310030
600798	宁波海运			0574-87352405	宁波市北岸财富中心1幢,邮编:315020
600800	天津磁卡			022-58585662	天津市河西区解放南路３２５号,邮编:300202
600801	华新水泥	900933	华新B股	02787773896	湖北省武汉市光谷大道特1号国际企业中心5号楼,邮编:430074
600802	福建水泥			0591-87617751	福州市杨桥东路118号宏扬新城建福大厦,邮编:350001
600803	威远生化			0311-85915898	石家庄市和平东路383号,邮编:050031
600804	鹏博士			028-86755190	四川省成都市顺城大街229号顺城大厦5楼,邮编:610015
600805	悦达投资			0515-88202778	江苏省盐城市世纪大道东路2号,邮编:224007
600806	昆明机床			0871-6166612	中华人民共和国云南省昆明市茨坝路23号,邮编:650203
600807	天业股份			0531-82685365	济南市高新开发区新宇南路1号济南国际会展中心A区,邮编:250101
600808	马钢股份			0555-2876033	安徽省马鞍山市九华西路8号,邮编:243003
600809	山西汾酒			0358-7320948	山西省汾阳市杏花村汾酒厂,邮编:032205
600810	神马股份			0375-2729337	河南平顶山建设路中段63号,邮编:467000
600811	东方集团			010-56311896	哈尔滨市南岗区花园街235号,邮编:150001
600812	华北制药			0311-85992929	河北省石家庄市和平东路388号,邮编:050015
600814	杭州解百			0571-87016888-5015	杭州市上城区解放路251号,邮编:310001
600815	厦工股份			0592-6389388	厦门市灌口南路668号之八,邮编:361023
600816	安信信托			021-63529786	上海广东路689号海通证券大厦29层,邮编:200001
600817	ST宏盛			029-88661759	西安市曲江新区雁南五路商通大道曲江综合服务中心306室,邮编:710061
600818	中路股份	900915	中路B股	021-50596906	上海市浦东新区花木路832号,邮编:201300
600819	耀皮玻璃	900918	耀皮B股	58801177	上海市浦东新区张东路1388号4-5幢,邮编:201203
600820	隧道股份			021-65869999-5072	上海市大连路118号,邮编:200082
600821	津劝业			022-27304989	天津市和平区和平路290号,邮编:300022
600822	上海物贸	900927	物贸B股	63231818-5032	上海南苏州路325号,邮编:200002
600823	世茂股份			021－20203366	上海市浦东新区银城中路68号43楼,邮编:200120
600824	益民集团			021-64339888	上海市淮海中路809号甲,邮编:200020
600825	新华传媒			021-60376227	上海市徐汇区漕溪北路331号新华中心(中金国际广场A座)7-8楼,邮编:200030

上市公司通讯录
Contact Information of Listed Companies

A股代码 A Code	A股简称 A Name	B股代码 B Code	B股简称 B Name	电话 Telephone	通讯地址及邮编 Addre&Zip
600826	兰生股份			021-51991608	上海市中山北二路 1800 号,邮编:200437
600827	百联股份	900923	百联B股	021-63223344*6 2201	上海市六合路 58 号新一百大厦 22 楼,邮编:200001
600828	成商集团			028-86651945	成都市东御街１９号,邮编:610011
600829	三精制药			0451-86649908	哈尔滨市香坊区哈平路 233 号,邮编:150069
600830	香溢融通			0574-87315310	宁波市西河街 158 号,邮编:315000
600831	广电网络			029-87991258	西安曲江新区曲江行政商务区曲江首座大厦,邮编:710061
600832	东方明珠			58799306	上海浦东世纪大道 1 号,邮编:200120
600833	第一医药			64337282	上海市徐汇区小木桥路 681 号 20 楼,邮编:200032
600834	申通地铁			54259971	上海市桂林路 909 号 3 号楼 2 楼,邮编:201103
600835	上海机电	900925	机电B股	68547507	上海市浦东新区民生路 1286 号汇商大厦 9 楼(200135),邮编:200135
600836	界龙实业			021-58942955	上海市浦东新区杨高中路 2112 号界龙总部园 5 楼,邮编:200135
600837	海通证券			021-63411298	上海市黄浦区广东路 689 号海通证券证券大厦,邮编:200001
600838	上海九百			021-62569866	上海市常德路 940 号,邮编:200040
600839	四川长虹			0816-2418866	四川省绵阳市高新区绵兴东路 35 号,邮编:621000
600841	上柴股份	900920	上柴B股	021-60652707	上海市军工路 2636 号,邮编:200438
600843	上工申贝	900924	上工B股	68407515 68407700*12	上海市浦东新区世纪大道 1500 号东方大厦 12 楼,邮编:200122
600844	丹化科技	900921	丹科B股	021-64015598	上海市闵行区虹许路 788 号名都城别墅 61 幢,邮编:201103
600845	宝信软件	900926	宝信B股	021-20378893	上海市浦东新区张江高科技园区郭守敬路 515 号,邮编:201203
600846	同济科技			65983325	上海市杨浦区四平路 1398 号同济联合广场 B 座 20 层,邮编:200092
600847	万里股份			023-85532408	重庆市江津区双福街道创业大道 2 号,邮编:402247
600848	自仪股份	900928	自仪B股	66986962	上海市广中西路 191 号,邮编:200072
600850	华东电脑			021-33390138	上海市徐汇区桂平路 391 号新漕河泾国际商务中心 B 幢 27 楼,邮编:200233
600851	海欣股份	900917	海欣B股	63917000-1866	上海市福州路 666 号金陵海欣大厦 18 楼,邮编:200001
600853	龙建股份			0451-82281860	黑龙江省哈尔滨市南岗区嵩山路 109 号,邮编:150009
600854	春兰股份			0523-86217958 、86663	江苏省泰州市春兰工业园区春兰路 1 号,邮编:225300
600855	航天长峰			88219815	北京市 142 信箱 41 分箱（邮信地址）， 北京市海淀区永定路甲５１号数控大楼北楼 518 室（?,邮编:100854
600856	长百集团			0431-8965414	吉林省长春市人民大街 1881 号,邮编:130061
600857	工大首创			0574-87367060	宁波市海曙区和义路 77 号汇金大厦 21 层,邮编:315000
600858	银座股份			0531-83175518	山东省济南市泺源大街 22 号中银大厦 20F,邮编:250063
600859	王府井			010-65125960	中国北京王府井大街 253 号,邮编:100006
600860	*ST 京城			010-67802690	北京市北京经济技术开发区荣昌东街 6 号,邮编:100176
600861	北京城乡			010-68296595	北京市海淀区复兴路甲 23 号,邮编:100036
600862	南通科技			0513-81110523	江苏省南通市港闸区永和路 1 号,邮编:226011
600863	内蒙华电			0471-6228403	内蒙古呼和浩特市锡林南路工艺厂巷电力科技楼六楼,邮编:010020
600864	哈投股份			0451-82332828	哈尔滨市南岗区汉水路 172 号二楼,邮编:150090
600865	百大集团			0571-85064581	杭州市庆春东路 1-1 号西子联合大厦 18 楼,邮编:310016
600866	星湖科技			0758-2291130	广东省肇庆市工农北路 67 号,邮编:526060
600867	通化东宝			0435-5088025	吉林省通化东宝新村,邮编:134123
600868	梅雁吉祥			0753-2218286	广东省梅州市梅县新县城沿江南路 1 号,邮编:514787
600869	智慧能源			0510-87243402	江苏省宜兴市高塍远东大道 6 号,邮编:214257
600870	厦华电子			0592-5620620	厦门市湖里大道 22 号,邮编:361006
600871	*ST 仪化			86-514-8323299 7	江苏省仪征市,邮编:211900
600872	中炬高新			0760-85599947	广东省中山市中山火炬高技术产业开发区火炬大厦,邮编:528437
600873	梅花生物			0316-2359999 转 8072	廊坊市经济技术开发区华祥路 66 号,邮编:065001
600874	创业环保			022-23930128	天津市南开区卫津南路 76 号创业环保大厦,邮编:300381
600875	东方电气			86-28-87583088	四川省成都市金牛区蜀汉路 333 号,邮编:610036
600876	洛阳玻璃			86-379-6390850 7	中华人民共和国河南省洛阳市西工区唐宫中路 9 号,邮编:471009
600877	中国嘉陵			023-65192750	重庆市璧山永嘉大道 111 号,邮编:402760
600879	航天电子			010-88106033	北京海淀区丰滢东路 1 号,邮编:100094
600880	博瑞传播			028-62560666	成都市锦江区三色路 38 号“创意成都”大厦 A 座 23 楼,邮编:610063

上市公司通讯录
Contact Information of Listed Companies

A 股代码 A Code	A 股简称 A Name	B 股代码 B Code	B 股简称 B Name	电话 Telephone	通讯地址及邮编 Addre&Zip
600881	亚泰集团			0431-84956688	长春市吉林大路 1801 号,邮编:130031
600882	华联矿业			0533-3389666	山东省淄博市沂源县东里镇,邮编:256119
600883	博闻科技			0871-67197370	云南省昆明市官渡区春城路 219 号东航投资大厦 806 室,邮编:650041
600884	杉杉股份			0574-88323048	宁波市鄞州区日丽中路 777 号杉杉商务大厦 8 层,邮编:315100
600885	宏发股份			0592-6106688 转 287	厦门市集美北部工业区孙坂南路 91-101 号,邮编:361021
600886	国投电力			010-88006355	北京市西城区西直门南小街 147 号 5 号楼 12 层,邮编:100034
600887	伊利股份			0471-3350092	呼和浩特市金山开发区金山大道 8 号,邮编:010110
600888	新疆众和			0991-6689885	新疆维吾尔自治区乌鲁木齐市喀什东路 1 8 号,邮编:830013
600889	南京化纤			025-84208005	南京市丰富路 163 号民族大厦 1702 室,邮编:210004
600890	中房股份			010-82618898	北京市海淀区苏州街 18 号院长远天地大厦 C 座 2 层,邮编:100080
600891	秋林集团			0451-58938188	哈尔滨市南岗区东大直街 319 号,邮编:150001
600892	宝诚股份			0755-82359089	广东省深圳市罗湖区笋岗东路 3012 号中民时代广场 B 座 2103 室,邮编:518023
600893	航空动力			029-86152115	陕西省西安市未央区徐家湾,邮编:710021
600894	广日股份			020-38371902	广州市天河区华利路 59 号东塔 12 层,邮编:510623
600895	张江高科			51371250	上海浦东松涛路 560 号 8 层,邮编:201203
600896	中海海盛			0898-68583985	海南省海口市龙昆北路 2 号珠江广场帝豪大厦 25 层,邮编:570125
600897	厦门空港			0592-5706005	厦门市湖里区翔云一路 121 号,邮编:361006
600898	三联商社			0531-81675201	济南市历下区趵突泉北路 12 号 5 层,邮编:250011
600900	长江电力			010-58688891	北京市西城区金融大街 19 号富凯大厦 B 座 2116 房间,邮编:100033
600917	重庆燃气			86-23-67952837	重庆市江北区小苑一村 30 号,邮编:400020
600960	渤海活塞			0543-3288868	山东省滨州市渤海二十一路 569 号,邮编:256602
600961	株冶集团			0731-28392172	湖南省株洲市石峰区清水塘（来信来件请寄往该处）,邮编:412004
600962	国投中鲁			010-88009002	北京市西城区阜成门外大街 2 号万通新世界广场 B 座 21 层,邮编:100037
600963	岳阳林纸			0730-8590330	岳阳市岳阳楼区城陵矶光明路,邮编:414002
600965	福成五丰			010-61595607	河北省三河市燕郊经济技术开发区,邮编:065201
600966	博汇纸业			0533-8539966	山东省桓台县马桥镇工业路北首,邮编:256405
600967	北方创业			0472-3117903	包头市兵工大道车辆大厦北方创业股份有限公司,邮编:014032
600969	郴电国际			0735-2339226	湖南省郴州市青年大道民生路口万国大厦十四楼 1408 室,邮编:423000
600970	中材国际			010－64399527	北京市朝阳区望京北路 16 号,邮编:100102
600971	恒源煤电			0557－3981268	安徽省宿州市西昌路 157 号,邮编:234011
600973	宝胜股份			0514-88248910	江苏省宝应县安宜镇苏中路 1 号,邮编:225800
600975	新五丰			0731-84449593	长沙市芙蓉区五一西路二号第一大道十九、二十楼,邮编:410005
600976	健民集团			027-85355032	武汉市汉阳区鹦鹉大道 484 号,邮编:430015
600978	宜华木业			0754-85100989	广东省汕头市澄海区莲下槐东工业区,邮编:515834
600979	广安爱众			0826-2983218	四川省广安市广安区渠江北路 86 号,邮编:638000
600980	北矿磁材			010-67537184	北京市大兴区北兴路东段 22 号 1 号楼 A 座 804,邮编:100070
600981	汇鸿股份			025-86895068	南京市户部街 15 号,邮编:210002
600982	宁波热电			0574-86897102	宁波市海曙区解放北路 128 号新金穗大厦 A 座 12 楼,邮编:315000
600983	惠而浦			13605517468	合肥高新技术产业开发区北区 L-2 号 (科学大道 96 号),邮编:230088
600984	建设机械			029-82592297	西安市金花北路 418 号,邮编:710032
600985	雷鸣科化			0561-4948135	安徽省淮北市东山路 148 号,邮编:235000
600986	科达股份			0546-8304191	山东省东营市府前大街 65 号,邮编:257091
600987	航民股份			0571－82575698	浙江省杭州市萧山区瓜沥镇航民村,邮编:311241
600988	赤峰黄金			010-82447018	北京市海淀区善缘街一号立方庭大厦 2-230,邮编:100080
600990	四创电子			0551-65391323	安徽省合肥市高新技术产业开发区香樟大道 199 号,邮编:230088
600992	贵绳股份			08528419247	贵州省遵义市桃溪路４７号贵州钢绳股份有限公司,邮编:56300
600993	马应龙			027—87389583	湖北省武汉市武昌南湖周家湾 100 号,邮编:430064
600995	文山电力			087163193778	云南省昆明市东风东路 48 号金泰大厦 19 楼,邮编:650051
600997	开滦股份			03153026757	河北省唐山市新华东道 70 号东楼,邮编:063018
600998	九州通			010-60210333	湖北省武汉市汉阳区龙阳大道特 8 号,邮编:430051

上市公司通讯录
Contact Information of Listed Companies

A 股代码 A Code	A 股简称 A Name	B 股代码 B Code	B 股简称 B Name	电话 Telephone	通讯地址及邮编 Addre&Zip
600999	招商证券			0755－82943666	深圳市福田区益田路江苏大厦 A 座 38-45 层,邮编:518026
601000	唐山港			0315-2916903	河北唐山海港经济开发区唐山港大厦十四层,邮编:063611
601001	大同煤业			0352-7018978	山西省大同市矿区新平旺,邮编:037003
601002	晋亿实业			0573-4185001	浙江省嘉善经济开发区晋亿大道 8 号,邮编:314100
601003	柳钢股份			0772-2595996,259597	广西柳州市北雀路 117 号,邮编:545002
601005	重庆钢铁			023-68873311	重庆市长寿区经济技术开发区钢城大道一号,邮编:400084
601006	大秦铁路			0351-2620605	山西省太原市建设北路 202 号,邮编:030013
601007	金陵饭店			025-84711888-4139	南京市汉中路 2 号,邮编:210005
601008	连云港			0518-82389269	江苏省连云港市连云区中华路 18 号港口大厦 22-23 层,邮编:222042
601009	南京银行			025－86775055	南京市玄武区中山路 288 号,邮编:210008
601010	文峰股份			051385505666-8958	江苏省南通市青年东路 1 号,邮编:22600
601011	宝泰隆			0464-2915999	黑龙江省七台河市桃山区景丰路 117 号宝泰隆矿业大厦 5 层,邮编:154600
601012	隆基股份			86-29-81566863	西安市长安区航天中路 388 号,邮编:710100
601015	陕西黑猫			86-913-5326936	陕西省韩城市煤化工业园,邮编:715403
601016	节能风电			86-10-62248707	北京市海淀区西直门北大街 42 号节能大厦 A 座 12 层,邮编:100082
601018	宁波港			0574-27695662	宁波市北仑区明州路 301 号宁波港大厦,邮编:315800
601028	玉龙股份			0510-83896210	江苏省无锡市惠山区玉祁镇玉龙路 15 号,邮编:214183
601038	一拖股份			0379-64961467	河南省洛阳市建设路 154 号,邮编:471004
601058	赛轮金宇			0532-68862851	青岛市郑州路 43 号橡胶谷 B 栋,邮编:266045
601088	中国神华			01058133348	中国北京市东城区安定门西滨河路 22 号,邮编:100011
601098	中南传媒			0731-84302628	湖南省长沙市开福区营盘东路 38 号,邮编:410005
601099	太平洋			010-88321618	云南省昆明市青年路 389 号志远大厦 18 层,邮编:650021
601100	恒立油缸			0519-81689797	常州市武进高新区龙潜路 99 号,邮编:213167
601101	昊华能源			010-69839412	北京市门头沟区新桥南大街 2 号,邮编:102300
601106	中国一重			0452--6810123	黑龙江省齐齐哈尔市富拉尔基区铁西厂前路 9 号,邮编:16104
601107	四川成渝			028-85527504	四川省成都市武侯祠大街 252 号,邮编:610041
601111	中国国航			010-61461959	中国北京市顺义区天竺经济开发区天柱路 30 号,邮编:101312
601113	华鼎股份			0579-85261479	义乌市北苑街道雪峰西路 751 号,邮编:322000
601116	三江购物			0574-83886810	宁波市海曙区孝闻街 29 弄 1 号,邮编:315010
601117	中国化学			010-59765697	北京市东城区东直门内大街 2 号,邮编:100007
601118	海南橡胶			0898-31669317	海南省海口市滨海大道 103 号财富广场四楼,邮编:570105
601126	四方股份			010-62961515	北京市海淀区上地四街九号,邮编:100085
601137	博威合金			0574-82829383	浙江省宁波市鄞州区云龙镇前后陈村博威大厦 11F,邮编:315135
601139	深圳燃气			075588660068	深圳市福田区中康北路深燃大厦,邮编:518049
601158	重庆水务			023-63632255	重庆市渝中区龙家湾 1 号,邮编:400015
601166	兴业银行			0591-87838598	福州市湖东路 154 号,邮编:350003
601168	西部矿业			0971-6108188	青海省西宁市五四大街 52 号,邮编:810001
601169	北京银行			010-66223811	北京市西城区金融大街丙 17 号北京银行大厦,邮编:100033
601177	杭齿前进			0571-83802672	浙江省杭州市萧山区萧金路 45 号,邮编:311203
601179	中国西电			029-88832004	中国陕西省西安市高新区唐兴路 7 号 A 座,邮编:710075
601186	中国铁建			010-52688180	北京市海淀区复兴路 40 号中国铁建大厦,邮编:100855
601188	龙江交通			0451-51688198	黑龙江省哈尔滨市南岗区轩辕东路 1 号怡东大厦 3 层,邮编:150090
601199	江南水务			13606160977	江苏省江阴市长江路 141 号,邮编:214432
601208	东材科技			0816-2289750	绵阳市三星路 188 号,邮编:621000
601216	内蒙君正			0473-6921035	内蒙古鄂尔多斯市鄂托克旗蒙西工业园区,邮编:016014
601218	吉鑫科技			0510-86157396	江阴市云亭街道工业园区那巷路 8 号,邮编:214422
601222	林洋电子			051383115006	江苏省启东经济技术开发区林洋路 666 号,邮编:226200
601225	陕西煤业			86-29-81772610	陕西省西安市碑林区太乙路 182 号,邮编:710054
601226	华电重工			86-10-68466145	北京市丰台区汽车博物馆东路华电发展大厦 B 座,邮编:100070
601231	环旭电子			021-58966996-83636	上海市浦东新区张江高科技园区张东路 1558 号,邮编:201203

上市公司通讯录
Contact Information of Listed Companies

A 股代码 A Code	A 股简称 A Name	B 股代码 B Code	B 股简称 B Name	电话 Telephone	通讯地址及邮编 Addre&Zip
601233	桐昆股份			0573-88187878	浙江省桐乡市经济开发区光明路 199 号,邮编:314500
601238	广汽集团			020-83150886	广州市东风中路 448 号成悦大厦 16 楼,邮编:510030
601258	庞大集团			0315-7181576	北京市朝阳区五环外王四营乡黄厂路甲 3 号庞大双龙培训中心四楼,邮编:100023
601268	*ST 二重			0838-2342903	四川省德阳市珠江西路 460 号,邮编:618000
601288	农业银行			010-85109619	中国北京市东城区建国门内大街 69 号,邮编:100005
601299	中国北车			010-51897398	北京市丰台区芳城园一区 15 楼,邮编:100078
601311	骆驼股份			13707278039	湖北省谷城县石花镇武当路 83 号,邮编:441057
601313	江南嘉捷			13862112255	江苏省苏州工业园区唯新路 28 号,邮编:215122
601318	中国平安			0755-22623487	深圳市福田中心区福华三路星河中心大厦 16 楼,邮编:518048
601328	交通银行			021-58400270	上海浦东新区银城中路 188 号,邮编:200120
601333	广深铁路			0755-25587920	广东省深圳市和平路 1052 号,邮编:518010
601336	新华保险			010-85213023	北京市朝阳区建国门外大街甲 12 号,邮编:100022
601339	百隆东方			0574-89085564	宁波市镇海区骆驼街道南二东路 1 号,邮编:315206
601369	陕鼓动力			029-81871036	同上,邮编:710075
601377	兴业证券			0591-38281888	上海市浦东新区民生路 1199 弄 1 号楼 2211 室,邮编:350003
601388	怡球资源			13962655529	No.88 Hufuhuang Road, Fuqiao Town, Taicang City,邮编:215434
601390	中国中铁			010-51843037	北京市海淀区复兴路 69 号中国中铁广场 A 座,邮编:100039
601398	工商银行			（8610）6610-7151	北京市西城区复兴门内大街 55 号,邮编:100140
601515	东风股份			0754-88118555	汕头市潮汕路金园工业城(二围工业区)、4A2-2 片区、2M4 片区、13-02 片区 A-F 座,邮编:515064
601518	吉林高速			0431-84687588	吉林省长春市经开区浦东路 4488 号,邮编:130033
601519	大智慧			021-20219261	上海市浦东新区杨高南路 428 号由由世纪广场 1 号楼,邮编:200127
601555	东吴证券			0512-62938866	苏州工业园区星阳街 5 号,邮编:215021
601558	*ST 锐电			010-62515566	北京市海淀区中关村大街 59 号文化大厦,邮编:100872
601566	九牧王			0592-2955799	厦门市思明区宜兰路 1 号,邮编:361008
601567	三星电气			057488072272	浙江省宁波市鄞州工业区（宁波市鄞州区姜山镇）,邮编:315191
601579	会稽山			86-575-81188579	浙江省绍兴市河桥区鉴湖路 1053 号,邮编:312030
601588	北辰实业			010-64993370	北京朝阳区北辰东路 8 号汇欣大厦 A 座 707,邮编:100101
601599	鹿港科技			051258353258	江苏省苏州市张家港市塘桥镇鹿苑,邮编:215616
601600	中国铝业			8610 8229 8103	北京市海淀区西直门北大街 62 号,邮编:100082
601601	中国太保			021-33965011	上海市银城中路 190 号交银金融大厦南楼,邮编:200120
601607	上海医药			021-63730908	上海市太仓路 200 号上海医药大厦,邮编:200020
601608	中信重工			0379-64088008	洛阳市涧西区建设路 206 号,邮编:471039
601616	广电电气			37531469	上海市奉贤区南桥镇环城东路 123 弄 1 号,邮编:201401
601618	中国中冶			010-59868801	北京市朝阳区曙光西里 28 号中冶大厦,邮编:100028
601628	中国人寿			010-63632199	北京市西城区金融大街 16 号中国人寿广场 A 座,邮编:100033
601633	长城汽车			0312-2197813	河北省保定市朝阳南大街 2266 号,邮编:071000
601636	旗滨集团			0596-5699668	福建省漳州市东山县环岛路 8 号旗滨领海国际,邮编:363400
601666	平煤股份			03752726764	河南省平顶山市矿工路 21 号,邮编:467000
601668	中国建筑			010-88082888	北京市海淀区三里河路 15 号,邮编:100037
601669	中国电建			010-58381999	北京市海淀区车公庄西路 22 号中国水电大厦,邮编:100048
601677	明泰铝业			0371-67898155	河南省郑州市高新技术开发区长椿路 11 号大学科技园区 Y19 栋,邮编:450001
601678	滨化股份			13906499999	山东省滨州市黄河五路 869 号,邮编:256619
601688	华泰证券			025-83290788	江苏省南京市中山东路 90 号华泰证券大厦,邮编:210002
601699	潞安环能			0355-5923838	山西省长治市襄垣县侯堡镇,邮编:046204
601700	风范股份			051252122997	江苏常熟市尚湖镇人民南路 8 号,邮编:215554
601717	郑煤机			18603861673	郑州市经济技术开发区第九大街 167 号,邮编:450016
601718	际华集团			010-63706018	北京市丰台区南四环西路 188 号十五区 6 号楼,邮编:100070
601727	上海电气			021-33261016	上海市钦江路 212 号,邮编:200233
601766	中国南车			010-51862188	北京市海淀区西四环中路 16 号,邮编:100036
601777	力帆股份			023-61663020	重庆市沙坪坝区上桥张家湾 60 号,邮编:400037

上市公司通讯录
Contact Information of Listed Companies

A 股代码 A Code	A 股简称 A Name	B 股代码 B Code	B 股简称 B Name	电话 Telephone	通讯地址及邮编 Addre&Zip
601788	光大证券			021-22169588	上海市静安区新闸路 1508 号,邮编:200040
601789	宁波建工			057487066873	宁波市江东区宁穿路 538 号,邮编:315040
601798	蓝科高新			13609333377	甘肃省兰州市安宁区蓝科路 8 号,邮编:730070
601799	星宇股份			0086-519-85156063	江苏省常州市新北区秦岭路 182 号,邮编:213022
601800	中国交建			8610-82016526	北京西城区德胜门外大街 85 号,邮编:100088
601801	皖新传媒			0551-62661237	安徽省合肥市包河区北京路 8 号,邮编:230051
601808	中海油服			010-84521129	北京市朝阳门内大街 2 号凯恒中心 B 座,邮编:100010
601818	光大银行			010-63636868	北京市西城区太平桥大街 25 号中国光大中心,邮编:100033
601857	中国石油			010-59986900	北京东城区东直门北大街 9 号,邮编:100007
601866	中海集运			021-65966978	上海市浦东新区福山路 450 号 3 楼,邮编:200122
601872	招商轮船			0755-88237361	上海市中山东一路 9 号,邮编:200002
601877	正泰电器			021-37791001	浙江省乐清市北白象镇正泰工业园区正泰路 1 号,邮编:325603
601880	大连港			0411-82623910	大连国际物流园区金港路新港商务大厦,邮编:116601
601886	江河创建			010-60411166	北京市顺义区牛汇北五街 5 号,邮编:101300
601888	中国国旅			010-84479696	北京市东城区东直门外小街甲 2 号 A 座 8 层,邮编:100027
601890	亚星锚链			052384686986	靖江市东兴镇何德村,邮编:214533
601898	中煤能源			010-82256618	北京市朝阳区黄寺大街 1 号,邮编:100120
601899	紫金矿业			0592-2933662	福建省上杭县紫金大道 1 号；福建省厦门市湖里区泗水道 599 号海富中心 19-22 层,邮编:361016
601901	方正证券			0731-85832367	长沙市芙蓉中路二段华侨国际大厦 22-24 层,邮编:410015
601908	京运通			010-80803016	北京市北京经济技术开发区经海四路 158 号,邮编:100176
601918	国投新集			0554-8661819	安徽省淮南市山南新区民惠街 国投新集办公园区 1 号楼,邮编:232001
601919	中国远洋			010-66492259	天津市天津空港经济区中心大道与东七道交口远航商务中心 12 号楼二层,邮编:300461
601928	凤凰传媒			025-5188 3301	南京市百子亭 34 号,邮编:210009
601929	吉视传媒			0431-88789005	吉林省长春市新民大街 1027-1 号,邮编:130021
601933	永辉超市			0591-83762200	福建省福州市鼓楼区西二环中路 436 号,邮编:350002
601939	建设银行			010-6759 8523	北京市西城区金融大街 25 号,邮编:100033
601958	金钼股份			88320076	陕西省西安市高新技术产业开发区锦业一路 88 号金钼股份综合楼 A 座,邮编:710077
601965	中国汽研			023-68825531	重庆市北部新区金渝大道 9 号,邮编:400039
601969	海南矿业			898-26607630	海南省昌江黎族自治县石碌镇(海钢办公大楼),邮编:572700
601988	中国银行			010-66595465	北京市复兴门内大街 1 号,邮编:100818
601989	中国重工			01088475208	北京市海淀区昆明湖南路 72 号,邮编:100097
601991	大唐发电			010-88008996	北京市西城区广宁伯街 9 号,邮编:100033
601992	金隅股份			01066410128	北京市东城区北三环东路 36 号环球贸易中心 D 座,邮编:100013
601996	丰林集团			0771-4016666	广西南宁市白沙大道 22 号,邮编:530031
601998	中信银行			65556501	中国北京市东城区朝阳门北大街 8 号富华大厦 C 座,邮编:100027
601999	出版传媒			024-23284236	辽宁省沈阳市和平区十一纬路 29 号,邮编:110003
603000	人民网			010-65368433	北京市朝阳区金台西路 2 号,邮编:100733
603001	奥康国际			0577-67915188	浙江省永嘉县瓯北镇千石工业区奥康工业园,邮编:325101
603002	宏昌电子			86-20-82266156	广州市萝岗区云埔一路一号之二,邮编:510530
603003	龙宇燃油			13901986256	上海市浦东新区东方路 710 号 19 楼,邮编:20012
603005	晶方科技			512-67730001	江苏省苏州市工业园区汀兰巷 29 号,邮编:215026
603006	联明股份			86-21-58560017	上海市浦东新区施湾六路 950 号,邮编:201209
603008	喜临门			0575-85159531	浙江省绍兴市西大门钟家湾,邮编:312001
603009	北特科技			86-21-39900388	上海市嘉定区华亭镇镇高石路(北新村内),邮编:201816
603010	万盛股份			86-576-85322099	浙江省临海市城关两水开发区,邮编:317000
603011	合锻股份			86-551-63676767	安徽省合肥市经济技术开发区紫云路 123 号,邮编:230601
603017	园区设计			86-512-62586618	江苏省苏州市工业园区苏虹中路 393 号,邮编:215021
603018	设计股份			86-25-84202066	江苏省南京市秦淮区紫云大道 9 号（南京白下高新技术产业园区）,邮编:210005
603019	中科曙光			86-10-56308016	北京市海淀区东北旺西路 8 号院 36 号楼,邮编:100193
603077	和邦股份			86-833-3207168	四川省成都市青羊区广富路 8 号 C6 幢,邮编:610091

上市公司通讯录
Contact Information of Listed Companies

A股代码 A Code	A股简称 A Name	B股代码 B Code	B股简称 B Name	电话 Telephone	通讯地址及邮编 Addre&Zip
603088	宁波精达			574-87562563	浙江省宁波市江北投资创业园C区长阳路191号,邮编:315033
603099	长白山			433-5310177	吉林省延边朝鲜族自治州长白山保护开发区池北区(白林西区和平街),邮编:133613
603100	川仪股份			23-67033458	重庆市北部新区黄山大道中段61号,邮编:401121
603111	康尼机电			25-83497082	江苏省南京市经济技术开发区恒达路19号,邮编:210038
603123	翠微股份			01068241688	北京市海淀区复兴路33号翠微大厦6层董事会办公室,邮编:100036
603126	中材节能			86-22-86341590	天津市北辰科技园区中捷科技园火炬大厦,邮编:300400
603128	华贸物流			13512194923	上海市南京西路338号天安中心20楼,邮编:201202
603166	福达股份			773-3681001	广西壮族自治区桂林市西城经济开发区秧塘工业园秧十八路东侧,邮编:541199
603167	渤海轮渡			535-6291223	山东省烟台市芝罘区环海路2号,邮编:264000
603168	莎普爱思			573-85021168	浙江省平湖市城北路角棉巾桥,邮编:314200
603169	兰石重装			931-2343145	甘肃省兰州市七里河区西津西路196号,邮编:730050
603188	亚邦股份			519-88316008	江苏省常州市武进区牛塘镇人民西路105号,邮编:213163
603288	海天味业			757-82836083	广东省佛山市文沙路16号,邮编:528000
603306	华懋科技			592-7795188	福建省厦门市集美区溪镇苏山路69号,邮编:361024
603308	应流股份			551-63737776	安徽省合肥市经济技术开发区民营科技园齐云路26号,邮编:230601
603328	依顿电子			760-22813689	广东省中山市三角镇高平化工区,邮编:528445
603333	明星电缆			0833-2596866	四川省乐山市高新区迎宾大道18号,邮编:614001
603366	日出东方			0518-85959908	江苏省连云港市海宁工贸园瀛洲南路199号,邮编:222243
603368	柳州医药			86-772-2566078	广西壮族自治区柳州市柳东新区官塘创业园研发中心1号楼8-2号,邮编:545000
603369	今世缘			517-82433619	江苏省淮安市涟水县高沟镇今世缘大道1号,邮编:223411
603399	新华龙			04163198622	辽宁省锦州经济技术开发区天山路一段50号,邮编:121007
603456	九洲药业			576-88706789	浙江省台州市椒江区外沙工业区,邮编:318000
603518	维格娜丝			25-8473763	江苏省南京市秦淮区中山南路1号60层,邮编:210005
603555	贵人鸟			592-5725650	福建省晋江市陈埭沟西工业区,邮编:362200
603588	高能环境			10-85782168	北京市海淀区地锦路9号院高能时代大厦,邮编:100095
603606	东方电缆			574-86188666	浙江省宁波市北仑区江南东路968号,邮编:315801
603609	禾丰牧业			24-88081409	辽宁省沈阳市沈北新区辉山大街169号,邮编:110164
603636	南威软件			595-68288889	福建省泉州市丰泽区丰海路南威大厦2号楼,邮编:362000
603688	石英股份			518-87018519	江苏省连云港市东海县平明镇马河电站东侧,邮编:222342
603699	纽威股份			512-66626468	江苏省苏州市苏州新区湘江路999号,邮编:215129
603766	隆鑫通用			23-89028829	重庆市南岸区经济技术开发区白鹤工业园隆鑫工业园,邮编:400060
603806	福斯特			571-61076968	浙江省临安市锦北街道保锦路,邮编:311300
603889	新澳股份			573-88455801	嘉兴市桐乡市崇福镇观庄桥,邮编:314511
603988	中电电机			510-85628128	江苏省无锡市高浪东路777号,邮编:214131
603993	洛阳钼业			037968658018	河南省洛阳市栾川县城东新区画眉山路伊河以北,邮编:471500
603998	方盛制药			731-88997135	湖南省长沙市河西麓谷麓天路19号,邮编:410205
		900929	锦旅B股	063299090-116	上海市延安东路100号联谊大厦27楼,邮编:200002
		900935	阳晨B股	63901001	上海市吴淞路130号城投控股大厦16楼,邮编:200080
		900939	汇丽B	58138717	上海市南汇区康桥工业区康桥东路299号,邮编:201319
		900948	伊泰B股	0477-8565642	内蒙古鄂尔多斯市东胜区天骄北路伊泰大厦,邮编:017000
		900949	东电B股	0571-85774569	杭州市天目山路152号浙能大厦,邮编:310007
		900950	新城B股	021-32522906	上海市中山北路3000号长城大厦22楼,邮编:200063
		900951	*ST大化B	0411-86893436	大连市甘井子区工兴路10号,邮编:116032
		900953	凯马B	52046619	上海市中山北路1958号华源世界广场6楼,邮编:200063
		900956	东贝B股	0714-5415858	湖北省黄石市经济技术开发区金山大道东6号,邮编:435000
		900957	凌云B股	021-68400880	上海浦东新区源深路1088号葛洲坝大厦12楼1201室,邮编:200122

Member
Companies

会员公司

会员公司概貌
Member Companies Overview

会员公司 Member Companies	2014 年	2013 年	增减(%) Change(%)
会员公司数量 No. of Member Companies	113	111	1.80
席位数量 No. of Seats	10860	8880	22.30
A 股 A Share Seat	10675	8693	22.80
B 股 B Share Seat	185	187	-1.07
B 股证券商 B Share Brokers	102	102	0.00
境内 Domestic	62	62	0.00
境外 Overseas	40	40	0.00
会员公司交易金额(亿) Trading Val (100M)			
合计 Total	2562987.43	1730196.68	48.13
股票 Share	754324.25	460532.05	63.79
A 股 A Share	750299.91	457837.64	63.88
B 股 B Share	968.89	1379.87	-29.78
股票回购 Share Repo	3055.45	1314.54	132.43
基金 Fund	74958.50	17978.95	316.92
债券 Bond	1733697.18	1251678.83	38.51
政府债 G-Bond	2494.95	1544.20	61.57
公司债现货 C-Bond	48397.90	29081.76	66.42
债券回购 Repo	1682804.33	1221053.86	37.82
其他 Other	7.50	6.84	9.58

会员公司交易
Trading of Member Companies

会员公司 Company	地址 Address	法人代表 Representative	电话 Tel	传真 Fax	注册资本 Registed Capital
国泰君安证券股份有限公司	上海市浦东新区银城中路 168 号	万建华	021-38676060	38670666	6100.0
中信证券股份有限公司	北京市朝阳区亮马桥路 48 号中信证券大厦 深圳市福田区中心三路 8 号中信证券大厦	王东明	010-84585028	60836031	11116.9
华泰证券股份有限公司	江苏省南京市中山东路 90 号华泰证券大厦	吴万善	025-83290666	84579929	5600.0
海通证券股份有限公司	上海市黄浦区广东路 689 号海通证券大厦	王开国	021-23219304	63411010	9584.7
申银万国证券股份有限公司	上海市徐汇区长乐路 989 号世纪商贸广场 45 层	储晓明	021-33389888	54035333	6715.8
国信证券股份有限公司	深圳市罗湖区红岭中路 1012 号国信证券大厦	何如	82130639	82130570	7000.0
中信建投证券股份有限公司	北京市东城区朝内大街 188 号	王常青	010-85130505	65186399	6100.0
中国银河证券股份有限公司	北京市西城区金融大街 35 号 2-6 层	陈有安		66568532	6000.0
广发证券股份有限公司	广州市天河北路 183 号大都会广场 42 楼	孙树明	020-87555888-8277	87553600	5919.3
招商证券股份有限公司	深圳市福田区益田路江苏大厦 38-45 层	宫少林	0755-82943522	82943100	4661.1
光大证券股份有限公司	上海市静安区新闸路 1508 号	薛峰	021-22169910	62151789	3418.0
安信证券股份有限公司	深圳市福田区金田路 4018 号安联大厦 35 层	牛冠兴	0755-82825599	82825596	3200.0
平安证券有限责任公司	深圳市福田中心区金田路 4036 号荣超大厦 16-20 层	谢永林	021-38638538	82400862	5500.0
中国国际金融有限公司	中国北京建国门外大街 1 号国贸大厦 2 座 28 层	丁学东	01065051166	65058120	1037.0
长江证券股份有限公司	湖北省武汉市江汉区新华路特 8 号	胡运钊	027-65799765	85481900	2371.2
东方证券股份有限公司	上海市中山南路 318 号 2 号楼 22 层、23 层、25 层—29 层	潘鑫军	021-63325888	63327888	4281.7
兴业证券股份有限公司	福建省福州市湖东路 268 号证券大厦	兰荣	021-38565699	338565888	5200.0
齐鲁证券有限公司	山东省济南市市中区经七路 86 号	李玮	0531-68889988	68889999	5212.2
中国中投证券有限责任公司	深圳市福田区益田路与福中路交界处荣超商务中心A栋第 18-21 层及第 04 层	龙增来	0755-82026988	82026668	5000.0
方正证券股份有限公司	长沙市芙蓉区芙蓉中路二段华侨国际大厦 22-24 层	雷杰	010-57398008	85832263	6100.0
宏源证券股份有限公司	乌鲁木齐文艺路 233 号	冯戎	010-88085858	88085059	3972.4
中信证券（浙江）有限责任公司	浙江省杭州市江干区解放东路 29 号迪凯银座 22 层	沈强	0571-85166663	85106393	885.0
中银国际证券有限责任公司	上海市浦东银城中路 200 号中银大厦 39 楼	许刚	010-662299036	66578956	1979.2
国金证券股份有限公司	四川省成都市东城根上街 95 号	冉云	028-86690307	86690365	2588.1
广州证券有限责任公司	广州市天河区珠江西路 5 号广州国际金融中心主塔 19 层、20 层	邱三发	020-88836999	88836900	3330.0
西南证券股份有限公司	重庆市江北区桥北苑 8 号西南证券大厦	余维佳	023-67602988	63786513	2822.6
湘财证券股份有限公司	中国湖南省长沙市天心区湘府中路 198 号新南城商务中心 A 栋 11 楼	林俊波	0731-84430252	84430252	3197.3
东吴证券股份有限公司	苏州市工业园区星阳街 5 号	范力	0512-62938858	62938858	2000.0
长城证券有限责任公司	深圳市深南大道 6008 号特区报业大厦 14、16、17 楼	黄耀华	0755-83516178	83516189	2067.0
财通证券股份有限公司	浙江省杭州市杭大路 15 号嘉华国际 16、17 层	沈继宁	0571-87828166	87826858	1800.0
国元证券股份有限公司	合肥市寿春路 179 号	蔡咏	0551-62207888	62645709	1964.1
渤海证券股份有限公司	天津市南开区宾水西道 8 号	王春峰	022-28451813	28451600	4037.2
东兴证券股份有限公司	北京市西城区金融大街 5 号新盛大厦 B 座 12-15 层	魏庆华	010-66555633	66555663	2004.0
华西证券股份有限公司	四川省成都市高新区 198 号	杨炯洋	028-86150593	86150615	2100.0
上海证券有限责任公司	上海市黄浦区西藏中路 336 号	龚德雄	021-53519888	1110	2610.0
浙商证券股份有限公司	浙江省杭州市黄龙世纪广场 A 座七楼	吴承根	0571-87902963	87901370	3000.0
东北证券股份有限公司	长春市自由大路 1138 号	杨树财	0431-85096777	85604083	1957.2
第一创业证券股份有限公司	深圳市福田区福华一路 115 号投行大厦	刘学民	0755-25832699	25832833	1970.0
信达证券股份有限公司	北京市西城区闹市口大街 9 号院 1 号楼信达金融中心	张志刚	010-63081000	63081199	2568.7
国联证券股份有限公司	无锡市滨湖区太湖新城金融一街 8 号国联金融大厦 7-9 楼	姚志勇	0510-82833989	82833124	1500.0
华福证券有限责任公司	福州市五四路 157 号新天地大厦 7-10 层	黄金琳	0591-87855777	87841150	550.0
国海证券股份有限公司	南宁市滨湖路 46 号	张雅锋	0771-5539309	5530903	800.0
华创证券有限责任公司	贵州省贵阳市中华北路 216 号华创大厦	陶永泽	0851-6856815	6856537	1500.0
东海证券股份有限公司	江苏常州延陵西路 23 号投资广场 18、19 号楼	朱科敏	021-20333666	50585608	1670.0
民生证券股份有限公司	北京市东城区建国门内大街 28 号民生金融中心 A 座 16、17、18 层	余政	010-85127699	85127699	2177.3
中信证券(山东)有限责任公司	青岛市崂山区深圳路 222 号天泰金融广场 21 层	杨宝林	0532-85022517	85022301	800.0
英大证券有限责任公司	深圳市福田区深南中路华能大厦三十、三十一层	吴骏	0755-83007088	83007040	2200.0
中国民族证券有限责任公司	北京市朝阳区北四环中路 27 号盘古大观 A 座 40-43 层	赵大建	010-59355807	56437031	4486.6
国都证券有限责任公司	北京市东城区东直门南大街 3 号国华投资大厦 9 层、10 层	常喆	010-84183118	84183311	2623.0
东莞证券有限责任公司	广东省东莞市莞城区可园南路 1 号金源中心	张运勇	0769-22116111	22116999	1500.0

注：会员交易金额的单位为百万元。

会员公司交易
Trading of Member Companies

名次 Rank	总计 Total	股票 Share	基金 Fund	政府债 G-Bond	公司债 C-Bond	债券回购 Repo
1	18068701.9	3900670.7	153811.0	32773.2	366612.7	13614834.4
2	17050342.6	3072426.7	498491.1	35005.0	740128.1	12704291.7
3	13840444.7	4877636.6	2543816.5	2901.3	237214.1	6178876.2
4	13263709.9	3540579.2	657008.7	33724.8	216966.5	8815430.7
5	12843473.3	3039520.7	158472.8	18528.6	179855.5	9447095.6
6	12769629.1	2818991.5	106805.3	5148.5	85262.6	9753421.2
7	12130233.3	2576564.0	377546.2	10652.1	213046.8	8952424.3
8	10816627.5	3833590.4	285240.0	1345.8	199376.0	6497075.4
9	9771396.6	3303859.8	108632.8	5413.9	263592.4	6089897.9
10	9713454.8	3197464.0	137964.8	14595.4	151472.2	6211958.4
11	5373573.6	2250478.9	182211.2	815.3	84859.3	2855208.9
12	5336992.0	1843010.7	143128.9	2526.9	88699.0	3259626.5
13	4853846.6	816029.4	32279.9	1275.1	57533.4	3946728.8
14	4783450.8	567428.0	35850.8	27773.2	92040.4	4060358.3
15	4539350.7	1261982.8	63398.2	2417.2	50644.9	3160907.6
16	4457958.4	1027450.2	52661.8	2958.3	89881.1	3285007.1
17	4320258.4	1173398.1	68825.9	7610.8	75046.1	2995377.5
18	3629962.5	1704068.4	231316.0	921.3	30516.8	1663140.1
19	3537607.4	1650645.3	179004.2	1001.0	31652.1	1675304.8
20	3045639.1	1371927.3	27627.6	205.4	23246.2	1622632.5
21	3013221.4	1045968.3	67313.6	821.7	38642.9	1860474.9
22	2780775.3	1465726.0	137960.1	59.8	13306.9	1163722.5
23	2577311.0	666454.3	17316.8	2419.1	49884.5	1841236.3
24	2444243.1	684297.9	59894.7	884.4	75245.8	1623920.2
25	2336060.4	277762.9	6210.3	1093.8	79766.7	1971226.7
26	2159092.8	624869.0	19200.0	1679.8	23346.6	1489997.3
27	1906668.4	524564.7	215512.0	680.7	55590.7	1110320.4
28	1897850.6	670254.1	30499.3	226.5	30943.9	1165926.8
29	1890898.6	592014.8	18506.7	1200.5	41239.2	1237937.4
30	1814921.3	828423.1	19693.5	706.4	46652.7	919445.6
31	1735976.0	798574.9	27461.1	169.4	32702.6	877068.1
32	1725660.5	371681.5	12662.8	239.2	54769.8	1286307.3
33	1724682.0	758140.9	21646.8	118.1	44459.2	900317.1
34	1632898.7	755657.4	30890.3	148.2	9859.5	836343.3
35	1616311.2	600931.8	18879.7	407.4	9493.9	986598.5
36	1550508.3	863657.9	34321.8	134.9	5205.7	647188.0
37	1380723.6	513671.3	27117.8	548.4	43521.6	795864.5
38	1342607.4	207226.6	12370.1	1495.2	56870.3	1064645.3
39	1275623.5	622966.5	35498.2	331.8	15169.9	601657.1
40	1269008.1	406830.5	14415.2	46.6	14582.7	833133.2
41	1190376.5	620521.8	21424.4	13.6	9146.8	539270.0
42	1187985.8	442418.9	11290.5	364.3	16285.9	717626.3
43	1113919.6	190373.9	2097.3	194.5	13541.6	907712.3
44	1104232.0	440464.3	29687.4	100.1	35382.6	598597.6
45	1095040.7	416428.2	1928.9	144.0	50073.0	626466.6
46	1078257.6	511145.5	55874.4	36.7	5658.6	505542.4
47	1061748.0	208872.7	4510.2	165.7	9172.5	839027.0
48	1053947.7	570387.8	6998.1	27.4	6484.2	470050.2
49	1015654.2	308019.8	10587.5	130.3	12996.4	683920.2
50	994998.4	541423.5	8708.0	65.9	7002.9	437798.1

会员公司交易
Trading of Member Companies

会员公司 Company	地址 Address	法人代表 Representative	电话 Tel	传真 Fax	注册资本 Registed Capital
大通证券股份有限公司	大连市沙河口区会展路 129 号期货大厦 38、39 层	李红光	0411-39673388	82826601	2200.0
新时代证券有限责任公司	北京市海淀区北三环西路 99 号院 1 号楼 15 层 1501	刘汝军	010-83561009	83561009	1693.1
华安证券股份有限公司	合肥市政务文化新区天鹅湖路 198 号	李工	0551-65161601	65161600	2821.0
财达证券有限责任公司	石家庄市桥西区自强路 35 号庄家金融大厦	翟建强	0311-66006222	66006200	1416.9
恒泰证券股份有限公司	内蒙古呼和浩特市新城区新华东街 111 号	庞介民	0471-4913858	4913858	2194.7
南京证券股份有限公司	南京市大钟亭 8 号	步国旬	025-83367888-0	83367377	1900.0
中原证券股份有限公司	河南省郑州市郑东新区商务外环路 10 号	菅明军	0371-65585698	65585118	2033.5
华融证券股份有限公司	北京市西城区金融大街 8 号 A 座三层	祝献忠	010-58568188	58315299	3177.5
华鑫证券有限责任公司	深圳市福田区金田路 4018 号安联大厦 28 层 A01、B01（b）单元	俞洋	0755-82083788	82083408	1600.0
山西证券股份有限公司	太原市府西街 69 号山西国贸中心	侯巍	0351-8689699	8686918	2399.8
西部证券股份有限公司	西安市东新街 232 号陕西信托大厦	刘建武	029-87406097	87406483	1200.0
首创证券有限责任公司	北京市西城区德胜门外大街 115 号德胜尚城 E 座	吴涛	010-59366066	84976609	650.0
世纪证券有限责任公司	深圳市深南大道 7088 号招商银行大厦 40 层	姜昧军	0755--83199599	83199502	700.0
北京高华证券有限责任公司	北京市西城区金融大街 7 号北京英蓝国际金融中心十八层 1801-1806,1826-1832 室	章星	010-66273038	66273001	1072.0
国盛证券有限责任公司	南昌市北京西路 88 号江信国际金融大厦	曾小普	0791-86289667	86281441	593.3
中航证券有限公司	江西省南昌市红谷滩新区红谷中大道 1619 号南昌国际金融大厦 A 栋 41 层	王宜四	0791-86771128	64818300	1985.2
中山证券有限责任公司	深圳南山区科技中一路华强高新发展大厦 7-8 楼	黄扬录	0755-82943769	82940511	1355.0
万联证券有限责任公司	广州市天河区珠江东路 11 号 18、19 楼全层	张建军	020-38286218	38286588	2000.0
金元证券股份有限公司	深圳市深南大道 4001 号时代金融中心大厦 17 层	陆涛	0755-83025559	83025511	3174.3
江海证券有限公司	黑龙江省哈尔滨市香坊区赣水路 56 号	孙名扬	0451-82269208	82269290	1363.2
华龙证券有限责任公司	甘肃省兰州市东岗西路 638 号	李晓安	0931-4890688	4890515	2153.4
西藏同信证券股份有限公司	上海市闸北区永和路 118 弄东方环球企业园 24 号楼	贾绍君	021-36535003	36535000	600.0
红塔证券股份有限公司	昆明市北京路 155 号附 1 号红塔大厦 7-11 楼	况雨林	0871-63577970	63577922	2057.7
财富证券有限责任公司	长沙市芙蓉中路中路二段 80 号顺天国际财富中心 26 层	蔡一兵	0731-88954626	84403330	2135.7
华宝证券有限责任公司	浦东世纪大道 100 号 57 层	陈林	021-68778808	68778108	1500.0
瑞银证券有限责任公司	北京市西城区金融大街 7 号英蓝国际金融中心 15 层	程宜荪	01058328883	58328912	1490.0
太平洋证券股份有限公司	昆明市青年路 389 号志远大厦 18 层	李长伟	0871-68885858	68898100	1653.6
德邦证券有限责任公司	上海市福山路 500 号城建国际中心 26 楼	姚文平	021－68761616	68767880	1300.0
宏信证券有限责任公司	成都市人民南路二段十八号川信大厦 10 楼	吴玉明	028-86199160	86199079	500.0
华林证券有限责任公司	深圳市福田区民田路 178 号华融大厦 5-6 楼	宋志江	0755-82707991	82707700	807.0
联讯证券股份有限公司	惠州市江北东江三路 55 号广播电视新闻中心西南面一楼大堂和三、四层	徐刚	0752-2119388	2119369	1214.3
天风证券股份有限公司	武汉市武昌区中南路 99 号武汉保利广场 37 楼	余磊	027-87618881	87618863	1741.1
中天证券有限责任公司	沈阳市和平区光荣街 23 甲	马功勋	024-23253627	23255606	1098.6
爱建证券有限责任公司	上海市浦东新区世纪大道 1600 号 32 楼	宫龙云	021-32229888	68728700	1100.0
大同证券经纪有限责任公司	山西省太原市长治路 111 号山西世贸中心 A 座 12、13 层	董祥	0351-4192998	4192803	500.0
银泰证券有限责任公司	广东省深圳市福田区竹子林四路紫竹七道 18 号	黄冰	0755-83708126	83708126	1200.0
厦门证券有限公司	厦门市莲前西路 2 号莲富大厦十七楼	傅毅辉	0592-5161708	5161102	50.0
五矿证券有限公司	深圳市金田路 4028 号荣超经贸中心 A 座 47 层	张永衡	0755-82545680	82545500	880.0
开源证券有限责任公司	西安市高新区锦业路 1 号都市之门 B 座 5 层	李刚	029-88365836	88365835	1300.0
国开证券有限责任公司	北京市朝阳区安华里外馆斜街甲一号泰利明苑 A 座二区 4 层	黎维彬	010-51789192	51789166	7370.0
川财证券有限责任公司	成都市高新区交子大道 177 号中海国际中心 B 座 17 楼	孟建军	028-86583099	86583002	650.0
天源证券有限公司	青海省西宁市长江路 53 号汇通大厦 6 楼	刘盛	0755-33331188	33329815	183.9
日信证券有限责任公司	内蒙古呼和浩特市锡林南路 18 号	孔佑杰	0471-6292480	6292513	1000.0
航天证券有限责任公司	上海市普陀区曹杨路 430 号	詹毅超	021-62445566	62447572	600.0
万和证券有限责任公司	深圳市福田区深南大道 7028 号时代科技大厦 20 层西厅	朱治理	0755-25170777	25171762	500.0
中邮证券有限责任公司	陕西省西安市高新区唐延路 5 号陕西邮政大厦 9-11 层	丁奇文	029-88602188	88602189	560.0
众成证券经纪有限公司	深圳市福田区华强北圣廷苑酒店 B 座 26 楼	李兵	0755-83296900	83277670	200.0
诚浩证券有限责任公司	沈阳市沈河区热闹路 49 号	王晓	024-22939989	22958441	200.8
中国证券金融股份有限公司	北京市西城区丰盛胡同 28 号太平洋保险大厦 6 层	聂庆平	01063211658	01063211601	7500.0
上海华信证券有限责任公司	上海市浦东新区世纪大道 100 号环球金融中心 9 楼	罗浩	021-38784818	68774818	500.0

注：会员交易金额的单位为百万元。

会员公司交易
Trading of Member Companies

名次 Rank	总计 Total	股票 Share	基金 Fund	政府债 G-Bond	公司债 C-Bond	债券回购 Repo
51	989400.3	219935.5	2227.9	8.0	2285.2	764943.7
52	982729.2	401354.6	18587.8	26.0	47180.3	515580.5
53	956136.7	509322.3	31965.5	54.9	14245.3	400548.7
54	937145.0	463847.5	5844.5	21.4	12329.3	455102.4
55	915230.7	319101.0	8373.1	262.0	19739.3	567755.3
56	899074.7	472217.4	7832.6	567.4	32502.9	385954.4
57	878266.7	497433.4	6606.1	109.4	8846.6	365271.2
58	832746.1	214648.5	4085.8	5.3	5160.9	608845.6
59	816747.4	296934.0	3364.1	2002.3	8546.0	505901.1
60	802947.6	367155.8	23405.6	32.4	3418.0	408935.7
61	777798.9	408482.6	1761.9	37.0	3664.6	363852.8
62	763139.4	151516.7	853.5	9171.4	82207.3	519390.5
63	744997.1	235338.2	1726.9	6.8	10636.6	497288.6
64	744791.6	186195.0	5767.4	329.0	5162.5	547337.7
65	700059.0	249582.4	107523.2	234.3	5231.7	337487.4
66	668261.4	297971.1	2166.9	791.8	67738.0	299593.7
67	623568.0	192274.5	11892.3	485.2	8430.7	410485.3
68	620736.2	266567.1	40667.5	372.3	23338.8	289790.5
69	579517.6	231817.9	4298.7	769.8	7085.5	335545.7
70	571012.5	267364.4	5276.0	14.6	11776.3	286581.1
71	557532.1	185391.9	6298.9	719.2	4741.7	360380.4
72	534747.9	164559.9	2811.4	226.9	13077.1	354072.7
73	534485.9	140702.1	3706.5	43.1	2971.6	387062.6
74	522662.6	240673.4	34578.7	210.5	37764.2	209435.9
75	473298.8	124001.3	19151.8	86.8	7699.5	322359.4
76	457790.1	270763.1	3154.8	7648.1	20451.7	155772.4
77	417050.2	170487.1	6767.0	527.1	5563.7	233705.4
78	401139.9	129243.5	11405.9	16.7	6021.0	254452.8
79	399183.8	149654.4	1009.6	47.7	12357.9	236114.1
80	392937.4	216171.0	4930.8	50.1	3350.3	168435.2
81	355260.9	172935.7	1123.3	10.6	423.9	180767.4
82	327050.2	132636.8	5278.9	305.0	17983.7	170845.7
83	308876.0	112467.9	432.2	112.3	2008.8	193854.8
84	263137.8	109385.1	2116.0	11.4	787.9	150837.5
85	255473.3	129555.9	6654.4	248.4	2194.1	116820.5
86	248257.3	116062.4	1505.5	4.3	718.4	129966.8
87	225165.4	102001.5	3697.7	2.0	180.9	119283.3
88	215658.9	77758.6	193.2	45.5	737.4	136924.2
89	193190.1	52356.3	508.6	44.0	5878.0	134403.1
90	180744.2	73138.8	377.6	37.7	6235.3	100954.8
91	171579.7	45701.1	12022.6	13.0	5757.6	108085.5
92	147457.2	57309.4	279.9	29.7	5609.0	84229.1
93	135802.7	56675.2	404.6	2.4	15334.1	63386.4
94	129362.3	21004.0	133.8	10.1	452.6	107761.8
95	109744.7	43081.2	1695.7	4.0	663.2	64300.7
96	87433.5	38376.2	692.8	1.6	436.3	47926.6
97	60685.3	37770.9	217.2	0.9	39.7	22656.6
98	48030.4	28777.3	65.9	19.6	180.4	18987.2
99	22768.0	21740.2	668.0	19.9	339.8	0.0
100	21804.5	7405.0	10.8	0.0	195.1	14193.6

会员公司交易
Trading of Member Companies

会员公司 Company	地址 Address	法人代表 Representative	电话 Tel	传真 Fax	注册资本 Registed Capital
华英证券有限责任公司	江苏省无锡市新区高浪东路 19 号 15 层 01-11 单元	雷建辉	0510-82833995	85203300	800.0
摩根士丹利华鑫证券有限责任公司	上海市浦东新区世纪大道 100 号上海环球金融中心 75 层	王文学	021-20336008	20336040	1020.0
海际证券有限责任公司	上海市浦东新区陆家嘴环路 1000 号 45 楼	朱俊	021-38582002	68598030	500.0
恒泰长财证券有限责任公司	长春市长江路经济开发区人民大街 280 号科技城 2 层 A-33 段	张伟	010-56673839	56673839	200.0
东方花旗证券有限公司	上海市黄浦区中山南路 318 号 24 层	潘鑫军	021-63326178	63326175	800.0
中德证券有限责任公司	北京是朝阳区建国路 81 号 20 办公 1T01-06、07、08 号房屋	侯巍	010-59026668	59026670	1000.0
华泰联合证券有限责任公司	深圳市福田区深南大道 4011 号香港中旅大厦 25 层	吴晓东	010-56839388	56839588	1000.0

注：会员交易金额的单位为百万元。

会员公司交易
Trading of Member Companies

名次 Rank	总计 Total	股票 Share	基金 Fund	政府债 G-Bond	公司债 C-Bond	债券回购 Repo
101	8570.7	0.0	0.0	0.0	3081.2	5489.5
102	391.4	0.0	0.0	0.0	70.4	321.0
103	369.4	0.0	0.0	0.0	19.4	350.0
104	141.5	141.0	0.2	0.2	0.1	0.0
105	97.3	0.0	0.0	0.0	97.3	0.0
106	50.4	0.0	0.0	0.0	50.4	0.0
107	30.0	30.0	0.0	0.0	0.0	0.0

证券营业部交易
Trading of Business Department

营业部名称 Business Department	省份 Province	城市 City	总计 Total	股票 Share	基金 Fund	政府债 G-Bond	公司债 C-Bond	债券回购 Repo
中信建投证券市三里河路证券营业部	北京	北京	3152687.1	80529.3	20278.6	694.8	57470.1	2993714.4
招商证券南山南油大道证券营业部	深圳	深圳	2551632.1	202139.8	4388.9	512.3	37297.5	2307293.6
中信证券淮海中路证券营业部	上海	上海	2074409.2	158906.7	11688.5	2297.4	91560.5	1809956.1
中国国际金融有限建国门外大街证券营业部	北京	北京	1957306.6	158846.0	17245.8	1926.9	29818.4	1749469.6
广发证券天河北路大都会广场证券营业部	广东	广州	1768904.1	137945.8	9553.3	569.5	35289.7	1585545.7
申银万国证券南汇证券营业部	上海	上海	1538002.7	32131.7	572.3	23.8	1847.8	1503427.1
中国国际金融有限淮海中路证券营业部	上海	上海	1473103.2	242852.7	16671.9	22192.3	38951.0	1152435.3
中信证券安外大街证券营业部	北京	北京	1345315.1	123440.7	10210.7	780.5	19420.1	1191463.1
中银国际证券欧阳路证券营业部	上海	上海	1263715.2	130986.7	7409.3	1487.0	28732.6	1095099.6
中信建投证券市东直门南大街证券营业部	北京	北京	1257723.5	129178.1	17068.1	2567.1	22838.7	1086071.6
申银万国证券陆家嘴环路证券营业部	上海	上海	1175564.0	104125.2	5678.7	361.4	18793.3	1046605.4
招商证券滨长江路证券营业部	黑龙江	哈尔滨	1069957.0	70956.5	2413.2	6552.9	9107.0	980927.5
中信证券总部证券营业部	深圳	深圳	985494.4	223567.3	16072.2	1031.6	65294.3	679529.0
长江证券胜利街证券营业部	湖北	武汉	898715.7	77126.1	2682.8	359.5	22882.4	795664.9
中国国际金融有限福华一路证券营业部	深圳	深圳	882738.5	94902.9	951.9	369.7	15325.9	771188.0
平安证券金田路证券营业部	深圳	深圳	857126.7	69164.3	3357.2	70.2	26344.2	758190.8
东方证券张杨路证券营业部	上海	上海	737445.1	79892.0	6801.3	800.9	20844.9	629106.1
长江证券锦绣路证券营业部	上海	上海	681745.5	38848.2	211.7	454.4	10056.6	632174.6
国金证券浦东新区芳甸路证券营业部	上海	上海	662054.4	52060.1	219.1	226.4	10690.9	598857.9
国泰君安证券江苏路证券营业部	上海	上海	646869.8	176393.7	3705.0	94.4	8369.7	458307.1
国信证券红岭中路证券营业部	深圳	深圳	631108.5	134605.9	13519.0	2760.4	9375.1	470848.1
申银万国证券湖滨路证券营业部	四川	眉山	608903.8	26356.3	317.7	1.1	1285.7	580943.1
大通证券昆明街证券营业部	辽宁	大连	599960.2	34327.3	70.0	0.2	7.8	565554.9
中信证券总部证券营业部	北京	北京	573897.1	144550.3	23994.9	133.9	4131.5	401086.5
国金证券长宁区延安西路证券营业部	上海	上海	566477.8	71916.5	4166.5	340.1	11960.9	478093.8
国信证券北京东路证券营业部	上海	上海	557084.4	252803.7	9133.8	10.3	2165.5	292971.1
中国银河证券金融街证券营业部	北京	北京	545503.6	88079.6	21028.7	10.5	7378.0	429006.8
光大证券苏惠路证券营业部	江苏	苏州	526903.9	57872.7	3748.5	233.5	9769.0	455280.3
国信证券三里河路证券营业部	北京	北京	518031.6	185938.7	19724.9	16.1	2733.4	309618.5
华泰证券苏圃路证券营业部	江西	南昌	512357.6	59908.0	9840.5	284.8	9996.5	432327.7
广发证券控江路证券营业部	上海	上海	491880.7	29359.7	260.0	2.6	3676.2	458582.1
中国银河证券中山中路证券营业部	广西	桂林	477497.9	4952.2	36.0	273.8	9285.2	462950.8
申银万国证券青年中路证券营业部	江苏	南通	472255.2	35826.7	107.0	32.3	6496.0	429793.2
申银万国证券昌化路营业部	上海	上海	464637.3	36067.0	2376.6	3.7	8425.5	417764.5
广州证券珠江西路证券营业部	广东	广州	462841.1	29847.6	137.4	268.2	9043.7	423544.2
长江证券宁波路证券营业部	上海	上海	454106.8	182425.0	8682.3	38.2	2095.7	260865.5
兴业证券湖东路证券营业部	福建	福州	453303.3	98403.6	13399.9	6119.2	12265.2	323115.4
国泰君安证券浩特新城西街营业部	内蒙	呼和浩特	436444.6	21024.4	951.6	260.6	5343.2	408864.8
招商证券肇嘉浜路证券营业部	上海	上海	435310.9	68596.5	851.7	16.2	3921.7	361924.8
华创证券宜山路证券营业部	上海	上海	429616.4	30487.7	95.0	146.4	6883.3	392004.1
民生证券北蜂窝路证券营业部	北京	北京	421235.2	55442.5	156.7	43.1	7843.4	357749.6
国信证券泰然九路证券营业部	深圳	深圳	421111.1	315804.4	2317.8	20.9	847.8	102120.2
国泰君安证券知春路证券营业部	北京	北京	418065.2	92375.8	15443.0	31.1	1402.1	308813.2
申银万国证券劲松九区证券营业部	北京	北京	399008.3	32273.2	504.2	70.2	17948.5	348212.1
中信证券呼家楼证券营业部	北京	北京	398340.4	55366.5	16038.1	11.4	2863.4	324061.1
华泰证券雍和宫证券营业部	北京	北京	397456.4	85500.0	48792.9	12.8	331.1	262819.7
华泰证券证券股份有限公司淮安分公司	江苏	淮安	396315.4	25606.3	8059.5	3.1	460.5	362186.0
广发证券环市东路证券营业部	广东	广州	389349.8	38844.3	672.0	2324.7	127264.0	220244.9
中国银河证券临江大道证券营业部	广东	广州	380953.7	16074.3	287.0	3.1	2491.3	362098.1
国信证券民生路证券营业部	上海	上海	379852.1	24582.0	230.3	2.2	636.2	354401.4

注：营业部交易金额的单位为百万元。

证券营业部交易
Trading of Business Department

营业部名称 Business Department	省份 Province	城市 City	总计 Total	股票 Share	基金 Fund	政府债 G-Bond	公司债 C-Bond	债券回购 Repo
广发证券庄裕华西路裕园证券营业部	河北	石家庄	368919.8	18582.5	622.7	340.9	7590.2	341783.6
华泰证券武定路证券营业部	上海	上海	367355.8	214373.9	15955.0	13.3	6655.2	130358.4
申银万国证券龙漕路营业部	上海	上海	352204.3	40401.8	2349.3	8.4	2210.4	307234.4
东兴证券复兴路证券营业部	北京	北京	349512.6	42876.4	4267.7	10.9	9775.3	292582.4
华泰证券益田路荣超商务中心证券营业部	深圳	深圳	338807.7	129559.0	26763.6	0.0	1700.9	180784.2
海通证券玉田支路证券营业部	上海	上海	332454.2	27052.4	1264.7	171.9	8505.3	295459.9
招商证券益田路免税商务大厦证券营业部	深圳	深圳	327774.6	165130.2	2482.5	179.3	4174.2	155808.4
国金证券黄浦区西藏中路证券营业部	上海	上海	326313.1	199103.0	44701.8	126.6	22163.1	60218.5
申银万国证券滨黄河路证券营业部	黑龙江	哈尔滨	318150.9	10902.9	94.8	174.3	17083.6	289895.2
海通证券真华路证券营业部	上海	上海	315213.1	24148.4	427.1	0.2	11179.2	279458.2
中信建投证券市安立路证券营业部	北京	北京	312331.4	74635.7	6011.8	170.9	4237.1	227275.9
中信建投证券丹棱街证券营业部	北京	北京	308596.8	129090.1	2819.7	43.4	637.5	176006.1
华泰证券国宾路证券营业部	上海	上海	302078.4	53474.5	32868.9	12.0	35195.2	180527.8
国联证券中山路证券营业部	江苏	无锡	296319.4	48440.4	990.9	7.1	3910.6	242970.4
招商证券建国路证券营业部	北京	北京	289838.2	104739.4	832.8	3.2	780.7	183482.1
宏源证券金融大街证券营业部	北京	北京	287246.5	59051.6	575.8	417.0	8856.7	218345.4
申银万国证券余姚路证券营业部	上海	上海	286812.5	29306.6	7172.3	51.9	994.1	249287.6
华创证券中华北路证券营业部	贵州	贵阳	284709.5	17266.8	206.8	15.5	1809.9	265410.5
招商证券世纪大道证券营业部	上海	上海	281029.1	150827.2	2412.9	25.9	2971.0	124792.2
宏源证券福华一路证券营业部	深圳	深圳	277761.4	68669.3	487.7	1.0	336.8	208266.7
湘财证券首体南路证券营业部	北京	北京	276678.9	30807.3	6394.5	0.0	4789.4	234687.7
国信证券东风中路证券营业部	广东	广州	276002.8	193835.1	3053.1	24.7	850.5	78239.4
北京高华证券金融大街证券营业部	北京	北京	276002.0	67458.2	2271.6	229.5	3939.7	202102.9
海通证券建国西路证券营业部	上海	上海	272848.7	71830.4	4642.0	23.6	4835.1	191517.7
第一创业证券新街口北大街证券营业部	北京	北京	272814.3	46182.5	2139.1	44.0	10834.0	213614.8
国元证券寿春路第一证券营业部	安徽	合肥	272634.0	27457.4	865.5	2.4	6055.9	238252.8
中信建投证券南大红门路证券营业部	北京	北京	271005.3	31860.5	1358.1	279.2	8254.0	229253.5
第一创业证券季华四路证券营业部	广东	佛山	270996.9	23919.1	1877.9	825.5	14470.8	229903.6
华泰证券解放西路证券营业部	江苏	无锡	269720.5	71091.8	46470.7	12.5	5140.8	147004.7
瑞银证券花园石桥路证券营业部	上海	上海	269563.8	222432.2	1822.3	5414.7	17404.0	22490.6
华泰证券分公司	江苏	江阴	269221.3	117003.5	45735.6	113.6	482.4	105886.2
国泰君安证券延平路证券营业部	上海	上海	264340.5	27154.0	1409.1	8.3	3162.2	232606.9
中信建投证券市南坪西路证券营业部	重庆	重庆	263822.8	8332.9	78.2	0.3	972.0	254439.5
中银国际证券会展路证券营业部	江西	南昌	257047.3	32251.9	48.2	175.6	12578.9	211992.8
渤海证券友谊路证券营业部	天津	天津	256487.9	7433.2	33.8	0.2	1978.3	247042.4
中国银河证券南阳路证券营业部	河南	郑州	254626.4	44592.6	64.5	0.0	2042.6	207926.8
中信证券复外大街证券营业部	北京	北京	250689.3	85895.2	3723.0	2.6	2036.0	159032.5
国信证券体育场路证券营业部	浙江	杭州	243090.5	160473.8	1900.6	3.0	989.4	79723.8
中信证券溧阳路证券营业部	上海	上海	242300.7	185856.2	1502.3	4.3	119.6	54818.4
申银万国证券安定路营业部	北京	北京	241504.9	42456.0	3485.4	17.9	2347.3	193198.4
国盛证券朝阳中路证券营业部	江西	南昌	237311.8	16282.5	785.0	0.0	732.5	219511.9
中信证券世纪大道证券营业部	上海	上海	235941.5	141015.8	3577.7	6.7	598.9	90742.4
海通证券光华路营业部	北京	北京	233845.2	21850.9	4280.9	0.2	2789.1	204924.2
民生证券西太康路证券营业部	河南	郑州	233514.6	136733.5	612.4	3.8	598.0	95566.9
广发证券天安创新科技广场证券营业部	深圳	深圳	232928.1	19784.3	438.2	694.7	39.3	211971.6
华宝证券西藏中路证券营业部	上海	上海	228432.3	43105.8	13587.0	17.7	690.0	171031.9
长江证券武珞路证券营业部	湖北	武汉	222203.3	45955.4	612.4	86.6	3107.4	172441.5
中信建投证券望京中环南路证券营业部	北京	北京	218505.6	29724.8	1526.0	14.0	707.6	186533.3
财通证券解放路证券营业部	浙江	杭州	217087.3	47498.5	1752.1	23.8	4879.5	162933.4
海通证券湛山一路营业部	山东	青岛	217065.9	72448.6	63376.6	0.0	2071.0	79169.7

注：营业部交易金额的单位为百万元。

证券营业部交易
Trading of Business Department

营业部名称 Business Department	省份 Province	城市 City	总计 Total	股票 Share	基金 Fund	政府债 G-Bond	公司债 C-Bond	债券回购 Repo
中山证券深南大道证券营业部	深圳	深圳	216743.3	27108.7	10774.1	301.2	1981.8	176577.6
东方证券乌鲁木齐北路证券营业部	上海	上海	215879.4	25488.1	688.3	83.6	4027.9	185591.6
华西证券紫竹院路证券营业部	北京	北京	211909.6	100186.5	1739.3	0.5	900.0	109083.4
中信证券迎泽西大街证券营业部	山西	太原	209707.0	192635.5	5906.6	0.0	9.8	11155.1
兴业证券兴隆路证券营业部	福建	厦门	208564.2	60994.6	2051.1	101.9	6740.2	138676.4
中信证券东方路证券营业部	上海	上海	207951.2	69957.1	8324.8	185.6	6549.3	122934.4
申银万国证券和平路证券营业部	浙江	桐乡	205001.6	53302.2	16686.0	75.8	2597.4	132340.1
国泰君安证券福山路证券营业部	上海	上海	204424.9	97617.1	1395.9	1.3	346.0	105064.6
齐鲁证券有限新光华街证券营业部	四川	成都	202155.8	12792.4	7937.8	10.8	3583.3	177831.4
光大证券胜利东路北辰广场证券营业部	浙江	绍兴	201768.1	32718.2	2284.7	165.5	5499.6	161100.2
华泰证券长江路证券营业部	江苏	南京	201307.1	52244.8	21217.3	3.2	4069.3	123772.4
国信证券沿江大道证券营业部	湖北	武汉	200289.2	49633.6	1071.3	0.1	975.3	148608.9
世纪证券大公路证券营业部	江西	抚州	197203.0	32550.1	30.8	0.0	299.6	164322.4
海通证券人民西路营业部	四川	成都	196921.4	51655.2	39540.7	12.4	2683.2	103029.9
光大证券淮海中路证券营业部	上海	上海	196465.9	81498.1	4871.3	32.8	715.0	109348.8
中信建投证券浦东南路证券营业部	上海	上海	195715.0	23315.3	422.0	362.0	4916.6	166699.1
中国银河证券黄寺大街证券营业部	北京	北京	195291.6	32977.7	1655.5	0.1	799.9	159858.5
华泰证券和平北路证券营业部	江苏	常州	195252.0	68230.3	38791.2	100.6	1846.6	86283.3
中国银河证券东方路证券营业部	上海	上海	194036.3	23729.3	539.2	3.1	767.3	168997.4
西藏同信证券益田路证券营业部	深圳	深圳	193263.3	19398.0	61.2	0.0	107.2	173696.9
申银万国证券新昌路营业部	上海	上海	192693.7	73162.1	7123.2	13278.8	4295.3	94834.3
兴业证券金陵东路证券营业部	上海	上海	192119.7	55894.0	3155.8	305.8	3363.1	129401.1
华泰证券天河东路证券营业部	广东	广州	192114.0	43273.1	51439.5	6.7	68393.2	29001.4
第一创业证券韶山中路证券营业部	湖南	长沙	190712.4	10100.8	151.8	0.0	1003.8	179456.0
海通证券解放路证券营业部	浙江	杭州	190629.6	81927.2	7304.8	0.5	3691.9	97705.3
新时代证券钢铁大街证券营业部	内蒙	包头	189442.0	21143.4	91.3	0.0	9046.8	159160.4
招商证券西直门北大街证券营业部	北京	北京	189066.2	48122.0	519.2	157.8	8893.8	131373.4
浙商证券玉古路证券营业部	浙江	杭州	187226.9	37947.8	1451.5	4.7	828.4	146994.5
中国银河证券阜成路证券营业部	北京	北京	186043.4	73198.7	1496.6	1.7	1750.5	109596.0
招商证券建安路证券营业部	深圳	深圳	185872.3	92898.5	4713.6	9.5	769.7	87481.1
国都证券阜外大街证券营业部	北京	北京	183638.1	26525.4	512.2	0.5	392.0	156207.9
中信证券（浙江）延安路证券营业部	浙江	杭州	182107.5	77571.2	630.9	1.8	355.0	103548.5
英大证券青年大街证券营业部	辽宁	沈阳	179715.9	12088.6	1222.7	94.5	3959.3	162350.8
申银万国证券斜土路证券营业部	上海	上海	177269.5	56086.3	2950.9	12.8	1458.2	116761.2
中国民族证券佟麟阁路证券营业部	北京	北京	176915.2	38919.4	220.9	0.1	1959.8	135815.1
华泰证券月坛南街证券营业部	北京	北京	175677.6	69066.1	39495.3	11.2	2987.9	64117.1
华泰证券黄浦区来福士广场证券营业部	上海	上海	174896.4	77945.8	14607.4	21.6	921.6	81400.1
中信建投证券燕山燕房路证券营业部	北京	北京	172851.4	16389.6	241.0	257.5	3616.7	152346.7
中信建投证券青浦证券营业部	上海	上海	172785.4	16267.4	390.1	56.3	2325.1	153746.5
平安证券东花市北里证券营业部	北京	北京	172657.3	56890.6	647.8	116.6	2157.2	112845.0
申银万国证券松江证券营业部	上海	上海	170379.5	47208.7	1554.2	374.9	3880.8	117360.9
海通证券劳动路营业部	浙江	绍兴	169623.4	68574.1	10001.8	2.6	309.0	90735.8
国泰君安证券杨树浦路证券营业部	上海	上海	169592.0	25993.7	179.3	4.2	4076.8	139337.9
光大证券新闸路证券营业部	上海	上海	168403.7	57314.1	500.4	70.1	3751.6	106767.6
光大证券解放南路证券营业部	浙江	宁波	164980.5	47583.9	3838.6	0.1	42.2	113515.7
中信证券（浙江）万昌中路证券营业部	浙江	台州	164148.2	87190.3	21351.9	0.9	2969.0	52636.0
中国银河证券天河北路证券营业部	广东	广州	163452.4	30527.6	20069.0	2.5	59526.4	53326.9
中信证券北三环中路证券营业部	北京	北京	163200.0	40499.9	6091.6	0.0	36937.0	79671.4
国泰君安证券打浦路证券营业部	上海	上海	163153.1	60059.4	1829.2	38.0	1251.8	99974.7
中信证券（浙江）杭大路证券营业部	浙江	杭州	156256.3	38872.3	7763.2	7.3	1175.2	108438.3

注：营业部交易金额的单位为百万元。

证券营业部交易
Trading of Business Department

营业部名称 Business Department	省份 Province	城市 City	总计 Total	股票 Share	基金 Fund	政府债 G-Bond	公司债 C-Bond	债券回购 Repo
湘财证券护国路证券营业部	云南	昆明	156152.5	13897.5	14131.7	6.8	590.8	127525.7
中国中投证券爱国路证券营业部	深圳	深圳	156073.3	42360.0	3162.9	1.0	2473.7	108075.7
中信证券建国门证券营业部	北京	北京	156036.9	38433.3	1305.1	0.6	375.7	115922.2
华泰证券户部街证券营业部	江苏	南京	156035.7	39165.2	79875.2	4.6	746.3	36244.4
中信建投证券市营口路证券营业部	上海	上海	155824.9	35819.6	569.1	22.9	176.5	119236.8
中信证券星海广场证券营业部	辽宁	大连	154650.5	32687.5	8421.3	0.3	744.7	112796.8
东兴证券列东街证券营业部	福建	三明	154398.3	23557.2	1882.8	30.8	25738.3	103189.3
招商证券娄山关路证券营业部	上海	上海	153860.4	69803.9	3753.4	6427.4	1145.7	72730.1
招商证券前海路证券营业部	深圳	深圳	153141.7	93925.4	510.6	393.3	1822.4	56490.1
北京高华证券长乐路证券营业部	上海	上海	152690.7	19218.6	488.8	2.3	655.1	132325.9
华泰证券人民路证券营业部	江苏	苏州	152328.3	56230.4	42891.3	7.7	5809.0	47389.9
中国银河证券证券营业部	浙江	绍兴	150812.0	89392.2	308.2	2.1	138.9	60970.6
华泰证券中山南路证券营业部	江苏	徐州	149468.7	57599.9	25913.2	38.8	774.9	65141.8
广发证券吴兴路证券营业部	上海	上海	149139.5	31334.8	1666.2	1.7	156.8	115980.0
中国中投证券珠江东路证券营业部	广东	广州	148998.2	31042.2	492.7	0.0	2105.7	115357.6
中银国际证券农业路证券营业部	河南	郑州	148944.5	33556.1	209.7	1.1	25.7	115152.0
申银万国证券莘庄营业部	上海	上海	148113.9	63310.8	1241.0	15.9	2667.8	80878.4
国都证券中关村南大街证券营业部	北京	北京	148035.8	23351.7	2852.1	0.0	303.7	121528.3
申银万国证券嘉定证券营业部	上海	上海	147598.1	54290.8	4469.4	13.1	2426.4	86398.4
中信证券（浙江）文三路证券营业部	浙江	杭州	147098.4	34883.4	4392.9	0.0	2774.5	105047.5
申银万国证券川沙路证券营业部	上海	上海	146681.4	34239.6	5227.9	2.0	3022.3	104189.6
华泰证券深南大道证券营业部	深圳	深圳	145096.7	102043.2	8540.1	0.5	877.2	33635.9
申银万国证券兰溪路营业部	上海	上海	144930.2	26528.3	1362.5	2.8	98.2	116938.4
招商证券中山南路证券营业部	江苏	南京	144880.6	63974.9	32717.2	2.4	945.6	47240.5
华泰证券益田路证券营业部	深圳	深圳	144631.7	35241.6	91476.1	0.0	51.0	17863.1
光大证券世纪大道证券营业部	上海	上海	144561.4	55694.6	2210.2	0.0	613.4	86043.2
华泰证券解放路证券营业部	江苏	南京	143029.3	64293.8	51206.0	14.0	248.6	27266.8
东莞证券莞太路证券营业部	广东	东莞	142680.5	58204.3	429.9	51.4	168.0	83826.9
国泰君安证券华发北路营业部	深圳	深圳	142659.2	44555.7	546.8	104.0	2772.4	94680.3
申银万国证券大连路证券营业部	上海	上海	142175.3	21330.4	1932.7	92.2	3551.2	115268.8
国联证券人民东路证券营业部	江苏	无锡	141676.5	28476.3	1540.2	3.1	163.0	111494.0
恒泰证券浩特昭乌达路证券营业部	内蒙	呼和浩特	141517.6	6389.4	1534.4	0.0	425.3	133168.5
申银万国证券大连武汉街营业部	辽宁	大连	141341.3	13109.5	18.4	246.6	4344.0	123622.8
申银万国证券中山北路证券营业部	上海	上海	141212.7	41397.8	713.8	53.9	2457.3	96590.0
中国银河证券共康路证券营业部	上海	上海	141085.6	19475.8	543.4	1.4	2250.7	118814.2
华融证券金融大街证券营业部	北京	北京	140477.0	25668.0	278.4	0.0	1571.9	112958.7
华泰证券鱼市街证券营业部	江苏	南京	139444.6	26589.8	21578.3	0.3	1467.6	89808.7
中信证券（浙江）城中中路证券营业部	浙江	义乌	139434.3	95236.7	2115.1	7.3	673.8	41401.5
华泰证券上大路证券营业部	浙江	绍兴	139357.6	55380.5	49341.9	0.1	228.6	34406.5
华泰证券厦禾路证券营业部	福建	厦门	139216.2	57296.2	46391.0	0.0	296.6	35232.3
信达证券北辰东路证券营业部	北京	北京	139146.2	18079.2	186.5	69.0	3125.8	117685.7
广发证券阜成门南大街证券营业部	北京	北京	138787.2	39217.3	796.6	54.8	1617.5	97101.1
华泰证券西三环北路证券营业部	北京	北京	138756.4	64144.5	32349.0	1.9	1105.6	41155.5
海通证券天津街证券营业部	辽宁	大连	138543.1	14108.1	1761.6	0.3	4256.0	118417.1
中信证券建设大道证券营业部	湖北	武汉	138338.8	51027.2	8621.2	0.7	28275.5	50414.2
中信证券临江大道证券营业部	广东	广州	138318.4	60587.6	23407.9	0.9	23338.0	30983.9
国金证券长椿街证券营业部	北京	北京	137418.1	51600.8	1579.9	0.7	195.4	84041.3
申银万国证券长江南路证券营业部	上海	上海	136823.4	14090.3	758.4	0.7	28.4	121945.6
招商证券天河北路证券营业部	广东	广州	136327.8	86038.8	1292.2	0.3	366.2	48630.4
华融证券张杨路证券营业部	上海	上海	136227.2	3276.0	816.5	0.0	792.1	131342.6

注：营业部交易金额的单位为百万元。

证券营业部交易
Trading of Business Department

营业部名称 Business Department	省份 Province	城市 City	总计 Total	股票 Share	基金 Fund	政府债 G-Bond	公司债 C-Bond	债券回购 Repo
中信建投证券浦东新区福山路证券营业部	上海	上海	135475.5	38613.0	4863.9	14.2	2280.4	89703.9
申银万国证券上中西路营业部	上海	上海	135230.0	43795.9	2582.5	25.8	882.0	87943.8
渤海证券西外大街证券营业部	北京	北京	135082.1	14844.5	662.3	4.1	284.3	119287.0
光大证券香港西路证券营业部	山东	青岛	135073.4	24088.6	860.2	3.4	6833.5	103287.7
华龙证券中山北二路证券营业部	上海	上海	134689.2	15558.1	78.1	0.3	1875.4	117177.3
招商证券北三环路证券营业部	北京	北京	134602.8	65936.4	9519.6	20.9	926.5	58199.3
国信证券洪武路证券营业部	江苏	南京	133413.3	79760.7	2570.8	2.7	544.9	50534.2
招商证券知春东里证券营业部	北京	北京	133024.1	53684.8	597.5	0.6	2407.3	76333.9
平安证券零陵路证券营业部	上海	上海	132794.5	62917.8	541.1	28.7	518.3	68788.6
中信证券（浙江）朝晖路证券营业部	浙江	杭州	131658.8	69565.6	9137.5	0.0	443.4	52512.2
海通证券泉城路证券营业部	山东	济南	131617.0	13456.8	516.4	9.0	562.0	117072.8
申银万国证券福州路证券营业部	上海	上海	131272.7	32330.9	4596.3	24.4	4501.8	89819.2
国泰君安证券北一环路证券营业部	四川	成都	131237.7	59194.1	1302.5	1.0	573.4	70166.7
山西证券府西街证券营业部	山西	太原	130848.7	19041.1	1120.0	3.1	1923.7	108760.8
华泰证券瑞金路证券营业部	江苏	南京	130589.4	44476.0	36946.8	1.8	691.7	48473.0
东吴证券西北街证券营业部	江苏	苏州	129360.4	48040.4	1036.7	0.5	1641.0	78641.8
海通证券余姚路证券营业部	上海	上海	128639.1	20880.4	515.6	23.1	3314.8	103905.2
招商证券文三路证券营业部	浙江	杭州	128573.0	69702.0	2319.8	0.4	1364.6	55186.1
齐鲁证券有限长江路证券营业部	山东	烟台	128468.0	12036.7	10503.0	133.1	2.9	105792.3
招商证券福民路证券营业部	深圳	深圳	128369.7	77853.5	461.8	6.0	304.1	49744.3
招商证券车公庄西路证券营业部	北京	北京	126505.2	61752.4	6177.3	7.7	277.6	58290.3
国泰君安证券顺城大街证券营业部	四川	成都	126401.6	34496.9	375.5	1.7	1484.6	90042.9
国泰君安证券彩虹北路证券营业部	浙江	宁波	125563.4	68787.6	1058.1	0.5	637.0	55080.1
申银万国证券洛川东路证券营业部	上海	上海	125083.7	27840.4	1941.0	10.6	1016.8	94274.9
中信证券(山东)标山路证券营业部	山东	青岛	124715.6	55674.1	979.0	0.7	765.7	67296.1
华泰证券中山北路证券营业部	江苏	南京	124334.1	41844.0	54640.2	4.6	115.9	27729.4
东方证券肇嘉浜路证券营业部	上海	上海	123846.5	53878.3	831.1	2.7	603.7	68530.7
中信证券国贸证券营业部	北京	北京	123824.4	33747.6	8352.2	0.9	4563.4	77160.3
湘财证券泰兴路证券营业部	上海	上海	123737.6	22855.1	4442.4	2.5	1975.8	94461.8
光大证券丽泽路证券营业部	北京	北京	122254.8	13430.0	2135.8	27.3	19854.1	86807.7
海通证券知春路证券营业部	北京	北京	122042.1	25420.9	5276.3	0.3	299.3	91045.3
华泰证券广渠门内大街证券营业部	北京	北京	122022.7	28116.6	13263.6	2.1	1563.7	79076.7
中信建投证券市华灵路证券营业部	上海	上海	121870.1	40845.9	3495.0	1.6	831.4	76696.3
西南证券滨河大道证券营业部	深圳	深圳	121356.5	50167.2	527.6	0.0	179.6	70482.1
国泰君安证券庄建华南大街证券营业部	河北	石家庄	121319.3	73099.1	23361.1	0.4	242.9	24615.8
中信证券浦东大道证券营业部	上海	上海	121143.2	42545.0	1457.0	0.7	451.2	76689.4
中信建投证券农大南路证券营业部	北京	北京	121053.1	25502.0	6160.0	9.5	1649.8	87731.9
财富证券韶山北路证券营业部	湖南	长沙	120998.5	17137.4	10515.9	0.1	735.3	92609.8
华泰证券止马营证券营业部	江苏	南京	120986.4	35990.6	42844.3	0.4	160.6	41990.4
海通证券环城西路证券营业部	浙江	杭州	120667.7	47030.4	8352.9	29.0	798.2	64457.3
宏源证券紫竹院路证券营业部	北京	北京	120456.9	34145.9	158.2	8.8	1136.0	85008.1
申银万国证券金田路证券营业部	深圳	深圳	120398.4	26819.9	5246.0	0.0	2193.3	86139.3
中国银河证券中山路证券营业部	福建	福州	120217.3	22358.6	1256.6	0.5	2752.0	93849.6
华泰证券港杨舍东街证券营业部	江苏	苏州	119855.3	48338.8	24230.9	0.1	825.1	46460.4
广发证券玉兰路证券营业部	上海	上海	119606.7	50123.1	2595.3	334.6	1273.4	65280.3
国盛证券红旗大道赣龙商厦证券券营业部	江西	赣州	119306.3	12564.7	101187.9	0.1	33.1	5520.5
金元证券南宝路证券营业部	海南	海口	119226.8	14288.5	1408.0	741.6	2493.9	100294.9
中国中投证券滨江东路证券营业部	广东	广州	119119.1	29532.7	71391.8	0.3	1381.0	16813.3
海通证券黄浦区福州路证券营业部	上海	上海	118853.2	37525.0	6446.7	3.7	2573.8	72304.1
招商证券翔殷路证券营业部	上海	上海	118484.8	54603.2	873.9	1.9	586.9	62418.9

注：营业部交易金额的单位为百万元。

证券营业部交易
Trading of Business Department

营业部名称 Business Department	省份 Province	城市 City	总计 Total	股票 Share	基金 Fund	政府债 G-Bond	公司债 C-Bond	债券回购 Repo
兴业证券青年路证券营业部	湖北	武汉	117415.8	41299.4	1320.9	100.9	1230.6	73464.0
广发证券西藏南路证券营业部	上海	上海	116979.2	40760.3	687.0	10.7	237.7	75283.5
中信证券（浙江）海昌南路证券营业部	浙江	海宁	115467.1	50753.0	17884.5	0.6	64.7	46764.4
东兴证券大望路证券营业部	北京	北京	115261.0	19878.8	84.8	2.0	1603.8	93691.7
中国银河证券证券营业部	福建	福州	115254.2	58034.9	623.2	0.3	108.8	56487.0
财通证券体育馆证券营业部	浙江	杭州	114995.4	39291.8	1294.0	0.0	193.5	74216.1
中信证券（浙江）定安路证券营业部	浙江	杭州	114065.5	57689.7	4497.7	0.4	162.1	51715.6
国泰君安证券德外大街证券营业部	北京	北京	113678.8	42188.1	856.4	36.0	182.7	70415.6
中信建投证券东三环中路证券营业部	北京	北京	113641.4	21838.2	628.6	2.5	1023.2	90148.9
国泰君安证券益田路证券营业部	深圳	深圳	113620.9	58848.6	356.2	0.1	227.7	54188.3
广发证券温陵路证券营业部	福建	泉州	113137.3	39042.8	221.7	33.7	3775.0	70064.2
广发证券深南东路证券营业部	深圳	深圳	113134.5	49304.6	1871.7	20.8	798.5	61138.9
申银万国证券南京山西路营业部	江苏	南京	113037.4	24838.5	219.2	13.1	930.5	87036.2
国海证券新民路证券营业部	广西	南宁	112673.0	22768.1	348.2	0.2	1575.2	87981.4
海通证券解放北路证券营业部	浙江	宁波	112453.2	26682.1	7703.3	0.1	2046.7	76021.1
中国民族证券羽山路证券营业部	上海	上海	112299.0	75507.9	1122.2	0.0	32.8	35636.1
中信证券（浙江）市心南路证券营业部	浙江	杭州	111869.4	69073.6	2823.2	0.4	243.5	39728.7
中国银河证券中山北路证券营业部	上海	上海	111515.6	17250.3	2207.5	2.7	3923.4	88131.8
广发证券广安门内大街证券营业部	北京	北京	111372.3	32179.5	330.4	42.8	1045.1	77774.5
国信证券稠州北路证券营业部	浙江	义乌	111160.9	89613.2	678.5	0.6	53.2	20815.4
兴业证券民生路证券营业部	上海	上海	110878.8	36643.9	2283.3	1.9	104.1	71845.6
英大证券东直门证券营业部	北京	北京	110774.0	7750.0	294.2	0.1	230.4	102499.3
光大证券中兴路证券营业部	上海	上海	110203.6	32241.5	5828.4	20.3	1981.2	70132.2
西南证券北三环中路证券营业部	北京	北京	109797.0	36819.2	4379.8	4.6	2496.4	66096.9
华鑫证券金山证券营业部	上海	上海	108984.9	9690.1	25.2	0.0	1396.3	97873.3
方正证券解放路证券营业部	浙江	台州	108730.0	84532.8	672.3	0.2	164.4	23360.3
华鑫证券茅台路证券营业部	上海	上海	108367.6	67307.3	258.5	1559.7	3762.3	35479.9
兴业证券天钥桥路证券营业部	上海	上海	108215.9	44943.7	5438.5	44.5	420.7	57368.6
国金证券双元街证券营业部	四川	成都	108071.0	39999.4	241.7	0.0	430.5	67399.3
齐鲁证券有限解放路证券营业部	山东	济南	108034.5	19491.1	179.2	27.8	553.0	87783.4
中信证券（浙江）南雷路证券营业部	浙江	余姚	107867.8	50642.7	9676.8	0.1	34.3	47513.9
中信证券深南大道证券营业部	深圳	深圳	107776.3	71999.0	2567.2	2.5	543.6	32664.1
海通证券中关村南大街证券营业部	北京	北京	107537.6	59308.8	3040.4	3.8	430.5	44754.1
中国中投证券西康路证券营业部	上海	上海	106972.8	15126.1	63555.5	6.9	33.0	28251.3
申银万国证券车站大道证券营业部	浙江	温州	106965.3	80821.4	601.2	0.4	147.0	25395.4
中国银河证券中关村大街证券营业部	北京	北京	106791.5	47710.7	5955.4	1.2	275.7	52848.4
申银万国证券成都槐树街营业部	四川	成都	106758.1	23285.8	65.1	3.0	5963.8	77440.3
中国银河证券庆春路证券营业部	浙江	杭州	106520.8	36100.1	5479.7	3.9	508.6	64428.5
申银万国证券广州江南大道营业部	广东	广州	106000.8	23291.2	294.1	0.4	3260.6	79154.4
海通证券市民大道证券营业部	浙江	绍兴	105880.7	57007.8	4021.1	0.2	34.8	44816.8
中国银河证券大庆南路证券营业部	浙江	宁波	105632.3	39222.6	11798.8	0.5	562.4	54048.0
海通证券普陀区澳门路证券营业部	上海	上海	105506.4	82494.6	1211.5	0.0	192.9	21607.4
中信证券沪闵路证券营业部	上海	上海	105212.3	42155.6	17882.1	1.1	3845.7	41327.8
国泰君安证券上步中路证券营业部	深圳	深圳	105182.3	31312.4	379.4	1.8	128.2	73360.5
东方证券徐汇广元西路证券营业部	上海	上海	105150.2	19722.3	196.8	0.6	2694.4	82536.1
中国银河证券解放南路证券营业部	浙江	宁波	105015.1	44114.6	570.2	1.3	535.1	59793.9
中国银河证券美湖路证券营业部	福建	厦门	104786.1	43658.5	523.8	51.5	746.7	59805.7
中国银河证券太阳宫证券营业部	北京	北京	104354.7	30132.5	1033.3	0.4	239.9	72948.6
西南证券田林东路证券营业部	上海	上海	104143.2	24043.6	885.5	0.9	1440.0	77773.3
招商证券颐和园路证券营业部	北京	北京	103858.0	53455.5	604.5	1.1	313.0	49483.9

注：营业部交易金额的单位为百万元。

证券营业部交易
Trading of Business Department

营业部名称 Business Department	省份 Province	城市 City	总计 Total	股票 Share	基金 Fund	政府债 G-Bond	公司债 C-Bond	债券回购 Repo
中信建投证券市中北路证券营业部	湖北	武汉	103353.2	36914.6	13820.0	56.1	1587.9	50974.7
信达证券四川北路证券营业部	上海	上海	102962.2	38620.4	1007.4	5.4	300.1	63028.9
安信证券黄浦区跨龙路证券营业部	上海	上海	102911.6	33055.3	28780.1	0.1	179.6	40896.4
湘财证券金杨路证券营业部	上海	上海	102834.6	15791.8	3810.5	1.9	3366.1	79864.4
华泰证券姚港路证券营业部	江苏	南通	102728.2	45259.1	24560.2	4.8	616.3	32287.8
国信证券五一中路证券营业部	福建	福州	102474.9	54877.9	9220.6	1.3	667.0	37708.2
华鑫证券莘庄证券营业部	上海	上海	102326.8	21811.0	216.2	28.4	1202.8	79068.5
招商证券商务外环路证券营业部	河南	郑州	102282.5	19375.1	119.9	0.0	83.8	82703.8
方正证券延安路证券营业部	浙江	杭州	102231.9	38177.8	122.2	0.0	170.0	63761.9
中国银河证券学院南路证券营业部	北京	北京	102081.9	43720.4	1331.1	2.7	167.2	56860.4
招商证券六一中路证券营业部	福建	福州	101774.1	51770.6	352.1	1.4	116.2	49533.8
五矿证券有限金田路证券营业部	深圳	深圳	101703.8	50585.4	99.1	45.5	480.8	50493.1
安信证券北三环东路证券营业部	北京	北京	101697.3	16096.0	729.3	17.9	135.3	84718.9
宏源证券中山北一路证券营业部	上海	上海	101348.1	32658.2	1637.9	18.3	3066.5	63967.2
中信建投证券市泺源大街证券营业部	山东	济南	101228.7	47108.8	28720.4	9.6	171.8	25218.1
中信证券紫竹院路证券营业部	北京	北京	101023.7	48794.8	8852.6	1.2	1894.4	41480.7
中信证券石化证券营业部	上海	上海	100779.5	28643.8	598.0	47.5	963.1	70527.1
齐鲁证券有限环山路证券营业部	山东	烟台	100446.3	15490.2	182.6	34.1	62.0	84677.4
中信建投证券市马家堡西路证券营业部	北京	北京	100047.1	15202.4	578.2	4.7	1059.6	83202.3
光大证券运河东一路证券营业部	广东	东莞	99241.8	58095.3	1617.7	0.3	164.5	39364.0
国泰君安证券黄河路证券营业部	河南	郑州	99160.7	76876.2	1305.2	3.8	1406.9	19568.5
华泰证券金沙江路证券营业部	江苏	苏州	99020.1	31390.8	23475.4	0.0	222.3	43931.7
招商证券龙岗龙岗大道证券营业部	深圳	深圳	98812.6	45745.9	113.0	3.7	39717.3	13232.7
中信证券（浙江）市府大道证券营业部	浙江	台州	98493.9	55229.5	1329.2	0.0	66.9	41868.3
光大证券十一纬路证券营业部	辽宁	沈阳	98452.2	42810.4	22636.2	1.8	72.5	32931.3
东方证券黄浦区北京东路证券营业部	上海	上海	98266.8	24978.6	247.8	11.3	287.4	72741.7
国联证券梁溪路证券营业部	江苏	无锡	97697.4	36179.2	596.3	3.8	147.2	60770.9
中航证券有限珊瑚路证券营业部	重庆	重庆	97616.9	6907.7	285.3	741.1	57591.1	32091.7
国泰君安证券庆春路证券营业部	浙江	杭州	97280.8	51779.1	429.0	0.3	1033.2	44039.2
国泰君安证券天山路证券营业部	上海	上海	96851.4	30921.2	3312.4	9.3	206.4	62402.1
中国银河证券武珞路证券营业部	湖北	武汉	96399.5	19164.4	1220.9	32.6	2856.5	73125.1
华泰证券庆春路证券营业部	浙江	杭州	96309.6	36090.0	40401.2	0.0	208.9	19609.4
英大证券华侨城证券营业部	深圳	深圳	96270.5	40283.4	138.3	7.7	638.9	55202.1
东吴证券工业园区现代大道证券营业部	江苏	苏州	96266.3	26017.3	384.6	3.3	40.7	69820.4
西藏同信证券东方路证券营业部	上海	上海	96035.2	43161.9	355.0	97.1	1226.9	51194.4
安信证券阜成路证券营业部	北京	北京	95972.4	46834.2	2265.7	1.9	372.5	46498.1
招商证券中北路证券营业部	湖北	武汉	95925.9	60967.2	674.6	1.0	578.1	33705.0
海通证券群众路证券营业部	福建	福州	95843.2	41125.1	34648.9	0.6	510.9	19557.8
华西证券高升桥证券营业部	四川	成都	95666.1	57538.8	526.1	2.5	224.7	37374.0
广州证券先烈中路证券营业部	广东	广州	95592.5	30911.8	654.4	2.2	2366.3	61657.9
方正证券延安西路证券营业部	上海	上海	95454.1	35006.7	1388.6	8.1	510.6	58540.1
光大证券深南大道证券营业部	深圳	深圳	95103.2	70518.3	2852.4	1.3	516.1	21215.2
湘财证券金沙江路证券营业部	上海	上海	94827.3	27886.5	11653.3	127.2	172.6	54987.7
国元证券虹桥路证券营业部	上海	上海	94825.0	44188.7	784.6	0.0	599.0	49252.7
招商证券安外大街证券营业部	北京	北京	94529.4	43740.2	1506.4	8.0	552.5	48722.5
联讯证券长宁路证券营业部	上海	上海	94276.2	16927.1	302.9	2.4	72.7	76971.0
华泰证券东横街证券营业部	江苏	常州	93985.4	32730.8	31308.6	2.8	118.8	29824.5
东兴证券梅园东路证券营业部	福建	莆田	93913.1	65015.0	171.6	0.3	88.4	28637.8
长城证券西直门外大街证券营业部	北京	北京	93796.3	29705.3	1033.1	1.1	2548.1	60508.7
海通证券香港路营业部	上海	上海	93453.6	21037.4	1267.9	77.8	2041.7	69028.9

注：营业部交易金额的单位为百万元。

证券营业部交易
Trading of Business Department

营业部名称 Business Department	省份 Province	城市 City	总计 Total	股票 Share	基金 Fund	政府债 G-Bond	公司债 C-Bond	债券回购 Repo
开源证券西大街证券营业部	陕西	西安	93204.1	8091.6	215.4	22.8	1702.6	83171.6
华泰证券侨香路证券营业部	深圳	深圳	93116.8	27665.3	132.4	93.9	1799.2	63426.0
华泰证券蜀金路证券营业部	四川	成都	93051.2	73863.7	3656.7	2.8	74.3	15453.7
德邦证券浦东南路证券营业部	上海	上海	92965.0	10871.3	582.8	0.0	338.3	81172.6
广发证券岭南大道北证券营业部	广东	佛山	92896.0	35707.4	482.3	0.5	481.1	56224.7
中信证券苏雅路证券营业部	江苏	苏州	92822.8	28244.8	13630.2	3.0	314.7	50630.2
海通证券新建路营业部	山西	太原	92788.8	46849.5	21470.4	0.9	87.6	24380.5
东吴证券狮山路证券营业部	江苏	苏州	92717.5	47926.5	1119.1	3.6	213.0	43455.4
中信建投证券市站前路证券营业部	广东	揭阳	92596.4	60210.1	1877.7	1.8	102.0	30404.9
西南证券惠工路证券营业部	重庆	重庆	92437.9	38274.0	254.9	1.5	1179.6	52727.9
东吴证券阜湖路证券营业部	江苏	常熟	92413.4	36791.9	433.1	0.1	213.8	54974.6
国联证券县前东街证券营业部	江苏	无锡	92385.7	27707.7	460.7	25.4	439.7	63752.3
华泰证券证券股份有限公司湖南分公司	湖南	长沙	91845.1	44127.2	32445.8	0.8	295.6	14975.8
中信建投证券市徐家汇路证券营业部	上海	上海	91801.4	26843.5	1563.6	14.7	1556.5	61823.1
海通证券天平路营业部	上海	上海	91748.1	31115.7	2760.1	12.0	186.6	57673.6
广发证券中山三路中华广场证券营业部	广东	广州	91725.6	52798.8	752.9	1.2	186.5	37986.2
安信证券中关村南大街证券营业部	北京	北京	91420.5	16753.8	247.1	0.0	50.8	74368.8
中信证券（浙江）四季路证券营业部	浙江	杭州	91358.5	56630.1	545.6	1.1	173.5	34008.2
光大证券孝闻街证券营业部	浙江	宁波	90933.8	29518.2	4247.9	0.4	1107.5	56059.8
海通证券周家嘴路营业部	上海	上海	90472.8	15029.3	1244.4	2.3	1719.8	72477.0
国信证券振华路证券营业部	深圳	深圳	90252.2	44478.4	614.8	97.5	1362.7	43698.8
中国银河证券大南路证券营业部	浙江	温州	90125.3	60864.3	1101.4	0.7	219.5	27939.4
国泰君安证券太平南路证券营业部	江苏	南京	89981.8	60783.0	846.5	36.7	439.1	27876.5
太平洋证券海淀大街证券营业部	北京	北京	89348.5	13163.0	83.1	135.9	1283.2	74683.2
华泰证券澳门路证券营业部	上海	上海	89345.0	24690.8	12732.6	13.6	627.7	51280.3
广发证券黄埔大道证券营业部	广东	广州	89199.1	36762.2	506.6	0.0	36914.1	15016.2
广发证券梅溪东路证券营业部	广东	汕头	89042.2	39011.5	1227.8	4.6	397.9	48400.2
兴业证券湖滨南路证券营业部	福建	厦门	88901.1	38288.6	1412.8	1.7	73.7	49124.3
招商证券人民南路证券营业部	四川	成都	88875.8	59971.8	657.0	9.2	194.7	28043.2
东北证券峨眉路证券营业部	上海	上海	88863.7	7606.2	684.7	10.5	1893.0	78669.3
华泰证券证券股份有限公司盐城分公司	江苏	盐城	88808.8	54936.2	18039.1	0.2	30.1	15803.2
中信证券环府路证券营业部	江苏	常州	88475.5	37585.2	15286.3	1.0	653.4	34949.6
广发证券建外大街证券营业部	北京	北京	88444.7	20582.5	277.5	5.1	154.3	67425.3
招商证券朝外大街证券营业部	北京	北京	88320.3	54542.4	597.1	29.7	306.1	32845.0
中信建投证券控江路证券营业部	上海	上海	87953.4	33805.1	879.7	104.2	305.1	52859.3
中国银河证券宜川路证券营业部	上海	上海	87880.7	16005.5	493.9	16.6	1649.1	69715.6
西南证券洋河北路证券营业部	重庆	江北	87859.7	15554.6	24.6	0.0	0.1	72280.4
华泰证券永乐路证券营业部	江苏	无锡	87846.4	22476.2	24154.7	10.3	2196.6	39008.6
招商证券浦东新区浦东南路证券营业部	上海	上海	87800.9	40395.3	808.0	7.6	617.3	45972.7
申银万国证券广东路营业部	上海	上海	87697.9	32862.2	1566.0	0.7	366.0	52902.9
中国银河证券浦东南路证券营业部	上海	上海	87626.9	16893.9	14126.4	2.7	365.0	56238.9
华泰证券共和新路证券营业部	上海	上海	87594.1	41183.8	14993.1	13.0	1939.6	29464.7
中国中投证券深南大道证券营业部	深圳	深圳	87423.1	40171.5	643.4	1.9	1520.8	45085.4
国信证券二环路证券营业部	四川	成都	87414.0	54019.5	1203.7	11.6	265.2	31914.0
申银万国证券火车南站东路证券营业部	四川	成都	87191.9	20148.1	332.8	29.4	2278.4	64403.3
国泰君安证券团结路证券营业部	上海	上海	87158.7	34848.9	882.9	15.9	1421.4	49989.6
招商证券深南大道车公庙证券营业部	深圳	深圳	86884.4	54991.6	824.2	2.1	280.5	30786.1
华泰证券环城西路证券营业部	江苏	南通	86737.1	38400.7	26854.4	1.2	201.3	21279.5
光大证券三北西大街证券营业部	浙江	宁波	86665.2	47099.1	22819.4	0.0	222.0	16524.7
招商证券东门南路证券营业部	深圳	深圳	86555.7	54376.4	295.1	0.2	114.0	31770.0

注：营业部交易金额的单位为百万元。

证券营业部交易
Trading of Business Department

营业部名称 Business Department	省份 Province	城市 City	总计 Total	股票 Share	基金 Fund	政府债 G-Bond	公司债 C-Bond	债券回购 Repo
长城证券中关村大街证券营业部	北京	北京	86310.4	35671.6	665.9	7.0	441.7	49524.2
安信证券中山六路证券营业部	广东	广州	86234.1	30727.7	879.2	0.3	283.9	54343.0
中信建投证券市东街证券营业部	福建	福州	85806.5	35199.4	6694.0	1.2	416.4	43495.6
国信证券大沥证券营业部	广东	佛山	85557.3	54375.7	655.2	2.0	138.5	30386.0
海通证券广州路营业部	江苏	南京	85526.0	58530.9	10225.4	0.6	260.5	16508.6
中国银河证券广西路证券营业部	山东	青岛	85188.3	19291.9	229.4	0.1	970.7	64696.2
中信建投证券福中路证券营业部	深圳	深圳	85176.5	37138.3	651.4	1.2	216.6	47169.0
中信证券古北路证券营业部	上海	上海	85127.3	26621.7	2219.3	0.4	212.4	56073.4
国泰君安证券陆家嘴东路证券营业部	上海	上海	85087.7	43754.5	940.4	4.6	926.9	39461.4
湘财证券共和新路证券营业部	上海	上海	85085.1	17644.9	2676.7	0.1	261.6	64501.8
华西证券曲阳路证券营业部	上海	上海	85024.3	35633.1	2305.3	0.9	120.8	46964.2
德邦证券志丹路营业部	上海	上海	84892.9	23317.3	8578.9	11.3	436.5	52549.0
兴业证券市丰泽街证券营业部	福建	泉州	84869.0	37158.3	559.6	0.0	116.6	47034.5
广发证券民生路证券营业部	上海	上海	84864.4	37309.2	428.0	2.5	174.6	46950.1
中国银河证券长宁区镇宁路证券营业部	上海	上海	84453.4	23975.7	3041.9	5.4	543.3	56887.2
海通证券共和新路证券营业部	上海	上海	84401.8	45273.9	3124.8	4.6	266.5	35731.9
华福证券湖滨南路证券营业部	福建	厦门	84165.9	48360.7	506.8	0.9	520.0	34777.5
中信建投证券市南大街证券营业部	陕西	西安	84124.0	34684.0	8858.8	206.1	1456.1	38919.0
长城证券延安西路证券营业部	上海	上海	84051.2	16757.0	738.6	108.7	4430.0	62017.0
华泰证券牡丹江路证券营业部	上海	上海	84035.1	28696.9	20922.7	4.2	115.7	34295.6
海通证券常府街证券营业部	江苏	南京	83872.3	24655.4	3385.0	0.0	452.7	55379.2
华福证券杨桥路证券营业部	福建	福州	83868.0	45682.1	12005.8	0.2	27.1	26152.8
国泰君安证券商城路证券营业部	上海	上海	83805.2	37016.5	1060.5	11.0	147.7	45569.5
安信证券杨高南路证券营业部	上海	上海	83759.6	43819.5	1882.7	0.7	486.0	37570.7
申银万国证券玉屏南路营业部	上海	上海	83699.1	12234.2	547.0	0.2	3160.9	67756.9
国信证券五一大道证券营业部	湖南	长沙	83628.4	27965.7	154.9	0.0	23.9	55483.9
中银国际证券彩田路证券营业部	深圳	深圳	83494.9	56147.9	281.5	0.5	154.8	26910.2
华泰证券静安区威海路证券营业部	上海	上海	83376.2	32024.8	19357.0	50.4	790.9	31153.1
齐鲁证券有限苏州桥证券营业部	北京	北京	83321.4	15146.2	50966.3	0.0	1140.3	16068.7
东方证券黄浦区中华路证券营业部	上海	上海	83223.5	20819.7	2375.2	1.0	1884.9	58142.7
申银万国证券东方路证券营业部	上海	上海	83215.8	32026.8	870.5	50.7	1497.5	48770.3
国信证券淮海西路证券营业部	上海	上海	83057.9	37616.4	470.1	0.3	166.4	44804.8
东吴证券中山北路证券营业部	江苏	苏州	82967.7	38721.1	313.0	3.1	288.5	43642.0
国金证券东城根街证券营业部	四川	成都	82946.4	42147.7	304.6	17.4	848.6	39628.2
中国中投证券复兴路证券营业部	北京	北京	82783.2	50063.9	1368.6	0.6	75.0	31275.2
新时代证券金桥路证券营业部	上海	上海	82737.5	40662.1	384.0	0.5	3686.7	38004.2
华泰证券广州路证券营业部	江苏	南京	82161.4	28386.2	26638.1	1.2	1167.1	25968.9
宏源证券妙境路证券营业部	上海	上海	81942.7	18322.9	44518.3	1.2	2532.8	16567.5
招商证券北京路证券营业部	云南	昆明	81890.6	20298.5	73.3	2.1	179.2	61337.5
财通证券人民中路证券营业部	浙江	绍兴	81723.3	50461.6	62.1	1.2	17.4	31181.0
财通证券东辉北路证券营业部	浙江	温岭	81658.5	62733.5	712.9	0.1	52.9	18159.1
国元证券长江路证券营业部	安徽	合肥	81456.0	12647.1	159.0	0.0	623.8	68026.1
广发证券蛇口兴华路证券营业部	深圳	深圳	81334.3	38525.1	284.5	0.0	140.4	42384.3
中信证券安亭证券营业部	上海	上海	81329.1	35246.1	7565.5	0.0	1536.4	36981.1
海通证券乳山路证券营业部	上海	上海	81149.7	22787.3	233.1	66.0	721.9	57341.4
中信证券（浙江）暨东路证券营业部	浙江	绍兴	81057.1	60516.0	727.2	0.0	65.1	19748.8
华西证券民田路证券营业部	深圳	深圳	80978.5	53632.6	1026.5	18.5	235.3	26065.7
中国银河证券翠柏路证券营业部	浙江	宁波	80924.1	36228.9	4436.2	1.8	517.2	39740.0
国泰君安证券中兴中路证券营业部	浙江	绍兴	80823.3	12261.3	68.1	19.4	1779.2	66695.2
安信证券金砂路第一证券营业部	广东	汕头	80782.2	41508.9	1180.5	0.5	67.1	38025.2

注：营业部交易金额的单位为百万元。

证券营业部交易
Trading of Business Department

营业部名称 Business Department	省份 Province	城市 City	总计 Total	股票 Share	基金 Fund	政府债 G-Bond	公司债 C-Bond	债券回购 Repo
华泰证券中央路第三证券营业部	江苏	南京	80729.3	37464.8	11849.9	0.7	344.0	31070.1
华创证券新兴桥证券营业部	北京	北京	80687.2	9831.0	11.3	10.0	486.9	70348.1
国都证券长阳路证券营业部	上海	上海	80551.4	22697.6	378.9	0.1	671.9	56802.9
宏源证券光明路证券营业部	河北	唐山	80341.8	3924.0	62.8	13.2	1337.9	75003.9
招商证券笋岗路证券营业部	深圳	深圳	80214.1	56337.5	808.9	1.3	4208.7	18857.7
国开证券中关村南大街证券营业部	北京	北京	80155.2	23596.8	96.9	0.3	5508.0	50953.1
申银万国证券厦禾路证券营业部	福建	厦门	79979.3	37994.7	392.1	47.8	531.6	41013.1
国联证券人民南路证券营业部	江苏	无锡	79911.3	57919.2	448.7	0.2	46.2	21497.0
广州证券中山八路证券营业部	广东	广州	79834.2	22713.4	683.8	4.2	741.9	55690.9
中国中投证券天河路证券营业部	广东	广州	79623.3	43851.2	1770.5	3.2	417.7	33580.8
华泰证券西藏南路证券营业部	上海	上海	79526.5	32227.6	7080.3	33.6	213.3	39971.8
华泰证券柳汀街证券营业部	浙江	宁波	79403.4	32941.1	28926.9	0.8	1081.8	16452.8
东吴证券相城采莲路证券营业部	江苏	苏州	79307.1	26949.2	137.4	0.0	110.3	52110.2
方正证券胜利东路证券营业部	浙江	绍兴	79259.8	51216.0	142.4	0.6	96.6	27804.2
中银国际证券宣外大街证券营业部	北京	北京	79173.5	48396.3	558.5	2.4	566.0	29650.2
浙商证券江滨北路证券营业部	浙江	金华	78993.3	62792.1	379.9	0.0	51.0	15770.2
中信证券长寿路证券营业部	上海	上海	78846.7	32932.9	5922.3	0.7	275.6	39715.2
华泰证券环市东路证券营业部	广东	广州	78478.9	26929.6	33431.9	0.1	40.7	18076.6
广发证券流沙证券营业部	广东	普宁	78429.0	51065.7	1945.5	19.2	20.1	25378.5
第一创业证券深南大道证券营业部	深圳	深圳	78401.7	16047.4	624.0	419.1	2886.1	58425.1
齐鲁证券有限湖东路证券营业部	福建	福州	78191.8	29901.1	466.0	4.3	86.1	47734.3
宏源证券木齐新华南路证券营业部	新疆	乌鲁木齐	78191.5	15437.7	42.3	0.1	43.8	62667.7
湘财证券教工路证券营业部	浙江	杭州	78031.9	26540.5	20274.5	2.9	1349.0	29865.0
海通证券普陀区铜川路证券营业部	上海	上海	78020.0	37661.4	466.7	12.8	4127.6	35751.7
兴业证券朱雀大街证券营业部	陕西	西安	77946.0	46848.3	7026.4	3.4	294.1	23773.8
国都证券工体北路证券营业部	北京	北京	77919.3	20809.7	1900.2	3.0	498.9	54707.6
光大证券东中街证券营业部	北京	北京	77889.2	38279.7	631.9	2.9	197.3	38777.4
海通证券西前街证券营业部	浙江	嵊州	77869.6	33603.8	3288.2	0.2	996.6	39980.8
华泰证券分公司	江苏	镇江	77837.5	35962.9	25348.9	0.5	125.4	16399.8
申银万国证券东朝阳路证券营业部	吉林	长春	77743.8	18166.1	23.4	0.0	253.5	59300.7
安信证券新中路证券营业部	广东	梅州	77657.8	51993.8	1298.4	0.4	144.2	24221.0
海通证券东风西路证券营业部	广东	广州	77598.0	50864.0	2819.8	0.0	118.9	23795.2
申银万国证券同泰路营业部	上海	上海	77313.3	28330.8	897.6	4.5	863.2	47217.2
浙商证券长乐路证券营业部	上海	上海	77271.3	23653.9	425.7	0.9	231.7	52959.0
山西证券迎泽大街证券营业部	山西	太原	77238.8	33101.6	1193.0	0.1	139.1	42805.0
中信建投证券庄建设南大街证券营业部	河北	石家庄	77154.2	43145.4	14675.5	0.3	63.8	19269.2
申银万国证券中山西路证券营业部	上海	上海	77088.7	21447.4	1277.1	16.3	1059.2	53288.7
国信证券季华六路证券营业部	广东	佛山	77031.6	50419.0	428.2	1.4	91.2	26091.7
安信证券远大路证券营业部	北京	北京	76906.9	35105.1	4359.9	0.0	564.2	36877.6
浙商证券新南路证券营业部	浙江	金华	76769.2	60318.5	12799.2	1.8	60.0	3589.9
东方证券长阳路证券营业部	上海	上海	76766.7	26425.8	517.6	33.3	394.1	49395.8
中信建投证券育梁道证券营业部	天津	天津	76682.9	18047.3	6210.4	1.5	1102.3	51321.4
五矿证券有限广安门外大街证券营业部	北京	北京	76607.7	2563.2	1.6	0.0	223.1	73819.8
华泰证券黄河路证券营业部	上海	上海	76449.1	29647.4	4820.5	3.5	64.4	41913.3
国泰君安证券南京路证券营业部	山东	青岛	76426.6	26018.2	245.9	4.9	1082.6	49074.9
财通证券湖墅南路证券营业部	浙江	杭州	76227.5	34654.0	953.5	0.3	119.8	40500.0
东吴证券港杨舍证券营业部	江苏	苏州	76116.3	40266.3	886.2	0.0	140.5	34823.4
华林证券北三环东路证券营业部	北京	北京	75996.9	41868.6	828.4	9.9	146.4	33143.6
兴业证券航空路证券营业部	四川	成都	75747.9	31082.1	408.4	2.9	61.3	44193.1
国信证券市心中路证券营业部	浙江	杭州	75732.1	59400.6	584.9	0.4	210.6	15535.6

注：营业部交易金额的单位为百万元。

证券营业部交易 Trading of Business Department

营业部名称 Business Department	省份 Province	城市 City	总计 Total	股票 Share	基金 Fund	政府债 G-Bond	公司债 C-Bond	债券回购 Repo
申银万国证券广州天河北路营业部	广东	广州	75654.4	32768.5	1295.3	12.5	619.2	40959.0
中信证券高楼门证券营业部	江苏	南京	75623.5	33279.2	7823.0	51.2	172.2	34298.0
财通证券县柯桥湖西路证券营业部	浙江	绍兴	75613.5	31157.0	138.4	0.0	126.3	44191.8
中信证券（浙江）越王城证券营业部	浙江	绍兴	75473.6	39933.5	6339.6	0.1	43.1	29157.3
中国中投证券番禺桥南路证券营业部	广东	番禺	75396.1	50083.7	1169.8	15.0	258.3	23869.3
宏源证券浦北路证券营业部	上海	上海	75367.4	29644.0	286.6	1.4	83.8	45351.6
中国银河证券证券营业部	广东	中山	75364.6	29724.2	22396.5	16.7	187.5	23039.8
中国银河证券上海路证券营业部	江苏	南京	75347.4	15207.0	381.1	0.4	178.6	59580.3
齐鲁证券有限重庆路证券营业部	山东	淄博	75333.9	23667.4	253.7	0.8	640.3	50771.7
广发证券海滨路证券营业部	广东	汕头	75299.6	42116.3	518.7	3.9	392.2	32268.5
中国中投证券大良证券营业部	广东	顺德	75238.5	37568.0	1005.5	0.9	254.3	36409.7
信达证券西单北大街证券营业部	北京	北京	75163.8	18298.2	92.6	0.1	429.4	56343.6
广发证券石泉路证券营业部	上海	上海	74638.0	38612.3	301.6	92.3	268.4	35363.4
招商证券光明路证券营业部	北京	北京	74379.9	41557.8	704.2	4.2	523.5	31590.3
上海证券谢池商城证券营业部	浙江	温州	74185.3	52252.9	1785.5	0.6	119.0	20027.3
国联证券湖滨路证券营业部	江苏	无锡	74159.5	20586.3	615.0	0.4	141.4	52816.4
方正证券中河中路证券营业部	浙江	杭州	73962.7	35075.6	964.5	0.3	99.5	37822.8
平安证券蛇口招商路招商大厦证券营业部	深圳	深圳	73905.1	50586.3	308.4	0.7	198.0	22811.7
广发证券香港中路证券营业部	山东	青岛	73904.9	17450.2	240.7	0.0	12.4	56201.6
国泰君安证券大渡河路证券营业部	上海	上海	73735.8	23030.6	1518.8	0.3	159.4	49026.6
中银国际证券和平南大街证券营业部	辽宁	沈阳	73645.3	29063.5	78.3	1.5	626.9	43875.1
中信建投证券延陵西路证券营业部	江苏	常州	73460.1	22448.7	1483.5	130.0	646.1	48751.8
海通证券健身路营业部	江苏	常州	73389.6	33406.1	1938.7	0.0	943.4	37101.4
国信证券友谊东路证券营业部	陕西	西安	73356.9	55304.0	3704.7	2.7	207.1	14138.4
齐鲁证券有限历山路证券营业部	山东	济南	73154.7	43927.2	18461.8	0.5	20.3	10744.9
安信证券深南大道证券营业部	深圳	深圳	72829.6	18312.2	1858.0	1.1	53.6	52604.7
首创证券滨西大直街证券营业部	黑龙江	哈尔滨	72669.5	5877.0	39.0	101.3	3469.1	63183.2
中国中投证券宋庄路证券营业部	北京	北京	72518.3	46145.8	1700.6	0.2	173.8	24497.9
海通证券文化路证券营业部	浙江	杭州	72405.3	50931.7	1204.9	2.7	242.6	20023.5
华泰证券浦东新区福山路证券营业部	上海	上海	72315.6	24536.8	16335.7	16.0	475.2	30952.0
招商证券江苏路证券营业部	上海	上海	72152.6	26191.8	704.3	0.8	425.0	44830.8
齐鲁证券有限朝外大街证券营业部	北京	北京	71985.7	29418.8	1138.7	0.6	63.1	41364.5
国联证券邯郸路证券营业部	上海	上海	71984.5	28347.5	6758.3	0.7	143.3	36734.8
国信证券湖滨北路证券营业部	福建	厦门	71849.6	41175.7	1207.8	17.4	176.5	29272.3
中信证券天通苑证券营业部	北京	北京	71805.9	20965.6	4221.1	4.5	57.0	46557.7
东吴证券前进中路证券营业部	江苏	苏州	71596.1	42073.1	183.0	1.6	70.6	29267.9
招商证券泉城路证券营业部	山东	济南	71587.7	26801.3	187.5	2.8	840.5	43755.7
光大证券月坛北街证券营业部	北京	北京	71536.2	34375.5	338.8	0.7	125.4	36695.9
中国银河证券虹井路证券营业部	上海	上海	71469.3	25798.7	342.7	11.8	206.9	45109.1
中国银河证券高新南一道中科大厦证券营业部	深圳	深圳	71375.7	15979.3	290.1	31.0	1069.1	54006.2
中信证券友谊路证券营业部	天津	天津	71349.2	28251.3	11269.9	7.5	513.5	31307.1
招商证券金融大街证券营业部	北京	北京	71276.2	13043.1	876.0	0.1	750.2	56606.8
中国银河证券福华一路证券营业部	深圳	深圳	71176.8	20371.6	416.2	0.4	15399.0	34989.6
招商证券陆家嘴东路证券营业部	上海	上海	71070.6	28544.7	201.6	0.6	483.5	41840.1
华泰证券竹子林四路证券营业部	深圳	深圳	71064.1	26011.3	12776.3	4.2	2475.5	29796.8
第一创业证券巨野路证券营业部	上海	上海	70925.8	18702.5	1073.6	24.9	3823.6	47301.3
华泰证券分公司	江苏	泰州	70908.3	36644.6	22354.2	10.7	286.8	11612.1
中航证券有限慧忠路证券营业部	北京	北京	70849.0	21584.5	250.8	0.2	6094.4	42919.0
英大证券汉中路证券营业部	江苏	南京	70656.4	20117.2	762.7	2.2	487.1	49287.2
安信证券南丹路证券营业部	上海	上海	70645.1	22919.6	574.3	3.5	121.5	47026.2

注：营业部交易金额的单位为百万元。

证券营业部交易
Trading of Business Department

营业部名称 Business Department	省份 Province	城市 City	总计 Total	股票 Share	基金 Fund	政府债 G-Bond	公司债 C-Bond	债券回购 Repo
兴业证券胜利东路证券营业部	福建	漳州	70469.9	34890.1	601.2	0.0	60.8	34917.9
广发证券汾江中路证券营业部	广东	佛山	70462.0	40234.4	455.9	0.4	53.5	29717.9
华泰证券分公司	江西	南昌	70443.4	30933.1	20191.1	0.1	509.5	18809.6
中信建投证券海府大道证券营业部	海南	海口	70370.9	22999.9	374.5	20.4	350.0	46626.1
长江证券友谊路证券营业部	湖北	武汉	70238.1	29803.7	480.7	0.9	210.7	39742.1
中信证券解放南路证券营业部	江苏	徐州	69981.5	33226.1	23812.2	0.1	38.9	12904.3
中信证券（浙江）中山路证券营业部	浙江	金华	69936.9	53534.8	639.6	7.7	219.9	15534.9
广发证券粤海中路证券营业部	广东	珠海	69934.6	10385.7	238.1	275.5	2176.7	56858.6
国泰君安证券方庄路证券营业部	北京	北京	69768.1	38070.6	289.7	59.6	324.0	31024.3
长江证券新源里证券营业部	北京	北京	69759.7	22155.1	1604.6	1.0	108.2	45890.8
国泰君安证券宜山路证券营业部	上海	上海	69697.1	32613.8	472.4	1.0	293.4	36316.5
华泰证券中华路证券营业部	江苏	南京	69505.0	34748.0	12360.0	1.1	183.6	22212.3
浙商证券环城东路证券营业部	浙江	台州	69465.0	45965.9	183.6	0.2	113.3	23202.0
东方证券耀华路证券营业部	上海	上海	69390.6	22280.3	347.2	12.5	692.9	46057.6
中国银河证券证券营业部	浙江	金华	69279.1	53498.9	512.7	1.6	126.9	15139.1
兴业证券五四路证券营业部	福建	福州	69257.6	24790.2	11241.8	6.0	142.2	33077.4
申银万国证券云台路证券营业部	上海	上海	69214.6	32819.0	1199.2	1.0	1180.8	34014.6
华泰证券经三路证券营业部	河南	郑州	69163.2	31616.0	16304.9	0.6	432.3	20809.3
华泰证券西马路证券营业部	湖北	武汉	69163.0	43682.9	3535.1	21.0	58.5	21865.4
申银万国证券青浦证券营业部	上海	上海	69101.5	35115.3	330.2	3.9	57.1	33595.0
国金证券武成大街证券营业部	四川	成都	69063.8	48740.4	309.5	1.9	270.5	19741.6
东兴证券田安路证券营业部	福建	泉州	69049.9	40191.2	998.6	0.3	14.4	27845.5
华泰证券勤俭道证券营业部	天津	天津	69034.8	31715.2	22832.6	1.6	693.9	13791.5
中国中投证券清扬路证券营业部	江苏	无锡	69015.8	21575.7	155.8	10.0	177.5	47096.9
爱建证券安国路证券营业部	上海	上海	68967.9	12651.0	129.2	8.1	452.7	55726.9
国泰君安证券金融街证券营业部	北京	北京	68964.4	20085.8	339.1	8.8	647.6	47883.0
华龙证券公园路证券营业部	重庆	重庆	68884.7	4893.2	64.0	475.1	1876.1	61576.2
华泰证券中关村南大街证券营业部	北京	北京	68805.4	25825.4	23844.8	0.4	148.5	18986.3
华泰证券武珞路证券营业部	湖北	武汉	68797.3	33201.9	10764.6	1.0	1302.2	23527.6
华泰证券番禺繁华路证券营业部	广东	广州	68795.8	31825.0	30150.1	0.2	108.0	6712.5
中信证券(山东)深圳路证券营业部	山东	青岛	68740.8	12150.2	6835.6	0.0	1042.8	48712.2
方正证券中南二路证券营业部	湖北	武汉	68725.4	4363.5	55.1	0.0	4650.5	59656.3
国都证券北三环中路证券营业部	北京	北京	68507.5	24984.1	366.7	0.0	65.0	43091.8
中银国际证券新华路证券营业部	上海	上海	68100.5	9696.1	906.4	3.7	934.5	56559.9
海通证券本溪路证券营业部	上海	上海	68064.7	38784.7	647.5	0.4	50.8	28581.3
国泰君安证券虹桥路证券营业部	上海	上海	68053.2	32196.5	885.0	26.9	455.2	34489.6
方正证券南贸西街证券营业部	湖南	娄底	68044.2	23248.9	169.8	0.2	16.5	44608.9
国信证券翠香路证券营业部	广东	珠海	67992.8	50693.8	963.9	3.3	147.3	16184.5
中信证券深南中路中信大厦证券营业部	深圳	深圳	67938.9	47667.7	5297.4	0.3	950.1	14023.5
招商证券科技园高新南一道证券营业部	深圳	深圳	67797.0	32784.6	280.2	0.4	472.8	34258.9
民生证券分公司	河南	郑州	67791.9	48109.7	312.6	1.2	30.0	19338.4
天源证券有限民田路证券营业部	深圳	深圳	67791.8	5501.9	48.2	28.4	1479.4	60734.0
方正证券阜外大街证券营业部	北京	北京	67617.8	29751.4	1179.4	5.0	461.8	36220.3
华泰证券人民中路证券营业部	江苏	南通	67607.1	33427.7	16173.3	0.3	268.2	17737.7
安信证券城新西路证券营业部	广东	潮州	67564.7	35467.1	9081.0	1.0	26.7	22988.8
兴业证券五一中路证券营业部	福建	福州	67550.5	26706.5	591.2	0.0	121.8	40130.9
中信建投证券深南中路中核大厦证券营业部	深圳	深圳	67425.2	34290.7	2331.4	0.0	178.8	30624.4
长江证券徐汇区斜土路证券营业部	上海	上海	67372.8	27004.4	1133.9	2.1	138.5	39093.8
财通证券庆春路证券营业部	浙江	杭州	67308.0	33360.7	608.1	2.5	73.0	33263.7
中航证券有限广场南路证券营业部	江西	南昌	67240.5	33172.7	508.9	0.0	419.1	33139.8

注：营业部交易金额的单位为百万元。

证券营业部交易
Trading of Business Department

营业部名称 Business Department	省份 Province	城市 City	总计 Total	股票 Share	基金 Fund	政府债 G-Bond	公司债 C-Bond	债券回购 Repo
中银国际证券黄孝河路证券营业部	湖北	武汉	67188.5	39014.7	178.1	0.3	72.5	27922.8
申银万国证券关岳西路证券营业部	上海	上海	67033.1	32302.8	826.5	1.9	167.8	33734.1
国信证券梁溪路证券营业部	江苏	无锡	66908.5	32166.9	613.3	1.0	492.6	33634.7
国泰君安证券东风中路证券营业部	广东	广州	66906.4	34286.7	505.8	262.9	2806.2	29044.8
中信证券（浙江）凤起路证券营业部	浙江	杭州	66834.4	33637.2	1112.0	1.9	198.1	31885.2
中信建投证券市解放南路证券营业部	天津	天津	66746.5	22803.1	3133.4	0.6	969.1	39840.3
中国银河证券恒丰路证券营业部	上海	上海	66672.1	16775.2	521.1	83.5	908.7	48383.7
东兴证券一拂路证券营业部	福建	福清	66482.5	41056.8	244.8	0.6	101.2	25079.1
东方证券光新路证券营业部	上海	上海	66441.3	16496.9	173.0	2.6	77.4	49691.5
东莞证券虎门证券营业部	广东	东莞	66399.2	33334.3	551.5	0.0	42.8	32470.6
华泰证券白堤路证券营业部	天津	天津	66399.2	29845.4	26535.5	1.8	229.1	9787.4
安信证券胜利路证券营业部	江西	南昌	66307.7	32589.9	1858.4	0.0	6.4	31853.1
华泰证券汉中门大街证券营业部	江苏	南京	66222.8	30046.9	20160.9	1.6	265.5	15747.9
东兴证券北四环中路证券营业部	北京	北京	66121.1	29665.7	736.9	1.1	294.5	35422.8
中信建投证券市曙光路证券营业部	浙江	宁波	66063.6	34150.3	757.4	1.8	653.0	30501.1
国元证券金寨路凯旋大厦证券营业部	安徽	合肥	65933.6	11645.4	5720.1	2.2	7.2	48558.7
中信证券漕溪北路证券营业部	上海	上海	65746.7	23979.3	4558.8	0.8	187.1	37020.7
中信建投证券市中山三路证券营业部	广东	广州	65705.8	26974.9	8980.5	0.1	219.4	29530.9
海通证券劳动南路营业部	江西	新余	65679.4	59716.3	1106.4	0.1	86.3	4770.4
财达证券庄裕华西路证券营业部	河北	石家庄	65659.5	10211.6	130.5	0.4	4777.7	50539.2
国元证券江南大道中路证券营业部	广东	广州	65618.8	37544.7	5067.9	0.6	10192.3	12813.2
中国银河证券市顺德大良证券营业部	广东	佛山	65530.0	23083.5	8322.0	0.1	160.9	33963.5
中信证券(山东)南京路证券营业部	山东	青岛	65450.0	33792.1	8103.4	0.5	151.3	23402.7
中国银河证券东宝兴路证券营业部	上海	上海	65368.1	25934.9	835.9	1.9	415.0	38180.4
广发证券江湾证券营业部	广东	广州	64965.2	20766.7	165.4	35.7	404.7	43592.8
兴业证券清泰街证券营业部	浙江	杭州	64942.7	33331.0	1091.6	0.0	776.6	29743.5
西南证券建新北路证券营业部	重庆	重庆	64732.5	33269.8	1310.9	5.0	390.2	29756.7
中国银河证券滨河大道证券营业部	深圳	深圳	64416.6	16209.1	594.3	6.6	6296.5	41310.1
中信证券(山东)东海西路证券营业部	山东	青岛	64404.3	28203.9	1005.5	0.1	163.9	35030.8
国泰君安证券九江路证券营业部	上海	上海	64275.2	23018.6	883.3	88.6	2188.1	38096.6
华泰证券威宁路证券营业部	上海	上海	64209.6	35408.9	599.0	0.9	100.9	28099.9
申银万国证券东川路证券营业部	上海	上海	64199.7	34859.2	192.5	9.3	103.6	29035.2
安信证券顺德政通路证券营业部	广东	佛山	63893.0	32957.3	344.6	5.1	67.5	30518.5
招商证券香港中路证券营业部	山东	青岛	63762.1	15616.8	33343.7	150.4	329.9	14321.4
财通证券成府路证券营业部	北京	北京	63540.2	8282.0	112.8	0.6	33.0	55111.8
申银万国证券沈阳中山路营业部	辽宁	沈阳	63491.5	19491.1	480.3	0.4	30.0	43489.7
广发证券中山北二路证券营业部	上海	上海	63474.8	21726.6	384.8	34.3	763.9	40565.3
申银万国证券无锡清扬路营业部	江苏	无锡	63442.1	16305.3	3930.6	1.2	1491.3	41713.7
申银万国证券黄兴路证券营业部	上海	上海	63419.6	27560.2	1663.3	0.7	85.6	34109.8
华泰证券远景路证券营业部	广东	广州	63369.6	31429.3	14362.9	0.7	777.6	16799.1
国信证券福中一路证券营业部	深圳	深圳	63194.6	31385.4	235.4	6.0	843.4	30724.4
东兴证券虹口区广灵二路证券营业部	上海	上海	63073.7	21654.0	246.9	0.1	596.0	40576.7
浙商证券人民路证券营业部	浙江	绍兴	63049.9	27000.2	71.6	2.8	17.0	35958.3
招商证券华穗路证券营业部	广东	广州	63033.6	42225.4	845.8	6.4	388.8	19567.2
光大证券庆春路证券营业部	浙江	杭州	62999.1	33807.1	890.8	0.1	75.6	28225.6
中信建投证券市经四路证券营业部	山东	济南	62904.1	36695.7	7858.1	15.4	270.3	18064.7
航天证券万柳中路证券营业部	北京	北京	62894.0	5687.6	29.2	0.0	1.5	57175.8
方正证券芙蓉中路证券营业部	湖南	长沙	62529.2	16610.8	263.5	0.2	43.7	45611.0
华泰证券文昌中路证券营业部	江苏	扬州	62498.7	35441.6	15878.1	2.9	222.3	10953.8
信达证券灵山路证券营业部	上海	上海	62450.9	11810.9	1929.3	10.3	1119.8	47580.6

注：营业部交易金额的单位为百万元。

证券营业部交易
Trading of Business Department

营业部名称 Business Department	省份 Province	城市 City	总计 Total	股票 Share	基金 Fund	政府债 G-Bond	公司债 C-Bond	债券回购 Repo
中信证券科技路证券营业部	陕西	西安	62446.0	25158.7	18275.5	2.1	419.4	18590.3
安信证券猎德大道证券营业部	广东	广州	62375.4	40454.8	1346.4	0.6	175.9	20397.7
中国银河证券新塘路证券营业部	浙江	杭州	62341.2	32394.5	1362.8	0.9	23.4	28559.7
方正证券芷江路证券营业部	湖南	怀化	62330.5	22079.9	67.0	0.1	182.3	40001.1
申银万国证券华强北路证券营业部	深圳	深圳	62318.8	20922.3	1359.9	0.0	185.4	39851.2
中国银河证券证券营业部	浙江	台州	62215.4	47052.7	2712.6	0.7	106.0	12343.4
长江证券后长街证券营业部	上海	上海	62169.7	25302.0	1655.7	0.1	81.2	35130.7
新时代证券天山路证券营业部	上海	上海	62144.9	26612.3	1209.7	0.1	4176.8	30146.0
中信证券（浙江）东新路证券营业部	浙江	杭州	62076.7	35125.5	1424.4	0.1	28.9	25497.8
方正证券保定路证券营业部	上海	上海	61840.3	22629.4	960.5	9.8	385.2	37855.4
光大证券天河北路证券营业部	广东	广州	61829.3	37037.6	693.2	7.9	692.3	23398.4
海通证券牡丹江路证券营业部	上海	上海	61828.2	24343.8	2258.6	51.7	399.7	34774.5
安信证券世纪大道证券营业部	上海	上海	61774.7	23362.2	2587.1	251.6	1267.0	34306.8
海通证券石化营业部	山东	淄博	61678.0	19345.4	589.1	5.6	1840.4	39897.5
招商证券人民西路证券营业部	广东	珠海	61486.5	35172.1	225.0	1.4	383.8	25704.3
中国银河证券建设路证券营业部	四川	成都	61485.6	35395.1	460.0	4.3	228.5	25397.8
广发证券凤起路证券营业部	浙江	杭州	61483.6	27790.8	2969.1	0.1	245.9	30477.6
光大证券南山路证券营业部	浙江	宁波	61304.4	36832.8	413.6	2.4	89.6	23966.0
海通证券华富路营业部	深圳	深圳	61294.2	46218.3	1939.8	8.1	25.6	13102.4
广发证券青年中路证券营业部	江苏	南通	61275.6	34068.6	13645.1	0.0	3.4	13558.6
湘财证券北四环东路证券营业部	北京	北京	61268.4	20073.5	14415.2	6.7	261.8	26511.3
华泰证券滨宣化街证券营业部	黑龙江	哈尔滨	61068.9	23033.7	9391.6	1.9	159.2	28482.6
中信建投证券市南一环路证券营业部	四川	成都	60854.1	27989.4	866.4	4.0	268.4	31725.9
海通证券平武路证券营业部	上海	上海	60811.5	22091.3	542.3	7.0	100.6	38070.3
中国银河证券嵩山路证券营业部	广东	汕头	60767.1	17989.3	185.5	0.5	43.5	42548.3
齐鲁证券有限江西路证券营业部	山东	青岛	60657.6	30555.8	19776.7	0.1	230.5	10094.5
西南证券黄陵路证券营业部	上海	上海	60559.4	28201.1	395.4	0.1	36.5	31926.4
财达证券华岩路证券营业部	河北	唐山	60516.7	8194.7	140.1	1.2	5.9	52174.8
东北证券市解放大路证券营业部	吉林	长春	60481.0	20448.5	1296.0	56.9	1159.2	37520.4
东方证券鹤庆路证券营业部	上海	上海	60405.8	27685.1	210.4	2.5	131.5	32376.3
东莞证券古北路证券营业部	上海	上海	60317.4	30795.6	454.7	0.1	225.1	28842.0
国信证券深南中路证券营业部	深圳	深圳	60252.2	28172.6	468.0	0.0	35.8	31575.8
中国银河证券体育场路证券营业部	浙江	杭州	60203.5	28474.9	370.9	2.0	662.5	30693.2
宏源证券上步中路证券营业部	深圳	深圳	60131.8	35392.9	958.8	0.1	164.1	23615.9
光大证券武成大街证券营业部	四川	成都	60119.3	30503.7	462.0	0.8	323.1	28829.6
广发证券南广济街证券营业部	陕西	西安	59907.2	18279.6	183.4	212.6	1139.6	40092.0
申银万国证券甬江大道证券营业部	浙江	宁波	59876.3	34587.6	173.3	8.9	58.5	25048.0
广发证券和平大道证券营业部	湖北	武汉	59690.1	23768.1	121.4	0.2	368.6	35431.8
东莞证券新闻路证券营业部	深圳	深圳	59638.7	20995.1	1541.8	0.1	2402.3	34699.5
方正证券和平里东街证券营业部	北京	北京	59561.6	23558.0	355.8	8.4	669.9	34969.5
中银国际证券天河路证券营业部	广东	广州	59537.6	30650.6	582.1	0.7	2404.3	25900.0
国泰君安证券临海证券营业部	浙江	台州	59452.1	42195.3	163.0	30.2	51.1	17012.6
光大证券仙霞路证券营业部	上海	上海	59324.4	19519.9	259.6	21.6	1320.0	38203.4
航天证券曹杨路证券营业部	上海	上海	59310.2	12531.4	83.9	10.0	439.5	46245.4
中国银河证券朝阳门北大街证券营业部	北京	北京	59267.8	27210.4	1140.5	51.6	674.8	30190.6
中信建投证券市马家花园证券营业部	四川	成都	59251.9	35854.6	776.9	2.8	459.6	22158.0
方正证券福永大道证券营业部	深圳	深圳	59234.4	9285.6	559.6	41.5	673.3	48674.3
方正证券福中路证券营业部	深圳	深圳	59224.1	17816.2	133.6	0.0	661.6	40612.8
光大证券石龙证券营业部	广东	东莞	59217.1	20555.7	209.6	2.0	235.2	38214.6
光大证券中山西路证券营业部	浙江	宁波	59150.2	38104.8	371.7	2.3	447.4	20224.1

注：营业部交易金额的单位为百万元。

证券营业部交易
Trading of Business Department

营业部名称 Business Department	省份 Province	城市 City	总计 Total	股票 Share	基金 Fund	政府债 G-Bond	公司债 C-Bond	债券回购 Repo
华龙证券深南大道证券营业部	深圳	深圳	59072.1	4893.2	2.5	238.5	752.8	53185.2
中信证券(山东)东昌东路证券营业部	山东	聊城	59034.7	12159.4	1447.4	0.0	264.4	45163.6
英大证券新开路证券营业部	天津	天津	59031.0	6123.4	118.3	32.1	943.3	51813.9
国泰君安证券华林路证券营业部	福建	福州	59016.8	31498.5	5970.7	0.1	395.9	21151.6
中国银河证券营口路证券营业部	上海	上海	58821.4	24961.6	494.7	0.4	308.7	33056.0
中航证券有限莫干山路证券营业部	浙江	杭州	58803.4	14690.5	7.3	36.3	1552.0	42517.3
东海证券延陵中路证券营业部	江苏	常州	58701.2	21687.4	525.9	20.5	416.5	36050.9
浙商证券滨江威陵大厦证券营业部	浙江	杭州	58651.2	5791.1	16.7	0.0	2.1	52841.3
华创证券泰然六路证券营业部	深圳	深圳	58631.5	15545.0	70.6	4.4	829.5	42181.9
华福证券向高街证券营业部	福建	福清	58607.4	33529.0	1322.6	0.1	96.2	23659.4
中国中投证券北三环东路证券营业部	北京	北京	58572.5	32853.0	1079.7	251.6	298.9	24089.3
国元证券中山北路证券营业部	上海	上海	58567.7	19364.8	220.0	0.1	155.3	38827.5
德邦证券岳州路营业部	上海	上海	58547.2	16256.8	613.5	0.0	107.4	41569.5
海通证券中山中路营业部	广东	汕头	58482.7	41491.3	383.0	0.9	126.2	16481.4
中国银河证券浦东新区源深路证券营业部	上海	上海	58364.5	17788.5	426.0	1.3	227.0	39921.7
国泰君安证券东乐路证券营业部	广东	顺德	58345.7	36236.7	371.4	0.2	393.4	21344.0
方正证券小南路证券营业部	浙江	温州	58336.5	44018.2	358.6	0.0	198.0	13761.7
华泰证券阳光大道证券营业部	浙江	温州	58218.9	22760.4	991.3	0.0	365.1	34102.2
申银万国证券崇明营业部	上海	上海	58112.5	31859.5	97.6	1.0	6.4	26148.0
华泰证券中央路证券营业部	江苏	南京	58090.4	26206.1	11392.6	0.2	95.3	20396.2
中国银河证券洪武路证券营业部	江苏	南京	58076.4	34626.8	515.8	109.2	219.6	22605.0
海通证券昆仑大街证券营业部	黑龙江	大庆	57919.8	33734.2	263.3	1.1	72.3	23848.9
申银万国证券丰镇路证券营业部	上海	上海	57832.1	13851.2	457.6	0.5	585.4	42937.4
方正证券保俶路证券营业部	浙江	杭州	57746.7	30786.1	582.0	3.4	60.3	26314.9
中国银河证券肇嘉浜路证券营业部	上海	上海	57682.3	22434.0	365.9	0.1	41.1	34841.2
齐鲁证券有限共青团路证券营业部	山东	济南	57676.5	20158.1	431.0	0.1	868.2	36219.1
申银万国证券雁荡路证券营业部	上海	上海	57627.6	21650.6	1160.1	3.1	257.4	34556.3
广发证券朝阳门北大街证券营业部	北京	北京	57617.9	21190.9	485.1	0.1	196.5	35745.2
浙商证券九铃东路证券营业部	浙江	金华	57491.0	46869.2	376.9	0.9	51.3	10192.7
光大证券天通苑证券营业部	北京	北京	57478.8	41010.7	427.4	0.0	0.2	16040.6
申银万国证券吉林路营业部	上海	上海	57253.5	20824.0	503.7	15.0	77.8	35832.9
中信建投证券市哈密路证券营业部	上海	上海	57171.3	16685.2	5003.0	15.9	1053.0	34414.2
南京证券大钟亭证券营业部	江苏	南京	57002.2	27931.4	682.5	11.9	237.8	28138.5
宏源证券友好路证券营业部	辽宁	大连	56969.5	15981.5	90.0	0.3	28.5	40869.3
中国银河证券虎园路证券营业部	福建	厦门	56902.8	19932.2	761.7	4.9	793.7	35410.4
华安证券慧忠北里证券营业部	北京	北京	56877.2	15039.2	159.5	0.0	67.4	41611.1
申银万国证券瞿溪路证券营业部	上海	上海	56739.3	16414.1	410.0	3.3	1530.1	38381.7
光大证券彩虹南路证券营业部	浙江	宁波	56716.0	34378.7	653.7	0.0	305.4	21378.2
中国银河证券新郁路证券营业部	上海	上海	56683.8	17610.9	194.7	0.3	219.0	38659.0
海通证券桂林路证券营业部	上海	上海	56647.6	21387.5	2628.0	0.1	858.4	31773.5
华西证券学院路证券营业部	浙江	杭州	56633.4	33304.9	999.8	0.5	57.4	22270.8
中信证券大港证券营业部	天津	天津	56567.5	17864.2	12642.4	1.4	123.2	25936.3
宏源证券源深路证券营业部	上海	上海	56559.7	23794.3	1544.2	3.7	262.0	30955.4
华泰证券解放北路证券营业部	江苏	无锡	56479.6	13542.7	19922.7	3.0	69.2	22942.0
东方证券遵义路证券营业部	上海	上海	56398.8	25959.4	8494.5	1.6	226.0	21717.2
中国银河证券安业路证券营业部	上海	上海	56368.6	23330.3	748.9	16.1	23.9	32249.4
申银万国证券海口龙昆南路营业部	海南	海口	56297.1	16428.6	98.8	50.2	1193.4	38526.2
华泰证券中山北路第二证券营业部	江苏	南京	56213.1	18175.1	26311.4	0.5	331.4	11394.6
光大证券绿景路证券营业部	广东	佛山	56189.7	33865.7	507.4	3.7	94.8	21718.0
中国银河证券西民主大街证券营业部	吉林	长春	56182.4	9438.9	106.3	8.7	1808.8	44819.8

注：营业部交易金额的单位为百万元。

证券营业部交易
Trading of Business Department

营业部名称 Business Department	省份 Province	城市 City	总计 Total	股票 Share	基金 Fund	政府债 G-Bond	公司债 C-Bond	债券回购 Repo
广发证券古田路证券营业部	福建	福州	56154.5	21987.1	255.5	0.1	36.0	33875.9
长城证券天河北路证券营业部	广东	广州	56154.5	30566.1	702.5	617.9	206.4	24061.6
安信证券红荔西路证券营业部	深圳	深圳	56151.1	30191.8	2222.6	0.0	136.0	23600.7
中国银河证券望京证券营业部	北京	北京	56116.0	31500.2	270.7	2.0	65.0	24278.1
华鑫证券凌河路证券营业部	上海	上海	56060.9	10531.1	127.8	43.4	870.0	44488.6
华泰证券体育东路证券营业部	广东	广州	55960.1	24175.9	5558.4	17.1	3001.2	23207.5
光大证券新园路营业部	深圳	深圳	55889.8	27770.4	1093.9	0.0	46.6	26978.9
东方证券浦东南路证券营业部	上海	上海	55882.9	21254.6	911.8	1.0	619.0	33096.5
浙商证券解放北路证券营业部	浙江	绍兴	55858.2	26018.7	77.4	0.1	18.3	29743.7
国都证券华山路证券营业部	上海	上海	55813.2	22132.4	163.4	6.4	970.0	32541.0
德邦证券凉城路营业部	上海	上海	55802.4	23239.5	1229.2	0.3	2641.0	28692.4
渤海证券营口道第一证券营业部	天津	天津	55670.4	27080.9	681.9	14.1	200.1	27693.4
中国银河证券东大名路外滩证券营业部	上海	上海	55664.1	18756.0	172.2	0.9	20.3	36714.6
海通证券海德三道证券营业部	深圳	深圳	55648.0	27699.2	481.9	0.0	235.9	27231.1
中银国际证券庆春路证券营业部	浙江	杭州	55594.0	31776.5	835.4	1.2	29.2	22951.6
恒泰证券张杨路证券营业部	上海	上海	55494.4	24088.8	740.6	0.2	57.9	30607.0
申银万国证券隆昌路营业部	上海	上海	55399.9	20010.2	509.4	2.9	68.0	34809.4
中国银河证券稠州北路证券营业部	浙江	金华	55398.8	9379.6	892.6	0.0	1255.3	43871.2
国元证券斜土路证券营业部	上海	上海	55394.6	21866.6	257.4	1.6	95.5	33173.6
中信建投证券田乾路证券营业部	福建	福清	55368.7	34062.1	681.3	0.0	95.1	20530.2
中信建投证券滨中医街证券营业部	黑龙江	哈尔滨	55351.1	11881.5	6227.8	0.0	1040.9	36201.0
国泰君安证券五一中路证券营业部	湖南	长沙	55329.5	32734.1	813.7	10.2	253.2	21518.3
中国银河证券五莲路证券营业部	上海	上海	55301.7	26066.9	696.8	1.0	992.0	27545.0
华泰证券文昌西路证券营业部	江苏	扬州	55252.6	22830.9	14263.6	0.8	153.3	18004.0
华泰证券江宁金箔路证券营业部	江苏	南京	55065.9	16407.3	21346.4	0.0	467.3	16844.9
申银万国证券延长中路营业部	上海	上海	55055.1	24525.5	2080.3	0.7	68.0	28380.6
中国银河证券深南大道证券营业部	深圳	深圳	54936.4	30050.3	1696.0	0.0	235.2	22954.9
华泰证券大西路证券营业部	辽宁	沈阳	54907.5	22585.2	14969.9	0.1	80.1	17272.3
渤海证券卫津南路证券营业部	天津	天津	54668.2	9069.3	682.4	8.2	1294.8	43613.5
中国银河证券证券营业部	浙江	湖州	54652.8	35646.2	535.2	1.5	206.8	18263.1
国信证券兴达街证券营业部	四川	绵阳	54629.8	35046.8	326.5	19.8	207.7	19029.0
海通证券十升路证券营业部	湖北	武汉	54595.8	12338.0	22.7	1.2	1510.9	40723.1
华泰证券玉凤路证券营业部	河南	郑州	54548.8	17620.5	14003.4	1.2	10.2	22913.5
宏源证券解放北路证券营业部	江苏	盐城	54464.8	26082.8	83.9	0.1	43.5	28254.5
华林证券南京西路证券营业部	上海	上海	54444.2	24769.4	201.6	9.8	156.4	29306.9
国元证券东方路证券营业部	上海	上海	54402.1	22259.1	453.0	1.1	436.9	31252.0
招商证券惠工街证券营业部	辽宁	沈阳	54358.8	25324.2	474.3	0.4	99.2	28460.8
中国中投证券横浜路证券营业部	上海	上海	54335.7	17028.6	89.9	1.8	119.8	37095.6
财通证券漕溪路证券营业部	上海	上海	54194.8	17359.7	319.1	0.1	179.1	36336.7
申银万国证券临沂路证券营业部	上海	上海	53983.7	19091.5	476.5	1.9	120.2	34293.7
中信建投证券张杨北路证券营业部	上海	上海	53975.2	27550.1	3661.2	0.1	170.4	22593.5
华鑫证券惠南镇人民东路证券营业部	上海	上海	53962.2	13735.8	81.2	0.0	163.3	39982.0
国泰君安证券人民南路证券营业部	深圳	深圳	53651.8	33768.8	454.0	2.7	828.7	18597.5
东海证券通江中路证券营业部	江苏	常州	53624.8	12798.1	228.8	17.3	406.5	40174.3
中国银河证券东水路证券营业部	福建	福州	53600.8	21080.1	375.4	0.0	60.1	32085.2
中山证券零陵路证券营业部	上海	上海	53561.0	19553.3	65.0	0.0	195.5	33747.2
华泰证券草场门大街证券营业部	江苏	南京	53514.4	23293.0	11620.5	1.6	247.1	18352.2
光大证券中山北路证券营业部	江苏	南京	53503.7	14895.5	581.3	0.2	106.5	37920.3
上海证券罗阳大道证券营业部	浙江	瑞安	53498.4	48247.9	366.9	0.1	46.5	4837.0
中信证券（浙江）环城西路证券营业部	浙江	湖州	53493.6	26088.4	11616.0	1.8	565.4	15222.0

注：营业部交易金额的单位为百万元。

证券营业部交易
Trading of Business Department

营业部名称 Business Department	省份 Province	城市 City	总计 Total	股票 Share	基金 Fund	政府债 G-Bond	公司债 C-Bond	债券回购 Repo
中国银河证券中原路证券营业部	上海	上海	53470.2	21612.4	522.1	39.9	270.2	31025.6
上海证券临平路证券营业部	上海	上海	53452.9	14713.7	941.9	10.4	108.6	37678.3
西藏同信证券东大街证券营业部	四川	成都	53398.3	26552.1	700.5	56.6	120.4	25968.8
华泰证券人民南路证券营业部	四川	成都	53355.9	33387.4	1514.4	0.2	43.3	18410.7
国金证券芙蓉中路证券营业部	湖南	长沙	53328.9	12374.9	38.4	0.4	1034.3	39880.9
申银万国证券密渡桥路证券营业部	浙江	杭州	53318.8	31089.7	1037.5	5.1	664.0	20522.6
西南证券沧白路证券营业部	重庆	重庆	53311.8	21562.0	225.5	0.3	238.6	31285.4
宏源证券体育场路证券营业部	浙江	杭州	53289.9	25425.2	602.1	0.3	687.5	26574.8
中信建投证券建设八路证券营业部	湖北	武汉	53232.6	13089.1	10954.0	0.4	102.3	29086.8
国泰君安证券华强北路证券营业部	深圳	深圳	53228.2	20375.1	714.5	2.0	385.0	31751.6
安信证券北窖证券营业部	广东	佛山	53186.4	28486.8	236.5	0.2	35.5	24427.5
海通证券经七路证券营业部	河南	郑州	53003.9	41502.2	848.2	0.2	138.9	10514.3
中信建投证券市黄埔东路证券营业部	广东	广州	52974.0	30924.0	589.2	3.6	50.4	21406.8
广发证券湖滨南路证券营业部	福建	厦门	52972.1	31738.1	332.2	1.0	36.5	20864.4
广发证券民田路证券营业部	深圳	深圳	52935.4	35046.7	1349.5	0.0	291.1	16248.1
申银万国证券长安北路证券营业部	陕西	西安	52900.1	12655.9	301.1	0.0	822.0	39121.1
中国银河证券艮山西路证券营业部	浙江	杭州	52865.1	37833.9	535.9	0.9	414.4	14079.9
中信建投证券工业园区星海街证券营业部	江苏	苏州	52832.0	23717.3	152.2	0.1	1350.3	27612.1
首创证券北辰东路证券营业部	北京	北京	52801.8	19755.7	50.6	4.2	307.4	32683.9
兴业证券侨香路证券营业部	深圳	深圳	52741.3	30236.2	634.7	0.4	186.6	21683.4
国泰君安证券深南东路证券营业部	深圳	深圳	52616.0	28253.4	334.7	0.2	91.1	23936.6
山西证券松花江路证券营业部	上海	上海	52600.3	15909.2	126.7	1.9	433.8	36128.8
国信证券朝阳北路证券营业部	北京	北京	52577.6	28743.3	475.7	4.1	49.9	23304.7
华福证券中山路证券营业部	福建	龙岩	52413.7	32005.5	686.5	0.0	33.3	19688.4
宏源证券金马路证券营业部	辽宁	大连	52400.2	21858.9	152.0	0.2	15.0	30374.1
恒泰证券安德路证券营业部	北京	北京	52366.9	27268.2	203.2	0.1	29.6	24865.9
平安证券香港中路证券营业部	山东	青岛	52294.6	16214.5	147.0	19.1	626.8	35287.2
华福证券上三路证券营业部	福建	福州	52248.6	26008.8	406.4	2.4	52.9	25778.2
长江证券福华一路证券营业部	深圳	深圳	52229.0	31338.9	1905.9	3.0	174.1	18807.3
招商证券北大街证券营业部	陕西	西安	52217.8	36357.7	242.9	5.3	219.6	15392.3
国海证券北海大道证券营业部	广西	北海	52196.6	13656.4	46.7	0.0	124.9	38368.6
平安证券商报路奥林匹克大厦证券营业部	深圳	深圳	52187.3	37033.7	405.9	1.3	119.0	14627.4
中国中投证券胜和路证券营业部	广东	东莞	52162.4	13388.4	449.5	1.1	2999.8	35323.6
兴业证券西直门北大街证券营业部	北京	北京	52101.3	19172.7	1401.1	0.0	111.7	31415.8
国海证券中山中路证券营业部	广西	桂林	52090.5	40339.6	305.3	4.2	88.5	11353.0
申银万国证券福州鼓屏路营业部	福建	福州	52063.6	18809.2	665.1	0.3	461.9	32127.2
中国银河证券中南路证券营业部	湖北	武汉	52038.6	17228.5	88.8	0.4	8.5	34712.5
国泰君安证券甘棠路证券营业部	江西	九江	52022.6	22055.3	356.8	3.2	702.2	28905.2
东海证券劳动西路证券营业部	江苏	常州	51975.6	19059.4	758.6	0.7	269.6	31887.3
申银万国证券中兴路证券营业部	浙江	宁波	51957.3	23553.9	343.9	0.6	546.7	27512.3
国元证券威海路证券营业部	上海	上海	51936.9	16896.1	277.4	0.3	69.7	34693.4
东北证券局门路证券营业部	上海	上海	51857.7	17143.9	474.8	12.4	130.1	34096.5
中国银河证券广渠门大街证券营业部	北京	北京	51730.1	31680.7	955.4	0.2	218.6	18875.1
广发证券新会知政中路证券营业部	广东	江门	51704.1	26138.5	107.8	2.7	130.2	25324.9
东兴证券温陵北路证券营业部	福建	泉州	51694.3	41961.8	260.6	0.6	47.6	9423.6
光大证券解放北路证券营业部	广东	广州	51686.6	29658.0	905.3	0.1	108.5	21014.6
华泰证券文艺北路证券营业部	陕西	西安	51638.9	21180.5	16107.4	15.0	712.0	13624.0
光大证券湖东路证券营业部	福建	福州	51616.6	31856.3	6036.9	0.1	76.0	13647.4
东海证券长顺路证券营业部	上海	上海	51570.4	15223.2	720.5	7.6	170.3	35448.9
太平洋证券翠湖西路证券营业部	云南	昆明	51461.6	12565.2	199.4	2.0	74.4	38620.6

注：营业部交易金额的单位为百万元。

证券营业部交易
Trading of Business Department

营业部名称 Business Department	省份 Province	城市 City	总计 Total	股票 Share	基金 Fund	政府债 G-Bond	公司债 C-Bond	债券回购 Repo
华西证券江海路证券营业部	广东	广州	51402.4	24713.3	12354.5	0.3	189.9	14144.5
海通证券青浦区青湖路证券营业部	上海	上海	51314.9	21363.2	19210.1	0.2	10.2	10731.3
广发证券东方路证券营业部	上海	上海	51309.0	22827.3	1626.3	8.1	257.9	26589.5
中原证券大连西路证券营业部	上海	上海	51262.5	18130.7	382.9	0.0	46.4	32702.4
中国民族证券延平路证券营业部	上海	上海	51250.1	19067.0	180.4	0.4	27.4	31974.8
华泰证券真理道证券营业部	天津	天津	51249.2	24502.6	18675.7	4.3	282.5	7784.2
光大证券镇海城关证券营业部	浙江	宁波	51243.7	30257.0	5093.4	5.9	137.8	15749.7
海通证券崮山路营业部	上海	上海	51163.6	30298.6	291.7	3.6	32.0	20537.7
兴业证券九一南路证券营业部	福建	龙岩	51156.0	25679.4	476.7	0.5	21.4	24978.0
西南证券蛇口后海路证券营业部	深圳	深圳	51053.9	10622.1	125.7	22.4	1317.2	38966.6
财通证券环城西路证券营业部	浙江	杭州	51013.5	23665.3	4376.2	0.0	234.9	22737.0
华西证券东一环路证券营业部	四川	成都	50950.9	28621.0	162.0	1.1	39.3	22127.5
中信建投证券庆春路证券营业部	浙江	杭州	50910.9	33890.4	727.9	0.1	93.2	16199.4
东吴证券石路证券营业部	江苏	苏州	50902.3	26185.5	724.2	0.1	59.5	23933.0
国都证券大连路证券营业部	上海	上海	50837.9	17947.4	133.1	0.6	145.3	32611.5
国泰君安证券黄埔大道证券营业部	广东	广州	50833.7	35429.0	807.9	0.9	40.7	14555.2
第一创业证券绿景三路证券营业部	广东	佛山	50830.5	19205.1	388.0	0.0	2931.6	28305.8
华泰证券六一中路证券营业部	福建	福州	50708.5	17800.8	15473.4	2.3	460.3	16971.7
中信建投证券市大同路证券营业部	福建	厦门	50696.1	24253.6	4054.0	0.2	911.5	21476.8
平安证券深南中路证券营业部	深圳	深圳	50675.9	36030.9	277.2	0.0	59.0	14308.8
招商证券安立路证券营业部	北京	北京	50578.4	27125.0	602.8	1.1	86.0	22763.6
东方证券长宁区长宁路证券营业部	上海	上海	50562.6	14578.5	269.5	42.2	88.8	35583.6
海通证券胜和路证券营业部	广东	东莞	50385.5	30529.2	625.9	0.1	62.2	19168.2
东莞证券长安证券营业部	广东	东莞	50276.6	41951.8	237.3	1.1	83.9	8002.5
中信证券(山东)经济技术开发区井冈山路证券营业	山东	青岛	50265.4	33665.6	3545.2	0.1	103.7	12950.8
申银万国证券奉贤证券营业部	上海	上海	50241.9	34012.7	857.8	0.8	77.3	15293.3
中国银河证券大连西路证券营业部	上海	上海	50216.1	19333.7	237.8	5.7	2063.5	28575.4
申银万国证券山东路证券营业部	山东	青岛	50143.9	15144.6	1913.2	75.7	437.7	32572.7
齐鲁证券有限北大街证券营业部	山东	烟台	49992.4	13137.3	1054.0	134.4	940.8	34725.9
广发证券黄孝河路证券营业部	湖北	武汉	49969.1	23917.7	384.8	0.8	1055.2	24610.7
齐鲁证券有限赤峰路证券营业部	上海	上海	49952.0	27276.6	721.1	9.5	74.4	21870.3
财通证券禾兴南路证券营业部	浙江	嘉兴	49867.7	21200.8	173.1	0.1	4524.9	23968.7
中国银河证券广场东路证券营业部	江西	南昌	49810.6	26506.3	4176.9	0.8	66.2	19060.4
中信证券玉林北街证券营业部	四川	成都	49765.2	31995.6	274.6	1.4	365.8	17127.8
华泰证券天钥桥路证券营业部	上海	上海	49649.1	16628.0	6626.2	7.9	718.6	25668.5
招商证券蛇口工业七路证券营业部	深圳	深圳	49630.4	30652.9	3680.7	0.3	97.8	15198.8
中信建投证券市永嘉路证券营业部	上海	上海	49540.5	19624.2	267.2	1.9	384.5	29262.7
华泰证券东风西路证券营业部	广东	广州	49506.6	20942.4	17058.6	0.3	214.8	11290.6
国泰君安证券建设路证券营业部	四川	成都	49472.4	24657.4	759.7	3.6	63.3	23988.5
申银万国证券三林路营业部	上海	上海	49445.5	24289.0	539.9	2.0	178.5	24436.0
招商证券鸿福路证券营业部	广东	东莞	49310.5	26644.4	147.2	0.0	28.6	22490.3
国泰君安证券威海路证券营业部	上海	上海	49298.3	24311.0	2007.3	0.0	269.2	22710.7
国泰君安证券杨桥东路证券营业部	福建	福州	49237.9	35693.1	201.6	0.2	69.6	13273.4
中国民族证券西康路证券营业部	江苏	南京	49217.9	23575.6	397.2	1.3	55.1	25188.7
华泰证券通州人民路证券营业部	江苏	南通	49190.6	21466.2	12573.3	0.0	28.3	15122.8
中信证券(山东)美食街证券营业部	山东	淄博	49118.8	30260.2	481.9	0.2	51.8	18324.8
华创证券大连路证券营业部	上海	上海	49109.5	37071.3	548.7	4.7	76.1	11408.8
长江证券浦东大道证券营业部	上海	上海	49009.3	20709.6	1419.8	0.1	80.1	26799.7
国泰君安证券四平路证券营业部	上海	上海	49000.9	19674.5	215.0	2.7	107.5	29001.2
信达证券古城路证券营业部	北京	北京	48980.7	24948.8	2026.4	0.3	426.5	21578.7

注：营业部交易金额的单位为百万元。

证券营业部交易
Trading of Business Department

营业部名称 Business Department	省份 Province	城市 City	总计 Total	股票 Share	基金 Fund	政府债 G-Bond	公司债 C-Bond	债券回购 Repo
平安证券潮王路证券营业部	浙江	杭州	48970.7	25826.2	74.5	0.2	143.1	22926.6
广发证券解放路证券营业部	广东	韶关	48889.2	26682.5	127.9	4.4	32.1	22042.2
中信建投证券市五莲路证券营业部	上海	上海	48881.4	20062.6	557.4	0.7	174.7	28086.1
国泰君安证券成义街证券营业部	辽宁	大连	48870.2	16256.6	140.0	1.7	447.7	32024.2
长江证券珞瑜路证券营业部	湖北	武汉	48753.2	24388.8	6724.6	0.8	59.7	17579.2
国泰君安证券蔡屋围金华街证券营业部	深圳	深圳	48634.3	25389.6	735.9	0.0	132.7	22376.1
招商证券北一环证券营业部	安徽	合肥	48598.7	28351.1	589.5	5.4	597.2	19055.5
上海证券证券营业部	上海	上海	48585.6	15082.2	91.0	6.8	277.2	33128.5
世纪证券威海路证券营业部	上海	上海	48521.1	15068.1	76.2	1.1	1446.5	31929.2
兴业证券珠江路证券营业部	江苏	南京	48517.8	16030.3	860.2	0.0	4083.8	27543.5
国海证券教育路证券营业部	广西	南宁	48454.9	30197.1	894.9	0.4	57.9	17304.6
英大证券新城广场证券营业部	深圳	深圳	48399.9	16460.2	164.5	0.0	395.2	31380.0
中国银河证券马家堡东路证券营业部	北京	北京	48391.6	19264.2	955.3	0.7	17099.4	11072.0
财通证券龙井路证券营业部	浙江	杭州	48373.1	19791.8	479.1	0.0	44.2	28058.0
中信建投证券市子固路证券营业部	江西	南昌	48333.6	21641.8	230.2	3.6	555.7	25902.3
中信证券徐东大街证券营业部	湖北	武汉	48210.3	17954.6	8465.0	1.4	2.2	21787.1
华泰证券南一环路第二证券营业部	四川	成都	48177.4	32128.5	2433.6	7.9	96.5	13511.0
申银万国证券扬子江中路证券营业部	江苏	扬州	48125.0	27619.2	221.2	0.3	36.5	20247.9
光大证券麦地路证券营业部	广东	惠州	48068.9	27977.0	490.4	9.5	39.9	19552.1
方正证券南山路证券营业部	浙江	杭州	48050.8	25639.8	103.0	0.2	19.4	22288.4
海通证券人民中路证券营业部	江苏	南通	47803.1	29918.3	2467.5	0.5	34.7	15382.1
申银万国证券武汉中山路营业部	湖北	武汉	47785.3	18955.4	6608.3	0.0	157.4	22064.2
安信证券体育西路证券营业部	广东	广州	47732.6	34382.4	591.3	0.1	160.9	12598.0
华泰证券西陵一路证券营业部	湖北	宜昌	47677.7	25039.0	14507.6	15.0	349.3	7766.9
齐鲁证券有限经七路证券营业部	山东	济南	47595.8	13973.2	491.4	1.5	851.0	32278.6
国泰君安证券柯城证券营业部	浙江	衢州	47558.4	40030.0	37.6	1.0	3.1	7486.7
广发证券梅江二路证券营业部	广东	梅州	47497.7	35274.1	719.3	0.7	136.4	11367.1
招商证券福华三路证券营业部	深圳	深圳	47462.6	36261.4	457.1	1.2	28.2	10714.8
中信建投证券小西路证券营业部	辽宁	沈阳	47398.4	15650.2	4852.5	0.7	1009.6	25885.4
安信证券顺德容奇大道证券营业部	广东	佛山	47341.1	21458.9	408.3	0.0	53.7	25420.1
华福证券延安北路证券营业部	福建	漳州	47338.9	31835.5	885.8	0.0	93.9	14523.6
东吴证券干将东路证券营业部	江苏	苏州	47278.5	13905.5	7836.9	0.3	42.4	25493.4
国泰君安证券人民中路证券营业部	云南	昆明	47259.6	35241.5	566.9	6.1	51.0	11394.2
广州证券富华西路营业部	广东	广州	47168.2	29417.6	842.5	6.6	66.1	16835.5
中国民族证券西坝河证券营业部	北京	北京	47150.4	31732.3	340.7	0.9	406.6	14669.9
平安证券新港中路证券营业部	广东	广州	47122.2	36947.7	238.1	1.2	204.8	9730.4
浙商证券文康路证券营业部	福建	厦门	47103.5	18806.6	41.1	0.0	4.4	28251.5
中国中投证券体育东路证券营业部	广东	广州	47022.7	28026.1	640.8	0.4	51.0	18304.4
东方证券安苑路证券营业部	北京	北京	47017.1	20914.0	8040.9	57.2	686.6	17318.4
财达证券龙泽路证券营业部	河北	唐山	47000.7	19252.9	111.4	1.0	19.1	27616.3
国信证券南海大道证券营业部	广东	佛山	46975.4	35088.0	391.0	0.5	28.5	11467.4
中信证券（浙江）中山东路证券营业部	浙江	宁波	46919.8	28499.7	304.8	3.0	314.6	17797.7
安信证券乐从证券营业部	广东	佛山	46914.3	27445.7	282.2	0.0	45.8	19140.7
广发证券江华路证券营业部	广东	江门	46884.8	30650.5	194.3	0.1	234.1	15805.8
齐鲁证券有限万家丽路证券营业部	湖南	长沙	46822.8	17329.5	5755.1	0.0	4.3	23733.8
齐鲁证券有限建国中路证券营业部	上海	上海	46799.8	21761.4	1009.0	0.1	48.8	23980.6
中国银河证券解放东路证券营业部	山西	临汾	46792.7	19701.0	1946.9	0.1	14.8	25130.0
中信证券（浙江）人民东路证券营业部	浙江	平湖	46775.0	26015.8	5056.3	1.3	82.5	15619.1
申银万国证券海宁路证券营业部	上海	上海	46747.2	16172.3	544.7	0.0	23.4	30006.8
华泰证券学院路证券营业部	浙江	杭州	46698.2	26879.3	406.9	0.2	1302.5	18109.3

注：营业部交易金额的单位为百万元。

证券营业部交易
Trading of Business Department

营业部名称 Business Department	省份 Province	城市 City	总计 Total	股票 Share	基金 Fund	政府债 G-Bond	公司债 C-Bond	债券回购 Repo
申银万国证券长湖路证券营业部	广西	南宁	46652.5	17023.3	124.2	0.3	1679.6	27825.2
大通证券岛新华大街证券营业部	辽宁	葫芦岛	46630.0	4395.7	176.5	3.2	195.9	41858.7
中信证券(山东)麦岛路证券营业部	山东	青岛	46572.4	15688.5	721.5	0.0	15.5	30146.9
宏源证券康定路证券营业部	上海	上海	46557.0	18554.1	78.3	0.4	65.0	27859.2
首创证券府城大道证券营业部	四川	成都	46455.8	11943.6	41.0	4.6	854.9	33611.7
长城证券文一西路证券营业部	浙江	杭州	46434.7	26784.0	669.6	3.0	196.0	18782.2
安信证券黄浦区中山南路证券营业部	上海	上海	46425.2	23275.2	301.7	0.2	107.7	22740.5
平安证券常熟路证券营业部	上海	上海	46395.4	26860.2	300.7	9.2	242.2	18983.1
齐鲁证券有限香港中路证券营业部	山东	青岛	46370.0	18863.3	3906.0	0.0	101.6	23499.2
长城证券云林街证券营业部	湖北	武汉	46322.4	32238.2	457.5	0.5	157.8	13468.3
申银万国证券吴中路营业部	上海	上海	46321.2	19782.9	357.5	5.8	123.5	26051.4
海通证券工人体育场北路证券营业部	北京	北京	46313.9	21328.0	4541.8	0.1	161.1	20282.9
申银万国证券中华路证券营业部	上海	上海	46277.9	20867.9	307.3	8.8	23.9	25070.0
国泰君安证券嘉禾路证券营业部	福建	厦门	46273.8	27880.7	1318.3	0.1	321.2	16753.5
华安证券金寨路证券营业部	安徽	合肥	46256.6	20481.6	210.0	2.9	508.7	25053.4
兴业证券树汤路证券营业部	福建	福州	46174.3	14388.0	291.2	0.0	88.2	31406.9
国海证券世纪大道证券营业部	上海	上海	46131.9	13546.2	788.6	0.0	241.0	31556.0
国泰君安证券卫星路证券营业部	吉林	长春	46112.9	14981.3	26.3	2.8	37.8	31064.7
光大证券斜土路证券营业部	上海	上海	46095.6	20710.4	470.2	0.3	170.5	24744.2
中国银河证券莲溪路证券营业部	上海	上海	46028.0	27774.1	242.8	1.5	58.5	17951.2
中信证券（浙江）钱王街证券营业部	浙江	临安	46026.9	28542.7	172.1	0.7	3.2	17308.1
申银万国证券陆家浜路证券营业部	上海	上海	45995.8	17706.4	299.5	1.1	15.7	27973.1
华泰证券长江东大街证券营业部	安徽	合肥	45922.1	25822.2	6624.7	0.0	253.1	13222.2
广发证券市中山四路证券营业部	广东	中山	45898.5	26110.3	604.9	0.6	78.8	19104.0
湘财证券绥化西街证券营业部	辽宁	沈阳	45866.8	13285.5	13318.6	1.3	338.2	18923.2
海通证券红岭中路营业部	深圳	深圳	45832.6	33841.0	2858.5	23.7	76.5	9032.9
国泰君安证券武陵大道证券营业部	湖南	常德	45814.6	16005.3	311.5	32.7	1113.6	28351.5
安信证券市晓翠路证券营业部	广东	揭阳	45810.0	31026.4	763.8	0.1	8.7	14011.1
中国银河证券证券营业部	浙江	德清	45798.7	27350.7	211.8	0.5	16.2	18219.5
西部证券梅川路证券营业部	上海	上海	45752.4	22034.1	59.7	0.0	86.0	23572.6
广发证券珠池路证券营业部	广东	汕头	45616.9	28257.5	996.3	8.2	82.3	16272.6
东兴证券江厝路证券营业部	福建	福州	45613.7	28288.7	166.9	0.0	12.7	17145.4
华泰证券中泰路证券营业部	广西	南宁	45590.6	16781.8	21282.7	0.2	248.0	7277.9
中信证券东三环中路证券营业部	北京	北京	45555.7	19309.0	5403.6	0.0	41.7	20801.4
华泰证券青年路证券营业部	江苏	徐州	45471.5	20547.5	16232.9	0.4	445.6	8245.2
中信证券（浙江）连江北路证券营业部	福建	福州	45348.3	11879.6	34.0	0.0	377.8	33056.9
海通证券普陀区宜川路证券营业部	上海	上海	45333.2	17419.1	591.6	0.1	1041.7	26280.7
中信证券（浙江）吉杨路证券营业部	浙江	嘉兴	45312.3	27138.1	2991.9	20.0	217.1	14945.2
方正证券建湘路证券营业部	湖南	长沙	45307.9	18999.8	189.1	0.0	0.5	26118.5
海通证券霞光道营业部	天津	天津	45278.2	19289.8	351.7	0.1	8408.5	17228.2
广发证券东城证券营业部	广东	东莞	45231.8	14024.6	860.7	10.4	569.8	29766.3
申银万国证券八一北街证券营业部	浙江	金华	45197.3	32268.2	516.6	0.0	198.6	12213.9
齐鲁证券有限甘河路证券营业部	上海	上海	45192.1	15861.1	1202.4	0.4	43.6	28084.7
广发证券中山西路证券营业部	上海	上海	45127.9	20098.7	299.5	3.1	208.0	24518.5
浙商证券后街证券营业部	浙江	金华	45064.5	32394.4	432.5	0.0	25.6	12212.0
湘财证券朝外大街证券营业部	北京	北京	44974.3	15977.7	5067.7	5.3	1354.9	22568.8
华西证券安昌路证券营业部	四川	绵阳	44938.6	31176.7	278.6	1.4	63.8	13417.9
中国银河证券景田证券营业部	深圳	深圳	44880.8	22789.7	265.4	1.9	77.8	21746.0
广发证券京汉大道证券营业部	湖北	武汉	44853.3	23231.5	270.3	0.2	249.0	21102.3
华泰证券青年大街证券营业部	辽宁	沈阳	44845.9	21404.5	8292.8	7.6	4699.1	10441.8

注：营业部交易金额的单位为百万元。

证券营业部交易
Trading of Business Department

营业部名称 Business Department	省份 Province	城市 City	总计 Total	股票 Share	基金 Fund	政府债 G-Bond	公司债 C-Bond	债券回购 Repo
华泰证券彩田路证券营业部	深圳	深圳	44838.8	30357.9	1384.4	4.7	226.0	12865.8
国海证券深南大道证券营业部	深圳	深圳	44829.8	22796.3	197.8	0.0	414.2	21421.6
江海证券有限瑞金南路证券营业部	上海	上海	44732.7	13048.5	637.9	0.1	414.8	30631.4
国海证券和平街证券营业部	北京	北京	44610.8	20366.6	658.3	0.1	19.2	23566.6
申银万国证券双流路证券营业部	上海	上海	44594.5	20491.6	243.0	8.6	1669.5	22181.7
申银万国证券碧江路营业部	上海	上海	44505.8	22830.0	165.5	12.5	132.6	21365.2
中信证券(山东)嘉定路证券营业部	山东	青岛	44434.0	18910.0	169.8	0.1	1391.3	23962.9
兴业证券八七路证券营业部	福建	石狮	44417.7	17801.6	87.4	0.0	226.5	26302.3
光大证券张杨路证券营业部	上海	上海	44380.2	16729.2	137.9	0.0	402.0	27111.2
中国中投证券环球中心证券营业部	浙江	杭州	44363.5	29942.2	215.1	0.0	1100.3	13105.9
光大证券金田路证券营业部	深圳	深圳	44350.5	25490.7	932.9	0.1	47.6	17879.2
东莞证券运河西路证券营业部	广东	东莞	44346.9	21039.2	1760.3	1.8	107.6	21438.0
广发证券虎门证券营业部	广东	东莞	44325.2	25461.4	779.2	2.0	30.3	18052.3
上海证券路证券营业部	上海	上海	44312.6	14605.8	118.3	208.5	1105.1	28274.9
渤海证券彰武路证券营业部	上海	上海	44270.5	19966.0	90.5	23.1	114.5	24076.5
中国中投证券中山六路证券营业部	广东	广州	44205.1	28971.2	814.9	0.7	7.0	14411.4
国泰君安证券西市大街证券营业部	天津	天津	44166.4	13177.2	62.2	0.1	1962.1	28964.9
国泰君安证券笋岗路证券营业部	深圳	深圳	44116.6	28531.8	198.3	81.9	535.6	14769.0
华泰证券苏州街证券营业部	北京	北京	44014.7	20578.7	14597.8	0.6	110.6	8727.0
东北证券西安大路证券营业部	吉林	长春	43987.1	25066.0	3221.2	0.0	198.8	15501.1
中信建投证券王府大街证券营业部	江苏	南京	43956.7	13559.5	9893.0	12.8	542.5	19949.0
中国中投证券人民北路证券营业部	深圳	深圳	43778.5	24784.4	2314.3	0.2	273.6	16406.1
海通证券工运路证券营业部	江苏	无锡	43732.7	17846.7	1493.8	1.3	733.0	23657.9
齐鲁证券有限厦禾路证券营业部	福建	厦门	43723.0	26491.9	385.5	0.7	162.1	16682.8
南京证券南车站路证券营业部	上海	上海	43625.9	15205.9	30.1	0.0	15.2	28374.6
光大证券中关村证券营业部	北京	北京	43585.9	14652.8	113.3	0.0	54.6	28765.2
广发证券农林下路证券营业部	广东	广州	43548.2	25289.5	621.2	1.3	70.2	17566.0
华安证券浦东南路证券营业部	上海	上海	43522.0	10566.4	135.5	0.0	60.5	32759.7
国泰君安证券牡丹江路证券营业部	上海	上海	43459.9	23482.4	433.5	0.4	58.0	19485.7
东海证券博爱路证券营业部	江苏	常州	43372.3	22133.7	510.6	4.1	278.5	20445.4
方正证券文化路证券营业部	湖南	郴州	43369.1	14468.9	41.1	0.2	14.1	28844.8
平安证券临江西路证券营业部	四川	成都	43368.1	15394.2	87.0	0.4	9.0	27877.6
齐鲁证券有限北一路证券营业部	山东	东营	43342.0	31657.7	527.7	1.9	68.5	11086.2
中信证券（浙江）天童北路证券营业部	浙江	宁波	43309.6	27158.1	584.4	0.0	41.7	15525.4
国信证券和平广场证券营业部	辽宁	大连	43260.0	28494.0	977.7	0.1	199.1	13589.1
金元证券方庄芳古园证券营业部	北京	北京	43236.3	23668.1	295.6	0.0	54.1	19218.5
中国银河证券天山路证券营业部	广东	汕头	43206.3	24030.7	630.1	0.1	248.0	18297.5
中国银河证券上南路证券营业部	上海	上海	43098.5	19751.1	826.4	1.4	188.8	22330.8
海通证券种德桥路营业部	上海	上海	43073.6	14021.5	312.0	1.1	23.0	28716.0
西藏同信证券陶然亭路证券营业部	北京	北京	43071.5	25842.0	184.2	0.0	290.7	16754.7
东北证券永嘉路证券营业部	上海	上海	43032.6	14919.9	138.4	0.0	93.9	27880.3
广发证券季华路证券营业部	广东	佛山	43018.9	22482.5	183.7	0.0	66.0	20286.7
海通证券庄师范街证券营业部	河北	石家庄	43010.5	16956.7	194.0	1.2	51.9	25806.7
长江证券江津西路证券营业部	湖北	荆州	42977.6	22246.4	486.1	0.3	74.1	20170.7
中国中投证券灵石路证券营业部	上海	上海	42953.2	18055.4	1123.6	2.6	336.0	23435.7
中银国际证券庐山路证券营业部	江苏	南京	42895.9	22916.7	702.2	0.0	150.0	19127.0
海通证券黄山路证券营业部	安徽	合肥	42882.9	24434.5	4425.6	37.5	780.8	13204.5
中国中投证券迎宾路证券营业部	福建	泉州	42871.3	28479.8	297.8	0.0	35.1	14058.7
中信证券季华五路证券营业部	广东	佛山	42858.9	17432.9	533.1	8.2	219.2	24665.5
信达证券前门证券营业部	北京	北京	42835.4	17843.9	417.9	1.6	438.8	24133.3

注：营业部交易金额的单位为百万元。

证券营业部交易
Trading of Business Department

营业部名称 Business Department	省份 Province	城市 City	总计 Total	股票 Share	基金 Fund	政府债 G-Bond	公司债 C-Bond	债券回购 Repo
中国银河证券证券营业部	山东	烟台	42748.4	29907.2	314.0	0.3	40.9	12486.1
万和证券笋岗东路证券营业部	深圳	深圳	42739.3	10367.4	33.4	0.0	415.3	31923.2
海通证券合肥路证券营业部	上海	上海	42687.9	19368.6	1658.0	0.2	11.3	21649.9
中信证券（浙江）兴越路证券营业部	浙江	绍兴	42678.9	31761.0	1030.9	0.1	9.3	9877.6
广发证券新光路证券营业部	四川	成都	42677.7	22609.9	1206.0	0.0	198.3	18663.5
方正证券留芳岭证券营业部	湖南	长沙	42637.4	29076.1	189.9	2.6	502.7	12866.0
中国中投证券晋陵中路证券营业部	江苏	常州	42553.0	23093.4	489.8	0.2	82.9	18886.7
中信建投证券市深南中路证券营业部	深圳	深圳	42348.9	28628.5	4514.0	0.3	149.8	9056.2
海通证券南园北路证券营业部	江苏	苏州	42333.2	24358.1	1554.1	1.5	133.5	16286.0
中国银河证券澳门路证券营业部	湖北	武汉	42220.3	20254.2	2168.4	1.0	274.9	19521.8
国泰君安证券人民中路证券营业部	广东	广州	42141.8	26755.9	1044.8	0.4	142.1	14198.5
华福证券田安路证券营业部	福建	泉州	42136.1	23036.3	138.2	0.3	9.9	18951.4
恒泰证券祥德路证券营业部	上海	上海	42112.4	14339.1	417.8	1.8	398.2	26955.5
海通证券朝阳街营业部	吉林	吉林	42098.3	10648.8	129.0	17.2	706.2	30597.1
平安证券金融大街证券营业部	北京	北京	42085.0	18635.0	114.9	15.0	242.4	23077.7
中航证券有限漕溪北路证券营业部	上海	上海	42067.7	12555.5	228.9	0.0	496.2	28787.2
万联证券广园证券营业部	广东	广州	42051.8	26772.6	1562.7	6.7	765.1	12944.6
渤海证券郑州道证券营业部	天津	天津	42011.9	8440.1	5402.3	0.0	199.4	27970.1
华福证券遵义路证券营业部	上海	上海	42006.3	18510.2	323.9	0.0	27.3	23144.9
齐鲁证券有限吉祥路证券营业部	深圳	深圳	41958.8	26006.0	70.7	0.0	16.9	15865.3
上海证券路证券营业部	上海	上海	41920.9	12625.5	1234.1	0.9	103.5	27957.0
财通证券丹溪北路证券营业部	浙江	义乌	41885.7	16651.4	4199.1	0.0	4339.2	16695.9
中信建投证券人民路证券营业部	辽宁	鞍山	41822.3	12263.3	885.2	123.9	1010.8	27539.2
中国中投证券百园路证券营业部	广东	湛江	41805.4	14118.0	84.2	0.0	326.9	27276.3
华福证券五一北路证券营业部	福建	福州	41801.0	18606.1	887.2	0.1	41.2	22266.4
中原证券人民路证券营业部	河南	新乡	41768.2	28195.0	232.4	0.4	477.5	12862.9
财富证券八一路证券营业部	湖南	长沙	41593.9	23968.0	6774.5	0.0	11.3	10840.0
国都证券鲁谷路证券营业部	北京	北京	41586.9	22362.6	298.5	2.4	159.9	18763.5
华安证券润安大厦证券营业部	安徽	合肥	41554.2	9559.2	26098.5	0.4	50.5	5845.7
齐鲁证券有限天九街证券营业部	浙江	慈溪	41504.3	29824.6	112.0	0.0	22.9	11544.8
中信证券芙蓉路证券营业部	湖南	长沙	41477.0	22743.6	4350.8	0.0	259.8	14122.8
申银万国证券嘉兴禾兴北路营业部	浙江	嘉兴	41473.2	26047.9	272.4	1.7	5952.8	9198.5
海通证券斜土路营业部	上海	上海	41472.7	13899.2	462.8	0.0	1021.6	26089.1
东莞证券东城大道证券营业部	广东	东莞	41403.6	20221.2	119.6	2.3	22.1	21038.4
广发证券柠溪路证券营业部	广东	珠海	41402.6	19726.7	232.2	0.7	144.5	21298.5
方正证券五一东路证券营业部	湖南	长沙	41386.5	14093.5	465.1	0.0	115.1	26712.9
东海证券浦东新区世纪大道证券营业部	上海	上海	41351.0	7013.2	221.0	0.7	546.5	33569.6
光大证券北仑新碶证券营业部	浙江	宁波	41294.0	27788.8	242.8	0.0	35.6	13226.8
中信建投证券瞿塘峡路证券营业部	山东	青岛	41277.5	17806.4	2462.0	0.2	1064.1	19944.8
长城证券民生路证券营业部	上海	上海	41268.8	16173.6	420.0	0.8	167.2	24507.2
中国中投证券堤东路证券营业部	广东	江门	41255.1	21748.5	524.6	14.2	210.1	18757.7
光大证券小营路证券营业部	北京	北京	41228.3	20564.4	142.9	59.9	92.8	20368.4
中国银河证券科华北路证券营业部	四川	成都	41216.2	26120.2	1560.3	42.6	151.4	13341.7
国泰君安证券广化街营业部	江苏	常州	41163.7	24059.4	506.6	0.2	275.7	16321.9
光大证券广东路证券营业部	天津	天津	41137.7	15946.0	4341.6	20.1	60.1	20769.9
广发证券鲁谷路证券营业部	北京	北京	41079.1	2400.0	2394.2	0.0	18.7	36266.3
中信证券中山四路证券营业部	广东	中山	41071.3	24104.9	3218.4	0.0	209.3	13538.7
齐鲁证券有限东方路证券营业部	上海	上海	41070.3	13613.2	2069.5	0.0	1339.7	24047.8
中国银河证券证券营业部	浙江	嘉兴	41058.7	23749.7	732.9	1.2	144.4	16430.4
首创证券吉华路证券营业部	深圳	深圳	41044.5	8635.2	19.3	59.4	1233.8	31096.8

注：营业部交易金额的单位为百万元。

证券营业部交易
Trading of Business Department

营业部名称 Business Department	省份 Province	城市 City	总计 Total	股票 Share	基金 Fund	政府债 G-Bond	公司债 C-Bond	债券回购 Repo
海通证券五一大道营业部	湖南	长沙	41033.3	27020.7	588.8	10.1	401.4	13012.3
浙商证券万航渡路证券营业部	上海	上海	40976.1	14381.7	3023.8	0.3	78.5	23491.9
广州证券建设路营业部	广东	广州	40969.1	29751.2	197.1	1.0	47.8	10972.0
东吴证券环城北路证券营业部	江苏	昆山	40896.4	16181.8	66.9	16.4	40.5	24590.8
华西证券龙腾东路证券营业部	四川	成都	40895.6	23649.0	680.5	3.4	77.9	16484.8
国信证券中北路证券营业部	湖北	武汉	40891.2	19898.7	285.8	0.0	39.9	20666.8
广发证券天佑三路证券营业部	广东	佛山	40862.4	25433.6	163.7	4.9	67.7	15192.5
广发证券天宁路证券营业部	广东	江门	40837.1	22408.9	242.3	0.1	34.5	18151.3
东莞证券厚街证券营业部	广东	东莞	40793.1	24172.3	229.8	1.4	24.4	16365.2
上海证券旭阳路证券营业部	浙江	乐清	40720.3	33276.0	125.7	0.1	25.2	7293.2
太平洋证券黄浦区黄河路证券营业部	上海	上海	40681.2	10029.1	4332.6	150.8	780.9	25387.8
红塔证券骊山路证券营业部	上海	上海	40677.1	10466.6	81.6	25.2	519.3	29584.4
东北证券建设街证券营业部	吉林	长春	40664.6	21911.1	1172.9	7.6	3.4	17569.6
中信建投证券市宝安前进一路证券营业部	深圳	深圳	40663.1	19099.6	660.6	57.1	2546.4	18299.4
中国中投证券沙井中心路证券营业部	深圳	深圳	40658.1	20675.1	45.0	0.0	53.3	19884.7
信达证券寺右新马路证券营业部	广东	广州	40405.2	19553.7	99.5	25.8	3125.9	17600.4
申银万国证券滨中山路证券营业部	黑龙江	哈尔滨	40365.4	13987.6	62.7	106.6	1845.1	24363.4
华福证券鼓屏路证券营业部	福建	福州	40345.7	15665.8	346.4	0.1	41.9	24291.5
联讯证券北辰东路证券营业部	北京	北京	40317.5	17316.0	191.0	2.2	196.6	22611.7
信达证券裕民路证券营业部	北京	北京	40295.8	16277.1	4939.7	3.6	39.3	19036.2
南京证券常府街证券营业部	江苏	南京	40150.5	16854.2	192.9	10.0	188.0	22905.4
东方证券嘉定区曹安公路证券营业部	上海	上海	40126.7	11887.2	4282.4	91.4	3997.5	19868.2
华泰证券友谊大道证券营业部	湖北	武汉	40090.0	14167.2	10194.0	0.3	40.2	15688.3
海通证券宣化路营业部	上海	上海	40064.7	14444.7	1305.3	18.8	42.5	24253.4
川财证券益州大道证券营业部	四川	成都	40055.0	7475.7	22.8	0.3	512.0	32044.3
中国银河证券绍兴路证券营业部	浙江	杭州	39978.9	27632.7	176.8	0.3	81.5	12087.6
申银万国证券龙茗路证券营业部	上海	上海	39978.7	15981.1	413.5	3.0	1756.4	21824.7
国泰君安证券木齐新华北路证券营业部	新疆	乌鲁木齐	39915.0	21126.8	600.6	0.1	613.6	17573.8
国信证券南大街证券营业部	山东	烟台	39914.1	22274.9	627.6	38.8	36.2	16936.6
华鑫证券龙吴路证券营业部	上海	上海	39913.3	14886.1	242.7	0.4	194.1	24590.0
华福证券丰泽街证券营业部	福建	泉州	39887.2	26438.5	147.6	0.4	13.9	13286.7
中国中投证券复兴东路证券营业部	上海	上海	39864.7	15530.6	196.9	0.7	47.1	24089.4
招商证券深南东路证券营业部	深圳	深圳	39826.1	15833.6	110.5	0.6	16264.4	7617.0
西部证券沣镐东路证券营业部	陕西	西安	39806.6	16631.0	22.3	0.2	14.5	23138.7
东兴证券斗西路证券营业部	福建	福州	39776.7	20293.1	465.2	0.0	23.0	18995.4
方正证券韶山中路证券营业部	湖南	湘潭	39775.5	13892.5	63.1	0.2	37.5	25782.3
广发证券泰安道证券营业部	天津	天津	39732.3	14432.9	177.8	31.4	331.7	24758.4
上海证券南京西路证券营业部	上海	上海	39697.0	16717.0	171.2	63.9	1136.4	21608.5
中国银河证券北站路证券营业部	辽宁	沈阳	39674.6	9030.6	751.6	0.0	16.7	29875.7
招商证券季华五路证券营业部	广东	佛山	39664.5	24680.9	290.1	0.1	162.3	14531.0
广发证券张江路证券营业部	上海	上海	39631.5	20441.8	521.9	0.1	103.0	18564.7
东吴证券竹辉路证券营业部	江苏	苏州	39630.4	16857.1	1055.0	0.1	46.5	21671.6
宏信证券百万庄大街证券营业部	北京	北京	39556.0	5677.8	18.9	0.0	11.3	33847.9
华宝证券解放西路证券营业部	浙江	舟山	39540.9	26237.4	2395.7	0.3	1594.0	9313.4
广发证券水清南路证券营业部	上海	上海	39515.4	20826.9	850.3	2.2	159.2	17676.8
中信证券（浙江）河滨西路证券营业部	浙江	嘉兴	39471.0	24817.8	362.4	0.0	43.2	14247.6
国泰君安证券中央路证券营业部	江苏	南京	39462.2	19416.6	282.9	0.5	166.7	19595.5
国都证券双峪路证券营业部	北京	北京	39418.5	8476.2	22.1	0.0	3.7	30916.5
兴业证券列东街证券营业部	福建	三明	39418.0	26047.2	680.8	0.1	72.4	12617.6
中信建投证券市青年路证券营业部	山东	烟台	39376.9	20930.9	9563.3	0.0	1004.8	7877.9

注：营业部交易金额的单位为百万元。

证券营业部交易
Trading of Business Department

营业部名称 Business Department	省份 Province	城市 City	总计 Total	股票 Share	基金 Fund	政府债 G-Bond	公司债 C-Bond	债券回购 Repo
长城证券观音桥步行街证券营业部	重庆	重庆	39329.3	17625.9	6201.6	0.3	24.8	15476.8
宏源证券莫干山路证券营业部	浙江	杭州	39286.8	19163.2	152.0	0.0	45.4	19926.2
西南证券庆春东路证券营业部	浙江	杭州	39215.3	28347.3	815.3	1.5	150.5	9900.7
广发证券中关村东路证券营业部	北京	北京	39193.7	13487.4	169.7	0.0	20.7	25515.9
东方证券牡丹路证券营业部	上海	上海	39174.3	14546.6	468.1	1.2	266.4	23892.0
长江证券夷陵大道证券营业部	湖北	宜昌	39139.9	21059.9	382.2	0.1	72.5	17625.2
中国银河证券嘉禾路证券营业部	福建	厦门	39110.5	27104.7	885.7	0.1	138.5	10981.5
国盛证券永叔路证券营业部	江西	南昌	39090.0	18134.9	1568.6	0.0	274.3	19112.3
中国银河证券中山二路证券营业部	广东	广州	39053.7	21471.1	750.2	0.8	650.7	16180.9
申银万国证券吴中西路证券营业部	江苏	苏州	39046.4	24152.6	593.0	0.3	25.9	14274.6
光大证券西藏中路证券营业部	上海	上海	39019.7	20769.1	391.3	0.1	38.5	17820.7
华鑫证券斜土路证券营业部	上海	上海	39012.3	8064.4	113.3	349.8	154.0	30330.8
海通证券江大路证券营业部	湖北	武汉	38999.8	32770.3	97.7	0.2	24.3	6107.3
中国银河证券民族路证券营业部	重庆	重庆	38957.9	20696.4	600.4	0.0	466.9	17194.3
国元证券密渡桥路证券营业部	浙江	杭州	38907.0	18496.6	433.0	0.3	97.0	19880.3
兴业证券滨友谊路证券营业部	黑龙江	哈尔滨	38893.4	17982.5	1711.9	0.0	81.3	19117.7
申银万国证券沪太路证券营业部	上海	上海	38844.3	17221.2	604.5	3.4	93.5	20921.7
中国中投证券人民北路证券营业部	四川	成都	38767.2	26567.9	1542.5	11.3	22.9	10622.6
中原证券新华路证券营业部	浙江	杭州	38750.9	18344.7	80.8	0.0	347.0	19978.5
东北证券朝阳路证券营业部	江苏	江阴	38664.9	19684.7	564.8	0.0	371.5	18043.9
长城证券天晖中街证券营业部	四川	成都	38646.2	23156.3	223.9	6.7	5.5	15253.7
华泰证券韶山北路证券营业部	湖南	长沙	38555.7	21422.3	6971.7	0.0	514.6	9647.1
申银万国证券南京华侨路营业部	江苏	南京	38522.4	20677.0	112.5	0.3	71.6	17661.0
华西证券北正街证券营业部	四川	宜宾	38491.0	24656.7	849.7	0.0	108.3	12876.3
东莞证券中关村大街证券营业部	北京	北京	38488.2	21230.9	516.3	2.7	475.3	16263.0
华泰证券黑龙江北路证券营业部	江苏	苏州	38464.5	15835.5	10010.8	0.1	138.5	12479.7
中信证券（浙江）狮山路证券营业部	浙江	杭州	38404.9	16461.5	624.3	0.1	5.6	21313.5
万联证券开发区证券营业部	广东	广州	38402.0	18204.5	1011.2	0.0	46.3	19140.1
华泰证券新市路证券营业部	江苏	苏州	38396.6	14542.6	9634.7	21.1	383.2	13815.1
中国中投证券法华镇路证券营业部	上海	上海	38359.6	14343.0	400.7	0.3	92.5	23523.1
湘财证券篁园路证券营业部	浙江	义乌	38356.2	17102.3	12693.8	0.0	165.7	8394.4
信达证券福星路证券营业部	深圳	深圳	38251.7	28928.1	2498.0	1.1	608.2	6216.3
浙商证券下街证券营业部	浙江	衢州	38200.5	32184.0	234.3	0.2	102.0	5680.1
宏源证券人民中路证券营业部	江苏	宜兴	38103.6	13606.8	34.1	0.0	23.9	24438.8
长江证券彭刘杨路证券营业部	湖北	武汉	38102.1	16429.1	366.0	0.7	16.5	21289.8
中邮证券西直门北大街证券营业部	北京	北京	38080.9	5534.0	556.8	0.0	395.5	31594.6
招商证券友谊北路证券营业部	天津	天津	38064.6	16874.2	224.4	0.6	29.3	20936.1
中信建投证券青年路证券营业部	江苏	泰州	38052.5	15780.5	7175.2	0.0	457.9	14638.9
财富证券中关村东路证券营业部	北京	北京	38032.9	10753.5	754.9	0.0	20.9	26503.6
渤海证券东疆保税港区美洲路证券营业部	天津	天津	38024.7	8722.9	0.0	0.0	0.0	29301.8
中国中投证券朝阳路证券营业部	北京	北京	38022.6	23793.2	316.8	0.1	195.1	13717.4
广发证券花城大道证券营业部	广东	广州	38022.6	23726.7	418.4	0.0	396.5	13481.0
中国中投证券建设路证券营业部	河南	郑州	37971.5	24238.6	506.7	0.0	39.2	13187.0
宏源证券东四环中路证券营业部	北京	北京	37962.4	18701.0	573.1	22.6	1229.6	17436.2
东吴证券胥江路证券营业部	江苏	苏州	37936.5	20318.8	377.2	0.0	18.0	17222.5
华泰证券农业路证券营业部	河南	郑州	37917.2	26802.5	5488.4	6.5	339.4	5280.4
东莞证券常平证券营业部	广东	东莞	37895.1	27558.1	75.2	0.1	38.5	10223.2
华泰证券首义路证券营业部	湖北	武汉	37888.5	15242.3	8886.8	76.0	39.3	13644.0
齐鲁证券有限宝丰路证券营业部	湖北	武汉	37878.7	17068.1	320.1	0.0	305.1	20185.4
方正证券武陵大道证券营业部	湖南	常德	37877.1	26921.5	517.7	0.3	2.8	10434.9

注：营业部交易金额的单位为百万元。

证券营业部交易
Trading of Business Department

营业部名称 Business Department	省份 Province	城市 City	总计 Total	股票 Share	基金 Fund	政府债 G-Bond	公司债 C-Bond	债券回购 Repo
中信建投证券市北京西路证券营业部	上海	上海	37854.6	17061.9	465.7	5.3	143.8	20177.8
长城证券深南大道证券营业部	深圳	深圳	37820.5	26607.4	550.3	4.1	91.5	10567.1
宏源证券祥云街证券营业部	云南	昆明	37813.9	10314.6	112.7	0.0	89.3	27297.3
东方证券周东路证券营业部	上海	上海	37771.8	6676.5	217.6	189.8	1304.8	29383.0
华福证券宛平南路证券营业部	上海	上海	37754.3	12760.4	86.5	1.4	30.9	24875.1
长江证券凉城路证券营业部	上海	上海	37680.7	14060.9	537.5	1.2	163.8	22917.4
广发证券小榄证券营业部	广东	中山	37616.7	22498.1	1041.9	8.1	10.1	14058.5
中国银河证券迎泽西大街证券营业部	山西	太原	37602.4	24296.8	190.0	0.1	32.1	13083.5
中国银河证券景山路证券营业部	广东	珠海	37573.0	11435.0	381.7	1.5	66.3	25688.4
广发证券天目山路证券营业部	浙江	杭州	37555.3	13326.9	4049.7	0.0	121.1	20057.5
金元证券体育场路证券营业部	浙江	杭州	37537.1	20766.0	344.3	0.0	37.6	16389.2
山西证券浦东大道证券营业部	上海	上海	37448.1	6539.8	53.9	0.4	511.0	30343.0
中信证券（浙江）北仑新大路证券营业部	浙江	宁波	37427.7	18821.2	767.1	0.0	4.4	17835.0
中国银河证券证券营业部	浙江	丽水	37414.5	28507.0	175.5	41.0	432.6	8258.4
中信建投证券市大木桥路证券营业部	上海	上海	37410.6	14216.2	695.3	0.7	87.7	22410.8
兴业证券五一南路证券营业部	福建	福州	37372.0	17775.1	679.2	32.4	344.8	18540.4
广发证券金花北路证券营业部	陕西	西安	37369.9	25546.2	593.1	0.3	23.3	11207.1
光大证券县象山港路证券营业部	浙江	宁波	37356.3	26294.5	310.1	0.0	22.6	10729.2
华泰证券宁夏路证券营业部	山东	青岛	37351.4	15629.0	11867.0	21.6	337.2	9496.6
方正证券长益路证券营业部	湖南	益阳	37335.8	31489.4	203.3	2.0	31.0	5610.1
国泰君安证券站前路营业部	江西	南昌	37329.3	28844.7	379.0	0.7	77.8	8027.1
南京证券新华路证券营业部	江苏	南京	37324.8	24939.6	552.6	2.2	178.5	11651.9
中山证券杨公堤证券营业部	浙江	杭州	37288.5	19335.7	13.8	0.0	41.0	17898.0
中信建投证券滨新阳路证券营业部	黑龙江	哈尔滨	37276.1	14529.7	3337.4	0.2	149.8	19259.1
安信证券纺工路证券营业部	浙江	嘉兴	37149.6	20172.3	522.3	0.0	194.3	16260.8
齐鲁证券有限斜土路证券营业部	上海	上海	37054.6	13276.3	261.9	41.7	1017.2	22457.5
中国银河证券园湖南路证券营业部	广西	南宁	37045.2	18343.9	507.3	0.0	373.0	17821.0
南京证券西藏南路证券营业部	上海	上海	37014.7	11232.4	82.9	2.4	24.9	25672.1
东兴证券杨桥中路证券营业部	福建	福州	37005.9	21300.0	425.5	4.0	46.2	15230.3
齐鲁证券有限临淄大道证券营业部	山东	淄博	36989.2	20403.7	1137.3	0.3	76.2	15371.8
厦门证券有限陆家滨路证券营业部	上海	上海	36968.9	10429.3	286.9	0.1	25.8	26226.8
招商证券布吉罗岗路证券营业部	深圳	深圳	36929.9	25458.8	67.1	0.0	296.6	11107.3
广发证券经七路证券营业部	山东	济南	36910.0	28758.4	24.5	0.0	7.7	8119.4
海通证券汶河南路证券营业部	江苏	扬州	36907.4	23116.3	123.8	5.6	194.8	13466.9
广发证券花园路证券营业部	河南	郑州	36879.8	27665.1	545.4	0.1	114.4	8554.8
财通证券西大街证券营业部	浙江	杭州	36870.3	23711.6	130.1	2.0	20.0	13006.7
中国中投证券东方路证券营业部	上海	上海	36821.5	19728.5	329.3	4.5	58.2	16701.0
广州证券复兴路证券营业部	北京	北京	36800.9	13749.7	1068.4	4.2	154.2	21824.4
国泰君安证券红荔西路证券营业部	深圳	深圳	36774.4	22514.1	1150.7	0.6	39.5	13069.5
东方证券兰溪路证券营业部	上海	上海	36762.7	16997.9	159.6	7.7	79.9	19517.6
光大证券悦盛路证券营业部	浙江	宁波	36761.3	28134.8	483.2	0.4	24.6	8118.4
广发证券沿江大道证券营业部	湖北	武汉	36726.6	21435.4	37.9	0.5	12.8	15240.0
中银国际证券江北证券营业部	重庆	重庆	36692.1	28986.4	139.4	0.3	95.4	7470.7
中山证券竹苑路证券营业部	广东	中山	36588.9	17075.1	80.2	96.9	153.6	19183.1
首创证券共和新路证券营业部	上海	上海	36544.6	11330.5	195.2	0.3	20.0	24998.7
中国银河证券滨西十道街证券营业部	黑龙江	哈尔滨	36542.5	10360.2	79.8	0.0	13058.2	13044.3
招商证券东四十条证券营业部	北京	北京	36414.9	12629.4	154.7	1.1	27.2	23602.6
平安证券深南东路罗湖商务中心证券营业部	深圳	深圳	36413.5	26388.7	136.8	0.0	50.3	9837.7
东兴证券肇嘉浜路证券营业部	上海	上海	36407.4	18172.8	1747.8	12.8	1016.9	15457.1
华泰证券自由大路证券营业部	吉林	长春	36350.2	12196.1	15141.2	2.9	32.8	8977.2

注：营业部交易金额的单位为百万元。

证券营业部交易
Trading of Business Department

营业部名称 Business Department	省份 Province	城市 City	总计 Total	股票 Share	基金 Fund	政府债 G-Bond	公司债 C-Bond	债券回购 Repo
西南证券浦东新区陆家嘴东路证券营业部	上海	上海	36344.3	17375.0	1270.0	2.0	113.3	17584.0
中原证券经三路证券营业部	河南	郑州	36318.4	18911.1	358.2	0.7	77.4	16970.9
东兴证券五一北路证券营业部	福建	福州	36285.4	18056.9	193.4	0.0	57.9	17977.2
华泰证券何山路证券营业部	江苏	苏州	36236.8	22877.7	2705.6	2.1	228.3	10423.1
申银万国证券青年路证券营业部	湖北	武汉	36175.5	26199.4	149.9	0.0	126.2	9700.0
英大证券汉阳大道证券营业部	湖北	武汉	36146.4	10783.9	134.7	7.2	330.0	24890.6
长城证券福华三路证券营业部	深圳	深圳	36145.5	22139.0	312.3	0.0	2837.5	10856.6
中国银河证券白塔路证券营业部	云南	昆明	36140.0	20316.0	125.6	0.3	18.2	15679.9
广发证券端州五路证券营业部	广东	肇庆	36114.4	14981.9	43.1	1.5	114.7	20973.3
中原证券商务外环路证券营业部	河南	郑州	36054.7	12690.5	49.5	0.0	42.6	23272.2
平安证券体育东路证券营业部	广东	广州	36007.0	25458.5	195.8	0.2	573.3	9779.3
国泰君安证券永庆街证券营业部	山东	济南	35998.3	16214.0	1117.4	0.2	188.6	18478.2
招商证券芙蓉中路证券营业部	湖南	长沙	35989.5	24385.9	297.1	1.0	158.4	11147.2
国信证券湘江道证券营业部	天津	天津	35984.6	26721.3	232.9	1.7	49.5	8979.1
申银万国证券石化证券营业部	上海	上海	35945.2	20339.4	214.3	14.4	44.7	15332.3
财通证券人民东路证券营业部	浙江	温州	35922.1	24112.7	162.4	0.1	152.9	11494.1
招商证券沙头角金融路证券营业部	深圳	深圳	35875.0	28449.9	93.5	0.0	111.5	7220.1
齐鲁证券有限松柏路证券营业部	福建	厦门	35871.1	23784.2	147.5	0.0	769.2	11170.3
东海证券水城南路证券营业部	上海	上海	35869.6	15494.4	83.4	0.0	263.2	20028.6
广发证券天河路证券营业部	广东	广州	35809.5	21364.4	127.5	0.3	29.2	14288.2
方正证券星沙三一路证券营业部	湖南	长沙	35742.0	7627.5	80.8	0.1	297.0	27736.7
红塔证券田林东路证券营业部	上海	上海	35741.5	8325.6	480.8	1.1	142.5	26791.4
安信证券珠江路证券营业部	江苏	南京	35733.6	14121.0	74.6	0.2	7.1	21530.7
宏源证券莲花路证券营业部	深圳	深圳	35702.4	27821.1	117.3	0.3	8.9	7754.9
安信证券峡山证券营业部	广东	汕头	35654.0	19348.0	197.8	0.0	11.0	16097.2
华创证券长江西路证券营业部	四川	德阳	35647.3	7673.3	25.2	0.0	3.4	27945.3
国开证券龙华西路证券营业部	上海	上海	35614.2	15878.0	31.1	2.0	101.6	19601.6
东海证券周山路证券营业部	河南	洛阳	35607.7	23489.9	3295.9	1.1	134.3	8686.5
华鑫证券松江证券营业部	上海	上海	35557.8	21344.8	140.0	0.1	410.5	13662.5
国泰君安证券通州新华西街证券营业部	北京	北京	35508.1	24586.4	128.5	2.6	170.7	10620.0
广发证券洛溪新城证券营业部	广东	广州	35438.1	23104.2	1010.1	3.3	36.3	11284.2
海通证券普陀区枣阳路证券营业部	上海	上海	35437.4	13167.5	670.0	0.8	432.2	21166.9
中国银河证券陇海路证券营业部	河南	郑州	35435.1	22225.6	124.8	0.4	34.9	13049.4
国开证券五四西路证券营业部	河北	保定	35419.3	16404.2	62.2	35.1	362.2	18555.6
华泰证券干将西路证券营业部	江苏	苏州	35416.8	14981.2	11678.3	0.1	117.4	8639.7
安信证券南海大道证券营业部	广东	南海	35404.2	20022.4	701.7	2.0	299.9	14378.2
安信证券莫干山路证券营业部	浙江	杭州	35352.6	19275.5	2679.4	0.0	86.3	13311.4
西南证券天府大道证券营业部	四川	成都	35316.6	22441.2	284.2	2.7	111.2	12477.2
财达证券斯西林路证券营业部	黑龙江	佳木斯	35277.0	18795.5	46.3	0.0	8.0	16427.2
湘财证券韶山路证券营业部	湖南	长沙	35264.1	19283.8	7514.8	1.8	1547.5	6916.2
国泰君安证券福利西路证券营业部	甘肃	兰州	35245.8	10289.7	39.2	9.5	75.3	24832.1
东方证券宝山区长江西路证券营业部	上海	上海	35236.9	15352.0	150.6	3.5	92.8	19637.9
广发证券干将东路证券营业部	江苏	苏州	35219.4	21028.9	161.4	0.0	91.9	13937.2
国海证券奥奇丽路证券营业部	广西	梧州	35209.6	10212.5	339.1	0.0	974.7	23683.3
银泰证券嘉善路证券营业部	上海	上海	35204.9	13941.6	530.4	0.0	79.5	20653.4
广发证券南园路证券营业部	深圳	深圳	35204.1	17631.1	722.2	0.0	56.4	16794.4
华泰证券泰然路证券营业部	深圳	深圳	35175.3	24520.9	2601.1	0.2	72.8	7980.4
齐鲁证券有限通达路证券营业部	山东	临沂	35172.7	24131.1	5055.8	1.8	16.7	5967.4
安信证券新港西路证券营业部	广东	广州	35161.8	20366.8	557.1	1.1	24.8	14212.0
华鑫证券武宁路证券营业部	上海	上海	35151.0	15775.6	385.5	0.2	19.7	18970.1

注：营业部交易金额的单位为百万元。

证券营业部交易
Trading of Business Department

营业部名称 Business Department	省份 Province	城市 City	总计 Total	股票 Share	基金 Fund	政府债 G-Bond	公司债 C-Bond	债券回购 Repo
上海证券路证券营业部	上海	上海	35143.6	21911.6	1959.8	12.3	36.4	11223.5
浙商证券花园路证券营业部	浙江	丽水	35108.4	28842.4	258.2	0.0	9.2	5998.6
光大证券气象北路证券营业部	浙江	宁波	35095.1	20738.9	78.8	0.0	27.0	14250.5
国泰君安证券四新路证券营业部	湖北	宜昌	35094.2	19944.1	14.6	0.0	188.6	14946.9
东吴证券中山南路证券营业部	江苏	南京	35049.8	7169.7	4995.9	69.8	9924.4	12890.0
齐鲁证券有限求是路证券营业部	浙江	杭州	34956.3	18649.1	1125.3	0.0	25.8	15156.1
华泰证券长征路证券营业部	湖北	孝感	34941.3	20344.0	2956.1	0.3	307.4	11333.6
申银万国证券虹口区黄浦路证券营业部	上海	上海	34919.6	16153.1	262.8	9.9	84.9	18408.9
华泰证券解放中路证券营业部	江苏	南通	34916.5	15276.1	10763.4	0.0	520.5	8356.5
广发证券翠前北路证券营业部	广东	珠海	34901.1	18972.5	1157.4	0.6	29.1	14741.6
国联证券大桥北路证券营业部	江苏	无锡	34826.4	18976.6	101.0	0.6	10.2	15738.1
万联证券滨江东路证券营业部	广东	广州	34781.6	12030.1	4853.3	0.6	370.4	17527.2
广发证券银桦路证券营业部	广东	珠海	34777.8	14444.6	188.2	0.0	63.8	20081.2
长江证券友谊大道证券营业部	湖北	武汉	34768.0	19967.6	563.2	1.0	420.9	13815.4
华西证券南一环路证券营业部	四川	成都	34766.8	23409.0	618.7	8.2	38.3	10692.5
中国银河证券人民路证券营业部	上海	上海	34754.6	15874.0	280.0	0.0	10.6	18590.1
中国银河证券海德三道证券营业部	深圳	深圳	34693.4	18782.3	1323.3	0.2	105.9	14481.7
中国银河证券屯溪路证券营业部	安徽	合肥	34693.2	14770.0	403.9	0.7	324.5	19194.1
海通证券武都路证券营业部	甘肃	兰州	34641.2	7623.5	105.3	0.9	6326.2	20585.2
广发证券瓯江路证券营业部	浙江	温州	34629.6	22232.0	314.1	0.0	661.6	11422.0
财通证券文二西路证券营业部	浙江	杭州	34567.8	19079.1	1164.3	0.2	427.0	13897.2
国联证券五爱北路证券营业部	江苏	无锡	34566.4	13485.3	193.4	2.8	63.7	20821.3
华安证券丽园路证券营业部	上海	上海	34513.1	7650.2	282.8	0.5	52.8	26526.8
恒泰证券小木桥路证券营业部	上海	上海	34475.5	13366.1	446.3	0.8	111.2	20551.2
长江证券光华村街证券营业部	四川	成都	34447.0	18997.6	3953.8	1.3	15.9	11478.5
广发证券滨学府路证券营业部	黑龙江	哈尔滨	34441.9	20112.5	512.5	0.4	92.6	13724.0
红塔证券春城路证券营业部	云南	昆明	34413.6	15615.9	102.4	0.6	37.6	18657.2
东方证券凤阳路证券营业部	上海	上海	34397.2	13496.1	105.7	0.0	11.1	20784.3
上海证券定淮门大街证券营业部	江苏	南京	34394.9	6006.0	199.2	0.2	486.5	27703.1
中国民族证券中山西路证券营业部	浙江	宁波	34390.0	16589.4	541.6	0.0	25.8	17233.2
齐鲁证券有限仙霞西路证券营业部	上海	上海	34359.8	9907.3	416.5	0.0	20.9	24015.2
海通证券宝岗大道证券营业部	广东	广州	34358.2	17926.2	728.8	0.1	17.5	15685.5
海通证券滨和平路证券营业部	黑龙江	哈尔滨	34350.7	10186.5	1208.8	0.9	303.3	22651.3
申银万国证券粤海东路证券营业部	广东	珠海	34344.0	17109.6	599.6	0.1	339.4	16295.3
长江证券万柳东路证券营业部	北京	北京	34336.3	15190.3	941.6	0.0	70.6	18133.8
南京证券云南北路证券营业部	江苏	南京	34332.1	15110.5	457.5	1.3	388.6	18374.2
齐鲁证券有限庄中华南大街证券营业部	河北	石家庄	34294.3	14719.6	18933.2	0.0	11.0	630.5
宏源证券和平大道证券营业部	湖北	武汉	34291.9	12762.2	51.4	0.2	69.9	21408.1
广发证券兴中道证券营业部	广东	中山	34288.9	18667.6	171.8	0.1	15.4	15434.1
国泰君安证券长江西路证券营业部	安徽	合肥	34234.4	22828.4	420.1	82.3	42.6	10860.9
中国中投证券太平南路证券营业部	江苏	南京	34232.8	17715.4	279.3	0.0	318.1	15920.0
华泰证券无影山东路证券营业部	山东	济南	34213.6	14852.9	6067.3	0.1	68.7	13224.6
长江证券山东路证券营业部	山东	青岛	34196.2	14384.5	136.3	0.4	35.6	19639.3
浙商证券萧山恒隆广场证券营业部	浙江	杭州	34187.2	24285.3	75.8	0.0	18.1	9808.0
华泰证券海德三道证券营业部	深圳	深圳	34116.5	15967.4	6166.5	0.0	667.6	11314.9
华泰证券侨香路智慧广场证券营业部	深圳	深圳	34055.6	16446.9	218.2	1.3	1532.3	15857.0
招商证券汶河北路证券营业部	江苏	扬州	34050.2	18280.1	33.6	2.9	831.1	14902.5
银泰证券兴源北路证券营业部	江苏	无锡	34048.9	12000.3	73.7	0.3	10.1	21964.5
东吴证券西藏南路证券营业部	上海	上海	34042.8	15167.4	617.4	0.2	58.7	18199.2
东兴证券南昌中路证券营业部	福建	漳州	34034.6	25712.2	152.6	1.8	136.5	8031.6

注：营业部交易金额的单位为百万元。

证券营业部交易
Trading of Business Department

营业部名称 Business Department	省份 Province	城市 City	总计 Total	股票 Share	基金 Fund	政府债 G-Bond	公司债 C-Bond	债券回购 Repo
安信证券江宁路证券营业部	上海	上海	33989.6	16972.8	386.1	0.2	62.8	16567.8
华福证券广达路证券营业部	福建	福州	33973.3	12688.4	44.7	0.3	21.6	21218.2
中信建投证券市解放路证券营业部	辽宁	锦州	33961.7	14026.2	11996.8	0.5	3.9	7934.3
中国银河证券经七路证券营业部	山东	济南	33958.7	4835.2	199.6	17.3	519.0	28387.6
安信证券安宁路证券营业部	广东	阳江	33954.9	28133.6	227.9	1.2	18.8	5573.4
华泰证券新村路证券营业部	上海	上海	33908.1	17056.9	511.2	0.3	421.1	15918.7
西部证券西五路证券营业部	陕西	西安	33891.1	20976.7	64.9	3.4	275.9	12570.2
国海证券飞鹅二路证券营业部	广西	柳州	33868.2	19824.0	321.3	0.0	8.5	13714.3
申银万国证券博山东路证券营业部	上海	上海	33867.3	15125.4	836.0	0.2	35.4	17870.2
东北证券洪山路证券营业部	上海	上海	33841.7	13260.0	86.4	10.9	23.7	20460.7
湘财证券东街证券营业部	福建	福州	33823.8	17167.2	102.0	0.2	679.5	15874.9
中信建投证券市朝阳中路证券营业部	湖北	十堰	33788.3	18511.9	5122.6	0.0	4.8	10149.1
中信建投证券市潮枫路证券营业部	广东	潮州	33779.2	22783.1	836.0	0.0	12.4	10147.7
招商证券福明路证券营业部	浙江	宁波	33772.3	19775.7	114.9	0.2	531.6	13350.0
海通证券天山西路证券营业部	上海	上海	33745.8	14513.2	150.1	0.7	127.0	18955.0
齐鲁证券有限柳园南路证券营业部	山东	聊城	33732.2	26147.4	1235.8	0.2	43.9	6305.0
中国国际金融有限天河路证券营业部	广东	广州	33728.9	13222.2	104.6	0.0	34.0	20368.1
东方证券体育场路证券营业部	浙江	杭州	33681.3	14591.0	223.7	74.0	3162.9	15629.8
齐鲁证券有限正阳路证券营业部	山东	青岛	33664.5	6674.1	774.6	134.6	77.5	26003.7
华泰证券深南东路证券营业部	深圳	深圳	33651.5	15442.1	6016.8	0.0	479.2	11713.3
中原证券桐柏路证券营业部	河南	郑州	33583.4	23363.8	171.9	0.0	15.5	10032.1
海通证券中北路证券营业部	湖北	武汉	33542.9	20801.5	166.7	0.0	134.1	12440.5
广发证券黄塘路证券营业部	广东	肇庆	33529.8	15827.3	118.2	5.2	27.9	17551.2
中航证券有限春风路证券营业部	深圳	深圳	33508.8	24707.5	102.4	0.0	6.9	8692.0
浙商证券港务大厦证券营业部	福建	厦门	33488.9	18457.0	224.8	0.0	6.9	14800.2
华林证券东升路证券营业部	广东	江门	33474.6	20988.1	58.5	0.4	65.1	12362.7
安信证券三水三兴路证券营业部	广东	佛山	33390.3	21864.3	783.0	0.1	68.2	10674.7
华林证券港口路证券营业部	广东	江门	33363.0	16651.4	74.6	0.0	37.1	16599.9
东方证券金口路证券营业部	上海	上海	33330.0	15386.9	134.3	72.9	279.7	17456.3
国泰君安证券中山三路证券营业部	重庆	重庆	33328.0	21530.3	78.1	1.0	83.6	11635.1
长城证券望京西路证券营业部	北京	北京	33310.1	21112.2	135.4	1.2	116.9	11944.5
金元证券二环路证券营业部	四川	成都	33281.0	14791.5	112.2	23.6	797.2	17556.5
国泰君安证券解放路证券营业部	江苏	徐州	33230.1	23429.1	110.3	0.1	35.4	9655.2
中信建投证券滨上京大道证券营业部	黑龙江	哈尔滨	33211.8	17677.8	14549.2	0.0	2.6	982.2
宏源证券大庆中路证券营业部	江苏	盐城	33203.1	26848.8	102.5	3.1	652.3	5596.5
上海证券路证券营业部	上海	上海	33200.9	12100.3	1895.3	2.1	10.4	19192.8
海通证券珠江西路证券营业部	广东	广州	33170.4	9471.1	384.5	0.9	153.4	23160.5
广发证券珞狮北路证券营业部	湖北	武汉	33152.4	19186.5	1005.1	0.0	192.6	12768.2
招商证券金湖路证券营业部	广西	南宁	33145.5	25831.6	50.2	6.7	98.7	7158.3
中山证券长宁路证券营业部	上海	上海	33112.2	11137.6	169.7	0.1	79.1	21725.8
安信证券市文明中路证券营业部	广东	茂名	33085.1	20240.8	248.1	1.7	246.9	12347.6
广发证券下埔路证券营业部	广东	惠州	33070.0	24416.0	122.5	0.7	36.5	8494.3
国泰君安证券紫阳东路证券营业部	湖北	武汉	33054.7	22193.1	588.7	0.2	23.9	10248.8
东海证券虹口区中山北一路证券营业部	上海	上海	33049.6	12545.7	100.5	0.7	195.1	20207.6
中国银河证券漕宝路证券营业部	上海	上海	33037.3	18521.3	148.0	0.2	50.2	14317.7
中银国际证券人民中路证券营业部	四川	成都	33011.4	17000.0	497.3	0.1	29.3	15484.7
长城证券东园路证券营业部	深圳	深圳	32975.3	14891.6	70.3	2.9	109.9	17900.6
光大证券紫阳路证券营业部	湖北	武汉	32969.9	18262.4	2136.2	3.2	25.8	12542.3
国泰君安证券雁城路证券营业部	湖南	衡阳	32920.9	29553.3	457.4	1.2	44.0	2864.9
西南证券昆仑广场证券营业部	内蒙	包头	32893.2	19815.0	1.4	0.0	1.9	13074.9

注：营业部交易金额的单位为百万元。

证券营业部交易
Trading of Business Department

营业部名称 Business Department	省份 Province	城市 City	总计 Total	股票 Share	基金 Fund	政府债 G-Bond	公司债 C-Bond	债券回购 Repo
招商证券新生路证券营业部	江苏	无锡	32891.4	16867.3	208.4	0.0	28.9	15786.8
中国银河证券证券营业部	广东	佛山	32880.7	17585.8	115.7	0.6	55.0	15123.6
兴业证券东风中路证券营业部	广东	广州	32840.4	17036.3	482.3	1.2	77.2	15243.4
联讯证券演达大道证券营业部	广东	惠州	32831.0	21904.2	35.8	0.0	20.3	10870.7
东莞证券石龙证券营业部	广东	东莞	32807.9	20362.6	214.0	0.2	92.9	12138.2
招商证券临江支路证券营业部	重庆	重庆	32789.2	14627.4	82.1	3.1	35.1	18041.4
兴业证券滨江中路证券营业部	福建	南平	32788.6	21415.1	790.6	0.2	79.7	10503.0
天风证券滨河路证券营业部	深圳	深圳	32781.6	7400.4	32.8	0.0	239.3	25109.1
方正证券嵩山南路证券营业部	河南	郑州	32777.9	27273.7	184.2	0.0	64.6	5255.3
财通证券环城南路证券营业部	浙江	绍兴	32763.0	25136.4	59.5	0.1	19.4	7547.7
中信证券(山东)湖滨中大道证券营业部	山东	德州	32755.4	13140.8	329.5	0.1	12.6	19272.4
华西证券中山三路证券营业部	重庆	重庆	32739.5	20459.1	274.5	0.0	53.2	11952.7
国泰君安证券松岗证券营业部	深圳	深圳	32730.5	19967.8	149.1	10.5	363.7	12239.5
新时代证券武定路证券营业部	上海	上海	32705.5	13462.0	623.0	0.0	101.9	18518.6
国泰君安证券并州北路营业部	山西	太原	32704.4	21446.8	259.7	0.0	70.0	10927.9
万联证券石牌东证券营业部	广东	广州	32674.5	13032.0	4199.1	0.0	19.2	15424.2
华泰证券浦东新区博兴路证券营业部	上海	上海	32647.2	19681.6	617.4	0.2	33.1	12315.0
世纪证券阳明路证券营业部	江西	南昌	32601.7	20624.9	185.2	0.4	47.0	11744.2
东吴证券上海东路证券营业部	江苏	苏州	32588.2	19962.4	111.9	45.2	15.4	12453.2
国海证券宝源路证券营业部	上海	上海	32575.4	10623.3	201.0	22.7	291.7	21436.8
中国银河证券山证券营业部	安徽	马鞍山	32548.6	25897.6	1402.0	6.4	17.2	5225.4
中信证券(山东)金雀山路证券营业部	山东	临沂	32437.3	23624.6	2784.2	0.0	22.4	6006.1
中信证券（浙江）南大街证券营业部	浙江	杭州	32406.4	17696.9	4276.5	0.1	62.5	10370.5
海通证券海虞北路营业部	江苏	常熟	32385.3	19453.5	600.2	0.7	152.9	12178.0
中信建投证券井冈山大道证券营业部	江西	吉安	32381.5	20813.9	452.3	0.8	873.9	10240.5
长江证券湖滨北路证券营业部	福建	厦门	32373.0	17719.9	423.2	0.2	54.2	14175.5
渤海证券虹口区大连路证券营业部	上海	上海	32341.4	10291.9	173.1	27.6	40.0	21808.9
东海证券珠江东路证券营业部	广东	广州	32315.8	6170.7	20048.7	0.0	30.7	6065.7
华泰证券阜阳路证券营业部	安徽	合肥	32285.2	16664.4	10949.7	0.1	6.1	4664.9
华福证券达道路证券营业部	福建	福州	32264.5	17036.8	69.2	0.2	41.8	15116.6
长城证券民族大道证券营业部	广西	南宁	32228.0	15123.1	172.9	0.0	52.9	16879.0
东方证券杨浦区安波路证券营业部	上海	上海	32226.0	10950.7	147.0	0.2	57.3	21070.9
华泰证券淮海西路证券营业部	江苏	徐州	32204.3	14709.5	9921.8	1.3	386.1	7185.7
财通证券红旗路证券营业部	浙江	湖州	32202.3	18860.1	77.7	0.1	41.6	13222.7
长江证券西湖大道证券营业部	浙江	杭州	32199.1	13379.0	456.3	0.8	31.3	18331.6
东兴证券五一中路证券营业部	福建	福州	32197.6	19057.1	67.6	1.0	205.8	12866.2
海通证券西津西路证券营业部	甘肃	兰州	32125.0	15824.0	631.1	0.7	45.8	15623.3
东兴证券学军路证券营业部	福建	福州	32097.6	20060.2	94.3	1.8	54.8	11886.5
江海证券有限仁德路证券营业部	上海	上海	32081.4	11147.2	262.8	0.1	77.9	20593.4
海通证券百丈东路证券营业部	浙江	宁波	32063.4	20152.1	1912.2	1.7	182.3	9815.1
金元证券大沽南路证券营业部	天津	天津	32006.5	6789.8	49.0	0.1	2.8	25164.8
光大证券滨经纬二道街证券营业部	黑龙江	哈尔滨	31972.2	12694.6	10620.4	0.0	48.1	8609.1
长江证券红荔路证券营业部	深圳	深圳	31907.0	16550.7	193.8	0.0	806.9	14355.6
华泰证券庄中华北大街证券营业部	河北	石家庄	31901.3	15276.4	12161.1	0.1	72.5	4391.2
光大证券中新路证券营业部	江苏	镇江	31878.6	22414.3	192.7	0.0	34.7	9236.9
新时代证券丰产路证券营业部	河南	郑州	31871.3	18580.0	130.3	0.2	342.7	12818.1
东海证券凯旋西路证券营业部	河南	洛阳	31869.1	25521.2	109.4	1.3	57.2	6180.1
光大证券金水路证券营业部	河南	郑州	31853.6	21618.8	783.5	0.4	114.8	9336.1
招商证券深南中路证券营业部	深圳	深圳	31846.1	23436.3	747.3	0.0	16.9	7645.7
国元证券宿州路证券营业部	安徽	合肥	31806.0	17019.7	168.4	1.7	60.6	14555.6

注：营业部交易金额的单位为百万元。

证券营业部交易
Trading of Business Department

营业部名称 Business Department	省份 Province	城市 City	总计 Total	股票 Share	基金 Fund	政府债 G-Bond	公司债 C-Bond	债券回购 Repo
东方证券民主路证券营业部	广西	南宁	31805.5	10727.9	438.2	0.0	71.7	20567.8
中国银河证券环市东路证券营业部	广东	广州	31802.1	14388.4	602.6	0.0	438.0	16373.0
海通证券沈兴北路证券营业部	陕西	咸阳	31765.6	9388.1	93.3	31.4	545.8	21706.9
华安证券朝阳路证券营业部	安徽	淮南	31748.8	21051.4	372.5	1.6	74.3	10249.1
齐鲁证券有限解放北路证券营业部	浙江	绍兴	31747.6	19760.5	2828.9	0.0	5.9	9152.4
英大证券镇宁路证券营业部	上海	上海	31739.1	7986.4	832.1	0.4	10.4	22909.8
申银万国证券浦口道证券营业部	天津	天津	31704.6	8828.0	298.2	1.6	37.2	22539.6
中国银河证券新昌路证券营业部	上海	上海	31661.4	12703.9	274.8	1.0	85.7	18596.0
海通证券木齐新医路证券营业部	新疆	乌鲁木齐	31642.8	22443.7	4411.0	3.7	27.6	4756.8
中国中投证券叠山路证券营业部	江西	南昌	31636.2	23996.4	136.0	0.0	97.4	7406.5
申银万国证券双流县迎春路证券营业部	四川	成都	31610.6	11506.4	146.5	48.4	526.5	19382.8
华泰证券大同路证券营业部	海南	海口	31544.2	17736.4	4072.0	0.0	212.8	9523.0
中信证券(山东)香港中路证券营业部	山东	青岛	31512.9	13667.3	1272.5	0.0	31.7	16541.4
中国中投证券深南中路证券营业部	深圳	深圳	31472.2	14427.0	112.0	0.0	15.2	16918.0
兴业证券历山路证券营业部	山东	济南	31436.1	14138.3	544.7	11.1	19.2	16722.8
方正证券怡景路证券营业部	深圳	深圳	31409.9	12869.5	55.4	0.0	3.2	18481.7
平安证券人民路证券营业部	辽宁	大连	31377.5	20700.3	206.8	0.1	64.7	10405.7
财通证券凤起路证券营业部	浙江	杭州	31355.8	17993.7	114.1	0.3	22.8	13224.9
华创证券北京路证券营业部	贵州	贵阳	31313.5	13967.5	75.4	1.4	24.9	17244.4
国信证券承修二路证券营业部	广东	惠州	31176.1	20507.1	42.0	0.1	8.5	10618.4
湘财证券马鞍山路证券营业部	山东	济南	31165.8	12444.2	6821.6	0.2	223.8	11676.0
安信证券人民南路证券营业部	广东	茂名	31122.9	17643.3	211.7	1.1	12.1	13254.7
中信建投证券市五一路证券营业部	辽宁	鞍山	31111.5	8768.2	1281.5	47.5	1833.2	19181.1
安信证券兴宁迎宾大道证券营业部	广东	梅州	31094.5	22939.1	234.4	0.3	10.6	7910.1
长城证券童卫路证券营业部	江苏	南京	31057.9	11857.4	976.8	0.0	73.0	18150.6
浙商证券崇和路证券营业部	浙江	台州	31041.1	24452.5	128.3	0.0	9.5	6450.8
国泰君安证券沂蒙路证券营业部	山东	临沂	31027.6	22089.8	78.6	0.4	43.5	8815.3
中银国际证券蓝天路证券营业部	海南	海口	30993.4	20071.0	682.6	0.3	155.6	10084.0
广发证券凤凰北路证券营业部	广东	珠海	30971.9	18388.9	206.0	0.0	62.4	12314.6
中国银河证券南瑞路证券营业部	江苏	南京	30897.5	13104.7	922.0	59.0	168.5	16643.3
中国银河证券三江路证券营业部	浙江	金华	30835.7	25846.7	781.7	0.1	17.1	4190.1
宏源证券厦禾路证券营业部	福建	厦门	30742.4	14392.0	5674.7	0.5	1087.6	9587.7
申银万国证券南京东路证券营业部	江西	南昌	30740.1	13803.3	17.6	47.0	1688.0	15184.2
红塔证券滇池路证券营业部	云南	昆明	30738.5	2677.9	227.8	1.3	76.3	27755.2
华泰证券新华西街证券营业部	宁夏	银川	30727.6	16540.3	7539.6	0.1	138.5	6509.0
申银万国证券利津路证券营业部	上海	上海	30715.4	12837.8	382.7	0.0	84.8	17410.1
海通证券高山街营业部	山东	威海	30704.4	17321.8	496.5	0.5	91.3	12794.3
长江证券锣锅巷证券营业部	四川	成都	30614.5	16820.0	539.9	1.9	225.1	13027.6
方正证券黄兴中路证券营业部	湖南	长沙	30603.6	22722.0	264.8	0.5	11.7	7604.7
齐鲁证券有限西安路证券营业部	上海	上海	30594.4	9816.4	343.9	0.0	132.6	20301.5
国泰君安证券民族大道证券营业部	广西	南宁	30589.1	24166.0	153.0	0.7	30.1	6239.4
江海证券有限滨地段街证券营业部	黑龙江	哈尔滨	30575.1	14022.6	71.0	0.0	518.9	15962.6
联讯证券北苑证券营业部	北京	北京	30572.9	17476.1	112.5	0.5	24.7	12959.1
安信证券宝安海秀路证券营业部	深圳	深圳	30564.7	22208.5	259.5	0.1	42.3	8054.3
光大证券南雷南路证券营业部	浙江	宁波	30532.1	13623.6	388.1	0.0	19.3	16501.2
大同证券经纪长寿路证券营业部	上海	上海	30494.8	10191.0	167.4	2.3	10.1	20124.1
中信建投证券龙园西路证券营业部	江苏	南京	30490.2	14949.6	1139.0	91.4	844.4	13465.8
中国银河证券东风西路证券营业部	广东	广州	30477.7	20828.3	196.6	0.7	148.9	9303.1
中信建投证券市芙蓉中路证券营业部	湖南	长沙	30460.5	22089.6	210.0	0.0	128.9	8032.0
中国银河证券滨海大道证券营业部	海南	海口	30426.8	12103.6	325.2	0.1	177.1	17820.9

注：营业部交易金额的单位为百万元。

证券营业部交易
Trading of Business Department

营业部名称 Business Department	省份 Province	城市 City	总计 Total	股票 Share	基金 Fund	政府债 G-Bond	公司债 C-Bond	债券回购 Repo
宏源证券木齐北京南路证券营业部	新疆	乌鲁木齐	30369.9	23151.7	72.0	1.9	28.9	7115.4
中信证券鸿福路证券营业部	广东	东莞	30365.2	14258.0	7083.6	0.0	71.4	8952.2
新时代证券中关村东路证券营业部	北京	北京	30356.7	11910.6	132.3	0.4	220.0	18093.4
华西证券西玉龙街证券营业部	四川	成都	30356.2	17500.9	385.9	2.1	86.3	12381.0
中国中投证券八一七中路证券营业部	福建	福州	30340.1	19080.3	335.6	0.0	24.6	10899.6
中信证券(山东)总部证券营业部	山东	青岛	30336.1	3009.0	995.3	0.0	737.6	25594.2
东方证券闵行区古龙路证券营业部	上海	上海	30313.4	12836.3	69.1	0.1	3097.2	14310.7
方正证券珠江路证券营业部	江苏	南京	30309.9	19106.9	1684.8	0.0	360.6	9157.6
财达证券首体南路营业部	北京	北京	30286.9	9358.5	61.2	0.3	14.0	20853.0
国泰君安证券十一纬路证券营业部	辽宁	沈阳	30262.7	18888.7	307.2	0.1	48.6	11018.1
浙商证券温迪路证券营业部	浙江	温州	30256.4	22906.3	208.2	0.0	38.7	7103.2
江海证券有限滨邮政街证券营业部	黑龙江	哈尔滨	30220.1	13093.8	151.6	0.1	116.7	16857.9
光大证券人民中路证券营业部	云南	昆明	30214.5	15558.7	302.8	1.6	102.2	14249.2
申银万国证券中山一路营业部	重庆	重庆	30188.4	20133.4	167.1	0.0	102.6	9785.2
湘财证券五里牌证券营业部	湖南	岳阳	30134.0	16637.3	11242.1	2.4	46.8	2205.4
中国银河证券建国路证券营业部	北京	北京	30132.2	9425.3	204.6	0.7	2648.8	17852.8
长江证券中央路证券营业部	江苏	南京	30087.3	14420.1	631.1	0.0	91.5	14944.5
山西证券太平庄证券营业部	北京	北京	30032.2	13130.4	192.7	0.7	51.5	16657.0
中国银河证券东风西路证券营业部	云南	昆明	29917.5	17864.1	164.2	11.7	474.6	11402.8
招商证券干将西路证券营业部	江苏	苏州	29895.4	17505.1	1749.3	1.1	28.2	10611.6
长江证券建华路证券营业部	湖北	襄樊	29871.1	12904.6	749.3	40.7	456.6	15720.0
华福证券城涵东大道证券营业部	福建	莆田	29868.2	25545.4	269.2	0.1	18.3	4035.3
财达证券广场街证券营业部	河北	沧州	29854.1	20599.7	914.7	0.8	84.6	8254.3
中原证券南关大街第一证券营业部	河南	许昌	29854.1	25651.7	209.5	0.1	14.1	3978.7
中信建投证券市同兴街证券营业部	辽宁	大连	29851.4	15075.7	6491.4	0.1	102.5	8181.8
中信建投证券北京西路证券营业部	湖北	荆州	29811.3	15748.2	4035.9	0.2	43.1	9983.9
申银万国证券靖江骥江路营业部	江苏	泰州	29810.0	19330.8	1143.0	31.5	50.7	9254.0
华鑫证券漕宝路证券营业部	上海	上海	29777.3	11783.6	359.3	2.0	17.7	17614.6
广发证券小西路证券营业部	辽宁	沈阳	29758.4	14215.3	328.0	0.0	51.3	15163.8
安信证券车轿街证券营业部	浙江	宁波	29745.6	20394.7	160.2	0.0	2518.6	6672.1
华融证券木齐人民路证券营业部	新疆	乌鲁木齐	29684.4	19984.3	120.0	0.5	1.1	9578.5
江海证券有限东三环南路证券营业部	北京	北京	29679.2	20179.6	319.3	7.8	72.6	9100.0
中原证券人民路证券营业部	河南	南阳	29649.7	25886.2	246.5	0.0	43.8	3473.2
广发证券北京东路证券营业部	江苏	南京	29645.9	17005.1	993.1	1.2	23.6	11622.9
海通证券东风西路营业部	云南	昆明	29623.7	20099.9	111.7	0.4	31.6	9380.1
东方证券杨浦区四平路证券营业部	上海	上海	29616.5	11303.9	242.5	0.1	209.2	17860.8
宏源证券广州大道中证券营业部	广东	广州	29585.0	15697.4	501.0	0.2	2875.1	10511.3
长城证券水仙街证券营业部	辽宁	大连	29577.6	16191.3	502.6	0.0	34.5	12849.2
安信证券湖里大道证券营业部	福建	厦门	29574.2	16664.9	699.9	0.2	508.2	11701.0
国泰君安证券中华中路证券营业部	贵州	贵阳	29571.9	24668.1	572.3	1.2	54.0	4276.3
平安证券深南大道证券营业部	深圳	深圳	29566.5	19928.8	71.4	0.0	72.6	9493.7
海通证券杭州路营业部	山东	青岛	29560.2	12756.2	292.7	0.2	43.6	16467.5
广发证券万松园路证券营业部	湖北	武汉	29518.2	15815.2	184.9	0.0	249.4	13268.8
国元证券朝阳西路证券营业部	安徽	淮南	29467.3	15643.1	87.3	22.6	475.3	13239.0
光大证券元美路证券营业部	广东	东莞	29435.1	16711.1	1760.5	0.4	5.4	10957.6
国泰君安证券高新路证券营业部	陕西	西安	29420.9	23712.7	180.4	19.6	87.4	5420.9
开源证券长安南路证券营业部	陕西	西安	29411.7	10956.0	48.7	2.4	4028.7	14375.9
国泰君安证券国贸大道证券营业部	海南	海口	29400.0	20170.9	625.5	0.4	129.8	8473.4
东海证券愚园路证券营业部	上海	上海	29372.3	12862.6	256.4	0.1	85.2	16168.1
广发证券中兴中路证券营业部	浙江	绍兴	29366.1	14391.8	1925.6	0.0	42.8	13005.8

注：营业部交易金额的单位为百万元。

证券营业部交易
Trading of Business Department

营业部名称 Business Department	省份 Province	城市 City	总计 Total	股票 Share	基金 Fund	政府债 G-Bond	公司债 C-Bond	债券回购 Repo
东方证券天祥寺街证券营业部	四川	成都	29365.3	13693.4	393.1	2.3	83.0	15193.6
山西证券漪汾街证券营业部	山西	太原	29343.1	11164.6	4399.0	0.0	2.2	13777.3
广发证券环城西路证券营业部	浙江	宁波	29332.3	16713.8	133.9	10.3	538.5	11935.8
长江证券天河北路证券营业部	广东	广州	29277.6	14692.8	844.5	1.6	489.6	13249.1
湘财证券汉中路证券营业部	江苏	南京	29243.4	8093.3	6758.0	1.6	97.5	14293.0
中信证券(山东)南大街证券营业部	山东	烟台	29239.7	18559.4	549.4	0.0	90.6	10040.2
海通证券西新街证券营业部	陕西	西安	29232.0	16964.0	355.7	0.4	73.5	11838.3
华西证券涪江路证券营业部	四川	南充	29182.6	21745.5	96.4	2.0	78.0	7260.7
国元证券东直门外大街证券营业部	北京	北京	29179.5	18139.6	788.8	0.0	19.7	10231.4
中国中投证券龙华路证券营业部	海南	海口	29156.1	16488.4	43.8	34.2	15.4	12574.4
金元证券杨浦区平凉路证券营业部	上海	上海	28996.2	10324.4	191.5	0.3	18.7	18461.3
方正证券北门街证券营业部	浙江	义乌	28984.7	24462.5	62.3	1.1	7.9	4450.9
中信建投证券建设中路证券营业部	湖南	株洲	28980.4	17329.7	6976.2	0.0	129.1	4545.4
中信建投证券北京东路证券营业部	江西	南昌	28965.6	16994.4	135.5	0.0	43.7	11791.9
光大证券兴庆路证券营业部	陕西	西安	28937.8	20050.8	258.9	6.3	106.7	8515.1
中信建投证券市颐阳路证券营业部	湖北	黄石	28927.6	12999.4	5308.1	0.0	4815.9	5804.2
世纪证券北京西路证券营业部	江西	南昌	28914.9	19446.1	190.5	0.0	55.5	9222.7
中信建投证券市人民大街证券营业部	吉林	长春	28888.4	14865.7	6172.5	41.2	838.8	6970.2
中国银河证券人民路证券营业部	浙江	温州	28867.3	21866.1	2904.9	0.0	48.7	4047.7
招商证券北京西路证券营业部	江西	南昌	28862.7	18660.1	80.5	0.3	93.5	10028.3
国联证券太平南路证券营业部	江苏	南京	28862.5	6869.0	49.7	0.2	1.9	21941.7
海通证券山湖东中路证券营业部	安徽	马鞍山	28851.3	5863.6	83.1	0.0	68.8	22835.7
国海证券国定东路证券营业部	上海	上海	28843.7	9464.7	245.3	1.0	9.9	19122.8
国泰君安证券象山北路证券营业部	江西	南昌	28821.1	19424.0	827.9	0.2	65.0	8504.1
华泰证券朝阳北路证券营业部	湖北	十堰	28794.9	18299.1	3800.4	0.0	5.6	6689.7
国泰君安证券金沙路营业部	广东	汕头	28774.4	20627.2	188.8	0.6	80.9	7876.9
华泰证券东丽开发区二纬路证券营业部	天津	天津	28763.1	11469.5	15581.7	0.3	44.1	1667.4
华泰证券丈八东路证券营业部	陕西	西安	28747.4	10310.5	5968.1	0.5	1056.0	11412.2
湘财证券木齐克拉玛依东路营业部	新疆	克拉玛依	28699.2	14792.3	5969.4	0.0	1.8	7935.7
齐鲁证券有限三八中路证券营业部	山东	德州	28696.8	20813.8	2411.7	1.0	35.9	5434.4
齐鲁证券有限思明南路证券营业部	福建	厦门	28672.9	17184.3	329.7	1.0	106.3	11051.5
万联证券农林下路证券营业部	广东	广州	28666.5	9259.0	2387.1	0.0	357.5	16662.9
国元证券体育路证券营业部	广东	中山	28621.4	15752.0	4368.0	2.1	46.5	8452.8
英大证券园岭三街证券营业部	深圳	深圳	28588.2	17196.1	52.6	7.4	291.4	11040.7
中国银河证券王充路证券营业部	浙江	上虞	28575.6	3340.7	23772.3	0.0	0.1	1462.6
信达证券虹梅南路证券营业部	上海	上海	28573.4	12988.9	959.7	1.7	31.3	14591.8
东方证券南汇证券营业部	上海	上海	28559.4	16232.6	85.2	1.4	53.4	12186.8
中信建投证券解放路证券营业部	湖南	郴州	28555.9	10650.7	2535.6	0.5	1356.8	14012.4
国泰君安证券建华西道证券营业部	河北	唐山	28534.8	17400.6	7737.7	1.4	31.2	3364.0
宏源证券大马路证券营业部	山东	烟台	28517.5	4384.6	36.4	0.0	1187.9	22908.6
东方证券平月路证券营业部	广东	广州	28450.5	17060.5	1178.3	527.1	3205.5	6479.1
财富证券韶山中路证券营业部	湖南	长沙	28435.7	18218.6	6400.7	1.1	43.8	3771.5
中信证券（浙江）复兴北路证券营业部	浙江	嘉兴	28432.6	16567.4	2211.2	0.0	43.0	9611.0
南京证券吉祥商城证券营业部	江苏	苏州	28431.1	14829.7	252.2	0.0	119.4	13229.9
渤海证券万科中心证券营业部	天津	天津	28430.9	16608.8	1448.2	0.0	49.1	10324.7
长江证券鹭江道证券营业部	福建	厦门	28421.3	15017.7	269.8	0.0	34.5	13099.2
国泰君安证券星光路证券营业部	四川	泸州	28407.7	16808.2	65.7	0.4	1724.4	9809.0
平安证券太平北路证券营业部	江苏	南京	28404.3	16537.9	243.1	0.1	50.1	11573.1
东方证券虹口区飞虹路证券营业部	上海	上海	28398.3	11429.6	189.7	0.1	73.0	16705.9
世纪证券平安大街证券营业部	北京	北京	28383.6	7394.2	82.9	0.0	111.9	20794.6

注：营业部交易金额的单位为百万元。

证券营业部交易
Trading of Business Department

营业部名称 Business Department	省份 Province	城市 City	总计 Total	股票 Share	基金 Fund	政府债 G-Bond	公司债 C-Bond	债券回购 Repo
方正证券邵水西路证券营业部	湖南	邵阳	28381.7	26973.9	83.0	3.1	63.3	1258.4
中国银河证券珠江路证券营业部	重庆	重庆	28375.7	15465.3	157.9	7.5	361.2	12383.9
华泰证券新建文化大道证券营业部	江西	南昌	28341.3	8874.2	9.7	0.0	1073.6	18383.9
广发证券洪武路证券营业部	江苏	南京	28334.2	16183.3	932.4	0.1	53.1	11165.3
上海证券路证券营业部	上海	上海	28325.9	10401.5	143.8	2.0	22.3	17756.3
招商证券解放北路证券营业部	广西	柳州	28286.8	21591.2	52.9	0.7	22.5	6619.4
恒泰证券水电路证券营业部	上海	上海	28283.2	10162.4	369.8	0.2	29.7	17721.1
海通证券中荣街证券营业部	安徽	蚌埠	28278.1	19003.0	1880.6	0.2	453.0	6941.4
中国银河证券海滨大道南证券营业部	广东	湛江	28253.1	23965.6	119.9	2.7	10.5	4154.4
广发证券番禺环城东路证券营业部	广东	番禺	28240.4	20783.7	389.7	0.2	80.7	6986.1
华福证券列东街证券营业部	福建	三明	28202.6	9099.3	24.3	0.1	15.6	19063.3
申银万国证券北京西路证券营业部	江西	南昌	28192.0	17388.8	263.2	0.0	49.5	10490.5
光大证券华远东路证券营业部	广东	佛山	28131.8	16646.6	642.3	0.0	115.8	10727.0
国泰君安证券新华街证券营业部	辽宁	鞍山	28103.9	5985.7	19.0	64.3	1359.8	20675.1
中银国际证券黄河路证券营业部	辽宁	大连	28092.5	18879.9	238.9	1.8	104.0	8867.8
海通证券闵行区吴中路证券营业部	上海	上海	28086.7	17601.6	566.0	0.1	222.6	9696.4
光大证券解放大路证券营业部	吉林	长春	28074.4	15394.3	5430.0	1.4	468.7	6780.1
新时代证券西市大街证券营业部	天津	天津	28069.4	13681.6	459.3	1.6	15.1	13911.8
申银万国证券阜南路证券营业部	安徽	合肥	28061.1	17589.4	593.4	0.0	255.8	9622.6
中国中投证券解放路证券营业部	四川	自贡	28060.3	21505.0	85.9	0.8	220.4	6248.3
东北证券东风大街证券营业部	吉林	长春	27998.8	12477.8	332.7	0.0	24.1	15164.2
中航证券有限中原东路证券营业部	河南	郑州	27959.6	18879.3	156.5	0.0	193.3	8730.5
光大证券海德二路证券营业部	深圳	深圳	27950.3	23375.2	465.7	0.2	24.4	4084.8
东海证券西苑路证券营业部	河南	洛阳	27934.9	18010.9	98.9	1.6	365.2	9458.3
申银万国证券十一经路证券营业部	天津	天津	27904.9	10125.4	189.2	0.8	74.0	17515.4
海通证券富水北路证券营业部	贵州	贵阳	27835.9	16317.3	187.5	0.2	14.7	11316.2
湘财证券新民路证券营业部	湖南	长沙	27825.1	15643.3	4631.5	0.0	66.4	7483.9
东方证券中兴路证券营业部	上海	上海	27811.1	10133.2	156.1	4.4	53.0	17464.4
中银国际证券新风路证券营业部	海南	三亚	27769.0	20419.2	136.5	0.6	222.1	6990.6
广发证券友谊路证券营业部	河北	唐山	27742.1	16010.0	1176.4	0.0	38.6	10517.1
东方证券学院路证券营业部	北京	北京	27719.0	10189.7	217.1	0.2	16.8	17295.3
广发证券彩田路证券营业部	深圳	深圳	27718.3	15608.2	529.6	0.0	255.9	11324.5
中国国际金融有限莲岳路证券营业部	福建	厦门	27717.3	4608.5	21.9	0.0	86.7	23000.2
金元证券东方路证券营业部	上海	上海	27686.7	13457.2	98.8	0.1	18.2	14112.4
长江证券番禺路证券营业部	上海	上海	27681.4	4969.9	298.5	12.4	1436.4	20964.2
华鑫证券浦雪路证券营业部	上海	上海	27568.6	10724.7	47.3	0.1	0.8	16795.7
国盛证券赣株北大道证券营业部	江西	上饶	27522.3	15128.2	44.2	101.9	1507.6	10740.5
国海证券人民东路证券营业部	广西	玉林	27512.2	21232.9	328.9	0.0	23.2	5927.2
中国中投证券徐东大街证券营业部	湖北	武汉	27509.0	15721.4	85.2	1.2	31.0	11670.1
财通证券水月亭西路证券营业部	浙江	嘉兴	27507.7	18136.9	119.0	0.1	24.4	9227.3
招商证券航空路证券营业部	湖北	武汉	27506.5	20601.8	70.0	0.0	110.9	6723.9
宏源证券木齐北京路证券营业部	新疆	乌鲁木齐	27478.3	14607.9	262.5	0.0	28.4	12579.6
中信建投证券市南海区南桂东路证券营业部	广东	佛山	27454.7	12819.8	3362.0	0.8	47.0	11225.2
山西证券虹桥路证券营业部	上海	上海	27439.4	12093.8	1043.0	0.6	44.0	14258.0
安信证券惠民北路证券营业部	广东	韶关	27434.7	15322.8	4131.3	0.0	13.6	7967.0
安信证券红领巾路证券营业部	广东	汕头	27356.1	16031.7	1775.9	1.0	61.6	9485.9
中国民族证券南丹东路证券营业部	上海	上海	27338.1	14407.5	140.5	1.0	89.7	12699.5
南京证券龙蟠路证券营业部	江苏	南京	27317.3	20279.6	449.6	7.6	34.5	6546.0
华西证券珞瑜路证券营业部	湖北	武汉	27311.9	1361.4	166.0	0.0	4.4	25780.1
江海证券有限万航渡路证券营业部	上海	上海	27303.6	10612.6	76.1	0.0	36.8	16578.1

注：营业部交易金额的单位为百万元。

证券营业部交易
Trading of Business Department

营业部名称 Business Department	省份 Province	城市 City	总计 Total	股票 Share	基金 Fund	政府债 G-Bond	公司债 C-Bond	债券回购 Repo
东方证券裕民路证券营业部	辽宁	抚顺	27292.3	20841.1	1098.4	0.9	93.3	5258.6
申银万国证券镇江中山东路证券营业部	江苏	镇江	27291.0	19059.9	89.3	1.2	99.6	8040.9
东莞证券塘厦证券营业部	广东	东莞	27290.4	23162.6	56.0	0.0	68.9	4002.8
华泰证券滨西十六道街证券营业部	黑龙江	哈尔滨	27280.8	14790.5	5227.3	0.0	22.5	7240.4
海通证券分公司红岭南路证券营业部	深圳	深圳	27263.4	21661.1	852.2	0.2	45.3	4704.6
广州证券荔城镇证券营业部	广东	广州	27251.0	20745.0	150.4	0.7	118.7	6236.2
华泰证券港通灌南路证券营业部	江苏	连云港	27244.3	14197.5	6528.3	0.0	8.4	6510.1
东方证券金田路证券营业部	深圳	深圳	27236.0	12998.9	33.9	200.3	27.5	13975.5
长城证券福州路证券营业部	江西	南昌	27227.1	16073.3	270.2	0.0	72.7	10810.8
中国中投证券石岐宏基路证券营业部	广东	中山	27189.4	16897.7	654.5	0.5	15.6	9621.1
东方证券龙井路证券营业部	浙江	杭州	27180.3	14817.0	252.2	0.0	128.0	11983.1
东北证券世纪大道证券营业部	上海	上海	27165.5	11361.3	212.4	0.2	50.9	15540.8
招商证券宝兴路证券营业部	深圳	深圳	27149.9	9530.0	231.3	0.0	13.8	17374.8
中国银河证券健康路证券营业部	河南	郑州	27123.9	23130.9	91.9	1.8	42.3	3857.0
中国中投证券临园路证券营业部	四川	绵阳	27096.5	20018.3	472.7	0.6	132.2	6472.7
国海证券驾鹤路证券营业部	广西	柳州	27085.1	17253.8	192.8	0.2	30.5	9607.9
国元证券百花二路证券营业部	深圳	深圳	27068.4	11781.9	255.8	0.0	119.5	14911.2
华泰证券胜利路证券营业部	辽宁	大连	27001.3	12146.9	10138.6	0.8	31.8	4683.3
中信建投证券市井冈山大道证券营业部	江西	南昌	26990.4	15824.6	960.7	4.4	26.1	10174.6
国金证券湖滨北路证券营业部	福建	厦门	26955.9	15200.6	43.5	0.0	53.8	11657.9
华林证券振华路证券营业部	深圳	深圳	26953.5	20861.0	156.8	0.0	28.5	5907.2
东兴证券八七路证券营业部	福建	石狮	26928.4	18378.9	134.6	0.1	33.2	8381.7
联讯证券下埔路证券营业部	广东	惠州	26910.1	21123.4	135.6	0.3	35.3	5615.5
首创证券五道口证券营业部	北京	北京	26881.3	15360.1	145.7	3.6	37.3	11334.7
民生证券桐柏路证券营业部	河南	郑州	26874.6	19629.9	86.6	0.5	37.9	7119.7
德邦证券建设东路证券营业部	辽宁	沈阳	26871.9	10264.4	31.3	0.0	26.4	16549.8
中国民族证券胜利南路证券营业部	辽宁	鞍山	26869.9	18244.8	1008.6	0.6	37.1	7578.8
上海证券路证券营业部	上海	上海	26841.3	8999.7	564.5	2.0	82.2	17192.8
长江证券人民北路证券营业部	湖北	十堰	26839.9	18331.2	648.6	0.0	28.7	7831.4
中国中投证券武清雍阳西道证券营业部	天津	天津	26827.5	3297.9	16.3	0.0	0.2	23513.1
国泰君安证券海岸城海德三道证券营业部	深圳	深圳	26815.2	17959.4	686.0	0.0	35.6	8134.2
光大证券芙蓉中路营业部	湖南	长沙	26805.6	21468.5	279.0	0.0	8.9	5049.3
浙商证券福华一路证券营业部	深圳	深圳	26789.1	5966.7	8.4	0.0	0.1	20813.9
平安证券绍兴道证券营业部	天津	天津	26777.8	19591.1	353.8	0.4	146.1	6686.3
信达证券铁岭路证券营业部	上海	上海	26773.4	12396.6	201.7	0.1	59.9	14115.1
长江证券下埔路证券营业部	广东	惠州	26755.8	20566.9	333.0	0.7	41.9	5813.4
世纪证券福虹路证券营业部	深圳	深圳	26736.3	17254.6	26.4	0.2	26.2	9429.0
中信建投证券凤山路证券营业部	福建	厦门	26720.8	17567.1	251.6	0.0	1.1	8901.0
华林证券体育西路证券营业部	广东	广州	26720.3	19848.0	287.6	2.1	157.0	6425.5
中信建投证券抚河中路证券营业部	江西	南昌	26715.1	19050.6	272.1	2.5	77.8	7312.1
中信证券（浙江）鸣阳路证券营业部	浙江	温州	26712.0	16311.6	1218.2	0.0	28.3	9154.0
方正证券南大街证券营业部	陕西	西安	26693.7	6399.4	35.5	0.0	14.8	20243.9
中国银河证券新世纪证券营业部	湖北	宜昌	26650.0	21806.1	88.3	0.1	146.5	4609.0
爱建证券中华路证券营业部	上海	上海	26600.7	8038.2	320.0	0.2	11.2	18231.2
西南证券渝碚路证券营业部	重庆	重庆	26599.1	20441.4	287.7	0.4	21.8	5847.8
中银国际证券香港中路证券营业部	山东	青岛	26596.1	15785.9	275.3	3.0	55.2	10476.8
国元证券西坝河南路证券营业部	北京	北京	26584.2	10294.1	363.3	0.0	13.4	15913.3
财富证券车站大道证券营业部	浙江	温州	26570.8	17517.2	120.4	1.2	55.6	8876.4
东北证券同志街第三证券营业部	吉林	长春	26504.6	15749.0	402.9	0.2	378.9	9973.7
宏源证券十一纬路证券营业部	辽宁	沈阳	26460.0	17936.2	88.5	28.2	43.8	8363.3

注：营业部交易金额的单位为百万元。

证券营业部交易
Trading of Business Department

营业部名称 Business Department	省份 Province	城市 City	总计 Total	股票 Share	基金 Fund	政府债 G-Bond	公司债 C-Bond	债券回购 Repo
广发证券密渡桥路证券营业部	浙江	杭州	26453.5	14909.6	284.2	0.0	92.3	11167.4
财富证券曙光中路证券营业部	湖南	长沙	26427.8	16143.1	2736.6	0.6	221.2	7326.3
国元证券季华五路证券营业部	广东	佛山	26412.6	14743.9	434.4	0.4	8.6	11225.2
东方证券闵行区都市路证券营业部	上海	上海	26394.8	13217.5	176.3	12.5	121.3	12867.2
大通证券南车站路证券营业部	上海	上海	26334.1	10092.8	39.8	0.0	2.8	16198.7
中信建投证券市中心路证券营业部	山东	淄博	26331.9	18854.4	2536.7	0.7	10.8	4929.3
方正证券东茅岭证券营业部	湖南	岳阳	26309.8	21354.5	177.4	2.5	36.3	4739.1
国信证券顺德大良证券营业部	广东	佛山	26285.3	19504.0	290.7	0.1	27.3	6463.2
国盛证券物资大楼证券营业部	江西	南昌	26284.0	13421.1	184.6	0.0	95.2	12583.1
浙商证券四明中路证券营业部	浙江	宁波	26246.8	16122.1	166.9	0.0	10.9	9946.9
上海证券路证券营业部	上海	上海	26244.0	8703.3	686.2	2.3	120.0	16732.3
中山证券车公庄大街证券营业部	北京	北京	26242.4	12292.5	101.3	4.7	90.4	13753.5
渤海证券福中路证券营业部	深圳	深圳	26232.4	9461.3	23.6	0.0	109.8	16637.7
中信证券(山东)柳泉路证券营业部	山东	淄博	26188.7	15051.0	533.1	3.0	28.1	10573.6
光大证券康庄南路证券营业部	浙江	宁波	26129.5	15510.4	95.9	0.0	7.8	10515.3
东北证券三里河东路证券营业部	北京	北京	26127.7	15246.5	166.4	0.0	2253.4	8461.4
东莞证券证券有限责任公司唐山新天地证券营业部	河北	唐山	26114.4	6906.4	29.7	0.2	920.0	18258.1
民生证券郑汴路证券营业部	河南	郑州	26063.4	20837.9	151.1	0.0	8.4	5066.0
齐鲁证券有限经十路证券营业部	山东	济南	26045.3	18522.3	2682.4	12.1	89.7	4738.9
新时代证券马家堡西路证券营业部	北京	北京	26031.1	5518.6	3120.4	0.0	28.8	17363.3
国信证券滨田地街证券营业部	黑龙江	哈尔滨	26030.6	18039.1	91.9	2.3	19.4	7877.9
国元证券山雨山西路证券营业部	安徽	马鞍山	26024.9	19250.5	289.2	1.2	32.2	6451.9
光大证券花地大道证券营业部	广东	广州	26010.8	15668.9	2565.3	0.0	536.4	7240.2
中国银河证券罗湖证券营业部	深圳	深圳	26005.6	17819.6	34.3	0.0	123.1	8028.7
大通证券广中西路证券营业部	上海	上海	25993.9	5250.0	43.5	0.5	561.7	20138.2
湘财证券友谊大道证券营业部	湖北	武汉	25992.1	8904.4	8157.3	0.0	320.9	8609.6
华泰证券青年路证券营业部	湖北	武汉	25976.5	12558.2	7488.9	0.0	31.9	5897.5
渤海证券景德路证券营业部	江苏	苏州	25968.7	15791.4	68.6	0.1	26.7	10081.8
东吴证券盛泽镇西环路证券营业部	江苏	吴江	25931.7	15133.7	58.4	0.0	7.9	10731.7
光大证券中山二路证券营业部	广东	广州	25927.5	17996.3	938.9	0.4	206.9	6785.1
海通证券滨中山路证券营业部	黑龙江	哈尔滨	25897.1	17931.0	99.3	0.0	4.9	7861.9
光大证券民权路证券营业部	重庆	重庆	25894.7	15933.3	305.3	5.7	289.5	9360.9
华泰证券苏锡路证券营业部	江苏	无锡	25868.4	17608.6	948.5	1.9	163.2	7146.3
大通证券淮海西路证券营业部	上海	上海	25781.2	8178.0	322.3	1.1	41.7	17238.1
齐鲁证券有限渤海七路证券营业部	山东	滨州	25780.8	8061.0	1583.9	0.0	2719.9	13415.9
中信建投证券皋兰路证券营业部	甘肃	兰州	25776.7	9060.0	5180.2	0.0	18.1	11518.4
财达证券莲池北大街证券营业部	河北	保定	25775.1	15211.9	44.7	0.5	68.6	10449.5
宏源证券木齐文艺路证券营业部	新疆	乌鲁木齐	25765.9	18689.0	64.9	46.6	26.7	6938.7
万联证券富贵东路证券营业部	上海	上海	25765.3	11810.0	1288.6	29.4	83.1	12554.3
方正证券船山大道证券营业部	湖南	衡阳	25750.6	23037.7	75.2	0.3	13.7	2623.7
长城证券西昌路证券营业部	云南	昆明	25747.2	8554.1	111.2	0.1	44.6	17037.3
广发证券环湖中路证券营业部	天津	天津	25725.3	11871.1	35.3	0.3	74.9	13743.8
广发证券岛河北大街证券营业部	河北	秦皇岛	25721.7	16893.2	238.5	0.1	51.1	8538.8
东方证券松江区沪亭北路证券营业部	上海	上海	25701.8	7527.1	72.6	108.9	1426.2	16567.1
华泰证券晋阳路证券营业部	四川	成都	25632.2	15109.5	921.4	0.9	30.3	9570.0
财通证券广陵路证券营业部	浙江	台州	25610.7	17269.1	70.4	0.0	10.8	8260.5
齐鲁证券有限古槐路证券营业部	山东	济宁	25605.9	18810.9	474.8	0.4	23.5	6296.3
东方证券新川路证券营业部	上海	上海	25585.6	14312.3	146.8	0.0	10.3	11116.2
华泰证券山大南路证券营业部	山东	济南	25557.4	7280.9	2086.7	5.6	286.6	15897.7
长城证券惠工街证券营业部	辽宁	沈阳	25556.9	14158.8	245.3	2.4	12.5	11137.8

注：营业部交易金额的单位为百万元。

证券营业部交易
Trading of Business Department

营业部名称 Business Department	省份 Province	城市 City	总计 Total	股票 Share	基金 Fund	政府债 G-Bond	公司债 C-Bond	债券回购 Repo
南京证券人民中路证券营业部	江苏	无锡	25553.7	13101.0	110.3	16.2	35.1	12291.2
中信证券(山东)蓝鳌路证券营业部	山东	青岛	25536.8	18379.1	1702.4	0.0	5.0	5450.3
南京证券港通灌南路证券营业部	江苏	连云港	25530.2	21233.3	145.7	0.0	114.1	4037.0
国联证券漕宝路证券营业部	上海	上海	25514.2	12626.9	381.5	2.0	20.5	12483.4
广发证券科园一路证券营业部	重庆	重庆	25494.1	16188.4	141.9	0.4	41.9	9121.6
新时代证券北京大街证券营业部	河南	信阳	25455.7	22549.5	321.7	1.1	29.2	2554.3
中山证券福华三路证券营业部	深圳	深圳	25431.4	5444.2	1.4	0.0	0.0	19985.8
湘财证券滨中山路证券营业部	黑龙江	哈尔滨	25379.2	7462.4	6700.3	3.5	22.9	11190.1
信达证券兴隆台街证券营业部	辽宁	盘锦	25341.2	18364.5	74.8	0.5	125.5	6775.9
中国民族证券北沙滩证券营业部	北京	北京	25311.1	8106.3	264.6	0.2	81.7	16858.2
西南证券中北路证券营业部	湖北	武汉	25308.4	2568.4	184.7	1448.3	124.5	20982.6
国海证券滨湖路证券营业部	广西	南宁	25288.6	12825.2	162.2	0.0	12.1	12289.0
南京证券东三环南路证券营业部	北京	北京	25283.1	8545.6	45.6	0.0	22.4	16669.6
华泰证券六合板门口证券营业部	江苏	南京	25273.9	11723.1	9268.7	0.0	5.5	4276.7
齐鲁证券有限车站大道证券营业部	浙江	温州	25267.3	19142.8	364.7	0.2	379.1	5380.6
齐鲁证券有限人民西路营业部	山东	淄博	25264.0	12061.3	723.9	0.1	16.3	12462.5
宏源证券勒滨河路证券营业部	新疆	库尔勒	25258.9	18375.9	123.4	0.0	31.8	6727.9
中国银河证券玉苍路证券营业部	浙江	温州	25248.3	22739.9	375.4	0.0	3.6	2129.4
中国银河证券长江中路证券营业部	安徽	合肥	25240.3	18298.9	85.4	18.5	25.8	6811.8
东方证券劳动西路证券营业部	湖南	长沙	25240.2	15107.9	69.5	0.0	2.9	10059.9
华鑫证券嘉定棋盘路证券营业部	上海	上海	25239.2	14557.3	285.6	0.0	6.8	10389.4
广发证券珞瑜路证券营业部	湖北	武汉	25236.7	17080.4	78.8	1.2	181.7	7894.5
中信建投证券青枫北路证券营业部	重庆	重庆	25228.6	10039.7	67.8	0.2	160.9	14960.0
湘财证券芙蓉中路证券营业部	湖南	长沙	25218.5	15822.8	1108.8	0.2	23.6	8263.1
华泰证券港金港镇长江中路证券营业部	江苏	张家港	25193.6	9504.3	1401.4	0.0	101.2	14186.7
信达证券淮河路证券营业部	安徽	蚌埠	25166.2	12445.0	59.7	75.6	222.8	12363.1
方正证券庆春东路证券营业部	浙江	杭州	25142.5	18074.3	477.9	0.0	12.6	6577.7
齐鲁证券有限苗圃路证券营业部	上海	上海	25109.8	11394.5	283.0	0.6	16.0	13415.8
东莞证券东泰证券营业部	广东	东莞	25102.5	12527.8	57.7	0.2	16.3	12500.6
中国银河证券桃园证券营业部	山西	太原	25096.0	17071.9	349.2	3.0	28.7	7643.1
申银万国证券沈阳岐山中路营业部	辽宁	沈阳	25077.4	15770.6	50.3	1.8	872.1	8382.6
长江证券金水路证券营业部	河南	郑州	25077.1	16436.3	149.7	0.1	106.6	8384.5
银泰证券干将东路证券营业部	江苏	苏州	25054.6	10654.6	153.9	0.4	34.6	14211.1
申银万国证券分公司	辽宁	大连	25020.9	14132.6	1488.4	7.1	28.8	9364.0
海通证券通济街营业部	山东	淄博	25013.2	21811.2	281.9	0.0	82.5	2837.6
国泰君安证券洞庭街证券营业部	湖北	武汉	25007.1	18998.4	67.9	0.5	24.4	5915.9
安信证券兴源路证券营业部	广东	河源	24992.0	21642.5	121.3	0.0	411.8	2816.4
中国银河证券证券营业部	湖北	襄阳	24983.1	17622.9	196.0	11.2	44.6	7108.5
国泰君安证券东关正街证券营业部	陕西	西安	24973.9	20238.0	80.2	3.4	15.9	4636.4
广发证券昌岗中路证券营业部	广东	广州	24926.1	17586.3	556.8	0.0	109.6	6673.3
中国银河证券顺德乐从证券营业部	广东	佛山	24901.4	10766.0	156.4	0.1	28.8	13950.1
中国银河证券芙蓉路证券营业部	湖南	长沙	24889.3	15793.0	72.4	0.6	36.1	8987.2
金元证券徐汇区漕溪北路证券营业部	上海	上海	24885.8	8955.2	44.8	0.3	342.1	15543.5
厦门证券有限湖滨西路证券营业部	福建	厦门	24873.5	13114.6	722.2	0.9	6.6	11029.4
中国银河证券迎宾街证券营业部	山西	晋中	24854.0	19853.7	1536.6	0.4	22.2	3441.1
中信证券（浙江）贤士一路证券营业部	江西	南昌	24842.7	9341.9	2166.4	0.1	90.2	13244.0
齐鲁证券有限江东北路证券营业部	浙江	宁波	24820.1	18218.1	19.5	0.0	3.6	6578.9
中国银河证券韩江路证券营业部	广东	汕头	24810.8	13271.7	96.0	0.0	24.1	11419.0
国元证券长江中路证券营业部	安徽	合肥	24809.3	11537.2	69.8	1.5	30.0	13170.8
渤海证券滨海新区新港三号路证券营业部	天津	天津	24803.4	17415.0	303.6	0.3	4.7	7079.9

注：营业部交易金额的单位为百万元。

证券营业部交易 Trading of Business Department

营业部名称 Business Department	省份 Province	城市 City	总计 Total	股票 Share	基金 Fund	政府债 G-Bond	公司债 C-Bond	债券回购 Repo
东海证券南大街证券营业部	江苏	常州	24747.4	20718.2	37.1	0.0	19.5	3972.7
中信建投证券金星中路证券营业部	湖南	长沙	24723.8	13047.7	3267.7	0.2	597.1	7811.1
江海证券有限滨中宣街证券营业部	黑龙江	哈尔滨	24699.7	8145.6	18.8	0.0	212.8	16322.6
渤海证券定西路证券营业部	上海	上海	24696.5	8254.9	194.3	1.6	148.7	16096.9
长江证券武汉路证券营业部	湖北	黄石	24633.3	16623.2	378.7	0.0	18.2	7613.2
东北证券中山北路证券营业部	江苏	南京	24627.8	8487.6	3141.1	252.1	162.1	12584.9
中国中投证券科技园证券营业部	深圳	深圳	24588.3	16162.6	243.4	0.2	254.7	7927.5
方正证券新华西路证券营业部	湖南	株州	24538.4	21335.1	170.7	0.1	14.8	3017.7
首创证券斜土路证券营业部	上海	上海	24532.2	8426.0	75.5	0.0	38.4	15992.3
华泰证券鼓楼北路营业部	江苏	泰州	24514.6	11442.1	10911.9	0.0	58.1	2102.5
东兴证券祥宾路证券营业部	广西	南宁	24508.4	15404.9	3198.6	38.0	1080.5	4786.4
安信证券山东路证券营业部	山东	青岛	24496.0	11320.9	106.3	4.2	275.3	12789.3
中信建投证券龙山路证券营业部	重庆	重庆	24432.8	21940.1	121.6	0.1	69.2	2301.8
西部证券渭阳中路证券营业部	陕西	咸阳	24424.7	19972.2	65.5	1.5	8.7	4376.9
光大证券新华路证券营业部	湖北	武汉	24402.2	11689.7	3415.6	0.0	31.4	9265.6
宏源证券学院路证券营业部	浙江	杭州	24399.2	12365.2	358.4	0.2	89.2	11586.2
广发证券解放路证券营业部	辽宁	锦州	24394.0	16798.3	162.6	0.3	58.6	7374.3
国信证券百丈东路证券营业部	浙江	宁波	24392.8	18561.9	62.8	0.0	19.0	5749.2
渤海证券斜土路证券营业部	上海	上海	24378.9	7100.9	62.5	0.0	22.9	17192.6
中银国际证券新华道证券营业部	河北	唐山	24344.9	4975.7	86.3	0.1	386.6	18896.2
湘财证券沣惠南路证券营业部	陕西	西安	24341.4	4681.6	120.0	20.7	3490.8	16028.3
中信建投证券南庄证券营业部	广东	佛山	24321.4	11808.6	1028.0	0.0	0.3	11484.5
广发证券科韵路证券营业部	广东	广州	24314.0	18517.2	318.7	0.2	20.9	5457.0
华安证券颍河路证券营业部	安徽	阜阳	24300.7	17606.1	597.6	0.1	54.1	6042.9
海通证券二道街营业部	辽宁	鞍山	24290.5	20122.1	249.6	6.2	36.8	3875.9
财通证券天童北路证券营业部	浙江	宁波	24282.9	12421.8	205.8	0.0	3.3	11652.0
南京证券新塘路证券营业部	浙江	杭州	24281.7	13274.2	444.2	0.0	9.8	10553.5
日信证券中关村大街证券营业部	北京	北京	24277.1	13132.2	80.7	0.0	44.8	11019.4
国泰君安证券九尺坎证券营业部	重庆	重庆	24252.3	19338.9	238.3	1.8	101.2	4572.0
中信建投证券体育东路证券营业部	广东	广州	24242.2	15860.1	1228.8	23.1	103.9	7026.3
中原证券酒仙桥路证券营业部	北京	北京	24227.5	15993.9	161.0	0.0	47.1	8025.5
中国中投证券水湾路证券营业部	广东	珠海	24214.6	17170.6	366.2	0.0	48.8	6629.0
西南证券天河路证券营业部	广东	广州	24200.9	15914.2	252.3	0.3	96.2	7937.8
厦门证券有限莲前西路证券营业部	福建	厦门	24187.2	14334.3	357.3	0.0	49.8	9445.9
东兴证券五四路证券营业部	福建	福州	24183.9	14350.4	70.5	2.3	22.1	9738.6
渤海证券开发区第二大街证券营业部	天津	天津	24183.9	15838.1	101.7	0.0	3.8	8240.2
宏信证券人民南路证券营业部	四川	成都	24167.4	6916.9	15.5	0.0	3.4	17231.6
兴业证券新华街证券营业部	福建	南安	24163.2	19911.0	225.6	1.5	6.0	4019.1
中银国际证券解放南路证券营业部	天津	天津	24162.6	11447.6	108.9	0.0	28.3	12577.8
中国银河证券大沙泥街证券营业部	浙江	宁波	24146.4	15458.5	1606.5	0.0	496.3	6585.0
华泰证券五里牌证券营业部	湖南	岳阳	24128.7	14258.9	6918.8	1.1	15.7	2934.2
广发证券星湖大道证券营业部	广东	肇庆	24094.0	13581.5	47.7	1.4	78.6	10384.9
东方证券深南大道证券营业部	深圳	深圳	24054.7	10397.7	140.6	0.0	6.4	13510.0
方正证券龙港大道证券营业部	浙江	温州	24053.9	21471.3	97.5	0.0	1.0	2484.1
财富证券八一南路证券营业部	湖南	郴州	24029.7	15033.1	5365.8	0.0	4.6	3626.3
中国中投证券上海路证券营业部	辽宁	大连	24018.0	12207.4	74.7	0.0	166.1	11569.7
恒泰证券梅林路证券营业部	深圳	深圳	24016.9	13930.7	348.1	113.6	146.0	9478.6
中国银河证券黄河路证券营业部	辽宁	大连	24012.4	11018.7	546.4	0.0	167.7	12279.7
中国中投证券淮河路证券营业部	安徽	合肥	24004.5	14206.7	106.4	1.3	39.9	9650.2
光大证券大坪正街证券营业部	重庆	重庆	24000.2	16599.5	90.5	4.5	15.7	7290.1

注：营业部交易金额的单位为百万元。

证券营业部交易
Trading of Business Department

营业部名称 Business Department	省份 Province	城市 City	总计 Total	股票 Share	基金 Fund	政府债 G-Bond	公司债 C-Bond	债券回购 Repo
华福证券蕉城南路证券营业部	福建	宁德	23994.3	20953.2	34.5	0.3	3.2	3003.2
宏信证券桂平路证券营业部	上海	上海	23969.8	5892.4	85.2	0.3	55.8	17936.2
中航证券有限镇珠山东路证券营业部	江西	景德镇	23935.9	19987.5	91.2	1.4	58.0	3797.8
国都证券天益街证券营业部	四川	成都	23922.4	16115.9	284.5	0.0	9.6	7512.4
中航证券有限沧虹路证券营业部	福建	厦门	23888.5	13293.3	8.9	0.0	31.1	10555.1
华泰证券光荣街证券营业部	辽宁	沈阳	23886.3	8471.3	9667.3	0.2	10.5	5736.9
华安证券津河东路证券营业部	安徽	宁国	23879.9	5385.5	8.6	2.8	794.0	17689.1
长江证券秋涛北路证券营业部	浙江	杭州	23858.7	12850.0	162.3	0.0	317.3	10529.1
中信证券健康南路证券营业部	江苏	南通	23851.5	15472.5	4642.2	0.2	34.6	3702.1
国海证券中山路证券营业部	广西	贵港	23850.9	9873.8	38.0	29.7	1930.7	11978.6
英大证券五一中路证券营业部	湖南	长沙	23842.0	9018.1	15.4	0.0	9.2	14799.3
齐鲁证券有限宝洲路证券营业部	福建	泉州	23839.4	5840.3	110.7	0.0	8.9	17879.5
齐鲁证券有限光河路证券营业部	山东	济宁	23811.1	17501.7	190.3	1.1	186.4	5931.7
新时代证券红专路证券营业部	河南	郑州	23788.1	14689.9	50.7	0.0	8.8	9038.6
中原证券黄河路证券营业部	河南	漯河	23786.9	22185.7	112.3	0.3	96.7	1391.9
中国银河证券汉阳证券营业部	湖北	武汉	23773.3	18059.4	138.1	0.5	6.7	5568.5
广发证券甘南路证券营业部	甘肃	兰州	23760.5	14074.4	175.1	0.0	77.1	9433.9
上海证券四路证券营业部	上海	上海	23757.8	9697.2	314.5	0.0	10.9	13735.2
广发证券景山路证券营业部	广东	珠海	23741.5	14775.5	93.8	0.2	84.1	8787.9
中国银河证券江东中路证券营业部	江苏	南京	23738.4	15807.5	166.4	1.8	181.9	7580.8
中国中投证券宝安区创业一路证券营业部	深圳	深圳	23725.1	20574.4	45.7	0.1	20.7	3084.2
大同证券经纪青年路证券营业部	山西	太原	23718.7	10725.6	640.4	6.4	321.2	12025.1
浙商证券朝阳门北大街证券营业部	北京	北京	23650.2	13424.9	130.6	0.1	15.0	10079.7
上海证券南路证券营业部	上海	上海	23624.4	7575.7	159.8	0.1	16.8	15872.0
中国银河证券岛证券营业部	河北	秦皇岛	23614.7	15795.1	198.5	0.0	13.1	7608.0
东海证券建设西路证券营业部	河南	焦作	23606.3	18692.3	84.6	0.1	94.7	4734.6
光大证券牡丹江路证券营业部	上海	上海	23592.9	9685.9	154.1	1.9	56.3	13694.7
东兴证券抚河北路滕王阁证券营业部	江西	南昌	23588.3	15951.9	131.4	0.1	54.8	7450.2
方正证券三市街证券营业部	云南	昆明	23586.4	9161.3	123.6	0.0	7.4	14294.1
齐鲁证券有限青檀中路证券营业部	山东	枣庄	23570.6	17462.0	227.8	0.1	76.3	5804.4
中信证券庄建设北大街证券营业部	河北	石家庄	23563.0	9197.3	3156.3	1.2	88.3	11119.9
国金证券北京路证券营业部	云南	昆明	23537.5	8749.1	111.8	0.4	48.7	14627.6
上海证券路证券营业部	上海	上海	23524.8	11179.5	101.2	0.0	69.5	12174.6
长江证券后海海岸城证券营业部	深圳	深圳	23515.0	14093.2	2826.5	0.8	33.6	6560.8
恒泰证券南滨河路证券营业部	北京	北京	23500.5	10708.8	123.4	0.1	28.4	12639.8
西藏同信证券天目山路证券营业部	浙江	杭州	23498.5	13099.3	47.4	0.0	3.1	10348.8
广州证券西湖路证券营业部	广东	广州	23472.3	14825.7	382.3	1.8	116.1	8146.4
招商证券开发区第三大街证券营业部	天津	天津	23443.8	10689.5	208.3	0.4	426.3	12119.3
安信证券中山东路证券营业部	江苏	镇江	23439.6	12456.6	366.2	0.3	9.9	10606.7
安信证券潮阳棉西路证券营业部	广东	汕头	23419.3	14261.1	1824.6	0.0	109.8	7223.9
新时代证券环市东路证券营业部	广东	广州	23381.3	3795.3	1939.5	0.0	16103.2	1543.4
英大证券横岗证券交易营业部	深圳	深圳	23375.0	17896.0	57.8	0.1	7.8	5413.4
华安证券山花雨路证券营业部	安徽	马鞍山	23370.9	19635.4	159.7	4.6	31.7	3539.5
东方证券宝山区殷高西路证券营业部	上海	上海	23337.8	11500.0	98.6	6.3	125.3	11607.5
招商证券中山北路证券营业部	广西	桂林	23303.1	17077.5	94.7	0.9	148.7	5981.3
中国中投证券中央路证券营业部	江苏	南京	23297.8	18051.1	187.7	0.2	36.4	5022.4
中国银河证券东城大道证券营业部	广东	东莞	23297.6	13299.9	1512.3	0.7	39.7	8445.0
华安证券淮河北路证券营业部	安徽	铜陵	23274.4	13251.0	29.8	0.0	42.8	9950.9
英大证券解放西路证券营业部	江西	南昌	23266.1	9634.8	216.0	0.0	227.4	13187.9
海通证券文化路证券营业部	安徽	芜湖	23251.4	17809.3	1102.4	0.2	13.8	4325.8

注：营业部交易金额的单位为百万元。

证券营业部交易
Trading of Business Department

营业部名称 Business Department	省份 Province	城市 City	总计 Total	股票 Share	基金 Fund	政府债 G-Bond	公司债 C-Bond	债券回购 Repo
国泰君安证券酒坊巷证券营业部	浙江	临海	23247.6	18494.8	47.3	0.0	9.4	4696.2
国信证券南京南街证券营业部	辽宁	沈阳	23210.7	17104.7	172.5	0.1	71.9	5861.5
湘财证券深南大道证券营业部	深圳	深圳	23208.3	10626.7	22.8	0.7	407.7	12150.4
财达证券花园路证券营业部	北京	北京	23204.7	9851.0	24.5	0.0	23.4	13305.9
华泰证券太平南路证券营业部	江苏	太仓	23192.0	6559.0	3573.0	0.3	6.6	13053.0
东方证券长平路证券营业部	广东	汕头	23158.2	12583.3	207.3	0.0	13.4	10354.3
长江证券西安路证券营业部	辽宁	大连	23124.4	13988.7	496.1	0.0	61.2	8578.4
大通证券淮海西路证券营业部	江苏	徐州	23111.5	16764.2	34.5	0.8	35.4	6276.6
银泰证券马甸路证券营业部	北京	北京	23107.1	12421.3	310.0	0.0	13.5	10362.3
中信证券太湖大道证券营业部	江苏	无锡	23097.7	3424.2	516.1	0.0	111.8	19045.6
上海证券证券营业部	上海	上海	23062.3	12553.3	132.7	0.1	100.3	10275.9
中国中投证券淮海东路证券营业部	江苏	淮安	23059.6	13559.1	153.3	0.7	5.4	9341.1
长城证券台东一路证券营业部	山东	青岛	23058.3	12179.2	66.2	0.2	9.1	10803.6
中国银河证券滨花园街证券营业部	黑龙江	哈尔滨	23021.3	11051.8	125.3	0.1	59.0	11785.2
联讯证券工农路证券营业部	江苏	南通	23008.3	12751.5	119.8	0.0	39.2	10097.9
金元证券木齐黄河路证券营业部	新疆	乌鲁木齐	23005.6	6852.6	24.5	0.0	1774.7	14353.7
中国银河证券浩特大学西街证券营业部	内蒙	呼和浩特	22986.8	6465.0	76.6	8.4	627.9	15808.9
广发证券潮枫路证券营业部	广东	潮州	22984.9	14788.2	328.2	0.7	125.0	7742.9
中国民族证券玉山路证券营业部	江苏	苏州	22983.4	15759.1	75.7	0.6	42.7	7105.4
中国银河证券顺德容桂证券营业部	广东	佛山	22976.1	13267.7	1892.0	0.2	97.7	7718.5
广发证券高新南一道证券营业部	深圳	深圳	22942.1	13916.5	393.3	0.0	29.6	8602.8
中国银河证券庄胜利北街证券营业部	河北	石家庄	22934.6	9009.9	270.7	0.0	336.7	13317.3
平安证券木齐人民路证券营业部	新疆	乌鲁木齐	22915.6	18312.8	55.8	30.0	32.1	4485.0
中原证券经六路证券营业部	河南	郑州	22914.7	16931.7	140.0	0.0	13.1	5829.9
中信建投证券车站北路证券营业部	湖南	长沙	22913.3	13800.3	138.1	0.0	22.1	8952.8
东吴证券木渎镇证券营业部	江苏	苏州	22911.0	16926.8	205.6	0.0	21.9	5756.7
中国银河证券友谊东路证券营业部	陕西	西安	22902.5	15036.1	1948.3	0.2	41.8	5876.1
厦门证券有限仙岳路证券营业部	福建	厦门	22850.9	12475.1	218.1	0.1	11.9	10145.7
海通证券景田路证券营业部	深圳	深圳	22811.5	14423.0	2138.7	0.0	187.4	6062.3
方正证券邮电路证券营业部	浙江	台州	22783.2	15731.7	1184.6	0.0	6.2	5860.7
中国国际金融有限教工路证券营业部	浙江	杭州	22776.6	3620.8	45.3	0.0	57.3	19053.2
西南证券杨家坪正街证券营业部	重庆	重庆	22745.2	15636.1	57.7	0.0	15.6	7035.8
中信建投证券江宁金箔路证券营业部	江苏	南京	22741.7	17432.4	240.4	0.1	16.7	5052.1
国泰君安证券滨西大直街证券营业部	黑龙江	哈尔滨	22734.6	12864.6	95.6	0.1	288.9	9485.5
南京证券深南中路证券营业部	深圳	深圳	22690.7	13375.5	165.0	0.7	114.1	9035.3
安信证券增城新塘证券营业部	广东	广州	22685.4	12854.8	204.7	1.2	28.4	9596.3
大通证券大西路证券营业部	辽宁	沈阳	22684.9	8883.7	86.0	0.7	22.8	13691.7
太平洋证券玉兴路证券营业部	云南	玉溪	22683.5	13533.4	114.3	0.2	61.4	8974.3
海通证券田安路证券营业部	福建	泉州	22678.6	13556.9	277.5	0.0	10.1	8834.2
国泰君安证券福华三路证券营业部	深圳	深圳	22672.5	14499.9	215.3	0.0	45.8	7911.5
湘财证券西一环路证券营业部	四川	成都	22668.1	8098.5	7999.4	0.0	77.4	6492.7
金元证券洪山路证券营业部	湖北	武汉	22650.2	14242.4	34.5	3.3	28.9	8341.0
渤海证券友谊南路证券营业部	天津	天津	22643.5	2045.6	118.6	0.0	693.4	19785.9
华泰证券东河区证券营业部	内蒙	包头	22631.8	10020.6	19.0	0.0	1.2	12590.9
光大证券哈尔龙华路证券营业部	黑龙江	齐齐哈尔	22627.6	13460.6	2905.2	0.0	239.7	6022.0
中国银河证券山河证券营业部	河南	郑州	22600.3	16665.0	53.0	0.2	4.8	5877.3
华安证券胜利中路证券营业部	安徽	蚌埠	22582.8	13831.0	70.6	2.1	183.9	8495.3
中原证券红旗路证券营业部	河南	安阳	22565.0	18605.2	308.8	0.1	67.7	3583.0
湘财证券顺义站前街证券营业部	北京	北京	22562.4	12303.9	6450.2	0.2	21.3	3786.8
国泰君安证券襄城西街证券营业部	湖北	襄樊	22550.5	10393.0	33.8	0.6	49.0	12074.1

注：营业部交易金额的单位为百万元。

证券营业部交易
Trading of Business Department

营业部名称 Business Department	省份 Province	城市 City	总计 Total	股票 Share	基金 Fund	政府债 G-Bond	公司债 C-Bond	债券回购 Repo
国泰君安证券赣东大道证券营业部	江西	抚州	22519.5	12586.3	7543.4	0.0	5.7	2384.2
国信证券安康路证券营业部	云南	昆明	22518.6	18688.8	416.8	1.0	17.1	3394.9
广发证券东风西路证券营业部	云南	昆明	22509.8	10790.2	125.0	0.4	23.5	11570.7
信达证券深南东路证券营业部	深圳	深圳	22505.1	4649.0	13551.2	0.0	311.0	3993.9
方正证券解放北路证券营业部	浙江	宁波	22504.8	11171.5	84.8	0.0	9.1	11239.4
广发证券人民西路证券营业部	云南	昆明	22491.9	6519.7	521.8	2.6	10.2	15437.7
兴业证券二环路证券营业部	福建	龙岩	22489.3	6403.9	68.7	0.0	25.1	15991.6
新时代证券天通苑证券营业部	北京	北京	22488.3	13527.3	172.0	0.0	0.5	8788.5
齐鲁证券有限红荔路银荔大厦证券营业部	深圳	深圳	22461.5	16632.5	164.9	0.0	146.0	5518.1
安信证券石岐路证券营业部	广东	中山	22447.6	14767.1	438.7	0.0	19.6	7222.2
华福证券五四路证券营业部	福建	永安	22446.1	17048.2	108.9	2.1	13.2	5273.7
国泰君安证券体育路证券营业部	广东	东莞	22444.4	15551.7	137.8	0.0	1343.8	5411.0
中国银河证券涌金街证券营业部	浙江	丽水	22443.5	14469.4	646.4	0.0	5.4	7322.3
广发证券曙光西路证券营业部	广东	江门	22435.6	13961.0	79.6	0.0	84.4	8310.6
兴业证券一拂路证券营业部	福建	福清	22414.3	12929.3	896.4	0.0	3.4	8585.1
江海证券有限滨赣水路证券营业部	黑龙江	哈尔滨	22399.7	11122.9	14.6	0.0	147.0	11115.2
爱建证券零陵路证券营业部	上海	上海	22388.7	9639.4	58.8	2.7	40.4	12647.4
财通证券金城路证券营业部	浙江	杭州	22380.1	14770.6	148.1	0.0	94.3	7367.1
申银万国证券黄石大道证券营业部	湖北	黄石	22342.8	15306.7	292.0	0.0	15.3	6728.7
南京证券热河路证券营业部	江苏	南京	22320.0	14982.1	108.6	0.8	36.9	7191.6
中国银河证券延安西路证券营业部	上海	上海	22316.7	10513.7	148.7	13.4	1237.3	10403.6
中国中投证券邗江北路证券营业部	江苏	扬州	22290.9	14438.5	312.5	0.1	81.6	7458.2
齐鲁证券有限深南大道证券营业部	深圳	深圳	22279.3	17424.9	177.8	0.0	1196.9	3479.7
安信证券领事馆路证券营业部	四川	成都	22266.9	14778.7	186.0	0.6	70.1	7231.4
中原证券紫荆山路证券营业部	河南	郑州	22248.2	14030.2	197.8	0.4	30.1	7989.7
上海证券证券营业部	上海	上海	22244.1	14007.1	52.4	0.0	26.1	8158.6
申银万国证券朱泾镇证券营业部	上海	上海	22193.0	11492.2	215.0	0.2	17.3	10468.4
万联证券寺右新马路证券营业部	广东	广州	22180.9	12699.5	401.3	0.6	16.9	9062.6
中国银河证券大北关街证券营业部	辽宁	沈阳	22137.6	12929.1	25.7	0.0	318.3	8864.5
兴业证券塘岸街证券营业部	福建	晋江	22131.4	12618.2	822.3	0.0	9.9	8681.0
中银国际证券江西平安街证券营业部	黑龙江	牡丹江	22120.0	12881.5	52.4	0.8	27.7	9157.6
华创证券伟业路证券营业部	浙江	杭州	22110.9	365.8	5.4	4.7	1532.3	20202.8
中信建投证券市文清路证券营业部	江西	赣州	22105.9	16165.9	1146.2	0.3	121.6	4671.9
国金证券北陵大街证券营业部	辽宁	沈阳	22104.8	10418.0	0.2	0.0	0.1	11686.5
国信证券香港中路证券营业部	山东	青岛	22084.2	11676.2	5740.7	0.4	49.3	4617.6
大通证券民意街证券营业部	辽宁	大连	22082.9	13858.1	89.7	0.1	8.0	8127.1
广发证券北京路证券营业部	湖北	荆州	22047.2	12683.1	72.3	0.1	22.2	9269.6
中信证券(山东)人民路证券营业部	山东	青岛	22039.9	13628.6	3546.4	0.3	273.2	4591.5
国海证券北站路证券营业部	广西	柳州	22039.0	12642.4	245.4	2.2	123.2	9025.7
国盛证券市文化路证券营业部	江西	萍乡	22029.4	18754.0	77.2	0.2	40.0	3158.1
国元证券辽宁路证券营业部	山东	青岛	22028.9	12362.4	92.9	0.0	197.5	9376.1
东北证券迎春路证券营业部	上海	上海	21989.9	9758.5	456.3	13.6	134.2	11627.3
海通证券福华三路证券营业部	深圳	深圳	21940.1	16925.2	933.4	0.4	18.3	4062.9
国泰君安证券民生路证券营业部	重庆	重庆	21935.9	15524.3	214.9	0.1	191.8	6004.9
金元证券深南大道证券营业部	深圳	深圳	21934.7	13878.2	103.4	0.0	149.0	7804.1
申银万国证券商务外环路证券营业部	河南	郑州	21933.6	12877.8	287.1	1.8	36.1	8730.7
中国银河证券北二环路证券营业部	四川	成都	21925.5	13841.3	1143.2	8.3	94.2	6838.6
中银国际证券武珞路证券营业部	湖北	武汉	21920.8	15168.4	465.6	0.0	13.3	6273.5
西部证券西兰路证券营业部	陕西	咸阳	21917.8	18018.6	82.6	4.2	126.8	3685.6
中国中投证券虎门证券营业部	广东	东莞	21915.3	14398.7	446.2	66.0	514.7	6489.7

注：营业部交易金额的单位为百万元。

证券营业部交易
Trading of Business Department

营业部名称 Business Department	省份 Province	城市 City	总计 Total	股票 Share	基金 Fund	政府债 G-Bond	公司债 C-Bond	债券回购 Repo
民生证券菜市口大街证券营业部	北京	北京	21889.7	7020.8	19.9	0.0	380.9	14468.0
中国银河证券沿江中路证券营业部	江西	南昌	21878.4	13782.9	2930.6	0.6	14.4	5150.0
西部证券莲湖路第一证券营业部	陕西	西安	21859.6	14072.6	25.6	0.0	42.6	7718.9
信达证券一环路证券营业部	四川	成都	21854.9	14305.5	1145.6	0.7	67.2	6335.9
中国中投证券友谊东路证券营业部	陕西	西安	21825.9	13302.7	376.4	0.1	2200.5	5946.1
东兴证券滨江中路证券营业部	福建	南平	21817.5	18538.6	180.3	4.8	40.7	3053.2
中国中投证券商务内环路证券营业部	河南	郑州	21807.3	16582.1	252.2	0.0	65.4	4907.6
中国中投证券广济南路证券营业部	江苏	苏州	21801.2	10829.3	321.6	0.2	16.2	10634.0
中信证券（浙江）晋阳西路证券营业部	浙江	嘉兴	21780.2	11931.1	1052.0	1.2	156.5	8639.4
光大证券宝山华和路证券营业部	上海	上海	21778.2	10635.2	228.6	0.0	54.4	10860.0
华泰证券九一街证券营业部	福建	泉州	21763.6	14685.7	3191.5	0.0	199.2	3687.2
中信建投证券市解放路证券营业部	湖北	宜昌	21749.5	16211.6	185.6	0.0	86.4	5266.0
国泰君安证券建设中路证券营业部	湖南	株洲	21738.2	17477.0	107.1	1.6	70.0	4082.5
华西证券湖南路证券营业部	四川	德阳	21722.8	16802.8	50.3	66.5	61.3	4741.9
光大证券桃源路证券营业部	广西	南宁	21721.4	17109.4	137.6	0.1	228.0	4246.4
信达证券翠微路证券营业部	北京	北京	21721.2	11675.1	648.2	1.0	127.5	9269.4
广发证券民主路证券营业部	辽宁	辽阳	21719.0	15780.5	29.7	0.7	121.3	5786.7
安信证券西堤北路证券营业部	广东	韶关	21712.1	9636.9	6170.2	0.0	95.2	5809.8
长城证券东吴北路证券营业部	江苏	苏州	21695.4	11396.2	162.1	1.6	50.6	10084.9
国元证券深南大道中国凤凰大厦营业部	深圳	深圳	21693.9	15268.4	393.0	42.0	167.3	5823.2
国泰君安证券湖滨路证券营业部	江苏	无锡	21679.1	12572.3	773.8	0.0	45.7	8287.3
东海证券香梅路证券营业部	深圳	深圳	21675.7	14650.6	126.9	0.0	5.1	6893.1
中国中投证券天津路证券营业部	河南	洛阳	21661.6	16972.5	224.9	95.7	70.4	4298.0
西部证券金花南路证券营业部	陕西	西安	21560.5	11004.1	11.7	2.1	18.7	10523.9
江海证券有限宝安南路证券营业部	深圳	深圳	21554.3	9725.7	32.9	0.0	9.8	11785.8
海通证券大经路营业部	吉林	长春	21534.5	11049.8	47.5	6.1	9.4	10421.7
光大证券国贸大道证券营业部	海南	海口	21531.7	14554.2	40.7	0.0	9.7	6927.1
上海证券北路证券营业部	上海	上海	21518.3	7756.9	200.0	3.3	71.5	13486.6
江海证券有限瞿溪路证券营业部	上海	上海	21509.3	9285.5	43.1	1.6	5.5	12173.6
东吴证券安德里北街证券营业部	北京	北京	21506.6	13050.1	115.4	1.3	176.7	8163.2
华福证券五四路证券营业部	福建	福州	21484.9	5738.5	9.5	0.3	757.6	14979.0
国元证券民生路证券营业部	上海	上海	21478.0	3954.2	148.9	3.6	673.5	16697.7
光大证券宾虹路证券营业部	浙江	金华	21474.8	15672.8	71.9	0.1	106.9	5623.1
财达证券岛河北大街证券营业部	河北	秦皇岛	21472.1	8680.5	722.4	0.0	20.2	12049.0
安信证券澄海证券营业部	广东	汕头	21468.8	14331.0	1585.2	0.0	10.8	5541.9
信达证券黄浦区九江路证券营业部	上海	上海	21466.2	11238.7	580.3	0.4	109.6	9537.3
齐鲁证券有限人民路证券营业部	山东	菏泽	21462.4	15780.4	3148.2	0.2	263.9	2269.8
广发证券新建南路证券营业部	山西	太原	21407.4	10775.8	175.9	2.4	324.0	10129.2
大同证券经纪凤台西街证券营业部	山西	晋城	21405.9	9705.7	81.3	37.5	185.4	11396.1
山西证券长兴南路证券营业部	山西	长治	21394.2	11729.9	96.5	8.6	37.4	9521.9
国都证券大梁路证券营业部	河南	开封	21385.0	17961.5	67.3	0.0	123.7	3232.6
财通证券新安大街证券营业部	浙江	杭州	21352.5	13723.4	80.4	2.8	94.2	7451.7
国泰君安证券京汉大道证券营业部	湖北	武汉	21334.6	14537.9	98.7	0.0	18.2	6679.8
中邮证券南大街证券营业部	陕西	西安	21326.3	13979.7	54.3	1.2	7.2	7283.9
华安证券前南新村证券营业部	安徽	黄山	21321.7	17343.2	135.8	0.5	49.1	3793.1
华福证券梅园路证券营业部	福建	莆田	21319.2	18739.8	56.5	0.0	2.6	2520.4
财通证券市迎宾路证券营业部	浙江	杭州	21303.4	17688.4	810.4	0.0	341.3	2463.2
长城证券五一中路证券营业部	湖南	长沙	21301.9	15272.3	135.9	127.2	130.5	5636.0
中国民族证券彩和坊路证券营业部	北京	北京	21293.7	17364.0	405.9	3.4	25.6	3494.9
宏源证券金华路证券营业部	浙江	杭州	21278.6	13007.7	78.6	0.2	20.1	8172.0

注：营业部交易金额的单位为百万元。

证券营业部交易
Trading of Business Department

营业部名称 Business Department	省份 Province	城市 City	总计 Total	股票 Share	基金 Fund	政府债 G-Bond	公司债 C-Bond	债券回购 Repo
财通证券解放南路证券营业部	浙江	台州	21245.4	16770.1	145.5	0.0	63.7	4266.2
财富证券烟台道证券营业部	天津	天津	21199.2	9857.1	323.1	0.0	13.5	11005.5
国盛证券文清路证券营业部	江西	赣州	21181.8	16921.3	169.2	103.3	4.4	3983.7
世纪证券民德路证券营业部	江西	南昌	21145.4	10427.9	35.9	0.0	65.2	10616.4
宏源证券深南大道证券营业部	深圳	深圳	21134.8	15405.8	48.0	0.1	39.9	5641.1
华鑫证券阜成门外大街证券营业部	北京	北京	21132.4	7038.5	118.6	0.0	21.6	13953.7
恒泰证券凤起路证券营业部	浙江	杭州	21127.2	11544.3	449.3	0.0	454.0	8679.6
银泰证券宁夏路证券营业部	山东	青岛	21104.4	11382.7	184.3	0.0	188.8	9348.6
国联证券首体南路证券营业部	北京	北京	21078.4	9095.9	482.8	0.0	108.2	11391.5
中国中投证券龙城路证券营业部	江苏	扬州	21068.5	16813.5	60.6	0.0	16.5	4177.9
中国中投证券南胜利路证券营业部	辽宁	鞍山	21033.2	15878.5	146.9	0.2	5.2	5002.3
安信证券中山路证券营业部	广东	汕头	21024.6	13632.1	110.3	0.5	25.9	7255.9
华泰证券江长安街证券营业部	黑龙江	牡丹江	21014.1	10928.2	3994.4	0.1	214.9	5876.4
国元证券淮海路证券营业部	安徽	淮北	21009.8	19109.5	182.5	0.0	39.6	1678.2
中航证券有限红谷中大道证券营业部	江西	南昌	21002.5	11173.2	4.3	0.0	9.3	9815.8
山西证券坞城路证券营业部	山西	太原	20993.9	12006.6	524.4	0.3	7.1	8455.5
广州证券江南大道证券营业部	广东	广州	20993.1	14645.1	744.0	0.1	10.2	5593.7
爱建证券湖滨一里证券营业部	福建	厦门	20982.7	13110.9	86.7	0.1	25.8	7759.2
东吴证券文晖路证券营业部	浙江	杭州	20980.0	12234.1	79.8	0.7	21.0	8644.5
东吴证券滨河路证券营业部	江苏	苏州	20975.9	10098.3	130.8	0.0	1.5	10745.3
长城证券滨海大道证券营业部	海南	海口	20971.9	10541.8	120.4	0.0	6.3	10303.3
广发证券高凉中路证券营业部	广东	茂名	20907.7	11168.2	162.2	0.4	4.9	9572.0
华龙证券木齐扬子江路证券营业部	新疆	乌鲁木齐	20906.4	3129.3	246.8	0.0	1.2	17529.1
中信证券人民西路证券营业部	江苏	海门	20889.0	10505.4	2781.5	0.0	30.2	7571.9
华宝证券新闻路证券营业部	深圳	深圳	20887.3	13019.1	499.4	0.6	267.2	7101.0
广发证券山西街证券营业部	辽宁	锦州	20884.6	13949.7	77.9	1.3	24.1	6831.6
兴业证券芙蓉南路证券营业部	湖南	长沙	20876.3	14153.8	225.5	0.0	10.1	6486.9
广发证券武珞路证券营业部	湖北	武汉	20868.8	11088.7	616.7	0.0	180.3	8983.1
南京证券中山东路证券营业部	江苏	镇江	20861.0	13030.1	164.4	0.0	6.7	7659.8
中信证券（浙江）恒昌财富广场证券营业部	浙江	金华	20851.1	16711.6	101.7	0.0	2.8	4035.0
平安证券南关正街证券营业部	陕西	西安	20848.9	9790.3	41.9	581.7	116.8	10318.1
信达证券深南大道证券营业部	深圳	深圳	20839.6	15118.8	331.2	9.9	21.9	5357.8
渤海证券普陀区梅川路证券营业部	上海	上海	20838.1	9507.1	663.8	0.2	12.3	10654.6
国泰君安证券珍珠路证券营业部	湖北	宜昌	20835.4	13983.6	140.9	1.2	19.9	6689.8
华西证券花新华街证券营业部	四川	攀枝花	20830.1	14520.6	533.9	0.1	13.8	5761.8
中信证券(山东)山大路证券营业部	山东	济南	20821.6	11358.3	698.9	0.2	41.0	8723.2
东方证券中山中路证券营业部	广西	桂林	20807.5	15835.2	126.8	0.4	50.0	4795.1
万联证券证券营业部	湖南	衡阳	20804.8	15959.7	1672.6	2.6	355.1	2814.9
中国银河证券南海桂平西路证券营业部	广东	佛山	20803.7	8882.8	187.3	0.0	6.6	11727.0
申银万国证券县西街证券营业部	浙江	衢州	20799.6	17592.1	312.0	0.0	15.1	2880.5
国泰君安证券人民路证券营业部	湖南	常德	20794.5	2432.9	89.0	0.0	267.0	18005.7
兴业证券泉安路证券营业部	福建	晋江	20793.5	12256.1	309.1	0.5	1.4	8226.5
中国银河证券芙蓉中路证券营业部	湖南	长沙	20786.8	13953.7	3083.8	2.6	19.7	3727.0
中信证券(山东)湖州路证券营业部	山东	青岛	20780.2	15553.0	2293.5	21.7	18.2	2893.8
中国银河证券庄红旗大街证券营业部	河北	石家庄	20776.1	15206.2	333.0	0.5	38.6	5197.8
东吴证券鸿福路证券营业部	广东	东莞	20752.2	15777.3	87.3	0.0	92.6	4795.0
国信证券海德三道证券营业部	深圳	深圳	20723.7	13278.3	556.3	0.0	12.5	6876.6
广发证券连江路证券营业部	广东	清远	20717.1	17204.1	163.2	0.0	6.4	3343.3
国泰君安证券证券营业部	福建	泉州	20698.9	17384.4	180.4	0.0	42.2	3092.0
华泰证券洪泽湖路证券营业部	江苏	宿迁	20682.7	8666.5	8544.6	3.4	3.0	3465.2

注：营业部交易金额的单位为百万元。

证券营业部交易
Trading of Business Department

营业部名称 Business Department	省份 Province	城市 City	总计 Total	股票 Share	基金 Fund	政府债 G-Bond	公司债 C-Bond	债券回购 Repo
齐鲁证券有限鲁中东大街证券营业部	山东	莱芜	20682.4	13047.7	5742.5	2.0	10.2	1880.1
华龙证券安外大街证券营业部	北京	北京	20679.9	7548.0	12.3	0.0	4.8	13114.8
大同证券经纪西四环中路证券营业部	北京	北京	20678.9	11575.6	333.9	0.0	16.6	8752.7
中信证券国兴大道证券营业部	海南	海口	20648.3	4086.5	6.5	0.0	2.9	16552.4
长江证券哈尔龙门街证券营业部	黑龙江	齐齐哈尔	20632.1	12493.5	134.2	0.0	7.4	7997.0
申银万国证券杨家坪正街证券营业部	重庆	重庆	20631.0	13834.0	58.1	0.1	35.5	6703.4
银泰证券葑门西街证券营业部	江苏	苏州	20599.6	9610.0	57.1	0.0	3.5	10929.0
国泰君安证券建设南路证券营业部	湖南	湘潭	20585.5	7323.2	973.5	0.6	78.3	12209.9
申银万国证券成都西一环路营业部	四川	成都	20584.0	14114.5	183.2	1.2	169.5	6115.7
南京证券长乐路证券营业部	江苏	南京	20573.9	11953.8	302.1	19.9	173.8	8124.3
东方证券五四路证券营业部	福建	福州	20565.8	7818.9	727.9	0.0	4.1	12014.8
江海证券有限滨友谊路证券营业部	黑龙江	哈尔滨	20529.5	12112.9	43.4	0.1	0.5	8372.6
中国中投证券三墙路证券营业部	山西	太原	20497.5	12311.3	260.5	1.7	187.0	7737.1
西南证券昌平政府街证券营业部	北京	北京	20489.1	14581.3	301.8	3.3	461.3	5141.4
宏信证券凉山路证券营业部	四川	德阳	20449.0	11912.5	22.1	0.4	52.7	8461.3
方正证券芙蓉路证券营业部	湖南	长沙	20437.9	17888.3	73.4	0.5	23.1	2452.6
长江证券三好街证券营业部	辽宁	沈阳	20434.7	12122.9	1952.5	0.0	4.4	6355.0
中国银河证券延安路证券营业部	辽宁	大连	20430.8	13725.4	91.9	0.2	14.0	6599.4
齐鲁证券有限天河路证券营业部	广东	广州	20419.4	14151.4	150.4	0.0	3.7	6113.9
西南证券涪陵滨江路证券营业部	重庆	重庆	20418.8	18727.1	61.5	0.3	4.5	1625.4
中信证券（浙江）迎春南路证券营业部	浙江	杭州	20408.7	12694.4	3121.5	0.4	1.6	4590.9
华泰证券西堤三路证券营业部	广西	梧州	20407.8	9173.5	10021.4	0.0	73.9	1139.0
湘财证券农林下路证券营业部	广东	广州	20381.0	10020.7	60.8	0.8	5.9	10292.8
华安证券东三环中路证券营业部	北京	北京	20361.2	12510.2	145.8	0.0	87.7	7617.6
中国银河证券新开路证券营业部	辽宁	大连	20356.3	13577.5	627.0	0.2	5.8	6145.8
国金证券长生路证券营业部	浙江	杭州	20354.3	6728.5	16.8	1.0	20.7	13587.3
财达证券郭守敬北路证券营业部	河北	邢台	20350.6	9358.2	37.6	0.1	905.5	10049.2
西部证券莲湖路第二证券营业部	陕西	西安	20341.0	10923.1	10.0	0.1	45.5	9362.4
申银万国证券泸州广凤路营业部	四川	泸州	20315.9	16309.1	1159.4	0.1	3.0	2844.3
国信证券八一大道证券营业部	江西	南昌	20291.2	13123.0	1902.6	0.8	309.9	4954.9
国海证券友爱路证券营业部	广西	南宁	20243.5	13255.4	261.1	2.3	11.3	6713.5
信达证券锦山大街证券营业部	辽宁	丹东	20242.1	14560.9	92.6	2.7	588.8	4997.2
爱建证券中山西路证券营业部	浙江	宁波	20240.3	9126.9	38.4	0.1	17.0	11057.9
西部证券长安中路证券营业部	陕西	西安	20236.3	16167.4	30.3	0.1	83.3	3955.2
万联证券滨湖北路证券营业部	湖北	鄂州	20227.6	11836.1	2144.4	0.1	7.5	6239.5
西部证券高新技术产业开发区证券营业部	陕西	西安	20226.5	11345.4	35.9	0.3	10.6	8834.3
中国银河证券澄海证券营业部	广东	汕头	20212.8	16678.3	258.5	0.0	18.4	3257.6
中天证券临青路证券营业部	上海	上海	20212.0	9131.8	17.1	0.1	1.4	11061.6
西南证券胜利路证券营业部	重庆	重庆	20176.3	16865.9	213.6	2.4	26.8	3067.7
厦门证券有限新塘路证券营业部	浙江	杭州	20175.3	3238.8	61.3	0.1	10.8	16864.3
华安证券古城路证券营业部	安徽	淮北	20122.4	19543.4	48.1	0.2	63.1	467.6
招商证券古城路证券营业部	广西	南宁	20114.7	14795.0	25.0	0.0	17.0	5277.7
长江证券白庙路证券营业部	湖北	荆门	20109.0	12394.2	5174.7	0.2	26.2	2513.7
爱建证券碶闸街证券营业部	浙江	宁波	20107.5	12771.1	33.8	0.1	4.2	7298.2
上海证券路证券营业部	上海	上海	20107.1	5926.0	2527.3	4.3	43.3	11606.1
东兴证券牺和路证券营业部	福建	三明	20098.8	10236.9	49.7	0.0	2.6	9809.6
宏源证券木齐友好路证券营业部	新疆	乌鲁木齐	20088.0	10532.3	22.0	0.0	18.7	9515.0
光大证券大朗证券营业部	广东	东莞	20081.2	11781.5	33.8	0.0	68.3	8197.6
西南证券嘉陵桥西村证券营业部	重庆	重庆	20078.6	16129.6	70.9	0.2	169.6	3708.3
中信证券（浙江）时代商务广场证券营业部	浙江	绍兴	20034.8	13571.7	72.9	0.0	3.7	6386.6

注：营业部交易金额的单位为百万元。

证券营业部交易
Trading of Business Department

营业部名称 Business Department	省份 Province	城市 City	总计 Total	股票 Share	基金 Fund	政府债 G-Bond	公司债 C-Bond	债券回购 Repo
中信证券市府大路营业部	辽宁	沈阳	20016.3	5701.2	7303.7	0.0	4.3	7007.2
华林证券韶山中路证券营业部	湖南	长沙	19984.1	17488.1	59.8	0.0	20.5	2415.6
宏源证券木齐解放南路证券营业部	新疆	乌鲁木齐	19967.9	15593.7	61.9	0.7	4.2	4307.4
长城证券宝安海秀路证券营业部	深圳	深圳	19958.5	8815.8	58.4	84.8	12.7	10986.8
国盛证券章江南大道证券营业部	江西	赣州	19955.3	15753.9	36.7	0.1	446.1	3718.5
光大证券市东华一路证券营业部	广东	江门	19950.3	12612.1	85.2	0.1	6.9	7246.0
国元证券金寨路证券营业部	安徽	合肥	19925.7	11669.7	66.0	24.6	10.7	8154.6
华泰证券龙岗黄阁北路证券营业部	深圳	深圳	19921.8	8571.0	14.4	0.0	221.5	11114.9
海通证券龙华大道证券营业部	重庆	重庆	19862.6	15264.6	723.6	0.0	77.9	3796.5
中信证券建设北路证券营业部	河北	唐山	19834.1	7215.0	4781.4	0.0	16.5	7821.2
中国银河证券花桥证券营业部	湖北	武汉	19821.6	13901.2	199.5	0.8	8.4	5711.6
华泰证券海安长江中路证券营业部	江苏	南通	19816.4	13510.0	2842.5	6.4	22.4	3435.1
广发证券文峰大道证券营业部	河南	安阳	19777.3	4534.0	77.1	0.0	205.5	14960.8
国泰君安证券环城东路证券营业部	浙江	临海	19727.9	16759.5	33.4	0.0	14.0	2920.9
西南证券朝阳北大街证券营业部	河北	保定	19701.9	10812.8	160.6	12.7	1886.5	6829.3
国泰君安证券银城中路证券营业部	上海	上海	19698.3	10078.7	293.3	0.0	170.0	9156.3
渤海证券劳动南路证券营业部	陕西	西安	19682.7	8392.0	77.2	0.0	258.5	10955.0
长城证券沣镐东路证券营业部	陕西	西安	19676.8	12220.0	219.0	0.3	36.0	7201.5
渤海证券大沽北路证券营业部	天津	天津	19669.1	7334.3	39.3	0.0	9.5	12286.0
齐鲁证券有限东风西街证券营业部	山东	潍坊	19663.1	15141.1	179.9	0.3	13.5	4328.3
东莞证券石碣证券营业部	广东	东莞	19662.1	10412.9	46.7	4.1	6.7	9191.7
华泰证券赤壁大道证券营业部	湖北	黄冈	19648.9	11419.4	6432.3	0.0	46.5	1750.7
万联证券浦东新区福山路证券营业部	上海	上海	19648.7	8109.1	2120.8	0.0	54.7	9364.1
南京证券丹霞路证券营业部	云南	昆明	19646.4	10754.8	81.0	0.1	75.9	8734.7
中国中投证券广宜街证券营业部	辽宁	沈阳	19637.7	7684.1	217.3	21.1	365.4	11349.9
东海证券长江路证券营业部	江苏	南京	19631.2	9820.7	19.8	0.0	4.0	9786.6
齐鲁证券有限黄海一路证券营业部	山东	日照	19630.5	16809.4	110.3	0.0	9.4	2701.5
西南证券大明湖路证券营业部	山东	济南	19621.5	8235.4	131.5	0.0	121.6	11133.0
海通证券南翔镇证券营业部	上海	上海	19617.9	12958.2	440.9	0.1	3.0	6215.7
光大证券龙岗区龙福路证券营业部	深圳	深圳	19610.4	7918.0	577.4	0.0	1.3	11113.7
方正证券兴盛路证券营业部	广东	广州	19583.1	14746.8	333.6	9.5	101.2	4391.9
广发证券恒祥南大街证券营业部	河北	保定	19580.6	15102.0	157.6	0.1	96.9	4224.0
中信证券（浙江）杨家桥路证券营业部	浙江	温州	19571.5	12272.5	185.1	0.2	53.7	7060.1
广州证券丰乐中路证券营业部	广东	广州	19545.7	13158.7	102.5	1.4	19.8	6263.3
国元证券学前街证券营业部	江苏	无锡	19512.4	11736.0	119.7	0.0	31.5	7625.2
海通证券中华南路营业部	贵州	遵义	19510.5	12170.3	79.2	0.5	4.0	7256.6
光大证券海滨大道南证券营业部	广东	湛江	19504.3	14443.0	41.4	0.0	17.7	5002.1
上海证券路证券营业部	上海	上海	19467.3	8858.0	252.0	0.0	49.3	10308.0
齐鲁证券有限华穗路证券营业部	广东	广州	19455.5	10253.2	334.7	0.0	4.7	8862.9
湘财证券长江中路证券营业部	安徽	合肥	19451.5	11033.4	2319.6	1.3	106.8	5990.2
申银万国证券小新街营业部	重庆	重庆	19440.0	14459.3	57.7	0.1	397.9	4525.0
国泰君安证券松江路证券营业部	吉林	吉林	19428.8	12844.6	552.4	0.1	6.7	6025.0
广发证券庄友谊南大街证券营业部	河北	石家庄	19397.3	14404.4	238.9	0.7	29.2	4724.2
申银万国证券蔡锷中路证券营业部	湖南	长沙	19397.0	15052.2	169.0	0.0	18.0	4157.7
山西证券河东街证券营业部	山西	运城	19382.4	12702.8	4654.6	0.0	5.9	2019.1
万联证券天津路证券营业部	湖北	黄石	19379.8	10700.9	825.9	0.1	9.4	7843.5
银泰证券彩田路证券营业部	深圳	深圳	19367.3	14054.7	107.1	0.0	6.1	5199.4
川财证券五通桥文化街证券营业部	四川	乐山	19365.1	6256.5	604.8	0.1	6.9	12496.9
中天证券志丹路证券营业部	上海	上海	19346.0	7781.8	40.5	0.2	7.1	11516.5
信达证券惠工街证券营业部	辽宁	沈阳	19327.8	14829.8	220.1	0.3	173.3	4104.2

注：营业部交易金额的单位为百万元。

证券营业部交易
Trading of Business Department

营业部名称 Business Department	省份 Province	城市 City	总计 Total	股票 Share	基金 Fund	政府债 G-Bond	公司债 C-Bond	债券回购 Repo
国信证券马鞍山路证券营业部	安徽	合肥	19315.3	15740.3	243.7	0.0	7.8	3323.5
财富证券韶山中路证券营业部	湖南	湘潭	19309.1	16335.6	665.0	0.0	13.4	2295.2
中信证券人民中路证券营业部	江苏	启东	19299.7	10843.3	1698.4	0.0	1.6	6756.4
广发证券中山路证券营业部	辽宁	大连	19283.8	13762.6	177.4	0.0	51.6	5292.3
国元证券朝阳中路证券营业部	安徽	淮南	19275.2	15918.7	162.6	2.4	95.6	3095.9
光大证券厚街证券营业部	广东	东莞	19245.2	13083.1	277.3	0.0	3.6	5881.2
平安证券建设大道证券营业部	湖北	武汉	19240.5	15156.9	62.3	0.0	14.8	4006.5
华宝证券朝阳建国门外大街证券营业部	北京	北京	19240.3	7984.2	824.7	0.3	75.7	10355.5
华福证券滨江中路证券营业部	福建	南平	19221.6	13457.9	97.6	0.2	399.2	5266.6
中国银河证券和平路证券营业部	陕西	西安	19211.3	14856.3	275.2	0.0	17.7	4062.1
万联证券交通路证券营业部	四川	内江	19199.5	10607.3	565.5	0.0	19.4	8007.3
红塔证券环城南路证券营业部	云南	昆明	19198.3	9491.6	377.6	0.0	635.1	8694.0
华融证券华山路证券营业部	上海	上海	19191.5	7608.9	44.2	0.0	18.2	11520.2
齐鲁证券有限舜耕路证券营业部	山东	济南	19191.0	13701.1	57.7	0.1	6.4	5425.7
中信证券(山东)洸河路证券营业部	山东	济宁	19136.4	11756.5	2500.8	0.3	25.0	4853.8
海通证券建设路证券营业部	河南	许昌	19103.1	17786.0	105.8	1.8	25.3	1184.2
安信证券胜利街证券营业部	湖北	武汉	19091.1	12384.2	410.4	0.0	6.1	6290.5
广发证券斗门证券营业部	广东	珠海	19090.8	10709.7	23.5	0.9	9.5	8347.3
光大证券民主广场证券营业部	辽宁	大连	19073.0	5299.5	1312.3	0.0	21.7	12439.5
万联证券东风中路证券营业部	广东	广州	19058.0	11257.3	1673.2	0.0	51.2	6076.3
信达证券中山一路证券营业部	广东	湛江	19056.8	15488.4	63.7	0.4	71.2	3433.0
中原证券纬二路证券营业部	河南	郑州	19055.8	14209.1	144.9	3.6	6.7	4691.5
中国中投证券历山路证券营业部	山东	济南	19045.6	13931.9	555.2	0.6	251.4	4306.6
渤海证券士英路证券营业部	天津	天津	19011.4	12932.4	99.5	0.0	7.6	5972.0
光大证券人民北路证券营业部	上海	上海	19010.5	8158.0	545.2	0.0	26.1	10281.2
浙商证券艮塔路证券营业部	浙江	绍兴	19004.1	12532.3	309.1	0.0	1.9	6160.8
新时代证券白塔西路证券营业部	江苏	苏州	19003.2	9784.9	167.5	0.0	0.8	9050.0
信达证券海滨大道南证券营业部	广东	湛江	18995.8	13097.5	100.7	1.3	14.0	5782.2
国信证券端州四路证券营业部	广东	肇庆	18978.9	14223.8	39.9	0.0	17.9	4697.2
上海证券路证券营业部	上海	上海	18967.2	7322.3	815.4	0.2	7.0	10822.3
上海证券证券营业部	上海	上海	18965.1	12477.7	42.3	0.1	2.6	6442.4
中信建投证券港市通灌北路证券营业部	江苏	连云港	18954.7	12464.4	2852.6	0.2	4.2	3633.3
金元证券文心二路证券营业部	深圳	深圳	18935.0	10869.0	46.0	0.0	63.0	7957.0
万和证券蜀汉路证券营业部	四川	成都	18926.1	9266.6	59.7	0.0	93.3	9506.5
英大证券庆阳路证券营业部	甘肃	兰州	18901.3	9119.8	202.2	14.1	443.1	9122.1
大同证券经纪南山南油大道证券营业部	深圳	深圳	18893.8	6990.6	584.0	0.2	2.4	11316.7
齐鲁证券有限中润大道证券营业部	山东	淄博	18885.9	12978.0	318.6	1.4	18.1	5569.8
国元证券北站路证券营业部	辽宁	沈阳	18874.0	10531.7	58.1	0.3	4.9	8279.1
中国银河证券古镇证券营业部	广东	中山	18873.8	12018.9	393.5	0.0	0.8	6460.6
财富证券红旗路营业部	湖南	邵阳	18854.6	15856.7	175.8	1.1	19.8	2801.3
广发证券情侣中路证券营业部	广东	珠海	18843.2	11804.7	149.3	0.0	11.3	6877.9
华龙证券北山路证券营业部	浙江	杭州	18839.9	6817.7	65.5	0.0	3.0	11953.8
光大证券平山证券营业部	广东	惠州	18839.7	6364.9	11625.2	0.0	30.6	819.1
安信证券东风西路证券营业部	云南	昆明	18836.8	10273.2	145.3	0.0	3.7	8414.6
海通证券解放路证券营业部	山东	烟台	18821.0	12057.7	587.4	1.3	27.1	6147.5
上海证券柳市惠丰路证券营业部	浙江	乐清	18787.0	14059.7	133.4	0.0	4.7	4589.1
东兴证券洪武路证券营业部	江苏	南京	18777.8	6676.6	27.5	0.0	2402.7	9671.1
中国银河证券新安路证券营业部	浙江	建德	18755.1	14865.7	757.7	0.9	24.0	3106.9
太平洋证券麒麟南路证券营业部	云南	曲靖	18739.9	16672.0	102.9	0.0	4.9	1960.1
国信证券天河北路证券营业部	广东	广州	18735.3	8937.5	369.1	0.0	23.2	9405.4

注：营业部交易金额的单位为百万元。

证券营业部交易
Trading of Business Department

营业部名称 Business Department	省份 Province	城市 City	总计 Total	股票 Share	基金 Fund	政府债 G-Bond	公司债 C-Bond	债券回购 Repo
国泰君安证券便河东路证券营业部	湖北	荆州	18721.4	14220.5	101.4	0.7	59.1	4339.7
海通证券岱宗大街营业部	山东	泰安	18694.8	14695.1	423.7	0.5	11.8	3563.7
海通证券淮海北路证券营业部	江苏	淮安	18680.3	16036.9	92.5	2.1	13.4	2535.4
第一创业证券建设路证券营业部	河北	廊坊	18639.5	13790.7	322.7	1.0	161.1	4364.1
宏源证券延安路证券营业部	新疆	昌吉	18639.2	14812.1	87.4	0.0	0.6	3739.2
国元证券河北路证券营业部	天津	天津	18637.1	9595.6	169.1	0.0	91.6	8780.8
中国银河证券文昌中路证券营业部	江苏	扬州	18634.2	11761.3	413.0	3.2	557.1	5899.6
申银万国证券北一环路证券营业部	四川	成都	18591.5	15840.1	62.0	1.1	12.4	2675.8
国信证券新港西路证券营业部	广东	广州	18588.3	11745.0	125.8	1.6	2416.6	4299.3
宏源证券木齐公园北街证券营业部	新疆	乌鲁木齐	18566.6	13773.4	32.2	0.1	1.3	4759.6
东北证券朝外大街证券营业部	北京	北京	18530.4	10038.7	537.1	0.0	11.8	7942.8
天风证券八一路证券营业部	湖北	武汉	18507.7	8819.8	235.4	0.0	19.8	9432.7
中国中投证券滨友谊路证券营业部	黑龙江	哈尔滨	18490.6	11372.0	176.6	0.1	26.6	6915.2
华泰证券渤海大街证券营业部	辽宁	营口	18481.8	7491.3	5718.3	0.0	6.4	5265.7
中国中投证券公园路证券营业部	山东	威海	18465.5	9555.4	2190.3	0.1	34.0	6685.7
中航证券有限红旗大道证券营业部	江西	赣州	18455.8	12363.4	63.3	0.3	17.0	6011.7
中国银河证券经三路证券营业部	河南	郑州	18452.3	13933.2	102.9	0.0	187.6	4228.6
世纪证券韶山北路证券营业部	湖南	长沙	18423.5	12988.8	567.0	4.0	18.0	4845.7
光大证券马场路证券营业部	广东	广州	18414.0	12541.6	257.4	1.2	95.3	5518.5
中国民族证券丰台东大街证券营业部	北京	北京	18396.6	11447.9	681.0	0.6	70.6	6196.5
湘财证券恒福路证券营业部	广东	广州	18391.3	8314.7	28.5	0.7	21.8	10025.7
国信证券府西街证券营业部	山西	太原	18389.7	15039.5	154.7	0.0	19.0	3176.6
财通证券塘河北路证券营业部	浙江	温州	18378.4	11672.0	12.7	0.0	79.3	6614.4
华泰证券民康路证券营业部	吉林	长春	18348.5	11792.9	3843.0	0.6	29.0	2682.9
华西证券港湾街证券营业部	辽宁	大连	18338.1	12551.5	103.9	1.2	13.7	5667.8
江海证券有限滨花园街第二证券营业部	黑龙江	哈尔滨	18337.9	9976.5	75.5	0.0	189.3	8096.6
长江证券木齐光明路证券营业部	新疆	乌鲁木齐	18334.2	10915.3	129.6	0.0	7.1	7282.1
金元证券养育巷证券营业部	江苏	苏州	18331.7	5205.4	42.8	0.0	0.7	13082.7
江海证券有限滨建设街证券营业部	黑龙江	哈尔滨	18316.2	8013.8	36.3	0.0	10.3	10255.8
国泰君安证券塘沽上海道证券营业部	天津	天津	18306.9	13421.2	371.8	1.7	33.9	4478.3
安信证券潮安证券营业部	广东	潮州	18296.7	9980.0	3763.2	0.0	3.6	4550.0
安信证券春园路证券营业部	湖南	娄底	18294.4	9158.7	36.3	0.0	24.8	9074.6
西南证券江滨西路证券营业部	浙江	温州	18288.6	13807.6	101.9	0.0	20.6	4358.5
华安证券深南西路证券营业部	深圳	深圳	18265.5	13681.6	84.0	0.0	1.6	4498.4
南京证券番禺路证券营业部	上海	上海	18254.7	9381.1	79.2	0.0	62.9	8731.4
海通证券辽河大街证券营业部	辽宁	营口	18234.1	12555.6	167.6	24.7	83.6	5402.6
红塔证券青年路证券营业部	云南	昆明	18211.4	11024.1	240.3	2.2	124.1	6820.7
东北证券自由大路证券营业部	吉林	长春	18189.8	9253.2	66.2	0.0	75.0	8795.4
南京证券港步行街证券营业部	江苏	张家港	18173.3	10373.2	597.3	0.0	180.3	7022.6
东海证券江南大道证券营业部	浙江	杭州	18170.4	12976.1	169.6	0.0	22.8	5001.9
国都证券江汉北路证券营业部	湖北	武汉	18141.4	8700.5	61.7	0.0	6.1	9373.1
申银万国证券安盛路证券营业部	浙江	瑞安	18115.1	15058.3	9.1	0.0	28.2	3019.6
中天证券长江街证券营业部	辽宁	沈阳	18107.4	9408.8	19.4	0.4	282.9	8396.0
山西证券桃北中路证券营业部	山西	阳泉	18074.3	3232.5	16.2	0.0	1.6	14823.9
国元证券临泉路证券营业部	安徽	阜阳	18060.9	15750.3	95.5	0.5	35.2	2179.5
方正证券泽楚路证券营业部	浙江	温岭	18029.0	15454.3	120.1	0.0	84.8	2369.8
东吴证券商城中路证券营业部	江苏	常熟	17997.5	10789.8	37.5	0.3	105.0	7064.9
西部证券开鲁路证券营业部	上海	上海	17989.2	6920.0	19.7	0.4	55.6	10993.6
中国银河证券乌兰道证券营业部	内蒙	包头	17987.3	14554.9	852.0	0.0	3.1	2577.3
华安证券龙山路证券营业部	安徽	安庆	17986.8	15590.9	78.6	1.6	19.8	2296.0

注：营业部交易金额的单位为百万元。

证券营业部交易
Trading of Business Department

营业部名称 Business Department	省份 Province	城市 City	总计 Total	股票 Share	基金 Fund	政府债 G-Bond	公司债 C-Bond	债券回购 Repo
国信证券红锦大道证券营业部	重庆	重庆	17980.9	12569.4	435.8	3.5	10.6	4961.6
中国中投证券民族路证券营业部	重庆	重庆	17954.2	13339.5	79.2	2.5	2.6	4530.4
中航证券有限万东路证券营业部	天津	天津	17953.7	11067.0	38.0	0.3	78.0	6770.5
上海证券和平里北街证券营业部	北京	北京	17950.9	5954.8	275.3	0.0	16.4	11704.4
安信证券解放大路证券营业部	吉林	长春	17913.9	4751.5	5.8	0.0	0.4	13156.2
华林证券东兴大道证券营业部	广东	江门	17913.7	10737.0	270.3	0.0	2.4	6904.0
中国银河证券木齐解放北路证券营业部	新疆	乌鲁木齐	17906.5	12173.6	29.9	0.1	10.9	5692.0
国泰君安证券环城西路证券营业部	江西	鹰潭	17892.1	14884.1	47.5	0.0	121.7	2838.8
海通证券滨西大直街证券营业部	黑龙江	哈尔滨	17868.0	10050.0	104.0	0.3	39.2	7674.4
中国中投证券大庆北路证券营业部	江苏	扬州	17867.1	14970.0	521.9	0.2	51.8	2323.2
齐鲁证券有限鲁迅路证券营业部	辽宁	大连	17864.4	9007.9	63.7	0.0	5.5	8787.3
民生证券工体北路证券营业部	北京	北京	17858.4	4508.9	6.4	0.1	23.0	13320.1
国泰君安证券舜水南路证券营业部	浙江	余姚	17843.9	14636.2	35.0	0.0	17.3	3155.4
中国银河证券三香路证券营业部	江苏	苏州	17808.3	12468.8	84.3	0.7	71.8	5182.7
齐鲁证券有限红旗路证券营业部	天津	天津	17797.9	13504.8	30.9	0.5	21.8	4239.9
国盛证券阳明东路证券营业部	江西	吉安	17795.1	16041.9	57.3	0.2	32.0	1663.6
浙商证券中兴街证券营业部	浙江	金华	17794.3	15428.8	152.9	0.0	20.2	2192.4
长江证券东大街证券营业部	青海	西宁	17789.1	7994.7	90.5	0.0	8.8	9695.1
方正证券巴陵东路证券营业部	湖南	岳阳	17782.5	5474.5	43.3	0.0	440.3	11824.4
东海证券安苑北里证券营业部	北京	北京	17776.5	10301.8	23.8	0.0	38.7	7412.3
安信证券端州四路证券营业部	广东	肇庆	17774.5	12328.1	128.8	0.3	10.4	5306.9
兴业证券商务外环路证券营业部	河南	郑州	17757.1	5454.4	93.2	0.0	15.8	12193.7
华林证券冈州大道证券营业部	广东	江门	17754.8	10278.8	448.8	0.5	21.0	7005.8
国元证券观音桥步行街证券营业部	重庆	重庆	17714.8	9924.2	142.9	3.9	132.3	7511.5
光大证券寮步证券营业部	广东	东莞	17713.8	11387.7	115.3	0.0	9.5	6201.3
中国中投证券三好街证券营业部	辽宁	沈阳	17710.5	11583.1	64.1	0.5	145.8	5916.9
上海证券证券营业部	上海	上海	17704.8	12035.5	269.1	2.2	21.8	5376.1
上海证券塘下大道证券营业部	浙江	瑞安	17698.2	14029.8	288.9	0.0	0.5	3379.0
宏信证券涪江路证券营业部	四川	南充	17674.1	13184.1	37.1	0.0	339.0	4113.9
兴业证券杏林北路证券营业部	福建	厦门	17666.0	9937.3	149.0	0.0	32.9	7546.8
华西证券五星街证券营业部	四川	自贡	17626.2	14114.5	103.9	0.2	26.2	3381.4
国元证券文化路证券营业部	安徽	芜湖	17625.7	13375.5	94.8	0.1	38.9	4116.4
国盛证券西凌家宅路营业部	上海	上海	17616.8	7265.2	37.4	11.8	76.5	10226.0
中国银河证券金城证券营业部	安徽	合肥	17586.8	9648.6	520.5	0.0	2.3	7415.4
中信建投证券汉渝路证券营业部	重庆	重庆	17586.2	11993.7	98.0	0.0	39.2	5455.4
安信证券金碧路证券营业部	广东	清远	17584.5	12042.1	1062.5	0.5	43.5	4435.9
中国中投证券姚港路证券营业部	江苏	南通	17566.5	12372.2	276.2	0.4	57.8	4859.9
广发证券海滨大道证券营业部	广东	湛江	17561.6	10921.2	79.7	0.0	3.5	6557.2
西南证券北京路证券营业部	云南	昆明	17544.3	10715.9	3947.0	0.3	3.3	2877.7
海通证券松江区人民北路证券营业部	上海	上海	17543.5	12896.0	542.3	1.0	19.4	4084.8
中航证券有限嵩山南路证券营业部	河南	郑州	17532.0	12468.0	14.0	0.1	42.5	5007.5
中原证券建设路证券营业部	河南	濮阳	17519.0	11456.2	454.4	0.5	82.3	5525.7
中国中投证券滨赣水路证券营业部	黑龙江	哈尔滨	17515.9	11216.0	82.0	0.1	16.9	6201.0
光大证券木齐新华北路证券营业部	新疆	乌鲁木齐	17506.8	14173.1	47.1	0.0	5.8	3280.9
山西证券并州南路证券营业部	山西	太原	17494.5	14304.4	409.3	0.1	12.2	2768.4
国元证券黄山西路证券营业部	安徽	芜湖	17491.2	13592.1	333.2	0.1	195.4	3370.5
华林证券潜山路证券营业部	安徽	合肥	17488.9	11427.3	2385.8	0.0	15.3	3660.5
首创证券长宁区天山路证券营业部	上海	上海	17475.0	10949.0	36.5	0.1	17.7	6471.7
瑞银证券金融大街证券营业部	北京	北京	17452.6	2127.4	43.4	0.0	34.3	15247.4
广发证券龙昆北路证券营业部	海南	海口	17428.9	8374.7	818.0	0.2	3.3	8232.7

注：营业部交易金额的单位为百万元。

证券营业部交易
Trading of Business Department

营业部名称 Business Department	省份 Province	城市 City	总计 Total	股票 Share	基金 Fund	政府债 G-Bond	公司债 C-Bond	债券回购 Repo
大通证券塔头路证券营业部	福建	福州	17427.5	11257.6	190.2	0.0	75.9	5903.8
恒泰证券鄂尔多斯大街证券营业部	内蒙	东胜	17423.7	9690.3	62.9	0.1	0.1	7670.3
广发证券安立路证券营业部	北京	北京	17382.7	10397.0	122.4	0.0	35.6	6827.8
华安证券新芜路证券营业部	安徽	芜湖	17374.7	13153.5	84.2	2.6	11.2	4123.2
光大证券展鸿路金融中心大厦证券营业部	福建	厦门	17374.2	12483.4	190.3	0.0	21.3	4679.2
财达证券人民东路证券营业部	河北	衡水	17369.2	12917.1	326.3	2.7	58.1	4064.9
中信证券(山东)黛溪三路证券营业部	山东	滨州	17355.7	8086.2	89.5	4.1	6.9	9168.9
信达证券中山大道证券营业部	广东	广州	17355.0	10307.1	92.3	28.7	297.6	6629.3
安信证券四会光明北路证券营业部	广东	四会	17333.6	11893.0	117.8	1.6	18.5	5302.8
华西证券朝阳中路证券营业部	四川	达州	17323.9	14206.9	168.0	1.3	157.9	2789.7
万联证券上地创业路证券营业部	北京	北京	17310.3	8115.3	787.2	29.9	340.6	8037.4
中国民族证券滨东大直街证券营业部	黑龙江	哈尔滨	17302.8	9125.2	70.1	0.0	817.6	7290.0
南京证券中山南路证券营业部	江苏	南京	17297.8	10289.7	66.3	23.6	265.2	6653.0
东方证券望江西路证券营业部	安徽	合肥	17289.7	16416.0	157.2	0.0	2.7	713.8
东兴证券崇宁路证券营业部	福建	三明	17233.6	13470.4	148.5	0.0	12.3	3602.4
东方证券进香河路证券营业部	江苏	南京	17229.6	10511.1	220.7	0.0	37.5	6460.4
华林证券聚德街证券营业部	广东	江门	17220.4	7036.5	41.2	0.2	4.9	10137.6
信达证券番禺富华东路证券营业部	广东	广州	17208.9	13940.4	27.5	5.3	132.9	3102.9
东北证券五一中路证券营业部	福建	福州	17202.8	9975.6	160.9	0.0	17.3	7049.1
国元证券桐城路证券营业部	安徽	合肥	17194.7	12202.4	679.5	1.5	330.3	3980.9
中国银河证券小榄证券营业部	广东	中山	17190.2	10885.9	553.1	0.6	2.1	5748.4
英大证券五四路证券营业部	福建	福州	17144.6	8405.2	20.9	0.0	175.1	8543.4
东北证券前进大街证券营业部	吉林	长春	17133.2	7121.8	1135.4	0.0	24.9	8851.1
广发证券星湖路证券营业部	广西	南宁	17113.9	11238.1	438.4	0.0	105.8	5331.6
东北证券东盛大街证券营业部	吉林	长春	17077.1	7290.3	211.6	0.6	109.0	9465.7
长江证券仙桃大道证券营业部	湖北	仙桃	17075.9	15055.6	92.4	0.8	62.7	1864.4
国泰君安证券解放路证券营业部	山东	济南	17072.5	13015.0	148.7	0.0	31.5	3877.3
长城证券文化路证券营业部	河南	郑州	17070.5	12043.1	142.2	0.0	14.7	4870.5
首创证券庄中山东路证券营业部	河北	石家庄	17055.4	13210.9	36.0	0.3	39.7	3768.6
平安证券机场路证券营业部	深圳	深圳	17055.0	14139.3	235.6	0.6	24.8	2654.7
招商证券益田路江苏大厦证券营业部	深圳	深圳	17043.1	10075.7	634.3	7.0	440.8	5885.3
英大证券福华三路证券营业部	深圳	深圳	17037.1	9987.0	244.6	0.0	41.9	6763.6
山西证券证券股份有限公司太原上肖墙路证券营业	山西	太原	17023.1	12549.5	883.5	0.3	3.5	3586.3
光大证券广场南路证券营业部	江西	南昌	17021.9	11453.0	168.4	0.0	6.8	5393.7
中国民族证券友谊路证券营业部	吉林	延吉	17000.3	10749.4	30.4	0.1	7.8	6212.6
财富证券深南大道证券营业部	深圳	深圳	16956.3	10945.3	303.4	16.1	21.7	5669.8
海通证券嘉定区福海路证券营业部	上海	上海	16955.6	2246.8	23.1	0.9	197.1	14487.7
中国民族证券港口路证券营业部	广东	江门	16948.4	7336.9	152.2	1.4	532.1	8925.8
财通证券体育场证券营业部	浙江	湖州	16939.9	11969.8	27.4	0.3	0.7	4941.7
华泰证券春晖路证券营业部	重庆	重庆	16925.1	14140.3	769.1	2.0	64.3	1949.4
华融证券解放大道证券营业部	湖北	武汉	16914.7	10483.9	235.2	0.1	13.6	6181.9
新时代证券东山大道证券营业部	湖北	宜昌	16913.1	12618.5	98.1	0.0	5.4	4191.1
华泰证券解放路证券营业部	辽宁	大连	16912.0	8774.8	6164.7	1.4	37.3	1933.8
中国民族证券西安大路证券营业部	吉林	长春	16854.5	10029.1	17.3	0.4	49.9	6757.9
齐鲁证券有限百万庄大街证券营业部	北京	北京	16851.2	7783.4	402.5	0.0	55.9	8609.3
中国银河证券建设东路证券营业部	辽宁	沈阳	16843.9	11859.9	146.4	0.2	816.2	4021.2
东北证券武宁路证券营业部	上海	上海	16841.2	6528.7	58.1	0.0	290.7	9963.8
中国中投证券陕西营路证券营业部	河北	承德	16829.5	14601.8	80.9	1.7	21.9	2123.3
国金证券堰都江大道证券营业部	四川	成都	16827.7	15216.7	88.0	0.1	10.0	1512.9
光大证券大良证券营业部	广东	佛山	16819.3	10612.2	298.4	0.6	197.3	5710.8

注：营业部交易金额的单位为百万元。

证券营业部交易
Trading of Business Department

营业部名称 Business Department	省份 Province	城市 City	总计 Total	股票 Share	基金 Fund	政府债 G-Bond	公司债 C-Bond	债券回购 Repo
东方证券西康路证券营业部	天津	天津	16815.0	10170.5	464.7	0.0	25.8	6154.1
中国中投证券龙华和平路证券营业部	深圳	深圳	16773.6	6775.5	72.0	0.0	6.3	9919.7
东北证券凯旋路证券营业部	浙江	杭州	16742.5	7651.3	26.4	0.0	12.0	9052.8
渤海证券奉化道证券营业部	天津	天津	16742.0	9550.9	26.0	0.6	25.4	7139.1
万和证券大墙西街证券营业部	四川	成都	16728.7	9548.9	17.7	2.6	78.0	7081.5
东北证券人民大街证券营业部	吉林	长春	16728.5	7211.0	611.9	0.0	1.4	8904.2
中国银河证券建新东路证券营业部	重庆	重庆	16720.6	12862.7	157.3	0.5	28.4	3671.7
第一创业证券黄河道证券营业部	天津	天津	16719.3	888.0	154.9	0.0	452.2	15224.2
中国民族证券中华路证券营业部	辽宁	沈阳	16710.0	7239.3	27.5	0.1	90.7	9352.3
西部证券中山东路证券营业部	陕西	宝鸡	16676.0	9469.8	108.7	0.4	519.2	6578.0
中国中投证券淞沪路证券营业部	上海	上海	16655.9	8170.9	207.4	2.6	17.5	8257.5
宏源证券英华路证券营业部	广西	南宁	16636.8	8786.5	191.2	0.0	8.1	7651.1
天风证券市一环路东五段证券营业部	四川	成都	16623.6	8589.7	47.1	0.3	8.2	7978.3
南京证券姚港路证券营业部	江苏	南通	16620.8	6971.3	145.2	0.1	274.1	9230.3
中国民族证券高新南一道证券营业部	深圳	深圳	16615.4	10935.0	18.5	0.0	376.3	5285.7
湘财证券大道北证券营业部	广东	广州	16609.2	5799.2	916.5	0.0	32.8	9860.7
新时代证券东三环北路证券营业部	北京	北京	16596.5	5488.9	419.0	0.2	393.5	10294.9
爱建证券斜西街证券营业部	浙江	嘉兴	16595.8	10537.7	68.9	0.1	81.2	5908.0
信达证券黑龙江街营业部	辽宁	沈阳	16589.0	10351.5	90.7	2.8	97.7	6046.3
安信证券沙头角证券营业部	深圳	深圳	16566.5	14810.4	107.8	0.0	2.2	1646.1
国海证券公园路证券营业部	广西	南宁	16562.0	12951.1	300.3	0.0	180.0	3130.5
中信证券望京证券营业部	北京	北京	16537.0	1649.7	0.5	0.0	236.6	14650.3
东北证券同志街证券营业部	吉林	长春	16506.5	9913.3	53.6	0.2	7.8	6531.7
中原证券山中兴南路证券营业部	河南	平顶山	16497.3	14316.9	192.6	0.0	23.9	1964.0
中国银河证券证券营业部	湖北	荆门	16489.3	13865.9	157.2	0.0	561.8	1904.5
中山证券解放路证券营业部	山东	济南	16488.6	574.8	0.2	0.0	0.0	15913.6
中国银河证券开华道证券营业部	天津	天津	16485.2	10853.5	322.9	0.3	1.9	5306.7
山西证券蛇口工业七路证券营业部	深圳	深圳	16462.2	7311.7	93.6	0.0	2.4	9054.5
齐鲁证券有限岱宗大街证券营业部	山东	泰安	16451.6	11922.3	1924.0	3.5	62.5	2539.3
中国银河证券汉阳大道证券营业部	湖北	武汉	16436.9	7963.3	705.1	0.0	4.7	7763.7
国信证券龙华证券营业部	深圳	深圳	16430.0	9662.1	176.9	0.0	24.3	6566.7
国元证券体育东路证券营业部	广东	广州	16418.4	10709.0	70.3	0.1	16.2	5622.9
华泰证券双流县正东中街证券营业部	四川	成都	16399.9	10536.7	733.1	3.6	20.4	5106.1
中信建投证券迎晖路证券营业部	四川	泸州	16396.2	11648.4	397.9	0.1	57.9	4291.9
西部证券东大街证券营业部	陕西	西安	16390.5	10456.6	30.0	0.2	7.1	5896.5
海通证券相山路证券营业部	安徽	淮北	16377.0	15649.2	25.8	0.0	30.7	671.3
华安证券合作化南路证券营业部	安徽	合肥	16374.2	3563.9	112.9	0.1	179.2	12518.2
海通证券龙昆北路营业部	海南	海口	16368.7	13178.7	146.3	14.3	8.4	3021.1
兴业证券肥西路证券营业部	安徽	合肥	16353.8	7497.7	114.4	0.0	52.5	8689.2
南京证券蛇口南海大道证券营业部	深圳	深圳	16322.0	11692.9	146.1	0.0	12.1	4470.9
中国民族证券人民路证券营业部	辽宁	鞍山	16302.1	12676.5	30.2	0.8	30.5	3564.1
安信证券滨江中路证券营业部	广东	广州	16292.1	10516.9	170.0	0.3	18.4	5586.6
国盛证券南丹东路证券营业部	上海	上海	16291.9	6066.3	75.9	12.0	2.5	10135.3
浙商证券人民东路证券营业部	浙江	台州	16273.4	12788.5	100.2	0.0	19.2	3365.4
恒泰证券哈达街证券营业部	内蒙	赤峰	16270.2	14549.7	247.1	0.3	9.4	1463.7
浙商证券永安道证券营业部	天津	天津	16259.3	9482.6	130.3	0.0	11.0	6635.4
东北证券遵义东路证券营业部	吉林	吉林	16229.7	9285.3	1492.5	0.1	6.8	5444.9
华创证券新华路证券营业部	贵州	贵阳	16228.3	10381.0	222.1	0.8	14.9	5609.6
齐鲁证券有限第一大道证券营业部	山东	济南	16215.0	7705.8	46.6	0.0	5.1	8457.5
华安证券梅山路证券营业部	安徽	六安	16210.2	12916.7	142.4	0.8	33.4	3116.8

注：营业部交易金额的单位为百万元。

证券营业部交易
Trading of Business Department

营业部名称 Business Department	省份 Province	城市 City	总计 Total	股票 Share	基金 Fund	政府债 G-Bond	公司债 C-Bond	债券回购 Repo
上海证券福虹路证券营业部	深圳	深圳	16204.3	13463.0	87.0	0.0	10.6	2643.6
金元证券中山大道证券营业部	广东	广州	16196.6	9093.3	105.9	0.0	12.4	6985.0
广发证券高明跃华路证券营业部	广东	佛山	16192.4	13020.0	285.4	0.4	568.2	2318.4
广发证券泺源大街证券营业部	山东	济南	16183.9	7620.9	523.4	0.1	235.6	7804.0
东方证券北海大道证券营业部	广西	北海	16178.8	14103.8	20.0	0.0	14.2	2040.8
湘财证券莞太路证券营业部	广东	东莞	16177.6	1592.5	106.4	4.4	1121.4	13352.9
中国国际金融有限金马路证券营业部	辽宁	大连	16159.7	7010.1	2.0	0.0	0.0	9147.5
世纪证券仙来中大道证券营业部	江西	新余	16156.7	11095.6	32.7	0.2	5.3	5022.9
新时代证券田村中街证券营业部	北京	北京	16155.9	3386.4	3676.0	0.0	869.0	8224.5
华龙证券民主东路证券营业部	甘肃	兰州	16155.3	7833.0	15.5	0.3	2.7	8303.8
东兴证券公园路证券营业部	福建	龙海	16146.0	12300.5	74.9	0.0	48.8	3721.8
渤海证券大兴三中西巷证券营业部	北京	北京	16145.7	13309.2	78.5	0.2	57.2	2700.6
东海证券西三环北路证券营业部	北京	北京	16129.4	9185.4	66.7	0.0	7.8	6869.5
第一创业证券猎德大道证券营业部	广东	广州	16129.0	4214.0	115.4	1.9	559.7	11237.9
国都证券延安路证券营业部	浙江	杭州	16122.3	7667.0	68.2	0.0	550.4	7836.8
东兴证券韶山北路证券营业部	湖南	长沙	16122.1	5695.7	34.5	0.0	3.1	10388.9
财达证券庄新华路证券营业部	河北	石家庄	16097.6	8448.9	141.9	0.4	7.0	7499.5
中国银河证券方庄南路证券营业部	北京	北京	16092.7	10029.7	925.8	0.0	50.0	5087.2
东北证券芙蓉中路证券营业部	湖南	长沙	16088.4	4940.1	56.3	33.8	21.5	11036.7
安信证券科发路证券营业部	深圳	深圳	16081.7	14263.0	472.6	0.2	3.2	1342.7
齐鲁证券有限海滨北路证券营业部	山东	威海	16080.3	13952.4	465.4	0.0	9.3	1653.2
东方证券宝岗大道证券营业部	广东	广州	16072.0	11232.2	52.6	0.0	5.9	4781.3
万联证券花蕾路证券营业部	广东	广州	16071.3	8382.6	1291.5	2.2	11.1	6384.0
长江证券江湾路证券营业部	广东	广州	16051.7	9495.3	606.9	1.1	26.9	5921.5
爱建证券兰溪路证券营业部	上海	上海	16045.0	5921.2	41.9	0.0	3.7	10078.2
首创证券大港世纪大道证券营业部	天津	天津	16039.2	7692.7	27.4	0.1	10.0	8309.0
国联证券中山北路证券营业部	浙江	杭州	16010.2	7939.8	80.0	0.0	0.7	7989.8
中国民族证券庄谈固西街证券营业部	河北	石家庄	15995.6	11226.8	15.3	0.3	21.7	4731.6
宏源证券丰北路证券营业部	北京	北京	15970.2	8440.7	166.3	0.0	7.3	7355.9
申银万国证券沿江大道证券营业部	湖北	襄阳	15957.8	13992.0	93.0	0.4	9.6	1862.8
中国中投证券护国路证券营业部	贵州	贵阳	15951.0	12774.3	58.6	1.7	84.7	3031.6
财达证券光明北大街证券营业部	河北	邯郸	15939.2	8456.5	122.6	0.0	12.7	7347.4
安信证券深南大道耀华创建大厦证券营业部	深圳	深圳	15920.9	9814.3	273.2	0.0	151.3	5682.2
西部证券经二路证券营业部	陕西	宝鸡	15918.3	12615.9	21.1	0.0	14.4	3266.9
中原证券解放中路证券营业部	河南	焦作	15918.0	11587.8	79.3	0.1	2.5	4248.2
中航证券有限田安路证券营业部	福建	泉州	15917.8	4826.8	77.3	0.0	21.9	10991.8
东北证券光明街证券营业部	吉林	延吉	15903.4	9112.6	51.8	0.0	23.1	6715.9
华泰证券宝应叶挺东路证券营业部	江苏	扬州	15872.8	10473.3	2574.0	0.0	141.0	2684.5
天风证券天河路证券营业部	辽宁	大连	15868.8	9713.4	60.1	0.1	12.3	6083.0
信达证券岛连山大街证券营业部	辽宁	葫芦岛	15865.1	13752.8	62.6	0.0	26.5	2023.1
申银万国证券东风东路证券营业部	云南	昆明	15859.5	4651.8	26.9	0.0	0.0	11180.8
广发证券浩林东路证券营业部	广东	云浮	15849.6	12167.3	285.6	0.4	38.1	3358.2
华安证券汴河路证券营业部	安徽	宿州	15842.6	14235.0	39.4	0.5	37.0	1530.8
东北证券标营路证券营业部	江苏	南京	15841.2	9204.1	1326.1	0.7	70.0	5240.4
方正证券山建设路证券营业部	河南	平顶山	15834.5	13177.3	94.8	0.0	7.9	2554.5
华龙证券广场证券营业部	甘肃	天水	15816.2	12912.0	54.9	0.4	8.1	2840.9
齐鲁证券有限卫育南路证券营业部	山东	聊城	15797.3	11839.7	165.1	0.0	50.3	3742.1
国盛证券赣东大道证券营业部	江西	抚州	15786.0	11531.0	119.5	0.3	1906.3	2228.9
广发证券和平大道证券营业部	海南	海口	15780.1	9872.2	207.8	0.3	10.5	5689.4
广发证券新开路营业部	河北	廊坊	15777.1	9935.8	108.2	0.0	14.6	5718.4

注：营业部交易金额的单位为百万元。

证券营业部交易
Trading of Business Department

营业部名称 Business Department	省份 Province	城市 City	总计 Total	股票 Share	基金 Fund	政府债 G-Bond	公司债 C-Bond	债券回购 Repo
广发证券情侣南路证券营业部	广东	珠海	15776.0	9777.5	165.4	0.0	28.8	5804.3
国联证券新区长江北路证券营业部	江苏	无锡	15751.0	8380.9	39.1	0.1	8.0	7322.9
宏源证券木齐和平北路证券营业部	新疆	乌鲁木齐	15735.1	10264.8	80.3	0.0	18.2	5371.9
大通证券民生路证券营业部	上海	上海	15724.0	5724.5	258.8	0.0	13.3	9727.4
中国银河证券庆阳路证券营业部	甘肃	兰州	15720.5	9314.9	1772.1	0.0	6.6	4626.9
申银万国证券九江浔阳路营业部	江西	九江	15719.2	12186.2	154.2	0.0	7.3	3371.4
齐鲁证券有限升平街证券营业部	山东	泰安	15707.9	14275.9	68.2	0.0	2.3	1361.5
西南证券二环西路证券营业部	江苏	徐州	15699.7	13767.3	150.4	0.1	4.8	1777.1
南京证券民族北街证券营业部	宁夏	银川	15683.0	12774.5	145.4	0.5	3.1	2759.5
光大证券永川营业部	重庆	重庆	15661.1	13112.7	419.0	0.1	7.1	2122.2
安信证券中北路证券营业部	湖北	武汉	15659.8	9462.5	126.6	0.4	19.1	6051.2
国元证券源头路证券营业部	山东	青岛	15652.2	14475.0	145.7	0.1	16.4	1014.9
浙商证券金柯桥大道证券营业部	浙江	绍兴	15612.7	8943.3	44.1	0.0	4.2	6621.1
中国银河证券顺城证券营业部	辽宁	沈阳	15604.5	10228.1	66.9	1.4	18.8	5289.3
华龙证券四龙路证券营业部	甘肃	白银	15583.4	9463.4	4782.7	0.3	5.0	1332.0
湘财证券证券交易营业部	海南	海口	15560.6	9243.2	1103.2	0.0	48.1	5166.0
齐鲁证券有限温泉路证券营业部	山东	烟台	15560.0	11124.4	57.3	0.1	17.7	4360.5
大同证券经纪迎宾街证券营业部	山西	大同	15551.5	12154.6	99.6	0.0	4.2	3293.1
中信建投证券亦庄荣华中路证券营业部	北京	北京	15524.1	2615.5	289.2	0.0	6.2	12613.3
东海证券中州东路证券营业部	河南	洛阳	15516.8	12324.1	43.8	2.0	8.4	3138.4
财通证券中山路证券营业部	浙江	衢州	15501.4	11309.9	17.0	0.0	2.9	4171.6
中国银河证券东南湖大路证券营业部	吉林	长春	15490.2	11147.1	56.1	1.2	144.6	4141.2
中国中投证券南马路证券营业部	天津	天津	15474.0	10150.1	465.3	0.0	27.8	4830.7
平安证券庄中山西路证券营业部	河北	石家庄	15472.2	6053.8	12.6	0.0	107.4	9298.3
齐鲁证券有限中心路证券营业部	山东	淄博	15463.5	11312.7	814.3	0.3	5.3	3330.9
安信证券民主路证券营业部	四川	宜宾	15459.8	12396.8	31.9	3.4	216.1	2811.7
国海证券神仙树北路证券营业部	四川	成都	15441.6	6877.4	15.1	0.0	232.9	8316.1
山西证券新建南路证券营业部	山西	大同	15423.7	11418.8	224.8	1.6	8.2	3770.2
华龙证券东岗西路证券营业部	甘肃	兰州	15422.3	12651.0	18.4	2.4	55.9	2694.7
中信建投证券赣东北大道证券营业部	江西	上饶	15421.3	11391.7	26.6	0.0	4.5	3998.5
广发证券顺德南国东路证券营业部	广东	顺德	15414.6	8961.2	1687.6	0.1	29.1	4736.6
上海证券万寿路证券营业部	北京	北京	15395.4	7890.2	77.1	0.2	0.8	7427.1
广发证券九洲大道证券营业部	广东	珠海	15387.5	10123.2	51.1	0.0	1.4	5211.8
中信证券（浙江）分公司	浙江	温州	15354.8	12225.0	430.0	0.0	43.7	2656.1
宏源证券漓江路证券营业部	广西	桂林	15354.3	10768.3	66.2	0.0	7.9	4511.9
华泰证券北京中路证券营业部	湖北	荆州	15334.8	9879.4	2275.4	0.4	457.6	2721.9
齐鲁证券有限环城北路证券营业部	山东	烟台	15331.1	12400.4	48.1	0.2	86.4	2796.1
安信证券建设二路证券营业部	广东	江门	15318.8	2673.1	286.5	0.0	4.1	12355.1
新时代证券上清寺路证券营业部	重庆	重庆	15293.1	9158.2	227.0	0.0	100.2	5807.8
西部证券西江湾路证券营业部	上海	上海	15277.9	4637.0	17.6	0.4	54.6	10568.3
平安证券红金街证券营业部	重庆	重庆	15267.3	13576.0	87.8	0.2	18.1	1585.2
安信证券中山路证券营业部	辽宁	大连	15267.1	10047.5	49.6	0.0	4.7	5165.4
上海证券解放路证券营业部	浙江	杭州	15266.9	4696.4	45.9	0.0	49.9	10474.8
东北证券市光华路证券营业部	吉林	吉林	15257.5	11271.0	43.0	3.3	41.1	3899.1
众成证券经纪有限中山西路证券营业部	上海	上海	15248.1	4626.6	75.0	0.0	2.5	10544.1
华西证券花大河北路证券营业部	四川	攀枝花	15212.8	11908.1	272.7	0.7	18.5	3012.8
中国国际金融有限国际金融有限公司长沙车站北路证券营业	湖南	长沙	15209.9	2629.3	173.8	0.2	0.0	12406.6
宏源证券韶山北路证券营业部	湖南	长沙	15207.8	10624.9	40.9	0.0	118.7	4423.3
江海证券有限吕岭路证券营业部	福建	厦门	15207.1	11524.7	166.4	0.0	11.5	3504.6
中国银河证券北街证券营业部	浙江	丽水	15206.1	13612.2	45.6	0.0	23.5	1524.8

注：营业部交易金额的单位为百万元。

证券营业部交易
Trading of Business Department

营业部名称 Business Department	省份 Province	城市 City	总计 Total	股票 Share	基金 Fund	政府债 G-Bond	公司债 C-Bond	债券回购 Repo
安信证券中山大道中证券营业部	广东	广州	15205.2	8898.8	115.6	1.6	100.1	6089.0
中信证券(山东)北京路证券营业部	山东	日照	15187.6	6711.8	1702.3	0.1	15.7	6757.7
中信建投证券杏东路证券营业部	福建	厦门	15173.8	7367.0	678.5	0.0	38.6	7089.7
国元证券山东路证券营业部	山东	青岛	15136.8	9124.7	229.3	0.1	11.4	5771.3
齐鲁证券有限民生大街证券营业部	山东	济南	15132.8	6819.2	190.9	0.3	2.3	8120.2
光大证券解放路证券营业部	山西	太原	15132.3	9122.1	1708.3	0.1	31.6	4270.2
国元证券金柯桥大道证券营业部	浙江	绍兴	15121.4	11199.7	28.3	0.0	2.0	3891.4
光大证券东兴路证券营业部	黑龙江	黑河	15111.6	7017.1	1125.7	0.1	11.3	6957.4
中信证券海滨路证券营业部	广东	汕头	15106.3	5431.7	2788.3	0.0	1.4	6884.9
长江证券人民南路证券营业部	四川	成都	15101.2	14582.4	518.4	0.0	0.4	0.0
第一创业证券百丈东路证券营业部	浙江	宁波	15096.6	3117.3	64.5	21.7	464.7	11428.5
中信证券望海路证券营业部	深圳	深圳	15075.9	3454.0	0.5	0.0	0.0	11621.4
宏信证券胜利路证券营业部	四川	西昌	15066.4	8046.8	14.5	0.0	3.8	7001.3
光大证券田安路证券营业部	福建	泉州	15060.6	8554.2	257.6	0.0	0.1	6248.8
中信证券(山东)中山路证券营业部	山东	菏泽	15036.7	2550.7	99.7	0.0	3.0	12383.4
兴业证券民族大道证券营业部	广西	南宁	15033.9	7360.5	78.9	0.0	78.7	7515.8
安信证券四流南路证券营业部	山东	青岛	15006.5	9782.6	109.8	0.3	45.5	5068.4
广发证券钱江路证券营业部	浙江	杭州	15000.8	8003.0	2068.3	0.0	2.1	4927.4
财达证券江都路证券营业部	天津	天津	14997.9	6066.0	19.7	0.0	131.2	8781.0
中信证券濉溪路证券营业部	安徽	合肥	14983.6	11189.4	123.6	0.0	33.3	3637.3
太平洋证券人民中路证券营业部	云南	昆明	14959.1	9772.9	224.7	1.2	16.8	4943.5
浙商证券水月亭西路证券营业部	浙江	嘉兴	14955.2	9413.7	72.4	0.0	140.0	5329.2
华福证券仙岳路证券营业部	福建	厦门	14943.7	4522.1	22.5	0.0	7.2	10391.9
安信证券泉城路证券营业部	山东	济南	14932.6	4673.1	50.0	0.1	91.6	10117.8
华龙证券长宁路证券营业部	上海	上海	14913.8	5002.6	60.6	0.0	50.3	9800.3
山西证券滨河北西路证券营业部	山西	吕梁	14898.7	7114.0	132.6	0.3	3.0	7648.8
国泰君安证券沧县交通北大道证券营业部	河北	沧州	14892.1	12328.0	103.4	1.9	31.2	2427.5
万和证券建设路证券营业部	四川	成都	14862.8	7274.1	1455.9	1.4	9.1	6122.4
国泰君安证券中山中路证券营业部	江西	宜春	14854.0	12487.1	189.6	0.3	2.4	2174.5
东兴证券台北一路证券营业部	湖北	武汉	14852.9	9229.0	98.9	0.0	15.5	5509.4
财富证券红桂路证券营业部	深圳	深圳	14849.5	10496.9	27.4	0.5	7.3	4317.5
国金证券龙泉驿区龙都南路证券营业部	四川	成都	14833.8	9726.4	116.7	0.6	5.6	4984.5
齐鲁证券有限济泺路证券营业部	山东	济南	14804.7	8430.4	599.2	0.2	2.5	5772.4
山西证券开发路证券营业部	山西	朔州	14804.5	7715.8	194.2	0.3	10.3	6883.8
东兴证券郑和路证券营业部	福建	福州	14798.2	12055.0	86.1	0.1	13.4	2643.6
财通证券县钱清镇前路证券营业部	浙江	绍兴	14798.1	8166.5	43.7	0.0	2.2	6585.7
海通证券江牡丹街证券营业部	黑龙江	牡丹江	14791.1	10777.6	86.9	4.9	61.8	3859.8
中国银河证券三好街证券营业部	辽宁	沈阳	14779.1	8391.9	132.0	4.9	1.4	6248.9
华融证券金田路证券营业部	深圳	深圳	14769.3	8286.3	171.6	0.0	8.2	6303.2
国泰君安证券龙华梅龙中路证券营业部	深圳	深圳	14767.2	13245.2	57.4	0.0	44.2	1420.4
华安证券建新东路证券营业部	重庆	重庆	14739.3	9433.4	533.8	0.0	0.0	4772.0
财通证券市民大道证券营业部	浙江	绍兴	14736.6	9548.0	35.6	0.0	41.8	5111.2
兴业证券巷南路证券营业部	福建	厦门	14736.1	4037.6	111.7	0.0	80.4	10506.5
广发证券荷花路证券营业部	湖南	长沙	14727.7	10442.0	95.5	0.0	12.1	4178.1
中国民族证券五四路证券营业部	辽宁	大连	14727.5	9583.9	56.4	0.1	7.9	5079.1
平安证券怀宁路证券营业部	安徽	合肥	14722.3	5236.1	111.0	0.2	5.9	9369.2
中国银河证券适园路证券营业部	浙江	湖州	14715.2	8392.5	512.7	0.0	9.9	5800.1
广州证券南沙大岗证券营业部	广东	广州	14708.7	6575.1	74.6	3.7	173.0	7882.2
长城证券海鹰路证券营业部	北京	北京	14697.1	3255.8	19.3	0.2	13.3	11408.6
东北证券人民大街证券营业部	吉林	辽源	14690.1	6854.6	13.9	18.0	130.3	7673.3

注：营业部交易金额的单位为百万元。

证券营业部交易
Trading of Business Department

营业部名称 Business Department	省份 Province	城市 City	总计 Total	股票 Share	基金 Fund	政府债 G-Bond	公司债 C-Bond	债券回购 Repo
浙商证券南山路证券营业部	浙江	台州	14687.1	10944.1	40.7	0.0	1.9	3700.4
恒泰证券钢铁大街证券营业部	内蒙	包头	14675.5	8268.8	224.7	0.0	8.7	6173.2
国金证券青白江青江东路证券营业部	四川	成都	14666.6	9803.7	62.7	19.2	140.0	4640.9
上海证券虹桥飞虹南路证券营业部	浙江	乐清	14661.9	12107.5	384.3	0.0	54.8	2115.3
齐鲁证券有限北海路证券营业部	山东	潍坊	14654.7	12019.9	628.4	1.1	5.7	1999.6
中信证券(山东)黄河二路证券营业部	山东	滨州	14653.1	10523.1	1987.1	2.3	17.4	2123.2
东吴证券滂江街证券营业部	辽宁	沈阳	14652.5	9289.7	12.2	8.3	14.0	5328.4
长江证券莲塘聚福路证券营业部	深圳	深圳	14644.2	10686.7	413.7	0.1	176.7	3367.0
金元证券灵桥路证券营业部	浙江	宁波	14642.7	9340.6	49.1	0.0	320.0	4933.0
国联证券建材城西路证券营业部	北京	北京	14626.6	6820.3	246.0	0.2	22.5	7537.5
安信证券花都凤凰北路证券营业部	广东	广州	14626.3	8726.8	159.9	0.2	336.7	5402.7
新时代证券南礼士路证券营业部	北京	北京	14618.4	8875.5	590.7	0.0	9.1	5143.1
中信证券(山东)成山大道证券营业部	山东	荣成	14605.1	1746.7	191.1	0.0	18.7	12648.6
国泰君安证券龙昆南路证券营业部	海南	海口	14595.7	11716.1	33.6	0.0	12.6	2833.4
齐鲁证券有限宁海大街证券营业部	山东	烟台	14591.4	7421.2	2311.9	0.0	1.2	4857.1
华融证券韶山路证券营业部	湖南	长沙	14591.0	10279.0	138.0	2.9	9.7	4161.4
信达证券五一街证券营业部	辽宁	朝阳	14589.5	12164.0	26.4	0.3	3.8	2395.0
中信建投证券商务外环路证券营业部	河南	郑州	14583.1	7251.7	519.7	0.1	36.2	6775.5
安信证券番禺繁华路证券营业部	广东	广州	14582.2	10888.2	460.3	1.2	35.8	3196.8
海通证券经三街证券营业部	黑龙江	大庆	14580.3	10629.5	23.5	0.0	5.2	3922.2
海通证券经六街营业部	黑龙江	大庆	14569.8	12526.3	264.9	2.6	14.9	1761.1
东方证券大北关街证券营业部	辽宁	沈阳	14567.6	8342.8	60.5	6.6	118.7	6039.0
财通证券麦岛路证券营业部	山东	青岛	14560.3	5902.7	8.1	0.0	592.2	8057.4
湘财证券建国门内大街证券营业部	北京	北京	14556.5	8146.8	1810.8	0.0	34.4	4564.5
海通证券民主路证券营业部	广西	南宁	14552.6	10115.0	94.8	0.0	128.2	4214.6
齐鲁证券有限东滩路证券营业部	山东	济宁	14521.6	10063.7	90.9	0.0	7.9	4359.1
广发证券长江中路证券营业部	安徽	合肥	14519.5	8010.9	83.4	0.1	11.7	6413.4
华泰证券东大街证券营业部	江苏	泰州	14507.2	6878.7	6840.9	0.0	17.5	770.1
西部证券未央路第一证券营业部	陕西	西安	14506.9	11672.6	25.7	0.0	5.4	2803.3
东兴证券凤起路证券营业部	浙江	杭州	14501.0	8488.4	109.9	0.0	5.4	5897.4
万联证券中兴南路证券营业部	浙江	绍兴	14484.9	9242.0	775.0	2.2	7.8	4457.9
广发证券环山路证券营业部	山东	烟台	14475.3	10738.3	200.4	0.0	8.6	3528.0
中国银河证券解放西街证券营业部	宁夏	银川	14461.9	10274.4	62.6	0.0	3.3	4121.6
申银万国证券双塔路证券营业部	浙江	温州	14455.0	12568.7	128.0	0.0	2.8	1755.5
信达证券工人街证券营业部	辽宁	鞍山	14438.0	300.5	1.7	0.0	472.5	13663.3
南京证券华林路证券营业部	福建	福州	14422.8	8594.6	43.6	0.0	13.0	5771.6
财达证券东兴北街证券营业部	河北	石家庄	14401.0	9284.7	95.3	0.6	128.1	4892.3
东莞证券大朗证券营业部	广东	东莞	14400.9	10513.0	19.6	0.0	11.9	3856.4
国泰君安证券新南路证券营业部	重庆	重庆	14388.1	11922.0	76.3	0.4	80.6	2308.7
联讯证券大西路证券营业部	辽宁	沈阳	14386.6	9988.8	15.7	0.0	1.6	4380.5
中原证券店解放路证券营业部	河南	驻马店	14372.2	10565.3	596.6	0.0	32.3	3178.0
华泰证券长坂路证券营业部	湖北	当阳	14372.0	7259.0	5793.0	0.0	6.3	1313.7
中信证券麦地东路证券营业部	广东	惠州	14368.9	7775.0	1974.9	1.9	10.3	4606.7
中信证券（浙江）桥东岸路证券营业部	浙江	奉化	14353.3	4730.5	9.4	0.0	93.2	9520.2
万联证券长宁大道证券营业部	湖北	荆门	14340.6	8333.9	3860.6	0.0	8.5	2137.6
中国民族证券人民北路证券营业部	湖南	吉首	14329.6	13593.4	7.9	0.0	0.1	728.2
长江证券鹦鹉大道证券营业部	湖北	武汉	14327.5	7578.3	578.4	0.0	52.0	6118.8
方正证券新华路证券营业部	天津	天津	14321.5	8645.4	111.9	0.0	35.3	5528.9
恒泰证券珠江路证券营业部	吉林	长春	14308.6	10574.2	65.4	0.1	51.1	3617.8
厦门证券有限莲前东路证券营业部	福建	厦门	14305.6	8347.6	98.2	0.0	7.4	5852.5

注：营业部交易金额的单位为百万元。

证券营业部交易
Trading of Business Department

营业部名称 Business Department	省份 Province	城市 City	总计 Total	股票 Share	基金 Fund	政府债 G-Bond	公司债 C-Bond	债券回购 Repo
海通证券中心大街证券营业部	黑龙江	鸡西	14304.3	8976.4	1497.7	0.1	2.6	3827.5
东海证券友谊路证券营业部	天津	天津	14297.5	6884.6	34.6	0.0	5.4	7372.9
瑞银证券证券有限责任公司上海浦东新区花园石桥	上海	上海	14279.2	2435.1	25.9	0.0	17.5	11800.7
兴业证券朝阳公园路证券营业部	北京	北京	14264.7	4784.8	187.7	5.6	47.8	9238.9
宏源证券滨海新区黄海路证券营业部	天津	天津	14251.2	9646.7	12.5	0.0	1.0	4590.9
红塔证券板井路证券营业部	北京	北京	14247.4	6145.2	95.3	0.0	21.3	7985.6
第一创业证券融景中心证券营业部	重庆	重庆	14245.0	1633.5	175.5	0.0	922.3	11513.7
大通证券建国路证券营业部	北京	北京	14231.9	7891.7	26.8	0.0	195.9	6117.5
华泰证券施州大道证券营业部	湖北	恩施	14230.1	7078.6	5176.7	0.0	8.8	1966.1
海通证券南桥证券营业部	上海	上海	14229.6	10053.8	89.4	1.0	29.7	4055.7
安信证券八一七北路证券营业部	福建	福州	14187.6	10705.3	191.3	0.0	8.8	3282.2
国信证券商务内环路证券营业部	河南	郑州	14185.9	11842.6	86.6	0.0	2.9	2253.8
日信证券浩特锡林南路证券营业部	内蒙	呼和浩特	14147.2	8895.2	29.0	0.6	50.5	5171.8
华福证券福辉路证券营业部	福建	石狮	14137.1	11067.0	55.2	0.0	1.2	3013.8
财通证券九铃东路证券营业部	浙江	永康	14113.4	12537.9	149.4	0.6	29.7	1395.8
宏源证券玛依天山路证券营业部	新疆	克拉玛依	14109.8	11109.8	83.9	0.3	10.2	2905.7
西部证券雁塔路证券营业部	陕西	西安	14091.1	9715.9	21.0	0.2	9.5	4344.5
国元证券胜利西路证券营业部	安徽	蚌埠	14074.6	10125.5	257.7	0.0	13.3	3678.1
广发证券颐阳路证券营业部	湖北	黄石	14059.8	8272.6	1545.2	76.3	235.4	3930.3
上海证券中山西路证券营业部	浙江	嘉兴	14048.5	8831.9	38.7	30.5	63.4	5084.0
国信证券胜和路证券营业部	广东	东莞	14034.2	10077.9	415.9	0.0	45.2	3495.2
信达证券远洋路证券营业部	福建	福州	14027.2	9682.4	1134.4	1.0	23.4	3186.0
光大证券塔城路证券营业部	上海	上海	14011.5	7387.4	247.3	2.9	8.8	6365.1
华鑫证券淞滨路证券营业部	上海	上海	14008.3	6322.7	199.0	0.3	36.1	7450.2
中航证券有限东风大街证券营业部	江西	宜春	13979.6	11744.0	16.3	0.0	4.7	2214.6
中国中投证券解放南路证券营业部	天津	天津	13964.3	7986.7	206.1	0.0	14.1	5757.3
第一创业证券解放大道证券营业部	湖北	武汉	13958.6	3051.9	79.9	2.8	351.7	10472.4
安信证券滨红军街证券营业部	黑龙江	哈尔滨	13954.8	8463.6	684.7	0.0	5.0	4801.5
浙商证券体育场路证券营业部	浙江	杭州	13934.2	4775.3	6023.8	0.0	0.5	3134.6
山西证券西矿街证券营业部	山西	太原	13926.6	10235.0	565.6	0.3	2.6	3123.1
广发证券南海西樵证券营业部	广东	佛山	13925.4	10253.3	85.8	0.0	21.5	3564.7
大同证券经纪新建南路证券营业部	山西	大同	13925.1	9168.5	1689.7	0.0	7.0	3059.9
上海证券证券营业部	上海	上海	13916.5	7640.4	24.1	1.1	10.0	6240.9
广发证券中堂证券营业部	广东	东莞	13915.0	9979.2	169.1	0.0	29.0	3737.7
华鑫证券晋陵中路证券营业部	江苏	常州	13889.3	10006.9	149.0	0.0	0.5	3732.8
首创证券庄新华路证券营业部	河北	石家庄	13882.9	8803.2	76.5	0.2	25.0	4978.0
国元证券常青花园花园中路证券营业部	湖北	武汉	13880.3	6680.1	209.8	0.0	0.3	6990.1
浙商证券双塔路证券营业部	浙江	温州	13878.9	10343.2	77.1	0.1	30.8	3427.8
齐鲁证券有限城南路证券营业部	福建	厦门	13871.9	6514.9	48.8	0.0	3.1	7305.1
爱建证券广中路证券营业部	上海	上海	13864.7	4666.9	408.3	0.0	112.1	8677.4
华泰证券盛泽镇市场路证券营业部	江苏	吴江	13844.4	6017.9	3234.4	0.0	2.0	4590.1
国元证券北京中路证券营业部	安徽	芜湖	13817.6	8682.7	55.5	2.1	9.9	5067.6
方正证券回龙观西大街证券营业部	北京	北京	13817.3	2551.6	52.6	45.9	404.0	10763.2
浙商证券香港东路证券营业部	山东	青岛	13805.3	9026.2	31.9	0.1	0.4	4746.7
信达证券延陵中路证券营业部	江苏	常州	13787.4	9126.5	78.8	5.1	17.7	4559.3
中国民族证券中河北路证券营业部	浙江	杭州	13760.9	8689.4	193.2	0.0	319.4	4558.9
平安证券连江中路证券营业部	福建	福州	13747.7	10349.9	60.9	0.0	28.3	3308.6
财达证券朝阳南大街证券营业部	河北	保定	13742.7	10236.6	94.2	0.2	11.0	3400.8
华泰证券通湖路证券营业部	江苏	高邮	13731.7	6336.6	5181.6	0.1	129.2	2084.2
东莞证券鸿福路第一国际证券营业部	广东	东莞	13728.5	10868.0	26.4	0.0	6.2	2827.8

注：营业部交易金额的单位为百万元。

证券营业部交易
Trading of Business Department

营业部名称 Business Department	省份 Province	城市 City	总计 Total	股票 Share	基金 Fund	政府债 G-Bond	公司债 C-Bond	债券回购 Repo
国盛证券镇珠山中路证券营业部	江西	南昌	13717.7	10411.1	24.7	1.2	4.3	3276.4
申银万国证券吉林大街证券营业部	吉林	吉林	13714.4	4593.3	46.6	0.0	143.6	8930.9
广发证券北二中路证券营业部	辽宁	沈阳	13698.7	6988.0	195.1	0.0	156.5	6359.1
江海证券有限滨新疆大街证券营业部	黑龙江	哈尔滨	13679.1	8395.0	24.9	0.0	29.0	5230.2
上海证券南山大道证券营业部	深圳	深圳	13668.8	5758.7	67.3	0.0	0.5	7842.3
广发证券凤天大道证券营业部	重庆	重庆	13662.2	10775.8	101.4	0.3	8.1	2776.6
华泰证券望海西路证券营业部	江苏	盐城	13660.8	7116.8	4709.0	0.6	8.2	1826.2
光大证券经十路证券营业部	山东	济南	13660.1	8412.4	102.5	0.0	3.4	5141.8
光大证券胜利路证券营业部	山东	烟台	13648.7	5973.8	228.7	0.0	3.6	7442.5
川财证券中新街证券营业部	四川	成都	13643.9	4049.7	4428.8	0.2	220.6	4944.6
上海证券文二路证券营业部	浙江	杭州	13641.2	7703.6	191.8	0.0	2.2	5743.6
中信证券（浙江）寿尔福路证券营业部	浙江	丽水	13630.1	11063.6	254.0	0.0	24.9	2287.6
中国银河证券新华街证券营业部	浙江	丽水	13628.4	9465.4	1016.2	0.0	157.6	2989.2
东莞证券彬芳大道证券营业部	广东	梅州	13627.7	8746.2	23.3	0.0	45.3	4812.9
招商证券牡丹江路证券营业部	上海	上海	13616.6	5741.1	48.5	1.2	4.7	7821.1
齐鲁证券有限运河路证券营业部	山东	济宁	13602.9	10067.7	423.0	1.4	32.4	3078.5
广发证券吉林大街证券营业部	吉林	吉林	13588.9	7268.6	972.9	0.3	68.5	5278.6
中信建投证券太阳宫中路证券营业部	北京	北京	13582.6	5965.5	6467.5	0.0	2.1	1147.5
信达证券光荣街营业部	辽宁	铁岭	13581.8	7247.6	66.1	36.2	462.1	5769.7
恒泰证券浩特新城北街证券营业部	内蒙	呼和浩特	13579.1	9672.5	323.9	1.0	1.1	3580.8
西部证券漕东支路证券营业部	上海	上海	13569.1	5501.5	33.9	0.2	8.2	8025.3
中原证券山新华路证券营业部	河南	平顶山	13565.5	12021.1	53.6	0.0	17.0	1473.8
中国银河证券人民路证券营业部	辽宁	大连	13561.3	9283.5	891.5	0.4	47.4	3338.5
华泰证券人民中路证券营业部	江苏	启东	13560.8	7820.2	326.9	0.0	12.2	5401.5
国元证券团结东路证券营业部	安徽	巢湖	13512.8	11225.8	57.4	0.0	12.4	2217.2
江海证券有限滨中央大街证券营业部	黑龙江	哈尔滨	13510.8	6716.8	1882.3	0.5	3.4	4907.8
中国民族证券胜利北路证券营业部	辽宁	鞍山	13503.4	9997.2	29.0	0.5	40.2	3436.5
安信证券龙岗龙翔大道证券营业部	深圳	深圳	13492.3	7019.1	456.7	0.0	1.7	6014.8
西部证券康乐路证券营业部	陕西	西安	13483.0	8958.7	6.5	0.4	3.6	4513.8
渤海证券慧忠里证券营业部	北京	北京	13477.3	7302.4	47.5	0.0	34.6	6092.8
中信证券(山东)四平路证券营业部	山东	潍坊	13472.0	9344.3	1529.2	1.4	66.2	2530.9
西部证券东风街证券营业部	陕西	渭南	13468.8	12563.6	21.5	1.0	1.4	881.3
上海证券路证券营业部	上海	上海	13460.3	9824.5	91.4	7.9	37.9	3498.6
长江证券政和大道证券营业部	江苏	无锡	13447.4	3138.9	79.4	0.0	29.4	10199.7
招商证券庆阳路证券营业部	甘肃	兰州	13441.5	7685.4	10.8	0.0	1.8	5743.5
东莞证券黄岐山大道证券营业部	广东	揭阳	13435.3	9542.1	80.3	0.0	4.1	3808.8
光大证券鱼洞巴县大道证券营业部	重庆	重庆	13433.5	10851.5	26.8	0.0	192.8	2362.4
中国银河证券积玉桥证券营业部	湖北	武汉	13423.9	8580.0	120.8	7.0	80.6	4635.5
宏源证券子西环路证券营业部	新疆	石河子	13390.5	8880.4	28.5	0.0	5.0	4476.7
东北证券科园一路证券营业部	重庆	重庆	13387.9	7510.2	590.1	0.0	4.6	5283.1
东方证券同志街证券营业部	吉林	长春	13382.6	5500.8	8.7	0.0	100.6	7772.6
东北证券爱民路证券营业部	吉林	四平	13380.0	7582.1	181.4	0.7	2525.7	3090.0
国泰君安证券亦庄宏达北路证券营业部	北京	北京	13377.8	6348.0	337.9	0.0	56.2	6635.8
华融证券小寨西路证券营业部	陕西	西安	13361.4	11260.4	61.9	0.0	2.7	2036.4
华融证券黄浦区中山东二路证券营业部	上海	上海	13342.8	5568.8	38.1	0.0	5.0	7730.9
东莞证券东坑证券营业部	广东	东莞	13335.9	10363.6	27.0	0.0	6.3	2939.0
山西证券鲁讯西路证券营业部	浙江	绍兴	13332.7	8190.4	648.6	0.0	1.7	4492.0
方正证券新南路证券营业部	重庆	重庆	13328.9	10807.7	35.4	0.2	122.4	2363.3
国信证券宝安兴华路证券营业部	深圳	深圳	13316.0	6701.6	41.6	0.0	3.8	6569.0
东北证券东风东路证券营业部	广东	广州	13300.0	8315.5	87.3	0.0	21.2	4876.1

注：营业部交易金额的单位为百万元。

证券营业部交易
Trading of Business Department

营业部名称 Business Department	省份 Province	城市 City	总计 Total	股票 Share	基金 Fund	政府债 G-Bond	公司债 C-Bond	债券回购 Repo
太平洋证券金碧路证券营业部	云南	昆明	13284.2	7401.6	39.8	0.3	10.4	5832.1
中原证券中山路证券营业部	河南	信阳	13281.0	9178.3	71.7	0.3	3.7	4027.0
国元证券义安南路证券营业部	安徽	铜陵	13280.0	11275.1	132.0	0.1	10.4	1862.4
国泰君安证券新开路证券营业部	天津	天津	13277.2	9560.6	245.2	0.0	83.8	3387.6
东海证券苏州大道西证券营业部	江苏	苏州	13272.2	7324.8	18.5	0.0	11.7	5917.1
广发证券长安证券营业部	广东	东莞	13272.1	10028.5	416.2	0.0	37.0	2790.4
中国银河证券长江路证券营业部	青海	西宁	13251.9	8887.3	111.0	0.0	5.4	4248.2
江海证券有限滨珠江路证券营业部	黑龙江	哈尔滨	13229.9	8653.5	18.1	0.0	55.3	4503.1
广发证券珲春街证券营业部	吉林	吉林	13229.4	8571.9	416.2	1.4	8.8	4231.1
中国民族证券胜利东路证券营业部	福建	漳州	13229.1	10448.9	282.1	0.0	16.5	2481.6
华泰证券扬子中路证券营业部	江苏	镇江	13227.0	11264.6	350.7	0.0	55.8	1555.9
中原证券金三角示范区分公司	河南	三门峡	13227.0	11419.2	130.3	0.0	20.6	1656.9
江海证券有限滨一曼街证券营业部	黑龙江	哈尔滨	13226.8	6403.6	33.1	2.8	120.2	6667.2
安信证券丰顺证券营业部	广东	梅州	13224.4	7129.2	374.9	0.0	0.6	5719.8
世纪证券深南大道中证券营业部	深圳	深圳	13209.9	9193.5	37.7	0.0	79.4	3899.3
安信证券樟木头证券营业部	广东	东莞	13208.2	8772.8	60.8	0.0	6.1	4368.6
招商证券顺德云良路证券营业部	广东	佛山	13202.7	6024.3	83.7	0.0	4.3	7090.4
财富证券阜外大街证券营业部	北京	北京	13178.6	8950.1	67.0	0.0	26.0	4135.5
华西证券朝阳街证券营业部	四川	雅安	13178.4	10384.0	151.0	0.5	14.7	2628.1
海通证券鼓楼南路证券营业部	江苏	泰州	13173.1	6708.2	173.6	0.0	29.0	6262.4
方正证券江锑都中路证券营业部	湖南	娄底	13165.7	12013.2	45.4	0.5	47.8	1058.8
西藏同信证券分公司	河南	郑州	13153.4	3426.0	994.3	0.0	4.4	8728.7
中航证券有限新华路证券营业部	湖北	武汉	13142.7	7819.7	26.8	0.0	1.0	5295.2
财达证券车站路证券营业部	河北	唐山	13123.6	8918.5	57.0	0.0	1.3	4146.8
新时代证券梅湾街证券营业部	浙江	嘉兴	13116.1	7239.0	510.3	0.0	6.1	5360.7
中信证券(山东)商务内环路证券营业部	河南	郑州	13110.9	6539.5	498.0	0.0	123.2	5950.2
国泰君安证券滨尚志大街证券营业部	黑龙江	哈尔滨	13107.9	6466.7	26.9	0.1	201.4	6412.8
东北证券百花四路证券营业部	深圳	深圳	13096.6	6253.6	6.3	0.0	8.1	6828.6
华福证券吴航路证券营业部	福建	长乐	13081.9	10795.0	43.8	0.0	4.1	2239.0
中信证券(山东)北一路证券营业部	山东	东营	13071.3	6263.6	1413.9	0.0	6.6	5387.3
申银万国证券体育南路证券营业部	浙江	嘉兴	13048.3	10072.4	149.3	0.3	28.7	2797.6
首创证券庄和平东路证券营业部	河北	石家庄	13035.0	10203.2	59.8	0.6	17.9	2753.4
厦门证券有限观日路证券营业部	福建	厦门	13029.5	7737.4	786.9	0.0	16.8	4488.3
长江证券八一路证券营业部	重庆	重庆	13025.2	9617.3	102.3	0.1	9.0	3296.5
宏源证券解放南路证券营业部	广西	柳州	13020.1	9089.7	130.9	0.0	21.0	3778.5
上海证券西路证券营业部	上海	上海	13015.8	4843.0	26.9	1.7	13.1	8131.1
中信证券(山东)黄河五路证券营业部	山东	滨州	12999.4	9138.7	2648.4	0.0	4.9	1207.3
东方证券临顿路证券营业部	江苏	苏州	12991.7	5052.0	18.3	0.0	0.3	7921.1
中国银河证券热河路证券营业部	山东	青岛	12980.5	5841.5	47.1	0.0	21.7	7070.2
上海证券证券营业部	上海	上海	12977.2	8802.7	98.4	6.2	9.7	4060.1
国海证券东葛路证券营业部	广西	南宁	12967.8	9139.6	20.0	1.1	5.4	3801.8
德邦证券东四路营业部	辽宁	抚顺	12955.0	10453.2	53.4	0.6	5.0	2442.8
齐鲁证券有限善国中路证券营业部	山东	滕州	12942.1	9927.4	300.0	0.2	9.8	2704.7
申银万国证券西陵二路证券营业部	湖北	宜昌	12937.2	8297.3	359.8	0.0	29.7	4250.3
国都证券花园路证券营业部	河南	郑州	12929.3	9656.0	78.0	3.9	113.9	3077.5
兴业证券二七南路证券营业部	江西	南昌	12922.9	7699.9	215.0	0.1	68.4	4939.6
光大证券新会冈州大道东证券营业部	广东	江门	12922.4	9271.3	54.6	0.0	22.7	3573.7
西部证券东风东街证券营业部	山东	潍坊	12917.5	10007.4	33.6	0.0	12.6	2863.9
中国银河证券江南大道证券营业部	重庆	重庆	12916.9	7126.6	1452.0	0.0	2.1	4336.1
广发证券新城路证券营业部	广东	鹤山	12916.4	8563.2	657.5	9.0	3.9	3682.9

注：营业部交易金额的单位为百万元。

证券营业部交易
Trading of Business Department

营业部名称 Business Department	省份 Province	城市 City	总计 Total	股票 Share	基金 Fund	政府债 G-Bond	公司债 C-Bond	债券回购 Repo
江海证券有限五四路证券营业部	辽宁	大连	12908.5	7819.7	23.8	0.0	1.1	5063.9
南京证券中山北路证券营业部	江苏	南京	12903.8	7860.4	37.9	0.0	39.5	4966.0
渤海证券南门外大街证券营业部	天津	天津	12898.7	8904.0	39.3	0.1	9.6	3945.8
中国银河证券望江北路证券营业部	广东	揭阳	12887.1	6241.3	50.1	0.0	49.8	6546.0
华鑫证券群贤路证券营业部	陕西	西安	12878.0	7317.9	277.5	0.9	29.3	5252.5
中国民族证券二道街证券营业部	辽宁	鞍山	12866.6	10324.2	79.4	0.0	15.1	2447.8
国信证券分公司	吉林	长春	12857.1	9297.2	506.0	0.9	54.5	2998.6
中国民族证券车站北路证券营业部	湖南	长沙	12854.3	8400.6	32.0	0.0	0.1	4421.6
东兴证券中兴路证券营业部	深圳	深圳	12853.3	9390.4	654.6	0.0	3.2	2805.1
财达证券新华路证券营业部	河北	廊坊	12846.4	9157.7	50.4	1.0	20.7	3616.5
华安证券人民路证券营业部	安徽	安庆	12837.2	11465.7	20.4	0.3	7.9	1343.0
天风证券武侯祠大街证券营业部	四川	成都	12836.8	9741.7	21.2	0.8	6.2	3066.8
中国银河证券冶金北路证券营业部	河北	邢台	12820.9	2670.5	98.0	33.2	1765.9	8253.3
中国中投证券香港路证券营业部	湖北	武汉	12814.3	8945.1	196.8	0.0	33.7	3638.8
方正证券别墅路证券营业部	深圳	深圳	12810.9	8880.4	112.9	0.0	0.9	3816.7
新时代证券金砂东路证券营业部	广东	汕头	12805.0	7520.4	127.4	0.0	1.4	5155.8
红塔证券曲阳路证券营业部	上海	上海	12804.1	4432.3	60.8	0.0	59.6	8251.5
东方证券长江南街证券营业部	辽宁	沈阳	12798.7	9584.7	196.8	0.4	3.1	3013.6
中原证券中原路证券营业部	河南	濮阳	12792.4	11291.9	155.4	0.1	72.4	1272.6
齐鲁证券有限新威路证券营业部	山东	威海	12784.8	10299.9	99.0	0.0	63.8	2322.1
信达证券宾王路证券营业部	浙江	义乌	12783.2	10664.4	19.8	0.0	307.5	1791.5
招商证券长江路证券营业部	山东	烟台	12780.1	7534.0	15.8	0.0	1.2	5229.1
东海证券香港中路证券营业部	山东	青岛	12775.2	6671.2	55.5	0.0	33.0	6015.5
齐鲁证券有限香港中路民航大厦证券营业部	山东	青岛	12773.5	6885.2	2254.7	0.0	2.2	3631.4
安信证券涪城路证券营业部	四川	绵阳	12770.1	8887.6	55.4	1.5	2.4	3823.2
安信证券香洲西路证券营业部	广东	汕尾	12734.7	8623.6	893.4	0.1	11.5	3206.2
平安证券园林路证券营业部	广东	珠海	12731.7	9774.4	17.7	0.0	19.8	2919.9
浙商证券溪滨北路证券营业部	浙江	丽水	12725.5	10894.6	89.9	2.1	5.2	1733.8
财达证券新华西道证券营业部	河北	唐山	12706.6	9666.8	85.7	0.6	3.5	2950.0
财达证券丛台路证券营业部	河北	邯郸	12704.2	8703.5	85.5	0.1	15.0	3900.1
广发证券新南路证券营业部	重庆	重庆	12693.9	5844.9	24.6	0.0	0.8	6823.5
齐鲁证券有限东风东街证券营业部	山东	潍坊	12693.5	9304.5	99.5	0.3	23.0	3266.2
五矿证券有限中山北路证券营业部	浙江	杭州	12685.9	8902.2	48.1	0.0	24.1	3711.6
国泰君安证券人民大街证券营业部	吉林	长春	12685.0	10356.9	36.7	1.2	10.9	2279.3
安信证券高州证券营业部	广东	高州	12681.5	9387.9	58.7	0.7	8.3	3225.9
众成证券经纪有限山建设中路证券营业部	河南	平顶山	12676.6	10227.8	64.3	0.5	18.9	2365.2
中邮证券电子二路证券营业部	陕西	西安	12669.3	8733.6	31.2	0.3	18.7	3885.6
诚浩证券兴华南街证券营业部	辽宁	沈阳	12666.8	6698.0	6.0	0.8	5.1	5957.0
新时代证券福州南路证券营业部	山东	青岛	12649.9	6979.1	819.1	19.9	9.4	4822.4
山西证券德胜东街证券营业部	山西	阳泉	12642.6	10228.5	135.9	0.0	10.1	2268.1
中山证券花城大道证券营业部	广东	广州	12640.1	8513.1	7.5	0.0	0.4	4119.1
国联证券南门大街证券营业部	江苏	镇江	12632.8	8638.4	225.0	0.0	74.6	3694.9
德邦证券朝阳北路证券营业部	北京	北京	12616.1	8927.6	161.3	0.0	1621.0	1906.3
广发证券人民南路证券营业部	广东	罗定	12609.2	9616.0	54.1	0.5	14.9	2923.7
爱建证券龙水北路证券营业部	上海	上海	12606.7	6136.9	88.0	0.1	8.2	6373.5
东北证券七七街证券营业部	辽宁	大连	12605.2	6252.5	119.2	0.0	15.5	6218.0
东莞证券证券有限责任公司南京玉兰路证券营业部	江苏	南京	12601.7	7947.0	74.6	0.0	0.2	4579.8
安信证券新兴新洲大道南证券营业部	广东	云浮	12599.1	9385.0	62.3	0.0	4.4	3147.4
华西证券西大街证券营业部	四川	成都	12594.7	10172.8	501.1	1.0	17.0	1902.9
国泰君安证券人民东路证券营业部	河北	石家庄	12592.4	10934.2	79.2	0.0	4.1	1574.9

注：营业部交易金额的单位为百万元。

证券营业部交易
Trading of Business Department

营业部名称 Business Department	省份 Province	城市 City	总计 Total	股票 Share	基金 Fund	政府债 G-Bond	公司债 C-Bond	债券回购 Repo
广发证券广场南路证券营业部	江西	南昌	12578.8	8690.7	74.7	0.0	28.0	3785.4
国泰君安证券中山三路证券营业部	广东	中山	12571.1	9991.6	140.9	0.0	24.0	2414.6
中国国际金融有限洪湖西路证券营业部	重庆	重庆	12561.6	3285.5	0.3	0.0	24.7	9251.1
国元证券汴河路证券营业部	安徽	宿州	12556.7	11780.1	26.4	0.6	7.6	742.1
厦门证券有限五一北路证券营业部	福建	福州	12535.5	4778.3	96.7	0.0	0.9	7659.5
财达证券岛迎宾路证券营业部	河北	秦皇岛	12529.4	8748.9	57.5	0.0	19.2	3703.8
安信证券南海罗村证券营业部	广东	佛山	12528.9	8684.8	243.8	0.0	7.1	3593.3
华龙证券合水路证券营业部	甘肃	兰州	12526.3	8377.6	138.9	0.4	23.3	3986.1
方正证券韶山南路证券营业部	湖南	长沙	12519.8	10577.8	16.5	0.0	39.5	1886.0
国元证券芜湖路证券营业部	安徽	合肥	12514.4	8634.8	29.4	0.0	10.3	3839.9
财达证券滨河路证券营业部	深圳	深圳	12506.4	7144.0	17.2	0.0	163.0	5182.1
方正证券清桥路证券营业部	湖南	永州	12489.8	10049.4	64.3	0.2	18.3	2357.7
广发证券木齐北京南路证券营业部	新疆	乌鲁木齐	12487.0	7465.6	31.1	0.0	3.1	4987.2
渤海证券天河东路证券营业部	广东	广州	12477.8	8901.8	62.7	0.0	6.3	3507.1
浙商证券万马路证券营业部	浙江	杭州	12470.3	9803.1	34.4	0.0	5.2	2627.6
国金证券温江区柳城商业新街证券营业部	四川	成都	12452.1	9736.3	38.9	0.2	16.6	2660.0
海通证券滨果戈里大街证券营业部	黑龙江	哈尔滨	12451.1	6726.3	31.1	0.0	253.3	5440.4
信达证券解放大街证券营业部	辽宁	阜新	12447.9	10567.6	24.6	7.8	31.2	1816.6
国金证券新都区马超西路证券营业部	四川	成都	12445.2	9669.5	17.6	0.0	5.1	2753.0
国盛证券洪都大道证券营业部	江西	南昌	12427.4	8481.9	41.9	0.0	5.2	3898.4
中国银河证券学清路证券营业部	北京	北京	12420.9	8122.0	366.6	0.2	268.6	3663.6
国联证券工农路证券营业部	江苏	南通	12406.7	9407.7	4.7	0.0	0.0	2994.3
金元证券新外大街证券营业部	北京	北京	12387.8	6359.6	31.0	0.3	22.0	5974.9
华西证券兴安中街证券营业部	四川	广安	12387.3	11389.9	295.4	0.2	33.4	668.4
齐鲁证券有限镜湖路证券营业部	安徽	芜湖	12381.6	6817.0	65.5	4.0	2.4	5492.8
国海证券星光大道证券营业部	广西	南宁	12351.6	6887.0	84.5	1.0	105.7	5273.4
齐鲁证券有限东三路证券营业部	山东	东营	12349.8	9955.8	82.0	0.0	12.5	2299.6
浙商证券梅湾街证券营业部	浙江	嘉兴	12347.3	8236.0	201.7	0.0	187.3	3722.4
中国银河证券浩特新华东街证券营业部	内蒙	呼和浩特	12336.1	9333.4	243.8	0.0	523.7	2235.2
广发证券市珠海大道证券营业部	广东	珠海	12325.5	8035.5	110.2	0.3	2.6	4177.0
安信证券红旗路证券营业部	天津	天津	12304.0	7589.8	22.9	0.2	5.1	4686.0
国海证券宝安裕安路证券营业部	深圳	深圳	12303.7	8446.5	30.5	0.0	1.5	3825.2
国海证券人民中路证券营业部	云南	昆明	12301.3	5215.1	77.8	0.0	21.3	6987.1
宏信证券中华新路证券营业部	上海	上海	12294.5	3544.2	12.4	0.1	3.1	8734.7
中山证券文艺路证券营业部	辽宁	沈阳	12279.9	4857.1	18.3	0.0	13.2	7391.3
宏源证券龙昆北路证券营业部	海南	海口	12277.2	8429.5	42.3	0.0	3.2	3802.3
国海证券体育路证券营业部	山西	太原	12273.9	2316.1	48.6	0.0	927.6	8981.7
财达证券人民路证券营业部	河北	邯郸	12266.9	7795.5	61.6	0.0	15.4	4394.5
华安证券沿江大道证券营业部	湖北	武汉	12266.9	6094.4	33.8	0.0	3.2	6135.5
中天证券武夷路证券营业部	上海	上海	12263.2	4459.1	21.3	0.0	6.9	7775.9
长城证券三水张边路证券营业部	广东	佛山	12256.9	6161.0	48.6	0.0	23.4	6024.0
光大证券海滨南路证券营业部	广东	珠海	12256.5	7687.2	287.1	0.0	114.9	4167.2
招商证券新城大道证券营业部	浙江	温州	12255.9	7719.2	11.6	0.0	0.2	4524.9
长城证券通胡大街证券营业部	北京	北京	12244.2	2067.6	7.6	0.0	7.0	10162.0
山西证券黄华街证券营业部	山西	晋城	12231.2	6873.5	137.2	10.9	15.3	5194.3
西部证券红旗路证券营业部	陕西	宝鸡	12219.9	9784.9	12.4	0.2	7.1	2415.2
中国中投证券人民大街证券营业部	吉林	长春	12213.0	9536.2	30.3	0.2	4.8	2641.5
海通证券蒸阳南路证券营业部	湖南	衡阳	12211.8	866.8	503.3	0.0	0.2	10841.4
万联证券柏杨路证券营业部	四川	乐山	12208.2	9250.8	115.4	0.7	23.2	2818.1
中信建投证券界市紫舞东路证券营业部	湖南	张家界	12199.9	9883.2	864.3	0.0	90.4	1361.9

注：营业部交易金额的单位为百万元。

证券营业部交易
Trading of Business Department

营业部名称 Business Department	省份 Province	城市 City	总计 Total	股票 Share	基金 Fund	政府债 G-Bond	公司债 C-Bond	债券回购 Repo
华鑫证券西大街证券营业部	陕西	西安	12181.7	8514.0	36.6	15.2	59.0	3556.9
安信证券中华路证券营业部	重庆	重庆	12174.6	8271.9	116.6	0.2	1.8	3784.2
国盛证券萧绍路证券营业部	浙江	杭州	12171.3	8097.3	58.1	0.0	0.5	4015.4
民生证券漕溪北路证券营业部	上海	上海	12132.8	5513.7	1.1	0.0	0.0	6618.0
上海华信证券仙霞路证券营业部	上海	上海	12093.3	5433.0	10.8	0.0	3.7	6645.7
中信建投证券涪陵广场路证券营业部	重庆	重庆	12092.3	6514.2	19.4	0.0	0.4	5558.3
天源证券有限泰山路证券营业部	辽宁	盘锦	12088.7	8011.6	40.1	0.1	220.4	3816.5
湘财证券宝庆东路证券营业部	湖南	邵阳	12087.2	5683.4	4261.7	1.2	535.2	1605.7
长江证券市府大道证券营业部	浙江	台州	12084.2	10162.0	141.5	0.0	15.0	1765.7
申银万国证券酒城大道证券营业部	四川	泸州	12043.8	5212.1	9.7	0.4	1.9	6819.8
中信证券(山东)山东路证券营业部	山东	青岛	12040.5	6853.7	1908.6	0.0	6.2	3272.0
光大证券公园街证券营业部	四川	内江	12026.0	10364.1	49.1	0.0	12.0	1600.8
财达证券新华中路证券营业部	河北	衡水	12023.6	8453.3	26.5	0.2	13.4	3530.2
中山证券南胜利路证券营业部	辽宁	鞍山	12023.1	7828.9	11.9	5.7	5.5	4171.1
海通证券中山三路证券营业部	重庆	重庆	12011.5	9233.7	40.5	143.7	7.7	2585.9
宏源证券中山四路证券营业部	广东	中山	12001.0	4182.1	16.1	0.0	16.3	7786.5
齐鲁证券有限四平路证券营业部	山东	潍坊	12000.5	9684.4	58.1	1.3	28.2	2228.6
财达证券庄裕华路证券营业部	河北	石家庄	11997.6	9805.3	55.4	0.1	15.0	2121.8
信达证券复康路证券营业部	天津	天津	11978.0	7266.3	444.1	3.1	89.4	4175.1
中国民族证券庄水源街证券营业部	河北	石家庄	11975.7	7989.8	77.0	0.1	54.9	3854.0
齐鲁证券有限凤凰山路证券营业部	山东	青岛	11974.6	10137.3	81.7	0.0	1.2	1754.5
海通证券东岗东路证券营业部	甘肃	兰州	11971.4	9777.5	17.3	0.0	3.9	2172.7
渤海证券营迹路证券营业部	福建	福州	11967.2	6138.4	108.4	0.0	1.5	5718.8
万联证券番禺清河东路证券营业部	广东	广州	11964.1	8253.2	550.2	0.0	72.6	3088.1
东海证券韶山北路证券营业部	湖南	长沙	11953.3	8786.3	22.0	0.0	0.8	3144.2
中信建投证券市利州东路证券营业部	四川	广元	11952.3	11510.9	65.4	0.1	3.8	372.1
华创证券东三环中路证券营业部	北京	北京	11923.1	612.1	2.1	0.0	10.5	11298.3
浙商证券中山一路证券营业部	重庆	重庆	11914.8	8997.8	20.5	0.0	7.3	2889.2
中国中投证券阳东证券营业部	广东	阳江	11912.9	8335.1	51.4	0.0	4.2	3522.3
中国民族证券三马路证券营业部	天津	天津	11906.0	8472.2	16.3	0.1	9.2	3408.2
开源证券航宇路证券营业部	陕西	榆林	11903.3	6420.1	8.8	5.8	44.3	5424.3
山西证券北路证券营业部	山西	太原	11897.6	7936.1	1121.7	0.0	5.0	2834.8
中信证券（浙江）金陵中路证券营业部	浙江	湖州	11892.5	6854.4	2499.3	0.0	19.1	2519.7
中信证券（浙江）新桥街证券营业部	浙江	衢州	11890.4	7502.9	315.5	0.0	18.2	4053.8
宏源证券蜀金路证券营业部	四川	成都	11880.0	7291.8	21.9	0.0	563.1	4003.2
华福证券鲤城街证券营业部	福建	莆田	11871.7	11276.7	23.1	0.0	23.8	548.0
广发证券敬业路证券营业部	广东	珠海	11848.2	7019.8	73.5	0.7	3.2	4750.9
广州证券银桦路证券营业部	广东	珠海	11844.7	5511.3	112.4	0.0	16.5	6204.5
光大证券金融街证券营业部	黑龙江	大庆	11841.3	7398.9	981.1	0.4	4.7	3456.3
中信证券电力路证券营业部	江苏	镇江	11803.8	10368.8	195.7	0.0	2.3	1237.0
东莞证券华柏路证券营业部	广东	中山	11802.1	8491.3	43.0	0.0	1.7	3266.1
山西证券杨桥东路证券营业部	福建	福州	11800.4	7825.9	238.2	0.1	22.2	3714.1
华安证券东湖南路证券营业部	安徽	池州	11797.9	10522.2	38.0	1.4	5.7	1230.8
大通证券财神庙街证券营业部	辽宁	丹东	11796.5	7691.4	344.3	0.1	9.8	3750.9
海通证券龙川南路证券营业部	江苏	江都	11796.0	7911.7	75.3	0.1	6.8	3802.1
国金证券天府大道证券营业部	四川	成都	11788.8	7632.3	54.6	0.0	2.9	4099.1
申银万国证券解放北路证券营业部	辽宁	本溪	11777.8	7387.7	222.6	0.0	9.0	4158.5
中原证券分公司	河南	商丘	11752.4	10765.5	98.5	0.0	87.3	801.1
渤海证券华苑路证券营业部	天津	天津	11723.0	6535.9	29.9	0.5	2.1	5154.6
齐鲁证券有限情侣中路证券营业部	广东	珠海	11700.5	4725.5	94.6	0.0	8.0	6872.4

注：营业部交易金额的单位为百万元。

证券营业部交易
Trading of Business Department

营业部名称 Business Department	省份 Province	城市 City	总计 Total	股票 Share	基金 Fund	政府债 G-Bond	公司债 C-Bond	债券回购 Repo
江海证券有限朝阳街证券营业部	辽宁	沈阳	11662.4	6033.4	146.2	0.0	27.8	5454.9
国泰君安证券环湖中路营业部	天津	天津	11642.6	7364.9	53.2	0.9	1.3	4222.3
太平洋证券灵泉东路营业部	云南	开远	11633.8	8101.5	223.6	50.7	2082.9	1175.1
安信证券饶平证券营业部	广东	潮州	11617.8	7530.6	886.7	0.0	13.3	3187.3
民生证券青屏大街证券营业部	河南	新密	11616.7	9139.6	7.9	0.0	7.0	2462.2
大通证券中山东路证券营业部	广西	柳州	11614.7	7781.3	65.5	0.0	9.3	3758.6
方正证券南京西路证券营业部	江西	南昌	11607.5	8889.2	79.2	0.0	66.4	2572.8
东方证券三阳路证券营业部	湖北	武汉	11585.2	7923.8	81.1	0.2	2.5	3577.5
中国银河证券黄圃新丰北路证券营业部	广东	中山	11582.3	7135.3	930.3	0.0	84.3	3432.4
方正证券人民中路证券营业部	浙江	绍兴	11579.2	10613.6	24.0	0.0	3.1	938.4
山西证券北洪家楼证券营业部	山西	临汾	11578.8	6044.1	2126.9	0.1	28.5	3379.3
东莞证券演达大道证券家营业部	广东	惠州	11564.5	5702.5	20.6	0.2	4.6	5836.7
东北证券江安路证券营业部	浙江	宁波	11555.6	3874.1	137.0	0.0	58.4	7486.1
开源证券纺织城正街证券营业部	陕西	西安	11554.4	6705.7	59.6	0.1	59.1	4730.0
长江证券百万庄大街证券营业部	北京	北京	11551.0	9696.8	564.7	0.0	6.3	1283.1
红塔证券人民路证券营业部	江苏	苏州	11544.7	4858.9	41.8	0.2	1.1	6642.7
中山证券姚港路证券营业部	江苏	南通	11542.3	6314.6	123.3	0.0	46.2	5058.2
世纪证券井岗山大道证券营业部	江西	南昌	11526.0	8673.2	20.7	0.1	4.8	2827.2
华西证券嘉定南路证券营业部	四川	乐山	11524.7	8719.0	154.0	0.0	10.2	2641.4
华福证券八一六北路证券营业部	福建	福州	11501.2	8933.3	9.2	0.0	1.7	2557.0
信达证券市府大路证券营业部	辽宁	沈阳	11486.4	8709.5	122.9	2.2	63.9	2587.9
瑞银证券林和西路证券营业部	广东	广州	11465.1	987.8	54.3	0.0	0.1	10422.8
东莞证券凤岗证券营业部	广东	东莞	11461.3	9832.0	8.8	0.0	1.8	1618.6
财通证券中山北路证券营业部	江苏	南京	11444.2	5781.8	36.5	0.4	4.2	5621.3
申银万国证券汾西路证券营业部	上海	上海	11428.4	5626.9	68.5	0.1	11.9	5721.1
国泰君安证券黄河南大街证券营业部	辽宁	沈阳	11424.2	9290.8	35.8	0.7	116.1	1980.8
安信证券五华证券营业部	广东	梅州	11422.1	9578.5	197.8	0.3	16.5	1629.1
中国民族证券大桥证券营业部	四川	乐山	11421.4	9313.3	20.4	0.1	30.5	2057.1
广发证券鹦鹉大道证券营业部	湖北	武汉	11416.7	7958.9	86.3	0.4	8.8	3362.4
银泰证券市大纬二路证券营业部	山东	济南	11408.0	8459.0	26.0	0.0	93.6	2829.4
广发证券民康路证券营业部	吉林	长春	11394.7	6153.0	63.3	0.0	10.9	5167.5
方正证券杭海路证券营业部	浙江	杭州	11394.5	7659.7	70.3	0.1	2195.7	1468.7
中信证券(山东)文化东路证券营业部	山东	烟台	11383.2	7984.7	233.3	1.2	7.8	3156.2
齐鲁证券有限繁荣东路证券营业部	山东	潍坊	11375.6	10246.2	342.7	0.2	8.6	777.8
山西证券华富路证券营业部	深圳	深圳	11366.1	5161.1	529.3	0.0	5.6	5670.2
华鑫证券解放路证券营业部	陕西	西安	11347.0	5139.7	17.6	0.0	47.3	6142.5
兴业证券嘉禾路证券营业部	福建	厦门	11336.8	8818.7	94.9	0.0	5.8	2417.4
方正证券建设路证券营业部	湖南	湘潭	11333.7	8836.5	483.8	20.9	158.7	1833.8
国盛证券市孤溪埂证券营业部	江西	九江	11333.3	9944.3	36.2	0.1	29.4	1323.3
华安证券淮河路证券营业部	安徽	铜陵	11330.0	9612.9	109.8	11.9	248.6	1346.7
山西证券惊驾路证券营业部	浙江	宁波	11316.4	6440.7	13.0	0.0	8.6	4854.1
华龙证券七里河证券营业部	甘肃	兰州	11312.4	8307.8	26.3	0.1	6.6	2971.6
安信证券长江西路证券营业部	安徽	合肥	11307.6	7083.8	452.3	0.0	0.6	3770.9
广发证券三水广海大道证券营业部	广东	佛山	11306.8	7051.5	248.5	1.0	8.2	3997.6
湘财证券祖庙路证券营业部	广东	佛山	11304.2	4756.7	71.8	0.0	159.5	6316.3
中原证券七一路证券营业部	河南	周口	11304.1	10347.8	194.8	0.7	17.4	743.3
长江证券五一北路证券营业部	福建	福州	11295.0	8937.7	369.7	0.0	6.7	1980.9
中航证券有限中山西路证券营业部	江西	吉安	11293.8	10225.1	23.6	11.9	10.6	1022.7
世纪证券中山南路证券营业部	江苏	南京	11280.2	4343.4	17.0	0.0	1.4	6918.4
华龙证券永昌路证券营业部	甘肃	兰州	11268.3	8880.1	13.1	0.2	6.1	2368.9

注：营业部交易金额的单位为百万元。

证券营业部交易
Trading of Business Department

营业部名称 Business Department	省份 Province	城市 City	总计 Total	股票 Share	基金 Fund	政府债 G-Bond	公司债 C-Bond	债券回购 Repo
东吴证券人民南路证券营业部	江苏	太仓	11262.8	7247.3	13.4	0.0	43.4	3958.7
齐鲁证券有限前街证券营业部	山东	泰安	11260.0	8945.6	68.9	0.1	6.6	2238.8
中天证券十三纬路证券营业部	辽宁	沈阳	11248.9	5481.6	15.0	0.6	4.1	5747.6
财达证券新城道证券营业部	河北	唐山	11244.4	8747.8	28.6	0.0	6.2	2461.8
国泰君安证券酒泉路证券营业部	甘肃	兰州	11237.5	9117.9	66.2	0.0	23.9	2029.5
中国民族证券新华大街证券营业部	吉林	通化	11236.1	9404.1	16.4	4.7	1.3	1809.7
广发证券口建设东街证券营业部	河北	张家口	11222.6	8049.5	371.7	0.0	12.1	2789.2
国都证券金田路证券营业部	深圳	深圳	11222.4	7664.2	7.2	0.0	113.1	3437.8
财通证券新湖路证券营业部	深圳	深圳	11215.1	8483.6	70.9	0.0	2.4	2658.1
光大证券顺德北滘证券营业部	广东	佛山	11214.7	7846.3	153.8	0.0	23.9	3190.7
东方证券白龙路证券营业部	云南	昆明	11197.2	73.0	0.6	0.0	0.0	11123.6
齐鲁证券有限永安路证券营业部	山东	东营	11186.1	7471.8	168.2	2.3	24.6	3519.2
齐鲁证券有限府前大街证券营业部	山东	莱芜	11179.2	7476.3	2819.9	0.4	284.1	598.5
东莞证券枋湖东路证券营业部	福建	厦门	11173.2	6674.2	77.3	0.0	3.0	4418.7
银泰证券市十一纬路证券营业部	辽宁	沈阳	11171.4	6439.5	19.0	2.5	35.0	4675.3
中信建投证券万州高笋塘证券营业部	重庆	重庆	11162.3	9520.9	651.3	0.0	19.3	970.9
信达证券汉中门大街证券营业部	江苏	南京	11160.0	6446.4	145.8	0.1	2.7	4564.9
平安证券国贸大道证券营业部	海南	海口	11158.6	9865.3	18.0	8.4	14.6	1252.5
国信证券世贸北路证券营业部	海南	海口	11144.0	6393.7	199.4	3.2	115.9	4431.8
东方证券辽中街证券营业部	辽宁	抚顺	11143.2	9527.2	21.8	0.1	23.7	1570.5
国泰君安证券怀柔府前街证券营业部	北京	北京	11096.4	8109.5	28.1	0.6	4.2	2954.1
方正证券下沙证券营业部	浙江	杭州	11088.4	7797.6	16.4	0.0	11.1	3263.3
中国银河证券古墩路证券营业部	浙江	杭州	11069.5	7540.5	116.2	0.0	11.6	3401.3
国都证券永安道证券营业部	天津	天津	11064.8	8201.3	201.0	0.1	18.5	2643.9
华福证券北环路证券营业部	福建	龙岩	11064.2	8381.0	70.7	0.0	1.4	2611.1
申银万国证券彭山县紫薇路证券营业部	四川	眉山	11054.5	8011.9	24.0	0.1	24.6	2993.9
兴业证券学园中街证券营业部	福建	莆田	11039.1	8921.0	68.0	0.0	2.5	2047.6
光大证券庄建华南大街证券营业部	河北	石家庄	11033.0	4090.3	5318.1	0.0	0.0	1624.6
宏源证券汉中路证券营业部	江苏	南京	11013.2	7617.6	150.4	0.0	9.7	3235.5
中国中投证券大丰路证券营业部	天津	天津	11010.9	9124.5	71.6	0.0	8.3	1806.6
申银万国证券分公司	甘肃	兰州	11010.4	8244.3	26.4	0.0	0.5	2739.3
国海证券五四路证券营业部	福建	福州	10984.1	6483.2	61.6	0.0	0.5	4438.8
华泰证券丹徒谷阳大道证券营业部	江苏	镇江	10982.2	3912.5	1.6	0.0	1.2	7067.0
海通证券滨长江路证券营业部	黑龙江	哈尔滨	10944.7	8727.1	17.5	0.0	6.5	2193.6
厦门证券有限星辉中路证券营业部	四川	成都	10939.8	5139.8	75.4	0.4	15.0	5709.2
华安证券长江中路证券营业部	安徽	合肥	10927.9	7541.4	166.0	0.6	26.6	3193.3
国元证券四流中路证券营业部	山东	青岛	10920.8	8570.5	132.3	0.1	6.7	2211.2
西部证券未央路第二证券营业部	陕西	西安	10898.8	7911.4	18.9	0.0	41.7	2926.8
西部证券东大街证券营业部	陕西	汉中	10876.6	9050.1	15.0	0.0	36.9	1774.6
国泰君安证券鲁谷路证券营业部	北京	北京	10874.3	7463.8	62.5	0.0	60.0	3288.0
广发证券岛龙湾大街证券营业部	辽宁	葫芦岛	10858.9	7833.9	23.9	0.0	18.7	2982.5
华安证券东华南路证券营业部	广东	广州	10853.7	5457.2	110.5	0.0	83.1	5202.9
齐鲁证券有限南昌路证券营业部	河南	洛阳	10845.7	9342.4	56.1	0.0	20.6	1426.7
光大证券观海卫证券营业部	浙江	宁波	10836.4	8627.4	44.3	0.0	65.0	2099.6
国盛证券知春路证券营业部	北京	北京	10831.2	6408.3	416.5	0.0	17.7	3988.6
中国中投证券新都桂湖东路证券营业部	四川	成都	10823.1	9396.7	37.7	0.1	0.4	1388.3
兴业证券东海东路证券营业部	山东	青岛	10812.4	3633.2	93.1	0.0	5.5	7080.6
中国中投证券山东路证券营业部	山东	青岛	10809.0	6249.9	1566.8	0.0	69.0	2923.4
新时代证券广场西道证券营业部	内蒙	包头	10796.0	9148.8	41.7	0.0	42.3	1563.1
第一创业证券创业证券公司大连五一路证	辽宁	大连	10792.3	2250.4	30.7	0.4	268.9	8241.9

注：营业部交易金额的单位为百万元。

证券营业部交易
Trading of Business Department

营业部名称 Business Department	省份 Province	城市 City	总计 Total	股票 Share	基金 Fund	政府债 G-Bond	公司债 C-Bond	债券回购 Repo
华泰证券农展南路证券营业部	北京	北京	10776.5	3553.0	1470.6	0.0	88.9	5664.1
财达证券黄浦区九江路证券营业部	上海	上海	10766.1	4834.7	52.0	1.6	5.4	5872.4
国元证券叠嶂西路证券营业部	安徽	宣城	10763.7	9547.2	62.5	0.0	2.0	1151.9
华西证券遂州南路证券营业部	四川	遂宁	10752.2	9946.3	49.8	0.0	8.3	747.8
信达证券中山路证券营业部	辽宁	大连	10751.7	5210.5	240.5	0.6	4.5	5295.6
广发证券济南路证券营业部	山东	东营	10738.1	8924.7	59.0	0.1	8.0	1746.3
齐鲁证券有限西郊路证券营业部	重庆	重庆	10733.7	4724.9	312.3	0.0	4.1	5692.4
民生证券航丰路证券营业部	北京	北京	10724.0	3237.9	1.0	0.0	73.3	7411.8
海通证券滨通江街证券营业部	黑龙江	哈尔滨	10719.1	6083.1	22.7	1.2	4.8	4607.4
中国中投证券平陵中路证券营业部	江苏	溧阳	10707.3	8188.8	15.4	0.0	0.1	2503.0
广州证券大石证券营业部	广东	广州	10684.6	7961.0	120.3	0.0	34.4	2568.9
中天证券证券有限责任公司沈阳南京北街证券营业	辽宁	沈阳	10682.2	6258.4	29.1	78.4	65.0	4251.4
华鑫证券科技路证券营业部	陕西	西安	10675.5	6618.8	77.8	0.1	1.7	3977.1
海通证券丹溪北路证券营业部	浙江	义乌	10662.7	4792.3	153.6	0.0	34.1	5682.7
中信建投证券木齐南湖北路证券营业部	新疆	乌鲁木齐	10660.5	1826.4	68.2	0.0	4.6	8761.3
浙商证券长兴路证券营业部	浙江	台州	10653.0	7707.8	6.2	0.0	0.0	2939.0
众成证券经纪有限山中兴路证券营业部	河南	平顶山	10638.2	9450.2	30.0	0.3	7.0	1150.7
西南证券金渝大道证券营业部	重庆	重庆	10633.8	5237.3	22.6	0.0	5.1	5368.8
厦门证券有限远大路证券营业部	北京	北京	10626.5	5473.4	87.2	0.3	31.1	5034.5
国联证券洛社镇人民南路证券营业部	江苏	无锡	10626.0	4581.5	71.2	0.0	38.0	5935.3
国泰君安证券东岗西路证券营业部	甘肃	兰州	10620.7	7204.5	26.2	0.3	5.5	3384.3
广发证券清扬路证券营业部	江苏	无锡	10620.1	7373.5	86.7	0.0	31.4	3128.5
齐鲁证券有限东岳大街证券营业部	山东	泰安	10612.2	9022.6	63.7	0.9	9.6	1515.5
国信证券中山四路证券营业部	广东	中山	10597.6	1143.1	1384.5	0.0	101.0	7969.0
中国中投证券建湘路证券营业部	湖南	长沙	10589.8	8288.5	220.2	0.1	142.2	1938.9
东北证券香港路证券营业部	湖北	武汉	10582.6	7305.0	189.8	0.0	32.8	3055.0
华西证券友谊路证券营业部	天津	天津	10571.7	5646.2	239.7	0.0	1.4	4684.4
长江证券淦河大道证券营业部	湖北	咸宁	10555.2	8605.0	173.1	0.1	4.6	1772.3
信达证券解放北路证券营业部	辽宁	本溪	10553.2	8507.0	85.0	0.1	16.7	1944.3
申银万国证券上饶中山西路营业部	江西	上饶	10538.8	9574.4	38.3	0.0	3.1	923.0
华泰证券新北区高新科技园证券营业部	江苏	常州	10534.6	6256.1	546.5	0.0	1.6	3730.5
华融证券春园路证券营业部	湖南	娄底	10530.8	9898.3	205.0	0.0	8.3	419.2
东海证券西门大街证券营业部	江苏	金坛	10528.5	8673.8	63.1	0.0	17.2	1774.4
国开证券龙华证券营业部	深圳	深圳	10508.0	9304.6	8.9	0.3	42.5	1151.7
光大证券中山东路证券营业部	江苏	南京	10503.7	6747.0	56.1	0.0	15.7	3685.0
安信证券海丰证券营业部	广东	汕尾	10502.4	7532.8	975.2	0.0	4.9	1989.6
海通证券清河东路证券营业部	安徽	阜阳	10501.8	7593.3	275.1	0.0	5.5	2628.0
华融证券青龙街证券营业部	四川	成都	10494.3	4904.2	70.5	0.0	0.4	5519.2
方正证券桐梓坡路证券营业部	湖南	长沙	10475.0	9020.6	42.8	0.2	23.5	1387.8
西部证券德胜门外大街证券营业部	北京	北京	10462.1	5520.5	9.5	0.0	3.1	4929.0
东方证券新华大街证券营业部	辽宁	抚顺	10460.8	8215.5	42.5	0.0	9.3	2193.5
中国银河证券成飞大道证券营业部	四川	成都	10451.9	6361.9	530.0	0.2	13.2	3546.7
太平洋证券白塔路证券营业部	云南	昆明	10441.9	6662.6	95.4	144.6	29.9	3509.5
广发证券仲英大道证券营业部	江苏	苏州	10441.2	7214.2	1159.1	0.7	1068.1	999.2
齐鲁证券有限青年路证券营业部	山东	淄博	10440.4	8448.3	78.2	1.1	95.7	1817.1
西部证券深南大道证券营业部	深圳	深圳	10432.6	5229.9	9.1	0.0	1.2	5192.3
华福证券民主路证券营业部	福建	泉州	10424.1	7749.6	10.9	0.0	1.0	2662.7
东吴证券五四路证券营业部	福建	福州	10413.9	6378.4	20.0	0.0	14.0	4001.5
中航证券有限东方红大街证券营业部	江西	丰城	10403.2	8714.1	26.4	0.0	19.2	1643.5
齐鲁证券有限普宁长春路证券营业部	广东	普宁	10402.3	7980.3	104.1	0.0	0.6	2317.4

注：营业部交易金额的单位为百万元。

证券营业部交易 Trading of Business Department

营业部名称 Business Department	省份 Province	城市 City	总计 Total	股票 Share	基金 Fund	政府债 G-Bond	公司债 C-Bond	债券回购 Repo
中信证券关山大道证券营业部	湖北	武汉	10396.8	3577.9	108.3	0.0	74.6	6635.9
红塔证券人民路证券营业部	云南	大理	10392.3	9671.3	16.8	1.3	32.4	670.6
大通证券解放南路证券营业部	天津	天津	10385.8	6045.1	78.8	0.1	62.7	4199.2
齐鲁证券有限青年大街证券营业部	辽宁	沈阳	10385.6	6307.0	68.6	3.0	66.9	3940.1
江海证券有限哈尔站前大街证券营业部	黑龙江	齐齐哈尔	10379.4	7561.2	68.1	1.1	1.4	2747.6
山西证券高新二路证券营业部	陕西	西安	10379.3	7249.6	77.5	0.1	4.6	3047.5
中国中投证券广华大道证券营业部	湖北	潜江	10371.3	6348.6	963.5	0.5	34.6	3024.0
天源证券有限交通路证券营业部	福建	福州	10367.6	6216.3	12.1	0.0	0.1	4139.2
新时代证券台江路证券营业部	福建	福州	10360.2	7227.3	172.0	0.0	28.1	2932.8
中国中投证券胜利路证券营业部	青海	西宁	10358.7	6773.9	186.8	0.0	0.7	3397.3
国盛证券洪城路证券营业部	江西	南昌	10334.1	7875.0	131.4	0.0	5.2	2322.5
东北证券湖西路证券营业部	吉林	长春	10330.6	6077.8	250.8	0.0	3.3	3998.6
上海证券证券营业部	上海	上海	10307.2	4858.2	137.2	0.3	6.1	5305.4
财达证券浦东大道证券营业部	上海	上海	10305.4	5707.1	4.2	0.0	9.3	4584.8
申银万国证券普陀区金沙江路证券营业部	上海	上海	10302.8	3064.5	3313.6	0.0	1.7	3923.0
中国中投证券顺德勒流证券营业部	广东	佛山	10281.8	7503.2	18.3	1.8	7.1	2751.4
齐鲁证券有限公园北街证券营业部	山东	寿光	10280.3	8483.4	168.2	0.8	4.3	1623.6
中山证券新华下路证券营业部	湖北	武汉	10279.5	5661.6	27.5	0.0	19.0	4571.5
华鑫证券闫良红安路证券营业部	陕西	西安	10269.3	7445.8	35.2	0.0	16.0	2772.3
国元证券人民路证券营业部	安徽	安庆	10251.8	9656.7	88.9	0.0	8.4	497.7
中天证券大南街证券营业部	辽宁	沈阳	10238.8	5910.5	11.7	24.9	2.7	4289.0
天源证券有限卫国路证券营业部	河北	唐山	10227.6	7913.0	11.6	0.0	5.6	2297.3
国元证券琅琊东路证券营业部	安徽	滁州	10217.9	9397.8	248.0	1.5	7.0	563.6
方正证券新华路证券营业部	湖南	株洲	10216.4	8726.8	32.4	1.6	14.8	1440.8
申银万国证券白山路证券营业部	辽宁	沈阳	10213.0	5051.1	66.7	1.0	8.0	5086.2
太平洋证券百里西路证券营业部	浙江	温州	10212.0	4622.9	69.4	0.0	128.0	5391.7
广发证券台山南门西路证券营业部	广东	台山	10203.6	7264.1	47.7	6.1	4.0	2881.8
信达证券迎宾路证券营业部	广东	茂名	10202.3	6319.1	188.0	0.0	287.7	3407.4
天风证券建邺路证券营业部	江苏	南京	10197.4	5447.4	250.8	0.1	13.3	4485.9
财通证券北苑路证券营业部	浙江	丽水	10197.0	9091.2	243.5	0.0	10.6	851.7
华融证券鞍山西道证券营业部	天津	天津	10184.5	5867.9	244.9	0.0	3.8	4067.9
国元证券魏武大道证券营业部	安徽	亳州	10167.2	7511.8	139.6	0.0	1.4	2514.4
西部证券公园路证券营业部	陕西	宝鸡	10146.5	8389.1	17.1	8.0	6.7	1725.6
大通证券尚博路证券营业部	上海	上海	10122.5	4688.7	19.9	0.2	19.9	5393.9
西藏同信证券市北京中路证券营业部	西藏	拉萨	10116.3	8764.8	5.9	0.0	0.7	1344.9
东兴证券锦东路证券营业部	四川	成都	10116.1	8348.5	154.4	1.3	5.1	1606.9
长江证券东风路证券营业部	黑龙江	大庆	10109.9	6605.0	200.0	0.0	18.7	3286.3
西部证券朱雀大街证券营业部	陕西	西安	10096.8	6333.7	14.8	0.3	0.9	3747.2
西南证券井大路证券营业部	福建	福州	10092.1	6324.6	129.4	0.0	3.8	3634.3
华安证券鳌峰西路证券营业部	安徽	宣城	10088.0	7487.6	16.8	0.6	42.9	2540.1
华融证券同泽北街证券营业部	辽宁	沈阳	10080.8	5851.6	52.7	0.0	0.2	4176.3
海通证券丹金路证券营业部	江苏	丹阳	10057.0	6560.4	629.8	0.6	0.9	2865.4
信达证券莫干山路证券营业部	浙江	杭州	10053.5	6082.5	128.8	0.0	16.4	3825.8
华宝证券普陀东港兴普大道证券营业部	浙江	舟山	10045.3	8351.6	55.6	0.0	15.1	1623.1
齐鲁证券有限南大街中心广场证券营业部	山东	烟台	10043.1	7099.5	216.6	0.2	6.1	2720.8
华西证券丹桂街证券营业部	四川	自贡	10036.1	7122.6	825.9	0.1	19.3	2068.1
南京证券迎宾大街证券营业部	宁夏	吴忠	10036.1	8037.7	87.7	1.4	25.6	1883.6
浙商证券华林路证券营业部	福建	福州	10029.3	6651.1	600.6	0.0	3.5	2774.1
宏信证券崂山东路证券营业部	上海	上海	10026.8	6027.4	55.3	0.0	5.0	3939.1
中航证券有限未央路证券营业部	陕西	西安	10022.7	2431.4	1.4	0.0	3.2	7586.7

注：营业部交易金额的单位为百万元。

证券营业部交易
Trading of Business Department

营业部名称 Business Department	省份 Province	城市 City	总计 Total	股票 Share	基金 Fund	政府债 G-Bond	公司债 C-Bond	债券回购 Repo
湘财证券先锋路证券营业部	湖南	衡阳	10015.4	6377.6	2947.0	0.0	1.2	689.5
华泰证券肇东正阳大街证券营业部	黑龙江	绥化	9999.7	2048.8	5919.2	0.0	0.0	2031.7
中原证券证券股份有限公司洛阳分公司	河南	洛阳	9999.7	8236.2	78.6	0.0	1.8	1683.0
财达证券庄工农路证券营业部	河北	石家庄	9987.5	8010.1	16.7	4.4	2.5	1953.8
太平洋证券建设路证券营业部	云南	大理	9987.0	5396.1	73.2	0.0	1.5	4516.2
渤海证券京津路第一证券营业部	天津	天津	9979.1	4645.8	45.0	25.3	88.9	5174.1
中天证券八王寺街证券营业部	辽宁	沈阳	9975.3	6535.6	29.0	0.3	19.3	3391.1
渤海证券滨海新区大港世纪大道证券营业部	天津	天津	9974.9	7895.8	39.7	0.5	44.5	1994.4
光大证券长江路证券营业部	青海	西宁	9973.1	7981.8	527.6	0.0	3.0	1460.8
东海证券建设大道证券营业部	湖北	武汉	9969.5	5335.5	187.0	0.0	41.3	4405.7
银泰证券市五五路证券营业部	辽宁	大连	9967.0	6321.5	15.3	1.0	3.0	3626.1
天风证券中山路证券营业部	辽宁	大连	9961.8	5924.1	151.9	0.2	1.5	3884.0
财达证券西门里证券营业部	河北	邢台	9961.5	8145.4	103.5	0.1	5.3	1707.1
新时代证券营口道证券营业部	天津	天津	9952.4	5484.5	214.0	0.0	92.9	4161.0
宏信证券江阳中路证券营业部	四川	泸州	9933.1	7075.4	18.6	0.2	4.9	2834.1
安信证券陆丰东海大道证券营业部	广东	汕尾	9931.2	7473.5	946.6	0.1	0.1	1510.9
财通证券兰溪街证券营业部	浙江	金华	9926.9	8142.3	27.4	0.0	153.8	1603.4
中国银河证券潮阳证券营业部	广东	汕头	9905.0	7226.1	400.4	0.0	4.1	2274.3
宏源证券江滨西大道证券营业部	浙江	杭州	9904.9	5586.3	1.9	0.0	0.0	4316.8
中国中投证券江汉路证券营业部	湖北	潜江	9904.8	8181.5	348.9	1.7	2.4	1370.4
华创证券泰山南路证券营业部	四川	德阳	9889.1	7072.2	103.3	0.3	5.7	2707.5
大通证券瓦房店钻石街证券营业部	辽宁	大连	9881.5	8607.1	134.1	0.0	16.3	1123.9
浙商证券双子大厦证券营业部	浙江	湖州	9870.9	4228.6	626.7	0.2	46.8	4968.6
安信证券人民路证券营业部	江苏	苏州	9867.8	5277.4	22.0	0.3	12.6	4555.5
方正证券桂阳芙蓉西路证券营业部	湖南	郴州	9854.4	3368.3	18.1	0.0	87.4	6380.7
华安证券花园街证券营业部	安徽	合肥	9850.5	7002.2	50.4	1.5	177.6	2618.8
中山证券海州大街证券营业部	辽宁	海城	9848.7	8838.1	9.4	0.5	1.2	999.5
东北证券解放路证券营业部	山东	济南	9845.0	3106.8	786.9	0.0	0.1	5951.3
中信建投证券合川南屏路证券营业部	重庆	合川	9841.3	8142.2	450.3	0.5	3.7	1244.5
东莞证券黄江证券营业部	广东	东莞	9833.8	8611.1	107.6	0.0	0.8	1114.3
广发证券康王中路证券营业部	广东	广州	9823.5	5739.2	125.9	2.0	19.6	3936.9
宏信证券顺城街证券营业部	四川	西昌	9818.8	8043.1	13.3	0.0	10.4	1752.0
中天证券南六东路证券营业部	辽宁	沈阳	9811.9	5735.5	81.6	0.2	7.1	3987.5
东方证券经七路证券营业部	山东	济南	9805.4	6382.5	83.1	0.0	11.6	3328.2
太平洋证券嘉禾路证券营业部	福建	厦门	9802.4	7039.6	55.5	0.0	21.5	2685.8
德邦证券三好街证券营业部	辽宁	沈阳	9779.8	6867.5	21.7	0.2	15.1	2875.3
宏源证券玛依准噶尔路证券营业部	新疆	克拉玛依	9778.6	7216.9	56.2	0.1	7.4	2498.1
国元证券新建南路证券营业部	山西	太原	9763.9	1980.7	164.9	0.0	40.1	7578.2
广发证券从化河滨南路证券营业部	广东	广州	9762.4	8372.7	65.7	0.0	2.9	1321.2
东兴证券航天道证券营业部	天津	天津	9751.5	6354.8	90.1	0.0	1.8	3304.8
浙商证券劳动路证券营业部	浙江	台州	9751.2	7970.1	70.2	1.5	5.4	1704.1
金元证券兴中道证券营业部	广东	中山	9745.2	6833.9	22.6	0.0	2.6	2886.1
海通证券桓台东岳路证券营业部	山东	淄博	9732.7	7022.7	2292.8	3.3	93.3	320.6
中国银河证券银河北路证券营业部	河北	廊坊	9732.4	6958.5	57.3	0.2	2.7	2713.7
爱建证券兴宁路证券营业部	浙江	宁波	9720.9	6952.3	21.0	0.0	1.0	2746.6
齐鲁证券有限昭阳路证券营业部	山东	日照	9716.2	7864.4	27.3	0.0	15.5	1809.0
国盛证券胜利西路证券营业部	江西	鹰潭	9708.5	7961.9	89.2	0.1	0.8	1656.6
中航证券有限滨江西路证券营业部	江西	上饶	9701.9	8319.9	103.6	0.0	4.7	1273.7
华福证券悦华路证券营业部	福建	厦门	9688.3	7884.0	69.4	0.0	22.4	1712.6
国都证券长安北路证券营业部	陕西	西安	9677.7	7669.4	25.1	0.0	3.6	1979.7

注：营业部交易金额的单位为百万元。

证券营业部交易
Trading of Business Department

营业部名称 Business Department	省份 Province	城市 City	总计 Total	股票 Share	基金 Fund	政府债 G-Bond	公司债 C-Bond	债券回购 Repo
方正证券石门宝峰路证券营业部	湖南	常德	9676.1	105.8	2.1	0.0	0.0	9568.2
西部证券兴汉路证券营业部	陕西	汉中	9672.5	8736.8	15.0	0.2	1.0	919.4
齐鲁证券有限海岱中路证券营业部	山东	潍坊	9671.4	6912.6	290.6	1.4	170.1	2296.7
川财证券龙吟路证券营业部	四川	南充	9667.5	5410.9	1288.1	0.3	1.3	2967.0
广发证券新安二路证券营业部	深圳	深圳	9666.2	7914.2	214.3	0.0	19.2	1518.6
长江证券长江西路证券营业部	安徽	合肥	9659.0	4651.8	56.8	0.0	6.3	4944.2
国泰君安证券江滨西路证券营业部	浙江	温州	9658.9	7488.5	62.0	0.0	10.7	2097.8
华泰证券郫县犀浦天府大道证券营业部	四川	成都	9655.0	4170.8	2292.0	0.0	2.3	3189.9
东莞证券桥头证券营业部	广东	东莞	9651.4	7366.4	36.5	0.0	38.1	2210.4
恒泰证券海拉南路证券营业部	内蒙	乌海	9629.5	4917.0	118.8	0.0	0.4	4593.3
财达证券庄槐北路证券营业部	河北	石家庄	9624.4	5671.9	30.8	0.0	5.9	3915.7
东北证券通江路证券营业部	吉林	白山	9615.7	6620.8	10.1	0.1	1.4	2983.3
海通证券天水路证券营业部	甘肃	兰州	9588.2	4839.1	12.3	0.0	243.4	4493.5
新时代证券西安中路证券营业部	四川	成都	9587.6	5260.1	121.9	0.4	14.9	4190.3
安信证券北京街证券营业部	辽宁	沈阳	9586.6	5832.2	12.2	72.7	326.4	3343.2
恒泰证券北京大街证券营业部	吉林	长春市	9586.3	5966.4	65.5	0.0	31.3	3523.1
齐鲁证券有限淄城东路证券营业部	山东	淄博	9584.0	4435.5	4112.5	0.0	4.3	1031.8
华融证券武陵大道证券营业部	湖南	常德	9573.0	8631.5	84.4	0.0	10.1	847.0
大同证券经纪新平旺证券营业部	山西	大同	9571.4	5497.8	36.6	0.2	22.5	4014.4
湘财证券大沽北路证券营业部	天津	天津	9569.8	5707.1	388.9	0.2	2.7	3470.9
西南证券长寿证券营业部	重庆	重庆	9565.5	8907.8	82.8	0.2	2.2	572.6
海通证券中山西路证券营业部	浙江	嘉兴	9562.9	7985.8	157.1	0.0	2.0	1418.0
太平洋证券中山东路证券营业部	浙江	宁波	9560.4	6494.8	88.0	0.0	55.1	2922.4
民生证券淇滨大道证券营业部	河南	鹤壁	9537.3	6547.0	141.3	0.8	56.3	2792.0
华安证券天长路证券营业部	安徽	滁州	9533.7	7880.8	317.9	0.3	79.1	1255.6
中国银河证券分公司	浙江	杭州	9526.4	4389.4	0.0	0.0	53.4	5083.6
东莞证券证券有限责任公司青岛东海西路证券营业	山东	青岛	9515.9	4017.4	10.6	0.0	0.9	5487.0
华泰证券昌山路证券营业部	山东	烟台	9512.3	6778.1	1212.1	0.6	9.6	1511.9
齐鲁证券有限榕江路证券营业部	广东	汕头	9496.9	3305.8	86.0	0.0	0.1	6105.0
东北证券松江大街证券营业部	吉林	松原	9489.8	6230.3	916.3	0.0	10.2	2333.0
长城证券马鞍山路证券营业部	安徽	合肥	9482.2	3772.1	152.4	0.0	19.8	5537.8
中国民族证券柏杨路证券营业部	四川	乐山	9476.0	6802.1	97.4	0.1	58.8	2517.6
中国民族证券环市东路证券营业部	广东	广州	9475.3	6508.1	25.8	0.1	1.4	2939.9
中信证券解放路证券营业部	湖北	襄樊	9471.8	3381.8	2904.3	0.0	4.6	3181.2
恒泰证券浩特中山西路证券营业部	内蒙	呼和浩特	9459.6	6507.7	32.5	0.0	4.3	2915.1
安信证券西林大道证券营业部	四川	内江	9458.9	7967.6	99.4	0.2	1.1	1390.7
天源证券有限东四路证券营业部	辽宁	抚顺	9441.4	3292.2	7.8	1.2	3895.9	2244.4
方正证券中华中路证券营业部	贵州	贵阳	9430.4	7337.1	22.8	0.3	20.0	2050.3
浙商证券罗阳大道证券营业部	浙江	温州	9430.0	8099.1	135.9	0.1	12.1	1182.9
齐鲁证券有限钟楼北路证券营业部	山东	蓬莱	9424.9	6905.2	243.4	0.2	7.2	2268.9
华创证券和燕路证券营业部	江苏	南京	9417.9	7038.9	5.5	0.1	30.6	2342.8
东海证券秋涛北路证券营业部	浙江	杭州	9400.9	4202.4	216.0	0.0	89.7	4892.8
中银国际证券五四路证券营业部	福建	福州	9393.9	6502.0	110.1	0.0	163.1	2618.8
恒泰证券东三环中路证券营业部	北京	北京	9387.8	5982.1	14.5	0.0	25.0	3366.2
财通证券证券公司重庆邹容路证券营业部	重庆	重庆	9385.5	8490.2	91.9	0.0	0.0	803.4
东方证券南八中路证券营业部	辽宁	沈阳	9384.6	6744.6	17.7	0.5	2.4	2619.5
广发证券市广州大道南证券营业部	广东	广州	9382.2	6893.2	168.0	0.0	15.5	2305.5
财通证券暨阳路证券营业部	浙江	绍兴	9375.8	6960.0	8.9	0.0	2.3	2404.6
中山证券二道街证券营业部	辽宁	鞍山	9338.2	7249.7	8.7	0.0	5.5	2074.3
东莞证券兴城西路证券营业部	江苏	扬州	9333.8	1606.6	30.8	0.0	0.0	7696.4

注：营业部交易金额的单位为百万元。

证券营业部交易
Trading of Business Department

营业部名称 Business Department	省份 Province	城市 City	总计 Total	股票 Share	基金 Fund	政府债 G-Bond	公司债 C-Bond	债券回购 Repo
申银万国证券烟台路证券营业部	山东	青岛	9332.7	7789.9	176.2	0.0	2.2	1364.4
湘财证券人民路证券营业部	湖南	怀化	9315.8	5232.1	3993.5	0.0	1.3	88.9
光大证券华山路证券营业部	广东	汕头	9306.1	4375.0	66.5	0.0	172.3	4692.2
国海证券证券股份有限公司深圳经纪分公司	深圳	深圳	9298.5	3856.3	17.6	0.0	0.0	5424.6
方正证券祁东民生街证券营业部	湖南	衡阳	9290.8	8902.7	40.9	0.0	4.2	343.0
中国中投证券遂州南路证券营业部	四川	遂宁	9288.9	8637.1	32.1	0.0	3.6	616.2
渤海证券芥园道证券营业部	天津	天津	9288.1	6653.6	36.8	1.1	1.1	2595.4
中国民族证券湖南街证券营业部	辽宁	鞍山	9287.6	6745.3	30.7	0.1	3.2	2508.4
海通证券哈尔和平路证券营业部	黑龙江	齐齐哈尔	9274.3	8375.6	141.4	0.0	18.2	739.1
第一创业证券金城路证券营业部	浙江	杭州	9260.7	4202.2	314.4	0.2	423.4	4320.5
中国中投证券丽泽路证券营业部	北京	北京	9257.8	4760.8	126.1	0.0	97.6	4273.3
财达证券口明德南街证券营业部	河北	张家口	9249.9	7435.7	54.0	0.2	1.5	1758.6
齐鲁证券有限钢铁大街证券营业部	内蒙	包头	9245.3	8391.9	29.8	0.0	1.2	822.4
第一创业证券连江南路证券营业部	福建	福州	9243.1	1782.4	23.1	1.1	610.2	6826.2
红塔证券江南大道证券营业部	重庆	重庆	9241.3	1731.3	260.6	0.0	19.2	7230.2
财达证券庄广安大街证券营业部	河北	石家庄	9239.2	4876.9	23.5	0.4	0.4	4338.0
财通证券黄岩横街证券营业部	浙江	台州	9238.1	6227.4	20.0	0.0	3.0	2987.6
首创证券雍和宫证券营业部	北京	北京	9237.5	5269.1	23.8	0.3	12.2	3932.2
长江证券接官路证券营业部	湖北	天门	9231.0	7000.9	298.6	0.1	30.0	1901.4
东吴证券通江中路证券营业部	江苏	常州	9227.9	5003.7	31.7	0.0	9.0	4183.4
中信建投证券滨海新区展望路证券营业部	天津	天津	9224.2	1817.3	4.8	0.0	0.0	7402.1
齐鲁证券有限叠山路证券营业部	江西	南昌	9215.0	5936.8	22.4	0.0	1.3	3254.5
海通证券田大路证券营业部	安徽	淮南	9207.6	5484.5	681.1	13.2	42.6	2986.3
日信证券和平路证券营业部	内蒙	通辽	9193.2	7757.5	6.5	0.1	0.1	1429.0
浙商证券人民南路证券营业部	浙江	舟山	9182.1	4542.3	26.5	0.0	3.8	4609.5
方正证券朝阳北大街证券营业部	河北	保定	9164.6	6496.9	49.0	0.0	2.7	2616.0
华融证券五一西路证券营业部	湖南	长沙	9163.4	7605.3	57.4	0.1	12.8	1487.8
华安证券桐城南路证券营业部	安徽	合肥	9163.1	3446.0	1.7	0.0	535.6	5179.8
华泰证券小榄证券营业部	广东	中山	9160.6	2682.8	4388.8	0.0	159.9	1929.1
国泰君安证券金湖西路证券营业部	云南	个旧	9159.6	5164.2	27.5	0.0	4.0	3963.9
南京证券凤凰北街证券营业部	宁夏	银川	9158.7	8797.2	26.0	0.0	1.3	334.2
江海证券有限繁荣路证券营业部	黑龙江	伊春	9158.0	8062.6	19.3	0.0	0.2	1075.9
上海证券民德路证券营业部	江西	南昌	9148.2	6154.2	16.3	0.0	87.8	2890.0
国海证券西江路证券营业部	广西	梧州	9143.4	7167.6	59.4	0.1	120.0	1796.3
东方证券惠工街证券营业部	辽宁	沈阳	9113.3	4738.6	29.0	0.0	0.6	4345.1
恒泰证券解放路证券营业部	山东	济南	9098.9	6291.3	140.3	0.0	1.7	2665.6
国元证券金水东路证券营业部	河南	郑州	9095.5	5920.2	31.4	0.0	0.6	3143.3
中国民族证券高新路证券营业部	陕西	西安	9091.8	6241.0	48.2	0.0	66.3	2736.3
华龙证券静宁路证券营业部	甘肃	兰州	9080.7	7165.9	101.9	0.0	2.6	1810.3
安信证券花园路证券营业部	河南	郑州	9079.8	7961.4	11.3	0.0	0.4	1106.6
财通证券黄浦路证券营业部	辽宁	大连	9060.1	5826.1	92.0	0.0	317.5	2824.5
东莞证券清溪证券营业部	广东	东莞	9052.7	6714.4	22.1	0.0	4.1	2312.1
西南证券南昌路证券营业部	甘肃	兰州	9019.7	7177.2	15.1	0.6	15.1	1811.8
厦门证券有限蜀汉路证券营业部	四川	成都	9009.7	2945.5	36.1	0.0	0.3	6027.8
海通证券山五马路证券营业部	黑龙江	双鸭山	9000.7	7361.1	155.1	0.0	2.4	1482.1
大同证券经纪人民北路证券营业部	山西	运城	8997.6	6028.6	555.6	0.0	3.8	2409.7
财达证券庄和平东路证券营业部	河北	石家庄	8996.3	5910.6	46.9	0.0	2.8	3036.0
江海证券有限龙凤大街证券营业部	黑龙江	大庆	8992.7	6210.1	24.6	0.0	5.7	2752.3
光大证券五四大街证券营业部	青海	西宁	8986.1	7294.0	32.1	0.2	2.0	1657.8
中信证券(山东)文化中路证券营业部	山东	枣庄	8979.7	5035.6	1189.4	0.0	3.9	2750.8

注：营业部交易金额的单位为百万元。

证券营业部交易
Trading of Business Department

营业部名称 Business Department	省份 Province	城市 City	总计 Total	股票 Share	基金 Fund	政府债 G-Bond	公司债 C-Bond	债券回购 Repo
大通证券车家村证券营业部	辽宁	大连	8977.9	7264.7	59.7	0.0	8.5	1645.1
山西证券平阳路证券营业部	山西	太原	8975.7	6264.2	79.5	0.0	3.0	2629.0
北京高华证券高华证券有限责任公司深圳中心四路	深圳	深圳	8970.5	386.0	0.0	0.0	370.5	8214.0
东吴证券海陵南路证券营业部	江苏	泰州	8968.8	6767.2	33.1	0.0	1.1	2167.3
新时代证券西大街证券营业部	河南	开封	8963.5	8174.3	100.3	0.3	12.0	676.6
新时代证券维扬路证券营业部	江苏	扬州	8962.6	6802.3	239.4	0.0	31.7	1889.2
方正证券邵东红岭路证券营业部	湖南	邵阳	8961.1	8719.9	8.0	0.0	4.4	228.8
广发证券烈山大道证券营业部	湖北	随州	8955.2	7745.1	144.7	0.3	52.7	1012.4
方正证券宁乡沿河北路证券营业部	湖南	长沙	8954.8	7895.4	68.4	0.1	14.4	976.6
中国民族证券小十字证券营业部	四川	乐山	8951.7	7105.4	47.9	0.4	11.5	1786.6
西南证券长治路证券营业部	山西	太原	8923.1	6017.7	68.7	0.1	8.2	2828.5
日信证券东四环中路证券营业部	北京	北京	8922.4	3914.4	30.3	1.6	7.0	4969.0
南京证券较场口营业部	重庆	重庆	8920.7	4799.0	72.4	0.0	73.4	3975.8
国泰君安证券华莲路证券营业部	福建	龙岩	8919.9	4231.0	1448.9	0.0	1758.1	1482.0
长江证券普澜二路证券营业部	广东	佛山	8916.6	6576.5	179.7	0.0	4.4	2156.0
华西证券东大街证券营业部	四川	绵阳	8906.3	6986.4	49.4	2.0	15.7	1852.8
太平洋证券正阳北路证券营业部	云南	保山	8904.9	4959.0	55.2	8.8	109.2	3772.8
华安证券市巢湖路证券营业部	安徽	巢湖	8902.5	7940.5	20.3	0.5	1.5	939.7
财达证券水院北路证券营业部	河北	邯郸	8894.2	6508.6	46.3	0.0	49.2	2290.1
财达证券翔云道证券营业部	河北	唐山	8890.1	6692.5	41.4	0.0	3.6	2152.7
中国银河证券江津证券营业部	重庆	重庆	8880.5	8233.2	65.2	3.9	14.9	563.3
上海证券干将西路证券营业部	江苏	苏州	8880.2	5808.4	11.1	0.0	18.9	3041.8
华龙证券农民巷证券营业部	甘肃	兰州	8869.5	6992.2	18.0	0.3	14.5	1844.6
国元证券胜利路证券营业部	安徽	合肥	8849.3	5373.8	283.8	0.0	2.2	3189.5
中原证券神火大道证券营业部	河南	商丘	8846.6	7384.1	54.9	0.0	134.7	1272.9
申银万国证券庄翟营南大街证券营业部	河北	石家庄	8844.3	3984.9	32.0	3.9	20.7	4802.8
华泰证券金丰南大街证券营业部	江苏	盐城	8831.2	6698.0	61.2	0.0	183.2	1888.7
华西证券东顺城街证券营业部	四川	什邡	8827.2	6745.2	243.4	0.0	2.7	1835.9
华西证券东大街证券营业部	四川	成都	8825.3	7008.9	27.9	0.2	2.7	1785.6
中原证券大梁路证券营业部	河南	开封	8819.9	8392.5	11.8	0.0	68.9	346.7
齐鲁证券有限瑞金北路证券营业部	贵州	贵阳	8810.3	7076.2	499.2	0.0	2.8	1232.1
长城证券世纪大道证券营业部	浙江	杭州	8805.6	7650.4	13.3	0.0	107.0	1034.9
宏信证券西御街证券营业部	四川	成都	8800.7	3624.9	5.5	0.0	341.3	4829.0
齐鲁证券有限西四路证券营业部	山东	东营	8799.0	7013.4	224.7	0.0	13.0	1547.8
上海证券永强大道证券营业部	浙江	温州	8787.3	7258.0	109.7	0.0	19.7	1400.0
华泰证券高淳宝塔路证券营业部	江苏	南京	8786.5	1939.7	4288.8	0.0	0.1	2557.9
宏源证券斯大林街证券营业部	新疆	伊宁	8777.3	7615.3	18.9	0.1	1.1	1142.0
德邦证券锦山大街营业部	辽宁	丹东	8761.1	7258.5	101.6	0.3	4.7	1396.1
东兴证券府西路证券营业部	福建	三明	8742.6	8372.8	55.2	1.5	3.1	309.9
南京证券锦寓路证券营业部	浙江	宁波	8735.6	6109.3	24.1	0.0	5.7	2596.6
信达证券光华路证券营业部	辽宁	营口	8721.7	4548.1	112.4	0.0	56.3	4004.9
光大证券文昌西路证券营业部	江苏	扬州	8720.5	1571.3	379.1	0.0	1245.0	5525.2
华鑫证券深南东路证券营业部	深圳	深圳	8711.4	5452.2	64.8	0.0	38.3	3156.1
信达证券季华七路证券营业部	广东	佛山	8702.2	5575.2	170.4	0.4	73.7	2882.6
大同证券经纪西街证券营业部	浙江	台州	8696.4	4054.9	262.2	0.0	6.0	4373.3
方正证券新建南路证券营业部	山西	太原	8696.3	7418.6	24.1	0.0	20.1	1233.5
新时代证券益田路证券营业部	深圳	深圳	8694.9	6123.3	103.3	0.0	1.0	2467.3
齐鲁证券有限延安北路证券营业部	福建	漳州	8687.6	5346.8	708.2	0.0	28.8	2603.8
国元证券新街证券营业部	安徽	黄山	8687.5	7706.0	57.1	0.7	35.9	887.9
中国中投证券山雨山东路证券营业部	安徽	马鞍山	8665.2	2786.7	624.4	0.5	20.1	5233.5

注：营业部交易金额的单位为百万元。

证券营业部交易
Trading of Business Department

营业部名称 Business Department	省份 Province	城市 City	总计 Total	股票 Share	基金 Fund	政府债 G-Bond	公司债 C-Bond	债券回购 Repo
招商证券中山四路证券营业部	广东	中山	8653.9	2765.3	16.1	0.8	25.5	5846.2
南京证券先烈中路证券营业部	广东	广州	8650.1	6641.1	60.5	0.2	2.6	1945.8
西南证券丹溪路证券营业部	浙江	金华	8641.4	7836.9	27.9	0.0	0.7	775.9
华福证券河乾路证券营业部	福建	福鼎	8634.2	7517.9	5.5	0.0	30.1	1080.7
东北证券东风大街第二证券营业部	吉林	长春	8627.8	4897.6	39.8	0.0	56.5	3633.9
华西证券湖滨路证券营业部	四川	眉山	8625.5	6282.3	148.3	0.0	9.8	2185.0
国泰君安证券济水大街证券营业部	河南	济源	8617.5	6712.0	46.9	0.1	0.7	1857.8
中信建投证券人民东路证券营业部	云南	昆明	8609.5	3132.5	67.5	0.0	176.1	5233.4
广发证券陵园路证券营业部	河北	邯郸	8590.6	4606.0	50.2	0.0	12.1	3922.3
华融证券苏东大街证券营业部	新疆	阿克苏	8585.3	8103.6	11.5	0.0	0.3	469.9
华林证券台山证券营业部	广东	台山	8583.0	6864.3	15.7	0.4	2.1	1700.5
华安证券子安路证券营业部	江西	南昌	8579.9	4166.4	11.2	0.0	1.8	4400.6
华英证券证券有限责任公司总部(非对外营业部)	江苏	无锡	8570.7	0.0	0.0	0.0	3081.2	5489.5
齐鲁证券有限中山东路证券营业部	江苏	南京	8566.1	6443.0	55.4	0.0	0.8	2066.9
招商证券开发区长江中路证券营业部	山东	青岛	8563.0	4831.0	387.8	0.0	97.9	3246.3
中国民族证券热闹路证券营业部	辽宁	沈阳	8560.7	5729.7	32.7	0.3	0.9	2797.2
海通证券建军中路证券营业部	江苏	盐城	8552.5	7227.8	77.5	0.0	0.5	1246.7
大同证券经纪人民东路证券营业部	河北	邯郸	8541.7	6381.9	36.3	0.1	1.3	2122.1
华宝证券玉古路证券营业部	浙江	杭州	8541.6	4838.7	603.0	0.0	13.4	3086.4
东兴证券汾江南路证券营业部	广东	佛山	8537.0	4374.8	44.6	0.1	0.7	4116.8
浙商证券董家湾北街证券营业部	四川	成都	8534.0	5970.4	46.8	0.0	8.6	2508.2
湘财证券氐星路证券营业部	湖南	娄底	8504.1	4919.9	1659.6	0.0	47.3	1877.4
海通证券江平安街证券营业部	黑龙江	牡丹江	8493.6	6607.6	218.1	0.3	6.5	1661.1
大通证券仙来中大道证券营业部	江西	新余	8490.4	6664.5	11.7	0.0	2.1	1812.1
海通证券万新南路证券营业部	甘肃	兰州	8478.2	7513.4	8.8	0.2	39.2	916.6
上海证券东环大道证券营业部	浙江	台州	8467.3	6302.0	404.3	0.0	13.2	1747.8
长江证券龙华民旺路证券营业部	深圳	深圳	8462.3	6774.3	331.6	0.0	48.7	1307.7
宏信证券福兴街证券营业部	四川	成都	8448.1	6278.7	21.0	0.1	1.6	2146.8
光大证券淡水证券营业部	广东	惠州	8440.6	5482.1	96.1	0.0	0.5	2861.9
广州证券增城新塘证券营业部	广东	增城	8431.8	6745.8	104.6	0.0	29.8	1551.7
兴业证券涵华西路证券营业部	福建	莆田	8415.7	6933.5	47.6	0.1	16.9	1417.6
新时代证券南门外大街证券营业部	内蒙	包头	8404.6	6886.2	70.7	0.0	0.6	1447.0
湘财证券市府大道证券营业部	浙江	台州	8391.3	4019.4	25.6	0.0	124.4	4221.9
申银万国证券定阳北路证券营业部	浙江	衢州	8389.5	6927.6	26.6	0.0	0.4	1434.9
长江证券广渠门内大街证券营业部	北京	北京	8386.2	1309.4	75.3	0.0	105.5	6895.9
中国民族证券沙湾路证券营业部	四川	成都	8385.9	7163.4	26.5	0.2	78.6	1117.2
广发证券蕉岭证券营业部	广东	梅州	8381.7	6208.8	49.3	0.0	10.6	2113.0
南京证券洪城路证券营业部	江西	南昌	8371.6	4696.9	29.8	0.0	14.8	3630.2
信达证券武圣路证券营业部	辽宁	辽阳	8368.5	7508.0	60.6	1.0	46.2	752.7
天风证券芳甸路证券营业部	上海	上海	8360.6	3933.0	0.7	0.0	0.4	4426.5
东吴证券奉贤环城东路证券营业部	上海	上海	8347.5	4618.8	36.7	0.0	0.4	3691.6
兴业证券云平路证券营业部	福建	漳州	8339.8	5503.3	40.2	0.0	16.0	2780.2
国信证券金浦路证券营业部	广西	南宁	8335.1	5464.6	27.2	0.0	396.2	2447.1
西部证券丹凤北路证券营业部	江苏	丹阳	8332.3	7157.3	8.2	0.1	3.0	1163.8
申银万国证券木齐人民路证券营业部	新疆	乌鲁木齐	8330.4	6555.0	103.3	0.0	3.4	1668.7
海通证券东解放路证券营业部	黑龙江	鹤岗	8327.2	7021.9	39.0	2.3	8.8	1255.2
财达证券庄自强路证券营业部	河北	石家庄	8327.0	5699.2	32.3	0.2	177.5	2417.9
宏源证券北京路证券营业部	新疆	博乐	8321.4	3148.2	6.4	0.0	2.4	5164.5
齐鲁证券有限山泉路证券营业部	山东	济南	8316.9	7358.6	48.0	0.0	0.3	910.0
方正证券五一路证券营业部	湖南	益阳	8309.2	7412.5	39.6	0.1	2.9	854.1

注：营业部交易金额的单位为百万元。

证券营业部交易
Trading of Business Department

营业部名称 Business Department	省份 Province	城市 City	总计 Total	股票 Share	基金 Fund	政府债 G-Bond	公司债 C-Bond	债券回购 Repo
中原证券分公司	河南	濮阳	8308.5	7244.4	95.6	0.5	106.0	862.0
海通证券哈尔卜奎大街证券营业部	黑龙江	齐齐哈尔	8305.2	7042.2	28.5	0.8	3.1	1230.6
东兴证券五一九路证券营业部	福建	南平	8301.3	7850.9	32.5	0.2	28.1	389.7
光大证券人民中路证券营业部	湖南	长沙	8300.9	7016.4	9.5	2.3	7.3	1265.5
华泰证券仙女大道证券营业部	湖北	汉川	8296.9	5641.9	1476.2	0.1	10.7	1168.1
渤海证券广顺北大街证券营业部	北京	北京	8294.0	4433.4	36.2	0.7	3.0	3820.6
华泰证券体育路证券营业部	山西	太原	8289.5	6401.6	351.6	0.0	35.3	1501.1
国泰君安证券分公司	深圳	深圳	8289.2	2366.2	50.7	0.0	0.0	5872.3
齐鲁证券有限市香山路证券营业部	山东	威海	8278.5	6922.1	306.4	0.3	16.8	1033.0
上海证券路证券营业部	上海	上海	8278.4	6562.3	36.3	0.5	3.8	1675.5
齐鲁证券有限南山路证券营业部	浙江	宁波	8276.4	5782.5	177.0	40.3	9.5	2267.1
兴业证券公正路证券营业部	湖北	武汉	8269.8	1748.4	5.6	0.0	0.0	6515.8
光大证券蒙山路证券营业部	上海	上海	8257.0	5389.5	60.2	2.5	109.3	2695.6
方正证券胜利路证券营业部	湖南	株洲	8251.7	6964.8	34.5	0.0	5.2	1247.3
海通证券人民大街证券营业部	吉林	辽源	8250.4	7141.5	6.9	68.0	0.2	1033.9
世纪证券金钻广场证券营业部	江西	赣州	8250.2	4550.9	21.7	0.0	6.6	3671.0
方正证券华容迎宾北路证券营业部	湖南	岳阳	8248.3	4744.3	66.7	0.0	0.4	3436.9
渤海证券泉旺路证券营业部	天津	天津	8248.3	6498.3	16.6	0.4	1.8	1731.2
恒泰证券胜利北路证券营业部	内蒙	巴彦淖尔	8239.7	5551.1	88.4	0.0	0.1	2600.1
广州证券建国北路证券营业部	浙江	杭州	8224.3	5695.8	29.7	0.2	5.0	2493.6
大通证券天河路证券营业部	广东	广州	8224.2	6923.4	54.5	0.0	2.7	1243.6
海通证券滨新阳路证券营业部	黑龙江	哈尔滨	8204.5	4881.8	7.4	0.0	14.8	3300.6
中信证券（浙江）迎宾路证券营业部	浙江	杭州	8183.8	4329.9	10.8	0.0	0.2	3842.9
新时代证券少先路证券营业部	内蒙	包头	8174.7	6228.2	187.2	0.0	0.2	1759.0
浙商证券体育东路证券营业部	广东	广州	8174.1	4430.0	24.8	0.0	27.8	3691.5
招商证券广场东路证券营业部	广西	玉林	8169.3	6906.0	10.6	0.0	1.9	1250.8
财达证券任丘建设中路营业部	河北	沧州	8164.0	6229.4	39.7	0.0	7.6	1887.3
国信证券沿江大道证券营业部	湖北	宜昌	8163.5	5814.5	107.0	0.0	0.4	2241.5
中国银河证券亦庄荣京东街证券营业部	北京	北京	8156.1	3468.3	1467.2	0.0	453.2	2767.5
海通证券密云鼓楼东大街证券营业部	北京	北京	8155.5	6097.0	826.5	0.0	1.3	1230.8
南京证券五爱北路证券营业部	江苏	无锡	8151.5	4458.7	51.2	0.0	1.0	3640.6
东吴证券大庆中路证券营业部	江苏	盐城	8132.1	7347.9	38.9	0.3	20.4	724.6
方正证券东风北路证券营业部	湖南	衡阳	8129.3	7767.6	19.1	0.0	20.8	321.7
华林证券恩平证券营业部	广东	恩平	8128.0	5454.7	97.8	0.0	23.9	2551.6
国元证券金州证券营业部	辽宁	大连	8127.0	6576.5	289.0	0.9	5.5	1255.1
东兴证券建设南路证券营业部	福建	泉州	8119.0	7555.2	124.0	0.1	18.7	421.1
宏源证券天山北路证券营业部	新疆	哈密	8112.2	7625.2	52.5	0.0	17.9	416.6
兴业证券山崇阳路证券营业部	福建	武夷山	8099.8	4010.5	74.2	0.0	0.2	4015.0
海通证券阳头广场北路证券营业部	福建	福安	8081.3	3428.9	4125.5	0.0	0.0	526.9
光大证券李家沱证券营业部	重庆	重庆	8078.6	7017.6	44.9	0.6	10.1	1005.4
长城证券荔城大道证券营业部	福建	莆田	8067.8	6897.3	2.9	0.0	19.0	1148.6
中国中投证券龙岗清林中路证券营业部	深圳	深圳	8063.9	6198.4	183.5	0.0	23.4	1658.5
华创证券飞山街证券营业部	贵州	贵阳	8048.3	4687.2	19.7	0.4	3.6	3337.4
海通证券中山北路证券营业部	江苏	徐州	8038.0	4745.2	224.2	0.0	11.8	3056.8
宏源证券木齐深圳街证券营业部	新疆	乌鲁木齐	8036.2	3537.8	150.9	0.0	8.0	4339.4
中国银河证券浍滨街证券营业部	山西	侯马	8034.5	6206.4	54.2	0.0	4.3	1769.7
中山证券东园路证券营业部	上海	上海	8030.8	7045.6	0.7	0.0	0.0	984.6
中天证券黑龙江街证券营业部	辽宁	沈阳	8020.9	5584.7	19.2	0.0	5.8	2411.2
国联证券华夏南路证券营业部	江苏	无锡	8009.3	3134.5	459.5	0.0	0.5	4414.8
浙商证券太平西路证券营业部	浙江	衢州	8001.8	7364.6	24.8	0.0	6.2	606.2

注：营业部交易金额的单位为百万元。

证券营业部交易
Trading of Business Department

营业部名称 Business Department	省份 Province	城市 City	总计 Total	股票 Share	基金 Fund	政府债 G-Bond	公司债 C-Bond	债券回购 Repo
国元证券人民路证券营业部	安徽	六安	7993.5	7213.7	61.4	0.3	3.8	714.2
华宝证券八一七北路证券营业部	福建	福州	7959.5	6255.5	93.5	0.0	3.8	1606.7
华创证券金阳大道证券营业部	贵州	贵阳	7955.5	839.1	1.2	0.0	8.2	7107.0
平安证券南内环街证券营业部	山西	太原	7955.5	6060.4	10.6	0.0	2.8	1881.7
广发证券东山大道证券营业部	湖北	宜昌	7934.6	6395.7	79.3	0.0	1.8	1457.8
国信证券泺源大街证券营业部	山东	济南	7915.2	6365.6	49.6	0.6	22.0	1477.4
国泰君安证券哈尔中环广场证券营业部	黑龙江	齐齐哈尔	7879.8	5032.9	6.2	0.0	2.4	2838.3
国海证券中山二路证券营业部	广西	百色	7878.8	4253.3	15.1	0.0	2.6	3607.8
国都证券九棵树街证券营业部	北京	北京	7861.5	5974.8	39.5	0.0	27.2	1820.0
国泰君安证券嘉定塔城路证券营业部	上海	上海	7860.8	5337.0	86.7	0.0	19.3	2417.7
广发证券博罗证券营业部	广东	惠州	7857.7	6413.8	131.6	0.1	6.2	1306.0
财达证券庄建设南大街证券营业部	河北	石家庄	7855.7	4395.6	39.9	0.0	7.0	3413.2
中国中投证券银州路证券营业部	辽宁	铁岭	7854.7	5689.1	275.6	0.3	15.7	1874.1
大通证券深南中路证券营业部	深圳	深圳	7835.0	4819.4	3.0	0.0	6.1	3006.5
国泰君安证券朝阳中路证券营业部	福建	长乐	7834.0	6595.5	624.7	0.0	0.0	613.8
国开证券振华路证券营业部	深圳	深圳	7830.6	5139.3	133.6	0.0	2.7	2555.0
齐鲁证券有限黄河路证券营业部	山东	枣庄	7816.0	5497.0	108.4	0.0	2.5	2208.0
第一创业证券元美路证券营业部	广东	东莞	7783.3	2594.1	29.6	0.4	234.6	4924.6
江海证券有限斯永安街证券营业部	黑龙江	佳木斯	7759.4	4918.7	15.1	0.4	8.4	2816.8
恒泰证券东盛大街证券营业部	吉林	长春	7756.6	5164.2	116.7	0.5	0.8	2474.4
宏信证券金轮干道证券营业部	四川	江油	7749.6	5398.1	6.1	0.0	1.3	2344.1
天源证券有限新华路证券营业部	辽宁	辽阳	7748.9	6336.8	9.4	0.0	1.1	1401.7
安信证券阳春广场路证券营业部	广东	阳春	7747.0	6582.9	30.7	0.0	3.7	1129.6
西南证券房山证券营业部	北京	北京	7739.0	835.2	6.2	0.0	0.0	6897.5
长江证券新城大道证券营业部	浙江	宁波	7736.8	4946.6	264.6	0.0	28.5	2497.1
齐鲁证券有限成山大道证券营业部	山东	威海	7720.4	6668.3	10.4	0.1	5.8	1035.9
华福证券金环路证券营业部	福建	福州	7710.9	5129.3	39.6	0.0	1.7	2540.4
齐鲁证券有限民主南路证券营业部	江苏	徐州	7708.6	6535.3	370.5	0.0	0.2	802.7
安信证券乐昌人民南路证券营业部	广东	韶关	7703.4	6073.3	626.0	0.4	1.1	1002.6
方正证券南津中路证券营业部	湖南	永州	7699.0	6722.9	35.9	0.0	0.5	939.7
国都证券人民大街证券营业部	吉林	长春	7694.7	3343.6	10.7	0.4	1.4	4338.5
国泰君安证券高安桥北路证券营业部	江西	宜春	7692.3	7330.1	22.9	0.0	0.3	339.0
中国银河证券鼓楼东街证券营业部	天津	天津	7686.7	4867.6	7.4	1.9	4.0	2805.8
财达证券铁西北大街证券营业部	河北	邯郸	7682.9	5336.1	175.9	0.2	2.7	2168.1
东兴证券沣镐东路证券营业部	陕西	西安	7680.5	4858.1	7.6	0.0	2.0	2812.8
东北证券西路证券营业部	吉林	四平	7679.0	2817.0	2009.5	0.0	2.0	2850.5
中国银河证券濛洲街证券营业部	浙江	丽水	7670.5	7018.3	244.9	0.0	1.2	406.2
齐鲁证券有限滨海经济开发区府前街证券营业部	山东	潍坊	7655.3	4061.8	288.2	0.0	4.5	3300.8
山西证券安宁街证券营业部	山西	晋中	7651.2	4358.8	394.3	0.0	12.1	2886.0
中国国际金融有限滨江东路证券营业部	四川	成都	7650.6	1989.4	43.4	0.0	33.5	5584.3
中国银河证券县前西街证券营业部	浙江	湖州	7646.1	5167.6	56.4	1.1	2.1	2419.0
广发证券公园东街证券营业部	河北	邢台	7632.3	4308.4	14.9	0.0	15.3	3293.7
安信证券庄裕华东路证券营业部	河北	石家庄	7609.1	5189.7	233.2	0.0	1.5	2184.7
国泰君安证券松江中山东路证券营业部	上海	上海	7600.8	5184.3	111.6	2.2	14.4	2288.3
海通证券朗州路证券营业部	湖南	常德	7583.0	3497.2	22.7	0.0	410.0	3653.1
信达证券麦岛路证券营业部	山东	青岛	7577.4	4088.1	209.6	0.0	4.3	3275.4
天风证券广场路证券营业部	四川	资阳	7575.9	6716.3	70.6	0.0	19.2	769.8
山西证券庄槐安东路证券营业部	河北	石家庄	7572.6	5154.0	54.8	0.0	6.0	2357.8
东兴证券商务外环路证券营业部	河南	郑州	7565.8	4925.5	83.8	0.0	3.2	2553.3
太平洋证券红荔路证券营业部	深圳	深圳	7565.0	4577.7	15.6	0.0	21.5	2950.2

注：营业部交易金额的单位为百万元。

证券营业部交易
Trading of Business Department

营业部名称 Business Department	省份 Province	城市 City	总计 Total	股票 Share	基金 Fund	政府债 G-Bond	公司债 C-Bond	债券回购 Repo
华龙证券西大街证券营业部	甘肃	平凉	7557.0	6502.6	16.1	0.0	8.8	1029.5
华福证券新华中路证券营业部	福建	福安	7551.4	7119.5	6.0	0.0	2.0	423.9
中国中投证券中山西路证券营业部	浙江	嘉兴	7548.8	2384.2	80.4	0.0	179.6	4904.6
第一创业证券翠宝路证券营业部	广东	广州	7546.1	905.4	70.6	3.6	111.9	6454.5
中信证券京城大厦证券营业部	北京	北京	7544.1	4372.3	143.7	0.0	30.3	2997.9
光大证券南宁西路证券营业部	云南	曲靖	7537.5	4456.6	1592.8	0.0	6.7	1481.4
方正证券平原路证券营业部	河南	新乡	7536.8	6164.7	28.4	0.0	0.3	1343.4
东北证券沙南街证券营业部	重庆	重庆	7533.4	5373.2	132.0	0.0	94.0	1934.2
华泰证券如东人民路证券营业部	江苏	南通	7507.7	4130.7	27.9	0.0	4.3	3344.9
长江证券黄陂大道证券营业部	湖北	武汉	7499.6	2636.0	96.5	0.0	1.4	4765.7
东北证券新华大街证券营业部	吉林	通化	7497.1	5418.9	24.4	0.0	0.9	2053.0
新时代证券深南东路证券营业部	深圳	深圳	7496.7	6163.7	43.2	0.0	0.3	1289.4
华泰证券丹阳丹金路证券营业部	江苏	丹阳	7491.1	544.9	6923.5	0.0	0.8	21.9
国泰君安证券金堂县复兴街证券营业部	四川	成都	7484.7	6491.8	48.6	0.0	7.8	936.5
东北证券中兴西大路证券营业部	吉林	白城	7484.6	5466.9	163.2	0.0	106.9	1747.6
西南证券荣昌证券营业部	重庆	重庆	7482.6	5014.1	28.2	0.2	13.3	2426.9
中原证券文峰大道证券营业部	河南	安阳	7478.5	6711.0	51.2	0.3	2.3	713.7
国联证券滨江东路证券营业部	广东	广州	7476.7	5026.9	208.7	0.0	8.8	2232.3
南京证券文化东街证券营业部	宁夏	银川	7463.1	6138.8	74.3	0.0	1.7	1248.3
开源证券锦业三路证券营业部	陕西	西安	7453.2	2620.7	1.7	0.0	0.9	4829.9
湘财证券桃花仑西路证券营业部	湖南	益阳	7451.0	3400.1	2856.5	0.1	57.3	1137.1
信达证券营港路证券营业部	辽宁	营口	7447.6	6793.0	9.6	0.0	18.9	626.1
华福证券新华街证券营业部	福建	泉州	7445.7	4528.7	1474.8	0.0	0.4	1441.8
财达证券庄中华北大街证券营业部	河北	石家庄	7434.7	4867.6	544.0	3.5	2.8	2016.8
申银万国证券府前街证券营业部	江苏	泰兴	7433.7	6369.3	448.9	0.0	12.3	603.2
大通证券黑石礁街证券营业部	辽宁	大连	7428.4	4956.8	31.5	0.0	4.3	2435.8
金元证券人民东路证券营业部	湖南	长沙	7419.6	6812.3	12.4	0.0	0.1	594.8
长江证券荆江大道证券营业部	湖北	荆州	7404.0	5494.2	20.1	0.0	0.8	1888.9
天源证券有限东明路证券营业部	辽宁	本溪	7401.0	5311.8	111.7	0.0	5.3	1972.2
财达证券都统府大街证券营业部	河北	承德	7400.7	5293.0	8.9	0.1	43.7	2055.1
长江证券鸿福路证券营业部	广东	东莞	7396.6	3753.4	164.2	0.0	135.4	3343.6
申银万国证券温江鱼凫路证券营业部	四川	成都	7393.4	5560.3	18.7	0.4	19.5	1794.5
中信建投证券公园路证券营业部	甘肃	金昌	7383.7	2962.6	1828.7	0.0	0.0	2592.4
中国中投证券滨海新区汉沽东风南路证券营业部	天津	天津	7367.3	4247.8	23.4	0.3	9.0	3086.8
兴业证券工农路证券营业部	福建	福州	7361.9	4718.7	95.7	0.0	29.5	2518.1
国泰君安证券镇海庄市兴庄路证券营业部	浙江	宁波	7357.8	5338.6	69.0	0.0	28.5	1921.7
宏源证券苏东大街证券营业部	新疆	阿克苏	7355.8	5357.0	13.9	0.0	1.4	1983.5
长江证券东风路证券营业部	湖北	潜江	7343.4	4421.6	340.5	0.0	2.1	2579.2
西部证券金台大道证券营业部	陕西	宝鸡	7342.3	4138.5	8.3	0.0	3.4	3192.1
光大证券环城南路证券营业部	上海	上海	7331.5	4655.4	50.0	0.0	38.9	2587.1
安信证券电白证券营业部	广东	茂名	7327.0	4236.2	75.6	0.3	1.5	3013.4
信达证券市府南街证券营业部	辽宁	本溪	7312.6	6072.9	33.8	0.4	2.6	1202.9
宏信证券嘉定中路证券营业部	四川	乐山	7301.2	4877.4	6.9	0.0	17.3	2399.6
浙商证券芙蓉中路证券营业部	湖南	长沙	7297.4	5508.3	26.1	0.0	531.2	1231.7
湘财证券车站大道证券营业部	浙江	温州	7283.0	2158.1	131.8	1.0	119.3	4872.8
联讯证券永陵路证券营业部	四川	成都	7280.6	4047.9	4.1	0.0	1.4	3227.2
山西证券红黄路证券营业部	重庆	重庆	7276.6	4852.7	221.5	0.0	1.9	2200.5
华泰证券酒泉路证券营业部	甘肃	兰州	7275.6	4295.5	1780.1	0.0	0.6	1199.4
湘财证券陆家嘴环路证券营业部	上海	上海	7273.0	4756.1	37.5	0.0	1.4	2478.1
华泰证券东大街证券营业部	湖北	应城	7270.5	4389.4	1934.1	0.0	4.2	942.9

注：营业部交易金额的单位为百万元。

证券营业部交易
Trading of Business Department

营业部名称 Business Department	省份 Province	城市 City	总计 Total	股票 Share	基金 Fund	政府债 G-Bond	公司债 C-Bond	债券回购 Repo
齐鲁证券有限亚泰大街证券营业部	吉林	长春	7267.9	4709.7	78.2	0.0	0.1	2479.9
国海证券永福西大街证券营业部	广西	钦州	7264.9	6412.6	83.4	0.0	21.9	747.0
国信证券布吉证券营业部	深圳	深圳	7263.6	5155.6	9.6	0.0	2.8	2095.6
广发证券揭西证券营业部	广东	揭阳	7260.8	6113.9	77.8	0.0	0.2	1068.9
西部证券巴山中路证券营业部	陕西	安康	7256.0	5676.6	17.1	0.0	4.2	1558.1
安信证券滨海大道证券营业部	海南	海口	7252.2	5052.3	15.0	0.0	2.5	2182.5
中信建投证券口东启街证券营业部	湖北	老河口	7251.8	5057.1	1493.1	0.0	4.9	696.7
方正证券香港中路证券营业部	山东	青岛	7248.3	4439.4	6.0	0.0	0.1	2802.9
第一创业证券营苑北路证券营业部	江苏	南京	7238.1	1701.5	164.2	11.3	386.0	4975.1
宏信证券公园街证券营业部	四川	内江	7235.0	6123.5	7.5	2.9	11.5	1089.7
长江证券吴家山二雅路证券营业部	湖北	武汉	7220.6	2722.7	769.2	0.0	21.4	3707.4
海通证券滨东直路证券营业部	黑龙江	哈尔滨	7215.4	5050.0	30.1	0.0	0.4	2134.8
广发证券花攀枝花大道证券营业部	四川	攀枝花	7211.9	3815.6	2322.0	0.0	3.7	1070.6
国泰君安证券万州太白岩证券营业部	重庆	重庆	7211.7	6378.4	39.3	0.2	11.4	782.5
中信证券(山东)青岛北路证券营业部	山东	威海	7199.3	5284.3	159.9	0.0	1.6	1753.5
恒泰证券尔河西开发区证券营业部	内蒙	呼伦贝尔	7187.6	5375.5	248.0	0.0	0.2	1563.9
江海证券有限江绥芬河文化街证券营业部	黑龙江	绥芬河	7177.2	1004.9	12.6	0.2	0.0	6159.5
湘财证券瑞金北路证券营业部	贵州	贵阳	7172.0	5317.3	8.1	0.0	0.9	1845.7
万联证券花都公益路证券营业部	广东	广州	7167.2	4729.1	1562.1	0.0	141.1	734.8
华安证券山江东大道证券营业部	安徽	马鞍山	7162.9	4746.4	37.6	0.0	22.5	2356.5
国泰君安证券芙蓉中路证券营业部	湖南	长沙	7153.2	6137.5	64.2	0.0	0.4	951.1
财通证券秦山路证券营业部	浙江	嘉兴	7153.1	4639.9	13.7	0.0	37.2	2462.3
中国银河证券客家大道证券营业部	江西	赣州	7149.2	5394.3	345.3	0.1	3.3	1406.3
海通证券哈尔安顺路证券营业部	黑龙江	齐齐哈尔	7139.7	5771.7	6.8	0.4	1.5	1359.4
中信证券番禺广华南路证券营业部	广东	广州	7129.4	3099.4	1533.8	0.0	46.2	2450.0
光大证券民主路证券营业部	贵州	遵义	7128.5	6016.6	277.7	0.2	0.5	833.6
齐鲁证券有限滨红专街证券营业部	黑龙江	哈尔滨	7126.3	2655.8	45.6	0.0	2.4	4422.6
海通证券河大同街证券营业部	黑龙江	七台河	7124.8	5788.2	653.8	1.6	2.5	678.7
大同证券经纪站北街证券营业部	山西	大同	7120.7	4999.0	122.2	0.0	10.0	1989.5
上海证券员村二横路证券营业部	广东	广州	7110.0	3860.9	255.3	0.0	1469.1	1524.6
国泰君安证券福慧路证券营业部	云南	丽江	7107.4	5796.5	20.5	0.1	1.9	1288.5
申银万国证券解放大道证券营业部	湖北	武汉	7106.9	4479.7	221.5	0.0	1.4	2404.3
广发证券新松江路证券营业部	上海	上海	7098.0	3898.9	259.1	0.0	1.1	2938.9
国泰君安证券空明西路证券营业部	广西	桂林	7095.1	5811.5	52.6	0.0	33.7	1197.3
红塔证券百里西路证券营业部	浙江	温州	7078.3	3275.4	68.4	0.0	1.4	3733.1
中国国际金融有限中山北路证券营业部	江苏	南京	7071.4	1152.0	109.3	0.0	0.0	5810.1
长江证券人民路证券营业部	河南	新乡	7063.1	4673.7	66.4	0.0	8.2	2314.8
方正证券迎丰路证券营业部	湖南	怀化	7062.9	6472.9	10.2	0.0	1.2	578.5
国海证券商务外环路证券营业部	河南	郑州	7062.2	3503.3	115.3	0.2	85.8	3357.6
华安证券蔡新中路证券营业部	安徽	淮南	7057.5	5738.9	12.8	0.1	13.0	1292.8
首创证券南湖大道证券营业部	湖南	岳阳	7057.0	5576.6	11.7	0.0	38.5	1430.2
华泰证券东马路证券营业部	天津	天津	7054.0	2595.4	1029.0	0.1	5.6	3424.0
国泰君安证券东风汽车大道证券营业部	湖北	襄阳	7049.7	5448.0	21.4	0.0	2.7	1577.6
海通证券广场北路证券营业部	江西	南昌	7045.1	4055.8	1689.5	0.0	18.4	1281.4
中国银河证券解放西路证券营业部	浙江	平湖	7041.0	4975.8	86.1	0.1	251.7	1727.3
东兴证券亲贤北街证券营业部	山西	太原	7022.6	2360.0	39.0	0.0	0.1	4623.5
中国民族证券金顶南路证券营业部	四川	峨眉山	7022.1	5685.1	11.0	0.1	2.3	1323.6
齐鲁证券有限联盟路证券营业部	陕西	宝鸡	7015.5	5713.0	14.1	0.1	4.0	1284.3
中国中投证券少林大道证券营业部	河南	登封	7011.9	6590.1	73.0	0.2	5.8	342.8
西部证券学院南路证券营业部	北京	北京	7006.2	5100.3	17.3	0.0	2.8	1885.8

注：营业部交易金额的单位为百万元。

证券营业部交易
Trading of Business Department

营业部名称 Business Department	省份 Province	城市 City	总计 Total	股票 Share	基金 Fund	政府债 G-Bond	公司债 C-Bond	债券回购 Repo
金元证券青年大街证券营业部	辽宁	沈阳	7002.6	4924.7	16.7	0.2	5.3	2055.7
红塔证券鹿城北路证券营业部	云南	楚雄	6997.2	6682.5	57.9	0.4	11.5	245.0
东莞证券迎宾大道证券营业部	广东	江门	6985.4	3201.6	19.6	0.0	95.2	3668.9
湘财证券劳动路证券营业部	湖南	浏阳	6978.7	3481.4	2996.1	0.1	3.7	497.4
申银万国证券县向阳路证券营业部	江西	南昌	6976.0	6481.3	3.8	0.2	1.0	489.7
民生证券深南中路证券营业部	深圳	深圳	6967.0	2775.8	0.0	0.0	58.2	4133.1
宏源证券克孜都维路证券营业部	新疆	喀什	6966.8	6542.5	19.4	1.7	14.7	388.5
广发证券沧县千童南大道证券营业部	河北	沧州	6957.4	4258.0	16.2	0.0	5.4	2677.9
东吴证券黄山北路证券营业部	江苏	镇江	6951.8	1897.9	3260.9	0.4	0.7	1791.9
恒泰证券水西门大街证券营业部	江苏	南京	6926.2	3990.4	152.3	0.0	1.1	2782.4
中天证券天坛一街证券营业部	辽宁	沈阳	6923.0	4798.8	26.3	4.7	0.8	2092.5
中国银河证券民航路证券营业部	云南	昆明市	6920.7	4778.9	17.1	0.2	0.7	2123.9
方正证券枫林三路证券营业部	湖南	长沙	6917.9	6121.0	3.1	0.0	10.6	783.2
中信建投证券雄州大道证券营业部	四川	简阳	6911.1	6258.0	31.7	0.5	11.7	609.2
信达证券庄裕华东路证券营业部	河北	石家庄	6910.8	3985.9	127.3	0.0	9.7	2787.9
海通证券关新华中路证券营业部	甘肃	嘉峪关	6905.2	5308.4	29.5	0.1	1.0	1566.1
中信建投证券建设路证券营业部	江苏	兴化	6904.6	5648.1	289.7	0.0	10.9	955.9
国都证券三元西桥证券营业部	北京	北京	6902.9	2632.9	37.1	0.0	5.2	4227.8
招商证券平阳路证券营业部	山西	太原	6899.1	2640.9	34.9	0.0	11.0	4212.3
第一创业证券海城西路证券营业部	深圳	深圳	6895.6	1787.0	84.7	1.1	504.5	4518.2
山西证券七一北路证券营业部	山西	忻州	6893.8	5031.1	58.9	0.0	1.9	1801.9
信达证券文化路证券营业部	河南	郑州	6892.6	5657.4	60.6	0.0	11.8	1162.8
安信证券信宜证券营业部	广东	信宜	6891.4	6336.0	93.7	0.4	17.4	443.8
宏信证券一环路西三段证券营业部	四川	成都	6889.9	3780.2	5.7	1.7	30.9	3071.5
华泰证券长江路证券营业部	山东	烟台	6882.6	1977.9	3816.7	0.0	71.3	1016.7
华泰证券石油大街证券营业部	辽宁	盘锦	6865.6	3076.0	2712.5	0.0	10.4	1066.7
东莞证券建设大道证券营业部	广东	河源	6849.6	5364.5	22.7	0.0	6.2	1456.2
恒泰证券奉天街证券营业部	辽宁	沈阳市	6844.7	4888.6	377.1	0.0	9.5	1569.5
华融证券天星桥正街证券营业部	重庆	重庆	6841.0	5828.0	41.1	0.0	1.7	970.3
华龙证券民主西路证券营业部	甘肃	兰州	6834.7	5105.1	45.4	0.0	6.1	1678.1
信达证券红旗大街证券营业部	辽宁	盘锦	6822.0	6362.0	87.1	0.5	6.6	365.9
国信证券北苑路证券营业部	北京	北京	6818.5	4211.4	78.9	0.4	51.1	2476.7
上海证券胜太路证券营业部	江苏	南京	6818.2	4665.6	180.5	0.0	21.6	1950.4
齐鲁证券有限拓东路证券营业部	云南	昆明	6812.6	3769.0	79.8	1.0	3.5	2959.2
申银万国证券中华北路证券营业部	贵州	贵阳	6802.9	2977.2	122.2	0.0	88.7	3614.8
海通证券大西路证券营业部	辽宁	沈阳	6790.9	5737.8	15.4	0.1	10.9	1026.7
世纪证券天河路证券营业部	广东	广州	6783.1	4173.2	29.0	0.0	2.7	2578.2
齐鲁证券有限河口商场街证券营业部	山东	东营	6780.6	5917.9	96.8	1.9	3.8	760.2
西南证券韶山南路证券营业部	湖南	长沙	6756.4	5457.5	40.2	0.0	3.7	1255.0
华宝证券天泰路证券营业部	四川	成都	6726.9	4320.1	131.0	0.0	0.2	2275.5
国泰君安证券跃进南路证券营业部	江西	萍乡	6722.9	6117.3	173.2	0.0	12.7	419.8
华西证券山名山路证券营业部	四川	乐山	6717.1	5701.3	73.7	0.2	50.0	891.8
南京证券港墟沟中华西路证券营业部	江苏	连云港	6708.9	5474.1	29.0	0.0	1.5	1204.3
中天证券岛泰康路证券营业部	辽宁	葫芦岛	6708.4	5578.6	11.7	0.0	18.0	1100.2
华融证券新南路证券营业部	重庆	重庆	6701.9	4890.1	30.7	0.0	1.8	1779.3
世纪证券青年路证券营业部	云南	昆明	6695.3	4441.7	14.6	0.4	42.1	2196.5
海通证券分宜府前路证券营业部	江西	新余	6691.9	5913.9	62.6	0.0	9.9	705.5
财达证券遵化文化北路证券营业部	河北	唐山	6691.2	6386.7	44.8	0.0	18.2	241.5
海通证券康庄路证券营业部	黑龙江	绥化	6646.8	5871.6	32.7	0.0	6.7	735.8
东北证券阳明路证券营业部	江西	南昌	6630.7	3849.0	640.3	0.0	0.3	2141.1

注：营业部交易金额的单位为百万元。

证券营业部交易
Trading of Business Department

营业部名称 Business Department	省份 Province	城市 City	总计 Total	股票 Share	基金 Fund	政府债 G-Bond	公司债 C-Bond	债券回购 Repo
南京证券淳溪镇宝塔路证券营业部	江苏	南京	6623.0	4948.7	1013.0	0.0	5.5	655.9
新时代证券峡崤山路证券营业部	河南	三门峡	6600.4	6038.5	124.8	1.0	84.2	352.0
联讯证券江北证券营业部	广东	惠州	6591.0	5024.9	14.8	0.0	4.4	1546.8
新时代证券商务内环路证券营业部	河南	郑州	6589.0	5915.0	47.2	0.0	1.2	625.5
大同证券经纪七一北路证券营业部	山西	忻州	6581.3	4321.3	663.2	0.0	3.0	1593.8
宏源证券华一路证券营业部	重庆	重庆	6578.6	5132.8	8.0	0.0	4.9	1433.0
兴业证券庄中山西路证券营业部	河北	石家庄	6573.1	4549.0	25.4	0.0	5.3	1993.4
厦门证券有限华利路证券营业部	广东	广州	6566.4	1988.6	67.8	0.0	0.3	4509.7
中信证券环城西路证券营业部	云南	昆明	6563.8	1755.4	752.2	0.0	2.8	4053.4
宏源证券文化西路证券营业部	山东	济南	6558.0	5767.4	29.8	0.0	53.4	707.4
华龙证券亳州路证券营业部	安徽	合肥	6549.4	4122.1	2.3	0.0	11.3	2413.7
宏源证券北京西路证券营业部	新疆	乌鲁木齐	6541.6	5871.0	25.5	0.0	1.6	643.5
财通证券人民南路证券营业部	浙江	兰溪	6518.9	5534.7	4.7	0.0	0.4	979.1
广州证券花都狮岭证券营业部	广东	广州	6512.8	3798.2	113.7	0.4	15.9	2584.6
华龙证券西文化街证券营业部	甘肃	酒泉	6507.6	6038.5	13.9	0.3	1.0	453.9
长江证券五四中路证券营业部	河北	保定	6496.8	4011.6	15.1	0.0	29.6	2440.4
中国民族证券历山路证券营业部	山东	济南	6493.1	3919.9	16.1	0.0	4.5	2552.6
第一创业证券施光南音乐广场证券营业部	浙江	金华	6488.8	3313.8	3.2	0.0	11.5	3160.3
华融证券东风南路证券营业部	湖南	衡阳	6481.9	5846.1	64.9	0.0	0.6	570.4
宏源证券子北四路证券营业部	新疆	石河子	6476.1	5018.0	32.9	0.0	7.8	1417.5
华融证券林和西路证券营业部	广东	广州	6474.2	4147.1	8.7	0.0	4.2	2314.2
华泰证券人民中路证券营业部	江苏	靖江	6473.9	2270.1	3628.6	0.0	5.0	570.1
宏信证券一环路西二段证券营业部	四川	成都	6464.2	4421.3	28.7	0.1	4.4	2009.7
齐鲁证券有限胜利街证券营业部	山东	乳山	6462.4	5439.8	260.1	0.1	8.9	753.5
财通证券靖江中路证券营业部	浙江	临海	6460.0	5619.8	2.1	0.0	0.2	838.0
国泰君安证券西湖路证券营业部	湖南	邵阳	6458.7	6225.0	82.8	0.0	10.4	140.5
联讯证券潮州大道证券营业部	广东	潮州	6450.1	3935.0	22.4	0.0	2.0	2490.7
中国民族证券新站路证券营业部	吉林	通化	6447.5	5450.5	14.4	3.0	3.0	976.7
齐鲁证券有限北仑恒山路证券营业部	浙江	宁波	6439.0	5083.0	27.5	0.0	3.3	1325.2
诚浩证券西顺城街证券营业部	辽宁	沈阳	6423.3	4110.9	2.5	1.4	33.2	2275.4
南京证券中山北街证券营业部	宁夏	银川	6423.1	6125.0	16.1	0.0	32.5	249.6
恒泰证券友谊大街证券营业部	内蒙	包头	6414.2	3482.1	24.4	0.0	6.7	2901.0
华龙证券酒泉路证券营业部	甘肃	兰州	6396.5	5057.5	6.8	0.2	2.0	1330.1
恒泰证券普阳街证券营业部	吉林	长春	6395.3	3739.8	16.2	0.0	1.5	2637.9
中银国际证券畹町路证券营业部	上海	上海	6391.9	6309.8	61.0	0.0	2.2	18.9
恒泰证券人民大街证券营业部	吉林	长春	6386.4	4225.6	164.7	0.0	0.6	1995.5
中天证券枫杨路证券营业部	辽宁	沈阳	6380.8	5438.1	8.0	0.1	4.2	930.4
万联证券湘永路证券营业部	湖南	永州	6378.9	5379.3	510.8	0.7	0.2	488.0
华创证券小河长江路证券营业部	贵州	贵阳	6370.2	1965.3	14.0	0.2	2.7	4388.0
中天证券深南东路证券营业部	深圳	深圳	6362.5	5078.3	14.4	0.0	6.1	1263.7
第一创业证券创业证券公司梅州彬芳大道	广东	梅州	6341.1	2544.0	20.1	0.0	182.5	3594.5
海通证券新城路证券营业部	山东	肥城	6328.3	5146.5	33.3	0.0	1.9	1146.7
国泰君安证券滨上海街证券营业部	黑龙江	哈尔滨	6317.1	3585.9	6.4	0.0	11.0	2713.7
齐鲁证券有限沂源证券营业部	山东	淄博	6311.6	5721.6	275.8	0.0	7.9	306.2
兴业证券大沽南路证券营业部	天津	天津	6304.0	2178.4	53.8	0.0	0.1	4071.8
华龙证券雁滩路证券营业部	甘肃	兰州	6302.1	4145.0	274.7	0.0	4.9	1877.6
中天证券新开路证券营业部	天津	天津	6300.1	4928.5	6.5	0.0	0.3	1364.8
华泰证券阳光新路证券营业部	山东	济南	6297.6	2804.9	2191.1	0.0	310.0	991.6
东兴证券芜湖路证券营业部	安徽	合肥	6285.1	3943.7	134.6	0.2	3.2	2203.4
华融证券中山三路证券营业部	重庆	重庆	6268.2	4762.0	29.0	0.5	11.0	1465.7

注：营业部交易金额的单位为百万元。

证券营业部交易
Trading of Business Department

营业部名称 Business Department	省份 Province	城市 City	总计 Total	股票 Share	基金 Fund	政府债 G-Bond	公司债 C-Bond	债券回购 Repo
上海证券南城大道证券营业部	重庆	重庆	6266.6	4695.0	85.6	0.0	2.4	1483.7
山西证券矿区文化街证券营业部	山西	大同	6260.2	208.2	55.7	0.0	0.0	5996.2
浙商证券中山路证券营业部	辽宁	大连	6257.2	2739.9	145.5	0.0	0.4	3371.4
广发证券口宣府大街证券营业部	河北	张家口	6247.9	4684.8	18.7	0.0	1.8	1542.6
宏源证券经济开发区泰山路证券营业部	江苏	盐城	6243.9	110.8	0.0	0.0	0.0	6133.1
广发证券延安中路证券营业部	贵州	贵阳	6238.2	5628.6	10.5	0.0	7.9	591.3
国开证券珠市口东大街证券营业部	北京	北京	6237.6	922.3	0.7	0.0	1.6	5313.0
中国银河证券西大街证券营业部	青海	西宁	6233.7	5307.9	15.9	0.0	11.3	898.5
中国银河证券胜利路证券营业部	天津	天津	6232.8	3891.9	99.0	0.0	11.2	2230.7
大同证券经纪平阳南街证券营业部	山西	临汾	6230.2	1566.2	24.1	0.0	2.3	4637.6
国信证券跃龙路证券营业部	江苏	南通	6226.7	4628.4	14.2	0.0	0.3	1583.8
湘财证券建设路证券营业部	湖南	株洲	6225.1	3690.2	2207.4	0.0	2.9	324.6
湘财证券学府大道证券营业部	重庆	重庆	6222.1	554.8	0.1	0.0	370.2	5297.1
东北证券迎泽大街证券营业部	山西	太原	6204.3	4671.1	55.1	0.0	3.7	1474.4
长江证券烈山大道证券营业部	湖北	随州	6203.4	5221.5	55.8	0.1	1.9	924.1
南京证券怀远西路证券营业部	宁夏	银川	6201.3	5735.5	8.6	1.0	5.1	451.1
海通证券湖心北路证券营业部	安徽	安庆	6198.2	5204.3	133.1	0.0	2.1	858.6
海通证券庄藁城胜利路证券营业部	河北	藁城	6175.0	2929.7	40.6	0.2	2.9	3201.5
申银万国证券芙蓉中路证券营业部	湖南	长沙	6174.3	5390.7	28.7	0.1	0.8	753.9
华安证券建国北路证券营业部	浙江	杭州	6162.8	4750.6	0.2	0.0	0.0	1412.0
华福证券排尾路证券营业部	福建	福州	6161.6	5067.5	1.1	0.0	5.1	1087.9
长江证券晚报大道证券营业部	湖南	长沙	6149.5	5976.4	150.3	0.0	2.9	19.8
长江证券滨东大直街证券营业部	黑龙江	哈尔滨	6146.0	5703.7	343.8	0.0	4.3	94.2
广发证券环市北路证券营业部	广东	揭阳	6141.2	3423.4	490.9	0.0	0.0	2227.0
东北证券西市大街证券营业部	天津	天津	6136.3	3811.3	42.8	0.0	7.0	2275.2
厦门证券有限后江埭路证券营业部	福建	厦门	6134.1	3516.1	179.8	0.0	0.5	2437.7
齐鲁证券有限东方红路证券营业部	山东	德州	6132.7	5235.8	95.5	0.2	86.9	714.3
申银万国证券崇州市蜀州北路证券营业部	四川	成都	6120.9	5586.3	44.2	0.4	7.7	482.2
齐鲁证券有限创业街证券营业部	山东	潍坊	6115.7	5672.1	35.4	0.1	1.1	407.1
国海证券华就路证券营业部	广东	广州	6100.5	3994.6	12.1	0.2	6.4	2087.2
海通证券洪家楼南路证券营业部	山东	济南	6092.1	4248.8	70.0	0.0	57.2	1716.1
财富证券芙蓉路证券营业部	湖南	湘潭	6087.5	5181.5	129.8	0.0	3.2	773.0
开源证券开阳路证券营业部	北京	北京	6084.0	1446.1	10.6	0.0	0.2	4627.1
东北证券南山大道证券营业部	深圳	深圳	6073.0	3389.7	45.2	0.0	14.3	2623.8
财通证券中山西路证券营业部	浙江	宁波	6071.3	5164.1	5.5	0.0	0.2	901.5
东北证券众意路证券营业部	河南	郑州	6064.6	3950.4	24.2	0.0	4.7	2085.3
平安证券五一大道证券营业部	湖南	长沙	6053.1	5196.5	51.8	0.0	48.1	756.7
东海证券新华路证券营业部	重庆	重庆	6045.9	3885.3	6.1	0.0	2.7	2151.8
国信证券黎明东路证券营业部	浙江	温州	6041.6	5301.1	22.5	0.1	2.1	715.8
南京证券新华东街证券营业部	宁夏	银川	6038.2	5265.6	44.1	0.0	1.3	727.2
国信证券庄广安大街证券营业部	河北	石家庄	6034.6	4466.0	37.9	0.1	89.1	1441.6
东北证券证券营业部	吉林	敦化	6032.8	4220.3	131.3	0.0	85.3	1596.0
大通证券建筑路证券营业部	江苏	无锡	6028.3	2870.3	25.5	0.0	4.4	3128.1
中原证券民田路证券营业部	深圳	深圳	6022.7	3201.5	14.6	0.0	0.3	2806.3
华泰证券马店路证券营业部	湖北	枝江	6017.5	4591.2	763.6	0.0	2.3	660.4
华泰证券清江大道证券营业部	湖北	宜都	6011.9	4953.5	23.3	0.0	9.0	1026.1
中国国际金融有限国际金融有限公司天津南京路证券营业部	天津	天津	6007.6	1104.3	5.8	0.0	152.6	4744.9
齐鲁证券有限福州南路证券营业部	山东	胶州	6007.0	4478.2	6.7	0.0	35.7	1486.4
新时代证券球场路证券营业部	湖北	武汉	5999.8	3109.8	178.3	0.0	0.0	2711.6
国泰君安证券建设路证券营业部	江西	贵溪	5998.4	5663.9	8.6	0.0	1.8	324.1

注：营业部交易金额的单位为百万元。

证券营业部交易
Trading of Business Department

营业部名称 Business Department	省份 Province	城市 City	总计 Total	股票 Share	基金 Fund	政府债 G-Bond	公司债 C-Bond	债券回购 Repo
东莞证券顺德南国东路证券营业部	广东	佛山	5997.7	3493.8	14.6	0.0	20.8	2468.6
方正证券黎明西路证券营业部	浙江	温州	5997.0	5062.0	72.9	0.3	2.2	859.6
国联证券解放南路证券营业部	江苏	盐城	5991.0	4966.3	18.7	0.0	1.2	1004.7
安信证券朱槿路证券营业部	广西	南宁	5975.5	2850.7	1160.3	0.0	4.8	1959.7
财富证券建设南路证券营业部	湖南	株洲	5973.6	4544.2	21.1	0.9	3.7	1403.6
海通证券嘎兰中路证券营业部	云南	景洪	5965.5	4059.5	282.8	0.0	5.2	1617.9
宏源证券延安北路证券营业部	新疆	昌吉	5950.8	3346.6	28.7	0.0	1.2	2574.4
宏源证券滨闽江路证券营业部	黑龙江	哈尔滨	5948.1	3241.7	3.9	0.0	0.2	2702.3
恒泰证券迎春南路证券营业部	吉林	长春	5947.3	3484.5	32.5	0.0	1.1	2429.2
南京证券松陵镇流虹路证券营业部	江苏	苏州	5947.2	3559.8	183.3	0.0	7.0	2197.2
东吴证券东亭中路证券营业部	江苏	无锡	5937.2	4694.3	35.0	0.0	2.3	1205.7
中信证券（浙江）湖滨南路证券营业部	福建	厦门	5931.5	2291.7	364.0	0.0	0.8	3275.0
天源证券有限华夏路证券营业部	广东	广州	5922.9	2603.9	4.3	0.0	0.1	3314.6
第一创业证券阜石路证券营业部	北京	北京	5915.4	1526.0	51.1	0.0	325.9	4012.4
新时代证券解放南路证券营业部	天津	天津	5914.5	3081.9	93.5	0.0	0.8	2738.3
湘财证券番禺光明南路证券营业部	广东	广州	5913.9	4115.4	47.7	0.0	38.4	1712.4
山西证券泰兴东路证券营业部	山西	河津	5908.6	4664.6	69.3	0.0	2.1	1172.6
中航证券有限证券有限公司烟台迎春大街证券营业部	山东	烟台	5897.0	2343.9	34.5	0.0	1.9	3516.8
国泰君安证券进贤岚湖路证券营业部	江西	南昌	5888.0	5709.5	4.0	0.0	0.4	174.1
金元证券河东路证券营业部	海南	三亚	5881.9	4053.4	45.7	0.0	9.1	1773.7
中国民族证券木齐人民路证券营业部	新疆	乌鲁木齐	5865.8	4381.0	8.0	0.0	8.8	1467.9
江海证券有限中央街证券营业部	黑龙江	黑河	5861.3	2408.0	4.0	0.0	0.3	3449.1
恒泰证券光明街证券营业部	内蒙	集宁	5859.5	4161.2	36.2	0.2	1.7	1660.2
齐鲁证券有限文馨街证券营业部	湖北	武汉	5857.4	2886.2	108.8	0.0	2.1	2860.4
国泰君安证券证券营业部	内蒙	包头	5853.4	4320.7	35.4	0.0	0.2	1497.2
安信证券惠来证券营业部	广东	揭阳	5836.3	4990.0	152.3	0.0	9.6	684.4
新时代证券一环路证券营业部	四川	成都	5832.4	4177.5	86.4	0.1	2.6	1565.8
山西证券黄河路证券营业部	辽宁	大连	5827.5	2659.5	156.1	0.1	0.8	3011.1
南京证券山大武口证券营业部	宁夏	石嘴山	5823.7	5289.6	20.3	0.1	1.6	512.1
长江证券府西街证券营业部	山西	太原	5822.3	4654.1	6.7	0.0	0.1	1161.3
国元证券世纪大道证券营业部	浙江	台州	5804.2	4348.8	83.8	0.0	0.1	1371.5
东莞证券证券有限责任公司杭州丹枫路证券营业部	浙江	杭州	5802.9	3819.4	31.1	0.0	0.4	1952.0
中信建投证券开县证券营业部	重庆	重庆	5792.9	5452.0	27.3	0.0	18.7	294.9
中信证券（浙江）分公司	福建	福州	5792.8	2551.4	179.7	0.0	774.4	2287.2
中国中投证券开创大道北证券营业部	广东	广州	5787.5	3392.2	275.8	0.0	1.8	2117.7
新时代证券绵兴东路证券营业部	四川	绵阳	5783.9	5501.1	82.3	0.0	6.2	194.3
中信证券（浙江）红谷中大道证券营业部	江西	南昌	5773.5	2157.3	1874.8	0.0	2.1	1739.4
东北证券证券股份有限公司上海南奉公路证券营业部	上海	上海	5770.8	3530.2	31.8	0.1	9.7	2199.0
华融证券玛依独山子证券营业部	新疆	克拉玛依	5769.8	2988.2	3.6	0.1	0.2	2777.7
浙商证券余杭朝阳东路证券营业部	浙江	杭州	5767.9	4256.3	12.7	0.0	0.2	1498.8
上海证券五四路证券营业部	福建	福州	5767.4	4546.0	15.5	0.0	4.2	1201.8
兴业证券中山路第一证券营业部	福建	南平	5758.6	4848.9	293.4	0.0	5.0	611.3
国元证券钟林路证券营业部	福建	厦门	5756.7	4245.6	43.7	0.0	0.0	1467.4
国泰君安证券南华中路证券营业部	广东	广州	5756.4	2529.1	13.1	0.1	29.6	3184.5
中信证券工农路证券营业部	江苏	南通	5755.3	732.6	1767.4	0.0	0.0	3255.3
中信建投证券綦江双龙路证券营业部	重庆	綦江	5750.7	3177.2	1635.7	0.0	2.1	935.7
联讯证券南海大道证券营业部	广东	佛山	5736.5	3198.0	48.4	0.0	4.9	2485.1
申银万国证券夷兴大道证券营业部	湖北	宜昌	5731.1	3831.7	28.8	0.0	27.1	1843.5
众成证券经纪有限经七路证券营业部	山东	济南	5729.7	3215.8	7.5	0.1	2.5	2503.8
财通证券政和大道证券营业部	江苏	无锡	5718.6	2348.8	3.7	0.0	1.0	3365.1

注：营业部交易金额的单位为百万元。

证券营业部交易
Trading of Business Department

营业部名称 Business Department	省份 Province	城市 City	总计 Total	股票 Share	基金 Fund	政府债 G-Bond	公司债 C-Bond	债券回购 Repo
财达证券解放中路证券营业部	河北	沧州	5718.5	5039.0	19.5	0.0	0.1	659.9
华西证券万州高笋塘证券营业部	重庆	重庆	5716.1	4925.1	22.4	0.0	1.3	767.3
申银万国证券华阳东路证券营业部	江苏	句容	5672.0	5249.1	30.2	0.0	2.1	390.6
方正证券中环西路证券营业部	浙江	嘉兴	5669.5	5487.9	30.7	0.0	0.1	150.8
新时代证券南海大道证券营业部	广东	佛山	5666.0	4046.5	24.6	0.0	0.2	1594.6
联讯证券临江北路证券营业部	广东	揭阳	5665.5	3836.6	4.0	0.0	0.7	1824.2
安信证券年家浜路证券营业部	上海	上海	5658.4	4662.3	76.9	0.0	0.0	919.3
华西证券雨花东路证券营业部	江苏	南京	5656.4	1677.6	194.0	0.0	0.0	3784.8
东北证券铜梁证券营业部	重庆	重庆	5653.9	4790.8	44.4	0.0	12.7	806.0
国元证券八一路证券营业部	山东	临沂	5647.9	4853.3	39.2	0.0	11.1	744.3
江海证券有限江爱民街证券营业部	黑龙江	牡丹江	5635.4	2576.9	537.4	0.0	22.7	2498.3
华泰证券沛县汤沐路证券营业部	江苏	徐州	5629.6	2965.1	2115.6	0.0	14.8	534.1
华鑫证券双雁路证券营业部	浙江	乐清	5627.5	5201.7	5.0	0.0	0.0	420.7
国信证券松岗证券营业部	深圳	深圳	5609.6	4462.1	51.4	0.0	0.7	1095.5
太平洋证券金穗路证券营业部	广东	广州	5606.5	3094.7	40.8	0.0	7.8	2463.2
世纪证券镇新厂林萌路证券营业部	江西	景德镇	5601.9	3450.0	95.6	0.3	6.2	2049.7
中天证券小西路证券营业部	辽宁	沈阳	5599.3	3730.9	19.3	0.0	0.2	1848.9
财通证券前路街证券营业部	浙江	丽水	5598.2	4745.0	0.4	0.0	2.3	850.4
东北证券长兴路证券营业部	福建	晋江	5592.3	1848.6	39.5	0.0	0.0	3704.2
中信证券（浙江）分公司	浙江	宁波	5573.1	740.3	589.2	0.0	150.4	4093.2
世纪证券富通街证券营业部	江西	樟树	5572.8	3964.5	14.2	0.0	0.9	1593.2
国盛证券红荔路证券营业部	深圳	深圳	5560.2	3089.2	36.6	0.0	1.3	2433.1
国信证券龙岗龙城大道营业部	深圳	深圳	5559.8	3911.6	79.4	0.0	0.9	1567.9
中天证券新运大街证券营业部	辽宁	辽阳	5551.2	3727.3	9.1	0.0	0.1	1814.7
财通证券长乐北路证券营业部	福建	福州	5542.3	4343.4	10.9	0.0	0.1	1187.9
金元证券广州路证券营业部	江苏	南京	5541.4	3902.8	48.1	0.0	11.7	1578.8
航天证券怒江北路证券营业部	上海	上海	5535.5	1624.5	17.2	0.1	11.4	3882.3
中原证券仙霞岭路证券营业部	山东	青岛	5535.4	3899.9	21.5	0.0	6.8	1607.3
西部证券海德三道证券营业部	深圳	深圳	5528.9	2811.4	0.3	0.0	4.8	2712.4
大同证券经纪桃河北路证券营业部	山西	阳泉	5522.7	2094.4	371.6	193.2	1410.1	1453.5
东吴证券港金港镇证券营业部	江苏	张家港	5514.2	4180.2	13.7	0.0	2.2	1318.1
山西证券长江道证券营业部	天津	天津	5501.9	3046.5	35.8	0.0	7.0	2412.7
天风证券武阳中路证券营业部	四川	成都	5493.8	5019.2	12.8	0.1	1.0	460.8
中信证券（浙江）高士路证券营业部	江西	宜春	5469.9	4126.8	159.0	0.0	31.2	1152.9
联讯证券惠阳体育路证券营业部	广东	惠州	5463.4	4837.8	11.4	4.9	0.3	608.9
东兴证券和平路证券营业部	福建	泉州	5455.1	3622.5	53.9	0.6	3.5	1774.6
中航证券有限北京路证券营业部	云南	昆明	5453.2	3903.7	8.4	0.0	13.9	1527.1
申银万国证券珠江北路证券营业部	湖南	株洲	5452.0	4454.5	6.3	8.4	48.1	934.7
东吴证券市东三环中路证券营业部	北京	北京	5432.2	4053.7	13.4	0.0	0.3	1364.8
东莞证券证券有限责任公司珠海九洲大道证券营业部	广东	珠海	5428.6	3898.2	33.9	0.0	4.1	1492.4
安信证券化州证券营业部	广东	化州	5424.3	3543.3	258.8	0.0	0.1	1622.1
中国民族证券浩特锡林南路证券营业部	内蒙	呼和浩特	5411.8	4050.6	59.0	0.0	0.2	1302.0
安信证券雁城路证券营业部	四川	资阳	5410.5	4736.0	59.0	0.3	7.8	607.5
信达证券金贸西路证券营业部	海南	海口	5393.5	4535.5	16.0	0.0	0.3	841.7
广发证券曲江证券营业部	广东	韶关	5389.2	4003.2	34.4	0.1	1.0	1350.6
方正证券长寿南路证券营业部	浙江	宁波	5385.4	1359.9	0.4	0.0	151.6	3873.5
东吴证券春城路证券营业部	云南	昆明	5383.1	3076.3	14.5	0.0	0.5	2291.8
国元证券五一南路证券营业部	福建	福州	5374.9	2914.7	19.8	0.0	2.1	2438.3
中原证券八七路证券营业部	河南	长葛	5374.0	5193.8	15.5	0.2	1.9	162.6
德邦证券西安大路证券营业部	吉林	长春	5373.5	3882.2	10.7	0.0	2.1	1478.4

注：营业部交易金额的单位为百万元。

证券营业部交易
Trading of Business Department

营业部名称 Business Department	省份 Province	城市 City	总计 Total	股票 Share	基金 Fund	政府债 G-Bond	公司债 C-Bond	债券回购 Repo
西部证券体育路证券营业部	陕西	铜川	5372.1	5087.4	7.7	0.0	63.9	213.1
渤海证券津塘路证券营业部	天津	天津	5368.6	3766.6	5.3	0.0	1.9	1594.8
万联证券天府二街证券营业部	四川	成都	5365.8	4965.6	45.7	0.0	0.0	354.6
中信建投证券庄辛集新开街证券营业部	河北	辛集	5354.9	4428.0	494.8	0.0	0.9	431.2
平安证券进宁北街证券营业部	宁夏	银川	5348.2	4387.6	3.0	0.1	4.5	953.0
国泰君安证券东风东街证券营业部	山东	潍坊	5348.1	3791.1	20.8	0.0	107.3	1428.9
招商证券胜利西路证券营业部	福建	漳州	5345.0	3544.9	101.2	0.0	0.3	1698.6
中国中投证券盛泽东方大街证券营业部	江苏	苏州	5331.7	2781.8	30.3	0.0	0.5	2519.2
宏信证券天河北路证券营业部	广东	广州	5328.5	3596.3	0.2	0.0	0.1	1731.9
渤海证券建新东路证券营业部	重庆	重庆	5321.8	4557.2	12.0	0.0	5.4	747.2
华融证券宁国南路证券营业部	安徽	合肥	5319.7	4018.8	15.9	0.0	1.8	1283.2
中国中投证券发展大道证券营业部	江苏	宿迁	5304.9	5074.4	74.7	0.0	5.5	150.3
国金证券大邑县晋原镇南街证券营业部	四川	成都	5296.9	4760.4	12.7	0.0	86.2	437.6
中信建投证券车站大道证券营业部	浙江	温州	5292.1	2763.5	214.4	0.0	0.0	2314.2
宏源证券花园路证券营业部	河南	郑州	5285.0	3119.1	60.4	0.0	0.5	2105.0
东海证券西安大路证券营业部	吉林	长春	5283.9	3625.7	10.8	0.1	1.2	1646.2
东北证券山东路证券营业部	山东	青岛	5283.6	3852.4	26.8	0.0	6.2	1398.2
宏信证券南街证券营业部	四川	德阳	5280.3	3946.4	4.9	0.1	1.8	1327.2
渤海证券英雄山路证券营业部	山东	济南	5280.0	4169.1	9.9	0.3	0.7	1100.0
国泰君安证券万山路证券营业部	河南	荥阳	5277.1	4773.8	24.5	0.0	0.4	478.5
中国银河证券沌口宁康路证券营业部	湖北	武汉	5269.4	3263.3	23.0	0.0	1.5	1981.7
国泰君安证券吴泰闸路证券营业部	山东	济宁	5263.9	4661.4	3.4	0.0	1.6	597.6
华安证券金昌路证券营业部	甘肃	兰州	5263.3	3657.1	119.3	0.0	17.5	1469.5
江海证券有限思源街证券营业部	黑龙江	大庆	5260.2	4331.9	3.8	0.0	0.9	923.6
财富证券解放西路证券营业部	湖南	衡阳	5259.7	4422.2	4.3	0.2	1.4	831.6
东海证券河阳路证券营业部	河南	洛阳	5259.3	3696.4	10.9	0.0	0.8	1551.2
中信建投证券长江西路证券营业部	安徽	合肥	5255.7	2729.7	202.2	0.0	188.3	2135.5
上海证券兴海路证券营业部	浙江	温州	5254.4	4521.2	92.9	0.0	1.2	639.1
国泰君安证券关新华中路证券营业部	甘肃	嘉峪关	5253.7	3542.4	13.8	0.0	0.3	1697.3
国泰君安证券溧水中大街证券营业部	江苏	南京	5247.7	3737.0	48.7	0.1	3.3	1458.6
浙商证券文教路证券营业部	浙江	杭州	5241.1	4214.5	16.1	0.1	1.2	1009.2
中邮证券阎良人民路证券营业部	陕西	西安	5240.2	4307.8	7.5	0.0	0.8	924.1
华安证券北门大道证券营业部	安徽	芜湖	5225.6	4691.7	6.4	0.2	65.5	461.9
安信证券曲江韶钢大道证券营业部	广东	韶关	5217.4	3086.0	454.2	0.2	2.7	1674.3
海通证券乐海北里证券营业部	福建	厦门	5208.7	3988.7	2.0	0.0	0.0	1218.0
华安证券大通路证券营业部	安徽	合肥	5205.8	2590.4	13.9	0.0	2.8	2598.7
安信证券河西路证券营业部	山东	招远	5205.0	513.7	1.2	0.0	0.3	4689.7
中国银河证券同安祥平证券营业部	福建	厦门	5200.7	3562.6	166.5	0.0	1.0	1470.6
中国国际金融有限香港中路证券营业部	山东	青岛	5197.7	829.4	155.4	0.0	19.4	4193.5
广发证券廉江市廉江大道证券营业部	广东	湛江	5195.9	4154.3	25.3	0.0	3.0	1013.4
天风证券普兰店商业大街证券营业部	辽宁	大连	5188.2	3765.9	9.7	0.0	11.2	1401.4
华泰证券东门大街证券营业部	江苏	金坛	5186.8	2377.6	850.4	0.0	32.0	1926.8
华泰证券永宁大道证券营业部	湖北	武穴	5186.0	3520.0	1509.5	0.0	23.7	132.7
招商证券天台路证券营业部	湖南	株洲	5177.0	2507.3	65.5	0.0	11.8	2592.3
东方证券金沙路证券营业部	上海	上海	5167.7	1313.3	48.8	0.0	0.0	3805.6
财富证券武陵大道证券营业部	湖南	常德	5159.7	3715.7	14.7	0.0	5.2	1424.1
安信证券南海大沥证券营业部	广东	佛山	5156.3	3721.8	113.0	0.1	3.4	1317.9
海通证券乘风大街证券营业部	黑龙江	大庆	5136.5	3754.6	16.5	0.0	6.1	1359.3
平安证券经三路证券营业部	河南	郑州	5132.2	4623.4	22.3	0.0	0.7	485.8
渤海证券东明路证券营业部	河南	郑州	5130.0	4127.5	7.8	0.0	0.5	994.2

注：营业部交易金额的单位为百万元。

证券营业部交易
Trading of Business Department

营业部名称 Business Department	省份 Province	城市 City	总计 Total	股票 Share	基金 Fund	政府债 G-Bond	公司债 C-Bond	债券回购 Repo
东北证券庄民生路证券营业部	河北	石家庄	5128.6	3641.0	102.9	0.0	1.1	1383.7
西南证券万州高笋塘证券营业部	重庆	重庆	5117.7	3742.8	395.2	0.2	29.7	949.8
恒泰证券中兴街证券营业部	吉林	吉林	5104.9	3022.6	16.5	0.6	6.2	2059.0
联讯证券彬芳大道证券营业部	广东	梅州	5103.1	3126.1	8.0	0.0	7.4	1961.6
太平洋证券西街证券营业部	云南	昭通	5102.7	4557.9	10.4	0.0	1.7	532.8
齐鲁证券有限会展西路证券营业部	山东	济南	5101.3	4210.4	5.9	0.0	1.5	883.5
浙商证券中南路证券营业部	湖北	武汉	5098.0	854.1	3980.0	0.0	0.0	263.9
广发证券大埔证券营业部	广东	梅州	5096.3	4099.1	6.2	0.0	2.0	989.0
太平洋证券市府大路证券营业部	辽宁	沈阳	5092.2	3202.7	273.3	0.0	21.4	1594.8
方正证券宜章宜兴路证券营业部	湖南	郴州	5088.2	4322.2	3.5	0.1	4.2	758.2
恒泰证券浩特乌兰察布东街证券营业部	内蒙	呼和浩特	5087.0	4006.5	24.0	0.0	0.6	1056.0
华安证券钟林路证券营业部	福建	厦门	5079.5	3072.5	7.3	0.0	7.7	1992.0
国联证券通江大道证券营业部	江苏	常州	5078.5	3270.7	64.8	0.0	3.5	1739.5
国联证券芙蓉中路证券营业部	湖南	长沙	5078.3	4123.6	120.9	0.0	1.9	831.9
华泰证券民族大道证券营业部	湖北	武汉	5073.5	3024.2	295.5	2.7	44.9	1706.3
中信证券(山东)花园北路证券营业部	山东	莱芜	5069.4	3429.2	24.6	0.0	52.7	1562.9
中信建投证券远大路证券营业部	北京	北京	5062.8	1556.9	27.6	0.0	4.3	3474.1
川财证券沱牌大道证券营业部	四川	遂宁	5059.8	2952.3	1666.7	0.0	2.6	438.3
宏信证券山绥山路证券营业部	四川	峨眉山	5058.2	3205.2	420.2	0.2	0.7	1431.9
华安证券大别山路证券营业部	安徽	六安	5054.6	4736.4	14.6	0.0	17.0	286.6
华西证券射洪证券营业部	四川	遂宁	5052.1	4837.9	38.3	0.1	1.9	174.0
联讯证券东风中路证券营业部	广东	广州	5050.4	2495.1	3.4	0.0	0.2	2551.6
中原证券兴林街证券营业部	河南	安阳	5046.7	907.0	1.2	0.0	0.3	4138.2
国元证券人民路证券营业部	安徽	阜阳	5031.7	4518.8	28.2	0.0	5.7	479.0
东北证券花园街证券营业部	江苏	常州	5029.6	2759.4	95.9	0.0	11.3	2163.0
海通证券兴华街证券营业部	山西	太原	5023.9	3387.0	52.8	0.0	1.4	1582.6
华西证券迎春东路证券营业部	四川	乐山	5022.0	4622.7	65.9	0.0	11.6	321.8
国联证券阳羡东路证券营业部	江苏	宜兴	5019.1	3064.7	4.3	0.0	1.4	1948.7
方正证券长治路证券营业部	浙江	台州	5010.8	3500.3	9.4	0.0	0.4	1500.7
安信证券梅县证券营业部	广东	梅州	5006.4	3799.5	99.9	0.0	0.0	1107.0
中信证券(山东)九都东路证券营业部	河南	洛阳	5006.3	2941.1	10.0	0.0	0.0	2055.2
中航证券有限浔阳路证券营业部	江西	九江	5005.9	4592.3	12.8	0.0	1.1	399.8
国海证券建设中路证券营业部	广西	贺州	5001.4	4505.0	10.5	0.0	11.4	474.5
英大证券渝鲁大道证券营业部	重庆	重庆	4997.9	3848.4	6.6	0.0	3.2	1139.7
中信证券（浙江）王充路证券营业部	浙江	绍兴	4995.8	3710.7	300.3	0.0	0.1	984.7
中原证券兴鹤大街证券营业部	河南	鹤壁	4991.4	3805.7	40.6	0.3	1.8	1143.0
东海证券太康路证券营业部	河南	洛阳	4987.7	4426.7	8.4	0.0	1.5	551.1
华泰证券中江县凯丰北路证券营业部	四川	德阳	4987.4	3581.5	118.6	0.0	89.5	1197.9
浙商证券环城南路证券营业部	浙江	金华	4986.0	3606.8	81.5	0.0	0.0	1297.7
东兴证券府前东路证券营业部	福建	三明	4972.7	4695.7	36.2	0.6	0.6	239.6
华泰证券笔架山路证券营业部	湖北	石首	4972.5	3030.0	1574.1	0.0	1.2	367.2
金元证券青年中路证券营业部	江苏	南通	4969.6	3047.5	11.7	0.1	1.1	1909.2
华泰证券珍珠南路证券营业部	江苏	南京	4962.6	983.9	3290.9	0.0	0.9	686.9
中国中投证券如东青园北路证券营业部	江苏	南通	4960.7	2886.1	25.8	0.0	0.9	2047.9
中信建投证券港东海海陵西路证券营业部	江苏	连云港	4960.4	4150.8	434.6	0.0	1.3	373.7
浙商证券靖南大街证券营业部	浙江	宁波	4960.0	4626.9	3.5	0.0	0.7	329.0
德邦证券环城北路营业部	浙江	杭州	4956.2	2166.5	5.5	0.0	78.3	2705.9
联讯证券博爱路证券营业部	广东	中山	4951.0	3266.0	6.6	0.0	2.6	1675.7
招商证券湖滨东路证券营业部	福建	厦门	4948.1	2728.2	1.9	0.0	0.6	2217.4
财达证券南堡开发区证券营业部	河北	唐山	4937.0	1597.8	5.5	0.0	0.5	3333.2

注：营业部交易金额的单位为百万元。

证券营业部交易
Trading of Business Department

营业部名称 Business Department	省份 Province	城市 City	总计 Total	股票 Share	基金 Fund	政府债 G-Bond	公司债 C-Bond	债券回购 Repo
华泰证券南大街证券营业部	江苏	常州	4936.4	4170.7	209.4	0.0	0.7	555.6
光大证券威远县南大街证券营业部	四川	内江	4932.9	4879.2	11.7	0.1	13.0	28.9
国盛证券京汉大道证券营业部	湖北	武汉	4929.3	2059.6	12.7	0.0	0.3	2856.7
国泰君安证券新中路证券营业部	广东	梅州	4925.6	4350.5	18.2	0.0	27.5	529.4
大通证券滨海新区塘沽春风路证券营业部	天津	天津	4921.4	4386.8	3.6	0.0	0.9	530.2
金元证券和平路证券营业部	陕西	西安	4918.6	4190.8	6.8	0.0	0.5	720.5
东兴证券九一北路证券营业部	福建	龙岩	4917.6	4177.6	64.7	0.0	2.5	672.8
国泰君安证券章江南大道证券营业部	江西	赣州	4906.4	4343.0	14.0	0.0	1.4	548.1
大同证券经纪南北大街证券营业部	云南	玉溪	4905.4	2621.9	19.8	0.0	0.9	2262.8
华安证券商都路证券营业部	河南	郑州	4882.4	4136.7	21.7	0.0	0.4	723.6
中原证券中原路证券营业部	河南	商丘	4881.6	4787.4	19.9	0.0	1.2	73.2
万和证券江滨西大道证券营业部	福建	福州	4876.1	2407.2	3.1	0.0	4.1	2461.8
国泰君安证券西大街证券营业部	甘肃	张掖	4872.5	4701.9	13.5	0.4	7.9	148.9
国泰君安证券普阳路证券营业部	云南	文山	4861.6	3704.1	32.0	0.0	0.1	1125.4
东莞证券白山路证券营业部	辽宁	大连	4854.3	2906.3	18.9	0.0	0.1	1929.0
东海证券延政中路证券营业部	江苏	常州	4847.5	2193.0	7.7	0.0	0.1	2646.7
广发证券大朗证券营业部	广东	东莞	4847.4	4687.2	10.1	0.0	0.8	149.3
东海证券丰泽街证券营业部	福建	泉州	4846.1	4208.8	77.4	0.0	0.1	559.9
上海证券同心街证券营业部	辽宁	大连	4840.7	2966.8	15.3	0.0	0.3	1858.4
中天证券兴隆街证券营业部	辽宁	盘锦	4837.8	1828.7	2.8	0.0	17.8	2988.4
中国银河证券新园东路证券营业部	安徽	黄山	4836.9	4370.3	40.0	0.0	10.6	416.0
中国民族证券黎明街证券营业部	吉林	集安	4816.7	3718.2	2.9	0.1	15.4	1080.2
新时代证券江汉路证券营业部	湖北	武汉	4816.2	2237.3	870.7	0.0	0.0	1708.2
海通证券长春路证券营业部	甘肃	金昌	4813.2	4442.6	16.0	0.0	7.2	347.4
申银万国证券民族北街证券营业部	宁夏	银川	4812.1	2680.3	69.8	0.0	0.0	2061.9
中信建投证券胜利东路证券营业部	浙江	绍兴	4807.4	2399.8	30.2	0.0	0.1	2377.4
新时代证券芙蓉南路证券营业部	湖南	长沙	4806.3	3807.2	83.2	0.0	0.3	915.6
东兴证券邹容路证券营业部	重庆	重庆	4805.7	3313.4	208.8	0.0	0.4	1283.1
财达证券岛东经路证券营业部	河北	秦皇岛	4800.7	3351.5	22.8	0.0	10.3	1416.2
中国银河证券惠沙堤路证券营业部	广东	惠州	4796.2	3771.6	7.4	0.0	0.6	1016.6
海通证券东风东路证券营业部	河北	保定	4794.3	2319.5	183.8	0.0	148.8	2142.2
中信建投证券清新清新大道证券营业部	广东	清远	4794.3	3590.4	14.7	0.6	42.5	1146.2
华龙证券北大街证券营业部	江苏	无锡	4792.2	2449.0	48.9	0.0	0.5	2293.8
联讯证券市府大街证券营业部	辽宁	盘锦	4788.1	3442.4	25.5	0.3	0.0	1319.9
中国银河证券余杭邱山大街证券营业部	浙江	杭州	4785.4	3911.9	344.7	0.0	1.4	527.5
国泰君安证券解放东路证券营业部	江苏	邳州	4782.5	4200.9	102.3	0.0	1.3	478.0
国泰君安证券中州中路证券营业部	河南	洛阳	4779.2	3967.0	91.5	0.4	11.0	709.3
恒泰证券浩特锡林南路证券营业部	内蒙	呼和浩特	4772.1	3350.2	46.4	0.0	1.1	1374.4
恒泰证券工农大路证券营业部	吉林	长春市	4744.4	3035.9	25.8	0.2	16.1	1666.4
海通证券平谷金乡路证券营业部	北京	北京	4739.7	3909.9	278.6	0.0	5.7	545.4
中国中投证券宝坻新苑北街证券营业部	天津	天津	4736.9	3884.0	62.4	0.0	6.3	784.2
财达证券庄晋州市府路证券营业部	河北	石家庄	4732.9	1974.2	3.1	0.0	0.0	2755.6
宏信证券深南大道证券营业部	深圳	深圳	4730.3	1048.0	0.0	0.0	81.8	3600.5
中国银河证券锦绣路证券营业部	浙江	温州	4726.6	2916.5	134.6	0.0	11.2	1664.2
方正证券黄山路证券营业部	安徽	合肥	4724.9	1827.0	0.5	0.0	1.2	2896.2
华西证券恒昌路证券营业部	四川	绵阳	4716.1	3782.9	63.9	0.0	0.7	868.5
齐鲁证券有限人民大道证券营业部	海南	海口	4712.2	3788.6	113.7	0.0	0.0	809.8
财通证券中兴南路证券营业部	浙江	德清	4707.5	2724.4	0.3	0.0	0.7	1982.1
财达证券迁安惠宁大街证券营业部	河北	唐山	4695.4	3321.1	16.2	0.0	0.4	1357.8
中信建投证券解放西路证券营业部	湖南	衡阳	4693.4	3306.8	22.5	0.0	17.3	1346.8

注：营业部交易金额的单位为百万元。

证券营业部交易
Trading of Business Department

营业部名称 Business Department	省份 Province	城市 City	总计 Total	股票 Share	基金 Fund	政府债 G-Bond	公司债 C-Bond	债券回购 Repo
国盛证券袁山中路证券营业部	江西	宜春	4692.5	2400.4	1936.2	3.1	3.4	349.4
国元证券兴业街证券营业部	安徽	蚌埠	4686.5	4251.2	13.6	0.0	0.1	421.7
中信建投证券金湖路证券营业部	广西	南宁	4684.3	2644.9	359.5	0.0	22.6	1657.4
国泰君安证券东大街证券营业部	四川	雅安	4680.4	2115.9	6.4	0.0	1.7	2556.4
东吴证券人民中路证券营业部	江苏	姜堰	4675.5	3888.9	100.5	0.0	0.3	685.7
长城证券钱沟路证券营业部	湖北	仙桃	4674.1	4151.9	74.5	0.0	8.4	439.3
中国中投证券蓟县中昌北路证券营业部	天津	天津	4671.0	4109.6	77.9	0.0	1.7	481.7
东吴证券人民中路证券营业部	湖南	长沙	4662.4	2822.6	30.3	0.0	2.1	1807.5
国联证券文汇西路证券营业部	江苏	扬州	4656.5	2892.4	55.7	0.0	0.3	1708.2
中信证券（浙江）安吉路证券营业部	福建	泉州	4654.9	2258.7	19.0	0.0	2.5	2374.7
安信证券北门大街证券营业部	江苏	常熟	4642.0	2749.0	4.7	0.0	3.4	1884.8
华融证券天台路证券营业部	湖南	株洲	4640.4	3829.2	38.3	0.0	6.4	766.4
世纪证券上高和平路证券营业部	江西	宜春	4637.3	4269.5	25.4	0.0	16.5	325.9
宏源证券腾达路证券营业部	浙江	台州	4618.7	4102.5	3.1	0.0	0.1	512.9
中天证券延安路证券营业部	辽宁	锦州	4611.2	1858.3	8.7	0.3	12.8	2731.2
长江证券轻机大道证券营业部	湖北	荆门	4610.7	3532.9	123.2	0.0	6.8	947.8
日信证券临潢大街证券营业部	内蒙	赤峰	4610.2	3472.2	4.5	0.0	4.8	1128.7
招商证券胜利北路证券营业部	辽宁	鞍山	4609.6	2861.1	9.1	0.0	1.3	1738.0
广州证券麦地路证券营业部	广东	惠州	4603.6	3910.7	9.7	0.0	0.6	682.6
中信证券（浙江）新市中路证券营业部	福建	三明	4602.4	2650.0	133.1	0.0	327.9	1491.4
首创证券围堤道证券营业部	天津	天津	4596.8	320.6	1.1	0.0	0.0	4275.1
财富证券人民北路证券营业部	湖南	吉首	4587.7	4496.5	6.7	0.0	0.4	84.1
国泰君安证券南大街证券营业部	甘肃	酒泉	4584.4	4188.6	21.6	0.5	0.7	372.9
万联证券隆昌县跃进街证券营业部	四川	内江	4583.5	3306.1	472.0	0.4	35.3	769.8
华安证券人民广场证券营业部	安徽	巢湖	4582.1	4318.3	9.0	0.1	1.7	253.0
财达证券建设路证券营业部	河北	廊坊	4578.4	2703.0	13.7	0.0	1.1	1860.6
安信证券南二环路证券营业部	陕西	西安	4577.0	3183.8	28.8	0.0	5.9	1358.5
东吴证券沙溪镇白云中路证券营业部	江苏	太仓	4572.1	3117.4	8.2	0.0	5.6	1440.8
南京证券义学路证券营业部	重庆	重庆	4570.5	4359.4	10.9	0.0	2.3	197.9
联讯证券人民二路证券营业部	广东	清远	4544.2	2115.0	17.1	0.0	4.6	2407.5
华安证券高升桥路证券营业部	四川	成都	4527.8	2920.8	92.2	0.0	59.2	1455.5
申银万国证券金开大道证券营业部	重庆	重庆	4515.2	3040.8	33.5	0.0	112.2	1328.8
光大证券罗田路证券营业部	深圳	深圳	4514.2	3104.3	498.3	0.0	0.1	911.5
中原证券未央路证券营业部	陕西	西安	4512.0	3851.1	13.2	0.0	16.9	630.8
东北证券祁门路证券营业部	安徽	合肥	4510.4	2478.1	448.0	0.0	270.4	1314.0
长江证券八一路证券营业部	河南	南阳	4507.1	3680.9	77.2	0.0	8.2	740.8
中信证券（浙江）金城路证券营业部	浙江	金华	4503.4	3317.8	19.2	0.0	1.0	1165.4
华泰证券融辉路证券营业部	湖北	麻城	4500.4	2911.9	1104.7	0.5	1.5	481.7
华安证券中华路证券营业部	江苏	南京	4482.5	2026.6	30.1	0.0	35.7	2390.1
东方证券宾王路证券营业部	浙江	金华	4479.7	2855.0	3.3	0.0	0.0	1621.4
中信建投证券兴新街证券营业部	湖北	武汉	4474.0	3136.7	200.6	0.0	0.2	1136.4
华西证券江北大道证券营业部	四川	巴中	4468.2	2754.5	101.7	0.0	2.5	1609.5
西南证券垫江证券营业部	重庆	重庆	4467.8	4219.5	1.4	0.0	2.6	244.3
国泰君安证券中兴大道证券营业部	海南	儋州	4464.7	3601.1	3.1	0.0	38.3	822.3
长江证券东华二路证券营业部	广东	江门	4456.1	3444.0	41.8	0.0	0.3	970.0
华融证券乌山路证券营业部	福建	福州	4455.8	3288.8	5.2	0.0	0.0	1161.8
东兴证券珠江东路证券营业部	广东	广州	4448.9	3255.8	110.9	0.0	8.4	1073.9
财富证券红星路证券营业部	湖南	怀化	4443.2	4386.8	12.9	0.0	0.3	43.1
浙商证券环城南路证券营业部	浙江	台州	4440.4	1953.1	12.4	0.0	0.0	2474.9
国海证券西环路证券营业部	广西	河池	4439.8	4071.9	11.7	0.0	0.4	355.8

注：营业部交易金额的单位为百万元。

证券营业部交易 Trading of Business Department

营业部名称 Business Department	省份 Province	城市 City	总计 Total	股票 Share	基金 Fund	政府债 G-Bond	公司债 C-Bond	债券回购 Repo
平安证券安吉南路证券营业部	福建	泉州	4439.0	3661.0	60.9	0.0	0.6	716.4
中原证券西康路证券营业部	天津	天津	4438.9	1776.4	25.5	0.0	1.0	2636.0
华龙证券太白南路证券营业部	陕西	西安	4437.6	2855.7	67.6	0.0	14.3	1500.1
国泰君安证券人民路证券营业部	安徽	安庆	4436.1	4039.3	19.5	0.0	22.4	355.0
招商证券即墨市蓝鳌路证券营业部	山东	青岛	4434.2	837.9	3538.2	0.0	1.3	56.8
世纪证券庐山区长虹大道证券营业部	江西	九江	4430.2	3406.8	11.0	0.0	1.0	1011.4
上海证券兴敖中路证券营业部	浙江	温州	4424.0	3971.7	39.6	0.0	2.6	410.1
华安证券人民东路证券营业部	湖南	长沙	4411.9	3559.1	33.2	0.0	2.9	816.6
中航证券有限跃进南路证券营业部	江西	萍乡	4400.1	3367.0	10.5	0.0	0.8	1021.8
国泰君安证券国庆北路证券营业部	湖南	郴州	4397.8	4073.3	4.5	0.0	1.5	318.5
国金证券东星大道证券营业部	四川	成都	4386.5	3583.2	26.7	0.0	3.1	773.5
招商证券胜利四路证券营业部	湖北	宜昌	4380.0	2996.7	24.2	0.0	0.9	1358.1
华西证券阆中天马寺街证券营业部	四川	南充	4374.0	4094.0	10.0	0.0	3.5	266.6
华福证券普莲路证券营业部	福建	泉州	4372.7	3958.5	8.9	0.0	2.5	402.9
上海证券证券营业部	上海	上海	4369.1	2176.0	129.9	0.0	13.4	2049.9
齐鲁证券有限博兴胜利二路证券营业部	山东	滨州	4366.8	587.2	76.0	0.0	1.2	3702.4
光大证券长江路证券营业部	江苏	海门	4366.5	2677.2	17.8	0.0	13.9	1657.5
国泰君安证券冶金大道证券营业部	江西	贵溪	4363.7	3709.0	6.4	0.0	7.4	640.9
华泰证券江都东方红东路证券营业部	江苏	扬州	4357.4	258.0	4065.6	0.0	0.0	33.8
中天证券中山路证券营业部	天津	天津	4355.7	2521.7	0.8	0.0	1.3	1831.8
财达证券丰南青年路证券营业部	河北	唐山	4352.7	3555.9	5.7	0.0	0.3	790.9
恒泰证券青山区自由路证券营业部	内蒙	包头	4345.2	3174.3	37.5	0.2	0.0	1133.2
海通证券迎泽西大街证券营业部	山西	太原	4342.2	2690.8	21.2	0.0	0.1	1630.2
信达证券解放路证券营业部	辽宁	锦州	4339.2	3249.7	7.3	0.0	13.2	1069.0
方正证券津市澹津路证券营业部	湖南	常德	4329.2	4137.8	12.6	0.1	0.7	178.0
华融证券长治路证券营业部	山西	太原	4326.1	3775.1	13.8	1.0	2.3	533.9
国联证券济川东路证券营业部	江苏	泰州	4324.9	3081.2	38.8	0.0	4.2	1200.7
天风证券唐家墩路证券营业部	湖北	武汉	4320.3	884.7	16.3	0.0	0.1	3419.2
大同证券经纪延安中路证券营业部	山西	长治	4318.0	1963.8	13.4	0.0	38.0	2302.8
齐鲁证券有限建设路证券营业部	山东	兖州	4316.9	3533.5	272.6	0.0	2.3	508.5
方正证券永兴干劲路证券营业部	湖南	郴州	4313.1	3994.3	4.2	2.5	2.4	309.8
海通证券浦东新区成山路证券营业部	上海	上海	4311.0	3098.6	548.3	0.0	38.2	625.9
长江证券太白北路证券营业部	陕西	西安	4300.2	4027.4	272.2	0.0	0.6	0.0
国元证券青阳路证券营业部	安徽	池州	4294.3	3802.8	8.9	0.0	7.0	475.6
长江证券王府大道证券营业部	湖北	荆门	4294.2	4145.1	13.2	0.0	11.6	124.3
华安证券淮海路证券营业部	安徽	淮北	4292.8	3903.1	13.3	0.0	0.2	376.2
宏源证券木齐绿洲街证券营业部	新疆	乌鲁木齐	4291.8	2799.0	10.3	0.0	0.4	1482.1
兴业证券蕉城南路证券营业部	福建	宁德	4287.0	3549.3	13.0	0.0	0.2	724.6
海通证券锦绣路证券营业部	浙江	温州	4286.2	2128.7	19.6	0.0	0.0	2137.9
华龙证券安宁东路证券营业部	甘肃	兰州	4285.0	1235.7	0.9	0.0	0.5	3048.0
中原证券五龙路证券营业部	河南	三门峡	4282.0	3937.1	29.0	0.0	9.7	306.1
平安证券季华四路证券营业部	广东	佛山	4275.9	3854.4	14.6	0.0	10.2	396.6
国元证券宁城中路证券营业部	安徽	宁国	4271.3	3431.6	36.6	0.0	0.0	803.1
西藏同信证券双桥街证券营业部	山东	临沂	4262.5	2906.0	30.0	0.0	0.3	1326.2
方正证券道县红星东路证券营业部	湖南	永州	4251.1	4117.0	6.0	0.3	4.6	123.2
海通证券平阳路证券营业部	山西	太原	4244.1	3624.1	18.0	0.0	0.4	601.7
五矿证券有限环市东路证券营业部	广东	广州	4244.0	2082.8	3.8	0.0	3.2	2154.2
大同证券经纪矿务局证券营业部	山西	晋城	4241.6	2534.9	209.6	8.5	10.4	1478.1
国盛证券西园道证券营业部	天津	天津	4240.4	2141.0	18.5	0.0	1.3	2079.6
厦门证券有限环城西路证券营业部	福建	厦门	4239.2	2653.6	75.6	0.0	0.0	1510.0

注：营业部交易金额的单位为百万元。

证券营业部交易
Trading of Business Department

营业部名称 Business Department	省份 Province	城市 City	总计 Total	股票 Share	基金 Fund	政府债 G-Bond	公司债 C-Bond	债券回购 Repo
国泰君安证券天目山路证券营业部	浙江	杭州	4237.2	1158.3	10.1	0.0	299.6	2769.2
国盛证券东风中路证券营业部	广东	广州	4235.3	1708.7	108.5	0.0	9.2	2408.9
中原证券广安门外大街证券营业部	北京	北京	4235.1	2578.8	15.0	0.1	24.0	1617.2
方正证券东江中路证券营业部	湖南	郴州	4233.8	4155.0	6.9	0.0	4.7	67.2
华安证券站前路证券营业部	安徽	亳州	4232.9	3987.2	13.5	0.0	0.9	231.4
渤海证券北马路证券营业部	山东	烟台	4225.4	2684.9	66.0	0.0	72.6	1401.8
中原证券解放路证券营业部	山东	济南	4225.0	2110.0	61.3	0.0	0.2	2053.5
开源证券天府大道证券营业部	四川	成都	4219.2	1537.4	12.7	0.0	0.0	2669.1
海通证券长岭北路证券营业部	贵州	贵阳	4218.4	3596.3	424.3	0.0	8.8	189.0
国都证券牌楼巷证券营业部	江苏	南京	4216.8	2866.3	8.4	0.0	65.5	1276.5
西部证券高新路证券营业部	陕西	西安	4212.3	2440.5	3.0	0.0	0.8	1768.0
世纪证券井冈山大道证券营业部	江西	吉安	4207.7	2445.6	4.5	0.0	3.0	1754.6
江海证券有限滨学府路证券营业部	黑龙江	哈尔滨	4189.2	1769.6	7.3	0.0	24.8	2387.5
东莞证券连江路证券营业部	广东	清远	4183.4	3623.0	6.7	0.0	0.1	553.6
海通证券顺德新宁路证券营业部	广东	佛山	4179.5	1186.0	74.5	0.0	0.2	2918.7
大同证券经纪人民大道证券营业部	河南	安阳	4165.5	3712.3	37.3	0.0	0.5	415.4
国金证券乌山西路证券营业部	福建	福州	4159.2	1886.9	3.4	0.0	3.0	2265.9
南京证券山富强西路证券营业部	宁夏	石嘴山	4158.0	3355.5	12.2	0.0	0.5	789.8
财达证券河间新华北路证券营业部	河北	沧州	4149.2	3408.9	17.9	0.0	2.0	720.4
国泰君安证券双月湖路证券营业部	山东	临沂	4148.3	3357.9	4.2	0.0	0.7	785.5
国泰君安证券阔时路证券营业部	云南	潞西	4147.0	3327.8	35.1	0.4	1.1	782.7
方正证券涟源交通路证券营业部	湖南	娄底	4143.4	3790.8	224.0	0.0	23.6	105.0
方正证券祁阳金盆西路证券营业部	湖南	永州	4141.2	3621.8	52.2	0.0	2.4	464.8
诚浩证券泉园街证券营业部	辽宁	沈阳	4140.0	2341.2	8.3	0.2	4.9	1785.5
中原证券府东路证券营业部	河南	许昌	4134.3	4091.2	14.4	0.0	2.5	26.2
国泰君安证券水仙大街证券营业部	福建	漳州	4128.9	2506.3	21.4	0.0	45.1	1556.2
海通证券江绥芬河山城路证券营业部	黑龙江	牡丹江	4122.9	3333.6	10.2	0.0	141.4	637.7
国信证券航天路证券营业部	四川	宜宾	4120.0	3891.3	20.8	0.0	1.2	206.7
西南证券新华西道证券营业部	河北	唐山	4116.3	2521.7	79.0	0.0	0.0	1515.5
广发证券中华西路证券营业部	辽宁	大连	4115.4	3473.6	4.4	0.0	4.7	632.7
兴业证券珊瑚路证券营业部	重庆	重庆	4111.9	2370.6	222.8	0.0	1.5	1516.9
方正证券中海路证券营业部	浙江	台州	4106.6	3674.8	9.6	0.0	0.0	422.2
长江证券古驿道证券营业部	湖北	武汉	4102.6	3198.2	27.5	0.0	3.1	873.8
广州证券长堤大马路证券营业部	广东	广州	4101.1	2063.1	16.4	0.0	2.8	2018.8
南京证券建湖县人民路证券营业部	江苏	盐城	4100.0	3804.4	18.0	0.0	5.1	272.5
华泰证券福寿路证券营业部	江苏	南通	4094.0	1721.2	1685.0	0.0	0.1	687.7
中信证券（浙江）长征大道证券营业部	江西	赣州	4086.5	2511.3	19.1	0.0	0.4	1555.7
浙商证券市府大道证券营业部	浙江	台州	4082.6	2885.8	9.4	0.0	2.7	1184.7
广发证券黄埔东路证券营业部	广东	广州	4080.8	3530.7	33.1	0.0	3.0	514.0
长江证券口人民路证券营业部	湖北	丹江口	4077.0	1892.3	25.3	0.1	3.9	2155.4
东莞证券潮州大道证券营业部	广东	潮州	4075.8	2882.2	151.8	0.0	0.4	1041.4
齐鲁证券有限并州南路证券营业部	山西	太原	4071.6	3054.5	8.9	0.0	0.7	1007.5
江海证券有限东解放路证券营业部	黑龙江	鹤岗	4069.0	3381.6	17.9	0.0	0.5	669.0
申银万国证券浦口凤凰大街证券营业部	江苏	南京	4067.5	3251.9	135.7	0.0	0.8	679.2
光大证券东方路证券营业部	江苏	丹阳	4060.6	2291.4	29.6	0.0	2.4	1737.1
国元证券山华飞路证券营业部	安徽	马鞍山	4059.4	2704.8	157.3	0.0	6.2	1191.1
渤海证券联盟大街证券营业部	天津	天津	4057.5	3692.9	2.9	0.0	0.6	361.0
浙商证券建设二路证券营业部	广东	江门	4056.8	2249.4	35.5	0.0	0.2	1771.7
华鑫证券交子大道证券营业部	四川	成都	4056.5	178.0	0.0	0.0	0.3	3878.2
中信建投证券富丰路证券营业部	北京	北京	4016.2	3224.0	14.4	0.0	0.8	776.9

注：营业部交易金额的单位为百万元。

证券营业部交易
Trading of Business Department

营业部名称 Business Department	省份 Province	城市 City	总计 Total	股票 Share	基金 Fund	政府债 G-Bond	公司债 C-Bond	债券回购 Repo
国海证券桂平市杏花街证券营业部	广西	桂平	4013.3	3967.9	10.5	0.2	0.9	33.8
国泰君安证券环城东路证券营业部	浙江	金华	4009.9	3489.2	8.2	0.0	3.8	508.7
山西证券北坛中路证券营业部	山西	介休	4008.4	3164.5	38.5	0.0	0.7	804.6
华龙证券红园路证券营业部	甘肃	临夏	3997.0	1412.3	0.3	0.0	0.2	2584.2
齐鲁证券有限证券有限公司沂水长安中路证券营业部	山东	临沂	3990.4	3782.2	64.7	0.0	0.2	143.4
新时代证券经八路证券营业部	河南	郑州	3984.1	2892.8	57.9	0.0	4.4	1029.0
中信证券(山东)实验路证券营业部	山东	烟台	3982.2	3013.9	21.7	0.0	3.0	943.6
齐鲁证券有限影荫路证券营业部	广东	佛山	3981.2	2143.8	12.6	0.0	27.2	1797.6
财达证券蠡县永盛南大街证券营业部	河北	保定	3969.2	1858.5	1.1	0.0	0.3	2109.3
中航证券有限赣东大道证券营业部	江西	抚州	3965.8	2530.3	2.1	0.0	0.3	1433.2
大通证券胜利南路证券营业部	辽宁	鞍山	3961.6	2366.3	4.1	0.0	0.1	1591.1
华安证券会展路证券营业部	辽宁	大连	3960.3	2489.6	22.9	0.0	0.9	1446.9
国泰君安证券南丰橘都大道证券营业部	江西	抚州	3955.5	3941.0	0.9	0.0	0.6	13.1
国联证券石景山路证券营业部	北京	北京	3951.7	1300.9	13.2	0.2	1.5	2636.0
诚浩证券启工街证券营业部	辽宁	沈阳	3950.4	2377.9	1.7	0.1	0.2	1570.5
山西证券迎宾路证券营业部	山西	孝义	3946.8	2929.0	46.6	0.1	0.1	970.9
国泰君安证券滨河路证券营业部	福建	福州	3945.9	3566.1	30.8	0.0	0.1	348.9
民生证券顺义府前东街证券营业部	北京	北京	3941.0	2612.6	0.9	0.0	10.8	1316.7
方正证券万道路证券营业部	广东	东莞	3939.9	3131.5	4.9	0.0	188.4	615.1
华安证券人民南路证券营业部	安徽	阜阳	3933.4	2775.2	210.3	0.0	1.1	946.9
联讯证券顺德清晖路证券营业部	广东	佛山	3928.0	2492.7	10.0	0.0	1.8	1423.5
大同证券经纪多斯天骄路证券营业部	内蒙	鄂尔多斯	3922.5	1566.2	34.9	0.0	24.0	2297.5
第一创业证券创业证券公司郑州农业东路	河南	郑州	3921.2	1813.7	29.0	0.0	132.1	1946.4
万和证券南沙中路证券营业部	海南	海口	3920.3	1777.7	14.8	0.0	3.8	2124.0
广发证券健康路证券营业部	辽宁	凌海	3915.3	2854.9	10.2	0.3	103.7	946.1
中信建投证券云城南三路证券营业部	广东	广州	3914.7	3194.0	67.5	0.0	18.0	635.2
国联证券解放西路证券营业部	江苏	苏州	3914.4	1941.0	56.8	0.0	1.8	1914.7
中航证券有限建设中路证券营业部	河南	南阳	3912.1	3499.3	23.3	0.0	3.1	386.4
西部证券北关街证券营业部	陕西	延安	3910.7	3637.5	4.8	0.0	0.8	267.6
诚浩证券热闹路证券营业部	辽宁	沈阳	3910.1	1863.1	31.0	0.0	87.4	1928.6
申银万国证券珞瑜路证券营业部	湖北	武汉	3907.9	3330.7	15.3	0.0	28.6	533.3
中国银河证券清河证券营业部	河北	邢台	3906.1	2874.7	931.0	0.0	0.3	100.1
南京证券证券营业部	宁夏	中卫	3902.2	3809.5	37.0	0.0	0.0	55.7
海通证券苕溪西路证券营业部	浙江	湖州	3900.3	1759.4	6.6	0.0	65.8	2068.5
日信证券东大街证券营业部	四川	成都	3900.0	2973.1	0.9	0.0	1.0	925.0
浙商证券和平路证券营业部	山东	济南	3898.3	2133.6	82.9	0.1	0.0	1681.7
东莞证券三乡证券营业部	广东	中山	3897.0	2528.7	27.5	0.0	0.3	1340.5
西南证券大石坝七村证券营业部	重庆	重庆	3889.4	3383.3	24.1	0.0	6.5	475.5
江海证券有限滨埃德蒙顿路证券营业部	黑龙江	哈尔滨	3883.8	1977.1	5.7	0.0	0.0	1901.0
东吴证券长江路证券营业部	江苏	江阴	3873.8	3588.7	52.8	0.0	0.0	232.3
广发证券学府路证券营业部	辽宁	营口	3868.4	2411.0	962.5	0.0	0.2	494.7
众成证券经纪有限丰产路证券营业部	河南	郑州	3866.2	2341.1	4.1	0.0	1.3	1519.7
恒泰证券中心大街证券营业部	内蒙	通辽	3865.9	3725.9	2.6	0.1	0.1	137.2
安信证券龙泉驿区江华路证券营业部	四川	成都	3865.8	3689.6	6.6	0.0	4.7	164.9
浙商证券金花北路证券营业部	陕西	西安	3864.8	1583.8	4.0	0.0	0.0	2277.0
中原证券中华路证券营业部	河南	安阳	3864.6	3450.8	21.9	0.0	0.5	391.3
江海证券有限河景丰路证券营业部	黑龙江	七台河	3864.1	3179.2	16.8	0.0	23.3	644.8
华安证券文峰路证券营业部	安徽	阜阳	3859.5	2432.6	20.2	0.0	0.3	1406.4
山西证券华龙路证券营业部	山东	济南	3856.2	2653.5	22.4	0.2	14.3	1165.9
国泰君安证券多斯证券营业部	内蒙	鄂尔多斯	3855.2	1597.6	1324.2	0.0	2.5	930.9

注：营业部交易金额的单位为百万元。

证券营业部交易
Trading of Business Department

营业部名称 Business Department	省份 Province	城市 City	总计 Total	股票 Share	基金 Fund	政府债 G-Bond	公司债 C-Bond	债券回购 Repo
广发证券遂溪证券营业部	广东	湛江	3851.9	2347.5	48.9	0.0	2.7	1452.8
信达证券坡头证券营业部	广东	湛江	3848.4	3229.5	7.9	0.0	1.8	609.2
信达证券振五街证券营业部	辽宁	丹东	3837.7	3230.1	37.2	22.6	29.0	518.9
中国中投证券吴川证券营业部	广东	湛江	3835.4	3405.2	17.0	0.0	0.6	412.6
诚浩证券宁山中路证券营业部	辽宁	沈阳	3835.2	2615.3	2.8	0.7	23.8	1192.6
西部证券北长安街证券营业部	陕西	西安	3832.1	3172.0	8.8	0.9	10.2	640.2
中信建投证券回龙观西大街证券营业部	北京	北京	3824.4	2587.7	37.1	0.0	15.1	1184.4
中邮证券高新大道证券营业部	陕西	宝鸡	3821.1	1487.2	42.4	0.0	0.1	2291.5
长江证券南浦路证券营业部	湖北	鄂州	3812.1	3666.7	110.9	0.0	0.5	34.0
国信证券浩特大学东街证券营业部	内蒙	呼和浩特	3812.0	3096.9	14.9	0.0	4.6	695.7
长江证券洪都中大道证券营业部	江西	南昌	3812.0	2550.3	257.1	0.1	10.8	993.7
华泰证券分公司	云南	昆明	3810.4	2336.5	39.9	0.0	18.5	1415.5
天源证券有限三一大道证券营业部	湖南	长沙	3802.8	2699.4	5.9	0.0	0.6	1096.9
华融证券太平桥路证券营业部	北京	北京	3800.5	3221.6	20.4	0.0	0.4	558.1
齐鲁证券有限费县证券营业部	山东	临沂	3798.6	3407.5	36.6	0.0	0.8	353.7
民生证券寺右一马路证券营业部	广东	广州	3798.4	431.3	0.7	0.0	0.0	3366.4
日信证券人民东路证券营业部	湖南	长沙	3791.0	2089.0	12.0	0.0	0.0	1689.9
恒泰证券平庄哈河街证券营业部	内蒙	赤峰	3786.5	3141.2	67.0	0.0	0.7	577.6
宏源证券工农北路证券营业部	江苏	南通	3780.1	1016.8	6.5	0.0	1.6	2755.2
国海证券北流市永安路证券营业部	广西	玉林	3778.7	3429.2	44.7	0.0	2.6	302.1
广发证券英德峰光路证券营业部	广东	英德	3776.5	3732.2	4.4	0.1	3.4	36.4
中原证券港建农路证券营业部	江苏	张家港	3774.6	3254.3	0.0	0.0	0.0	520.3
广发证券南雄新城证券营业部	广东	南雄	3769.0	3529.2	12.9	0.0	2.4	224.6
方正证券滨江通和路证券营业部	浙江	杭州	3759.9	2073.6	28.2	0.0	6.9	1651.2
民生证券福安大街证券营业部	天津	天津	3758.2	782.3	1.3	0.0	0.7	2973.9
万联证券五一东路证券营业部	湖南	衡阳	3752.9	3207.6	208.0	0.0	0.4	337.0
长江证券红黄路证券营业部	重庆	重庆	3746.4	3601.6	144.7	0.0	0.0	0.0
华福证券留安路证券营业部	福建	泉州	3740.6	2903.7	26.5	0.0	1.3	809.1
中国银河证券月塘街证券营业部	湖南	娄底	3735.9	2718.6	863.2	0.0	7.7	146.4
中国银河证券人民路证券营业部	甘肃	白银	3734.4	1793.1	1446.6	0.0	0.6	494.2
东海证券经七路证券营业部	河南	郑州	3732.1	2630.1	360.3	0.0	0.9	740.8
招商证券顺义仓上街证券营业部	北京	北京	3725.6	2753.4	17.0	0.1	1.3	953.8
新时代证券陆家嘴证券营业部	上海	上海	3723.5	3624.0	0.0	0.0	0.0	99.5
中银国际证券滨安定街证券营业部	黑龙江	哈尔滨	3719.8	3625.2	94.4	0.0	0.2	0.0
广发证券市四会大道证券营业部	广东	四会	3718.7	2576.5	16.4	0.0	0.2	1125.6
中国银河证券水仙大街证券营业部	福建	漳州	3715.8	2991.1	107.8	0.0	4.1	612.8
天风证券蓥峰北路证券营业部	四川	德阳	3715.2	2812.2	5.7	0.1	20.4	876.8
宏源证券天池南街证券营业部	新疆	阜康	3714.4	2626.5	9.0	0.0	0.0	1078.9
中国民族证券东风西路证券营业部	云南	昆明	3711.6	2574.3	19.3	0.0	1.0	1117.0
海通证券岫岩证券营业部	辽宁	鞍山	3710.1	2207.6	358.6	0.0	0.4	1143.5
中信建投证券广丰永丰大道证券营业部	江西	上饶	3710.1	3404.8	30.9	0.0	1.9	272.5
诚浩证券朝阳大街证券营业部	辽宁	朝阳	3709.0	2769.5	4.9	9.3	0.1	925.2
中国银河证券龙蟠中路证券营业部	江苏	南京	3708.9	1018.6	10.6	0.0	30.6	2649.1
中国银河证券襄阳路证券营业部	湖北	枣阳	3706.5	3232.4	5.0	0.0	0.6	468.5
湘财证券勒人民东路证券营业部	新疆	库尔勒	3700.1	2764.2	10.9	0.0	1.6	923.4
申银万国证券油城六路证券营业部	广东	茂名	3699.0	2242.4	12.6	0.0	0.0	1443.9
安信证券杨浦区殷行路证券营业部	上海	上海	3698.4	2567.1	0.0	0.0	0.1	1131.2
开源证券锦业路证券营业部	陕西	西安	3690.0	596.6	6.3	0.0	0.4	3086.6
东北证券双拥路证券营业部	广西	南宁	3689.0	2369.3	15.0	0.0	64.3	1240.4
国元证券顺德新桂北路证券营业部	广东	佛山	3688.1	2510.3	38.9	0.0	0.0	1138.8

注：营业部交易金额的单位为百万元。

证券营业部交易
Trading of Business Department

营业部名称 Business Department	省份 Province	城市 City	总计 Total	股票 Share	基金 Fund	政府债 G-Bond	公司债 C-Bond	债券回购 Repo
山西证券太行西路证券营业部	山西	长治	3686.7	3125.9	9.9	0.0	2.3	548.6
兴业证券会堂路证券营业部	福建	福州	3681.5	2229.1	5.8	0.0	3.4	1443.2
光大证券人民南路证券营业部	江苏	盐城	3677.0	2275.1	106.3	0.0	0.0	1295.5
国海证券港贵州路证券营业部	广西	防城港	3673.6	3298.5	23.1	0.0	0.8	351.3
第一创业证券创业证券公司青岛南京路证	山东	青岛	3673.3	1039.9	39.1	0.0	103.4	2490.9
华安证券和平路证券营业部	安徽	安庆	3667.4	3408.8	8.6	0.0	1.0	249.0
中信建投证券良乡拱辰南大街证券营业部	北京	北京	3666.5	1926.2	891.0	0.2	10.6	838.6
招商证券石城大道证券营业部	安徽	铜陵	3665.2	2955.7	2.1	0.0	5.3	702.2
中信建投证券蓉江西路证券营业部	江西	南康	3665.1	3206.6	8.2	0.0	7.3	443.0
财通证券新桥街证券营业部	浙江	衢州	3661.7	2531.2	7.0	0.0	0.2	1123.3
新时代证券庄联盟路证券营业部	河北	石家庄	3659.6	3216.3	87.9	0.0	25.6	329.9
东方证券奉贤区南亭公路证券营业部	上海	上海	3655.8	2743.6	2.6	0.0	8.2	901.4
东吴证券证券营业部	浙江	嘉兴	3653.6	2779.3	10.3	0.0	0.0	864.0
齐鲁证券有限大同路证券营业部	山东	济宁	3650.8	3267.8	25.6	5.1	17.2	335.1
信达证券朝阳路证券营业部	辽宁	凌源	3621.6	3238.5	9.2	0.0	2.0	371.9
申银万国证券建设路证券营业部	江苏	南通	3621.2	3255.5	16.6	0.0	2.9	346.2
长江证券乾坤大道证券营业部	湖北	孝感	3621.0	3561.3	59.7	0.0	0.1	0.0
平安证券民族大道证券营业部	广西	南宁	3621.0	2904.9	107.5	0.0	0.2	608.4
东兴证券蕉城北路证券营业部	福建	宁德	3619.0	3531.2	8.2	0.0	0.0	79.6
海通证券吴兴商城西路证券营业部	浙江	湖州	3616.8	3330.3	6.8	0.0	0.4	279.3
中原证券华兰大道证券营业部	河南	新乡	3613.9	2471.7	118.0	0.0	0.0	1024.2
东兴证券都江堰市迎宾路证券营业部	四川	成都	3612.5	3289.6	258.8	0.0	0.0	64.0
中信建投证券经二路证券营业部	陕西	宝鸡	3607.5	705.2	26.5	0.2	0.0	2875.6
西南证券春晖路证券营业部	重庆	重庆	3601.4	2406.3	2.8	0.0	2.2	1190.1
爱建证券深南中路证券营业部	深圳	深圳	3601.3	1379.6	594.2	0.0	17.3	1610.2
宏信证券红庙子证券营业部	四川	成都	3597.7	2403.2	2.7	0.0	2.9	1188.9
国泰君安证券钢铁街证券营业部	内蒙	赤峰	3595.2	3167.4	3.1	0.4	0.1	424.2
华创证券纪念塔证券营业部	贵州	贵阳	3594.7	1249.0	24.3	0.0	1.9	2319.5
方正证券吴宁东路证券营业部	浙江	东阳	3582.1	3338.2	0.9	0.0	0.2	242.8
方正证券金沙路证券营业部	湖南	浏阳	3582.0	1768.8	1.1	0.0	14.2	1797.9
方正证券兴源道证券营业部	河北	唐山	3576.4	2540.2	48.6	0.0	17.9	969.7
东北证券岭证券营业部	吉林	公主岭	3575.1	2289.0	737.1	0.0	0.1	548.9
财达证券黄骅迎宾大街证券营业部	河北	沧州	3565.7	2884.3	2.1	0.0	0.5	678.8
中国中投证券坪山和平路证券营业部	深圳	深圳	3562.6	3143.8	18.2	0.0	4.2	396.5
国联证券建新东路证券营业部	重庆	重庆	3560.6	1521.4	8.6	0.0	1.5	2029.0
爱建证券壁山证券营业部	重庆	重庆	3552.3	2899.9	2.9	0.0	7.7	641.8
太平洋证券运河西路证券营业部	江苏	扬州	3551.4	2121.5	25.4	0.0	2.9	1401.6
华福证券工农路证券营业部	福建	龙海	3547.1	3066.5	12.0	0.0	10.0	458.5
西部证券经十路证券营业部	山东	济南	3546.4	1025.5	93.7	0.0	15.1	2412.0
华安证券陋室西街证券营业部	安徽	巢湖	3544.9	1965.0	65.7	6.1	1349.0	159.1
长江证券乐乡大道证券营业部	湖北	松滋	3544.7	2417.7	59.2	0.1	2.7	1065.0
大通证券新城路证券营业部	辽宁	抚顺	3540.4	3032.2	0.5	0.0	5.6	502.1
中信证券新时代商业街证券营业部	安徽	芜湖	3539.7	2002.9	820.0	0.5	3.9	712.4
中国银河证券祁门路证券营业部	安徽	合肥	3537.8	2782.8	84.2	0.0	52.8	617.9
财达证券学院路证券营业部	河北	唐山	3535.7	1672.9	3.6	0.0	0.6	1858.7
长江证券宝洲路证券营业部	福建	泉州	3524.8	2266.9	273.4	0.0	1.9	982.6
财达证券安国药都北大街证券营业部	河北	保定	3511.6	2462.5	1.2	0.0	0.6	1047.4
世纪证券东乡恒安东路证券营业部	江西	抚州	3507.5	3076.8	1.8	0.0	0.5	428.4
众成证券经纪有限兴庆南路证券营业部	陕西	西安	3506.7	2514.0	11.4	0.0	0.9	980.4
华福证券建设南路证券营业部	福建	泉州	3503.3	2432.3	21.0	0.0	10.5	1039.6

注：营业部交易金额的单位为百万元。

证券营业部交易
Trading of Business Department

营业部名称 Business Department	省份 Province	城市 City	总计 Total	股票 Share	基金 Fund	政府债 G-Bond	公司债 C-Bond	债券回购 Repo
渤海证券柳霞路证券营业部	天津	天津	3500.6	2892.5	7.2	0.0	0.1	600.8
渤海证券津沽路证券营业部	天津	天津	3500.2	2849.1	2.1	0.0	1.7	647.2
华安证券三曹路证券营业部	安徽	亳州	3491.7	3201.8	7.4	0.0	0.4	282.1
中信建投证券黔江证券营业部	重庆	重庆	3479.8	3280.0	35.9	0.0	0.8	163.2
国信证券市中华北路证券营业部	贵州	贵阳	3478.2	1105.5	8.9	0.0	0.8	2363.0
五矿证券有限民心路证券营业部	浙江	杭州	3477.9	1753.4	10.8	0.0	1.4	1712.4
中信建投证券顺德大良证券营业部	广东	佛山	3473.3	1604.8	221.3	0.0	65.6	1581.5
东吴证券港锦丰镇证券营业部	江苏	张家港	3472.1	2204.9	8.9	0.0	0.7	1257.6
方正证券彩虹北路证券营业部	浙江	宁波	3472.1	1574.7	0.7	0.0	0.7	1895.9
财富证券武冈陶侃路证券营业部	湖南	邵阳	3469.4	3405.1	18.7	0.0	5.7	39.9
华鑫证券多斯天骄南路证券营业部	内蒙	鄂尔多斯	3467.8	340.5	0.0	0.0	0.0	3127.3
中信证券(山东)太平东路证券营业部	山东	济宁	3466.7	2575.7	109.4	0.0	3.1	778.6
中国中投证券龙泉中路证券营业部	安徽	合肥	3461.6	1964.7	37.2	0.0	2.5	1457.2
东莞证券新华南路证券营业部	广东	韶关	3456.2	1889.8	2.5	0.0	28.9	1535.0
恒泰证券临潢大街证券营业部	内蒙	赤峰	3452.8	3031.9	6.6	0.0	138.6	275.6
方正证券桑梅路证券营业部	湖南	湘潭	3451.2	3274.8	21.7	1.0	0.0	153.6
广发证券连州番禺路证券营业部	广东	清远	3448.2	3158.8	16.2	0.0	1.4	271.8
齐鲁证券有限石岛黄海中路证券营业部	山东	威海	3445.7	2204.4	134.3	0.0	17.7	1089.3
厦门证券有限东华街证券营业部	福建	晋江	3441.9	2603.1	258.3	0.0	0.5	580.0
财达证券泊头裕华中路证券营业部	河北	沧州	3440.9	1653.1	5.2	0.0	9.9	1772.6
中信证券（浙江）沧林路证券营业部	福建	厦门	3440.1	2238.4	133.0	0.0	0.2	1068.5
国泰君安证券香港路证券营业部	贵州	遵义	3439.3	2829.2	19.5	0.0	1.0	589.6
国联证券迎春大街证券营业部	山东	烟台	3438.7	2991.5	18.7	0.0	5.7	422.8
华安证券新建路证券营业部	山西	太原	3437.7	1616.5	34.0	0.0	0.0	1787.2
中国银河证券石景山路证券营业部	北京	北京	3429.5	1612.2	23.6	0.8	15.1	1777.8
华泰证券长平东路证券营业部	广东	汕头	3425.6	1297.7	1339.2	0.0	55.7	733.1
大同证券经纪柳泉路证券营业部	山东	淄博	3416.9	1893.0	195.4	0.0	1.2	1327.4
中信证券(山东)长城路证券营业部	山东	泰安	3406.6	1956.9	99.4	0.0	62.5	1287.8
联讯证券高凉中路证券营业部	广东	茂名	3394.1	1259.2	5.7	0.0	0.4	2128.9
国元证券芙蓉中路证券营业部	湖南	长沙	3388.3	3074.0	66.1	0.0	0.5	247.8
东吴证券龟山路证券营业部	深圳	深圳	3372.9	2651.0	71.5	0.0	1.8	648.6
恒泰证券里树林路证券营业部	内蒙	呼伦贝尔	3370.9	2429.4	11.0	0.0	0.1	930.4
中原证券庄新华路证券营业部	河北	石家庄	3365.2	1328.5	79.8	0.0	0.2	1956.8
广州证券南海大道证券营业部	广东	佛山	3365.2	2239.9	118.0	0.1	0.9	1006.4
西部证券北新街证券营业部	陕西	商洛	3365.0	3156.5	11.1	0.3	0.2	196.9
齐鲁证券有限林运路证券营业部	山东	枣庄	3363.8	1772.7	268.3	0.0	0.5	1322.3
上海证券证券营业部	上海	上海	3352.4	2586.5	7.0	0.0	11.2	747.7
安信证券佛冈证券营业部	广东	清远	3349.9	2695.8	138.0	0.0	3.6	512.5
东吴证券真州西路证券营业部	江苏	仪征	3347.2	2515.9	16.8	0.0	7.2	807.3
光大证券武宜北路证券营业部	江苏	常州	3346.6	1245.5	1156.9	0.0	13.6	930.6
申银万国证券丽文大道证券营业部	湖北	黄冈	3345.6	3023.0	35.3	0.0	1.4	285.9
众成证券经纪有限文化路证券营业部	河南	郑州	3345.3	2697.3	18.4	0.0	6.5	623.1
华创证券水钟山中路证券营业部	贵州	六盘水	3344.6	3160.4	18.4	0.1	1.3	164.3
东北证券口证券营业部	吉林	梅河口	3343.8	2481.0	9.3	0.0	0.3	853.3
华泰证券国庆西路证券营业部	江苏	泰州	3326.0	1691.8	1366.7	0.0	4.2	263.3
海通证券建国街证券营业部	甘肃	武威	3325.1	3008.1	15.6	0.0	1.7	299.6
山西证券朝阳大街证券营业部	河北	沧州	3320.1	2368.7	68.4	1.9	10.6	870.5
齐鲁证券有限海河路证券营业部	山东	烟台	3318.6	2126.6	175.2	0.0	17.4	999.4
金元证券爱华路证券营业部	海南	琼海	3313.9	679.5	5.9	0.0	0.0	2628.5
财达证券岛关城南路证券营业部	河北	秦皇岛	3313.8	2293.1	330.8	0.0	1.1	688.8

注：营业部交易金额的单位为百万元。

证券营业部交易
Trading of Business Department

营业部名称 Business Department	省份 Province	城市 City	总计 Total	股票 Share	基金 Fund	政府债 G-Bond	公司债 C-Bond	债券回购 Repo
大通证券南京路证券营业部	江苏	新沂	3313.1	2499.1	4.0	0.0	44.9	765.2
渤海证券津滨大道证券营业部	天津	天津	3311.0	881.2	7.3	0.0	0.0	2422.5
中银国际证券城门头路证券营业部	广东	佛山	3308.0	1472.5	2.4	0.0	2.9	1830.2
东北证券建设街证券营业部	吉林	松原	3307.0	2366.1	157.7	0.0	1.1	782.1
国元证券十字街证券营业部	安徽	巢湖	3306.3	3233.0	0.6	0.0	10.8	61.8
华泰证券睢宁中山南路证券营业部	江苏	徐州	3302.8	2049.6	950.4	0.0	0.6	302.2
东方证券黄浦区中山南路第一证券营业部	上海	上海	3301.0	1699.9	1.0	0.0	98.1	1502.0
国联证券北京东路证券营业部	江西	南昌	3300.5	2892.3	12.7	0.0	2.0	393.5
万联证券解放大道证券营业部	湖南	衡阳	3298.2	2547.9	266.1	0.0	0.2	484.0
国海证券济安街证券营业部	山东	济南	3294.5	2376.6	15.5	0.0	0.4	902.0
民生证券东流路证券营业部	安徽	合肥	3289.9	1386.3	1.7	0.0	0.0	1901.8
中原证券西韩愈大街证券营业部	河南	焦作	3287.6	2355.3	20.1	0.0	0.5	911.7
广发证券解放中路证券营业部	河南	焦作	3286.4	2048.6	110.1	0.0	0.6	1127.2
中信证券(山东)青岛路证券营业部	山东	青岛	3285.9	1964.6	517.8	0.0	0.0	803.6
江海证券有限东风路证券营业部	黑龙江	鸡西	3285.1	1490.0	1.9	0.0	0.0	1793.2
华西证券富顺钟秀街证券营业部	四川	自贡	3283.0	2809.9	22.1	0.0	1.5	449.5
中邮证券西环路证券营业部	陕西	汉中	3282.0	2526.3	0.1	0.0	13.6	741.9
海通证券达奇人民路证券营业部	黑龙江	加格达奇	3276.7	2779.1	12.2	0.0	5.8	479.6
天风证券李白大道证券营业部	四川	绵阳	3268.7	2334.0	1.4	0.8	8.5	924.0
日信证券天陈路证券营业部	重庆	重庆	3265.1	2505.3	1.3	0.0	0.1	758.4
国盛证券凤凰大道证券营业部	江西	赣州	3263.8	2922.2	0.9	0.0	0.2	340.6
信达证券桥交通街证券营业部	辽宁	大石桥	3260.5	2839.5	7.4	0.3	4.6	408.8
中国银河证券木昆仑南路证券营业部	青海	格尔木	3258.3	3081.3	9.5	0.0	0.4	167.1
华西证券龙南路证券营业部	四川	泸州	3257.1	1965.2	18.3	0.0	0.2	1273.4
广发证券店雪松大道证券营业部	河南	驻马店	3251.9	2870.8	35.5	0.0	0.3	345.3
兴业证券大亭路证券营业部	福建	漳州	3248.3	1526.8	3.8	0.0	0.1	1717.6
海通证券深南大道证券营业部	深圳	深圳	3243.4	3066.1	109.4	0.0	4.2	63.7
华安证券牌楼中路证券营业部	安徽	巢湖	3232.2	2823.0	46.8	0.0	0.9	361.5
中信证券丰管路证券营业部	北京	北京	3229.8	2411.9	14.1	0.0	4.5	799.3
东海证券华夏路证券营业部	河南	偃师	3224.6	2612.3	25.5	0.0	0.6	586.2
齐鲁证券有限证券有限公司潍坊昌乐新昌路证券营业部	山东	潍坊	3214.5	1404.6	12.9	0.0	0.1	1797.0
财达证券万庄友好街证券营业部	河北	廊坊	3210.1	2297.7	72.4	0.1	4.9	835.0
宏信证券嘉州大道证券营业部	四川	乐山	3207.4	2304.0	0.5	2.1	66.6	834.2
红塔证券北京路证券营业部	云南	昆明	3205.3	2158.0	41.5	0.0	0.1	1005.7
长城证券南新西道证券营业部	河北	唐山	3199.8	1447.6	0.8	0.0	0.3	1751.1
西部证券东岗东路证券营业部	甘肃	兰州	3195.9	1688.9	0.0	0.0	0.0	1507.0
国泰君安证券静海县胜利北路证券营业部	天津	天津	3193.2	2673.0	0.5	0.0	0.1	519.6
中银国际证券滨湖新区证券营业部	安徽	合肥	3190.6	1081.7	45.1	0.1	5.4	2058.4
宏源证券马鞍山路证券营业部	安徽	合肥	3186.3	2322.4	55.2	0.3	8.1	800.4
金元证券金垦路证券营业部	海南	海口	3183.1	535.2	1.1	0.0	0.1	2646.7
诚浩证券崇山东路证券营业部	辽宁	沈阳	3182.8	2042.6	6.2	7.2	0.9	1125.9
华泰证券涟水红日大道证券营业部	江苏	淮安	3180.4	1110.7	1486.9	0.0	0.8	582.1
渤海证券双塔西街证券营业部	山西	太原	3174.3	2006.6	3.6	0.0	76.1	1088.1
安信证券洪湖东路证券营业部	重庆	重庆	3174.3	2423.4	95.9	0.0	0.3	654.7
中国中投证券民权路证券营业部	河南	信阳	3171.9	2089.1	642.8	0.0	0.0	440.0
民生证券大里路证券营业部	河北	唐山	3170.7	2227.0	2.6	0.0	0.2	940.9
西部证券兴平证券营业部	陕西	咸阳	3168.7	2655.6	3.5	0.0	0.1	509.5
方正证券洞口桔城路证券营业部	湖南	邵阳	3165.7	3141.7	10.3	0.0	0.7	13.1
海通证券红旗大道证券营业部	江西	赣州	3165.1	2254.7	12.7	0.0	2.5	895.2
民生证券人民西路证券营业部	河南	漯河	3163.9	2217.3	4.9	0.0	5.3	936.4

注：营业部交易金额的单位为百万元。

证券营业部交易
Trading of Business Department

营业部名称 Business Department	省份 Province	城市 City	总计 Total	股票 Share	基金 Fund	政府债 G-Bond	公司债 C-Bond	债券回购 Repo
财达证券武安中兴路证券营业部	河北	邯郸	3163.1	2189.2	5.0	0.0	1.0	967.9
厦门证券有限沧虹路证券营业部	福建	厦门	3161.2	1825.5	184.4	0.0	3.3	1148.0
西部证券人民东路证券营业部	陕西	咸阳	3157.8	2360.6	3.2	0.0	0.8	793.3
广发证券新冶大道证券营业部	湖北	大冶	3157.6	2837.3	14.6	0.0	13.6	292.1
浙商证券明珠路证券营业部	浙江	杭州	3157.5	2002.3	11.0	0.0	4.3	1139.9
太平洋证券振兴街证券营业部	云南	宣威	3157.2	2727.3	128.2	0.1	0.1	301.5
广发证券三乡证券营业部	广东	中山	3151.8	2657.3	18.0	0.0	4.4	472.1
东莞证券证券有限责任公司海城永安路证券营业部	辽宁	海城	3146.2	1389.4	31.1	0.0	0.1	1725.6
国元证券园林路证券营业部	安徽	天长	3146.1	3013.6	67.4	0.0	0.7	64.4
中信证券(山东)石桥路证券营业部	山东	青岛	3142.0	1223.1	664.2	0.0	0.1	1254.7
广发证券市龙岩大道证券营业部	福建	龙岩	3141.7	792.0	192.9	0.0	2135.0	21.8
中航证券有限证券有限公司柳州三中路证券营业部	广西	柳州	3141.2	1428.4	5.9	0.0	0.4	1706.5
大同证券经纪迎宾西街证券营业部	山西	晋中	3139.0	1326.5	21.7	0.0	1.3	1789.5
广发证券花都紫薇路证券营业部	广东	广州	3134.6	2563.6	110.8	0.0	0.0	460.2
中信建投证券恒山路证券营业部	江苏	宿迁	3133.8	1574.5	39.1	0.0	0.0	1520.2
光大证券西湖东路证券营业部	江苏	宿迁	3131.7	271.8	2789.7	0.0	0.0	70.2
中信建投证券时代花园南路证券营业部	北京	北京	3128.3	2114.1	28.2	0.0	0.0	986.0
广发证券朝阳大街证券营业部	辽宁	辽阳	3127.5	2621.2	1.0	0.6	1.6	503.1
方正证券溆浦警予东路证券营业部	湖南	怀化	3126.9	2586.3	7.7	0.0	3.4	529.6
南京证券骥江路证券营业部	江苏	泰州	3125.7	2382.3	14.6	0.0	0.2	728.6
太平洋证券东岳大街证券营业部	山东	泰安	3125.3	2350.3	44.6	0.0	0.1	730.4
中国银河证券荷花中路证券营业部	浙江	衢州	3123.7	2340.9	168.4	0.0	0.0	614.4
方正证券环城西路证券营业部	浙江	舟山	3117.8	893.6	1.2	0.0	0.0	2223.0
华安证券景贤街证券营业部	安徽	宣城	3113.1	2408.5	13.3	0.0	0.0	691.3
华安证券高新区证券营业部	安徽	合肥	3103.5	420.1	0.0	0.0	0.7	2682.8
长江证券迎春西路证券营业部	江苏	泰州	3101.9	3014.8	87.1	0.0	0.0	0.0
长城证券珠峰大道证券营业部	广东	珠海	3101.3	386.2	1.2	0.0	0.0	2714.0
国泰君安证券长江南路证券营业部	湖南	株洲	3082.8	3047.8	6.7	1.4	2.2	24.7
中原证券峡六峰路证券营业部	河南	三门峡	3079.3	2558.5	19.9	0.1	11.8	489.0
兴业证券中山街证券营业部	福建	泉州	3078.6	2289.2	24.4	0.0	0.0	765.0
国盛证券福马路证券营业部	福建	福州	3076.8	1960.0	2.7	0.0	0.2	1113.9
财达证券曹妃甸证券营业部	河北	唐山	3070.8	1386.9	2.8	0.1	0.1	1680.9
中信建投证券中山路证券营业部	江西	瑞金	3069.8	3012.7	23.7	0.0	0.3	33.1
浙商证券西山东路证券营业部	浙江	温州	3067.5	2527.8	7.7	0.0	0.0	532.1
山西证券河东大道证券营业部	山西	永济	3067.0	2235.2	75.5	0.0	0.4	755.9
国信证券分公司	浙江	杭州	3062.3	2121.5	10.2	0.0	0.0	930.6
中原证券车站北路证券营业部	湖南	长沙	3057.9	1938.0	14.2	0.0	0.1	1105.6
国泰君安证券忠县证券营业部	重庆	重庆	3057.3	2634.9	11.5	0.0	2.4	408.5
红塔证券金源大道证券营业部	云南	昆明	3056.6	2036.3	26.1	0.0	2.0	992.2
财达证券沙河温泉街证券营业部	河北	邢台	3053.7	2828.2	5.6	0.2	4.1	215.6
浙商证券南市街证券营业部	浙江	衢州	3047.3	2162.7	2.1	0.0	0.0	882.5
中国中投证券北府路证券营业部	江苏	镇江	3032.6	2025.8	232.4	0.0	4.5	769.9
财达证券开平新苑路证券营业部	河北	唐山	3032.1	1579.6	1.4	0.0	0.4	1450.7
申银万国证券利民西路证券营业部	安徽	芜湖	3021.7	1896.8	53.0	0.0	1.9	1070.0
中国银河证券虹桥北路证券营业部	江苏	江阴	3018.5	532.5	262.0	0.0	0.0	2224.0
海通证券中山西路证券营业部	江苏	镇江	3018.5	1604.7	7.9	0.0	1.8	1404.2
西藏同信证券东方路证券营业部	山东	潍坊	3016.7	1706.9	128.1	0.0	0.0	1181.7
方正证券华侨城证券营业部	深圳	深圳	3015.9	1434.1	2.3	0.0	0.0	1579.5
大同证券经纪刺桐路证券营业部	福建	泉州	3014.2	1609.5	22.5	0.0	2.1	1380.2
东莞证券观海北路证券营业部	广东	湛江	3011.3	2213.7	22.3	0.0	1.1	774.1

注：营业部交易金额的单位为百万元。

证券营业部交易
Trading of Business Department

营业部名称 Business Department	省份 Province	城市 City	总计 Total	股票 Share	基金 Fund	政府债 G-Bond	公司债 C-Bond	债券回购 Repo
国泰君安证券纳溪区云溪东路证券营业部	四川	泸州	3005.8	2276.9	8.9	0.1	1.3	718.6
大通证券开发区金马路证券营业部	辽宁	大连	2997.1	2483.9	1.9	0.0	0.0	511.4
中信建投证券怀柔府前街证券营业部	北京	北京	2996.9	1850.8	9.4	0.0	0.7	1136.0
浙商证券长松路证券营业部	浙江	丽水	2995.5	2649.0	0.0	0.0	2.9	343.6
太平洋证券水西门街证券营业部	山西	太原	2986.8	1975.4	38.0	0.0	0.0	973.4
中信建投证券建设东路证券营业部	江西	萍乡	2986.2	2020.7	36.9	0.0	8.4	920.2
华安证券庄青园街证券营业部	河北	石家庄	2981.6	2131.2	31.2	0.0	14.3	804.9
海通证券桂中大道证券营业部	广西	柳州	2980.4	2418.7	46.7	0.0	6.8	508.3
长江证券河北大道证券营业部	湖北	赤壁	2980.3	1968.0	6.9	0.0	12.8	992.7
浙商证券桃浦路证券营业部	上海	上海	2979.2	1868.3	0.0	0.0	0.2	1110.6
西南证券南川河滨南路证券营业部	重庆	重庆	2978.1	2847.6	15.7	0.0	4.0	110.8
国泰君安证券十里大道证券营业部	江西	九江	2977.1	2553.5	6.4	0.0	17.0	400.1
银泰证券顺城大街证券营业部	四川	成都	2974.3	1719.4	0.5	0.0	0.1	1254.3
长江证券北京中路证券营业部	宁夏	银川	2972.2	1786.1	4.3	0.0	0.0	1181.8
东吴证券星湖街证券营业部	江苏	苏州	2964.8	1751.6	2.2	0.0	24.7	1186.3
天风证券轻机大道证券营业部	湖北	荆门	2963.1	1940.9	176.9	0.0	0.0	845.3
财达证券瑞安路证券营业部	河北	保定	2957.3	1391.1	0.3	0.0	0.0	1565.8
信达证券岛龙湾大街证券营业部	辽宁	葫芦岛	2955.4	2348.4	4.4	0.0	2.2	600.4
广发证券广场路证券营业部	广西	柳州	2953.1	1897.6	52.0	0.0	1.6	1001.9
兴业证券双塔寺街证券营业部	山西	太原	2952.7	1677.7	55.1	0.0	3.6	1216.3
财达证券古冶京山道证券营业部	河北	唐山	2944.1	2430.6	15.9	0.1	11.5	486.1
长江证券蔡甸大街证券营业部	湖北	武汉	2940.3	2330.1	71.3	0.0	0.2	538.7
财富证券界回龙路证券营业部	湖南	张家界	2940.2	2699.7	0.6	0.0	6.5	233.4
宏源证券人民大道中证券营业部	广东	湛江	2939.5	1583.1	26.4	0.0	2.7	1327.4
中信证券科园大道证券营业部	广西	南宁	2936.5	917.8	128.7	0.0	0.2	1889.8
浙商证券骡马市大街证券营业部	北京	北京	2930.6	2052.1	6.6	0.0	6.8	865.1
国元证券青山南路证券营业部	江西	南昌	2920.9	1234.6	7.7	0.0	4.6	1674.0
平安证券红谷中大道证券营业部	江西	南昌	2919.0	2421.0	0.1	0.0	0.6	497.3
宏源证券木齐古牧地中路证券营业部	新疆	乌鲁木齐	2914.8	2663.3	7.0	0.2	0.2	244.1
国信证券嘉陵区耀目路证券营业部	四川	南充	2911.7	2275.2	9.2	0.1	9.2	618.0
民生证券珞瑜路证券营业部	湖北	武汉	2907.5	966.8	0.5	0.0	0.0	1940.3
华西证券沙湾石龙街证券营业部	四川	乐山	2894.0	2696.3	16.1	0.0	0.4	181.1
方正证券靖州渠阳中路证券营业部	湖南	怀化	2891.1	2635.3	3.8	0.0	6.3	245.7
国泰君安证券中山西路证券营业部	浙江	嘉兴	2890.5	1929.5	87.6	0.0	74.2	799.2
广发证券南海竹基南路证券营业部	广东	佛山	2888.6	2057.8	14.7	0.0	6.5	809.6
国海证券凭祥市北环路证券营业部	广西	凭祥	2886.9	2321.3	64.2	0.0	61.1	440.3
中国银河证券番禺南郊路证券营业部	广东	广州	2881.6	1300.0	209.2	0.2	7.3	1365.1
山西证券汾酒厂证券营业部	山西	吕梁	2870.8	2490.2	11.4	0.0	0.1	369.1
大通证券恒祥北大街证券营业部	河北	保定	2869.1	1984.6	3.2	1.1	0.0	880.3
国海证券建新北路证券营业部	重庆	重庆	2864.9	1793.2	287.8	0.0	0.0	783.8
光大证券番禺环城东路证券营业部	广东	广州	2861.1	2290.9	14.2	0.0	0.9	555.1
华融证券木齐石化总厂证券营业部	新疆	乌鲁木齐	2859.8	1810.8	5.2	0.1	1.3	1042.5
财富证券万芙路证券营业部	湖南	长沙	2859.8	1884.0	6.3	0.0	3.2	966.3
渤海证券北站路证券营业部	辽宁	沈阳	2859.1	2019.1	4.8	0.1	0.1	835.0
浙商证券芹南路证券营业部	浙江	衢州	2855.1	2307.6	6.0	0.0	0.0	541.5
宏源证券红城湖路证券营业部	海南	海口	2854.6	2304.1	25.7	0.0	0.0	524.9
方正证券衡阳西路证券营业部	广西	南宁	2848.5	2070.5	8.4	0.0	2.1	767.5
第一创业证券东流路证券营业部	安徽	合肥	2848.4	1329.0	16.0	0.0	126.4	1377.0
兴业证券文山北路证券营业部	福建	福州	2847.0	2011.4	37.4	0.0	0.0	798.2
恒泰证券多斯薛家湾准格尔路证券营业部	内蒙	鄂尔多斯	2846.9	1850.9	17.2	0.0	0.0	978.8

注：营业部交易金额的单位为百万元。

证券营业部交易
Trading of Business Department

营业部名称 Business Department	省份 Province	城市 City	总计 Total	股票 Share	基金 Fund	政府债 G-Bond	公司债 C-Bond	债券回购 Repo
华泰证券碧涢路证券营业部	湖北	安陆	2845.0	1712.9	1016.3	0.0	46.1	69.7
招商证券亚泰大街证券营业部	吉林	长春	2843.6	2133.3	6.7	0.0	3.9	699.7
方正证券巾山东路证券营业部	浙江	台州	2843.0	2446.4	1.9	0.0	0.2	394.4
华西证券广厦路证券营业部	四川	资阳	2839.9	2522.1	16.1	1.4	2.9	297.4
国金证券蒲江县杪椤路证券营业部	四川	成都	2839.9	2724.0	30.8	0.0	0.1	85.0
五矿证券有限证券有限公司杭州市心北路证券营业部	浙江	杭州	2836.0	2268.2	16.2	0.0	0.0	551.6
日信证券庐山路证券营业部	江苏	南京	2830.0	469.5	0.1	0.0	0.0	2360.4
海通证券汴河路证券营业部	安徽	宿州	2826.9	2808.4	0.0	0.0	3.0	15.5
国联证券中山北路证券营业部	江苏	徐州	2826.2	1436.3	2.5	0.0	0.0	1387.4
万联证券香港中路证券营业部	山东	青岛	2813.0	820.5	0.2	0.0	0.0	1992.2
长江证券民族大道证券营业部	广西	南宁	2805.1	1633.1	47.0	0.0	2.0	1123.1
民生证券大东路证券营业部	辽宁	沈阳	2801.6	2068.0	2.1	0.0	0.0	731.5
日信证券浩特兴安北大路证券营业部	内蒙	乌兰浩特	2800.5	1832.8	5.0	0.0	9.4	953.4
国泰君安证券凤台西街证券营业部	山西	晋城	2800.1	2112.5	22.1	0.0	6.3	659.2
国泰君安证券巫山证券营业部	重庆	重庆	2798.7	2625.7	5.8	0.0	2.6	164.6
浙商证券大光路证券营业部	江苏	南京	2791.4	1805.1	7.4	0.0	0.2	978.7
国都证券南昌路证券营业部	河南	洛阳	2785.5	2316.8	15.0	0.0	11.0	442.6
华创证券宁波路证券营业部	贵州	凯里	2780.7	2437.5	44.3	2.5	12.1	284.4
海通证券浩特新华东街证券营业部	内蒙	呼和浩特	2776.8	678.9	0.0	0.0	0.0	2097.9
国海证券容县兴容街证券营业部	广西	玉林	2775.0	2591.3	25.1	0.0	1.0	157.7
华安证券桃溪路证券营业部	安徽	六安	2773.7	2519.3	7.2	0.3	8.2	238.7
华福证券和平中路证券营业部	福建	龙岩	2764.3	2564.5	11.9	0.0	1.5	186.4
东海证券祥福路证券营业部	福建	厦门	2763.9	2076.2	34.9	0.0	0.3	652.6
华宝证券解放大道证券营业部	湖北	武汉	2757.9	1266.7	606.9	0.1	78.1	806.2
东吴证券黄山路证券营业部	安徽	合肥	2756.5	1729.6	6.6	0.0	6.2	1014.1
华创证券广惠路证券营业部	贵州	都匀	2755.1	2595.5	7.4	0.0	0.4	151.9
长城证券德政路证券营业部	广东	汕头	2751.9	2067.0	16.0	0.0	0.0	668.9
信达证券健康路证券营业部	辽宁	辽阳	2748.3	1553.7	25.0	0.0	12.7	1157.0
湘财证券建设路证券营业部	湖南	岳阳	2744.5	1789.2	844.8	0.0	0.4	110.2
诚浩证券和平路证券营业部	辽宁	锦州	2731.2	1856.4	0.5	0.0	23.3	851.0
齐鲁证券有限振兴东路证券营业部	山东	日照	2730.6	2449.8	151.0	0.0	1.1	128.7
南京证券江洲南路证券营业部	江苏	镇江	2729.6	2583.0	54.4	0.0	10.9	81.3
世纪证券安义前进大道证券营业部	江西	南昌	2728.2	2338.5	1.9	0.0	3.7	384.1
南京证券正源南街证券营业部	宁夏	银川	2727.8	1975.8	16.1	0.0	0.0	735.9
东方证券松江区新松江路证券营业部	上海	上海	2726.7	1258.4	0.2	0.0	624.7	843.4
东海证券君山中路证券营业部	河南	洛阳	2725.6	2364.3	1.9	0.0	0.0	359.4
华创证券龙山一路证券营业部	重庆	重庆	2721.9	1272.8	284.9	0.4	2.2	1161.7
齐鲁证券有限证券有限公司大连开发区金马路证券营业部	辽宁	大连	2712.6	2059.5	40.7	0.0	35.3	577.2
中银国际证券真金路证券营业部	上海	上海	2707.6	1635.8	4.0	736.2	7.0	324.6
华创证券北京路证券营业部	贵州	兴义	2704.2	2541.4	2.8	0.0	3.7	156.4
海通证券人民路证券营业部	辽宁	盘锦	2699.8	2062.9	22.5	0.1	372.0	242.3
长江证券长江大道证券营业部	湖北	宜都	2698.7	1682.7	10.6	0.0	0.0	1005.3
齐鲁证券有限开发区第三大街证券营业部	天津	天津	2698.2	1774.8	1.7	0.0	2.3	919.5
海通证券体育场路证券营业部	河南	洛阳	2695.7	2138.1	22.6	0.0	10.7	524.3
万联证券芝山路证券营业部	湖南	永州	2690.7	2016.4	298.6	0.0	0.3	375.4
国泰君安证券阳关中路证券营业部	甘肃	敦煌	2690.3	2617.2	49.3	0.0	0.1	23.6
华安证券英贤街证券营业部	山东	济南	2689.6	2216.7	69.5	0.0	6.9	396.5
国泰君安证券人民路证券营业部	海南	琼海	2686.1	2491.6	9.3	0.0	0.5	184.7
万和证券证券经纪有限公司广州中山大道西证券营	广东	广州	2682.9	1758.4	13.1	0.0	3.4	908.0
光大证券南一环路证券营业部	安徽	合肥	2681.4	1902.7	20.0	0.0	6.8	752.0

注：营业部交易金额的单位为百万元。

证券营业部交易
Trading of Business Department

营业部名称 Business Department	省份 Province	城市 City	总计 Total	股票 Share	基金 Fund	政府债 G-Bond	公司债 C-Bond	债券回购 Repo
海通证券温江区杨柳东路证券营业部	四川	成都	2677.8	2409.7	11.5	0.0	7.3	249.4
海通证券宝源路证券营业部	深圳	深圳	2675.7	585.9	4.0	0.0	0.0	2085.8
众成证券经纪有限文艺路营业部	辽宁	沈阳	2672.9	1597.1	3.3	0.0	0.1	1072.5
华泰证券滨港路证券营业部	浙江	舟山	2671.3	1345.2	64.7	0.0	0.4	1261.0
华西证券江新河街证券营业部	四川	成都	2665.2	1808.8	113.9	0.0	22.4	720.2
齐鲁证券有限兴安路证券营业部	山东	潍坊	2663.8	2080.5	7.1	0.1	1.0	575.1
申银万国证券云路街证券营业部	山西	太原	2663.7	1760.7	111.2	0.0	13.8	778.1
中信建投证券北大街证券营业部	青海	西宁	2661.1	745.7	2.9	0.0	0.0	1912.5
光大证券中山中路证券营业部	广西	桂林	2659.4	2466.6	43.7	0.0	0.0	149.1
大通证券北二路证券营业部	广西	来宾	2655.9	2486.4	7.6	0.0	0.7	161.1
齐鲁证券有限圣岚路证券营业部	山东	日照	2654.8	1679.7	811.8	0.0	2.7	160.7
广州证券冈州大道证券营业部	广东	江门	2654.0	1416.0	55.2	0.0	70.0	1112.8
光大证券碚峡西路证券营业部	重庆	重庆	2641.4	1438.5	61.5	0.0	0.0	1141.4
中航证券有限解放东路证券营业部	辽宁	鞍山	2634.7	1248.3	1.1	0.0	0.0	1385.3
兴业证券樵湖二路证券营业部	湖北	宜昌	2634.5	1376.2	3.1	0.0	0.0	1255.2
五矿证券有限八一七中路证券营业部	福建	福州	2634.2	2136.0	0.9	0.0	0.0	497.3
天源证券有限七一路证券营业部	青海	西宁	2617.8	1622.2	2.5	0.0	0.1	993.0
信达证券东港路证券营业部	辽宁	东港	2616.6	1712.8	170.7	0.0	1.0	732.1
财达证券岛昌黎学院路证券营业部	河北	秦皇岛	2615.2	2050.5	38.6	0.0	1.7	524.4
日信证券长江西路证券营业部	上海	上海	2609.7	1152.7	5.7	0.0	0.2	1451.1
天源证券有限庄河市新华路证券营业部	辽宁	大连	2605.0	2244.6	12.2	0.0	0.1	348.1
东莞证券证券有限责任公司徐州淮海西路证券营业	江苏	徐州	2604.5	2166.5	5.7	0.0	0.1	432.1
江海证券有限山西平行路证券营业部	黑龙江	双鸭山	2598.1	1733.9	0.8	0.0	0.0	863.4
华泰证券铜山同昌街证券营业部	江苏	徐州	2594.7	1347.6	690.1	0.0	0.0	557.0
东莞证券西平北路证券营业部	广东	阳江	2593.8	1874.8	14.5	0.0	0.3	704.3
招商证券市北海大道证券营业部	广西	北海	2593.5	1984.4	45.0	0.0	3.2	560.8
长城证券五四路证券营业部	福建	福州	2589.8	396.6	0.6	0.0	0.0	2192.7
西部证券临潼证券营业部	陕西	西安	2589.3	2045.9	2.9	0.1	98.2	442.2
华泰证券淮阴北京东路证券营业部	江苏	淮安	2588.5	972.2	1280.5	0.0	5.9	329.9
广发证券暨东路证券营业部	浙江	诸暨	2585.1	1564.4	112.1	0.0	29.7	878.9
海通证券泰山南路证券营业部	山东	枣庄	2582.3	2188.4	26.4	0.0	1.7	365.8
广发证券塘厦证券营业部	广东	东莞	2581.3	1855.7	42.8	0.0	0.0	682.9
国泰君安证券滨江东路证券营业部	江西	九江	2580.3	2164.4	1.9	0.0	0.3	413.7
宏源证券吐哈石油证券营业部	新疆	哈密	2573.4	2426.1	13.0	0.0	3.7	130.6
浙商证券文溪南路证券营业部	浙江	金华	2572.6	2000.5	1.1	0.0	0.1	570.9
西南证券合川希尔安大道证券营业部	重庆	合川	2567.8	1777.1	3.4	0.0	0.0	787.3
兴业证券滇池路证券营业部	云南	昆明	2565.6	1709.1	10.3	0.9	2.1	843.3
中信证券(山东)向阳路证券营业部	山东	安丘	2564.3	1108.9	11.2	0.0	0.0	1444.2
华创证券塔山西路证券营业部	贵州	安顺	2564.2	2343.3	7.4	0.0	1.3	212.3
广发证券前进东路证券营业部	江苏	苏州	2560.8	2202.5	8.6	0.0	0.0	349.7
中国民族证券朗州路证券营业部	湖南	常德	2557.3	2486.8	2.8	0.0	0.0	67.7
红塔证券深南中路证券营业部	深圳	深圳	2554.2	1468.5	4.4	0.0	5.0	1076.3
南京证券燕鸽湖证券营业部	宁夏	银川	2553.1	2108.5	6.8	0.0	3.1	434.7
中国银河证券并州南路证券营业部	山西	太原	2545.0	1574.9	52.7	0.0	4.9	912.5
国开证券南滨河路证券营业部	北京	北京	2543.2	683.1	43.6	0.0	31.2	1785.2
渤海证券金砂路证券营业部	广东	汕头	2539.3	466.8	32.4	0.0	0.1	2040.0
申银万国证券丰泽街证券营业部	福建	泉州	2535.2	1611.2	227.3	0.0	0.9	695.8
华泰证券江新华路证券营业部	黑龙江	牡丹江	2533.1	700.1	1487.4	0.0	0.0	345.6
中国银河证券黄山南路证券营业部	江苏	镇江	2530.1	931.9	4.8	0.0	0.1	1593.4
西藏同信证券宝洲路证券营业部	福建	泉州	2529.5	2209.5	25.1	0.0	0.0	294.8

注：营业部交易金额的单位为百万元。

证券营业部交易
Trading of Business Department

营业部名称 Business Department	省份 Province	城市 City	总计 Total	股票 Share	基金 Fund	政府债 G-Bond	公司债 C-Bond	债券回购 Repo
兴业证券浩特鄂尔多斯路证券营业部	内蒙	呼和浩特	2527.3	1670.2	1.9	0.0	0.7	854.5
信达证券红旗大街证券营业部	辽宁	盖州	2512.4	2252.4	23.6	0.1	5.3	230.9
海通证券普宁新河东路证券营业部	广东	揭阳	2504.6	2025.5	63.7	0.0	0.0	415.4
华泰证券九龙大道证券营业部	福建	漳州	2504.3	618.5	1322.7	0.0	0.0	563.1
广发证券康城大道证券营业部	广东	肇庆	2504.1	1870.3	12.0	0.0	0.7	621.1
国联证券海秀路证券营业部	深圳	深圳	2504.0	766.7	0.0	0.0	6.4	1730.9
东北证券证券营业部	吉林	珲春	2499.9	1331.4	19.2	0.0	0.2	1149.2
光大证券前进西路证券营业部	江苏	昆山	2486.4	2176.2	0.5	0.0	0.2	309.5
华安证券涂山路证券营业部	安徽	蚌埠	2483.2	1630.5	5.4	0.0	0.0	847.2
财富证券清泉街证券营业部	湖南	娄底	2481.8	2213.6	5.0	0.0	1.0	262.2
宏源证券番文化路证券营业部	新疆	吐鲁番	2479.4	2178.7	12.8	0.0	0.0	287.9
太平洋证券市景洪宣慰大道证券营业部	云南	景洪	2478.8	1586.6	35.4	0.0	0.1	856.6
宏源证券天山东路证券营业部	新疆	阿克苏	2477.5	1081.8	2.5	0.0	0.3	1393.0
天源证券有限西关大街第二证券营业部	青海	西宁	2477.1	2158.9	2.7	0.0	0.5	315.0
国海证券龙首北路证券营业部	陕西	西安	2474.6	1410.5	21.4	0.0	122.5	920.3
恒泰证券浩特团结大街证券营业部	内蒙	锡林浩特	2466.2	2326.1	79.3	0.0	1.6	59.2
西藏同信证券东三路证券营业部	山东	东营	2452.2	1557.7	0.2	0.0	0.0	894.3
大同证券经纪解放大道证券营业部	湖南	衡阳	2452.2	1274.7	165.9	0.0	0.1	1011.5
海通证券江东宁繁荣街证券营业部	黑龙江	牡丹江	2445.4	1777.7	56.0	0.0	1.5	610.3
华安证券槟榔道证券营业部	深圳	深圳	2433.1	936.2	0.0	0.0	1.0	1495.9
齐鲁证券有限朐山路证券营业部	山东	潍坊	2429.5	1772.8	4.7	0.0	209.5	442.5
中信证券(山东)人民北路证券营业部	河南	南阳	2429.1	2209.9	24.2	0.0	11.3	183.7
财达证券峰峰滏源堤路证券营业部	河北	邯郸	2428.4	2065.3	11.0	0.0	0.1	352.0
财达证券霸州迎宾道证券营业部	河北	廊坊	2427.3	1633.6	118.9	0.0	0.1	674.8
海通证券斯保卫路证券营业部	黑龙江	佳木斯	2425.4	1160.4	10.1	0.1	1.3	1253.5
东海证券运河东路证券营业部	江苏	无锡	2422.9	1487.8	0.8	0.0	0.8	933.6
华西证券长安东路证券营业部	四川	西昌	2422.0	1613.2	61.0	0.0	2.4	745.4
华安证券鸿基商城证券营业部	安徽	黄山	2418.7	2377.1	3.7	0.0	0.8	37.2
光大证券河南东路证券营业部	江苏	淮安	2415.9	588.2	695.4	0.0	0.0	1132.4
东莞证券大岭山证券营业部	广东	东莞	2412.1	1535.0	14.8	0.0	0.1	862.2
海通证券虎林红旗街证券营业部	黑龙江	鸡西	2411.4	1612.3	3.7	0.0	0.8	794.7
诚浩证券证券营业部	辽宁	营口	2406.2	1568.9	0.6	0.0	1.4	835.3
海通证券北安交通路证券营业部	黑龙江	黑河	2403.9	2077.9	88.7	0.0	0.1	237.2
国海证券平南县朝阳大街证券营业部	广西	贵港	2401.7	2137.9	152.3	0.0	0.1	111.4
广发证券沿江东路证券营业部	广东	河源	2399.7	2114.7	57.0	0.0	0.1	228.0
齐鲁证券有限天水路证券营业部	山东	潍坊	2396.8	1601.9	50.6	0.0	2.1	742.3
华龙证券永定东路证券营业部	甘肃	定西	2396.3	2382.0	2.9	0.0	0.0	11.5
国信证券木齐南湖东路证券营业部	新疆	乌鲁木齐	2393.5	1695.3	23.4	0.0	0.0	674.7
首创证券趵突泉北路证券营业部	山东	济南	2392.6	1311.5	1.7	0.0	0.0	1079.4
日信证券华强路证券营业部	广东	广州	2391.4	1480.6	57.6	0.0	228.6	624.7
兴业证券谷阳北路证券营业部	上海	松江	2386.0	808.9	1.1	0.0	1.0	1574.9
国元证券洪兴路江南摩尔证券营业部	浙江	嘉兴	2385.7	1993.9	94.8	0.0	0.2	296.8
红塔证券冼村路证券营业部	广东	广州	2385.0	1304.8	22.9	0.0	0.2	1057.2
中国银河证券车站街证券营业部	山西	临汾	2381.8	2144.2	16.0	0.0	0.5	221.1
中国中投证券西关大街新宁广场证券营业部	青海	西宁	2374.8	1986.3	9.4	0.0	0.0	379.1
中国中投证券供销路证券营业部	山东	济宁	2373.8	1570.1	8.4	0.0	5.0	790.3
广发证券文明一路证券营业部	广东	惠州	2372.8	1791.6	70.4	0.0	0.0	510.8
长江证券花园路证券营业部	山东	济南	2372.0	2243.7	66.2	0.0	6.2	55.9
南京证券证券营业部	宁夏	固原	2366.4	2300.6	7.9	0.0	0.0	57.9
东方证券青浦区公园东路证券营业部	上海	上海	2365.5	1712.4	16.4	0.0	0.0	636.7

注：营业部交易金额的单位为百万元。

证券营业部交易
Trading of Business Department

营业部名称 Business Department	省份 Province	城市 City	总计 Total	股票 Share	基金 Fund	政府债 G-Bond	公司债 C-Bond	债券回购 Repo
国泰君安证券解放西街证券营业部	宁夏	银川	2357.9	1795.2	13.0	0.3	9.0	540.5
申银万国证券中山大道证券营业部	四川	广汉	2357.0	1881.3	10.1	0.0	2.5	463.1
海通证券港绿园南路证券营业部	江苏	连云港	2349.8	171.6	2.1	0.0	0.0	2176.1
广发证券江城路证券营业部	湖北	荆州	2349.6	1996.3	3.5	0.0	0.7	349.1
广发证券振兴路证券营业部	云南	普洱	2348.9	2274.9	13.6	1.0	10.5	49.0
国联证券民族大道证券营业部	广西	南宁	2345.7	2156.1	1.3	0.0	0.4	188.0
宏源证券闽江路证券营业部	山东	青岛	2340.6	915.3	33.0	0.0	2.0	1390.3
中国银河证券银桦路证券营业部	重庆	重庆	2339.7	1623.3	354.3	0.0	0.6	361.5
国信证券揭东证券营业部	广东	揭东	2337.9	1658.1	2.8	0.0	0.0	676.9
信达证券朝阳路证券营业部	北京	北京	2337.7	816.2	0.3	0.0	9.5	1511.8
方正证券通朝大街证券营业部	北京	北京	2336.0	1304.0	60.7	0.0	63.2	908.0
中信证券（浙江）龙港大道证券营业部	浙江	温州	2329.9	1868.0	9.0	0.0	0.1	452.7
红塔证券麒麟南路证券营业部	云南	曲靖	2326.0	1554.8	647.8	0.0	1.3	122.2
东北证券德惠路证券营业部	吉林	德惠	2325.0	1987.9	0.8	0.0	0.0	336.3
华安证券云岭路证券营业部	安徽	宣城	2324.1	2002.5	4.9	0.0	2.9	313.8
中信证券港人民中路证券营业部	江苏	张家港	2319.9	1303.3	51.7	0.0	0.8	964.1
江海证券有限哈尔新华路证券营业部	黑龙江	齐齐哈尔	2317.7	1522.7	2.1	0.0	0.8	792.1
湘财证券青年大道证券营业部	湖南	郴州	2314.1	1633.5	1.8	0.0	2.8	676.0
民生证券松江路证券营业部	辽宁	大连	2314.1	1130.7	6.2	0.0	2.3	1174.8
国元证券金湾南翔路证券营业部	广东	珠海	2311.4	1510.9	87.1	0.0	1.8	711.6
南京证券东门大街证券营业部	江苏	常州	2310.8	1406.0	19.2	0.0	0.1	885.4
中国银河证券金柯桥大道证券营业部	浙江	绍兴	2310.0	1371.4	36.5	0.0	0.0	902.2
华福证券朝阳路证券营业部	福建	漳州	2308.3	1225.4	1.3	0.0	0.3	1081.3
中航证券有限天河北路证券营业部	广东	广州	2306.2	1911.4	4.5	0.0	22.7	367.6
国泰君安证券君子街证券营业部	浙江	宁波	2301.3	1769.8	36.8	0.0	6.8	488.0
国元证券解放南路证券营业部	江苏	盐城	2289.7	1515.7	1.3	0.0	0.0	772.7
东兴证券八二三东路证券营业部	福建	泉州	2287.4	2286.6	0.5	0.0	0.0	0.2
大同证券经纪新耿北街证券营业部	山西	河津	2284.2	814.5	40.5	0.0	34.1	1395.1
宏源证券新华路证券营业部	新疆	塔城	2284.1	2013.0	45.9	0.0	0.7	224.6
国金证券深南大道证券营业部	深圳	深圳	2281.4	1023.1	0.1	0.0	0.0	1258.2
广州证券东城中路证券营业部	广东	东莞	2281.1	1551.4	9.0	0.0	0.2	720.5
长江证券勒人民东路证券营业部	新疆	库尔勒	2280.4	1650.6	10.6	0.0	0.0	619.2
华安证券新河北路证券营业部	安徽	滁州	2280.0	1532.8	59.5	0.0	193.1	494.7
中信建投证券昌平昌崔路证券营业部	北京	北京	2278.7	1457.3	23.2	0.2	3.2	794.9
民生证券长乐东路证券营业部	陕西	西安	2272.5	1409.1	0.5	0.0	0.4	862.5
华创证券三元路证券营业部	上海	上海	2266.4	1543.9	2.9	0.0	0.1	719.6
长城证券德丰路证券营业部	上海	上海	2255.2	1294.6	2.6	0.1	0.1	957.8
华安证券振兴中路证券营业部	安徽	马鞍山	2254.0	2034.9	65.1	0.3	4.9	148.7
国泰君安证券人民路证券营业部	吉林	桦甸	2246.8	2007.7	13.1	0.1	3.4	222.5
财达证券三河迎宾南路证券营业部	河北	廊坊	2246.3	1748.9	5.9	0.0	10.5	480.9
东海证券建国东路证券营业部	江苏	徐州	2245.9	1584.8	12.5	0.0	4.6	644.1
长江证券宏达街证券营业部	天津	天津	2245.1	2097.1	148.1	0.0	0.0	0.0
华安证券滨河湾证券营业部	安徽	淮南	2244.2	2212.5	10.4	0.2	0.3	20.8
长江证券鼓楼南街证券营业部	天津	天津	2242.6	2107.3	135.3	0.0	0.1	0.0
招商证券荆中路证券营业部	湖北	荆州	2239.9	1836.6	6.2	0.0	0.9	396.2
中信证券(山东)沂源健康路证券营业部	山东	淄博	2239.8	764.6	1.3	0.0	0.0	1473.9
申银万国证券万年六零北大道证券营业部	江西	上饶	2231.2	2179.6	20.7	0.0	0.0	30.8
开源证券世纪大道证券营业部	陕西	咸阳	2227.5	1862.5	36.6	0.0	0.0	328.4
国海证券荔浦县荔柳路证券营业部	广西	桂林	2224.7	2175.9	2.8	0.0	1.6	44.4
中银国际证券花园街证券营业部	江苏	常州	2218.3	1288.4	0.2	0.0	1.0	928.7

注：营业部交易金额的单位为百万元。

证券营业部交易
Trading of Business Department

营业部名称 Business Department	省份 Province	城市 City	总计 Total	股票 Share	基金 Fund	政府债 G-Bond	公司债 C-Bond	债券回购 Repo
齐鲁证券有限东明证券营业部	山东	菏泽	2210.8	1609.9	4.6	0.0	0.1	596.2
华安证券西长安街证券营业部	陕西	西安	2209.5	1667.7	6.8	0.0	1.8	533.2
中国银河证券人民路证券营业部	云南	昆明	2208.9	2120.3	2.9	0.0	2.5	83.2
中国中投证券江东北路证券营业部	浙江	宁波	2207.6	1155.9	3.5	0.0	0.1	1048.1
中信证券(山东)行政街证券营业部	山东	禹城	2204.2	281.8	10.0	0.0	0.0	1912.4
联讯证券海滨大道证券营业部	广东	湛江	2202.7	1752.5	4.6	0.0	0.2	445.5
国金证券江东中路证券营业部	四川	南充	2201.6	1434.1	30.9	0.0	0.3	736.2
申银万国证券浩特兴安南路证券营业部	内蒙	呼和浩特	2197.6	1778.5	51.0	0.0	0.8	367.4
银泰证券胜利东路证券营业部	浙江	绍兴	2196.7	1752.7	0.1	0.0	0.0	443.9
广发证券东风一路证券营业部	广东	阳江	2196.6	1461.2	82.6	0.2	1.0	651.6
东莞证券道滘证券营业部	广东	东莞	2196.3	1432.1	3.2	0.0	1.9	759.2
华安证券禹王路证券营业部	安徽	蚌埠	2196.0	1944.0	5.5	0.2	1.0	245.4
华泰证券兴化长安中路证券营业部	江苏	兴化	2193.9	784.7	800.5	0.0	0.4	608.3
信达证券证券股份有限公司厦门分公司	福建	厦门	2181.7	1353.1	6.1	0.0	0.0	822.5
中国银河证券府前大街证券营业部	山东	东营	2181.3	371.2	0.0	0.0	0.0	1810.1
华泰证券平江天岳大道证券营业部	湖南	岳阳	2180.1	1268.6	810.5	0.0	0.3	100.7
华龙证券西大街证券营业部	甘肃	张掖	2176.1	1608.7	4.6	0.0	0.2	562.6
大同证券经纪解放北路证券营业部	江苏	徐州	2176.1	1649.0	5.7	0.0	0.8	520.5
海通证券新兴中路证券营业部	黑龙江	伊春	2172.3	1515.7	6.8	0.0	3.3	646.4
广发证券世纪大道证券营业部	陕西	咸阳	2171.0	1814.5	4.3	0.1	2.0	350.2
东吴证券海虞镇证券营业部	江苏	苏州	2165.9	1889.1	0.0	0.0	0.0	276.7
方正证券丽岙中路证券营业部	浙江	温州	2162.9	1734.7	0.1	0.0	3.6	424.5
国泰君安证券建设路营业部	甘肃	天水	2162.2	1975.5	1.6	0.0	0.7	184.5
安信证券郁南证券营业部	广东	云浮	2157.8	1882.6	127.2	0.0	1.7	146.3
渤海证券略阳证券营业部	陕西	汉中	2155.8	1967.2	3.2	0.0	0.3	185.1
平安证券金阳南路证券营业部	贵州	贵阳	2151.4	1884.4	14.8	0.0	0.2	252.0
长城证券中华南路证券营业部	贵州	贵阳	2150.0	2009.1	67.3	0.0	1.6	72.1
华安证券人民西路证券营业部	安徽	安庆	2148.7	2032.6	3.3	0.0	0.0	112.8
海通证券密山东安街证券营业部	黑龙江	鸡西	2142.8	1792.5	184.2	0.0	0.5	165.6
国泰君安证券滨尚志中央大街证券营业部	黑龙江	尚志	2141.3	1962.7	11.3	0.0	0.1	167.2
湘财证券团结路证券营业部	云南	水富	2133.4	1737.7	3.9	0.1	0.5	391.2
海通证券港东环路证券营业部	江苏	张家港	2124.3	404.8	1.5	0.0	0.0	1718.0
广发证券宏伟南路证券营业部	湖北	荆州	2123.1	1933.2	6.2	0.2	1.1	182.4
华泰证券延政中大道证券营业部	江苏	常州	2120.3	530.8	548.0	0.0	1.7	1039.9
万联证券东安龙溪路证券营业部	湖南	永州	2115.7	1954.2	27.5	0.0	6.6	127.4
华西证券镇宁路证券营业部	上海	上海	2115.6	1234.9	17.5	0.0	6.9	856.4
齐鲁证券有限宁阳证券营业部	山东	泰安	2112.1	1979.9	74.3	0.0	0.1	57.9
浙商证券解放东街证券营业部	浙江	丽水	2110.5	1431.1	0.2	0.0	24.7	654.5
国信证券枣园路证券营业部	陕西	延安	2110.3	1284.7	2.4	0.0	0.2	823.1
财达证券文安西环路证券营业部	河北	廊坊	2103.0	1329.1	3.9	0.0	0.0	770.0
中信证券（浙江）宝洲路证券营业部	福建	泉州	2097.1	1254.3	74.0	0.0	8.8	759.9
华泰证券宝安海秀路证券营业部	深圳	深圳	2092.9	628.2	2.9	0.0	291.3	1170.5
爱建证券一环东路证券营业部	广西	玉林	2092.0	1279.6	1.3	0.0	0.1	811.0
华西证券武胜宏武大道证券营业部	四川	广安	2091.6	1828.3	3.9	0.0	2.1	257.3
中信证券洪湖东路证券营业部	重庆	重庆	2090.3	100.0	1941.8	0.0	0.0	48.5
中信建投证券顺义站前街证券营业部	北京	北京	2084.8	1777.8	0.6	0.0	0.1	306.3
中信建投证券邛崃永丰路证券营业部	四川	邛崃	2083.2	1848.9	124.5	0.0	0.4	109.4
国都证券象山大道证券营业部	湖北	荆门	2081.7	393.6	1.1	0.0	0.0	1687.0
华泰证券句容华阳东路证券营业部	江苏	句容	2071.5	821.6	888.8	0.0	0.0	361.1
信达证券山市府路证券营业部	辽宁	调兵山	2069.4	1991.0	5.3	0.0	0.0	73.2

注：营业部交易金额的单位为百万元。

证券营业部交易
Trading of Business Department

营业部名称 Business Department	省份 Province	城市 City	总计 Total	股票 Share	基金 Fund	政府债 G-Bond	公司债 C-Bond	债券回购 Repo
西南证券长江中路证券营业部	安徽	合肥	2069.3	1668.6	48.5	0.0	2.5	349.8
长城证券西安大路证券营业部	吉林	长春	2068.6	1628.4	20.9	0.0	0.0	419.3
东莞证券证券有限责任公司北京黄村东大街证券营	北京	北京	2066.4	1697.1	0.9	0.0	40.7	327.7
新时代证券香港中路证券营业部	山东	青岛	2065.7	810.4	125.6	0.0	0.0	1129.7
天源证券有限滦南县中大街证券营业部	河北	唐山	2057.3	1605.8	2.3	0.0	0.0	449.2
财通证券仙居庆丰街证券营业部	浙江	台州	2056.9	1972.7	7.7	0.0	0.0	76.5
东北证券站前路证券营业部	吉林	九台	2055.2	2034.5	2.5	0.0	0.0	18.2
国信证券滨海新区黄海路证券营业部	天津	天津	2054.8	1373.3	16.7	0.0	5.6	659.3
德邦证券体育西路证券营业部	广东	广州	2054.5	1617.9	3.7	0.0	0.1	432.8
华西证券云阳证券营业部	重庆	重庆	2053.6	1996.0	11.1	0.0	0.0	46.4
海通证券自贸试验区分公司	上海	上海	2050.5	2.6	0.1	0.0	0.2	2047.6
东北证券利民路证券营业部	吉林	长春	2045.5	1794.7	5.6	0.0	0.0	245.3
首创证券金田路证券营业部	深圳	深圳	2043.5	378.8	0.0	0.0	0.0	1664.7
浙商证券生态大街证券营业部	吉林	长春	2036.4	1240.5	0.3	0.0	2.2	793.4
浙商证券中北大道证券营业部	天津	天津	2026.9	601.7	6.0	0.0	1.8	1417.5
东海证券五岭大道证券营业部	湖南	郴州	2024.9	1748.2	2.8	0.0	2.5	271.4
中原证券开元大道证券营业部	河南	洛阳	2021.4	1591.5	4.7	0.0	0.3	424.9
国泰君安证券奉节证券营业部	重庆	重庆	2020.6	1956.9	4.8	0.0	0.3	58.6
东海证券证券股份有限公司扬州文汇路证券营业部	江苏	扬州	2016.4	1554.1	37.6	0.0	0.5	424.2
华泰证券朝阳路证券营业部	湖北	孝感	2013.1	1611.2	337.9	0.0	13.4	50.6
国信证券荣乐东路证券营业部	上海	上海	2012.5	693.5	0.1	0.0	5.3	1313.6
中国银河证券汉津大道证券营业部	湖北	荆门	2011.0	1947.5	4.6	0.0	2.2	56.8
财富证券宁乡花明北路证券营业部	湖南	长沙	2003.5	1124.3	0.5	0.0	0.0	878.7
山西证券思源大道证券营业部	四川	广安	2003.5	1698.9	10.7	0.0	1.6	292.3
招商证券公园路证券营业部	湖北	十堰	2001.8	1526.8	11.3	0.0	0.2	463.6
齐鲁证券有限木齐南湖南路证券营业部	新疆	乌鲁木齐	2001.5	1362.1	3.9	0.0	0.0	635.4
国联证券港通灌北路证券营业部	江苏	连云港	2000.0	1580.9	23.8	0.0	0.0	395.3
安信证券三水道证券营业部	天津	天津	1999.4	1542.8	5.0	0.0	0.0	451.6
信达证券新华路证券营业部	辽宁	开原	1995.5	1612.0	12.6	0.6	0.1	370.1
东吴证券金贸西路证券营业部	海南	海口	1992.0	1188.9	65.5	0.0	0.0	737.6
中原证券红苏路证券营业部	河南	信阳	1990.7	1879.5	8.0	0.0	0.3	102.9
长城证券中山三路证券营业部	广东	广州	1989.9	1121.3	12.3	0.0	0.0	856.3
华泰证券高港金港南路证券营业部	江苏	泰州	1988.2	1047.0	890.1	0.0	0.4	50.7
东吴证券纬十二路证券营业部	山东	济南	1987.3	1879.1	0.8	0.0	40.0	67.5
长江证券淮海北路证券营业部	安徽	宿州	1982.3	1377.9	2.6	0.0	7.2	594.7
平安证券知春路证券营业部	北京	北京	1982.1	1463.6	23.5	0.0	8.4	486.6
金元证券番禺大道北证券营业部	广东	广州	1981.0	1193.5	0.0	0.0	0.0	787.4
国信证券城中路证券营业部	浙江	嵊州	1978.3	1899.5	3.6	0.0	9.3	65.9
财通证券开发大道证券营业部	浙江	宁波	1977.9	429.6	0.0	0.0	0.0	1548.3
信达证券辽河大街证券营业部	辽宁	新民	1976.4	1590.2	9.5	0.0	3.1	373.7
中信建投证券科技路证券营业部	陕西	西安	1973.5	588.9	2.4	0.0	0.3	1382.0
华安证券人民路证券营业部	安徽	阜阳	1970.8	1908.4	6.9	0.0	9.1	46.4
众成证券经纪有限华强路圣廷苑证券营业部	深圳	深圳	1968.7	214.1	0.6	0.0	0.0	1754.0
国盛证券五指山路证券营业部	海南	海口	1968.4	1084.7	21.8	0.0	0.0	861.9
财达证券神火大道证券营业部	河南	商丘	1966.4	1700.8	6.8	0.0	0.1	258.7
财达证券乐亭大钊路证券营业部	河北	唐山	1966.0	1806.4	8.7	0.0	2.8	148.0
东方证券金山区卫清西路证券营业部	上海	上海	1964.0	1346.8	5.8	0.0	0.7	610.7
安信证券宝安人民路证券营业部	深圳	深圳	1964.0	1690.4	15.6	0.0	7.8	250.2
山西证券英雄中路证券营业部	山西	汾阳	1962.4	1776.7	82.4	0.0	0.4	103.0
东海证券中山东路证券营业部	江苏	如皋	1957.9	1476.9	1.2	0.0	0.0	479.8

注：营业部交易金额的单位为百万元。

证券营业部交易
Trading of Business Department

营业部名称 Business Department	省份 Province	城市 City	总计 Total	股票 Share	基金 Fund	政府债 G-Bond	公司债 C-Bond	债券回购 Repo
日信证券海吉街证券营业部	内蒙	乌海	1957.6	618.5	5.4	0.0	0.0	1333.7
宏信证券雅宝路证券营业部	北京	北京	1956.5	1274.3	175.8	0.0	2.0	504.5
海通证券漓江路证券营业部	广西	桂林	1953.7	1280.7	312.2	0.0	0.0	360.8
国元证券青铜路证券营业部	安徽	芜湖	1951.9	1751.2	1.7	0.0	2.9	196.0
五矿证券有限龙城大道证券营业部	深圳	深圳	1946.4	1029.3	3.8	0.0	0.0	913.2
齐鲁证券有限广饶新城大道证券营业部	山东	东营	1943.5	1231.4	18.7	0.1	5.4	687.9
中信证券(山东)春城路证券营业部	山东	青岛	1939.9	1543.7	46.3	0.0	0.2	349.7
方正证券站前大道证券营业部	浙江	温州	1933.2	1759.3	5.0	0.0	0.1	168.8
中信证券（浙江）县后巷证券营业部	浙江	台州	1927.9	1268.7	0.5	0.0	0.0	658.6
恒泰证券浑江大街证券营业部	吉林	白山	1926.2	1249.8	21.2	0.0	0.2	655.0
华泰证券顺德新桂中路证券营业部	广东	佛山	1924.6	835.6	792.8	0.0	20.0	276.2
华安证券南大街证券营业部	安徽	宣城	1924.2	1876.6	3.6	0.0	0.1	43.9
万联证券科技路证券营业部	陕西	西安	1923.9	374.9	0.6	0.0	0.0	1548.4
浙商证券华庭街证券营业部	浙江	丽水	1916.2	1625.1	0.1	0.0	0.5	290.4
西部证券海关路证券营业部	广西	柳州	1914.7	1384.8	351.4	0.0	0.1	178.4
华福证券建设东街证券营业部	福建	三明	1914.4	1560.0	1.1	0.0	0.0	353.3
长江证券八一路证券营业部	湖北	黄冈	1910.3	1839.5	69.8	0.0	0.0	1.0
华泰证券北京北路证券营业部	江苏	宿迁	1908.0	1240.9	606.5	0.0	2.1	58.5
华泰证券延安中路证券营业部	贵州	贵阳	1907.5	1027.6	643.0	0.0	0.2	236.7
国海证券全州县中心北路证券营业部	广西	桂林	1906.0	1825.2	5.9	0.0	1.2	73.7
平安证券金瓯路证券营业部	浙江	金华	1903.5	1101.4	386.3	0.0	8.4	407.4
中国国际金融有限杨帆路证券营业部	浙江	宁波	1902.9	438.9	0.0	0.0	0.0	1464.0
财通证券新安东路证券营业部	浙江	杭州	1895.2	1031.8	5.3	0.0	0.0	858.2
方正证券东二路证券营业部	浙江	绍兴	1894.5	1303.3	0.7	0.0	0.0	590.5
方正证券人民北路证券营业部	湖南	吉首	1891.4	1795.5	1.4	0.0	0.9	93.7
招商证券山湖南西路证券营业部	安徽	马鞍山	1889.3	643.2	0.1	0.0	0.0	1246.0
海通证券西大街证券营业部	甘肃	庆阳	1886.1	1721.6	9.8	0.0	0.2	154.6
中信建投证券解放路证券营业部	陕西	安康	1885.8	1121.5	548.6	0.0	0.0	215.7
东方证券锦业路证券营业部	陕西	西安	1884.6	1130.8	0.3	0.0	9.8	743.7
招商证券宁安大街证券营业部	宁夏	银川	1881.0	1582.5	2.7	0.0	0.1	295.6
华福证券环中路证券营业部	福建	龙岩	1877.5	1619.7	7.8	0.0	1.6	248.5
山西证券五爱路证券营业部	江苏	无锡	1875.1	1171.3	15.5	0.0	1.1	687.2
国金证券资中县苌弘路证券营业部	四川	内江	1871.7	1025.1	68.2	0.0	19.3	759.1
山西证券康宁西街证券营业部	山西	太原	1870.7	1610.9	99.7	0.0	0.4	159.7
海通证券敬亭路证券营业部	安徽	宣城	1869.8	887.2	106.9	0.0	9.8	865.9
东海证券建军东路证券营业部	江苏	盐城	1869.5	403.8	103.6	0.0	0.0	1362.1
华西证券利州东路证券营业部	四川	广元	1865.6	1456.1	21.5	0.0	5.2	382.8
宏源证券泰文化路证券营业部	新疆	阿勒泰	1862.0	1694.6	12.6	0.0	0.0	154.8
平安证券滨中山路证券营业部	黑龙江	哈尔滨	1855.9	1374.0	6.5	0.0	1.5	473.9
宏信证券福华三路证券营业部	深圳	深圳	1854.5	550.2	0.0	0.0	0.9	1303.4
大通证券松江中路证券营业部	吉林	吉林	1853.3	1428.7	20.2	0.0	1.9	402.5
中信建投证券天荒坪路证券营业部	浙江	湖州	1849.0	1710.6	2.8	0.0	0.0	135.6
齐鲁证券有限证券有限公司临清红星路证券营业部	山东	临清	1847.3	1057.3	79.2	0.0	0.3	710.5
太平洋证券晓塘东路证券营业部	云南	安宁	1843.2	1482.4	25.8	0.0	6.8	328.2
东吴证券洋河一村证券营业部	重庆	重庆	1840.6	1411.1	1.7	0.0	0.0	427.8
浙商证券朝阳北大街证券营业部	河北	保定	1839.8	1674.7	0.2	0.0	0.0	165.0
中国银河证券利民西路证券营业部	安徽	芜湖	1839.0	875.3	14.4	0.0	16.6	932.7
山西证券友谊西街证券营业部	山西	高平	1832.4	772.6	2.2	0.0	0.3	1057.3
国开证券围堤道证券营业部	天津	天津	1832.0	790.5	0.7	0.0	1.3	1039.6
瑞银证券深南东路证券营业部	深圳	深圳	1831.9	605.9	20.6	8.2	14.5	1182.8

注：营业部交易金额的单位为百万元。

证券营业部交易
Trading of Business Department

营业部名称 Business Department	省份 Province	城市 City	总计 Total	股票 Share	基金 Fund	政府债 G-Bond	公司债 C-Bond	债券回购 Repo
海通证券悦来南路证券营业部	广东	中山	1829.3	966.8	0.7	0.0	0.2	861.7
中天证券友谊大街证券营业部	辽宁	朝阳	1829.2	1076.6	17.5	0.0	1.6	733.5
中信证券(山东)北海路证券营业部	山东	昌邑	1827.4	1406.7	64.5	0.0	1.3	354.9
广发证券青浦华青南路证券营业部	上海	上海	1823.1	806.1	22.0	0.0	6.6	988.4
华龙证券胜利街证券营业部	甘肃	武威	1821.3	1763.3	1.5	0.0	0.2	56.3
山西证券贺昌大街证券营业部	山西	吕梁	1812.6	1210.9	25.0	0.0	0.1	576.6
宏源证券新建长麦路证券营业部	江西	南昌	1809.8	1279.2	67.8	0.0	1.3	461.6
湘财证券中柬路证券营业部	广西	南宁	1806.9	911.4	121.1	0.0	0.1	774.4
中国中投证券分公司	四川	成都	1794.4	1304.6	24.8	0.0	87.4	377.6
兴业证券国民路证券营业部	福建	永安	1793.5	1424.8	12.8	0.0	0.3	355.6
中国银河证券富春路证券营业部	浙江	杭州	1787.1	1393.0	206.8	0.0	0.2	187.1
光大证券东关大街证券营业部	青海	西宁	1786.8	1390.1	3.6	0.0	0.3	392.8
财达证券三河泃阳西大街证券营业部	河北	廊坊	1783.8	1471.4	14.0	0.0	0.7	297.7
长城证券凤山路证券营业部	福建	厦门	1782.4	1342.8	12.0	0.0	0.1	427.5
华安证券舒台路证券营业部	安徽	安庆	1771.9	1684.2	70.6	0.0	0.1	17.0
海通证券红岗南路证券营业部	黑龙江	大庆	1766.0	1424.2	5.4	0.0	1.5	334.9
西部证券岐山证券营业部	陕西	宝鸡	1762.9	985.7	0.5	0.0	0.1	776.6
国盛证券济安路证券营业部	山东	济南	1762.1	980.9	206.2	0.0	0.2	574.8
华创证券北关路证券营业部	贵州	铜仁	1757.6	1690.0	0.7	0.0	0.1	66.8
联讯证券惠东平山证券营业部	广东	惠州	1755.3	978.5	0.5	0.0	0.2	776.1
财达证券福屿街证券营业部	福建	莆田	1752.4	1119.7	3.4	0.0	0.1	629.3
光大证券新添大道证券营业部	贵州	贵阳	1751.7	418.3	10.5	0.0	277.6	1045.3
开源证券顺德新宁路证券营业部	广东	顺德	1750.5	651.3	9.7	0.0	0.8	1088.7
东北证券江分公司	黑龙江	哈尔滨	1750.2	632.3	4.0	0.0	0.0	1113.9
第一创业证券笋岗东路证券营业部	深圳	深圳	1749.5	1056.6	64.6	0.0	5.3	623.0
山西证券长北漳泽东街证券营业部	山西	长治	1749.5	1594.0	3.7	0.1	0.1	151.6
财富证券银盆南路证券营业部	湖南	长沙	1743.3	891.0	0.2	0.0	0.0	852.2
广州证券中北路证券营业部	湖北	武汉	1742.6	1324.8	44.0	0.0	0.0	373.8
长城证券劳动路证券营业部	浙江	台州	1742.5	980.3	10.7	0.0	0.3	751.2
山西证券美锦北大街证券营业部	山西	太原	1739.0	1019.2	267.9	0.0	29.2	422.6
西部证券龙门大街证券营业部	陕西	韩城	1737.5	1508.4	2.4	0.0	3.0	223.8
华福证券罗星西路证券营业部	福建	福州	1735.7	1241.9	2.3	0.0	0.0	491.5
日信证券钢铁大街证券营业部	内蒙	包头	1735.1	576.1	0.2	0.0	1.6	1157.1
太平洋证券人民东路证券营业部	云南	普洱	1726.8	1461.9	22.5	0.4	0.1	242.0
华安证券巢湖中路证券营业部	安徽	合肥	1725.1	1674.7	1.2	0.0	1.0	48.2
国元证券金阳碧海南路证券营业部	贵州	贵阳	1722.2	1200.9	41.9	3.1	9.6	466.8
西部证券勉县证券营业部	陕西	汉中	1720.5	1626.7	2.5	0.0	2.1	89.3
西部证券常乐路证券营业部	陕西	榆林	1719.9	1599.4	1.9	0.0	0.2	118.5
申银万国证券航空路证券营业部	湖北	襄阳	1716.0	1692.9	2.2	0.0	0.5	20.4
财达证券庄新乐新华路证券营业部	河北	石家庄	1711.2	1311.2	1.3	0.0	0.1	398.7
长江证券白龙路证券营业部	云南	昆明	1710.5	724.7	30.2	0.0	0.0	955.6
安信证券高安高安大道证券营业部	江西	宜春	1700.3	663.9	28.5	0.0	0.0	1007.9
日信证券宝民路证券营业部	深圳	深圳	1698.9	1375.4	23.8	0.0	0.2	299.4
中银国际证券同志街证券营业部	吉林	长春	1698.0	1698.0	0.0	0.0	0.0	0.0
海通证券游仙证券营业部	四川	绵阳	1689.1	1458.8	15.0	0.0	2.8	212.5
宏源证券斯团结路证券营业部	新疆	昌吉	1688.8	1422.8	1.4	0.0	0.0	264.7
首创证券崇明中津桥路证券营业部	上海	上海	1687.8	379.5	1.0	0.0	0.0	1307.3
西部证券广阳道证券营业部	河北	廊坊	1686.0	1233.1	0.9	0.0	0.1	452.0
华西证券营山正西街证券营业部	四川	南充	1685.8	1538.9	32.5	0.0	0.3	114.1
华福证券为民路证券营业部	福建	莆田	1683.8	1519.5	0.8	0.0	2.5	161.0

注：营业部交易金额的单位为百万元。

证券营业部交易
Trading of Business Department

营业部名称 Business Department	省份 Province	城市 City	总计 Total	股票 Share	基金 Fund	政府债 G-Bond	公司债 C-Bond	债券回购 Repo
华安证券湖滨路证券营业部	安徽	安庆	1682.2	1535.0	34.9	0.1	0.6	111.7
广发证券厚街证券营业部	广东	东莞	1681.8	1133.8	92.3	0.0	0.2	455.5
中银国际证券未央路证券营业部	陕西	西安	1679.8	1660.3	19.5	0.0	0.0	0.0
国金证券岷江东路证券营业部	四川	德阳	1673.4	1280.8	2.9	0.0	0.4	389.4
西藏同信证券分公司	湖北	武汉	1670.5	802.2	1.7	0.0	0.0	866.6
东吴证券凤凰路证券营业部	海南	三亚	1669.2	1299.8	0.2	0.0	0.0	369.2
海通证券文化街证券营业部	广东	韶关	1665.4	1359.9	12.2	0.0	4.2	289.1
太平洋证券瓯江路证券营业部	浙江	温州	1663.3	1573.3	8.2	0.0	0.0	81.8
国泰君安证券分公司	上海	上海	1662.5	1662.5	0.0	0.0	0.0	0.0
方正证券丹溪大道证券营业部	浙江	兰溪	1662.1	1515.9	0.5	0.0	0.0	145.7
宏源证券新城路证券营业部	新疆	鄯善	1661.4	1422.6	12.0	0.0	0.2	226.7
东北证券小南街证券营业部	吉林	白山	1661.0	1454.8	170.8	0.0	0.1	35.3
银泰证券五四路证券营业部	福建	福州	1659.9	1583.3	0.0	0.0	0.0	76.5
中信证券张江园区证券营业部	上海	上海	1659.3	1199.7	0.7	0.0	0.0	458.9
中信证券（浙江）县七六路证券营业部	江西	上饶	1655.0	1166.2	30.2	0.0	0.2	458.3
华安证券木镇路证券营业部	安徽	池州	1653.2	1630.0	4.2	0.0	0.1	18.9
华泰证券花都迎宾大道证券营业部	广东	广州	1649.7	1278.7	17.7	0.0	7.0	346.4
华融证券证券股份有限公司南昌绿茵路证券营业部	江西	南昌	1649.1	817.9	70.8	0.0	2.1	758.3
长江证券新洲大街证券营业部	湖北	武汉	1648.1	1542.8	5.3	0.0	0.1	99.9
长城证券顺德容奇大道证券营业部	广东	佛山	1647.5	1327.2	32.4	0.0	25.6	262.3
联讯证券惠民南路证券营业部	广东	韶关	1645.9	1116.0	3.7	0.0	1.6	524.6
东莞证券寮步证券营业部	广东	东莞	1643.9	1450.2	1.8	0.0	1.4	190.5
光大证券锦山大街证券营业部	辽宁	丹东	1642.5	155.9	1222.9	0.0	0.2	263.5
山西证券迎新路证券营业部	山西	太原	1641.7	1267.2	96.3	0.0	0.0	278.2
海通证券滨呼兰北二道街证券营业部	黑龙江	哈尔滨	1641.2	1569.0	14.8	0.0	2.0	55.4
华福证券民主南路证券营业部	福建	南平	1638.6	1271.8	12.9	0.0	0.0	353.9
西部证券科技路证券营业部	陕西	西安	1633.4	1166.8	1.3	0.0	1.8	463.6
华融证券延安路证券营业部	浙江	杭州	1632.8	249.0	1.7	0.0	0.0	1382.1
爱建证券环城北路证券营业部	浙江	宁波	1630.8	1001.9	3.4	0.0	5.3	620.2
国信证券北京中路证券营业部	宁夏	银川	1627.6	1030.8	4.1	0.0	0.0	592.7
光大证券划龙桥路证券营业部	浙江	温州	1627.4	1244.9	4.2	0.0	1.5	376.9
光大证券宝岗大道证券营业部	广东	广州	1625.3	1236.7	5.7	0.0	0.0	382.9
西部证券杜化路证券营业部	陕西	渭南	1624.3	1098.4	0.2	0.0	1.7	524.0
信达证券本溪证券营业部	辽宁	本溪	1623.3	665.0	0.8	0.0	0.0	957.5
航天证券纪翟路证券营业部	上海	上海	1622.6	1160.5	3.5	0.0	0.3	458.3
海通证券北二环东路证券营业部	浙江	慈溪	1620.4	635.5	1.1	0.0	0.0	983.8
中航证券有限北湖中路证券营业部	江西	新余	1616.6	1301.7	8.6	0.0	0.1	306.2
国泰君安证券中央东路证券营业部	吉林	四平	1615.6	1396.2	5.7	0.0	1.8	211.9
国海证券兴安县三台路证券营业部	广西	桂林	1615.3	1569.3	3.1	0.2	0.8	42.1
华西证券南街证券营业部	四川	德阳	1613.6	958.1	24.5	0.0	2.2	628.9
海通证券安达北四道街证券营业部	黑龙江	绥化	1610.9	1273.2	271.4	0.0	0.1	66.2
国泰君安证券解放大道证券营业部	湖南	衡阳	1607.6	1526.9	3.8	0.0	49.4	27.6
开源证券兴平证券营业部	陕西	咸阳	1604.2	1306.0	1.2	0.0	0.0	297.0
恒泰证券善盟巴彦浩特吉兰泰路证券营业部	内蒙	阿拉善盟	1601.1	1558.6	13.0	0.0	0.0	29.5
山西证券新田路证券营业部	山西	侯马	1600.1	1533.0	10.8	0.0	0.4	56.0
国海证券临桂县人民路证券营业部	广西	桂林	1599.6	1494.8	7.1	0.0	5.7	92.0
东吴证券碧溪新区证券营业部	江苏	常熟	1594.6	1227.3	0.0	0.0	0.0	367.3
信达证券徐闻证券营业部	广东	湛江	1594.5	1554.8	4.9	0.2	0.6	34.1
华福证券西航路证券营业部	福建	福州	1593.4	1224.8	0.6	0.0	0.0	368.0
中国国际金融有限解放大道证券营业部	湖北	武汉	1592.4	468.2	9.9	0.0	0.0	1114.3

注：营业部交易金额的单位为百万元。

证券营业部交易
Trading of Business Department

营业部名称 Business Department	省份 Province	城市 City	总计 Total	股票 Share	基金 Fund	政府债 G-Bond	公司债 C-Bond	债券回购 Repo
中原证券嵩山路证券营业部	河南	郑州	1582.5	749.6	1.6	0.0	0.0	831.3
国信证券北滨河路证券营业部	甘肃	兰州	1580.3	1076.4	1.4	0.0	0.5	502.0
西部证券城固证券营业部	陕西	汉中	1573.4	1510.3	3.3	0.0	1.2	58.6
东吴证券迈化路证券营业部	江苏	南京	1572.0	971.2	3.2	0.0	0.1	597.5
中信证券河北街证券营业部	江苏	无锡	1570.0	322.8	0.4	0.0	0.0	1246.9
长城证券港海棠中路证券营业部	江苏	连云港	1563.3	1218.7	15.7	0.0	0.7	328.3
海通证券冉翁路证券营业部	云南	红河	1562.9	1256.8	2.9	0.0	0.0	303.2
长城证券玄武街证券营业部	山东	潍坊	1562.7	476.1	3.6	0.0	0.0	1082.9
平安证券外环北路证券营业部	江苏	南通	1561.8	1351.1	1.2	0.0	0.0	209.5
华安证券江滨中路证券营业部	浙江	金华	1556.8	1415.0	4.0	0.0	0.0	137.8
华福证券南山中路证券营业部	福建	泉州	1554.0	803.5	6.0	0.0	0.0	744.5
长城证券钱江路证券营业部	浙江	杭州	1553.6	1243.5	14.3	0.0	0.0	295.8
国联证券淄城路证券营业部	山东	淄博	1553.4	852.2	2.2	0.0	0.0	699.0
安信证券富水北路证券营业部	贵州	贵阳	1553.2	722.2	476.2	0.0	1.3	353.4
广发证券谷鸿大道证券营业部	海南	文昌	1553.2	1236.8	7.3	0.0	0.2	308.8
开源证券名人街证券营业部	陕西	商洛	1550.9	905.4	12.0	0.0	1.7	631.8
西部证券会展路证券营业部	陕西	杨凌	1550.5	1408.9	2.6	0.0	0.3	138.7
中邮证券学道门巷证券营业部	陕西	咸阳	1543.0	656.9	0.1	0.1	0.0	885.9
东吴证券分公司	上海	上海	1542.6	1498.7	8.3	0.0	1.9	33.7
财达证券岛峨眉山南路证券营业部	河北	秦皇岛	1541.2	1249.6	0.8	0.0	0.0	290.8
德邦证券南京西路证券营业部	上海	上海	1539.6	1193.3	6.8	0.0	0.0	339.5
国都证券西直门外大街证券营业部	北京	北京	1536.5	1224.9	4.8	0.0	3.4	303.3
长城证券浩特五塔寺东街证券营业部	内蒙	呼和浩特	1534.6	682.3	4.9	0.0	2.2	845.2
安信证券常平大道证券营业部	广东	东莞	1531.5	924.2	118.6	0.0	0.0	488.7
大同证券经纪友谊西街证券营业部	山西	高平	1529.8	527.8	6.1	0.0	0.2	995.7
宏源证券渠振兴街证券营业部	新疆	五家渠	1528.7	906.9	8.4	0.0	0.3	613.1
江海证券有限证券有限公司哈尔滨五常前进街证券营业部	黑龙江	哈尔滨	1526.3	969.8	8.8	0.0	10.8	536.8
华西证券荥经康宁路证券营业部	四川	雅安	1523.4	1106.1	1.0	0.0	0.3	416.0
东北证券丹江街证券营业部	吉林	长春	1521.0	1158.7	4.8	0.0	0.0	357.5
中信建投证券酒仙桥路证券营业部	北京	北京	1520.7	1514.2	0.0	0.0	1.2	5.3
华安证券相山路证券营业部	安徽	淮北	1519.8	1493.6	5.8	0.0	0.0	20.4
广发证券恩平证券营业部	广东	恩平	1516.3	1462.6	0.6	0.0	0.0	53.1
中信证券(山东)威海路证券营业部	山东	青岛	1510.6	681.2	68.8	0.2	0.2	760.2
山西证券秀水东街证券营业部	山西	阳泉	1509.0	1149.1	1.2	0.0	5.6	353.1
平安证券海滨大道证券营业部	广东	湛江	1508.4	1311.8	3.8	11.1	0.1	181.6
中国中投证券林廓西路证券营业部	西藏	拉萨	1505.8	1284.1	0.0	0.0	2.6	219.2
东方证券沪宜公路证券营业部	上海	上海	1505.0	702.8	28.1	0.0	0.0	774.1
国信证券罗湖人民南路证券营业部	深圳	深圳	1504.6	1488.9	1.7	0.0	0.0	14.0
安信证券嘉善施家南路证券营业部	浙江	嘉兴	1501.3	1167.8	14.0	0.0	0.1	319.4
华安证券凤河路证券营业部	安徽	宿州	1499.5	1307.1	3.6	0.0	167.7	21.2
国元证券龙眠中路证券营业部	安徽	桐城	1496.0	1387.3	1.6	0.0	0.3	106.7
浙商证券柳青南路证券营业部	浙江	温州	1495.8	1383.9	1.3	0.0	8.3	102.3
东吴证券中山路证券营业部	辽宁	大连	1495.4	1165.3	2.2	0.0	0.0	327.9
大同证券经纪八一街证券营业部	山西	吕梁	1494.0	885.4	4.1	0.1	0.3	604.2
申银万国证券龙门路证券营业部	湖北	宜城	1491.5	1432.6	33.3	0.0	0.2	25.5
太平洋证券光华东路证券营业部	云南	保山	1489.1	1318.4	12.2	0.6	0.0	158.0
广发证券新华路证券营业部	辽宁	朝阳	1486.8	1382.4	10.7	0.0	0.0	93.6
财通证券织里商城西路证券营业部	浙江	湖州	1483.5	751.2	0.1	0.0	0.0	732.2
开源证券大南街证券营业部	辽宁	沈阳	1483.1	1204.7	0.3	0.0	0.0	278.1
东海证券证券公司大连黄埔路证券营业部	辽宁	大连	1480.6	756.7	2.7	0.0	0.0	721.3

注：营业部交易金额的单位为百万元。

证券营业部交易
Trading of Business Department

营业部名称 Business Department	省份 Province	城市 City	总计 Total	股票 Share	基金 Fund	政府债 G-Bond	公司债 C-Bond	债券回购 Repo
浙商证券北城天街证券营业部	重庆	重庆	1480.1	1201.2	11.8	0.0	0.3	266.8
华泰证券长虹北路证券营业部	湖北	襄阳	1476.8	1010.7	163.5	0.0	5.7	296.9
光大证券金融一街证券营业部	江苏	无锡	1475.5	1251.3	27.9	0.0	0.1	196.2
国金证券证券股份有限公司攀枝花攀枝花大道证券	四川	攀枝花	1473.8	1050.5	323.0	0.0	0.0	100.3
海通证券江海林林海路证券营业部	黑龙江	海林	1468.8	1135.1	3.7	0.0	0.3	329.7
中银国际证券庄新华路证券营业部	河北	石家庄	1465.3	252.0	0.0	0.0	0.6	1212.7
广州证券古塔北路证券营业部	广东	肇庆	1463.3	1084.2	1.3	0.0	0.4	377.5
方正证券壶厅东路证券营业部	浙江	金华	1462.3	1360.7	3.0	0.0	0.0	98.6
山西证券长湖路证券营业部	广西	南宁	1455.8	1109.5	50.2	0.0	10.9	285.2
东莞证券证券有限责任公司德清武源街证券营业部	浙江	德清	1452.9	1253.9	0.8	0.0	1.3	196.9
西藏同信证券鸿雁街证券营业部	四川	达州	1449.8	1095.2	5.2	0.0	12.5	336.9
华安证券尧北路证券营业部	安徽	池州	1443.3	1301.4	3.6	0.0	0.1	138.2
中信证券嘉定证券营业部	上海	上海	1442.6	674.9	9.9	0.0	13.1	744.7
东海证券山阳路证券营业部	河南	焦作	1437.4	1118.1	2.4	0.0	0.3	316.5
宏信证券金堂县幸福路证券营业部	四川	成都	1430.2	1325.3	2.4	0.0	0.5	102.0
中国民族证券工农街证券营业部	吉林	通化	1429.5	1200.2	2.2	0.0	0.1	227.0
招商证券国贸大道证券营业部	海南	海口	1428.9	740.6	0.3	0.0	0.1	688.0
爱建证券朝阳门内大街证券营业部	北京	北京	1427.5	1067.2	9.7	0.0	0.1	350.5
长城证券中山四路证券营业部	广东	中山	1425.3	982.0	0.0	0.0	0.0	443.3
财通证券金陵北路证券营业部	浙江	湖州	1424.8	1170.5	0.3	0.0	6.7	247.4
恒泰证券石迎宾西街证券营业部	内蒙	呼伦贝尔	1423.8	1054.4	9.3	0.0	4.0	356.1
中国中投证券海油田证券营业部	甘肃	酒泉	1423.5	1325.3	15.7	0.0	0.3	82.2
中国银河证券福寿西街证券营业部	山东	潍坊	1422.9	989.6	21.0	0.0	0.1	412.2
华安证券九华南路证券营业部	安徽	芜湖	1421.6	1096.3	11.8	0.0	8.7	304.9
安信证券南溪区文化路证券营业部	四川	宜宾	1419.9	1275.2	7.8	0.0	0.2	136.7
广发证券南奉公路证券营业部	上海	上海	1407.7	190.8	5.8	0.0	0.0	1211.1
山西证券工业路证券营业部	河南	焦作	1404.5	1186.6	5.8	0.0	0.2	212.0
金元证券长安证券营业部	广东	东莞	1400.1	1026.1	11.5	0.0	38.3	324.2
齐鲁证券有限邹平黄山三路证券营业部	山东	滨州	1399.4	962.7	102.8	0.0	3.7	330.3
财达证券磁县朝阳北大街证券营业部	河北	邯郸	1398.9	980.3	2.7	0.0	0.0	415.9
国海证券中意一路证券营业部	湖南	长沙	1396.7	1207.7	13.1	0.0	0.0	175.9
方正证券厦禾路证券营业部	福建	厦门	1394.8	350.4	30.3	0.0	0.9	1013.2
首创证券嘉元路证券营业部	江苏	苏州	1394.4	803.6	0.7	0.0	40.2	549.9
东吴证券北京北路证券营业部	江苏	徐州	1390.9	524.3	0.7	0.0	9.2	856.8
中信建投证券湖滨西街证券营业部	甘肃	银川	1388.1	671.6	15.5	0.0	0.0	701.0
信达证券辽中证券营业部	辽宁	沈阳	1388.0	1123.9	0.4	0.0	0.0	263.6
国信证券德泰路证券营业部	福建	泉州	1387.0	1207.5	3.8	0.0	0.0	175.7
中航证券有限证券有限公司兰州庄浪西路证券营业部	甘肃	兰州	1385.8	791.6	1.1	0.0	0.0	593.0
厦门证券有限南山路证券营业部	福建	厦门	1384.9	881.0	61.2	0.0	0.0	442.6
华龙证券建设路证券营业部	甘肃	陇南	1384.8	1223.4	34.6	0.2	0.1	126.4
恒泰证券多斯达拉特旗证券营业部	内蒙	鄂尔多斯	1384.2	1196.4	59.9	0.0	0.0	127.8
海通证券滨双城昌盛街证券营业部	黑龙江	哈尔滨	1381.3	1343.6	2.8	0.0	0.0	34.9
日信证券里中苏街证券营业部	内蒙	满洲里	1381.0	726.6	1.1	0.0	0.8	652.6
红塔证券八一路证券营业部	湖南	长沙	1380.8	963.7	9.0	0.0	1.9	406.2
江海证券有限经十路证券营业部	山东	济南	1380.4	1163.3	35.8	0.0	0.0	181.2
江海证券有限奋斗街证券营业部	黑龙江	绥化	1380.3	1215.6	9.6	0.0	25.5	129.6
招商证券通亭街证券营业部	山东	潍坊	1376.3	1004.9	4.0	0.0	0.0	367.5
华福证券解放大街证券营业部	福建	福州	1375.6	809.7	0.3	0.0	0.0	565.6
浙商证券万盛北街证券营业部	浙江	金华	1375.1	1330.2	0.4	0.0	0.4	44.0
中信建投证券金融大街证券营业部	北京	北京	1374.1	1105.4	182.4	0.0	1.0	85.3

注：营业部交易金额的单位为百万元。

证券营业部交易
Trading of Business Department

营业部名称 Business Department	省份 Province	城市 City	总计 Total	股票 Share	基金 Fund	政府债 G-Bond	公司债 C-Bond	债券回购 Repo
恒泰证券解放东路证券营业部	吉林	吉林	1371.6	639.7	8.4	0.3	2.0	721.3
华泰证券五四西路证券营业部	青海	西宁	1371.4	121.3	1232.1	0.0	0.0	18.0
中国银河证券高淳宝塔路证券营业部	江苏	南京	1369.6	103.7	0.0	0.0	0.0	1265.9
中信建投证券丰泽街证券营业部	福建	泉州	1364.7	1031.3	31.3	0.0	0.8	301.3
宏源证券胜利路证券营业部	辽宁	鞍山	1361.4	752.2	0.6	0.0	0.0	608.7
金元证券银川西路证券营业部	山东	青岛	1359.8	109.6	0.0	0.0	0.0	1250.2
齐鲁证券有限干将西路证券营业部	江苏	苏州	1356.1	628.2	35.2	0.0	0.1	692.7
财达证券定州中山中路证券营业部	河北	保定	1352.8	1067.3	2.8	0.0	0.0	282.7
光大证券工农路证券营业部	江苏	南通	1350.8	448.3	4.4	0.0	0.4	897.7
海通证券戴家路证券营业部	湖南	邵阳	1350.7	845.8	373.3	0.0	0.0	131.5
方正证券顺河东街证券营业部	山东	济南	1349.7	503.4	3.8	0.0	0.0	842.5
长城证券南门街证券营业部	浙江	义乌	1345.9	626.5	5.5	0.0	0.0	713.8
华龙证券西大街证券营业部	甘肃	庆阳	1343.2	1325.0	0.5	0.0	0.0	17.7
方正证券县凤凰中路证券营业部	湖南	湘潭	1339.5	1124.2	1.4	0.0	7.4	206.5
中信建投证券太平桥路证券营业部	北京	北京	1338.8	881.5	9.4	0.0	1.6	446.3
安信证券宝安中心路证券营业部	深圳	深圳	1336.8	1183.0	20.8	0.0	0.0	133.0
华安证券广华南路证券营业部	广东	广州	1332.9	1079.8	12.7	0.0	0.0	240.4
大同证券经纪开发南路证券营业部	山西	朔州	1332.4	589.5	72.7	0.0	0.5	669.7
财达证券永年新洺路证券营业部	河北	邯郸	1332.1	817.8	25.6	0.0	0.0	488.7
中国银河证券友谊路证券营业部	广西	柳州	1330.6	335.0	181.5	0.0	3.7	810.5
德邦证券旺墩路证券营业部	江苏	苏州	1330.1	1241.6	0.1	0.0	0.0	88.5
南京证券普陀区桃浦路证券营业部	上海	上海	1328.6	490.8	0.3	0.0	0.0	837.5
华福证券建山路证券营业部	福建	三明	1325.7	1317.3	0.3	0.0	0.0	8.1
华西证券通州北苑南路证券营业部	北京	北京	1321.1	1095.7	17.8	0.0	0.7	206.9
南京证券竹溪大道证券营业部	广西	南宁	1318.4	989.2	38.4	0.0	0.1	290.7
海通证券东风路证券营业部	吉林	辽源	1316.3	1239.6	0.8	0.0	0.4	75.5
中山证券港园林南路证券营业部	江苏	苏州	1314.1	978.3	22.9	0.0	261.3	51.5
长城证券昌岗中路证券营业部	广东	广州	1313.8	556.2	5.3	0.0	0.0	752.3
信达证券体育南路证券营业部	山西	太原	1311.9	1050.0	1.4	0.0	0.0	260.6
中国银河证券康源路证券营业部	山西	晋中	1310.9	1157.6	11.5	0.4	0.3	141.1
光大证券鄞州集士港证券营业部	浙江	宁波	1310.9	637.6	198.8	0.0	0.0	474.5
江海证券有限铁力文化街证券营业部	黑龙江	伊春	1310.7	1181.9	12.5	0.0	0.2	116.1
上海证券路证券营业部	上海	上海	1307.5	1003.9	35.8	0.0	0.5	267.3
中信建投证券迎泽大街证券营业部	山西	太原	1307.5	923.6	20.8	0.0	0.0	363.1
中国银河证券东海路证券营业部	广东	江门	1298.5	494.0	1.3	0.0	2.5	800.7
天风证券长征路证券营业部	湖北	襄阳	1296.7	866.8	7.3	0.0	0.6	422.1
中国中投证券民主东路证券营业部	甘肃	兰州	1293.7	1105.2	92.2	0.0	0.0	96.3
齐鲁证券有限滨湖路证券营业部	广西	南宁	1291.1	1075.9	24.9	0.0	0.1	190.3
中原证券沁园南路证券营业部	河南	焦作	1286.9	1191.9	1.1	0.0	0.0	93.9
长江证券银城大道证券营业部	湖北	襄樊	1286.6	1107.1	12.7	0.0	27.8	139.0
江海证券有限南岔中经路证券营业部	黑龙江	伊春	1285.8	1223.8	3.2	0.0	0.0	58.8
华泰证券公园路证券营业部	湖北	利川	1283.5	1054.6	65.8	0.1	37.5	125.5
银泰证券学院北路证券营业部	河北	唐山	1283.4	924.1	5.7	0.0	0.6	353.0
首创证券日丽中路证券营业部	浙江	宁波	1282.8	1029.9	5.0	0.0	0.6	247.3
山西证券新营街证券营业部	山西	长治	1281.8	1064.7	17.1	0.0	2.3	197.7
长城证券澄江中路证券营业部	江苏	江阴	1280.1	195.5	331.1	0.0	1.3	752.2
海通证券氿滨南路证券营业部	江苏	宜兴	1279.2	1140.5	2.9	0.0	0.0	135.8
大通证券鹿寨县民生路证券营业部	广西	柳州	1278.7	1100.5	1.2	0.0	1.4	175.7
招商证券西宾路证券营业部	黑龙江	大庆	1277.9	675.9	8.3	0.0	0.0	593.6
中国银河证券东海大道证券营业部	安徽	蚌埠	1270.7	850.6	5.5	0.0	2.4	412.2

注：营业部交易金额的单位为百万元。

证券营业部交易
Trading of Business Department

营业部名称 Business Department	省份 Province	城市 City	总计 Total	股票 Share	基金 Fund	政府债 G-Bond	公司债 C-Bond	债券回购 Repo
天源证券有限雁滩路证券营业部	甘肃	兰州	1269.0	865.3	4.7	0.1	0.1	398.8
信达证券朝阳门证券营业部	北京	北京	1267.6	941.8	0.9	0.0	0.0	324.9
东兴证券惠工街证券营业部	辽宁	沈阳市	1266.4	532.1	147.0	0.0	139.3	448.0
广发证券顺德文海西路证券营业部	广东	佛山	1263.8	831.5	101.2	0.0	0.3	330.8
海通证券东大街证券营业部	甘肃	陇南	1262.7	1193.3	14.2	0.0	0.4	54.8
国信证券第一分公司	四川	成都	1261.3	451.2	1.9	0.0	0.0	808.3
中信证券东风中路证券营业部	河北	保定	1257.3	143.6	1050.6	0.0	0.0	63.2
广发证券中心街证券营业部	河北	衡水	1256.4	1095.2	16.9	0.0	0.2	144.1
联讯证券建设大道证券营业部	广东	河源	1254.8	937.3	11.0	0.0	0.3	306.2
国盛证券万家丽路证券营业部	湖南	长沙	1254.4	919.1	5.9	0.0	0.1	329.3
山西证券前进西街证券营业部	山西	忻州	1252.7	739.3	3.6	0.1	0.1	509.6
东吴证券常秀街证券营业部	浙江	嘉兴	1251.7	1160.3	1.5	0.0	0.0	89.9
华鑫证券十一经路证券营业部	天津	天津	1251.6	831.9	3.3	0.0	0.0	416.4
华创证券水钟山西路证券营业部	贵州	六盘水	1249.4	1035.4	1.2	0.0	3.3	209.6
新时代证券许继大道证券营业部	河南	许昌	1247.9	1154.1	21.2	0.0	1.4	71.2
太平洋证券南街证券营业部	云南	玉溪	1246.7	1097.5	17.4	0.0	0.6	131.2
江海证券有限滨哈平路证券营业部	黑龙江	哈尔滨	1245.4	733.4	2.5	0.0	1.3	508.2
五矿证券有限龙泉驿区北泉路证券营业部	四川	成都	1243.4	839.7	0.1	0.0	0.5	403.0
财通证券浦江人民东路证券营业部	浙江	金华	1238.5	1213.3	1.3	0.0	0.0	23.9
中国银河证券广州大道中证券营业部	广东	广州	1237.5	274.5	0.4	0.0	0.1	962.5
国盛证券大坪正街证券营业部	重庆	重庆	1237.4	940.3	0.0	0.0	0.0	297.1
华福证券兴浦路证券营业部	福建	南平	1237.4	1114.3	1.2	0.0	0.0	121.9
西部证券兴华西路证券营业部	山东	聊城	1234.3	131.5	1.2	0.0	0.4	1101.2
中国银河证券朝阳大街证券营业部	陕西	渭南	1233.3	860.4	39.0	0.0	35.4	298.6
华泰证券上清寺路证券营业部	重庆	重庆	1232.3	662.3	1.6	0.0	0.4	568.0
财达证券胜利东路证券营业部	河北	衡水	1225.0	884.1	9.1	0.0	4.1	327.8
金元证券安阳路证券营业部	浙江	温州	1224.2	1094.5	0.0	0.0	0.0	129.7
首创证券文二路证券营业部	浙江	杭州	1222.6	877.5	0.5	0.0	0.0	344.6
广发证券靖宇东路证券营业部	上海	上海	1220.2	739.3	2.8	0.0	0.2	477.9
中信建投证券吴航路证券营业部	福建	长乐	1219.1	960.2	22.1	0.0	0.1	236.7
华创证券乌当新添大道证券营业部	贵州	贵阳	1216.4	882.5	0.4	0.0	2.5	331.0
中原证券豫港大道证券营业部	河南	洛阳	1212.2	1088.7	1.7	0.0	24.4	97.4
广发证券怡华路证券营业部	广东	韶关	1207.6	833.8	10.4	0.0	0.4	363.1
西南证券潼南证券营业部	重庆	重庆	1205.7	1148.4	5.9	0.0	8.9	42.5
中信建投证券县前街证券营业部	浙江	金华	1199.9	996.1	0.0	0.0	0.0	203.8
西部证券安徽路证券营业部	河南	洛阳	1194.8	1025.6	6.0	0.0	0.0	163.1
南京证券民主北路证券营业部	江苏	徐州	1193.0	1020.5	0.6	0.0	0.1	171.9
财达证券滦县燕山北大街证券营业部	河北	唐山	1192.6	871.0	0.8	0.0	0.5	320.4
金元证券迎宾大道证券营业部	海南	三亚	1185.7	473.2	24.3	0.0	1.2	687.0
新时代证券西环路证券营业部	深圳	深圳	1183.5	910.8	7.4	0.0	2.2	263.1
开源证券神木证券营业部	陕西	榆林	1182.2	664.0	1.3	0.0	0.0	516.8
中国银河证券临淄大道证券营业部	山东	淄博	1177.6	964.7	4.3	0.0	1.9	206.7
银泰证券车站大道证券营业部	浙江	温州	1176.5	734.9	4.8	0.0	0.0	436.8
长城证券车站大道证券营业部	浙江	温州	1175.1	1137.4	8.9	0.0	0.0	28.8
华龙证券鸣山路证券营业部	甘肃	敦煌	1171.8	1149.5	0.5	0.0	2.7	19.1
光大证券柳泉路证券营业部	山东	淄博	1171.2	652.8	9.8	0.0	0.0	508.6
五矿证券有限中山三路证券营业部	重庆	重庆	1170.4	767.1	0.3	0.0	0.0	403.1
中国中投证券蓬溪映月街证券营业部	四川	遂宁	1167.1	1073.3	3.5	0.0	0.0	90.3
红塔证券朝阳北路证券营业部	云南	建水	1166.8	1090.8	0.2	0.0	3.4	72.4
太平洋证券天马路证券营业部	云南	蒙自	1162.8	975.5	60.5	0.0	0.0	126.8

注：营业部交易金额的单位为百万元。

证券营业部交易
Trading of Business Department

营业部名称 Business Department	省份 Province	城市 City	总计 Total	股票 Share	基金 Fund	政府债 G-Bond	公司债 C-Bond	债券回购 Repo
南京证券溧水中大街证券营业部	江苏	南京	1162.2	756.0	0.0	0.0	0.0	406.2
招商证券冬湖路证券营业部	广西	梧州	1160.0	939.3	3.0	0.0	8.1	209.6
中信建投证券余杭南大街证券营业部	浙江	杭州	1158.5	990.3	10.2	0.0	8.0	150.1
招商证券新开路证券营业部	辽宁	大连	1157.1	770.4	5.7	0.4	0.0	380.6
中原证券长江路证券营业部	河南	漯河	1155.0	1114.8	8.6	0.0	0.0	31.6
财达证券斯长安路证券营业部	黑龙江	佳木斯	1154.2	497.6	0.2	0.0	0.0	656.4
东兴证券分公司	新疆	乌鲁木齐	1152.0	866.1	0.1	0.0	0.0	285.8
财达证券斯富锦向阳路证券营业部	黑龙江	佳木斯	1149.6	1115.5	4.2	0.0	0.1	29.9
浙商证券黄河路证券营业部	河南	郑州	1149.5	876.5	7.2	0.0	0.0	265.8
齐鲁证券有限证券有限公司栖霞霞光路证券营业部	山东	栖霞	1140.4	744.9	2.3	0.0	0.4	392.9
第一创业证券增城解放北路证券营业部	广东	广州	1140.4	365.2	1.1	0.0	5.1	769.0
中信建投证券方庄路证券营业部	北京	北京	1137.6	875.3	0.4	0.0	7.1	254.8
华泰证券业州大道证券营业部	湖北	恩施	1136.2	683.5	424.6	0.0	0.1	28.0
华融证券石景山路证券营业部	北京	北京	1135.7	541.0	30.6	0.0	0.1	564.1
浙商证券南官大道证券营业部	浙江	台州	1134.8	1039.1	0.0	0.0	0.1	95.6
大通证券金湖路证券营业部	广西	南宁	1131.7	726.7	3.0	0.0	0.0	402.0
中国银河证券天城东路证券营业部	浙江	杭州	1131.4	1070.2	1.0	0.0	0.0	60.2
方正证券水青峰路证券营业部	贵州	六盘水	1130.4	741.7	0.0	0.3	1.1	387.3
安信证券保岫东路证券营业部	云南	保山	1127.8	392.7	12.7	0.0	0.0	722.4
华鑫证券北京路证券营业部	云南	昆明	1126.9	323.0	0.0	0.0	4.0	800.0
中信建投证券北辰西路证券营业部	北京	北京	1126.0	727.3	0.4	0.0	0.0	398.3
浙商证券民生路证券营业部	广西	南宁	1125.9	801.9	8.4	0.0	24.3	291.3
广发证券潮阳棉城证券营业部	广东	汕头	1124.5	992.4	23.5	0.0	0.8	107.7
东海证券分公司	山西	太原	1124.2	133.5	0.1	0.0	2.3	988.3
恒泰证券东昌路证券营业部	吉林	通化	1121.5	1050.3	9.4	0.0	0.0	61.8
西藏同信证券察古大道证券营业部	西藏	拉萨	1117.9	312.8	0.0	0.0	0.0	805.1
华安证券淮海路证券营业部	安徽	宿州	1116.6	916.7	0.4	0.0	0.1	199.4
华龙证券麦积区证券营业部	甘肃	天水	1111.7	832.8	2.1	0.0	0.4	276.4
宏信证券跃进路证券营业部	四川	什邡	1110.9	571.7	0.0	0.0	0.0	539.2
宏源证券北京西路证券营业部	新疆	乌苏	1110.5	1012.7	23.3	0.0	0.0	74.5
华创证券桂花路证券营业部	贵州	毕节	1109.1	1035.9	4.0	0.5	1.3	67.4
东海证券车站路证券营业部	江苏	靖江	1103.7	1019.1	1.9	0.0	0.2	82.6
日信证券多斯天骄路证券营业部	内蒙	鄂尔多斯	1102.5	223.0	0.0	0.0	0.0	879.5
华福证券人民西路证券营业部	福建	漳州	1102.5	890.9	5.1	0.0	1.7	204.8
中信建投证券青年路证券营业部	北京	北京	1100.9	728.7	2.1	0.0	22.4	347.7
西藏同信证券东街证券营业部	山东	淄博	1100.7	689.4	0.5	0.0	0.0	410.8
中国中投证券滨牌路大街证券营业部	黑龙江	哈尔滨	1099.0	788.5	2.7	0.0	0.1	307.8
华泰证券西岳大道证券营业部	湖北	孝感	1098.1	913.5	102.5	0.9	0.0	81.2
华福证券街心路证券营业部	福建	福州	1098.1	555.3	3.0	0.0	0.0	539.7
首创证券长阳昊天北大街证券营业部	北京	北京	1096.1	722.2	0.8	0.0	0.0	373.1
齐鲁证券有限柏庐路证券营业部	江苏	苏州	1095.5	691.8	7.6	0.0	0.0	396.1
华西证券梁平证券营业部	重庆	重庆	1094.7	1055.2	2.8	0.0	7.3	29.3
长城证券滨爱建路证券营业部	黑龙江	哈尔滨	1093.4	433.1	9.6	0.0	0.3	650.3
恒泰证券丰寿路证券营业部	吉林	辽源	1092.5	868.6	6.1	0.0	1.4	216.4
广州证券商务外环路证券营业部	河南	郑州	1092.3	711.1	0.0	0.0	25.2	356.0
宏信证券华明路证券营业部	广东	广州	1090.5	482.0	1.3	0.0	0.0	607.2
招商证券人民东路证券营业部	陕西	咸阳	1089.5	955.7	3.4	0.0	19.7	110.8
宏源证券什帕米尔路证券营业部	新疆	阿图什	1089.4	795.2	2.9	0.0	0.1	291.3
南京证券省赣榆县黄海路证券营业部	江苏	连云港	1087.6	1026.0	56.7	0.0	0.0	4.9
宏源证券石油基地证券营业部	新疆	喀什	1085.2	973.1	28.3	0.0	0.0	83.8

注：营业部交易金额的单位为百万元。

证券营业部交易
Trading of Business Department

营业部名称 Business Department	省份 Province	城市 City	总计 Total	股票 Share	基金 Fund	政府债 G-Bond	公司债 C-Bond	债券回购 Repo
财达证券岛抚宁迎宾路证券营业部	河北	秦皇岛	1083.8	952.2	4.1	0.0	0.1	127.4
国海证券宜州市城中中路证券营业部	广西	宜州	1082.5	998.6	0.8	0.0	0.2	82.8
山西证券招远路证券营业部	山西	朔州	1080.6	891.3	1.8	0.0	0.2	187.3
长城证券中都北路证券营业部	山西	晋中	1078.2	604.1	4.0	0.0	0.2	469.8
华鑫证券中山北路证券营业部	江苏	南京	1076.9	73.6	0.0	0.0	0.0	1003.3
诚浩证券江城大街证券营业部	辽宁	丹东	1075.4	533.5	1.4	0.0	0.3	540.2
五矿证券有限和平北大街证券营业部	辽宁	沈阳	1073.8	600.4	0.1	0.0	0.0	473.3
中信证券牡丹江路证券营业部	上海	上海	1069.2	566.9	0.9	0.0	0.0	501.5
开源证券南郑证券营业部	陕西	汉中	1067.6	802.6	7.0	0.0	2.4	255.6
长城证券通江中路证券营业部	江苏	常州	1066.6	176.3	0.9	0.0	0.0	889.4
宏信证券合江县少岷路证券营业部	四川	泸州	1062.6	991.3	3.2	0.0	0.0	68.1
东北证券临江大街证券营业部	吉林	临江	1060.7	845.7	5.7	0.0	0.0	209.3
申银万国证券季华五路证券营业部	广东	佛山	1058.0	546.5	12.2	0.0	73.6	425.8
中银国际证券金湖路证券营业部	广西	南宁	1057.6	1037.7	19.8	0.0	0.2	0.0
长江证券大南街证券营业部	湖北	枣阳	1055.7	834.6	35.5	0.0	0.0	185.6
联讯证券博罗罗阳证券营业部	广东	惠州	1047.9	893.3	1.2	0.0	0.6	152.7
海通证券瓜沥东灵北路证券营业部	浙江	杭州	1047.6	708.7	0.7	0.1	0.6	337.6
财达证券庄石化证券营业部	河北	石家庄	1046.9	785.8	5.7	0.0	0.1	255.2
中原证券世纪大道证券营业部	河南	南阳	1043.7	1006.8	1.8	0.0	0.2	34.9
中信证券(山东)书院路证券营业部	山东	青岛	1040.5	359.1	33.0	0.0	5.6	642.8
西藏同信证券分公司	福建	福州	1040.0	842.5	27.0	0.0	3.6	166.9
海通证券大众路证券营业部	甘肃	天水	1039.5	991.2	4.9	0.0	0.1	43.3
国泰君安证券求索西路证券营业部	湖南	岳阳	1031.5	650.4	21.1	0.0	0.2	359.8
中国民族证券滨阿城延川大街证券营业部	黑龙江	哈尔滨	1031.1	668.3	0.3	0.0	0.1	362.4
信达证券芙蓉中路证券营业部	湖南	长沙	1030.2	396.4	0.0	0.0	0.0	633.7
华西证券渠县人民街证券营业部	四川	达州	1025.4	985.9	1.2	0.0	0.1	38.2
华泰证券阜宁阜城大街证券营业部	江苏	盐城	1025.2	115.9	909.3	0.0	0.0	0.0
中信建投证券港人民中路证券营业部	江苏	苏州	1024.6	753.1	0.7	0.0	0.0	270.8
开源证券巴山东路证券营业部	陕西	安康	1024.2	947.6	0.7	0.0	0.0	75.9
中国银河证券东风路证券营业部	黑龙江	大庆	1020.3	350.2	9.0	0.0	529.6	131.5
财通证券店口华佳路证券营业部	浙江	绍兴	1019.0	358.5	0.0	0.0	0.0	660.5
海通证券潜山路证券营业部	湖北	咸宁	1017.4	915.6	1.9	0.0	0.3	99.6
齐鲁证券有限运河东路证券营业部	山东	聊城	1016.9	612.0	141.7	0.0	70.1	193.1
西南证券商务外环路证券营业部	河南	郑州	1015.8	591.6	0.3	0.0	0.0	424.0
国联证券北京北路证券营业部	江苏	淮安	1015.0	734.0	1.5	0.0	0.1	279.5
信达证券桓仁证券营业部	辽宁	本溪	1014.1	904.9	5.7	0.0	0.1	103.4
中信建投证券海滨路证券营业部	广东	汕头	1013.2	567.0	72.6	18.0	6.0	349.6
中国银河证券新建北路证券营业部	山西	晋中	1009.3	943.8	7.6	0.0	0.1	57.9
安信证券花园街证券营业部	广东	东莞	1004.5	870.6	1.1	0.0	0.6	132.2
申银万国证券泺源大街证券营业部	山东	济南	1003.1	464.9	4.1	0.0	0.5	533.6
中邮证券朝阳路证券营业部	陕西	渭南	1002.5	760.3	0.0	0.0	0.3	241.9
国海证券阳朔县蟠桃路证券营业部	广西	桂林	999.2	538.6	114.6	0.0	1.1	344.9
招商证券涪陵广场路证券营业部	重庆	重庆	994.8	413.5	2.9	0.0	0.1	578.3
国泰君安证券高新南四道证券营业部	深圳	深圳	994.3	759.3	0.0	0.0	15.9	219.2
海通证券永宁街证券营业部	山西	大同	994.2	28.3	0.3	0.0	0.5	965.1
中原证券国基路证券营业部	河南	郑州	989.8	928.5	13.3	0.0	1.2	46.8
东吴证券工业园区敦煌路证券营业部	江苏	苏州	989.0	701.6	0.0	0.0	0.0	287.4
兴业证券入城路证券营业部	福建	福州	988.4	555.9	11.5	0.0	0.0	421.0
中信证券（浙江）镇昌南大道证券营业部	江西	景德镇	984.0	765.0	126.0	0.0	0.0	93.0
中国银河证券金阳观山西路证券营业部	贵州	贵阳市	983.4	593.6	2.4	0.0	0.0	387.4

注：营业部交易金额的单位为百万元。

证券营业部交易
Trading of Business Department

营业部名称 Business Department	省份 Province	城市 City	总计 Total	股票 Share	基金 Fund	政府债 G-Bond	公司债 C-Bond	债券回购 Repo
东方证券解放东路证券营业部	山东	临沂	981.8	653.3	1.4	0.0	0.0	327.1
财达证券北环路证券营业部	河北	唐山	975.8	831.2	1.0	0.0	0.1	143.5
国信证券通州九棵树证券营业部	北京	北京	975.7	632.0	3.3	0.0	0.5	339.9
兴业证券德泰路证券营业部	福建	泉州	973.4	414.7	0.0	0.0	0.0	558.7
海通证券中央街证券营业部	黑龙江	黑河	970.3	562.3	86.4	0.0	0.0	321.6
开源证券正阳路证券营业部	陕西	铜川	969.7	729.0	0.2	13.0	24.4	203.1
方正证券高升桥路证券营业部	四川	成都	969.3	836.8	1.2	0.0	0.0	131.3
国海证券沿山路证券营业部	广西	南宁	968.5	650.2	5.0	0.0	0.8	312.5
联讯证券通盛大道证券营业部	江苏	南通	968.4	140.7	0.0	0.0	0.0	827.7
中信建投证券工农北路证券营业部	江苏	南通	967.1	598.9	34.4	0.0	19.6	314.3
东吴证券梅李镇证券营业部	江苏	常熟	964.8	686.3	47.9	0.0	0.1	230.5
财达证券巨鹿新华南街证券营业部	河北	邢台	959.2	682.5	1.4	0.0	3.4	271.9
方正证券虎门大道证券营业部	广东	东莞	955.1	578.7	0.0	0.0	0.0	376.4
国信证券浐灞大道证券营业部	陕西	西安	954.2	697.5	12.9	0.0	1.5	242.3
恒泰证券屯中央路证券营业部	内蒙	呼伦贝尔	953.6	741.4	27.0	0.0	0.0	185.2
开源证券朝阳大街证券营业部	陕西	渭南	949.7	695.1	70.1	0.0	5.3	179.1
宏源证券壁东风路证券营业部	新疆	昌吉	949.0	818.5	4.4	0.0	0.0	126.1
南京证券铁心桥大街证券营业部	江苏	南京	948.7	581.0	60.5	0.7	10.2	296.4
五矿证券有限海尔路证券营业部	山东	青岛	948.7	701.5	0.2	0.0	0.0	247.0
招商证券莱州市府前街证券营业部	山东	烟台	947.5	500.8	2.0	0.0	0.1	444.6
中天证券民生西路证券营业部	辽宁	鞍山	947.5	665.2	1.9	0.2	0.0	280.1
东海证券延陵东路证券营业部	江苏	常州	947.2	470.1	17.1	0.0	2.9	457.1
安信证券金澜北路证券营业部	广东	佛山	947.0	674.0	3.9	0.0	0.9	268.2
南京证券新昌人民西路证券营业部	浙江	绍兴	944.9	883.4	0.7	0.0	0.1	60.7
华西证券贡井长征大道证券营业部	四川	自贡	943.5	747.9	4.9	0.0	2.5	188.2
恒泰证券萨拉齐大西街证券营业部	内蒙	包头	939.3	306.8	7.5	0.0	0.0	625.0
财达证券徐水振兴西路证券营业部	河北	保定	936.3	649.0	0.3	0.0	0.3	286.7
平安证券广宜街证券营业部	辽宁	沈阳	933.5	687.6	4.9	0.0	0.0	240.9
国海证券辅星路证券营业部	广西	桂林	932.4	613.4	29.9	0.0	0.0	289.1
财富证券花板桥路证券营业部	湖南	岳阳	929.0	725.8	0.7	0.0	0.0	202.5
安信证券新晋祠路证券营业部	山西	太原	926.8	653.1	8.8	0.0	0.0	264.9
大通证券庆春路证券营业部	浙江	杭州	925.8	588.6	0.4	0.0	0.0	336.8
中国中投证券西航路证券营业部	福建	福州	925.4	768.8	3.5	0.0	7.2	145.9
宏源证券裕华西路证券营业部	河北	保定	921.1	243.1	6.1	0.0	1.0	670.9
广发证券曹安公路证券营业部	上海	上海	920.6	762.6	1.0	0.0	0.0	157.0
方正证券望城宝粮路证券营业部	湖南	长沙	914.5	826.6	52.1	0.0	0.0	35.8
中国银河证券龙岗华南大道华南城证券营业部	深圳	深圳	914.1	913.5	0.3	0.0	0.0	0.3
财达证券庄鹿泉向阳大街证券营业部	河北	石家庄	913.7	876.1	0.5	0.0	0.0	37.1
浙商证券三北西大街证券营业部	浙江	宁波	911.5	782.4	0.6	0.0	0.0	128.5
长江证券迎宾大道证券营业部	湖北	枝江	907.6	693.9	1.4	0.0	0.9	211.4
中国银河证券南俊路证券营业部	福建	泉州	907.1	190.1	6.0	0.0	0.0	710.9
大通证券袁山中路证券营业部	江西	宜春	906.9	867.7	0.4	0.0	0.3	38.5
安信证券枫溪凤新西路证券营业部	广东	潮州	905.3	390.8	44.0	0.0	1.9	468.6
中国银河证券阅江中路证券营业部	广东	广州	905.3	830.5	0.2	0.0	0.0	74.6
国金证券证券股份有限公司广安岳池县滨河东路证	四川	广安	900.5	847.9	1.4	0.0	28.5	22.7
恒泰证券局子街证券营业部	吉林	延吉	896.4	304.8	3.3	0.0	0.0	588.3
国海证券港东兴市北仑大道证券营业部	广西	东兴	894.2	452.9	1.1	0.0	0.0	440.2
财富证券零陵中路证券营业部	湖南	永州	893.4	850.1	25.2	0.0	0.0	18.1
西部证券西乡证券营业部	陕西	汉中	890.8	889.3	1.4	0.0	0.0	0.1
广发证券龙华路证券营业部	上海	上海	890.3	483.1	18.4	0.0	0.1	388.7

注：营业部交易金额的单位为百万元。

证券营业部交易
Trading of Business Department

营业部名称 Business Department	省份 Province	城市 City	总计 Total	股票 Share	基金 Fund	政府债 G-Bond	公司债 C-Bond	债券回购 Repo
长江证券福州南路证券营业部	山东	青岛	888.4	513.7	2.9	0.0	0.0	371.8
广州证券民权路证券营业部	重庆	重庆	885.1	764.2	1.3	0.0	0.0	119.6
华西证券阳光路证券营业部	四川	眉山	884.5	818.9	5.1	0.0	15.3	45.2
中原证券人民路证券营业部	河南	新乡	884.4	765.0	18.9	0.0	0.0	100.5
海通证券人民南路证券营业部	江苏	太仓	879.6	559.5	12.0	0.0	0.0	308.1
信达证券宽甸证券营业部	辽宁	营口	872.3	798.2	8.3	0.5	0.9	64.4
联讯证券莞太路证券营业部	广东	东莞	869.9	626.8	1.3	0.0	0.0	241.8
华西证券珙县滨河西街证券营业部	四川	宜宾	867.9	759.1	22.3	0.0	0.7	85.8
南京证券福鼎天湖路证券营业部	福建	宁德	862.6	742.7	0.0	0.0	0.0	119.9
广发证券顺德建设南路证券营业部	广东	佛山	859.8	687.3	6.5	0.0	0.0	165.9
宏信证券山车箭路证券营业部	四川	峨眉山	856.2	777.4	0.1	0.0	0.1	78.7
东吴证券淮海南路证券营业部	江苏	淮安	855.6	722.6	0.5	0.0	0.0	132.5
恒泰证券五一街证券营业部	内蒙	巴彦淖尔	850.8	634.6	10.2	0.0	0.0	206.0
东方证券清原证券营业部	辽宁	抚顺	850.4	686.2	1.4	0.0	0.1	162.8
财达证券口怀来县证券营业部	河北	张家口	848.3	779.3	1.5	0.0	0.6	66.9
长江证券陵园大道证券营业部	湖北	黄石	848.2	584.3	2.5	0.0	0.0	261.4
山西证券建设东路证券营业部	湖南	常德	848.0	791.5	1.6	0.0	0.4	54.6
西部证券新华东街证券营业部	宁夏	银川	847.7	704.8	0.8	0.0	0.0	142.1
国泰君安证券马当路证券营业部	上海	上海	847.5	37.0	638.2	0.0	19.2	153.0
华西证券安县恒源大道证券营业部	四川	绵阳	846.6	139.2	0.7	0.0	0.0	706.8
中银国际证券东风西路证券营业部	云南	昆明	842.4	233.8	1.0	0.0	0.0	607.6
华鑫证券海滨南路证券营业部	广东	珠海	841.4	691.4	9.0	0.0	0.0	141.0
中天证券证券有限责任公司深圳金田路证券营业部	深圳	深圳	837.0	801.5	0.0	0.0	0.0	35.5
华安证券中港路证券营业部	安徽	宣城	835.0	821.5	0.5	0.0	0.0	13.1
中银国际证券新韶路证券营业部	湖南	长沙	832.7	832.0	0.0	0.0	0.6	0.0
开源证券盘河路证券营业部	陕西	韩城	830.7	561.0	0.0	0.0	6.8	262.9
华泰证券凤翔大道证券营业部	湖北	恩施	829.4	458.9	362.5	0.0	3.5	4.5
华安证券围堤道证券营业部	天津	天津	826.9	716.3	0.2	0.0	0.0	110.4
中国银河证券新建街证券营业部	山西	晋中	825.9	682.9	17.0	0.0	10.9	115.1
华福证券沿河南路证券营业部	福建	龙岩	823.3	779.2	5.1	0.0	0.0	38.9
中国银河证券星湖大道证券营业部	广东	肇庆	822.2	437.0	0.3	0.0	0.0	385.0
国信证券钟楼东路证券营业部	山东	蓬莱	822.2	578.5	25.5	0.0	0.0	218.2
中国国际金融有限国际金融有限公司佛山季华五路证券营业	广东	佛山	820.6	633.3	121.9	0.0	1.8	63.6
宏源证券杨桥东路证券营业部	福建	福州	820.5	765.5	0.1	0.0	0.0	54.9
广发证券慈甬路证券营业部	浙江	慈溪	819.6	550.7	0.9	0.0	25.6	242.5
东吴证券人民路证券营业部	云南	瑞丽	818.9	635.4	0.0	0.0	0.0	183.5
西藏同信证券分公司	上海	上海	818.8	587.2	0.0	0.0	0.2	231.5
中原证券济水大街证券营业部	河南	济源	818.2	315.7	493.9	0.0	0.0	8.6
中信证券环市北路证券营业部	广东	揭阳	817.7	621.1	5.2	0.0	0.0	191.4
中信建投证券西翠路证券营业部	北京	北京	816.9	663.3	14.0	0.0	0.5	139.1
财通证券西苑路证券营业部	浙江	杭州	816.6	629.9	0.0	0.0	0.0	186.7
西藏同信证券香河府前街证券营业部	河北	廊坊	815.5	767.3	2.5	0.0	0.0	45.7
招商证券新建南路证券营业部	陕西	榆林	814.3	797.3	0.6	0.0	0.1	16.3
中信建投证券星沙证券营业部	湖南	长沙	814.0	762.4	6.7	0.0	0.0	44.9
东吴证券朝阳路证券营业部	广西	南宁	813.6	726.5	0.0	0.0	0.0	87.0
国盛证券新建南路证券营业部	山西	太原	812.7	470.5	2.4	0.0	0.0	339.8
海通证券嫩江嫩兴路证券营业部	黑龙江	黑河	811.9	773.5	1.7	0.0	0.1	36.7
东莞证券韩江路证券营业部	广东	汕头	809.3	634.5	6.2	0.0	0.3	168.3
宏源证券东大街证券营业部	新疆	昌吉	808.9	757.2	7.9	0.0	0.5	43.4
方正证券澧县澧浦路证券营业部	湖南	常德	807.9	791.8	7.8	0.0	0.0	8.2

注：营业部交易金额的单位为百万元。

证券营业部交易
Trading of Business Department

营业部名称 Business Department	省份 Province	城市 City	总计 Total	股票 Share	基金 Fund	政府债 G-Bond	公司债 C-Bond	债券回购 Repo
五矿证券有限中康北路证券营业部	深圳	深圳	804.5	712.5	0.0	0.0	0.0	92.0
广发证券唐安路证券营业部	上海	上海	801.9	528.1	1.7	0.0	0.4	271.7
华福证券解放路证券营业部	福建	宁德	801.7	785.0	6.7	0.0	0.1	10.0
中信建投证券东莞大道证券营业部	广东	东莞	801.7	569.6	9.2	0.0	5.5	217.3
安信证券英德英州大道证券营业部	广东	清远	801.4	601.2	4.2	0.0	0.0	196.1
大同证券经纪西湖南路证券营业部	山西	运城	799.9	248.8	26.4	0.0	8.8	516.0
财达证券甲秀路证券营业部	河北	保定	798.6	563.4	0.3	0.0	1.8	233.1
世纪证券长安证券营业部	广东	东莞	796.9	630.8	0.1	0.0	0.1	166.0
德邦证券政和大道证券营业部	江苏	无锡	795.3	255.9	0.2	0.0	0.3	538.9
海通证券朝阳路证券营业部	江苏	江阴	795.0	738.8	1.1	0.0	0.0	55.1
长江证券华容路证券营业部	湖北	荆州	794.8	699.7	8.7	0.0	0.0	86.4
大同证券经纪则天大街证券营业部	山西	吕梁	794.7	331.3	26.1	0.0	9.8	427.5
齐鲁证券有限汉槐街证券营业部	山东	德州	794.3	522.4	0.1	0.0	0.0	271.9
金元证券五一北路证券营业部	福建	福州	791.0	540.3	0.7	0.0	0.0	249.9
天源证券有限人民路证券营业部	青海	西宁	790.7	253.7	3.2	0.0	0.0	533.8
财达证券维明路证券营业部	河北	沧州	790.7	645.2	7.9	0.0	0.0	137.6
财通证券世纪大道证券营业部	浙江	嘉兴	787.3	773.4	0.1	0.0	0.0	13.8
中国银河证券人民南路证券营业部	四川	成都	783.9	19.4	0.0	3.6	19.9	740.9
华鑫证券天河路证券营业部	广东	广州	782.3	450.8	0.1	0.0	10.2	321.3
中信建投证券锁澜南路证券营业部	江苏	苏州	780.1	268.8	22.9	0.6	0.0	487.7
齐鲁证券有限迎春大街证券营业部	山东	烟台	778.7	524.9	193.5	0.0	0.0	60.2
申银万国证券淮海南路证券营业部	江苏	淮安	778.5	540.5	0.6	0.0	0.0	237.4
海通证券广电西路证券营业部	江苏	常州	777.9	690.0	0.4	0.0	0.0	87.6
中信建投证券增城凤凰城步行南街证券营业部	广东	广州	777.8	566.7	1.6	0.0	0.5	209.0
宏源证券庄裕华东路证券营业部	河北	石家庄	776.6	339.5	0.1	0.0	0.0	437.0
恒泰证券西四环北路证券营业部	北京	北京	775.7	698.7	0.2	0.0	0.0	76.9
华安证券五一路证券营业部	云南	昆明	775.5	584.2	0.7	0.0	0.0	190.7
安信证券罗定兴华二路证券营业部	广东	云浮	773.9	734.3	1.1	0.3	0.0	38.3
华西证券太白路证券营业部	四川	内江	773.4	474.1	15.5	0.0	5.8	278.0
中信证券胜利路证券营业部	辽宁	鞍山	771.9	517.3	5.5	0.0	3.8	245.3
海通证券榆阳证券营业部	陕西	榆林	771.4	603.1	6.3	0.0	0.3	161.7
财达证券庄无极光明南街证券营业部	河北	石家庄	771.3	721.4	0.2	0.0	0.0	49.8
国泰君安证券工农路证券营业部	江苏	南通	770.6	181.1	0.0	0.0	12.5	577.0
宏源证券华天道证券营业部	天津	天津	769.1	232.2	1.5	0.0	0.1	535.3
光大证券峨山路证券营业部	上海	上海	768.2	549.6	35.1	0.0	0.0	183.5
中航证券有限江西路证券营业部	山东	青岛	767.6	532.3	0.0	0.0	0.0	235.3
华泰证券榆亚路证券营业部	海南	三亚	765.5	305.1	340.8	0.0	0.0	119.7
安信证券绵山路证券营业部	四川	绵阳	765.2	559.2	0.6	0.0	0.8	204.7
财达证券冀州金鸡大街证券营业部	河北	衡水	764.5	575.4	0.5	0.0	0.5	188.1
财达证券雪驰路证券营业部	河北	邯郸	763.4	690.6	0.8	0.0	0.3	71.6
中信证券裕民路证券营业部	辽宁	抚顺	763.1	502.7	1.7	0.0	0.0	258.7
国元证券东城路证券营业部	安徽	滁州	761.8	745.6	0.6	0.0	0.0	15.6
首创证券东海西路证券营业部	山东	青岛	761.8	415.9	0.0	0.0	19.6	326.3
招商证券丽江东路证券营业部	浙江	宁波	761.8	525.8	0.5	0.0	0.3	235.2
江海证券有限滨宾县中心街证券营业部	黑龙江	哈尔滨	755.6	393.8	2.0	0.0	3.6	356.3
西藏同信证券庄槐安东路证券营业部	河北	石家庄	754.8	588.2	0.0	0.0	34.2	132.3
华融证券北京东路证券营业部	江苏	南京	754.0	431.8	8.3	0.0	1.8	312.1
大通证券杏林街证券营业部	辽宁	大连	749.1	442.4	0.0	0.0	0.8	306.0
广发证券解放路证券营业部	江苏	宜兴	747.6	461.9	7.8	0.0	0.3	277.6
太平洋证券南塘街证券营业部	云南	临沧	747.3	485.2	1.2	0.0	0.0	261.0

注：营业部交易金额的单位为百万元。

证券营业部交易
Trading of Business Department

营业部名称 Business Department	省份 Province	城市 City	总计 Total	股票 Share	基金 Fund	政府债 G-Bond	公司债 C-Bond	债券回购 Repo
东北证券辽河路证券营业部	吉林	四平	747.1	670.7	2.6	0.0	0.0	73.8
东方证券崇明东门路证券营业部	上海	上海	746.7	409.0	0.3	0.0	0.0	337.4
中银国际证券北四环西路证券营业部	北京	北京	745.8	745.2	0.6	0.0	0.0	0.0
广发证券顺德三乐路证券营业部	广东	佛山	744.6	490.0	5.5	0.0	0.0	249.1
兴业证券华光路证券营业部	福建	邵武	744.4	442.9	1.7	0.0	0.0	299.8
安信证券分公司	广东	广州	743.2	654.0	0.0	0.0	0.0	89.2
国海证券陕西路证券营业部	贵州	贵阳	739.7	698.9	1.9	0.0	0.0	38.9
中信建投证券观日路证券营业部	福建	厦门	734.4	267.5	12.6	0.0	0.0	454.2
国泰君安证券长白山路证券营业部	吉林	延吉	733.3	488.0	0.2	0.0	0.0	245.1
浙商证券爱国路证券营业部	浙江	温州	728.9	671.8	1.7	0.0	0.4	55.0
日信证券贝尔巴彦托海路证券营业部	内蒙	呼伦贝尔	728.6	676.6	0.0	0.0	0.0	52.0
浙商证券武成路证券营业部	云南	昆明	727.0	638.9	0.3	0.0	0.0	87.8
齐鲁证券有限桓台渔洋街证券营业部	山东	淄博	726.4	649.7	4.5	0.0	10.0	62.2
中信建投证券萧山市心中路证券营业部	浙江	杭州	724.4	508.0	4.0	0.0	0.0	212.4
湘财证券湘阴县江东路证券营业部	湖南	岳阳	722.0	639.2	1.7	0.0	0.0	81.1
日信证券浩特如意西街证券营业部	内蒙	呼和浩特	721.5	254.5	0.1	0.0	0.0	466.9
广发证券市府大道证券营业部	浙江	台州	719.9	580.3	10.1	0.0	1.5	128.1
东吴证券虎丘区科技城证券营业部	江苏	苏州	719.9	574.5	0.0	0.0	0.0	145.4
光大证券罗阳大道证券营业部	浙江	瑞安	719.6	509.9	17.1	0.0	0.2	192.4
长江证券中华路证券营业部	浙江	温岭	719.1	651.1	0.0	0.0	0.0	68.0
华安证券朝阳西路证券营业部	安徽	淮南	718.8	481.1	0.0	0.0	0.0	237.7
华龙证券东海西路证券营业部	山东	青岛	716.7	293.7	43.5	0.0	0.3	379.2
国泰君安证券扬子江中路证券营业部	江苏	扬州	715.0	524.1	4.1	0.0	21.0	165.9
财富证券县星沙北路证券营业部	湖南	长沙	714.3	672.3	0.0	0.0	0.0	42.0
国联证券马山梅梁路证券营业部	江苏	无锡	711.9	388.3	0.0	0.0	0.0	323.5
南京证券韶山北路证券营业部	湖南	长沙	711.0	603.2	0.1	0.0	0.0	107.7
长江证券万新南路证券营业部	甘肃	兰州	708.4	357.2	53.0	0.0	0.0	298.2
宏信证券锦山大街证券营业部	辽宁	丹东	703.8	619.8	0.0	0.0	0.0	84.0
众成证券经纪有限芙蓉中路证券营业部	湖南	长沙	700.0	566.8	2.4	0.0	0.1	130.7
华西证券南部幸福路证券营业部	四川	南充	697.1	264.3	6.0	0.0	0.1	426.7
招商证券上南路证券营业部	上海	上海	695.3	402.0	0.2	0.0	0.0	293.1
招商证券樱花路证券营业部	上海	上海	694.8	478.8	0.3	0.0	0.0	215.7
长江证券北一路证券营业部	山东	东营	692.2	653.4	0.6	0.0	1.1	37.1
齐鲁证券有限青岛路证券营业部	山东	平度	692.1	119.4	4.4	0.0	2.3	565.9
财达证券青县新华路证券营业部	河北	沧州	691.6	473.3	72.9	0.0	0.0	145.3
长江证券天府大道证券营业部	四川	成都	689.4	568.9	2.5	0.0	0.0	118.1
华鑫证券菜市口大街证券营业部	北京	北京	687.9	396.6	5.8	0.0	0.2	285.4
宏信证券康达尔玛街证券营业部	四川	阿坝州	686.7	622.5	3.7	0.0	0.1	60.5
华创证券云岭西路证券营业部	贵州	清镇	686.5	184.3	0.1	0.0	0.0	502.2
安信证券黄石东路证券营业部	广东	广州	686.4	314.9	2.6	0.0	0.0	368.9
华泰证券泗洪体育北路证券营业部	江苏	宿迁	685.7	484.2	143.1	0.0	2.1	56.4
平安证券江北证券营业部	安徽	芜湖	685.7	270.7	0.0	0.0	0.0	415.0
华泰证券市解放西路证券营业部	新疆	伊宁	683.7	415.7	0.3	0.0	0.0	267.7
申银万国证券建设北路证券营业部	湖南	湘潭	683.6	441.2	4.9	0.0	0.0	237.5
财达证券易县朝阳西路证券营业部	河北	保定	683.0	315.1	0.9	0.0	0.0	366.9
东莞证券顺德均安恒安路证券营业部	广东	佛山	680.9	515.9	0.0	0.0	0.1	164.9
山西证券朝阳街证券营业部	山西	晋中	680.8	321.3	51.3	0.0	0.0	308.3
齐鲁证券有限淮海东路证券营业部	江苏	淮安	679.7	671.9	0.3	0.0	0.0	7.5
万联证券上塘路证券营业部	浙江	杭州	678.5	139.7	494.5	0.0	0.0	44.3
日信证券中北路证券营业部	湖北	武汉	676.9	433.1	87.2	0.0	0.1	156.6

注：营业部交易金额的单位为百万元。

证券营业部交易
Trading of Business Department

营业部名称 Business Department	省份 Province	城市 City	总计 Total	股票 Share	基金 Fund	政府债 G-Bond	公司债 C-Bond	债券回购 Repo
财富证券康富北路证券营业部	湖南	益阳	673.0	618.9	0.2	0.0	0.1	53.8
海通证券崇明县北门路证券营业部	上海	上海	672.6	277.3	0.7	0.0	2.4	392.3
方正证券文峰大道证券营业部	河南	安阳	671.9	500.1	0.5	0.0	0.0	171.3
民生证券华林路证券营业部	福建	福州	670.2	453.3	0.0	0.0	0.0	216.9
新时代证券德政路证券营业部	广东	汕头	664.4	615.4	4.5	0.0	0.0	44.5
华创证券南京路证券营业部	贵州	遵义	662.9	622.7	5.1	0.0	0.0	35.1
中原证券东大街证券营业部	河南	郑州	662.3	632.3	0.9	0.0	0.0	29.2
中信建投证券京汉大道证券营业部	湖北	武汉	659.6	427.1	8.6	0.0	6.9	217.0
中天证券新华大街证券营业部	辽宁	抚顺	659.1	382.0	0.6	0.0	0.0	276.6
西藏同信证券香港东路证券营业部	山东	青岛	658.6	629.7	5.0	0.0	0.0	23.8
中信证券（浙江）解放东路证券营业部	浙江	杭州	658.5	359.5	7.3	0.0	0.0	291.7
光大证券澄江中路证券营业部	江苏	江阴	657.9	542.3	14.3	0.0	0.0	101.3
安信证券广场西路证券营业部	广西	玉林	657.5	573.0	3.4	0.0	0.0	81.2
长江证券绣林大道证券营业部	湖北	石首	656.6	571.2	0.5	0.0	0.0	84.9
广发证券潮南峡山证券营业部	广东	汕头	655.7	515.0	36.4	0.0	0.1	104.2
海通证券哈尔讷河中心大街证券营业部	黑龙江	齐齐哈尔	653.7	555.2	67.2	0.0	0.0	31.3
华鑫证券莲岳路证券营业部	福建	厦门	651.8	532.2	0.0	0.0	0.0	119.6
长城证券福寿路证券营业部	江苏	如皋	651.4	535.9	14.1	0.0	0.0	101.4
天风证券军马场一路证券营业部	湖北	荆门	651.2	431.6	8.9	0.1	0.0	210.7
国金证券蒸阳南路证券营业部	湖南	衡阳	649.7	509.0	0.1	0.0	0.0	140.6
华融证券春城路证券营业部	云南	昆明	649.2	342.5	140.8	0.0	0.0	165.8
信达证券柯桥山阴路证券营业部	浙江	绍兴	649.0	388.5	0.1	0.0	0.0	260.4
信达证券梅龙大道证券营业部	深圳	深圳	648.6	648.6	0.0	0.0	0.0	0.0
恒泰证券长庆南街证券营业部	吉林	白城	648.5	552.3	35.0	0.0	0.5	60.7
东海证券民主路证券营业部	广西	南宁	646.3	509.3	7.6	0.0	0.1	129.2
安信证券建设北路证券营业部	广东	云浮	646.2	197.3	10.6	0.0	0.1	438.2
招商证券高新区智力岛路证券营业部	山东	青岛	645.8	608.5	0.0	0.0	0.0	37.3
华龙证券上海路证券营业部	甘肃	金昌	645.1	486.6	4.2	0.0	0.0	154.4
东北证券南沙金沙路证券营业部	广东	广州	645.1	566.9	3.0	0.0	0.0	75.1
南京证券句容宝塔路证券营业部	江苏	句容	644.8	527.2	0.3	0.0	0.1	117.2
东海证券吉大路证券营业部	广东	珠海	644.3	603.8	3.4	0.0	0.0	37.1
国联证券梅村镇锡义路证券营业部	江苏	无锡	642.0	221.0	4.7	0.0	1.1	415.2
国海证券桂中大道证券营业部	广西	来宾	641.9	641.4	0.2	0.0	0.0	0.3
中航证券有限交通路证券营业部	江西	鹰潭	641.8	632.8	0.1	0.0	0.1	8.8
齐鲁证券有限东平证券营业部	山东	泰安	641.4	627.6	5.3	0.0	0.0	8.5
宏源证券金州香水路证券营业部	辽宁	大连	639.0	246.4	1.7	0.0	0.1	390.9
恒泰证券浩特新华大街证券营业部	内蒙	二连浩特	638.4	515.5	7.6	0.0	0.0	115.3
齐鲁证券有限瑞园路证券营业部	山东	德州	637.3	214.8	100.3	0.0	0.0	322.2
宏源证券金山枫丽路证券营业部	上海	上海	636.6	395.5	7.3	0.0	0.4	233.4
国联证券滨江路证券营业部	广西	桂林	636.5	476.4	0.1	0.0	0.0	159.9
招商证券北苑路证券营业部	北京	北京	635.7	606.5	1.1	0.0	6.1	22.0
五矿证券有限科技路证券营业部	陕西	西安	634.3	138.1	0.4	0.0	4.3	491.5
海通证券人民南路证券营业部	四川	乐山	634.2	519.3	0.2	0.0	0.0	114.7
广发证券澄海澄江路证券营业部	广东	汕头	632.2	540.0	0.4	0.0	0.3	91.5
华鑫证券体育场路证券营业部	河南	洛阳	631.8	546.5	11.7	0.0	0.0	73.6
东方证券浦东新区春晓路证券营业部	上海	上海	630.8	529.8	0.5	0.0	0.0	100.5
中国银河证券红旗街证券营业部	山西	临汾	627.9	525.0	29.0	0.0	0.3	73.7
长江证券荆河路证券营业部	湖北	荆门	627.8	492.4	2.5	0.0	5.1	127.8
南京证券浦东新区下南路证券营业部	上海	上海	626.5	281.1	15.6	0.0	0.1	329.7
万联证券中山路证券营业部	江苏	南京	626.1	447.5	1.6	0.0	0.0	177.0

注：营业部交易金额的单位为百万元。

证券营业部交易
Trading of Business Department

营业部名称 Business Department	省份 Province	城市 City	总计 Total	股票 Share	基金 Fund	政府债 G-Bond	公司债 C-Bond	债券回购 Repo
五矿证券有限临江南路证券营业部	广东	揭阳	625.3	401.4	0.1	0.0	0.0	223.8
中信建投证券东三路证券营业部	山东	东营	625.2	196.5	3.0	0.0	0.8	424.9
齐鲁证券有限东新三路证券营业部	福建	三明	625.0	597.3	0.9	0.0	5.7	21.2
中国中投证券鲁谷路证券营业部	北京	北京	621.1	518.4	1.1	0.0	0.7	100.9
招商证券火炬大街证券营业部	江西	南昌	620.7	464.1	0.0	0.0	0.8	155.7
中信建投证券国宾路证券营业部	上海	上海	619.2	57.8	87.2	0.0	12.6	461.6
齐鲁证券有限人民路证券营业部	山东	临沂	613.5	590.7	11.7	0.0	0.0	11.0
银泰证券山西路证券营业部	江苏	南京	612.7	288.4	0.8	0.0	0.0	323.4
光大证券阳羡西路证券营业部	江苏	宜兴	612.4	393.6	8.5	0.0	0.0	210.3
华创证券斗篷山路证券营业部	贵州	都匀	611.9	544.8	0.9	0.0	0.1	66.0
齐鲁证券有限东怡金融广场证券营业部	安徽	合肥	611.5	577.5	2.3	0.0	0.1	31.5
中国民族证券北顺城路证券营业部	辽宁	海城	611.1	584.0	0.1	0.0	0.0	27.0
中国银河证券开发区证券营业部	山东	青岛	609.8	55.2	0.0	0.0	0.0	554.5
方正证券安平东路证券营业部	浙江	温州	609.6	533.0	0.3	0.0	0.0	76.2
山西证券龙海大道证券营业部	山西	运城	609.5	522.6	3.7	0.0	0.1	83.1
财达证券庄栾城丰泽大街证券营业部	河北	石家庄	608.3	558.1	1.2	0.0	0.0	49.0
方正证券攸县大巷路证券营业部	湖南	株洲	607.1	463.3	0.0	0.0	0.0	143.8
中信证券(山东)登州路证券营业部	山东	青岛	606.7	245.2	14.4	0.0	0.9	346.1
兴业证券鲤城街证券营业部	福建	莆田	605.9	547.4	7.9	0.0	0.0	50.6
万和证券解放二路证券营业部	海南	三亚	604.3	487.6	0.5	0.0	1.4	114.8
广发证券火炬路证券营业部	陕西	宝鸡	603.9	440.2	9.9	0.0	0.0	153.8
东莞证券茶山茶山大道证券营业部	广东	东莞	603.2	447.3	87.7	0.0	0.0	68.2
方正证券南县兴盛大道证券营业部	湖南	益阳	600.4	397.5	52.8	0.0	0.0	150.1
中信建投证券浔阳东路证券营业部	江西	九江	597.9	520.4	0.0	0.0	0.0	77.5
首创证券金寨路证券营业部	安徽	合肥	597.6	113.2	0.0	0.0	14.2	470.2
东北证券人民路证券营业部	吉林	大安	597.6	184.1	1.2	0.0	0.0	412.2
华融证券泺源大街证券营业部	山东	济南	597.2	115.6	477.0	0.0	0.0	4.6
海通证券环城西路证券营业部	浙江	舟山	595.1	481.2	20.7	0.0	0.2	93.0
天源证券有限胜和路证券营业部	广东	东莞	594.3	422.7	1.0	0.0	0.0	170.6
广发证券石油大街证券营业部	辽宁	盘锦	593.0	536.5	16.6	0.0	0.0	40.0
广发证券万安街证券营业部	上海	上海	593.0	376.2	11.0	0.0	1.4	204.5
上海证券路证券营业部	上海	上海	589.4	281.7	3.2	0.0	0.3	304.2
中信证券人民南路证券营业部	江苏	盐城	588.2	213.7	286.9	0.0	0.0	87.6
五矿证券有限芙蓉中路证券营业部	湖南	长沙	588.0	281.9	0.0	0.0	0.0	306.1
中信建投证券南海城南二路证券营业部	广东	佛山	586.8	349.6	41.7	0.7	9.6	185.2
银泰证券宾王路证券营业部	浙江	义乌	586.2	344.8	0.1	0.0	0.0	241.3
方正证券人民路证券营业部	河南	南阳	582.8	471.9	0.3	0.0	0.0	110.6
广发证券纬六路证券营业部	黑龙江	大庆	581.2	402.5	30.7	0.0	0.0	148.0
广发证券新华路证券营业部	山东	临沂	578.9	115.6	3.4	0.0	0.0	459.9
宏源证券沂河路证券营业部	山东	临沂	576.7	466.5	2.5	0.0	0.1	107.6
财富证券邵东金龙大道证券营业部	湖南	邵阳	571.4	523.2	3.0	0.0	0.0	45.2
华泰证券楚天路证券营业部	湖北	恩施	569.4	350.0	129.8	0.0	0.0	89.6
西部证券阎良证券营业部	陕西	西安	569.4	307.6	0.5	0.0	0.0	261.3
安信证券平远证券营业部	广东	梅州	568.8	406.7	62.4	0.0	0.0	99.6
中航证券有限城港路证券营业部	江苏	南通	568.7	312.9	0.2	0.0	0.9	254.7
天风证券佳园路证券营业部	湖北	武汉	567.9	439.2	0.1	0.0	27.2	101.4
招商证券庄裕华东路证券营业部	河北	石家庄	567.8	262.5	0.2	0.0	0.0	305.1
国联证券锦城大道证券营业部	四川	成都	567.5	189.2	0.6	0.0	5.1	372.6
安信证券番禺吉祥北道证券营业部	广东	广州	567.0	430.7	5.4	0.0	0.7	130.2
中信建投证券黄河路证券营业部	贵州	贵阳	563.6	374.8	5.2	0.0	0.0	183.6

注：营业部交易金额的单位为百万元。

证券营业部交易
Trading of Business Department

营业部名称 Business Department	省份 Province	城市 City	总计 Total	股票 Share	基金 Fund	政府债 G-Bond	公司债 C-Bond	债券回购 Repo
财达证券迁西喜峰路证券营业部	河北	唐山	561.0	496.3	0.3	0.0	0.0	64.5
国泰君安证券分公司	吉林	长春	559.8	380.3	0.0	0.0	0.0	179.4
齐鲁证券有限劳动中路证券营业部	江苏	常州	558.3	534.7	3.6	0.0	0.0	20.0
民生证券店交通路证券营业部	河南	驻马店	556.9	522.4	2.5	0.0	0.9	31.2
长城证券九洲大道中证券营业部	广东	珠海	556.5	198.2	0.0	0.0	0.0	358.3
齐鲁证券有限无棣院前街证券营业部	山东	滨州	555.9	481.2	45.2	0.0	0.0	29.6
西南证券龙岩大道证券营业部	福建	龙岩	555.7	496.1	22.8	0.2	0.0	36.6
浙商证券衢化南一道证券营业部	浙江	衢州	554.8	342.1	0.7	0.0	0.0	212.0
银泰证券体育场路证券营业部	浙江	杭州	554.6	291.3	1.2	0.0	0.0	262.0
广发证券南海狮山证券营业部	广东	佛山	554.4	494.6	16.7	0.0	0.0	43.1
国信证券长江西路证券营业部	四川	德阳	550.2	497.8	6.4	0.0	0.5	45.4
海通证券希夷大道证券营业部	安徽	亳州	547.7	484.2	0.1	0.0	0.0	63.5
渤海证券东一环路证券营业部	天津	蓟县	547.7	416.5	4.8	0.0	4.4	122.0
中银国际证券二一九路证券营业部	辽宁	鞍山	547.0	341.7	0.2	0.0	0.0	205.1
东莞证券横沥中山路证券营业部	广东	东莞	546.4	346.0	1.0	0.0	0.0	199.5
国都证券峡文明路证券营业部	河南	三门峡	545.5	544.0	0.0	0.0	0.0	1.4
光大证券龙华人民北路证券营业部	深圳	深圳	542.8	538.5	0.2	0.0	0.0	4.1
万联证券簪花路证券营业部	广东	东莞	542.2	495.1	18.5	0.0	4.9	23.7
恒泰证券浩特新华大街证券营业部	内蒙	呼和浩特	541.0	317.7	61.2	0.0	0.0	162.2
中国银河证券岳林路证券营业部	浙江	宁波	540.6	97.6	0.0	0.0	0.0	443.0
南京证券教育西路证券营业部	江苏	宜兴	538.4	401.8	0.0	0.0	0.0	136.6
华泰证券架常青路证券营业部	湖北	神农架林区	538.4	460.7	74.3	0.0	0.0	3.4
申银万国证券羌江南路证券营业部	四川	雅安	537.7	232.9	0.6	0.0	0.0	304.3
华创证券市校园街证券营业部	贵州	赤水	536.9	533.9	0.3	0.0	0.3	2.3
安信证券中山东路第一证券营业部	浙江	嘉兴	536.8	475.5	0.0	0.0	0.1	61.2
华龙证券和平路证券营业部	河北	廊坊	535.5	374.4	0.1	0.0	0.0	160.9
东兴证券湖心二路证券营业部	福建	泉州	533.5	531.2	2.1	0.0	0.0	0.3
南京证券分公司	江苏	盐城	533.3	473.4	20.8	0.0	0.0	39.1
安信证券蜀辉路证券营业部	四川	成都	532.6	472.5	0.9	0.0	19.0	40.1
华泰证券罗六路证券营业部	山东	临沂	530.8	384.1	128.6	0.0	0.7	17.4
厦门证券有限龙川西路证券营业部	福建	龙岩	528.9	348.0	44.5	0.0	0.1	136.3
民生证券海尔路证券营业部	山东	青岛	528.1	250.1	3.7	0.3	62.5	211.5
国联证券硕放镇政通路证券营业部	江苏	无锡	527.8	178.9	0.1	0.0	0.4	348.5
宏源证券彩虹北路证券营业部	浙江	宁波	526.8	308.6	5.0	0.0	102.9	110.2
华泰证券淮安区韩信南路证券营业部	江苏	淮安	526.7	160.9	263.4	0.0	0.0	102.4
方正证券双峰复兴路证券营业部	湖南	娄底	525.6	442.1	0.4	0.0	0.0	83.1
国泰君安证券咸宁大道证券营业部	湖北	咸宁	525.5	385.9	0.1	0.0	0.0	139.4
太平洋证券民主路证券营业部	云南	丽江	523.6	492.6	1.8	0.0	0.0	29.2
长江证券关山大道证券营业部	湖北	武汉	523.5	500.2	23.3	0.0	0.0	0.0
安信证券长阳东路证券营业部	浙江	宁波	522.0	290.9	0.0	0.0	1.3	229.8
广发证券新兴新洲大道证券营业部	广东	云浮	518.8	322.6	7.2	0.0	0.0	189.0
方正证券新化梅苑南路证券营业部	湖南	娄底	516.5	507.0	5.2	0.0	0.0	4.3
国海证券人民中路证券营业部	广西	玉林	513.7	450.6	5.2	0.0	0.1	57.8
财达证券宽城金山街证券营业部	河北	承德	512.8	383.1	7.1	0.0	0.0	122.5
招商证券中兴南路证券营业部	浙江	绍兴	510.9	335.5	0.0	0.0	0.0	175.4
华福证券南湖路证券营业部	福建	福州	509.8	333.5	0.0	0.0	0.0	176.2
宏源证券莲前东路证券营业部	福建	厦门	507.9	448.7	3.7	0.0	0.0	55.5
国泰君安证券西大街证券营业部	河北	承德	507.1	389.5	2.7	0.0	0.0	115.0
民生证券仲景南路证券营业部	河南	郑州	506.8	492.4	0.1	0.0	0.5	13.8
光大证券东四路证券营业部	辽宁	抚顺	506.8	322.0	111.7	0.0	0.0	73.1

注：营业部交易金额的单位为百万元。

证券营业部交易
Trading of Business Department

营业部名称 Business Department	省份 Province	城市 City	总计 Total	股票 Share	基金 Fund	政府债 G-Bond	公司债 C-Bond	债券回购 Repo
东方证券商务中央公园证券营业部	河南	郑州	506.6	14.9	0.0	0.0	0.0	491.7
财达证券宁晋兴宁街证券营业部	河北	邢台	502.7	421.5	3.9	0.0	0.2	77.1
安信证券龙川证券营业部	广东	河源	502.7	482.0	12.1	0.0	3.9	4.6
招商证券龙茗路证券营业部	上海	上海	502.1	290.6	1.1	0.0	9.7	200.7
海通证券棠湖南路证券营业部	四川	成都	498.8	492.6	0.4	0.0	1.0	4.8
宏源证券西安大路证券营业部	吉林	长春	498.7	465.2	1.7	0.0	0.0	31.7
宏源证券上海西路证券营业部	宁夏	银川	492.7	372.9	0.9	0.0	0.0	118.9
华福证券分公司	广东	广州	491.8	243.9	2.9	0.0	2.5	242.5
方正证券溧水中山东路证券营业部	江苏	南京	491.6	103.7	0.4	0.0	0.0	387.5
宏信证券花临江路证券营业部	四川	攀枝花	491.5	406.4	2.0	0.0	0.0	83.1
西藏同信证券振兴东路证券营业部	浙江	衢州	491.0	437.4	6.9	0.0	1.2	45.5
首创证券江西平安街证券营业部	黑龙江	牡丹江	490.7	116.4	0.3	0.0	0.0	374.0
华鑫证券金雀山路证券营业部	山东	临沂	488.7	333.8	0.4	0.0	0.0	154.6
安信证券潮安金石大道证券营业部	广东	潮州	488.6	226.4	0.2	0.0	0.0	261.9
西部证券宁强证券营业部	陕西	汉中	488.4	475.2	0.0	0.0	0.1	13.0
华泰证券山华飞路证券营业部	安徽	马鞍山	487.7	373.8	7.3	0.0	0.0	106.7
招商证券望江西路证券营业部	安徽	合肥	486.5	438.1	0.1	0.0	0.0	48.2
华鑫证券芙蓉中路证券营业部	湖南	长沙	485.9	378.0	3.9	0.0	0.0	104.1
国联证券光明西路证券营业部	江苏	无锡	485.5	407.7	0.0	0.0	0.0	77.7
恒泰证券建设路证券营业部	内蒙	乌兰察布	483.2	413.2	1.8	0.0	0.0	68.2
广州证券鹭江道证券营业部	福建	厦门	480.7	402.5	0.4	0.0	0.0	77.7
方正证券峡黄河中路证券营业部	河南	三门峡	477.3	363.5	0.4	0.0	0.0	113.4
东吴证券宝带东路证券营业部	江苏	苏州	476.4	273.3	0.3	0.0	0.0	202.8
方正证券群英西路证券营业部	湖南	衡阳	476.2	457.4	7.7	0.0	0.0	11.1
南京证券分公司	江苏	常州	474.2	197.1	0.0	0.0	0.0	277.1
大通证券普兰店文化路证券营业部	辽宁	大连	473.7	419.6	10.7	0.0	3.2	40.3
海通证券九洲大道东证券营业部	广东	珠海	471.6	459.7	0.1	0.0	0.0	11.8
财达证券庄井陉建设南路证券营业部	河北	石家庄	469.7	426.4	4.6	0.0	1.0	37.7
中天证券民田路证券营业部	深圳	深圳	468.9	468.5	0.0	0.0	0.0	0.4
华安证券吕岭路证券营业部	福建	厦门	468.7	260.6	0.0	0.0	0.0	208.1
华福证券分公司	福建	厦门	467.4	153.4	0.8	0.0	0.0	313.2
东吴证券鲈乡南路证券营业部	江苏	苏州	466.6	199.4	0.1	0.0	0.0	267.1
西部证券人民路证券营业部	山东	菏泽	466.5	187.2	0.4	0.0	0.0	278.9
中信证券（浙江）信阳路证券营业部	江西	上饶	466.5	328.1	1.4	0.0	1.4	135.6
齐鲁证券有限港百桥路证券营业部	江苏	张家港	464.5	382.5	11.7	0.0	0.1	70.2
中国国际金融有限德丰路证券营业部	上海	上海	464.3	226.1	3.5	0.0	0.0	234.7
浙商证券怀德中路证券营业部	江苏	常州	464.0	236.9	0.1	0.0	0.0	227.0
西南证券民主广场证券营业部	辽宁	大连	463.6	432.3	0.7	0.0	0.9	29.6
方正证券南关大街证券营业部	河南	许昌	463.0	409.6	19.0	0.0	0.0	34.4
首创证券高淳古檀大道证券营业部	江苏	南京	462.8	152.2	0.0	0.0	0.0	310.6
齐鲁证券有限文体路证券营业部	山东	烟台	462.5	94.0	48.7	0.0	0.1	319.8
首创证券天府大道证券营业部	四川	成都	462.0	426.4	0.0	0.0	0.0	35.6
中航证券有限青羊大道证券营业部	四川	成都	459.7	226.9	0.0	0.0	0.0	232.8
五矿证券有限山中兴路证券营业部	河南	平顶山	458.1	433.4	0.0	0.0	0.0	24.7
财达证券庄正定燕赵南大街证券营业部	河北	石家庄	456.7	332.6	0.4	0.0	0.0	123.6
国海证券平果县教育路证券营业部	广西	百色	455.1	406.5	0.5	0.0	0.2	47.9
中国银河证券引泉路证券营业部	浙江	台州	454.3	415.3	0.5	0.0	0.0	38.5
申银万国证券鸿福路证券营业部	广东	东莞	453.6	58.6	3.1	0.0	39.4	352.5
中银国际证券丰泽街证券营业部	福建	泉州	453.2	396.1	1.1	0.0	0.1	55.9
宏信证券汶川县岷江路证券营业部	四川	阿坝州	453.1	448.5	0.4	0.0	0.0	4.2

注：营业部交易金额的单位为百万元。

证券营业部交易
Trading of Business Department

营业部名称 Business Department	省份 Province	城市 City	总计 Total	股票 Share	基金 Fund	政府债 G-Bond	公司债 C-Bond	债券回购 Repo
广发证券雷锋路证券营业部	辽宁	抚顺	453.1	236.0	74.3	0.0	24.6	118.2
海通证券岛迎宾路证券营业部	河北	秦皇岛	452.7	292.9	1.8	0.0	0.0	158.1
华福证券罗川中路证券营业部	福建	福州	452.3	285.6	1.4	0.0	0.0	165.3
南京证券双建路证券营业部	云南	楚雄	451.9	397.4	1.0	0.0	0.0	53.5
国泰君安证券山长安大道证券营业部	河南	平顶山	451.2	435.3	3.3	0.0	0.1	12.5
五矿证券有限长江北路证券营业部	湖南	株洲	450.7	397.1	0.3	0.0	0.0	53.3
中信证券(山东)纬五路证券营业部	河南	郑州	450.2	301.2	2.2	0.0	0.0	146.8
长江证券将军北路证券营业部	湖北	麻城	450.0	380.3	69.7	0.0	0.0	0.0
东吴证券浒关镇证券营业部	江苏	苏州	448.3	328.9	0.9	0.0	27.9	90.5
长城证券康虹路证券营业部	山东	济南	447.2	380.2	0.7	0.0	0.0	66.3
大同证券经纪侯堡证券营业部	山西	长治	445.4	24.8	0.0	0.0	0.0	420.6
民生证券新湖路证券营业部	深圳	深圳	442.9	435.1	0.1	0.0	0.0	7.6
浙商证券百丈东路证券营业部	浙江	宁波	441.2	276.2	5.3	0.0	4.2	155.4
东北证券城墙街证券营业部	吉林	白山	440.8	367.8	63.9	0.0	0.0	9.1
国联证券丁蜀镇解放路证券营业部	江苏	无锡	439.9	320.8	0.8	0.0	0.1	118.2
国都证券东纬路证券营业部	辽宁	沈阳	439.4	340.3	0.0	0.0	1.0	98.2
长城证券枫春路证券营业部	广东	潮州	439.1	380.1	0.0	0.0	0.0	58.9
红塔证券青年路证券营业部	云南	昭通	437.5	182.3	8.9	0.0	0.0	246.3
安信证券政通路证券营业部	北京	北京	437.4	327.1	1.4	0.0	0.0	108.9
东海证券科技路证券营业部	陕西	西安	436.7	233.9	0.3	0.0	0.0	202.5
申银万国证券凤凰路证券营业部	浙江	湖州	436.5	349.3	0.4	0.0	0.0	86.8
广发证券高新软件园路证券营业部	广东	珠海	433.5	382.4	10.6	0.0	0.0	40.5
齐鲁证券有限龙山路证券营业部	山东	泰安	430.6	430.5	0.1	0.0	0.0	0.0
国元证券周家嘴路证券营业部	上海	上海	430.0	257.9	0.1	0.0	0.3	171.8
天风证券王府大道证券营业部	湖北	荆门	429.9	416.4	4.9	0.0	0.0	8.7
恒泰证券东宁街证券营业部	吉林	磐石	429.9	413.1	3.2	0.0	0.0	13.6
宏源证券东台望海东路证券营业部	江苏	盐城	427.5	335.5	0.2	0.0	0.1	91.7
南京证券分公司	江苏	南通	427.2	223.5	0.0	0.0	0.5	203.3
齐鲁证券有限府前西路证券营业部	山东	滕州	427.0	132.7	0.6	0.0	0.0	293.7
西藏同信证券经十路证券营业部	山东	济南	426.5	414.0	0.1	0.0	0.0	12.5
长江证券长坂路证券营业部	湖北	当阳	425.9	404.5	4.1	0.0	0.0	17.3
中国银河证券永安南大道证券营业部	河北	沧州	425.3	400.1	0.2	0.0	0.0	25.0
国盛证券一环路证券营业部	四川	成都	423.2	188.8	24.0	0.0	0.2	210.2
华融证券人民大街证券营业部	吉林	长春	421.2	236.1	1.3	0.0	0.0	183.8
宏源证券中山大道中证券营业部	广东	广州	418.8	83.0	1.1	0.0	328.7	6.0
大同证券经纪新阳东街证券营业部	山西	晋城	416.6	210.1	16.7	0.0	0.1	189.7
安信证券阳山思贤路证券营业部	广东	清远	416.5	138.2	267.2	0.0	0.0	11.2
中国银河证券列东街证券营业部	福建	三明	415.8	132.4	256.4	0.0	0.0	26.9
首创证券双流县华阳协和上街证券营业部	四川	成都	415.5	128.9	0.0	0.0	0.1	286.5
恒泰证券民主街证券营业部	吉林	蛟河	415.1	257.7	1.6	0.0	0.0	155.8
信达证券阜蒙证券营业部	辽宁	阜新	414.8	413.1	0.3	0.0	0.0	1.3
宏源证券长风街证券营业部	山西	太原	414.2	297.0	3.6	0.0	0.0	113.7
中国银河证券廉江环市北路证券营业部	广东	湛江	412.3	398.2	0.0	0.0	0.0	14.1
国联证券玉祁镇湖西路证券营业部	江苏	无锡	411.2	291.1	3.0	0.0	0.0	117.1
海通证券九水东路证券营业部	山东	青岛	411.2	390.4	1.2	0.0	0.0	19.6
信达证券西四路证券营业部	辽宁	抚顺	410.7	397.2	0.2	0.0	1.2	12.1
华安证券金顾路证券营业部	安徽	六安	409.6	316.5	2.0	0.0	0.0	91.2
宏源证券新港西路证券营业部	广东	广州	409.6	257.7	0.3	0.0	0.1	151.6
宏源证券万昌西路证券营业部	浙江	台州	409.4	350.7	0.4	0.0	0.0	58.3
华创证券文化北路证券营业部	贵州	凯里	408.9	408.7	0.1	0.0	0.0	0.0

注：营业部交易金额的单位为百万元。

证券营业部交易
Trading of Business Department

营业部名称 Business Department	省份 Province	城市 City	总计 Total	股票 Share	基金 Fund	政府债 G-Bond	公司债 C-Bond	债券回购 Repo
德邦证券庐山路证券营业部	江苏	南京	408.8	173.8	0.1	0.0	0.0	234.9
齐鲁证券有限惠民西门大街证券营业部	山东	滨州	408.0	396.4	0.3	0.0	0.0	11.4
广发证券未央路证券营业部	陕西	西安	407.1	378.0	0.2	0.0	0.0	28.9
安信证券增城夏街大道证券营业部	广东	广州	406.8	346.6	0.4	0.0	0.0	59.8
海通证券赣东大道证券营业部	江西	抚州	406.0	387.7	0.0	0.0	0.0	18.3
宏源证券玛依友谊路南证券营业部	新疆	克拉玛依	405.6	131.9	0.7	0.0	0.0	273.0
首创证券万家丽路证券营业部	湖南	长沙	404.7	99.9	0.0	0.0	0.0	304.8
东北证券北宫东街证券营业部	山东	潍坊	403.1	212.7	33.0	0.0	0.0	157.4
长江证券文泉大道证券营业部	湖北	洪湖	402.5	332.6	42.7	0.0	0.0	27.3
银泰证券解放南路证券营业部	江苏	徐州	401.5	59.5	0.0	0.0	0.0	342.0
中原证券风穴路证券营业部	河南	平顶山	401.2	400.1	1.1	0.0	0.0	0.0
华龙证券证券营业部	甘肃	定西	400.6	377.6	0.6	0.0	0.0	22.4
海通证券经二路证券营业部	陕西	宝鸡	399.0	330.0	5.0	0.0	0.0	64.0
华西证券县宜建路证券营业部	四川	宜宾	398.4	229.4	7.8	0.0	2.6	158.6
齐鲁证券有限高新区龙潭路证券营业部	山东	泰安	397.4	317.8	1.4	0.0	0.0	78.2
方正证券瑞达路证券营业部	河南	郑州	396.8	355.8	1.9	0.0	0.0	39.2
中邮证券分公司	深圳	深圳	396.1	328.3	0.4	0.0	0.2	67.2
红塔证券环城西路证券营业部	云南	昆明	395.2	370.6	1.3	0.0	0.0	23.3
东吴证券陆家镇童泾路证券营业部	江苏	苏州	394.8	264.7	1.4	0.0	0.0	128.7
西南证券康平街证券营业部	吉林	长春	394.5	234.4	0.5	0.0	0.0	159.6
东北证券辽河农垦管理区东文明路证券营业部	吉林	四平	394.0	99.9	0.0	0.0	0.0	294.1
中国银河证券解放四路证券营业部	海南	三亚	393.6	323.8	20.2	0.0	1.0	48.6
财通证券武义武阳东路证券营业部	浙江	金华	393.5	320.2	1.2	0.0	0.0	72.1
财通证券良港西路证券营业部	浙江	温州	392.9	381.9	0.1	0.0	0.0	10.9
联讯证券东江三路证券营业部	广东	惠州	392.7	382.5	0.0	0.0	0.0	10.2
东北证券南二环路证券营业部	四川	成都	392.4	86.1	8.3	0.0	0.0	297.9
海通证券丹桂大街证券营业部	四川	自贡	392.0	354.1	2.8	0.0	1.0	34.1
中信证券(山东)燕儿岛路证券营业部	山东	青岛	389.2	241.2	2.1	0.0	0.0	145.9
东海证券香山路证券营业部	江苏	苏州	388.8	198.7	0.6	0.0	0.0	189.5
安信证券九华南路证券营业部	安徽	芜湖	386.7	169.7	2.8	0.0	0.0	214.2
华泰证券现代大道证券营业部	江苏	苏州	385.7	357.5	1.0	0.0	0.0	27.3
安信证券小武基北路证券营业部	北京	北京	384.4	104.9	0.0	0.0	0.0	279.5
齐鲁证券有限南二环路证券营业部	陕西	西安	382.8	238.3	0.4	0.0	0.0	144.1
华创证券白云南路证券营业部	贵州	贵阳	382.5	322.7	0.0	0.0	0.5	59.3
中信证券(山东)阳光新路证券营业部	山东	济南	382.5	219.0	1.6	0.0	0.0	161.9
民生证券祖庙路证券营业部	广东	佛山	381.9	66.2	0.0	0.0	0.0	315.7
中国银河证券迎宾路证券营业部	浙江	富阳	379.7	293.8	1.3	0.0	0.0	84.6
广发证券成山路证券营业部	上海	上海	378.6	230.5	70.3	0.0	0.0	77.8
恒泰证券哈萨尔路证券营业部	吉林	松原	377.9	287.3	0.6	0.0	0.0	89.9
国泰君安证券苏绣路证券营业部	江苏	苏州	377.2	368.7	1.5	0.0	0.0	7.1
东北证券慈城解放路证券营业部	浙江	宁波	376.7	139.2	0.3	0.0	0.0	237.2
万联证券南沙进港大道证券营业部	广东	广州	376.6	174.4	17.6	0.0	0.2	184.3
海通证券天汉大道证券营业部	陕西	汉中	376.6	303.0	1.9	0.0	0.0	71.7
西南证券学苑路证券营业部	山西	运城	374.5	236.2	2.8	0.0	0.2	135.3
财达证券沭阳深圳东路证券营业部	江苏	宿迁	372.4	370.2	0.1	0.0	0.3	1.8
长城证券分公司	深圳	深圳	371.7	368.8	0.2	0.0	0.2	2.5
日信证券北辰东路证券营业部	北京	北京	371.3	183.5	4.6	0.0	0.2	183.0
方正证券鼎城路证券营业部	湖南	常德	370.5	356.3	0.2	0.0	8.6	5.5
安信证券阳西证券营业部	广东	阳江	370.4	290.0	1.5	0.0	0.0	78.9
长城证券湖滨南路证券营业部	福建	厦门	368.9	240.5	1.5	0.0	0.0	127.0

注：营业部交易金额的单位为百万元。

证券营业部交易
Trading of Business Department

营业部名称 Business Department	省份 Province	城市 City	总计 Total	股票 Share	基金 Fund	政府债 G-Bond	公司债 C-Bond	债券回购 Repo
宏源证券南五马路证券营业部	辽宁	沈阳	368.9	329.0	0.0	0.0	0.0	39.9
华鑫证券江北城西大街证券营业部	重庆	重庆	368.6	169.6	0.0	0.0	0.0	199.0
银泰证券南海岭南路证券营业部	广东	佛山	368.2	130.9	0.0	0.0	0.0	237.3
浙商证券庄中山东路证券营业部	河北	石家庄	367.2	250.3	0.0	0.0	0.0	116.9
中银国际证券唐宫路证券营业部	河南	洛阳	366.8	276.9	0.0	0.0	0.0	89.9
华安证券中州路证券营业部	河南	洛阳	365.9	273.9	0.2	0.0	0.0	91.8
中信建投证券番禺国泰路证券营业部	广东	广州	365.9	143.2	1.1	0.0	0.0	221.6
浙商证券世纪大道证券营业部	浙江	嘉兴	364.4	160.6	0.0	0.0	0.0	203.8
南京证券淮河北路证券营业部	江苏	淮安	363.7	336.7	19.2	0.0	1.0	6.8
安信证券青塔西路证券营业部	北京	北京	362.7	121.0	0.0	0.0	0.0	241.7
国联证券安镇锡东大道证券营业部	江苏	无锡	362.6	212.5	0.0	0.0	0.0	150.1
银泰证券常平大道证券营业部	广东	东莞	361.7	349.5	0.0	0.0	0.0	12.2
中国银河证券沂蒙路证券营业部	山东	临沂	360.5	230.8	0.7	0.0	0.0	129.0
齐鲁证券有限中山北路证券营业部	山东	临沂	358.8	356.4	1.1	0.0	0.0	1.3
广发证券浩特昭乌达路证券营业部	内蒙	呼和浩特	356.9	337.1	7.1	0.0	0.2	12.5
民生证券凯旋路证券营业部	河南	洛阳	356.5	259.2	0.0	0.0	0.0	97.3
国泰君安证券珞瑜路证券营业部	湖北	武汉	355.8	346.6	0.1	0.0	0.0	9.1
宏源证券大丰人民南路证券营业部	江苏	盐城	354.3	348.3	1.4	0.0	0.0	4.6
宏源证券武大园一路证券营业部	湖北	武汉	353.2	331.3	0.0	0.0	0.0	21.9
东海证券白马泾路证券营业部	江苏	苏州	352.4	329.7	0.0	0.0	0.0	22.7
西部证券陈仓证券营业部	陕西	宝鸡	352.2	128.9	0.0	0.0	0.0	223.2
渤海证券滨海新区大港光明大道证券营业部	天津	天津	351.9	221.5	1.0	0.0	0.0	129.3
华福证券深南大道证券营业部	深圳	深圳	351.8	328.9	0.2	0.0	0.0	22.7
广发证券南海里水证券营业部	广东	佛山	351.7	331.7	12.7	0.0	0.2	7.1
国都证券文昌中路证券营业部	河南	济源	351.4	322.5	4.2	0.0	0.9	23.9
安信证券阜荣街证券营业部	北京	北京	351.3	114.6	28.7	0.0	25.8	182.3
光大证券天宁北路证券营业部	广东	肇庆	350.0	167.2	0.3	0.0	1.8	180.7
长江证券解放大道汉西证券营业部	湖北	武汉	350.0	342.6	7.4	0.0	0.0	0.0
招商证券圣城街证券营业部	山东	寿光	349.6	312.5	6.9	0.0	0.0	30.3
中信建投证券天府三街证券营业部	四川	成都	349.6	223.2	0.6	0.0	0.0	125.8
财富证券临武县临武大道证券营业部	湖南	郴州	347.7	342.1	0.9	0.0	0.0	4.7
太平洋证券春园西路证券营业部	湖北	襄阳	346.8	280.6	0.5	0.0	11.7	54.1
宏源证券响水双园东路证券营业部	江苏	盐城	346.3	229.2	4.1	0.0	0.2	112.9
日信证券花园路证券营业部	河南	郑州	345.5	281.3	0.1	0.0	0.0	64.1
华鑫证券迎宾大道中证券营业部	广东	江门	344.2	149.0	0.1	0.0	0.0	195.1
中信证券前海证券营业部	深圳	深圳	343.1	287.2	1.3	0.0	0.0	54.6
国泰君安证券中关村大街证券营业部	北京	北京	341.5	336.8	3.0	0.0	1.2	0.5
东吴证券震泽证券营业部	江苏	苏州	341.1	252.1	0.1	0.0	0.0	88.9
招商证券青岛北路证券营业部	山东	威海	340.5	231.1	0.0	0.0	0.4	109.1
国海证券田东县朝阳路证券营业部	广西	百色	340.5	227.3	0.7	0.0	0.0	112.5
宏源证券勒利民路证券营业部	新疆	库尔勒	340.1	239.1	3.4	0.0	0.0	97.6
东方证券荔华东大道营业部	福建	莆田	340.0	275.9	6.3	0.0	0.0	57.8
西藏同信证券车站大道证券营业部	浙江	温州	339.4	318.5	0.0	0.0	0.4	20.5
五矿证券有限海秀路证券营业部	深圳	深圳	338.9	333.0	0.0	0.0	0.0	5.9
联讯证券惊驾路证券营业部	浙江	宁波	338.6	151.3	0.0	0.0	0.0	187.3
齐鲁证券有限微山奎文东路证券营业部	山东	济宁	338.2	207.2	4.3	0.0	0.1	126.6
东吴证券长江路证券营业部	江苏	苏州	338.2	289.5	0.0	0.0	0.0	48.7
华鑫证券杨桥路证券营业部	福建	福州	337.5	298.5	0.0	0.0	0.0	39.0
五矿证券有限汉口路证券营业部	上海	上海	336.7	78.3	0.1	0.0	0.0	258.4
华创证券胜境大道证券营业部	贵州	盘县	336.5	336.3	0.0	0.0	0.0	0.2

注：营业部交易金额的单位为百万元。

证券营业部交易
Trading of Business Department

营业部名称 Business Department	省份 Province	城市 City	总计 Total	股票 Share	基金 Fund	政府债 G-Bond	公司债 C-Bond	债券回购 Repo
海通证券七星路证券营业部	浙江	绍兴	336.5	310.5	18.5	0.0	0.0	7.5
华龙证券广场证券营业部	甘肃	天水	336.0	179.3	0.0	0.0	0.0	156.7
中信证券(山东)新兴北路证券营业部	山东	滕州	335.1	150.8	0.0	0.0	0.0	184.3
齐鲁证券有限证券有限公司北京安慧里证券营业部	北京	北京	334.4	290.2	1.4	0.0	0.0	42.9
西南证券铜梁证券营业部	重庆	重庆	334.0	299.0	0.4	0.0	0.0	34.6
国联证券东港镇健康路证券营业部	江苏	无锡	333.9	173.7	2.4	0.0	0.2	157.7
中银国际证券中江县伍城中路证券营业部	四川	德阳	333.2	214.1	12.8	0.0	0.5	105.8
长城证券人民路证券营业部	河南	新乡	333.0	217.3	0.0	0.0	0.0	115.7
国泰君安证券南坪惠工路证券营业部	重庆	重庆	332.7	276.3	16.6	0.0	0.1	39.8
东海证券济川路证券营业部	江苏	泰兴	331.4	266.0	0.2	0.0	0.1	65.1
西南证券仲英大道证券营业部	江苏	苏州	330.9	115.5	1.9	0.0	5.5	208.0
国都证券崇明新河镇证券营业部	上海	上海	330.2	186.7	0.5	0.0	0.0	143.0
海通证券艮塔东路证券营业部	浙江	诸暨	330.0	222.3	10.6	0.0	0.1	97.0
中国银河证券南雷路证券营业部	浙江	余姚	329.2	169.4	28.3	0.0	0.0	131.5
招商证券布龙路证券营业部	深圳	深圳	328.6	322.7	0.1	0.0	4.6	1.1
东吴证券吴中大道证券营业部	江苏	苏州	328.1	203.4	0.0	0.0	0.0	124.7
华龙证券英雄南路证券营业部	山西	长治	327.8	155.0	3.7	0.0	0.0	169.1
信达证券玉兰路证券营业部	浙江	台州	327.8	298.4	0.2	0.0	0.0	29.2
广发证券石岛证券营业部	山东	荣成	326.2	317.3	1.1	0.0	0.7	7.1
齐鲁证券有限奎星路证券营业部	山东	济宁	326.0	253.3	0.0	0.0	0.0	72.6
宏源证券建设南街证券营业部	四川	成都	324.0	323.6	0.0	0.0	0.0	0.3
万联证券长江西路证券营业部	安徽	合肥	323.1	65.7	0.0	0.0	0.0	257.4
财通证券下沙证券营业部	浙江	杭州	322.2	290.6	1.2	0.0	0.1	30.3
方正证券黄河路证券营业部	河南	濮阳	322.2	184.7	0.5	0.0	3.8	133.2
东方证券财富广场证券营业部	浙江	绍兴	322.1	98.4	0.0	0.0	0.0	223.7
华龙证券中山东路证券营业部	陕西	宝鸡	321.6	248.9	0.2	0.0	0.0	72.5
安信证券蕲春证券营业部	湖北	黄冈	321.1	270.7	2.2	0.0	0.1	48.1
东吴证券花桥证券营业部	江苏	昆山	321.0	77.3	0.0	0.0	0.0	243.7
招商证券港人民中路证券营业部	江苏	张家港	320.0	64.6	0.0	0.0	0.0	255.4
南京证券九龙街证券营业部	江西	九江	318.9	220.9	77.9	0.0	0.0	20.0
长江证券航空大道证券营业部	湖北	恩施	318.3	310.0	7.6	0.0	0.7	0.0
国联证券张渚镇桃溪路证券营业部	江苏	无锡	317.9	217.0	0.1	0.0	0.1	100.7
光大证券博爱四路证券营业部	广东	中山	317.4	60.9	0.0	0.0	0.0	256.5
财富证券市大正街证券营业部	湖南	湘潭	317.3	304.0	0.8	0.0	0.0	12.5
西南证券永川红河大道证券营业部	重庆	永川	316.4	278.8	0.1	0.0	0.0	37.6
恒泰证券乌达区巴音赛街证券营业部	内蒙	乌海	315.6	126.3	0.9	0.0	0.0	188.4
国元证券高新四路证券营业部	陕西	西安	314.9	289.9	0.3	0.0	0.0	24.8
安信证券翁源建设一路证券营业部	广东	韶关	314.9	135.6	129.2	0.0	0.0	50.2
国都证券龙泉路证券营业部	吉林	通化	314.9	288.5	12.7	0.0	0.0	13.7
华泰证券分公司	浙江	杭州	314.6	286.5	1.7	0.0	2.2	24.2
华安证券西三环北路证券营业部	北京	北京	313.4	274.1	1.8	0.0	2.3	35.1
宏源证券环科园新城路证券营业部	江苏	宜兴	313.1	308.6	0.0	0.0	0.0	4.5
大同证券经纪迎宾北路证券营业部	山西	孝义	312.8	155.0	58.6	0.0	0.0	99.2
东吴证券汾湖证券营业部	江苏	苏州	312.4	281.8	0.0	0.0	0.2	30.4
长城证券庄建华南大街证券营业部	河北	石家庄	311.2	132.3	18.2	0.0	0.0	160.7
国信证券分公司	陕西	西安	307.8	271.1	4.4	0.1	0.2	32.0
银泰证券东风路证券营业部	河南	郑州	307.2	166.8	0.0	0.0	0.0	140.4
广州证券车站大道证券营业部	浙江	温州	306.7	284.0	0.1	0.0	0.0	22.7
日信证券悦宾街证券营业部	辽宁	沈阳	305.1	295.8	0.0	0.0	0.1	9.2
首创证券含光路证券营业部	陕西	西安	305.0	87.6	2.4	0.0	0.0	214.9

注：营业部交易金额的单位为百万元。

证券营业部交易
Trading of Business Department

营业部名称 Business Department	省份 Province	城市 City	总计 Total	股票 Share	基金 Fund	政府债 G-Bond	公司债 C-Bond	债券回购 Repo
安信证券建国门外大街证券营业部	北京	北京	304.7	278.2	0.2	0.0	0.0	26.4
西部证券环城北路证券营业部	江苏	江阴	303.7	226.2	0.0	0.0	0.0	77.5
广发证券顾北路证券营业部	上海	上海	302.9	146.7	121.7	0.0	0.0	34.6
万联证券湖滨南路证券营业部	福建	厦门	302.2	210.4	39.6	0.0	0.0	52.2
日信证券人民大街证券营业部	吉林	长春	300.3	229.4	1.4	0.0	11.5	58.1
山西证券振兴路证券营业部	山西	临汾	299.9	181.2	2.3	0.0	0.0	116.3
国联证券钱桥金岸路证券营业部	江苏	无锡	299.5	183.0	1.1	0.0	0.0	115.5
海通证券南岭大道证券营业部	湖南	郴州	298.4	298.3	0.0	0.0	0.0	0.1
安信证券苎萝东路证券营业部	浙江	绍兴	297.1	254.2	0.0	0.0	0.0	42.9
国泰君安证券朝内大街证券营业部	北京	北京	296.7	265.0	1.1	0.0	21.8	8.8
开源证券清姜路证券营业部	陕西	宝鸡	295.4	265.0	3.3	0.0	0.0	27.2
东莞证券中堂振兴路证券营业部	广东	东莞	295.2	269.3	1.3	0.0	0.0	24.6
宏源证券龙州南路证券营业部	湖南	益阳	293.0	256.5	0.4	0.0	0.0	36.1
华泰证券纺工路证券营业部	浙江	嘉兴	292.6	279.3	0.0	0.0	3.2	10.1
西部证券通达路证券营业部	山东	临沂	292.1	157.5	6.0	0.0	0.0	128.6
海通证券昆阳街证券营业部	云南	昆明	291.9	280.9	0.1	0.0	0.0	10.9
国泰君安证券分公司	河南	郑州	291.1	112.1	0.1	0.0	0.0	178.8
方正证券寒山路证券营业部	浙江	台州	290.3	242.8	0.0	0.0	0.4	47.1
国泰君安证券通荷路证券营业部	浙江	衢州	289.9	254.9	0.0	0.0	0.0	35.0
招商证券红星东路证券营业部	山东	济宁	289.7	187.4	0.5	0.0	0.0	101.8
华福证券分公司	浙江	杭州	289.3	196.7	0.1	0.0	0.5	92.1
齐鲁证券有限黄河路证券营业部	山东	济南	289.0	214.4	70.4	0.0	0.0	4.2
南京证券柳洲南路证券营业部	江苏	南京	288.9	139.7	0.2	0.0	0.1	148.9
中原证券中北路证券营业部	湖北	武汉	288.6	176.9	0.0	30.5	0.3	80.9
西南证券西大街证券营业部	青海	西宁	287.2	206.0	0.0	0.0	0.3	80.9
西部证券高陵证券营业部	陕西	西安	286.8	230.0	0.1	0.0	0.2	56.6
西藏同信证券光明西道证券营业部	河北	廊坊	286.3	283.3	0.3	0.0	0.0	2.7
招商证券南沙进港大道证券营业部	广东	广州	285.5	281.3	0.5	0.0	0.0	3.7
财通证券袍江育贤东路证券营业部	浙江	绍兴	284.4	181.6	0.0	0.0	0.1	102.8
国海证券岑溪市义洲大道证券营业部	广西	梧州	284.4	259.8	1.8	0.0	0.0	22.7
中信建投证券建湘路证券营业部	湖南	岳阳	283.4	212.8	0.1	0.0	0.0	70.5
中信证券文化西街证券营业部	宁夏	银川	282.6	16.0	0.2	0.0	0.0	266.5
华西证券邻水县东临路证券营业部	四川	广安	282.3	281.6	0.2	0.0	0.0	0.5
齐鲁证券有限方庄南路证券营业部	北京	北京	281.1	180.9	22.3	0.0	0.0	77.8
财通证券路桥邮电路证券营业部	浙江	台州	280.5	165.2	0.1	0.0	0.0	115.2
万联证券汕尾大道证券营业部	广东	汕尾	279.3	245.8	0.7	0.0	0.0	32.8
南京证券铝城正街证券营业部	重庆	重庆	277.3	201.0	0.0	0.0	0.0	76.3
申银万国证券荔华东大道证券营业部	福建	莆田	277.2	150.4	14.3	0.0	0.0	112.5
中信证券龙岗黄阁路证券营业部	深圳	深圳	276.0	243.0	0.4	0.0	0.0	32.6
中航证券有限市南昌县澄湖北大道证券营业部	江西	南昌	275.4	184.7	0.9	0.0	0.2	89.6
山西证券新建西街证券营业部	山西	长治	274.8	266.4	0.9	0.0	0.0	7.5
东吴证券徐凝门路证券营业部	江苏	扬州	274.7	121.5	0.0	0.0	0.2	153.0
中山证券星湖大道证券营业部	广东	肇庆	274.6	114.2	0.0	0.0	0.2	160.2
第一创业证券永兴路证券营业部	河北	廊坊	273.3	71.3	1.3	0.0	2.6	198.1
宏信证券辽源路证券营业部	山东	青岛	273.1	215.2	16.0	0.0	0.0	41.9
长城证券华新路证券营业部	湖北	黄石	272.0	180.9	9.8	0.0	0.0	81.2
财达证券庄平山柏坡东路证券营业部	河北	石家庄	271.6	124.7	8.3	0.0	0.0	138.7
中国银河证券长白西路证券营业部	辽宁	沈阳	271.3	198.0	0.0	0.0	0.0	73.3
东兴证券解放路证券营业部	山东	济南	270.9	197.5	0.3	0.0	0.0	73.1
南京证券山平罗团结西路证券营业部	宁夏	石嘴山	270.2	189.5	0.0	0.0	0.0	80.7

注：营业部交易金额的单位为百万元。

证券营业部交易
Trading of Business Department

营业部名称 Business Department	省份 Province	城市 City	总计 Total	股票 Share	基金 Fund	政府债 G-Bond	公司债 C-Bond	债券回购 Repo
长城证券玉函路证券营业部	山东	济南	270.0	124.9	2.9	0.0	0.0	142.1
中信建投证券肤施路证券营业部	陕西	西安	269.9	226.3	2.1	0.0	0.0	41.6
国泰君安证券世纪大道证券营业部	陕西	咸阳	269.4	202.2	0.0	0.0	0.0	67.2
中国银河证券振兴街证券营业部	山西	晋中	269.1	264.8	2.0	0.0	0.0	2.3
国泰君安证券建国路证券营业部	北京	北京	268.9	261.6	2.7	0.0	0.0	4.6
国盛证券江东中路证券营业部	江苏	南京	268.2	254.9	2.7	0.0	0.1	10.5
五矿证券有限中北路证券营业部	湖北	武汉	266.6	198.9	0.2	0.0	0.1	67.4
东吴证券周市镇萧林东路证券营业部	江苏	苏州	265.8	152.1	0.9	0.0	0.0	112.8
五矿证券有限广东路证券营业部	广西	北海	265.0	263.5	1.5	0.0	0.0	0.0
华泰证券氿滨大道证券营业部	江苏	宜兴	264.5	105.8	5.1	0.0	0.0	153.6
国元证券周元路证券营业部	安徽	蒙城	263.4	262.4	0.4	0.6	0.0	0.0
西南证券开县证券营业部	重庆	重庆	263.1	221.2	1.1	0.0	0.0	40.9
首创证券经贸路证券营业部	江苏	无锡	261.8	191.9	0.0	0.0	0.1	69.7
宏源证券中山南路证券营业部	广西	桂林	261.7	245.9	0.0	0.0	0.0	15.8
海通证券子材西大街证券营业部	广西	钦州	261.0	177.6	0.0	0.0	65.5	17.9
华西证券望景路证券营业部	四川	自贡	260.9	238.5	0.6	0.0	0.0	21.9
中信建投证券长江北路证券营业部	江苏	无锡	260.9	83.9	9.3	0.0	0.0	167.7
民生证券谷阳北路证券营业部	上海	上海	260.5	171.6	0.0	0.0	0.0	88.9
中原证券证券股份有限公司洛阳中州西路证券营业	河南	洛阳	260.1	216.1	1.5	0.0	0.1	42.3
中原证券五一路证券营业部	河南	南阳	259.6	165.9	0.4	0.0	0.0	93.4
东方证券浩特新华东街证券营业部	内蒙	呼和浩特	259.6	259.6	0.0	0.0	0.0	0.0
海通证券燕山中路证券营业部	江苏	溧阳	258.7	238.0	0.0	0.0	0.0	20.7
齐鲁证券有限朝阳路证券营业部	江苏	无锡	258.4	228.8	0.0	0.0	0.1	29.5
民生证券济源路证券营业部	河南	郑州	257.9	193.7	0.1	0.0	0.0	64.1
招商证券市府大道证券营业部	浙江	台州	256.4	249.6	0.0	0.0	0.0	6.7
海通证券巴陵中路证券营业部	湖南	岳阳	256.3	141.8	0.0	0.0	0.0	114.5
日信证券文三路证券营业部	浙江	杭州	256.1	101.8	30.8	0.0	0.0	123.4
宏源证券浩特新华东街证券营业部	内蒙	呼和浩特	255.0	165.7	13.3	0.0	0.0	76.0
光大证券莫愁大道证券营业部	湖北	荆门	254.1	150.6	103.2	0.0	0.0	0.3
天源证券有限河门街证券营业部	青海	乐都	253.4	249.4	0.2	0.0	0.0	3.8
中国银河证券浦东新区金高路证券营业部	上海	上海	253.3	24.8	226.1	0.0	0.0	2.4
海通证券城东路证券营业部	浙江	丽水	253.2	198.3	1.5	0.0	0.0	53.4
中国民族证券鹿城北路证券营业部	云南	楚雄	253.2	171.2	0.5	0.0	0.0	81.5
华安证券百步亭花园路证券营业部	湖北	武汉	253.0	237.2	0.1	0.0	0.0	15.8
国泰君安证券滨河北东路证券营业部	山西	吕梁	252.5	221.8	2.7	0.0	0.0	28.0
海通证券天长东路证券营业部	安徽	滁州	252.1	209.9	0.1	0.0	0.0	42.1
中国银河证券工农路证券营业部	江苏	南通	251.4	196.5	0.0	0.0	0.0	54.9
国元证券卧龙山路证券营业部	安徽	淮南	249.9	217.2	0.1	0.0	0.0	32.7
财达证券潜山路证券营业部	安徽	合肥	249.9	246.0	0.0	0.0	0.0	3.9
申银万国证券前园南路证券营业部	安徽	黄山	249.5	226.8	0.1	0.0	0.0	22.5
东吴证券西塘镇证券营业部	浙江	嘉兴	249.4	231.7	0.0	0.0	0.0	17.7
齐鲁证券有限河滨路证券营业部	山东	青州	249.0	152.4	3.6	0.1	7.8	85.2
国信证券阜宁新城北京路证券营业部	江苏	盐城	248.4	193.9	1.0	0.0	0.3	53.2
齐鲁证券有限十泉路证券营业部	山东	临沂	248.3	231.8	5.4	0.0	0.0	11.1
安信证券东海二路证券营业部	广东	中山	248.1	233.6	5.2	0.0	0.0	9.3
招商证券阳明西路证券营业部	浙江	余姚	247.5	104.2	0.0	0.0	8.7	134.7
华西证券大竹县北大街证券营业部	四川	达州	246.8	205.1	21.0	0.0	0.0	20.7
西南证券万盛大道证券营业部	重庆	重庆	246.4	211.7	10.5	0.0	0.0	24.2
中原证券文化北路证券营业部	河南	南阳	246.0	212.6	7.4	0.0	0.0	26.0
中信证券(山东)鸢飞路证券营业部	山东	潍坊	245.8	165.4	0.0	0.0	0.0	80.4

注：营业部交易金额的单位为百万元。

证券营业部交易
Trading of Business Department

营业部名称 Business Department	省份 Province	城市 City	总计 Total	股票 Share	基金 Fund	政府债 G-Bond	公司债 C-Bond	债券回购 Repo
国盛证券学院东路证券营业部	浙江	温州	244.7	232.8	0.1	0.0	0.0	11.8
财通证券龙游荣昌路证券营业部	浙江	衢州	244.2	221.5	0.0	0.0	0.0	22.7
中信证券（浙江）民主路证券营业部	福建	泉州	243.7	171.3	10.7	0.0	1.0	60.7
太平洋证券新市街证券营业部	云南	玉溪	243.6	174.6	0.6	0.0	0.4	68.0
中银国际证券文星大道证券营业部	湖北	鄂州	243.0	63.9	0.4	0.0	0.0	178.7
海通证券洱河南路证券营业部	云南	大理	241.5	220.8	0.2	0.0	0.0	20.5
西部证券鸿基路证券营业部	陕西	铜川	240.7	138.7	0.0	0.0	0.0	102.0
财通证券东南路证券营业部	浙江	绍兴	240.4	44.0	0.0	0.0	0.0	196.4
浙商证券旺墩路证券营业部	江苏	苏州	239.3	209.0	2.9	0.0	0.0	27.5
招商证券浩特中山西路证券营业部	内蒙	呼和浩特	237.3	162.9	0.1	0.0	2.5	71.8
中信建投证券浩特乌兰察布东街证券营业部	内蒙	呼和浩特	236.6	159.4	8.0	0.0	9.8	59.4
海通证券公园中路证券营业部	江西	萍乡	236.4	216.3	1.2	0.0	12.1	6.8
西南证券海虞北路证券营业部	江苏	常熟	235.9	232.3	0.0	0.0	0.0	3.6
华泰证券盱眙淮河东路证券营业部	江苏	淮安	235.7	89.4	132.8	0.0	0.0	13.5
国元证券紫金山路证券营业部	山东	青岛	235.4	113.3	0.0	0.0	0.0	122.0
中银国际证券江津西路证券营业部	湖北	荆州	235.2	232.9	0.1	0.0	0.0	2.2
东吴证券高新区前进西路证券营业部	江苏	苏州	235.1	88.0	0.0	0.0	0.0	147.1
申银万国证券崇福镇崇德西路证券营业部	浙江	嘉兴	234.9	222.9	0.3	0.0	0.0	11.7
财达证券斯富锦建三江站前路证券营业部	黑龙江	佳木斯	234.1	213.7	0.0	0.0	0.0	20.3
中银国际证券兴隆台街证券营业部	辽宁	盘锦	233.9	87.3	0.0	0.0	0.0	146.6
首创证券证券有限责任公司江苏分公司	江苏	南京	233.6	223.2	1.2	0.0	0.0	9.1
东方证券南内环街证券营业部	山西	太原	233.2	213.7	0.0	0.0	0.2	19.3
南京证券香格里大道证券营业部	云南	丽江	233.2	126.2	0.0	0.0	4.1	102.9
中国银河证券统一路证券营业部	山东	威海	230.9	160.8	0.0	0.0	8.1	62.0
齐鲁证券有限新建二路证券营业部	山东	泰安	230.8	230.6	0.0	0.0	0.0	0.2
红塔证券证券股份有限公司玉溪凤凰路证券营业部	云南	玉溪	230.7	142.3	0.0	0.0	0.0	88.4
财富证券劳动中路证券营业部	湖南	长沙	230.4	227.4	3.0	0.0	0.0	0.0
东海证券厦门分公司	福建	厦门	228.4	110.5	3.4	0.0	0.0	114.4
中信证券浩特如意和大街证券营业部	内蒙	呼和浩特	228.2	127.4	0.0	0.0	0.0	100.8
东方证券河东大道证券营业部	湖南	湘潭	227.9	179.8	0.1	0.0	0.0	48.0
宏源证券花果园大街证券营业部	贵州	贵阳	227.0	189.4	0.0	0.0	0.0	37.6
东吴证券望亭镇牡丹路证券营业部	江苏	苏州	226.1	219.4	0.0	0.0	0.0	6.7
中信证券（浙江）古墩路证券营业部	浙江	杭州	225.6	102.1	0.0	0.0	0.0	123.5
齐鲁证券有限氿滨南路证券营业部	江苏	宜兴	225.5	186.8	0.0	0.0	0.0	38.7
长江证券花园路证券营业部	江苏	兴化	224.9	222.5	0.1	0.0	0.0	2.3
华安证券滨湖广西路证券营业部	安徽	合肥	224.8	174.2	11.4	0.0	0.0	39.2
海通证券昆仑大街证券营业部	辽宁	营口	224.1	218.5	0.1	0.0	0.0	5.4
光大证券广顺北大街证券营业部	北京	北京	223.8	192.2	0.4	0.0	0.0	31.2
国海证券灵山县江南路证券营业部	广西	钦州	223.3	218.6	0.1	0.0	0.0	4.6
中信建投证券鸿兴路证券营业部	上海	上海	223.2	73.3	2.6	0.0	0.0	147.4
东吴证券辽河老街证券营业部	辽宁	营口	222.7	174.9	0.0	0.0	3.9	43.8
方正证券宁远泠江东路证券营业部	湖南	永州	222.6	190.5	0.2	0.0	0.0	31.9
方正证券河西南路证券营业部	湖南	临湘	222.3	220.4	0.0	0.0	0.0	1.9
南京证券分公司	江苏	苏州	222.0	222.0	0.0	0.0	0.0	0.0
信达证券证券股份有限公司镇江长江路证券营业部	江苏	镇江	221.7	181.6	1.9	0.0	0.0	38.2
海通证券乌兰大街证券营业部	吉林	松原	221.1	124.0	5.6	0.0	0.0	91.4
安信证券紫金香江中路证券营业部	广东	河源	220.1	211.9	1.4	0.0	0.4	6.4
海通证券东风东街证券营业部	山东	潍坊	219.2	204.8	4.0	0.0	0.0	10.4
齐鲁证券有限五莲富强路证券营业部	山东	日照	218.8	179.3	35.8	0.0	0.0	3.7
光大证券建设大道证券营业部	广东	河源	218.8	209.9	1.4	0.0	0.0	7.5

注：营业部交易金额的单位为百万元。

证券营业部交易
Trading of Business Department

营业部名称 Business Department	省份 Province	城市 City	总计 Total	股票 Share	基金 Fund	政府债 G-Bond	公司债 C-Bond	债券回购 Repo
招商证券中心路证券营业部	深圳	深圳	217.5	194.4	0.1	0.0	0.0	22.9
海通证券安岭漠河振兴路证券营业部	黑龙江	大兴安岭	216.4	216.2	0.2	0.0	0.0	0.0
宏源证券东风三路证券营业部	湖北	武汉	214.6	214.2	0.0	0.0	0.0	0.4
中信证券人民大街证券营业部	吉林	长春	213.5	179.6	1.5	0.0	0.0	32.3
财通证券瓜沥友谊路证券营业部	浙江	杭州	213.4	148.2	0.1	0.0	0.0	65.1
方正证券店置地大道证券营业部	河南	驻马店	212.8	183.9	0.4	0.0	1.0	27.4
日信证券浩特锡林大街证券营业部	内蒙	锡林浩特	211.3	83.5	16.1	0.0	0.0	111.7
浙商证券钱清文化路证券营业部	浙江	绍兴	211.3	144.0	0.0	0.0	0.0	67.3
国信证券红旗路证券营业部	山东	临沂	211.2	69.4	0.0	0.0	0.0	141.8
中国银河证券杜桥下朱路证券营业部	浙江	临海	211.2	209.2	0.0	0.0	0.0	1.9
宏源证券人民路证券营业部	辽宁	本溪	211.0	170.5	1.2	0.0	0.1	39.2
华融证券商务外环路证券营业部	河南	郑州	210.6	154.0	11.0	0.0	0.0	45.6
齐鲁证券有限正阳路证券营业部	山东	寿光	210.2	139.7	1.3	0.1	0.0	69.1
长江证券一道河中路证券营业部	安徽	阜阳	209.7	187.3	0.3	0.0	0.3	21.8
国盛证券水湾路证券营业部	广东	珠海	208.8	135.3	0.0	0.0	0.0	73.5
国金证券南马路证券营业部	天津	天津	207.8	168.8	0.0	0.0	0.0	39.0
山西证券怀贤街证券营业部	山西	朔州	206.8	140.3	6.7	0.0	0.0	59.8
大同证券经纪舜都大道证券营业部	山西	运城	206.3	98.8	5.8	0.0	0.0	101.8
西部证券民主路证券营业部	山东	潍坊	205.6	156.2	0.8	0.0	0.0	48.6
东北证券北江北路证券营业部	广东	韶关	204.7	161.7	0.1	0.0	0.0	42.9
国泰君安证券延安街证券营业部	吉林	吉林	204.1	195.2	0.0	0.0	0.0	8.9
红塔证券金源街证券营业部	云南	禄丰	204.1	196.2	0.4	0.0	0.0	7.4
西藏同信证券庄正定府西街证券营业部	河北	石家庄	203.4	193.5	0.3	0.0	0.2	9.4
国都证券红旗路证券营业部	陕西	渭南	202.7	202.7	0.0	0.0	0.0	0.0
招商证券粤海东路证券营业部	广东	珠海	202.6	195.8	3.3	0.0	0.2	3.4
银泰证券南横东街证券营业部	北京	北京	202.4	133.9	0.0	0.0	5.3	63.3
华西证券安岳县柠都大道证券营业部	四川	资阳	200.8	197.3	0.0	0.0	0.0	3.4
山西证券笛扬路证券营业部	浙江	绍兴	199.2	192.6	0.0	0.0	0.0	6.6
华龙证券证券营业部	甘肃	天水	198.9	74.6	1.3	0.0	0.0	123.1
中国银河证券增城荔城街证券营业部	广东	广州	197.6	163.8	0.0	0.0	0.0	33.7
国信证券滨海新区滨海科技园日新道证券营业部	天津	天津	196.7	97.4	0.0	0.0	0.0	99.3
国泰君安证券林丰路证券营业部	辽宁	盘锦	196.7	159.3	0.3	0.0	22.0	15.1
华融证券中山路证券营业部	辽宁	大连	196.5	96.1	7.0	0.0	0.0	93.4
中航证券有限南康东门南路证券营业部	江西	赣州	196.3	44.4	0.0	0.0	0.0	151.9
西南证券福安大街证券营业部	天津	天津	195.4	163.5	0.0	0.0	0.0	31.9
中银国际证券药行街证券营业部	浙江	宁波	195.1	133.6	0.3	0.0	0.0	61.2
华林证券金山路证券营业部	重庆	重庆	195.1	194.1	0.0	0.0	0.0	1.0
国都证券人民路证券营业部	河南	开封	194.8	190.7	2.3	0.0	0.0	1.7
山西证券府新街证券营业部	山西	阳泉	194.7	153.0	0.1	0.0	0.0	41.7
长江证券民主南路证券营业部	河南	焦作	194.2	152.5	0.1	0.0	0.2	41.3
招商证券哈尔公园路证券营业部	黑龙江	齐齐哈尔	193.5	132.5	0.0	0.0	0.0	61.0
首创证券庄长江大道证券营业部	河北	石家庄	192.1	173.0	0.0	0.0	0.0	19.1
中原证券苏门大道证券营业部	河南	新乡	191.9	152.7	0.1	0.0	0.0	39.1
方正证券隆回桃花路证券营业部	湖南	邵阳	191.9	171.9	0.0	0.0	0.0	19.9
国都证券乐山柏杨中路证券营业部	四川	乐山	191.7	107.2	0.0	0.0	0.0	84.5
华龙证券栖云北路证券营业部	甘肃	兰州	191.1	163.1	5.4	0.0	0.0	22.6
华融证券庄中山东路证券营业部	河北	石家庄	190.7	94.6	5.8	0.0	10.9	79.4
广州证券石龙证券营业部	广东	东莞	190.5	129.6	26.2	0.0	0.0	34.7
财通证券人民南路证券营业部	浙江	舟山	190.1	63.4	0.5	0.0	0.0	126.2
齐鲁证券有限建设路证券营业部	山东	济南	188.9	171.9	0.2	0.0	0.0	16.8

注：营业部交易金额的单位为百万元。

证券营业部交易
Trading of Business Department

营业部名称 Business Department	省份 Province	城市 City	总计 Total	股票 Share	基金 Fund	政府债 G-Bond	公司债 C-Bond	债券回购 Repo
国盛证券宁夏路证券营业部	山东	青岛	187.8	153.9	2.4	0.0	0.0	31.5
招商证券文化路证券营业部	安徽	芜湖	186.9	122.1	0.1	0.1	0.0	64.7
西南证券平谷证券营业部	北京	北京	186.7	142.1	4.0	0.0	1.1	39.5
华安证券人民东路证券营业部	安徽	宿州	186.7	186.3	0.4	0.0	0.0	0.0
中国银河证券机场路证券营业部	广东	广州	186.2	148.6	1.7	0.0	0.6	35.3
华安证券兴业街证券营业部	安徽	蚌埠	186.0	146.5	1.0	0.0	0.0	38.5
民生证券永明路证券营业部	河南	安阳	185.1	167.4	0.0	0.0	0.0	17.7
光大证券北仑梅山证券营业部	浙江	宁波	185.0	100.0	0.0	0.0	0.0	85.0
太平洋证券彩云北路证券营业部	云南	昆明	184.6	142.9	1.6	0.0	0.0	40.0
国开证券（非对外营业部）	北京	北京	184.2	0.0	0.0	0.0	184.2	0.0
方正证券鼓楼南大街证券营业部	山西	临汾	184.1	150.9	0.0	0.0	0.0	33.2
中航证券有限山开源路证券营业部	河南	平顶山	184.0	67.3	0.1	0.0	0.0	116.7
国泰君安证券长兴路证券营业部	福建	泉州	183.6	163.0	0.6	0.0	0.0	20.0
厦门证券有限东湖北街证券营业部	四川	成都	183.0	148.2	0.0	0.0	0.0	34.8
西南证券岷江西路证券营业部	四川	德阳	182.3	92.3	0.0	0.0	0.0	90.0
民生证券和平路证券营业部	河南	新乡	180.4	153.3	0.1	0.0	0.0	27.1
安信证券鹭江道证券营业部	福建	厦门	178.6	170.2	0.1	0.0	0.0	8.4
国泰君安证券瑞兴路证券营业部	河北	保定	178.0	157.8	0.0	0.0	0.0	20.2
国都证券长虹大道证券营业部	四川	绵阳	177.8	174.9	0.0	0.0	0.0	2.9
华泰证券仪征白沙路证券营业部	江苏	仪征	177.3	170.4	0.0	0.0	0.1	6.9
长江证券人民东路证券营业部	河北	邯郸	177.3	154.9	0.1	0.0	0.0	22.3
西部证券雁塔南路证券营业部	陕西	西安	177.0	157.2	0.0	0.0	0.0	19.8
方正证券安化新开路证券营业部	湖南	益阳	176.7	176.6	0.0	0.0	0.0	0.1
民生证券七一路证券营业部	河南	周口	176.0	165.2	1.6	0.0	0.0	9.2
国泰君安证券金桐西路证券营业部	北京	北京	175.9	167.0	1.0	0.0	0.0	7.9
光大证券丽都中路证券营业部	广东	梅州	175.7	160.1	0.0	0.0	0.0	15.6
南京证券南大街证券营业部	北京	北京	175.6	174.6	0.2	0.0	0.0	0.8
财富证券隆回桃洪路证券营业部	湖南	邵阳	174.8	173.5	1.4	0.0	0.0	0.0
东兴证券中山中路证券营业部	福建	南平	174.8	127.6	36.0	0.0	0.5	10.7
齐鲁证券有限黄海路证券营业部	山东	烟台	173.9	161.8	2.5	0.0	0.3	9.3
中银国际证券和平大道证券营业部	河南	新乡	173.1	117.0	0.8	0.0	1.3	54.1
齐鲁证券有限郓城东门街证券营业部	山东	菏泽	172.8	172.2	0.2	0.0	0.0	0.4
东海证券正太路证券营业部	山西	晋中	172.0	110.0	0.0	0.0	0.4	61.6
宏源证券滨海海滨大道证券营业部	江苏	盐城	171.7	169.8	0.0	0.0	0.3	1.6
国信证券增城东坑三横中路证券营业部	广东	广州	171.4	69.3	0.1	0.0	0.0	102.0
西藏同信证券迎宾南路证券营业部	江苏	盐城	170.4	131.8	3.2	0.0	0.1	35.4
齐鲁证券有限自贸试验区富特北路证券营业部	上海	上海	170.2	145.1	0.9	0.0	11.5	12.7
中信建投证券中山四路证券营业部	广东	中山	170.2	143.0	8.1	0.0	0.0	19.1
众成证券经纪有限市科技路证券营业部	辽宁	锦州	170.0	170.0	0.0	0.0	0.0	0.0
国泰君安证券南大街证券营业部	山东	烟台	169.6	146.1	0.1	0.0	0.0	23.4
宏信证券拱极路证券营业部	上海	上海	167.4	80.8	0.0	0.0	0.0	86.6
国联证券申港路证券营业部	江苏	无锡	167.0	119.6	0.0	0.0	0.0	47.4
华鑫证券鹤山路证券营业部	山东	青岛	166.4	143.0	0.0	0.0	0.0	23.4
西南证券花临江路证券营业部	四川	攀枝花	166.3	107.6	0.7	0.0	0.0	58.1
大通证券金州斯大林路证券营业部	辽宁	大连	166.1	106.3	0.6	0.0	0.0	59.2
中天证券环城北路证券营业部	江苏	无锡	164.3	7.2	0.0	0.0	0.0	157.1
万联证券恒达路证券营业部	辽宁	沈阳	164.3	138.5	0.1	0.0	0.0	25.8
浙商证券江扬路证券营业部	浙江	绍兴	164.3	144.7	0.0	0.0	0.0	19.6
光大证券岷江西路证券营业部	四川	德阳	164.2	163.4	0.4	0.0	0.0	0.5
招商证券方庄路证券营业部	北京	北京	164.1	122.0	1.2	0.0	0.0	41.0

注：营业部交易金额的单位为百万元。

证券营业部交易
Trading of Business Department

营业部名称 Business Department	省份 Province	城市 City	总计 Total	股票 Share	基金 Fund	政府债 G-Bond	公司债 C-Bond	债券回购 Repo
齐鲁证券有限永兴路证券营业部	山东	临沂	163.6	160.9	0.0	0.0	0.2	2.5
太平洋证券团结路证券营业部	云南	昭通	163.5	154.5	2.0	0.0	0.0	7.0
宏源证券科技路证券营业部	陕西	西安	162.4	135.6	0.2	0.0	0.2	26.5
西南证券江东中路证券营业部	江苏	南京	162.0	100.9	1.1	0.0	0.0	60.0
首创证券新华路证券营业部	河北	邢台	160.7	82.6	0.2	0.0	0.0	77.9
中原证券文明路证券营业部	河南	安阳	160.6	154.0	4.6	0.0	0.0	2.0
国元证券陇海中路证券营业部	河南	郑州	159.7	116.1	0.1	0.0	0.0	43.5
国都证券紫薇路证券营业部	四川	自贡	158.6	146.7	0.9	0.0	0.0	11.0
西南证券迎宾街证券营业部	山西	大同	158.5	148.0	0.0	0.0	0.0	10.5
光大证券潭中东路证券营业部	广西	柳州	157.7	131.2	15.1	0.0	0.0	11.5
华创证券五开南路证券营业部	贵州	黎平	157.7	155.3	0.0	0.0	0.0	2.4
长城证券带湖路证券营业部	江西	上饶	157.7	157.1	0.4	0.0	0.0	0.1
浙商证券青年东路证券营业部	江苏	南通	157.3	114.6	0.0	0.0	0.6	42.1
招商证券胜竹路证券营业部	上海	上海	157.0	102.5	0.1	0.0	0.0	54.4
方正证券高泉南路证券营业部	湖南	汨罗	156.8	48.7	27.9	0.0	0.0	80.2
中国银河证券高新大道证券营业部	陕西	宝鸡	156.6	113.3	0.3	0.0	0.0	43.0
中国银河证券仁寿光明路证券营业部	四川	眉山	156.4	154.8	0.1	0.0	0.0	1.5
浙商证券人民路证券营业部	浙江	温州	156.4	154.5	0.6	0.0	0.0	1.2
国泰君安证券天元东路证券营业部	江苏	南京	156.3	148.1	0.8	0.0	0.1	7.4
齐鲁证券有限中兴大道证券营业部	山东	枣庄	155.9	109.0	0.0	0.0	0.0	46.9
东吴证券千灯证券营业部	江苏	昆山	155.0	137.0	0.0	0.0	1.0	17.1
恒泰证券宁城大宁路证券营业部	内蒙	赤峰	154.9	153.9	1.0	0.0	0.0	0.0
中国银河证券广场路证券营业部	安徽	淮南	154.4	154.3	0.1	0.0	0.0	0.1
宏信证券天府大道北段营业部	四川	成都	154.2	118.2	0.7	0.0	0.0	35.3
长江证券西湖大道证券营业部	湖北	汉川	154.1	116.0	0.1	0.0	0.0	38.0
光大证券民生路证券营业部	天津	天津	154.0	134.7	0.0	0.0	0.0	19.3
天风证券钟惺大道证券营业部	湖北	天门	153.6	105.5	0.0	0.0	0.0	48.1
东兴证券新大路证券营业部	福建	三明	153.4	153.4	0.0	0.0	0.0	0.0
国泰君安证券人民大道证券营业部	广东	湛江	153.0	121.5	0.2	0.0	16.5	14.9
国都证券青屏大街证券营业部	河南	郑州	150.6	144.2	0.2	0.0	0.0	6.2
齐鲁证券有限解放北路证券营业部	浙江	台州	150.4	109.5	0.0	0.0	0.0	40.9
联讯证券仲恺惠风三路证券营业部	广东	惠州	150.4	68.0	0.0	0.0	0.0	82.3
国都证券光明街证券营业部	吉林	延吉	150.3	127.0	0.1	0.0	0.0	23.3
广发证券文献西路证券营业部	福建	莆田	150.0	141.4	0.2	0.0	0.4	8.1
财通证券范江岸路证券营业部	浙江	宁波	149.9	86.5	0.6	0.0	1.0	61.9
招商证券番禺南华路证券营业部	广东	广州	149.2	45.4	0.7	0.0	2.7	100.5
方正证券延陵西路证券营业部	江苏	常州	148.8	114.9	0.0	0.0	0.0	33.9
安信证券冈州大道证券营业部	广东	江门	148.7	82.8	12.3	0.0	0.2	53.3
东吴证券港经济技术开发区浮桥证券营业部	江苏	苏州	148.6	137.2	0.0	0.0	0.0	11.4
国海证券横县茉莉花大道证券营业部	广西	南宁	147.5	126.2	0.0	0.0	0.1	21.2
齐鲁证券有限沈阳路证券营业部	山东	威海	147.3	22.1	0.0	0.0	0.0	125.2
海通证券发展大道证券营业部	江苏	宿迁	147.0	125.5	1.0	0.0	0.0	20.5
安信证券南海九江洛浦大道证券营业部	广东	佛山	147.0	145.8	0.1	0.0	0.0	1.1
东兴证券鹭江道证券营业部	福建	厦门	146.9	131.9	0.6	0.0	0.0	14.4
宏源证券朝晖路证券营业部	浙江	台州	146.8	146.3	0.0	0.0	0.0	0.5
安信证券陆河大道营业部	广东	汕尾	146.7	127.1	4.5	0.0	0.0	15.1
华融证券新华路证券营业部	贵州	贵阳	146.6	39.7	19.2	0.0	0.0	87.6
南京证券黄河路证券营业部	江苏	宿迁	146.5	143.6	0.0	0.0	0.0	2.9
中国银河证券观海北路证券营业部	广东	湛江	146.3	78.1	0.5	0.0	2.4	65.3
国联证券官林镇官新街证券营业部	江苏	无锡	145.9	138.9	0.0	0.0	0.0	7.0

注：营业部交易金额的单位为百万元。

证券营业部交易 Trading of Business Department

营业部名称 Business Department	省份 Province	城市 City	总计 Total	股票 Share	基金 Fund	政府债 G-Bond	公司债 C-Bond	债券回购 Repo
山西证券共青团西路证券营业部	山东	淄博	145.5	120.4	0.0	0.0	0.0	25.1
方正证券田红路证券营业部	湖南	株洲	145.2	135.3	0.2	0.0	0.0	9.7
东兴证券中环中路证券营业部	福建	三明	144.9	144.9	0.0	0.0	0.0	0.0
宏源证券建湖湖中路证券营业部	江苏	盐城	144.2	144.2	0.0	0.0	0.0	0.0
西南证券大足证券营业部	重庆	重庆	144.1	144.0	0.1	0.0	0.0	0.0
华泰证券中心大道证券营业部	浙江	台州	143.9	129.1	0.7	0.0	0.0	14.2
海通证券西湖路证券营业部	湖北	天门	143.3	88.0	0.4	0.0	0.3	54.5
东海证券岳麓大道证券营业部	湖南	长沙	143.2	131.0	0.0	0.0	0.0	12.2
东方证券人民路证券营业部	浙江	湖州	142.9	125.3	0.0	0.0	0.0	17.6
招商证券常武中路证券营业部	江苏	常州	142.1	69.7	0.0	0.0	0.0	72.4
红塔证券龙川街证券营业部	云南	元谋	142.0	141.8	0.3	0.0	0.0	0.0
德邦证券文昌中路证券营业部	江苏	扬州	142.0	78.6	0.6	0.0	0.0	62.8
齐鲁证券有限市松江西路证券营业部	吉林	吉林	142.0	140.9	1.0	0.0	0.0	0.0
齐鲁证券有限泰康中路证券营业部	浙江	宁波	141.9	72.3	0.2	0.0	0.0	69.5
长城证券中兴路证券营业部	上海	上海	141.6	95.5	2.6	0.0	0.0	43.4
东海证券中山南路证券营业部	江苏	苏州	141.1	111.4	2.8	0.0	0.0	26.9
招商证券宗泽路证券营业部	浙江	义乌	141.0	80.7	0.0	0.0	0.0	60.3
中国银河证券交通路证券营业部	云南	曲靖	139.8	139.0	0.0	0.0	0.0	0.8
华鑫证券普惠路证券营业部	河南	郑州	139.6	93.1	0.0	0.0	0.0	46.5
财通证券解放南路证券营业部	江苏	盐城	138.7	129.7	0.0	0.0	0.0	8.9
长城证券龙翔大道证券营业部	深圳	深圳	138.7	31.7	0.0	0.0	0.0	107.0
华福证券农业路证券营业部	河南	郑州	138.7	31.9	0.0	0.0	0.0	106.7
华创证券洒金路证券营业部	贵州	福泉	138.4	41.9	0.0	0.0	0.1	96.4
红塔证券证券股份有限公司香格里拉坛城广场证券	云南	迪庆州	138.0	59.7	0.0	0.0	0.0	78.3
安信证券朝阳路证券营业部	北京	北京	137.7	125.8	0.0	0.0	0.0	11.9
东北证券文化路证券营业部	吉林	延吉	136.4	127.1	1.9	0.0	0.0	7.3
国信证券金钟路证券营业部	福建	厦门	136.4	91.0	0.1	0.0	0.0	45.2
华泰证券上海东路证券营业部	江苏	南通	136.3	125.3	0.4	0.0	0.0	10.6
国泰君安证券分公司	甘肃	兰州	136.1	118.6	0.1	0.0	0.0	17.4
太平洋证券东川春晓路证券营业部	云南	昆明	135.8	135.8	0.0	0.0	0.0	0.0
财通证券景宁人民中路证券营业部	浙江	丽水	135.6	50.8	0.0	0.0	0.0	84.8
中银国际证券广场环路证券营业部	重庆	重庆	135.4	18.2	0.0	0.0	4.4	112.8
中国银河证券南庄帝景北路证券营业部	广东	佛山	134.8	126.5	0.0	0.0	0.1	8.1
中国银河证券双流迎春路证券营业部	四川	成都	134.5	103.5	0.0	0.0	0.0	31.0
浙商证券云鹿路证券营业部	福建	泉州	133.4	52.0	1.3	0.0	0.0	80.1
国都证券朝阳路证券营业部	北京	北京	133.0	110.4	0.0	0.0	0.0	22.6
长江证券浩特鄂尔多斯路证券营业部	内蒙	呼和浩特	132.9	118.4	1.6	0.0	0.0	13.0
宏源证券广电路证券营业部	浙江	杭州	132.7	129.9	0.7	0.0	0.0	2.0
宏源证券江北中路证券营业部	广西	贺州	132.1	104.0	0.0	0.0	23.1	5.0
华鑫证券红谷中大道证券营业部	江西	南昌	131.7	90.2	0.0	0.0	0.2	41.3
财通证券水洞埭证券营业部	浙江	嘉兴	131.6	53.2	0.0	0.0	0.0	78.4
安信证券阳东振士中路证券营业部	广东	阳江	131.3	97.9	0.0	0.0	0.0	33.4
西部证券高新大道证券营业部	陕西	宝鸡	130.9	107.4	0.0	0.0	0.0	23.5
海通证券黄华街证券营业部	山西	晋城	130.9	92.2	6.8	0.0	0.0	31.9
国盛证券大经路证券营业部	吉林	长春	130.6	124.8	0.1	0.0	1.5	4.2
光大证券东大街证券营业部	陕西	汉中	130.4	124.4	0.1	0.0	0.0	5.9
日信证券长江西路证券营业部	安徽	合肥	130.4	105.4	0.0	0.0	0.0	25.0
西南证券迎宾大街证券营业部	宁夏	吴忠	130.0	86.8	0.0	4.4	1.1	37.7
万联证券金水路证券营业部	河南	郑州	129.2	105.6	23.7	0.0	0.0	0.0
东吴证券虎池路证券营业部	江苏	苏州	129.2	129.2	0.0	0.0	0.0	0.0

注：营业部交易金额的单位为百万元。

证券营业部交易
Trading of Business Department

营业部名称 Business Department	省份 Province	城市 City	总计 Total	股票 Share	基金 Fund	政府债 G-Bond	公司债 C-Bond	债券回购 Repo
华福证券百丈东路证券营业部	浙江	宁波	128.8	82.8	0.0	0.0	0.0	46.0
国都证券建设路证券营业部	河南	许昌	128.5	128.5	0.0	0.0	0.0	0.0
海通证券海安中坝南路证券营业部	江苏	南通	127.9	127.2	0.7	0.0	0.0	0.0
长城证券花都天贵路证券营业部	广东	广州	127.5	91.1	0.8	0.0	0.0	35.6
招商证券沪青平公路证券营业部	上海	上海	127.3	104.4	0.7	0.0	0.0	22.2
东兴证券教育路证券营业部	福建	漳州	127.3	126.4	0.8	0.0	0.0	0.0
西藏同信证券人民大街证券营业部	吉林	长春	126.1	114.4	2.7	0.0	0.0	8.9
中国银河证券江宁竹山路证券营业部	江苏	南京	125.5	63.6	2.1	0.0	0.2	59.7
银泰证券东胜路证券营业部	浙江	宁波	125.4	99.5	0.8	0.0	4.3	20.8
首创证券人民西路证券营业部	河北	衡水	125.4	87.3	0.6	0.0	0.0	37.5
安信证券封开红卫路证券营业部	广东	肇庆	125.3	114.7	0.0	0.0	0.0	10.6
华福证券分公司	北京	北京	124.6	102.4	0.4	0.0	0.0	21.8
东吴证券广济北路证券营业部	江苏	苏州	124.3	123.6	0.0	0.0	0.0	0.7
海通证券同丰路证券营业部	江苏	昆山	124.1	88.1	0.0	0.0	0.0	36.0
中国银河证券松青路证券营业部	重庆	重庆	123.8	68.9	0.1	0.0	0.0	54.8
中银国际证券平阳路证券营业部	山西	太原	123.7	51.0	0.1	0.0	0.0	72.6
中国银河证券龙岗盛龙路证券营业部	深圳	深圳	123.0	65.2	0.0	0.0	0.0	57.8
光大证券台山环北大道证券营业部	广东	台山	122.8	46.5	3.8	0.0	0.0	72.5
首创证券郫县新南街证券营业部	四川	成都	122.2	119.9	0.0	0.0	0.6	1.7
长城证券扬子江中路证券营业部	江苏	扬州	122.0	85.2	1.6	0.0	0.7	34.5
天风证券教工路证券营业部	浙江	杭州	121.4	79.2	0.0	0.0	0.0	42.2
日信证券泉城路证券营业部	山东	济南	120.7	6.3	0.0	0.0	0.0	114.4
中原证券会盟路证券营业部	河南	三门峡	120.6	97.8	1.0	0.0	0.0	21.9
国盛证券广场东路证券营业部	江西	赣州	120.3	55.8	0.0	0.0	0.0	64.5
中航证券有限城共青大道证券营业部	江西	九江	119.9	119.9	0.0	0.0	0.0	0.0
方正证券南坛北路证券营业部	广东	惠州	118.8	91.6	0.0	0.0	0.0	27.2
国信证券寥廓北路证券营业部	云南	曲靖	118.6	112.2	0.4	0.0	0.0	6.0
华安证券明珠大道证券营业部	安徽	明光	118.6	99.7	0.1	0.0	0.0	18.7
财达证券双滦滨河大街证券营业部	河北	承德	117.9	115.0	0.1	0.0	0.0	2.9
中信建投证券吴泰闸路证券营业部	山东	济宁	117.9	27.4	0.0	0.0	0.0	90.5
中国银河证券顺德龙江东华路证券营业部	广东	佛山	117.6	60.4	1.5	0.0	0.0	55.7
华安证券建安大道证券营业部	河南	许昌	117.5	113.4	0.0	0.0	0.0	4.1
海通证券中山西路证券营业部	江西	上饶	117.1	103.1	1.5	0.0	0.0	12.4
华泰证券证券股份有限公司呼和浩特赛罕区新华东	内蒙	呼和浩特	116.5	44.5	10.9	0.0	19.2	41.9
华福证券唐延路证券营业部	陕西	西安	116.5	84.0	0.9	0.0	0.0	31.6
招商证券新兴新州大道证券营业部	广东	云浮	116.5	97.9	0.0	0.0	0.0	18.6
民生证券沙南街证券营业部	重庆	重庆	116.4	64.5	0.0	0.0	0.0	51.9
中原证券范蠡东路证券营业部	河南	南阳	115.3	103.1	10.2	0.0	0.0	2.0
中国中投证券白土坝路证券营业部	四川	南充	114.6	84.8	0.0	0.0	0.0	29.8
海通证券红军大道证券营业部	安徽	六安	114.6	114.6	0.0	0.0	0.0	0.0
国元证券开发区第一大街证券营业部	天津	天津	114.5	30.3	15.8	0.0	0.0	68.5
方正证券云鹤路证券营业部	贵州	都匀	114.5	112.2	0.5	0.0	0.0	1.8
红塔证券海源中路证券营业部	云南	昆明市	114.4	106.4	1.4	0.0	0.0	6.6
国元证券虹桥北路证券营业部	江苏	江阴	114.3	18.0	0.0	0.0	0.0	96.3
国都证券光荣路证券营业部	河南	周口	113.7	101.8	0.0	0.0	0.0	11.9
安信证券怀集城中路证券营业部	广东	肇庆	113.7	110.9	2.4	0.0	0.0	0.3
东海证券大闸路证券营业部	浙江	宁波	113.6	65.0	0.0	0.0	0.0	48.6
中国银河证券沙南街证券营业部	重庆	重庆	113.5	108.3	1.5	0.0	0.0	3.8
齐鲁证券有限分公司	上海	上海	113.2	88.8	0.0	0.0	0.0	24.4
国盛证券园丁街证券营业部	浙江	宁波	113.0	100.2	0.1	0.0	0.0	12.8

注：营业部交易金额的单位为百万元。

证券营业部交易 Trading of Business Department

营业部名称 Business Department	省份 Province	城市 City	总计 Total	股票 Share	基金 Fund	政府债 G-Bond	公司债 C-Bond	债券回购 Repo
中国银河证券禹西路证券营业部	山西	运城	113.0	79.2	0.0	0.0	0.0	33.8
民生证券神火大道证券营业部	河南	商丘	112.6	103.0	0.5	0.0	0.0	9.1
民生证券晚报大道证券营业部	湖南	长沙	112.5	110.5	0.0	0.0	0.0	2.0
民生证券航空路证券营业部	四川	成都	112.4	111.4	0.0	0.0	0.4	0.6
兴业证券台商投资区文圃大道证券营业部	福建	漳州	112.3	98.6	0.0	0.0	0.0	13.7
太平洋证券普阳西路证券营业部	云南	文山	112.0	102.3	7.9	0.0	0.0	1.8
东吴证券港塘桥镇证券营业部	江苏	苏州	111.7	98.7	2.2	0.0	0.3	10.5
华创证券飞凫路证券营业部	四川	绵竹	111.3	81.4	0.1	0.0	0.0	29.8
中航证券有限火炬大街证券营业部	江西	南昌	111.1	111.1	0.0	0.0	0.0	0.0
中银国际证券梁青路证券营业部	江苏	无锡	110.2	69.9	0.0	0.0	0.0	40.3
万联证券顺德东乐路证券营业部	广东	佛山	109.8	79.5	0.0	0.0	0.0	30.3
南京证券定边献忠路证券营业部	陕西	榆林	109.5	108.7	0.2	0.0	0.0	0.6
齐鲁证券有限鲁宏大道证券营业部	山东	章丘	109.0	82.4	3.7	0.0	0.0	22.9
中航证券有限首南西路证券营业部	浙江	宁波	108.8	86.9	0.0	0.0	0.0	21.9
太平洋证券交子大道证券营业部	四川	成都	108.6	104.9	0.0	0.0	0.0	3.7
东吴证券胥口孙武路证券营业部	江苏	苏州	108.6	87.7	0.0	0.0	0.0	20.9
华融证券文慧园证券营业部	北京	北京	108.3	95.3	0.1	0.0	0.0	12.8
东方证券宝山区淞南路证券营业部	上海	上海	107.5	96.0	0.1	0.0	0.0	11.4
东方证券朝阳大街证券营业部	辽宁	朝阳	107.1	64.2	0.0	0.0	0.0	42.9
银泰证券韶山北路证券营业部	湖南	长沙	107.1	81.0	0.0	0.0	0.0	26.1
西南证券秀山证券营业部	重庆	重庆	107.0	107.0	0.0	0.0	0.0	0.0
信达证券锦城大道证券营业部	四川	成都	106.7	104.3	0.0	0.0	0.0	2.4
西南证券巴南证券营业部	重庆	重庆	106.7	101.2	1.8	0.0	0.1	3.6
宏源证券射阳兴阳广场证券营业部	江苏	盐城	106.3	78.6	0.3	0.0	0.0	27.5
日信证券证券有限责任公司太原长治路证券营业部	山西	太原	105.9	54.2	0.0	0.0	0.0	51.7
财通证券凤林西路证券营业部	浙江	绍兴	105.0	80.6	0.0	0.0	0.0	24.4
光大证券站前五路证券营业部	广东	茂名	104.5	45.9	0.0	0.0	0.0	58.6
华泰证券吴江区中山南路证券营业部	江苏	苏州	104.4	45.8	52.6	0.0	0.5	5.5
齐鲁证券有限劳动路证券营业部	浙江	衢州	104.3	100.4	0.0	0.0	0.0	3.9
西藏同信证券县八一大街证券营业部	西藏	林芝	104.3	100.9	0.5	0.0	0.0	2.9
中银国际证券解放东路证券营业部	吉林	吉林	104.2	104.2	0.0	0.0	0.0	0.0
招商证券中华南路证券营业部	贵州	贵阳	103.8	89.3	0.0	0.0	0.0	14.5
华创证券水西大道证券营业部	贵州	黔西	103.6	97.4	0.0	0.0	0.0	6.2
华福证券经四路证券营业部	山东	济南	103.6	74.6	0.0	0.0	0.0	29.0
广发证券春龙商业街证券营业部	江西	新余	103.5	102.9	0.6	0.0	0.0	0.0
招商证券红旗大道证券营业部	江西	赣州	103.5	87.8	0.0	0.0	0.0	15.6
西南证券云阳云江大道证券营业部	重庆	重庆	103.4	100.4	0.0	0.0	0.0	3.0
宏源证券永福西路证券营业部	广西	钦州	103.2	101.1	0.1	0.0	0.0	1.9
东吴证券七都证券营业部	江苏	苏州	102.7	101.5	0.0	0.0	0.0	1.2
海通证券演达一路证券营业部	广东	惠州	102.7	83.5	2.1	0.0	0.0	17.2
方正证券穿城北路证券营业部	浙江	台州	102.6	77.1	0.0	0.0	0.0	25.5
中国银河证券南顺城路证券营业部	辽宁	沈阳	102.2	29.8	0.0	0.0	0.0	72.4
国泰君安证券新村西路证券营业部	山东	淄博	102.1	69.2	0.0	0.0	0.9	32.1
万联证券萝岗科学大道证券营业部	广东	广州	101.8	81.8	7.4	0.0	0.0	12.6
山西证券八一南街证券营业部	浙江	金华	101.4	100.3	0.0	0.0	0.0	1.1
申银万国证券八七路证券营业部	福建	泉州	101.3	101.3	0.0	0.0	0.0	0.0
德邦证券龙园西路证券营业部	江苏	南京	100.9	63.3	4.6	0.0	0.2	32.8
东吴证券张浦证券营业部	江苏	昆山	100.5	92.9	0.0	0.0	0.5	7.0
红塔证券大屯路证券营业部	云南	昆明	100.4	92.0	1.6	0.0	0.0	6.9
齐鲁证券有限正兴路证券营业部	广东	梅州	99.9	92.2	0.0	0.0	0.0	7.7

注：营业部交易金额的单位为百万元。

证券营业部交易
Trading of Business Department

营业部名称 Business Department	省份 Province	城市 City	总计 Total	股票 Share	基金 Fund	政府债 G-Bond	公司债 C-Bond	债券回购 Repo
西南证券新华东街证券营业部	宁夏	银川	99.3	91.2	0.0	0.0	0.0	8.1
红塔证券人民中路证券营业部	云南	昆明	99.1	22.7	0.3	0.0	0.0	76.1
中天证券深南大道证券营业部	深圳	深圳	98.9	34.3	0.0	0.0	0.0	64.6
国元证券人民南路证券营业部	四川	成都	98.8	45.2	0.6	0.0	0.0	53.0
广州证券福山路证券营业部	上海	上海	98.8	80.7	0.0	0.0	0.0	18.1
长江证券海港路证券营业部	山东	烟台	98.7	72.0	0.0	0.0	0.0	26.7
中国银河证券带湖路证券营业部	江西	上饶	98.3	92.9	0.0	0.0	0.0	5.4
中国银河证券千岛路证券营业部	浙江	舟山	97.7	88.3	0.0	0.0	0.0	9.4
日信证券郭勒中心路证券营业部	内蒙	霍林郭勒	97.7	52.2	0.0	0.0	0.0	45.5
东北证券紫竹林路证券营业部	安徽	六安	97.2	96.7	0.1	0.0	0.0	0.4
中国银河证券红谷中大道证券营业部	江西	南昌	96.4	77.8	0.0	0.0	0.0	18.6
长城证券解放中路证券营业部	江苏	海门	96.3	84.2	0.8	0.0	0.0	11.3
国元证券县环城南路证券营业部	安徽	芜湖	96.1	95.8	0.3	0.0	0.0	0.0
第一创业证券盘龙城巨龙大道证券营业部	湖北	武汉	95.4	68.8	0.0	0.0	0.0	26.6
宏信证券星光大道证券营业部	重庆	重庆	95.4	95.4	0.0	0.0	0.0	0.0
华安证券银湖中路证券营业部	安徽	芜湖	95.3	95.2	0.0	0.0	0.0	0.0
招商证券增城荔乡路证券营业部	广东	广州	94.7	89.0	0.0	0.0	0.0	5.7
西藏同信证券平阳路证券营业部	山西	太原	94.5	41.7	0.0	0.0	0.0	52.8
中航证券有限光武路证券营业部	湖北	枣阳	94.5	81.0	0.0	0.0	0.0	13.5
广发证券横琴证券营业部	广东	珠海	94.3	76.3	0.1	0.0	0.0	17.9
民生证券长风街证券营业部	山西	太原	93.9	22.9	0.0	0.0	0.0	71.0
中国中投证券八七路证券营业部	福建	泉州	93.4	91.8	0.0	0.0	0.0	1.6
齐鲁证券有限高梁桥斜街证券营业部	北京	北京	93.4	67.0	0.3	0.0	0.0	26.1
齐鲁证券有限中山路证券营业部	江苏	苏州	93.4	76.5	0.1	0.0	0.0	16.8
宏信证券彭州市翠湖路证券营业部	四川	彭州	93.3	90.0	0.0	0.0	0.0	3.3
日信证券淖尔胜利南路证券营业部	内蒙	巴彦淖尔	93.3	64.0	0.0	0.0	0.0	29.3
红塔证券金湖西路证券营业部	云南	个旧	93.3	79.4	2.0	0.0	0.5	11.3
中国银河证券新安大街证券营业部	浙江	杭州	92.7	81.3	0.4	0.0	3.3	7.8
招商证券锦业路证券营业部	陕西	西安	92.6	75.9	0.5	0.0	0.0	16.3
南京证券新亭路证券营业部	江苏	南京	91.8	49.5	0.0	0.0	0.0	42.3
国金证券商务外环路证券营业部	河南	郑州	91.8	91.4	0.0	0.0	0.0	0.4
方正证券龙凤北大街证券营业部	山西	吕梁	91.5	34.5	0.1	0.0	0.0	56.9
联讯证券龙门龙城证券营业部	广东	惠州	91.2	90.6	0.0	0.0	0.0	0.6
国信证券新城大道证券营业部	浙江	宁波	91.1	87.6	0.0	0.0	0.2	3.3
招商证券谷阳路证券营业部	江苏	镇江	91.1	90.1	0.2	0.0	0.0	0.8
中国中投证券金融街证券营业部	四川	资阳	91.0	67.6	4.2	0.0	0.2	19.0
中国银河证券景西路证券营业部	山西	晋城	90.7	63.1	0.2	0.0	0.0	27.4
国金证券长虹大道证券营业部	四川	绵阳	90.4	80.6	0.1	0.0	0.0	9.7
方正证券东风大街证券营业部	江西	宜春	90.4	81.4	0.2	0.0	0.0	8.8
齐鲁证券有限葛洪大道证券营业部	湖北	鄂州	90.3	73.9	0.1	0.0	0.0	16.3
国信证券枫春路证券营业部	广东	潮州	89.9	70.6	3.2	0.0	0.0	16.1
东海证券海虞北路证券营业部	江苏	苏州	89.7	51.9	0.0	0.0	0.0	37.8
海通证券宝应苏中南路证券营业部	江苏	扬州	89.6	59.8	0.0	0.0	0.0	29.8
国海证券合浦县延安路证券营业部	广西	北海	89.2	27.5	0.0	0.0	0.0	61.7
长城证券青年路证券营业部	内蒙	包头	89.1	62.3	0.8	0.0	0.0	26.1
开源证券中心街证券营业部	陕西	延安	88.6	81.6	2.0	0.0	0.0	5.0
民生证券桐本路证券营业部	河南	巩义	87.8	78.1	0.0	0.0	0.0	9.7
国海证券武鸣县香山大道证券营业部	广西	南宁	87.6	74.4	0.3	0.0	0.0	12.8
中原证券比干大道营业部	河南	卫辉	87.2	53.2	0.9	0.0	0.0	33.2
西藏同信证券乃东县湖南路证券营业部	西藏	山南	87.0	87.0	0.0	0.0	0.0	0.0

注：营业部交易金额的单位为百万元。

证券营业部交易
Trading of Business Department

营业部名称 Business Department	省份 Province	城市 City	总计 Total	股票 Share	基金 Fund	政府债 G-Bond	公司债 C-Bond	债券回购 Repo
财通证券开化积魁路证券营业部	浙江	衢州	86.8	78.3	0.0	0.0	0.0	8.5
西南证券滨尚志大街证券营业部	黑龙江	哈尔滨	86.4	61.1	0.0	0.0	0.0	25.3
中银国际证券泺源大街证券营业部	山东	济南	86.3	72.3	0.0	0.0	0.0	14.0
南京证券尧佳路证券营业部	江苏	南京	86.2	77.0	0.0	0.0	0.2	9.0
国都证券南街证券营业部	湖北	襄阳	85.5	83.0	0.0	0.0	0.0	2.5
中信建投证券宣武门外大街证券营业部	北京	北京	85.5	51.9	0.0	0.0	0.0	33.6
宏信证券建安中路证券营业部	四川	广安	85.3	51.7	0.3	0.0	0.0	33.3
华鑫证券海德路证券营业部	海南	海口	83.9	80.0	0.0	0.0	0.0	3.9
西藏同信证券分公司	山东	济南	83.2	77.2	0.0	0.0	0.0	6.0
红塔证券鼓楼南街证券营业部	云南	祥云	82.3	82.3	0.0	0.0	0.0	0.0
瑞银证券教工路证券营业部	浙江	杭州	82.3	32.1	0.2	0.0	0.0	49.9
招商证券延寿南路证券营业部	福建	莆田	82.1	77.8	0.0	0.0	0.0	4.3
国联证券华士镇新生路证券营业部	江苏	无锡	82.0	69.8	0.1	0.0	0.0	12.1
中银国际证券竹辉路证券营业部	江苏	苏州	81.7	81.7	0.0	0.0	0.0	0.0
长城证券迎宾路证券营业部	福建	晋江	81.5	67.9	0.2	0.0	0.0	13.4
国联证券和桥镇西横街证券营业部	江苏	无锡	81.5	68.5	2.3	0.0	0.4	10.3
西藏同信证券聚盛路证券营业部	西藏	昌都	81.2	75.3	0.0	0.0	0.0	5.9
东方证券绿茵路证券营业部	江西	南昌	81.1	77.9	0.0	0.0	0.0	3.2
长城证券南海竹基南路证券营业部	广东	佛山	80.8	80.8	0.0	0.0	0.0	0.0
山西证券鹤山新城路证券营业部	广东	鹤山	80.6	80.6	0.0	0.0	0.0	0.0
恒泰证券城新西路证券营业部	广东	潮州	80.4	76.4	0.0	0.0	0.0	4.0
光大证券江苏路证券营业部	湖北	十堰	80.3	59.5	0.7	0.0	0.0	20.1
国金证券江东中路证券营业部	江苏	南京	80.1	18.6	0.0	0.0	0.0	61.5
财富证券望城郭亮北路证券营业部	湖南	长沙	80.0	72.8	0.1	0.0	0.0	7.1
红塔证券庆来路证券营业部	云南	弥勒	79.5	70.5	0.4	0.0	0.1	8.4
中国银河证券顺德均安百安北路证券营业部	广东	佛山	79.1	47.2	0.0	0.0	0.0	31.9
东北证券山开源路证券营业部	河南	平顶山	79.0	49.2	0.8	0.0	0.0	29.0
国都证券丛台北路证券营业部	河北	邯郸	78.8	48.1	0.0	0.0	0.0	30.6
齐鲁证券有限前进街证券营业部	山东	聊城	78.7	78.4	0.0	0.0	0.0	0.3
华安证券延安路证券营业部	安徽	黄山	78.5	78.2	0.4	0.0	0.0	0.0
五矿证券有限益田路证券营业部	深圳	深圳	78.3	76.7	0.0	0.0	0.0	1.6
申银万国证券中山北路证券营业部	广西	贵港	77.9	73.4	0.0	0.0	0.0	4.5
广发证券南平西路证券营业部	广东	佛山	77.7	35.0	0.0	0.0	0.0	42.7
民生证券民族大道证券营业部	广西	南宁	77.5	66.3	0.0	0.0	0.0	11.1
中国银河证券花都凤凰北路证券营业部	广东	广州	76.6	62.3	0.0	0.0	0.0	14.3
中国银河证券普陀区中江路证券营业部	上海	上海	76.4	62.5	13.7	0.0	0.0	0.3
长城证券金童路证券营业部	重庆	重庆	76.3	75.5	0.0	0.0	0.0	0.8
东北证券河松山街证券营业部	吉林	白山	76.3	57.8	0.0	0.0	0.0	18.5
中国银河证券跃进路证券营业部	四川	绵阳	75.9	66.7	0.0	0.0	0.0	9.2
国泰君安证券向阳西路证券营业部	山西	临汾	75.8	72.6	0.1	0.0	0.0	3.2
招商证券天元东路证券营业部	江苏	南京	75.8	43.1	0.1	0.0	4.5	28.2
国泰君安证券东环路证券营业部	福建	福州	75.7	46.6	0.0	0.0	0.0	29.1
西南证券璧山名豪街证券营业部	重庆	重庆	75.7	60.6	0.0	0.0	0.0	15.1
华安证券县笠帽山路证券营业部	安徽	铜陵	75.5	75.5	0.0	0.0	0.0	0.0
国泰君安证券金沙江大道证券营业部	四川	宜宾	75.2	42.8	0.1	0.0	0.0	32.4
中国银河证券山朝阳西街证券营业部	宁夏	石嘴山	74.6	62.3	0.0	0.0	0.0	12.3
信达证券毓秀路证券营业部	河南	许昌	74.4	74.4	0.0	0.0	0.0	0.0
国元证券黄河路证券营业部	辽宁	大连	74.2	28.5	0.4	0.0	0.0	45.2
东吴证券工业园区胜浦证券营业部	江苏	苏州	73.9	73.3	0.3	0.0	0.0	0.3
众成证券经纪有限秦皇路证券营业部	陕西	咸阳	73.9	70.0	0.0	0.0	0.0	3.9

注：营业部交易金额的单位为百万元。

证券营业部交易
Trading of Business Department

营业部名称 Business Department	省份 Province	城市 City	总计 Total	股票 Share	基金 Fund	政府债 G-Bond	公司债 C-Bond	债券回购 Repo
中原证券新华路证券营业部	河南	郑州	73.4	73.4	0.0	0.0	0.0	0.0
国都证券前进路证券营业部	陕西	汉中	73.2	70.6	0.0	0.0	0.0	2.6
金元证券中兴大道证券营业部	海南	儋州	73.0	62.8	1.1	0.0	1.8	7.4
国盛证券宝水大街证券营业部	江西	抚州	72.8	69.9	0.0	0.0	0.0	2.9
华安证券万柳中路证券营业部	北京	北京	72.7	68.4	0.0	0.0	0.0	4.3
太平洋证券振兴街证券营业部	云南	罗平	72.5	72.0	0.6	0.0	0.0	0.0
长城证券昭通大道证券营业部	云南	昭通	72.3	72.3	0.0	0.0	0.0	0.0
长城证券天台路证券营业部	湖南	株洲	71.5	66.2	0.7	0.0	0.0	4.6
国盛证券东方红大道证券营业部	江西	抚州	71.4	66.5	0.0	0.0	0.0	4.9
国都证券潜山南路证券营业部	安徽	合肥	71.1	71.1	0.0	0.0	0.0	0.0
长城证券柏庐南路证券营业部	江苏	苏州	71.1	66.8	0.0	0.0	0.0	4.2
招商证券临园路证券营业部	四川	绵阳	71.0	70.3	0.7	0.0	0.0	0.0
中信证券（浙江）慈甬路证券营业部	浙江	慈溪	71.0	58.6	0.0	0.0	0.0	12.4
国联证券人民路证券营业部	辽宁	大连	70.7	67.3	0.1	0.0	0.0	3.3
国盛证券东城南大道证券证券营业部	江西	赣州	70.6	70.6	0.0	0.0	0.0	0.0
华泰证券丰县中阳大道证券营业部	江苏	徐州	70.4	56.4	0.0	0.0	1.4	12.6
国盛证券浩特新华东街证券营业部	内蒙	呼和浩特	69.8	68.5	0.0	0.0	0.0	1.3
五矿证券有限健民路证券营业部	广东	珠海	69.7	69.0	0.0	0.0	0.0	0.7
东方证券浦东新区富特西三路证券营业部	上海	上海	69.7	69.0	0.1	0.0	0.0	0.6
银泰证券环城北路证券营业部	江苏	江阴	68.3	20.0	0.0	0.0	0.0	48.3
齐鲁证券有限泰然九路证券营业部	深圳	深圳	68.2	67.9	0.0	0.0	0.0	0.3
华泰证券吴中大道证券营业部	江苏	苏州	68.2	64.5	3.3	0.0	0.0	0.4
中国银河证券向阳路证券营业部	辽宁	大连	67.8	55.9	0.3	0.0	0.0	11.6
招商证券厚街珊瑚路证券营业部	广东	东莞	67.7	67.5	0.0	0.0	0.0	0.2
东北证券滨河大街证券营业部	吉林	吉林	67.6	62.5	0.3	0.0	0.0	4.8
宏源证券江都龙川南路证券营业部	江苏	扬州	67.3	65.8	0.0	0.0	0.0	1.5
宏源证券浑南四路证券营业部	辽宁	沈阳	67.3	62.3	0.0	0.0	0.0	5.0
太平洋证券锦田路证券营业部	福建	石狮	67.2	41.7	0.0	0.0	0.0	25.4
西藏同信证券黄山路证券营业部	安徽	合肥	67.1	67.0	0.0	0.0	0.0	0.0
长城证券友谊路证券营业部	天津	天津	66.7	35.5	0.0	0.0	0.0	31.2
华福证券分公司	辽宁	沈阳	66.6	29.9	0.0	0.0	0.0	36.7
国泰君安证券文化路证券营业部	安徽	芜湖	66.6	62.5	0.0	0.0	0.0	4.1
中国中投证券环城西路证券营业部	云南	昆明	66.5	57.7	0.0	0.0	0.0	8.8
中国银河证券观虹路证券营业部	广东	广州	66.4	50.6	0.7	0.0	0.0	15.1
海通证券长江中路证券营业部	安徽	铜陵	66.3	43.1	0.0	0.0	0.0	23.2
国都证券东方红路证券营业部	山东	德州	66.3	65.9	0.0	0.0	0.0	0.4
东北证券统一路证券营业部	山东	威海	66.1	65.6	0.0	0.0	0.0	0.5
中信建投证券龙华路证券营业部	海南	海口	65.9	56.9	0.0	0.0	0.0	9.0
中国银河证券洸河路证券营业部	山东	济宁	65.8	26.4	0.1	0.0	0.0	39.3
宏信证券什邡市亭江东路证券营业部	四川	什邡	65.7	43.1	0.9	0.0	0.0	21.8
齐鲁证券有限府前东路证券营业部	山东	枣庄	65.6	35.3	0.5	0.0	0.5	29.4
华鑫证券清河证券营业部	北京	北京	65.5	19.9	3.1	0.0	0.0	42.5
国海证券县财政路证券营业部	广西	南宁	65.4	65.4	0.0	0.0	0.0	0.0
中国中投证券肇庆路证券营业部	四川	德阳	64.5	64.5	0.0	0.0	0.0	0.0
长城证券会展路证券营业部	江西	南昌	64.4	2.1	13.0	0.0	0.0	49.3
国泰君安证券朝阳东路证券营业部	安徽	淮南	64.4	59.7	0.0	0.0	0.0	4.6
民生证券千佛山路证券营业部	山东	济南	64.3	49.8	0.0	0.0	0.0	14.5
广州证券广清大道证券营业部	广东	清远	64.1	63.9	0.0	0.0	0.0	0.2
齐鲁证券有限城中北路证券营业部	浙江	金华	63.9	62.5	0.0	0.0	0.0	1.4
海通证券笠泽路证券营业部	江苏	苏州	63.7	51.4	0.0	0.0	0.0	12.3

注：营业部交易金额的单位为百万元。

证券营业部交易
Trading of Business Department

营业部名称 Business Department	省份 Province	城市 City	总计 Total	股票 Share	基金 Fund	政府债 G-Bond	公司债 C-Bond	债券回购 Repo
中国银河证券鹿城南路证券营业部	云南	楚雄	63.6	63.6	0.0	0.0	0.0	0.0
东吴证券鼓山西路证券营业部	浙江	绍兴	63.4	63.1	0.0	0.0	0.0	0.3
浙商证券红谷中大道证券营业部	江西	南昌	63.4	63.4	0.0	0.0	0.0	0.0
华创证券开州大道证券营业部	贵州	贵阳	63.4	63.4	0.0	0.0	0.0	0.0
南京证券丹阳水关路证券营业部 1	江苏	南京	62.8	62.7	0.1	0.0	0.0	0.0
华林证券鸿福路证券营业部	广东	东莞	62.3	61.4	0.0	0.0	0.9	0.0
财通证券镇海环城西路证券营业部	浙江	宁波	62.1	59.2	0.0	0.0	0.0	2.9
中信证券宝塔路证券营业部	江苏	南京	62.0	38.3	0.0	0.0	0.0	23.7
中银国际证券新科路证券营业部	黑龙江	大庆	61.8	60.4	0.0	0.0	0.0	1.4
中原证券西平大道证券营业部	河南	驻马店	61.7	59.7	0.0	0.0	0.0	2.0
中银国际证券旅顺口黄河路证券营业部	辽宁	大连	61.2	58.6	0.0	0.0	0.0	2.6
华福证券关山大道证券营业部	湖北	武汉	61.0	60.1	0.0	0.0	0.0	0.9
万联证券西马路证券营业部	天津	天津	59.9	41.0	0.0	0.0	0.0	18.9
安信证券高阳现代大街证券营业部	河北	保定	59.7	17.4	0.0	0.0	0.0	42.3
东方证券闵行区南江燕路证券营业部	上海	上海	58.9	57.6	0.0	0.0	0.0	1.3
长江证券韶山路证券营业部	湖南	株洲	58.8	54.6	0.1	0.0	0.0	4.1
西南证券麒麟南路证券营业部	云南	曲靖	58.8	50.8	0.0	0.0	0.0	8.0
齐鲁证券有限湘府路证券营业部	湖南	长沙	58.7	58.5	0.2	0.0	0.0	0.0
中航证券有限万载宝塔路证券营业部	江西	宜春	58.6	58.5	0.1	0.0	0.0	0.0
方正证券市场路证券营业部	浙江	桐乡	58.5	58.5	0.0	0.0	0.0	0.0
中国银河证券民有路证券营业部	广东	湛江	58.3	56.4	0.0	0.0	0.0	1.9
兴业证券建山路证券营业部	福建	三明	58.2	56.7	0.1	0.0	0.0	1.4
五矿证券有限青年路证券营业部	湖南	岳阳	58.0	52.2	0.0	0.0	0.0	5.8
西部证券双拥路证券营业部	陕西	西安	57.9	57.1	0.0	0.0	0.0	0.8
广州证券都昌证券营业部	江西	九江	57.7	52.6	0.1	0.0	0.0	5.0
中信证券(山东)劲松七路证券营业部	山东	青岛	57.6	28.0	0.1	0.0	0.0	29.5
华融证券朝外大街证券营业部	北京	北京	57.6	52.9	0.0	0.0	0.0	4.7
国信证券府前大道证券营业部	广东	梅州	57.5	46.9	0.0	0.0	0.0	10.6
中邮证券分公司	山东	济南	57.0	48.9	0.0	0.0	0.0	8.1
南京证券通达路证券营业部	山东	临沂	56.9	56.5	0.1	0.0	0.2	0.1
太平洋证券人民路证券营业部	云南	泸水	56.9	38.7	0.7	0.0	0.0	17.5
中国银河证券虎门大道证券营业部	广东	东莞	56.7	30.6	0.2	0.0	0.0	25.9
国信证券虎门金龙南路证券营业部	广东	东莞	56.4	38.4	0.0	0.0	0.0	18.0
齐鲁证券有限仙河路鄱阳湖路证券营业部	山东	东营	56.4	51.3	0.0	0.0	0.0	5.1
华泰证券钢铁大街证券营业部	内蒙	包头	56.3	47.8	0.0	0.0	2.2	6.3
海通证券水麒麟路证券营业部	贵州	六盘水	56.0	56.0	0.0	0.0	0.0	0.0
财通证券九堡九乔街证券营业部	浙江	杭州	55.5	42.0	0.1	0.0	0.0	13.4
山西证券义学路证券营业部	山西	太原	55.4	49.9	0.0	0.0	0.0	5.5
华龙证券崆峒东路证券营业部	甘肃	平凉	55.3	41.7	0.0	0.0	0.0	13.6
招商证券北园路证券营业部	山东	临沂	54.7	54.4	0.0	0.0	0.0	0.3
银泰证券园林路证券营业部	湖北	武汉	54.7	51.6	0.0	0.0	0.0	3.1
华泰证券泗阳北京中路证券营业部	江苏	宿迁	54.7	54.7	0.0	0.0	0.0	0.0
华安证券胜利西路证券营业部	浙江	绍兴	54.6	54.0	0.0	0.0	0.0	0.6
国盛证券北京路证券营业部	云南	昆明	54.5	54.5	0.0	0.0	0.0	0.0
国信证券金马路证券营业部	辽宁	大连	53.5	49.1	0.0	0.0	0.0	4.4
中国中投证券苏源路证券营业部	四川	眉山	53.3	53.2	0.1	0.0	0.0	0.0
宏源证券盐都西环中路证券营业部	江苏	盐城	53.2	53.2	0.0	0.0	0.0	0.0
申银万国证券涪陵滨江大道证券营业部	重庆	重庆	52.7	50.8	0.3	0.0	0.0	1.6
中信建投证券新飞大道证券营业部	河南	新乡	52.7	48.5	0.0	0.0	0.5	3.7
天风证券阜南路证券营业部	安徽	合肥	52.6	35.5	0.0	0.0	0.0	17.1

注：营业部交易金额的单位为百万元。

证券营业部交易
Trading of Business Department

营业部名称 Business Department	省份 Province	城市 City	总计 Total	股票 Share	基金 Fund	政府债 G-Bond	公司债 C-Bond	债券回购 Repo
国信证券平洲玉器南街证券营业部	广东	佛山	52.5	52.5	0.0	0.0	0.0	0.0
宏源证券番禺迎宾路证券营业部	广东	广州	52.5	47.2	0.0	0.0	0.0	5.3
国都证券花园北路证券营业部	山东	聊城	52.3	51.2	0.3	0.0	0.0	0.8
东吴证券浏河镇证券营业部	江苏	苏州	52.2	48.0	0.0	0.0	0.0	4.2
东北证券春园路证券营业部	湖北	襄阳	52.2	46.2	0.3	0.0	0.2	5.6
中国银河证券人民南路证券营业部	四川	乐山	52.0	51.9	0.0	0.0	0.0	0.1
中国银河证券朝阳路证券营业部	西藏	拉萨	51.9	45.6	0.0	0.0	0.0	6.3
招商证券中山东路证券营业部	浙江	嘉兴	51.9	48.7	0.0	0.0	0.0	3.2
东吴证券宝带西路证券营业部	江苏	苏州	51.8	46.2	0.0	0.0	0.0	5.6
国都证券胜利南路证券营业部	四川	西昌	51.5	51.4	0.0	0.0	0.0	0.1
国泰君安证券分公司	山西	太原	51.5	48.1	0.0	0.0	0.0	3.4
中国银河证券回归大道证券营业部	云南	普洱	51.5	51.4	0.0	0.0	0.0	0.0
国元证券古镇体育路证券营业部	广东	中山	51.5	49.9	0.0	0.0	0.0	1.6
东吴证券盛泽镇强武路证券营业部	江苏	苏州	51.4	51.4	0.0	0.0	0.0	0.0
申银万国证券南京路证券营业部	贵州	遵义	51.4	38.5	1.4	0.0	0.0	11.5
国信证券证券股份有限公司深圳科园路证券营业部	深圳	深圳	50.8	47.0	0.0	0.0	0.0	3.8
国元证券中央路证券营业部	浙江	诸暨	50.7	50.7	0.0	0.0	0.0	0.0
招商证券氿滨大道证券营业部	江苏	宜兴	50.2	24.1	1.9	0.0	0.0	24.2
大同证券经纪分公司	山西	太原	50.1	38.0	3.3	0.0	0.0	8.8
国都证券三河京榆大街证券营业部	河北	廊坊	49.9	28.8	0.0	0.0	0.0	21.1
方正证券新建路证券营业部	广西	河池	49.9	49.6	0.2	0.0	0.0	0.1
安信证券临港大道证券营业部	四川	宜宾	49.8	43.6	0.0	0.0	0.0	6.2
国泰君安证券光明路证券营业部	吉林	通化	49.4	48.3	0.8	0.0	0.0	0.2
国金证券南街证券营业部	云南	昆明	49.3	49.3	0.0	0.0	0.0	0.0
长江证券鹤旋路证券营业部	上海	上海	49.3	43.0	0.6	0.0	0.0	5.8
国盛证券工贸城大道证券营业部	江西	赣州	49.2	49.0	0.0	0.0	0.0	0.2
国元证券桃花潭路证券营业部	安徽	宣城	48.8	48.8	0.0	0.0	0.0	0.0
太平洋证券西园路证券营业部	云南	昆明	48.8	47.3	0.2	0.0	0.0	1.3
东方证券迎春大街证券营业部	山东	烟台	48.7	23.1	3.0	0.0	0.0	22.6
海通证券东三路证券营业部	山东	东营	48.6	38.3	0.0	0.0	0.0	10.3
民生证券雨花西路证券营业部	江苏	南京	48.4	20.3	0.0	0.0	0.0	28.1
宏源证券星河路证券营业部	辽宁	大连	48.1	41.3	0.0	0.0	0.0	6.8
天风证券韶山中路证券营业部	湖南	长沙	47.7	33.7	0.0	0.0	0.0	14.0
安信证券南海西樵金南路证券营业部	广东	佛山	47.5	42.8	0.0	0.0	0.0	4.7
齐鲁证券有限金马路证券营业部	山东	潍坊	47.4	37.4	0.0	0.0	0.0	10.0
中国中投证券煤港路营业部	江苏	徐州	47.2	35.3	0.2	0.0	0.0	11.6
中航证券有限韶山中路证券营业部	湖南	长沙	46.9	46.8	0.1	0.0	0.0	0.0
齐鲁证券有限东关大街证券营业部	山东	诸城	46.5	43.7	0.3	0.0	0.0	2.6
山西证券长庆路证券营业部	河南	濮阳	46.2	40.1	0.1	0.0	0.0	5.9
华鑫证券翠微路证券营业部	江西	赣州	46.1	46.1	0.0	0.0	0.0	0.0
招商证券前进西路证券营业部	江苏	昆山	45.8	39.0	0.1	0.0	0.0	6.7
华创证券县振兴大道证券营业部	贵州	兴仁	45.6	45.6	0.0	0.0	0.0	0.0
华泰证券分公司	河南	郑州	45.5	45.5	0.0	0.0	0.0	0.0
中航证券有限七一路证券营业部	河南	周口	45.3	35.8	0.0	0.0	0.0	9.5
国盛证券荡坪北路证券营业部	江西	赣州	45.2	45.2	0.0	0.0	0.0	0.0
西南证券梁平证券营业部	重庆	梁平	45.0	42.0	0.0	0.0	0.0	3.0
国信证券分公司	江西	南昌	44.9	39.9	0.0	0.0	0.0	5.0
广州证券科技路证券营业部	陕西	西安	44.7	27.6	0.0	0.0	0.0	17.1
中国中投证券阳羡东路证券营业部	江苏	无锡	44.3	26.0	0.0	0.0	0.0	18.3
安信证券乐昌金鸡南路证券营业部	广东	韶关	44.3	44.3	0.0	0.0	0.0	0.0

注：营业部交易金额的单位为百万元。

证券营业部交易
Trading of Business Department

营业部名称 Business Department	省份 Province	城市 City	总计 Total	股票 Share	基金 Fund	政府债 G-Bond	公司债 C-Bond	债券回购 Repo
中国银河证券芳村大道西证券营业部	广东	广州	44.3	42.8	0.0	0.0	0.0	1.5
齐鲁证券有限新建北路证券营业部	浙江	余姚	44.2	35.7	0.0	0.0	0.0	8.5
西部证券锦城大道证券营业部	四川	成都	44.2	38.2	0.0	0.0	0.0	6.0
中国银河证券宁南北路证券营业部	浙江	宁波	43.9	43.9	0.0	0.0	0.0	0.0
国信证券东池路证券营业部	浙江	绍兴	43.9	34.3	0.0	0.0	0.0	9.6
东方证券绥化路证券营业部	辽宁	抚顺	43.7	43.2	0.0	0.0	0.0	0.5
开源证券财富大道证券营业部	重庆	重庆	43.5	43.3	0.1	0.0	0.0	0.1
华安证券四化东路证券营业部	安徽	阜阳	43.5	27.9	2.3	0.0	3.4	9.9
国盛证券人民西路证券营业部	江西	萍乡	43.4	38.2	0.0	0.0	0.0	5.2
申银万国证券浦东新区水芸路证券营业部	上海	上海	43.3	42.3	0.0	0.0	0.0	1.0
海通证券航海东路证券营业部	河南	郑州	42.4	42.4	0.0	0.0	0.0	0.0
众成证券经纪有限市舞钢路证券营业部	河南	平顶山	42.3	42.3	0.0	0.0	0.0	0.0
西南证券丰都证券营业部	重庆	丰都	42.3	41.4	0.2	0.0	0.0	0.7
中信证券(山东)中山路证券营业部	山东	青岛	42.2	38.8	0.0	0.0	0.0	3.3
东吴证券大朗证券营业部	广东	东莞	42.1	36.5	0.0	0.0	0.0	5.6
中信证券（浙江）纺工路证券营业部	浙江	嘉兴	42.0	41.8	0.0	0.0	0.0	0.2
中国银河证券三乡景观大道证券营业部	广东	中山	41.7	26.0	1.1	0.0	0.0	14.6
国泰君安证券梅城大街证券营业部	福建	福州	41.4	21.2	0.0	0.0	0.0	20.2
太平洋证券鹿城南路证券营业部	云南	楚雄	41.1	32.9	1.6	0.0	0.0	6.7
长江证券华光路证券营业部	山东	淄博	40.9	35.5	0.0	0.0	0.0	5.4
信达证券花临江路证券营业部	四川	攀枝花	40.3	18.2	0.0	0.0	0.0	22.1
日信证券海滨南路证券营业部	广东	珠海	40.0	34.1	0.0	0.0	0.0	5.9
华融证券中北路证券营业部	湖北	武汉	39.7	19.8	0.0	0.0	0.0	19.9
国泰君安证券分公司	天津	天津	39.7	39.7	0.0	0.0	0.0	0.0
东吴证券渭塘证券营业部	江苏	苏州	39.5	33.7	0.0	0.0	0.0	5.8
众成证券经纪有限洸河路证券营业部	山东	济宁	39.5	31.5	0.1	0.0	0.0	8.0
国信证券中山西路证券营业部	浙江	嘉兴	39.2	27.9	0.0	0.0	0.0	11.3
宏源证券西堤三路证券营业部	广西	梧州	38.9	38.3	0.6	0.0	0.0	0.0
宏源证券民主中路证券营业部	广西	玉林	38.8	37.5	0.0	0.0	0.0	1.3
宏源证券阜宁射河北路证券营业部	江苏	盐城	38.7	38.1	0.6	0.0	0.0	0.0
长城证券关山大道证券营业部	湖北	武汉	38.5	38.3	0.1	0.0	0.0	0.1
国信证券南海广佛新干线证券营业部	广东	佛山	38.3	38.3	0.0	0.0	0.0	0.0
方正证券湖东路证券营业部	福建	福州	38.3	34.1	0.0	0.0	0.0	4.2
国元证券余杭南大街证券营业部	浙江	杭州	38.1	29.6	0.0	0.0	0.0	8.5
西南证券武隆芙蓉中路证券营业部	重庆	重庆	37.9	30.7	0.0	0.0	0.0	7.2
新时代证券管庄路证券营业部	北京	北京	37.5	37.5	0.0	0.0	0.0	0.0
山西证券县迎宾西街证券营业部	山西	长治	37.4	37.0	0.1	0.0	0.0	0.3
国盛证券建设东路证券营业部	江西	赣州	37.1	37.1	0.0	0.0	0.0	0.0
华鑫证券庄建设南大街证券营业部	河北	石家庄	37.0	30.6	0.0	0.0	0.0	6.4
国信证券分公司	广东	惠州	36.9	35.3	0.0	0.0	0.0	1.6
中航证券有限洎阳中路证券营业部	江西	景德镇	36.8	36.2	0.3	0.0	0.2	0.1
德邦证券领事馆路证券营业部	四川	成都	36.5	32.4	0.0	0.0	0.0	4.1
华福证券长江路证券营业部	江苏	南京	36.3	35.8	0.0	0.0	0.0	0.5
中国银河证券沿江东路证券营业部	安徽	安庆	36.3	36.3	0.0	0.0	0.0	0.0
国盛证券民族路证券营业部	福建	厦门	36.1	36.0	0.0	0.0	0.0	0.1
中国银河证券云台街证券营业部	四川	巴中	35.6	32.9	0.1	0.0	0.0	2.7
海通证券浔阳东路证券营业部	江西	九江	35.6	33.2	0.1	0.0	0.0	2.3
招商证券东三环北路证券营业部	北京	北京	35.6	27.6	6.9	0.0	0.0	1.1
浙商证券蠡溪路证券营业部	江苏	无锡	35.4	23.2	0.0	0.0	0.0	12.2
五矿证券有限东方路证券营业部	上海	上海	34.9	28.5	5.6	0.0	0.0	0.8

注：营业部交易金额的单位为百万元。

证券营业部交易
Trading of Business Department

营业部名称 Business Department	省份 Province	城市 City	总计 Total	股票 Share	基金 Fund	政府债 G-Bond	公司债 C-Bond	债券回购 Repo
安信证券铂金路证券营业部	吉林	松原	34.8	32.9	0.0	0.0	0.8	1.1
申银万国证券闵行区沪闵路证券营业部	上海	上海	34.5	22.5	0.0	0.0	0.0	12.0
长城证券春园西路证券营业部	湖北	襄阳	34.5	34.4	0.1	0.0	0.0	0.0
海通证券镇瓷都大道证券营业部	江西	景德镇	34.4	30.3	0.1	0.0	0.0	3.9
齐鲁证券有限嘉禾路证券营业部	福建	厦门	34.3	34.3	0.0	0.0	0.0	0.0
东海证券青年大街证券营业部	辽宁	沈阳	34.3	32.8	0.0	0.0	0.0	1.5
安信证券大足证券营业部	重庆	重庆	34.0	33.7	0.0	0.0	0.0	0.3
长江证券中山南路证券营业部	贵州	贵阳	33.5	22.1	0.0	0.0	0.0	11.4
申银万国证券乌兰大街证券营业部	吉林	松原	33.3	33.2	0.1	0.0	0.0	0.0
海通证券袁山中路证券营业部	江西	宜春	33.3	33.3	0.0	0.0	0.0	0.0
东吴证券相城太平证券营业部	江苏	苏州	33.1	32.7	0.3	0.0	0.0	0.1
中信建投证券津南紫江路证券营业部	天津	天津	33.1	0.4	0.0	0.0	0.0	32.7
国泰君安证券南华路证券营业部	贵州	安顺	33.0	27.4	0.0	0.0	0.0	5.6
中国中投证券大邑大东街证券营业部	四川	成都	33.0	16.0	0.0	0.0	0.0	17.0
宏源证券静宁路证券营业部	甘肃	兰州	32.8	9.3	0.0	0.0	0.0	23.5
财通证券松阳要津路证券营业部	浙江	丽水	32.7	19.5	0.0	0.0	0.0	13.2
中国银河证券翠岭路证券营业部	广东	中山	32.3	19.8	2.8	0.0	0.0	9.8
中国银河证券海虞北路证券营业部	江苏	常熟	32.2	32.2	0.0	0.0	0.0	0.0
齐鲁证券有限天马路证券营业部	云南	蒙自	32.2	32.2	0.0	0.0	0.0	0.0
五矿证券有限八一大道证券营业部	江西	南昌	31.9	31.8	0.0	0.0	0.0	0.1
长江证券建湘路证券营业部	湖南	岳阳	31.7	22.9	0.0	0.0	0.0	8.8
中国银河证券天元黄山路证券营业部	湖南	株洲	31.5	21.1	0.0	0.0	1.3	9.1
宏信证券五爱街证券营业部	辽宁	沈阳	31.4	14.5	0.0	0.0	0.0	16.8
长江证券振兴路证券营业部	湖北	宜城	31.3	29.0	0.0	0.0	0.0	2.3
宏源证券城南新区解放南路证券营业部	江苏	盐城	30.9	30.9	0.0	0.0	0.0	0.0
长城证券长征大道证券营业部	江西	赣州	30.9	30.9	0.0	0.0	0.0	0.0
中信建投证券李畋西路证券营业部	湖南	株洲	30.8	21.8	0.1	0.0	0.0	8.8
华福证券世纪城路证券营业部	四川	成都	30.7	1.0	0.0	0.0	0.0	29.7
浙商证券南二环路证券营业部	安徽	合肥	30.6	18.0	0.0	0.0	0.0	12.6
华融证券滨中兴大道证券营业部	黑龙江	哈尔滨	30.6	27.6	0.0	0.0	0.0	3.0
中信证券（浙江）雅山东路证券营业部	浙江	嘉兴	30.3	20.9	0.0	0.0	0.0	9.4
中航证券有限余干世纪大道证券营业部	江西	上饶	30.1	30.1	0.0	0.0	0.0	0.0
西南证券江津江州大道证券营业部	重庆	江津	30.0	28.9	0.0	0.0	0.0	1.1
申银万国证券新华西路证券营业部	河南	南阳	30.0	30.0	0.0	0.0	0.0	0.0
中山证券分公司	深圳	深圳	30.0	20.3	0.0	0.0	0.0	9.7
东吴证券甪直迎宾路证券营业部	江苏	苏州	29.9	13.2	0.0	0.0	0.0	16.7
国泰君安证券火炬新街证券营业部	黑龙江	大庆	29.7	27.8	0.0	0.0	0.0	1.9
广州证券东大街证券营业部	四川	成都	29.7	27.8	0.0	0.0	0.0	1.9
国盛证券瑞金南路证券营业部	贵州	贵阳	29.2	26.8	0.0	0.0	0.5	2.0
西南证券綦江证券营业部	重庆	綦江	29.2	27.7	1.3	0.0	0.0	0.2
财通证券甘溪西街证券营业部	浙江	金华	29.0	28.5	0.0	0.0	0.0	0.5
大同证券经纪恒山路证券营业部	山西	大同	28.8	24.2	0.1	0.0	0.0	4.5
中国银河证券雷州西湖大道证券营业部	广东	湛江	28.8	28.1	0.0	0.0	0.0	0.7
广州证券经四路证券营业部	山东	济南	28.5	27.9	0.3	0.0	0.0	0.3
招商证券上地农大南路证券营业部	北京	北京	28.5	28.3	0.0	0.0	0.0	0.2
金元证券坝岗路证券营业部	辽宁	丹东	28.4	28.0	0.4	0.0	0.0	0.0
宏信证券花园街证券营业部	江苏	常州	27.7	22.1	0.0	0.0	0.0	5.6
招商证券环城北路证券营业部	江苏	江阴	27.7	20.1	0.0	0.0	0.0	7.6
联讯证券房山西路证券营业部	北京	北京	27.5	27.5	0.0	0.0	0.0	0.0
中国银河证券连江路证券营业部	广东	清远	27.4	22.0	0.0	0.0	0.0	5.4

注：营业部交易金额的单位为百万元。

证券营业部交易
Trading of Business Department

营业部名称 Business Department	省份 Province	城市 City	总计 Total	股票 Share	基金 Fund	政府债 G-Bond	公司债 C-Bond	债券回购 Repo
新时代证券莱美路证券营业部	广东	汕头	27.4	27.4	0.0	0.0	0.0	0.0
长城证券中山南路证券营业部	广西	桂林	27.4	27.4	0.0	0.0	0.0	0.0
东吴证券港杨舍镇长安中路证券营业部	江苏	苏州	27.1	26.3	0.0	0.0	0.0	0.8
西南证券彭水证券营业部	重庆	重庆	27.0	26.8	0.0	0.0	0.0	0.2
中航证券有限张潜大道证券营业部	江西	德兴	26.8	25.9	0.0	0.0	0.0	0.9
中原证券紫气大道证券营业部	河南	周口	26.2	24.6	0.0	0.0	0.0	1.6
中信建投证券香港路证券营业部	湖北	武汉	26.2	17.3	0.9	0.0	0.0	7.9
齐鲁证券有限建国门外大街证券营业部	北京	北京	26.1	26.1	0.0	0.0	0.0	0.0
西部证券金水路证券营业部	河南	郑州	26.0	26.0	0.0	0.0	0.0	0.0
光大证券浩特新华东街证券营业部	内蒙	呼和浩特	25.8	23.6	0.0	0.0	0.0	2.2
广州证券江东中路证券营业部	江苏	南京	25.5	7.6	0.0	0.0	0.0	17.9
中国银河证券斯保卫路证券营业部	黑龙江	佳木斯	25.3	14.4	0.0	0.0	0.0	10.9
东方证券中山大道证券营业部	深圳	深圳	25.1	25.1	0.0	0.0	0.0	0.0
海通证券涑河南街证券营业部	山东	临沂	24.9	19.0	0.2	0.0	0.0	5.6
长江证券金台大道证券营业部	陕西	宝鸡	24.7	24.7	0.0	0.0	0.0	0.0
海通证券塔南路证券营业部	河南	焦作	24.6	16.5	0.0	0.0	0.2	7.9
中国银河证券市府路证券营业部	辽宁	营口	24.5	24.5	0.0	0.0	0.0	0.0
国都证券市朝阳路证券营业部	辽宁	凌源	24.4	23.2	0.0	0.0	0.0	1.2
信达证券证券股份有限公司常州花园街证券营业部	江苏	常州	24.4	24.4	0.0	0.0	0.0	0.0
中国银河证券南海广云路证券营业部	广东	佛山	24.0	16.0	0.0	0.0	0.0	8.0
中国中投证券市淮安区永怀东路证券营业部	江苏	淮安	23.9	13.4	0.0	0.0	0.0	10.5
新时代证券红苏路证券营业部	河南	信阳	23.8	23.8	0.0	0.0	0.0	0.0
中国银河证券友谊路证券营业部	河南	新乡	23.7	21.0	0.0	0.0	0.0	2.7
厦门证券有限临园路证券营业部	四川	绵阳	23.5	23.2	0.0	0.0	0.0	0.3
中国中投证券龙泉驿洪升路证券营业部	四川	成都	22.9	14.0	1.2	0.0	0.0	7.7
方正证券长恩路证券营业部	河南	焦作	22.8	22.8	0.0	0.0	0.0	0.0
中国银河证券宝山区陆翔路证券营业部	上海	上海	22.8	19.2	3.5	0.0	0.0	0.1
国盛证券章源大道证券营业部	江西	赣州	22.6	22.6	0.0	0.0	0.0	0.0
东方证券鳌江路证券营业部	福建	福州	22.5	12.6	0.0	0.0	0.0	9.9
华鑫证券经四路证券营业部	山东	济南	22.3	11.0	0.0	0.0	0.0	11.3
五矿证券有限胜和路证券营业部	广东	东莞	22.3	9.9	0.0	0.0	0.0	12.4
华福证券韶山北路证券营业部	湖南	长沙	22.1	5.5	0.0	0.0	0.0	16.6
中信建投证券智慧大道证券营业部	河南	许昌	22.1	22.1	0.0	0.0	0.0	0.0
东吴证券平望证券营业部	江苏	吴江	22.0	21.6	0.0	0.0	0.0	0.4
中国银河证券新华路证券营业部	辽宁	阜新	21.9	11.8	0.0	0.0	0.1	10.0
东兴证券庄中山东路证券营业部	河北	石家庄	21.8	15.3	0.0	0.0	0.0	6.5
招商证券金港大道证券营业部	广西	贵港	21.7	21.6	0.0	0.0	0.0	0.0
招商证券南海南平西路证券营业部	广东	佛山	21.5	19.4	0.1	0.0	0.0	2.0
中国银河证券自贸试验区基隆路证券营业部	上海	上海	21.2	16.6	2.2	0.0	0.0	2.4
国海证券藤县藤州大道证券营业部	广西	梧州	20.9	20.9	0.0	0.0	0.0	0.0
齐鲁证券有限园林路证券营业部	黑龙江	绥化	20.8	20.8	0.0	0.0	0.0	0.0
中国中投证券华阳华新街证券营业部	四川	成都	20.7	20.7	0.0	0.0	0.0	0.0
华福证券闽江路证券营业部	山东	青岛	20.5	20.4	0.2	0.0	0.0	0.0
第一创业证券创业证券股份有限公司上海长清路证	上海	上海	20.5	6.1	0.0	0.0	14.4	0.0
长城证券石林县石林南路证券营业部	云南	昆明	20.4	17.7	2.3	0.0	0.0	0.4
华融证券邵水东路证券营业部	湖南	邵阳	20.4	20.2	0.0	0.0	0.0	0.2
招商证券和平中路证券营业部	福建	晋江	20.2	18.1	0.0	0.0	0.0	2.1
长江证券世纪大道证券营业部	天津	天津	19.9	15.1	0.0	0.0	0.0	4.8
国盛证券庄永安街证券营业部	河北	石家庄	19.8	17.9	0.0	0.0	0.0	1.9
山西证券长虹路证券营业部	江苏	南京	19.6	19.6	0.0	0.0	0.0	0.0

注：营业部交易金额的单位为百万元。

证券营业部交易
Trading of Business Department

营业部名称 Business Department	省份 Province	城市 City	总计 Total	股票 Share	基金 Fund	政府债 G-Bond	公司债 C-Bond	债券回购 Repo
中信建投证券重新街证券营业部	甘肃	天水	19.6	12.0	0.0	0.0	0.0	7.5
万联证券金开大道证券营业部	重庆	重庆	19.5	19.1	0.0	0.0	0.0	0.4
西南证券石柱证券营业部	重庆	石柱	19.4	19.4	0.0	0.0	0.0	0.0
中国银河证券华侨城证券营业部	深圳	深圳	19.3	5.3	0.1	0.0	0.0	13.9
西南证券城口证券营业部	重庆	城口	19.1	18.1	0.0	0.0	0.0	1.0
宏信证券滨江路证券营业部	四川	宜宾	19.0	17.7	0.0	0.0	0.0	1.3
西南证券黔江证券营业部	重庆	黔江	18.5	18.5	0.0	0.0	0.0	0.0
国海证券世昌大道证券营业部	山东	威海	18.3	10.5	0.0	0.0	7.6	0.2
中国银河证券闵行区陈行路证券营业部	上海	上海	18.2	18.2	0.0	0.0	0.0	0.0
中信证券(山东)金马路证券营业部	山东	潍坊	18.1	1.4	1.9	0.0	0.0	14.8
长城证券兴安街证券营业部	内蒙	赤峰	17.9	15.0	0.0	0.0	0.0	2.9
西南证券环城南路证券营业部	云南	昆明	17.9	17.9	0.0	0.0	0.0	0.0
中信建投证券福寿西街证券营业部	山东	潍坊	17.8	15.8	0.1	0.0	0.0	2.0
海通证券碧阳大道证券营业部	贵州	毕节	17.8	17.8	0.0	0.0	0.0	0.0
日信证券察布建设路证券营业部	内蒙	乌兰察布	17.6	17.4	0.0	0.0	0.0	0.2
华鑫证券朱雀南路证券营业部	陕西	西安	17.5	17.5	0.0	0.0	0.0	0.0
中国中投证券郫县杜鹃路证券营业部	四川	成都	17.4	14.6	2.0	0.0	0.0	0.8
浙商证券万州新城路证券营业部	重庆	重庆	17.2	17.0	0.0	0.0	0.0	0.2
中信建投证券云南路证券营业部	山东	青岛	16.9	9.6	0.1	0.0	0.0	7.2
中国银河证券沿江西路证券营业部	广东	梅州	16.9	16.9	0.0	0.0	0.0	0.0
招商证券人和街证券营业部	黑龙江	绥化	16.8	16.8	0.0	0.0	0.0	0.0
民生证券龙翔大道证券营业部	深圳	深圳	16.6	15.8	0.1	0.0	0.0	0.7
国信证券劳动东路证券营业部	陕西	汉中	16.3	14.1	0.0	0.0	0.0	2.2
华鑫证券梅山路证券营业部	安徽	合肥	16.3	15.7	0.0	0.0	0.0	0.6
招商证券共青团路证券营业部	山东	淄博	16.3	13.3	0.0	0.0	0.7	2.2
国信证券义安大道证券营业部	安徽	铜陵	16.2	13.3	0.0	0.0	0.0	2.9
国泰君安证券仓程路证券营业部	陕西	渭南	16.0	16.0	0.0	0.0	0.0	0.0
西南证券忠县证券营业部	重庆	忠县	15.9	15.9	0.0	0.0	0.0	0.0
齐鲁证券有限商务分公司	山东	济南	15.9	15.9	0.0	0.0	0.0	0.0
东方证券青浦区华徐公路证券营业部	上海	上海	15.8	14.6	0.3	0.0	0.0	0.9
长江证券仓程路证券营业部	陕西	渭南	15.8	14.6	0.0	0.0	0.0	1.2
招商证券人民路证券营业部	安徽	阜阳	15.7	15.6	0.1	0.0	0.0	0.0
中国银河证券升安大街证券营业部	天津	天津	15.6	15.6	0.0	0.0	0.0	0.0
民生证券江晖路证券营业部	浙江	杭州	15.6	14.9	0.0	0.0	0.0	0.7
国信证券扬州路证券营业部	江苏	苏州	15.4	10.5	0.0	0.0	0.0	4.9
中国银河证券坪山坑梓新发街证券营业部	深圳	深圳	15.2	15.2	0.0	0.0	0.0	0.0
中邮证券分公司	江苏	南京	15.2	13.3	0.0	0.0	0.0	1.9
海通证券五洲路证券营业部	江西	鹰潭	15.1	14.9	0.0	0.0	0.0	0.2
东方证券临桂县人民路证券营业部	广西	桂林	15.1	14.7	0.0	0.0	0.0	0.4
中国银河证券芙蓉中路证券营业部	湖南	湘潭	14.9	14.8	0.0	0.0	0.0	0.1
中国银河证券青浦区明珠路证券营业部	上海	上海	14.8	14.1	0.3	0.0	0.0	0.4
中国银河证券金谷园路证券营业部	河南	洛阳	14.8	13.7	0.0	0.0	0.0	1.0
西南证券巫山证券营业部	重庆	巫山	14.8	14.8	0.0	0.0	0.0	0.0
西南证券酉阳证券营业部	重庆	酉阳	14.7	14.7	0.0	0.0	0.0	0.0
东方证券天府大道证券营业部	四川	成都	14.7	14.7	0.0	0.0	0.0	0.0
申银万国证券工人西路证券营业部	浙江	金华	14.7	14.3	0.0	0.0	0.0	0.4
国信证券路桥西路桥大道证券营业部	浙江	台州	14.3	14.3	0.0	0.0	0.0	0.0
宏源证券句容华阳东路证券营业部	江苏	镇江	14.2	14.1	0.0	0.0	0.0	0.1
华福证券分公司	重庆	重庆	14.1	14.0	0.0	0.0	0.0	0.1
华泰证券经济技术开发区杨山路证券营业部	江苏	徐州	14.1	13.6	0.0	0.0	0.0	0.4

注：营业部交易金额的单位为百万元。

证券营业部交易
Trading of Business Department

营业部名称 Business Department	省份 Province	城市 City	总计 Total	股票 Share	基金 Fund	政府债 G-Bond	公司债 C-Bond	债券回购 Repo
华鑫证券顺德新桂中路证券营业部	广东	佛山	13.9	7.7	1.0	0.0	0.0	5.2
长城证券龙岗大道证券营业部	深圳	深圳	13.7	10.4	0.2	0.0	0.0	3.1
国信证券南海科技北路证券营业部	广东	佛山	13.6	13.6	0.0	0.0	0.0	0.0
中原证券裕禄大道证券营业部	河南	开封	13.6	13.6	0.0	0.0	0.0	0.0
太平洋证券天河路证券营业部	广东	广州	13.5	9.5	1.4	0.0	0.0	2.7
国信证券证券股份有限公司北京昌平西环路证券营	北京	北京	13.5	13.0	0.2	0.0	0.0	0.3
海通证券东润路证券营业部	江苏	泰兴	13.5	12.1	0.0	0.0	0.0	1.4
齐鲁证券有限环城西路证券营业部	浙江	舟山	13.1	10.6	0.0	0.0	0.0	2.4
中国银河证券福安路证券营业部	云南	红河	12.9	12.9	0.0	0.0	0.0	0.0
财通证券桐庐白云源路证券营业部	浙江	杭州	12.8	8.6	0.2	0.0	0.0	4.0
中国银河证券许继大道证券营业部	河南	许昌	12.7	12.6	0.0	0.0	0.0	0.0
国信证券证券股份有限公司北京成府路证券营业部	北京	北京	12.5	12.3	0.0	0.0	0.0	0.2
长城证券星沙开元路证券营业部	湖南	长沙	12.4	12.0	0.3	0.0	0.0	0.0
中国银河证券盛岸西路证券营业部	江苏	无锡	12.3	7.9	0.6	0.0	0.0	3.8
招商证券南京路证券营业部	湖北	黄石	12.3	6.5	0.1	0.0	0.1	5.7
中国中投证券阳春朝南路证券营业部	广东	阳江	12.2	12.2	0.0	0.0	0.0	0.0
五矿证券有限马鞍山路证券营业部	山东	济南	12.2	12.2	0.0	0.0	0.0	0.0
国信证券马超东路证券营业部	四川	成都	12.2	12.2	0.0	0.0	0.0	0.0
中原证券黄河路证券营业部	河南	鹤壁	12.1	12.1	0.0	0.0	0.0	0.0
财通证券嘉善体育南路证券营业部	浙江	嘉兴	11.9	11.9	0.0	0.0	0.0	0.0
齐鲁证券有限经三路证券营业部	河南	郑州	11.8	11.5	0.1	0.0	0.0	0.3
广州证券友谊路证券营业部	天津	天津	11.6	11.6	0.0	0.0	0.0	0.0
五矿证券有限上虞江扬路证券营业部	浙江	绍兴	11.4	11.3	0.0	0.0	0.0	0.1
万联证券清扬路证券营业部	江苏	无锡	11.4	8.8	0.0	0.0	0.0	2.6
海通证券民主路证券营业部	河南	商丘	11.3	11.1	0.0	0.0	0.0	0.2
中国银河证券黄埔东路证券营业部	广东	广州	11.1	9.9	0.0	0.0	0.0	1.2
招商证券虎门连升中路证券营业部	广东	东莞	11.1	11.1	0.0	0.0	0.0	0.0
中国银河证券玉溪路证券营业部	四川	内江	11.1	7.8	0.0	0.0	0.0	3.3
华融证券五里牌证券营业部	湖南	岳阳	11.0	9.3	0.1	0.0	0.0	1.6
国都证券舜华路证券营业部	山东	济南	10.9	10.9	0.0	0.0	0.0	0.0
国信证券白云北大道证券营业部	浙江	衢州	10.5	10.1	0.0	0.0	0.0	0.4
国海证券县公园路证券营业部	广西	玉林	10.4	10.4	0.0	0.0	0.0	0.0
招商证券江滨路证券营业部	福建	福清	10.3	10.3	0.0	0.0	0.0	0.0
国泰君安证券黄河路证券营业部	山东	东营	10.2	9.7	0.0	0.0	0.0	0.5
山西证券建设大道证券营业部	湖北	武汉	10.0	8.5	0.0	0.0	0.0	1.5
长城证券西一路证券营业部	辽宁	抚顺	9.9	2.2	0.0	0.0	0.0	7.7
华融证券云集路证券营业部	湖南	怀化	9.9	9.9	0.0	0.0	0.0	0.0
东海证券延安东路证券营业部	贵州	贵阳	9.8	9.8	0.0	0.0	0.0	0.0
国都证券海州西路证券营业部	浙江	海宁	9.7	9.6	0.0	0.0	0.0	0.1
国信证券经二路证券营业部	陕西	宝鸡	9.6	7.5	0.6	0.0	0.8	0.7
中国银河证券迎宾南路证券营业部	江苏	盐城	9.5	9.2	0.0	0.0	0.0	0.3
中航证券有限阎良凌云路证券营业部	陕西	西安	9.5	9.3	0.0	0.0	0.0	0.2
华鑫证券滂江街证券营业部	辽宁	沈阳	9.3	8.4	0.0	0.0	0.0	0.9
天风证券振兴街证券营业部	湖北	谷城	9.0	9.0	0.0	0.0	0.0	0.0
宏信证券金融街证券营业部	重庆	重庆	9.0	9.0	0.0	0.0	0.0	0.0
齐鲁证券有限黄河二路证券营业部	山东	滨州	8.9	8.3	0.0	0.0	0.0	0.6
安信证券分公司	江苏	南京	8.8	8.8	0.0	0.0	0.0	0.0
国信证券分公司	浙江	宁波	8.6	8.6	0.0	0.0	0.0	0.0
中国银河证券雁南三路证券营业部	陕西	西安	8.6	8.6	0.0	0.0	0.0	0.0
中信证券（浙江）分公司	江西	南昌	8.5	8.0	0.0	0.0	0.0	0.5

注：营业部交易金额的单位为百万元。

证券营业部交易
Trading of Business Department

营业部名称 Business Department	省份 Province	城市 City	总计 Total	股票 Share	基金 Fund	政府债 G-Bond	公司债 C-Bond	债券回购 Repo
中信建投证券建设北路证券营业部	河北	唐山	8.5	7.9	0.2	0.0	0.0	0.4
国盛证券昆明池路证券营业部	陕西	西安	8.3	7.1	0.0	0.0	0.0	1.2
西南证券奉节永安路证券营业部	重庆	奉节	8.3	8.2	0.1	0.0	0.0	0.0
东方证券时代天街证券营业部	重庆	重庆	8.2	3.6	0.0	0.0	0.0	4.6
华福证券黄河路证券营业部	辽宁	大连	8.1	8.1	0.0	0.0	0.0	0.0
齐鲁证券有限市心北路证券营业部	浙江	杭州	8.1	7.6	0.0	0.0	0.5	0.0
东海证券徐海路证券营业部	江苏	徐州	8.1	8.0	0.0	0.0	0.0	0.1
齐鲁证券有限滨海经济开发区海港路证券营业部	山东	潍坊	7.5	7.5	0.0	0.0	0.0	0.0
中国银河证券顺德外环路证券营业部	广东	佛山	7.5	7.5	0.0	0.0	0.0	0.0
国海证券金湖路证券营业部	广西	南宁	7.5	7.2	0.0	0.0	0.4	0.0
华福证券吴家窑大街证券营业部	天津	天津	7.5	7.5	0.0	0.0	0.0	0.0
太平洋证券分公司	新疆	乌鲁木齐	7.5	4.1	0.0	0.0	0.0	3.4
中航证券有限太康路证券营业部	河南	洛阳	7.4	6.5	0.0	0.0	0.0	0.9
众成证券经纪有限鲁平大道证券营业部	河南	平顶山	7.1	6.5	0.1	0.0	0.0	0.5
招商证券涂山东路证券营业部	安徽	蚌埠	7.1	6.9	0.1	0.0	0.0	0.1
联讯证券高淳老街证券营业部	江苏	南京	7.0	7.0	0.0	0.0	0.0	0.0
海通证券金桥大道证券营业部	湖北	黄冈	7.0	5.7	0.0	0.0	0.0	1.3
新时代证券江东中路证券营业部	江苏	南京	6.9	6.9	0.0	0.0	0.0	0.0
国信证券马家堡西路证券营业部	北京	北京	6.6	6.6	0.0	0.0	0.0	0.0
国信证券天台路证券营业部	湖南	株洲	6.5	6.5	0.0	0.0	0.0	0.0
中银国际证券环城东路证券营业部	浙江	温州	6.3	5.6	0.0	0.0	0.0	0.7
海通证券兴五路证券营业部	辽宁	丹东	6.2	5.6	0.3	0.0	0.0	0.3
国信证券第一分公司	山东	烟台	6.0	6.0	0.0	0.0	0.0	0.0
华融证券延安路证券营业部	安徽	蚌埠	5.8	5.8	0.0	0.0	0.0	0.0
国信证券紫薇路证券营业部	四川	自贡	5.7	4.6	0.0	0.0	0.0	1.1
中国中投证券南三路证券营业部	四川	雅安	5.7	4.9	0.1	0.0	0.0	0.6
中原证券沪南路证券营业部	上海	上海	5.6	5.6	0.0	0.0	0.0	0.0
国信证券石景山阜石路证券营业部	北京	北京	5.3	5.3	0.0	0.0	0.0	0.0
国盛证券滨建河街证券营业部	黑龙江	哈尔滨	5.1	5.1	0.0	0.0	0.0	0.0
国信证券嘉定中路证券营业部	四川	乐山	5.0	3.0	0.2	0.0	0.0	1.9
中国银河证券下城街证券营业部	山西	晋中	5.0	5.0	0.0	0.0	0.0	0.0
国信证券东阳山路证券营业部	江西	赣州	5.0	5.0	0.0	0.0	0.0	0.0
西南证券巫溪证券营业部	重庆	重庆	4.9	4.9	0.0	0.0	0.0	0.0
国信证券涪陵中山路证券营业部	重庆	重庆	4.9	4.9	0.0	0.0	0.0	0.0
国信证券解放路证券营业部	湖南	衡阳	4.9	4.9	0.0	0.0	0.0	0.0
山西证券黄浦路证券营业部	上海	上海	4.7	4.7	0.0	0.0	0.0	0.0
中山证券浩特五纬路证券营业部	内蒙	呼和浩特	4.6	4.6	0.0	0.0	0.0	0.0
招商证券石龙西湖一路证券营业部	广东	东莞	4.6	4.6	0.0	0.0	0.0	0.0
华融证券县证券营业部	湖南	长沙	4.6	1.7	0.0	0.0	0.0	2.9
中信证券（浙江）江南大道证券营业部	浙江	杭州	4.5	4.5	0.0	0.0	0.0	0.0
长城证券娇子大道证券营业部	四川	资阳	4.5	4.5	0.0	0.0	0.0	0.0
华福证券浩特兴安南路证券营业部	内蒙	呼和浩特	4.5	4.5	0.0	0.0	0.0	0.0
中原证券崇明陈家镇证券营业部	上海	上海	4.4	3.2	0.0	0.0	0.0	1.2
国信证券沿江西路证券营业部	广东	韶关	4.4	3.8	0.0	0.0	0.0	0.6
华林证券滨海新区迎宾大道证券营业部	天津	天津	4.2	2.4	0.0	0.0	0.0	1.8
江海证券有限慧忠里证券营业部	北京	北京	4.1	4.0	0.0	0.0	0.0	0.1
国信证券顺义双河大街证券营业部	北京	北京	4.1	4.1	0.0	0.0	0.0	0.0
国信证券水仙大街证券营业部	福建	漳州	4.0	4.0	0.0	0.0	0.0	0.0
齐鲁证券有限登高西路证券营业部	福建	龙岩	4.0	4.0	0.0	0.0	0.0	0.0
中国银河证券潮枫路证券营业部	广东	潮州	3.9	3.9	0.0	0.0	0.0	0.0

注：营业部交易金额的单位为百万元。

证券营业部交易
Trading of Business Department

营业部名称 Business Department	省份 Province	城市 City	总计 Total	股票 Share	基金 Fund	政府债 G-Bond	公司债 C-Bond	债券回购 Repo
太平洋证券杨浦区国通路证券营业部	上海	上海	3.9	3.9	0.0	0.0	0.0	0.0
长城证券秀水西街证券营业部	山西	阳泉	3.7	3.6	0.2	0.0	0.0	0.0
中信建投证券德隆街证券营业部	河南	安阳	3.6	3.6	0.0	0.0	0.0	0.0
安信证券省府西街证券营业部	河南	开封	3.5	3.5	0.0	0.0	0.0	0.0
中信建投证券学园南街证券营业部	福建	莆田	3.4	3.3	0.0	0.0	0.0	0.1
中国中投证券东风大道证券营业部	湖北	武汉	3.4	3.4	0.0	0.0	0.0	0.0
山西证券太白楼西路证券营业部	山东	济宁	3.3	3.0	0.0	0.0	0.0	0.3
中信证券（浙江）靖江中路证券营业部	浙江	临海	3.2	3.2	0.0	0.0	0.0	0.0
中国中投证券彭州朝阳南路证券营业部	四川	成都	3.2	3.2	0.0	0.0	0.0	0.0
国信证券金龙大道证券营业部	四川	达州	3.1	2.7	0.0	0.0	0.0	0.4
金元证券扬州文昌西路营业部	江苏	扬州	3.1	2.6	0.1	0.0	0.0	0.4
国信证券东山西路证券营业部	江苏	宜兴	2.9	2.9	0.0	0.0	0.0	0.0
国信证券广信大道证券营业部	江西	上饶	2.7	1.0	0.0	0.0	0.0	1.7
中信建投证券顺德新桂路证券营业部	广东	佛山	2.7	2.7	0.0	0.0	0.0	0.0
中国银河证券新添大道证券营业部	贵州	贵阳	2.6	2.6	0.0	0.0	0.0	0.0
长城证券港郁州路证券营业部	江苏	连云港	2.6	2.6	0.0	0.0	0.0	0.0
长江证券南团公路证券营业部	上海	上海	2.5	2.4	0.1	0.0	0.0	0.0
西南证券西城证券营业部	北京	北京	2.3	1.9	0.0	0.0	0.0	0.4
国都证券福海路证券营业部	山东	烟台	2.3	0.4	0.0	0.0	0.0	1.9
国海证券邹城市兴石街证券营业部	山东	邹城	2.3	2.3	0.0	0.0	0.0	0.0
长江证券庄红旗大街证券营业部	河北	石家庄	2.3	2.3	0.0	0.0	0.0	0.0
天风证券自忠路证券营业部	湖北	宜城	2.3	1.6	0.0	0.0	0.0	0.7
中国银河证券府前街证券营业部	山西	吕梁	2.2	1.5	0.1	0.0	0.0	0.6
广发证券金珠西路证券营业部	西藏	拉萨	2.2	2.2	0.0	0.0	0.0	0.0
国信证券枫杨路证券营业部	辽宁	沈阳	2.2	1.3	0.3	0.0	0.0	0.6
红塔证券学府路证券营业部	江西	抚州	2.0	1.9	0.0	0.0	0.0	0.1
中信建投证券解放东路证券营业部	吉林	吉林	2.0	2.0	0.0	0.0	0.0	0.0
新时代证券虎滩路证券营业部	辽宁	大连	1.9	1.9	0.0	0.0	0.0	0.0
国信证券市四会观海路证券营业部	广东	肇庆	1.9	1.9	0.0	0.0	0.0	0.0
国信证券中山中路证券营业部	广东	汕头	1.7	1.7	0.0	0.0	0.0	0.0
日信证券花果园大街证券营业部	贵州	贵阳	1.6	1.6	0.0	0.0	0.0	0.0
华创证券港暨阳中路证券营业部	江苏	张家港	1.6	1.6	0.0	0.0	0.0	0.0
华福证券府东街证券营业部	山西	太原	1.6	0.1	0.0	0.0	0.0	1.4
太平洋证券凌公塘路证券营业部	浙江	嘉兴	1.5	1.3	0.0	0.0	0.0	0.2
长城证券息烽县筑北商业大道证券营业部	贵州	贵阳	1.5	1.5	0.0	0.0	0.0	0.0
国信证券人民二路证券营业部	广东	清远	1.3	1.3	0.0	0.0	0.0	0.0
国信证券金水路证券营业部	陕西	渭南	1.3	1.3	0.0	0.0	0.0	0.0
国信证券江分公司	黑龙江	哈尔滨	1.3	1.3	0.0	0.0	0.0	0.0
中国中投证券镜湖南路证券营业部	吉林	松原	1.3	1.2	0.0	0.0	0.0	0.0
长江证券石岛路证券营业部	上海	上海	1.2	1.2	0.0	0.0	0.0	0.0
华鑫证券时代广场证券营业部	江苏	苏州	1.2	1.2	0.0	0.0	0.0	0.0
红塔证券临园路证券营业部	四川	绵阳	1.2	1.2	0.0	0.0	0.0	0.0
国元证券文化街证券营业部	辽宁	阜新	1.1	0.5	0.0	0.0	0.0	0.6
国信证券火炬新街证券营业部	黑龙江	大庆	1.1	1.1	0.0	0.0	0.0	0.0
华融证券红旗渠大道证券营业部	河南	安阳	1.0	1.0	0.0	0.0	0.0	0.0
华融证券南北大街证券营业部	云南	玉溪	1.0	1.0	0.0	0.0	0.0	0.0
中信证券峨眉山南路证券营业部	四川	德阳	1.0	1.0	0.0	0.0	0.0	0.0
西南证券海淀证券营业部	北京	北京	1.0	0.3	0.0	0.0	0.0	0.7
金元证券滨南直路证券营业部	黑龙江	哈尔滨	0.9	0.9	0.0	0.0	0.0	0.0
中信建投证券八一路证券营业部	福建	南平	0.9	0.9	0.0	0.0	0.0	0.0

注：营业部交易金额的单位为百万元。

证券营业部交易
Trading of Business Department

营业部名称 Business Department	省份 Province	城市 City	总计 Total	股票 Share	基金 Fund	政府债 G-Bond	公司债 C-Bond	债券回购 Repo
华融证券大足证券营业部	重庆	重庆	0.8	0.8	0.0	0.0	0.0	0.0
国都证券江东四条路证券营业部	黑龙江	牡丹江	0.7	0.7	0.0	0.0	0.0	0.0
安信证券谷饶前进路证券营业部	广东	汕头	0.7	0.7	0.0	0.0	0.0	0.0
安信证券科苑路证券营业部	上海	上海	0.7	0.7	0.0	0.0	0.0	0.0
长江证券埈上路证券营业部	江西	新余	0.7	0.5	0.0	0.0	0.2	0.0
华融证券八仙南路证券营业部	黑龙江	绥化	0.6	0.6	0.0	0.0	0.0	0.0
招商证券白沙大道东证券营业部	广东	江门	0.6	0.5	0.1	0.0	0.0	0.0
国信证券三环路证券营业部	广东	阳江	0.6	0.6	0.0	0.0	0.0	0.0
国信证券江太平路证券营业部	黑龙江	牡丹江	0.5	0.5	0.0	0.0	0.0	0.0
招商证券苕溪西路证券营业部	浙江	湖州	0.5	0.5	0.0	0.0	0.0	0.0
中国银河证券龙华人民南路证券营业部	深圳	深圳	0.5	0.5	0.0	0.0	0.0	0.0
招商证券朗山路证券营业部	深圳	深圳	0.5	0.5	0.0	0.0	0.0	0.0
国信证券证券股份有限公司深圳振华分公司	深圳	深圳	0.5	0.5	0.0	0.0	0.0	0.0
渤海证券建业路证券营业部	四川	成都	0.5	0.5	0.0	0.0	0.0	0.0
国信证券迎宾大道证券营业部	广东	江门	0.4	0.4	0.0	0.0	0.0	0.0
渤海证券延陵西路证券营业部	江苏	常州	0.4	0.4	0.0	0.0	0.0	0.0
国信证券市解放东路证券营业部	吉林	吉林	0.4	0.4	0.0	0.0	0.0	0.0
中信证券中信广场证券营业部	上海	上海	0.3	0.3	0.0	0.0	0.0	0.0
东吴证券荡口鹅湖路证券营业部	江苏	无锡	0.3	0.3	0.0	0.0	0.0	0.0
齐鲁证券有限分公司	山东	莱芜	0.3	0.3	0.0	0.0	0.0	0.0
德邦证券太湖东路证券营业部	江苏	常州	0.3	0.3	0.0	0.0	0.0	0.0
天风证券佟麟阁路证券营业部	北京	北京	0.2	0.2	0.0	0.0	0.0	0.0
中国银河证券重庆街证券营业部	吉林	吉林	0.2	0.2	0.0	0.0	0.0	0.0
西南证券青山西路证券营业部	江苏	无锡	0.2	0.2	0.0	0.0	0.0	0.0
国信证券哈尔卜奎大街证券营业部	黑龙江	齐齐哈尔	0.2	0.2	0.0	0.0	0.0	0.0
中国国际金融有限新兴东堤北路证券营业部	广东	云浮	0.2	0.2	0.0	0.0	0.0	0.0
国金证券科技路证券营业部	陕西	西安	0.2	0.1	0.0	0.0	0.0	0.0
国海证券齐河县向阳路证券营业部	山东	德州	0.1	0.1	0.0	0.0	0.0	0.0
国金证券青年路证券营业部	重庆	重庆	0.1	0.1	0.0	0.0	0.0	0.0
国联证券长江南路证券营业部	江苏	海门	0.1	0.1	0.0	0.0	0.0	0.0
华林证券浦东新区浦东南路证券营业部	上海	上海	0.1	0.1	0.0	0.0	0.0	0.0
华福证券庄维明南大街证券营业部	河北	石家庄	0.1	0.1	0.0	0.0	0.0	0.0
安信证券江北证券营业部	安徽	芜湖	0.1	0.0	0.1	0.0	0.0	0.0
金元证券成都益州大道营业部	四川	成都	0.1	0.1	0.0	0.0	0.0	0.0
中国银河证券庆亿街证券营业部	广东	广州	0.0	0.0	0.0	0.0	0.0	0.0
方正证券人和路证券营业部	浙江	慈溪	0.0	0.0	0.0	0.0	0.0	0.0
长城证券长江西路证券营业部	安徽	合肥	0.0	0.0	0.0	0.0	0.0	0.0
东吴证券证券股份有限公司中山小榄民安南路证券	广东	中山	0.0	0.0	0.0	0.0	0.0	0.0
国都证券大望路证券营业部	北京	北京	0.0	0.0	0.0	0.0	0.0	0.0
国信证券澄江中路证券营业部	江苏	江阴	0.0	0.0	0.0	0.0	0.0	0.0
长江证券创业路证券营业部	湖北	武汉	0.0	0.0	0.0	0.0	0.0	0.0
金元证券东阳甘溪西街营业部	浙江	东阳	0.0	0.0	0.0	0.0	0.0	0.0
中原证券天河路证券营业部	广东	广州	0.0	0.0	0.0	0.0	0.0	0.0

注：营业部交易金额的单位为百万元。

会员信用交易
Credit Trading of Member Companies

会员公司 Company	融资买入	卖券还款	融券卖出	买券还券	融资余额	融券余额
爱建证券有限责任公司	2173.44	474.06	14.60	0.88	291.45	0.00
安信证券股份有限公司	149055.12	143915.76	8033.43	2728.25	17873.69	134.71
渤海证券股份有限公司	27444.60	28034.35	95.33	20.17	2347.16	3.09
财达证券有限责任公司	20428.39	9046.56	67.02	45.30	1823.32	4.75
财富证券有限责任公司	15969.42	5379.58	33.67	15.82	2104.93	1.33
财通证券股份有限公司	39334.78	12944.66	519.28	357.85	6227.18	3.04
长城证券有限责任公司	51307.70	31445.63	2255.18	1138.47	5271.88	67.92
长江证券股份有限公司	116219.61	29372.32	10064.00	2509.48	13262.34	238.28
川财证券有限责任公司	163.37	55.71	0.00	0.00	71.80	0.00
大通证券股份有限公司	16475.67	4818.00	435.39	383.92	1640.40	8.78
大同证券经纪有限责任公司	4226.67	1404.21	0.00	0.00	650.44	0.00
德邦证券有限责任公司	7731.67	2769.57	328.08	259.23	696.55	15.85
第一创业证券股份有限公司	16439.96	13604.29	509.83	78.12	2496.95	24.37
东北证券股份有限公司	46786.90	18698.10	756.69	399.28	4967.75	27.71
东方证券股份有限公司	68534.82	21241.98	3415.29	1078.10	6853.67	41.66
东海证券股份有限公司	24230.64	10492.76	118.64	69.70	2181.95	5.60
东吴证券股份有限公司	50579.60	19281.34	2660.64	1162.25	5292.93	39.36
东兴证券股份有限公司	75110.45	13038.88	2014.36	960.64	5909.55	46.62
东莞证券有限责任公司	29535.49	7162.97	3.71	0.00	3029.63	0.00
方正证券股份有限公司	117375.00	48755.82	8670.39	2647.20	12659.07	103.44
光大证券股份有限公司	247796.43	54843.43	41487.56	4147.17	24942.56	119.58
广发证券股份有限公司	364753.02	169414.73	53487.77	9739.15	44132.54	493.15
广州证券有限责任公司	11482.05	7223.78	273.69	213.02	1997.17	30.32
国都证券有限责任公司	20829.38	17685.76	570.13	282.94	3359.18	22.99
国海证券股份有限公司	37045.68	19189.06	454.75	342.45	4613.34	16.41
国金证券股份有限公司	35767.73	11668.29	1015.07	547.48	3494.97	34.12
国开证券有限责任公司	3362.32	2922.98	0.00	0.00	654.71	0.00
国联证券股份有限公司	28037.59	11326.43	1012.26	525.45	2552.10	57.45
国盛证券有限责任公司	14112.84	15195.17	0.00	0.01	1106.19	0.00
国泰君安证券股份有限公司	387825.09	373915.02	79940.93	13967.61	44253.46	960.97
国信证券股份有限公司	276334.13	75571.56	21395.95	11180.44	31713.81	401.36
国元证券股份有限公司	84609.81	82252.58	4100.40	2167.22	6380.40	99.93
海通证券股份有限公司	273915.40	64489.81	147235.35	7864.63	43468.17	200.02
航天证券有限责任公司	33.36	10.00	0.00	0.00	20.75	0.00
恒泰证券股份有限公司	30940.61	19680.59	755.32	370.97	3381.13	43.40
宏信证券有限责任公司	6061.60	1692.60	0.00	0.00	847.66	0.00
宏源证券股份有限公司	89229.18	87557.20	2033.11	1219.86	10194.03	47.18
红塔证券股份有限公司	11313.95	10947.13	1.43	1.39	1570.25	0.13
华安证券股份有限公司	33199.91	16367.76	296.58	15.39	3064.57	10.03
华宝证券有限责任公司	7596.65	2033.85	147.08	108.40	666.24	8.04
华创证券有限责任公司	10439.52	5468.11	207.34	139.75	892.16	14.41
华福证券有限责任公司	54477.46	14159.20	140.98	5.04	4471.10	0.00
华林证券有限责任公司	11016.02	11353.78	0.00	0.00	1139.70	0.00
华龙证券有限责任公司	14626.12	15124.11	0.84	0.80	1379.07	0.04
华融证券股份有限公司	21254.48	20225.63	403.39	275.97	2386.26	19.54
华泰证券股份有限公司	493429.00	184094.39	115812.81	37474.01	44506.94	889.09
华西证券股份有限公司	69489.70	73304.75	292.42	174.12	5851.58	11.57
华鑫证券有限责任公司	14062.44	4717.43	400.79	169.02	1449.25	13.27
江海证券有限公司	17341.32	9100.84	21.36	13.99	2191.81	0.44
金元证券股份有限公司	18881.54	6688.64	256.53	118.13	1808.09	7.68

注：单位均为百万元。

会员信用交易
Credit Trading of Member Companies

会员公司 Company	融资买入	卖券还款	融券卖出	买券还券	融资余额	融券余额
开源证券有限责任公司	2728.81	1182.39	0.00	0.00	316.67	0.00
联讯证券股份有限公司	4761.79	4617.11	0.00	0.00	613.64	0.00
民生证券股份有限公司	22849.43	23934.87	48.52	49.90	1984.40	0.36
南京证券股份有限公司	41119.25	11501.65	1108.87	839.33	3410.71	33.83
平安证券有限责任公司	50936.13	50385.61	633.19	269.45	6689.60	44.74
齐鲁证券有限公司	160678.35	159432.14	14370.03	5300.14	15711.18	163.22
日信证券有限责任公司	2430.00	755.45	8.26	0.01	258.12	0.00
山西证券股份有限公司	29183.24	14807.49	196.18	93.86	3438.48	12.38
上海证券有限责任公司	47432.96	8779.38	216.17	163.23	4210.98	7.05
申银万国证券股份有限公司	321126.27	96801.21	5144.68	2602.52	28766.99	84.24
世纪证券有限责任公司	5223.44	5043.96	0.00	0.00	671.36	0.00
首创证券有限责任公司	10296.28	4432.60	234.77	125.36	999.05	24.94
太平洋证券股份有限公司	11164.37	4200.24	39.33	26.26	1533.76	5.70
天风证券股份有限公司	2838.21	1336.39	23.96	24.40	760.93	0.00
万联证券有限责任公司	18015.37	10547.92	206.77	27.94	2107.22	0.63
五矿证券有限公司	2538.83	2635.28	0.00	0.00	198.69	0.00
西部证券股份有限公司	25026.71	15225.51	57.70	45.20	2802.68	10.57
西藏同信证券股份有限公司	4798.31	4482.58	90.80	23.04	580.15	6.20
西南证券股份有限公司	50376.55	16359.72	2269.20	554.30	5486.15	41.80
湘财证券股份有限公司	31840.16	8898.97	4.89	4.30	3151.82	0.63
新时代证券有限责任公司	17311.36	7159.21	0.00	0.05	2488.39	0.00
信达证券股份有限公司	46863.90	43968.99	1745.73	549.57	4613.59	43.23
兴业证券股份有限公司	90611.61	24968.79	851.34	713.49	9292.83	22.73
银泰证券有限责任公司	6238.66	5126.13	0.00	0.00	756.06	0.00
英大证券有限责任公司	10175.43	3490.34	0.00	0.00	793.82	0.00
招商证券股份有限公司	305058.66	76477.86	58140.76	16139.80	37599.80	735.26
浙商证券股份有限公司	59582.79	17936.20	4344.26	490.45	5876.32	29.92
中国国际金融有限公司	13908.98	8209.85	459.03	22.35	2277.95	0.16
中国民族证券有限责任公司	48366.36	18059.13	48.10	40.45	5315.82	10.01
中国银河证券股份有限公司	388859.77	142446.39	13921.55	4497.67	40244.17	256.06
中国中投证券有限责任公司	123971.92	121112.71	2002.82	1307.09	14299.73	76.78
中航证券有限公司	22406.30	4855.23	4.36	4.28	1680.17	0.00
中山证券有限责任公司	13137.27	12394.27	211.80	0.01	1143.73	0.00
中天证券有限责任公司	5392.37	569.66	0.00	0.00	441.70	0.00
中信建投证券股份有限公司	224881.14	66912.17	45839.40	3903.20	21546.58	207.15
中信证券(山东)有限责任公司	26267.96	6985.56	19.30	0.30	4530.29	6.71
中信证券（浙江）有限责任公司	53712.38	13503.57	4.64	4.14	10796.17	0.49
中信证券股份有限公司	171687.74	37292.56	214132.28	10852.11	37958.39	78.07
中银国际证券有限责任公司	50593.35	21420.47	0.00	0.00	5606.49	0.00
中邮证券有限责任公司	2373.44	841.09	0.00	0.00	361.93	0.00
中原证券股份有限公司	51363.79	28244.48	1085.61	694.76	4845.31	43.30

注：单位均为百万元。

B 股券商
B Share Brokers

公司名称 Company	公司地址 Address	B 股交易金额 Trading Val	排名 Rank
申银万国证券股份有限公司	上海市徐汇区长乐路 989 号世纪商贸广场 45 层	11428.9	1
国泰君安证券股份有限公司	上海市浦东新区银城中路 168 号	6427.1	2
海通证券股份有限公司	上海市黄浦区广东路 689 号海通证券大厦	6411.2	3
中国银河证券有限责任公司	北京市西城区金融大街 35 号国际企业大厦 C 座	5748.8	4
华泰证券股份有限公司	江苏省南京市中山东路 90 号华泰证券大厦	4979.1	5
招商证券股份有限公司	深圳市福田区益田路江苏大厦 38-45 层	4261.4	6
广发证券股份有限公司	广州市天河北路 183 号大都会广场 42 楼	3979.0	7
东方证券股份有限公司	上海市中山南路 318 号 2 号楼 22 层、23 层、25 层—29 层	3036.0	8
国信证券股份有限公司	深圳市罗湖区红岭中路 1012 号国信证券大厦	2823.8	9
中信证券股份有限公司	可邮寄：北京市朝阳区亮马桥路 48 号中信证券大厦(100026) 深圳市福田区中心三路 8 号中信证券大厦(518048)	2745.9	10
中信建投证券股份有限公司	北京市东城区朝内大街 188 号	2710.9	11
光大证券股份有限公司	上海市静安区新闸路 1508 号	2301.5	12
中银国际证券有限责任公司	上海市浦东银城中路 200 号中银大厦 39 楼	2212.0	13
方正证券股份有限公司	长沙市芙蓉区芙蓉中路二段华侨国际大厦 22-24 层	2118.0	14
中国中投证券有限责任公司	深圳市福田区益田路与福中路交界处荣超商务中心 A 栋第 18-21 层及第 04 层	2085.9	15
中国国际金融有限公司	中国北京建国门外大街 1 号国贸大厦 2 座 28 层	1977.4	16
上海证券有限责任公司	上海市黄浦区西藏中路 336 号	1815.4	17
中信证券（浙江）有限责任公司	浙江省杭州市江干区解放东路 29 号迪凯银座 22 层	1792.5	18
长江证券股份有限公司	湖北省武汉市江汉区新华路特 8 号	1424.9	19
湘财证券股份有限公司	中国湖南省长沙市天心区湘府中路 198 号新南城商务中心 A 栋 11 楼	1260.8	20
华鑫证券有限责任公司	深圳市福田区金田路 4018 号安联大厦 28 层 A01、B01（b）单元	1048.4	21
国元证券股份有限公司	合肥市寿春路 179 号	980.7	22
齐鲁证券有限公司	山东省济南市市中区经七路 86 号	935.1	23
东吴证券股份有限公司	苏州市工业园区星阳街 5 号	921.2	24
渤海证券股份有限公司	天津市南开区宾水西道 8 号	882.8	25
宏源证券股份有限公司	乌鲁木齐文艺路 233 号	854.7	26
兴业证券股份有限公司	福建省福州市湖东路 268 号证券大厦	811.8	27
平安证券有限责任公司	深圳市福田中心区金田路 4036 号荣超大厦 16-20 层	755.6	28
中国民族证券有限责任公司	北京市朝阳区北四环中路 27 号盘古大观 A 座 40-43 层	664.6	29
华安证券股份有限公司	合肥市政务文化新区天鹅湖路 198 号	630.1	30
国联证券股份有限公司	无锡市滨湖区太湖新城金融一街 8 号国联金融大厦 7-9 楼	600.8	31
新鸿基投资服务有限公司(Sun Hung Kai)	上海南京西路 338 号天安中心 1902 室	555.9	32
凯基证券亚洲有限公司	上海仙霞路 317 号 2502 室	543.1	33
东北证券股份有限公司	长春市自由大路 1138 号	520.8	34
长城证券有限责任公司	深圳市深南大道 6008 号特区报业大厦 14、16、17 楼	496.6	35
中信证券(山东)有限责任公司	青岛市崂山区深圳路 222 号天泰金融广场 21 层	481.8	36
汇富金融服务有限公司	香港	437.8	37
西南证券股份有限公司	重庆市江北区桥北苑 8 号西南证券大厦	431.8	38
恒泰证券股份有限公司	内蒙古呼和浩特市新城区新华东街 111 号	430.4	39
南京证券股份有限公司	南京市大钟亭 8 号	383.7	40
民生证券股份有限公司	北京市东城区建国门内大街 28 号民生金融中心 A 座 16、17、18 层	373.8	41
华西证券股份有限公司	四川省成都市高新区 198 号	367.2	42
山西证券股份有限公司	太原市府西街 69 号山西国贸中心	338.4	43
广州证券有限责任公司	广州市天河区珠江西路 5 号广州国际金融中心主塔 19 层、20 层	318.0	44
国海证券股份有限公司	南宁市滨湖路 46 号	300.2	45
里昂证券有限公司(Credit Lyonnais)	香港金钟道 88 号太古广场 1 期 18 楼	288.3	46
德邦证券有限责任公司	上海市福山路 500 号城建国际中心 26 楼	267.1	47
法国兴业证券(香港)有限公司	香港中环皇后大道中十五号公爵大厦四十一楼	255.4	48
首创证券有限责任公司	北京市西城区德胜门外大街 115 号德胜尚城 E 座	234.9	49
英大证券有限责任公司	深圳市福田区深南中路华能大厦三十、三十一层	231.6	50

注：B 股券商交易金额的单位为百万元。

B 股券商
B Share Brokers

公司名称 Company	公司地址 Address	B 股交易金额 Trading Val	排名 Rank
大通证券股份有限公司	大连市沙河口区会展路 129 号期货大厦 38、39 层	190.7	51
华林证券有限责任公司	深圳市福田区民田路 178 号华融大厦 5-6 楼	188.5	52
西部证券股份有限公司	西安市东新街 232 号陕西信托大厦	186.0	53
京华山一国际(香港)有限公司	香港中环大道中 183 号新纪元广场中远大厦 36 楼	171.0	54
东莞证券有限责任公司	广东省东莞市莞城区可园南路 1 号金源中心	159.2	55
万联证券有限责任公司	广州市天河区珠江东路 11 号 18、19 楼全层	150.8	56
第一创业证券股份有限公司	深圳市福田区福华一路 115 号投行大厦	139.1	57
大华继显(香港)有限公司	香港中环皇后大道中 29 号怡安华人行 15 楼	130.4	58
红塔证券股份有限公司	昆明市北京路 155 号附 1 号红塔大厦 7-11 楼	130.0	59
世纪证券有限责任公司	深圳市深南大道 7088 号招商银行大厦 40 层	127.1	60
华创证券有限责任公司	贵州省贵阳市中华北路 216 号华创大厦	109.9	61
国盛证券有限责任公司	南昌市北京西路 88 号江信国际金融大厦	108.2	62
财富证券有限责任公司	长沙市芙蓉中路中路二段 80 号顺天国际财富中心 26 层	95.1	63
华龙证券有限责任公司	甘肃省兰州市东岗西路 638 号	92.0	64
航天证券有限责任公司	上海市普陀区曹杨路 430 号	51.6	65
西藏同信证券股份有限公司	上海市闸北区永和路 118 弄东方环球企业园 24 号楼	51.5	66
华宝证券有限责任公司	浦东世纪大道 100 号 57 层	25.3	67
群益证券(香港)有限公司	上海浦东南路 360 号新上海国际大厦 18 楼	11.7	68
万和证券有限责任公司	深圳市福田区深南大道 7028 号时代科技大厦 20 层西厅	6.1	69
华泰联合证券有限责任公司	深圳市福田区深南大道 4011 号香港中旅大厦 25 层	0.0	70

注：B 股券商交易金额的单位为百万元。

会员新股承销排名
Member Underwriting

承销商 Underwriter	承销股票数 Underwriting Share	承销股数(亿) Underwriting Vol(100M)	承销金额总计(亿) Underwriting Val(100M)
广发证券股份有限公司	6	3.18	43.09
中信建投证券股份有限公司	4	2.15	22.19
国泰君安证券股份有限公司	3	3.11	33.05
招商证券股份有限公司	3	2.92	36.80
中信证券股份有限公司	3	11.31	62.83
国元证券股份有限公司	2	1.25	8.54
华龙证券有限责任公司	2	1.16	5.25
海通证券股份有限公司	2	0.47	3.58
国信证券股份有限公司	2	0.83	11.92
中国国际金融有限公司	2	11.00	44.43
太平洋证券股份有限公司	1	0.25	3.74
西部证券股份有限公司	1	0.35	2.57
中德证券有限责任公司	1	1.78	3.86
中国银河证券股份有限公司	1	0.44	2.52
中银国际证券有限责任公司	1	10.00	40.00
申银万国证券股份有限公司	1	1.56	5.07
瑞银证券有限责任公司	1	0.89	9.43
齐鲁证券有限公司	1	0.20	2.98
华西证券股份有限公司	1	1.20	7.38
华泰联合证券有限责任公司	1	0.72	14.75
华林证券有限责任公司	1	0.40	7.37
国金证券股份有限公司	1	0.35	4.23
国都证券有限责任公司	1	0.28	5.90
光大证券股份有限公司	1	0.80	2.77
安信证券股份有限公司	1	0.67	3.03
东吴证券股份有限公司	1	0.15	4.50

注：联合承销股数和金额分别计算到每个会员。

交易地区分布
Regional Distribution by Turnover Ranking

地区 Area	营业部 Number	排名 Rank	交易金额(百亿)Trading Val(10B)					
			总计 Total	股票 Stock	基金 Fund	政府债 G-Bond	公司债 C-Bond	债券回购 Bond Repo
上海	575	1	6357.96	1303.07	126.85	13.07	120.12	4794.85
广东	934	2	5209.98	1343.06	100.88	2.23	121.94	3641.87
北京	338	3	3597.30	717.63	81.12	5.94	102.63	2689.98
江苏	603	4	1570.57	551.48	143.52	0.41	22.71	852.45
浙江	581	5	1470.80	790.55	56.07	0.16	13.33	610.69
福建	316	6	844.22	344.75	24.11	0.74	12.47	462.16
湖北	249	7	588.29	219.80	23.95	0.38	9.61	334.55
四川	301	8	585.85	251.78	13.43	0.09	6.82	313.72
山东	403	9	579.55	266.74	40.10	0.13	5.01	267.57
辽宁	283	10	448.27	180.19	16.50	0.10	4.18	247.30
湖南	243	11	385.20	167.92	18.50	0.10	9.18	189.51
江西	235	12	313.35	131.09	17.29	0.08	3.69	161.20
黑龙江	140	13	295.67	86.22	8.91	0.70	6.08	193.76
天津	128	14	285.48	90.90	14.14	0.03	7.16	173.25
河南	229	15	280.10	169.20	5.85	0.01	1.11	103.93
安徽	211	16	235.56	123.43	8.02	0.04	3.74	100.32
河北	199	17	230.14	103.32	10.52	0.05	2.85	113.40
重庆	163	18	203.23	99.31	2.72	0.14	6.81	94.25
广西	127	19	199.02	70.51	4.60	0.05	2.72	121.14
陕西	168	20	191.85	99.31	6.86	0.12	2.32	83.24
云南	121	21	142.74	53.91	2.88	0.03	0.75	85.17
内蒙	85	22	142.42	31.05	0.82	0.04	4.90	105.61
山西	146	23	138.05	80.93	5.99	0.03	0.64	50.46
吉林	120	24	117.77	58.06	4.98	0.04	1.37	53.33
新疆	64	25	86.34	45.71	1.74	0.01	0.44	38.43
海南	44	26	74.10	34.28	1.27	0.09	0.65	37.81
贵州	66	27	56.69	18.99	0.45	0.00	0.43	36.81
甘肃	71	28	54.83	31.83	1.94	0.00	0.75	20.30
宁夏	29	29	14.89	11.33	0.82	0.00	0.02	2.72
青海	17	30	8.45	5.61	0.22	0.00	0.00	2.62
西藏	10	31	4.38	1.51	0.02	0.00	0.32	2.54

Shareholder

投资者

股票投资者历年开户累计
Shareholder's Accounts

投资者历年开户
Historical Data of Shareholder's Accounts

年份 Year	开户总数 Total Account			A 股开户总数 A Share Account		B 股开户总数 B Share Account		信用交易开户总数 Credit Account		
	总数 Total	自然人 Individual	机构 institution	自然人 Individual	机构 institution	自然人 Individual	机构 institution	总数 Total	自然人 Individual	机构 institution
1992	111.2	110.5	0.7	110.2	0.7	0.0	0.0	--	--	--
1993	423.5	421.9	1.6	421.1	1.4	0.8	0.2	--	--	--
1994	574.9	572.6	2.3	571	2.0	1.6	0.3	--	--	--
1995	685.2	682.3	2.9	680.0	2.5	2.3	0.4	--	--	--
1996	1207.9	1204.1	3.8	1200.0	3.3	4.1	0.5	--	--	--
1997	1713.3	1708.1	5.2	1702.2	4.6	5.9	0.6	--	--	--
1998	1999.4	1993.1	6.3	1986.1	5.6	7.1	0.7	--	--	--
1999	2281.1	2272.8	8.3	2264.7	7.6	8.1	0.8	--	--	--
2000	2957.8	2944.9	13.0	2931.2	12.1	13.7	0.8	--	--	--
2001	3419.8	3403.1	16.8	3311.1	15.9	92.0	0.9	--	--	--
2002	3556.0	3536.9	19.1	3441.4	18.1	95.5	1.0	--	--	--
2003	3632.1	3612.1	20.0	3515.1	19.0	97.1	1.0	--	--	--
2004	3703.1	3682.4	20.7	3584.2	19.5	98.2	1.1	--	--	--
2005	3747.9	3726.6	21.3	3628.0	20.1	98.6	1.2	--	--	--
2006	3901.5	3878.8	22.8	3778.5	21.4	100.3	1.3	--	--	--
2007	5817	5788.2	28.8	5645.9	27.3	142.4	1.5	--	--	--
2008	6542.6	6510.9	31.7	6365.4	30.1	145.5	1.6	--	--	--
2009	7405.4	7370.3	35.1	7221.6	33.4	148.6	1.7	--	--	--
2010	8154.2	8116.5	37.8	7965.5	36.0	151.0	1.8	2.1	2.1	0.0
2011	8705.0	8664.9	40.1	8512.7	38.1	152.2	2.0	17.6	17.5	0.1
2012	8996.4	8954.9	41.5	8802.1	39.5	152.8	2.1	50.0	49.8	0.2
2013	9253.4	9210.1	43.3	9056.5	41.2	153.6	2.2	134.8	134.5	0.4
2014	9737.5	9691.5	46.1	9536.9	43.8	154.5	2.3	292.2	291.7	0.5

注：单位为万户。

投资者历年开户
Historical Data of Shareholder's Accounts

股票投资者历年新开户
New Shareholder's Accounts

年份 Year	新开户总数 New			A 股新开户数 New(A Share)		B 股新开户数 New(B Share)		信用交易新开户数 New(Credit Account)		
	总数 Total	自然人 Individual	机构 institution	自然人 Individual	机构 institution	自然人 Individual	机构 institution	总数 Total	自然人 Individual	机构 institution
1992	100.2	99.5	0.7	99.5	0.7	0.0	0.0	--	--	--
1993	312.3	311.4	0.9	310.6	0.7	0.8	0.0	--	--	--
1994	151.4	150.7	0.7	149.9	0.6	0.7	0.2	--	--	--
1995	110.3	109.8	0.6	109.0	0.5	0.8	0.1	--	--	--
1996	522.7	521.8	0.9	520.0	0.8	1.8	0.1	--	--	--
1997	502.8	501.4	2.2	499.6	2.0	1.8	0.1	--	--	--
1998	286.1	285.1	1.0	283.9	1.0	1.2	0.2	--	--	--
1999	281.7	279.7	2.1	278.6	2.0	1.0	0.1	--	--	--
2000	676.7	672.1	4.6	666.5	4.6	5.6	0.1	--	--	--
2001	462.0	458.2	3.8	379.9	3.8	78.3	0.1	--	--	--
2002	136.1	133.8	2.3	130.4	2.2	3.5	0.0	--	--	--
2003	76.1	75.2	0.9	73.6	0.9	1.6	0.0	--	--	--
2004	71.0	70.3	0.7	69.1	0.6	1.2	0.1	--	--	--
2005	44.8	44.2	0.6	43.8	0.5	0.4	0.1	--	--	--
2006	153.6	152.1	1.5	150.5	1.4	1.6	0.1	--	--	--
2007	1915.5	1909.5	6.0	1867.4	5.9	42.1	0.1	--	--	--
2008	725.6	722.7	2.9	719.5	2.8	3.2	0.1	--	--	--
2009	862.8	859.3	3.4	856.2	3.4	3.1	0.1	--	--	--
2010	748.9	746.2	2.7	743.9	2.6	2.3	0.1	2.1	2.1	0.0
2011	550.8	548.5	2.3	547.2	2.2	1.3	0.1	15.5	15.4	0.1
2012	291.4	290.0	1.4	289.4	1.3	0.6	0.1	32.4	32.3	0.1
2013	257.0	255.3	1.8	254.4	1.7	0.8	0.1	84.9	84.7	0.2
2014	484.1	481.3	2.8	480.4	2.6	0.9	0.1	163.2	163.0	0.2

注：单位为万户。

投资者构成
Investor Structure

年龄分布
Distribution by Age

年龄段 Age	30 岁以下 Under 30	30-40 岁 30-40	40-50 岁 40-50	50-60 岁 50-60	60 岁以上 Up 60
人数	3433.01	2980.65	1795.78	744.65	438.36
比例(%)	36.55	31.74	19.12	7.93	4.67

学历分布
Distribution by Academic Background

学历 Academic	中专以下 Under Middle Education	中专 Middle Education	大专 Higher Education	大学本科 Bachelor	硕士及以上 Master
人数	2433.40	2360.52	2390.83	1612.21	340.10
比例(%)	26.63	25.84	26.17	17.65	3.72

性别分布
Distribution by Sex

性别 Sex	男性 Male	女性 Female
人数	5174.21	4217.07
比例(%)	55.10	44.90

注：投资者数为万人。

投资者交易和盈利状况
Inverstor's Trading and profits

年度各类投资者买卖净额情况
Balance of Inverstors in 2014

	买卖净额(亿元)	交易占比(%)
自然人投资者	2590	85.19
一般法人	-1306	2.98
沪股通	686	0.22
专业机构	-1969	11.60
其中：投资基金	-375	3.99

年末各类投资者持股情况
Share Hold of Investors by 2014

	持股市值(亿) Hold Value(100M)	占比(%) Ratio(%)	持股账户数(万户) Hold Account	占比(%) Ratio(%)
自然人投资者	51861	23.51	3006.01	99.77
其中：10 万元以下	5901	2.68	2325.73	77.20
10-30 万元	7104	3.22	415.07	13.78
30-100 万元	10037	4.55	192.63	6.39
100-300 万元	8667	3.93	53.27	1.77
300-1000 万元	7706	3.49	15.36	0.51
1000 万元以上	12446	5.64	3.94	0.13
一般法人	135525	61.44	3.89	0.13
沪股通	865	0.39	0.0001	0.00
专业机构	32323	14.65	2.89	0.10
其中：投资基金	8288	3.76	0.12	0.00

年度各类投资者盈利情况
Profits of Inverstors in 2014

投资者分类	盈利金额(亿元)
自然人投资者	22883
一般法人	50630
沪股通	179
专业机构	13172
合计	86864

投资者开户逐月信息
Open Account of Investor in 2014

日期 Date	总数 Total	A 股 A Share	B 股 B Share	基金 Fund
2014.01	33.66	17.04	0.06	16.57
2014.02	49.51	26.09	0.06	23.36
2014.03	60.38	33.83	0.06	26.49
2014.04	35.70	16.94	0.05	18.71
2014.05	32.90	14.62	0.03	18.25
2014.06	43.18	22.56	0.03	20.59
2014.07	56.26	26.49	0.06	29.71
2014.08	60.49	32.23	0.09	28.17
2014.09	81.28	43.96	0.11	37.22
2014.10	79.28	41.73	0.07	37.48
2014.11	102.02	55.82	0.13	46.07
2014.12	238.30	151.76	0.28	86.26
2014 年合计	872.97	483.04	1.04	388.88
累计总户数	12317.15	9580.73	156.79	2579.63

注：开户单位为万户。

年末分行业持股信息
Hold Distribution by 2014

行业代码 Industry Code	行业名称 Industry Name	自然人 Individual		专业机构 Institution		一般法人 Corporation	
		持股市值	比例(%)	持股市值	比例(%)	持有股数	比例(%)
A	农、林、牧、渔业	447.72	43.98	29.21	2.87	541.12	53.15
B	采矿业	3284.86	9.77	589.09	1.75	29748.27	88.48
C	制造业	20370.91	37.99	5162.58	9.63	28084.25	52.38
D	电力、热力、燃气及水生产和供应业	2532.57	29.49	598.15	6.97	5455.94	63.54
E	建筑业	2870.73	32.41	691.91	7.81	5293.59	59.77
F	批发和零售业	2941.25	46.70	494.82	7.86	2862.36	45.45
G	交通运输、仓储和邮政业	2794.64	24.72	680.16	6.02	7830.07	69.26
H	住宿和餐饮业	26.90	18.70	16.08	11.18	100.83	70.12
I	信息传输、软件和信息技术服务业	1838.18	42.28	506.13	11.64	2003.26	46.08
J	金融业	11955.70	14.93	7082.57	8.84	61054.37	76.23
K	房地产业	2471.18	30.81	772.46	9.63	4775.99	59.55
L	租赁和商务服务业	292.43	27.15	156.38	14.52	628.47	58.34
M	科学研究和技术服务业	128.44	66.54	19.63	10.17	44.97	23.29
N	水利、环境和公共设施管理业	255.30	39.39	28.01	4.32	364.84	56.29
P	教育	10.64	29.37	7.54	20.83	18.03	49.80
Q	卫生和社会工作	18.91	24.59	26.64	34.64	31.36	40.77
R	文化、体育和娱乐业	445.55	29.28	81.52	5.36	994.72	65.36
S	综合	594.68	57.17	43.75	4.21	401.78	38.62

注：持股市值单位为亿元。

年末个股股东持股情况
Distribution of Shareholder by 2014

证券代码 Code	证券简称 Name	合计持股数 Total Hold	自然人 Individual		一般法人 Corporation		专业机构 Institution	
			持有股数	比例(%)	持有股数	比例(%)	持有股数	比例(%)
600000	浦发银行	1865347.14	530826.34	28.46	957525.64	51.33	376995.16	20.21
600004	白云机场	115000.00	35096.91	30.52	75728.15	65.85	4174.94	3.63
600005	武钢股份	1009377.98	310241.72	30.74	688088.01	68.17	11048.26	1.09
600006	东风汽车	200000.00	66652.42	33.33	127204.79	63.60	6142.79	3.07
600007	中国国贸	100728.25	10856.47	10.78	82677.91	82.08	7193.87	7.14
600008	首创股份	220000.00	72901.70	33.14	135506.46	61.59	11591.84	5.27
600009	上海机场	192695.84	36899.21	19.15	109471.52	56.81	46325.12	24.04
600010	包钢股份	1600518.21	627718.67	39.22	884820.25	55.28	87979.28	5.50
600011	华能国际	1050000.00	71614.53	6.82	910839.04	86.75	67546.43	6.43
600012	皖通高速	116560.00	20771.37	17.82	93618.45	80.32	2170.17	1.86
600015	华夏银行	890464.35	144618.12	16.24	662114.93	74.36	83731.30	9.40
600016	民生银行	2721952.36	574505.51	21.11	1720681.24	63.21	426765.62	15.68
600017	日照港	307565.39	105326.86	34.25	200499.27	65.19	1739.27	0.57
600018	上港集团	2275517.97	181947.51	8.00	2054451.10	90.28	39119.35	1.72
600019	宝钢股份	1647102.60	196067.29	11.90	1334624.31	81.03	116411.00	7.07
600020	中原高速	224737.18	76447.37	34.02	147374.35	65.58	915.46	0.41
600021	上海电力	213973.93	55009.16	25.71	152180.06	71.12	6784.70	3.17
600022	山东钢铁	643629.58	138231.71	21.48	499627.67	77.63	5770.21	0.90
600023	浙能电力	1183706.24	70777.51	5.98	1109026.62	93.69	3902.11	0.33
600026	中海发展	218540.53	49076.39	22.46	160038.97	73.23	9425.17	4.31
600027	华电国际	709005.62	114986.64	16.22	555917.33	78.41	38101.65	5.37
600028	中国石化	9276695.70	499955.25	5.39	8610036.79	92.81	166703.66	1.80
600029	南方航空	702265.00	223019.64	31.76	450981.64	64.22	28263.73	4.02
600030	中信证券	983858.07	460773.25	46.83	363767.10	36.97	159317.71	16.19
600031	三一重工	761650.40	316121.13	41.50	407073.18	53.45	38456.10	5.05
600033	福建高速	274440.00	118251.70	43.09	150097.72	54.69	6090.58	2.22
600035	楚天高速	121114.82	40383.10	33.34	79906.02	65.98	825.70	0.68
600036	招商银行	2062894.44	363367.06	17.61	1375006.99	66.65	324520.39	15.73
600037	歌华有线	106379.35	45327.47	42.61	54383.20	51.12	6668.68	6.27
600038	哈飞股份	58947.67	10995.13	18.65	41395.69	70.22	6556.85	11.12
600039	四川路桥	301973.27	133968.85	44.36	164418.85	54.45	3585.57	1.19
600048	保利地产	1072974.50	197442.05	18.40	573627.93	53.46	301904.52	28.14
600050	中国联通	2119659.64	567091.23	26.75	1395038.84	65.81	157529.57	7.43
600051	宁波联合	31088.00	18968.23	61.01	11717.96	37.69	401.80	1.29
600052	浙江广厦	87178.91	38212.47	43.83	45597.80	52.30	3368.63	3.86
600053	中江地产	43354.08	11635.53	26.84	31566.57	72.81	151.98	0.35
600054	黄山旅游	31535.00	7834.45	24.84	20961.56	66.47	2739.00	8.69
600055	华润万东	21645.00	3946.75	18.23	12757.70	58.94	4940.56	22.83
600056	中国医药	101251.34	32964.03	32.56	63139.16	62.36	5148.15	5.08
600057	象屿股份	103625.03	23370.92	22.55	78843.78	76.09	1410.33	1.36
600058	五矿发展	107191.07	36933.57	34.46	68254.41	63.68	2003.09	1.87
600059	古越龙山	80852.42	42090.83	52.06	36303.92	44.90	2457.67	3.04
600060	海信电器	130848.12	56814.89	43.42	65023.62	49.69	9009.61	6.89
600061	中纺投资	42908.29	21222.70	49.46	19755.49	46.04	1930.10	4.50
600062	华润双鹤	57169.59	20111.45	35.18	32255.46	56.42	4802.69	8.40
600063	皖维高新	149785.33	102733.34	68.59	46623.17	31.13	428.82	0.29
600064	南京高科	51621.88	26481.95	51.30	21435.52	41.52	3704.41	7.18
600066	宇通客车	147733.23	24833.08	16.81	74516.10	50.44	48384.04	32.75
600067	冠城大通	119334.21	60648.49	50.82	37175.03	31.15	21510.68	18.03
600068	葛洲坝	460477.74	158213.58	34.36	264445.46	57.43	37818.69	8.21

注：合计持股数包含 F 类账户；单位为万股。

年末个股股东持股情况
Distribution of Shareholder by 2014

证券代码 Code	证券简称 Name	合计持股数 Total Hold	自然人 Individual		一般法人 Corporation		专业机构 Institution	
			持有股数	比例(%)	持有股数	比例(%)	持有股数	比例(%)
600069	银鸽投资	82537.41	53996.86	65.42	26404.79	31.99	2135.76	2.59
600070	浙江富润	27431.77	19493.00	71.06	7850.20	28.62	88.57	0.32
600071	凤凰光学	23747.25	12754.70	53.71	9787.40	41.21	1205.14	5.07
600072	*ST 钢构	47842.96	30422.54	63.59	17127.19	35.80	293.22	0.61
600073	上海梅林	93772.95	41690.38	44.46	47196.51	50.33	4886.06	5.21
600074	中达股份	89598.13	65115.47	72.68	23896.71	26.67	585.95	0.65
600075	*ST 新业	43859.20	24269.07	55.33	19326.24	44.06	263.89	0.60
600076	青鸟华光	36553.60	30032.78	82.16	6042.99	16.53	477.83	1.31
600077	宋都股份	134012.23	43149.14	32.20	77483.75	57.82	13379.34	9.98
600078	澄星股份	66257.29	36434.39	54.99	28164.22	42.51	1658.68	2.50
600079	人福医药	52877.72	16361.42	30.94	18731.91	35.42	17784.39	33.63
600080	金花股份	30529.59	20718.74	67.86	8845.28	28.97	965.57	3.16
600081	东风科技	31356.00	5578.65	17.79	22126.28	70.56	3651.07	11.64
600082	海泰发展	64611.58	42535.02	65.83	21949.48	33.97	127.07	0.20
600083	博信股份	23000.00	20646.61	89.77	2058.63	8.95	294.77	1.28
600084	中葡股份	112372.68	39152.56	34.84	70352.13	62.61	2867.99	2.55
600085	同仁堂	131123.07	28453.52	21.70	81773.49	62.36	20896.06	15.94
600086	东方金钰	35228.17	15651.80	44.43	19320.71	54.84	255.65	0.73
600088	中视传媒	33142.20	13076.51	39.46	19579.33	59.08	486.35	1.47
600089	特变电工	324013.37	194149.49	59.92	84278.23	26.01	45585.64	14.07
600090	啤酒花	36791.66	23646.13	64.27	12943.72	35.18	201.82	0.55
600091	ST 明科	33652.60	24577.12	73.03	8883.65	26.40	191.83	0.57
600093	禾嘉股份	32244.75	20717.76	64.25	10090.49	31.29	1436.50	4.45
600094	大名城	181283.68	17173.69	9.47	158941.20	87.68	5168.79	2.85
600095	哈高科	36126.36	27287.40	75.53	8371.30	23.17	467.66	1.29
600096	云天化	112907.82	24545.49	21.74	82002.66	72.63	6359.67	5.63
600097	开创国际	20259.79	7271.65	35.89	12354.21	60.98	633.93	3.13
600098	广州发展	272619.66	50434.81	18.50	215610.19	79.09	6574.65	2.41
600099	林海股份	21912.00	11861.92	54.13	9591.40	43.77	458.68	2.09
600100	同方股份	219788.22	145890.94	66.38	57599.81	26.21	16297.47	7.42
600101	明星电力	32417.90	21463.16	66.21	10795.69	33.30	159.05	0.49
600103	青山纸业	106184.16	75215.26	70.83	29500.41	27.78	1468.50	1.38
600104	上汽集团	1102556.66	48538.12	4.40	922957.15	83.71	131061.40	11.89
600105	永鼎股份	38095.46	24383.60	64.01	13502.03	35.44	209.83	0.55
600106	重庆路桥	90774.20	62195.68	68.52	28215.11	31.08	363.41	0.40
600107	美尔雅	36000.00	26929.61	74.80	8875.89	24.66	194.50	0.54
600108	亚盛集团	194691.51	128674.27	66.09	52616.24	27.03	13401.00	6.88
600109	国金证券	283685.93	125224.64	44.14	123470.90	43.52	34990.39	12.33
600110	中科英华	115031.21	106198.83	92.32	7993.63	6.95	838.75	0.73
600111	包钢稀土	242204.40	109716.88	45.30	121730.22	50.26	10757.30	4.44
600112	天成控股	50920.48	33830.84	66.44	15958.09	31.34	1131.55	2.22
600113	浙江东日	31860.00	15994.94	50.20	15824.37	49.67	40.69	0.13
600114	东睦股份	37721.55	10092.64	26.76	19985.08	52.98	7643.84	20.26
600115	东方航空	848107.89	143009.05	16.86	683451.38	80.59	21647.45	2.55
600116	三峡水利	26753.32	15291.70	57.16	10849.84	40.56	611.79	2.29
600117	西宁特钢	74121.93	34899.29	47.08	38954.36	52.55	268.27	0.36
600118	中国卫星	118248.91	34740.08	29.38	68428.34	57.87	15080.49	12.75
600119	长江投资	30740.00	17068.07	55.52	13637.18	44.36	34.74	0.11
600120	浙江东方	50547.35	21091.08	41.73	24446.53	48.36	5009.74	9.91
600121	郑州煤电	101534.34	29177.65	28.74	72190.13	71.10	166.55	0.16

注：合计持股数包含 F 类账户；单位为万股。

年末个股股东持股情况
Distribution of Shareholder by 2014

证券代码 Code	证券简称 Name	合计持股数 Total Hold	自然人 Individual		一般法人 Corporation		专业机构 Institution	
			持有股数	比例(%)	持有股数	比例(%)	持有股数	比例(%)
600122	宏图高科	114649.84	68762.19	59.98	41531.51	36.22	4356.14	3.80
600123	兰花科创	114240.00	57730.38	50.53	54711.09	47.89	1798.53	1.57
600125	铁龙物流	130552.19	63593.72	48.71	46003.72	35.24	20954.75	16.05
600126	杭钢股份	83893.88	24969.43	29.76	56904.57	67.83	2019.87	2.41
600127	金健米业	64178.32	44935.42	70.02	19227.41	29.96	15.50	0.02
600128	弘业股份	24676.75	16460.64	66.71	7047.34	28.56	1168.77	4.74
600129	太极集团	42689.40	19912.96	46.65	15270.38	35.77	7506.06	17.58
600130	波导股份	76800.00	46222.44	60.19	30517.22	39.74	60.34	0.08
600131	岷江水电	50412.52	21112.82	41.88	27439.80	54.43	1859.89	3.69
600132	重庆啤酒	48397.12	15874.51	32.80	32124.34	66.38	398.28	0.82
600133	东湖高新	63425.78	38118.78	60.10	21593.46	34.05	3713.53	5.85
600135	乐凯胶片	34200.00	20569.74	60.15	12468.47	36.46	1161.79	3.40
600136	道博股份	10444.40	4392.05	42.05	5993.46	57.38	58.89	0.56
600137	浪莎股份	9721.76	4344.58	44.69	5375.52	55.29	1.66	0.02
600138	中青旅	72384.00	29174.52	40.31	19834.17	27.40	23375.31	32.29
600139	西部资源	66189.05	37758.49	57.05	28215.94	42.63	214.62	0.32
600141	兴发集团	53073.43	23602.38	44.47	27199.61	51.25	2271.44	4.28
600143	金发科技	256000.00	227124.87	88.72	6800.39	2.66	22074.74	8.62
600145	*ST 国创	37768.50	32274.14	85.45	5448.09	14.42	46.27	0.12
600146	大元股份	20000.00	15633.74	78.17	2920.20	14.60	1446.06	7.23
600148	长春一东	14151.65	5087.45	35.95	8828.06	62.38	236.13	1.67
600149	廊坊发展	38016.00	27084.88	71.25	7042.10	18.52	3889.02	10.23
600150	中国船舶	137811.76	42283.05	30.68	87676.43	63.62	7852.29	5.70
600151	航天机电	125017.99	65472.41	52.37	52042.40	41.63	7503.17	6.00
600152	维科精华	29349.42	16744.58	57.05	12379.33	42.18	225.50	0.77
600153	建发股份	283520.05	95617.62	33.73	159909.35	56.40	27993.09	9.87
600155	宝硕股份	47660.26	22606.55	47.43	21802.14	45.74	3251.57	6.82
600156	华升股份	40211.07	23053.98	57.33	17006.74	42.29	150.35	0.37
600157	永泰能源	353511.91	194786.50	55.10	146891.80	41.55	11833.61	3.35
600158	中体产业	84373.54	42346.87	50.19	25253.93	29.93	16772.73	19.88
600159	大龙地产	83000.32	42363.12	51.04	40565.14	48.87	72.06	0.09
600160	巨化股份	181091.60	66533.22	36.74	113556.30	62.71	1002.07	0.55
600161	天坛生物	51546.69	16563.51	32.13	32194.14	62.46	2789.03	5.41
600162	香江控股	76781.26	34428.05	44.84	41828.12	54.48	525.09	0.68
600163	福建南纸	72142.00	43275.84	59.99	28839.95	39.98	26.20	0.04
600165	新日恒力	27395.35	12863.07	46.95	14018.62	51.17	513.66	1.87
600166	福田汽车	280967.16	106492.93	37.90	157476.24	56.05	16997.99	6.05
600167	联美控股	21100.00	7658.91	36.30	12373.49	58.64	1067.59	5.06
600168	武汉控股	70956.97	16101.84	22.69	46769.60	65.91	8085.53	11.39
600169	太原重工	242395.50	135328.29	55.83	97106.69	40.06	9960.52	4.11
600170	上海建工	457170.33	89205.64	19.51	362617.11	79.32	5347.58	1.17
600171	上海贝岭	67380.78	45561.36	67.62	20202.18	29.98	1617.23	2.40
600172	黄河旋风	53336.21	32422.47	60.79	19511.25	36.58	1402.49	2.63
600173	卧龙地产	72514.75	35103.05	48.41	33918.93	46.78	3492.76	4.82
600175	美都能源	245718.00	166979.09	67.96	75157.84	30.59	3581.07	1.46
600176	中国玻纤	87262.95	20541.00	23.54	60732.62	69.60	5989.33	6.86
600177	雅戈尔	222661.17	134361.32	60.34	79497.82	35.70	8802.03	3.95
600178	*ST 东安	46208.00	18629.11	40.32	25576.55	55.35	2002.34	4.33
600179	黑化股份	39000.00	17645.64	45.25	21340.09	54.72	14.27	0.04
600180	瑞茂通	87826.39	17446.94	19.87	64389.50	73.31	5989.95	6.82

注：合计持股数包含 F 类账户；单位为万股。

年末个股股东持股情况
Distribution of Shareholder by 2014

证券代码 Code	证券简称 Name	合计持股数 Total Hold	自然人 Individual		一般法人 Corporation		专业机构 Institution	
			持有股数	比例(%)	持有股数	比例(%)	持有股数	比例(%)
600182	S 佳通	34000.00	16860.41	49.59	17088.59	50.26	51.00	0.15
600183	生益科技	142301.83	60085.67	42.22	70984.53	49.88	11231.63	7.89
600184	光电股份	20938.04	2099.94	10.03	15851.04	75.70	2987.05	14.27
600185	格力地产	57759.44	13403.03	23.20	36587.41	63.34	7769.00	13.45
600186	莲花味精	106202.43	74367.08	70.02	31752.30	29.90	83.05	0.08
600187	国中水务	145562.42	106332.21	73.05	28931.54	19.88	10298.68	7.08
600188	兖州煤业	296000.00	26812.27	9.06	261566.26	88.37	7621.47	2.57
600189	吉林森工	31050.00	15601.33	50.25	13952.80	44.94	1495.87	4.82
600190	锦州港	177948.45	31244.41	17.56	146555.95	82.36	148.09	0.08
600191	华资实业	48493.20	20984.02	43.27	27373.43	56.45	135.75	0.28
600192	长城电工	44174.80	26025.51	58.91	17773.12	40.23	376.17	0.85
600193	创兴资源	42537.30	32176.91	75.64	10189.67	23.95	170.72	0.40
600195	中牧股份	42980.00	15969.48	37.16	24348.46	56.65	2662.07	6.19
600196	复星医药	190832.74	54484.63	28.55	106482.66	55.80	29865.44	15.65
600197	伊力特	44100.00	18076.32	40.99	24026.83	54.48	1996.85	4.53
600198	大唐电信	88210.85	39456.54	44.73	45050.85	51.07	3703.46	4.20
600199	金种子酒	55577.50	30375.62	54.65	19313.53	34.75	5888.35	10.59
600200	江苏吴中	62370.00	49046.34	78.64	12935.89	20.74	387.76	0.62
600201	金宇集团	28585.49	19647.96	68.73	5911.94	20.68	3025.59	10.58
600202	哈空调	38334.07	24026.81	62.68	13462.65	35.12	844.61	2.20
600203	福日电子	38028.07	20242.49	53.23	17743.56	46.66	42.03	0.11
600206	有研新材	83877.83	31036.19	37.00	51699.95	61.64	1141.69	1.36
600207	安彩高科	69000.00	27535.00	39.91	41415.73	60.02	49.27	0.07
600208	新湖中宝	803281.59	97561.17	12.15	628923.82	78.29	76796.59	9.56
600209	罗顿发展	43901.12	28466.00	64.84	15102.90	34.40	332.21	0.76
600210	紫江企业	143673.62	97842.78	68.10	34451.23	23.98	11379.60	7.92
600211	西藏药业	14558.90	2948.29	20.25	9167.55	62.97	2443.06	16.78
600212	江泉实业	51169.72	26975.39	52.72	15544.38	30.38	8649.96	16.90
600213	亚星客车	22000.00	5401.04	24.55	16292.15	74.06	306.81	1.39
600215	长春经开	46503.29	30769.60	66.17	14787.92	31.80	945.78	2.03
600216	浙江医药	93610.80	49746.34	53.14	40098.80	42.84	3765.66	4.02
600217	秦岭水泥	66080.00	28214.72	42.70	29038.69	43.94	8826.60	13.36
600218	全柴动力	28340.00	15153.76	53.47	13107.53	46.25	78.71	0.28
600219	南山铝业	196468.75	97545.20	49.65	92428.76	47.05	6494.79	3.31
600220	江苏阳光	178334.03	150046.58	84.14	27372.55	15.35	914.90	0.51
600221	海南航空	1181273.54	423270.33	35.83	722579.55	61.17	35423.65	3.00
600222	太龙药业	49660.89	32966.36	66.38	11407.82	22.97	5286.71	10.65
600223	鲁商置业	100096.80	28468.08	28.44	70967.80	70.90	660.91	0.66
600225	天津松江	62640.17	18351.44	29.30	42783.80	68.30	1504.93	2.40
600226	升华拜克	40554.92	21801.33	53.76	17481.07	43.10	1272.52	3.14
600227	赤天化	95039.25	65688.28	69.12	29310.84	30.84	40.13	0.04
600228	*ST 昌九	24132.00	19237.39	79.72	4894.43	20.28	0.17	0.00
600229	青岛碱业	39578.62	24304.17	61.41	14658.59	37.04	615.86	1.56
600230	沧州大化	29418.82	13626.74	46.32	15764.37	53.59	27.71	0.09
600231	凌钢股份	80400.22	31203.29	38.81	48910.01	60.83	286.93	0.36
600232	金鹰股份	36471.85	18353.30	50.32	17827.65	48.88	290.91	0.80
600233	大杨创世	16500.00	7644.08	46.33	7226.37	43.80	1629.55	9.88
600234	山水文化	20244.59	17124.62	84.59	3090.84	15.27	29.13	0.14
600235	民丰特纸	35130.00	20807.69	59.23	14224.33	40.49	97.98	0.28
600236	桂冠电力	228044.95	57714.48	25.31	167182.72	73.31	3147.76	1.38

注：合计持股数包含 F 类账户；单位为万股。

年末个股股东持股情况
Distribution of Shareholder by 2014

证券代码 Code	证券简称 Name	合计持股数 Total Hold	自然人 Individual		一般法人 Corporation		专业机构 Institution	
			持有股数	比例(%)	持有股数	比例(%)	持有股数	比例(%)
600237	铜峰电子	56436.96	43910.62	77.80	10279.90	18.21	2246.43	3.98
600238	海南椰岛	44820.00	26878.30	59.97	15162.28	33.83	2779.42	6.20
600239	云南城投	82342.92	48948.74	59.44	29771.57	36.16	3622.60	4.40
600240	华业地产	142425.36	56642.90	39.77	75815.37	53.23	9967.09	7.00
600241	时代万恒	18020.00	7165.99	39.77	10493.84	58.23	360.18	2.00
600242	中昌海运	27333.54	15924.66	58.26	11402.93	41.72	5.95	0.02
600243	青海华鼎	23685.00	17509.97	73.93	5960.05	25.16	214.98	0.91
600246	万通地产	121680.00	64695.29	53.17	49033.02	40.30	7951.69	6.53
600247	*ST 成城	33644.16	30331.63	90.15	3312.52	9.85	0.02	0.00
600248	延长化建	47368.92	13398.60	28.29	30696.61	64.80	3273.71	6.91
600249	两面针	45000.00	27410.72	60.91	14229.29	31.62	3359.99	7.47
600250	南纺股份	25869.25	12101.61	46.78	12888.06	49.82	879.58	3.40
600251	冠农股份	39242.10	15939.21	40.62	22381.09	57.03	921.80	2.35
600252	中恒集团	115836.90	64684.71	55.84	36896.83	31.85	14255.37	12.31
600255	鑫科材料	156375.00	122999.78	78.66	33196.58	21.23	178.64	0.11
600256	广汇能源	522142.47	249292.15	47.74	246951.25	47.30	25899.07	4.96
600257	大湖股份	42705.00	36444.90	85.34	5897.57	13.81	362.53	0.85
600258	首旅酒店	23140.00	7925.18	34.25	14288.94	61.75	925.88	4.00
600259	广晟有色	26212.26	7142.06	27.25	15676.59	59.81	3393.62	12.95
600260	凯乐科技	52764.00	38121.27	72.25	13732.62	26.03	910.11	1.72
600261	阳光照明	96806.86	52527.04	54.26	39219.20	40.51	5060.63	5.23
600262	北方股份	17000.00	5965.76	35.09	10738.43	63.17	295.81	1.74
600265	ST 景谷	12980.00	6271.06	48.31	6656.15	51.28	52.79	0.41
600266	北京城建	156704.00	40894.12	26.10	110921.28	70.78	4888.60	3.12
600267	海正药业	96553.18	29879.39	30.95	58747.49	60.84	7926.30	8.21
600268	国电南自	63524.64	29339.13	46.19	34114.80	53.70	70.71	0.11
600269	赣粤高速	233540.70	95485.65	40.89	129810.63	55.58	8244.42	3.53
600270	外运发展	90548.17	21132.82	23.34	62695.83	69.24	6719.52	7.42
600271	航天信息	92340.00	23502.05	25.45	48888.98	52.94	19948.98	21.60
600272	开开实业	16300.00	7944.25	48.74	8352.35	51.24	3.40	0.02
600273	嘉化能源	130628.53	44414.94	34.00	84587.86	64.75	1625.73	1.24
600275	武昌鱼	50883.72	38415.01	75.50	12406.36	24.38	62.35	0.12
600276	恒瑞医药	150399.28	13537.98	9.00	97206.60	64.63	39654.70	26.37
600277	亿利能源	208958.95	83814.29	40.11	113326.66	54.23	11818.00	5.66
600278	东方创业	52224.17	14486.65	27.74	37355.40	71.53	382.12	0.73
600279	重庆港九	46197.24	14713.69	31.85	29756.80	64.41	1726.74	3.74
600280	中央商场	57416.74	33163.91	57.76	19041.30	33.16	5211.53	9.08
600281	太化股份	51440.20	35258.78	68.54	16147.59	31.39	33.84	0.07
600282	*ST 南钢	387575.25	56594.82	14.60	330466.12	85.27	514.30	0.13
600283	钱江水利	28533.00	13656.79	47.86	14415.43	50.52	460.78	1.61
600284	浦东建设	69304.00	44703.24	64.50	22612.43	32.63	1988.34	2.87
600285	羚锐制药	53556.29	39773.77	74.27	11662.88	21.78	2119.63	3.96
600287	江苏舜天	43679.61	12852.26	29.42	23620.94	54.08	7206.40	16.50
600288	大恒科技	43680.00	41589.33	95.21	928.38	2.13	1162.29	2.66
600289	亿阳信通	56737.87	40551.67	71.47	15411.41	27.16	774.79	1.37
600290	华仪电气	52688.37	30481.79	57.85	20198.99	38.34	2007.59	3.81
600291	西水股份	38400.00	22114.46	57.59	15249.60	39.71	1035.94	2.70
600292	中电远达	60062.84	15274.39	25.43	41550.32	69.18	3238.12	5.39
600293	三峡新材	34450.26	23860.82	69.26	10539.94	30.59	49.50	0.14
600295	鄂尔多斯	61200.00	18478.97	30.19	42428.13	69.33	292.90	0.48

注：合计持股数包含 F 类账户；单位为万股。

年末个股股东持股情况
Distribution of Shareholder by 2014

证券代码 Code	证券简称 Name	合计持股数 Total Hold	自然人 Individual		一般法人 Corporation		专业机构 Institution	
			持有股数	比例(%)	持有股数	比例(%)	持有股数	比例(%)
600297	美罗药业	35000.00	15116.90	43.19	18097.82	51.71	1785.28	5.10
600298	安琪酵母	32963.24	13715.28	41.61	17621.43	53.46	1626.52	4.93
600299	*ST 新材	52270.76	22804.31	43.63	29450.90	56.34	15.54	0.03
600300	维维股份	167200.00	68046.65	40.70	96763.78	57.87	2389.57	1.43
600301	ST 南化	23514.81	15172.31	64.52	8327.12	35.41	15.38	0.07
600302	标准股份	34600.98	17576.82	50.80	16780.48	48.50	243.68	0.70
600303	曙光股份	62032.43	45283.18	73.00	16321.29	26.31	427.96	0.69
600305	恒顺醋业	30136.90	9654.66	32.04	13926.47	46.21	6555.78	21.75
600306	*ST 商城	17813.89	9403.42	52.79	8370.45	46.99	40.02	0.22
600307	酒钢宏兴	626335.74	64333.77	10.27	561358.57	89.63	643.40	0.10
600308	华泰股份	116756.14	73146.44	62.65	43261.37	37.05	348.33	0.30
600309	万华化学	216233.47	35018.82	16.19	135304.10	62.57	45910.55	21.23
600310	桂东电力	27592.50	10879.54	39.43	14745.21	53.44	1967.75	7.13
600311	荣华实业	66560.00	54287.05	81.56	11870.57	17.83	402.38	0.60
600312	平高电气	113748.56	43618.93	38.35	59238.85	52.08	10890.78	9.57
600313	农发种业	36728.72	15397.84	41.92	18273.11	49.75	3057.77	8.33
600315	上海家化	67236.67	21171.53	31.49	26272.10	39.07	19793.04	29.44
600316	洪都航空	71711.45	24194.63	33.74	36993.81	51.59	10523.01	14.67
600317	营口港	647298.30	135418.65	20.92	509240.73	78.67	2638.93	0.41
600318	巢东股份	24200.00	10630.24	43.93	13176.69	54.45	393.08	1.62
600319	亚星化学	31559.40	24648.16	78.10	6810.16	21.58	101.08	0.32
600320	振华重工	276833.14	144202.18	52.09	128539.22	46.43	4091.74	1.48
600321	国栋建设	118088.00	79439.39	67.27	37701.11	31.93	947.50	0.80
600322	天房发展	110570.00	71268.74	64.46	37291.25	33.73	2010.01	1.82
600323	瀚蓝环境	71679.69	22645.67	31.59	40741.33	56.84	8292.69	11.57
600325	华发股份	81704.56	55918.91	68.44	22249.62	27.23	3536.03	4.33
600326	西藏天路	54720.00	33696.01	61.58	19752.79	36.10	1271.20	2.32
600327	大东方	52171.18	27397.47	52.51	23416.02	44.88	1357.69	2.60
600328	兰太实业	35911.80	19124.33	53.25	15980.08	44.50	807.39	2.25
600329	中新药业	53930.87	15020.78	27.85	35273.49	65.41	3636.60	6.74
600330	天通股份	64881.84	50431.63	77.73	14142.50	21.80	307.71	0.47
600331	宏达股份	203200.00	72385.58	35.62	130155.23	64.05	659.18	0.32
600332	白云山	107144.07	38430.15	35.87	60995.78	56.93	7718.13	7.20
600333	长春燃气	52961.98	24599.02	46.45	27980.59	52.83	382.37	0.72
600335	国机汽车	62714.57	6828.52	10.89	47121.09	75.14	8764.96	13.98
600336	澳柯玛	68207.20	37859.96	55.51	29691.79	43.53	655.45	0.96
600337	美克家居	64681.04	16949.25	26.20	38899.17	60.14	8832.62	13.66
600338	西藏珠峰	15833.33	12918.78	81.59	2907.57	18.36	6.98	0.04
600339	天利高新	57815.47	34526.70	59.72	23279.47	40.27	9.30	0.02
600340	华夏幸福	132287.97	11244.06	8.50	96254.17	72.76	24789.74	18.74
600343	航天动力	63820.63	29049.62	45.52	28946.70	45.36	5824.31	9.13
600345	长江通信	19800.00	9660.24	48.79	9755.55	49.27	384.22	1.94
600346	大橡塑	29034.21	11659.42	40.16	15773.02	54.33	1601.77	5.52
600348	阳泉煤业	240500.00	81319.94	33.81	143632.41	59.72	15547.65	6.46
600350	山东高速	481116.59	53935.91	11.21	423894.78	88.11	3285.90	0.68
600351	亚宝药业	69200.00	39834.70	57.56	23335.93	33.72	6029.37	8.71
600352	浙江龙盛	152996.59	125647.95	82.12	10756.03	7.03	16592.61	10.85
600353	旭光股份	27186.00	14637.73	53.84	12192.78	44.85	355.49	1.31
600354	敦煌种业	44780.21	31539.19	70.43	12355.67	27.59	885.35	1.98
600355	精伦电子	24604.46	22308.28	90.67	1779.88	7.23	516.31	2.10

注：合计持股数包含 F 类账户；单位为万股。

年末个股股东持股情况
Distribution of Shareholder by 2014

证券代码 Code	证券简称 Name	合计持股数 Total Hold	自然人 Individual		一般法人 Corporation		专业机构 Institution	
			持有股数	比例(%)	持有股数	比例(%)	持有股数	比例(%)
600356	恒丰纸业	25265.53	12886.42	51.00	11062.87	43.79	1316.24	5.21
600358	国旅联合	43200.00	20046.39	46.40	19532.82	45.21	3620.79	8.38
600359	新农开发	38151.28	15633.86	40.98	20307.38	53.23	2210.05	5.79
600360	华微电子	73808.00	52287.95	70.84	20694.05	28.04	826.00	1.12
600361	华联综超	66580.79	26989.21	40.54	38029.81	57.12	1561.77	2.35
600362	江西铜业	207524.74	68309.83	32.92	128675.67	62.00	10539.24	5.08
600363	联创光电	44347.68	30464.32	68.69	13346.63	30.10	536.72	1.21
600365	通葡股份	20000.00	13084.05	65.42	4383.98	21.92	2531.97	12.66
600366	宁波韵升	51449.78	28195.55	54.80	20752.45	40.34	2501.78	4.86
600367	红星发展	29120.00	13690.31	47.01	11941.70	41.01	3487.99	11.98
600368	五洲交通	83380.15	37842.87	45.39	45429.75	54.49	107.53	0.13
600369	西南证券	282255.46	56503.28	20.02	213805.85	75.75	11946.33	4.23
600370	三房巷	31889.77	15191.75	47.64	16552.31	51.90	145.71	0.46
600371	万向德农	20460.00	10212.47	49.91	10217.05	49.94	30.49	0.15
600372	中航电子	175916.29	27905.74	15.86	138439.20	78.70	9571.35	5.44
600373	中文传媒	118568.15	30957.33	26.11	79523.99	67.07	8086.82	6.82
600375	华菱星马	55574.06	39089.06	70.34	16109.78	28.99	375.22	0.68
600376	首开股份	224201.25	51207.95	22.84	144845.57	64.61	28147.73	12.55
600377	宁沪高速	381574.75	21312.57	5.59	346247.61	90.74	14014.57	3.67
600378	天科股份	29719.33	10145.93	34.14	16757.91	56.39	2815.49	9.47
600379	宝光股份	23585.83	11731.11	49.74	11627.97	49.30	226.75	0.96
600380	健康元	154583.59	49439.57	31.98	100821.75	65.22	4322.26	2.80
600381	*ST 贤成	19892.58	17209.14	86.51	2682.42	13.48	1.02	0.01
600382	广东明珠	34174.66	26502.76	77.55	7622.92	22.31	48.98	0.14
600383	金地集团	449146.35	50100.61	11.15	357453.39	79.59	41592.35	9.26
600385	ST 金泰	14810.71	10079.84	68.06	4730.85	31.94	0.03	0.00
600386	北巴传媒	40320.00	16540.95	41.02	22947.31	56.91	831.74	2.06
600387	海越股份	38610.00	26448.69	68.50	10857.89	28.12	1303.42	3.38
600388	龙净环保	42762.00	19816.07	46.34	15780.37	36.90	7165.56	16.76
600389	江山股份	19800.00	7682.05	38.80	11325.81	57.20	792.14	4.00
600390	金瑞科技	39065.75	25932.53	66.38	13029.61	33.35	103.61	0.27
600391	成发科技	33012.94	16745.81	50.72	13619.82	41.26	2647.31	8.02
600392	盛和资源	37641.58	16646.49	44.22	18561.20	49.31	2433.89	6.47
600393	东华实业	30000.00	13635.18	45.45	16097.19	53.66	267.63	0.89
600395	盘江股份	165505.19	31562.47	19.07	124760.11	75.38	9182.62	5.55
600396	金山股份	86866.44	40799.48	46.97	45839.52	52.77	227.43	0.26
600397	安源煤业	98995.99	31367.72	31.69	64343.30	65.00	3284.96	3.32
600398	海澜之家	449275.79	22169.45	4.93	404901.41	90.12	22204.94	4.94
600399	抚顺特钢	52000.00	19150.81	36.83	30234.96	58.14	2614.24	5.03
600400	红豆股份	56039.96	26405.68	47.12	28983.86	51.72	650.43	1.16
600401	海润光伏	157497.84	62556.31	39.72	64369.56	40.87	30571.97	19.41
600403	大有能源	239081.24	18972.02	7.94	217808.97	91.10	2300.26	0.96
600405	动力源	42389.28	42272.13	99.72	99.61	0.23	17.54	0.04
600406	国电南瑞	242895.34	77190.24	31.78	122987.26	50.63	42717.84	17.59
600408	安泰集团	100680.00	99495.26	98.82	976.67	0.97	208.07	0.21
600409	三友化工	185038.55	77839.38	42.07	101446.77	54.82	5752.40	3.11
600410	华胜天成	64132.39	54176.54	84.48	8928.45	13.92	1027.40	1.60
600415	小商品城	272160.71	76012.96	27.93	179221.59	65.85	16926.16	6.22
600416	湘电股份	60848.45	32913.78	54.09	23478.22	38.58	4456.46	7.32
600418	江淮汽车	128490.58	58050.56	45.18	61884.63	48.16	8555.39	6.66

注：合计持股数包含 F 类账户；单位为万股。

年末个股股东持股情况
Distribution of Shareholder by 2014

证券代码 Code	证券简称 Name	合计持股数 Total Hold	自然人 Individual		一般法人 Corporation		专业机构 Institution	
			持有股数	比例(%)	持有股数	比例(%)	持有股数	比例(%)
600419	天润乳业	8638.94	3642.75	42.17	4640.96	53.72	355.24	4.11
600420	现代制药	28773.34	8270.34	28.74	14702.45	51.10	5800.55	20.16
600421	仰帆控股	19560.00	11992.99	61.31	7563.82	38.67	3.19	0.02
600422	昆明制药	34113.02	13404.17	39.29	12902.67	37.82	7806.18	22.88
600423	柳化股份	39934.75	24867.05	62.27	14831.71	37.14	235.99	0.59
600425	青松建化	137879.01	45763.04	33.19	90200.58	65.42	1915.39	1.39
600426	华鲁恒升	95362.50	47899.06	50.23	41674.73	43.70	5788.70	6.07
600428	中远航运	169044.64	70211.76	41.53	91013.98	53.84	7818.90	4.63
600429	三元股份	88500.00	21399.74	24.18	59242.07	66.94	7858.19	8.88
600432	吉恩镍业	160372.39	34987.83	21.82	119317.11	74.40	6067.45	3.78
600433	冠豪高新	119028.00	64458.04	54.15	53287.75	44.77	1282.20	1.08
600435	北方导航	74466.00	30016.84	40.31	40363.07	54.20	4086.09	5.49
600436	片仔癀	16088.46	4964.90	30.86	10065.20	62.56	1058.36	6.58
600438	通威股份	81710.96	23735.37	29.05	52281.31	63.98	5694.29	6.97
600439	瑞贝卡	94332.12	57906.10	61.39	32948.32	34.93	3477.70	3.69
600444	国通管业	10500.00	4620.35	44.00	5474.90	52.14	404.75	3.85
600446	金证股份	26414.40	17642.72	66.79	1287.10	4.87	7484.58	28.34
600448	华纺股份	42236.41	21105.62	49.97	20433.64	48.38	697.14	1.65
600449	宁夏建材	47818.10	23710.80	49.59	23671.63	49.50	435.68	0.91
600452	涪陵电力	16000.00	6429.98	40.19	9541.06	59.63	28.96	0.18
600455	博通股份	6245.80	3194.13	51.14	2710.52	43.40	341.15	5.46
600456	宝钛股份	43026.57	16372.84	38.05	24508.37	56.96	2145.36	4.99
600458	时代新材	66142.21	32825.02	49.63	29628.26	44.79	3688.92	5.58
600459	贵研铂业	26097.77	13091.05	50.16	12153.96	46.57	852.77	3.27
600460	士兰微	124716.80	65493.85	52.51	53564.35	42.95	5658.61	4.54
600461	洪城水业	33000.00	15567.50	47.17	13363.75	40.50	4068.75	12.33
600462	石岘纸业	53378.00	30813.32	57.73	21018.92	39.38	1545.76	2.90
600463	空港股份	25200.00	8779.06	34.84	16363.43	64.93	57.51	0.23
600466	迪康药业	43900.59	30437.82	69.33	9115.45	20.76	4347.32	9.90
600467	好当家	73049.72	39948.02	54.69	32648.61	44.69	453.08	0.62
600468	百利电气	45619.20	14986.91	32.85	30112.87	66.01	519.43	1.14
600469	风神股份	37494.21	16985.74	45.30	19037.15	50.77	1471.32	3.92
600470	六国化工	52160.00	35092.89	67.28	16902.13	32.40	164.98	0.32
600475	华光股份	25600.00	11947.58	46.67	12511.74	48.87	1140.68	4.46
600476	湘邮科技	16107.00	5459.60	33.90	9723.54	60.37	923.85	5.74
600477	杭萧钢构	55345.82	53565.47	96.78	1761.59	3.18	18.76	0.03
600478	科力远	47223.52	34583.31	73.23	11984.39	25.38	655.82	1.39
600479	千金药业	30481.92	12051.54	39.54	14281.79	46.85	4148.59	13.61
600480	凌云股份	36171.48	17907.46	49.51	15763.04	43.58	2500.99	6.91
600481	双良节能	81010.47	47374.01	58.48	30742.46	37.95	2894.00	3.57
600482	风帆股份	53650.00	32131.51	59.89	19942.33	37.17	1576.15	2.94
600483	福能股份	125834.73	12312.31	9.78	108976.21	86.60	4546.22	3.61
600485	信威集团	292374.28	221295.64	75.69	64080.74	21.92	6997.91	2.39
600486	扬农化工	25824.91	6557.37	25.39	12765.93	49.43	6501.61	25.18
600487	亨通光电	41375.64	12586.87	30.42	25226.18	60.97	3562.59	8.61
600488	天药股份	96085.50	44796.14	46.62	49115.11	51.12	2174.24	2.26
600489	中金黄金	294322.88	129072.65	43.85	155196.03	52.73	10054.20	3.42
600490	鹏欣资源	147900.00	63705.77	43.07	77118.84	52.14	7075.39	4.78
600491	龙元建设	94760.00	83581.88	88.20	9568.82	10.10	1609.29	1.70
600493	凤竹纺织	27200.00	15718.07	57.79	11446.72	42.08	35.20	0.13

注：合计持股数包含 F 类账户；单位为万股。

年末个股股东持股情况
Distribution of Shareholder by 2014

证券代码 Code	证券简称 Name	合计持股数 Total Hold	自然人 Individual		一般法人 Corporation		专业机构 Institution	
			持有股数	比例(%)	持有股数	比例(%)	持有股数	比例(%)
600495	晋西车轴	67121.72	36444.65	54.30	29494.87	43.94	1182.19	1.76
600496	精工钢构	68656.60	31348.88	45.66	35474.14	51.67	1833.58	2.67
600497	驰宏锌锗	166756.09	71802.07	43.06	86755.39	52.03	8198.64	4.92
600498	烽火通信	99512.96	32642.78	32.80	58640.87	58.93	8229.31	8.27
600499	科达洁能	69722.72	61362.04	88.01	3315.28	4.75	5045.40	7.24
600500	中化国际	208301.27	60730.33	29.16	138539.57	66.51	9031.37	4.34
600501	航天晨光	38928.36	16966.99	43.59	18452.29	47.40	3509.08	9.01
600502	安徽水利	50193.00	33539.24	66.82	12368.14	24.64	4285.62	8.54
600503	华丽家族	160229.00	112388.27	70.14	39883.05	24.89	7957.68	4.97
600505	西昌电力	36456.75	14351.07	39.36	15547.27	42.65	6558.41	17.99
600506	香梨股份	14770.69	10697.50	72.42	4033.28	27.31	39.90	0.27
600507	方大特钢	132609.30	44775.86	33.77	84275.24	63.55	3558.20	2.68
600508	上海能源	72271.80	25752.72	35.63	46224.20	63.96	294.89	0.41
600509	天富能源	90569.66	40410.43	44.62	44087.10	48.68	6072.13	6.70
600510	黑牡丹	79552.27	22061.40	27.73	54897.18	69.01	2593.69	3.26
600511	国药股份	47880.00	4318.03	9.02	27082.06	56.56	16479.91	34.42
600512	腾达建设	73694.07	72569.76	98.47	730.33	0.99	393.97	0.53
600513	联环药业	15670.02	7421.20	47.36	6963.07	44.44	1285.74	8.21
600515	海岛建设	42277.41	22499.31	53.22	18930.57	44.78	847.54	2.00
600516	方大炭素	171916.04	80369.92	46.75	86544.40	50.34	5001.71	2.91
600517	置信电气	124452.23	48311.97	38.82	69303.60	55.69	6836.66	5.49
600518	康美药业	219871.45	100082.28	45.52	85448.12	38.86	34341.05	15.62
600519	贵州茅台	114199.80	10808.68	9.46	80500.89	70.49	22890.23	20.04
600520	中发科技	15843.00	11480.05	72.46	4306.49	27.18	56.46	0.36
600521	华海药业	78565.33	58720.60	74.74	4637.28	5.90	15207.44	19.36
600522	中天科技	86276.75	48369.55	56.06	33511.32	38.84	4395.89	5.10
600523	贵航股份	28879.38	11978.67	41.48	15431.74	53.44	1468.97	5.09
600525	长园集团	86351.01	34890.80	40.41	27020.92	31.29	24439.29	28.30
600526	菲达环保	40688.95	26907.40	66.13	11945.03	29.36	1836.52	4.51
600527	江南高纤	80208.94	68020.52	84.80	4728.18	5.89	7460.24	9.30
600528	中铁二局	145920.00	66357.33	45.48	76876.08	52.68	2686.59	1.84
600529	山东药玻	25738.01	16877.11	65.57	7321.74	28.45	1539.16	5.98
600530	交大昂立	31200.00	14734.33	47.23	16024.38	51.36	441.29	1.41
600531	豫光金铅	29525.08	15173.25	51.39	14272.46	48.34	79.37	0.27
600532	宏达矿业	39623.44	11940.74	30.14	27110.19	68.42	572.51	1.44
600533	栖霞建设	105000.00	60060.43	57.20	37425.10	35.64	7514.48	7.16
600535	天士力	103284.27	17930.34	17.36	59698.34	57.80	25655.59	24.84
600536	中国软件	49456.28	19205.46	38.83	25463.60	51.49	4787.22	9.68
600537	亿晶光电	48587.13	42646.00	87.77	5410.21	11.14	530.92	1.09
600538	国发股份	46440.12	40209.66	86.58	6171.46	13.29	59.00	0.13
600539	狮头股份	23000.00	14370.59	62.48	8603.21	37.41	26.20	0.11
600540	新赛股份	36224.87	14458.28	39.91	20850.82	57.56	915.76	2.53
600543	莫高股份	32112.00	20269.57	63.12	11817.74	36.80	24.69	0.08
600545	新疆城建	67578.58	46150.96	68.29	20478.88	30.30	948.73	1.40
600546	山煤国际	198245.61	78710.65	39.70	117752.28	59.40	1782.68	0.90
600547	山东黄金	142307.24	60709.52	42.66	75341.35	52.94	6256.37	4.40
600548	深高速	143327.03	19138.02	13.35	122253.81	85.30	1935.20	1.35
600549	厦门钨业	83198.00	20317.12	24.42	55778.05	67.04	7102.84	8.54
600550	*ST 天威	153460.71	61953.86	40.37	90955.02	59.27	551.82	0.36
600551	时代出版	50582.53	15090.95	29.83	35151.90	69.49	339.68	0.67

注：合计持股数包含 F 类账户；单位为万股。

年末个股股东持股情况
Distribution of Shareholder by 2014

证券代码 Code	证券简称 Name	合计持股数 Total Hold	自然人 Individual		一般法人 Corporation		专业机构 Institution	
			持有股数	比例(%)	持有股数	比例(%)	持有股数	比例(%)
600552	方兴科技	35899.47	17730.44	49.39	14073.12	39.20	4095.91	11.41
600555	九龙山	97350.00	51095.56	52.49	46178.42	47.44	76.02	0.08
600556	北生药业	39479.37	29495.86	74.71	6463.43	16.37	3520.08	8.92
600557	康缘药业	51370.76	19759.80	38.47	21459.12	41.77	10151.84	19.76
600558	大西洋	39893.55	11004.47	27.58	24418.07	61.21	4471.00	11.21
600559	老白干酒	14000.00	2330.07	16.64	6529.58	46.64	5140.34	36.72
600560	金自天正	22364.55	11285.13	50.46	10884.07	48.67	195.34	0.87
600561	江西长运	23706.40	7447.63	31.42	14858.44	62.68	1400.33	5.91
600562	国睿科技	25706.16	9928.83	38.62	13380.50	52.05	2396.83	9.32
600563	法拉电子	22500.00	7424.39	33.00	11733.80	52.15	3341.80	14.85
600565	迪马股份	234586.20	41292.20	17.60	187308.60	79.85	5985.40	2.55
600566	洪城股份	78145.47	13093.89	16.76	59963.03	76.73	5088.55	6.51
600567	山鹰纸业	376693.96	242868.77	64.47	132185.10	35.09	1640.09	0.44
600568	中珠控股	36622.65	16918.25	46.20	18080.05	49.37	1624.35	4.44
600569	安阳钢铁	239368.45	93020.44	38.86	145052.19	60.60	1295.81	0.54
600570	恒生电子	61780.52	26838.48	43.44	15801.59	25.58	19140.45	30.98
600571	信雅达	20241.98	7393.76	36.53	6224.90	30.75	6623.32	32.72
600572	康恩贝	80960.00	32628.71	40.30	39227.20	48.45	9104.08	11.25
600573	惠泉啤酒	25000.00	9362.39	37.45	14372.65	57.49	1264.96	5.06
600575	皖江物流	288401.39	89174.70	30.92	187596.08	65.05	11630.62	4.03
600576	万好万家	21809.31	8762.17	40.18	9012.98	41.33	4034.16	18.50
600577	精达股份	97766.21	34039.04	34.82	55017.95	56.28	8709.22	8.91
600578	京能电力	461732.10	84633.14	18.33	367928.55	79.68	9170.41	1.99
600579	天华院	39207.06	11873.04	30.28	26774.31	68.29	559.70	1.43
600580	卧龙电气	111052.72	40924.23	36.85	54595.29	49.16	15533.20	13.99
600581	八一钢铁	76644.89	30417.14	39.69	43546.47	56.82	2681.28	3.50
600582	天地科技	121392.00	29519.14	24.32	82071.92	67.61	9800.94	8.07
600583	海油工程	442135.48	159775.34	36.14	267909.87	60.59	14450.27	3.27
600584	长电科技	98457.00	56582.99	57.47	20770.69	21.10	21103.32	21.43
600585	海螺水泥	399970.26	73749.42	18.44	239699.87	59.93	86520.97	21.63
600586	金晶科技	142270.74	85484.93	60.09	56077.94	39.42	707.87	0.50
600587	新华医疗	40314.14	14577.86	36.16	17361.29	43.07	8374.99	20.77
600588	用友软件	116465.54	28973.66	24.88	69772.24	59.91	17719.64	15.21
600589	广东榕泰	60173.00	36158.07	60.09	23039.58	38.29	975.35	1.62
600590	泰豪科技	50632.57	24808.07	49.00	22823.81	45.08	3000.69	5.93
600592	龙溪股份	39955.36	22633.42	56.65	17198.65	43.04	123.29	0.31
600593	大连圣亚	9200.00	4117.75	44.76	4701.57	51.10	380.68	4.14
600594	益佰制药	39596.37	23959.30	60.51	3100.65	7.83	12536.42	31.66
600595	中孚实业	174154.04	72234.79	41.48	94497.70	54.26	7421.55	4.26
600596	新安股份	67918.46	49091.96	72.28	16509.40	24.31	2317.11	3.41
600597	光明乳业	123063.67	35685.37	29.00	74250.02	60.33	13128.28	10.67
600598	*ST 大荒	177767.99	57631.71	32.42	116333.61	65.44	3802.67	2.14
600599	熊猫烟花	16600.00	9392.35	56.58	7191.26	43.32	16.40	0.10
600600	青岛啤酒	69591.36	7644.47	10.98	51469.37	73.96	10477.52	15.06
600601	方正科技	219489.12	214544.77	97.75	2559.25	1.17	2385.10	1.09
600602	仪电电子	87957.26	51434.65	58.48	36438.59	41.43	84.02	0.10
600603	大洲兴业	19464.19	16481.98	84.68	2916.56	14.98	65.65	0.34
600604	市北高新	33352.42	9456.92	28.35	23878.31	71.59	17.20	0.05
600605	汇通能源	14734.46	7242.72	49.16	7348.53	49.87	143.20	0.97
600606	金丰投资	51832.01	25801.46	49.78	21923.36	42.30	4107.19	7.92

注：合计持股数包含 F 类账户；单位为万股。

年末个股股东持股情况
Distribution of Shareholder by 2014

证券代码 Code	证券简称 Name	合计持股数 Total Hold	自然人 Individual		一般法人 Corporation		专业机构 Institution	
			持有股数	比例(%)	持有股数	比例(%)	持有股数	比例(%)
600608	上海科技	32886.14	26230.43	79.76	6651.17	20.22	4.55	0.01
600609	金杯汽车	109266.71	56111.47	51.35	53098.97	48.60	56.27	0.05
600610	S*ST 中纺	71091.46	11909.28	16.75	59027.70	83.03	154.48	0.22
600611	大众交通	104221.09	68029.66	65.27	34751.78	33.34	1439.65	1.38
600612	老凤祥	31710.96	3965.21	12.50	24493.82	77.24	3251.93	10.25
600613	神奇制药	39943.33	5740.03	14.37	33160.16	83.02	1043.14	2.61
600614	鼎立股份	59794.53	32311.09	54.04	26481.71	44.29	1001.73	1.68
600615	丰华股份	18802.05	12885.83	68.53	5862.94	31.18	53.28	0.28
600616	金枫酒业	51461.92	22854.75	44.41	24839.76	48.27	3767.41	7.32
600617	国新能源	52847.90	6851.69	12.96	42607.91	80.62	3388.30	6.41
600618	氯碱化工	74984.00	15035.22	20.05	59721.04	79.65	227.74	0.30
600619	海立股份	38357.45	11662.02	30.40	26574.17	69.28	121.26	0.32
600620	天宸股份	45778.47	27990.59	61.14	17172.53	37.51	615.35	1.34
600621	华鑫股份	52408.24	34438.11	65.71	17759.50	33.89	210.63	0.40
600622	嘉宝集团	51430.38	35471.13	68.97	15699.11	30.52	260.14	0.51
600623	双钱股份	64636.77	5820.37	9.00	58654.29	90.74	162.12	0.25
600624	复旦复华	40515.50	25889.03	63.90	14399.41	35.54	227.06	0.56
600626	申达股份	71024.28	46115.66	64.93	24240.24	34.13	668.38	0.94
600628	新世界	53179.93	36637.40	68.89	16060.99	30.20	481.54	0.91
600629	棱光实业	34799.98	8407.92	24.16	25565.38	73.46	826.68	2.38
600630	龙头股份	42486.16	28012.43	65.93	13920.77	32.77	552.95	1.30
600633	浙报传媒	118828.76	40501.59	34.08	75404.60	63.46	2922.57	2.46
600634	中技控股	57573.21	36546.04	63.48	18282.49	31.76	2744.68	4.77
600635	大众公用	164486.98	111884.31	68.02	48426.80	29.44	4175.87	2.54
600636	三爱富	38195.06	24653.37	64.55	13354.24	34.96	187.45	0.49
600637	百视通	111373.61	41547.62	37.30	62232.80	55.88	7593.19	6.82
600638	新黄浦	56116.40	32916.86	58.66	22702.19	40.46	497.35	0.89
600639	浦东金桥	65664.89	18281.97	27.84	44882.04	68.35	2500.88	3.81
600640	号百控股	53536.45	16863.96	31.50	36404.75	68.00	267.74	0.50
600641	万业企业	80615.87	37989.48	47.12	41289.16	51.22	1337.23	1.66
600642	申能股份	455203.83	174537.25	38.34	260973.72	57.33	19692.86	4.33
600643	爱建股份	110549.22	59481.74	53.81	46763.57	42.30	4303.91	3.89
600644	乐山电力	53840.07	21434.27	39.81	32164.33	59.74	241.46	0.45
600645	中源协和	35254.10	17537.88	49.75	13008.28	36.90	4707.94	13.35
600647	同达创业	13914.36	7121.99	51.18	6252.57	44.94	539.80	3.88
600648	外高桥	93479.16	15499.55	16.58	75211.76	80.46	2767.85	2.96
600649	城投控股	298752.35	94706.15	31.70	183748.38	61.51	20297.82	6.79
600650	锦江投资	39056.01	11911.14	30.50	23764.02	60.85	3380.84	8.66
600651	飞乐音响	98522.00	48892.48	49.63	42199.84	42.83	7429.68	7.54
600652	爱使股份	83270.35	63331.91	76.06	19854.43	23.84	84.02	0.10
600653	申华控股	174638.03	140932.67	80.70	33217.47	19.02	487.89	0.28
600654	飞乐股份	115102.65	60843.22	52.86	53823.96	46.76	435.47	0.38
600655	豫园商城	143732.20	55746.17	38.78	76682.59	53.35	11303.44	7.86
600656	博元投资	19034.37	14317.40	75.22	4418.29	23.21	298.68	1.57
600657	信达地产	152426.04	27571.79	18.09	108615.19	71.26	16239.07	10.65
600658	电子城	58009.74	15466.47	26.66	42129.47	72.62	413.79	0.71
600660	福耀玻璃	200298.63	59633.15	29.77	88122.99	44.00	52542.49	26.23
600661	新南洋	25907.65	7540.69	29.11	14749.13	56.93	3617.83	13.96
600662	强生控股	105336.22	49761.52	47.24	53434.46	50.73	2140.24	2.03
600663	陆家嘴	135808.40	20624.64	15.19	112210.61	82.62	2973.16	2.19

注：合计持股数包含 F 类账户；单位为万股。

年末个股股东持股情况
Distribution of Shareholder by 2014

证券代码 Code	证券简称 Name	合计持股数 Total Hold	自然人 Individual		一般法人 Corporation		专业机构 Institution	
			持有股数	比例(%)	持有股数	比例(%)	持有股数	比例(%)
600664	哈药股份	191748.33	64149.18	33.45	119219.79	62.18	8379.35	4.37
600665	天地源	86412.25	35417.72	40.99	50646.33	58.61	348.20	0.40
600666	西南药业	29014.63	17798.51	61.34	11006.35	37.93	209.77	0.72
600667	太极实业	119127.43	72715.26	61.04	43739.38	36.72	2672.78	2.24
600668	尖峰集团	34408.38	26778.42	77.83	7313.37	21.25	316.60	0.92
600671	天目药业	12177.89	6560.25	53.87	5603.81	46.02	13.83	0.11
600673	东阳光科	94956.69	34924.64	36.78	59276.69	62.42	755.36	0.80
600674	川投能源	220107.02	81140.51	36.86	116943.62	53.13	22022.89	10.01
600675	中华企业	186705.94	111147.90	59.53	71105.84	38.08	4452.20	2.38
600676	交运股份	86237.39	31574.51	36.61	53870.96	62.47	791.92	0.92
600677	航天通信	41642.81	22875.16	54.93	13236.31	31.79	5531.33	13.28
600678	四川金顶	34899.00	22809.06	65.36	11999.94	34.38	90.00	0.26
600679	金山开发	18201.97	6131.12	33.68	12061.82	66.27	9.03	0.05
600680	上海普天	25742.53	5792.35	22.50	19919.85	77.38	30.34	0.12
600681	万鸿集团	25147.76	16545.14	65.79	8540.36	33.96	62.25	0.25
600682	南京新百	35832.17	10609.57	29.61	24083.63	67.21	1138.97	3.18
600683	京投银泰	74077.76	25678.65	34.66	39731.78	53.64	8667.33	11.70
600684	珠江实业	71121.73	40506.20	56.95	27188.33	38.23	3427.20	4.82
600685	广船国际	43846.35	15668.93	35.74	24371.48	55.58	3805.94	8.68
600686	金龙汽车	44259.71	16369.48	36.99	21644.57	48.90	6245.66	14.11
600687	刚泰控股	49024.52	12868.79	26.25	36098.14	73.63	57.59	0.12
600688	上海石化	730500.00	147617.34	20.21	568447.58	77.82	14435.08	1.98
600689	*ST 三毛	15220.41	9417.56	61.87	5777.39	37.96	25.47	0.17
600690	青岛海尔	304593.51	50369.03	16.54	181189.52	59.49	73034.96	23.98
600691	阳煤化工	146785.60	59466.98	40.51	84963.05	57.88	2355.57	1.60
600692	亚通股份	35176.41	23041.42	65.50	11829.75	33.63	305.23	0.87
600693	东百集团	34322.26	13011.23	37.91	17804.14	51.87	3506.90	10.22
600694	大商股份	29371.87	12573.53	42.81	10791.91	36.74	6006.43	20.45
600695	大江股份	36646.72	17748.91	48.43	18877.62	51.51	20.18	0.06
600696	多伦股份	34056.56	27672.85	81.26	6119.23	17.97	264.47	0.78
600697	欧亚集团	15908.81	3133.04	19.69	6567.35	41.28	6208.42	39.03
600698	湖南天雁	74181.74	39431.04	53.15	34612.23	46.66	138.47	0.19
600699	均胜电子	63614.48	17337.04	27.25	42600.41	66.97	3677.03	5.78
600701	工大高新	49878.19	45921.66	92.07	3630.88	7.28	325.66	0.65
600702	沱牌舍得	33730.00	14940.64	44.29	14389.00	42.66	4400.37	13.05
600703	三安光电	239308.49	74704.93	31.22	125485.57	52.44	39117.99	16.35
600704	物产中大	99599.52	45748.13	45.93	49524.79	49.72	4326.60	4.34
600705	中航资本	373269.84	110483.23	29.60	229577.47	61.50	33209.15	8.90
600706	曲江文旅	17950.97	6121.48	34.10	10102.30	56.28	1727.18	9.62
600707	彩虹股份	73675.77	43507.79	59.05	26844.35	36.44	3323.63	4.51
600708	海博股份	51037.03	29067.41	56.95	20931.44	41.01	1038.18	2.03
600710	常林股份	64028.40	52409.48	81.85	11472.43	17.92	146.49	0.23
600711	盛屯矿业	149705.23	91939.23	61.41	41466.29	27.70	16299.72	10.89
600712	南宁百货	54465.54	31761.42	58.31	21455.25	39.39	1248.86	2.29
600713	南京医药	89742.56	47698.78	53.15	40109.94	44.69	1933.84	2.15
600714	金瑞矿业	27340.45	8235.46	30.12	19025.97	69.59	79.03	0.29
600715	松辽汽车	22425.60	13459.77	60.02	7673.75	34.22	1292.08	5.76
600716	凤凰股份	74060.06	21050.59	28.42	49954.83	67.45	3054.65	4.12
600717	天津港	167476.91	68629.25	40.98	98005.55	58.52	842.11	0.50
600718	东软集团	122759.42	56979.89	46.42	57056.10	46.48	8723.44	7.11

注：合计持股数包含 F 类账户；单位为万股。

年末个股股东持股情况
Distribution of Shareholder by 2014

证券代码 Code	证券简称 Name	合计持股数 Total Hold	自然人 Individual		一般法人 Corporation		专业机构 Institution	
			持有股数	比例(%)	持有股数	比例(%)	持有股数	比例(%)
600719	大连热电	20229.98	12224.73	60.43	7577.56	37.46	427.69	2.11
600720	祁连山	77629.03	52185.87	67.22	23191.42	29.87	2251.73	2.90
600721	百花村	26885.20	6196.73	23.05	20678.86	76.92	9.61	0.04
600722	金牛化工	68031.97	26841.98	39.45	41066.22	60.36	123.77	0.18
600723	首商股份	65840.76	24983.49	37.95	38786.42	58.91	2070.84	3.15
600724	宁波富达	144524.11	25712.59	17.79	115035.47	79.60	3776.05	2.61
600725	云维股份	61623.50	33335.86	54.10	27417.23	44.49	870.41	1.41
600726	华电能源	153467.52	61299.07	39.94	91658.14	59.72	510.30	0.33
600727	鲁北化工	35098.66	26376.09	75.15	8208.01	23.39	514.56	1.47
600728	佳都科技	49976.69	22760.33	45.54	24696.51	49.42	2519.84	5.04
600729	重庆百货	40652.85	9858.92	24.25	24252.08	59.66	6541.84	16.09
600730	中国高科	29332.80	23356.35	79.63	5892.94	20.09	83.51	0.28
600731	湖南海利	32731.41	18287.85	55.87	13547.83	41.39	895.72	2.74
600732	上海新梅	44638.31	30349.68	67.99	14187.48	31.78	101.14	0.23
600733	S 前锋	19758.60	7560.11	38.26	12176.82	61.63	21.67	0.11
600734	实达集团	35155.84	21785.41	61.97	13157.80	37.43	212.63	0.60
600735	新华锦	25069.97	9551.67	38.10	14588.31	58.19	929.98	3.71
600736	苏州高新	105788.16	57592.53	54.44	46767.39	44.21	1428.24	1.35
600737	中粮屯河	205187.62	85743.96	41.79	116918.68	56.98	2524.98	1.23
600738	兰州民百	36886.76	20373.19	55.23	15986.73	43.34	526.84	1.43
600739	辽宁成大	142970.98	93198.69	65.19	37353.27	26.13	12419.03	8.69
600740	山西焦化	76570.00	36133.89	47.19	39878.93	52.08	557.18	0.73
600741	华域汽车	258320.02	34460.14	13.34	172943.64	66.95	50916.24	19.71
600742	一汽富维	21152.34	11957.97	56.53	6626.41	31.33	2567.96	12.14
600743	华远地产	181766.10	47484.59	26.12	133185.88	73.27	1095.63	0.60
600744	华银电力	71164.80	44120.34	62.00	26793.08	37.65	251.38	0.35
600745	中茵股份	48332.04	19579.58	40.51	26405.43	54.63	2347.03	4.86
600746	江苏索普	30642.25	17007.90	55.50	13131.40	42.85	502.96	1.64
600747	大连控股	146432.84	84490.94	57.70	60114.54	41.05	1827.35	1.25
600748	上实发展	108337.09	32486.70	29.99	74335.01	68.61	1515.38	1.40
600749	西藏旅游	18913.79	11301.36	59.75	5341.92	28.24	2270.52	12.00
600750	江中药业	30000.00	14905.35	49.68	10933.72	36.45	4160.93	13.87
600751	天津海运	257318.91	27967.48	10.87	229175.67	89.06	175.76	0.07
600753	东方银星	12800.00	5902.42	46.11	6288.05	49.13	609.53	4.76
600754	锦江股份	64851.77	5621.24	8.67	53038.10	81.78	6192.43	9.55
600755	厦门国贸	166447.00	110749.04	66.54	53803.71	32.32	1894.25	1.14
600756	浪潮软件	27874.73	20390.85	73.15	7410.23	26.58	73.64	0.26
600757	长江传媒	121365.03	35380.77	29.15	83373.43	68.70	2610.83	2.15
600758	红阳能源	20768.18	9628.22	46.36	10305.76	49.62	834.19	4.02
600759	洲际油气	174115.96	65161.10	37.42	95701.32	54.96	13253.55	7.61
600760	中航黑豹	34494.51	25066.17	72.67	8393.74	24.33	1034.60	3.00
600761	安徽合力	61681.73	24659.64	39.98	26711.71	43.31	10310.39	16.72
600763	通策医疗	16032.00	3941.98	24.59	6536.83	40.77	5553.19	34.64
600764	中电广通	32972.70	13146.40	39.87	19439.10	58.96	387.20	1.17
600765	中航重机	77800.32	34265.76	44.04	36731.28	47.21	6803.28	8.74
600766	园城黄金	22422.68	13901.08	62.00	7790.29	34.74	731.32	3.26
600767	运盛实业	34101.02	22343.95	65.52	9426.85	27.64	2330.21	6.83
600768	宁波富邦	13374.72	6121.23	45.77	7252.45	54.23	1.04	0.01
600769	祥龙电业	37497.72	31113.61	82.97	6138.52	16.37	245.59	0.65
600770	综艺股份	130000.00	90449.90	69.58	36853.06	28.35	2697.04	2.07

注：合计持股数包含 F 类账户；单位为万股。

年末个股股东持股情况
Distribution of Shareholder by 2014

证券代码 Code	证券简称 Name	合计持股数 Total Hold	自然人 Individual		一般法人 Corporation		专业机构 Institution	
			持有股数	比例(%)	持有股数	比例(%)	持有股数	比例(%)
600771	广誉远	24380.84	15304.66	62.77	8269.63	33.92	806.55	3.31
600773	西藏城投	72921.37	17793.38	24.40	49072.66	67.30	6055.32	8.30
600774	汉商集团	17457.54	6405.27	36.69	10318.72	59.11	733.55	4.20
600775	南京熊猫	67183.85	23609.21	35.14	40466.52	60.23	3108.12	4.63
600776	东方通信	95600.01	30357.30	31.75	61449.74	64.28	3792.96	3.97
600777	新潮实业	62542.33	48939.74	78.25	12499.02	19.98	1103.57	1.76
600778	友好集团	31149.14	20836.12	66.89	9895.17	31.77	417.84	1.34
600779	水井坊	48854.57	27685.06	56.67	19866.46	40.66	1303.05	2.67
600780	通宝能源	114650.25	33680.89	29.38	75186.66	65.58	5782.70	5.04
600781	辅仁药业	17759.29	11100.79	62.51	5861.66	33.01	796.83	4.49
600782	新钢股份	139344.81	18860.14	13.53	118293.15	84.89	2191.52	1.57
600783	鲁信创投	74435.93	19811.98	26.62	52414.36	70.42	2209.60	2.97
600784	鲁银投资	56817.78	36914.15	64.97	17968.69	31.63	1934.94	3.41
600785	新华百货	22563.13	12886.18	57.11	9255.57	41.02	421.37	1.87
600787	中储股份	185982.84	82668.05	44.45	99062.28	53.26	4252.51	2.29
600789	鲁抗医药	58157.55	34941.43	60.08	22432.46	38.57	783.66	1.35
600790	轻纺城	80537.96	45658.05	56.69	34445.68	42.77	434.24	0.54
600791	京能置业	45288.00	21883.59	48.32	22276.72	49.19	1127.68	2.49
600792	云煤能源	98992.36	27098.68	27.37	71885.41	72.62	8.27	0.01
600793	ST 宜纸	10530.00	4782.78	45.42	5702.67	54.16	44.55	0.42
600794	保税科技	54162.46	23605.07	43.58	29871.51	55.15	685.88	1.27
600795	国电电力	1882287.59	705894.48	37.50	1069016.45	56.79	107376.67	5.70
600796	钱江生化	30140.21	23613.74	78.35	6515.84	21.62	10.63	0.04
600797	浙大网新	82171.20	67724.78	82.42	13787.41	16.78	659.01	0.80
600798	宁波海运	87244.01	39279.38	45.02	47547.17	54.50	417.46	0.48
600800	天津磁卡	61127.10	39823.33	65.15	21278.78	34.81	24.99	0.04
600801	华新水泥	97167.99	28034.39	28.85	60875.20	62.65	8258.40	8.50
600802	福建水泥	38187.37	19986.05	52.34	16711.58	43.76	1489.74	3.90
600803	威远生化	98578.50	14747.93	14.96	82970.75	84.17	859.82	0.87
600804	鹏博士	139115.31	77600.11	55.78	35767.66	25.71	25747.54	18.51
600805	悦达投资	85089.45	57625.01	67.72	21709.81	25.51	5754.62	6.76
600806	昆明机床	39018.63	21369.85	54.77	17443.70	44.71	205.09	0.53
600807	天业股份	54206.51	14003.46	25.83	39079.52	72.09	1123.54	2.07
600808	马钢股份	596775.12	199289.38	33.39	392797.22	65.82	4688.53	0.79
600809	山西汾酒	86584.83	12219.11	14.11	69065.39	79.77	5300.32	6.12
600810	神马股份	44228.00	19221.44	43.46	23875.32	53.98	1131.24	2.56
600811	东方集团	166680.54	113485.47	68.09	50894.18	30.53	2300.88	1.38
600812	华北制药	163080.47	64189.65	39.36	90921.61	55.75	7969.21	4.89
600814	杭州解百	71502.68	19567.30	27.37	51416.50	71.91	518.88	0.73
600815	厦工股份	95897.00	47195.43	49.21	48185.08	50.25	516.49	0.54
600816	安信信托	45412.93	27523.10	60.61	16867.34	37.14	1022.49	2.25
600817	ST 宏盛	16091.01	11373.62	70.68	4630.52	28.78	86.87	0.54
600818	中路股份	23795.79	9051.60	38.04	13656.42	57.39	1087.77	4.57
600819	耀皮玻璃	74741.61	10718.32	14.34	59245.43	79.27	4777.86	6.39
600820	隧道股份	314409.61	141144.56	44.89	164371.79	52.28	8893.26	2.83
600821	津劝业	41626.82	29146.84	70.02	12355.58	29.68	124.40	0.30
600822	上海物贸	39614.79	14897.31	37.61	24383.51	61.55	333.98	0.84
600823	世茂股份	117241.53	24220.67	20.66	90699.24	77.36	2321.62	1.98
600824	益民集团	87835.59	50902.21	57.95	36509.74	41.57	423.64	0.48
600825	新华传媒	104488.79	44649.68	42.73	58950.33	56.42	888.77	0.85

注：合计持股数包含 F 类账户；单位为万股。

年末个股股东持股情况
Distribution of Shareholder by 2014

证券代码 Code	证券简称 Name	合计持股数 Total Hold	自然人 Individual		一般法人 Corporation		专业机构 Institution	
			持有股数	比例(%)	持有股数	比例(%)	持有股数	比例(%)
600826	兰生股份	42064.23	16992.25	40.40	23431.87	55.70	1640.10	3.90
600827	百联股份	154277.76	53584.41	34.73	93329.86	60.49	7363.48	4.77
600828	成商集团	57043.97	17696.92	31.02	39133.00	68.60	214.05	0.38
600829	三精制药	57988.86	12121.38	20.90	44206.47	76.23	1661.02	2.86
600830	香溢融通	45432.27	28414.80	62.54	16480.21	36.27	537.27	1.18
600831	广电网络	56343.85	31546.46	55.99	22595.26	40.10	2202.13	3.91
600832	东方明珠	318633.49	113887.59	35.74	196192.94	61.57	8552.96	2.68
600833	第一医药	22308.63	9691.93	43.44	12063.72	54.08	552.98	2.48
600834	申通地铁	47738.19	18562.87	38.88	29150.55	61.06	24.77	0.05
600835	上海机电	80650.43	26617.33	33.00	50299.53	62.37	3733.57	4.63
600836	界龙实业	31356.34	24362.59	77.70	6563.98	20.93	429.77	1.37
600837	海通证券	809213.12	284675.11	35.18	352954.70	43.62	171583.31	21.20
600838	上海九百	40088.20	27094.49	67.59	12443.99	31.04	549.72	1.37
600839	四川长虹	461624.42	321951.81	69.74	120048.69	26.01	19623.92	4.25
600841	上柴股份	52189.25	6780.88	12.99	44435.26	85.14	973.12	1.86
600843	上工申贝	30464.59	7648.88	25.11	21314.64	69.97	1501.07	4.93
600844	丹化科技	58482.70	44908.76	76.79	12975.33	22.19	598.61	1.02
600845	宝信软件	24973.16	2784.09	11.15	21330.63	85.41	858.45	3.44
600846	同济科技	62476.15	46778.80	74.87	15033.54	24.06	663.81	1.06
600847	万里股份	15748.34	6314.40	40.10	7361.50	46.74	2072.44	13.16
600848	自仪股份	29214.56	13314.21	45.57	15604.33	53.41	296.01	1.01
600850	华东电脑	32174.49	11720.36	36.43	16050.53	49.89	4403.60	13.69
600851	海欣股份	73820.61	54910.57	74.38	17431.45	23.61	1478.59	2.00
600853	龙建股份	53680.77	34471.19	64.22	18971.02	35.34	238.55	0.44
600854	春兰股份	51945.85	27209.00	52.38	24183.13	46.55	553.72	1.07
600855	航天长峰	33161.74	10664.00	32.16	13664.09	41.20	8833.66	26.64
600856	长百集团	23483.16	16688.26	71.06	6661.10	28.37	133.79	0.57
600857	工大首创	22431.99	16253.86	72.46	5624.08	25.07	554.05	2.47
600858	银座股份	52006.66	14062.53	27.04	27832.92	53.52	10111.21	19.44
600859	王府井	46276.81	15135.78	32.71	26203.93	56.62	4937.09	10.67
600860	*ST 京城	32200.00	10904.81	33.87	20827.09	64.68	468.10	1.45
600861	北京城乡	31680.49	17541.92	55.37	13498.88	42.61	639.70	2.02
600862	南通科技	63792.85	36029.46	56.48	24713.41	38.74	3049.98	4.78
600863	内蒙华电	580774.50	169064.70	29.11	380330.51	65.49	31379.29	5.40
600864	哈投股份	54637.82	28844.19	52.79	25361.12	46.42	432.51	0.79
600865	百大集团	37624.03	20815.86	55.33	15929.79	42.34	878.38	2.33
600866	星湖科技	64539.35	39405.26	61.06	23450.12	36.33	1683.97	2.61
600867	通化东宝	103010.05	49866.99	48.41	41905.23	40.68	11237.83	10.91
600868	梅雁吉祥	189814.87	183812.80	96.84	5640.14	2.97	361.93	0.19
600869	智慧能源	99004.34	38238.54	38.62	60179.36	60.78	586.43	0.59
600870	厦华电子	52319.97	27017.55	51.64	24965.17	47.72	337.25	0.64
600871	*ST 仪化	1070932.77	44245.92	4.13	1026417.29	95.84	269.56	0.03
600872	中炬高新	79663.72	31583.60	39.65	20451.52	25.67	27628.60	34.68
600873	梅花生物	310822.66	222919.00	71.72	72491.92	23.32	15411.74	4.96
600874	创业环保	108722.84	33730.70	31.02	73972.72	68.04	1019.42	0.94
600875	东方电气	166386.00	55368.13	33.28	103284.64	62.08	7733.23	4.65
600876	洛阳玻璃	25001.82	8728.90	34.91	16249.56	64.99	23.37	0.09
600877	中国嘉陵	68728.20	51462.74	74.88	17254.75	25.11	10.72	0.02
600879	航天电子	103953.70	60955.80	58.64	28188.28	27.12	14809.62	14.25
600880	博瑞传播	109333.21	64344.77	58.85	41475.97	37.94	3512.47	3.21

注：合计持股数包含 F 类账户；单位为万股。

年末个股股东持股情况
Distribution of Shareholder by 2014

证券代码 Code	证券简称 Name	合计持股数 Total Hold	自然人 Individual		一般法人 Corporation		专业机构 Institution	
			持有股数	比例(%)	持有股数	比例(%)	持有股数	比例(%)
600881	亚泰集团	189473.21	130382.36	68.81	45278.54	23.90	13812.30	7.29
600882	华联矿业	39923.80	22672.92	56.79	17178.09	43.03	72.79	0.18
600883	博闻科技	23608.80	10741.99	45.50	10744.23	45.51	2122.58	8.99
600884	杉杉股份	41085.82	23063.83	56.14	16775.56	40.83	1246.44	3.03
600885	宏发股份	53197.25	8462.89	15.91	36268.77	68.18	8465.60	15.91
600886	国投电力	678602.33	177035.44	26.09	382693.61	56.39	118873.29	17.52
600887	伊利股份	306437.10	129191.11	42.16	57364.32	18.72	119881.67	39.12
600888	新疆众和	64122.59	27955.03	43.60	29820.87	46.51	6346.69	9.90
600889	南京化纤	30706.93	17001.23	55.37	13155.56	42.84	550.14	1.79
600890	中房股份	57919.49	22737.40	39.26	29538.53	51.00	5643.57	9.74
600891	秋林集团	32552.89	20851.28	64.05	11489.23	35.29	212.38	0.65
600892	宝诚股份	6312.50	4266.73	67.59	1830.00	28.99	215.77	3.42
600893	航空动力	194871.88	35785.38	18.36	145670.65	74.75	13415.84	6.88
600894	广日股份	85994.69	15658.59	18.21	55567.27	64.62	14768.83	17.17
600895	张江高科	154868.96	59594.62	38.48	86190.20	55.65	9084.13	5.87
600896	中海海盛	58131.58	38271.16	65.84	18713.96	32.19	1146.46	1.97
600897	厦门空港	29781.00	7339.82	24.65	20658.05	69.37	1783.13	5.99
600898	三联商社	25252.38	17627.89	69.81	7472.81	29.59	151.68	0.60
600900	长江电力	1650000.00	195234.56	11.83	1345063.05	81.52	109702.39	6.65
600917	重庆燃气	155600.00	15372.85	9.88	138604.11	89.08	1623.04	1.04
600960	渤海活塞	32794.96	8430.10	25.71	23837.47	72.69	527.39	1.61
600961	株冶集团	52745.79	22436.93	42.54	30100.59	57.07	208.28	0.39
600962	国投中鲁	26221.00	9130.41	34.82	14368.10	54.80	2722.49	10.38
600963	岳阳林纸	104315.91	56000.27	53.68	42676.35	40.91	5639.29	5.41
600965	福成五丰	52800.33	30079.49	56.97	21757.19	41.21	963.66	1.83
600966	博汇纸业	66842.21	44411.15	66.44	21887.81	32.75	543.26	0.81
600967	北方创业	82282.80	53532.59	65.06	21270.93	25.85	7479.27	9.09
600969	郴电国际	26432.18	8157.70	30.86	14905.95	56.39	3368.52	12.74
600970	中材国际	109329.73	40764.39	37.29	61637.27	56.38	6928.07	6.34
600971	恒源煤电	100000.41	32788.32	32.79	63001.12	63.00	4210.97	4.21
600973	宝胜股份	41138.75	21730.37	52.82	17448.60	42.41	1959.78	4.76
600975	新五丰	23436.01	10918.86	46.59	11019.36	47.02	1497.80	6.39
600976	健民集团	15339.86	5781.63	37.69	5068.89	33.04	4489.34	29.27
600978	宜华木业	148287.00	104156.55	70.24	37145.30	25.05	6985.14	4.71
600979	广安爱众	71789.21	22223.25	30.96	37302.36	51.96	12263.60	17.08
600980	北矿磁材	13000.00	7406.84	56.98	5533.35	42.56	59.80	0.46
600981	汇鸿股份	51610.65	22820.69	44.22	28758.62	55.72	31.34	0.06
600982	宁波热电	74693.00	35131.52	47.03	39540.82	52.94	20.66	0.03
600983	惠而浦	76643.90	13680.14	17.85	57946.46	75.60	5017.30	6.55
600984	建设机械	24155.60	8334.37	34.50	15532.06	64.30	289.17	1.20
600985	雷鸣科化	17523.65	10477.70	59.79	6994.24	39.91	51.71	0.30
600986	科达股份	33526.97	21096.77	62.92	12224.04	36.46	206.16	0.61
600987	航民股份	63531.00	24663.75	38.82	36949.58	58.16	1917.67	3.02
600988	赤峰黄金	56660.46	55785.14	98.46	361.09	0.64	514.23	0.91
600990	四创电子	13670.20	2809.89	20.55	6880.47	50.33	3979.84	29.11
600992	贵绳股份	24509.00	9036.02	36.87	15214.77	62.08	258.21	1.05
600993	马应龙	33157.99	16248.27	49.00	13429.20	40.50	3480.52	10.50
600995	文山电力	47852.64	25208.00	52.68	16803.00	35.11	5841.64	12.21
600997	开滦股份	123464.00	42925.87	34.77	73188.98	59.28	7349.15	5.95
600998	九州通	164307.48	36697.25	22.33	108856.29	66.25	18753.95	11.41

注：合计持股数包含 F 类账户；单位为万股。

年末个股股东持股情况
Distribution of Shareholder by 2014

证券代码 Code	证券简称 Name	合计持股数 Total Hold	自然人 Individual 持有股数	自然人 Individual 比例(%)	一般法人 Corporation 持有股数	一般法人 Corporation 比例(%)	专业机构 Institution 持有股数	专业机构 Institution 比例(%)
600999	招商证券	580813.55	79770.66	13.73	456356.03	78.57	44686.86	7.69
601000	唐山港	203035.15	47555.61	23.42	139055.23	68.49	16424.31	8.09
601001	大同煤业	167370.00	63683.81	38.05	101793.20	60.82	1892.99	1.13
601002	晋亿实业	79269.00	41053.27	51.79	37279.01	47.03	936.72	1.18
601003	柳钢股份	256279.32	43049.51	16.80	212371.00	82.87	858.81	0.34
601005	重庆钢铁	389789.54	52873.73	13.56	336328.64	86.28	587.17	0.15
601006	大秦铁路	1486679.15	146082.37	9.83	1044892.06	70.28	295704.72	19.89
601007	金陵饭店	30000.00	12171.27	40.57	17324.79	57.75	503.94	1.68
601008	连云港	101521.51	44047.42	43.39	56599.05	55.75	875.04	0.86
601009	南京银行	296893.32	104312.58	35.13	161039.36	54.24	31541.39	10.62
601010	文峰股份	73920.00	16323.87	22.08	56697.67	76.70	898.46	1.22
601011	宝泰隆	38700.00	19647.29	50.77	18838.67	48.68	214.04	0.55
601012	隆基股份	53852.40	43485.57	80.75	5380.39	9.99	4986.45	9.26
601015	陕西黑猫	62000.00	19955.06	32.19	40839.26	65.87	1205.67	1.94
601016	节能风电	177778.00	17601.83	9.90	158360.03	89.08	1816.14	1.02
601018	宁波港	1280000.00	163036.05	12.74	1080702.46	84.43	36261.48	2.83
601028	玉龙股份	35809.58	30300.79	84.62	4993.52	13.94	515.27	1.44
601038	一拖股份	59391.00	13740.88	23.14	44865.10	75.54	785.02	1.32
601058	赛轮金宇	52134.94	22514.35	43.18	22788.45	43.71	6832.14	13.10
601088	中国神华	1649103.80	109582.48	6.64	1469363.48	89.10	70157.84	4.25
601098	中南传媒	179600.00	24550.51	13.67	132364.92	73.70	22684.57	12.63
601099	太平洋	353046.70	170295.68	48.24	163618.71	46.34	19132.31	5.42
601100	恒立油缸	63000.00	7926.73	12.58	48816.72	77.49	6256.55	9.93
601101	昊华能源	119999.83	38727.43	32.27	80475.61	67.06	796.79	0.66
601106	中国一重	653800.00	218296.79	33.39	427028.21	65.31	8475.00	1.30
601107	四川成渝	216274.00	50891.34	23.53	164648.51	76.13	734.15	0.34
601111	中国国航	852206.76	133698.14	15.69	701507.10	82.32	17001.53	2.00
601113	华鼎股份	64000.00	25592.64	39.99	37209.76	58.14	1197.60	1.87
601116	三江购物	41075.88	15047.35	36.63	25679.43	62.52	349.10	0.85
601117	中国化学	493300.00	120203.55	24.37	349423.95	70.83	23672.50	4.80
601118	海南橡胶	393117.16	102259.03	26.01	282998.71	71.99	7859.42	2.00
601126	四方股份	40658.60	14084.49	34.64	25206.08	61.99	1368.03	3.36
601137	博威合金	21500.00	5226.39	24.31	16266.51	75.66	7.09	0.03
601139	深圳燃气	198059.78	20846.02	10.53	172877.01	87.29	4336.75	2.19
601158	重庆水务	480000.00	42674.68	8.89	427239.81	89.01	10085.52	2.10
601166	兴业银行	1905233.68	437625.52	22.97	1182762.77	62.08	284845.39	14.95
601168	西部矿业	238300.00	178676.67	74.98	45711.68	19.18	13911.65	5.84
601169	北京银行	1056019.14	200654.13	19.00	731417.51	69.26	123947.51	11.74
601177	杭齿前进	40006.00	15280.42	38.20	24650.12	61.62	75.45	0.19
601179	中国西电	512588.24	108444.85	21.16	382652.81	74.65	21490.58	4.19
601186	中国铁建	1026124.55	193266.08	18.83	771112.14	75.15	61746.33	6.02
601188	龙江交通	131587.86	38756.44	29.45	92051.32	69.95	780.10	0.59
601199	江南水务	23380.00	6128.55	26.21	16581.73	70.92	669.72	2.86
601208	东材科技	61576.00	34025.50	55.26	19769.11	32.11	7781.39	12.64
601216	内蒙君正	204800.00	150629.15	73.55	51594.90	25.19	2575.95	1.26
601218	吉鑫科技	99176.00	93664.50	94.44	2160.73	2.18	3350.77	3.38
601222	林洋电子	35517.30	5798.96	16.33	23694.50	66.71	6023.84	16.96
601225	陕西煤业	1000000.00	37549.63	3.75	944013.01	94.40	18437.37	1.84
601226	华电重工	77000.00	14230.45	18.48	61150.73	79.42	1618.82	2.10
601231	环旭电子	108796.18	4862.96	4.47	99502.63	91.46	4430.59	4.07

注：合计持股数包含 F 类账户；单位为万股。

年末个股股东持股情况
Distribution of Shareholder by 2014

证券代码 Code	证券简称 Name	合计持股数 Total Hold	自然人 Individual		一般法人 Corporation		专业机构 Institution	
			持有股数	比例(%)	持有股数	比例(%)	持有股数	比例(%)
601233	桐昆股份	96360.00	24878.46	25.82	63414.80	65.81	8066.74	8.37
601238	广汽集团	422171.99	29326.94	6.95	390933.26	92.60	1911.78	0.45
601258	庞大集团	324005.67	193193.29	59.63	106560.28	32.89	24252.10	7.49
601268	*ST 二重	229344.95	39271.40	17.12	190054.73	82.87	18.81	0.01
601288	农业银行	29405529.39	645077.16	2.19	28276910.32	96.16	483541.91	1.64
601299	中国北车	1012608.39	198699.77	19.62	685762.38	67.72	128146.24	12.66
601311	骆驼股份	85171.38	58185.43	68.32	20215.75	23.74	6770.19	7.95
601313	江南嘉捷	40045.66	37530.87	93.72	1502.19	3.75	1012.59	2.53
601318	中国平安	516838.14	167079.74	32.33	164491.47	31.83	185266.93	35.85
601328	交通银行	3925086.40	396220.96	10.09	3151706.76	80.30	377158.68	9.61
601333	广深铁路	565223.70	262825.36	46.50	281640.91	49.83	20757.42	3.67
601336	新华保险	208543.93	20111.97	9.64	168847.62	80.97	19584.34	9.39
601339	百隆东方	75000.00	35585.02	47.45	38935.67	51.91	479.31	0.64
601369	陕鼓动力	163877.02	45542.65	27.79	114102.33	69.63	4232.05	2.58
601377	兴业证券	520000.00	189023.84	36.35	279083.37	53.67	51892.79	9.98
601388	怡球资源	53300.00	14657.99	27.50	37876.29	71.06	765.72	1.44
601390	中国中铁	1709251.00	383828.56	22.46	1209607.84	70.77	115814.60	6.78
601398	工商银行	26670016.93	681864.94	2.56	25531039.05	95.73	457112.94	1.71
601515	东风股份	111200.00	16005.11	14.39	94576.60	85.05	618.29	0.56
601518	吉林高速	121320.00	40208.68	33.14	80815.64	66.61	295.68	0.24
601519	大智慧	198770.00	192305.28	96.75	5024.54	2.53	1440.18	0.72
601555	东吴证券	270000.00	63534.69	23.53	176235.79	65.27	30229.52	11.20
601558	*ST 锐电	603060.00	60635.44	10.05	535914.99	88.87	6509.58	1.08
601566	九牧王	57463.72	10590.68	18.43	45537.80	79.25	1335.24	2.32
601567	三星电气	40753.00	16747.98	41.10	21355.40	52.40	2649.62	6.50
601579	会稽山	40000.00	9557.52	23.89	30418.70	76.05	23.77	0.06
601588	北辰实业	266000.00	119638.62	44.98	140685.72	52.89	5675.66	2.13
601599	鹿港科技	37742.71	34751.58	92.07	2652.05	7.03	339.08	0.90
601600	中国铝业	958052.19	263956.11	27.55	664115.35	69.32	29980.73	3.13
601601	中国太保	628670.00	51049.63	8.12	455347.60	72.43	122272.77	19.45
601607	上海医药	192301.66	48462.29	25.20	127184.23	66.14	16655.15	8.66
601608	中信重工	274000.00	60428.98	22.05	206248.45	75.27	7322.58	2.67
601616	广电电气	93258.00	61572.39	66.02	31213.02	33.47	472.59	0.51
601618	中国中冶	1623900.00	361990.21	22.29	1239498.14	76.33	22411.64	1.38
601628	中国人寿	2082353.00	62008.97	2.98	1958682.96	94.06	61661.06	2.96
601633	长城汽车	200924.30	7686.71	3.83	174412.31	86.80	18825.28	9.37
601636	旗滨集团	83920.87	33719.05	40.18	49962.94	59.54	238.87	0.28
601666	平煤股份	236116.50	93174.86	39.46	139464.79	59.07	3476.84	1.47
601668	中国建筑	3000000.00	738120.38	24.60	1849442.11	61.65	412437.52	13.75
601669	中国电建	960000.00	241158.23	25.12	660267.63	68.78	58574.14	6.10
601677	明泰铝业	41775.60	39589.41	94.77	1102.99	2.64	1083.20	2.59
601678	滨化股份	66000.00	58730.45	88.99	6553.49	9.93	716.06	1.08
601688	华泰证券	560000.00	133145.03	23.78	352738.43	62.99	74116.55	13.24
601699	潞安环能	230108.40	63815.37	27.73	152712.10	66.37	13580.93	5.90
601700	风范股份	45334.50	42603.66	93.98	502.45	1.11	2228.38	4.92
601717	郑煤机	137788.78	66616.17	48.35	59053.81	42.86	12118.80	8.80
601718	际华集团	385700.00	120754.71	31.31	261815.42	67.88	3129.88	0.81
601727	上海电气	985071.47	100192.21	10.17	874235.47	88.75	10643.79	1.08
601766	中国南车	1177900.00	214548.58	18.21	830038.40	70.47	133313.02	11.32
601777	力帆股份	100844.69	34050.17	33.76	62949.16	62.42	3845.36	3.81

注：合计持股数包含 F 类账户；单位为万股。

年末个股股东持股情况
Distribution of Shareholder by 2014

证券代码 Code	证券简称 Name	合计持股数 Total Hold	自然人 Individual		一般法人 Corporation		专业机构 Institution	
			持有股数	比例(%)	持有股数	比例(%)	持有股数	比例(%)
601788	光大证券	341800.00	80206.89	23.47	247095.49	72.29	14497.62	4.24
601789	宁波建工	48804.00	22383.58	45.86	26125.68	53.53	294.74	0.60
601798	蓝科高新	35452.82	9868.59	27.84	24765.82	69.86	818.41	2.31
601799	星宇股份	23967.73	19126.55	79.80	3476.06	14.50	1365.12	5.70
601800	中国交建	1174723.54	89861.61	7.65	1042438.66	88.74	42423.27	3.61
601801	皖新传媒	91000.00	10653.29	11.71	77223.39	84.86	3123.32	3.43
601808	中海油服	296046.80	40790.10	13.78	243385.39	82.21	11871.31	4.01
601818	光大银行	3981035.95	513694.46	12.90	3171387.35	79.66	295954.14	7.43
601857	中国石油	16192207.78	279150.06	1.72	15823868.42	97.73	89189.30	0.55
601866	中海集运	793212.50	212176.72	26.75	542747.27	68.42	38288.51	4.83
601872	招商轮船	472092.18	109343.87	23.16	348741.23	73.87	14007.08	2.97
601877	正泰电器	101146.65	19840.79	19.62	70991.76	70.19	10314.09	10.20
601880	大连港	336340.00	88407.31	26.29	246039.92	73.15	1892.78	0.56
601886	江河创建	115405.00	62286.37	53.97	52411.15	45.41	707.48	0.61
601888	中国国旅	97623.78	7424.31	7.61	69123.25	70.81	21076.22	21.59
601890	亚星锚链	46800.00	43773.45	93.53	785.36	1.68	2241.19	4.79
601898	中煤能源	915200.04	118565.88	12.96	781525.62	85.39	15108.54	1.65
601899	紫金矿业	1580380.37	701143.88	44.37	836393.62	52.92	42842.86	2.71
601901	方正证券	823210.14	331348.46	40.25	447918.99	54.41	43942.69	5.34
601908	京运通	85977.03	17290.02	20.11	59385.15	69.07	9301.86	10.82
601918	国投新集	259054.18	101833.21	39.31	150030.76	57.91	7190.20	2.78
601919	中国远洋	763567.44	185465.81	24.29	555452.83	72.74	22648.80	2.97
601928	凤凰传媒	254490.00	55002.90	21.61	186357.62	73.23	13129.48	5.16
601929	吉视传媒	146788.82	33392.76	22.75	101677.31	69.27	11718.75	7.98
601933	永辉超市	325443.56	229351.07	70.47	24651.58	7.57	71440.91	21.95
601939	建设银行	959365.76	396603.73	41.34	397438.91	41.43	165323.13	17.23
601958	金钼股份	322660.44	63436.22	19.66	247520.73	76.71	11703.48	3.63
601965	中国汽研	64078.66	15672.04	24.46	43573.63	68.00	4832.99	7.54
601969	海南矿业	186667.00	18079.57	9.69	166569.82	89.23	2017.61	1.08
601988	中国银行	20510887.16	980628.11	4.78	19129392.41	93.26	400866.64	1.95
601989	中国重工	1836166.51	440087.23	23.97	1264835.01	68.88	131244.26	7.15
601991	大唐发电	999436.00	97943.60	9.80	894648.75	89.52	6843.66	0.68
601992	金隅股份	361525.78	35461.25	9.81	302295.67	83.62	23768.87	6.57
601996	丰林集团	46891.20	19596.06	41.79	27134.02	57.87	161.12	0.34
601998	中信银行	3190516.41	171242.11	5.37	2931440.97	91.88	87833.32	2.75
601999	出版传媒	55091.47	17296.44	31.40	37518.79	68.10	276.25	0.50
603000	人民网	55284.55	13947.93	25.23	37789.24	68.35	3547.39	6.42
603001	奥康国际	40098.00	14970.52	37.33	23812.04	59.38	1315.43	3.28
603002	宏昌电子	40000.00	18868.83	47.17	21131.07	52.83	0.10	0.00
603003	龙宇燃油	20200.00	7688.93	38.06	12336.25	61.07	174.82	0.87
603005	晶方科技	22669.70	3988.90	17.60	17086.07	75.37	1594.73	7.03
603006	联明股份	8000.00	3760.31	47.00	4238.26	52.98	1.43	0.02
603008	喜临门	31500.00	9029.67	28.67	13225.76	41.99	9244.58	29.35
603009	北特科技	10667.00	10658.20	99.92	7.73	0.07	1.07	0.01
603010	万盛股份	10000.00	5841.33	58.41	4153.94	41.54	4.73	0.05
603011	合锻股份	17950.00	12114.62	67.49	5375.86	29.95	459.52	2.56
603017	园区设计	6000.00	3294.95	54.92	2628.57	43.81	76.48	1.27
603018	设计股份	10400.00	10327.54	99.30	70.44	0.68	2.01	0.02
603019	中科曙光	30000.00	16698.41	55.66	12271.72	40.91	1029.87	3.43
603077	和邦股份	101109.49	27792.74	27.49	71767.88	70.98	1548.86	1.53

注：合计持股数包含 F 类账户；单位为万股。

年末个股股东持股情况
Distribution of Shareholder by 2014

证券代码 Code	证券简称 Name	合计持股数 Total Hold	自然人 Individual		一般法人 Corporation		专业机构 Institution	
			持有股数	比例(%)	持有股数	比例(%)	持有股数	比例(%)
603088	宁波精达	8000.00	3840.30	48.00	4153.09	51.91	6.60	0.08
603099	长白山	26667.00	6590.75	24.72	19424.29	72.84	651.95	2.44
603100	川仪股份	39500.00	9864.69	24.97	28628.55	72.48	1006.76	2.55
603111	康尼机电	28891.33	22432.38	77.64	5626.01	19.47	832.94	2.88
603123	翠微股份	52414.42	8643.95	16.49	41847.98	79.84	1922.49	3.67
603126	中材节能	40700.00	13310.55	32.70	26589.34	65.33	800.11	1.97
603128	华贸物流	40000.00	8496.23	21.24	27891.14	69.73	3612.63	9.03
603166	福达股份	43350.00	9428.69	21.75	33913.72	78.23	7.59	0.02
603167	渤海轮渡	48140.00	22705.98	47.17	22290.31	46.30	3143.71	6.53
603168	莎普爱思	6535.00	5476.35	83.80	1042.02	15.95	16.63	0.25
603169	兰石重装	59115.53	9884.25	16.72	48227.93	81.58	1003.35	1.70
603188	亚邦股份	28800.00	18781.97	65.22	10016.94	34.78	1.09	0.00
603288	海天味业	150358.00	53736.91	35.74	89189.10	59.32	7431.99	4.94
603306	华懋科技	14000.00	3196.40	22.83	10596.23	75.69	207.37	1.48
603308	应流股份	40001.00	7489.81	18.72	32155.46	80.39	355.73	0.89
603328	依顿电子	48900.00	8531.28	17.45	40156.84	82.12	211.89	0.43
603333	明星电缆	52000.50	51235.68	98.53	353.37	0.68	411.45	0.79
603366	日出东方	40000.00	11063.01	27.66	27559.38	68.90	1377.61	3.44
603368	柳州医药	11250.00	7593.58	67.50	3234.01	28.75	422.41	3.75
603369	今世缘	50180.00	13858.50	27.62	35663.52	71.07	657.99	1.31
603399	新华龙	35470.40	27715.67	78.14	7678.04	21.65	76.69	0.22
603456	九洲药业	20778.00	7903.72	38.04	11487.60	55.29	1386.67	6.67
603518	维格娜丝	14798.00	13796.17	93.23	983.84	6.65	17.99	0.12
603555	贵人鸟	61400.00	7103.60	11.57	53524.23	87.17	772.17	1.26
603588	高能环境	16160.00	12679.59	78.46	3272.47	20.25	207.94	1.29
603606	东方电缆	14135.00	5044.95	35.69	8540.16	60.42	549.89	3.89
603609	禾丰牧业	55411.76	44366.36	80.07	11041.82	19.93	3.58	0.01
603636	南威软件	10000.00	8226.49	82.26	1629.24	16.29	144.27	1.44
603688	石英股份	22380.00	12730.49	56.88	9624.20	43.00	25.31	0.11
603699	纽威股份	75000.00	7524.92	10.03	66966.80	89.29	508.28	0.68
603766	隆鑫通用	80491.34	27400.93	34.04	45297.20	56.28	7793.21	9.68
603806	福斯特	40200.00	14481.48	36.02	25706.17	63.95	12.35	0.03
603889	新澳股份	10668.00	6148.63	57.64	4366.35	40.93	153.01	1.43
603988	中电电机	8000.00	7930.97	99.14	60.68	0.76	8.35	0.10
603993	洛阳钼业	376501.45	74529.37	19.80	295929.62	78.60	6042.46	1.60
603998	方盛制药	10902.48	8871.92	81.38	2014.75	18.48	15.81	0.15

注：合计持股数包含 F 类账户；单位为万股。

Events

大事记

上海证券交易所大事记

1 月 7 日　首批国开债“国开 1301”和“国开 1302”2 个品种在本所集中竞价交易系统成功上市，标志着政策性金融债正式登陆交易所市场。

1 月 9 日　本所发布《关于商业银行发行公司债券补充资本及其上市交易、转让相关事项的通知》，标志着商业银行的资本补充渠道拓展到交易所市场。

1 月 17 日　作为新股发行暂停一年半之后上市的首只股票，“纽威股份”在本所上市交易。

2 月　经证监会批准，本所着手积极筹备建设面向国际投资者的上海自贸区国际金融资产交易平台。

3 月 27 日　中国证监会发布《发行监管问答——首发企业上市地选择和申报时间把握等》，明确首发企业可以根据自身意愿，在沪深市场之间自主选择上市地，不与企业公开发行股数多少挂钩，中国证监会审核部门将按照沪深交易所均衡的原则开展首发审核工作。该政策取消了两个市场的原有股本划分，本所的市场服务范围大幅增加，扭转了沪深交易所审核不均衡的局面

4 月 10 日　李克强总理上午在博鳌亚洲论坛 2014 年年会上发表的主旨演讲中明确表示，“将积极创造条件，建立上海与香港股票市场交易互联互通机制，进一步促进中国内地与香港资本市场双向开放和健康发展”。当天中午，中国证券监督管理委员会、香港证券及期货事务监察委员会发布《联合公告》，决定原则批准本所、香港联合交易所、中国结算、香港结算开展沪港股票市场交易互联互通机制试点。

4 月 11 日　本所决定，因为*ST 长油触及《上海证券交易所股票上市规则》规定的终止上市情形，终止*ST 长油股票上市，这是中国证券史上第一家退市的大型央企。

5 月 9 日　本所发布《上海证券交易所优先股业务试点管理办法》，落实和规范本所优先股业务试点，该办法自发布之日起实施。转融券试点平稳启动，首批包括 11 家会员和 90 只标的证券。

5 月 9 日　《国务院关于进一步促进资本市场健康发展的若干意见》出台。本所表示，新国九条合乎国情，顺乎民意，代表了新时期对中国资本市场建设规律的科学认识，是未来一个阶段资本市场深化改革、健康发展的行动纲领和工作指针，将为市场发展创造重大历史性机遇。

6 月 9 日　IPO 自 2013 年底重启、2014 年初暂停后又重新开闸。当日中国证监会按法定程序核准了 10 家企业的首发申请，其中本所 5 家。

6 月 12 日　海润光伏股票除权参考价出现误差。6 月 15 日，本所与海润光伏公布了《关于海润光伏股票除权参考价误差事宜补偿相关投资者的预案》，双方决定共同对于 6 月 12 日上午卖出海润光伏股票并实际成交的投资者给予补偿。27 日，全部补偿金发放完毕。

6 月 25 日　平安银行 1 号小额消费贷款资产支持证券在本所成功上市交易

7 月 7 日　大宗交易收盘价格申报业务上线并达成首笔大宗收盘价格的交易。

7 月 8 日　本所通信公司与金桥集团签署《上海市成片开发国有建设用地使用权转让协议》，完成金桥基地项目土地购买，启动主运行基地建设。

7 月 31 日　本所举办首次“国际投资者走进本所”活动。8 月 28 日，本所举办了第二期“国际投资者走进本所”活动。

9 月　本所开启“银九月”14 家在本所上市的商业银行连续举行业绩说明活动，为上市公司提高透明度、维护投资者关系创造条件。

9 月　基金市场推出首只为配合国企混合所有制改革而推出的创新封闭式基金——嘉实元和封闭式混合型发起式基金，这也是公募基金首次获准投资非上市公司股权。

9 月 4 日　沪港通《四方协议》由本所、香港联交所、中国结算和香港结算四方在本所共同签署。

9 月 22 日　本所发布《上市公司员工持股计划信息披露工作指引》，落实证监会《关于上市公司实施员工持股计划试点的指导意见》的相关规定，明确实施员工持股计划的具体信息披露要求。

9 月 26 日　本所发布《上海证券交易所沪港通试点办法》及其相关业务规则。

10 月　本所桂敏杰理事长成功连任 WFE 董事。

10 月 17 日　本所发布《上海证券交易所股票上市规则（2014 年修订）》，新一轮退市制度改革启动。修订后的《上市规则》，健全了上市公司主动退市制度，并新增了重大违法公司强制退市制度，于当年 11 月 16 日起施行。

11 月　在证信办统一组织下，由本所参加的证联网全网建设工作顺利完成，交付正式运行。

11 月 3 日　依据《上海证券交易所证券公司短期公司债券业务试点办法》，国泰君安证券股份有限公司在本所成功发行首单证券公司短期公司债券。

11 月 17 日　沪港通正式启动，本所和香港联合交易所同时举行了开通仪式。沪港两地证券市场成功实现联通，中国资本市场的国际化进程进入新纪元。

11 月 19 日　国务院常务会议提出抓紧出台股票发行注册制改革方案。本所全面展开承接注册制审核职能的准备工作。

11 月 25 日　本所发布《关于上市公司筹划非公开发行股份停复牌及相关事项的通知》，要求公司通过内部治理机制决策停复牌事项，并督促公司充分履行信息披露义务，维护中小投资者的知情权和参与权。

11 月 26 日　本所发布关于《上市公司重大资产重组信息披露及停复牌业务指引（征求意见稿）》，按照市场化、法制化的总体要求，细化和扩展了重大资产重组全过程的信息披露要求，并对涉及重大资产重组的停复牌事项进行了规范。

11 月 28 日　本所发布关于《上市公司重大资产重组信息披露及停复牌业务指引（征求意见稿）》，按照市场化、法制化的总体要求，细化和扩展了重大资产重组全过程的信息披露要求，并对涉及重大资产重组的停复牌事项进行了规范。

12 月 5 日　本所发布《上海证券交易所股票期权试点交易规则（征求意见稿）》等业务规则公开征求意见的通知，向股票期权成功获批并率先试点迈出关键一步。

12 月 9 日　当日沪市成交 7939.64 亿元（含大宗交易），创沪市单日成交金额历史新高，上证综指盘中刷新四年多来的新高。

12 月 24 日　发行规模为人民币 40 亿元的国内首单公开发行的可交换公司债券——宝钢集团可交换公司债券在本所挂牌上市交易。

12 月 28 日　证券技术大厦完成电力扩容并通过验收。

图书在版编目(CIP)数据

上海证券交易所统计年鉴,2015卷/上海证券交易所编. —上海：上海远东出版社,2015

ISBN 978-7-5476-1019-0

Ⅰ. ①上… Ⅱ. ①上… Ⅲ. ①证券交易所-统计资料-上海市-2015-年鉴 Ⅳ. ①F832.51-54

中国版本图书馆CIP数据核字(2015)第202239号

上海证券交易所统计年鉴(2015卷)

上海证券交易所 编

责任编辑/程云琦 装帧设计/张晶灵

出版：上海世纪出版股份有限公司远东出版社

地址：中国上海市钦州南路81号

邮编：200235

网址：www.ydbook.com

发行：新华书店 上海远东出版社

上海世纪出版股份有限公司发行中心

制版：南京前锦排版服务有限公司

印刷：上海文艺大一印刷有限公司

装订：上海文艺大一印刷有限公司

开本：889×1194 1/16 印张：34 插页：4 字数：450千字

2015年10月第1版 2015年10月第1次印刷

ISBN 978-7-5476-1019-0/F·548

定价：300.00元